中国年鉴精品工程
High Quality Project of China's YearBook

温州年鉴

2016

温州市人民政府地方志办公室 编

方志出版社
Publishing House of Local Records

图书在版编目（C I P）数据

温州年鉴. 2016 / 温州市人民政府地方志办公室编
. —北京：方志出版社，2016. 11
ISBN 978-7-5144-2216-0

Ⅰ. ①温… Ⅱ. ①温… Ⅲ. ①温州—2016—年鉴
Ⅳ. ①Z525. 53

中国版本图书馆CIP数据核字（2016）第299982号

温州年鉴（2016）

编　　者：温州市人民政府地方志办公室
责任编辑：黄　彦
出 版 人：冀祥德
出 版 者：方 志 出 版 社
　　地址　北京市朝阳区潘家园东里9号（国家方志馆4层）
　　邮编　100021
　　网址　http://www.fzph.org
发　　行：方志出版社发行中心
　　（010）67110500
经　　销：各地新华书店
印　　刷：温州市北大方印务有限公司
开　　本：889×1194　1/16
印　　张：30.75
字　　数：1376千字
版　　次：2016年11月第1版　2016年11月第1次印刷
印　　数：0001～3000册
ISBN 978-7-5144-2216-0　定价：350.00元

序

国务院办公厅2015年8月印发的《全国地方志事业发展规划纲要（2015—2020年）》（以下简称《规划纲要》）要求，到2020年要做到地方综合年鉴一年一鉴，公开出版，实现省、市、县三级综合年鉴全覆盖。《规划纲要》还要求，坚持存真求实，正确处理质量与进度的关系，将精品意识贯穿于年鉴编纂出版工作全过程。2015年12月，中国地方志指导小组办公室启动中国年鉴精品工程，将其与先期实施的中国志书精品工程视为姊妹工程，一道作为加强地方志质量建设的重要抓手。

实施中国年鉴精品工程有助于推动中华优秀传统文化传承发展。近年来，在党中央、国务院的高度重视和关心支持下，全国地方志事业发展迎来最好的发展时期。年鉴编纂发端于欧洲，鸦片战争后被引入我国，在我国走过了100多年的发展历史。在长期的编纂中，年鉴在内容和形式上不断发展，逐渐演变成为适合反映中国国情、具有鲜明中国特色的一种文化载体，并在改革开放后出现了快速发展的局面。2006年5月，国务院《地方志工作条例》颁布施行，明确将地方综合年鉴纳入地方志工作范畴，年鉴工作走上了有法可依的轨道。《规划纲要》出台，为从依法编鉴转变到依法治鉴指明了方向。2016年12月，中国地方志指导小组印发《全国年鉴事业发展规划（2016—2020年）》，更进一步明确了到2020年全国年鉴事业的任务书、时间表、路线图。经过多年的发展，年鉴工作已经成为地方志工作的重要组成部分，成为中华民族优秀文化传统的有机组成部分，其存史、育人、资政作用日益彰显。实施中国年鉴精品工程，是年鉴工作者紧扣时代脉搏、坚持创新发展的一项重要举措，对于坚定文化自信，传承弘扬好中华优秀传统文化意义重大。

实施中国年鉴精品工程有助于为全面建成小康社会提供更多智力支持和历史借鉴。党的十八大作出全面建成小康社会的战略部署。党的十八届五中全会提出到2020年如期实现全面建成小康社会的目标要求。完成《规划纲要》确定的目标任务是年鉴工作者的神圣使命，更是年鉴工作者以自身力量为全面建成小康社会献上的厚礼。一方面，可以更好地利用年鉴这种年度资料性文献，及时记录各地区在全面建成小康社会伟大征程中每年取得的新成绩和新经验、出现的新情况和新问题、涌现的优秀人物和典型事迹等；另一方面，可以更好地积累地情、国情资料，为推动经济社会发展和深化改革提供智力支持，为推进国家治理体系和治理能力现代化提供历史借鉴。

实施中国年鉴精品工程有助于全面推进地方志事业转型升级。地方志不是单纯修志编鉴工作，而是全体方志人“修志问道，以启未来”的一项事业，这项事业包含着巨大的时代担当与使命追求。地方志工作要在“五大建设”总体布局和“四个全面”战略布局中发挥与其自身价值、功能相匹配的作用，就要因时而谋、乘势而上、顺势而为，全面推进地方志事业转型升级。转型升级，当下最重要的目标就是完成“两全”目标，包括“年鉴全覆盖”目标；长远的目标就是基本形成地方志编修体系、理论研究和学科建设体系、质量保障体系、资源开发利用体系、工作保障体系“五位一体”的地方志事业发展综合体系，包括“五位一体”的年鉴事业发展综合体系。中国年鉴精品工程是一项探索工程，也是一项创新工程，是推进地方志事业转型升级的重要内容。通过实施中国年鉴精品工程，不仅有助于确保年鉴质量，不断编纂出版具有鲜明时代特征、年度特点和地域特色的精品年鉴，也有助于推动年鉴工作适应经济社会发展形势和时代需要，不断改革创新，与时俱进。

多年来，在中国地方志指导小组办公室的指导和全国各级地方志工作机构的共同努力下，年鉴种类数量快速增长，年鉴成果粲然可观，为实施中国年鉴精品工程奠定了坚实的基础。实施中国年鉴精品工程，就是要在全国地方志系统起到示范作用，进一步培育精品意识，打造精品年鉴，以点带面，在提高年鉴质量方面探索出一条切实可行之路，使这项探索工程和创新工程能够积累经验，发挥引领作用。

“万山磅礴，必有主峰；龙衮九章，但挈一领。”实施中国年鉴精品工程，是筑牢地方志事业特别是年鉴事业发展根基之举，其意义与价值不言而喻。但编修出年鉴精品佳作，绝非朝夕之功，需要付出长期艰辛的努力。希望通过实施中国年鉴精品工程，能够进一步推进年鉴质量建设，使年鉴真正成为传承中华民族优秀传统文化的重要载体，成为展示中国国情、地情的重要窗口，成为“为当代提供资政辅治之参考、为后世留下堪存堪鉴之记述”的资源宝库，在全面建成小康社会过程中作出更大贡献。

是为序。

中 国 社 会 科 学 院 副 院 长

中国地方志指导小组常务副组长

2016 年 12 月

编 辑 说 明

一、《温州年鉴》是中共温州市委、温州市人民政府主办的年度资料性文献，旨在记载温州市自然、政治、经济、文化、社会概貌和发展情况，为党政机关和社会各界了解温州、研究温州提供权威系统准确的信息资料，并为温州市积累史料。《温州年鉴》从1998年开编，每年出版一部，由温州市政府地方志办公室承编。

二、本年鉴坚持以马克思列宁主义、毛泽东思想、邓小平理论、"三个代表"重要思想、科学发展观为指导，贯彻落实习近平总书记系列重要讲话精神和治国理政新理念新思想新战略，坚持辩证唯物主义和历史唯物主义的立场、观点、方法，存真求实，全面、客观、系统地记述年度发展情况。

三、《温州年鉴（2016）》首次列入中国年鉴精品工程试点单位，为充分体现年度特点，特设"十二五"回眸栏目，收录"温州市国民经济和社会发展第十三个五年规划纲要"，刊载温州自然、生态环境、人文景观、经济社会发展以及年度大型活动和突发事件的图片资料。

四、本年鉴除特载采用综合性文章外，其余均采用规范性记述，按类目、分目、条目三个层次编排，部分条目由于篇幅过长而增加细目，但不在目录中体现。类目依次有特载、大事记、市情概览、机构及负责人、中共温州市委、温州市人大、温州市政府、温州市政协、民主党派和人民团体、法治、军事、农业与农村经济、工业与特色工业、创新型经济、市场·商贸、交通、金融、旅游、城乡发展、环境保护、经济管理、公共管理、科学、教育、文化·传媒、卫生、体育、人物、县（市、区）、新事趣闻、附录等31个，分目310个，条目1921条，图30张，表91张，随文彩照213幅。

五、本年鉴所刊数据，除国家统计部门正式公布之外，均由供稿单位提供并审核，作者在文尾署名。由于来源、统计方法或口径不同，不同部门提供的同项数据或有不一致的，以统计部门公布的数据为准。新事趣闻素材取自本市报刊，限于精力未作考证。为避免一些条目标题过长，采用约定俗成的简化称谓，全称在该条目中补述。

六、本年鉴收录范围，以温州市现有行政区划为界，时间以2015年1月1日—12月31日为限。其中，温州人在世界各地、温州人在全国各地，主要是反映温州人的创业创新精神，不受地域限制。

七、本年鉴编纂工作在中指办领导和专家的精心指导下，得到温州市各部门、各单位的大力支持，以及广大供稿人的通力合作，借此深表谢忱！

《温州年鉴》编辑部

2016年11月

《温州年鉴》编辑部

策　　划	赵降英
主　　编	魏仕阔
副 主 编	毛少甫　厉　靖　殷　洁　叶　玮
编　　辑	郭东升　潘　达　杨千千　金宸羽
	林剑琴　徐亦子　潘　智
目录英译	杨千千
彩页采编	殷　洁　金宸羽
校　　对	杨建明
排　　版	顾　成

温州市地
金华市
濂竹乡
S220
路桥区
脚桶洋
泽国镇
金清镇
上大陈岛
S226
新河镇
台州列
屏风山
西屏镇
板桥畲族乡
箬横镇
竹源乡
温岭市
积谷洋
S33
石桥头镇
松门镇
S222
城南镇
隘顽湾
石塘镇
石塘镇
石塘水库
紧水滩水库
紧水滩镇
丽
干江镇
云和县
安福乡
S328
安仁镇
披山岛
崇头镇
云丰乡
景宁畲族自治县
大均
澄照
宫
梅岐
S228
鸬鹚乡
英川镇
沙湾镇
大漈
东坑镇
东
山
黄桥
雁溪
毛垟乡
家地
白云尖
上地
竹里畲族乡
张村乡
乌岩岭
司前畲族镇
左溪镇
S228
岭北
天关山
坑底
荷地镇
仙稔
海
天关山
泰顺县
罗阳镇
育秀垟
托溪乡
寿宁县
犀溪
洲岭
南阳镇
平溪乡
白海顶
斜滩镇
范坑
社口镇
潭头镇
福
福安市
图例
设区市政府驻地
省界
设区市界
县(市、区)政府驻地
县(市、区)界
乡(镇)政府驻地
街道办事处
铁路及车站
行政村
S26
高速公路
互通、服务区
国家级、省级风景名胜区
规划高速公路
国家级、省级森林公园
G330
国道及编号
国家级文物保护单位
S226
省道及编号
重要旅游点
县道
山峰
街区路
机场
河流
比例尺：1:60万
温州市勘察测绘研究院　编制
审图号：浙S(2016)140号
本图界线不作为划界依据，基础地理底图资料由
浙江省测绘与地理信息局、温州市测绘与地理信息局提供

温州城区图

乐清市
乐清站
甬台温铁路
茗山风景区
G15沈海高速(甬台温)
G104国道
柳市镇
北白象镇
乌牛
北白象
大桥北
温州绕城高速北线(在建)
七都
磐石镇
瓯江
状元
温州东
浙南科技城
灵昆
灵昆岛
洞头区
瓯江口新区
市域铁路S2线(在建)
瑶溪
龙湾区
蓝田标准厂房
永中
海滨
市域铁路S1线(在建)
温州龙湾国际机场
海滨围垦
永兴
空港新区
沙城
永兴农场
开发区
天河
星海
民科基地
温州经济技术开发区
滨海园区
生态园
天柱风景区
海城
洞头城区
北岙街道
洞头区
东屏街道
乐成
城南
翁垟

2015 年 6 月 23 日～25 日，省委书记、省人大常委会主任夏宝龙（前左二）到温州调研

2015 年 9 月 8 日～10 日，省委副书记、省长李强（左二）到温州调研经济工作

2015 年 2 月 1 日，省委常委、市委书记陈一新（前右二）赴文成县巨屿镇开展挂钩帮扶和春节慰问

2015 年 2 月 16 日，市委副书记、市长陈金彪（左三）督查春节前安全生产工作

2015 年 5 月 13 日，市委副书记、代市长徐立毅（前左二）赴瓯江口产业集聚区调研

2015 年 1 月 28 日，市人大常委会主任陈笑华（前中）调研永嘉温商回归项目

2015 年 1 月 27 日，市政协主席包哲东（前左二）带队赴永嘉县碧莲镇开展春节慰问

2015 年 3 月 30 日，市政协主席余梅生（前中）调研“走乡村看治水”活动

目　　录

机构及负责人

中共温州市委

温州市人大

温州市政府

温州市政协

民主党派和人民团体

法　　治

军　事

农业与农村经济

工业与特色工业

创新型经济

市场 · 商贸

交　通

金　融

旅　游

城乡发展

环境保护

经济管理

公共管理

科 学

教 育

文化·传媒

卫　生

体　育

人　物

县（市、区）

新事趣闻

附　录

索　引

CONTENTS

INNOVATIVE ECONOMY

MARKET • BUSINESS AFFAIRS

TRANSPORTATION

FINANCE

TOURISM

URBAN & RURAL DEVELOPMENT

“十二五”回眸

地区生产总值五年增加0.38倍

年　份	地区生产总值（万元）
2011	33508700
2015	46198400

人均生产总值五年增长0.2倍

年　份	人均生产总值（元）
2011	42278
2015	50809

工业总产值五年增长0.07倍

年　份	工业总产值（万元）
2011	70736100
2015	75555100

农林牧渔总产值五年增长0.17倍

年　份	农林牧渔总产值（万元）
2011	1764900
2015	2074800

社会消费品零售总额五年增长0.51倍

年　份	社会消费品零售总额（万元）
2011	17676400
2015	26743800

全社会固定资产五年增长0.97倍

年　份	全社会固定资产（万元）
2011	17515200
2015	34563900

外贸进出口总额五年降低9%

年　份	外贸进出口总额（万美元）
2011	2157200
2015	1947800

外贸进口总额五年降低32.4%

年　份	外贸进口总额（万美元）
2011	340600
2015	230300

外贸出口总额五年降低5.7%

年　份	外贸出口总额（万美元）
2011	1816500
2015	1711500

金融存款余额五年增长0.29倍

年　份	金融存款余额（万元）
2011	75456000
2015	91270200

金融贷款余额五年增长0.19倍

年　份	金融贷款余额（万元）
2011	63949600
2015	76373800

财政总收入五年增长0.4倍

年　份	财政总收入（万元）
2011	4856200
2015	6779200

城市居民人均可支配收入五年增长0.39倍

年　份	城市居民人均可支配收入（元）
2011	31749
2015	44026

农村居民人均可支配收入五年增长0.6倍

年　份	农村居民人均可支配收入（元）
2011	13243
2015	21235

特 载

温州市“十三五”规划纲要（摘要）

“十三五”时期（2016—2020年），是温州主动适应和积极引领新常态，实现“转型发展”的关键时期；也是努力打造迈入全面小康社会标杆城市，实现“四翻番”目标的决胜时期。为全面落实党的十八届五中全会和省委十三届八次全会精神，根据《中共温州市委关于制定温州市国民经济和社会发展第十三个五年规划的建议》，制定《温州市国民经济和社会发展第十三个五年规划纲要》。本纲要主要阐明温州未来五年发展战略意图，明确政府工作重点，引导市场主体行为，是全市人民共同奋斗的行动纲领。

第一章 转型发展的历史抉择

第一节 过去五年的发展成果

“十二五”期间，面对错综复杂的国内外环境和经济下行压力，全市上下认真贯彻落实中央和省委、省政府的各项决策部署，积极应对地方金融风波等各项风险挑战，凝心聚力、克难攻坚，有效扭转了经济下滑的困局，“十二五”发展取得显著成效。

经济综合实力稳步增强。2015年全市生产总值4619.8亿元，增长8.3%，“十二五”年均增长7.8%；人均生产总值50809元；财政总收入677.9亿元，其中一般公共预算收入403.1亿元，“十二五”年均增长9.7%。

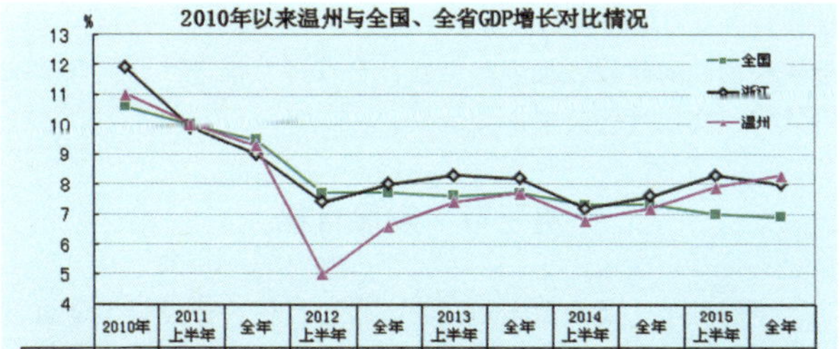

	2010年	2011上半年	全年	2012上半年	全年	2013上半年	全年	2014上半年	全年	2015上半年	全年
全国	10.6	10.0	9.5	7.7	7.7	7.6	7.7	7.3	7.3	7.0	6.9
浙江	11.9	9.9	9.0	7.4	8.0	8.3	8.2	7.2	7.6	8.3	8.0
温州	11.0	10.0	9.3	5.0	6.6	7.4	7.7	6.8	7.2	7.9	8.3

产业结构加快优化提升。不断丰富完善转型升级“组合拳”，产业结构得到优化，第三产业增加值占比达51.8%，形成“三二一”产业结构。传统产业升级步伐加快，工业技改投资年均增长31.4%，“机器换人”和企业股份制改造成效显著。新兴产业培育取得成效，高新技术产业增加值占规上工业增加值比重达36.8%。

基础设施建设成效显著。以空前力度加大固定资产投资，“十二五”累计完成固定资产投资1.28万亿元，是“十一五”投资总量（3380亿元）的3.8倍。基础设施投资累计完成3860亿元，全市交通网、能源网、水利网、信息网、市政网等基础设施网络不断完善，海涂围垦扎实推进，城市框架逐步拉开。

城乡统筹发展扎实推进。城市发展空间进一步拓展，城市建成区面积达231平方公里，洞头撤县设区，温州城市从“瓯江时代”加快迈向“东海时代”。新型城镇化稳步推进，常住人口城市化率达68%，苍南县龙港镇被列为国家新型城镇化综合试点，乐清市柳市镇入选国家中小城市综合改革试点。新农村建设水平不断提高，城乡收入比不断缩小。

改革开放迈出新的步伐。深入实施金融综合改革、民办教育综合改革、社会资本办医综合改革、农村综合改革、民政综合改革等36个国家级改革试点和28个省级改革试点，政府、经济、社会等各领域改革不断向纵深推进。对外开放进一步扩大，温州龙湾国际机场、温州港状元岙港区提升为国家一类口岸，实现对台空中直航和赴台“个人游”，海峡两岸（温州）民营经济创新发展示范区获批。

社会民生得到显著改善。不断加大社会民生投入，重视办好教育、医疗卫生、社保、住房、交通、文化、生态环境等领域的民生实事，切实提升群众幸福指数。以“五水共治”“三改一拆”“四边三化”为引领的环境综合整治成效显著，节能减排任务超额完成，生态环境与居民生活环境不断改善，社会治安持续向好，“六城联创”有望圆满收官。

五年来，全市上下始终坚持稳中求进的工作总基调，坚持“稳增长、促改革、调结构、惠民生、防风险”多措并举，着力促进实体经济回归，着力深化改革开放，着力加强民生保障，实现了经济社会总体平稳运行。

第二节 未来五年的发展环境

未来五年，国际国内宏观环境仍将持续深刻变化，经济社会发展呈现新的阶段性特征。对温州来说，需要认清形势，强化忧患意识和底线思维，坚定发展信心，保持战略定力。

从国际看，国际经济进入金融危机以来的深度调整期，在再平衡中实现艰难复苏。全球经济版图深度调整，经济重心持续向亚太地区移动。全球经济贸易增长乏力，国际和区域经贸规则主导权争夺加剧，地缘政治风险导致外部环境更加复杂。全球科技和产业变革孕育新的突破，绿色低碳经济正在开启一个新的时代。

从国内看，我国正处在全面建成小康社会决胜阶段，经济发展进入新常态。经济发展方式加快改变，新的增长动力正在孕育形成，“中国制造2025”“互联网+”等战略启动实施，新技术、新产品、新业态、新商业模式不断涌现，“一带一路”、长江经济带、京津冀一体化，以及自由贸易区、各类示范区等正在改变区域经济战略版图。经济韧性好、潜力足、回旋余地大，长期向好的基本面没有改变，但发展不平衡、不协调、不可持续问题仍然突出，结构性产能过剩比较严重。从浙江省看，“十三五”是强化创新驱动、完成新旧发展动力转换的关键期，是优化产业结构，全面提升产业竞争力的关键期，是加强制度供给、实现治理体系和治理能力现代化的关键期，是协同推进“两富”“两美”建设、增强人民群众获得感的关键期，是防范化解风险矛盾、夯实长治久安基础的关键期。

第三节 转型发展的战略基础

从战略全局看，温州已经具备转型升级的坚实基础和先导优势。未来五年是我市实现转型发展的关键时期，温州所具有的改革创新、温商网络、自然资源、地理区位、产业基础、人口规模等发展优势将进一步显现，为提升温州在全省乃至全国的发展地位奠定战略基础。

但同时也必须清醒地看到，温州经济社会发展中一些结构性、素质性问题仍然突出，地方金融风险对实体经济的消极影响仍将持续；产业结构路径依赖仍未改观，增长新动力尚未有效形成；半城市化问题依然突出，中心城区首位度亟待提升；资源要素、生态环境对经济社会发展制约更加明显；政府公共品供给与群众不断增长的需求仍不匹配。这些突出矛盾和问题，需要我市在“十三五”时期着力加以解决。

第二章 未来五年的发展蓝图

第一节 战略定位

未来，温州将着眼大局，立足实际，确立更高层次、更长时期的战略定位，以发展理念转变引领发展方式转变，以发展方式转变推动发展质量和效益提高，努力建设民营经济创新发展示范城市、东南沿海重要中心城市。“十三五”时期，温州将在经济发展、改革开放、民生改善、社会治理、环境建设等方面树标杆求突破，加快建设迈入全面小康社会标杆城市。

第二节 指导思想

“十三五”时期，温州经济社会发展的指导思想是：高举中国特色社会主义伟大旗帜，以马克思列宁主义、毛泽东思想、邓小平理论、“三个代表”重要思想、科学发展观为指导，深入贯彻习近平总书记系列重要讲话精神，以“四个全面”战略布局为统领，以“五大发展理念”为指引，以“八八战略”为总纲，以“干在实处永无止境，走在前列要谋新篇”为新使命，以发展为第一要务，以提高发展质量和效益为中心，坚持和发展“温州模式”，深入实施“五化战略”，联动推进经济转型、城市转型、社会转型，努力建设民营经济创新发展示范城市、东南沿海重要中心城市、迈入全面小康社会标杆城市，为率先基本实现现代化奠定更加坚实的基础。

贯彻上述指导思想，推进“十三五”发展的基本要求是：

——坚持创新发展。突出创新在经济社会发展中的重要地位，深入实施创新驱动发展战略，进一步培育发展新动力、拓展发展新空间、构建发展新体制，推动发展从要素驱动向创新驱动转变。坚定不移打好转型升级系列组合拳，把产业结构转型摆在发展方式转变的重要位置，努力构建现代产业新体系、建设创新型城市。

——坚持协调发展。加快温州大都市区空间结构优化和功能重构，以新型城市化为引领，促进城乡一体、区域协同、海陆统筹，形成集约高效可持续的国土空间开发新格局，推动县域经济向城市经济转型。统筹推进物质文明和精神文明、经济建设和社会发展，补齐发展短板，调整收入分配格局，不断增强发展协调性和整体性。

——坚持绿色发展。深化“绿水青山就是金山银山”发展理念，坚持生态立市、绿色惠民，加大环境综合整治和生态系统保护力度，加快建设资源节约型、环境友好型社会，促进人口、资源、环境和经济协调发展，构建绿色发展方式和生活方式，推动形成人与自然和谐发展的新格局，努力打造“美丽温州”。

——坚持开放发展。抓住国家实施“一带一路”和长江经济带战略契机，实施更加主动的国际化发展战略，打造高能级开放合作平台，推进对内对外开放相互促进、“引进来”和“走出去”更好结合，发展更高层次的开放型经济，持续提升国际竞争力，开创温州开放新局面。

——坚持共享发展。加快社会结构转型，推进建设“橄榄型”社会。加快发展社会民生事业，大力推进公共服务均等化优质化，着力增强公共服务供给能力，促进发展成果共建共享。加快法治政府建设，加强和创新社会管理，推进社会治理体系现代化，实现社会公平正义。

第三节 发展目标

今后五年，要确保实现“四翻番”目标，建设迈入全面小康社会标杆城市。具体目标是：

——综合实力显著增强。经济保持中高速增长，全市生产总值年均增长7%以上。在供给侧和需求侧两端发力促进产业迈向中高端，服务业增加值占生产总值比重达到55%。突出创新驱动和人力资本投资，研究与试验发展经费支出相当于生产总值比重达到2.3%。发挥消费的基础作用、投资的关键作用、出口的促进作用，持续增强经济发展动力。

——城乡发展协调有序。发展空间格局不断优化，城市功能加快完善，巩固提升在全省四大都市区的战略地位。新型城市化有序推进，常住人口城市化率达到70%左右，户籍人口城市化率提高到55%；市区一体化进程加快推进，城中村改造取得明显成效，美丽乡村建设水平进一步提高。城乡之间、区域之间居民收入水平、基础设施通达水平、基本公共服务均等化水平等方面差距进一步缩小，县县建成全面小康。

——生态环境持续改善。突出生态资源环境的民生保障作用和经济转型倒逼作用，把控好资源消耗上限、环境质量底线、生态保护红线；能源和水资源消耗、建设用地、碳排放总量得到有效控制；主要污染物排放总量大幅减少，黑臭河和地表水劣Ⅴ类水质全面消除，PM2.5浓度明显下降，按照“不把违法建筑、不把污泥浊水、不把脏乱差的环境带入全面小康”的要求，打造生态低碳的绿色家园。

——人民生活更加幸福。“中国梦”和社会主义核心价值观更加深入人心，人民文明素质和社会文明程度显著提高。教育、医疗卫生、文化、体育等公共服务体系和社会保障体系更加完善，就业质量不断提升，社会分配更加公平，城乡居民收入年均实际增长7.5%，人民群众的获得感更加明显。

——治理水平稳步提升。治理法治化、信息化水平不断提高，人民民主更加健全，法治政府基本建成，具有温州特色的现代化社会治理体系日益完善。全面深化改革工作稳妥推进，重点领域和关键环节体制机制障碍有效破除，市场发展动力、社会创新活力加快释放，努力成为全国全省新一轮改革排头兵和示范区。

温州市“十三五”规划经济社会发展主要指标

表1

	序号	指标名称		单位	2015年基数	2020年目标	年均增长[累计提高]	指标属性
创新发展	1	全市生产总值		亿元	4619.8	6600	7%以上	预期性
	2	人均生产总值		元	50809	72000	7%	预期性
	3	财政收入	财政总收入	亿元	677.9	950	7%	预期性
			一般公共预算收入	亿元	403.1	565	7%	
	4	固定资产投资		亿元	3456.4	5560	10%左右	预期性
	5	服务业增加值占生产总值比重		%	51.8	55	[3.2]	预期性
	6	高新技术产业增加值占规上工业增加值比重		%	36.8	42	[5.2]	预期性
	7	研究与试验发展经费支出相当于生产总值比重		%	1.6左右	2.3	[0.7]	预期性
	8	发明专利授权量		件	1802	3000	10.7%	预期性
	9	全员劳动生产率		万元/人	8.12	12	8.1%	预期性
协调均衡	10	城市化率	常住人口城市化率	%	68	70左右	[2]	预期性
			户籍人口城市化率	%	49.9	55	[5.1]	约束性
	11	城区公共交通出行分担率		%	30	35	[5]	预期性
	12	常住居民人均可支配收入	城乡居民	元	36459	55000	7.5%	预期性
			城镇	元	44026	65000	7.5%左右	
			农村	元	21235	32500	7.5%以上	
	13	互联网普及率		%	65	85	[20]	预期性
绿色生态	14	万元生产总值能耗		吨标准煤	0.4	完成省下达目标		约束性
	15	非化石能源占一次能源消费比重		%	8	12	[4]	约束性
	16	万元生产总值用水量		立方米	46.5	完成省下达目标		约束性
	17	耕地保有量		万亩	366	348.35	—	约束性
	18	万元生产总值耗地量		平方米	30.4	22.2	—	约束性
	19	万元生产总值二氧化碳排放量		万吨	0.7（2014）	完成省下达目标		约束性
	20	主要污染物排放削减率	化学需氧量	%	—	完成省下达目标		约束性
			二氧化硫	%	—	完成省下达目标		
			氨氮	%	—	完成省下达目标		
			氮氧化物	%	—	完成省下达目标		
	21	空气质量	市区细颗粒物（PM2.5）平均浓度	微克/立方米	44	≤40	—	约束性
			市区空气质量优良天数比率	%	85.7	>87	[1.3]	
	22	省控断面Ⅰ—Ⅲ类水质比例		%	60	75	[15]	约束性
	23	森林增长	森林覆盖率	%	60.03	>62	[2]	约束性
			林木蓄积量	万立方米	2800	3400	[600]	

续表

	序号	指标名称		单位	2015年基数	2020年目标	年均增长[累计提高]	指标属性
开放合作	24	外贸进出口	货物贸易出口	亿美元	171.2	198.5	3%	预期性
			服务贸易出口	亿美元	34	54	10%	
			外贸进口	亿美元	23.6	30.2	5%	
	25	实际利用外资		亿美元	3	五年20	—	预期性
	26	集装箱吞吐量		万标箱	56	100	12.3%	预期性
	27	航空旅客吞吐量		万人	736.1	1200	10%	预期性
共建共享	28	城镇新增就业人数		万人	12	五年42.5	—	预期性
	29	新增劳动力平均受教育年限		年	—	—	[0.5]	约束性
	30	每千人口执业（助理）医师数		人	2.6	3.5	[0.9]	预期性
	31	每百名老人养老机构床位数		张	4.3	6	[1.7]	预期性
	32	人均预期寿命		年	80.65	81.5	[0.85]	预期性
	33	城镇保障性安居工程		万套	3.67	五年10	—	约束性
	34	亿元生产总值生产安全事故死亡率		%	0.108	0.067	—	约束性

说明：1. [] 内为五年累计增加或提高的数值
2. 全市生产总值、人均生产总值、城乡居民收入绝对值按现价计算，速度按可比价格计算
3. 除每百名老人养老机构床位数为户籍口径外，其余人均指标均为常住人口口径
4. 2015年公安部户籍报表及城镇人口口径有较大调整，故2015年户籍人口城市化率与上年变化较大
5. 新增劳动力平均受教育年限目前温州无数据统计，故2015年和2020年数据空缺

第四节　战略重点

围绕“十三五”发展目标，必须精准发力，突出四大战略重点：

——综合交通先行。着眼于温州都市区构建，加快综合交通枢纽建设。以“直通高铁、加密高速、提升机场、优化港口、发展城轨、完善城网、建设枢纽”为抓手，加快实现对外交通互联互通、快捷高效，对内交通通畅有序、换乘便捷，进一步改善温州区位交通条件，努力打造我国东南沿海重要交通枢纽城市。

——陆海统筹推进。着眼于东部新增长极打造，大力推进湾区经济发展。重点谋划构建东部区域发展新格局，深化交通导向型开发模式和产城融合发展理念，科学实施海涂围垦建设，推进海岛、海湾、海港“三海”联动，全面实现东部发展环境联合共治、产业协调共育、新城一体共建、设施互联共享，开创产城融合的东部发展新局面。

——城区首位度提升。着眼于都市核心区集聚辐射力增强，推进市区城市面貌根本改善和城市功能品位提升。大力实施市区70个以上城中村整体连片改造，推进旧厂房、旧市场搬迁改造和旧小区改造提升，切实改变城市形象。推动中心城区空间布局、产业结构、环境整治、城市管理、服务质量加快转变；增强中心城区交通、教育、医疗、文化、金融、商务等要素集聚辐射能力，促进城市发展由粗放向精致转型。

——产业人才联动。着眼于温州实体经济提质提效，全力推进产业转型升级和人才引进培育。着力打造高端产业平台，加大对领军企业、高成长型企业扶持力度，形成大企业“顶天立地”和小企业“铺天盖地”的生动局面；完善人才政策，形成能吸引人、留住人、成就人的良好环境，加大招才引智力度，促进产业人才联动发展，推进产业由中低端向中高端迈进。

第三章　建设高能级的现代化大都市

以综合交通建设为突破口，改善温州区位交通条件；以城中村改造为重点，优化城市空间布局，提升中心城区首位度；以提升城市功能为切入点，建立弹性适应的现代化城市运行管理体系，为建设现代化大都市提供有力支撑。

第一节　打造现代化综合交通枢纽城市

优先发展对外综合交通。把综合交通建设作为基础设施建设的重点，强化交通导向型的城市开发理念和模式，实施综合交通投资倍增计划，打造我国东南沿海重要交通枢纽城市。加强与国家高铁干线的连通，规划建设杭温高铁、温武铁路，积极谋划温福高铁，加快融入全省“1小时交通圈”；加快高速公路建设，推进高速连接通道规划建设，新增高速公路300公里，高速公路密度达到全省平均水平，基本形成“两纵两横两连一绕”的高速路网格局，实现全市高速公路“县县通”；实施温州龙湾国际机场扩能提升，加快成为千万人次以上客流的区域性航空枢纽港，航空货邮吞吐量达15万吨；大力推进温州港整合提升，积极融入全省港口一体化发展，港口货物吞吐量达1.1亿吨，其中集装箱吞吐量达100万标箱；按照一体化布局建设、零距离换乘、无缝化衔接的要求，大力推进综合交通枢纽建设。

加快市域快速通道建设。推动都市区主中心连接副中心、县城以及重要中心镇的快速通道建设，加快实现都市区内部通勤一体化，形成市域内“1小时交通圈”。加强国省干线公路改造力度，形成功能清晰、结构合理的国省干线公路网，构建各县（市、区）到中心镇“半小时交通圈”。加快市域轨道交通建设，建成投用S1线一期、S2线一期工程，加快推进S3线一期工程建设。加强城市道路交通设施建设，加快规划建设立

体型城市快速路，打造合纵连横的快速路网，提高城市交通的快捷通达能力。

大力发展城市公共交通。全面推进道路建设整治，以“道路有机更新”带动“城市有机更新”。深入实施交通拥堵治理工程，城市交通拥堵状况明显改观。合理分配城市道路资源，优化完善微循环和慢行系统，加强常规公共交通与轨道交通、枢纽站场有效衔接的设施布局建设。实施公共交通优先发展战略，积极谋划地铁等城市轨道交通，进一步优化 BRT 线路布局，完善轨道交通、快速公交、常规公交相协调的多层次公共交通体系。优化公交站点布局，加快首末站、停靠站建设，提高公交智能化水平，积极引导市民绿色出行，城区公共交通出行分担率达到 35% 以上。加大公共停车场建设，建设一批生态停车场、立体停车库、桥下地下停车设施，有效缓解停车难问题，市区五年新增机动车泊位 15 万个。

第二节　提升中心城区首位度

全力推进城中村改造。以城中村改造为突破口，全面优化中心城区空间结构、产业结构，美化城市环境，提升中心城区发展质量，增强要素集聚辐射能力。紧密结合“三重”区域（重点区域、重要廊道、重点项目）及水岸同治，整村改造、连片推进，五年内全面完成市区 70 个以上城中村改造整治。拓展城市建设融资渠道，积极争取国开行、农发行棚户区改造等专项贷款，形成多层次、多元化、多渠道的城市建设融资体系。结合城镇低效用地再开发利用，进一步提升拆后利用水平。加快市区“退二进二”步伐，切实改变城市商住区、工业区、城中村相互混杂的现状。实施城市门户、主干道、历史街区、旧厂区综合改造，推进城市有机更新。

加快中心城区特色发展。坚持高标准定位、高质量建设，以重点突破带动城市提升发展。鹿城区重点围绕滨江商务区、中央绿轴、双屿综合整治和七都新城等区块，积极培育五马—大南千亿级商圈，加快以楼宇经济为主体的现代服务业发展，打造现代商贸与历史文化相融合的高品质核心区。龙湾区重点建设中心区、浙南科技城、空港新区、状蒲片区等区块，打造生产性服务业优势明显、创新要素集聚的东部发展中心。瓯海区重点围绕中心区、站前商贸区、牛山片、梧白片等区块，依托高教园区，打造商贸、医教特色鲜明的高铁经济新城区。理顺大罗山管理体制，加快三垟湿地公园建设步伐。洞头区重点推进环海西湖城市核心区建设，启动全域景区化改造，实现基础设施、社会事业共建共享，加快同城发展、建设“海上花园”。

建立市区一体化发展机制。以市区联动、统分结合、优势互补、共同发展为原则，加快产业布局、基础设施、公共服务、城市管理等一体化步伐。进一步理顺市、区两级关系，整合优化部门职能，建立健全一体化发展协调机制，推进城市运行管理高效有序。进一步发挥规划引领作用，加强国民经济和社会发展规划、城市总体规划、土地利用总体规划和环境保护规划等多规融合，统筹市区土地、产业等各类资源配置，优化产业空间布局。加强政策支持保障，统一市区招商引资、文化教育、医疗卫生、就业保障等相关政策，推进公共基础设施共建共享，逐步实现中心城区公共服务一体化。

第三节　提高城市建设管理水平

提升城市功能品质。巩固提升“六城联创”成果，进一步优化城市宜居环境。创新城市运行管理模式，提高城市精细化管理水平，着力推进城市管理的科学化、法治化、规范化、智能化。加强城市设计，强化规划的控制力和引导力，着力构建大疏大密、层次清晰的城市空间格局。加强城市环境整治，深入开展市区入城口整治和示范街（路）创建活动，提升城市绿化、洁化、亮化、序化、彩化水平。加强城市噪声防治，着力提升声环境质量。科学合理利用地下空间，鼓励社会力量进行商业开发和建设地下停车设施。推进城市地下综合管廊建设，统筹各类市政管线规划、建设和管理，加快排水设施及管网建设、雨污分流改造、易涝点整治、应急强排设施建设。加强雨洪资源利用，加快“海绵城市”建设，提高城市防洪排涝减灾能力。推进城乡垃圾一体化收集、运输及处置体系建设，加快生活垃圾分类投放、分类收运和分类处理，促进生活垃圾处理减量化、资源化、无害化。

推进智慧城市建设。不断完善信息基础设施，加快“光网城市”“无线城市”等工程建设，全面推进“三网融合”。推进政府大数据平台建设，建立温州城市云计算中心，提升政府信息化治理能力。加快实施信息惠民工程，充分利用大数据、云计算等信息化手段，整合政府、企业和社会各类公共服务资源，构建统一的信息惠民公共服务门户，形成全民共享的智慧民生服务体系，进一步提升基本公共服务质量和均等化水平。到2020年，全市互联网普及率达85%，努力建成国家智慧示范城市、国家信息惠民示范城市、国家智慧旅游示范城市和“宽带中国”示范城市。

强化资源供应保障。加强城市水源保障，形成北以南岸水库、楠溪江供水工程为核心，南以珊溪、赵山渡水利枢纽为核心，辅以江河引水的南北互补、多源共给的水资源配置格局，到2020年，力争新增供水库容3.9亿立方米。以新能源示范城市建设为目标，大力推进核能、风能、太阳能、水能等清洁能源发电设施建设，新增可再生能源电网装机容量900兆瓦。推进输变电工程以及智能电网建设，新扩建和改造变电站500千伏3座、220千伏17座、110千伏67座。加快燃气管道建设与改造，建成天然气长输管道257公里，管道年供气量达到7.8亿立方米，实现省级干线沿线天然气“县县通”。建成甬台温成品油长输管道120公里，年供油量210万吨。

第四章　构筑陆海统筹的战略增长空间体系

进一步拓展城市发展空间，提升城乡统筹发展水平，坚持陆海统筹，建立以规划引领为主导的战略增长空间体系，推动温州由“瓯江城市”向“东海城市”发展。

第一节　优化市域空间发展格局

落实主体功能区战略。全面落实主体功能区规划，分类引导我市优化开发区域、重点开发区域、限制开发区域和禁止开发区域建设，统筹人口分布、经济布局、土地利用、环境保护，打造生产、生活和生态相互协调的空间格局。以鹿城区为重点，推动产业向开发区和园区集中，合理控制城镇建设用地规模，疏散城市人口，加快城市有机更新。适度扩大乐清、瑞安等国家重点开发区域产业和城市居住等建设空间，增强中心城市综合服务功能，扩展城市新区，统筹建设市政基础设施和公共服务设施，不断提升城市综合承载能力和辐射带动能力。推进文成、泰顺国家主体功能区建设试点，积极争取加大生态补偿力度，因地制宜发展绿色经济，引导超载人口有序转移。加大国家级森林公园、风景名胜区等禁止开发区域保护力度，根据全市自然资源禀赋和经济发展基础，合理划定农业空间和生态保护红线，加强管控。

打造东部新增长极。推动城市“跨江面海”发展，将东部打造成为温州未来发展新增长极。提升东部城区城市功能，有序推进“退二进三”“优二进三”，实现产业结构调整和转型升级；做强做大乐清、瑞安、平阳、苍南产业功能，助推东部产业大发展。坚持统分结合，市、区联动，健全东部管理、规划和建设体制，实现优势互补。科学谋划温州东部综合交通大枢纽，加快高铁、高速、机场、港口、市域铁路有效衔接，实现功能重组重塑，拉动温州都市区发展。

加快湾区经济发展。大力推进海港、海湾、海岛“三海联动”，统筹推进以乐清湾、瓯江口、洞头列岛等为重点的湾区保护和开发，协同推进湾区基础设施互联、沿湾产业提升和湾区新城建设。高效利用乐清湾围垦用地，形成湿地保护、滨海旅游、临港工业等基本功能。协调推进瓯江口及洞头列岛海域河口整治、围填海造地和港口建设，形成港口运输、临港工业、滨海旅游、综合服务等基本功能。实施蓝色海湾整治行动，谋划一批符合都市发展需求的亲海、绿色、共享的重大海洋生态项目，打造海洋生态廊道、滨海湿地公园、碧海蓝天等工程。科学谋划海涂围垦，大力推进瓯飞一期、浅滩二期、瑞安丁山三期西片、平阳中期围垦、苍南江南围垦等一批重点围垦工程建设，提高已围垦土地利用率，破解沿海地区土地要素制约。

第二节　统筹城乡区域发展

完善市域城镇体系。构建“一主两副三极多点”的大都市空间布局，坚持市区一体化、瓯江两岸同城化、环大罗山协同化发展，推进县域经济向城市经济转型。推进温瑞平原一体化发展，完善规划和政策协调机制，破除现有行政区划的分割，联动推进瓯海三垟—茶山片、龙湾永强片、经开区海城片、瑞安塘下片发展，推动瑞安与温州市区融合。推进乐清柳市、北白象、乐成等瓯江以北地区与瓯江以南地区互动发展，形成辐射环乐清湾城镇群的门户。加快永嘉瓯北、三江片融入中心城区，推进瓯北上塘一体化发展。加快平苍副中心建设，打造“美丽浙江南大门”，建立平苍区域协调发展机制，促进鳌江流域一体化发展，推进基础设施互联互通，加强产业布局的协调衔接。加快文成、泰顺“小县大城”建设，积极培育和发展“旅游小镇”，推动都市区生态功能板块后发崛起。

加快新型城市化进程。深入推进以人为核心的新型城市化，有序推动农业转移人口市民化，实现农业转移人口收入来源非农化、生活方式市民化和基本公共服务均等化。加快户籍制度改革，实行差别化落户政策，完善积分落户制度，促进转移人口在城镇落户，到2020年户籍人口城镇化率提高至55%。优化小城市及重点镇布局，深入推进龙港国家新型城镇化综合试点和柳市国家中小城市综合改革试点，加快塘下、鳌江、大峃、罗阳等小城市培育试点，全面提升城镇集聚度和发展水平。按照“小政府、大服务”的思路，创新特大镇行政管理，降低行政成本，提高行政效率，实现精干高效管理，加快实现向小城

市转型发展，为浙江省乃至全国推进新型城镇化提供可复制、可推广的经验和模式。

推进美丽乡村建设。完善城乡规划建设一体化机制，加快形成城乡建设、生产力布局、生态保护等有机衔接、相互统一的规划体制。因地制宜推进新农村建设，优化村庄布局，分类推进村庄整治，打造美丽乡村升级版。深入实施历史文化村落保护利用工程，加强古民居古建筑修复开发。发挥生态旅游资源优势，挖掘文化内涵，发展民宿经济，推动农（渔）家乐提档升级，打造一批特色示范村。加强农村基础设施建设，推进农村公路建设和改造，进一步完善农村垃圾、污水处置系统，实施农村饮水提质工程。加快农村电气化建设，完善农村宽带网络设施、邮政设施，推进农村信息化发展。推进畜禽养殖业转型提升，切实减少农业面源污染。

第三节　完善产业空间布局

加快平台整合提升。以高新区（浙南科技城）、瓯江口产业集聚区、浙南产业集聚区（经开区）为龙头，以乐清经济开发区等一批省级产业园区为重点，整合提升我市产业发展平台，推进重点区块（行业）专项整治，坚决淘汰落后产能。各产业平台按照“错位发展、特色发展、集群发展”的原则，深化细化平台定位，避免同质竞争；明确1个主导产业，培育1—2个特色产业，严控非主导产业引入，做大做强主导产业，提升主导产业核心竞争力。按照功能明确、边界明晰、主体落实、体制到位的要求，加强中心城区城市功能和工业结构调整，推动中心城区工业向省级以上重大产业平台转移集中。建立产业转移机制，完善财政、用地、考核等配套政策，利用货币补偿、功能置换等政策支持，加快工业企业搬迁改造步伐。

温州市“十三五”产业平台布局图

提高平台运行效能。着力打造高效能产业平台，推动产业平台成为我市经济发展的增长极、招商引资的主阵地、结构调整的主战场。加强各产业集聚区、开发区（工业园区）、小微园基础配套设施建设，增强承接企业迁入的能力，降低企业生产成本，确保企业落户后具备生产经营的良好条件，推动园区集聚发展。全面优化各类发展平台管理体制，建立“一个产业平台、一个管理主体、一套班子队伍”的管理体制，理顺平台与所在街（镇）的职责、权力和工作机制。进一步提升小微企业创业园的要素集聚能力和企业服务水平，打造温州小微企业特色发展集聚地和创新创业高地。

推进产城融合发展。全面落实产城融合发展理念，统筹谋划产业、城市、生态功能布局，形成以生态环境为依托、现代产业体系为驱动、生产性和生活性服务相融合、多元功能复合共生的新型城区。依托国家级和省级（经济）技术开发区、高新技术产业园区、产业集聚区，促进产业集聚发展，提高产业综合竞争力和企业经济效益。完善产业集聚区的城市功能，加快科技创新平台建设，提高教育、医疗、文化、体育等公共资源配置水平，吸引人才、技术等高端要素集聚，为先进制造业发展提供支撑。

第五章　打造大众创业万众创新新引擎

深入实施创新驱动发展战略，不断深化改革，完善提升区域创新体系和创新平台布局，充分激发市场主体的创新创业活力，加快形成以创新为引领和支撑的经济体系和发展模式。

第一节　强化创新创业平台支撑

加快高端创新平台建设。加快浙南科技城建设，推进科研院所、高端人才、孵化平台、科技服务及创投资金等创新要素集聚发展，逐步构建区域创新体系，进一步增强经济发展核心竞争力和发展后劲；重点发展激光与光电、新材料、生命健康、新能源环保、新一代信息技术等科创产业，配套发展科技服务业、商务服务业、科技金融服务业等生产性服务业，把浙南科技城打造成为“立足温州、辐射浙南、影响全省”的科创要素集聚新高地和科技金融融合新平台。完善温州国家级高新区体制机制，进一步加快创新发展。推进国家大学科技园建设，引进优秀企业和团队，优化运作机制，完善保障措施，打造环大学科技园经济产业带。创建一批省级高新技术产业园区，到2020年，力争全市高新技术产业增加值占规上工业增加值比重达42%。

浙南科技城规划图

培育一批特色小镇。聚焦全省“七大万亿产业”，突出我市五大支柱产业改造提升，兼顾十大新兴产业及各地历史经典产业，把创新要素与产业项目更加紧密地结合起来，着力打造

集创新链、产业链、人才链、服务链等要素支撑的特色小镇创新创业生态系统。加快推进瓯海时尚智造小镇、瓯海生命健康小镇、苍南台商小镇、文成森林氧吧小镇、平阳宠物小镇等一批省级特色小镇创建，加快培育各类省市级特色小镇，构建梯度培育、滚动推进的特色小镇创建格局。

大力发展众创平台。鼓励企业盘活存量资源，改造建设形式多样、主题鲜明的众创空间，加快文昌路、梧田老街等一批众创社区、街区建设，推进小微企业创业创新基地、专业孵化器建设。围绕市场化、专业化、集成化、网络化的发展方向，加快众创、众包、众扶、众筹"四众"等新模式新业态发展。提升创新创业服务水平，鼓励发展研究开发、技术转移、检验检测认证、知识产权、科技咨询、科学技术普及等创新服务，为企业（项目）发展提供支撑服务。完善创新创业金融支持，加大企业（项目）融资支持力度，大力推动科技金融发展。鼓励行业领军企业、创业投资机构、投资人、社会组织等社会力量积极参与众创空间建设。加快"梦想小镇"建设，集聚1万创业人才，努力打造成为温州最具示范意义、最高水平的众创空间。到2020年，全市创建市级众创空间100家以上。

第二节　着力培育创新创业主体

突出企业创新主体地位。实施创新型企业培育行动计划，完善科技创新风险投资机制，充分发挥政府产业引导基金作用，大力引进创投基金，加快培育创新型领军企业、高新技术企业和科创型中小企业。引导企业完善科技人员企业股权激励机制，加强自主研发机构建设，大力实施重点企业研究院、重大技术攻关、重点创新团队"三位一体"自主创新推进工程，到2020年，各龙头企业、品牌企业、高新技术企业争取普遍建立研发机构，全市企业研究与试验发展活动人员数达到6万人。推进企业科技创新和商业模式创新互动发展，积极开展产业创新、装备更新、要素利用方式创新、企业组织方式创新。激发科技型中小企业的创新活力，培育一批"专、精、特、新"的中小企业，到2020年，力争全市产值10亿元以上企业达100家，高新技术企业和科技型中小微企业数量翻一番。落实企业研发费用加计扣除、扩大固定资产加速折旧等政策，推动设备更新和新技术应用。

深化科研机构共享合作。充分利用温州大学、温州医科大学等高校特色资源和优势，加强同国内外科研机构合作，大力引进大院名校和国内外创新资源共建创新载体，兴办各类实验室、公共创新平台，培育和引进新产业。办好中津先进科技研究院、北航温州研究院、华中科技大学温州先进制造技术研究院、兰州理工大学温州泵阀工程研究院等创新平台，建成中科院温州生材所。积极探索"政府出资，龙头企业、研究机构、高等院校合作"的公共技术平台建设新路径、新模式，实现项目、资金、人才和场所四到位，为产业发展提供有力支持。

重视人才引进培养。深入实施人才优先发展战略，创新完善人才工作体制机制，积极构筑人才政策高地，着力营造全社会尊重劳动、尊重知识、尊重人才、尊重创造的浓厚氛围。做强做优浙南科技城等人才发展平台，加强省级企业研究院、院士专家工作站、博士后工作站等建设；发挥民营企业集聚人才的主体作用，围绕产业链、科技链打造人才培养链。大力引进国家"千人计划""万人计划"人才，深入实施领军型创新团队引进培育计划等一批重点人才工程。积极搭建全方位人才服务体系，妥善解决好住房、子女入学、医疗保障、户籍迁移等问题，加强"人才社区"建设，落实人才工作"新政十条"。加快全方位的人才培育体系建设，加大对紧缺型、适用型人才的培育力度，支持"双元制"产业人才培养模式，加强温商、科技人才、高技能人才、实用人才、青年人才队伍建设。建立人才分类评价机制，深化人才选拔使用方式改革，完善激励保障机制，进一步激发各类人才创新创业的活力。

第三节　强化创新创业支撑保障

深化科技体制改革。优化科技创新资源配置，加强改进财政科研项目和资金管理，建立以需求和绩效为导向的科技经费管理体制。加大政府科技投入力度，健全财政性科技投入稳定增长机制。进一步理顺科研院所的管理体制，深化产学研用协同创新。建设一批行业和区域科技创新服务平台，实施科技创新券制度和科技报告制度。深入实施知识产权战略，加快建设国家知识产权强市，到2020年，全市发明专利授权量达3000件。完善知识产权创造、运用和保护机制，构建行政、司法与行业自律相结合的知识产权保护体系。

推进重大科技成果转化。实施重大科技专项，加快推进一批基础较好、有望突破、前景良好的重大科技项目。鼓励采取股份制、共同出资、技术入股等形式组建研发实体，建立优势互补、风险共担、利益共享的紧密型产学研同盟。研究制定促进科技成果转化的政策，建立多层次多渠道成果转化投入机制，加强与产业技术创新密切相关的应用技术研究，促进关键技术联合攻关和重大装备消化创新，积极推进科技创新产业化，到2020年，全市规模以上工业新产品产值超2000亿元。大力推进科技大市场建设，打造区域科技成果交易中心。大力发展科技中介机构，壮大技术经纪人队伍，培育和繁荣技术市场。

积极营造创新创业氛围。建立健全鼓励创新创业的政策体系，落实人才住房、创业贷款担保贴息、初创期社会保险费补贴等政策措施。加大对创业全链条的支持，完善创新创业支撑产业链及信息、商务等配套服务，推动形成服务创业的市场业态。引导天使投资和创业投资支持创业企业，探索开展私募股权众筹试点。建立市场化的创新方向选择机制和鼓励创新的风险分担、利益共享机制，探索建立创新利益共同体（创新联盟）模式和创新创业失败援助体系，鼓励支持多次创业。探索开展高校创新创业教育改革，支持开办创业相关课程，鼓励支持有条件的院校创办创业学院。

第六章　构建质量效益型的现代产业体系

以"中国制造2025"行动纲领和"互联网+"行动计划为指引，以"五一〇"产业为导向，推进供给侧结构性改革，坚持存量提升与增量扩大并举，打造现代产业体系，做大做强温州制造和温州服务品牌，激发民营企业发展活力，努力构筑我市产业发展新优势。

第一节　加快产业结构调整优化

提升发展温州制造。编制实施《中国制造2025温州行动纲领》，努力建成以先进装备为核心的智能制造集聚区，全面推进温州由制造大市向制造强市转变，力争到2020年工业增加值突破2300亿元。推动电气、汽摩配、泵阀等传统制造业向中高端装备制造业转型，大力引进高端引领项目，加强高新技术和先进设备的应用，加快培育一批高端装备产业集群。加快推进鞋业、服装等传统轻工产业向时尚智造转型，努力提升设计水平，大力培育品牌文化，推广在线定制、众筹设计、线上线下融合等柔性制造模式。加快实施“两化”深度融合，全面提升智能制造水平，分层次推进企业“机器换人”、生产过程智能化和协同制造，全面提升制造业核心竞争力，努力实现规上工业企业“机器换人”全覆盖，全员劳动生产率达12万元/人。积极推进生产方式绿色化，加快构建科技含量高、资源消耗低、环境污染少的产业结构。实施“温州制造”质量提升计划，加快法规标准体系、质量监管体系、先进质量文化建设，推动标准强市、品牌强市建设，全面建成质量强市，打响“温州制造”品牌。注重本土建筑业龙头企业培育，大力推进建筑业技术创新、管理创新，积极推广装配式建筑，力争到2020年建筑业产值突破2000亿元。

加快发展现代服务业。优先发展生产性服务业，加快与生产制造的深度融合，推动生产性服务业向专业化和价值链高端延伸，突出发展金融、信息、商务、科创等重点领域。提升发展生活性服务业，推动生活性服务业向精细化和高品质转变，加快推进商贸、教育文化、生命健康等服务业发展。大力推进服务业强县（市、区）建设，提升发展服务业集聚示范区，积极打造生产性服务业集聚平台，深化各类服务业改革试点。加快服务业品质塑造和质量提升，促进服务业标准化、规模化、品牌化、国际化发展。依托港口、机场、铁路、公路等交通枢纽，加强智能化物流基地建设，培育和引进一批大中型物流企业，大力发展现代物流业。实施旅游发展三年行动计划，将旅游业打造成为千亿级产业，加快推进雁楠旅游一体化，积极打造洞头国家海洋公园、环飞云湖国家公园，支持平阳、文成、泰顺、苍南融入浙皖闽赣国家东部生态旅游实验区，打响“神奇山水·传奇温州”品牌。积极化解房地产库存，扩大有效需求，促进房地产市场持续平稳健康发展。

大力推进农业现代化。完善现代农业生产体系，高水平建设现代农业园区和粮食生产功能区，全力推进现代生态循环农业示范区建设，加快农业“设施增地”和“机械换人”步伐，稳定粮食生产和农产品有效供给，提升农业生产水平。完善现代农业经营体系，着力培育现代农业经营主体，深入实施农民素质提升工程，培育新型职业农民；发展多种形式的适度规模经营，加快推进生产、供销、信用“三位一体”农民合作体系建设，加快农业电商发展。完善现代农业产业体系，积极培育农业产业集聚区和现代特色农业强镇，大力发展高效特色效益农业，培育和发展品牌农产品，发展休闲农业、农家乐休闲旅游业、时尚农业，加快推进农业一二三产融合发展，提高农业质量效益和市场竞争力。

第二节　扶持民营企业跨越发展

扶持企业做优做强。深入实施“三名”工程，坚持企业主体与政府引导、联动推进与分级培育、动态管理与优胜劣汰相结合的原则，通过引导土地、能源、环境容量指标向培育企业重点项目倾斜，支持开展兼并重组，鼓励企业创新投入，推动全产业链发展，强化人才引留支持等举措，加快培育一批主业突出、核心竞争力强、发展速度快、质量效益好、带动作用明显的领军企业（集团）。大力培育发展“四新”企业，加快形成以龙头企业为引领、高成长型企业协同发展的企业梯队。深入实施小微企业成长计划，构建小微企业成长的工作机制、服务平台和政策体系，促进小微企业集聚、集约、集群发展，继续推进“个转企”“小升规”，推动企业上规升级。引导企业更加重视质量建设、品牌建设和标准建设。

积极引导对接资本市场。围绕实体经济转型升级，加快构建以市场经济为基础的现代企业制度，努力推动温州区域资本市场全面建设。多渠道做好资本市场后备资源的发掘和培育工作，加大政策和服务支持力度，探索企业创新与资本市场的对接机制。鼓励和引导实体企业对接多层次资本市场各板块，重点支持发展潜力大、产业带动力强、有利于加快区域转型升级的企业在资本市场各板块挂牌上市，到2020年，争取全市境内外上市公司总数达40家。强化上市公司区域经济发展主力军作用，推动上市公司开展并购重组整合各类资源。

强化行业联盟导向作用。鼓励行业建立同业联盟、异业联盟、产业链联盟，推动行业协会（商会）参与产业技术标准和产业政策制订。加快推进行业协会（商会）体制改革，逐步将政府事务性、辅助性等职能，以适当方式依法转移给行业协会（商会）承担。充分发挥行业协会、社会组织、高校和科研机构等在行业自律、第三方公共服务等方面作用，形成产业组织结构和产业经济结构相互适应、相互促进的局面。

第三节　推进产业供给侧动力培育

培育现代新兴产业。培育产业发展新动力，推进战略性新兴产业规模化，发挥产业政策导向和促进竞争功能，培育和发展信息经济、旅游休闲、现代物流、激光与光电、临港石化、轨道交通、通用航空、新材料、文化创意、生命健康等十大新兴产业，形成具有温州特色的现代新兴产业体系。进一步完善产业发展方向和布局导引，建立健全统计体系和评价体系，实施产业项目动态管理。加快破解资金、土地、人才等要素制约，推进一批有引领性、带动力强的项目建设，提升新兴产业发展加速力和承载力。

推进企业减负增效。加大力度淘汰落后产能，狠抓重污染高耗能行业整治提升，分类有序化解过剩产能，严格控制增量。创新破产案件审理方式，有效处置僵尸企业，促进企业兼并重整，盘活存量资产，有效解决设施和土地等要素资源闲置浪费问题。全面落实企业税费减免政策，引导企业用好用足优惠政策，千方百计降低制度性交易成本和工业用地成本，有效降低企业商务成本，努力提高企业效益。加强对企业的帮扶，化解

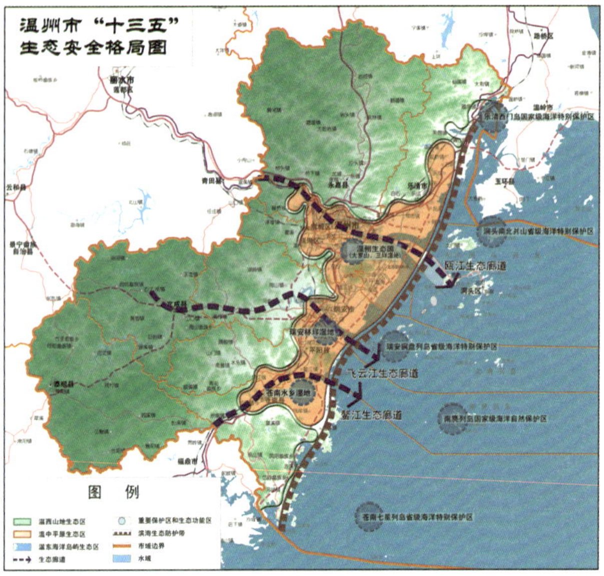

企业金融风险，营造扶商、安商、惠商的良好市场环境。

促进“互联网+”跨界融合。实施温州“互联网+”行动计划，构建网络化、智能化、服务化、协同化的新产业新业态新模式，努力建设信息经济大市，到2020年，信息化发展水平位居全省前列，信息化发展指数达到0.95以上。积极推动新一代信息技术发展，加快物联网、云计算、大数据的研发和在全社会各领域的示范应用，推进重要基础设施智能化改造，提升软件服务、网络增值服务等信息服务能力。积极做大做强电商经济，加快电子信息产业园区建设，培育发展一批综合性电商街区，率先培育发展微商经济，促进线下与线上融合、实体与网络联动。支持基于互联网的各类创新，推进产业组织、商业模式创新。

以新供给创造新需求。创新产品和服务供给，全面提升企业制造力、品牌优势和产品质量，促进个性化、多样化消费回流。牢牢把握消费升级的新变化和新市场，积极拓展服务消费、信息消费、绿色消费、时尚消费等发展新空间，培育教育、健康、文化、体育、家政服务等新的消费热点，加快潜在消费需求向现实消费的转化，促进消费稳定增长和结构升级。进一步改善消费环境，完善促进消费政策体系，加大市场监管力度，维护消费者合法权益。

第七章　建设生态低碳的绿色家园

按照“绿水青山就是金山银山”发展理念，加强突出环境问题综合治理，推进资源节约集约利用，建立生态文明制度体系，以景区化理念实施生态保护和环境美化，促进社会经济与资源环境协调发展，努力建设绿色家园。

第一节　加强环境综合治理

深入实施“五水共治”。积极开展“水岸同治”，重点抓好垃圾河、黑臭河治理，以鳌江水质改善为重点，全面深化瓯江、飞云江、鳌江三大水系重点流域污染综合整治，以温瑞塘河为重点，深化平原河网污染综合整治。继续推进城镇污水处理厂和配套管网建设，推进污水处理厂提标改造，基本实现县城和城市建成区污水全收集全处理全达标。抓好农业和农村污染治理，强化畜禽养殖、种植和水产养殖污染治理，加强设施建设，基本实现农村生活污水处理设施全覆盖。健全完善水质监控、预警和应急处置机制，全面完成地表水交接断面自动监测系统建设。到2020年，省控断面Ⅰ—Ⅲ类水质比例达75%，全面消除地表水劣Ⅴ类水质断面，基本建成美丽浙南水乡、国家级水生态文明城市。

持续改善空气质量。深入实施大气污染防治计划，加强雾霾监测预警，改善全市环境空气质量。加快能源结构调整，严格煤炭消费总量控制，抓好高污染燃料锅(窑)炉淘汰改造工作，推动工业园区集中供热和煤改气(电)；严格控制煤电无序增长，大力发展绿色清洁能源，提高非化石能源消费比重。深化工业废气治理，重点抓好合成革、涂装等10个主要行业综合治理。加强机动车排气污染防治，全面淘汰黄标车，积极推进车用油品质量升级和汽车油改气（电）；优化城市交通网络和公众出行方式，鼓励发展和推广使用新能源汽车。加强建筑工地和道路扬尘控制，开展县城以上城市城区餐饮油烟治理，加强秸秆、垃圾露天焚烧长效管理。到2020年，全市空气质量进一步提升，市区空气质量优良天数比率达87%以上，市区细颗粒物(PM2.5)浓度下降到40微克/立方米。

强化土壤综合治理。实施永久基本农田土壤污染治理，加快农田土壤污染修复示范区建设。理顺土壤保护监管体制，明确土壤环境保护优先区域，实行严格的土壤保护制度。开展耕地土壤环境监测和农产品质量检测，建立土壤环境强制调查评估与备案制度。全面推行污染企业原址土地收储流转风险评估，重点保障非工业用地土壤环境安全。强化危险废物和污泥全过程监管，定期对排放重金属、有机污染物的工矿企业以及污水、垃圾、危险废物等处理设施周边土壤进行监测。

第二节　促进经济社会绿色低碳发展

强化节能减排降碳。坚持总量和质量双控，继续实行污染减排刚性约束，化学需氧量、氨氮、二氧化硫及氮氧化物等总量控制指标全面完成省下达目标。科学确定质量目标与区域总量控制要求的关联关系，增设特征性污染物总量控制因子。大力推进污染源头控制，加大工业减排力度，促进工业企业全面达标排放，加快实施生活、农业、交通源污染综合整治。加强工业锅炉节能改造和更新、余热余压回收利用、热电联产、系统能源优化等节能技术改造，推进工业、建筑、交通和公共机构等重点领域节能。以提高单位投入产出的附加值为核心，推进传统产业价值链升级，大力培育低碳新兴产业和现代服务业，发展温州特色的低碳产业体系。

加强资源集约利用。实行最严格的水资源管理制度，控制用水总量，考核用水效率，强化水资源管理和有偿使用，提高水资源重复利用率。全面推进土地节约集约利用，合理划定和严格落实城市开发边界、永久基本农田和生态保护“三条红线”，促进用地合理布局；严格控制建设用地规模，深化“空间换地”城镇低效用地再开发，积极开发利用地下空间。推进各领域节材工作，加强原材料消耗管理，加大替代性材料、可再生材料的推广力度。大力发展循环经济，加快转变资源利用方式，加强废弃物的综合利用。鼓励发展再制造和再利用产业，加大公交等领域生物柴油使用力度，规范建设苍南废旧纺织品综合利用等循环经济试点基地，培育一批再生资源回收体系建设试点示范工程和再生资源龙头企业。鼓励和支持企业、园区开展ISO14000环境管理体系认证，继续推进省级以上园区循环化改造。

倡导绿色低碳生活。加快国家低碳城市试点建设，积极应对气候变化，努力建设以低碳排放为特征的消费模式。通过打造低碳交通、推广低碳建筑、创建低碳社区等工程，鼓励市民绿色消费，在全社会推进节约环保行动，逐步创建产品供给、市场流通、消费行为全过程的绿色低碳方式。积极开展低碳生活主题宣传活动和低碳示范工程，构建“家庭—学校—社会”三位一体的环境教育和培训体系，提高环境宣传教育效果。

打造“家门口”绿色空间。拓展城市立体绿化空间，建设沿交通道路、沿河道、环城镇、环村庄的生态绿廊，积极规划新建一批形象鲜明、功能多样、文绿相融的城市公园、绿化小品；突出两路两侧绿化美化和林相改造，精心打造一批环境优美的亮点示范路；利用空地、边角地开展绿化改造，见缝插绿、见土补绿，结合文化创意设计实施垂直绿化、墙体绿化，提升城市形象。推进专业化、规模化管理运作，完善绿化养护管理体制。到2020年，人均公园绿地面积达13.5平方米，绿化覆盖率达42%。

第三节　严格实施生态保护

构筑城乡生态安全格局。积极推进全市生态文明建设，重点构建“三区三廊八核一带”的生态安全格局。加强温中平原生态区、温西山地生态区、温东海洋岛屿生态区三个生态功能片区建设，打造瓯江、飞云江、鳌江三大生态廊道，建设温州生态园（大罗山、三垟湿地）、林垟湿地、苍南水乡湿地、洞头南北爿山省级海洋特别保护区、乐清西门岛国家级海洋特别保护区、瑞安铜盘岛省级海洋特别保护区、南麂列岛国家级海洋自然保护区、苍南七星列岛省级海洋特别保护区等八处重要保护区和生态功能区，推进滨海生态防护带建设。加强乌岩岭等国家级自然保护区建设和管理。深入实施西部生态产业带发展规划，构建保护与利用结合、优势与功能互补的新兴生态格局。

加强重要生态功能区域保护。加强自然保护区、风景名胜区、森林公园、湿地公园及海洋自然保护区、海洋特别保护区的管理和建设，严格监管开发、建设、保护和利用等各环节。加强重要湿地的保护、治理和修复，建立健全湿地保护管理机制，遏制湿地面积萎缩和功能退化。加强水源保护区环境管理，确保县级以上集中式饮用水水源地水质稳定达标。加强生态公益林、重点防护林建设，加快建设森林生态屏障，林木积蓄量达3400万立方米，覆盖率达62%以上。深入实施海洋污染整治，落实海洋生态红线制度，推进“浙南鱼仓”修复，强化对海洋生物和景观的保护。

建立健全生态文明制度。完善环境保护区域协调和跨区域综合治理机制，积极探索建立区域性治理项目的责任共担、利益共享制度。健全环境要素市场化配置机制，完善排污权有偿使用和交易制度，积极开展用能量（权）、碳排放权及水权交易，推进泰顺县要素生态化配置综合改革。健全生态补偿机制，进一步完善“工业飞地”、区域协作、市场化补偿等多渠道补偿方式。深化国家海洋生态红线制度、海洋减灾综合示范区等建设。强化环境执法监管，落实环保监测监察执法制度改革，执行领导干部自然资源资产离任审计制度和生态环境损害责任终身追究制度，完善反映生态文明建设要求的区域发展绩效考核评价体系。

第八章　构建对外开放引领发展新优势

适应经济全球化新形势，实施更加主动的国际化发展和区域合作战略，谋划高能级开放合作平台，推动对内对外开放相互促进、引进来和走出去更好结合，提高国际化水平，提升国际竞争力，争创开放新红利。

第一节　积极对接国家“一带一路”战略

打造“海上丝绸之路”重要节点城市。推进对外开放通道建设，完善对外交通骨干网、支线网和场站网的对接。加快温州港口岸扩大开放，优化提升查验配套设施，争取纳入全省海铁、江海等多式联运体系，形成乐清湾、大小门、状元岙分工合理、功能互补的综合性港区。推动现代航运服务业规模化、集约化发展，加强海运航线开拓、腹地扩张等港口运营战略合作，吸引国际航运机构在温州开设分支机构、拓展业务，争取开辟近远洋货运航线3条以上。打造现代化国际航空港，完善国际（地区）航线网络，加密对台、对韩航班，努力开通与亚洲地区的正班直航及欧美地区的国际经停航班，到2020年，航空旅客吞吐量达1200万人次，其中国际（地区）旅客吞吐量达60万人次。加快建设空港物流园区，积极拓展国际货邮业务。努力争取港澳“自由行”获批和旅客入境签注政策支持，提高国际（地区）及中转旅客比例。

加快口岸开放平台建设。提升保税物流中心（B型）运作实效，优化整合保税物流业务，引导在外开展保税物流业务的温州企业回流，推动与航空、海运、公路、铁路实现“区港联动”。统筹推进保税物流中心信息化系统、跨境电商通关服务管理平台建设，搭建统一的口岸信息化公共服务平台。争取申报获批并加快推进综合保税区建设，打造集保税物流、保税加工、保税服务、保税贸易等功能于一体的海关特殊监管区。

促进境外园区发展。加强温州本土与“一带一路”沿线国家的经济合作，提升俄罗斯乌苏里斯克经贸合作区、越南龙江工业园、乌兹别克斯坦鹏盛工业园、塞尔维亚商贸物流园等境外园区发展水平，推动创建国家级经贸合作区，新建3个以上高起点、高标准的境外园区。大力发展以海外温商营销网络为重点的境外营销和服务网络，支持境外商品市场创建跨境电商海外仓，支持具备物流优势境外商品市场转型创建商贸物流园区，新增境外营销机构50个。支持温州劳动密集型产业、高耗能行业开展国际产能合作。

第二节　深度参与全球分工体系

推动外贸“优进优出”。优化出口商品结构，以自有品牌、自主知识产权和自主营销为重点，引导企业提高产品质量和档次，加快形成以渠道、品牌、技术、质量、服务为核心的出口竞争优势。积极培育出口新增长点，巩固传统市场，拓展新兴市场。加快推进服务贸易提质扩量，积极发展离岸服务外包，加快创建省级服务贸易发展基地。推动贸易结构以出口为主向，出口、进口并重发展，扩大时尚产品、关键设备、节能降耗环保产品等进口，努力打造东南沿海进口商品集散高地。加快跨境电子商务集聚区建设，培育做强跨境电子商务平台和综合服务企业，引导大型外贸企业、第三方物流企业在境外建立仓储物流基地和电商产业园。"十三五"期间，货物贸易出口总额年均增长3%，服务贸易出口总额年均增长达到10%，外贸进口总额年均增长5%。

提升外资利用水平。大力开展国际招商推介活动，探索建立国际投促合作机制，引进一批战略性新兴产业项目及产业延伸类、配套类项目，到2020年，力争新增落地总投资额超1亿美元项目10个以上、世界500强或国际行业龙头企业项目15个以上。优化利用外资结构，鼓励外资重点投向高端制造业、高新技术产业、现代服务业。坚持"引资"与"引才""引业"并重，多元引进技术创新机制、先进业务模式、现代管理经验、国际市场渠道等要素。创新利用外资方式，鼓励外资以参股、并购等方式参与企业兼并重组，探索民营企业以海外上市、引入战略投资者等方式与外商合资合作，打造民外合作产业发展大平台。"十三五"期间，累计实际利用外资20亿美元。

实施"走出去"战略。鼓励优势企业开展境外并购、跨国经营和国际经济技术合作，培育一批本土跨国公司和知名品牌，加快优势产业有序向境外拓展，探索中国民营企业跨国经营实验区建设。积极推动大企业到境外建立生产基地、研发设计机构、营销中心。引进和培育熟悉国际市场的专业协会、中介组织和管理人才，为企业"走出去"提供专业化服务。创新"走出去"融资担保方式，加大对中小企业政策性进出口信贷、境外投资贷款的金融支持。到2020年，境外中方投资累计达16亿美元。

加快贸易投资便利化。推进国际贸易"单一窗口"建设，探索市场采购贸易、外贸综合服务平台等新型商业模式，健全政府、行业和企业"三位一体"贸易摩擦预警防范和应对机制。加强供应链安全与便利化合作，积极推进跨境监管程序协调，进一步提升通关、检验检疫、外管、出口退税等服务环境。扩大开放投资领域，消除投资壁垒，实行外商投资准入前国民待遇加负面清单管理制度，完善投资者权益有效保障机制，逐步形成与国际接轨的外商投资管理制度。改革境外投资管理方式，对境外投资开办企业实行以备案制为主的管理方式，创新完善境外投资服务，促进体系和风险防控监管机制。

第三节　深化多层次开放合作

拓展对外交流合作。大力推进海峡两岸（温州）民营经济创新发展示范区建设，深化浙台（苍南）经贸合作区建设，承接台湾高新技术产业、海洋产业、现代服务业、现代农业等产业转移，到2020年，对台进出口总额达5亿美元，引进涉台项目总投资累计达20亿美元。推动同韩国建立多层次战略合作关系，努力成为中韩自贸协定（FTA）地方重点城市；高起点建设温州韩国产业园，全力打造以高新产业为先导、现代工业为主体、时尚产业为重点的现代产业园区。加强与英美等发达国家在科技创新、人才智库、高端制造、信息经济等领域合作，充分发挥温州肯恩大学合作交流平台功能，推进浙江（温州）—新泽西州产业合作研究院建设。积极参与中非"十大合作计划"，鼓励开展对非投资贸易和产能合作。推进以友好城市为平台的国际城市合作，加强旅游推介，促进国际人文交流。

加强区域协同合作。积极参与长江经济带区域通关一体化改革、关检合作"一次申报、一次查验、一次放行"改革，加快构建对接长江经济带的现代立体综合交通运输体系，推进产业合作平台建设，打造成为长江经济带东南门户枢纽。积极融入长三角一体化格局，落实上海自贸区可复制改革试点经验，加快探索建立跨境投资和贸易规则体系，实施便利化举措。积极促成产业、商贸、金融、财税、土地等国家部委支持海西区建设政策向温州覆盖延伸。加强与其他城市在商贸、科技、信息、人才、金融、旅游、公共服务等重点领域方面的战略合作，建立健全常态化、制度化的区域合作机制和高效运作体系。进一步做好山海协作、援疆援藏援川等对口支援和对口帮扶工作。

推进"温商回归"。充分发挥温商网络的桥梁作用，大力实施精准招商、点对点招商，突出抓好贸易回归、总部回归、高端项目回归、人才回归、技术回归。加强招商信息化建设，搭建新时期内外温州人信息互通、资源共享的网络平台，打造世界温州人"云社区"，努力实现招商网络与温商网络、温州人网络的有效对接，形成内外温州人互动的良好局面。深入实施"温商领头雁"工程，通过"领头雁"企业带头创业、带动关联产业发展、以商招商、以商招才、以商引资等多种形式助推温商回归。大力弘扬温商精神和温州文化，加强新生代温商间联谊交流，切实引导新生代温商回乡创业。坚持内外温商一视同仁，着力提高温商回归项目履约率、落地率和资金到位率。

第九章　创造高品质的幸福美好生活

加快推进以全面改善民生为重点的社会建设，建立覆盖城乡、体系完整、水平适度、可持续的基本公共服务体系，实现"学有优教""病有良医""民有健体""老有颐养""居有所安""劳有厚得"，持续改善民生、增进百姓福祉。

第一节　打造教育现代化强市

完善现代教育体系。构建公益普惠的学前教育，加大学前教育资源供给，加快普惠性幼儿园建设，提升幼儿园保教质量。构建优质均衡的义务教育，完成义务教育薄弱学校改造任务，提升城乡接合部、农村学校办学条件与水平，打造家门口的好学校。创建特色示范的普高教育，建立公办普高与民办普高共同发展、普通教育与职业教育融通发展、市县互动和市区协同发展的高中教育发展新格局。构建结构科学的职业教育，加快现代职业教育体系建设，探索职业院校混合所有制办学，深化校企合作、产教融合。构建学城联动的高等教育，加大对在温各高校的支持力度，加快重点高校和重点学科建设，加强大学生创新创业教育，提升应用型、技术型人才培养能力，打造全省"两创"教育高地。构建开放互动的终身教育，依托学校、科研院校和企业施教机构，建设继续教育基地，发展社区教育和家庭教育。构建延伸全纳的特殊教育，建成涵盖从学前三年到高中段的十五年特殊教育体系，不断提升特殊教育质量。

优化教育资源布局。进一步理顺市、区两级教育管理体制，探索“县管校用”的教师管理机制，建立教师区域间流动的有效机制。进一步完善校网布局和教育基础设施建设，通过联盟校、分校、集团校、共同体、城乡委托管理、科研院校附属学校等多种形式，不断扩大优质资源覆盖面。加大市区东部和县域优质教育资源布局建设力度，实施东部基础教育提升三年行动计划。重点推进温州医科大学仁济学院迁建工程、浙江工贸职业技术学院扩建工程、浙江东方职业技术学院新院区及若干个国际学校建设。扩大教育对外开放，提升教育国际化水平。深入推进民办教育综合改革试点，完善民办学校办学机制、产权机制、人事机制、人才政策，打造一批优质特色的民办学校，努力形成“公办保均衡、民办供选择”的教育新格局。

提升教育教学质量。探索教育管办评分离机制，完善现代教育治理体系。坚持立德树人，深化素质教育，创新全科、全员、全程育人模式，不断增强育人工作的针对性和实效性。全面实施学生体质健康提升工程，促进学生身心健康。深化校园文化建设和区域性校外实践基地建设，强化对学生核心素养和综合能力的培养。深化义务、普高、中职三大课改，加大课堂变革、考试招生制度改革和评价改革，教育整体质量达到全省中上等水平，市区和县城达到全省领先水平，各类高考升学率、重点录取率达到全省中上水平。全面建立中小学校长职级管理制度，建设一支高素质的校长队伍。加强教师和班主任队伍建设，推进中小学教师职称制度改革，实施瓯越教育人才发展计划，不断提高教师专业素质。

第二节 加快建设健康温州

完善医疗卫生服务体系。充分发挥医疗资源集聚辐射优势，加快提升医学科研和学科建设水平，努力打造辐射浙南闽北医疗服务中心。深化公立医院改革，联动推进医疗、医药、医保改革，优化医疗资源配置，完善药品供应保障体系，创新医疗服务价格形成机制，建立现代医院管理制度。全力推进基层首诊、双向转诊、急慢分治、上下联动的分级诊疗模式，基层医疗卫生机构就诊人次比例达到60%以上。深入推进优质医疗资源“双下沉、两提升”工程，加强省市县医院合作办医，实现县乡村卫生一体化管理。以基层全科医生建设为重点，统筹推进全市基层医疗人才队伍建设。振兴发展中医药事业，提升中医药服务能力，积极打造中医药特色街区。深入推进社会资本办医改革试点，打造国内民营医疗服务高地。优化医疗卫生机构布局，加快建设温州医科大学附二院瑶溪院区、温州医科大学附属口腔医院瑶溪新院、温州市中医院新院区二期等项目。到2020年，全面建成20分钟医疗卫生服务圈，千人床位数达到6张，千人执业（助理）医师数达到3.5人。

提高公共健康服务能力。加快打造“智慧医疗”体系，推进“健康云+”项目建设，推动居民健康卡普及应用。推动健康服务业发展，推进社区医疗资源配置重点转向健康指导、健康管理。加强精神卫生、卫生应急、院前急救、健康教育等公共卫生薄弱环节，强化血液质量和安全管理，构建标准化、规范化重大传染病防治体系、主要慢性病管理体系、妇幼保健优质服务体系和综合监督执法体系。完善市、县卫生应急体系和预警、监测和报告信息网络体系，提升卫生应急处置能力和水平。加强爱国卫生工作，巩固提升国家卫生城市创建成果，实现全市国家卫生县城（城市）全覆盖。

促进人口均衡发展。全面实施一对夫妇可生育两个孩子的政策，推动计生工作从重人口数量控制向重人口数量调控与素质提升、结构完善转变。多途径加强出生缺陷干预，综合治理出生人口性别比失衡问题。积极应对人口老龄化，更加重视妇女、儿童和青少年身心健康，切实保障老年人、妇女和儿童的合法权益。健全残疾人社会保障和服务体系，加快残疾人服务设施建设，力争实现全市公办残疾人专业托养机构全覆盖。

加快体育事业发展。深入实施全民健身国家战略，普及全民健身运动，完善国民体质监测制度，提高广大群众特别是青少年的健康素质，到2020年，国民体质监测合格率达91%以上。加强公共体育设施规划建设与管理利用，加快建设温州奥体中心主体育场、温州体育运动学校永中校区等一批重大体育基础设施，建设一批贴近群众的小型体育场所和体育设施，新建居住区和社区按规范配套群众健身设施。实施“竞技体育争光计划”，保持全省领先水平。培育以体育健身服务、竞赛表演、运动休闲为主体的体育产业，扶持一批运动休闲基地、体育俱乐部和中小体育企业，承办一批具有一定国内国际影响力的体育赛事，提供更多优质多元化体育服务。鼓励和支持民办体育加快发展，推进社会力量办体育工作。

第三节 健全社会保障体系

着力提升就业质量。实施离校未就业毕业生就业计划和大学生创业引领计划，做好以高校毕业生为重点的青年就业和农村转移劳动力、城镇困难人员、退役军人就业，“十三五”期间，每年城镇新增就业不低于8.5万人。以创业带动就业，健全完善融资环境、行政审批、教育培训、服务体系等方面的就业创业扶持政策。加快就业服务体系建设，完善平等就业制度和均等化服务机制。完善政府购买服务方式，加大职业技能培训力度。发挥劳动关系三方协调机制作用，全面提升和谐劳动关系发展水平。强化失业保险工作，积极预防和有效调控失业风险。

提高社会保障水平。大力推进全民参保登记工作，以养老、医疗、工伤保险为重点，基本实现法定人群社保全覆盖。按照多标准、可选择、能衔接的要求，加快推进各类养老保险制度并轨。拓宽社保基金保值增值渠道，提高社保基金统筹层次，到2020年，基金管理基本实现市级统筹。发展职业年金、企业年金、商业养老保险。推进各类医疗保险制度统筹整合，健全医保稳定可持续筹资和报销比例调整机制，逐步提高大病保险统筹层次和最高补偿限额、支付比例，到2020年，职工医保和城乡居民医保政策内门诊医疗费用在基层医疗机构的报销比例稳定在50%左右。改革医保支付方式，发挥医保控费作用。积极发展补充医疗保险和商业健康保险。健全以医疗救助为重点的社会救助体系，扎实开展省“救急难”工作试点。完善以公共租赁住房保障为主体，租赁补贴与实物配租相结合的住房保障体系，新增保障性安居工程10万套。推进住房公积金制度广泛覆盖，全市新增缴存职工30万人，净增正常缴存职工12万人。

构建新型社会福利体系。以扶老、助残、救济为重点，探索多元化社会福利供给模式，发展适度普惠型社会福利和慈善事业。大力发展老龄事业和养老产业，以发展居家养老为重点，推进医养护结合，鼓励和引导社会力量参与养老服务，加快市社会养老服务中心、龙湾区社会福利中心、永嘉县社会福利中心迁建工程等项目建设，构建功能完善、规模适度、覆盖城乡的养老服务体系。到2020年，全市每百名老人拥有养老机构床位数达6张。健全困境儿童分类保障制度，保障孤残和困境儿童基本生活、教育、住房等各方面权益。积极落实慈善捐助减免税制度，推动慈善事业健康发展。

促进居民收入持续增长。完善收入分配制度和劳动报酬增长机制，实现城乡居民收入增长和经济发展同步、劳动报酬增长与劳动生产率提高同步。健全工资决定和正常增长机制，完善行业平均工资信息发布制度、企业工资集体协商制度和最低工资标准调整机制。健全资本、知识、技术、管理等要素市场决定的报酬制度。多渠道增加居民财产性收入。“十三五”期间，城乡居民收入年均实际增长7.5%，城乡收入差距缩小至2∶1。深入推进精准扶贫、精准脱贫，创新社会帮扶机制，实施“低收入农户收入倍增计划”，实现低收入农民增收致富。

第四节　大力弘扬瓯越文化

塑造温州城市精神。深入践行社会主义核心价值观，提高市民文明素质和城市文明程度，大力弘扬以创新创业为核心的“温州城市精神”。牢牢把握正确舆论导向，健全社会舆情引导机制，强化网上思想文化阵地建设和管理，发展积极向上的网络文化。深入挖掘温州传统人文基础，大力开展“争做最美温州人”主题活动，推动温州道德馆成为温州“道德高地”的重要标志，不断提升群众思想道德素质。

重构社会诚信体系。以创建全国社会信用体系建设示范城市为契机，不断发扬光大温州人自古以来重信践诺的传统美德，加快恢复社会信用环境。加快建立全市统一的信用信息服务平台，落实统一社会信用代码制度，全面建立政务信用信息记录和采集制度，推动信用数据在政务、商务、社会及司法等四大领域的应用，努力实现公共信用信息一键查询。加强失信惩戒，加大对恶意逃废债的打击力度，加快完善信用联合奖惩制度。培育发展信用服务市场，强化市场监管。以政务诚信、商务诚信、社会诚信和司法公信为重点，依法建立自然人、法人和其他组织共同参与的社会信用体系，重塑“信用温州”形象。

传承历史文化遗产。挖掘、弘扬温州优秀传统文化内涵，提升城市美誉度。加强历史文化遗产挖掘、研究和保护，争取列入“海上丝绸之路”世界文化遗产申报城市，推动泰顺廊桥申报世界文化遗产。实施“斗城文化区”保护开发，加强历史文化名城名镇名村、历史文化街区、历史建筑和文物单位的保护和管理工作。推进非遗规范化管理，重点扶持瓯剧、瓯塑、瓯绣、瓯瓷、瓯菜、瓯雕等“瓯”字系列，促进非遗保护传承与产业化进一步融合，建设非物质文化遗产展示馆。推进博物馆事业发展，提升博物馆服务水平，引导和规范民营博物馆建设运营。

完善公共文化服务体系。完善公共文化设施网络，打造“城市15分钟文化圈”和“农村30分钟文化圈”。提高图书馆、文化馆、博物馆、乡镇综合文化站、村居文化活动中心等“三馆一站一中心”的管理水平。建设“温州文化云”服务平台，整合温州市公共文化资源，形成现代公共文化数字服务平台。加快建设温州美术馆、温州文艺家创作活动中心、平阳县文化中心、苍南大剧院等一批文化基础设施建设。推进以文化礼堂为代表的基层综合性公共文化服务平台建设，推动基本公共文化服务均衡发展。强化新闻媒体建设和管理，加快传统媒体和新兴媒体融合发展。扶持优秀文化产品创作生产，繁荣发展文学艺术、新闻出版、广播影视业。加快传统文化产业升级，创新文化产业发展模式，积极扶持文化创意业、文化信息服务业、文化会展等新兴文化业态发展壮大。鼓励和引导社会力量参与公共文化服务供给，满足人民群众多元化、多层次的精神文化需求。

第十章　深化法治化市场化改革

牢牢把握问题导向，推进重点领域和关键环节改革，全面建设法治政府，推进治理能力现代化，进一步激发市场活力，释放发展潜力，化解潜在风险，为经济社会转型发展提供制度保障。

第一节　全面建设法治政府

依法全面履行政府职能。深化政府机构改革，按照精简、统一、高效的原则和稳步推进大部门制改革的要求，强化机构和职责整合，健全部门职责分工争议协调机制，加快形成精干高效的政府组织体系。大力推进简政放权，完善“五张清单一张网”建设并实行动态管理。深化行政审批制度改革，进一步清理和下放行政审批事项，推行市县行政审批层级一体化改革；推进政务大厅功能升级，推动公共服务事项全部进驻；加快网上审批平台建设，创新联审、联办、联批等方式，全面清理规范行政审批中介服务。深化商事制度改革，优化市场准入流程，全面落实“一照一码”，推行证照电子化和全程电子化登记管理，加强事中事后监管。改革政绩考核体系，强化民生导向，突出对发展质量和效益的考核，进一步落实容错免责机制。强化权力运行制约和监督，加快政府守信践诺机制建设，完善监督机制。健全政务公开工作机制，全面推进信息公开。加强反腐倡廉，扎实推进改进作风常态化长效化建设，构建不敢腐、不能腐、不想腐的有效机制，努力实现干部清正、政府清廉、政治清明。

完善依法行政制度。加快政府立法工作，坚持立改废释并举，完善行政法规、规章制定程序，健全政府立法立项、起草、论证、协调、审议等机制。完善立法项目向社会公开征集制度，健全立法项目论证制度，探索引进第三方评估、起草机制；加强城乡建设、环境保护、历史文化保护等重点领域立法，推进立法和改革决策相统一、相衔接，实现改革于法有据、立法主动适应改革和经济社会发展需要；提升立法质量，建立政府立法专家咨询论证机制，探索立法机关主导、社会各方有序参与的立法机制建设，建立政府立法后评估长效机制。加强规范性文件监督管理，完善规范性文件制定程序，落实合法性审查、集体讨论决定等制度，实行规范性文件“三统一”制度。建立行政法规、规章和规范性文件清理长效机制。

健全依法决策机制。健全制度合理、程序正当、过程公开、责任明确的重大行政决策机制，认真落实重大行政决策公众参与、专家论证、风险评估、合法性审查、集体讨论决定的法定程序，强化决策必经程序的刚性约束。加强特色新型智库建设，建立健全决策咨询制度。健全决策信息反馈、决策后评估和纠错纠正机制，建立重大决策终身责任追究制度及责任倒查机制。全面推行政府法律顾问制度，完善政府法律顾问服务模式和工作机制，努力构建政府购买法律服务的工作机制。加强行政机关合同管理。

深化行政执法体制改革。规范综合执法机构设置和编制管理，重点在市场监管、公共卫生、安全生产、文化旅游、资源环境、农林水利、交通运输、城乡建设、海洋渔业、油气管道等领域内推行综合执法。理顺城市管理综合执法体制，加强中心镇综合执法队伍建设，推动行政执法重心下移。完善执法协作配合机制，探索多种形式的部门、区域联动执法。健全行政执法和刑事司法衔接机制，建立行政执法机关、公安机关、检察机关、审判机关信息共享、案情通报、案件移送制度，理顺行政强制执行体制，切实提高行政案件执行率。严格规范公正文明执法，进一步完善行政执法程序，建立健全行政裁量权基准制度，全面落实执法责任制。

第二节　深入推进经济体制改革

深化金融综合改革。全面深化金融综合改革试验区建设，深入落实金融改革新“十二条”。深化民营银行试点工作，推动设立地方性商业银行、证券公司、保险公司。深化小微企业融资政府增信机制建设，完善政府增信配套体系，做大做强信保基金业务。进一步完善由政府、保险公司和银行共同参与、市场化运作的中小企业贷款保证保险机制。大力发展多层次资本市场，深化企业股改和规范化提升，探索发展各类股权投资基金，推进地方金融资产交易平台建设。规范和发展民间融资，有序发展互联网金融。深化农村金融综合改革，推进农村资金互助组织和农村保险互助社试点，完善服务“三农”的农村金融合作机制。创新司法实践，维护金融稳定，开展企业破产案件审理方式改革试点，探索企业破产保护机制。优化金融生态环境，建立健全地方金融监管协调机制，防范和化解金融“两链”风险。

加强要素市场化配置改革。结合区域产业结构和企业规模特点，建立公开公正的综合效益评价机制，配套实施差别化要素供给政策，促进产业结构调整和转型升级。建立“腾笼换鸟”激励倒逼机制，完善工业企业绩效综合评价体系，制定低效企业淘汰退出配套政策，建立严格的新增项目准入机制，探索新增用地弹性出让制度，深入推进“亩产倍增行动计划”。建立差别化要素价格机制，深入实施工业用电差别化电价、加价改革，建立用能总量核定和指标交易制度，完善非居民用水超计划累进加价制度，加快形成有利于生态环保、资源集约利用的价格机制。建立便捷高效的要素交易机制，推动土地、排污权、用能等资源要素市场化配置。推进国家海域综合管理创新试点建设，提升节约集约用海水平。

推进国资国企改革。进一步理顺国资管理体制，不断增强我市国有经济活力、控制力、影响力和抗风险能力。全面推行国企分类管理，提升国有资本效率。推动混合所有制经济科学发展，加快浙江珊溪经济发展有限责任公司上市步伐，力争市属竞争类国有资产证券化率达到20%以上。深入推进国企股份制改革，通过重组转型、改制退出和股权多元化等形式，有效处置不良资产，盘活市属经营性国有资产80亿元。完善以管资本为主的国有资产监管体系。健全公司法人治理结构，依法规范完善企业选人用人及劳动用工机制，有效激活企业经营激励约束机制，完善产权清晰、权责明确、政企分开、管理科学的现代企业制度，实现市属国有企业总资产规模达到2000亿元左右。

加快农村产权制度改革。深化“三权到人（户）、权跟人（户）走”改革，全面完成土地承包经营权确权登记颁证工作，推进农村集体建设用地流转管理创新，支持引导落户农民规范转让土地承包经营权、宅基地使用权、集体收益分配权。深入推进农村集体资产股份化改革，探索开展“政经分离”改革试点。改革和完善农村宅基地制度，加快形成宅基地市场化流转机制，加快建立城乡统一的房屋产权登记制度。完善市县乡三级农村产权交易平台，发展农村产权流转中介组织，健全农村产权交易市场体系，加强市场监管。推进林权制度改革。

第三节　完善现代社会治理体系

创新社会治理模式。完善党委领导、政府主导、社会协同、公众参与、法治保障的社会治理体制，坚持系统治理、依法治理、综合治理、源头治理，加强信息化建设，提升社会治理现代化水平。加快社会矛盾预警、利益表达、协商沟通、救济救助机制建设，完善行政复议、裁决、仲裁等多元纠纷解决机制，推进人民调解、行政调解、司法调解协调联动，不断增强化解矛盾纠纷合力。推进“阳光信访”，逐步建立涉法涉诉信访依法终结机制。健全重大决策社会稳定风险评估机制，落实社会稳定风险评估责任监督、倒查和追究。加强基层宗教领域治理，促进社会和谐稳定。健全社会应急联动机制，深化“一三五”（一个预案、三项机制、五类流程）应急处置规范化建设。完善信息网络管理体系，建立完善网络舆情引导机制，营造健康文明的网络环境。健全实有流动人口动态管理机制，推广“以证管人、以业管人、以房管人”模式。组织实施“七五”普法规划，全面推进公共法律服务体系建设，提高全民法治意识。

加强公共安全保障。完善立体化社会治安防控体系，大力推进社会治安物联网虚拟管控，加强社会风险隐患排查化解管控和社会治安综合治理，严厉打击各类违法犯罪活动。重拳打击各类“村霸”“地霸”及“房闹”“医闹”等各类“霸、闹”，坚决维护社会稳定和公共秩序。完善和落实安全生产责任和管理制度，实行党政同责、一岗双责、失职追责，加强重点领域安全隐患整治管控，有效防范和遏制重特大安全生产事故发生。实施食品安全战略，推进食品和餐饮安全治理创新，强化从农田到餐桌的全过程监管，争创国家食品安全城市；强化药品监管，确保用药安全；加快构建食品、药品追溯体系，推进温州市食品药品检验检测中心建设，依法打击食品、药品和环境等违法犯罪活动。全面提升防灾减灾能力，强化气象监测预警，发展航空应急救援，加强避灾工程和专业救灾队伍建设。完善军民融合发展的工作机制和政策措施，制定实施经济建设和国防建设相关规划。深入实施一批军地急需、操作性强的具体项目，引进军工产业优质资源，加强军民两用技术研发交流。加强国防动员体系和能力建设，加强国防教育，深化双拥共建，支持驻温解放军、武警部队和民兵预备役各项建设。

完善基层社会治理体系。理顺开发区、功能区与县（市、区）、乡镇（街道）间的管理体制，按照“大稳定、小调整”的原则，进一步优化完善乡镇（街道）区划，健全各级行政主体的运行机制；理顺乡镇（街道）、村、农村新社区关系，健全农村新社区运行机制和服务功能。围绕基层政治、法治、德治、自治“四大体系”建设，创新推进全网覆盖和全域治理；完善基层社会治理“一张网”，提升“网格化管理、组团式服务”和“平安建设信息平台”两网融合，探索基于大数据、物联网的基层治理信息体系建设，提升基层治理信息化水平；扎实推进乡镇（街道）社会服务管理中心、派出所、法庭、司法所、消防安全管理工作站等规范化建设，完善基层选举、议事、公开、述职、问责等机制，健全矛盾联调、治安联防、问题联治、事件联处、平安联创“五联”工作机制，提升基层组织自我管理、自我服务、自我教育、自我监督能力。

激发社会组织活力。加快构建政社分开、权责明确、依法自治的现代社会组织体制。完善社会组织管理制度，实施部门分类归口指导和综合管理，健全业绩考评机制，规范退出机制。改进社会组织登记工作，优化行业协会商会组建。加强社会组织内部建设，健全法人治理结构，加大信息公开力度，探索构建信用体系。制定《具备承接政府职能转移条件的社会组织推荐性目录》并实行动态管理，规范社会组织承接政府职能行为，提升社会组织参与社会治理和提供公共服务的能力。培育新阶层、新生代、新群体参与社会组织建设。加强专职化社工和志愿者队伍建设，优化社工人才培养与使用、评价与激励系列机制，加大民办社工机构扶持及社工岗位开发力度。

第十一章　强化要素支撑和实施保障

加强规划实施的要素保障，强化土地要素支撑和资金统筹，依法开展规划实施的监督和评估，有效促进规划执行落实。

第一节　强化土地要素保障

以保障发展和保护资源为重点，推动国土空间规划体系改革，加强土地利用规划引导管控，优化土地利用结构和布局，完善土地管理制度。科学推进海涂围垦，加快围垦重点项目建设，建立健全滩涂围垦垦造耕地制度，推进围垦土地开发提速提效。“十三五”时期，实施滩涂围垦33.8万亩，围成7.8万亩，完成造地8.5万亩。深化城镇低效用地再开发试点，推进城镇建设用地利用和管理制度创新，增加城镇建设用地有效供给，提高建设用地节约集约利用水平。加大“批而未供、供而未用”土地清理，盘活存量建设用地，加大闲置用地处置力度。全面实行“先补后占”“占水补水”“占优补优”政策，严格保护耕地。积极争取用地专项计划指标，保障重要基础设施和重点领域开发用地。统筹各业各类用地需求，深化农村土地综合整治和城乡建设用地增减挂钩，建立健全差别化的土地供应模式。加大用地监管力度，加强土地批后监管，打击土地违法行为。

第二节　强化资金要素保障

认真落实新一轮市区财政体制和城市建设管养体制。实行全面规范、公开透明的预算管理制度，实施跨年度预算平衡机制和中期财政规划管理。加强财政预算与规划实施的衔接协调，强化各级财政对规划实施的保障作用。建立政府债务风险评估和预警机制，防范政府性债务风险。建立现代税收征管制度，促进财税收入持续平稳增长，实现一般公共预算收入年均增长7%。

改善财政支出结构和政府投资结构，按照轻重缓急、远近结合原则，合理安排政府投资项目建设时序，优先安排涉及民生保障、公共安全、基础设施建设等方面的财政支出和项目投入。积极推广政府与社会资本合作（PPP模式），鼓励社会资本进入交通、能源、社会事业、市政设施等领域，到2020年，民间投资占比达到65%以上。进一步拓宽政府投资项目资本金筹措渠道，统筹发挥金融机构作用，创新金融服务和产品，加大对政府性项目建设融资支持。健全政府产业基金管理运作机制，创新基础设施领域政府引导基金工作；健全政府债券发行管理制度，用足用好企业债券、私募债、短期融资券和中期票据等直接融资工具；积极争取棚户区改造、农林水利等中央、省级专项补助资金及国家专项建设基金支持。“十三五”期间，力争筹集政府投资项目资本金2000亿元以上。

第三节　强化规划实施保障

加强规划衔接。以本规划纲要为统领，形成各类规划定位清晰、功能互补、统一衔接的规划体系，有序推进“多规合一”。市级专项规划和县（市、区）规划要切实贯彻本规划的战略意图和主要任务，确保各级各类规划在总体要求上指向一致、空间配置上相互协调、时序安排上科学有序。

落实目标任务。市政府统一组织本规划的实施，制定规划实施方案，分解本规划确定的发展目标、主要任务，明确牵头单位和工作责任，加大绩效考核力度。各县（市、区）和部门要细化主要任务，落实责任分工。组织开展系列“三年行动计划”，在重大项目建设、企业培育、平台建设、城中村改造、市区亮点区块建设、城市环境整治、民生实事“补短板”等方面排出任务书、路线图和时间表，确保每年有突破、有进展、有实效。

强化政策导向。根据规划提出的目标和任务，加强经济社会发展政策的统筹协调，注重短期政策与长期政策的衔接配合。围绕经济社会发展重点领域，研究制定配套政策。密切联系宏观环境变化和发展实际，加强政策储备。

加强实施评估。开展规划实施情况中期评估和后评估，有关部门对重点领域规划实施情况适时开展专题评估。创新评估方式，探索引入社会机构参与评估。采取多种方式，加强规划宣传，动员全社会参与，提高规划实施的民主化和透明度。

中共温州市委工作报告

紧盯追赶目标拼搏奋进　确保完成今年各项目标任务

——在市委十一届九次全体（扩大）会议上的报告

（2015 年 7 月 28 日）

中共温州市委书记　陈一新

这次市委全会的主要任务是：深入学习贯彻习近平总书记在浙江考察重要讲话、省委书记夏宝龙在温州调研重要讲话和省委十三届七次全会的精神，全面总结今年以来工作，研究部署下半年任务，审议通过《中共温州市委关于全面加强基层党组织和基层政权建设的实施意见》。

一、关于今年以来工作的总结

今年以来，我们认真贯彻中央和省委的决策部署，坚持以“八八战略”为总纲，深入实施“五化战略”，深化落实“十大举措”，以“八大攻坚”为抓手，积极应对各种风险和挑战，着力破解各类矛盾和问题，切实增强内生发展动力和活力，加快推进赶超发展，各项改革和建设取得了新成效。

（一）“控险保稳促调”取得了新成效。上半年，全市实现生产总值 1962 亿元，增长 7.9%，增速居全省第五，比去年前移了 5 位；规上工业总产值 2195 亿元，增长 5.2%；公共财政预算收入 221 亿元，增长 6.2%；限上固定资产投资 1351 亿元，增长 13.5%；限上消费品零售总额 435 亿元，增长 10.1%；进口总额 13 亿美元，增长 22.6%；城镇常住居民人均可支配收入 22487 元，增长 8.1%；农村常住居民人均可支配收入 11386 元，增长 9.5%。28 项主要经济增长指标中，在全省位次前移的有 17 项，其中前移 2 位以上的有 13 项、居全省前 3 位的有 9 项、有 15 项指标超过全省平均水平，扭转了前些年大多数经济增长指标在全省垫底的状况，经济运行呈现出“稳中向好、加快赶超”的良好态势。化解“三大经济风险”取得重大进展。上半年，处置不良贷款 163 亿元，企业金融风险得到有效防控。出台房地产“八条新政”，房地产市场量升价稳。狠抓有效投资，入选国家和省首批 PPP 项目库 35 个，居全省第一；集中开工 6 批“百亿项目”，开展重点项目征地拆迁“清零”百日攻坚专项行动，重点建设项目投资增长 18.1%。大力推进“温商回归”，组建全国温州商会总会，成立世界温商发展服务中心和“温商回归”投诉中心，组织 3 批异地温州商会回乡签约三年投资 750 亿元、16 个海外温商团体签约三年贸易回归 2100 多亿元，完成到位内资 453 亿元。完成限上工业性投资 274 亿元，增长 15.4%，增速居全省第一；技改投资 175 亿元，增长 21.3%。谋划浙南科技城，探索建立科技创新创业引导基金。组建招才局，聘请引才顾问和引才大使，出台在全省含金量最高的招才引智“十条新政”，申报“国千”人才 75 人、“省千”人才 162 人，创历史新高。加快省级瓯江口产业集聚区、浙南沿海先进装备产业集聚区建设，实施“510”产业培育提升工程，签约十大通用航空项目、总投资 260 亿元。大力发展以电子商务为重点的网络经济，实现网络零售额 342 亿元、增长 34.3%，居民网络消费额 238 亿元、增长 40.1%，总额均居全省第三，电子商务服务指数和发展指数分别居全国第 6 位和第 16 位；全省十大类十强电商企业，我市占了 14 个。把小微企业园建设作为大众创业、万众创新的战略举措来抓，推进 58 个示范小微企业园建设，已供地 47 个、6008 亩，开工 38 个、4344 亩，竣工 8 个、117 万平方米。加大“三转一市”“四换三名”力度，完成“个转企”1876 家、“小升规”145 家、“企转股”74 家，新增多层次资本市场上市挂牌企业 32 家，关停六大重污染行业企业 496 家。实施城镇低效用地再开发 6465 亩，完成“批而未供、供而未用”土地清理 2.2 万亩。谋划实施“时尚新天地”、时尚商圈、时尚街区、时尚小镇等平台项目，加快发展时尚产业。

（二）环境整治取得了新进展。深化“三改一拆”和“无违建”创建，完成拆违 445 万平方米，实施“三改”1354 万平方米。大力度推进“五水共治”，突出“水岸同治”，完成治水投资 146 亿元。扎实推进“六城联创”，创成全国文明城市、国家卫生城市，完成平原绿化 2.1 万亩，新建城市绿地 161 公顷、滨水公园 13 个。累计取缔“三无”船舶 3921 艘，完成“一打三整治”任务。建设美丽乡村精品线 11 条、精品村 116 个，实现由点及面拓展。

（三）都市区建设展现了新风貌。大力推进重大基础设施建设，温州港、甬台温高速复线温州段、绕城高速西南线、绕城高速北线二期、金丽温铁路扩能改造、乐清湾港区铁路支线、市域铁路 S1 线等项目加快推进，杭温高铁、龙丽温高速文泰段、瓯江北口大桥等项目前期取得新进展。加快市区“3+1”亮点区块建设，滨江商务区楼宇群竣工交付 7 幢、主体结顶 17 幢，中央绿轴公园一期试开园，温州生态园建设取得积极进展，双屿“减员增效”综合整治取得明显成效，三江商务区建设加快推进。实施苍南龙港国家新型城镇化综合试点，加快培育发展小城市和中心镇，瓯海时尚智造小镇、苍南台商小镇入选省首批特色小镇创建名单。加快推进瓯飞一期围垦、瓯飞起步区围涂等工程建设,完成海涂围垦投资29.8亿元。深化"三位一体"新型合作体系建设,建设粮食生产功能区11万亩,建成2个省级现代农业综合区,一产增加值增长2.5%、居全省第二。

(四)改革开放增添了新动力。积极实施市级"10+1"重点改革项目和各县(市、区)"3+1"重点改革项目,推广"多规合一""多证合一"、要素配置市场化、全员目标管理考核等改革试点,温州民商银行正式开业,行业商会协会承接政府职能转移工作获全国统战工作创新奖和省公共管理创新奖,政务服务网建设等走在全省前列。获批海峡两岸(温州)民营经济创新发展示范区,成功举办"浙江台湾合作周"活动,签约引进台资项目13个31亿元;积极对接引进韩国时尚产业,开通温州港至俄罗斯远东直达航线;新批境外投资项目15个,其中14个位于"一带一路",投资7.8亿美元,居全省第一。

(五)平安建设呈现了新局面。完善立体化社会治安防控体系,继续实施严打严防严管的策略,对黑恶势力、黄赌毒犯罪和食品药品环境犯罪保持高压打击态势,社会治安总体良好。开展消防安全"双月"攻坚专项行动,安全生产事故起数和死亡人数分别下降9.7%、10.5%。创新信访工作机制,依法整治进京非访问题。探索依法加强宗教事务管理新路子,在全市409个宗教活动场所开展"同心同行·共建和谐"活动试点,"五个三"做法、"九大机制"等在全省得到推广。探索"7431"网络管理新模式,率先开展网络编辑从业人员资格认定工作,率先建立专业辟谣平台,进一步净化网络空间。

(六)民生社会建设迈出了新步伐。新引进优质民办学校项目10个、总投资11亿元,实施加快薄弱学校改造提升、推进义务教育优质均衡发展三年行动计划,成为全国义务教育发展基本均衡地级市。加快温州肯恩大学、温州医科大学仁济学院、浙江安防职业技术学院等建设。全面实施分级诊疗制度,建成市中医院新院区一期、市妇保院综合大楼等项目,扎实推进人口计生工作。成功举办国际时尚文化创意产业博览会、中华龙舟大赛,摄制完成电视剧《温州两家人》,建设文化礼堂77家。推进养老服务体系建设,新增养老床位1308张、居家养老服务照料中心152个。深化交通治堵,打通断头路4处,新建城市道路20.3公里,新增停车位1.5万个。

(七)法治温州建设进入了新阶段。认真落实全面深化法治温州建设的意见,积极做好承接地方立法权各项准备和实施工作,支持人大、政府、政协和审判机关、检察机关依法依章程履行职能,发挥各民主党派、工商联、无党派人士以及工青妇等群团组织作用,加强党管武装工作和国防后备力量建设,做好老干部工作,扎实推进社会主义民主政治建设。

(八)固本强基开创了新路子。建设"红色阵地",累计建成村民中心359个。构建"红色细胞",深入实施"红色细胞工程",推进"五星争创"活动,完成345个软弱涣散村(社区)整顿任务,形成了一批星级示范支部。创设"红色基金",用于关爱困难党员、褒奖优秀党员。掀起"红色旋风",创新实施农村基层作风巡查制度,市县两级组建巡查组开展巡查工作,梳理问题812个,交办502件,办结190件,立案调查37起。省委十三届七次全会明确提出,在全省推行农村基层作风巡查制度。

(九)作风效能得到了新提升。认真开展"三严三实"专题教育,加强领导班子和干部队伍建设。全面抓好省委巡视组反馈意见的整改落实,组织开展"八大整改行动",市县两级消化超配干部238名,调整不适宜担任现职干部39名。创新开展市级领导班子成员年度述实绩活动,在市县两级推行领导干部"微服私访、随机调研",创新实施"无会旬"制度,切实加强和改进领导工作。持续开展"电视问政"和"新政聚焦",深化"万人双评议"活动,推进破"两难"、纠"四不"专项整治,开展正风肃纪专项行动506次,检查单位3742家、查处303人、媒体曝光82次。加强党风廉政建设和反腐败斗争,立案查处一批违纪违法案件。

在肯定成绩的同时,要清醒地看到当前温州发展和工作中存在的问题和不足:一是巩固经济回升向好态势还需加力。企业金融风险影响还在持续,项目谋划和推进比较滞后,要素制约问题还比较突出,出口形势不容乐观,转型升级动力需要进一步加强。二是改善民生和维护社会和谐稳定任务繁重。上好学难、看病难等民生热点问题没有得到根本解决,各类隐患量大面广,消防和安全生产事故时有发生,进京非访形势严峻。三是基层基础仍然薄弱。部分村级组织软弱涣散,乡镇(街道)体制机制仍未理顺,基层干部学习力、执行力有待提高,基层工作重心上浮问题比较突出,抓落实不力的现象还不同程度存在。四是干部作风效能有待提高。不担责、不作为、不认真、不用心等"四不"问题和"庸懒散慢"现象依然存在,腐败现象在一些部门和领域还时有发生。对此,我们必须高度重视,采取切实有效的措施加以解决。

二、关于下半年任务的部署

做好下半年工作的总体要求是:深入贯彻落实习近平总书记在浙江考察重要讲话、省委书记夏宝龙在温州调研重要讲话和省委十三届七次全会的精神,坚持以"四个全面"战略布局为统领,以"八八战略"为总纲,以"转型发展、赶超发展"为工作主线,以全面改善民生为出发点和落脚点,以"八大攻坚"为抓手,按照"干好一三五、实现四翻番"的要求,深入实施"五化战略",深化落实"十大举措",狠抓各项工作落实,朝着追赶目标拼搏奋进,全力完成年度目标和任务。

(一)要敞开"四大通道",加快经济转型升级。要把握"中国制造2025"新趋势,以发展实体经济为主攻方向,坚定不移打好转型升级"组合拳",敞开转型升级"四大通道",开辟"腾笼换鸟、凤凰涅槃"的广阔天地。

要加快培育产业集群。要深入实施"510"产业培育提升工程,加快传统产业改造升级,积极发展通用航空、轨道交通、激光与光电、生命健康等新兴产业,大力发展海洋经济,培育发展现代物流、文化创意、商务会展等生产性服务业,努力打造现代产业体系。切实把网络经济作为"一号新产业"来抓,加快建设中电温州电子信息产业园区,培育发展一批综合性电商街区、淘宝村,先人一步重视培育发展微商经济,大力发展"互联网+"新经济形态,努力建设网络经济强市、信息经济大市。深入实施时尚化战略,抓住时尚产业、时尚环境、时尚消费和创意人才等关键环节,抓好"东方时尚岛""时尚新天地"长远谋划,推进五马时尚商圈、时尚产业园等规划建设,加快培育特色小镇、时尚小镇。充分发挥山海并利优势,把发展旅游业摆上更加突出的位置,强化大项目带动,完善旅游基础设施和服务体系建设,努力提升温州旅游发展水平。扎实推进农业“两区”建设，推广“三位一体”新型合作体系，高度重视粮食安全工作，大力发展高效生态农业、精品农业、休闲农业。

要着力打造产业平台。要以省级产业集聚区建设推动各类产业园区整合提升，加快形成以瓯江口产业集聚区和浙南沿海先进装备产业集聚区为龙头的大平台体系，强化招引大企业、大项目、大产业的能力，积极引进若干个20亿元乃至50亿元以上的重大项目，力争中石化温州液化天然气项目开工建设。大力推进小微企业园建设，推动土地高效利用、特色园区打造，引导小微企业走集聚集约集群发展之路，力争全年新增企业入驻面积500万平方米以上。

要深入实施工业创强。要狠抓工业强县建设，加大工业投资力度，提升工业发展质量，巩固提升乐清工业强县地位，加快瑞安、龙湾（含开发区）向规上工业产值超1000亿元冲刺，瓯海、永嘉要向规上工业产值超500亿元冲刺。分类推进工业强镇建设，力争培育12个超100亿元工业强镇（街道），其中2个超300亿元工业强镇（街道）。

要积极推进企业转型。要大力培育税源经济，以技术改造、“机器换人”、管理增效等为重点，深入实施“四换三名”“三转一市”，重视破解“规上变规下”新问题，鼓励企业加大技改投资力度，推动现代企业制度建设，力争今年年产值超10亿元企业达55家、超亿元企业达1000家，加快形成大中小企业高效协作的企业生态。

（二）要强化“三大核心要素”，为赶超发展提供有力保障。土地、资本、人才“三大核心要素”集聚集约利用，事关温州发展的潜力、活力、实力和竞争力。要做好“增地生财”“招商引资”“招才引智”三篇文章，努力打造“空间阔地”“资本洼地”“人才高地”。

要强化土地要素保障。要大力推进“三年实施20万亩围垦工程”，加快瓯飞一期等围垦项目建设，开工丁山三期西片、大渔湾等围垦项目，积极突破用海审批难题，建立滩涂围垦垦造耕地制度，推进围垦土地开发提速提效，确保年内完成围垦投资50亿元。深化城镇低效用地再开发试点，积极争取相关政策，确保全年实施2.1万亩、完成9000亩。开展土地综合整治和耕地垦造，加强山坡地和地下空间开发利用，推进“批而未供、供而未用、用而未尽”土地清理。深入开展重点项目征地拆迁“清零”百日攻坚专项行动，确保20个市重点工程“清零、清障、交地”，并以此推动各地“清零”行动。

要强化资本要素保障。要坚持把温商作为赶超发展的“一号资源”、把“温商回归”作为赶超发展的“一号工程”，深入实施“温商回归三年超三千亿工程”，落实县（市、区）的主体责任，强化精准招商，突出抓好“百名领头雁工程”和海外温商贸易回归，打好回归项目落地攻坚战，持续掀起招大商、引大企的热潮，确保完成“温商回归”到位资金1000亿元。探索财政专项资金透明化、竞争性分配改革，全面深化投融资体制改革和国有企业改革，设立政府产业基金和基础设施建设引导基金，积极探索PPP、资产证券化等创新方式，为扩大有效投资、加快重点项目建设提供资金保障。

要强化人才要素保障。要宣传和落实招才引智“十条新政”，探索创新“以情引才”实招，深入实施“国千”“省千”等人才计划，大力推进产学研合作，优化引才、留才、活才、富才的环境，努力打造人才集聚高地，构建多层次的人才体系。充分发挥在温高校集聚人才等创新要素的重要作用，加快高新区、大学科技园、浙南科技城等创新大平台谋划建设，继续引进更多的国内外著名大院名校来温州兴办创新研究院，重视发挥中科院生材所、华中科技大学温州先进制造技术研究院、兰州理工大学温州泵阀工程研究院、北京航空航天大学温州研究院、中津先进科技研究院等创新平台作用。用好科技创新创业引导基金，大力引进各类创业投资基金，制定出台支持众创空间发展的政策措施，发展“创客”经济，充分发挥创新对拉动发展的乘数效应。

（三）要坚持“两条腿走路”，全面深化改革开放。要坚持深化改革和扩大开放并举，做好“抓试点、善推广”的改革文章，做好“引进来、走出去”的开放文章，争取更多改革红利，努力拉长开放“短腿”。

要全面深化改革。要坚持既抓条条又抓块块，大力实施各项国家和省级改革试点，扎实推进市级“10+1”重点改革项目和各县（市、区）“3+1”重点改革项目，尤其要深化要素市场化配置改革、财税体制改革、社会体制改革、生态文明体制改革、农村产权制度改革和“五张清单一张网”改革，进一步完善乡镇（街道）体制。及时总结推广各县（市、区）改革试点经验，着力扩大改革成果。

要扩大对外开放。要积极对接“一带一路”和长江经济带国家战略，不断深化对台、对韩的交流合作，加快推进海峡两岸（温州）民营经济创新发展示范区，争取下半年开通到韩国首尔正式航班，加强与美国新泽西州在先进制造、科技创新等领域的合作。要支持境外经贸合作区建设发展，打造进口商品市场，推进贸易结构从以出口贸易为主向出口、进口、转口贸易并重发展转变。加快建设温州保税物流中心（B型），积极申报温州综合保税区，努力争取国家跨境电子商务试点城市。

（四）要抓住“四个层面”，扎实推进都市区建设。要坚持以“时尚之都、山水智城、民营高地、温商家园”为特色定位，以“一主两副三极多点”为空间布局，坚持以城带乡、城乡一体化发展，抓住主中心、副中心、小城市和中心镇、新农村等“四个层面”，分类指导、精准发力，扎实推进生态型、智慧型、时尚型都市区建设。

要提升主中心的辐射带动能力。要以“三大亮点区块”建设为抓手，保障滨江商务区95个项目顺利实施，确保中央绿轴公园二期于明年初开园，扎实推进三垟湿地公园土地征用、拆迁及项目建设；高起点系统研究城市中轴线规划及实施方案，努力将其打造成为山水智城的景观轴、时尚之都的发展轴、瓯越文化的展示轴、美丽温州的生态轴。把城中村改造作为城市转型和城市形象提升的突破口，突出抓好市区重点区块、重点工程和重要廊道涉及的城中村改造，统一规划布局、整村连片实施，切实加快改造步伐。以双屿“减员增效”综合整治为重点，加快推进城市有机更新。加强统一规划引导，促进瑞安与温州市区联动融合发展，形成主中心的紧密体和功能互补的共同体。争取尽快获批洞头撤县设区。

要增强副中心的整合功能和实力。要按照产城融合、山海联动的要求，加快推进乐清工业强市、港口大市、旅游名市、现代都市、活力城市建设，不断增强温州大都市区北翼副中心的实力。按照规划共绘、资源共享、功能互补的要求，建立平（阳）苍（南）区域发展协调机制，加强基础设施的互联互通，推进产业布局的协调衔接，加快推进鳌江流域城镇组团式发展，促进温州大都市区南翼副中心整合融合发展。

要促进小城市、中心镇、城关镇做大做强。要强化分类推进，积极实施龙港国家新型城镇化综合试点和柳市、塘下、鳌江、大峃、罗阳等小城市培育试点，建设一批标准高、实力强、有特色的小城市和中心镇。按照“一镇一策”的原则，加大政策扶持力度，全面落实事权下放、强镇扩权，加快产业培育和经济转型，努力推进试点镇由镇向城的跨越。强化精准扶贫，推动文泰“工业飞地”建设，促进城乡区域统筹发展。

要因地制宜推进新农村建设。要积极探索“农民进城、城里人下乡”的新政策、新试点，打造新型乡村，推动城乡一体化发展。借鉴瑞安“陈岙新样板”，以现代城市小区的理念引领和推进新农村建设，注重地下空间开发利用，打造一批“高端引领型”的美丽乡村。借鉴苍南桃湖村经验，实施“美丽民居”工程，完善村庄规划，通过异地拆建、原拆原建、拆整结合、综合整治等方式，打造一批“普遍推广型”的美丽乡村。借鉴永嘉苍坡村经验，重视历史文化村落保护利用，打造一批“保护利用型”的美丽乡村。借鉴永嘉林坑村、文成武阳村经验，积极发展有特色、有品位的农家乐和民宿，打造一批“休闲旅游型”的美丽乡村。

要加快构建现代基础设施体系。要按照“连通高铁、提升机场、加密高速、发展城轨、优化港口、强化枢纽”的要求，加快机场T2航站楼、通用航空基地、甬台温高速复线温州段、绕城高速北线二期、绕城高速西南线、龙丽温高速、金温铁路扩能改造、乐清湾港区铁路支线、市域铁路S1线等项目建设。尤其要抓紧谋划杭温高铁、温武铁路等重大项目布局，力争列入国家“十三五”规划。加快苍南核电、抽水蓄能等重大项目前期工作，推进信息、能源、水利等基础设施和市政设施的一体规划建设，全面提升基础设施能级。

（五）要打好“四大持久战”，加快推进环境整治建设。要坚持走“绿水青山就是金山银山”的科学发展之路，打好“三改一拆”“五水共治”“四边三化”“六城联创”持久战，努力建设宜居宜业宜游的美丽温州。

要打好“三改一拆”持久战。要坚持“方向不变、力度不减、指标不降”，强化“控新化旧”，推进“无违建”创建，深入开展沿河拆违、安全隐患点拆违、土地违法行为处置、农村“非法”一户多宅等专项整治，联动推进旧厂区和旧住宅区改造，走出一条“拆改并举、拆用结合、管治并重”的新路子。

要打好“五水共治”持久战。要以“水岸同治”为主抓手，加快温瑞塘河“一环三线”环境整治提升，开展“清三河”示范县创建，全面深化城乡水环境综合治理，力争“五水共治”继续走在全省前列，加快推进美丽浙南水乡建设。坚持治污先行，推进治气、治土，抓好废气治理和治土试点，持续改善环境质量。

要打好“四边三化”持久战。要组织开展“两路两侧”“四边三化”行动，突出抓好市县入城口、通景公路以及县域交界处的洁化、绿化、美化，提升沿边沿线和重点区域的环境形象。

要打好“六城联创”持久战。要完善常态化创建工作机制，对照创建标准查漏补缺，攻克难点问题，巩固创建成果，力争年内创成国家园林城市、国家历史文化名城和国家环保模范城市。

（六）要抓好“六个领域”，促进社会和谐和民生改善。要以平安大市创建为主抓手，加强民生社会建设，创新社会治理方式，确保社会充满活力而又和谐稳定，努力让人民群众有更多的获得感和安全感。

要全力创建平安大市。要落实平安形势定期分析制度，深入开展社会风险三级排查化解管控。加强隐蔽战线斗争，深化社会治安防控体系建设，严厉打击各类违法犯罪活动，严防暴力恐怖事件发生。有效化解信访积案和历史遗留问题，坚决扭转进京非访被动局面。加大安全生产、消防安全、交通安全隐患整治力度，坚决遏制重大安全事故发生。完善基层网络化管理，努力构建基层社会综治“一张网”。全力打好金融风险化解攻坚战，力争实现不良贷款和不良贷款率“双降”目标，促进金融平稳健康发展。

要依法加强宗教事务管理。要按照“坚持中国化方向，提高宗教工作法治化水平，辩证看待宗教的社会作用，重视发挥宗教界人士作用”的要求，全面深化“同心同行·共建和谐”活动，依法加强宗教事务管理，积极稳妥解决宗教领域的突出问题，走出一条促进宗教与社会主义社会相适应的新路子。

要深化网络舆论管理。要完善“7431”网络管理模式，打造一支富有战斗力的“网络红军”，建好“温州发布”“温州辟谣”等平台，加强网络编辑从业人员管理和行业自律，加大依法管网治网力度，进一步让网络空间清朗起来，更好地凝聚社会正能量。

要加强思想文化建设。要深入践行社会主义核心价值观，深化“最美温州人”主题宣传活动，大力塑造温州“大爱城市、道德高地、诚信社会”的良好形象。积极探索影视产业发展的新模式，播好《温州两家人》，筹拍《温州三家人》《温州女人》，力争每年有一部“温州”电视连续剧在中央电视台播出，以温州的好故事不断提升温州的美誉度。创新开展“新青年下乡”活动，建立“校院+农村实践基地”“专业指导教师+特聘导师”“互联网+思想政治”三大机制，切实加强高校思想政治工作。坚持育人为本、德育为先，抓好中小学校育人工作。精心组织温州艺术节和市民文化节，积极申报“海上丝绸之路”申遗城市。加强农村文化礼堂建设，打造农村精神文化家园。

要加快发展社会事业。要推进基础教育均衡发展，支持温州医科大学、温州大学、温州肯恩大学等在温高等院校和职业教育发展，努力提高教育现代化水平。实行分级诊疗制度，推进医疗资源和医疗人才“双下沉”，推进基层医疗机构服务能力和人民群众满意率“双提升”。加强卫计工作，提高人口健康水平。以基层为重点，加快构建现代公共文化服务体系。大力推进全民健身计划，增强全民体质。重视国际化学校、国际化医院、国际化社区建设，为吸引和留住高端人才创造良好条件。

要着力办好民生实事。要抓点带面，推进农村居家养老服务照料中心建设，积极构建城乡统筹的养老服务新模式。完善城乡一体的社会保障体系，落实就业政策。完善食品药品安全监测体系和机制建设，提高应急处置能力。深化交通治堵，加快城市公共交通和慢行系统建设，确保快速公交BRT一号线年内投用。加强“四好”农村公路建设，促进交通城乡一体化发展。

（七）要突出“四大重点”，深入推进社会主义民主政治建设。要充分发挥党委统领全局、协调各方的作用，加强法治建设、统战工作和群团工作，坚持和发展社会主义民主政治，营造团结和谐、开拓进取的良好局面。

要深化法治建设。要发挥市人大及其常委会在地方立法中的主导作用，发挥政协作为协商民主的主渠道作用，发挥法院、检察院在独立公正司法中的主体作用，发挥领导干部在法治化建设中的“关键少数”作用，全面落实依法治市各项工作。建立党委统一领导、统一协调的立法工作机制，全力做好落实地方立法权工作，力争在全省9个市中第一个建立立法工作机构、第一批获得立法权、第一个出台地方法规。

要加强统战工作。要深入贯彻中央统战工作会议精神，积极推进多党合作和政治协商制度建设，认真做好党外知识分子、党外代表人士、非公有制经济人士、网络界代表人士、港澳台同胞和海外侨胞等统战工作，争创温州统一战线工作的特色品牌，努力使统战工作成为温州“赶超发展、再创辉煌”的重要法宝。

要加强和改进群团工作。要认真学习贯彻习总书记在中央党的群团工作会议上的重要讲话精神，保持和增强群团组织的政治性、先进性、群众性，推动思想教育、问题整改和体制创新，强化群众意识，改进工作作风，提高工作水平，让工作更接地气、更有生气、更聚人气，努力开创新形势下群团工作新局面。

要加强党管武装工作。要强化党委政府主体意识和责任担当，着眼国防动员、兵员征集、专武干部队伍建设等重点，加强组织领导，完善制度规范，狠抓工作落实，持续推动军事斗争准备向纵深推进，切实提高党管武装工作的质量和水平。深化“双拥”工作，巩固军政军民团结的大好局面。

（八）要坚持全面从严治党，进一步加强党的建设。党要管党丝毫不能懈怠，从严治党一刻不能放松。要统筹从严治党和科学建党，坚持伟大工程和伟大事业协同推进，切实为赶超发展提供坚强的政治保障。

要深化“三严三实”专题教育。要抓实抓好专题学习研讨、专题民主生活会和组织生活会、整改落实和立规执纪等工作，着力解决“不严不实”问题，巩固和拓展党的群众路线教育实践活动成果。

要加强领导班子和干部队伍建设。既要重视“狮子型”干部的大胆提拔使用，又要注重“老黄牛型”干部的提任安排，进一步形成正确的用人导向。加大对不适宜担任现职领导干部的调整力度，切实在干部“下”的方面动真格。大力培养选拔优秀年轻干部、少数民族干部、女干部和非中共党员干部，注重在基层一线和克难攻坚的主战场培养选拔干部。高度重视做好老干部工作，切实发挥老干部的积极作用。

要着力夯实基层基础。要严格落实基层党建工作责任制，完善基层党建“互看互学”季度现场会制度。统筹各方力量，创新工作举措，大抓“红色阵地、红色细胞、红色基金、红色旋风”，积极探索加强基层党建工作的新路子，打响基层党建品牌。全面落实市委关于全面加强基层党组织和基层政权建设的实施意见，更好扛起固本强基的政治责任，形成大抓基层的鲜明导向。

要加大党风廉政建设和反腐败斗争力度。要严格落实“两个责任”，深化纪检体制改革，强化党风廉政建设。坚持把党的纪律和规矩挺在法律前面，加大纪律审查力度，使纪律成为“带电的高压线”，保持正风反腐高压态势，努力构建不敢腐、不能腐、不想腐的有效机制。深入落实省委巡视组反馈意见“八大整改行动”，按时逐项抓好整改落实。深化农村基层作风巡查，解决基层突出问题，推动基层反腐倡廉建设。

要深化作风效能建设。要改进领导工作，开展市级领导班子成员年度述实绩活动，深化“微服私访、随机调研”，深入实施“无会旬”制度，形成集中精力克难攻坚、狠抓落实的局面。深入开展破“两难”、纠“四不”专项整治活动，深入开展“万人双评议”活动，加大“正风肃纪”“反庸治懒”力度。严格执行中央八项规定和省委“28条办法”“六个严禁”，持之以恒纠正“四风”。

与此同时，要率先谋划和启动“四个全面”战略布局在温州深入实践的试点，积极探索“四个全面”战略布局在基层落地生根的新举措。认真研究制定“十三五”规划，进一步明确温州未来发展方向，更好引领赶超发展新实践。

三、关于加强基层党组织和基层政权建设

基层党组织和基层政权建设，是执政党的永恒命题。为深入贯彻全国农村基层党建工作座谈会和省委十三届七次全会的部署要求，市委专门研究制定了《关于全面加强基层党组织和基层政权建设的实施意见》。各级党组织要按照中央和省委、市委的要求，切实增强政治自觉、思想自觉和行动自觉，全面加强基层基础建设，不断巩固党的执政基础。

（一）要深刻认识加强基层党组织和基层政权建设的极端重要性。加强基层党组织和基层政权建设，是全面落实中央“四个全面”战略布局的内在要求。“四个全面”中的每一个全面，都与基层基础工作紧密相连。全面建成小康社会，最艰巨的任务在农村；全面深化改革，很重要的方面是深化农村改革；全面依法治国，基础在基层，难点在基层；全面从严治党，抓好基层党建是题中之意。只有加强基层党组织和基层政权建设，推动“四个全面”战略布局在温州深入实践才会有坚实的组织基础和可靠的政治保证。

加强基层党组织和基层政权建设，是夯实党执政根基的长远之计。重视抓基层打基础，任何时候、任何情况下都不能放松；建设基层服务型党组织，是功能上的一个要求，但总的是战斗堡垒，不能变成纯服务的组织，它的政治功能要充分发挥。乡镇党委是基层的核心，基层政权理所当然包括乡镇党委；村一级是基层政权的基础，不能简单地把村（社区）当作自治组织。要牢固树立政治意识、政权意识和阵地意识，切实加强基层党组织和基层政权建设，让党的旗帜在每一个基层阵地高高飘扬。

加强基层党组织和基层政权建设，是积极应对我市基层新情况新问题的迫切需要。当前基层党组织和基层政权建设还存在不少薄弱环节和新情况新问题，特别是前几年基层体制改革带来新问题，基层党组织设置方式与基层发展不相适应，基层意识形态工作面临新挑战，基层群众思想政治工作存在薄弱环节，基层党员干部教育管理亟须加强，村级集体经济薄弱影响基层党组织的号召力和凝聚力等，迫切需要采取有效措施加以解决和改进。要坚持问题导向和效果导向，以解决问题来加强基层党组织和基层政权建设，推动各项工作在基层全面落实。

（二）要明确加强基层党组织和基层政权建设的目标任务。当前和今后一个时期，我市全面加强基层党组织和基层政权建设的总体要求是：坚持以“四个全面”战略布局为统领，以“八八战略”为总纲，以实现基层治理体系和治理能力现代化为目标，着力构建“四大治理体系”（基层政治体系、法治体系、德治体系、自治体系），提升“六大治理能力”（发展能力、执行能力、服务能力、维稳能力、革新能力、反腐能力），不断巩固党的基层政权和执政基础，为实现温州“赶超发展、再创辉煌”提供坚强的政治保障。

——要构建基层“四大治理体系”。一要构建基层政治体系。全面加强乡镇（街道）、村（社区）和“两新”组织的党组织建设，调整优化组织设置，坚持以“先党内后党外、先党员后群众”的原则议事决策，强化基层党组织在基层的政治核心和领导地位，推动党的路线方针政策在基层落地生根。加强乡镇（街道）党（工）委建设，加强和改进乡镇（街道）人大工作，科学界定乡镇（街道）辖区规模、管理幅度和主要职权。推进村党组织与其他组织和机构班子成员交叉兼职，把基层事务领导权牢牢掌握在党组织手中。二要构建基层法治体系。建立完善基层党员干部法治教育机制，构建基层依法治理平台和工作机制，促进基层工作依法开展、基层事务依法办理、基层问题依法解决。建立乡镇（街道）综治工作、市场监管、综合执法、便民服务等平台，强化中心镇管理服务职能，努力推进乡镇法治政府建设。三要构建基层德治体系。强化基层党组织对基层意识形态工作的领导权，大力弘扬社会主义核心价值观，加强基层思想道德教育和公共文化服务，深入开展基层精神文明建设，积极打造基层精神文化家园。四要构建基层自治体系。充分发挥基层党组织领导的村（社区）自治功能，完善村（社区）民主选举、民主决策、民主管理、民主监督机制，推动基层自治组织自我管理、自我服务、自我教育和自我监督，切实提升自治能力和自治活力。

——要提升基层“六大治理能力”。一要提升发展能力。以新型城市化、工业化、信息化、农业现代化和生态化联动发展为抓手，强化以城带乡、以工促农，促进城乡一体化发展。以“互联网+”“三位一体”新型合作体系建设为抓手，帮助基层群众创业致富，促进农村经济社会繁荣发展。二要提升执行能力。以加强基层执政骨干队伍建设为抓手，研究采取加强基层执政骨干队伍建设的创新举措，使基层党员干部真正成为落实工作的“执行员”。完善基层干部学习制度，促进干部掌握应知应会的理论知识，当好党的方针政策的宣传员，扛起贯彻落实各项决策部署的重任。依法赋予乡镇履行职责必要的职权，确保乡镇责权利相统一、人财事相配套。三要提升服务能力。以深化“红色细胞工程”、深化“五星争创”活动、推进村民中心建设、深化“同心同行·共建和谐”活动为抓手，引导基层党员干部更加深入联系服务群众，切实把工作做到群众心坎上，把群众紧密团结在党的周围。四要提升维稳能力。以基层平安创建为抓手，建立完善基层利益协调、矛盾调处、社会治安、公共安全、生态保护等机制，有效解决影响社会和谐稳定的源头性、苗头性问题，提高基层党员干部依法办事能力和化解矛盾能力，促进基层社会和谐稳定。五要提升革新能力。以深化农村改革创新为抓手，抓好农户承包地、农民宅基地、村集体建设用地“三确权”，建设农村产权交易平台，探索推进户籍制度改革试点，加快破除城乡二元体制，激发城乡发展活力。六要提升反腐能力。以深化基层作风巡查为抓手，严格教育、严格管理、严格监督，严肃查处发生在群众身边的“四风”和腐败问题，促进基层党员干部干净干事。

（三）要落实加强基层党组织和基层政权建设的工作保障。要建立健全基层党建责任机制。要牢固树立“抓好党建是最大的政绩”的理念，切实担当起抓基层党建和基层政权建设的政治责任，落实县（市、区）委书记第一责任职责、乡镇（街道）党（工）委书记直接责任人职责，形成“书记抓书记、一级抓一级”的责任传导机制。全面推行党委书记抓基层党建责任清单等制度，健全完善年度述职评议、季度现场会等制度机制，建立健全县（市、区）党委抓基层党建专题分析研判制度。

要建立完善基层基础保障机制。要建设担当有为的乡镇（街道）干部队伍，培养百姓拥护和喜爱的基层党组织书记队伍，建设充满生机活力的党员队伍，打造过得硬、打胜仗的基层执政骨干队伍。开展“十佳乡镇（街道）党（工）委书记、百佳村（居）党组织书记”评选活动，以先进典型激励基层干部干事创业。制定壮大村级集体经济三年行动计划，加大政策扶持力度，增强村级组织造血功能。切实加强经费保障，推动要素资源向基层倾斜。严格规范和控制各类针对基层的检查考核，为基层减负减压。

要强化基层基础工作督查考评。要探索建立党委（党组）班子成员向本级党组织报告履行党建工作责任制度，优化考核评价体系，把基层党组织和基层政权建设情况作为干部考核的重要内容，加大在实绩考核、年度考核、任职考核中的权重。完善考核排名约谈和基层党建工作专项考察制度，大力褒奖、优先使用守土尽责的干部，严肃问责守土失责的干部。

同志们，实现赶超发展，需要各级各部门和广大党员干部勇于担当、善于作为。让我们更加紧密地团结在以习近平同志为总书记的党中央周围，在省委的正确领导下，真抓实干，狠抓落实，确保圆满完成今年各项目标任务，为推进新常态下温州赶超发展而努力奋斗！

提振精气神 奋力抓开局
为打造迈入全面小康社会标杆城市而努力奋斗

——在市委十一届十次全体（扩大）会议上的报告

（2016 年 1 月 13 日）

中共温州市委副书记、代市长　徐立毅

这次市委全会的主要任务是：认真贯彻落实中央和省委一系列决策部署，回顾总结 2015 年工作，研究部署 2016 年任务，认真谋划“十三五”发展，审议通过《中共温州市委关于制定温州市国民经济和社会发展第十三个五年规划的建议》。

一、关于 2015 年工作的总结

“十二五”时期是我市发展进程中很不平凡的五年。面对错综复杂的宏观环境、局部金融风波的严重影响和改革发展稳定的繁重任务，市委团结带领全市人民认真贯彻落实中央和省委的决策部署，积极应对各种风险和挑战，着力破解各种矛盾和问题，全面推进经济、政治、文化、社会和生态文明建设，切实加强新时期党的建设，“十二五”发展取得显著成效，为“十三五”发展奠定了坚实基础。

2015 年是“十二五”的收官之年。我们坚持以“四个全面”战略布局为统领，以“八八战略”为总纲，深入实施“五化战略”和“十大举措”，组织开展“八大攻坚”，扎实做好各项工作，经济发展在比较困难的情况下走上了正常的轨道，各项事业取得了新的成效。预计全市实现生产总值 4610 亿元，增长 8% 以上；一般公共预算收入 403 亿元，增长 7%；固定资产投资 3456 亿元，增长 13.2%；城镇常住居民人均可支配收入 43910 元，农村常住居民人均可支配收入 21240 元，分别实际增长 7.6% 和 8.7%。

（一）“保稳促调”取得明显进展。组织开展重点项目征地拆迁“清零”百日攻坚专项行动，市县两级完成 212 个“清零”项目，交地 2.12 万亩，拆迁 6044 户，拆迁面积 124.6 万平方米，迁移坟墓 7041 穴，解决了一大批历史遗留的难点问题。加大有效投资力度，投资结构有所改善，投资质量和效益不断提高。积极推动“温商回归”和招商引资，引进了一批大项目好项目，实际到位内资 1110 亿元。启动浙南科技城规划建设，积极打造特色小镇、众创空间。加快两大省级产业集聚区规划建设，引进了一批重大产业项目；建成一批小微企业园，实施小微企业三年成长计划。实施领军工业企业和高成长型工业企业培育工程，持续推进“四换三名”“三转一市”，技改投资增长 24%，“企转股”210 家，新增上市企业 3 家、新三板挂牌 24 家。加快淘汰落后产能，单位 GDP 能耗下降幅度居全省第一。推进工业强市强县强镇建设，工业投资增速居全省前列，乐清名列全省工业强县综合排名第五，北白象、柳市、龙港列全省超百亿工业强镇前三。花大力气化解企业金融风险，处置重点风险企业 63 家，实现不良贷款余额和不良率“双降”。深入实施“510”产业培育提升工程，网络经济和时尚产业加快发展，传统产业改造和新兴产业发展呈现良好势头。大力发展旅游经济，积极挖掘消费潜力。加强房地产市场调控和建筑业发展，房地产市场呈现价稳量升态势。实施“人才新政十条”和“以情聚才十条”，新增“国千”6 人、“省千”14 人；积极引进大院名校共建创新载体，深化产学研合作，科研投入明显加大。高度重视粮食生产安全，大力发展高效生态农业，建成了一批粮食生产功能区、现代农业园区和高标准基本农田。

（二）大都市区建设加快推进。狠抓综合交通体系建设，金温铁路扩能改造工程、大门大桥等项目建成，瓯江南口大桥、机场 T2 航站楼主体工程完工，甬台温高速复线温州段、绕城高速西南线、龙丽温高速瑞文段、市域铁路 S1 线、乐清湾港区铁路支线、状元岙港区二期等项目加快推进，市域铁路 S2 线一期、瓯江北口大桥、机场交通枢纽综合体、通用航空基地等项目开工建设，杭温高铁、温武铁路等项目前期取得突破，苍南核电一期获国家“路条”，水利、能源、信息等基础设施建设扎实推进。启动新一轮市区 70 个城中村改造，完成整村连片改造签约 3000 户以上。“3+1”亮点区块建设加快推进，中央绿轴公园一期开园。洞头成功撤县设区，瓯飞工程等围垦项目加快推进。实施城镇低效用地再开发 2.6 万亩，清理批而未供、供而未用土地 5.6 万亩。深化“三改一拆”，推进“无违建”创建，拆改总量居全省前列。推进“两路两侧”“四边三化”，整改任务全部完成。加大“五水共治”力度，深化“清三河”示范县创建，强化“水岸同治”重点片区整治攻坚。创成全国文明城市、国家卫生城市、国家森林城市，国家园林城市、国家环保模范城市创建和国家历史文化名城申报通过技术评估，“六城联创”有望成功收官。扎实推进美丽乡村建设，完成农村生活污水治理村 1596 个，创建美丽乡村精品线 12 条、精品村 107 个。新建城市绿地 349 公顷，建成滨水公园 220 个，完成绿化造林 8.6 万亩，超额完成燃煤锅炉、黄标车和老旧车淘汰任务，城乡环境面貌明显改善。

（三）改革开放迈出坚实步伐。推出温州金融综合改革“新 12 条”，温州民商银行开业，温州资产管理公司完成注册登记，小微企业信用保证基金运行中心、小额贷款保证保险运营管理中心挂牌开业。企业股改力度加大，与多层次资本市场对接取得新进展。深化农村股改、地改、金改，乐清、瑞安成为农民住房财产权抵押贷款试点。加快民办教育改革、社会力量办医改革，积极推进苍南龙港国家新型城镇化综合试点和乐清柳市国家中小城市综合改革试点。实施市级“10+1”和县级“3+1”重点改革项目，探索形成了一批可学可用可推广的改革经验。深入实施“五张清单一张网”改革，启动行政审批系统制度重建综合改革，“五证合一”“一照一码”全面推行，非行政许可审批事项“清零”，权责清单实现市级部门全覆盖。稳步推进机关事业单位工资制度、县以下机关公务员职务与职级并行制度、国企负责人薪酬制度、机关事业单位养老保险制度等改革。推进海峡两岸(温州)民营经济创新发展示范区建设，举办“2015浙江·台湾合作周”，加强对台合作交流。积极对接“一带一路”国家战略，推动对韩对美开放合作。保税物流中心（B型）通过省级预验收，口岸条件进一步改善。

（四）社会建设水平稳步提升。基础教育优质均衡发展水平稳步提高，温州医科大学、温州大学、温州肯恩大学等高校建设扎实推进，中高职一体化加快发展。率先建成市级诊疗数据交换平台，推动优质医疗服务“双下沉、两提升”，建成市中医院新院区一期、市妇保院综合大楼。落实人口计生新政策，出生人口性别比实现“六年连降”。加快体育事业发展，举办中华龙舟大赛、首届温州马拉松比赛，全国第一届青年运动会参赛成绩居地级市首位。加强文化建设，建成文化礼堂807家，新建公共文化服务设施39万平方米，温州道德馆开工建设并预展，温州文化艺术大楼建成投用，举办温州国际时尚文博会、第五届温州艺术节，亚洲国际（温州）青年微电影展永久落户温州，《温州两家人》在央视一套播出并广受好评。创新开展“新青年下乡”活动，促进高校思想政治建设与新农村建设双赢。推出支持创业就业“25项新政”，完成全民参保登记，社会保障水平得到提高。办好年度“十大民生实事”，交通治堵、食品监管、养老服务、住房保障、无障碍改造等取得实效。全面消除家庭人均年收入4600元以下贫困现象。扎实开展“百日维稳攻坚大会战”，强化反恐工作和隐蔽战线斗争，加大进京非访依法整治力度，排查化解各类社会风险，镇街处置突发事件规范建设“一三五”做法在全省推广。严厉打击各类违法犯罪活动，加强立体化社会治安防控体系建设，在全国首创物联网社会治安虚拟管控模式。深化十大重点领域安全生产专项整治，开展消防安全“双月”攻坚专项行动，整治居住出租房及合用场所50.7万家。创新社会治理，打好宗教依法管理组合拳，深化“同心同行·共建和谐”活动，完善“7431”网络管理模式，“温州辟谣”入选全国五大辟谣平台，创新网络界人士统战工作，社会保持和谐稳定。

（五）民主法治建设有序推进。发挥党的领导核心作用，支持人大、政府、政协和审判机关、检察机关依法依章程履行职权。高度重视统战和群团工作，发挥各民主党派、工商联、无党派人士以及工青妇等群团组织作用。加强党管武装工作和国防后备力量建设，重视做好老干部工作。全面深化法治温州建设，积极做好承接和行使地方立法权工作，《温州市市容和环境卫生管理条例》获省人大常委会批准，“六五”普法圆满收官，依法治市迈出新步伐。

（六）党的建设进一步加强。精心组织开展“三严三实”专题教育，抓好专题学习研讨，强化整改落实，着力解决不严不实问题。加强“好班长好班子好梯队”建设，激发干部队伍整体活力。开展“八大整改行动”，抓好省委巡视组反馈问题的整改落实。组织开展选人用人问题大排查大整治，着力解决“三超两乱”、档案造假、个人事项申报不实、违规因私出境等突出问题，市县两级共消化超职数干部709名。制定出台市委加强基层党组织和基层政权建设“30条措施”，打好“红色细胞、红色阵地、红色基金、红色旋风”基层党建组合拳，全面加强基层党组织和基层政权建设。调整完善乡镇(街道)体制，促进基层工作重心下移。认真落实党风廉政建设“两个责任”，学习贯彻廉洁自律准则和纪律处分条例，完成市级纪检监察派驻机构全覆盖改革，严肃查处了一批违纪违法案件，立案2370件，处分2125人，移送司法机关132人。组织开展“破两难、纠四不”专项整治，深化“万人双评议”活动，推行领导干部“微服私访、随机调研”，深入开展“电视问政”“新政聚焦”，市民监督团获第八届“中国政府创新优秀实践”奖。严格落实中央八项规定精神，开展正风肃纪专项行动848次，处理人员803人，通报320起，媒体曝光145起，作风建设取得实效。创新开展农村基层作风巡查，进驻巡查129个村，解决群众反映的突出问题411件。

在充分肯定成绩的同时，我们也要清醒地看到发展和工作中存在的突出问题。一是创新要素支撑不足，新旧动力接续转换不畅，产业及平台“低小散”，企业商务成本高，企业金融风险依然持续影响，新常态下经济发展面临着稳增长与调结构的双重压力。二是中心城区首位度不高，“半城市化”问题突出，综合交通建设相对滞后，环境脏乱差问题没有根除，城市规划管理不够精细、发展方式有待改进，区域发展不平衡，都市区发展面临着优化布局与强化功能的双重任务。三是社会事业发展存在薄弱环节，热点难点问题较多，改善民生任务繁重，社会建设面临着公共产品供给不足与公共服务水平不高的双重问题。四是社情舆情复杂，治安刑事案件多发，安全隐患量大面广，基层基础相对薄弱，社会治理面临着体系创新与能力提升的双重要求。五是一些干部不善学习，思想落伍、观念落后，闯劲不足、担当不够，抓落实不够有力，干工作“只求过得去、不求过得硬”；一些机关办事效率不高，发展软环境存在不少突出问题，基层群众和企业反映比较强烈，“四风”问题和腐败现象还时有发生。对此，我们必须高度重视，切实采取有效措施加以解决。

二、关于2016年任务的部署

进入2016年，温州发展正处在一个新的历史关口。回望过去，温州以改革开放先驱者的姿态，勇于创业、大胆创新，取得了举世瞩目的发展成就，在中国特色社会主义道路上谱写了精彩篇章。审视现在，新常态下速度换挡、动力转换、结构调整的动力和压力交织叠加，宏观形势错综复杂，区域竞争、协作和分化更加凸显，温州发展既面临难得机遇、也面临严峻挑战，既拥有坚实基础、也存在不少“短板”。放眼未来，“十三五”时期是温州打造民营经济创新发展示范城市的关键期，是打造东南沿海重要中心城市的关键期，是打造迈入全面小康社会标杆城市的决胜期。谋好“十三五”、干好“十三五”，事关温州在全省乃至全国的发展地位和重要作用的发挥，事关温州长远发展和百姓福祉。我们务必进一步增强机遇意识、忧患意识和责任意识，把握时代新要求，定准温州新坐标，顺应人民新期待，努力把温州改革开放这面旗帜举得更高，把温州这部创业创新史写得更好，奋力开辟中国特色社会主义在温州深入实践的新征程。

市委对谋划“十三五”发展高度重视，研究提出“十三五”发展规划建议，描绘了温州未来五年发展的宏伟蓝图。这个规划建议经这次市委全会审议通过后，将成为指导温州“十三五”发展的行动纲领。干好“十三五”，关键看开局。今年是“十三五”发展的开局之年，我们必须紧扣“十三五”发展的目标定位和战略任务，强化担当、只争朝夕，找准支点、精准发力，全面实现“十三五”良好开局。做好今年工作的总体要求是：认真贯彻落实中央和省委一系列重大决策部署，以“四个全面”战略布局为统领，以“五大发展理念”为引领，以“八八战略”为总纲，围绕打造迈入全面小康社会标杆城市这个目标，深入实施“五化战略”，以经济转型、城市转型、社会转型互促共进为基本途径，强化破难攻坚，狠抓工作落实，全面推进经济、政治、文化、社会和生态文明建设，全面加强党的建设，确保“十三五”发展开好局、起好步。

建议2016年经济社会发展的主要预期目标为：地区生产总值增长7.5%—8%，一般公共预算收入增长7%左右，固定资产投资增长11%以上，城乡常住居民人均可支配收入实际增长7.5%，完成省下达的节能减排指标。重点要抓好三个方面的工作：

（一）以供给侧结构性改革为强大动力，加快推进经济转型升级。经济转型重在适应新常态，方法是供给侧结构性改革，目标是解决新旧动力转换的问题。供给侧结构性改革，是中国特色社会主义政治经济学理论的重大创新，是适应和引领经济发展新常态的重大创新，为新常态下经济转型升级开辟了新路径。新常态下，解决温州经济的结构性、素质性、体制性问题，“穿新鞋走老路”没有出路，根本之道是推进供给侧结构性改革。我们要真正掌握供给侧结构性改革的科学方法论，正确认识温州经济新常态的共性与特性，更加注重实体经济发展质量和效益，更加注重创新驱动，更加注重有效供给，努力使温州经济转型升级充满澎湃动力和旺盛活力。

1. 坚持提升存量与扩大增量并举，加快推动产业由中低端向中高端迈进。一手抓存量提升，一手抓增量扩大，是顺应产业变革新趋势、加快产业结构调整步伐的必然要求。要把降低实体企业成本作为一项紧迫任务，第一时间落实中央有关税费减免政策，引导企业用好用足优惠政策，千方百计降低制度性交易成本和工业用地成本，打好降低企业商务成本组合拳，努力提高企业效益。把企业主体培育和现代企业制度建设作为打造民营经济升级版的基础工作，加大对100家领军工业企业、200家高成长型工业企业扶持力度，深入实施小微企业三年成长计划，深化“四换三名”“三转一市”，加大力度淘汰落后产能，创新破产案件审理方式，有效处置“僵尸企业”，引导企业兼并重组，加快形成大企业“顶天立地”和小企业“铺天盖地”的生动局面。加大企业金融风险化解力度，综合施策解决资金链、担保链问题，依法打击“逃废债”，强化失信联合惩戒，健全完善信用体系，确保经济金融平稳运行。按照“边界明晰、主体落实、体制到位”的要求，尽快完成各级各类产业平台的整合、优化、提升，进一步理顺管理体制和运行机制，加快推动大项目向大平台集聚、传统块状经济向平台经济转型，使之成为经济发展新的重要增长极、招商引资的主阵地、结构调整的主战场。制定出台引导工业企业跨行政区域转移的政策措施，建立区域间利益共享的合作机制。加快推进小微企业园建设，确保竣工500万平方米。积极对接“中国制造2025”，深入实施“510”产业培育提升工程，大力推进“互联网+”行动计划和信息基础工程，加强工业强市强县强镇创建，促进信息化与工业化深度融合，培育发展通用航空等新兴产业，力争十大新兴产业增加值增长10%以上。实施“温州制造”质量提升计划，推动标准强市、质量强市、品牌强市建设。大力培育发展信息经济、现代金融、现代物流、科技服务、文化创意等生产性服务业，加快发展现代商贸、旅游休闲、时尚产业、生命健康、房地产业。聚焦重点景区、重点项目，实施旅游发展三年行动计划，打造一批旅游精品，提升温州旅游的影响力和市场占有率。认真落实粮食安全责任制，高水平建设现代农业园区和粮食生产功能区，积极培育农业产业集聚区和现代特色农业强镇，着力构建现代农业产业体系，积极发展电商农业、生态农业、休闲农业，提升农业质量效益。

2. 坚持扩大有效投资与强化科技创新并举，有效实现动力接续转换。新常态下，要注重供给侧与需求侧统筹施策、共同发力，充分发挥有效投资对经济发展的关键作用。把扩大有效投资摆在突出位置，破除有效投资“难为、无为、不能为”的认识误区，保持战略定力，强化合力攻坚，坚决打好扩大有效投资持久战。要围绕“重大基础设施、重大产业项目、高新技术产业、生态环保”等重点投资领域，抓住项目前期、征地拆迁“清零”、招商引资、融资模式等关键环节，把产业大项目作为扩大有效投资的重中之重，全力抓好311个省市重点项目，集中梳理一批投资10亿元以上特别是20亿元以上、50亿元以上的重点产业项目，把空间、资源、力量倾斜到这些项目上来，以大项目建设促进产业投资、发展税源经济、推动产业升级。坚持“温商回归”与经济结构调整相结合，引资金、引项目、引技术、引人才相结合，落实县（市、区）和省级产业集聚区、开发区以及各类新城、特色小镇的主体责任，强化招商引资分类考核，招引一批温商大项目好项目，内外温商一视同仁，民资、国资、外资一齐上，加快优质增量经济发展。同时，要顺应投资驱动向创新驱动转变的新趋势，谋长远、抓当前，创新机构、创新人才、创新项目、创新资本多管齐下、联动推进，加快形成以创新为引领和支撑的发展模式。举全市之力加快浙南科技城建设，以南起步区建设、科创产业平台建设、环境改造提升等“十大任务”为重点，整合各类创新资源，加速创新要素集聚，确保年内形成若干个具有示范带动效应的重点区块，努力打造“立足温州、辐射浙南、影响全省”的创新高地。大力发展创客经济，推进特色小镇、梦想小镇建设，建设15家市级众创空间，打造一批创业创新平台。完善政府科技投入机制，充分发挥高等院校、研究机构集聚人才等创新要素的重要作用，全面深化产学研合作，搭建一批产业技术创新联盟，促进创新成果转化，力争年内全社会R＆D投入占比达到2%。充分发挥企业的创新主体作用，启动“工业技改五年倍增”计划，加大“机器换人”力度，鼓励和引导企业实施自主创新推进工程，提升集成创新能力。人才是创新的核心要素，要深化完善人才政策，加大招才引智力度，把着力点放在吸引高层次人才和发挥本地科研人才作用上，加快培育高素质技能人才，打造人才社区、科创社区，形成能吸引人、能留住人、能成就人的良好环境。

3. 坚持深化改革与扩大开放并举，努力为市场主体创造最优环境。温州是改革开放的先行区，但现在时空已变，改革开放在全国成燎原之势，温州有不少方面已落后先进地区，如果躺在过去的功劳簿上自我陶醉，不与时俱进，那将会错失良机、有辱使命。市场经济条件下，制度供给不可能通过市场本身解决，必须通过深化改革才能实现。我们必须拿出虎口夺食、啃硬骨头的气魄，坚决撕开深化改革的口子，披荆斩棘，勇立潮头，不断开辟温州改革开放新天地。要围绕正确处理政府与市场关系这个核心命题，着眼于“使市场在资源配置中起决定性作用和更好发挥政府作用”，把为市场主体创造最优的发展环境作为温州深化改革的出发点和落脚点，强化问题导向和结果评价，加快建立有利于创业创新、解放和发展生产力的体制机制。一以贯之抓好各项国家级和省级改革试点，深入推进改革项目化建设、载体化管理，探索形成一批具有自主创新特色的制度设计。重点要深化要素配置市场化改革，大力推进以“亩产效益”为导向的资源要素差别化配置改革；深化金融综合改革，做大做强地方法人金融机构，大力推进区域多层次资本市场建设，深入推进中小企业融资政府增信机制建设，积极发展面向中小企业、农业农村、外贸流通的小微金融；深化农村产权制度改革，完善推广“三位一体”新型农村合作体系；实施户籍制度改革，有序推进农业转移人口市民化；深化政府机构改革和“五张清单一张网”改革，全面实施综合行政执法改革，加大简政放权、放管结合力度；深化财税体制和投融资体制改革，积极探索设立投资引导基金；深化国企分类改革，着力解决当前国有企业运行管理中的深层次问题。开放是温州发展的“短腿”，要创新思路、拓宽视野、打通渠道，着力提升对外对内开放水平。积极对接“一带一路”和长江经济带国家战略，充分发挥空港海港、跨境电商、海外温商、商品市场等优势，加快推进跨境电子商务园区、外贸综合服务平台、“单一窗口”等建设，支持境外经贸合作园区发展，确保保税物流中心（B型）通过国家验收并封关运行，积极申报温州综合保税区，争取国家跨境电子商务试点城市。加快出口产品结构调整，巩固传统市场，大力开拓多元新兴市场。发展以时尚消费品、关键设备为重点的进口贸易，打造进口商品市场。抓住中韩自贸协定生效的契机，抓住海峡两岸（温州）民营经济创新发展示范区建设的机遇，深化对台、对韩等交流合作，落实一批影响力大、带动力强的重点合作项目。办好2016世界温州人大会，凝聚海内外温州人力量，促进温州人经济与温州经济互动发展。

*（二）以空间优化和功能重构为主要路径，加快推进城市转型发展。*城市转型重在发展都市区，方法是推进空间优化和功能重构，目标是推动县域经济向城市经济转型。城市是有生命的物理空间，是承载多重功能的经济体，是经济、政治、文化、社会等方面活动的中心。当今时代，城市的地位越来越重要、作用越来越突出，抓住了城市发展就抓住了带动整个经济社会发展的龙头，就抓住了现代化建设的引擎，就抓住了提升区域竞争力的关键。温州经济转型滞后，实质上是创新要素集聚不足；创新要素集聚不足，实质上是城市吸引力和竞争力不足。吸引人、成就人是城市竞争力的集中体现。我们必须坚持以人为核心，以打造东南沿海重要中心城市为目标，强化都市区发展的全局性、系统性、持续性和宜居性，以空间重塑、形态重整、功能重构、产业重振为着力点，加快城市转型，不断提升城市环境质量、人民生活品质和城市竞争力，实现城市转型与经济转型良性互动、融合发展。

1. 以综合交通建设为重点，加快构建现代基础设施体系。温州边缘化问题的症结在交通。解决温州的交通问题，要按照“直通高铁、加密高速、提升机场、优化港口、发展城轨、建设枢纽”的要求，加快实现对外交通互联互通、快捷高效，对内交通通畅有序、换乘便捷，进一步改善温州的区位交通条件，并确立交通导向的城市发展模式。加快建设甬台温高速复线温州段、绕城高速北线二期、绕城高速西南线、龙丽温高速瑞文段、乐清湾港区铁路支线、市域铁路S1线、S2线、机场T2航站楼等重点项目，争取开工龙丽温高速文泰段，完成杭温高铁预工可，抓好温武铁路等重点项目前期工作，打造现代综合交通网络。研究确定中心城区快速交通组织方式及建设方案，加快城市快速路网建设，加强公共交通体系建设，实施停车场建设三年行动计划。同时，要深入谋划关系长远发展的重大基础设施项目，加快中石化LNG、苍南核电、泰顺抽水蓄能电站、南岸水库、楠溪江河口大闸等重大项目前期工作。

2. 以发展湾区经济为重点，积极打造东部新增长极。温州的最大空间潜力在围垦，温州的最大发展潜力在东部，发展湾区经济是温州以比较优势搏击中流、开辟美好未来的战略抉择。要坚持陆海统筹、区域联动，精心编制实施湾区经济发展规划，全面实现环境联合共治、产业协调共育、新城一体共建、设施互联共享，推进海岛、海湾、海港“三海”联动，推进鳌江流域城镇组团式发展，大力发展湾区经济、海洋经济，打造产城融合的东部新增长极，加快推动温州城市发展从“瓯江时代”向“东海时代”跨越。以功成不必在我的胸襟和气魄，大力实施瓯飞一期、瓯江口新区二期等海涂围垦工程，加快滨海产业新城建设，拓展城市发展空间，再造“海上温州”。积极争取国家级海域管理综合改革创新试点，加强全力破解用海审批难题。加强海洋生态文明建设，扎实推进滩涂垦造耕地，全力破解占补平衡难题，促进围垦土地有序开发、科学利用。

3. 以城中村改造为重点，着力提升中心城区首位度。中心城区的规模、结构、功能，决定了温州都市区的发展水平。要紧紧抓住城中村改造这个突破口，改善物理空间，提升城市形象、品位和功能，做优做精、做强做大中心城区，推进市辖区一体化发展，努力提升中心城区的集聚力、辐射力和带动力。在城中村改造中，要坚持“突出重点、集中发力、连片改造、快出形象”，统筹做好征地拆迁、土地储备和出让工作，形成抓改造、抓项目、抓投资、抓发展联动推进的工作格局，掀起城中村、旧市场、老工业区整体改造的热潮，确保完成市区31个村9000户整村连片改造签约任务。用活用好城镇低效用地再开发政策，推进闲置土地和批而未供、供而未用土地清理，加大“退二进三”力度，加强城市地下空间开发。推进瓯江两岸协同发展，重视城市中轴区建设，加快滨江商务区、城市中央绿轴、温州生态园、浙南科技城、动车南站区块、双屿等亮点区块建设，推动地块分割开发向区域整体开发转变，力争年内初显形象。大力发展楼宇经济，打造一批时尚商圈、特色街区和“亿元楼”。严格执行《温州市市容和环境卫生管理条例》，组织实施市政架空线路“上改下”三年行动计划，推进瓯海大道改造提升、市区入城口整治、动车南站区域综合管理、机场枢纽建设及周边整治，加大治堵治乱力度，切实改善城市形象。完善城乡环境管理体制，推进城市管理重心下移，提高城市管理精细化、智慧化水平。

4. 以现代城镇体系建设为重点，有力促进城乡区域协调发展。城乡统筹、区域协调是都市区建设的内在要求。要抓住沿海交通大通道建设的契机，充分发挥规划引领作用，通过基础设施互联互通推动乐清、瑞安与中心城区一体发展，通过建立区域发展协调机制推动平（阳）苍（南）这一大都市区南翼副中心融合发展，形成联系更加紧密、功能更加协调的都市区发展新格局。加快小城市和中心镇培育，积极实施龙港国家级新型城镇化综合试点和一批小城市培育试点，深入推进事权下放、强镇扩权，建设一批具有现代管理运行水平的小城镇，实现合理分工、功能互补，以这些城镇节点来带动周边地区共同发展。以“小县大城、旅游小镇”为要求，创新走出具有山区特色的城镇化新路。创新山海协作、区域协作机制，完善城乡发展一体化体制机制。

5. 以主体功能区建设为重点，全力打造美丽温州。环境是集聚高端要素、提升区域竞争力、提高群众生活品质的关键因素。要牢固树立“绿水青山就是金山银山”的科学理念，坚持绿色发展，按照“不把违法建筑、不把污泥浊水、不把脏乱差的环境带入全面小康”的要求，打好环境整治建设攻坚战、持久战，让天更蓝、地更净、水更清、山更绿，努力建设宜居宜业宜游的美丽温州。实施环境功能区划，优化生产生活生态空间布局，突出生态红线管控，实行最严格的环境保护制度，加大对生态功能区的转移支付力度，切实保护好一方绿水青山。深入推进“五水共治”，突出抓好城镇污水处理设施提标改造，加大截污纳管建设力度，实现农村生活污水处理设施全覆盖；打好重污染行业整治歼灭战，抓好温瑞塘河及平原河网劣V类水整治工作。打好“三改一拆”“两路两侧”“四边三化”攻坚战，推进城区“增绿添彩”，深化违法建筑拆除、无违建创建和居住出租房、合用场所综合整治，提升“六城联创”水平。推进美丽乡村建设，创成美丽乡村精品线10条、精品村100个，申报美丽宜居示范村23个，引导、支持和发展乡村旅游。实施山水林田湖生态保护和修复工程，加强小流域治理和水土流失治理，整治近岸海域和重点海湾污染，完善防灾减灾体制机制。

*（三）以治理体系和治理能力现代化为主攻方向，积极推进社会转型发展。*社会转型重在解决“短板”，方法是标本兼治，目标是推进治理体系和治理能力现代化。要以解决突出问题和克服薄弱环节为着力点，在增进民生福祉、促进社会和谐、提升社会文明、加强依法治理上下功夫，以社会建设提升城市品质，以社会活力激发经济发展，努力把温州打造成为“社会活力最强、社会秩序最优、社会风气最正”的城市之一。

1. 加强民生建设，不断提升公共产品供给和公共服务的能力和水平。改善民生是创新社会治理的出发点和目的。要顺应人民过上幸福生活的新期待，坚持普惠性、保基本、均等化、可持续方向，加快社会事业发展，增加优质公共产品供给，不断增强群众的获得感。教育是对下一代负责的事业，是最重要的公共产品，要全力推进教育现代化县（市、区）创建，理顺市区教育体制，推进基础教育优质均衡发展、职业教育转型发展、高等教育特色发展、民办教育创新发展，尤其要实施市区东部基础教育提升三年行动计划，全面提升温州教育水平。发挥温州医疗资源集聚优势，努力打造辐射浙南闽北医疗服务中心；深化医药卫生体制改革，实施全科医生培养计划，推进优质医疗服务“双下沉、两提升”，落实“两孩政策”，让城乡居民享受更好的医疗卫生计生服务。大力推进全民健身计划，加快发展体育产业，增强全民体质。完善创业扶持政策，推进以创业带动高质量就业。以居家养老为重点统筹推进城乡养老服务体系建设，积极应对人口老龄化。加快保障性安居工程建设，改善困难群众住房条件。按照“社会政策要托底”“多做雪中送炭的事、少做锦上添花的事”“既要积极而为、又要量力而行”的基本原则，强化政策衔接，推进制度整合，不断完善社会保障体系和社会救助体系。实施更精准的扶贫开发，加大对革命老区、民族地区、山区、库区、海岛发展的支持力度，完成异地搬迁1.5万人，花大力气解决“空壳村”问题。

2. 加强平安建设，全力维护社会和谐稳定。平安建设是创新社会治理的基础工程。要坚持一手拿“经济报表”、一手拿“平安报表”，运用好底线思维、法治思维，健全完善社会治理体系，推进社会治理精细化、社会化、智能化，努力创成较高水平的平安大市。全力以赴做好G20杭州峰会等重大活动安保工作，确保政治大局稳定和社会治安清净。推进立体化治安防控体系建设，坚持“严打、严防、严管”基本策略，深化“除恶治乱”行动，严厉打击各类违法犯罪活动，整治“村霸、地霸、材料霸”等乱象，提升群众安全感，深入改善发展软环境。深化社会矛盾纠纷化解调处机制，推进信访工作改革，重视初信初访和源头化解，打好信访工作主动仗。组织开展道路交通、安全生产、消防安全、危化品和食品药品等专项整治行动，善于从前端治理中有针对性地健全制度、强化监管，从源头预防和减少安全事故发生。深化外来人口服务管理，完善人才积分制为主体的居住证制度，向创新创业人才敞开大门。认真贯彻党的宗教工作基本方针，坚持宗教中国化方向，按照“保护合法、制止非法、遏制极端、抵御渗透、打击犯罪”的要求，依法加强宗教事务管理。健全完善隐蔽战线、防暴反恐、群体性事件等长效维稳机制建设，构建维稳新常态。坚持重心下移、强化基层，完善全市“一张网”的基层社会治理网络体系，加强乡镇（街道）社会服务管理中心规范化建设，夯实平安建设的基层基础。积极探索创新基层社会治理方式，推进法治、德治、自治相结合，着力提升基层治理水平。

3. 加强文化建设，不断提升社会文明程度。文化建设是创新社会治理的动力源泉，是提升温州城市品位、核心竞争力和美誉度的重要途径。要充分发挥中国梦和社会主义核心价值观凝魂聚气、强基固本的作用，深化“最美温州人”主题宣传活动，打响“大爱城市、诚信社会、道德高地”的品牌。深入开展环境美、风尚美、人文美、秩序美、创业美“五美乡村”文明创建活动，新建农村文化礼堂150家。加强对瓯越优秀传统文化的保护传承，大力发扬温州人“创业创新”“义利并重”等优秀文化基因和价值观，打造“瓯”系列特色文化品牌。深化“7431”网络治理模式，进一步树立“温州发布”“温州辟谣”品牌，建好全媒体发布平台，有效清朗网络空间，更好地凝聚社会正能量。完善中小学育人和高校思想政治工作机制，深化“新青年下乡”活动。深化文化体制改革创新，推进文化产业园区、文化小镇、文化街区等平台建设，大力发展动漫游戏、软件开发、创意设计、影视制作等新兴文化产业，提升文化产业竞争力。

4．加强法治建设，切实提高依法治市水平。法治建设是创新社会治理的最佳方式。对一个地方来讲，法治建设更多是体现在法治理念、精神、程序、方式、制度、规则的贯彻和运用上，事关转型发展大局。温州传统社会根基比较深厚，熟人社会特征比较鲜明，法治精神、现代契约精神在全社会有待提升。要把法治贯穿于加强和创新社会管理各个环节，依法调整社会关系、规范社会行为、解决社会问题，确保社会管理创新在法治轨道上健康进行。充分利用地方立法权，在城乡建设与管理、环境保护、历史文化保护等重点领域有序推出有特色、可操作的地方性法规，提升社会管理创新实效。把依法行政作为法治建设的重点来抓，依法设定权力、行使权力、制约权力、监督权力，推进综合执法和执法力量下沉，切实做到法定职责必须为、法无授权不可为。深化落实司法改革措施，保障审判权、检察权依法独立公正行使，努力让人民群众在每一个司法案件中感受到公平正义。健全社会普法教育工作机制，加强公共法律服务体系建设，发挥领导干部这一“关键少数”的作用，在全社会进一步树立办事依法、遇事找法、解决问题用法、化解矛盾靠法的价值导向。深入推进社会主义民主政治建设，坚持和完善人民代表大会制度、中国共产党领导的多党合作和政治协商制度，贯彻落实党的民族、宗教、对台、侨务和外事政策，支持工青妇等人民团体依法照章开展工作，认真做好老干部工作，广泛凝聚统战领域新群体、新阶层、新生代力量，充分调动各方面的积极性、主动性和创造性。强化党委在管武装、建武装中的担当意识和政府在国防动员、兵员征集的主体意识，切实解决兵员征集、专武干部队伍建设、民兵应急队伍建设中的难题，推动军事斗争准备向纵深发展，争创全国“双拥”模范城市四连冠，切实提高党管武装工作的质量和水平。

三、关于全面加强党的建设

新形势、新任务、新使命对加强党的执政能力建设、对各级班子和广大干部提出了新的更高要求。站在打造迈入全面小康社会标杆城市的新起点上，全市各级干部都要深入思考、认真回答三个事关温州发展全局的重大问题：一是再过五年，当改革开放42周年时，当我国迈入全面小康社会时，当我们党和国家实现第一个百年奋斗目标时，作为改革开放的先驱者，温州会是一个什么样的温州？二是在滚滚历史洪流中，温州作为改革开放的先驱者，是否能够一直屹立前行，始终以昂扬的姿态走在时代的前列？三是我们有没有把温州打造成为迈入全面小康社会标杆城市的历史担当，有没有这样的事业追求？担负新使命、开辟新征程、实现新蓝图，关键在党，关键在干部。我们一定要坚持全面从严治党、依规管党治党，把伟大事业和伟大工程紧密结合起来，进一步加强党的建设，充分发挥党的领导核心作用，强化政治担当、责任担当、能力担当，更好地团结带领全市人民在新的历史起点上发力冲刺。

（一）*着眼于提升引领和推动发展能力，坚持用马克思主义中国化最新成果武装头脑*。加强思想政治建设、提高各级干部领导和推动发展的能力和水平，是适应和引领新常态、实现美好蓝图的基础和前提。如果对发展新形势把握不准，对党的新政策理解不深，对温州的新问题分析不透，就不会有新招、高招、实招。各级干部要进一步增强学习的自觉性，认真学习理论，加强知识储备，确保理念、思路、举措和办法与时俱进。要发挥好党校干部教育培训主渠道作用，深入学习贯彻习近平总书记系列重要讲话精神，真正用马克思主义中国化最新成果武装头脑、指导工作。当前尤其要认真学习中国特色社会主义政治经济学，牢固确立“五大发展理念”，把握供给侧结构性改革的精神实质和丰富内涵，着力解决新常态下“理念不适宜、能力不适应、方法不适用”等突出问题，不断提高解放和发展社会生产力的自觉性和主动性。严格落实党委（党组）意识形态工作责任制，维护意识形态安全，牢牢巩固马克思主义思想阵地。按照中央的统一部署，组织开展以“学讲话、学党章、学党规、做合格共产党员”为主题的学习教育活动，进一步巩固和扩大“三严三实”专题教育成果。坚持解放思想、实事求是、与时俱进，大力弘扬理论联系实际的学风，“上接天线、下接地气”，胸怀大局、把握大势，研究温州、读懂温州，创造性地开展工作，真正使中央和省委的重大决策部署在温州落地生根、开花结果。

（二）*着眼于选人用人与干事创业相统一，大力加强领导班子和干部队伍建设*。要以市县乡集中换届为契机，按照德才兼备、任人唯贤原则和“三严三实”要求，注重“人岗适宜、实干导向、自身过硬”，深化干部人事制度改革，创新完善选人用人管人机制，既重视“狮子型”干部的大胆提拔使用，又注重“老黄牛型”干部的提任安排，真正把政治坚定、素质全面、功底扎实的干部选出来、用起来，选优好班长、配强好班子、培育好梯队，增强各级班子和干部队伍的整体战斗力。遵循干部成长规律，注重递进培养锻炼，注重在克难攻坚主战场和基层一线锻炼、识别、选拔干部，深入实施“年轻干部接力工程”，注重年轻干部、妇女干部、党外干部、少数民族干部的培养选拔，防止拔苗助长、降格以求、为用而用，坚决克服“少数人中选人、拿着帽子找人”的现象。完善干部常态化交流机制，加大对不适宜担任现职领导干部的调整力度，切实在干部“下”的方面动真格，进一步激发干部队伍活力。严肃换届人事工作纪律，深入治理“为官不为”，坚决防止和查处“跑官要官”等不正之风。坚持党管人才，创新并落实招才引智系列政策，真正把人才工作主战场转到服务实体经济发展上来，积极构建“大众创业、万众创新”的人才高地。

（三）*着眼于固本强基，切实抓好基层党组织和基层政权建设*。基础不牢，地动山摇。基层党组织和基层政权建设抓得怎么样，不在于搞出多少花样、闹出多大声势，关键要看党群干群关系好不好、基层党组织战斗力强不强。要把乡镇（街道）建设作为固本强基的关键环节，作为执政能力建设的突出重点，创新乡镇（街道）体制机制，优化配置行政资源，深化简政放权，强化重心下移，切实提升乡镇（街道）统筹协调、依法行政和公共服务能力。以“基层党建工作深化年”为抓手，实施“示范、达标、整转”三大行动，高度重视发展壮大村级集体经济，做到有人干事、有钱办事、有章理事、有场所提供服务，促进“整乡推进、整县提升”，实现基层党建新突破。坚持重在平时、抓在平时，建立完善基层党员干部贴心服务群众的长效机制，深化“红色细胞工程”，真正把老百姓日常小事当作工作大事来解决，促进党群干群关系持久良性积累。加强基层党组织书记队伍建设，充分发挥基层带头人的作用，团结一班人支撑起基层发展建设。加强“两新”组织党建工作，以习近平总书记对我市非公企业党建工作作出批示五周年为契机，实施“红色动力工程”，有效发挥党组织在“两新”组织中的实质作用。

（四）着眼于营造风清气正的政治生态，进一步加强党风廉政建设和反腐败斗争。干部清正、政府清廉、政治清明是执政之宝。要坚持把党的纪律和规矩挺在前面，强化党章党规党纪意识，认真执行廉洁自律准则和纪律处分条例，促进党员干部在廉洁自律上追求高标准、在遵守党纪上做到严要求。作风建设好不好，关键看干部是否干净干事、发展软环境有没有改善，要让企业和群众评说。要牢固树立“作风建设永远在路上”的思想，开展“敢担当、树标杆”作风建设行动，严肃整治“慢作为、不作为、乱作为”、以权谋私、损害企业和群众正当利益等突出问题。深化农村基层作风巡查，创新开展市直单位作风巡查，完善“新政聚焦”“电视问政”等监督载体，充分发挥市民监督团的作用，持续改善机关和基层作风，切实提高服务效能。认真落实党风廉政建设党委主体责任和纪委监督责任，健全权力运行监督机制，巩固完善纪检体制改革成果，运用好批评教育、组织处理、纪律处分、立案审查等“四种形态”，保持反腐败高压态势，努力构建不敢腐、不能腐、不想腐的长效机制。

（五）着眼于推动工作落实，进一步提振干事创业的精气神。一分部署，九分落实。面对新形势新任务，面对前进道路上的各种艰难险阻，各级干部一定要秉持对党和人民事业高度负责的态度，饱含与温州发展休戚与共的真切情怀，以深入开展向潘超俊学习活动为契机，进一步提振精气神，凝聚正能量，时时刻刻把“三严三实”作为一把标尺，把抓环节、快节奏、促落实、讲结果作为一种习惯，一心一意干工作，专心致志促发展。要鼓足争创一流的勇气，拉高标杆，向先进看齐，“不求过得去，但求过得硬”，勇争先、创一流，以更加坚定的信念干在实处，以更加豪迈的步伐走在前列。要强化担当有为的底气，以“对得起这段历史、对得起这个地方”的责任感，以“当仁不让、舍我其谁”的气概，以“人一我十、人十我百”的劲头，抓住一批能锁定发展走势的重点工作，挽起袖子大干、脚踏实地实干、开动脑筋巧干，完善考绩体系，突出精准考核，既重目标结果考核又重形象进度考核，层层传导压力，确保工作落实到位。要保持克难攻坚的锐气，直面问题不退缩，解决问题不畏难，逢山开路、遇水架桥，组织开展系列“三年行动计划”，在重大项目建设、企业培育（领军工业企业、高成长型工业企业等）、平台建设（省级产业集聚区、浙南科技城、特色小镇等）、城中村改造、市区亮点区块建设（滨江商务区、温州生态园等）、城市环境整治建设（城市道路、停车场、市政架空线路“上改下”、水污染治理等）、民生实事“补短板”（基础教育等）等方面排出“三年行动计划”的任务书、路线图和时间表，对每一个行动计划都要专门作出部署，落实责任主体，实施项目化管理，强化要素保障，确保每年有突破、有进展、有实效。要集中精力打几场必须打、打得赢的硬仗、大仗，收紧拳头精准发力，真刀实枪久久为功，办好一批既该干又能干好的大事、实事，努力创造经得起实践检验、经得起群众检验、经得起历史检验的业绩。

实现“十三五”美好蓝图，需要我们勇担使命；做好今年各项工作，需要我们真抓实干。让我们紧密团结在以习近平同志为总书记的党中央周围，在省委的正确领导下，进一步振奋精神，团结拼搏，奋发有为，扎实工作，为开创“十三五”发展新局面、打造迈入全面小康社会标杆城市而努力奋斗！

（黄 翔）

温州市委第十一届十次全体（扩大）会议现场　　陈 翔/摄

温州市人民政府工作报告

——在温州市第十二届人民代表大会第六次会议上
（2016年2月26日）

温州市代市长　张　耕

一、2015年主要工作和“十二五”发展回顾

2015年是“十二五”规划的收官之年。面对严峻复杂的宏观形势和繁重艰巨的改革发展任务，我们认真贯彻落实省委、省政府和市委系列决策部署，实施“五化战略”，深化“十大举措”，克难攻坚、奋力拼搏，全力推进温州经济、城市和社会转型发展，较好地完成了市十二届人大五次会议确定的主要目标任务。

（一）保稳促调取得成效。积极推进产业集聚区、开发区（工业园区）整合提升，启动浙南科技城规划建设，开工建设市级示范小微园53个，瓯海时尚智造、苍南台商小镇等5个特色小镇列入省级创建名单。实施“五一〇”产业培育提升工程，制定出台领军企业、高成长型企业培育计划，积极推进“机器换人”和企业股份制改造，新增高新技术企业133家、“企转股”210家，技改投资增长24%。大力发展旅游、电商、物流等服务业，积极培育新的消费热点，社会消费品零售总额增长11%。现代农业发展势头良好，农业“两区”建设提质增效。深入实施“温商回归”工程，实际到位内资1110亿元。推出促进创新创业系列政策和“人才新政十条”，新入选“国千”6人、“省千”14人，首批8家市级众创空间挂牌。市县两级合力处置重点风险企业63家，处置不良贷款402亿元，不良贷款余额、不良率实现“双下降”，信贷投放企稳回升。全市生产总值4620亿元，增长8.3%，增速四年来首次高于全省平均水平；一般公共预算收入403亿元，增长7%；固定资产投资3456亿元，增长13.2%；城镇常住居民人均可支配收入44026元，农村常住居民人均可支配收入21235元，实际增长7.9%、8.7%。

（二）城乡建设步伐加快。强化都市区发展理念，调整完善城市总体规划和土地利用总体规划。全面启动新一轮市区城中村改造，完成整村连片改造签约3000户。滨江商务区、中央绿轴等城市亮点区块形象初现，三垟湿地整村搬迁进度加快，乐清、瑞安、泰顺、苍南等县（市）新区展现新面貌，一批市政、商贸、文教等配套基础设施建成投用。开展征地拆迁“清零”百日攻坚行动，市域铁路S1线、甬台温高速复线、绕城高速西南线等重点项目建设全面提速。金温铁路扩能改造工程、大门大桥建成投用，瓯江南口大桥、机场T2航站楼主体工程完工，市域铁路S2线、瓯江北口大桥、通用航空基地开工建设。完成围垦造地3万亩，沿江沿海标准堤塘实现闭合。实施城镇低效用地再开发2.6万亩，清理批而未供、供而未用土地5.6万亩。加强农村交通、环保、饮用水等基础设施建设，新建（改造）农村公路640公里，建成投用镇级污水处理厂16座，新增城镇一二级污水管网430公里，新增污水日处理能力24.4万吨。市综合材料生态处置中心试运行。

（三）环境整治有力推进。顺利通过国家历史文化名城、国家环保模范城市评估验收，成功创建国家园林城市，“六城联创”有望圆满收官。深化“五水共治”和“水岸同治”，实施河道综合整治186公里，完成1596个村生活污水治理任务。“三改一拆”“两路两侧”整治年度任务提前完成，拆除违法建筑1863万平方米，创建“无违建乡镇（街道）”26个。新建城市绿地349公顷，建成滨水公园220个；绿化造林10.9万亩。文成获得国家级生态县称号，洞头、泰顺入选首批国家级生态保护与建设示范区。创建美丽乡村精品线12条、精品村107个。实施大气污染防治“六大行动”，超额完成燃煤锅炉、黄标车淘汰任务，空气环境质量优良天数达312天。“一打三整治”取得阶段性成效。

（四）改革开放持续深化。启动实施金融综合改革“新十二条”，温州民商银行开业，温州资产管理公司完成注册登记，小微企业信用保证基金运行中心、小额贷款保证保险运营管理中心挂牌营业。以洞头撤县设区为契机，深化市区一体化发展研究。梳理市级功能区管理体制，完善乡镇（街道）行政区划。龙港国家新型城镇化综合试点启动，柳市入选国家首批中小城市综合改革试点。乐清、瑞安列入农民住房财产权抵押试点。平阳户籍制度改革试点取得新进展。分类推进市属国企改革，国资监管得到加强。获批海峡两岸（温州）民营经济创新发展示范区，设立温州韩国产业园。区域通关一体化稳步推进，口岸关检合作“三个一”改革取得初步成效，保税物流中心（B型）通过省级预验收。

（五）民生福祉不断改善。认真办好民生实事。改造义务教育薄弱学校57所，创建标准化学校182所，各县（市、区）全部通过国家义务教育发展基本均衡评估。县域辖区幼儿园实现“零无证”。创建省级以上中职学校30所、中高职一体化职业院校4所，一批高等院校建设步伐加快。深化公立医院改革，积极推进分级诊疗试点，市县两级门诊药费和住院药费实现“双下降”。出生人口性别比连续六年下降。温州文化艺术大楼和一批县级博物馆、文化中心建成投用，创新推出城市书房、文化驿站，建成农村文化礼堂208家。成功举办温州艺术节、市民文化节、中华龙舟大赛和首届温州马拉松赛。《温州两家人》

掀起收视热潮。实施全民参保登记，完善大病保险制度，城镇和农村低保标准分别提高 8%、12%。全面消除家庭人均年收入 4600 元以下贫困现象。深化十大重点领域安全生产专项整治，开展夏季消防安全“双月”攻坚行动，整治居住出租房及合用场所 52.9 万家，安全生产三项主要指标持续下降。妥善化解一批历史遗留问题和信访积案。严厉打击各类违法犯罪活动，社会治安形势持续向好。成功引入空中应急救援力量。“六五”普法圆满收官。工会、共青团、妇女儿童、老龄、慈善、红十字、残疾人等事业进一步发展，统计、档案、民族、宗教、双拥、援疆援藏、防台减灾等工作取得新成绩。

（六）政府自身建设进一步加强。深入推进“四单一网”建设，推广实施政府职能向社会组织转移“第五张清单”，非行政许可审批事项实现“清零”。启动行政审批制度重建改革，首创“网上开证明”系统。率先推行“五证合一、一照一码”，办证时限由 20 多个工作日压缩至 3 个工作日内。完善政务督查督办机制，去年《政府工作报告》提出的 374 项工作任务，完成或基本完成的有 369 项，完成率达 98.6%。主动接受市人大法律监督、工作监督和市政协民主监督，办好人大代表建议 497 件、政协提案 513 件。获准行使地方立法权。认真开展“三严三实”专题教育活动，抓好中央“八项规定”落实和“四风”问题整改，正风肃纪常态化机制逐步形成。强化审计监督和监察问责，严肃查处一批违纪违法案件，反腐倡廉工作成效明显。

2015 年主要目标任务的顺利完成，标志着“十二五”规划全面收官。“十二五”规划纲要确定的 29 项主要指标，除地区生产总值、人均生产总值、消费、进出口、研发经费支出占生产总值比重、千人医生数、农村常住居民人均可支配收入等 7 项外，其他 22 项顺利完成预期目标。这五年，我们致力于控风险稳增长，经济实现企稳回升。地区生产总值年均增长 7.8%，一般公共预算收入年均增长 9.7%，主要经济指标在全省位次近两年明显前移；三次产业结构从 3.2 ∶ 51.2 ∶ 45.6 调整为 2.7 ∶ 45.5 ∶ 51.8，实现了从“二三一”到“三二一”的转变。这五年，我们狠抓固定资产投资，城市和基础设施建设大幅推进。城市发展框架进一步拉开，交通、能源、水利、市政等网络加快形成，完成固定资产投资 1.3 万亿元，是“十一五”时期的 3.8 倍。这五年，我们大力推进“六城联创”，城乡环境面貌明显改观。累计拆违 9772 万平方米，新建了一大批城市公园，建成绿道 3800 多公里，人均公园绿地从 6 平方米提高到 13 平方米。这五年，我们持续推进改革攻坚，对外开放迈出新步伐。启动实施 36 个国家级和 28 个省级改革试点，金融综合改革、社会力量办学办医渐显成效，空港、海港口岸实现扩大开放。这五年，我们加快发展各项社会事业，民生保障水平稳步提高。城乡居民人均可支配收入年均实际增长 7.1%、8.6%，一批教育、卫生、文体设施相继建成投用，养老、医疗等社会保障制度基本实现城乡全覆盖。

过去五年，我们在应对风险挑战中取得了显著成效，也在发展实践中积累了宝贵经验。一是必须遵循发展规律，善于从全国全省发展大局中找准定位、把握趋势，坚持从温州实际出发，科学合理设定目标，急而不躁、稳扎稳打地推进各项事业发展。二是必须坚持实体为基，积极有为搭平台、强要素、优环境，引导企业坚守实业、做强主业，防止“脱实向虚”，不断提升民营经济发展水平。三是必须持续改革创新，进一步解放思想、更新观念，勇于突破、敢闯新路，努力把改革开放这面旗帜举得更高，把温州的创新创业史写得更好。四是必须坚持依法行政，以法治政府建设的实际成效，引导全社会强化法治意识、规则意识和契约精神，提升诚信建设水平，着力构建经济社会发展的良好秩序。

过去五年的发展成绩来之不易。这是省委、省政府和市委正确领导的结果，是全市人民齐心协力、奋力拼搏的结果。在此，我代表市人民政府向全市人民和外来建设者，向人大代表、政协委员，各民主党派、工商联、无党派人士和人民团体，向驻温部队、武警官兵和中央、省驻温单位，向情系家乡的海内外温州人，向所有关心和支持温州发展的港澳台同胞、海外侨胞和国际友人，表示崇高的敬意和衷心的感谢！

我们也清醒地看到，我市经济社会发展还面临不少困难、问题和挑战。主要表现是经济发展面临稳增长与调结构的双重压力，“两链三险”尚未根本解决，企业商务成本相对较高、生产经营依然困难，平台建设进展缓慢，创新要素支撑不足，新旧动力转换接续不畅；都市区统筹发展能力不强，城市规划建设管理水平有待提升，基础设施建设和公共配套相对滞后，“半城市化”问题突出，中心城区首位度不高；社会事业发展和社会管理任务艰巨，优质公共服务供给与人民群众的期望还有较大差距，社情舆情比较复杂，基层基础相对薄弱，维护社会和谐稳定的压力不小；政府自身建设有待加强，发展软环境存在不少问题，一些政府工作人员服务意识不强，不担当、不作为，“四风”问题和消极腐败现象仍然存在。对此，我们一定高度重视，并采取有效措施切实加以解决。

二、“十三五”时期的奋斗目标和主要任务

“十三五”时期，是新常态下推进温州转型发展、创新发展的关键期。根据中共温州市委《关于制定温州市国民经济和社会发展第十三个五年规划的建议》，市政府制定了《温州市国民经济和社会发展第十三个五年规划纲要（草案）》，提请大会审议。

按照市委十一届十次全会的部署，我市“十三五”发展的指导思想是：高举中国特色社会主义伟大旗帜，以马克思列宁主义、毛泽东思想、邓小平理论、“三个代表”重要思想、科学发展观为指导，深入贯彻习近平总书记系列重要讲话精神，以“四个全面”战略布局为统领，以创新、协调、绿色、开放、共享五大发展理念为指引，以“八八战略”为总纲，以“干在实处永无止境，走在前列要谋新篇”为新使命，以发展为第一要务，以提高发展质量和效益为中心，坚持和发展“温州模式”，深入实施“五化战略”，联动推进经济转型、城市转型、社会转型，努力建设民营经济创新发展示范城市、东南沿海重要中心城市、迈入全面小康社会标杆城市，为率先基本实现现代化奠定更加坚实的基础。

“十三五”发展的主要目标是：全市生产总值年均增长 7% 以上，到 2020 年达到 6600 亿元，人均生产总值达到 72000 元；城乡居民人均可支配收入分别达到 65000 元、32500 元，实现“四翻番”；社会保障覆盖率达 100%，研发经费支出占生产总值比重达到 2.3%，使温州的综合实力更强、城乡区域发展更协调、生态环境更优美、人民生活更幸福、社会治理体系更完善。

今后五年，我们要围绕建设迈入全面小康社会标杆城市这一核心任务，重点在以下五个方面取得明显成效：

（一）打造民营经济创新发展示范城市。精准把握供给侧结构性改革的要求，以“中国制造 2025”“互联网+”和创新创业为引领，深入实施“五一〇”产业培育提升工程，鼓励企业加快产业、技术、商业模式和治理结构创新，促进产业由中低端向中高端迈进。深入实施创新驱动发展战略，全力打造浙南科技城，构建国家高新区、国家经开区、产业集聚区、特色小镇、众创空间等多层次创新创业平台；大力培育高新技术企业，培养引进科技领军人才和创新团队，营造有利于创新创业的良好生态。全面实施“发现培育工程”，培育一批领军企业、高成长型企业，力争到2020年全市高新技术企业和科技型中小微企业数量翻一番。提升发展信息经济、金融服务业、商贸物流、生命健康等新型业态，第三产业增加值占生产总值比重达到55%。大力推进农业全产业链建设，打造一批农业产业集聚区和区域性农产品品牌。

（二）建设东南沿海重要中心城市。坚持以交通圈拓展都市圈，按照“直通高铁、加密高速、提升机场、优化港口、发展城轨、完善城网、建设枢纽”的要求，全力打造综合交通枢纽城市。按照“一主两副三极多点”的都市区空间布局，坚持市区一体化、瓯江两岸同城化、环大罗山协同化发展，完成市区70个以上城中村改造和三大亮点区块建设任务，中心城区首位度明显提升。谋划发展湾区经济带，打造产城融合的东部新增长极，实现城市从“瓯江时代”迈入“东海时代”。积极推动县域经济向城市经济转型，促进乐清、瑞安与市区相向融合发展，加快鳌江流域一体化，形成联系紧密、功能协调的城市发展新格局，常住人口城市化率达到70%左右。

（三）构建生态绿色美丽家园。巩固提升“六城联创”和美丽乡村创建成果，依托瓯越文化和山江海岛自然资源，统筹推进城乡建设与环境再造、生态保护与旅游开发，全力打造“美丽温州”。全面落实主体功能区规划，构建“三区三廊八核一带”生态安全新格局，努力成为全国生态文明先行区。深入开展城乡环境综合整治，强化水体、大气、土壤、近岸海域污染治理和生态修复，力争全面消除劣V类水体，决不把违法建筑、污泥浊水、脏乱差的环境带入全面小康。深化重点行业和领域治理，确保完成“十三五”节能减排任务。健全生态环境保护制度，建设国家低碳试点城市，形成人与自然和谐发展的新局面。

（四）争当新一轮改革开放排头兵。坚持把为市场主体创造最优发展环境作为深化改革的出发点和落脚点，强化问题导向、结果评价，以更大的决心和勇气改革攻坚，续写温州改革开放新传奇。继续深化金融综合改革、农村综合改革、社会力量办学办医等国家和省级改革试点，加快各领域改革突破，形成一批可借鉴的改革样本和示范项目。切实转变外贸发展方式，大力发展跨境电子商务，积极培育进口商品市场，促进外贸“优进优出”。实施更加主动的开放带动与区域合作战略，鼓励企业走出去参与“一带一路”建设。主动融入长三角一体化发展，加快建设海峡两岸（温州）民营经济创新发展示范区，全面提升对外开放水平。

（五）让全市人民共享高水平的小康生活。顺应人民群众过上幸福生活的新期待，坚持普惠性、保基本、均等化、可持续方向，以“补短板”为重点，加快发展各项社会事业，提高优质公共产品供给能力，进一步增强人民群众的获得感。深入践行社会主义核心价值观，大力弘扬以创新创业为核心的温州人精神，深化“信用温州”建设，优化人文环境、提升全民素质。加强社会保障和救助体系建设，更加注重对特殊人群、困难群体的精准帮扶。积极应对人口老龄化，加快构建功能完善、规模适度、覆盖城乡的养老服务体系。深化平安温州建设，完善基层社会治理网络，健全公共安全和社会治安立体防控体系，确保社会和谐稳定。

三、2016年主要目标和重点任务

今年是“十三五”规划的开局之年，也是温州改革提速、发展提质、工作提效的关键之年。全市经济社会发展的主要预期目标是：地区生产总值增长7.5%～8%，一般公共预算收入增长7%左右，固定资产投资增长11%以上，城乡居民人均可支配收入实际增长7.5%，力争研发经费支出占生产总值比重达到2%，完成省下达的节能减排任务。重点做好以下七方面工作：

（一）坚持创新引领，着力增强发展内生动力。全面掀起创新创业热潮。扎实推进浙南科技城建设，重点抓好基础设施、公共配套、互联网创新创业基地和人才社区建设，引进和集聚一批科研院所、企业研发中心，力争南起步区早出形象。支持在国家、省级开发区（工业园区）创建科技园，在有条件的高校设立创业学院，新增市级众创空间15家，力争龙湾众创社区当年建成投用。进一步深化产学研合作，积极引导社会资本参与创新投资，鼓励企业加大研发投入，组建一批产业技术创新联盟，新增高新技术企业150家，新增国家、省级企业技术中心和企业研发中心25家。加强新产业新业态用地政策创新，扩大创新券（服务券）应用。制定实施创业融资、居住保障、子女就学、贡献奖励等政策，切实优化人才发展环境，力争新入选“国千”5名、“省千”15名。实施温籍人才回归工程，支持“双元制”人才培养模式，培养高技能人才2万名。大力弘扬企业家精神，倡导开放包容的时代文化，营造鼓励创新、崇尚创业的浓厚氛围。

深化重点领域和关键环节改革。全面实施金融综合改革“新十二条”，争取开展区域资本市场区域中心建设试点，支持地方法人金融机构扩能升级，规范各类市场融资行为，构建完善区域金融稳定机制。实施资源要素差别化配置改革，全面推行正向激励与反向倒逼相结合的产业结构调整机制。积极推广公建民营、民办公助、混合经营等模式，促进国有和民办社会事业人才双向流动，推动民间资本顺利进入社会事业领域。启动市属国企新一轮整合重组，建立健全现代企业制度，加快温州银行、珊溪经济发展公司等优质国有资产上市步伐。深化商事制度改革，实行“一照一码”、全程电子化注册。开展行政审批标准化建设和公共服务便利化改革，推广在线服务、网上办理，建立重点区域、企业投资项目高效审批机制，争创政府职能向社会组织转移“第五张清单”全省示范。推进事业单位分类改革和机关事业单位养老保险制度改革。积极开展国家海域管理综合改革创新试点。深化农村综合改革，稳妥推进农村土地、产权和户籍制度改革，加快农村“三权”确权颁证，探索推进农村集体建设用地流转和宅基地利用管理创新。

进一步扩大对外开放与合作。加强跨境电商平台、外贸综合服务平台、国际贸易“单一窗口”建设，确保保税物流中心（B型）正式封关运作，积极申报温州综合保税区。加快发展水果、肉类等进口指定口岸业务，制定借鉴自贸区经验工作方案，争取市场采购贸易方式试点。稳步推进空港、海港客货运国际航线的开辟工作，力争乐清湾港区临时开放获批。依托海外温商网络资源，积极打造民外合作产业发展大平台，加快建设温州韩国产业园，切实提高利用外资的规模和水平。支持大企业到境外建立生产基地、营销网络，开展跨国并购重组。扎实推进海峡两岸（温州）民营经济创新发展示范区建设，积极申报台商投资区。

（二）坚持保稳促调，努力提高经济增长质量和效益。推动产业向中高端提升。强化产业引领、创新驱动、产城融合理念，全力推进瓯江口产业集聚区、浙南产业集聚区建设，加快提升各类产业园区（平台）的引领示范和带动能力。支持乐清经济开发区申报国家级开发区。抓好30个省市级特色小镇创建和培育工作，集中精力打造若干个具有典型示范效应的特色小镇。加强小微园配套建设，确保竣工500万平方米。积极实施“五一〇”产业培育提升工程，启动“温州制造质量提升计划”“工业技改五年倍增计划”，抓好乐清电气、永嘉泵阀、瑞安汽摩配、鹿城鞋革等四大省级“机器换人”行业试点。主动顺应新一代信息技术发展趋势，积极引导轻工企业采用个性化设计、柔性化制造，推动传统优势产业进行产品全生命周期的再造。深化工业创强，全面实施领军企业、高成长型企业培育计划，大力推动现代企业制度建设和企业股份制改造，新增上市企业8家、新三板挂牌50家。深入实施“小微企业三年成长计划”，完成“个转企”1000家，新增规上企业300家、限上企业200家。加快淘汰落后产能，打赢重污染高耗能行业整治攻坚战。积极推进建筑工业化，支持建筑业做大做强。

促进服务业优质高效发展。制定实施服务业“双百”企业培育计划，争取省级服务业强县（市、区）试点。启动实施旅游发展三年行动计划，深化大旅游管理体制改革，加快推进雁楠旅游一体化，积极参与浙皖闽赣国家东部生态旅游实验区建设，支持洞头国家海洋公园、环飞云湖国家公园建设，谋划实施主题岛、风情小镇等特色精品旅游项目，打造“神奇山水·传奇温州”品牌。实施城市商圈提升三年行动计划，引进建设一批大型高端商业项目。大力发展楼宇经济，培育一批税收“亿元楼”。加快国际电工电器城、浙闽台水产城扩建等专业市场建设。结合东部综合交通枢纽建设，谋划发展区域性物流中心；继续推进空港新区物流园、乐清湾物流园区、瑞安江南物流园区等建设，支持第四方物流平台发展。着力提升会计、法律等现代服务业发展水平。科学把握供地结构和节奏，促进房地产业健康发展。积极培育时尚、电商等消费热点，争取网络零售额突破1200亿元，社会消费品零售总额增长10%。

做强做优现代农业。落实粮食安全责任制和最严格的耕地保护制度，完成永久基本农田划定，深化农业“两区”建设，确保10亿千克粮食生产能力。实施农业龙头企业培育计划，重点打造奶制品、铁皮石斛、花卉苗木、茶叶等一批农业特色产业，启动建设2个农业产业集聚区，形成一批现代农业强镇。深入实施“三位一体”合作组织示范创建行动，积极构建新型农业社会化服务体系。探索运用物联网等新技术推进农业生产精细化，培育提升一批农产品电商平台。加大金融支农力度，力争“整村授信”突破20亿元，新建市级扶贫资金互助会20家。积极培育现代林业经济。鼓励发展远洋捕捞、新型水产养殖业，加快建设渔港经济区和海洋生态牧场。认真做好第三次全国农业普查工作。

合力营造企业发展的良好环境。制定实施企业减负三年行动计划，落实各项税费减免政策，千方百计降低制度性交易成本、融资成本和工业用地成本。坚持分类化解企业“两链”风险，采取兼并重组、债务重组、破产清算等方式有效处置“僵尸企业”，严厉打击“逃废债”，确保不良贷款余额、不良率持续下降。加大金融服务实体经济工作力度，发挥好政府增信机制作用，争取制造业贷款增速高于全省平均水平，新增社会融资总量1100亿元。建设全市统一的信用信息交换平台，构建公开透明的社会信用环境。

（三）坚持重大项目带动，进一步扩大有效投资。着力优化投资结构。启动实施重大项目建设三年行动计划，完成固定资产投资3840亿元，力争民间投资和工业投资占比分别达到64%、26%，重大基础设施项目、重大产业项目、生态保护和环境治理、高新技术产业投资均增长15%以上。量质并举推进招商选资，建立重大项目招商统筹机制，发挥产业园区、做地主体的主力军作用，重点瞄准新兴产业、行业龙头企业和创新型项目开展点对点精准招商，确保完成“温商回归三年超三千亿工程”。

加速构建现代基础设施网络。把交通建设摆在更加突出的位置，加快建设甬台温高速复线、绕城高速西南线和北线二期、龙丽温高速瑞文段，力争开工龙丽温高速文泰段。加快实施市域铁路S1和S2线、77省道延伸线、104国道西过境、228国道和330国道改扩建等市域道路骨架工程，抓好鳌江三座桥建设。完成杭温高铁预可，深化温武铁路、市域铁路S3线、金丽温高速东延线、龙丽温高速平苍连接线等项目前期。全力推进机场综合交通枢纽、通用航空基地、乐清湾港区铁路支线等空港海港基础设施建设。新建农村联网公路100公里、改造提升350公里，行政村通班车率达到93%。继续推进瓯飞一期、瓯江口新区二期、飞鳌中期等围垦工程建设，科学有序推进已围垦土地的开发利用。加快建设“天然气入温”工程，扎实推进浙江三澳核电、泰顺抽水蓄能电站项目前期。深入实施防洪减灾保安工程。加强城乡电网建设，新增变电容量307万千伏安，新增线路114公里。实施通信基础设施建设三年行动计划，推动通信基础网络扩容增效。

强化投资要素保障。深化投融资体制改革，充分利用政府和社会资本合作（PPP）、投资基金、专项债券等方式引导社会资本投资，组建市域轨道交通发展基金、基础设施财政引导基金，进一步拓宽政府性项目融资渠道。深化重点项目征地拆迁“清零”行动，依法打击影响项目建设的违法行为，切实净化投资发展环境。积极开展“坡地村镇”试点。加大批而未供、闲置土地清理力度，实施城镇低效用地再开发1.8万亩。建立市域用地指标统筹机制，确保重点建设用地指标需求。加强耕地占补平衡工作，完成滩涂垦造耕地1.5万亩、“旱改水”1万亩。

（四）坚持城乡区域统筹，加快都市区建设步伐。完善都市区发展格局。深化温州都市区发展战略研究，注重从体制机制入手，加强与长三角、海西区和周边城市的对接合作。健全完善市域统筹协调、市区一体化发展机制，推动永嘉瓯北、三江片加快融入市区，推动乐清、瑞安与市区基础设施互联互通、产业优化布局，推动平苍副中心加快组团融合、提升城市功能。支持文成、泰顺建设国家生态主体功能区，以实施“小县大城、旅游小镇”为重点，促进生态功能板块后发崛起。切实抓好龙港国家新型城镇化综合改革试点、柳市国家级中小城市改革试点，积极培育一批新生中小城镇，构筑大中小城镇协调发展新格局。

加快城市建设步伐。科学制定年度做地、储备和出让计划，大力推进市区33个城中村整村连片改造，完成签约9000

户。制定实施市区工业企业搬迁改造三年行动计划，分批连片推进老旧工业区改造提升。鹿城重点抓好滨江商务区、中央绿轴、双屿综合整治和七都新城等区块建设，积极培育环五马千亿级商圈，着力打造现代服务业与历史文化相融合的高品质核心区。龙湾重点抓好中心区、浙南科技城起步区、空港新区和状蒲片等板块建设，着力打造生产性服务业优势明显、创新要素集聚的东部发展中心。瓯海重点围绕中心区、站前商贸区、牛山片、梧白片等区块，抓好基础设施配套和重点项目招商，着力打造商贸、医教特色鲜明的高铁经济新城区。加强大罗山开发与管理，加快三垟湿地公园建设步伐。按照规划共绘、设施共建、服务共享的要求，洞头重点推进环海西湖城市核心区建设，启动全域景区化改造，加快同城发展，建设“海上花园”。以绕城高速交通圈、市域铁路网为纽带，制定实施沿线区块功能布局规划和开发建设计划。加强城市功能配套，加大学校、商贸、文体等公共服务设施“补缺”力度，提升城市宜居品质。

加强城市精细化管理。编制城市功能分区、城市设计导引、“城市家具”等规划方案，加快城市公共服务“一张网”建设，实现一张蓝图绘到底、一套规制管“四区”。实施城市道路建设和市政架空线路“上改下”三年行动计划。开展入城口整治和示范街（路）创建活动，市区重点打造8条示范街（路）。继续“打卡口、接断路”，集中整治交通堵点；制定实施停车场建设三年行动计划，强化乱停车、乱收费治理，着力缓解行车难、停车难问题。优化中心城区到乐清、瑞安、永嘉等周边地区公交线路。实施农贸市场改造提升专项行动。实施《温州市市容和环境卫生管理条例》，形成严管严治长效机制。推动城市管理重心下移，提高城市管养市场化、专业化水平。强化信息技术在城市管理中的应用，切实提高城市管理的智慧化水平。

（五）坚持生态优先，加快建设“美丽温州”。强力推进环境综合治理。深化“五水共治”，扎实开展“清三河”与“水岸同治”，突出治理温瑞塘河及平原河网劣Ⅴ类水，河流交接断面水质达标率提高到80%。持续推进瓯江、飞云江、鳌江和重点中小流域综合治理，开工建设温瑞平原东片、西片排涝工程，加快瓯江标准海塘提升改造、江西垟平原防洪排涝、南岸水库、楠溪江河口大闸等项目前期。实施城镇污水处理厂提标改造三年行动计划，加大截污纳管力度，建设城镇一二级污水管网200公里，全面完成农村生活污水治理村建设任务。积极推进海绵城市建设。加强饮用水水源地保护，确保县级以上集中式饮用水源水质达标率100%。启动“温州湾”海洋生态修复工程。深入开展大气污染防治“六大行动”，全面启动省级以上工业园区集中供热设施建设，加快燃煤锅炉淘汰改造，统筹推进工业废气、建筑扬尘、餐饮油烟和废弃物焚烧治理。落实农业土壤污染防治三年行动计划。全面实施生活垃圾分类和减量化管理，建成永强垃圾发电厂二期、西向生态填埋场等项目。加大环保执法力度，严肃查处环境违法行为。完善全民参与机制，引导公众关注生态文明、参与环境保护。

提升“美丽温州”建设水平。加强城市公园绿化、行道树景观改造和山体修复，新建城市绿地570公顷，建设省级绿道140公里，绿化造林2.2万亩，城市主要道路彩化率达到25%。加大“三改一拆”“四边三化”工作力度，健全拆改结合、环境管护长效机制。深化“千村整治、百村示范”工作，制定实施美丽乡村建设行动计划，加强历史文化名镇名村保护，打造一批瓯派民居样板村，建设美丽乡村精品线10条、精品村100个，申报美丽宜居示范村20个。

健全“绿水青山就是金山银山”体制机制。深入实施西部生态产业带发展规划，鼓励发展生态旅游、养生养老等产业。制定实施民宿业发展扶持办法，推动农（渔）家乐休闲旅游提档升级。进一步完善生态补偿机制。严格实施污染物总量账户制度，推进刷卡排污系统建设、排污权有偿使用和交易。深化水、电、气等价格改革，促进资源节约集约利用。加快建设再生资源回收示范工程和16个循环经济试点基地，推广使用高效节能环保产品。

（六）坚持民生导向，提高公共服务供给水平。努力办好群众满意的教育。深入开展教育现代化县（市、区）创建，加大教育投入力度，创建省义务教育标准化学校60所，培育“新优质学校”150所，努力打造“家门口的好学校”。深化市区两级教育管理体制改革，实施市区东部基础教育提升三年行动计划，促进教育均衡化发展。扎实推进第二轮学前教育三年行动计划，新建、扩建幼儿园60所，普惠性幼儿园覆盖面达到70%，等级幼儿园比例达到80%。继续抓好温州肯恩大学、浙江安防学院（筹）、浙江东方学院、温州医科大学仁济学院等一批高校校区建设。积极推动高等教育、职业教育办学教学模式改革，支持乐清、瑞安建设高职校区。鼓励民办教育优质特色发展，努力形成“公办保均衡、民办供选择”的教育新格局。

着力提高群众健康水平。坚持医疗、医保、医药联动，深化公立医院改革。推进分级诊疗和医生多点执业改革，实施全科医生培育计划和责任医生签约服务制度，促进优质医疗服务“双下沉、两提升”。建成市人民医院娄桥新院，加快建设附二医瑶溪新院和平阳、苍南县人民医院新院等医疗项目。强化疾病防控、卫生应急工作，抓好智慧卫生平台建设。积极扶持中医药事业发展。推进医院、养老机构双向改革，培育一批护理型示范养老机构，新增养老机构床位2000张、居家养老服务照料中心600家。有序实施“两孩政策”。深入开展全民健身活动，抓好国家体育产业联系点建设，向社会提供更多优质的体育服务。

切实增强城市文化实力。深入开展群众性精神文明创建活动，努力提高全民道德素质和社会文明程度。加强公共文化服务有效供给，做精城市书房、文化驿站，新建农村文化礼堂150家，办好第四届市民文化节。深入挖掘“瓯”系列文化，启动实施“斗城文化区”保护开发。实施农村文化骨干万人培育计划，建立非遗传承人保障培养机制，培养更多的民间文化能人、传承人和群众文化带头人。抓好温州国家广告产业试点园区建设，支持发展文创园、微电影等新型文化业态和特色文化产业项目。

加强就业和社会保障工作。坚持以创业带动高质量就业，重点做好高校毕业生和农村转移劳动力、就业困难人员等群体的就业服务工作。全面实施大病保险制度，实现医保智能监管平台全覆盖。逐步缩小城乡低保差距，农村低保标准达到城镇的85%。完善临时救助制度，实现救助对象全覆盖。积极发展慈善公益事业，支持有劳动能力的残疾人就业。做好城乡危旧房改造工作，扎实推进文泰震区安居工程建设。市区开工建设保障性安居房2万套，竣工1万套，交付8000套。组织实施精准扶贫计划，全面落实产业扶贫、挂钩帮扶等措施，完成异地搬迁1.5万人。加大对革命老区、少数民族地区、偏远山区和海岛地区的扶持力度。

完善为民办实事机制，重点办好缓解停车难、改善城乡出行、保障公共安全、强化餐桌安全治理、促进教育均衡化、提高医疗卫生水平、促进创业就业、优化养老助残服务、丰富文体生活、改善人居环境等十个方面实事，努力让人民群众得到更多实惠。

（七）坚持和谐发展，全力维护社会安全稳定。加强平安温州建设。健全社会治安立体防控体系，推进社会治安物联网管控工作，严防严打各类违法犯罪和暴力恐怖活动，全力做好G20峰会等重大活动安保工作。加强社会矛盾排查预警，完善初信初访化解和人民调解机制，加大信访积案和历史遗留问题化解力度。深化“7431”网络治理模式，进一步提升“温州发布”“温州辟谣”平台的时效性和权威性。持续推进安全生产十大重点领域专项整治，深入开展以居住出租房、合用场所为重点的消防安全整治，强化特种设备、压力容器、涉氨涉尘作业场所等安全防范工作，加强交通运输安全管理，坚决遏制重特大事故。加强应急救援体系建设，提升快速反应能力。以更大力度抓好食品药品和农产品质量监管，确保“舌尖上的安全”。

强化基层基础建设。坚持把乡镇（街道）建设作为固本强基的关键环节，抓好行政区划调整后续工作；探索乡镇（街道）差别化管理，加强社会服务管理中心规范化建设，切实提升乡镇（街道）统筹协调、依法行政和公共服务能力。以村级组织换届为契机，加强村（居）民自治机制建设。实施村级集体经济三年培育计划，下决心解决一批“空壳村”问题。

加强和创新社会治理。深化社会组织登记制度改革，规范社会组织承接政府职能行为。分类推进城乡社区规范化建设，健全便民服务机制，着力构筑新型社区服务体系。优化社工人才培养使用和评价激励机制，新增持证社工1000人。改善外来人口服务与管理，完善以人才积分制为主体的居住证制度，推动市民卡、居住证、e居卡“三卡合一”。实施社会治理“一张网”工程，探索基于移动互联网、大数据、云计算、物联网等新一代信息技术的社会治理信息体系建设。推进军民融合深度发展，做好国防建设、国防教育、国防动员和双拥优抚安置等工作。积极支持工会、共青团、妇女儿童等事业发展。进一步抓好民族、宗教、外事侨务、对台、档案、地方志等工作。

四、加强政府自身改革和建设

牢固树立有为政府理念，以改革创新精神，全面加强和改进政府自身建设，努力打造敢于担当、执行有力、务实高效、勤政廉洁的政府。

坚持依法行政。加强法治政府建设，完善法治政府建设指标体系和考评制度。各级政府工作人员要学法、懂法、守法，积极运用法治思维和法治方式，正确行使职权，坚持法无授权不可为、法定职责必须为。全面推行综合行政执法。加强和改进行政复议工作，建立重大行政执法决定法制审核制度，切实规范行政自由裁量权，绝不能让权力任性而为。自觉接受市人大及其常委会的法律监督和工作监督，自觉接受市政协的民主监督，高质量做好建议、提案办理工作。认真听取民主党派、人民团体和各界人士的意见建议，主动接受社会监督、舆论监督。

坚持科学理政。加强学习型政府建设，各级政府工作人员要树立终身学习的理念，不断提高理论水平、政策水平，强化产业发展、科技创新、城市建设和社会管理等专业知识的学习，进一步提升引领和推动发展的能力。大兴调查研究之风，深入基层问政问计，使各项政策措施更加符合温州实际、符合群众利益。加强制度供给，创新政府管理理念和方式，提高为市场主体服务的水平。实施“互联网+”政务管理新模式，加快构建综合高效的政府服务平台，推动政府管理向科学化、精细化、智慧化和效能化转变。

坚持高效施政。大力弘扬敢于担当、勇于破难的精神，严格实行目标管理责任制，对年度重点任务定责任、定时限、定要求，全力推动政务工作提速、提质、提效，切实提高政府执行力。健全常态化督查机制，强化对重要决策、重点工作和重大项目的跟踪督办，推动各项决策部署落到实处。完善绩效管理体系，突出精准考核，既要考核目标结果，又要考核形象进度，充分激发各级干部干事创业的主动性和创造性。加强效能评价和行政问责，持续治理“庸懒散慢”，坚决打通“中梗阻”，确保政令畅通。

坚持廉洁从政。深入践行“三严三实”，始终把纪律和规矩挺在前面，严格执行中央八项规定，持之以恒整治“四风”。进一步规范政府采购、工程招投标和政府投资行为，健全国有资产、公共资金、公共资源监管制度，加强行政监察和审计监督，真正“把权力关进制度的笼子里”。严格落实党风廉政建设“两个主体”责任，深入贯彻《中国共产党廉洁自律准则》和《中国共产党纪律处分条例》，始终保持惩治腐败的高压态势，营造风清气正的政务环境。

美好蓝图已经绘就，新的征程全面开启。让我们紧密团结在以习近平为总书记的党中央周围，在省委、省政府和中共温州市委的坚强领导下，紧紧依靠全市人民，解放思想，开拓创新，扎实工作，为实现“十三五”发展良好开局、建设迈入全面小康社会标杆城市而努力奋斗！

（卢金森）

温州市第十二届人民代表大会第六次会议现场 陈翔/摄

温州市人大常委会工作报告

——在温州市第十二届人民代表大会第六次会议上
（2016年2月27日）

温州市人大常委会主任　陈笑华

一、以承接和行使地方立法权为重点，深入贯彻依法治国方略，促进法治温州建设开创新局面

人大及其常委会在全面推进依法治国中担负着重要职责。常委会坚持站在法治建设第一线，主动承接并认真行使地方立法权，加强司法监督和法律监督，开启了法治温州新时代。

（一）做好立法工作。党的十八届四中全会作出了依法赋予设区的市地方立法权的重大决定。常委会把承接和行使地方立法权作为人大工作的重中之重，同步做好立法权申报、机构筹建、项目筹备和立法工作。经立法能力评估，省人大常委会批准温州为全省首批行使地方立法权的设区的市，圆了温州市追求28年的立法梦。积极发挥在立法工作中的主导作用，围绕立法法规定的城乡建设与管理、环境保护、历史文化保护等三大领域，深入开展立法项目调研，编制完成了2016年立法计划和“十三五”立法项目库。建立健全立法工作机制，对法规草案的起草、调研、论证、协调、审议、表决等规制了严格的程序，起草并经两次审议的《温州市制定地方性法规条例（草案）》，将提交本次大会审议通过。坚持科学立法、民主立法，在确定《温州市市容和环境卫生管理条例》为首部立法项目后，主动督促市政府抓紧研究论证和起草草案，并同步开展立法调研，认真听取20多个市级部门和11个县（市、区）的意见。同时，向社会公开征集立法建议，广纳民意，严谨细致做好条例草案的审议和修改工作。经两次常委会会议审议，该条例已于2015年12月下旬表决通过，并获省人大常委会批准，将于2016年3月1日起实施。该条例是立法法修改后，省新增立法权设区的市制定的第一部实体法，标志着温州市立法起步工作走在全省新赋予立法权设区的市的前列。

（二）加强司法监督。司法是维护社会公平正义的最后一道防线。常委会围绕规范司法权力运行机制，深化司法监督，利用省市县三级人大联动的契机，开展公检法司机关工作人员依法履职、公正司（执）法情况专项监督，成立6个检查组进行全面巡视检查，督促抓好23个重点问题的整改，并组织开展满意度测评，有力推动司法改革，提升司法公信力。同时，随机抽取市中院6名法官进行履职评议，通过召开座谈会、个别谈话、抽查案卷、旁听庭审、民主测评、听取履职报告等方式，以点带面推动市中院制定落实30项整改措施，以履职评议促进法官队伍建设。

（三）深化法律监督。安全生产事关人民生命财产安全和经济健康发展。常委会在上一年监督的基础上，持续跟踪安全生产相关法律法规执法检查审议意见落实情况，赴鹿城、瓯海、瑞安和苍南等地进行实地检查，督促政府抓好高层建筑安全管理、农村公路安全隐患治理、危化品储存场所安全管理等6个重点跟踪督办事项的落实，进一步提升温州市安全执法与监管水平。相关专委还开展了饮用水水源保护法律法规、台胞投资权益保护法等执法检查及跟踪监督，促进了相关法律法规的执行。加强规范性文件备案审查工作，共接收市政府报备的规范性文件77件，全部依规定程序进行了审查备案。

同时，坚持党管干部与人大依法行使人事任免权相统一，依法任免国家机关工作人员136人次。

二、以推动赶超发展为己任，主动服务改革发展大局，促进经济和城市建设再上新台阶

常委会积极适应经济发展新常态，紧紧围绕全市改革发展大局，主动作为，强化监督，着力推动“转型升级十大组合拳”落到实处，为加快转型发挥了积极作用。

（一）加强经济工作监督。常委会深入贯彻市委“控险保稳促调”的部署，开展工业经济运行情况、金融综合改革推进情况调研，提前介入并全程跟踪“十三五”规划编制，听取和审议了半年度计划执行情况、“十二五”规划纲要实施和“十三五”规划编制的报告，向市政府提出优化投资结构、发展实体经济、加快产业转型升级、改善金融信用环境等方面的建议，并就“十三五”规划纲要的总体目标、战略重点和具体举措提出建设性意见。“温商回归”是近年温州市赶超发展的重要抓手。常委会以监督签约项目落地为切入点，着力推进市政府深入实施温商回归“领头雁”工程，破解要素制约，优化服务环境，完成年度任务。建设小微企业创业园是解决温州市企业“低小散”问题的重要平台。常委会在深入一线调研、实地查看的基础上，就优化规划布局、盘活存量土地、坚持招商先行、强化配套服务、加强分类指导等方面向市政府提出意见，重点推动在建小微企业创业园加快进度。主任会议还听取了时尚产业发展、旅游业发展情况等报告，提出推进时尚之都系统规划、项目建设和旅游业发展资源整合、市场培育等意见，推进市政府相关工作。相关专委对市区“三大亮点区块”建设、瓯江口新区建设、中小企业科技创新等情况开展监督，有力推动经济转型和城市转型。

（二）深化预决算监督。常委会认真贯彻新的预算法，加强预算执行情况和决算审查监督，听取审议预算执行、决算、审计工作等报告，对42个部门决算进行审查，督促市政府及职能部门完善预算管理体系、严格预算执行、提升资金使用绩效。不断加强全口径预算审查监督，督促细化一般公共预算、政府性基金预算、国有资本经营预算、社保基金预算的编制，2016年一般公共预算支出按功能分类科目细化到类、款、项，并要求编制专项转移支付预算。深化部门预算分项审查，在78个部门预算提交人代会审查之前，通过各工委审查、专家审查、公开听证等方式，共提出四个方面共性问题、467条具体意见交财政部门和预算单位整改落实，78个部门共对366个项目进行优化调整，涉及金额约1.52亿元，促进部门预算不断完善。强化财政专项资金审查监督，推进专项资金清理整合，并首次纳入部门预算，同步提交市人大常委会初审。加大政府性债务监督力度，要求市政府强化债务计划管理，严格规范政府性债务管控，审查批准温州生态园三郎桥A15、A16安置房项目、市区棚户区改造一期项目融资建设和市级地方政府债券及其他预算调整方案、2015年地方政府债务限额议案，并作出相关决议。

（三）强化生态环境监督。常委会以开展城乡污水处理情况专项监督，力促省市委“五水共治”重要战略部署的落实，深入城乡一线开展调查，听取和审议专项工作报告，提出要加快城乡截污纳管、落实污染源整治、健全长效运维机制、全社会共同治污等意见，提交市政府整改落实。同时，对去年市区水环境整治、防洪排涝工作审议意见中提出的问题及重点督办事项，进行跟踪监督，推动市区水环境不断优化、防洪排涝体系逐步健全。借力省市县三级人大联动，对大气污染防治工作开展专项监督，针对大气污染综合治理、能源产业结构调整、防治工作机制建设、环境保护监测监管等情况，深入企业、园区、空气质量检测点等开展检查，听取专项工作报告，要求市政府认真落实有关法律法规、政策和措施，改善大气环境质量。同时，依法审议批准土地利用总体规划、温州市区环境功能区划、温州生态园总体规划等修编方案。有关专委还对生态公益林和森林公园管理、温瑞塘河“一环三线”水岸同治、饮用水水源保护和生态补偿、重污染行业整治等工作进行监督，推进温州市生态文明先行区建设。

三、以解决群众反映的热点问题为导向，积极回应社会关切，促进民生事业发展取得新成效

维护民生民利是人大及其常委会的重要使命。常委会顺应人民群众对美好生活的新期待，抓住民生热点问题扎实开展监督，努力让改革发展成果更多地惠及全市人民。

（一）持续聚焦“三农”工作。粮食生产是安天下、稳民心的战略产业。常委会听取和审议了市政府关于粮食安全工作情况的报告，针对粮食生产、储备、应急供应、物流加工等环节存在的问题，向市政府提出加强耕地保护、完善生产配套服务、理顺储备管理体制等意见，促进温州市粮食安全保障体系建设。农村是全面建成小康社会的短板。常委会从农村产权制度改革切入监督，督促市政府努力做好农户承包地确权工作、优化集体资产经营方式、发挥好农村产权交易平台作用，深入推进产权制度改革，盘活农村生产要素。同时，常委会还持续关注时尚农业发展等情况，促进现代农业发展。

（二）扎实推动社会事业发展。医疗和教育问题依然是老百姓关注的焦点。常委会深入省市县三级医院和基层卫生服务中心，开展缓解“看病难、看病贵”专项监督，针对公立医院改革合力不足、药品价格虚高、分级诊疗中医疗卫生信息共享平台建设滞后、医保政策引导作用不明显，以及中医药健康服务业发展缓慢等问题，向市政府提出审议意见，并对5个重点督办事项开展跟踪监督，推动市政府在深化公立医院综合改革、完善分级诊疗制度等方面取得了积极成效。主任会议专题听取和审议了市政府关于温州市学前教育发展情况的报告，要求市政府进一步优化幼儿园布局，引导社会力量举办学前教育，加大财政对普惠性幼儿园支持力度，提高办园质量，努力使适龄幼儿接受优质的学前教育。同时，组织相关专委对餐厨垃圾和地沟油处置、市区交通治堵工作进展情况进行监督，持续推动民生问题解决。

（三）着力促进社会和谐稳定。做好宗教工作事关社会和谐稳定。常委会深入研究温州市宗教工作形势，依法开展宗教事务管理工作监督，督促市政府推进“同心同行、共建和谐”活动，加强政策法规宣传教育、完善宗教工作机制、依法规范宗教事务管理，积极引导宗教与社会主义社会相适应。充分发挥人大信访在畅通群众诉求渠道、化解社会矛盾中的重要作用，接待群众来访228人次，受理群众来信487件，常委会领导认真抓好信访积案包案化解工作，8件陈年积案得到有效化解。同时，组织有关专委就公安立案、华侨权益保障、城市民族等工作开展监督，推动成立温州市民间信仰与民俗文化研究会，为社会和谐稳定发挥积极作用。

四、以坚持代表主体地位为基础，主动服务和保障代表依法履职，促进代表工作实现新拓展

常委会始终突出代表的主体地位，积极搭建联络平台，完善履职机制，优化服务保障，使广大代表更好地投身赶超发展的“主战场”，唱响议政督政的“好声音”，当好人民群众的“代言人”。

（一）强督办求实效，推动代表建议落实。代表建议反映了人民的呼声。常委会十分重视重点建议督办，将其中9件事关温州发展大局和群众关注热点的重点建议，交由市政府领导领办，常委会组成人员还对31件建议进行牵头督办，推动涉及面广、协调难度大的建议得到较好落实。开展“代表建议督办月”等活动，通过专项督查、调研视察、媒体跟踪等方式，提升督办实效。召开代表建议办理情况专题询问会，对信用体系建设、医疗卫生改革、五水共治和交通治堵等四个专题的44件建议办理情况开展询问，有力促进了建议所涉问题的解决。市十二届人大五次会议及闭会期间代表提出的541件建议均在规定时限内答复代表，其中已解决或列入解决计划的有510件，办理情况代表满意率达95.9%。

（二）优服务强保障，丰富代表履职活动。组织代表参加预算法、立法法等专题培训，着力提升代表履职能力。精心组织代表开展会前视察、专题调研活动，广泛征集人代会议案、建议素材，为人大代表履职尽责、建言献策创造良好条件。在全国、省人大代表的共同努力下，关于规划建设温义高铁支线的建议得到国家有关部委的重视，该项目有望列入《国家中长期铁路网规划修编（2015—2030年）》。发挥代表深入基层、贴近群众的优势，组织各级人大代表开展监督转型升级十大组合拳落实情况、监督“已治理的河”、查找“人民群众办事审批难”事项、视察核查4600元以下贫困人口脱贫情况等主题活动。

邀请代表列席常委会会议，组织代表参与立法调研、监督视察活动和“治水”“治堵”等电视问政节目共360余人次，提高代表对常委会工作的参与度。

（三）建机制重长效，密切联系代表和群众。继续落实常委会组成人员联系代表制度，认真听取代表的意见和建议。积极发挥217个代表联络站的功能作用，组织代表根据专业行业特点定期开展接待活动，形成常态化的社情民意汇聚渠道。大力推进网上代表联络站试点工作，逐步形成代表联系群众线上线下结合的平台体系。充分利用代表履职平台作用，强化民意收集和交流互动功能，及时回应代表和群众关切。

五、以“三严三实”专题教育为契机，切实加强自身建设和基层人大工作，促进履职水平得到新提升

常委会秉持“作风建设永远在路上”的理念，以开展“三严三实”专题教育为契机，深化自身建设，增强制度自信，不断提升履职能力和水平。

（一）认真开展“三严三实”专题教育。“三严三实”专题教育活动是党的群众路线教育实践活动的深化和延续。常委会以打造“忠诚干净担当”干部队伍为目标，通过常委会领导上专题党课、专题学习，把严的标准、实的作风落实到人大履职实践中。对照“三严三实”要求，深入查摆“不严不实”问题，召开专题民主生活会，严肃执纪整改，确保把纪律和规矩挺在前头。常委会领导带头干在一线、督在实处，牵头开展通用航空新兴产业培育发展工作，在建设机场基地、引进通航企业、创建航空应急救援体系、谋划通航小镇、筹办温大飞行学院等方面取得阶段性成效，走在全省前列；积极抓好招商引资、重点建设项目等挂钩联系工作，以及居家养老服务网络建设、温瑞塘河“水岸同治”等有关任务。坚持把调查研究作为改进作风的重要内容，常委会领导及有关委室负责人围绕振兴实体经济、“3+1”亮点区块建设、“三改一拆”等任务深入调研，向市委、市政府提出意见和建议，并配合全国、省人大做好有关立法、监督议题调研工作。深化对外友好交流合作，促进经贸对接等工作。

（二）深入推进县乡人大工作与建设。去年，党中央下发了关于加强县乡人大工作和建设的若干意见（中发〔2015〕18号文件），省委也出台了相关的贯彻意见。常委会对此高度重视，及时开展县乡人大工作研究，以“贯彻落实中央18号文件，加强县乡人大工作与建设”为主题，召开全市各县（市、区）人大常委会联席会议和人大常委会主任座谈会，深入探讨当前与今后温州市县乡人大工作与建设的重点、难点问题，着力推动县乡人大工作与建设。依法指导区划调整后乡镇人大代表选举工作和乡镇人大组织建设，促进基层政权建设。

（三）全面提升人大履职透明度和影响力。常委会坚持阳光履职，在办好温州人大期刊、网站的同时，运用新媒体，开通市人大常委会微信公众平台，定期向代表及市民推送常委会监督工作动态、最新政策及人大制度基本知识。深入办好《人民问政》《代表在线》两个栏目，与媒体联合制作刊播102期专题节目，充分发挥人大监督和舆论监督“1+1>2”的作用。网上视频直播人代会、常委会会议等有关会议和拟任命人员表态发言，做好常委会监督议题的公开征集以及监督计划、审议意见等的公开发布工作，增强常委会履职的公开透明度，自觉接受社会监督。积极向上反映温州人大工作的新做法、新亮点、新成效，信息工作成绩在全省人大系统名列第一。

常委会一年来工作所取得的成绩和进展，是市委坚强领导、常委会组成人员和全体代表共同努力的结果，是“一府两院”积极配合的结果，也是全市人民、各级人大以及社会各方面大力支持的结果。

面对新形势新任务，我们清醒地认识到，常委会工作还存在着一些不足之处，主要是：立法工作刚刚起步，工作经验缺乏，立法机制亟待探索完善；监督工作的有效方式需要予以常态化，监督的刚性和实效有待增强；重大事项决定权行使还不够规范，工作机制有待健全；同代表和群众的联系还需更加密切，发挥代表主体作用有待加强；常委会履职能力和水平有待提升，等等。对此，我们将虚心听取各方意见，认真加以改进。

各位代表，2016年是实施“十三五”规划、高水平全面建成小康社会的开局之年，也是人大工作继往开来、奋发有为的重要一年。今年常委会工作的总体要求是：深入贯彻党的十八大和十八届三中、四中、五中全会精神与习近平总书记系列重要讲话精神，以“四个全面”战略布局为统领，以“五大发展理念”为引领，以“八八战略”为总纲，全面落实中央和省、市委的重大决策部署，着力服务全市工作大局，着力推进法治体系建设，着力维护人民群众根本利益，着力夯实人大工作基础，更加有效地履行宪法和法律赋予的职权，推动经济转型、城市转型、社会转型，为温州市实现“十三五”发展良好开局、打造迈入全面小康社会的标杆城市提供有力保障。

根据上述总体要求，今年常委会工作的主要任务是：

一、坚持科学立法、民主立法，切实提高立法质量和效率。深入贯彻执行修改后的立法法，坚持党对立法工作的领导，发挥人大主导作用，进一步加强和规范立法工作。一是精心组织实施年度立法计划，立足实际需要，突出地方特色，抓好立项、起草、审议等立法关键环节，制定《温州市物业管理条例》等实体性法规，并做好《温州市历史文化名城名镇名村保护条例》等法规的立法调研论证等工作，为“十三五”立法工作开好局。二是建立健全立法工作机制，及时做好常委会立法工作程序、立法技术规范、法规草案征求意见、论证评估等相关配套制度建设，为制定出高质量的法规、实现良法善治提供制度保障。加强对立法工作的组织协调，切实发挥人大代表和基层人大的作用，拓宽公民有序参与立法的渠道，使立法更好地反映民意。三是加强立法队伍和能力建设，发挥有关专工委的作用，形成立法工作合力。深化法治理念教育和立法工作培训，提高常委会组成人员的立法能力。建立立法专家库和咨询委员会，充分发挥专家学者和社会组织的作用。四是加强备案审查制度和能力建设，修订《规范性文件备案审查工作办法》，将政府规章纳入备案审查范围，既突出重点，又覆盖全面，努力维护国家法制统一。

二、坚持围绕中心、紧贴民心，着力提升监督工作实效。紧扣市委的决策部署，抓住“一府两院”重点工作、民生热点问题开展监督，精准发力，组合施力，推动创新、协调、绿色、开放、共享发展。一是听取和审议市政府关于经济社会发展、计划执行情况、温商回归、科技创新、信用体系建设、重大交通基础设施建设等工作报告，促进实体经济发展，推动经济转型升级。二是开展政府信息化建设、政府信息公开等领域的工作监督，全力推进法治政府建设。三是上下联动开展大气污染防治“一法一条例”、旅游法执行情况检查，听取和审议市政府关于市区控规年度编制调整情况的报告，并对城乡污水处理等工作审议意见落实情况开展跟踪监督，促进生态文明建设。四是听取和审议扶贫开发工作报告，深入监督社会资本举办体育产业、医疗服务发展、学前教育发展等情况，切实增进民生福祉。五是进一步推进全口径预算审查监督，听取和审议预算执行、决算和审计工作报告，深化部门预算分项审查，强化对政府重大投资项目、财政专项资金、地方政府性债务、国有资产的审查监督，推动问题的整改落实。六是开展市人民检察院部分检察官履职评议工作，促进队伍建设，维护司法公正。

三、坚持依靠代表、服务代表，充分发挥代表主体作用。牢固树立代表主体意识，加强和改进代表工作，更好地支持和保障代表依法履职。一是突出抓好县乡两级人大代表换届这件全市人民政治生活中的大事，根据修改后的地方组织法、代表法、选举法等法律，制定代表换届选举有关意见，组建选举工作委员会，加强对县乡人大代表换届选举工作的指导，注重对换届选举中新情况新问题的调查研究，及时督促查处违法行为，确保选举工作依法有序、风清气正。二是密切常委会组成人员与代表、代表与群众的联系，加强和规范代表联络站建设，继续推动有条件的乡镇（街道）设立网上代表联络站，畅通代表联系群众的渠道。三是把抓好代表建议督办工作作为支持代表依法履职的关键环节，坚持和完善常委会组成人员牵头督办、全程公开、考核评议等机制，继续开展“代表建议督办月”活动，切实解决重答复、轻落实等问题。四是积极探索和创新专题视察、执法检查、立法调研等形式的代表主题活动，组织各级人大和人大代表深入“找短板”，为党委科学决策提供依据。五是加强代表履职服务保障，完善代表履职激励约束机制，优化在温全国、省人大代表的服务工作。

四、坚持强基固本、统筹兼顾，不断增强人大工作合力。依法全面履行职责，进一步发挥常委会的整体职能，增强全市各级人大的整体合力。一是深入贯彻中央18号文件和省委相关贯彻意见，进一步指导和支持县乡人大依法行使职权，开好县乡人大会议，推动县乡人大尤其是乡镇人大、街道人大工委加强组织建设和干部队伍建设，鼓励基层人大工作创新，夯实民主法治建设基层基础。二是依法行使重大事项决定权和人事任免权，健全讨论决定重大事项机制，实施宪法宣誓制度，改进任前法律知识考试等工作，增强干部的宪法意识和人大制度意识。三是深入践行“三严三实”，深化常委会班子及人大机关的思想政治和作风建设，加强政治理论和法律学习，营造守纪律、讲规矩的良好政治生态，打造敢担当、有作为的人大干部队伍。加强和改进人大信访工作，加大信访督办力度，维护群众合法权益。四是强化人大新闻宣传组织策划，精心办好人大网站、期刊、微信平台和《人民问政》《代表在线》专栏，推动在全社会形成良好的民主法治氛围。

“十三五”规划宏伟蓝图已经绘就，高水平全面小康目标屹立在前。让我们紧密团结在以习近平为总书记的党中央周围，在市委的坚强领导下，以时不我待的历史主动、义不容辞的责任担当，凝神聚力，开拓进取，扎实工作，为温州打造迈入全面小康社会的标杆城市而努力奋斗！

（曾远圆）

温州市第十二届人民代表大会第六次会议现场　　陈　翔／摄

政协温州市常委会工作报告

——在政协第十届温州市委员会第五次会议上
（2016年2月25日）

温州市政协主席　余梅生

2015年工作回顾

一年来，常委会在中共温州市委的坚强领导下，认真贯彻落实中共中央和省市委一系列重大决策部署，坚持团结和民主两大主题，紧紧围绕中心、服务大局，扎实履行政治协商、民主监督、参政议政职能，顺利完成了市政协十届四次全会确定的目标任务，各项工作有特色、有亮点、有成效，为全市经济社会发展作出了积极贡献。

一、增强政治定力，筑牢思想根基，把好履职“方向盘”

常委会坚持把加强理论学习、重视思想引领作为增强政治定力的重要前提，牢牢把握正确政治方向。

（一）注重增强政治把握能力。始终把贯彻落实党政重大决策部署摆在首要位置，对中共十八届五中全会和省委十三届七次、八次全会，市委十一届八次、九次、十次全会等重要会议精神，习近平总书记在浙江调研时的重要讲话精神和省委书记夏宝龙、省长李强在温调研时的重要讲话精神，都在第一时间组织学习、贯彻实施，做到中央和省市委决策部署推进到哪里，就把思想和行动统一到哪里、智慧和力量凝聚到哪里、正能量传递到哪里。主席会议成员在扎实做好政协履职工作的同时，认真完成中共温州市委统一部署的挂钩联系和专项活动任务，团结和带领全市政协委员进一步增强助推发展、服务大局的政治自觉和责任担当。

（二）注重运用最新理论成果。深入开展习近平总书记系列重要讲话和中央“四个全面”“五大发展理念”“协商民主制度建设”“统一战线建设”等一系列最新重大理论成果的学习运用，及时召开党组会议和主席会议进行专题学习，做到学深学透、入心入脑。召开各县（市、区）政协主席工作务虚会，举行常委会、理论中心组、专题报告会和机关全体学习会，运用最新理论成果来指导履职实践。以加强政协委员履职能力建设为主题，深入开展政协理论研讨，共征集理论文章41篇，经省人民政协理论研究会评审，获奖25篇，充分展现温州市政协组织较高的理论研究水平。

（三）注重搭建知情明政平台。组织在市区和在县（市）的市政协委员活动日活动，分别邀请时任市委副书记、代市长徐立毅和市委副书记钱三雄为委员们通报温州市经济社会发展、社会治理等情况，让委员们更加准确地把握新常态下温州市发展形势，为温州赶超发展建好言、献好策。精心组织在温省政协委员开展多次视察活动，实地调研温州市重大工程项目建设情况，深入考察省内先进地区在“两美”浙江建设、大众创业万众创新等方面的成功经验。精心举办近年来规模最大、覆盖最广、内容最全的市县两级政协机关干部培训班，组织2批次100余名委员参加全国政协培训班集中学习，进一步拓宽履职视野，把握履职方向，提高履职成效。

二、紧扣发展大局，积极建言献策，唱响履职“好声音”

常委会牢牢把握市委、市政府中心工作，自觉把政协工作放到全市大局中去谋划去推进，精密部署、精准发力，以履职新成效彰显政协新作为。

（一）聚焦事关温州长远发展的大事要事开展履职。围绕“五化战略”实施、“十三五”规划编制、基层党组织和基层政权建设、温州融入“一带一路”和长江经济带两大国家战略等改革发展中具有战略性、前瞻性的重大事项，积极主动地开展协商议政、建言献策，力求谋实、谋准、谋深。比如，对“十三五”规划编制，我们一直高度关注，将其作为重点履职内容。去年4月份开始多次研究、深入了解、参与联动，常委会专门听取市发改委关于《温州市“十三五”规划基本思路》的汇报。今年年初以专题协商会的形式对温州市“十三五”规划建议进行政治协商，形成协商意见后报送市委、市政府决策参考，为“十三五”发展贡献智慧和力量。

（二）聚焦党政重大决策部署的贯彻落实开展履职。围绕“五水共治”“六城联创”“三改一拆”“两路两侧”“四边三化”“四单一网”以及法治政府建设、司法体制机制改革、温商回归项目落地、新《中华人民共和国环境保护法》实施、海上“一打三整治”、加快民族乡镇经济社会发展、“破两难、纠四不”作风效能整治等重大决策部署，深入开展专项民主监督活动，坚持“有力度、有深度、有实效”，立说立行，真督真促，助推有效落实。比如，持续深入开展“三级政协联动、万名委员同行、助推‘五水共治’长效机制建设”专项集体民主监督活动，按照省政协的部署要求，突出抓好河长制调研察访、垃圾河黑臭河反弹“回头看”等活动。发挥市县两级政协联动作用，共组织监督小分队67支，督查江湖河溪389条，发现问题365个，提出整改建议236条，有力有效地推进治水工作，得到各级党委政府和社会各界的好评，形成一部政协委员持续开展治水履职的“连续剧”。在市县两级政协合力持续监督下，鹿城区瓯浦河、瑞安市上郑浦河等群众反映强烈的黑臭河得到有效整治，飞云江、永乐河、温瑞塘河、瑞平塘河等跨流域、跨区域河道治理取得明显进展。

（三）聚焦温州经济社会发展的突出问题开展履职。按照市委统一部署，认真完成对鹿城、龙湾、乐清、瑞安、苍南等五个县（市、区）年收入4600元以下贫困人口脱贫工作视察核查任务。围绕城乡规划、农业“两区”建设、全市重大交通项目、养老服务体系、历史文化街区保护、中心城区物流布局专项规划、安全生产和消防工作等经济社会发展中的问题，开展深入调研、同步协商、跟踪监督。比如，紧盯全市重大交通项目建设，重点视察乐清湾港区、沈海高速复线、温州机场T2航站楼、市域铁路S1线等项目，深入现场了解进展情况，同建设单位一道破难题、商对策、促进度，助推项目早见成效。

三、坚持亲民协政，真情服务群众，拓展履职“民生链”

常委会始终坚持“亲民协政、为民履职”的工作定位，在听民声、察民意、解民忧、暖民心上下功夫，让人民群众在共建共享中有更多的获得感。

（一）反映民情“直通车”。主动围绕“十大民生实事”办理、农村建房、农村环境整治、学前教育发展、分级诊疗、环境保护执法、市区停车场建设、城市快速公交、“吕浦人家一怀乡水台”项目等人民群众普遍关注的现实问题，运用提案、调研、视察、民主评议、反映社情民意信息等履职方式，扎实做好传递民愿、汇聚民智的工作。全年共收到社情民意信息稿件923件，编发专报94期，得到市党政领导批示33期43人次；积极向省政协和全国政协反映社情民意信息301条，被省政协采用37条，被全国政协采用6条，其中《应重视我国65万名涉外海员被迫双重体检困境》信息获得国务委员王勇的批示肯定，反映社情民意信息工作继续在全省政协系统中保持领先地位。

（二）搭建平台“请进来”。邀请各界群众代表参加市政协会议和政协视察监督活动，让人民群众走进政协，在政协平台上表达意愿、反映诉求。《政情民意中间站》聚焦当前社会热点、难点问题，弘扬主旋律、传播正能量，全年共制作播出节目56期，3000余名各界群众代表受邀走进演播室参与互动交流，架起政情与民意的桥梁，深受广大群众喜爱。

（三）组织力量“走下去”。坚持把“六送下乡”活动作为政协履职为民的特色品牌来打造，做到精心组织、提前对接，有的放矢落实帮扶项目，并对活动中表现突出的委员给予通报表扬。深入开展领导干部“微服私访、随机调研”活动，市政协领导直插基层、直奔一线、直面问题，深入群众摸实情、解决问题促落实。安排3名基层经验丰富的市政协副秘书长，带队赴乐清、瑞安、文成开展农村基层作风巡查工作，有效解决一批基层作风难点问题，查处一批违法违纪行为，为优化农村基层政治生态、助推农村改革发展发挥了重要作用。抽调机关骨干到永嘉县岩坦镇挂职，深入做好挂钩扶贫工作，加大资金、科技、文化、项目等方面的帮扶力度，促进当地困难群众脱贫致富。

四、广泛团结联谊，凝聚各方力量，画好履职“同心圆”

常委会注重发挥大团结大联合的组织优势，最广泛、最充分地调动一切积极因素，搭好团结联谊“大舞台”、画好凝聚力量“同心圆”。

（一）加强党派合作共事。深入贯彻落实《中共中央关于加强社会主义协商民主建设的意见》和《中国共产党统一战线工作条例（试行）》，更加注重发挥人民政协作为最广泛的爱国统一战线组织的作用，进一步坚持和完善联系走访民主党派、工商联制度。主动征求各民主党派、工商联及无党派代表人士对市政协年度工作安排和机关建设的意见建议；邀请他们参加政协例会和各类协商会议、调研视察活动；鼓励他们积极撰写提案、大会发言和社情民意信息等，去年共提交集体提案30件，占73%，提交全会大会发言材料92篇，占88%，报送社情民意信息451篇，占48%，充分发挥了他们在政协工作中的骨干作用；积极帮助各民主党派改善办公条件，为党派履职创造有利环境。

（二）促进民族宗教和谐。深入开展“同心同行·共建和谐”活动，不断加强同宗教界人士的沟通联系，积极引导宗教界人士合法、理性表达诉求，及时做好统一思想、释疑解惑工作。撰写《加强爱国宗教团体建设 促进社会和谐》调研报告，提出针对性的对策与建议。承办省政协在苍南县举办的第七届“和谐之韵”论坛暨民族乡镇发展座谈会。深入文成西坑、周山和泰顺司前、竹里等民族乡镇，专题开展“提升内生动力，加快民族乡镇发展”调研，就维护少数民族群众权益提出意见建议。

（三）推动对外联络交流。主动加强与广大海外温州人沟通联络，邀请温籍海外高层次人才来温，为温州经济社会发展把脉支招；组织召开纪念抗战胜利70周年暨温籍海外侨胞代表座谈会，倡导温籍海外侨胞铭记历史、勿忘国耻、忠于祖国、敢于担当；组团赴欧洲及我国香港地区开展友好访问、学术交流等活动，接待柬埔寨、西班牙、意大利等国政要到访交流；邀请国际货币基金组织秘书长林建海博士，外交学院前院长吴建民等知名人士来温开展主题演讲活动；指导温州大学成立浙江高校首家公共外交研究所，同温州医科大学、温州报业集团共同发起成立中国“当代白求恩行动”发展促进会。关心在外温商发展情况，经常带队走访慰问在外温州商会、温商企业以及温商领头雁，鼓励他们踊跃投身到回乡创业创新的热潮。

（四）致力历史文化传承。编辑出版《图说温州对外开放30年》《温州状元》《五水共治书画行作品集》等重要书籍，开展“委员一事——治水故事”和“我与香港回归发展”口述史征稿活动，围绕公共文化建设和非遗保护、瓯文化的传承发展等开展调研视察，在传承和发扬历史传统文化方面发挥了重要作用。认真组织开展“兰亭奖”中小学生书法大赛温州赛区工作，获奖总数居全省前茅。

五、重视改革创新，注重工作实效，激活履职“动力源”

常委会始终坚持改革创新，围绕当前政协工作面临的新情况、新问题，锐意改革，勇于创新，注重实效，不断为政协工作注入新活力。

（一）注重履职平台创新。会同市政府优化提案办理网上平台功能，增设提案网上办理“回头看”模块，进一步增强提案办理成效，提高提案办理满意率。全年共立案550件，现已全部办结，委员对提案办理满意率达99.4%。认真梳理历年提案答复中承诺解决的事项，开展跟踪问效，促进提案办理工作由“答复型”向“落实型”转变。积极应对新媒体迅猛发展态势，开通市政协微信公众号，拓展市政协在互联网上的履职阵地，弥补传统媒体在传播速度和方式上的不足，有效提升全社会对政协工作的关注度。

（二）注重履职成果转化。对委员提出的意见建议，灵活采用协商意见、提案、大会发言、调研报告、社情民意信息以及新闻稿件等方式，有效促进履职成果转化，努力将委员的真知灼见，转变为促发展、惠民生的具体举措。比如，“五化战略”系列专题协商中，共整理出43条协商意见，市委、市政府逐条予以研究落实，市环保、水利等有关部门还对部分未采纳的意见作出原因说明。

（三）注重履职社会影响。切实改进履职作风，力求政协履职接地气，让老百姓有亲近感。在开展监督视察和调研活动时，提倡蹲点、小分队、明察暗访等形式，既听部门单位工作汇报，又听人民群众意见评价，切实做到摸实情、讲真话、进诤言、谋良策。参与万人评机关、“万名公众代表评选全国道德模范”“温商回归再发力”大讨论、《新政聚焦》《电视问政》等活动，不断拓宽政协委员履职渠道，提升政协委员履职影响力。

（四）注重履职上下联动。配合全国政协开展工业消费品产能国际合作、农村土地确权登记等课题调研；配合省政协开展“五水共治”等专项民主监督工作。进一步加强市县政协联动，在“四单一网”改革调研中，同9个县（市、区）政协一道深入走访基层，认真梳理问题，撰写了《“四单一网”专项集体民主监督调研报告》。市政协班子成员定期深入基层视察调研，不断加强对各县（市、区）政协工作指导。协助市委对各地党委落实全市政协工作会议精神情况开展专项督查，为各县（市、区）政协履职创造更加有利的环境。

六、狠抓自身建设，强化素质提升，厚实履职“能量场”

常委会主动适应新形势下政协履职要求，主动拉高工作标杆，狠抓自身队伍建设，不断提高工作科学化水平和服务保障能力。

（一）深化机关队伍建设。市政协党组抓牢做实“三严三实”专题教育各环节工作，规定动作不走样、自选动作有特色。党组书记带头上党课，引导全体党员争做“十有”政协干部，党组成员率先垂范，与机关县级党员领导干部一起谈心得、谈感悟，专题学习会、民主生活会和组织生活会不走过场，查摆问题不遮不掩，整改问题不折不扣。深入学习《中国共产党廉洁自律准则》和《中国共产党纪律处分条例》，增强党章党规党纪意识，严守政治纪律和政治规矩。严格按照中央“八项规定”精神和省市要求，完善机关内部规范化管理系列制度，进一步营造遵纪守规、爱岗敬业、踏实勤勉、和谐融洽的良好工作氛围。

（二）规范委员履职活动。出台《温州市政协委员退出机制的暂行规定》，明确规定市政协委员辞职、免职和被撤销委员资格的情形，对多名不宜继续担任政协委员的人员分别作出免去委员职务和撤销委员资格的决定。完善委员履职信息库建设，将委员参加政协会议活动、提交提案、报送社情民意信息等履职情况，作为委员换届留任和评优评先的重要依据。评选2014—2015年度优秀委员62名，先进界别活动组9个，先进委员联络组2个，优秀提案18件，进一步激发全体委员履职积极性。

（三）发挥界别资源优势。强化界别履职活动的指导和支持，加强界别与政府相关职能部门对口联系制度，以界别活动组为纽带，联合开展考察、调研、学习、讲座、联谊、扶贫帮困等灵活多样的活动，切实发挥界别资源优势和整体作用。比如，中共界别组组织视察通用航空产业发展情况、浙南科技城建设筹备情况，体育界别组组织考察体育产业发展等，为经济发展和社会进步献计出力。此外，重视专委会基础作用，主席会议经常听取专委会工作汇报，不断给专委会交任务、提要求，着力提升履职实效。认真做好老干部、政协之友社和书画社以及人民政协理论研究会、茶文化研究会、公共外交协会、建筑文化研究会、戏剧发展促进会等工作，不断延伸履职触角。

（四）加大履职宣传力度。重视和加强政协新闻宣传，继续做好“宣传政协好新闻奖”评选，进一步提高《温州政协》办刊水平。密切与各新闻媒体的联系与合作，人民网、温州网以及市政协网站、微信公众号等网络通讯媒体发布政协新闻1900余篇，《温州日报》等报纸媒体报道600余篇，市级广播电视媒体播报580余条，撰写的《不负春光走基层 凝心聚力促发展》《大密度彰显新作为 专业化展现高水平——温州市政协专题协商系列月活动纪实》等多篇报道在省政协《联谊报》头版头条刊发，进一步营造全社会了解政协、关心政协、支持政协的良好氛围。

一年来，中共温州市委常委会议2次专题听取政协工作汇报，经常给政协出题目、压担子，并印发市委、市政府、市政协年度协商计划。市委、市政府领导出席政协各类会议25人次，作出重要批示60件次，市级领导领办重点提案18件。这是中共温州市委、市政府对市政协工作的高度重视和有力鞭策，是对全市政协委员的充分信任和极大鼓舞，为推进人民政协事业发展注入强大动能。

过去的一年，我们的履职方向更加精准，履职水平更加提高，履职成效更加凸显，这是中共温州市委正确领导的结果，是省政协有力指导和市人大常委会、市政府大力支持的结果，是市直各部门、各单位和各县（市、区）党委、政府、政协及社会各方面积极给力的结果，是市政协各参加单位、广大委员和机关全体同志扎实履职、团结奋斗的结果。在此，我代表常委会表示衷心的感谢！

在肯定成绩的同时，我们清醒地认识到工作中还存在一些不足，比如，如何处理好履职数量与质量的关系，更好地提升履职的针对性和有效性；如何发挥政协智库作用，更好地当好党政决策的参谋助手；如何增强民主监督实效，更好地促进履职成果的转化；如何适应推进国家治理体系和治理能力现代化要求，更好地提升履职能力等。所有这些问题，需要引起高度重视并努力加以改进。真诚希望各位委员和列席同志提出宝贵意见，共同推进人民政协事业新发展。

2016年工作任务

2016年是“十三五”发展开局之年，是打造迈入全面小康社会标杆城市的起步之年。今年市政协工作的总体要求是：认真贯彻落实中央、省委一系列重大决策部署和市委十一届十次全会精神，以“四个全面”战略布局为统领，以“五大发展理念”为引领，以“八八战略”为总纲，围绕打造迈入全面小康社会标杆城市的新使命，聚焦经济社会发展重大问题和涉及群众切身利益问题，倾力服务大局、真情服务群众，全力促进经济转型、城市转型、社会转型，努力实现政治协商有新发展、民主监督有新成效、参政议政有新作为、队伍建设有新举措，为助推温州“十三五”开好局起好步奠定更加坚实的基础。

一、坚持党的领导，永葆政治本色，做到忠诚履职

坚持中国共产党的领导是政协事业发展的根本保证。常委会要坚定不移走中国特色社会主义政治发展道路，切实把坚持和发展中国特色社会主义作为巩固共同思想政治基础的主轴，把牢政协工作的正确政治方向。要把理论武装头脑作为忠诚履职的首要前提，引导和组织全市政协组织和广大政协委员更加深入地学习党的十八届五中全会精神和习近平总书记系列讲话精神，更加全面地领会“五大发展理念”的深邃内涵和精神要旨，不断增强对中国特色社会主义的道路自信、理论自信、制度自信和文化自信，不断增强与中共中央保持高度一致的思想自觉、政治自觉和行动自觉，政治信仰坚定不移、政治立场旗帜鲜明、政治定力坚如磐石。要把凝聚发展共识作为忠诚履职的根本方向，准确把握新时期联动推进经济转型、城市转型、社会转型，努力建设民营经济创新发展示范城市、我国东南沿海重要中心城市、迈入全面小康社会标杆城市的战略目标，自觉把政协工作融入全市工作大局，引导各党派团体和各族各界人士将政治追求和奋斗目标凝聚到肩负新使命、推动新发展上来，做到同心同德、同心同向、同心同行。要把促进合作共事作为忠诚履职的重要目的，注重发挥政协团结统战功能，完善与各民主党派、工商联、无党派人士的联系制度，加强联合调研、监督视察等各项履职活动，定期召开座谈会听取意见建议，支持以党派界别名义在政协平台行使好政治权利；认真贯彻党和国家的民族宗教政策，广泛团结少数民族和宗教界人士；充分调动人民团体的履职积极性，着力加强与新经济组织、新社会组织、新社会阶层代表人士的联系；加强同海外侨胞、归侨侨眷、在外温商的联络联谊，继续打响公共外交品牌，扩大对外合作交流，促进海内外温商回归，进一步形成万众一心共推发展的新态势。

二、牢牢把握中心，紧跟发展步伐，做到精准履职

认识新常态、适应新常态、引领新常态，是紧跟发展步伐的基本逻辑和重要遵循。常委会要把握中心、找准靶心、精准发力，众筹务实之策、广集睿智之言。政治协商的着眼点要放在党政关注的大事和急需解决的难事上。围绕2016年中共温州市委全会重大决策开展专题政治协商；围绕“一府两院”工作报告开展全体会议政治协商；重点围绕市区城中村改造三年行动计划、基础教育提升三年行动计划、乐清湾和瓯江口保护与开发、特色小镇建设、民宿经济发展、规范农村建房、推进跨境电商发展、食品药品安全等开展多形式的协商议政，注重把握协商话语权，为党政科学民主决策提供民意支撑和智力支持。民主监督的着力点要放在重大决策部署和发展举措的贯彻落实上。重点围绕“系列三年行动计划”落实情况开展监督视察；持续深化“五水共治”及“两路两侧”“四边三化”“三改一拆”等专项集体民主监督活动；着重就降低实体企业成本政策落实情况、精准扶贫、低效土地利用、浙南科技城建设、基层卫生队伍建设、加强公共法律服务体系、涉侨涉台法律法规贯彻落实情况等开展专项民主监督。参政议政的着重点要放在对经济社会发展中突出问题的对策研究上。认真贯彻落实中共温州市委关于政协积极参与查找温州市各项事业发展“短板”的任务要求，努力提出切实管用的意见建议；针对振兴实体经济、民营经济创新发展、区域协调发展、“双创驱动”战略、公共服务体系完善等经济社会发展前瞻性、苗头性、突出性问题，充分发挥政协资源优势，积极主动做好研究思考；围绕供给侧结构性改革和传统制造业转型升级、垃圾分类处置、在校大学生信教情况、古村落保护与开发、海外引智、华侨权益保护、“海峡两岸民营经济创新发展示范区”建设、政协委员队伍建设等开展专题调研；组织美丽乡村、海洋渔业发展、重大交通基础设施、维稳新机制等开展专项视察；围绕民生类重点提案办理情况开展民主评议；配合省政协做好相关调研、视察及纪念孙中山先生诞辰150周年系列活动。

三、关注民生福祉，始终亲民协政，做到真情履职

履职为民不仅是政协履职的基本理念，更是政协工作的责任担当。常委会要始终把改善民生作为政协履职的核心任务，坚持亲民、爱民、为民，以民为本、真情履职，助力党委政府解决好民生实事，更好地让人民群众在共建共享中有更多获得感。要突出反映民情民意。重点围绕人民群众普遍关注和反映强烈的“十大民生实事”办理、交通环境整治、全民健身、残疾人权益保障、社区养老医养结合、实施全面二孩政策与完善社会保障等事关人民群众切身利益的重大民生问题，整合调研、视察、提案、社情民意等各种渠道，积极为民发声、反映民意。要拓宽群众参政渠道。深入探索政协群众工作网络化、社会化平台，完善群众参与政协履职常态化机制，提高邀请群众代表比例，增强《政情民意中间站》公众参与度，打造开放式“百姓议事厅”，让政协走进群众，让群众走进政协，进一步发挥政协在引领民意中的重要作用。要提升为民服务质量。优化“六送下乡”活动，突出需求导向和实效导向，为群众提供最需要的民生服务，切实把好事办好、把实事办实。不断完善委员工作室、委员信箱、委员接待日等服务平台，激发界别活动组、委员联络组和广大政协委员的为民服务热情，推动政协服务民生制度化、规范化、常态化。

四、坚持创新发展，推进协商民主，做到高效履职

常委会要围绕政协协商民主发展的新形势、新要求，推动政协履职的理念创新、制度创新和方式创新，进一步提高政协履职能力现代化水平。要加强协商民主制度建设。围绕中央、省委的有关精神，结合温州实际，协助市委制定推进协商民主建设实施意见，健全协商议题提出、活动组织、成果采纳、落实转化和反馈督办机制，重点解决协商成果转化落实“最后一公里”难题。围绕“创新政协协商民主制度机制”主题开展理论研究，进一步弘扬协商文化，营造协商氛围。要推动协商常态化发展。更加灵活、更为经常地开展专题协商、对口协商、界别协商、提案办理协商，增加协商密度，提高协商实效，推动协商民主广泛多层制度化发展。积极探索民生系列月商会制度，由相关专委会、界别组轮流牵头，进一步完善政协协商的组织方式。要提高政协履职整体效应。加快整合各县（市、区）政协、政协各参加单位力量，完善跨区域、跨领域、跨部门重大问题履职联动机制，更加注重在重大课题方面协同调研、在重点工作方面协作推进、在重要活动方面协调配合，实现上下联动、整体协调、优势互补，发挥委员集体智慧，提高履职整体效应。要推动政协信息化建设。主动顺应“互联网+”新趋势，重点探索远程协商、微信议政、网络直播等“互联网+协商议政”新形式。继续完善委员履职网络化管理、政协提案网络化办理等管理服务新机制，提高政协履职智慧化水平。要强化智库建设。加快推动委员智库和专家智库建设，加强与部门智库、企业智库和媒体智库的交流合作，形成“五智汇聚”服务科学决策的工作格局。最大限度地发挥政协各社团的资源优势，扩大政协组织的社会影响力。

五、强化责任担当，践行严实作风，做到模范履职

常委会要主动贯彻落实中共温州市委关于作风建设“五大行动”部署要求，以更加严实的作风狠抓履职能力建设，进一步营造正作风、敢担当、树标杆的良好氛围。突出委员履职能力建设，要严格执行《温州市政协委员退出机制的暂行规定》，完善委员学习培训、履职考评、表彰奖励、遴选退出等机制，改进委员服务与管理，突出委员能力建设，引导委员将荣誉和责任统一起来，做到心中有大局、履职有成果、言行有风范。加强专委会履职能力建设，要创新工作方法，丰富活动内容，为委员知情参政、发表意见提供更多平台。加强各专委会间的协作，完善和落实专委会与党政职能部门对口联系、基层委员走访、界别联系指导等工作制度。要进一步凸显界别特色优势，扩大界别参政议政参与面，形成政协工作整体合力。注重政协机关履职能力建设，要不折不扣地把严实要求贯彻落实到机关自身建设上。充分发挥市政协党组的领导核心作用，坚持把方向、管大局、保落实，按照中共中央和省市委部署，认真组织开展“学系列讲话、学党章党规，做合格党员”学习教育，确保学在深处、谋在新处、干在实处。积极践行懂政协、会协商、善议政，充分利用机关学习讲坛，不断加强新理论新知识学习，提高政治把握、调查研究、联系群众、合作共事能力。通过不断加强机关队伍的思想、作风、能力建设，努力打造一支信念坚定、为民服务、勤政务实、敢于担当、清正廉洁的政协机关干部队伍，为开创温州市人民政协事业新局面提供有力保障。

2016年是本届政协的最后一年。常委会要一如既往、善始善终地做好各项工作，认真总结本届政协工作的成绩、经验、问题和不足，为人民政协事业创新发展提供有益借鉴。根据市委换届工作总体部署，认真做好各项准备工作，积极参与新一届政协委员人选的推荐、提名、协商工作，把好委员进口关，努力把新一届委员队伍推选好、建设好。

新理念引领新发展，新使命召唤新作为。让我们紧密团结在以习近平为总书记的中共中央周围，在中共温州市委的坚强领导下，高举中国特色社会主义伟大旗帜，同心同德、开拓创新，用心谋事、踏实干事、尽力成事，努力在聚焦发展、助推落实中唱响政协声音、彰显政协作用，为开创温州“十三五”发展新局面、打造迈入全面小康社会标杆城市而努力奋斗！

（蒋中梁）

（金宸羽　编辑）

政协第十届温州市委员会第五次会议现场　　陈　翔／摄

大 事 记

1月

1 日　温州市元旦升国旗仪式暨“奥体·熙园”健身跑活动在世纪广场举行，全市 166 支队伍 13000 余人参加。

4 日　温州首只停车场专项债券获国家发改委批准发行，总额度 40 亿元，期限 7 年。

6 日　浙江省人大常委会副主任、省总工会主席、省委赴温州督查组组长厉志海率省委督查组一行到温督查整改落实情况。

8 日　中国铁塔股份有限公司温州市分公司揭牌成立。

△　温州市第三届“十佳爱民警察”“十佳助警市民”颁奖典礼举行。

14 日　市委十一届八次全体（扩大）会议在市人民大会堂召开，省委常委、市委书记陈一新作工作报告，会议审议通过《中共温州市委关于全面深化法治温州建设的意见》。

16 日　以“中韩 FTA 背景下的新趋势与新机遇”为主题的 2015 中韩产业合作（温州）峰会开幕，温州韩国产业园揭牌。

18 日　全国首家采用众筹模式组建的 P2P 行业机构——瓯金所正式上线。

25 日　温州大门大桥一期工程主跨合龙贯通。该桥是温州市规模最大的跨海大桥工程，起于乐清市翁垟街道，向东横跨乐清湾海面，连接洞头县大小门岛，全长 10.14 公里，是中国首座在设计时同步综合考虑高压输电线路、大直径输水管线过桥方案的海上特大桥。

△　温州龙湾国际机场国际中转厅启用，标志着温州机场加入国际中转机场行列。青岛—温州—岘港国际经停航线即日起开通，由东方航空承运，机型为 A320，是首条经停温州的国际经停航线。

27 日　温州籍数学家白正国在杭州逝世，享年 100 岁。

29 日　温州市医疗集团成立。首批签约 30 家医疗单位包含 3 家县、区级医院，5 家民营医院，20 个社区卫生服务中心、卫生院。

2月

3 日　全国首家阳光私募机构浙江思考投资成功挂牌新三板。

4 日　温州市卫生和计划生育委员会（简称市卫计委）成立，将市卫生局的职能、市人口计生委计划生育管理和服务的职能，整合划入市卫计委，研究拟订人口发展战略、规划及人口政策等职能划入市发改委。

9 日～12 日　温州市政协十届四次会议在市人民大会堂举行。会议表决通过政协第十届温州市委员会提案委员会关于十届四次会议提案审查情况的报告，通过政协第十届温州市委员会第四次会议决议。余梅生当选政协第十届温州市委员会主席，黄寿龙、施艾珠当选政协第十届温州市委员会副主席。

10 日～13 日　温州市第十二届人民代表大会第五次会议在市人民大会堂举行。大会通过关于温州市人民政府工作报告的决议、关于温州市 2014 年国民经济和社会发展计划执行情况及 2015 年国民经济和社会发展计划的决议、关于温州市 2014 年全市和市级预算执行情况及 2015 年全市和市级预算的决议、关于温州市人大常委会工作报告的决议、关于温州市中级人民法院工作报告的决议、关于温州市人民检察院工作报告的决议。依法补选厉秀珍为温州市第十二届人民代表大会常务委员会副主任，陈建明为温州市人民政府副市长。

11 日　第三届世界温州人年度人物颁奖典礼在市广电中心举行。南存辉、项光达获“特别荣誉奖”称号，邱光和、应泽从、陈承守、徐宪德、黄建厅、舒策城、冯定献、潘世锦、瞿佳、谷好好获“世界温州人年度人物奖”称号。

13 日　创办于 1993 年的市区河通桥鞋料市场依法关停取缔，原有商铺分流至温州皮革鞋料市场、中国鞋都鞋革城等专业市场。

△　2015 年中考中招政策出台，首次倡导普高县域内招生按平行志愿录取，公办普高全部取消择校；所有普高不得组织提前自主招生；温州中学首次实施“三位一体”招生；2015 年秋季入学的初中学生，不再享受中学生艺术特长水平测试 A、B 级加分政策；新居民子女

可参加公办普高录取。

26 日　温商回归表彰大会在市人民大会堂举行，98 名温商回归“领头雁”、60 家异地温州商会获表彰。

28 日　全国精神文明建设工作表彰暨学雷锋志愿服务大会在北京召开，温州被中央文明委授予“第四届全国文明城市”称号。

2015 年 4 月 9 日，“城市文明，我们还要做什么？”主题电视问政在温州市广电中心举行　　杨冰杰／摄

3月

1 日　2015“李成智杯”全国国际象棋青少年冠军赛在无锡、秦皇岛两地举行，温州选手陈远以 9 胜 2 和成绩获 8 岁组个人冠军。

2 日　温州获批国家级出口鞋类产品质量安全示范区，是浙江省首个出口鞋类产品质量安全示范区，也是温州首个国家级出口产品质量安全示范区。

6 日　省委常委、市委书记陈一新会见韩国放送通信委员会常任委员金在洪一行。代表团一行对传媒、文化影视创作行业，以及在温州成立合资医院、美容、体检中心等医疗合作项目进行考察。

△“最美温州人”——2014 感动温州十大人物颁奖典礼暨感动温州十周年晚会在市广电中心举行。张月荷、郑存金、谢岩斌、赵章惠、李松福、林杰、王世荷、周万巩、李康银、潘胜忠被评为“2014 感动温州十大人物”，陈旭、胡小丽、贾纪东被评为“2014 感动温州致敬人物”；温州医科大学杏林志愿者获“2014 感动温州集体奖”。

11 日　全国第四届大学生艺术展演在天津闭幕，温州大学获 6 项大赛一等奖。

14 日　温州娄桥互通于当日零时通车运行。娄桥互通地处瓯海区娄桥街道古岸头村附近，连接瓯海大道与金丽温高速。

18 日　温州市招才局授牌成立。

24 日　全国爱国卫生工作会议暨全国城乡环境卫生整洁行动现场会在安徽马鞍山市召开，温州被全国爱卫会授予 2012～2014 周期“国家卫生城市”荣誉称号。

26 日　温州民商银行开业。该行由 13 家优质温州民营企业共同发起成立。是全国首批由纯民营资本自主发起、自担风险的商业银行之一。

4月

3 日　全国温州商会总会在温成立。

6 日　温州港出口货物全面实施电子放行，通关时间缩短 70% 以上，通关成本降低 50% 以上。

8 日～10 日　浙江省委副书记、政法委书记王辉忠到温调研平安建设工作。

10 日　温州龙湾国际机场——韩国襄阳直达旅游包机航线开通。该航班由波音 737—800 机型执飞，每周执行 1 班往返飞行。

11 日　温州选手徐嘉余获全国游泳冠军赛 100 米仰泳项目冠军。

15 日　市政府发布《关于促进房地产市场持续平稳健康发展的若干意见》，规定个人首次购买新建普通商品住房（以网上签订《浙江省商品房买卖合同》时间为准），在取得房屋所有权证后，给予购房款 0.6% 的补助。

19 日　“第三届中国广播电视栏目创新发展峰会暨 2014 年度优秀广播电视栏目推荐表彰活动”在昆明市举行。温州广播电视传媒集团“电视问政”栏目，被授予“2014 年度全国最具社会影响力栏目”称号。

21 日　市委召开全市领导干部会议，宣布省委关于温州市政府主要领导变动决定：徐立毅任中共温州市委委员、常委、副书记，提名为温州市市长候选人；陈金彪任中共绍兴市委委员、常委、书记，免去其中共温州市委副书记、常委、委员职务，提议不再担任温州市市长职务。

△　中国人民银行、银监会批准瓯海农商银行发行拟不超过 20 亿元的“三农”专项金融债券，这是获批的浙江首单“三农”专项金融债券。

28 日～29 日　温州市十二届人大常委会第二十五次会议召开。会议审议通过关于调整温州市人大常委会代表工作委员会委员的议案；关于温州市第十二届人民代表大会个别选举代表的资格审查报告。会议决定任命徐立毅为温州市人民政府副市长，并决定徐立毅代理温州市人民政府市长职务。会议决定接受陈金彪辞去温州市人民政府市长职务；决定接受施艾珠辞去温州市人民代表大会常务委员会委员、温州市人民代表大会法制委员会副主任委员职务。

28日　海峡两岸企业家峰会成长型企业和中小企业推进小组到温考察。温州台湾中小企业园揭牌。

△　2015中国（温州）森林旅游节暨第九届温州森林旅游节在文成县铜铃山国家森林公园开幕。

29日　美国国家科学院公布2015年新增院士名单，温籍侨胞沈志勋成功入选，这是继夏鼐、徐遐生、叶公杼、王兆凯之后第5位入选美国两院的温州籍院士。

5月

3日　2014年全省高新技术企业百强名单揭晓，浙江正泰电器股份有限公司、德力西电气有限公司、浙江华峰新材料股份有限公司和浙江华峰氨纶股份有限公司4家温企入围。

4日　全省网络治理工作现场会在温召开。会议围绕网络治理工作重点内容，总结推广以温州"7431"网络治理模式为代表的网络治理工作经验。

5日　省委常委、宣传部部长葛慧君到温调研基层宣传思想文化工作。葛慧君一行先后前往平阳县鳌江镇文体中心、平阳木偶戏保护传承中心、万全镇冯宅村文化礼堂调研。

5日～6日　省委常委、常务副省长袁家军到温调研宗教工作，并到永嘉、乐清走访部分宗教活动场所。

6日　温州市瓯江口新区开发建设管理委员会更名为温州瓯江口产业集聚区管理委员会；设立温州浙南沿海先进装备产业集聚区管理委员会，与温州经济技术开发区管理委员会、温州市瓯飞开发建设管理委员会合署办公。

△　由正泰与中国检验检疫科学研究院联合投资组建的南方测试中心在杭州滨江启用，标志浙江省首家直属中国检科院的第三方检测机构正式投用。

9日　2015浙江省健美锦标赛在嘉兴落幕，温州获5枚金牌，团体总分亚军。

11日　温州直飞大阪首航。该航线由东方航空运营，执飞机型为波音737—800型。

12日　全市"三严三实"专题党课暨专题教育部署会召开。省委常委、市委书记陈一新在会上作题为《领导干部要做践行"三严三实"的表率》专题党课。

13日　国家司法考试温州基地揭牌仪式在温州大学瓯江学院举行，温州市国家司法考试基地成立。

17日　2015全国"最美家庭"颁奖仪式在北京人民大会堂举行，温州退休干部李丁富家庭获全国"最美家庭"称号。

19日　温州市通用航空基地启动建设，该基地签约十大通航项目，总投资260亿元，一期投资约25亿元。

21日　市域铁路S1线一期工程装备国家战略新兴产业示范工程启动。这标志着市域铁路S1线作为"国家示范"工程进入全面实施阶段。

22日～25日　2015中国式摔跤国际锦标赛在温州体育中心举行，这是温州首次承办中国式摔跤比赛。温籍选手刘晓慧、张晶晶、吴晓慧、翁建程4人代表中国二队参赛并获奖。

27日　市区华盖山南侧发现一段宋代古城墙遗址，为府城外侧包砖墙体，呈西北—东南走向，残长14.8米，是温州市文物部门继勘探发现温州子城谯门遗址后，首次在山上发现府城遗址。

6月

2日　中国文联、中国摄影家协会共同主办第五届全国农民摄影大展，温州获27个奖项。

3日～7日　2015全国掷球（大、小金属球）锦标赛在浙江工贸职业技术学院举行。全国20支代表队200多名运动员参与21个项目角逐，浙江工贸学院队获6金3银2铜。

4日　温州现代物流学院（温州现代物流发展研究院）成立。

8日　中国绿色碳汇基金会碳汇城市指标体系暨首批碳汇城市发布会在京举行，泰顺县被中国绿色碳汇基金会授予"碳汇城市"称号。

11日　浙江省委办公厅、省政府办公厅公布第九批22家单位为省级爱国主义教育基地，永乐人民抗日自卫游击总队纪念馆、利济医学堂、市非物质文化遗产馆上榜。

△　第10届欧洲发明奖评选结果在法国巴黎揭晓。温医大知名校友、已故免疫学家周健博士和澳大利亚科学家伊恩·弗雷泽教授，因成功研发世界上首支预防宫颈癌疫苗加德西（Gardasil），获"最受欢迎发明奖"。

15日　世界温商发展服务中心在温揭牌成立。

18日　省委常委、市委书记陈一新会见到温参加"2015·驻华使节对话温州"活动的非洲驻华大使团。来自刚果（布）共和国、塞内加尔、科特迪瓦、南非等10个非洲国家的驻华大使、外交官对温州经济社会发展情况进行实地考察。

19日　海外温商贸易回归签约仪式举行。市商务局、市外侨办与法国巴黎地区、美国洛杉矶地区、意大利米兰地区、德国、日本、希腊、斯洛伐克等海外温商代表以及市侨商协会分别签订今后三年贸易回归战略合作框架协议，签约总金额1000亿元。

19日～20日　2015中华龙舟大赛（温州站）暨温州龙舟文化节活动在温州会昌湖水上公园举行，这是温州第三次举办中华龙舟大赛，赛事分职业组、青少年组、温州传统龙舟组三个组别，32支龙舟队和171支传统龙舟队共203支队伍8702名划手参加比赛和展示，大赛创下"最多参赛队的龙舟赛"吉尼斯世界纪录。

23日～25日　省委书记、省人大常委会主任夏宝龙到温，就贯彻落实习近平总书记考察浙江时的重要讲话和省委全会精神以及推进经济社会发展情况进行调研。

24 日　洞头先锋女子民兵连建连 55 周年纪念活动在洞头县举行。

25 日 ~ 26 日　温州市十二届人大常委会第二十七次会议召开。会议通过市人大常委会关于批准 2014 年市级财政决算的决议；通过市信访局等 10 个部门 2014 年决算。会议决定撤销孔海龙温州市人民政府副市长职务；决定接受胡方勇辞去浙江省第十二届人民代表大会代表职务，报浙江省人大常委会备案。

29 日　龙湾区（高新区）2015 年百亿重大工程集体开工，共 17 个项目总投资 105.48 亿元，涉及产业提升、基础设施、城市有机更新等领域。

7月

2 日　国家级非遗传承人、国家高级工艺美术师季桂芳先生因病去世，享年 75 岁。

△ 中央绿轴公园一期试开园。中央绿轴公园北起锦江路上接世纪广场，南至瓯海大道下联三垟湿地，东至张宅河，西至规划道路，长约 1.8 公里，宽度 200 米。试开园的一期工程位于温州大道以北（锦江路至温州大道），南北长 0.6 公里。

8 日　“2015 浙江 · 台湾合作周”暨第二届海峡两岸民营经济创新发展论坛在温开幕。合作周由海峡两岸民营经济创新发展论坛、青年创新创业季、产业合作对接会、对台合作特色平台考察活动等四大板块组成。海峡两岸（温州）民营经济创新发展示范区揭牌。

2015 年 7 月 2 日，温州城市中央绿轴公园一期试开园　杨冰杰 / 摄

15 日 ~ 17 日　省委常委、组织部部长廖国勋到温调研基层党建工作。

20 日　由国务院侨办和温州市外侨办合作举办的 2015 年海外华裔青少年“中国寻根之旅”夏令营“相约温州营”在市人民大会堂开营。来自 20 个国家和地区 450 余名温籍华裔青少年参加。

22 日　国务院批复同意撤销洞头县，设立温州市洞头区，将温州市龙湾区灵昆街道划归洞头区管辖。

25 日　第 19 届“中国少儿戏曲小梅花荟萃”活动在山东济南落幕，温州市文化馆吴依宸和周芷名获“金花奖”。

28 日　市委召开十一届九次全体（扩大）会议，学习贯彻习近平总书记在浙江考察重要讲话、省委书记夏宝龙在温州调研重要讲话和省委十三届七次全会精神，总结上半年工作，部署下半年任务，审议通过《中共温州市委关于全面加强基层党组织和基层政权建设的实施意见》。

30 日　浙江省十二届人大常委会第二十一次会议通过《关于温州等五个设区的市人民代表大会及其常务委员会开始制定地方性法规时间的决定》，该决定自公布之日起施行。温州成为省内首批行使地方立法权的城市。

8月

4 日 ~ 5 日　共青团温州市第十六次代表大会在市人民大会堂举行。大会审议通过共青团第十五届委员会关于《凝聚青春力量 助推“五化战略”为实现温州“赶超发展 再创辉煌”而奋斗》的工作报告，选举产生新一届团市委领导班子。

△ 全市选派机关优秀党员干部到村任第一书记动员培训会议在市人民大会堂举行，市、县两级选派919名优秀党员干部到村担任第一书记。

6日 温州市文化创意产业发展推进会在市人民大会堂举行。会议表彰第二批市级重点文化产业园区、重点文化企业、“文化温商”年度人物以及2014至2015年度文化产业重点项目建设先进集体和个人等。共有九大文化产业项目在大会上签约，投资总额160.8亿元，涉及文创园、休闲农业、影视动漫等领域。

7日 温州市创建社会信用体系建设示范城市工作方案获国家发改委和中国人民银行批复同意，成为全国首批11个创建社会信用体系建设示范城市。

8日 第13号台风“苏迪罗”在福建莆田登陆，温州地区文成、平阳、泰顺受灾情况严重。此次台风造成温州全市平均面雨量228.4毫米，全市受灾人数151万人，死亡12人，失踪4人，直接经济损失50.14亿元。

10日 2015年全国国际象棋学校锦标赛在海口落幕，全国20多个市县国际象棋特色学校（幼儿园）200多名选手参赛，温州实验小学获团体冠军。

17日 “金狮奖·第四届全国木偶皮影剧（节）目展演”在江苏扬州举行，由平阳木偶戏保护传承中心创排的廉政木偶剧《知县·轿夫》获最佳剧目奖（金狮奖）、造型设计制作奖、个人表演奖等奖项。

18日 第二届“中国长寿之乡”评选结果揭晓，文成县成为浙江省第4个、全国第68个“长寿之乡”。截至2014年年末，文成全县百岁以上老人45名，80周岁以上老人12102名，人口平均预期寿命达到81.09岁。

18日～19日 温州市十二届人大常委会第二十九次会议召开。会议通过《温州市人民代表大会常务委员会关于同意〈温州生态园总体规划（2014—2030）修编〉调整修改的决定》和《温州市人民代表大会常务委员会关于温州市部分行政区划调整有关政权机构名称等问题的决定》。会议决定任命苗伟伦为温州市人民政府副市长。

25日～27日 2015中国火山地质公园论坛在雁荡山举行，这是全国范围内首次关于火山地质公园的专题研讨。

26日 《永远的凯歌》温州市纪念中国人民抗日战争暨世界反法西斯战争胜利70周年大型合唱朗诵交响音乐会在温州大剧院举行，全市12个演出团体近千名声乐、器乐、朗诵等文艺人员参演。

△ 国家发改委、国家体育总局下发《关于做好体育产业联系点有关工作的通知》，确定35个地级城市（包括副省级城市、计划单列市）为体育产业联系点城市，温州市是浙江省唯一联系点。

30日 浙江省教育厅公布28所高中学校为“浙江省一级普通高中特色示范学校”，苍南中学、瑞安中学、乐清中学上榜。

31日 根据省民政厅、省侨联联合下发的《关于组织开展“历史不曾忘记”为抗战老战士老同志拍照留影主题活动的通知》精神，温州市侨联联合市民政部门为全市118位抗战老战士、老同志拍照留影。

9月

1日 温州市洞头撤县设区动员大会暨授牌仪式在市人民大会堂举行。

△《温州市个人住房公积金转商业贴息贷款管理暂行办法》公布，即日起受理个人住房公积金转商业贴息贷款申请。

4日 “2015亚洲医院管理奖”颁奖仪式在缅甸仰光举行，温州医科大学附属第一医院“零排队医疗服务新体验”项目获“客户服务”类别金奖。

7日 来自中国、俄罗斯、南非、越南、泰国、柬埔寨、马来西亚7个国家14名航标管理部门主管级别官员，在温州航标实训基地，开展为期11天的国际航标管理培训。

8日 省经信委、省统计局联合发文通报2014年度工业强镇综合评价结果，乐清市北白象镇、乐清市柳市镇、苍南县龙港镇位列前三。

8日～10日 省委副书记、省长李强到温调研经济工作。

9日 2015全国游泳锦标赛在安徽黄山举行，温州泳将徐嘉余和李朱濠分别在男子50米、100米和200米的仰泳、蝶泳项目夺冠。

13日 由中国美术家协会主办的“纪念潘絜兹诞辰100周年全国中国画作品展”在浙江武义举行，温籍女画家杨秀华大幅工笔画《梦回故里》获优秀奖（最高奖）。

14日 温州市第十二届人民代表大会常务委员会第三十次会议召开，会议表决通过《关于同意温州市区棚户区（城中村）改造一期项目融资建设有关事项的决定》。市区现有行政村544个，其中街道所辖行政村376个。

15日 温州市政府批复同意鹿城区部分行政区划调整，鹿城区新增蒲鞋市、南郊、大南、广化、丰门5个街道。

△ 市委组织部、市委统战部、市政协办公室联合出台《温州市政协委员退出机制暂行规定》，对温州市政协委员的辞职、免职、撤职和相关程序做出全面规定和要求。市政协委员免职、撤销资格由市委统战部会同市委组织部、市政协委员工委提出书面建议，经市政协主席会议审议后，由市政协常委会议审议通过。

17日 全国智运会象棋赛在山东举行，温籍女棋手陈青婷和梁妍婷分别获女子象棋专业组和青年组冠军。

19日 第九届全国残疾人运动会在四川成都落幕，温籍选手黄喜宝获听力残疾羽毛球单打和混合双打两项冠军。

20日 位于楠溪江和瓯江交叉口处的瓯北大桥通车。该桥主跨275米，双向 6 车道设计，总投资 5.4 亿元。

21 日　市委副书记、代市长徐立毅会见厄瓜多尔安巴托市市长路易斯·阿莫罗索一行。路易斯·阿莫罗索一行赴温州大学、康奈集团、伟明集团、浙江聚光科技有限公司、中国交通建设集团第一公路工程局有限公司温州分公司等参观考察。

△　即日起，温州市本级及各县（市、区）除个别涉外公证事项外，民政部门不再开具公民婚姻状况证明。涉及职能部门所需查询公民婚姻状况的事务，由各部门向民政部门直接查询。

△　教育部公布 2015 年全国青少年校园足球特色学校及试点县（区）名单，温州市籀园小学、温州市第二中学、温州市实验中学等 23 所中小学入选。

22 日　温州供应链学院成立大会在市人民大会堂召开。

23 日 ~ 26 日　2015 未来影像——首届亚洲国际（温州）青年微电影展在温举行，内容包括亚洲 25 个国家推荐的 42 部作品的评选和展映、国际 48 小时微电影极拍大赛、首届亚洲国际（温州）青年微电影展开幕式、亚洲国际青少年微电影（短片）高峰论坛等，电影展评选出“金瓯奖”14 个，微电影《Voices》（声音）获最佳影片奖，《Blossom》（花丛）获最佳编剧奖，《The blue wolf》（德格希）获最佳中国微电影奖，极拍微电影《五马街》获大赛最佳影片。

24 日　由中央文明办、国家发改委、浙江省文明办等单位专家组成的中央调研组到温，就温州诚信建设制度化进行专题调研。

28 日　纪念异地温州商会成立 20 周年大会在永嘉召开，全国 268 个商会近 700 人参加。大会表彰第二届温商回归功勋（先进）人物、2014 年度异地温州商会“争先创优”先进商会和优秀会长、2014 年度全国各地温州商会优秀秘书长、各地温州商会优秀常务工作者。温商学院授牌成立。

29 日　由市委、市政府主办，市委宣传部、市文化广电新闻出版局承办的第五届温州艺术节开幕，活动持续至 11 月中旬。

10月

1 日　温州市全面实行“一照一码”登记模式，将原由工商、质监、税务、人社、统计等 5 个部门分别核发证（照）的模式，改由工商部门核发加载统一社会信用代码的营业执照。

8 日　温州市旅游招商大会召开。大会吸引 45 名投资商和多名旅游界人士参加，现场签约旅游重大项目 10 个，签约引资额 151.36 亿元。

12 日 ~ 16 日　“民族魂·中国梦——阳光下成长”2015 年浙江省中小学生艺术节现场展演在温州大剧院举行，来自全省的 93 支队伍、3000 余名中小学生参加。温州 19 支队伍获一等奖，2 支队伍获二等奖。

13 日　国家发改委复函同意对《浙江省温州市域铁路建设规划（2012 ～ 2018 年）》S3 线一期工程实施方案进行调整，由原批复的瑞安莘阳大道站至平阳鳌江站，调整为温州站至瑞安新城广场站，线路全长 35.8 公里，将与在建的 S1 线一期工程和待建的 S2 线一期工程实现无缝对接，形成“环大罗山”市域轨道交通圈。

13 日 ~ 15 日　省政协主席乔传秀到温视察“两路两侧”“四边三化”专项整治工作。

△　俄罗斯国家铁路公司在温州港状元岙国际码头开通始发服务。“温州制造”在状元岙港区出发后，先通过水路运抵俄罗斯远东港口，而后直接连入俄铁，沿着西伯利亚铁路到达新西伯利亚、莫斯科、叶卡捷琳堡乃至俄罗斯全境。

15 日　“泰顺杨梅”被国家工商总局商标局核准注册为中国地理标志证明商标。

16 日　乐清市被授予国家铁皮石斛生物产业基地，并在雁荡镇举行铁皮石斛检测中心揭牌仪式。

17 日　中国市场大会全国泰商高峰论坛在河北举行，泰顺被中国商业联合会授予“中国市场著名商帮——泰商”品牌称号。

18 日　位于市区沧河巷的郑振铎纪念馆开馆。

△ 2015 浙江马拉松精英赛在文成县举行，来自省内外 700 余名选手参加。这是温州市范围内首次举办省级大型马拉松赛事。

22 日　2015 年“中国质量诚信企业”表彰授牌仪式在京举行，金帝集团、康奈集团、浙江华峰新材料股份有限公司、浙江大虎打火机有限公司、温州市日丰打火机有限公司、温州华龙雕刻有限公司、浙江宏利水产有限公司、温州市飞丹鞋业有限公司等 8 家温企获此称号。

23 日　由温州中津先进科技研究院携手浙江省电子商务促进中心打造的浙江省电子商务大数据研究基地在温授牌成立。

24 日　温州道德馆开工建设并举行预展。预展厅分设三个展馆：“先哲乡贤、德传身教”“大爱温州、善行天下”“同心同德、同梦同圆”。

11月

2 日　温州首个投资基金集聚地、省内首家选址海岛的基金特色小镇——南麂基金岛在平阳县启动建设。

3 日　省委常委、市委书记陈一新主持召开专题会议，研究城市中轴线和中轴区域规划建设。规划中的城市中轴区域，位于温州大都市核心区，规划总面积约 85 平方公里。规划建设中的城市中轴线，北起永嘉三江口、南至大罗山山脉，贯穿滨江商务区、行政中心区、中央绿轴公园、三垟湿地等区块，全长 16.2 公里。

4 日　国家质检总局公布第一批“中国出口产品质量安全示范企业”名单，康奈集团有限公司、巨一集团公司、东艺鞋业有限公司、温州市飞丹鞋业有限公司、帝邦鞋业有限公司、泰马鞋业有限公司及旭达鞋业有限公司7家鞋企上榜。

△ 温州率全省之先制定出台《温州市企业首席信息官制度建设指南》。

8日 第25届中国新闻奖颁奖报告会在京举行，温州日报报业集团温州网的网络专题《网上诚信馆道德新标杆——谢岩斌千里还债温州城诚信接力》获中国新闻奖一等奖。

10日 瓯江口一期市政工程举行开工仪式，是温州市单体投资额最大且首个成功实施的市政PPP项目。

11日 市政府组织召开温州市区地名总规修编和洞头区行政区域界线核定会，核定洞头区与龙湾区、乐清市的界线，明确龙洞线、龙乐线、洞乐线三条界线的走向和长度。

13日 浙江省第14届大学生运动会在温州大学茶山校区落幕。来自全省78所高校的93支代表队共1172人参加角逐，45人打破大运会纪录，温州大学以18枚奖牌总数获得甲组第二，以20枚奖牌总数获得丙组第二。

14日～15日 2015浙江省体育舞蹈锦标赛暨温州市体育舞蹈锦标赛在温州体育中心体育馆举行，全省80支代表队近2000人参赛。

16日 第六届全国中外合作办学年会在温州肯恩大学开幕，来自全国26个省、市、自治区的460余名专家学者齐聚一堂，就经济发展新常态下中外合作办学规模、质量、效益等主题进行深入探讨。

18日 国航股份温州分公司揭牌成立，成为首家落户温州的基地航空公司。

20日 温州康宁医院股份有限公司成功在香港联合交易所主板上市，股票代号2120.HK，成为温州市首家香港上市公司。

23日 洞头区政府与温州市兴龙航空投资有限公司签约温州市洞头区岛际低空飞行项目。

25日 《温州市建筑市场信用评价管理实施办法》颁布，并在全市范围内推行。

26日 温州低压电器实验室通过国际电工委员会考核验收，取得国际CB实验室资质，这是合作方德国VDE（德国电子电气信息技术协会）在本土之外设立的首个低压电器检测认证实验室。

12月

1日 温州市委召开全市领导干部会议。中央和省委决定，陈一新任中央全面深化改革领导小组办公室专职副主任，免去其中共浙江省委常委、委员职务，免去其中共温州市委书记、常委、委员职务。

2日 第十二届中国民间文艺山花奖颁奖典礼在海宁举行，龙湾宁村“拼字龙”获民间艺术表演奖，乐清吴尧辉的黄杨木雕作品《大唐盛世》系列组雕获民间工艺美术作品奖。

3日 温州市中医院大士门院区与上海复星医院投资（集团）有限公司签约，合作打造“温州老年病医院”，成为浙江省首个混合所有制医院合作项目。

6日 奥康国际2015温州马拉松在温州世纪广场开赛，来自10个国家1万余人参加。苍南的陈林明以2小时43分59秒获女子全程冠军，乐清的王小红和永嘉的郑芝玲分获全程和半程季军。

7日 省政府批复《海峡两岸（温州）民营经济创新发展示范区实施方案》。根据《实施方案》，到2020年，温州计划与台湾贸易总额达到5亿美元，2015～2020年引进涉台项目总投资将突破20亿美元。

△ 省政府批复同意温州市鹿城区部分行政区划调整，藤桥镇管辖范围增设山福镇。调整后，藤桥镇辖1个社区、55个行政村，山福镇辖32个行政村。

12日 “2015年度中国政府创新最佳实践交流对话会”在北京举行，温州市委宣传部申报的“市民监督团”，获“2015年度中国政府创新优秀实践”称号。

16日 市区安澜码头至永嘉瓯北小汽车轮渡停航。该渡运航线于1995年5月12日经原温州市交通委员会同意设立开通，以永嘉县轮船公司名义审批，与温州港集团按5∶5比例联合经营。

21日 国家发改委批复温州瓯江北口大桥工可报告，同意建设温州瓯江北口大桥。该大桥是世界上首座三塔四跨双层钢桁梁悬索桥。

26日 新金温铁路通车。温州至丽水、金华最快列车运行时间分别由原来的2小时、4个半小时，缩短至35分钟、1个半小时内。

30日 《温州市市容和环境卫生管理条例》获浙江省十二届人大常委会第二十五次会议批准，温州市制定的首部地方性法规诞生。该《条例》即日起生效，2016年3月1日正式实施。

△ 温州市域铁路S2线一期工程开工建设，北起乐清市城东街道下塘，南至瑞安市区，线路长度63公里，与S1线未来将在灵昆站交会。

31日 市众创服务接待中心成立。该中心分设商事咨询、税务咨询、法律咨询、科技咨询、政策咨询、综合咨询和审批代办7个服务窗口。

△ 由温州市教育局、上海教科院和20所民办学校共建的温州民办教育研究院成立。

（钱　青）

（金宸羽　编辑）

周良东 / 摄

杨冰杰 / 摄

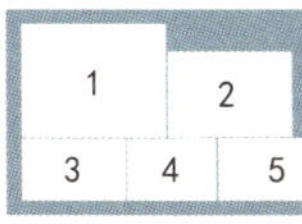

1. 永嘉县茗岙茗下村
2. 泰顺县乌岩岭白云尖（浙江乌岩岭国家级自然保护区管理局提供）
3. 瓯海区仙岩街道穗丰村河滨公园
4. 洞头区半屏山
5. 泰顺县乌岩岭福漈桥（浙江乌岩岭国家级自然保护区管理局提供）

闹春（组照获第17届《温州年鉴》“菱华奖”银奖）　　梅向东/摄

市情概览

数字温州

市名 温州夏称瓯，商称沤，周称欧，汉称东瓯，东晋始称永嘉，唐始称温州。此后至今，历1300余年，州名无改。始置温州之时为唐上元二年（675），因地处温峤岭南，“虽隆冬而恒燠”，故名温州。

语言 温州通行普通话。温州方言以瓯语为主要语言，泛指通行温州各地的温州话，民间一般公认温州鹿城区通行方言为温州话；温州方言除瓯语外，还有闽南语、蛮话、蛮讲、畲客话、金乡话、大荆话和罗阳话等。

少数民族 按2010年11月1日第六次全国人口普查数据，温州市有少数民族51个，合计人口30.17万人，比“五普”增加近19万人。其中，人口数排前十位的少数民族分别是土家族（75540人）、苗族（75383人）、畲族（49070人）、侗族（31306人）、布依族（20562人）、回族（12109人）、彝族（7500人）、壮族（6727人）、仡佬族（5617人）、黎族（2289人）。全市有2个民族镇和5个民族乡（均为畲族）。全市各地均有少数民族居住，其中鹿城区35740人，龙湾区39592人，瓯海区39007人，洞头区2180人，乐清市37356人，瑞安市43569人，永嘉县28509人，文成县75450人，平阳县23814人，泰顺县13403人，苍南县30997人。

市树市花 1985年7月，温州市第六届人大常委会第十四次会议通过《关于命名温州市树、市花的决定》，命名榕树、茶花为市树、市花。

人口 全市2015年年末户籍总人口数：8112128人

<table>
<tr><td>鹿城区</td><td>746992人</td><td rowspan="11">全市总户数231.04万户
男女性比107 ∶ 100
2010年全国第六次人口普查
常住人口 912.21万人
城镇人口 602.20万人
农村人口 310.01万人</td></tr>
<tr><td>龙湾区</td><td>328341人</td></tr>
<tr><td>瓯海区</td><td>430884人</td></tr>
<tr><td>洞头区</td><td>153069人</td></tr>
<tr><td>乐清市</td><td>1280385人</td></tr>
<tr><td>瑞安市</td><td>1228841人</td></tr>
<tr><td>永嘉县</td><td>964880人</td></tr>
<tr><td>文成县</td><td>395957人</td></tr>
<tr><td>平阳县</td><td>882438人</td></tr>
<tr><td>泰顺县</td><td>369158人</td></tr>
<tr><td>苍南县</td><td>1331183人</td></tr>
</table>

区域 全市陆域总面积：12083平方公里

<table>
<tr><td>鹿城区</td><td>290平方公里</td><td rowspan="2">市区建成区面积238.40平方公里</td></tr>
<tr><td>龙湾区</td><td>381平方公里</td></tr>
<tr><td>瓯海区</td><td>466平方公里</td><td rowspan="5">山地面积 9212平方公里
平原面积 2059平方公里
岛屿面积 177平方公里
江河面积 340平方公里</td></tr>
<tr><td>洞头区</td><td>173平方公里</td></tr>
<tr><td>乐清市</td><td>1385平方公里</td></tr>
<tr><td>瑞安市</td><td>1350平方公里</td></tr>
<tr><td>永嘉县</td><td>2677平方公里</td></tr>
<tr><td>文成县</td><td>1296平方公里</td><td rowspan="4">全市有街道办事处67个，镇77个，乡15个，城市社区229个，居委会152个，建制村5405个</td></tr>
<tr><td>平阳县</td><td>1042平方公里</td></tr>
<tr><td>泰顺县</td><td>1768平方公里</td></tr>
<tr><td>苍南县</td><td>1253平方公里</td></tr>
</table>

气象

一般气象条件	2015 年降水量 1813.7 毫米 2015 年平均气温 18.5 摄氏度 2015 年日照时数 1349 小时
极端气象记录	历年最高气温：42.1℃ (2003 年 7 月 15 日，永嘉) 历年最低气温：−10.5℃（1983 年 12 月 31 日，泰顺） 历年极大风速：45.7 米 / 秒（2013 年 10 月 7 日，平阳） 历年最大日降水量：446.7 毫米（1981 年 9 月 23 日，乐清）

经济指数

主要指标	2015 年全市生产总值 4618.08 亿元 人均生产总值 56841 元 第一产业增加值 129.57 亿元 第二产业增加值 2022.59 亿元 规模以上工业企业 5013 家 规模以上轻重工业产值比重 34.19 ：65.81 第三产业增加值 2465.92 亿元 全年全市财政总收入 677.92 亿元 一般公共预算收入 403.07 亿元 城镇居民人均可支配收入 44026 元 农村居民人均可支配收入 21235 元
民营经济	GDP 中民营经济比重 83.6% 规模以上工业产值中民营比重 86.6% 投资中非国有投资比重约 65.0% 私营企业户数 158152 户 私营企业从业人数 1947569 人 个体户 543263 户 个体户从业人员 1191987 人
交通运输	全市公路总里程 14684 公里，高速公路里程 297 公里 全市港口吞吐量 8490 万吨 全年民航客运（出港）388.92 万人，货运 4.25 万吨 全市有载客汽车 142.42 万辆，载货汽车 14.48 万辆 客运船 18 艘，客位 1785 位；货运船 863 艘，1552005 吨位
电　信	全市固定电话用户 179.36 万户，移动电话用户 1122.49 万户 电话普及率（包括移动电话）160 部 / 百人 宽带用户 288.2 万户
环　境	全市森林覆盖率 60.03% 全市绿地面积 12147 万平方米 全市道路面积 4826 万平方米 全市供水生产能力 198.73 万吨 / 日 全年全市总用电量 344.00 千瓦时

自然环境

地理位置 温州地处中国大陆环太平洋岸线（一般中国大陆环太平洋岸线公布长度为1.8万公里）的中段，位于浙江省东南部。全境介于地理坐标北纬27° 03′ ～28° 36′、东经119° 37′ ～121° 18′ 之间。东濒东海，南与福建省宁德市毗邻，西及西北部与丽水市相连，北和东北方与台州市接壤。

地形地貌 温州三面环山，一面临海，境内地势从西南向东北呈梯形倾斜，地貌可分为西部中低山区，中部低山丘陵盆地区，东部平原滩涂区和沿海岛屿区。温州陆域面积12083平方公里，海域面积约11000平方公里。山地面积9212平方公里，平原面积2059平方公里，岛屿面积177平方公里，江河面积340平方公里。绵亘有洞宫、括苍、雁荡诸山脉，泰顺的白云尖海拔1611米，为全市最高峰；东部平原地区，河道纵横交错，大小河流150余条；海岸曲折，良港众多，陆地海岸线长355公里，岛屿436个。

（李 坪）

山地和山脉 括苍山山地在温州永嘉、丽水缙云和台州仙居3个县的交界处入温州境，为灵江与瓯江的分水岭。自北而南绵亘永嘉县大部分县境，西与青田县相接，东以大楠溪为界，与北雁荡山相沿。分布在永嘉县楠溪江干源以西有数列态势雄伟的断块山，如大青山（海拔1270米，下同）、大柏山（1211米）、四海尖（1093米）、禅龙尖（1052米）、白岩头（1027米）等。总面积占全市土地面积的16.3%。

洞宫山山地是武夷山余脉，位于浙江、福建两省之间，分南、北两大支，北支入丽水地区境内，南支入温州市与丽水市交界，是瓯江小溪与飞云江的分水岭。从泰顺、景宁两县交界处白云尖（海拔1611.3米，下同）起点，北经敕木山（1519米），折东经大仰湖（1557米）、大柳头入文成县境，再折向西经石竹栏头到南田台地北侧山冈，西沿文成、青田县界的寮天岗、四方尖（1150米）、山炮尖和瑞安、青田县界的巾子山（1320米）、奇云山（1165米）至瓯海、青田县界的凌云山（1009米）直落瓯江南岸。海拔千米以上的山峰153座。总面积占

图1 温州市沿海地区中部卫星影像图

全市土地面积的24.7%。

北雁荡山脉属括苍山脉南支，北起永嘉县、台州市黄岩区界大寺尖（海拔1252米，下同），向东南延至望海岗（1127米），急转向永嘉、乐清县界延伸，海拔由1000米左右逐渐减低到500米，成为楠溪江和向东独流入海诸小河的分水岭。山西北以抬升为主，为剥蚀中低山区。东南以沉降为主，为丘陵平原区。西北山区大部分海拔500米以上，北雁荡山主峰百岗尖(1056米)，次一级的有永嘉正江山（997米）、山根山（940米）、金竹尖（926米）、箬岙山（714米）、乐清天门山（820米）、玛瑙山（754米）。

南雁荡山脉是洞宫山余脉，从福建省福安县入境，盘踞于泰顺、文成、苍南、平阳、瑞安、瓯海6个县（市、区），为飞云江、鳌江所分割，形成大小山间盆地和河谷盆地。比较有名的山峰有泰顺、苍南边境的九峰尖（海拔1237.3米，下同），平阳、苍南边境的棋盘山（1231米），瑞安、青田边界的奇云山（1164.8米）灵溪镇西的玉苍山（929米），矾山镇东南的鹤顶山（989.5米），平阳西南的白云山（965.1米），瓯海西南的岷岗山（901米），分属龙湾、瓯海、瑞安的大罗山，主峰东大罗尖（706.9米）。

平原和湿地 乐清平原位于瓯江口以北，西起北雁荡山麓，东至乐清湾沿岸，北至大荆镇，南抵瓯江口北岸，面积约330平方公里。片内间有以虹桥内河和乐琯塘河为骨干的内河河网。分布有虹桥、乐成、柳市、北白象、黄华、磐石、七里港等集镇和港口。

永嘉平原位于瓯江下游北岸，沿括苍山、北雁荡山尾段，过楠溪江河口，与乐清平原相接，是瓯江、楠溪江海河作用形成的沿江海积冲积平原。土地面积约145平方公里。

温瑞平原是瓯江南岸和飞云江北岸之间几块平原的总称。西面由瞿溪、雄溪、郭溪三条溪冲积而成的平原，称三溪平原。东面北起龙湾区宁村（原属瓯海）、南达海城（原称瑞安梅头），有源自大罗山的小溪流经这片平原，称海滨平原。中部以人工塘河为骨干，从北到南在龙湾状元片，称状元平原。从瓯海区梧田镇沿温瑞塘河至瑞安帆游桥这片平原，称梧田平原。瓯海区的仙岩片（原属瑞安），称仙岩平原。莘塍（瑞安）片称莘塍平原。土地总面积约543平方公里。

瑞平平原位于飞云江下游及其河口南岸，包括瑞安仙降、马屿与平阳万全3片，是飞云江下游及其河口在海河作用下形成的海相沉积冲积平原。晋代以来，海湾淤涨成陆。唐宋以后，筑堤开河。海涂不断淤涨，堤塘外移，形成广阔的水网平原。土地面积约229平方公里。

陶山平原在飞云江北岸及其支流金潮港下游，包括陶峰、桐溪、潮基等片，东南面与瑞安安阳镇连接。土地总面积约75平方公里。

北港平原在平阳县鳌江中下游沿岸。包括鳌江平原和萧江、麻步、水头平原，土地总面积约183平方公里。

江南平原又名南港平原。位于鳌江南岸，苍南县东北部，其中龙港、宜山、钱库、金乡一片，旧称江南；灵溪、桥墩、藻溪、萧江、后林、夏桥、沪山等

为南港平原，旧称江西，土地总面积约297平方公里。

三垟湿地位于瓯海区梧田、三片，民间称“南西”。此地比邻温州市城市中心区，东南部有大罗山环绕，面积13.6平方公里，水网密布，河道纵横，间有161个形态各异的泥洲，当地人称“水墩墩”。这片湿地自古盛产“瓯柑”“黄菱”和淡水鱼虾，又是各种候鸟、留鸟栖息觅食绝佳之处。

（李　坪）

江河与水网　瓯江是浙江省第二大河，发源于丽水市庆元县锅帽尖，干流长388公里，入东海。流域面积17958平方公里。流经温州市境内基本是其下游，长度为78公里，流域面积4066平方公里。从青田县石溪纳小溪后流经温州的干流称瓯江。历史上曾名永宁江、永嘉江、温江、慎江，梅岙以下，河床逐渐增大、宽500米～3000米，近河口区形成三角港，左纳楠溪江入海（温州湾）。从源头至河口，落差1250米。流经鹿城区和龙湾区的江面上，有江心屿、七都岛和灵昆岛。瓯江年径流量195.5亿立方米，年平均含沙量在0.1～0.2千克/立方米之间。瓯江属强潮河，感潮河段长约90公里，平均潮差3.92米，最大潮差5.7米。最大表层涨潮流速2.59米/秒，落潮流速2.37米/秒。平均涨潮流速1.52米/秒，落潮流速1.58米/秒。

楠溪江是瓯江下游最大支流，公元前是独流入海的河流，古称瓯水，俗称大楠溪。发源于永嘉县西北括苍山南麓罗岭，自北而南，纵贯永嘉县境中部，流经清水埠注入瓯江。干流全长139.92公里，流域面积2490平方公里。多年平均年径流量28.7亿立方米。最大年径流量34.34亿立方米。

飞云江是浙江省第四大河，温州第二大河。全长198.7公里，入东海。流域面积3713.9平方公里。曾名罗阳江、安阳江、安固江和瑞安江。源头分南北二支：南为仙居溪，发源于泰顺、景宁边界白云尖西北坡。北为里光溪，发源于白云尖东麓。流经泰顺、文成和瑞安入东海。河口宽3000米。感潮段距河口59公里，涨潮为5小时～6小时，落潮为6小时～7小时，憩流大潮为30分钟，小潮为20分钟。平均潮差4.5米，最大为6.2米。平均低潮位水深2米。流域年径流量约40亿立方米，年输沙量54万吨。

鳌江是浙江省第八大河，温州第三大河。干流长82公里，入东海。流域面积1542平方公里。曾名始阳江、横阳江，下游钱仓以下，水势始大，因又名钱仓江。有南北二源。北源出文成县珊溪镇吴地山麓桂库地方。南源出泰顺九峰虎罗山。低潮时平均水深0.8米。年径流量约20亿立方米。年平均含沙量约0.13千克/立方米。

永乐平原河网分布于乐清市虹桥、乐成、柳市和永嘉县的乌牛。昔日河网互不相通。1951年，乌牛溪与北白象河沟通。1962年，虹桥内河与乐成内河沟通。乐成至琯头塘河，唐代以前已疏通。河网水面面积17.19平方公里，河道总长度867公里，总蓄水量3156万立方米。

温瑞塘河水网聚瞿溪、雄溪、郭溪三溪之水，汇桐岭、岷岗、白云、大罗、吹台诸山溪流，至鹿城区南的会昌湖，俗称上河厢，会昌湖至帆游桥称下河厢。塘河从鹿城区小南门至瑞安市城关东门，主干河道长约36公里。相关水网河道总长度949.12公里，流域面积277平方公里，总灌溉面积48.2万亩。河床宽15米～100米，水深1.5米～6米，最高蓄水量6892万立方米。

瑞平塘河水网主干河道旧称江南运河。自瑞安后，经吴桥、孙桥至平阳城关，全长17公里。两岸与25条小河连接，水网河道总长度722.7公里，流域面积218平方公里，灌溉30万亩。平阳城关至宋埠又有东塘河，长13公里，河床宽3.5米～30米，水深2.5米～7米，流域面积53平方公里，灌溉4.78万亩。

南港江南河网以横阳支江为主干河道，河网分布于南港、江南两大片平原。河网河道总长度1083.8公里，河道水面面积20.15平方公里，总蓄水量4462万立方米。河网上游建有桥墩、吴家园两座中型水库。

（陈清华）

海岸和滩涂　陆域海岸。温州市大陆海岸线从乐清湖雾定头至苍南沿浦虎头鼻，长575.9公里。以琵琶门为界，北部海岸以泥岸为主，间有岩岸，南部则为岩岸。

沿海滩涂。从卫星云图分析，温州涂滩理论深度基准面以上的滩涂面积86.22万亩，87.8%集中于琵琶门以北。具体分布为：龙湾区15.93万亩、洞头区13.12万亩、乐清市19.56万亩、瑞安市12.68万亩、平阳县12.41万亩、苍南县12.52万亩。

温州湾。在瓯江口外，西起灵昆岛，北邻乐清湾，东面和南面有洞头列岛、大北列岛、北麂列岛环绕。

乐清湾。古名白沙湾。系浅海港湾，湾口外宽内窄，呈葫芦形，面积约470平方公里，自1976年玉环漩门港围堵后成为半封闭型海湾。

大渔湾。地处苍南县东部沿海，往西至县城驻地灵溪28公里，面积近41平方公里，北连石砰乡，西北与江南三镇宜山、钱库、金乡的平原地带接壤而紧相连贯，西南与龙沙、中墩、赤溪等乡镇的山地相牵绕海而成港湾，东南面对官山岛。

海域和岛屿　近海海域及沿海岛屿。根据《温州市海洋功能区划（2013—2020）》，温州市海域面积约8649平方公里，北界从温州市与台州市海域行政区域界线向海延伸到领海外部界线，南界自沿浦镇虎头鼻经七星岛（星仔）南端至北纬27° 00′，往东延伸到领海外部界线，向陆一侧以《浙江省海洋功能区划（2011—2020年）》确定的海岸线为界。根据2010年全国海岛地名普查成果显示，温州市行政管辖海域范围内的所有海岛，即龙湾、洞头、乐清、瑞安、平阳、苍南行政管辖海域范围内的所有海岛，共714.5个海岛（横仔屿为温州市与台州市共有），其中有居民海岛35个，无居民海岛679.5个，海岛总面积约163.3平方公里，岛屿岸线长693公里。

龙湾所辖岛屿海岛1个，即灵昆岛，位于瓯江口，陆地面积25平方公里，是灵昆街道办事处驻地。2015年8月10日，浙江省人民政府根据《国务院关于同意浙江省调整温州市部分行政区划的批复》（国函〔2015〕122号）精神，该岛屿整体划归洞头区管辖。

洞头所辖岛屿。位于瓯江口外海域，拥有海岛301个，西北距温州市区约53公里，离大陆最近为5.7公里。有居民海岛13个，包括鹿西岛、大门岛、小门岛、状元岙岛、青山岛、霓屿岛、大三盘岛、胜利岙岛、半屏岛、大瞿岛、南策岛、花岗岛12个，其中洞头岛为区政府驻地，也是北岙镇、东屏镇驻地。无

表2

2015年温州市沿海岛屿分布情况

单位：个

县（市、区）	岛屿数	其　中	
		有居民岛	无居民岛
合　计	455.5	35	420.5
洞头区	199	14	185
乐清市	9.5	3	6.5
瑞安市	101	13	88
平阳县	61	3	58
苍南县	85	2	83

说明：本表所指海岛是四面环海水，并在高潮时高于水面的自然形成的陆域区域；所列海岛为面积大于500平方米的岛屿

居民岛288个，包括小乌星屿、珠宝岛、浅沟北岛、中心岩岛、东牛礁、箬笠屿等。有海洋保护区2个，分别为洞头国家级海洋公园、洞头南北爿山省级海洋特别保护区。

乐清所辖岛屿海岛9.5个（其中横仔屿为温州市与台州市共有）。西门岛、白沙岛、小横床岛为有居民海岛，无居民海岛有箬箕屿、东小担山岛、小担山屿、饭蒸屿、扁鳗屿、大乌屿和横仔屿。有海洋保护区1个，即乐清西门岛国家级海洋特别保护区。

瑞安所辖岛屿海岛148个，有居民海岛13个，无居民海岛135个。拥有大北列岛和北麂列岛。大北列岛位于飞云江口外海域，有海岛71个，距瑞安市大陆岸线27公里。其中有居民海岛8个，即上干山、凤凰山、铜盘山、长大山、王树段岛、大峙山、齿头山、北龙山，其中北龙山为北龙乡政府驻地。无居民海岛有63个。北麂列岛位于大北列岛东南，有海岛77个，北与洞头列岛相邻，南与南麂列岛相望，距大陆岸线约50公里。有居民海岛5个，即过水屿、下岙岛、关老爷山、冬瓜屿和北麂岛，其中北麂岛为北麂乡政府驻地，无居民海岛72个。有海洋保护区1个，即铜盘岛省级海洋特别保护区。

平阳所辖岛屿海岛103个，有居民海岛3个，无居民海岛100个。南麂列岛，位于鳌江口外海域，有海岛83个，与大陆最近点约56公里，北距北麂列岛约22公里，西望巴艚港，南眺七星列岛。南麂岛为南麂镇政府驻地。南麂列岛除南麂岛外，有居民海岛还有竹屿、大檑山屿2个，无居民海岛80个。有海洋保护区1个，即南麂岛国家级海洋自然保护区。

苍南所辖岛屿海岛152个，有居民海岛2个，即北关岛、南关岛，无居民海岛150个，包括机星尾岛、乌礁头礁、南山仔屿、青屿、南鼠尾岛等。有1个海洋保护区，为七星岛省级海洋特别保护区。

（黄胜军）

气候与农时

气候特点　温州地处中亚热带南部亚地带南缘，属中亚热带季风气候区。影响本地区气候的主要因素包括较强的太阳辐射，海洋水体的调节，加上冬季冷空气因西北群山阻挡而减轻侵袭强度，夏季暖湿气流活动因地形抬升而多云雨，形成温州气候温暖、雨量充沛、光照丰富、四季分明的气候特点。年平均气温18℃，山区偏低1℃～2℃。年平均降水量1404.5毫米（洞头）～2047.5毫米（泰顺），山区偏多1～2成，海岛偏少1～3成。年平均无霜期250天（泰顺）～322天（洞头），海岛略长，山区稍短。

2015年，温州气候特点气温偏高，降水总体正常。年初冷空气势力较弱，气温偏高。1月出现4次中度至重度霾。2月20日～3月12日出现持续阴雨天气。3月中旬和下旬多晴朗天气，降水少。4月3日～9日出现阴雨寡照天气，后期天气转好。5月进入主汛期，上旬晴雨相间，中旬和下旬阴雨连绵。受梅雨带影响，梅汛期降水偏多，6月上旬出现首轮暴雨天气。7月上旬受台风“灿鸿”影响永嘉乐清北部出现大暴雨。出梅之后，以午后雷阵雨天气为主，降水量偏少。8月上旬受台风“苏迪罗”影响，虽在闽中登陆，给温州带来的风雨影响却不亚于正面登陆台风，温州遭受了狂风暴雨的正面袭击。9月多阵性降水，气温略偏低，降水偏多，受台风“杜鹃”影响，出现一次较明显降水和大风天气。10月气温高降水少，天气晴好。11月～12月出现明显过程性降水，降水异常偏多，突破历史纪录。

气温　2015年，温州市平均气温在16.9℃（泰顺）～19℃（温州市区、永嘉）之间，各县（市、区）都较历年平均值偏高。全年平均气温在地域上的分布总体上呈由东往西递减的分布趋势，在局部区域上呈沿海高、山区低，沟谷流域高、高山低的分布趋势。温州市区的极端最高气温为38.2℃，出现在6月30日。各县（市）以文成7月27日的38.7℃为最高，海岛洞头没有出现高温天气，其最高气温为31.6℃，其他各地最高气温在35.8℃（泰顺）～38.4℃（永嘉）之间。各地最高气温除洞头外，均出现在6月末和7月末。高温天气（≥35℃）日数大陆上以文成最多，为30天，其次是永嘉，为23天；乐清和洞头最少，无高温；其他地方在4天（泰顺）～18天（温州市区）之间。永嘉、温州市区、文成和瑞安均出现37℃以上高温天气，天数为4天（瑞安）～13天（文成），各县（市）均未出现超过40℃的高温天气。最低气温温州市区为2月10日的0.3℃，各地以泰顺在2月10日的-4.7℃为最低，海岛洞头未出现低温天气，其最低气温为1.8℃，其他各地最低气温在-2.0℃（文成）～0.5℃（瑞安）之间。大陆上各地的低温天气（日最低气温≤0℃）以泰顺最多，为16天，其他各地在1天（乐清）～8天（文成）之间。

降水　2015年，温州市区降水量为1733.7毫米，各县（市）降水以泰顺的2519.0毫米为最多，其他各县在1323.6毫米（乐清）～2143.2毫米（文成）之间。乐清较历年平均值偏少，偏少幅度为17%；温州市区、洞头较历年平均值略有偏少，偏少幅度为2%、5%；其他各地均

较历年平均值偏多，偏多幅度为1%（永嘉）～23%（泰顺）。全年总降水量在地域上的分布大致呈中部和南部由西向东递减，北部由北向南递减的分布趋势。最大日降水量，市区于8月14日出现为132.1毫米；其他各县（市）以文成在8月9日出现的233.2毫米为最大，另外7个县（市）在44.7毫米（洞头）～158.7毫米（泰顺）之间，泰顺、文成和平阳出现在“苏迪罗”台风影响期间，其余各地均出现在9月份汛期午后强对流天气影响期间。全年各地降水日数在172天（洞头）～218天（泰顺）之间。

日照 2015年，温州全市总日照时数温州市区1240.9小时，各县（市）在1198.6小时（永嘉）～1457.4小时（洞头）之间。各县（市、区）均明显偏少，除泰顺本站年日照时数为历年第二少外，其余各县（市）都为历年第一少，突破历史纪录。各县（市、区）本站各月日照时数分布不均，8月日照时数最大（170.7小时），11月日照时数最少（54.5小时）。其中1月日照时数较常年同期偏多29%；2月、3月和4月接近常年同期日照时数；从5月开始都较常年同期偏少，其中11月偏少最多（偏少60%），为历年同期日照时数最少。全年日照总时数在地域上的分布大致呈海岛多大陆少、平原多山区少、南部多北部少的分布趋势。

暴雨 2015年，冬季出现历史罕见暴雨。1月12日夜里至14日，温州市普降大到暴雨，局部大暴雨，并伴有8～10级大风。其间全市面雨量52.5毫米，累积雨量最大站文成鳌洋村129.5毫米，超过100毫米的有5个站，超过50毫米的有199站。其中13日，平阳、苍南、瑞安、泰顺、文成本站都出现暴雨，为历年暴雨出现时间最早，突破历史纪录，实属罕见。12月23日受低涡倒槽和西南急流共同影响，全市普降中到大雨，局部暴雨，共出现18站次暴雨，最大日降水量出现在苍南舥艚社区（61.5毫米）。此次暴雨过程出现时间晚，属于冬季12月份罕见暴雨。

连阴雨 2015年2月20日至3月9日，温州市出现持续18天的冬季严重连阴雨天气过程。此次连阴雨过程降水量分布较为均匀，其间全市平均雨量为131毫米，各县（市、区）分布在114.7毫米（乐清）～174.8毫米（泰顺）。10月30日～11月16日，温州市出现持续15天的秋季严重连阴雨天气过程。此次连阴雨过程降水量主要集中在西部山区，其间全市平均雨量为126.0毫米，各县（市、区）分布在97.6毫米（乐清）～171.8毫米（文成）。

倒春寒 2015年4月8日～10日受强冷空气影响，温州市日平均气温过程降温幅度达8℃～10℃，泰顺、苍南和平阳等地出现轻度“倒春寒”天气（日平均气温连续3天低于11℃），使早稻秧苗长势偏弱，推迟移栽和直播，拉长各类果树的花期，降低坐果率。

梅雨 2015年5月16日进入梅汛期雨季（浙江省6月7日入梅），6月23日温州市梅汛期雨季结束（浙江省7月12日出梅）。期间，温州市平均降水量〔各县（市）本站累积降水量的平均值〕247.5毫米，较历年梅汛期雨季降水量（338毫米）偏少，梅雨期39天，接近历年梅雨期（36天），梅雨强度偏弱。降水主要集中在温州市西部。梅汛期间，累积雨量最大的站是瑞安芳庄（465.8毫米），单站1小时雨量最大站是文成玉壶林龙（81.8毫米），出现在6月13日20时。期间共有155站/次暴雨，主要降水出现在5月16日、5月31日、6月3日和6月13日至14日。

台风 2015年，第9号台风“灿鸿”于7月11日16点40分前后在舟山朱家尖沿海登陆（登陆时为强台风），登陆后北偏东方向移动，强度逐渐减弱并远离温州市。受台风“灿鸿”外围环流影响，7月10日08时至12日08时永嘉北部和乐清北部出现暴雨到大暴雨，100毫米以上有5个站点。从7月9日13时至11日18时温州市沿海海面持续54小时9级以上大风，过程最大风力为洞头虎头屿13级（37.5米/秒）。

第13号台风“苏迪罗”于8月8日凌晨4时40分前后在台湾省花莲县秀林乡沿海登陆，登陆时近中心最大风力14级（45米/秒）（强台风级）；过台湾入海峡走过一段南北摆动的“V”形路径后继续向西偏北移动，于8日晚上22时10分在福建省莆田市秀屿区沿海再次登陆，登陆时近中心最大风力13级（38米/秒）（台风级），中心气压970百帕。“苏迪罗”虽在闽中登陆，给温州带来的风雨影响却不亚于正面登陆台风，温州遭受狂风暴雨的正面袭击。受“苏迪罗”影响，8月7日08时～10日08时，温州市平均面雨量为274毫米。沿海和内陆地区有282站出现8级以上大风，其中有8个站风力达13级，最大风速40.8米/秒（苍南沙岭）。“苏迪罗”生成以后迅速加强为超强台风，超强台风强度维持60个小时，强台风维持69个小时，最强时的风力达到65米/秒(17级以上)。台风带来的特大暴雨破历史纪录。“苏迪罗”过程累积雨量大，特大暴雨时段集中，局地降雨强度极强。文成、泰顺、平阳等地累积雨量普遍达300毫米～500毫米，达100年～120年一遇。温州全市有15个乡镇（全省18个）24小时面雨量在300毫米以上。大风持续时间长，12级大风延伸到温州西部内陆山区。全市沿海和内陆地区有282站（占总测站的85%）出现8级以上大风，有9个站出现13级大风，9级风持续45小时，11级风持续时间36小时。内陆文成、泰顺有4个站出现12级以上大风。

第21号台风“杜鹃”于9月28日17时50分左右在台湾省宜兰县沿海登陆，29日05时减弱为台风，29日8时50分在福建省莆田市秀屿区沿海再次登陆，登陆时中心附近最大风力有12级（33米/秒），中心最低气压975hPa。受台风“杜鹃”影响，9月28日20时～29日18时，温州市大部分地区出现暴雨，局部大暴雨，3个站出现大于200毫米，其中最大为文成鳌洋村233.8毫米；全市面雨量83.1毫米；其中单站1小时雨量最大站点为瑞安枫树头村86.4毫米。28日20时～29日18时温州市沿海和内陆地区有158个站出现了8级以上大风，72个站出现了9级以上大风，20个站出现了10级以上大风，4个站出现11级大风，其中最大为苍南玉苍山30.7米/秒（11级）。

高温 2015年，温州市（由于平阳测站迁移未计入统计）平均高温（日最高温度≥35℃）日数14.5天，较常年（12.3天）略偏多2天，乐清和洞头无高温，泰顺高温日数较常年略有减少，其余各县市都偏多，温州市区偏多最多（8天），极端最高气温出现在文成38.7℃（7月27

日)。文成、永嘉高温日数最多，分别为30天、23天，达到酷热(大于等于37℃)的天数分别为13天、10天，极端最高气温分别为38.7℃(7月27日)、38.4℃(7月27日)。温州市区高温天数为18天，较常年偏多8天，大于等于37℃高温天气有5天，市区极端最高气温为38.2℃，出现在6月30日。

冷空气 10月1日～12月31日，温州市受到7次较强冷空气过程影响，分别为10月10日～12日和28日～31日，11月8日～10日和24日～27日，12月2日～4日、14日～16日和24日～26日，冷空气影响次数偏少，强度偏弱。其中受12月14日～16日较强冷空气影响，温州市过程降温幅度达到5℃～7℃，16日市区本站的5日滑动平均温度达到10℃以下，温州市正式进入冬季。冷空气过后，18日早晨温度达到最低，沿海平原0℃～2℃，西部山区-3℃～-1℃，高山地区-6℃～-4℃，市区本站极端最低温度1℃，泰顺本站极端最低温度-4.3℃。16日～17日沿海海面出现8～9级偏北大风，最大风力出现在南麂(九级，21.4米/秒)。

霾 2015年，温州全市平均霾日数为43天，比上年减少31%(20天)。全年共出现317站次轻微霾，53站次轻度霾，10站次中度霾，无重度霾，中度霾集中发生在1月。温州市区、瑞安和永嘉是霾的多发地。全市以轻微霾影响为主(占82.9%)，轻度、中度霾分别占14.5%和2.6%，较上年轻微霾日数明显减少(18天)，全年无重度及重度以上霾影响；与上年相比降水日数增多、相对湿度增大是今年霾日减少的主要原因。1月17日～18日，随着北方冷空气南下扩散，大量污染颗粒物进入并滞留温州市。全市自北向南出现大范围霾天气，两日共计出现霾15站次，其中轻微5站次，轻度8站次，中度2站次。其中乐清和文成站在18日都达到中度污染。其间各县(市、区)最小能见度都在两公里以下，瑞安市17日最小能见度甚至达到一公里以下，温州市连续2天发布霾黄色预警。

(曹　翔)

温州农时 4月下旬，早稻插秧，蚕(豌)豆、马铃薯开始收获。5月初，早稻插秧后期，中旬，甘薯作垄压藤。5月下旬至6月上旬，早稻分蘖盛期。5月底至6月中旬，二季茶采收。6月中旬，早稻扬花。7月上旬至中旬，早稻开始收割，荸荠下种。7月中旬，收获席草。7月底至8月下旬，菱角上市。8月上旬至下旬，晚稻分蘖盛期，薯块膨大。8月底至9月初，越冬蔬菜瓜果开始大量育苗。9月上旬至下旬，甘薯始收。9月下旬至10月上旬，收芋艿。10月上旬，播种冬菜，中下旬播种油菜，菱角盛收，山区单季稻收获。10月上旬至11月下旬，摘蜜柑。10月下旬至11月下旬，平原晚稻收割。11月初至12月初，种冬麦。

(潘国义)

自然资源

土地 主要有海岸滩涂、三江(瓯江、飞云江、鳌江)淤滩、山地等，根据2015年土地变更调查数据显示，温州市土地总面积1208264公顷，其中农用地977242公顷(耕地243022公顷，园地31120公顷，林地652769公顷，其他农用地50331公顷)，占土地总面积的80.88%，建设用地111236公顷(城镇村及工矿用地91750公顷，交通运输用地12614公顷，其他建设用地6871公顷)，占土地总面积的9.21%，未利用地119786公顷(水域97161公顷，其他用地22625公顷)，占土地总面积9.91%。

矿藏 温州市已发现各类矿产38种，查明有资源储量的固体矿产18种，矿产地32处，其中有基础储量的矿产11种，分别为钼、铅、锌、银、叶蜡石、明矾石、伊利石、高岭土、硫铁矿、石英闪长岩、钾钠长石等，"十一五"期间新发现中型萤石矿床一处。矿产资源总特点是以非金属矿产占主导地位，其中明矾石(主产地在苍南县矾山镇)、叶蜡石(主产地在泰顺县龟湖镇)矿藏量巨大，素有"世界矾都""世界蜡都"之称，伊利石、花岗岩石材、高岭土、矿泉水和地热资源在全省也占有重要地位；金属矿产中永嘉县石染钼矿有少量开发利用，其他金属矿种规模小、品位低，暂未达到经济开发利用价值。

水 温州境内大小河流有150余条。据水利部门估算，全市水资源总量为141.13亿立方米，人均占有量约2240立方米。其中，地表水资源为111.85亿立方米，地下水资源为29.28亿立方米。

农作物 主要有水稻、薯类以及麦类、豆类、玉米等杂粮。经济作物有柑橘、茶叶、枇杷、杨梅、甘蔗、黄麻等160余种。

森林 温州市森林覆盖率为60%。活立木蓄积量1800余万平方米。泰顺县乌岩岭亚热带常绿阔叶林原生植被，是浙南绿色宝库。

海底矿藏 温州沿海及东海大陆架海底沉积矿产有铁锰结核和各种矿砂，以及石油、天然气等。

滩涂及海洋生物 温州沿海滩涂养殖面积6.5万公顷，养殖蛏、蚶、蛎、虾、蟹、蛤等。南麂列岛有贝、藻类490余种，为国家级海洋型自然保护区。沿海主要渔场有洞头、北麂、南麂、乐清湾等，鱼类有带鱼、黄鱼、鳗鱼、鲳鱼、马鲛、鳓鱼、钙鱼等370余种。

(李　坪)

建置沿革

先秦及秦汉时期 温州古为扬州荒服之域，春秋属越。秦时属闽中郡。汉惠帝三年(前192)为东海王(俗称东瓯王驺摇)都地。建元三年(前138)闽越王发兵攻东瓯。解围后，东瓯国有4万余人内徙江淮间的庐江郡(今安徽省西南部地区)，东瓯故地为闽越控制。建元六年(前135)，闽越王郢被杀，闽越分越繇和东越两部，东瓯故地属东越。元封元年(前110)，汉王朝以越人经常互相攻击，再诏东越、闽越两地吏民迁徙江淮间，地虚国除。始元二年(前85)，以鄞县南部之回浦乡，即东瓯故地置回浦县，属会稽郡。回浦县兼今温、台二市及丽水地区大部分地域和福建东北沿海一部分地区，县治设在回浦(今台州市椒江区章安镇)。东汉初，回浦并入鄞县。章和元年(87)(一作东汉建武年间)，又以回浦旧地设置章安县。永和三年(138)(一作永建四年)，析章安县之东瓯乡置永宁县，县治设在贤宰乡(今永嘉瓯北镇境内)，析章安之西南境建松阳县，均属扬州会稽郡。

三国时期 东吴赤乌二年（239），析永宁县县治南部地置罗阳县（吴末帝宝鼎三年改安阳，晋武帝太康元年改称安固），属会稽郡。东吴太平二年（257）春，以会稽郡东部的章安、临海、始平、永宁、罗阳、松阳、罗江7县置临海郡，郡治初设临海，后徙章安，隶扬州。西晋太康四年（283），析安固南境置始阳县，寻改横阳（今平阳、苍南两县及今泰顺县南境），属临海郡。

东晋及南北朝时期 东晋时，北方战乱，晋室南迁，中原人口大批南下。太宁元年（323），析临海郡南部四县置永嘉郡，属扬州，建郡治于瓯江南岸（今鹿城区），为温州置郡级地方政权之始。初辖永宁、安固、横阳、松阳4县，宁康二年（374）（一作宁康三年）析永宁县地置乐成县，辖县增至5个。南朝宋元嘉末，郡属会州，孝建元年（454）属东扬州；孝建以后至齐，扬州、东扬州，屡有分并。梁末罢东扬州设缙州，废永嘉郡，陈天嘉时（560～566），东扬州、永嘉复为州、郡。

隋唐及五代时期 隋开皇九年（589）平陈后，罢天下郡制，以州统县。废永嘉郡、临海郡，撤章安、始丰、宁海、乐安4县入临海县；改永宁县为永嘉县，撤安固、横阳、乐成3县入永嘉县；又分松阳县之东乡置括苍县。时括苍、松阳、永嘉、临海4县属处州〔开皇十二年（592）改称括州〕，州治设在括苍（今丽水），上隶吴州总管府，后隶扬州大总管府。大业三年（607）改州为郡，恢复永嘉郡，辖括苍、永嘉、松阳、临海4县。郡治仍驻括苍，仍属扬州。唐武德四年（621）平李子通后，置海州，武德五年（622）改海州为台州，并以永嘉县地置东嘉州，析辖永宁、安固、横阳、乐成4县。从此，东嘉州与括州、台州分治，上隶括州总管府。武德七年（624），撤乐成县入永宁，改称永嘉县。又改括州总管府为括州总督府。贞观元年（627）废都督府，并废东嘉州入括州，撤横阳入安固，以永嘉、安固属括州，隶江南道之越州都督府。上元二年（675），析括州之永嘉、安固二县置温州，治设永嘉，仍隶江南道。武则天载初元年（689），析永嘉县地复置乐成县。大足元年（701），析安固复置横阳。开元二十一年（733），隶江南东道。天宝元年（742），改温州为永嘉郡，乾元元年（758）复为温州，先后隶浙江东、西道。天复二年（902），安固县易名瑞安。唐末，温州先后为朱褒兄弟交替割据22年之久，至天祐四年（907）三月，钱镠命子元瓘率兵讨伐，四月攻占温州。于是，温州为吴越王地，设温州制置使，辖永嘉、瑞安、乐清〔后梁开平二年（908）避梁太祖父朱诚讳改乐成为乐清〕、平阳〔后梁乾化四年（914）改横阳为平阳〕4县，上隶东府。后晋天福四年（939），升温州为静海军节度州。

宋代 宋太平兴国三年（978），吴越王钱俶纳土降宋，温州节度州降为温州军事州，辖永嘉、乐清、平阳、瑞安4县，属两浙路。政和七年（1117）温州军额为应道军节度，升温州军事州为应道军节度州。建炎三年（1129）罢应道军军额，温州由节度州降为军事州，属两浙东路。咸淳元年（1265），以度宗潜邸升温州为瑞安府。

元代 元至元十三年（1276），改瑞安府为温州路，属浙东宣慰司，先隶江淮行省，后隶江浙行省，辖永嘉、乐清、瑞安、平阳4县。元贞元年（1295）升瑞安、平阳2县为州。

图2 明万历三十三年（1605）温州府境图

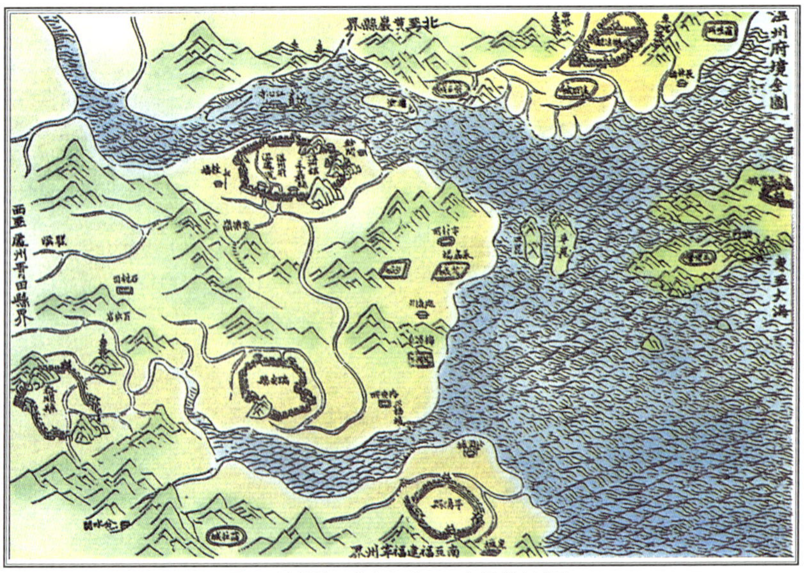

图3 清乾隆二十七年（1762）温州府境图

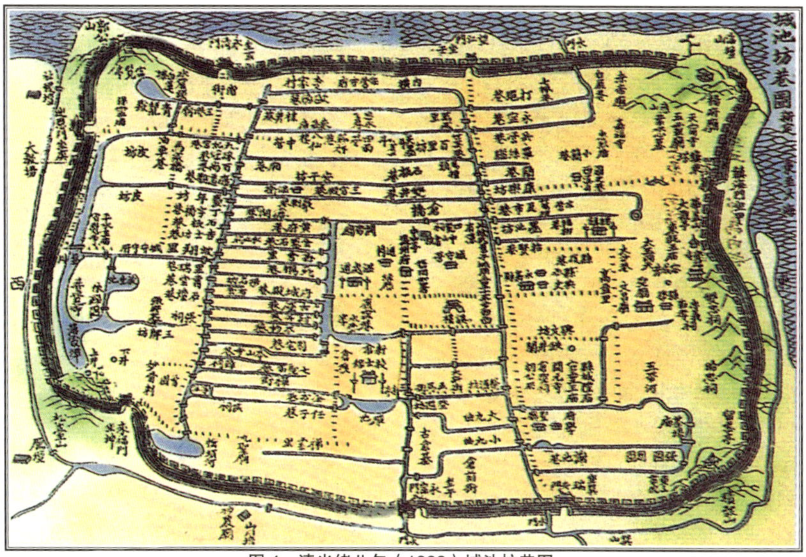

图4 清光绪八年（1882）城池坊巷图

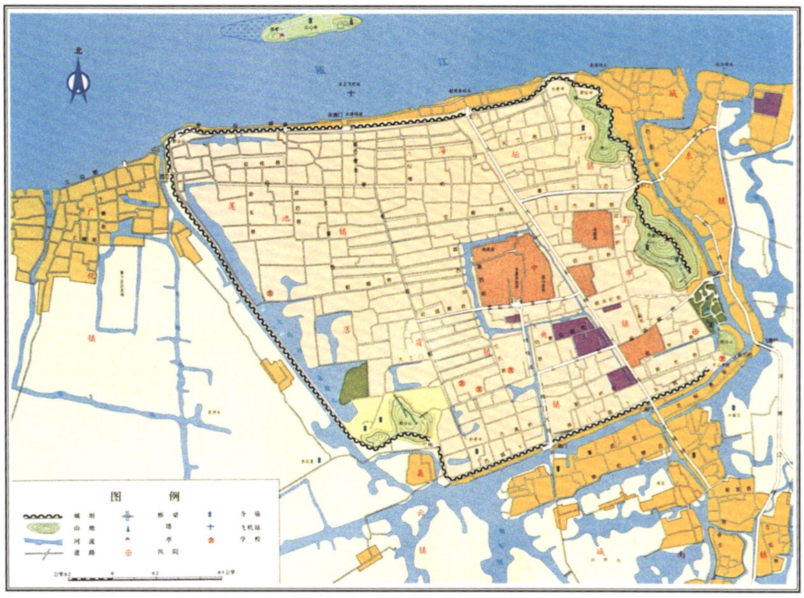

图5 民国26年（1937）城厢街巷图

明代 明洪武元年（1368）废路置府，温州路改为温州府，辖永嘉、乐清2县及瑞安、平阳2州〔洪武二年（1369）、洪武三年（1370），瑞安、平阳仍为县〕。属浙江行省，洪武十五年（1382）改属浙江布政使司。永乐年间（1403～1424），司下设道，温州府属温处道。其后以至清末，四五百年间，名称隶属相沿无变。明景泰三年（1452），析瑞安十二里（义翔乡）和平阳六里（归仁乡）之地置泰顺县，辖县增至5个。

清代 清顺治三年（1646）春，清军入浙，七月下温州。入清版图，沿明制。雍正六年（1728），以原分辖于乐清及台州太平（温岭）之玉环山乡，设置玉环厅。宣统三年（1911）八月十九日（10月10日），辛亥革命爆发。九月十八日（11月8日）温州光复，成立“军政分府”，隶浙江省军政府。

民国时期 民国元年（1912）1月1日，中华民国临时政府定都南京，改元为中华民国元年。2月，废府、州、厅制，玉环厅改为县。7月，撤温州军政分府，各县直属省政府。

民国3年（1914）5月，颁布《道官制》，省下设道。6月，依原温处道辖境置瓯海道，辖温、处二府地，计永嘉、乐清、平阳、瑞安、泰顺、玉环、丽水、缙云、青田、松阳、遂昌、云和、龙泉、庆元、景宁、宣平等16县，道尹公署驻永嘉县城区（今鹿城区），属浙江省。民国16年（1927），废道制，实行省县两级制。民国21年（1932）在省县之间建立行政督察区制。5月，温州改称浙江省第十县政督察区，辖永嘉、瑞安、乐清、平阳、玉环5县，督察专员办事处驻永嘉城区。9月，全省改设6个特区（后增7个特区），温州为第四特区。民国22年（1933）4月，重改6个特区，温州为第三特区，并将泰顺县划入，辖县增至6个，督察专员办事处仍驻永嘉城区。8月，温州区改称浙江省永嘉行政督察区。民国23年（1934）3月25日，改称浙江省第八行政督察区。抗日战争时期全省行政督察区虽作过几次调整，区名称和辖县均不变。民国35年（1946）12月，核准析瑞安、泰顺和青田交界地区置文成县。民国37年（1948）4月，全省调整为6个行政督察区，温州改称为浙江省第五行政督察区。并将泰顺、文成两县划给第六行政督察区（丽水地区），将临海、温岭、天台、黄岩、仙居、宁海、三门等县划入，全区辖有乐清、永嘉、瑞安、平阳、临海、温岭、天台、黄岩、仙居、宁海、三门、玉环12县，专署驻乐清;5月，又将宁海、温岭、天台、黄岩、仙居、三门等县划出，将青田、泰顺、文成划入，温州区辖有永嘉、乐清、瑞安、平阳、文成、泰顺、青田、玉环8县，专员公署驻瑞安县（因解放战争形势急转直下，未及迁驻）。

当代 1949年5月7日，温州解放，中国人民解放军浙南游击纵队进城接管，5月9日建立温州市军事管制委员会。5月26日，中国人民解放军第三野战军第七兵团二十一军进驻温州。8月26日，成立浙江省人民政府第五区专员公署，辖永嘉、瑞安、平阳、乐清、泰顺、文成、青田和玉环8县，并将永嘉城区及城郊、梧埏、永强、三溪、藤桥、西岸区划出，设立温州市，直隶省人民政府。11月6日，改第五区专员公署为温州区专员公署，旋又改称温州专员公署。

1952年1月19日，丽水专区撤销，所辖丽水、云和、龙泉、景宁、庆元5县划入温州专区。1953年6月10日，析玉环县洞头、大门诸岛置洞头县。1954年5

月22日，台州专区撤销，辖下温岭、黄岩、仙居3县及海门直属区划属温州专区；1955年，设矾山矿区，直属专区。时温州专区属县（区）共计19个。1956年3月，仙居改属宁波专区，海门、矾山两直属区改黄岩、平阳属区，专区辖县减为16个。1957年7月恢复台州专区，温岭、黄岩两县划归台州专区，温州专区辖县减为14个。1958年7月，温州市改属温州专区管辖，并先后撤销洞头、云和、文成、庆元4县，分别并入玉环、丽水、瑞安和龙泉县。12月12日，台州专区撤销，黄岩、温岭、临海、仙居4县划属温州专区，温州专区属县（市）增至15个。1959年4月，中共浙江省委、省人民政府通知（1960年1月国务院正式批准）撤销玉环、景宁县，玉环县原洞头辖区划归温州市，余划归温岭县；景宁县全部划归丽水县，温州专区属县（市）减为13个。

1961年12月30日，恢复文成县，温州专区属县（市）增为14个。1962年4月复置台州专区，6月，黄岩、温岭、仙居和临海4县划归台州专区。同时，恢复云和县。温州专区辖县（市）减为11个，1963年恢复丽水专区，5月16日，青田、丽水、云和、龙泉4县划归丽水专署管辖，温州专区辖县（市）减为7个。1964年10月31日恢复洞头县。至此，温州专区辖县（市）8个。1966年5月，“文化大革命”开始，不久，温州专员公署受到冲击，不能正常行使职权。1967年3月31日，由温州军分区和温州海军水警区组成温州区军事管制委员会，实行军管。8月11日，中国人民解放军支左部队进驻温州，组成中国人民解放军进驻温州支左部队联合指挥部。12月28日，联合指挥部撤销，成立中国人民解放军浙江省温州区军事管制委员会。1968年12月3日分别成立温州地区革命委员会和温州市革命委员会。

1978年9月16日，温州地区革命委员会改为温州地区行政公署。1980年4月30日，恢复温州市为省辖市。

1981年6月18日，国务院批准析平阳县江南地（矾山、马站、灵溪、金乡、钱库、宜山、桥墩7个区和矾山镇）置苍南县。1981年9月22日，中共中央、国务院批准温州地区和温州市合并，建立中共温州市委、温州市人民政府，实行市管县体制。12月12日，析原温州市郊区置瓯海县。1984年1月，将市郊区6个乡划归城区，称鹿城区。4月2日，划市郊状元镇、龙湾乡和瓯海县永中镇的黄石、黄山二村建龙湾区。

1987年4月18日，改瑞安县为瑞安市（县级）。

1992年3月9日，改瓯海县为区。

1993年9月18日，改乐清县为乐清市（县级）。

2015年7月22日，国务院批准洞头撤县设区。根据《国务院关于同意浙江省调整温州市部分行政区划的批复》（国函〔2015〕122号），撤销洞头县，设立温州市洞头区，将温州市龙湾区灵昆街道划归洞头区管辖。以原洞头县和龙湾区灵昆街道的行政区域为洞头区的行政区域。洞头区人民政府驻北岙街道县前路12号。

截至2015年年末，温州市辖鹿城、龙湾、瓯海、洞头4区，乐清、瑞安2市（县级）和永嘉、文成、平阳、泰顺、苍南5县。温州市人民政府机关所在地在鹿城区，2004年从广场路搬迁至市府路办公，通信地址为温州市鹿城区市府路500号。

行政区划

乡镇（街道）行政区划调整 2015年8月15日，温州市政府批复同意温州市鹿城区部分行政区划调整。调整滨江街道管辖范围，增设蒲鞋市街道。调整南汇街道管辖范围，增设南郊街道。调整五马街道管辖范围，增设大南街道。调整松台街道管辖范围，增设广化街道。调整双屿街道管辖范围，增设丰门街道。

12月7日，浙江省政府批复同意温州市鹿城区部分行政区划调整。调整藤桥镇管辖范围，增设山福镇。调整后，藤桥镇辖1个社区、55个行政村，镇政府驻地不变（南街183号）；山福镇辖32个行政村，镇政府驻临江东街208号。

同日，浙江省政府批复同意乐清市部分行政区划调整。调整后，乐清市辖乐成、城东、城南、盐盆、翁垟、白石、石帆、天成8个街道，柳市、北白象、虹桥、淡溪、清江、芙蓉、大荆、仙溪、雁荡、磐石、蒲岐、南岳、南塘、湖雾14个镇，岭底、智仁、龙西3个乡。

12月25日，浙江省政府批复同意瑞安市部分行政区划调整。调整后，瑞安市辖安阳、玉海、锦湖、潘岱、东山、上望、莘塍、汀田、飞云、仙降、南滨、云周12个街道，塘下、陶山、桐浦、湖岭、林川、马屿、曹村、高楼、平阳坑9个镇，芳庄、北麂2个乡。

同日，浙江省政府批复同意文成县部分行政区划调整。调整后，文成县辖大峃、珊溪、玉壶、南田、黄坦、西坑畲族、百丈漈、峃口、巨屿、铜铃山、周壤、二源12个镇，桂山、双桂、平和、公阳4个乡，周山畲族1个民族乡。

行政区域界线管理 2015年，温州市开展县级行政区域界线联合检查工作，实地勘察鹿瓯线、鹿永线、鹿乐线3条县级界线。通过联检，毗邻双方均认定界线实地走向与协议书及协议书附图走向一致，清晰易认，地形地貌无明显变化，未发生单方擅自改变行政区域界线的现象。市民政局组织开展浙闽边界四级联访。

洞头撤县设区 2015年7月，国务院批准洞头撤县设区。11月，温州市政府组织召开洞头区行政区域界线核定会，核定洞头区与龙湾区、乐清市界线，明确龙洞线、龙乐线、洞乐线三条界线的走向和长度。同月，龙湾区、洞头区、乐清市政府签订勘界协议，完成勘界工作。

（陈蓓蕾）

2015年9月2日，温州市洞头区挂牌成立　郑　鹏／摄

2015年温州市行政区划一览

表3

单位	政府驻地	所辖街道、乡镇	总面积（平方公里）	户籍人口（万人）	街道（个）	镇（个）	乡（个）	城市社区（个）	居委会（个）	建制村（个）
全市			12083	811.21	67	77	15	229	152	5405
市区	市府路500号（市政府）		1310	165.93	39	4	0	104	13	623
鹿城区	五马街道 广场路188号	五马、大南、滨江、蒲鞋市、南汇、南郊、松台、广化、双屿、丰门、七都、仰义等12个街道办事处和藤桥、山福2个镇	290	74.70	12	2	0	83	0	141
龙湾区	永中街道 永宁西路506号	永中、蒲州、海滨、永兴、海城、状元、瑶溪、沙城、天河、星海等10个街道	381	32.83	10	0	0	7	10	138
瓯海区	景山街道 兴海路50号（暂驻）	娄桥、景山、新桥、郭溪、潘桥、瞿溪、梧田、三垟、南白象、茶山、丽岙、仙岩等12个街道和泽雅1个镇	466	43.09	12	1	0	7	0	251
洞头区	北岙街道 县前路12号	北岙、东屏、元觉、霓屿、灵昆5个街道和大门1个镇、鹿西1个乡	173	15.31	5	1	1	7	3	93
乐清市	城东街道 伯乐东路888号	乐成、城东、城南、盐盆、翁垟、白石、石帆、天成8个街道，柳市、北白象、虹桥、淡溪、清江、芙蓉、大荆、仙溪、雁荡、磐石、蒲岐、南岳、南塘、湖雾14个镇，岭底、智仁、龙西3个乡	1385	128.04	8	14	3	23	28	911
瑞安市	安阳街道 万松东路154号	安阳、玉海、锦湖、潘岱、东山、上望、莘塍、汀田、飞云、云周、仙降、南滨等12个街道；塘下、陶山、桐浦、湖岭、林川、马屿、曹村、高楼、平阳坑9个镇；北麂、芳庄2个乡	1350	122.89	12	9	2	28	18	910
永嘉县	北城街道 县前路94号	北城、东城、南城、江北、东瓯、三江、黄田、乌牛等8个街道和桥头、桥下、大若岩、碧莲、巽宅、岩头、枫林、岩坦、沙头、鹤盛10个镇	2677	96.49	8	10	0	17	11	904
文成县	大峃镇 建设路125号	大峃、周壤、珊溪、巨屿、玉壶、南田、百丈漈、二源、黄坦、西坑畲族、铜铃山、峃口等12个镇和桂山、双桂、平和、公阳和周山畲族5个乡	1296	39.60	0	12	5	6	1	384
平阳县	昆阳镇 县前街8号	昆阳、鳌江、水头、萧江、万全、腾蛟、山门、顺溪、南雁等9个镇和青街畲族1个乡	1042	88.24	0	9	1	32	4	599
泰顺县	罗阳镇 东大街6号	罗阳、司前畲族、百丈、筱村、泗溪、彭溪、雅阳、仕阳、三魁等9镇和竹里畲族1乡	1768	36.92	0	9	1	11	3	298
苍南县	灵溪镇 人民大道555号	灵溪、龙港、宜山、钱库、藻溪、桥墩、金乡、矾山、赤溪、马站等10个镇和凤阳畲族乡、岱岭畲族乡2个乡	1253	133.12	0	10	2	8	74	776

说明：表中统计数据由市民政局提供

人文历史

传统戏曲

名　称	简　介
温州南戏	又称“永嘉杂剧”“温州杂剧”，于北宋宣和之后、南渡之际诞生于温州。主要用南曲演唱，后人称为“南曲戏文”，简称“南戏”。南戏作品之中，属宋元戏文名目220种，属明初戏文名目115种，计335种。其中瑞安高则诚创作的《琵琶记》，被尊为“南曲之祖”。2007年被列入第二批浙江省非物质文化遗产名录
瓯剧	原称“温州乱弹”，1959年定名为瓯剧。最早记载是清道光二十九年（1849）梁章钜的《浪迹续谈》卷六，所谓“声色喧腾”者即指温州高腔与乱弹。瓯剧以乱弹腔为主，兼有高腔、昆曲、徽戏、皮黄等剧种的唱腔曲调。较有影响的传统剧目有《高机与吴三春》《阳河摘印》及创作的现代戏《东海小哨兵》等。2008年被列入第二批国家级非物质文化遗产名录
永嘉昆曲	昆曲自明代传入永嘉（今温州）后，形成的特具古朴细腻、比较生活化风格的地方剧。流传以温州为中心，旁及丽水、台州。永嘉昆曲保留有“海盐腔”和早期“温州腔”遗音，具有特殊历史价值和学术价值。2006年被列入第一批国家级非物质文化遗产名录
木偶戏	又称傀儡戏，是演员在幕后操纵木制玩偶进行表演的戏剧形式。温州木偶戏在宋代即有记载，明清时盛行于平阳、泰顺两县，各有“木偶之乡”的美称。2007年“平阳木偶戏”和“泰顺木偶戏”项目被列入第二批浙江省非物质文化遗产名录；2011年被列入第三批国家级非物质文化遗产名录
单档布袋戏	又称“掌上戏”或“扁担戏”。南宋时由闽南传入，流行于平阳、苍南等闽南方言地区。主要特征是唱、做、念、打、生、旦、净、末、丑全部由一人包揽，一米见方、雕梁画栋的小舞台装搭在一只戏箱背上，艺人坐在镂空小舞台屏风后面操作，周围蒙布，只留一个舞台口作布袋戏表演区。2008年被列入第二批国家级非物质文化遗产名录
泰顺药发木偶戏	源于宋代的一项烟花杂技，清朝中叶由福建传入，是以火药带动木偶表演的民间手工技艺，流传于泰顺民间的“放花木偶”。只在庙会、祭祀等重大节庆活动时举行。演出内容有《西游记》等剧目，也有流传于本地的一些地方剧目。2007年被列入第一批国家级非物质文化遗产名录
应界坑乱弹	温州乱弹的分支。曲牌较多，传唱至今的有乱弹、二昏、罗摒子、词调、滩簧、流水、倒板等40余个曲牌。2007年，永嘉应界坑村乱弹剧团表演的《跑城》，获文化部菊花金奖。2009年被列入第三批浙江省非物质文化遗产名录
和剧	原称“和调”，由平阳民间马灯戏演变而成。以村坊小调和时调为主要曲调，表演风格粗犷豪放、细腻含蓄、文武兼长。为多声腔剧种，含徽调（皮黄）、乱弹、滩簧和时调，以徽调和滩簧为主。所唱念语音，建立在温州方言语音声调基础上的“温州书语”。2009年被列入第三批浙江省非物质文化遗产名录

传统曲艺

名　称	简　介
温州鼓词	以瑞安方言为表演语言，俗称“唱词”。基本曲调源自古代文人的吟诗调和浙南民歌，主要伴奏乐器有牛筋琴、扁鼓、三粒板、抱月等。温州鼓词有“平词”“大词”之分。“平词”曲调优美，长于抒情，演唱的内容大都是传统史书和民间爱情故事。“大词”一般为民间敬神时表演，曲调高亢，气势激昂。最具代表性的传统长篇曲目有《反唐》《南游》《十二红》等。2006年入选第一批国家级非物质文化遗产名录
莲花（道情）	曲艺的一种，分道情、大莲花、对口莲花、讲唱莲花、伴奏莲花，与道情有同宗异曲之妙，相传与道教有渊源关系，祖师是老子。温州莲花兴盛于清同治年间。20世纪70年代，在乐器、唱腔曲调、唱词方面进行改革创新，创造出“伴琴莲花”流行于永嘉、鹿城及乐清、平阳、瑞安等地。代表性曲目有《黄三袅与林定郎》《高机与吴三春》《刘文龙》等。2008年被列入第二批国家级非物质文化遗产名录
渔鼓	又称“蓬鼓”，流传于平阳北港地区的麻步、水头等乡镇。大约是在明末清初由福建移民传入，已有400余年历史。以唱为主，道白为辅，分“门头唱”和“堂唱”两种形式。内容主要取材于传书和民间故事，具有精彩和完整的情节。曲目以口头传授和手抄本传世，名篇如《岳飞枪挑小梁王》《高机与吴三春》等。2007年被列入第二批浙江省非物质文化遗产名录
参龙	是浙南地区一种配合舞龙灯、划龙船、唱“娘娘词”时进行的一种说唱形式。参龙唱词分仪式词、插词和正文三种形式，没有道白，均为七言韵文体裁。参龙船以咏诵为主，参龙灯则多以龙船调或花鼓调咏唱。参龙表演与民间祈祀仪式相结合，表演形式独特，曲目丰富，保存着大量神秘的祭坛古歌。2009年被列入第二批浙江省非物质文化遗产名录
卖技	俗称“卖奇”，农历正月初一至初三夜里，卖技队手提灯笼，上人家门口或对口坐唱，或三四人轮唱，高声颂吉祥词，所唱内容有古代戏曲、民间故事或与主人“猜宝应对”，俱为七言韵文，全无伴奏乐器，曲调均来自里巷歌谣，民间文学色彩浓厚。起源众说纷纭，据民国4年（1915）编纂《平阳县志》记载，“卖技”源于清代平阳民间。2007年被列入第二批浙江省非物质文化遗产名录

民间音乐

名称	简介
温州民歌·叮叮当	温州民歌中的儿歌代表作之一，曲调形态属撞歌。原是流传于温州市区西山一带的牧童山歌，距今有200余年历史。歌词内容涉及山角门、松台山、仙人井、妙果寺、猪头钟等地名景物。1987年，《叮叮当》入选联合国教科文组织亚洲文化中心《亚太地区民歌集》。2006年被列入第一批浙江省非物质文化遗产名录
乐清民歌·对鸟	温州民歌经典作品之一，带有丘陵山地风格的民间抛歌。其文学题材和形式，类同“对花”。歌曲共分四段，一、三段设问，二、四段傚答，是特殊的“二部曲式”。1989年，被联合国教科文组织选入亚太地区民歌教材。2006年被列入第一批浙江省非物质文化遗产名录
泰顺民歌·采茶舞曲	1958年5月，浙江越剧二团艺术指导周大风到泰顺山区体验生活所创。乐曲采用越剧音调，融进滩簧叠板“多上一下”的曲式，吸收浙东民间器乐曲“四则”音调作引子，引用江南丝竹风格的多声部伴奏。1983年，《采茶舞曲》被联合国教科文组织收入亚太地区民族音乐教材
龙头龙尾	民间吹打乐曲，在温州地方民间风俗和婚丧场合兼用。源自清末，民间艺人叶卿等人从福建泉州带来以唢呐为主要乐器的南昆调。20世纪四五十年代，逐步加入弦乐、二胡、板胡、琵琶、三弦；吹奏乐、笛子以及打击乐，包括钢钟、马锣、小云锣、鼓、大小和堂鼓。全曲由《水波浪》《龙头》《龙尾》《状元游》连缀而成。2007年被列入第二批浙江省非物质文化遗产代表名录
集锦头通	集曲式乐曲名称。清乾隆年间（1736～1750）源起于平阳，并流传于浙西、浙南、闽北。由昆班乐师们连缀昆曲中优雅而抒怀的曲牌：“七声号”“想当初”“吾阵东向”“莫不是”“佛前灯”“梵皇宫”“穿破袈裟”“尾声”，以笛子为主奏，配以二胡、板胡、三弦、锣鼓、双铃等，以此“集锦”，作为演戏前“闹场”的一种形式，俗称“打头通”。2007年被列入第二批浙江省非物质文化遗产名录
畲族民歌	唱山歌是畲族人民文化生活的一种主要活动形式。男女相恋，以歌为媒；喜庆吉日，以歌为庆相贺；丧葬祭祀，以歌当哭；社会交往，以歌代言，关于历史传说也往往以歌传授。歌词多衬词与虚字。一般以四言、七言体韵文为一条，四句为一首。畲族人民擅长二声部重唱的唱法，人们称之为“双音”，畲族称“双条落”。畲族民歌讲究畲语押韵，不少人能即兴编唱，有的歌手可以对唱一两夜而不重复。2011年被列入第三批国家级非物质文化遗产名录

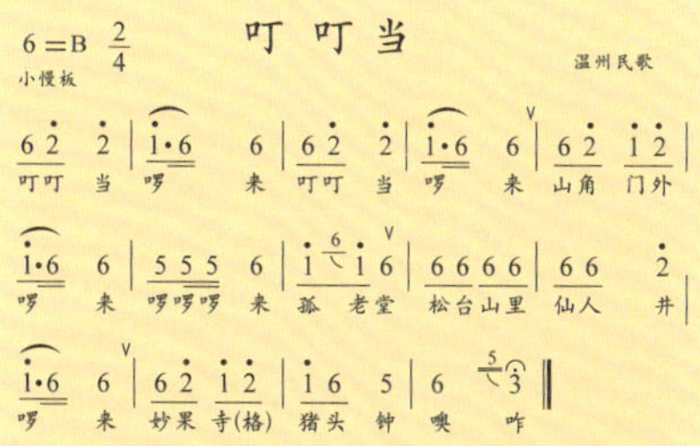

这是温州市郊的一首民歌。温州的人民和全国人民一样，热爱自己的乡土，用美妙的歌声传唱着本地的山角门、松台山、妙果寺等胜景，充满着对家乡的热爱和自豪的感情。

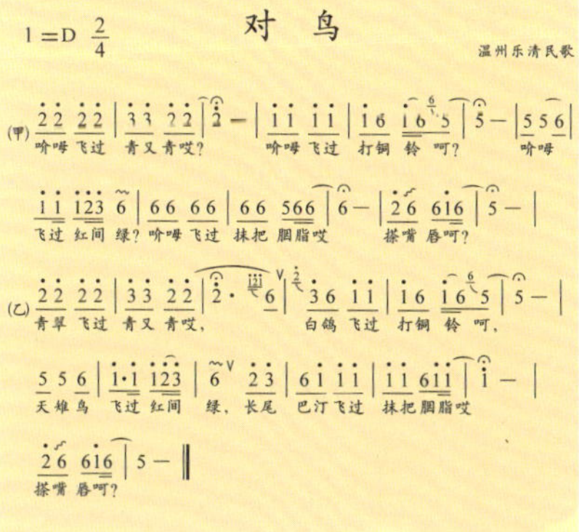

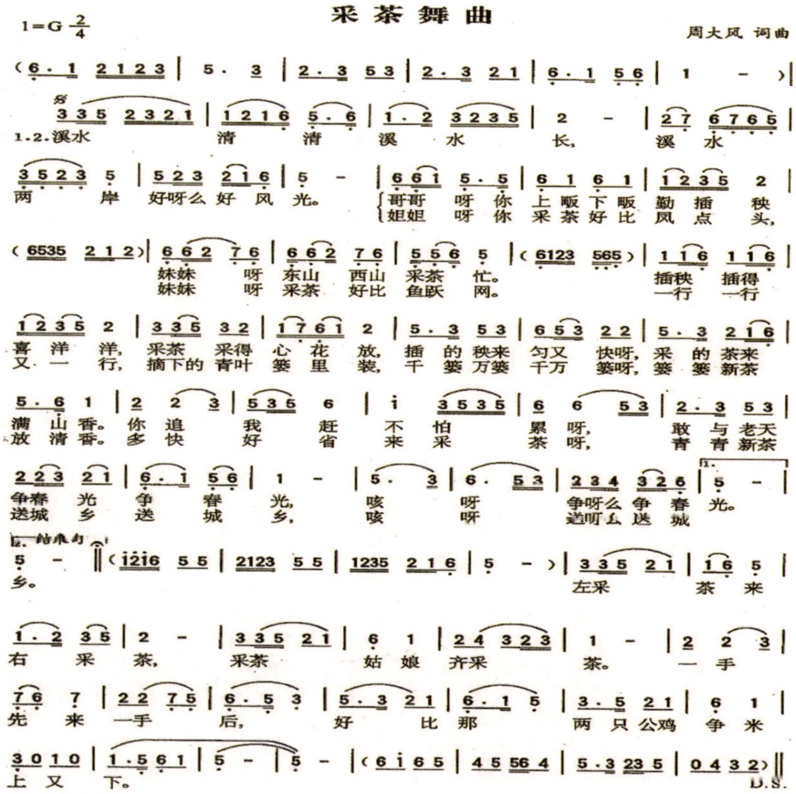

民间舞蹈

名　称	简　介
拼字龙灯舞	起源并流行在今龙湾区永强镇一带。据传，明朝时当地张姓望族为给告老还乡的张阁老送寿礼，创作了此拼字龙灯舞。至今已有450余年历史。此龙全身共十一节，龙头、龙尾、龙身各自分离，龙身九节相连。龙身节与节之间，距离为3.5米，中间第四、五节为4.5米。表演时一人舞龙头，一人舞龙尾，九人舞龙身。表演动作分拼字和过渡两部分，拼字要求在东、南、西、北四个方向进行，每字一个面向，拼完一字做“龙翻身”“龙弹尾”或“龙交尾”（或称“开四门”和“定方位”）过渡动作并变换方位，接着朝另一方向拼第二个字。2007年被列入第二批浙江省非物质文化遗产名录
藤牌舞	俗称“打藤牌”。以藤牌为主要道具而编排的古代练兵舞。据传，源自戚继光当年所创的“鸳鸯阵”，经过晏继芳等戚继光部将的改造而成。主要流传于浙闽地区，现唯瑞安民间有传承发展。新中国成立初期，瑞安民间艺人薛纪芬、叶昌来等人对该舞加工、整理。通过“倭、滚、劲、圆、活”的舞蹈动作特征，显示当年藤牌军抗倭救国的英雄气概。2011年被列入第三批国家级非物质文化遗产名录
定位舞	与永嘉流传的一个古老传说有关，传说东汉刘秀逃至楠溪，被浣纱村姑所救。刘秀即位，认赴京都的村姑为御妹，赐其出嫁仪式与皇室同，于是定位舞在永嘉流传起来。该舞是永嘉当地举行婚礼仪式的组成部分，摆三筵酒，其中坐筵酒和出堂酒实行定位，并举行仪式舞。随着社会发展，人们婚俗观念转变，濒临消失。2007年被列入第二批浙江省非物质文化遗产名录
贝壳舞	以竹木为骨架，然后用纸扎贝壳为主要道具编排的民间舞蹈。舞蹈动作以贝壳的张合、角度的变换以及队形的穿插为主。200余年前起源于洞头县北沙乡大王殿村一带，最初为每年元宵节“神人同乐”的“迎火鼎活动”中的一个舞蹈部分之一。新中国成立初期，《贝壳舞》经洞头民间艺人施书宝等人根据民间“寄生蟹”的传说对该舞蹈进行再创作，成为具有故事情节的舞台表演艺术。2007年被列入第二批浙江省非物质文化遗产名录
踏八卦	因其舞步为“八”字形前行呈八卦式而得名，是永嘉道教传统的宗教仪式之一，由“舞、歌、乐”三者结合组成整体的艺术表演形式。表演者身穿道袍，头戴道士魁，手执灵刀龙角，被称为“叫头”，按照八卦图，迈着“八”字舞步，从乾宫起步，沿着兑、艮、离、坎、坤、震、巽顺序，边舞边唱。伴奏乐器为一个两尺余高的牛皮鼓和一面铜锣。2009年被列入第三批浙江省非物质文化遗产名录
碇步龙	泰顺县仕阳镇朝阳村有一条全长144米、233齿的碇步桥，清嘉庆三年（1798），当地的林氏住民创排了在碇步上表演的舞龙套路，故称碇步龙。碇步龙分龙头、龙尾各一节，中间七节龙身，共九节。舞蹈时，由九个人各持一段，称为“龙脚”，另有一人持圆灯（龙珠）。表演的动作和队形，大致分为搭龙坪、龙戏珠、排寿字、蹲马龙等类型。舞龙阵式分为圆台、龙菊花、四角交井、龙咬尾等数十种。2011年被列入第三批国家级非物质文化遗产名录

传统体育 游艺

名　称	简　介
温州南拳	温州南拳是温州武术的“母拳”，起源于古代沿海民间的体育活动，流传于浙闽地区。1986年被列为全国129种优秀拳种之一。拳术套路200余个，有战拳、鹤拳、中栏、鸡拳等；器械套路70余个，器械种类齐全，主要有刀、剑、锏、棍、棒、板凳等；对练套路10余个，有搭马、拌拳、拌棒、打马拳、排打等。2006年，温州南拳被列入第二批市级非物质文化遗产名录。2009年，温州南拳被列入浙江省第三批非物质文化遗产名录
十五巧板	是在七巧板的基础上发展起来的一种民间智力玩具，由清同治年间童叶庚发明，又名“益智燕几图”。此图由宋绍熙年间（约1194）云林黄长睿创造，既作娱乐，又可供古玩陈列。十五巧板设计科学，构思巧妙，变化无穷，2009年，被列入第三批浙江省非物质文化遗产名录

民间文学

名　称	简　介
张阁老传说	张璁（1474—1539），龙湾区永强三都（普门村）人，明嘉靖时官至内阁首辅，故温州民间称他为“张阁老”。张阁老在民间的逸闻、掌故，经老百姓口耳相传，形成民间口头文学“张阁老传说”。据不完全统计，传说故事108则。2007年被列入第二批浙江省非物质文化遗产名录
高机与吴三春传说	高机是温州平阳（今苍南）的织绸能手，吴三春是龙泉富商吴员外的独生女。相传明嘉靖年间，高机受聘到吴家织绸期间，与吴三春相爱，遭到吴员外反对和粗暴干涉，甚至迫害。这对青年历经挫折和艰险，最后远走他乡获得自由和幸福。传说表现形式有口头传讲、曲艺、戏剧和连环画等。2007年被列入第二批浙江省非物质文化遗产名录
刘伯温传说	刘伯温(1311—1375)，名基，文成县南田镇武阳村人，元末明初著名思想家、政治家。其谥号“文成”，成为1949年前青田、泰顺、瑞安三县析置的新县名。刘基上知天文下知地理，为朱元璋建立明王朝立下汗马功劳。传说是民众对刘基的创造性解读，至今已有600余年历史，仅在瓯越文化区流传就有100余篇。传承的形式除口耳相传民间故事外，还有小说、曲艺、戏剧等。2008年被列入第二批国家级非物质文化遗产名录
洞头海洋动物故事	由渔民群众集体创作，以口耳相传的方式，长期在海岛流传的民间故事。洞头渔民从1979年开展采集海洋民间故事，至1987年，采集到涉及海洋动物的传说、故事200余篇，纯属特定含义的海洋动物故事近百篇、整理成文80余篇 2011年被列入第三批国家级非物质文化遗产名录

工艺美术

名称	简介
米塑	又称“粉塑”，温州独有的民俗工艺，在宋朝出现，有千余年历史。以糯米、粳米等为原料，磨成粉蒸熟，成粉团状后，和以各种色素，并以揉、捏、掐、刻、扮等手法制成人物、花卉、水果、水族、虫鸟等形状，染上色彩。多用于寿庆、婚嫁、筵席、礼佛等场合。2007 年被列入第二批浙江省非物质文化遗产名录
瓯塑	又名油泥塑，从堆漆工艺发展演变而来。用桐油和泥碾细合成为原料，运用堆塑技艺的手法，用于装饰寺院、庙宇门壁和民间嫁妆品，如梳妆盒及家具漆器等。其特点是画面多彩，格局不限，层次清晰，大都用于大插屏、挂屏、多扇联屏、挂钟及小首饰箱等，其内容有花鸟、山水和戏曲人物等。2008 年被列入第二批国家级非物质文化遗产名录
瓯绣	产于瓯江流域得名，为中国六大名绣之一。始于唐宋，兴盛于明清。清咸丰三年(1853)，温州设有专业绣铺。光绪年间，瓯绣销往欧美与南洋。民国 5 年（1916）温州设立刺绣局。1979 年，温州瓯绣厂职工的绣品《红楼梦·十二金钗图》为瓯绣代表作。2001 年浙江省将其列为重点保护艺种之一。2008 年被列入第二批国家级非物质文化遗产名录
十字花边绣	俗称挑花。依循十字布的经纬，挑绣出各种图案。明末，温州就有十字花边，多绣花鸟、龙凤及吉祥字。新中国成立后，品种增至 2000 余个，分床上用品、家具装饰品、餐桌用品、童装和手帕五大类。技法发展到绣、镂、贴、嵌相结合。此后，在此基础上开发出较高档的新产品——万缕丝。万缕丝多用白麻布，先镂后绣或绣镂结合。2007 年被列入第二批浙江省非物质文化遗产名录
发绣	系瓯绣分支，是以人的头发为材料，在绸缎或涤纶布上绣制的艺术。温州市设有发绣研究所，从事发绣艺术的开发和研究。20 世纪 80 年代，魏敬先以画绣结合的技法来绣制现代人物像，其作品被作为国宝级珍贵礼品和收藏品，他创作的《毛泽东和蒋中正在重庆谈判合影》，被誉为“当代发绣之最”。2011 年被列入浙江省非物质文化遗产名录
石雕	属“青田石雕”的支流。运用石块不同颜色形状，利用镂空、浮雕、浅刻等手法，雕琢出山水、人物、花卉，多数作花瓶、台灯、烟嘴、印章、扇坠等工艺品。温州石雕艺人潘雨辰的作品《罗盛教》《铁骑奔腾》等由国内外有关部门收藏；林岩福用立体镂空山水技法，创作石雕佳品《吴越王射潮》《雁荡山》。2011 年被列入浙江省非物质文化遗产名录
彩石镶嵌	由石雕和木雕相结合。清光绪八年(1882)，温州老人潘阿明首创。作挂镜、小屏工艺品、对联、立地屏风等。新中国成立后，创造平嵌、高嵌、满地嵌等技法，内容扩展到神话故事、民俗风情和现代生活。彩嵌用料有叶蜡石、鸡血石、珊瑚、玛瑙和黄金等。大型彩嵌《西游记》被誉为“世界之最”。2008 年被列入第二批国家级非物质文化遗产名录
竹丝镶嵌	俗称“篾线篱”，出现于清中叶。用篾片锯出等距细榫，十字交叉衔接拼嵌成几何图案作为底纹；再用白桃木或翻黄刻成浮雕，以暗榫紧扣镶嵌在底纹上。20 世纪 40 年代停产失传。新中国成立后，经董定津等人发掘恢复。温州市艺雕厂制作的竹镶嵌屏风《玉兰绕带》，陈列于北京人民大会堂。2007 年被列入第二批浙江省非物质文化遗产名录
绸塑	以绸制服饰装扮泥塑或木雕、石膏塑的人物，集雕塑、纸扎、脸谱、剪纸、彩绘于一身。明末清初盛行于鹿城区，现濒临消亡。代表作品有《水浒 108 将》《西游仙境》和《东瓯佛国》。另有大型绸塑《鳌山》，高 3 米，宽 2 米，长 6 米，塑《封神榜》《三国演义》等故事人物 140 余个。2007 年被列入第二批浙江非物质文化遗产名录
玻璃银光刻	俗称“镜画”，是在镜背面，用银色线条刻画作画的民间美术。20 世纪 50 年代由上海传入温州，20 世纪 70 年代传入龙湾区。传承人项有礼运用“月份牌”年画技法创作，表现题材以传统人物、吉祥、喜庆、图案为主。现仅有传承人项有礼以家庭作坊形式延续濒临失传的技艺。2007 年被列入第二批浙江非物质文化遗产名录
乐清细纹刻纸	元代见记载流行于乐清，距今 700 余年历史。细纹刻纸景细线纹阔度只 1 毫米，1 厘米阔度薄纸能刻 22 刀，每刀间隔不到半毫米。其细纹刻纸代表作《花鸟》《军民鱼水情》《课余》《纺织姑娘》等在国内外展出。张侯光剪纸在 1987 年全国剪纸大奖赛中获一等奖。2007 年被列入第一批国家级非物质文化遗产名录，2009 年被列入世界人类非物质文化遗产代表作名录
乐清黄杨木雕	为木雕中的一种，因取材于黄杨木而得名。明时初露端倪。温州民间雕刻大师朱子常的“捉迷藏”“五子喜弥陀”“布袋和尚”等作品在国内外展览上得奖。乐清木雕门类齐全，在原有风格和神韵的基础上，由“单体雕”发展到“拼雕”“群雕”，由普通“圆雕”发展到“劈雕”“根雕”。2006 年被列入第一批国家级和浙江省非物质文化遗产名录
龙档	俗称“凳板龙”，始于明代，由狭长樟木联结而成，其档身装有各色灯笼和旗杆，杆顶系有三角小旗和铜铃，档身下装有木柄，表演舞龙档的人握木柄操作，两头为龙头龙尾。2006 年 3 月，黄德清和黄北父子制作的龙档被中国艺术研究院视为珍宝永久收藏。2006 年被列入第一批浙江省非物质文化遗产名录。2008 年被列入第二批国家级非物质文化遗产名录
竹壳雕	又称笋壳雕，是以毛竹笋壳为原料，通过绘画、雕刻等工艺制作而成的工艺品。1986 年由乐清民间艺术家郑庆华首创。优秀作品有《出征前》《五虎将》《四大金刚》和《福禄寿喜》。笋壳雕集竹雕（浅雕）、脱胎、竹编于一身，体现笋壳自然本色、花纹及质地轻巧的特点，题材以传统历史人物为主。2006 年被列入第一批浙江省非物质文化遗产名录

名称	简介
贝雕	以贝壳为材料，经选材、雕磨、粘贴成装饰画，故有"贝雕画"之称。洞头贝雕始于20世纪40年代。以花鸟、人物、山水等为题材进行艺术构图，施以镶嵌、平贴、线嵌等技法，制作摆设、壁挂等50余种民间美术品。代表作品《水浒108将》《红楼十二钗》《西游记人物》在全国民间艺术品博览会上展出。2007年被列入第二批浙江省非物质文化遗产名录
平阳太平钿剪纸	以铜钿形图案和平安吉祥的太平语结合得名。清末民初盛行于温州，现仅在平阳民间流传。用途与民俗结合：如婴儿对周对应的剪纸作品为"千岁"；上学就业对应"步步高升"。外观有方有圆，处在字样当中的大多为铜钱图案，也有花环形图案，字样按上下右左中排列。保存较少，大多用好即毁。2007年被列入第二批浙江省非物质文化遗产名录
矾塑	苍南县矾山镇被誉为"世界矾都"，矾塑是20世纪20年代初，由矾山镇矾矿结晶工刘肇宝发明。利用明矾液结晶的原理，以彩色纱线裹扎铜丝造型，放明矾结晶池自然凝固，制作矾塔，故明矾工艺品原统称"矾塔"。20世纪50年代后，表现题材扩大，不仅有传统的花鸟走兽、亭台楼阁等，还有现代的飞机、汽车等。2007年被列入第二批浙江省非物质文化遗产名录
木偶头雕刻	用杂木车成圆柱体、球体或半球体，加以雕刻、拼接、装饰而成的人物玩具。盛行于明清时期。产品分为民族娃娃、神话人物、戏剧人物、寓言人物及现代人物五类。古代造型雕工精细而简练。而近代讲究舞蹈艺术效果，对特制木偶头，内设机关通过丝线控制，使眼、鼻、口、舌均能活动。产地主要在泰顺。2009年被列入第三批浙江省非物质文化遗产名录
车木玩具	泰顺车木玩具是本地木偶头雕刻的延伸和发展。20世纪80年代由木偶头雕刻艺人，以车木成型为基础，吸取传统木偶彩绘装饰技法创制。手持"车刀"，把转动的木头，切削成圆柱体、圆形，再彩绘或组装成某种工艺品。尤其是使用金属弹簧车木品，采用较硬木材，突破原来的单一技巧，制作出能动、能发声的工艺品，颇受海内外人士欢迎
小摆设制作	小摆设是温州鹿城区特有的民俗活动，中秋节时举行。相传始于南宋，读书人家皆祭拜文昌帝君，在宅院内或临街处用桌子拼成长方形，上置一座微缩的宫殿模型，按序摆放文昌帝君、魁星等神相，配仪仗、案台、亭阁等小玩意。其制作工艺也随之而生，设计艺种约计有铜锡器、银器、泥塑、稠塑、陶瓷器、石雕、木调、扎纸灯、刺绣等
泽雅屏纸制作技艺	瓯海区泽雅一带为主要生产屏纸区域，故名"泽雅屏纸"。历来为当地农民的重要经济支柱。至20世纪30年代，纸农近10万人。其制作工序有20余道，其中一些生产环节比古籍《天工开物》记载更原始，更详尽，被专家称为中国造纸术的活化石。现留存的水碓、纸坊于2001年被列入第五批全国文物保护单位。2007年被列入第二批浙江省非物质文化遗产名录
首饰龙制作技艺	俗称"龙船灯"，依照渔船结构，整个首架是以一条弧形木条做基础，上面用竹条和篾丝糊纸扎成一艘龙船。全长4.5米，高3米，宽2米，前有龙头，后有龙尾，中间龙身有5至7层楼楼阁，置亭台70余座，80余出戏曲的300余个人物造型，设有木质传动装置，用手摇动即能活动起来，配以灯光。2007年被列入第二批浙江省非物质文化遗产名录
木活字印刷技艺	瑞安平阳坑镇东源村和曹村镇西前村两处木活字印刷技艺，主要用于印制宗谱，有800余年历史。明正德年间（1506～1521）由闽随迁徙入浙，先经平阳，至清乾隆元年（1736）传到瑞安。木活字要选上好棠梨木，经风吹日晒自然干燥后拿来制作字模，刻老宋体，制成模，经过检字、排版等多道工序最后完成印刷。2010年被列入联合国急需保护的非遗名录
平阳头发吊灯制作技艺	又称"福头灯"或"子嗣灯"。制作技艺传承近120年，现仅平阳马必重一家怀此绝艺。艺术价值体现在穿头发丝上：选用百余根头发丝贯穿整盏灯，牵引人物、动物造型的头、手、脚等部位，在灯座下木炭火（或用电风扇）产生的气流带动下有条不紊地旋转。2007年被列入第二批浙江省非物质文化遗产名录
平阳牛筋琴制作技艺	又称唱词琴，产自平阳县，是温州鼓词的主要伴奏乐器。清光绪年间，平阳鼓词艺人陈昌牌研制出用牛筋弦作琴弦的五弦牛筋琴。后从五弦增加到七弦、十三弦、十六弦。现在的牛筋琴琴长62厘米、宽32厘米、厚3.8厘米。琴弦以牛筋为原料经过24道工序成品，琴架材料为梧桐板和红硬木。鳌江镇金可春作坊生产的"金发盛号"牛筋弦最有名。2007年被列入第二批浙江省非物质文化遗产名录
夹缬	用一组纹样对称的花板紧夹丝织物，浸染于蓝靛青染液，取得染织物，故又被称为"蓝夹缬"。起于秦汉，盛于唐宋。20世纪80年代，夹缬工艺几近消亡。主要产品为大花被（又称敲花被）。夹缬产品成本低，对环境无污染，在服装和工艺装饰方面具有较大的利用价值和科研价值。2011年被列入第三批国家级非物质文化遗产名录
编梁木拱桥营造技艺	俗称"蜈蚣桥"，时人称"廊桥"。现存最早的泗溪桥始建于明隆庆四年（1570）。这种木质无拱桥不用钉柳，用力学原理营造。其营造技艺的传承人现仅存董直机师徒两人。2004年，泰顺廊桥被列入第六批全国文物保护单位。2007年，编梁木拱桥营造技艺被列入第二批浙江省非物质文化遗产名录。2009年被列入第二批国家级非物质文化遗产名录
乐清金漆圆木	以木胎为主，造型大多为圆形，集镂、刻、镌、漆于一身。表现形式以浮雕为主，也有圆雕、线雕、透雕、镂雕等不同技法。金漆圆木种类繁多，从日常用品到嫁妆、农用木器等300余种。以金漆为主要色料，局部贴以金箔，色泽鲜艳，富丽堂皇，经久不褪色，极具地方特色。2009年被列入第三批浙江省非物质文化遗产名录

民　俗

拦街福　是温州鹿城区特有的地方性传统节日活动。每年农历二月初一至三月十五日，城内主要街巷依次举行一天的拦街祈福活动。初一从康乐坊开始，取意“康泰欢乐”，设红楼、张布幔、悬彩灯、每隔一段设一祭台，上置祭品、盆景、花卉，还有滚龙灯、舞狮子、踏高跷、放烟花和猜灯谜。通衢搭戏台，演地方戏和木偶戏，也有两个戏台，由两个戏班各自上演拿手好戏，互比高低，谓之“斗台”。每次活动都人山人海，通宵达旦。温州拦街祈福活动，有专家认为源于南唐中原长安坊中之“拦街铺设，中夜乐神”。其盛行于明清，民国后期因抗日、内战，时断时续，新中国成立初期曾有活动，后因诸多原因被停止。2002 年恢复活动。2007 年被列入第二批浙江省非物质文化遗产名录。

东瓯王汤和节　明初，朱元璋派汤和赴东南沿海部署防倭。汤和在这一带修建 59 座城堡，宁村即所城之一。明嘉靖四十年（1561）前后倭寇平定后，宁村人民为感激汤和为其立庙，并定于每年农历七月十五日举行“汤和出巡”和“教场祭鬼”等仪式，形成永强全民公祭抗倭英烈与遇难同胞活动，后逐渐演绎为“东瓯王汤和节”，至今已有 400 余年历史。每次活动参与人员上万人，所需费用全部由参与者自愿筹集。2009 年被列入第二批国家级非物质文化遗产名录。

文成太公祭　刘基为明代政治家、文学家，其病故后，于明正德年间，追封太师，谥文成。明正德九年（1514）六月十五日刘基诞辰，浙江处州知府钦承圣命致祭以降，此后文成南田刘氏宗族每年正月初一、农历六月十五日均要举行盛大的祭祀活动，称之为“太公祭”，滋为春秋二祭，自此相沿至今。其中秋祭一般为公祭，然由于各种原因，公祭时有时无，没有公祭时则由刘氏宗族举行祭祀，礼仪如公祭，现春秋二祭均为刘氏家族祭祀。2011 年 6 月，“太公祭”被列入第三批国家级非遗名录。

永嘉上塘庙会　一年一度的上塘庙会，始于唐天宝元年（742），距今已有 1200 余年的历史。庙会活动是为纪念上塘殿卢氏夫人而形成的。《两浙名贤录》中记载：卢氏尝与母出樵遇虎，将噬其母，女急投虎喙，以代其母。昱日，有人见其跨虎而行，以为成神，遂立庙人之。后宋理宗赐号孝佑夫人。每年农历二月十四日，上塘镇的浦东、前村、后村等地都要举行盛大的迎神、祭祀活动，届时演戏、游艺、武术表演、经贸等云集于此，人山人海，热闹非凡。

瞿溪会市　瓯海古镇瞿溪“二月初一”大会市，一年一度，历时 4 天。相传始于清同治中期，距今已有 200 余年历史。会市除传统社戏、耕牛交易、铁制农耕商品及传统的手工艺商品销售外，还有服装、电器特卖场等现代气息浓厚的经营活动。随着时代的进步，瞿溪会市也由原来的日用品交易集市逐渐演变成为各地游客休闲、娱乐、购物的节日，是农耕文化、乡土文化、商贸文化、现代文化融合在一起的传统百年会市，每次会市人数 20 万余人。

周岙挑灯　挑灯即指手提式纸扎花灯。瓯海区泽雅镇周岙挑灯习俗见载于《周氏宗谱》，时间可追溯到明嘉靖年间，系群众自发组织的民间文化娱乐活动。习俗一直沿袭到 1952 年，之后中断 40 余年，于 1994 年恢复活动。与正月十五闹花灯有所不同的是，周岙挑灯活动的时间是在每年的正月十三，据说为纪念神仙石马爷的寿诞而设的。通常当地村民要在正月十二将花灯制作完毕，次日白天主要是赏灯、猜灯谜、花灯评选，晚上则是挑灯巡游。每到一村，不断有新的挑灯加入队伍，几千盏五颜六色的花灯在夜幕下的乡村小道上绵延好几公里，像一条光灿灿的巨大火龙在游动，场面壮观。

曹村元宵灯会　瑞安市曹村元宵灯会起源于南宋绍熙年间，距今 800 余年，一说为纪念当地乡贤曹叔远而设。当时 19 岁的曹叔远得中进士回乡，村民特制一组福星灯，挂村中晶锁桥上以示庆贺，是日恰逢元宵节日，便有此习俗世代传承。另一说为“盘古爷巡游”，曹村人敬仰盘古爷，每年正月十五都要抬其出巡，一路悬灯迎候，逐渐成为曹村挂灯、闹花灯的习俗。

蒲岐抬阁　抬阁是乐清蒲岐民间节庆时特有的民间演艺，已有 800 余年历史。每年元宵灯节出演，有时九月会市也乘兴闹市。用特别的方桌柜，中压石板，上置铁架，将孩童缚在铁架上，孩童双手和一只脚可挥舞动作，外罩彩衣，脸化浓妆，可扮成各种戏剧人物，一桌即一出戏，一般 2 人～4 人，有时多达 6 人～7 人，连接高度可达 4 米～5 米，每桌抬阁需几十人扛着走，其场面绚丽多姿，动作惊险奇特，民间有谜语风趣曰：远看仙人腾云，近看三国封神，仔细看看，都是蒲岐人。

蒲城拨五更　苍南县蒲城是一座保存完整的抗倭名城，始建于明洪武年间。拨五更是蒲城举行闹元宵的民俗活动，从正月初四开始至十六日，历时 13 天，由迎神、驱魔、保太平等环节组成，始于明朝，形成完整体系则在清雍正、乾隆年间。特别在每年的正月十五夜里五更时分，城里的男子会抬着城中东、西两庙中的菩萨在城中飞奔，走遍城中的大街小巷，口中还不停地喊着“顺啊”，最后众人抢夺菩萨身上的红布，抢到者来年全家大吉大利。拨五更时不允许女人和孩子参加，他们要被锁在家里，鸡犬之类的也要被管束不让出声，直到抢红后才能出来一起狂欢。2007 年被列入第二批浙江省非物质文化遗产名录。

百家宴　是泰顺县的一种民间“祭春”福会。每年立春日，福首们就会在正月初一至十五之间择定一天作为“祭春”吉日。到了择定的吉日，举族欢聚福会，先至祠堂祭祖先，再到当地的“临水宫”祭陈十四娘娘，然后一起共进餐宴，意为迎春接福，祈求新的一年风调雨顺、国泰民安、五谷丰登、六畜兴旺。历时 800 余年，百家宴渐渐演变为元宵节大聚餐，不管远近、亲疏，不分贵贱尊卑，欢聚一堂，共进餐宴。活动的内容也更为丰富，有碇步龙、木偶戏、翻九楼、大戏演出等民间艺术表演。每年都有上万人慕名前来参加活动，故当地人称之为“百家宴”。2009 年被列入第三批浙江省非物质文化遗产名录。

妈祖信俗　洞头“妈祖”信仰，始于明末清初，从福建莆田的湄州岛传入，并在各地建有宫庙。洞头东沙“妈祖宫”

（省级文物保护单位），建于清乾隆年间，距今300余年。另外还有元觉乡“元觉村天后宫”，霓屿街道“廊顶村天妃宫”，大门镇“观音礁天后宫”，东屏街道中仑村“后垄妈祖宫”等。每年农历三月二十三日与九月初九，每个庙宇都要举行隆重的祭祀仪式和迎火鼎、演戏等文化活动，参与信众遍及全县乡镇、渔村，为海岛渔区信俗活动的最大盛典。2011年被列入第三批国家级非物质文化遗产名录。

陈十四信俗 浙江、福建、台湾三地区民间流传时间最为久远、区域最为广泛的传统信仰习俗。陈十四娘娘名“进姑”，亦名靖姑，福建古田县临水村人。生而聪颖，幼悟玄机。唐大历元年（766）正月十四日出生，故名陈十四。生前由于除妖护民，催生扶幼，人们膜拜为女神。温州有关陈十四的纪念建筑太阴宫、娘娘宫、临水宫遍及全市各地，供奉的陈十四神像有6000余尊，密度高居全国之首。每年农历正月十四，信男信女们都会到太阴宫祭拜。而逢60年一届（连续三年为一届）的“太阴圣母陈十四娘娘出巡”活动，路线遍及温州市区、平阳、苍南、文成、泰顺、青田、丽水浙南地区等农村乡镇。一届的出巡祭祀活动持续三年，方宣告结束。其出巡路线和持续时间之长，在国内甚为罕见。2009年被列入第三批浙江省非物质文化遗产名录。

（苏义彪）

宗教场所

概况 温州道教活动始于三国时期；佛教活动可上溯至西晋时所立佛塔，东晋时首建崇安寺；摩尼教在宋代形成教团，逐渐与民间宗教相融合。明代有信奉伊斯兰教的回民迁入，清乾隆年间在温州城内建清真寺；天主教在元代、明清之际及鸦片战争后三度传入；基督新教于19世纪60年代传入。

寺庙

名　称	位　置	概　况
江心寺	鹿城区江心屿	唐咸通年间建净信讲院，宋开宝年间建普寂禅院。宋建炎四年（1130）宋高宗赵构避金兵之乱，驻跸于东院普寂院，改名龙翔，把西院净信院改名兴庆。绍兴七年（1137）西蜀僧清了奉诏住持二寺，填塞中川建殿，称中川寺，赐名龙翔兴庆禅寺，习称江心寺。1985年至1990年重修
妙果寺	鹿城区松台山南麓	创于唐，盛于宋。1984至1986年重修。温州市佛教协会驻此
密印寺	瓯海区头陀山	又名妙智禅寺，俗称头陀寺。建于后汉乾祐年间，清初重建
实际寺	瓯海区茶山	相传建于宋，元时毁于火。明洪武年间重建。1985至1990年重修
天柱寺	瓯海区永昌堡石屋山	又名瀑泉寺。创于晋，重建于唐贞元年间
国安寺	龙湾区瑶溪皇岙	始建于唐乾符年间。旁有石塔，建于宋元祐年间，俗称千佛塔
普安寺	永嘉县岩头长蛇坑	初建于唐，为浙南天台宗主要道场
灵岩寺	乐清市雁荡山	创建于宋太平兴国四年（979），太宗赐经书，大中祥符年间赐额“灵岩禅寺”，仁宗赐金卷。县佛教协会驻此
沐箫寺	乐清市乐成箫台山	建于明嘉靖年间。1981至1988年重修
法华寺	乐清市南岳平盘山	创于唐，昭宗赐额。现存大殿建于清乾隆年间
圣寿禅寺	瑞安市（今龙湾区）仙岩	俗名仙岩寺。始建于唐，宋初重建，大中祥符年间赐额“圣寿”。现存寺宇系清顺治十七年（1660）以来陆续重建
本寂寺	瑞安市城郊河埭桥	唐垂拱四年（688）创建。乾符六年（879）赐额“本寂寺”。1989年重建
宝坛讲寺	瑞安市岑岐	创建于宋元祐年间，民国初重修
景福禅寺	瑞安市大南圣井山	建于唐末
东林寺	平阳县昆阳凤山	始建于唐大历年间，清代多次兴修，民国4年(1915)增建。20世纪80年代中期又陆续重修添建。县佛教协会驻此
广慧禅寺	平阳县昆阳九凰山	俗称半山庵。建于唐咸通年间。清康熙年间重建。1980年以来又陆续修建、扩建
仙坛寺	平阳县昆阳东门山	始建于唐咸通年间
碧泉寺	平阳县钱仓	始建于唐，旁有清泉，故名
法云寺	苍南县玉苍山	宋咸淳年间开基兴建
瑞岩寺	苍南县瑞岩	清光绪年间重建
净慧寺	文成县大峃岚岩	俗名七甲寺。唐元和十五年（820）始建，宋端拱、大中祥符年间复建
宗教禅寺	泰顺县三魁卢梨村	创于后唐同光三年（925）。珍藏宋版碛砂藏经一部
崇化寺	泰顺县雅阳东安	建于宋建隆二年（961）
宝林寺	泰顺县雅阳白巢	俗称白巢寺。始建于宋绍兴二年（1132）
明三寺	泰顺县西旸王家垟	肇建于元。20世纪80年代重修

道观

名　称	位　置	概　况
紫霄观	瓯海区景山净水谷	元泰定元年(1324)创建,原址在雪山北麓。1981年移至现址。占地2000余平方米。奉三清，副祀黄石公。温州市道教协会驻此
玉清观	瓯海区潘桥镇丁岙	肇建于唐，昭宗赐额“玉清观”。原有上下二观，今存上观
大箬岩陶公洞	永嘉县大箬岩	温州有记载的最早的道观。为道教第十二福地。传说陶弘景居此编撰《真诰》,故名。现存殿宇为清乾隆年间重建
天然道观	永嘉县乌牛东蒙山	又名乌牛纂。传说葛洪在此建炼丹台。清末至今，经龙门派弟子几度重建
紫芝道观	乐清市乐成凤凰山麓	建于宋绍兴七年（1137）。原址在乐成镇东皋山下，1987年移至现址
玉甑观	乐清市白石镇玉虹洞	宋至道元年（995）创建。大中祥符六年（1013）赐额“白石院”,宣和元年（1119）改赐“集真”
纯仙道观	乐清市盖竹山	1986年重修，改称现名。俗名杨八洞，宋建盖竹道院。1986年重建，奉三清和吕纯阳
北斗洞	乐清市北雁荡山	光绪元年（1875）创建
圣井山石殿	瑞安市大南圣井山之巅	俗称许真君庙，祀奉许逊。始建于宋景定元年（1260），木结构。明清年间全部构件均改用石料打制和雕刻而成
瑞安东岳观	原瑞安市梅头，现龙湾区海城	始建于宋咸淳二年（1266），民国12年（1923）重建，祀奉东岳大帝
天庆观	瑞安市桐溪太平山	创建于宋，明清年间扩建，1985年重修
平阳东岳观	平阳县昆阳镇汇头	宋治平三年（1066）建，熙宁元年（1068）赐额“圣寿”,绍兴年间改称“广福宫”,清光绪年间重建，并易今名
仙姑洞	平阳县南雁荡山	俗名西洞。传说宋崇宁年间有当地女子居此修道，并采药为民治病
玉虚道观	苍南县菰湖山	又名燕巢洞，北宋初即有人隐此洞修道。1975年重整建观
妙峰道观	苍南县金乡珠明岭	原名妙峰寺。清乾隆五十三年（1788）、同治七年（1868）重建，1988年改称今名
应道观	洞头区北沙双垄村	建于清康熙年间，称安祖庙。嘉庆年间，将温州应道观香火分脉安此，遂改今名
玄武殿	洞头区中仑	建于清康熙年间，祀奉玄武大帝

教堂

名　称	位　置	概　况
周宅祠巷天主堂	鹿城区周宅祠巷	清光绪三年(1877)购房设堂，光绪十年（1884）10月中法战争期间被民众烧毁，光绪十二年至光绪十六年（1886～1890）重建。为温州第一座哥特式建筑
永强天主堂	龙湾区永强	清宣统三年（1911）购房设堂，大堂和神甫楼建于民国15年（1926）
枫林天主堂	永嘉县枫林二村	清光绪二十八年（1909）创建，民国9年（1920）改建，大堂于民国30年（1941）扩建
虹桥天主堂	乐清市虹桥	清宣统元年（1909）创建，1958年改作他用，1994年易地新建
瑞安城关天主堂	瑞安市城关万松路	1988年易建此地
昆阳天主堂	平阳县昆阳西坑	清光绪十九年(1893)购房作经堂,清宣统元年(1909)修建,民国9年(1920)建大堂,民国13年（1924）建善导堂
钱库天主堂	苍南县钱库	建于民国6年（1917）
龙港河底高天主堂	苍南县龙港站前路	建于民国21年（1932）
城西基督教堂	鹿城区城西街	清光绪四年（1878）购房设堂，光绪十年（1884）10月被焚，光绪二十四年（1898）重建。1951年以来为温州市基督教爱国会和协会驻堂
花园巷基督教堂	鹿城区花园巷	建于清光绪三年（1877），为温州首座基督教堂，光绪十年（1884）10月被焚，次年重建。1990年修葺
虹桥基督教堂	乐清市虹桥	清光绪十六年（1890）始置地建堂
昆阳基督教堂	平阳县西门教场山脚	原在昆阳莲池巷。始建于19世纪80年代，1990年移至现址
瑞安衙事教堂	瑞安市城关衙后街	清光绪二十一年（1895）动工兴建，1990年重修
苍南永灵教堂	苍南县灵溪凤山街	清光绪二十六年（1900）始建。1988年扩建
鳌江永江教堂	平阳县鳌江水心村	建于清宣统二年（1910）。原址在鳌江镇塘沽头，1988年经批准迁建现址
龙港主恩堂	苍南县龙港镇前路	建于1990年，丁光训主教命名
吴桥基督教堂	鹿城区吴桥路	1990年因旧城折迁需要，人民路70弄1号的教堂拆除。经批准在现址新建吴桥教堂

（郑　克）

（金宸羽　潘　达　编辑）

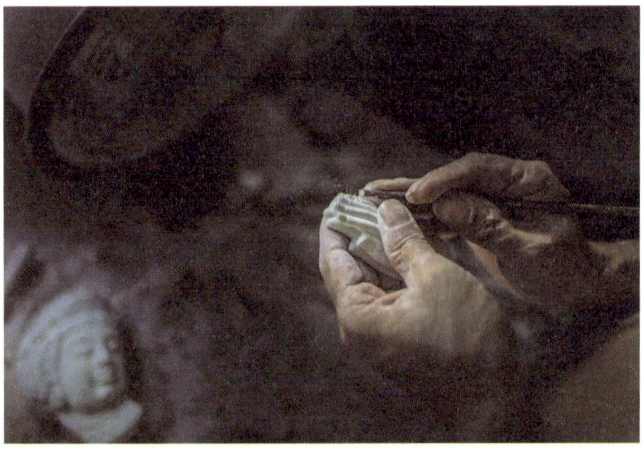

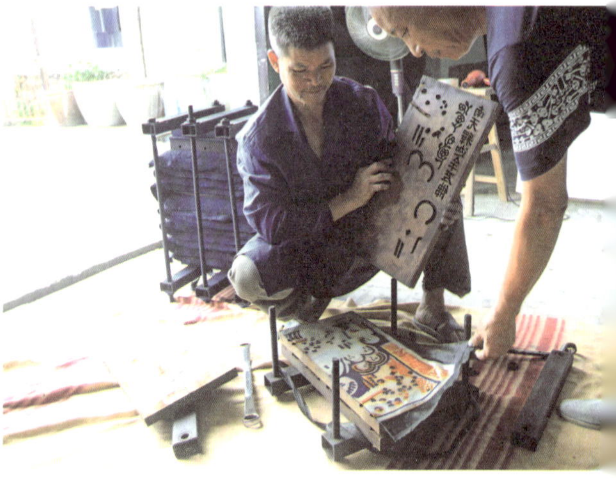

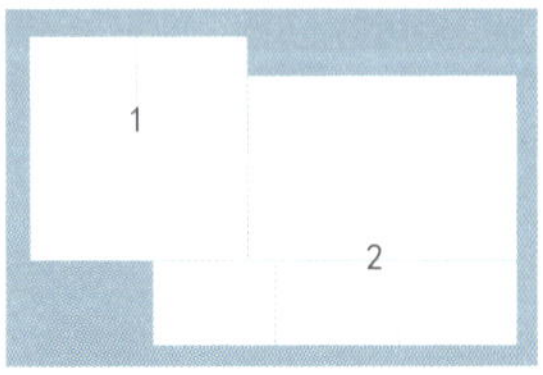

1. 巨幅非遗彩石镶嵌作品《文殊说法图》　　苏巧将/摄
2. 温州市采成蓝夹缬博物馆成功染制唐代彩色夹缬，使失传800余年的唐代彩色夹缬染制技艺重现温州（组图获第17届《温州年鉴》“菱华奖”铜奖）　　陈志创/摄

杏湾二村

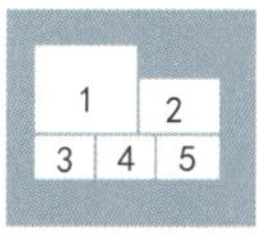

1. 2015 年 2 月 22 日，蒲岐抬阁
2. 2015 年 12 月 26 日，龙湾永昌堡庙会
3. 2015 年 2 月 27 日，瑞安市陶山镇桐浦社区举行“十八社拦垟福”活动
4. 2015 年 3 月 23 日，永嘉县芙蓉村为老年人举办戏剧演出
5. 2015 年 7 月 22 日，苍南县钱库镇东社村农历六月初七举行抬大猪、祭祀活动

调
'2015 瞿溪
"二月初一" 民俗会市
雨
瞿溪雅韵诚接
古镇雄风喜迎四面八

1. 2015年3月20日，瞿溪会市（组照获第17届《温州年鉴》“菱华奖”优秀奖）

邵定云/摄

2. 2015年3月20日，外国人逛瞿溪会市

管新民/摄

苍南县232省道矾山段四季景色（组照获第17届《温州年鉴》“菱华奖”金奖） 张廷群/摄

机构及负责人

市级机构及负责人

中共温州市第十一届委员会

书　　记　陈一新（-2015.12）
副 书 记　陈金彪（-2015.04）　徐立毅（2015.04-）
　　　　　马晓晖（-2015.05）　钱三雄（2015.05-）
常　　委　陈一新（-2015.12）　陈金彪（-2015.04）
　　　　　徐立毅（2015.04-）　马晓晖（-2015.05）
　　　　　钱三雄（2015.05-）　陈作荣　宋志恒
　　　　　雷　林（-2015.02）　胡剑谨（女）
　　　　　王立彤（-2015.04）　黄宝坤　朱忠明（-2015.08）
　　　　　仇杨均　诸葛承志（-2015.06）　陈　浩
　　　　　王　毅（挂职）　任明龙（2015.02-）
　　　　　姚高员（2015.06-）　施艾珠（女，2015.08-）
　　　　　任玉明（2015.11-）
委　　员（按姓氏笔画排列）
　　　　　马晓晖（-2015.05）　王　军　王　毅（挂职）
　　　　　王北铰　王立彤（-2015.04）　王忠宝
　　　　　王祖焕（回族）　王益琪　王彩莲（女）　仇杨均
　　　　　方勇军　厉秀珍　包哲东
　　　　　朱忠明（-2015.08）　朱崇敏　任玉明
　　　　　任明龙（2015.02-）　李无文　李爱燕（女，-2015.04）
　　　　　吴　东　余中平　汪　驰　宋志恒　张洪国
　　　　　陈　浩　陈一新（-2015.12）　陈进达
　　　　　陈作荣　陈金彪（-2015.04）　陈建明　陈笑华（女）
　　　　　陈福生　林孝悌　林晓峰　周守权　郑建海
　　　　　胡剑谨（女）　施艾珠（女）　姜增尧　娄绍光
　　　　　姚高员（2015.06-）　钱三雄（2015.05-）
　　　　　徐立毅（2015.04-）　徐有平　徐顺东
　　　　　徐顺聪　徐蓬勃　诸葛承志（-2015.06）
　　　　　黄　敏（-2015.08）　黄寿龙　黄宝坤　黄荣定
　　　　　彭立华　董旭斌　董庆华　董智武　鲁爱民（女）
　　　　　谢树华　雷　林（-2015.02）　潘孝政
候补委员（按得票多少排列）
　　　　　朱云华（女）　李世斌　黄　涛　程锦国
　　　　　许若直（女）
秘 书 长　仇杨均
副秘书长　王北铰（-2015.08）　梁　超（2015.08-）
　　　　　江海滨（兼，-2015.09）　朱增岳
　　　　　潘黄星（-2015.05）　胡永锋（兼，-2015.09）
　　　　　木　力（2015.02-）　赖圣聪（2015.04-）
　　　　　胡志敏　项国生（-2015.09）　陈宏鸣（2015.09-）
　　　　　张　敏（2015.09-）　张继烈（兼，-2015.04）
　　　　　白楠生（兼，-2015.05）　王蛟虎（兼，-2015.02）
　　　　　章公华（兼，-2015.05）　张亨利（兼，2015.04-）
　　　　　张　雷（兼，2015.05-）
　　　　　高玉凤（女，兼，2015.05-）
　　　　　谢逢越（兼，2015.05-）
　　　　　王　丹（女，兼，2015.07-）

中共温州市纪律检查委员会

书　　记　宋志恒
副 书 记　徐有平　郑　瀚　林战骁（2015.11-）
常　　委　徐有平　郑　瀚　宋志恒　陈君身（正县长级）
　　　　　韩建海（-2015.05）　朱建和（-2015.05）　林战骁
　　　　　龚大昕　张　雨（2015.05-）　谢修亥（2015.05-）

党委部门机构

办公室

主　　任　王北铰（-2015.08）　梁　超（2015.08-）
副 主 任　木　力（-2015.02）　胡立左　赖圣聪（-2015.04）
纪检组长　郑秋文（女，正县长级，2015.09-）

考绩办公室

主　　任　胡永锋（-2015.09）　木　力（2015.09-）
副 主 任　汪庆清　林生豹（2015.07-）

改革办公室

专职副主任　赖圣聪（正县长级，2015.09-）

组织部

部　　长　诸葛承志（-2015.06）　姚高员（2015.06-）
常务副部长　施艾珠（女，2015.02-）　徐强中（2015.01-）

副 部 长　陈进达（兼，–2015.04）徐强中（–2015.04）
陈　波（兼）杜建平（–2015.04）滕荣权
徐顺聪（兼，2015.04–）胡永锋（2015.09–）
纪检组长　黄　波（女，正县长级，2015.09–）

市委非公有制经济组织和社会组织工作委员会
书　　记　滕荣权
副 书 记　陈芳铭（兼，–2015.05）吴宇东（兼）
夏克潘（兼，2015.05–）

宣传部
部　　长　胡剑谨（女）
常务副部长　徐顺聪（–2015.04）
邱小侠（女，2015.05–）
副 部 长　邱小侠（女，兼，–2015.05）王　丹（女）
胡瑞怀　戴嘉宝
纪工委书记　叶朝胜（–2015.09）
纪检组长　叶朝胜（正县长级，2015.09–）
副 组 长　谢庆全（2015.09–）

统战部
部　　长　陈　浩（–2015.02）施艾珠（女，2015.02–）
常务副部长　许若真（女）
副部长　徐永敏　童洪兴
陈芳铭（兼，–2015.05）
陈锋进（兼）夏克潘（兼，2015.05–）
纪检组副组长　黄洁梅（女，副县长级，2015.09–）

政法委员会
书　　记　马晓晖（–2015.05）钱三雄（2015.05–）
副 书 记　陈作荣　黄宝坤　王易进　姜迪清（–2015.04）
章公华（2015.04–）卢旭帆
政治部主任　林　莉（女）
专职委员　杨柏林　刘万成（2015.09–）
纪检组副组长　汪水祥（副县长级，2015.09–）

维稳办
主　　任　卢旭帆
专职副主任　徐祥钦

综治办
主　　任　姜迪清（–2015.04）章公华（2015.04–）
专职副主任　陈祯华

防范和处理邪教问题领导小组办公室
主　　任　张建树
副 主 任　张荣东　陈瑞亮

政策研究室
主　　任　潘黄星（–2015.05）张　雷（2015.05–）
副 主 任　张　雷（–2015.05）王晓春

农村工作办公室
主　　任　王蛟虎（–2015.02）张亨利（2015.04–）
副 主 任　雷大取（畲族，–2015.04）吴周富（2015.05–）
谢小荣　王志旭　杨靠山　林志保
纪检组长　郑大利
总农艺师　戴文虎

台湾工作办公室
主　　任　苏爱萍（女）
副 主 任　张振宇　方栋才　林瑞都

机构编制委员会办公室
主　　任　连新良
副 主 任　吴家斌　陈力同

市直机关工作委员会
书　　记　白楠生（–2015.05）高玉凤（女，2015.05–）
副 书 记　许映霞（女）章孝敏　吴作俊
纪工委书记　许映霞（女）

老干部局
局　　长　陈　波
副 局 长　张化远　黄琴云（女）汤晓祥

关工委办公室
主　　任　陈　波
副 主 任　蔡仁燕

市委党校
校　　长　诸葛承志（–2015.06）姚高员（2015.06–）
常务副校长　张纯芳
副 校 长　潘忠强　郑金平　蒋儒标
纪检组长　王其华
教 育 长　林冬晓

行政学院
院　　长　陈作荣
常务副院长　张纯芳
副 院 长　潘忠强　郑金平　蒋儒标

社会主义学院
院　　长　郑朝阳（女，兼）
常务副院长　张纯芳
副 院 长　许若真（女，兼）潘忠强　郑金平　蒋儒标

温州公共管理学院
院　　长　张纯芳
副 院 长　潘忠强　郑金平　蒋儒标

社会科学院
院　　长　张纯芳（兼）

副 院 长　潘忠强（兼）

党史研究室（地方志编纂委员会办公室）
主　　任　赵降英（女）
副 主 任　赵万磊　魏仕阔

文明办
主　　任　邱小侠（女）
副 主 任　陈纪勇　丁柏强
　　　　　诸正平　余　程

档案局（馆）
局（馆）长　万邦联
副局（馆）长　邱东荣　王高荣　张蜀孟
党组书记　万邦联

接待办
主　　任　朱增岳（兼）
党组书记　朱增岳（兼）

温州日报报业集团
社　　长　方立明
总　　编　杜　宇
副 社 长　杜　宇　吴伯正　薛小元
　　　　　郭乐天（回族）瞿冬生
　　　　　叶绍敏　郑式平　鲍剑胜
　　　　　张春校　潘建中　金可生
党委书记　方立明
副 书 记　杜　宇
纪委书记　朱　环（女）
科技金融时报副总编辑　杨雨后

温州市第十二届人大常委会
主　　任　陈笑华（女）
副 主 任　黄德康　孟建新　卓高柱
　　　　　王小同　潘孝政
　　　　　李步鸣　厉秀珍（2015.02–）
秘 书 长　蔡晓真（女）
委员（按姓氏笔画排列）
　　　　　王旭东　王忠宝　王建中　毛敏秀　方家柱
　　　　　尹进飞　厉育平　叶林竑　叶明德　连庆泉
　　　　　任明龙　吴国联　吴琪捷　吴增业　谷献旦
　　　　　张大光　张国光　张建民　陈永聪　陈伟民
　　　　　陈芳铭（–2015.05）陈国龙　陈珍文　邵奇星
　　　　　林济晚　林娟娟（女）周　辉　周文珍（女）
　　　　　周德光　赵松涛　施艾珠（女，–2015.04）
　　　　　夏克潘　徐基长　麻金国　阎　健　鲁爱民（女）
　　　　　赖　颖　虞友义　蔡永进　蔡建胜　潘玉花（女）
副秘书长　赖　颖　阎　健　毛敏秀
党组书记　陈笑华（女）
副 书 记　黄德康　孟建新

市人大常委会工作部门
办公室
主　　任　赖　颖
副 主 任　王显初　吴力绚（女）陈　坚　傅剑成
纪检组长　颜小萍（女，–2015.09）

纪检组
组　　长　邹跃新（2015.09–）
副 组 长　颜小萍（女，2015.09–）

研究室
主　　任　陈伟民
副 主 任　陈成虎

法制工作委员会
主　　任　张国光
副 主 任　周德光　王旭东　徐彦玮

财政经济工作委员会
主　　任　叶林竑
副 主 任　张大光

预算工作委员会
主　　任　蔡永进
副 主 任　郑　滨　黄志钢

教育科学文化卫生工作委员会
主　　任　谷献旦
副 主 任　赵松涛　徐文理

民族宗教华侨外事工作委员会
主　　任　潘玉花（女）
副 主 任　周顺来　许　瓯

城乡建设环境保护工作委员会
主　　任　吴增业
副 主 任　蔡建胜　徐基长　唐克勤

农村和资源保护工作委员会
主　　任　周文珍（女）
副 主 任　周　辉　麻金国　蔡少盾

代表工作委员会
主　　任　陈永聪
副 主 任　方家柱　周世煊

温州市人民政府
市　　长　陈金彪（–2015.04）徐立毅（代，2015.04–）
副 市 长　陈作荣　陈　浩（–2015.02）苗伟伦（2015.08–）
　　　　　任玉明（–2015.12）王祖焕（回族）胡纲高
　　　　　郑朝阳（女）孔海龙（–2015.06）王毅（挂职）

陈建明（2015.02–）
党组书记　陈金彪（–2014.04）徐立毅（2015.04–）
副书记　陈作荣　朱忠明（–2015.07）
秘书长　谢树华
副秘书长　王靖高　赵有力（2015.05–）贾焕翔（–2015.01）
张继烈(–2015.03）叶世强　郑秋文(女,–2015.09）
丁福良（回族）赵典霖（–2015.09）
陈宣安（–2015.06）陈　俊　王仁博
彭魏滨（2015.10–）吕朝晖
林联初（兼，–2015.03）张震宇（兼）
朱增岳（兼，–2015.03）陈　旭（兼，–2015.03）
鲍小瓯（兼，–2015.03）狄鸿鹄（兼，–2015.03）
章剑青（兼，–2015.03）郑邦良（兼）
王振勇（兼，–2015.03）吴高宏（兼，–2015.03）

政府部门机构

办公室

主　任　王靖高
副主任　周一富（2015.09–）李水旺（2015.09–）
潘晓勇（–2015.09）方培雷　江　春
党组书记　谢树华
副书记　王靖高
纪检组长　李水旺（–2015.09）
阮云富（正县长级，2015.09–）
副组长　付海波（2015.09–）

发展和改革委员会

主　任　方勇军
副主任　朱荣姆　郭天军　张祖新　周建清　金　浩
邵为平（女）胡卫华（女，挂职，–2015.07）
党委书记　方勇军
副书记　朱荣姆
纪检组长　唐　春

服务业发展局

局　长　高　艺（–2015.09）

经济和信息化委员会

主　任　梁　超（–2015.09）周启政（2015.09–）
副主任　周启政（–2015.09）徐竹良　毛必土　朱　鲲
赵　斌　杨利恒（挂职，2015.08–）
总工程师　郑柳伟
党委书记　梁　超（–2015.08）周启政（2015.09–）
副书记　周启政（–2015.09）
纪检组长　孙有明

教育局

局　长　郑建海
副局长　张志宏（–2015.02）安　晋（女）
伍　挺（2015.07–）戚德忠　白炳兴
党委书记　郑建海
副书记　张志宏（–2015.01）
纪检组长　蔡亚里

人民政府教育督导室

主　任　孔海龙（兼，–2015.02）
郑朝阳（女，兼，2015.02–）
常务副主任　郑建海
副主任　王剑波

科学技术局（市地震局）

局　长　徐顺东
副局长　卢智远　金传顺　匡连庭
陈　新（挂职，2015.08–）
党委书记　徐顺东
副书记　卢智远
纪检组长　朱　敏

民族宗教事务局

局　长　陈锋进
副局长　郑宏国（女，–2015.06）叶军毕　陈碎训
肖　益　马建星（2015.08–）
党组书记　陈锋进
副书记　郑宏国（女，–2015.05）叶军毕（2015.07–）
纪检组长　肖　益

公安局

局　长　黄宝坤
常务副局长　沈　强
副局长　李江晖　陈锋进
金凌森（保留正县长级，2015.09起由兼职改专职）
郑建国　吴国钱　叶望庆　胡松权　张文伟
王　造　冯蒋龙（2015.06–）陈伟忠（兼）
党委书记　黄宝坤
副书记　沈　强　李江晖（2015.05–）
纪委书记　胡松权（–2015.05）曾绪贤（2015.05–）
政治部主任　冯蒋龙（–2015.05）李　伟（2015.05–）

监察局

局　长　徐有平
副局长　韩建海（–2015.05）朱建和（–2015.05）
王丽峰（女，–2015.09）陈君身（2015.09–）
吴文玲（女，2015.05–）龚大昕（2015.09–）

民政局（社会工作局）

局　长　李爱燕（女，–2015.04）白楠生（2015.05–）
副局长　陈宏鸣（–2015.10）林乃排（2015.10–）
项云玮（女，兼，–2015.09）王朝掌（–2015.10）
倪忠礼　王绍寅　蒋义炮（兼，–2015.09）
梁　彬
党组书记　李爱燕（女，–2015.02）白楠生（2015.05–）
副书记　陈宏鸣（–2015.09）林乃排（2015.09–）

纪检组长　杜　朔

移民安置办公室
主　　任　李爱燕（兼，女，–2015.03）
　　　　　白楠生（兼，2015.05–）
副 主 任　项云玮（女）

社会工作委员会办公室
主　　任　李爱燕（兼，女，–2015.02）
　　　　　白楠生（兼，2015.05–）
副 主 任　王绍寅

老龄工作委员会办公室
主　　任　蒋义炮

司法局
局　　长　颜华跃
副 局 长　朱进龙　詹振灼　程鸿伟　戴国苍
党委书记　颜华跃
纪委书记　唐素洁（女）
政治部主任　詹振灼（兼）

财政局
局　　长　余中平
副 局 长　朱定钧（2015.09 起正县长级改为保留正县实职待遇）
　　　　　黄夏日　孙建伟　林江帆
总会计师　张国光
党组书记　余中平
副 书 记　朱定钧
纪检组长　卢小平（女）

人力资源和社会保障局
局　　长　陈进达（–2015.05）　徐顺聪（2015.05–）
副 局 长　邹跃新（–2015.09）　徐　群　陈志刚　董旭辉
　　　　　胡正长
党组书记　陈进达（–2015.04）　徐顺聪（2015.04–）
副 书 记　邹跃新（–2015.09）
纪检组长　胡凯生

国土资源局
局　　长　陈景宝
副 局 长　苏立盛　陈林克　王永力　程建春
总规划师　麻晓敏
党委书记　陈景宝
副 书 记　苏立盛
纪委书记　金华军

规划局
局　　长　叶建辉
副 局 长　徐少云（–2015.05）　周晨晖　陈　沧
　　　　　彭魏滨（–2015.10）　张　静（女）
总规划师　张　静（女，兼）
党组书记　叶建辉
副 书 记　徐少云（–2015.04）　周晨晖

测绘与地理信息局
局　　长　叶建辉
副 局 长　徐少云（–2015.05）　陈　沧　彭魏滨（–2015.10）
　　　　　张　静（女）

住房和城乡建设委员会
主　　任　周守权
副 主 任　陈高鲁　罗宏图（–2015.05）
　　　　　杨　毅　余跃彬
　　　　　李晓群（2015.05–）　戴旭强
总工程师　林道友
党委书记　周守权
副 书 记　陈高鲁
城建系统纪工委书记　王敬东

房产管理局
局　　长　杨　毅（兼，–2015.05）

城市管理与行政执法局
局　　长　李世斌
副 局 长　吴松海（–2015.10）　陈　琳　王朝掌（2015.10–）
　　　　　姚志泉　李晓群（–2015.05）　陈桂雷　谷一超
党组书记　李世斌
副 书 记　吴松海（–2015.09）
纪检组长　陈　虹（女，–2015.09）

园林局
局　　长　姚志泉（兼，–2015.05）　张华义（2015.05–）

交通运输局
局　　长　董庆华
副 局 长　徐锦栋　蒋理江　张银华　沈伟卿
　　　　　黄定恩（–2015.09）　邱向真（女，2015.09–）
　　　　　丁　亮（兼）
总工程师　许人平
党委书记　董庆华
副 书 记　徐锦栋
纪检组长　陈　劼

港航管理局
局　　长　黄定恩（兼，–2015.09）
副 局 长　林兴奇（保留副县长级）
　　　　　夏　鸣（保留副县长级）

公路管理局（公路路政管理支队）
局长（支队长）　连真毅
党委书记（政委）　连真毅

道路运输管理局

局　　长　吴光福
副 局 长　姜刚义（保留副县长级）
党委书记　吴光福

水利局（珊溪水利枢纽管理局）

局　　长　王振勇（-2015.09）　项国生（2015.09-）
副 局 长　李红健　钟建平　薛盛况　张维林　饶道奖
　　　　　汪得月 (2015.03-)
总工程师　王林素
党组书记　王振勇（-2015.09）　项国生（2015.09-）
副 书 记　李红健（2015.09-）
纪检组长　高　艺（2015.09-）

农业局

局　　长　王蛟虎（-2015.04）　张亨利（2015.05-）
副 局 长　吴周富（2015.05-）　雷大取（畲族,-2015.05）
　　　　　谢小荣　王志旭　杨靠山　林志保
　　　　　孙崇波（挂职，2015.08-）
党组书记　王蛟虎（-2015.02）　张亨利（2015.04-）
纪检组长　郑大利
总农艺师　戴文虎

畜牧兽医局

局　　长　黄成骞

商务局

局　　长　陈向东
副 局 长　应希克（-2015.05）　宋金理（2015.07-）
　　　　　潘平平　陈　健　叶朝阳
党组书记　陈向东
副 书 记　应希克（-2015.04）　周启政（兼，-2015.09）
　　　　　宋金理（2015.07-）
纪检组长　李国听

网络经济局

局　　长　陈向东
副 局 长　周启政（兼，-2015.09）　叶朝阳（兼）

文化广电新闻出版局

局　　长　吴　东
副 局 长　李　震　陈朴忠（-2015.05）　柳升高　梅　阳
党组书记　吴　东
副 书 记　李　震
纪检组长　章万真

卫生局（因机构改革于 2015.01 撤销）

局　　长　程锦国（-2015.02）
副 局 长　徐　斌（-2015.02）　蔡文云（-2015.02）
　　　　　吴文玲（女，-2015.02）　吴尚斌(-2015.02）
党委书记　程锦国（-2015.01）
副 书 记　徐　斌（-2015.01）

人口和计划生育委员会（因机构改革于 2015.01 撤销）

主　　任　朱云华（女，-2015.01）
副 主 任　王文亮（-2015.02）　陈乐慧（女，-2015.02）
　　　　　陈继忠（兼，-2015.02）　章建新（-2015.02）

卫生和计划生育委员会（因机构改革于 2015.01 组建成立）

主　　任　程锦国（2015.02-）
副 主 任　徐　斌（2015.02-）　蔡文云（2015.02-）
　　　　　王文亮（2015.02-2015.05）
　　　　　吴文玲（女，2015.02-2015.05）
　　　　　陈乐慧（女，2015.02-）　陈继忠（2015.02-）
　　　　　吴尚斌（2015.02-）　章建新（2015.02-）
党委书记　程锦国（2015.01-）
副 书 记　徐　斌（2015.01-）
纪检组长　赵新华（2015.09-）

审计局

局　　长　雷文东（畲族）
副 局 长　吴娜丽（女）　陈　健　尤业先　谢　立
总审计师　李秀峰（女）
党组书记　雷文东（畲族）
副 书 记　吴娜丽（女）
纪检组长　潘建国

环境保护局

局　　长　郑建忠
副 局 长　胡正武　郑小小　林　曙（-2015.09）　陈伯祥
　　　　　瞿自杰（兼，-2015.09）　王进光
总工程师　高永兴
党组书记　郑建忠
副 书 记　胡正武
纪检组长　王益民

温瑞塘河管委会

主　　任　郑建忠（兼）
副 主 任　瞿自杰（-2015.09）

体育局

局　　长　亓　宾
副 局 长　方志方（兼，-2015.09）　朱跃斌（-2015.05）
　　　　　冯志良　邢永汉
党组书记　亓　宾
纪检组长　彭永松

统计局

局　　长　赵有力（-2015.05）　陈宣安（2015.05-）
副 局 长　赖晓华（女）　高　技（-2015.09）　郑黎明
　　　　　朱园园（女）
总统计师　郑黎明（-2015.09）　高顺岳（2015.09-）

党组书记　赵有力（–2015.05）陈宣安（2015.05–）
副 书 记　赖晓华（女）

林业局
局　　长　潘建炳
副 局 长　林传平　杨继雄　郑照明
党组书记　潘建炳
副 书 记　林传平

海洋与渔业局
局　　长　黄　涛（–2015.05）汤筱疏（2015.05–）
副 局 长　陈海鹏（–2015.05）周建波　陈元武
总工程师　孔万荣
党组书记　黄　涛（–2015.04）陈芳铭（2015.04–）
副 书 记　陈海鹏（–2015.05）
纪检组长　王永望

旅游局
局　　长　张纯洁
副 局 长　余爱玉（女）陈秉辉　杨茂富（2015.09–）
党组书记　张纯洁
副 书 记　余爱玉（女）
纪检组长　董金花（女）

粮食局
局　　长　章　晟
副 局 长　何永平　金炳松　柯　溪
党组书记　章　晟

外事办公室（港澳事务办公室）（因机构改革于 2015.01 撤销）
主　　任　邱华萍（女，–2015.04）
副 主 任　陈瓯平（–2015.03）朱玉贵（–2015.03）
　　　　　周怀中（–2015.03）
党组书记　邱华萍（女，–2015.02）
副 书 记　陈瓯平（–2015.02）

侨务办公室（因机构改革于 2015.01 撤销）
主　　任　鲍卫翔（–2015.04）
副 主 任　许　捷（女，–2015.03）周海平（–2015.03）
党组书记　鲍卫翔（–2015.02）

外事侨务办公室（港澳事务办公室）（因机构改革于 2015.01 组建成立）
主　　任　邱华萍（女，2015.04–）
副 主 任　陈瓯平（2015.03–）朱玉贵（2015.03–）
　　　　　周怀中（2015.03–）
党组书记　邱华萍（女，2015.02–）
副 书 记　陈瓯平（2015.02–）

法制办公室
主　　任　章剑青
副 主 任　张胜海　方海金　张红戈（女）
　　　　　李占荣（挂职，2015.08）
党组书记　章剑青
党组副书记　张胜海

信访局
局　　长　章公华（–2015.05）谢逢越（2015.05–）
副 局 长　徐伟中（–2015.09）瞿自杰（2019.09–）
　　　　　朱　翼　孔繁新　翁结群
党组书记　章公华（–2015.05）谢逢越（2015.05–）
党组副书记　徐伟中（–2015.09）瞿自杰（2019.09–）
纪检组长　汪水祥（–2015.09）

安全生产监督管理局
局　　长　贾焕翔（2015.01–）
副 局 长　王文胜（–2015.08）徐伟中（2015.09–）周朝明
总工程师　林　铁
党组书记　贾焕翔（2015.01–）
副 书 记　王文胜（–2015.08）徐伟中（2015.09–）
纪检组长　赵新华（–2015.09）王　珏（2015.09–）

人民防空办公室（民防局）
主任（局长）魏学勋（2015.01–）
副主任（副局长）李月祥　缪　枫　胡希良　林朝辉（兼）
党组书记　魏学勋

市场监督管理局
局　　长　鲍小瓯
副 局 长　高金纯（–2015.05）郑祖洪（–2015.05）吴宇东
　　　　　胡黎芸　陈育槐　陈　杰（–2015.02）陈云源
　　　　　周星藏　王建伟
党组书记　曾云传（–2015.02）鲍卫翔（2015.02–）
副 书 记　许益伟（–2015.04）高金纯（–2015.04）
纪检组长　张小娥（女）

工商行政管理局
局　　长　鲍小瓯
副 局 长　高金纯（–2015.05）郑祖洪（–2015.05）吴宇东
　　　　　胡黎芸　陈育槐　陈　杰（–2015.02）陈云源
　　　　　周星藏　王建伟

食品药品监督管理局
局　　长　鲍小瓯
副 局 长　高金纯（–2015.05）郑祖洪（–2015.05）
　　　　　吴宇东　胡黎芸　陈育槐　陈　杰（–2015.02）
　　　　　陈云源　周星藏　王建伟

食安办
主　　任　鲍小瓯
副 主 任　许益伟（–2015.04）高金纯（–2015.05）
　　　　　郑祖洪（–2015.05）吴宇东　胡黎芸　陈育槐

陈　杰（–2015.02）陈云源　周星藏　王建伟
杨靠山（兼）吴文玲（兼，女，–2015.05）
梁世盛（兼）

温州市质量技术监督局

局　　长　朱云华（2015.01–）
副 局 长　梁世盛　顾建林　王清秀
党委书记　朱云华（女）
纪委书记　蔡建林（–2015.04）蔡开辉（2015.07–）
总工程师　余　玮

机关事务管理局

局　　长　吴高宏
副 局 长　戈方武（–2015.05）王敏强　严　华（2015.09–）
郑祥远
党组书记　吴高宏
纪检组长　郑祥远

金融工作办公室

主　　任　张震宇
副 主 任　田　斌（–2015.04）叶新明　余　谦（2015.08–）
顾　威（–2015.05）汪　锋（–2015.08）
张将来（–2015.05）
雷新途（畲族，挂职，2015.08–）
党组书记　张震宇
纪检组长　陈汉云

市地方金融管理局

局　　长　张震宇
副 局 长　田　斌（–2015.04）叶新明（–2015.08）
顾　威（–2015.05）汪　锋（–2015.08）
张将来（–2015.05）沈显克（2015.08–）

金融综合改革试验区实施领导小组办公室

副 主 任　余　谦

招商局（政府经济合作交流办公室）（因机构改革于2015.01组建成立）

局　　长（主任）郑邦良
副 主 任（主任）宋金理（–2015.07）刘飞华（女，–2015.05）
朱建云　叶宋孝（兼）姜少杰
党组书记　郑邦良
副 书 记　宋金理（–2015.07）

温州商会工作委员会

书　　记　郑邦良
副 书 记　宋金理（–2015.07）
专职副书记　叶宋孝

国有资产监督管理委员会

主　　任　刘　峰
副 主 任　章　炜　缪克适　李建军　黄定贵
党委书记　刘　峰
总经济师　池　清
纪工委书记　何建光

政府派出机构

行政审批管理办公室（市公共资源交易管理委员会办公室）

主　　任　王延申
副 主 任　黄　靖　戴振韬（–2015.05）熊洪庆
潘传发（–2015.05）柯小敏
党组书记　王延申
副 书 记　黄　靖
纪检组长　周坚红（女，2015.09–）

公共资源交易与行政审批服务中心

主　　任　柯小敏（–2015.05）詹尔成（2015.05–）

温州经济技术开发区管委会（因机构改革于2015.04撤销）

主　　任　徐蓬勃（–2015.05）
副 主 任　郑　俊（–2015.05）黄伟龙（–2015.05）
郑炳停（–2015.05）虞立清（–2015.05）
董学德（–2015.05）
党委书记　徐蓬勃（–2015.04）
副 书 记　郑　俊（–2015.04）
纪委书记　夏禹浆（–2015.04）

浙南产业集聚区管委会（温州经济技术开发区管委会）（因机构改革于2015.04成立）

主　　任　徐蓬勃（2015.05–）
常务副主任　王爱光（2015.05–）
副 主 任　郑　俊（2015.05–）黄伟龙（2015.05–）
郑炳停（2015.05–）夏禹浆（2015.05–）
金旭东（2015.05–）虞立清（2015.05–）
沈林杰（2015.05–）董学德（2015.05–）
朱　城（2015.05–）王学锋（2015.05–）
党委书记　徐蓬勃（2015.04–）
副 书 记　王爱光（2015.04–）郑　俊（2015.04–）
纪委书记　张福祯（2015.04–）

温州高新技术产业开发区管委会

第一主任　孔海龙（兼，–2015.06）
胡纲高（兼，2015.09–）
主　　任　陈应许
常务副主任　阮云富（正县长级，–2015.09）
赵典霖（正县长级，2015.09–）
副 主 任　李道钮　匡连庭（兼，–2015.09）
周建清（兼，–2015.09）
党委第一书记　孔海龙（兼，–2015.06）
胡纲高（兼，2015.09–）
党委书记　王　军
副 书 记　陈应许　阮云富（–2015.09）赵典霖（2015.09–）

温州生态园管委会

主　　任　金叶斌（-2015.05）王爱香（女，2015.05-）
副 主 任　王爱香（女，-2015.05）余作喜　林　彬
　　　　　叶荣山　叶雪影（女）叶治台
党委书记　金叶斌（-2015.04）王爱香（女,2015.04-）
副 书 记　王爱香（女,-2015.04）
纪委书记　曾文山
大罗山综合管理办公室主任　朱汝东

瓯江口新区开发建设管委会（2015.05 更名）

主　　任　姜增尧（-2015.05）
副 主 任　谢作雄（-2015.05）苏文龙（-2015.05）
　　　　　褚建成（-2015.01）彭建锦（-2015.05）
　　　　　谢忠诚（-2015.05）
总工程师　周　舟（-2015.05）
党委书记　朱忠明（-2015.05）
副 书 记　姜增尧（-2015.05）

温州瓯江口产业集聚区管理委员会（瓯江口新区开发建设管委会于 2015.05 更名）

主　　任　姜增尧（-2015.05）
副 主 任　谢作雄（2015.05-）苏文龙（2015.05-）
　　　　　彭建锦（2015.05-）谢忠诚（2015.05-）
　　　　　黄少燕（女，2015.05-）
总工程师　周　舟（2015.05-）
党委书记　朱忠明（2015.05-2015.07）
副 书 记　姜增尧（2015.05-）

瓯飞开发建设管理委员会（因机构改革于 2015.04 撤销）

主　　任　王爱光（-2015.05）
副 主 任　金旭东（-2015.05）沈林杰（-2015.05）
　　　　　朱　城（-2015.05）王学锋（-2015.05）
　　　　　陈海鹏（兼，-2015.05）
总工程师　林登荣（-2015.05）
党委书记　王爱光（-2015.04）
纪委书记　张福祯（-2015.04）

温州市人民政府驻北京联络处

主　　任　高　武（-2015.05）陈海鹏（2015.09-）
副 主 任　陈海鹏（2015.05-2015.09）翁结群（兼）肖　剑

温州市人民政府驻杭州办事处

主　　任　吴松海（2015.09-）
副 主 任　张妙娟（女，-2015.09）

政协第十届温州市委员会

主　　席　包哲东（-2015.02）余梅生（2015.02-）
副 主 席　余梅生(-2015.02)　徐育斐(女)　章方璋　黄兆鸽
　　　　　夏克栋　王益琪　潘长旺　王振滔
　　　　　黄寿龙（2015.02-）
　　　　　施艾珠（女，2015.02-2015.08）
秘 书 长　陈伟光
常务委员（按姓氏笔画排列）
　　　　　丁丽燕（女）丁春民　王友松（-2015.02）
　　　　　王则左　卢剑平（女）叶忠华　叶育登　包秀松
　　　　　包其敏　朱诗力　朱维芳　汤春雷　安　晋（女）
　　　　　许　捷（女）许若真（女）孙　毅（女,-2015.02）
　　　　　苏孝永　李　丹　李　群　李星涛　杨星星（女）
　　　　　吴朝骞　吴惠芳（女）余献光　邹跃飞　应维贤
　　　　　张　静（女）张小燕（女）张汉鸣　张贤良
　　　　　张筱骅　陈　锋　陈书华　陈后生　陈呈新
　　　　　陈建民　陈晓甜（女）陈爱岳（女）陈慕林
　　　　　林春霞（女，2015.02-）周　光　周有铭
　　　　　周启政　庞　健　郑志强　郑翠苹（女）项献忠
　　　　　赵文斌　胡　侠　胡未央（女）胡经云　胡钧瀚
　　　　　姜伟钢　夏岳谦　夏新天　钱晓薇（女）徐建国
　　　　　徐强中　翁银巧　黄少铭　黄林华　黄宗克
　　　　　曹　强　戚列雄　符丕盛　彭　星
　　　　　董伟光（-2015.08）释芳振　谢小荣（2015.02-）
　　　　　雷朝阳（畲族）虞秋生　鲍小瓯　蔡灵跃
　　　　　蔡贻象　潘一新　戴嘉宝
副秘书长　吴朝骞　吴惠芳（女）夏岳谦
　　　　　董伟光（-2015.08）卢剑平（女）赵文斌
　　　　　叶忠华　林联初（2015.04-）
　　　　　林春霞（女，-2015.04）陈慕林（兼）
　　　　　曹　强（兼）陈建民（兼）叶育登（兼）
　　　　　孙　毅（女，兼，-2015.02）丁春民（兼）
　　　　　周有铭（兼）
党组书记　包哲东（-2015.04）余梅生（2015.04-）
副 书 记　余梅生（-2015.04）章方璋（2015.04-）

政协工作部门

办公室

主　　任　吴朝骞
副 主 任　林春霞（女，-2015.04）厉建荣　郑庆惕
纪检组长　汪建成（-2015.09）

纪检组

组　　长　陈　虹（女，2015.09-）
副 组 长　汪建成（2015.09-）

研 究 室

副 主 任　张化雨

提案委员会

主　　任　夏岳谦（-2015.04）
　　　　　林春霞（女，2015.04-）
副 主 任　何　平

经济建设委员会

主　　任　陈后生
副 主 任　林金荣　吕德燎

城乡建设委员会
主　　任　黄宗克
副 主 任　陈希修

人口资源环境保护委员会
主　　任　虞秋生
副 主 任　庄振亚

科教文卫体委员会
主　　任　汤春雷
副 主 任　蒋露平（女）　郑宇杰

社会与民族宗教委员会
主　　任　陈书华
副 主 任　蔡阳光　陈晓甜（女，兼）

法制建设委员会
主　　任　姜伟钢
副 主 任　潘锦雷（–2015.05）　高　技（2015.09–）

文史资料委员会
主　　任　胡　侠
副 主 任　叶定强

政协委员工委
主　　任　黄林华
副 主 任　阎克学

港澳台侨委员会
主　　任　潘一新
副 主 任　林宏华

温州军分区
司 令 员　任明龙
政治委员　潘学军
副司令员　唐社教
参 谋 长　张道义
副参谋长　林朝辉
政治部主任　吴仿根
副 主 任　吴海云（–2015.07）
　　　　　朱　涛（2015.07–）
后勤部部长　黄春阳（–2015.03）
　　　　　　于章洪（2015.03–）
副 部 长　凌王兴
党委第一书记　陈一新（–2015.12）
党委书记　潘学军
党委副书记　任明龙
纪委书记　吴仿根
纪委副书记　林朝辉
　　　　　　吴海云（–2015.07）
　　　　　　朱　涛（2015.07–）　凌王兴

司法机关
温州市中级人民法院
院　　长　徐建新
副 院 长　于　伟（–2015.04）　郑永胜（–2015.04）
　　　　　林　跃（–2015.04）　陈有为　丁筱海（2015.04–）
　　　　　邱志丰　杨际平（2015.04–）　潘光林（2015.04–）
党组书记　徐建新
副 书 记　于　伟（–2015.04）　陈有为（2015.04–）
纪检组长　王一炬
政治部主任　丁筱海（–2015.04）　张　毅（2015.04–）
专职委员　陈　晔　戎小平　袁渭生（–2015.04）
　　　　　陈积业（2015.04–）

温州市人民检察院
检 察 长　俞秀成
副检察长　王卫平（–2015.04）　陈士民（–2015.04）
　　　　　黄曙峰　黄清钰　林越坚　赵卫华（2015.04–）
　　　　　王美鹏（2015.04–）
党组书记　俞秀成
副 书 记　黄曙峰（2015.04–）
纪检组长　项有国
政治部主任　吴成钢（–2015.04）　林长汉（2015.04–）
专职委员　江红鹰（女）　李晓锦

民主党派及工商联机关
民革温州市委员会
主　　委　王小同（兼）
副 主 委　陈慕林　蔡贻象（兼）　诸葛启钏（兼）
秘 书 长　陈慕林（兼）

民盟温州市委员会
主　　委　潘长旺（兼）
副 主 委　曹　强（–2015.05）　何　民（2015.05–）
　　　　　方　青（女，兼）　陈良明（兼）　张秀华（女，兼）
秘 书 长　曹　强（兼）

民建温州市委员会
主　　委　徐育斐（女，兼）
副 主 委　陈建民　金克明（兼）
　　　　　庞　健（兼）　虞友义（兼）

民进温州市委员会
主　　委　夏克栋（兼）
副 主 委　叶育登　林济晚（兼）
　　　　　王丽峰（女，兼）
　　　　　卢剑平（女，兼）

农工党温州市委员会
主　　委　连庆泉（兼）
副 主 委　孙　毅（女，–2015.02）　陈伟峰（2015.09–）
　　　　　褚　坚（兼）　郑志强（兼）　王　谦（兼）

致公党温州市委员会
主　　委　鲍小瓯（兼）
副 主 委　丁春民　金丽琴（女，兼）　钱晓薇（女，兼）

九三学社温州市委员会
主　　委　黄兆鸽
副 主 委　胡晓霞（女,2015.09-）　周健民（兼）　黄少铭（兼）
　　　　　胡扬五（兼）

温州市工商联执行委员会
主　　席　王振滔（兼）
副 主 席　陈芳铭（-2015.04）　夏克潘（2015.04-）
　　　　　周有铭　徐欣隆　赵文冕　吴宇东（兼）
　　　　　胡玲玲（女，兼）　孙绍丁（兼）　郑晨爱（兼）
　　　　　邱光和（兼）　李国胜（兼）　倪明连（兼）
　　　　　彭　星（兼）　王忠芳（兼）　朱爱武（女，兼）
　　　　　李跃胜（兼）　陈道荣（兼）　项献忠（兼）
　　　　　杨锡舟（兼）　钱金波（兼）　戚列雄（兼）
　　　　　潘志坚（兼）　张伟聪（兼）
党组书记　陈芳铭（-2015.04）　夏克潘（2015.04-）

群团组织

温州市总工会
主　　席　王益琪
副 主 席　程龙凤　王建中（-2015.04）　童裳显　李云中
　　　　　刘金丹（女）
党组书记　程龙凤
副 书 记　王建中（-2015.04）

共青团温州市委员会
书　　记　王忠宝（-2015.05）　林小露（2015.05-）
副 书 记　李　群（-2015.05）　沈　醒
　　　　　黄少燕（女，-2015.05）　王伽伽（2015.05-）
　　　　　徐顺和（2015.05-）
党组书记　王忠宝（-2015.05）　林小露（2015.05-）

温州市妇女联合会
主　　席　鲁爱民（女，-2015.05）
　　　　　林　琼（女，2015.05-）
副 主 席　陈晓甜（女，-2015.05）
　　　　　吴小平（女）
　　　　　吴晓娟（女）
党组书记　鲁爱民（女，-2015.05）　林　琼（女，2015.05-）
党组副书记　陈晓甜（女，-2015.05）

温州市科学技术协会
主　　席　张建民
副 主 席　周益好（女）　戴维文　瞿　佳（兼）
　　　　　徐和昆（兼）　薛　伟（兼）　孙建伟（兼）
　　　　　金传顺（兼）　张志宏（兼，-2015.01）
党组书记　张建民

温州市归国华侨联合会
主　　席　余梅生（兼，-2015.04）　王丽峰（女，2015.04-）
副 主 席　应凤娟（女，-2015.04）　林春雷（2015.04-）
　　　　　李国胜（兼，-2015.04）　翁银巧（兼）
　　　　　陈青墨（兼，-2015.04）　黄品松（兼，-2015.04）
　　　　　陈国华（兼）　虞安林（兼）　胡立井（兼）
　　　　　朱明明（兼，-2015.04）　刘光华（兼，2015.04-）
　　　　　钱晓薇（女，兼，2015.04-）
　　　　　曹国荣（兼，2015.04-）
　　　　　李月萍（女，兼，2015.04-）
　　　　　周祥薇（女，兼，2015.04-）
党组书记　应凤娟（女，-2015.04）　许益伟（2015.04-）

温州市文学艺术界联合会
主　　席　吴琪捷（-2015.05）　邹跃飞（2015.05-）
副 主 席　谢子康　邹跃飞(-2015.05)　王晓峰(兼,-2015.04)
党组副书记　吴琪捷（-2015.05）

温州市社会科学界联合会
主　　席　徐顺聪（-2015.04）
副 主 席　张　京　卢　达　唐闻捷（兼）　赵　敏（兼）
　　　　　潘忠强（兼）
党组书记　徐顺聪（-2015.04）

温州市残疾人联合会
理 事 长　夏克潘（-2015.09）　郑宏国（2015.09-）
副理事长　林　慧　周良华
党组书记　夏克潘（-2015.05）　郑宏国（2015.05-）

温州市红十字会
会　　长　孔海龙（兼，-2015.04）　陈建明（兼，2015.04-）
副 会 长　高玉凤（女，-2015.05）　陈晓甜（女，2015.05-）
　　　　　姚庆国　潘松华　叶世强（兼，-2015.04）
　　　　　朱定均（兼）　安　晋（兼）　吴尚斌（兼）
　　　　　吴家斌（兼）　陈肖鸣（兼）　蒋义炮（兼）
　　　　　戴嘉宝（兼）
党组书记　高玉凤（女，-2015.05）　陈晓甜（女，2015.05-）

中国国际贸易促进委员会温州市支会
会　　长　陈向东（兼）
副 会 长　蔡永旺　陈　琦
党组书记　蔡永旺

直属大中专院校、科研院所

温州大学
党委书记　陈福生
副 书 记　蔡袁强（-2015.07）　李校堃（2015.07-）
　　　　　林娟娟（女）　牟德刚　王北铰（2015.09-）
纪委书记　吴金法
校　　长　蔡袁强（-2015.07）　李校堃（2015.07-）
副 校 长　薛　伟　赵　敏　蔡曙光　黄少铭

温州肯恩大学
党委书记　王北铰
副 书 记　钱　强
校　　长　陆善镇
副 校 长　钱　强　郑晓东（2015.09-）
纪委书记　黄显标（2015.09-）
校务委员会主任　王北铰（-2015.09）
副 主 任　钱　强（-2015.09）曾瑞华（-2015.07）
　　　　　郑晓东（-2015.09）

温州职业技术学院
党委书记　陈光天（-2015.09）王靖高（2015.09-）
副 书 记　丁金昌（-2015.04）谢志远（2015.08-）夏晓军
纪委书记　何　忠
院　　长　丁金昌（-2015.04）谢志远（2015.07-）
副 院 长　兰玉景（畲族）王向红（女）王志梅（女）

温州科技职业学院
党委书记　吕一军（-2015.10）唐闻捷（2015.10-）
党委副书记　徐和昆　王　阳
纪委书记　叶利勇（2015.01-）
院　　长　徐和昆
副 院 长　苏孝永　谢志远（-2015.08）施端银　叶曙光

温州市农科院
党委书记　吕一军
党委副书记　徐和昆　王　阳
院　　长　徐和昆
副 院 长　苏孝永　谢志远（-2015.08）施端银　叶曙光

温州城市大学（温州广播电视大学、温州老年大学、温州市工人业余大学、温州社区大学、温州市广播电视中等专业学校）
党委书记　陈红辉
副 书 记　刘玲玲（女）
纪委书记　胡剑波
校　　长　陈红辉
副 校 长　刘玲玲（女）潘晓光　陈千帆　林崇国

温州体育运动学校
党委书记　谢益中
副 书 记　方志方
校　　长　方志方
副 校 长　卢　峰　林者者　夏　跃（-2015.04）

浙江东方职业技术学院
董 事 长　杨作军
副董事长　戴海东（-2015.09）胡新根（2015.09-）
党委书记　杨作军
副 书 记　戴海东（-2015.09）
院　　长　戴海东（-2015.09）胡新根（2015.09-）
副 院 长　贺文华

黄龙强制隔离戒毒所
第一政委　颜华跃
所　　长　骆　舟
政　　委　王温临
党委书记　戴国苍（兼）

浙江省亚热带作物研究所
所　　长　金　川
副 所 长　林绍生　吴红林

温州市工业科学研究院
院　　长　徐金民
党委书记　徐金民

浙江安防职业技术学院（筹）
党委书记　姜迪清（2015.04-）
副 书 记　金凌森（-2015.09）戴海东（2015.09-）
纪委书记　杨枝立
院　　长　金凌森（-2015.09）戴海东（2015.09-）
副 院 长　胡伟国　杨枝立　黄小中（2015.08-）

市属事业、企业单位
温州市雁荡山风景旅游管委会
主　　任　林万乐
常务副主任　杨书元
副 主 任　刘寅豹　陈利义
党委书记　林晓峰（兼）
副 书 记　林万乐　杨书元
纪委书记　陈利义

雁荡山世界地质公园管委会办公室
主　　任　林万乐

市供销合作社联合社
主　　任　王友松
副 主 任　李建良　林剑敏　应雪飞（女）
党委书记　王友松
纪委书记　金　凯

温州广播电视传媒集团（温州市广播电视总台）
总裁（台长）　杨速辉
总 编 辑　黄建省
副总裁（副台长）　黄建省
　　　　　王晓峰（-2015.04）
　　　　　林贵提（-2015.04）
　　　　　王　莉（女）
　　　　　李志坚　汤焕曜（2015.07-）
总工程师　宋志坚
党委书记　杨速辉
党委副书记　黄建省　王晓峰（-2015.04）
纪委书记　孙智勇（女）

住房公积金管理中心（2015.04 起机构升格为正县级单位）
主　　任　吴坚正（副县长级，–2015.01）　应希克（2015.05–）
党组书记　应希克（2015.04–）

新居民服务管理局（2015.02 机构撤销）
局　　长　林联初（–2015.02）
副 局 长　郑建国（兼，–2015.02）　汪得月（–2015.02）
　　　　　郑　勇（–2015.02）　安　晋（女，兼，–2015.02）
　　　　　章建新（兼，–2015.02）　陈志刚（兼，–2015.02）
党组书记　林联初（–2015.02）

浙江乌岩岭国家级自然保护区管理局
局　　长　严　华（–2015.09）　齐圣阳（2015.09–）
党委书记　严　华（–2015.09）　齐圣阳（2015.09–）

南麂列岛国家级海洋自然保护区管理局
局　　长　方明晓（–2015.01）　周胜荣（2015.01–）
党委书记　方明晓（–2015.01）　周胜荣（2015.01–）

温州空港新区管委会
主　　任　李道钮（–2015.09）　韩包斌（2015.09–）
党委书记　李道钮（–2015.09）　韩包斌（2015.09–）

温州系统流程装备科学研究院
院　　长　胡宋孝
党委书记　胡宋孝

城市建设投资集团有限公司
董 事 长　李道骥
副董事长　徐孟鹤
党委书记　李道骥
副 书 记　徐孟鹤
纪委书记　张华义（–2015.04）
总 经 理　徐孟鹤
常务副总经理　毛小聪
副总经理　朱三平　傅文明　官月圆　金贤珍
总工程师　谢明化

滨江新区建设管理办公室
主　　任　李道骥（–2015.02）
副 主 任　徐孟鹤（–2015.02）　毛小聪（–2015.02）
　　　　　朱三平（–2015.02）　金贤珍（–2015.02）
党委书记　李道骥（–2015.02）
副 书 记　徐孟鹤（–2015.02）

名城建设投资集团有限公司
董 事 长　林时进
副董事长　金胜华
党委书记　林时进
副 书 记　金胜华
纪委书记　王丹军
总 经 理　金胜华
副总经理　王进法（挂职，–2015.09）　吴松泉
　　　　　吴维玲（女，回族）　丁云准（–2015.05）　何晓武
总工程师　张　杰
监事会主席　王丹军

名城建设管理办公室
主　　任　林时进（–2015.02）
副 主 任　金胜华（–2015.02）　王进法（挂职，–2015.02）
　　　　　吴松泉（–2015.02）
党委书记　林时进（–2015.02）
副 书 记　金胜华（–2015.02）

公用事业投资集团有限公司
董 事 长　陈祖明
副董事长　林　杰
党委书记　陈祖明
副 书 记　林　杰　陈超波
纪委书记　陈超波
总 经 理　林　杰
副总经理　叶显国（挂职，–2015.09）　柳瑞海　龚士东
　　　　　严　立　毛林森
总会计师　徐　聪
监事会主席　陈超波

现代服务业投资集团有限公司
董 事 长　杨作军
副董事长　岑　利
党委书记　杨作军
副 书 记　岑　利　朱思月（女）
纪委书记　朱思月（女）
总 经 理　岑　利
副总经理　胡忠明　卢智旭　南品仁
总工程师　林瑞远
监事会主席　朱思月（女）

工业投资集团有限公司
董 事 长　周新波
副董事长　张志东
党委书记　周新波
副 书 记　张志东
纪委书记　林丹艳（女）
总 经 理　张志东
常务副总经理　邓德胜
副总经理　朱为然　南　琪　张贤洪
总会计师　叶　刚
监事会主席　林丹艳（女）

金融投资集团有限公司
副董事长　邱海华
党委副书记　邱海华　吕金记

纪委书记　刘联松
总 经 理　邱海华
常务副总经理　吕金记
副总经理　谢炳坚　徐武敦
总会计师　王秀福
监事会主席　刘联松

交通运输集团有限公司
董 事 长　阮诗科（–2015.05）　叶正社（2015.05–）
副董事长　叶正社（–2015.05）
党委书记　阮诗科（–2015.04）　叶正社（2015.04–）
副 书 记　叶正社（–2015.04）
纪委书记　项旭松（–2015.04）
总 经 理　叶正社
副总经理　梅义勇　邱建欣　黄加坡
总经济师　朱婵婵（女）
监事会主席　项旭松（–2015.05）

交通投资集团有限公司
董 事 长　黄溢涌（–2015.05）　秦　肖（2015.05–）
副董事长　秦　肖（–2015.05）
党委书记　黄溢涌（–2015.04）　秦　肖（2015.04–）
副 书 记　秦　肖（–2015.04）　徐贤林（挂职，–2015.09）
纪委书记　徐贤林（挂职，–2015.09）
总 经 理　秦　肖
副总经理　管连众　胡益铸　李　蛟（–2015.05）
　　　　　林登荣（2015.05–）
总经济师　王道川
总工程师　周列茅
监事会主席　徐贤林（挂职，–2015.09）

温州机场集团有限公司
董 事 长　苏友灿
副董事长　肖　枫
党委书记　苏友灿
副 书 记　肖　枫　周　义
纪委书记　周　义
总 经 理　肖　枫
副总经理　鲍成发　韩　东　廖锡峰　阮长青
监事会主席　周　义

温州港集团有限公司
董 事 长　汤宝林
副董事长　李长江
党委书记　汤宝林
副 书 记　李长江　叶永清
纪委书记　叶永清
总 经 理　李长江
副总经理　杨育孜　薛洪炯　林正梁
总工程师　陈剑钢
监事会主席　叶永清

铁路与轨道交通投资集团有限公司
董 事 长　丁建宇（回族）
副董事长　郑　华
党委书记　丁建宇（回族）
副 书 记　郑　华
纪委书记　詹尔成（–2015.04）
总 经 理　郑　华
副总经理　包秀明（兼）　张向丰　金　林
总工程师　杜运国
总会计师　包秀明
总规划师　童宗煌
总经济师　梁　明
监事会主席　詹尔成（–2015.05）

建设集团有限公司
副董事长　吴　华
副 书 记　吴　华
纪委书记　叶浪克
总 经 理　吴　华
副总经理　赵林峰　丁云准（2015.05–）　刘瑞平（–2015.02）
总经济师　赵林峰
总会计师　余建设（–2015.02）
总工程师　胡正华
监事会主席　叶浪克

温州银行
董 事 长　邢增福
副董事长　吴　华
　　　　　林孝悌（兼，2015.07–）
党委书记　林孝悌
副 书 记　邢增福　吴　华
纪委书记　陈系文（–2015.04）
　　　　　金建康（2015.07–）
行　　长　吴　华
副 行 长　金建康（–2015.07）　李伟明　欧阳韶辉（–2015.04）
　　　　　张劲松（2015.09–）　蔡胜春（2015.09–）
首席信息官　张劲松（–2015.09）
首席风险官　蔡胜春（–2015.09）
监 事 长　陈系文（–2015.05）　金建康（2015.07–）

温州设计集团有限公司
董 事 长　金国平
副董事长　陈春雷（女）
党委书记　金国平
副 书 记　陈春雷（女）
纪委书记　郑松华
总 经 理　金国平
副总经理　李朝晖　陈春雷（女）
总建筑师　项志峰
总工程师　张清华
监事会主席　郑松华

农业发展投资集团有限公司
董 事 长　张　洪
党委书记　张　洪
纪委书记　戴其华
总 经 理　张　洪
副总经理　陆劲松
　　　　　臧颖华　方如胜
监事会主席　戴其华

教育发展投资集团有限公司（2015.01 撤销）
董 事 长　李康和（–2015.01）
党委书记　李康和（–2015.01）
总 经 理　李康和（–2015.01）

体育发展投资集团有限公司（2015.01 撤销）
董 事 长　夏　跃（–2015.01）
党委书记　夏　跃（–2015.01）
总 经 理　夏　跃（–2015.01）

文化发展投资集团有限公司（2015.01 撤销）
董 事 长　陈昆明（–2015.01）
党委书记　陈昆明（–2015.01）
总 经 理　陈昆明（–2015.01）

卫生发展投资集团有限公司（2015.01 撤销）
董 事 长　朱国晓（–2015.01）
党委书记　朱国晓（–2015.01）
总 经 理　朱国晓（–2015.01）

滨海新城投资集团有限公司
董 事 长　叶　汶（2015.09–）
党委书记　叶　汶（2015.09–）
总 经 理　叶　汶（2015.09–）

生态园开发建设投资集团有限公司
董 事 长　徐　静（女）
党委书记　徐　静（女）
总 经 理　徐　静（女）

瓯江口开发建设投资集团有限公司
董 事 长　庄小将（回族）
总 经 理　庄小将（回族）

瓯飞开发建设投资集团有限公司
董 事 长　胡时进
总 经 理　胡时进

雁荡山旅游发展集团有限公司
董 事 长　黄升良
党委书记　黄升良
总 经 理　黄升良

省部属单位

中国人民银行温州市中心支行
行　　长　许加银
副 行 长　蔡灵跃　周松山（–2015.04）周　智
党委书记　许加银
纪委书记　章利平

中国银行业监督管理委员会温州监管分局
局　　长　赵秀乐
副 局 长　钱　敏　娄振武
党委书记　赵秀乐
纪委书记　孙蕙（女）

中国保险监督管理委员会浙江监管局温州监管分局
局　　长　孙峥嵘
副 局 长　潘　军
党委书记　孙峥嵘
纪委书记　潘　军

温州出入境检验检疫局
局　　长　江文虎（–2015.07）姜承松（2015.08–）
副 局 长　朱　杰（–2015.08）周国芳　蒋万扬
　　　　　沈若川（2015.05–）
党组书记　江文虎（–2015.07）姜承松（2015.08–）
纪检组长　戴敏荣（–2015.04）

中国温州海关
关　　长　徐　跃
副 关 长　黄跃民　李友新（2015.08–）朱家泽　管　敏
　　　　　魏　伟（–2015.01）王文波
党组书记　徐　跃

温州市国家税务局
局　　长　骆建升
副 局 长　陈佐军（–2015.01）徐利宁　钱彦富
总经济师　章　力
党组书记　骆建升
副 书 记　陈佐军（–2015.01）
纪检组长　朱志强

温州市气象局
局　　长　张慧良
副 局 长　陈　敏　楼丽银（女）
党组书记　张慧良
纪检组长　刘　真（女）
总工程师　郑　峰

温州海事局
局　　长　池方庆
副 局 长　叶一鸣　叶国峰　朱意静
政　　委　林孟全

党委书记　池方庆
副 书 记　林孟全
纪委书记　林孟全

国家统计局温州调查队
队　　长　柯向伟
副 队 长　林超英（女，–2015.10）　程宗迪
党组书记　柯向伟
纪检组长　林超英（女，2015.10–）

中国船级社温州办事处
主　　任　丁志富
副 主 任　丁　劼

温州市地方税务局
局　　长　余中平
副 局 长　潘一雄　潘向捷（2015.07–）
总会计师　潘向捷（–2015.07）　潘　强（2015.07–）
稽查局局长　牟力群

温州市邮政管理局
局　　长　丁　亮
党组书记　丁　亮

温州市烟草专卖局（浙江省烟草公司温州市公司）
局长（经理）　蒋仲泉
副局长（副经理）　吕雷声　林锦光　宋　兵
党组书记　蒋仲泉
纪检组长　方国富

浙江省经济和信息化委员会温州市无线电管理局（温州无线电监测站）
局　　长　胡国通

浙江省明矾石综合利用研究所（省中明化工科技有限公司）
党委书记　吴祖燊
所　　长　吴祖燊
总 经 理　潘万成（2015.01–）

浙江省海洋水产养殖研究所
所　　长　谢起浪（–2015.09）　顾宏飞（2015.09–）
副 所 长　陈少波（–2015.09）　吴洪喜（–2015.09）　柴雪良
　　　　　薛华军（2015.09–）　曾国权（2015.09–）
党委书记　李尚鲁
党委副书记　谢起浪（–2015.09）　顾宏飞（2015.09–）

国网浙江省电力公司温州供电公司
总 经 理　吴　哲（–2015.11）　金玉琪（2015.11–）
副总经理　王胜华　张仁敏　郭云鹏（2015.11–）
　　　　　丁文宣（–2015.11）　杨建华
总工程师　杨建华
总会计师　周迪伍
党委书记　王胜华
副 书 记　吴　哲（–2015.11）　金玉琪（2015.11–）
纪委书记　陈荣桂

浙江省温州市盐务管理局（浙江省盐业集团温州市盐业有限公司）
局长（经理）　白圻康
副局长（副经理）　潘志强　倪学敏
党委书记　白圻康

县（市、区）级机构及负责人

温州市鹿城区机构

中共温州市鹿城区第八届委员会
书　　记　王立彤（–2015.02）　陈　浩（2015.02–）
副 书 记　朱崇敏　洪文滨
常　　委　徐　强　项伟胜（–2015.08）　伍　挺（–2015.07）
　　　　　金国平　张本锋（2015.09–）　曾恩伟
　　　　　陈志坚（–2015.04）　胡慧雷　张　敏（–2015.09）
　　　　　邱向真（女，–2015.09）　黄专途（挂职，女，–2015.04）
　　　　　林世南（2015.07–）　李先进（2015.04–）
　　　　　罗招政（2015.09–）

中共温州市鹿城区纪律检查委员会
书　　记　曾恩伟
副 书 记　郑建西（–2015.09）　吴祝凡

温州市鹿城区第八届人大常委会
主　　任　吴海燕（女）
副 主 任　陈　洁（女）　肖石龙　林瑞荣　王长青（–2015.04）
　　　　　项旭光　朱启龙

温州市鹿城区人民政府
区　　长　朱崇敏
副 区 长　项伟胜（–2015.08）　张本锋（2015.09–）
　　　　　伍　挺（–2015.07）　林世南
　　　　　黄专途（挂职，女，–2015.04）　章月影（女）
　　　　　杨德听　黄定恩（2015.09–）　胡明亮
　　　　　邓小林（挂职）
　　　　　库尔班·买买提（挂职，2015.04–）
　　　　　申树军（2015.06–）

政协温州市鹿城区第八届委员会
主　　席　郑锦春
副 主 席　陈国琴（女）
　　　　　庄建中　胡小萍（女）
　　　　　王丽丽（女）
　　　　　胡海峰
　　　　　邵豪哲（兼）

温州市鹿城区人民法院
院　　长　周　丰

温州市鹿城区人民检察院
检 察 长　张纯亮

温州市龙湾区机构
中共温州市龙湾区第七届委员会
书　　记　王　军
副 书 记　陈应许　黄阳栩（2015.04–）
常　　委　李　伟（–2015.08）卢　斌（–2015.04）
　　　　　王人杰　池晓荣　陈　栋
　　　　　张宏琴（女，2015.04–）王慧杰　贾黎春
　　　　　厉良中　黄挺义（2015.08–）

中共温州市龙湾区纪律检查委员会
书　　记　王慧杰（–2015.04）张宏琴（女，2015.04–）
副 书 记　孙景绍　李　胜

温州市龙湾区第七届人大常委会
主　　任　周　赞
副 主 任　张光羽　蒋炳发（–2015.09）陈文斌　林春霞（女）
　　　　　薛克风　姜法宏

温州市龙湾区人民政府
区　　长　陈应许
副 区 长　卢　斌（–2015.04）王慧杰（2015.06–）陈　栋
　　　　　汤筱疏（女，–2015.04）伊柏峰　张崇波　朱大志
　　　　　顾　威（2015.06–）盛嘉伟（挂职）
　　　　　丁建华（挂职，2015.06–）

政协温州市龙湾区第四届委员会
主　　席　徐国信
副 主 席　黄秀清　张文根　胡郑梅（女）
　　　　　周筱云（女，兼）张良飞　张积敏（兼）

温州市龙湾区人民法院
院　　长　戎小平（–2015.02）李　敏（2015.02–）

温州市龙湾区人民检察院
检察长　梅山群

温州市瓯海区机构
中共温州市瓯海区第八届委员会
书　　记　厉秀珍
副 书 记　彭立华　黄　波（女，–2015.09）王振勇（2015.09–）
　　　　　常　委　黄文献　黄显标（–2015.09）林宝新
　　　　　周一富（–2015.09）潘晓勇（2015.09–）
　　　　　黄　慧（女）陈先微（–2015.08）
　　　　　黄伟军（2015.08–）叶　军　陈平华
　　　　　陈星达（2015.06–）

中共温州市瓯海区纪律检查委员会
书　　记　黄显标（–2015.09）
副 书 记　薛东晓　徐龙升

温州市瓯海区第八届人大常委会
主　　任　张纯一
副 主 任　王素贞（女）林金祥　王晓康（女）王国华
　　　　　周霞光　麻贤生（–2015.03）

温州市瓯海区人民政府
区　　长　彭立华
副 区 长　林宝新　周一富（–2015.11）潘晓勇（2015.11–）
　　　　　李　康　金衍光　钱素文（女）潘小林
　　　　　陈正南（挂职，–2015.06）林　敏（挂职）
　　　　　陈星达（挂职，2015.06–）
　　　　　茹先古丽·吐尔地（挂职，2015.04–）

政协温州市瓯海区第八届委员会
主　　席　吴宏儒
副 主 席　留红光　黄松柳（女）沈岩明　胡林兴
　　　　　姜化钧　李　芍（女）

温州市瓯海区人民法院
院　　长　陈　晔（–2015.02）周　虹（女，2015.02–）

温州市瓯海区人民检察院
检 察 长　赵卫华（–2015.06）陈贤木（代，2015.06–）

温州市洞头区机构（2015.09 撤县设区）
中共温州洞头区第十届委员会
书　　记　董智武
副 书 记　王蛟虎（2015.02–）林　琼（女，–2015.05）
　　　　　王文胜（保留正县长级，2015.08–）
常　　委　张志宏（2015.01–）钱敏云（女）王小甫
　　　　　张　雨（–2015.05）汪慧平（2015.05–）张贤孟
　　　　　林新磊（2015.07–）李　建　严卫星（挂职）

中共温州市洞头区纪律检查委员会
书　　记　张　雨（–2015.05）汪慧平（2015.05–）
副 书 记　吕子山　纪玉华（女）

温州市洞头区第十三届人大常委会
主　　任　叶永辉
副 主 任　褚建华　林海珊（女）
　　　　　叶明理　张孚标

温州市洞头区人民政府
区　　长　董智武（–2015.02）王蛟虎（2015.03–）
副 区 长　张志宏（2015.01–）严卫星（挂职）
　　　　　林新磊（–2015.07）叶海峰　叶锦丽（女）
　　　　　吴志安　徐　彬（挂职）刘素婷（2015.01–）

政协温州市洞头区第七届委员会

主　　席　叶国胜
副 主 席　吴金弟　杨艾立（女）　张释忠　叶明久

温州市洞头区人民法院

院　　长　李　敏（–2015.01）　李德通（2015.03–）

温州市洞头区人民检察院

检 察 长　金　依（女）

乐清市机构

中共乐清市第十三届委员会

书　　记　林晓峰
副 书 记　林亦俊　张亨利（–2015.04）　潘黄星（2015.05–）
常　　委　李银巧　吴云峰（–2015.02）　林　霞（女）
　　　　　刘云峰（2015.01–）　蒋荣国　朱启来
　　　　　杨茂富（–2015.09）　潘云夫　赵明皓（2015.09–）
　　　　　刘红祥（挂职，–2015.06）　王铁军（–2015.04）
　　　　　许永楠（2015.04–）

中共乐清市纪律检查委员会

书　　记　林　霞（女）
副 书 记　杨建光　叶安光

乐清市第十五届人大常委会

主　　任　赵乐强
副 主 任　周素芬（女）　周明涛　张亨根（–2015.04）
　　　　　陈景飞　吴云峰（2015.02–）　胡成剑　程天青

乐清市人民政府

市　　长　林亦俊（2015.02–）　林亦俊（代，–2015.02）
副 市 长　李银巧　吴云峰（–2015.02）
　　　　　刘红祥（挂职，–2015.06）　方　青（女）
　　　　　叶伟琼　刘云峰（–2015.01）　赵明皓（–2015.09）
　　　　　王剑文（挂职）　范晓东（2015.02–）
　　　　　李立飞（挂职，2015.06–）

政协乐清市第十二届委员会

主　　席　章纪泉
副 主 席　朱赛月（女）　徐　扬　谷燎原　陈亦殊（女）
　　　　　叶乐安　赵思平　万昌春

乐清市人民法院

院　　长　杨际平（–2015.07）　林向光（代，2015.07–）

乐清市人民检察院

检 察 长　赵海霞（女）

瑞安市机构

中共瑞安市第十三届委员会

书　　记　陈建明（–2015.02）　李无文（2015.02–）
副 书 记　李无文（–2015.02）　陈胜峰　方　晖（2015.04–）
常　　委　方　晖　王忠宝（2015.04–）　管秀云（女）
　　　　　冯金考　徐琮琦　张本锋（–2015.09）
　　　　　陈朴顺（2015.05–）　陈世尧　林振江
　　　　　谢修亥（–2015.05）　徐守洋　朱卓瑶（挂职，女）
　　　　　张榜桃（2015.09–）

中共瑞安市纪律检查委员会

书　　记　谢修亥（–2015.05）　陈朴顺（2015.05–）
副 书 记　钱世安　吴学权

瑞安市第十五届人大常委会

主　　任　叶世林
副 主 任　林济晚　姚松鹤　王建东（–2015.03）
　　　　　江孟甫　金爱忠　薛小平　薛尧弟（2015.03–）

瑞安市人民政府

市　　长　李无文（–2015.03）　陈胜峰（2015.03–）
副 市 长　方　晖（–2015.06）　王忠宝（2015.06–）　冯金考
　　　　　朱卓瑶（挂职,女）　倪希杰　陈荣臻　郑海洁（女）
　　　　　钱定荣　阿里木江·依干拜地（挂职，2015.04–）
　　　　　余侠军（挂职，2015.06–）

政协瑞安市第十二届委员会

主　　席　白一帆
副 主 席　王建东（2015.03–）　王翠珠（女）　赵志雄
　　　　　黄长安　方小梅（女）　陈良明（兼）　陈迪海

瑞安市人民法院

院　　长　张　毅（–2015.07）　鞠海亭（代，2015.07–）

瑞安市人民检察院

检 察 长　王美鹏（–2015.05）　宣章良（代，2015.06–）

永嘉县机构

中共永嘉县第十二届委员会

书　　记　娄绍光
副 书 记　姜景峰　胡晓东（2015.04–）
常　　委　陈志斌　林乃排（–2015.09）　章寿禹（–2015.05）
　　　　　林小露（女，–2015.05）　徐志宏（–2015.08）
　　　　　胡宝锋　林志佩（2015.08–）　郑焕东
　　　　　何莉平（女，2015.07–）　林兴欢（2015.05–）
　　　　　罗晴军　胡　琦（挂职）
　　　　　吕伟雄（挂职，2015.06–）

中共永嘉县纪律检查委员会

书　　记　章寿禹（–2015.05）　林兴欢（2015.05–）
副 书 记　夏宗明　章　明（女）

永嘉县第十五届人大常委会

主　　任　谢崇福

副 主 任　潘浪国　吕庆行　王国强　潘统龙　胡明凯
季健中

永嘉县人民政府

县　　长　姜景峰（2015.02–）姜景峰（代，–2015.02）
副 县 长　陈志斌　胡　琦（挂职）
吕伟雄（挂职，2015.06–）戴晓勇
何莉平（女，–2015.07）周俊武
林建波　曾瑞华（2015.07–）王晓雄
帕尔亥提·吐尔逊江（挂职，2015.05–）

政协永嘉县第九届委员会

主　　席　陈建良
副 主 席　厉明富　金美秋（女，–2015.04）金　盾
傅朝宗　钱金波（兼）虞绍榜（2015.02–）

永嘉县人民法院

院　　长　陈卫国（–2015.07）胡丕敢（代，2015.07–）

永嘉县人民检察院

检 察 长　林长汉（–2015.05）黄通荣（代，2015.06–）

文成县机构

中共文成县第十二届委员会

书　　记　汪　驰
副 书 记　王彩莲（女）谢逢越（–2015.05）
章寿禹（2015.05–）
常　　委　李建业　刘金红（女）吴育民（2015.07–）
钟方成（畲族）徐清雨　张　键（–2015.04）
徐良悟　金利强（挂职）周　钧（2015.04–）
吴承亮（挂职，2015.06–）

中共文成县纪律检查委员会

书　　记　钟方成（畲族）
副 书 记　赵富春　刘树智

文成县第十五届人大常委会

主　　任　刘建忠
副 主 任　吴宇凌（女）钟信友（畲族）
林乐融　陈成武

文成县人民政府

县　　长　王彩莲（女）
副 县 长　李建业　金利强（挂职）
吴承亮（挂职，2015.06–）蔡爱东　季昌丰
郑文东　吴昌亮　雷　宇（畲族）

政协文成县第八届委员会

主　　席　郑建华
副 主 席　吴育民（–2015.07）余云初
刘建华　胡晓雄

文成县人民法院

院　　长　周　虹（女，–2015.01）朱鹏鸣（2015.01–）

文成县人民检察院

检 察 长　潘　勇（–2015.06）卢小明（代，2015.06–）

平阳县机构

中共平阳县第十二届委员会

书　　记　马永良
副 书 记　黄　敏（–2015.08）陈永光　狄鸿鹄
项伟胜（2015.08–）
常　　委　赵乐平　雷文多（畲族）雷　仁（2015.01–）
郑　杰　蔡月琴（女）姚宗纯（2015.07–）
黄伟军（–2015.08）熊　涛　李　坚（2015.01–）
徐国林（2015.08–）

中共平阳县纪律检查委员会

书　　记　蔡月琴（女）
副 书 记　陈锦平　刘旭东（–2015.05）白福文（2015.05–）

平阳县第十五届人大常委会

主　　任　胡方勇（–2015.09）
副 主 任　蔡荣贤　周世好　林天思　温林琴（女）方　靖
方明晓（2015.02–）

平阳县人民政府

县　　长　黄　敏（–2015.07）陈永光（代，2015.07–）
副 县 长　赵乐平　郑　杰　林　伟　林　霄（女）林大雪
张端坤　王义跃（挂职，–2015.06）
夏守慧（挂职）高　鹏（挂职）
彭　杨（挂职，2015.06–）

政协平阳县第十四届委员会

主　　席　孙瑞庆
副 主 席　林立军　陈少越（女）许道静　姚宗纯（–2015.07）
郑进荣（2015.02–）

平阳县人民法院

院　　长　谢作幸

平阳县人民检察院

检 察 长　林锡铭

泰顺县机构

中共泰顺县第十三届委员会

书　　记　张洪国
副 书 记　董旭斌　胡晓东（–2015.04）卢　斌（2015.04–）
常　　委　周秀松　吴周富（–2015.05）张宏琴（女，–2015.04）
雷全勉（畲族，2015.05–）李　群（2015.05–）
翁晓彬（2015.07–）黄益友　潘国杰（–2015.08）
张建国（挂职）钱继华（2015.08–）叶加贤

中共泰顺县纪律检查委员会

书　　记　张宏琴（女,-2015.04）
副 书 记　邱兆云　毛显福

泰顺县第十五届人大常委会

主　　任　胡荣登
副 主 任　张美爱（女）　卢　嫦（女）　赖立峰　陈志清

泰顺县人民政府

县　　长　董旭斌
副 县 长　吴周富（–2015.05）　周秀松（2015.05–）
　　　　　张建国（挂职）　雷全勉（畲族，–2015.05）
　　　　　翁晓彬（–2015.07）　童德平　郭素琴（女）
　　　　　杜成威　林　海（挂职，–2015.06）
　　　　　雷子亮（畲族，2015.06–）

政协泰顺县第八届委员会

主　　席　洪碧玲（女）
副 主 席　张　平　钱克忠　胡昌迎　赖立新

泰顺县人民法院

院　　长　陈积业（–2015.07）　邹挺谦（代，2015.07–）

泰顺县人民检察院

检 察 长　宣章良（–2015.06）陈学志（代，2015.06–）

苍南县机构

中共苍南县第八届委员会

书　　记　黄寿龙
副 书 记　黄荣定　麻胜聪
常　　委　曾上俊　黄锦耀　丁振俊（回族）　林森森
　　　　　雷　仁（–2015.01）　何宗静（女）　胡长虹
　　　　　马桂喜　张国良（挂职，–2015.06）
　　　　　白洪楞（2015.02–）　汪泽斌

中共苍南县纪律检查委员会

书　　记　曾上俊
副 书 记　林炳义　林光锋

苍南县第九届人大常委会

主　　任　苏庆明
副 主 任　蓝德超（畲族）　王宗泽　高亚男（女）
　　　　　陈孝沈（–2015.02）　温兴华　高友平
　　　　　王忠秀（2015.02–）

苍南县人民政府

县　　长　黄荣定
副 县 长　邵潘锋　黄锦耀　雷　仁（–2015.01）
　　　　　张国良（挂职,–2015.06）　白洪楞（2015.03–）
　　　　　蒋献生　陈国苗　林小同　林朝朝（女）
　　　　　丁小辉（挂职，2015.05–）
　　　　　张小敏（挂职，女，2015.06–）
　　　　　陈三强（挂职，2015.06–）

政协苍南县第九届委员会

主　　席　张传君
副 主 席　冯兴钱　于春华（女）　尤有光（–2015.02）
　　　　　梁　峰（–2015.09）　魏中梁　朱诗力（兼）
　　　　　黄邦领（2015.02–）

苍南县人民法院

院　　长　林向光（–2015.07）
　　　　　陈　斌（代，2015.07–）

苍南县人民检察院

检 察 长　陈贤木（–2015.06）
　　　　　潘　勇（代，2015.06–）

（温端荣、吴承专）
（郭东升　编辑）

中共温州市委

综 述

概况 2015年，中共温州市委员会认真学习贯彻习近平总书记系列重要讲话精神，深入贯彻落实中央和省委一系列决策部署，坚持以“四个全面”战略布局为统领，坚持“稳中求进、克难奋进”工作基调，围绕“赶超发展、再创辉煌”战略目标，以“八八战略”为总纲，深入实施“五化战略”和“十大举措”，组织开展“八大攻坚”行动，扎实做好各项工作，经济发展在比较困难的情况下走上正常轨道，各项事业取得新成效。

经济转型升级 2015年，温州市开展重点项目征地拆迁“清零”百日攻坚专项行动，推动“温商回归”和招商引资，启动浙南科技城规划建设，加快两大省级产业集聚区规划建设，实施小微企业三年成长计划、领军工业企业和高成长型工业企业培育工程，持续推进“四换三名”“三转一市”等。加快淘汰落后产能，单位GDP能耗下降幅度居全省第一。推进工业强市强县强镇建设，工业投资增速居全省前列。化解企业金融风险，处置重点风险企业63家，实现不良贷款余额和不良率“双降”。深入实施“510”产业培育提升工程，加快发展网络经济和时尚产业，传统产业改造和新兴产业发展良好。大力发展旅游经济，积极挖掘消费潜力。加强房地产市场调控和建筑业发展，房地产市场呈现价稳量升。实施“人才新政十条”和“以情聚才十条”，新增“国千”6人、“省千”14人。全市实现生产总值4620亿元，增长8.3%；一般公共预算收入403亿元，增长7%，固定资产投资3456亿元，增长13.2%；城镇常住居民人均可支配收入44026元，农村常住居民人均可支配收入21235元，分别实际增长7.9%和8.7%。

大都市区建设 2015年，温州市抓好综合交通体系建设，金温铁路扩能改造工程、大门大桥等项目建成，瓯江南口大桥、机场T2航站楼主体工程完工，甬台温高速复线温州段、绕城高速西南线、龙丽温高速瑞文段、市域铁路S1线、乐清湾港区铁路支线、状元岙港区二期等项目加快推进，市域铁路S2线一期、瓯江北口大桥、机场交通枢纽综合体、通用航空基地等项目开工建设，杭温高铁、温武铁路等项目前期取得突破，苍南核电一期获国家“路条”。启动新一轮市区70个城中村改造，完成整村连片改造签约3000户以上。加快建设“3+1”亮点区块，中央绿轴公园一期开园。洞头成功撤县设区，加快推进瓯飞工程等围垦项目。深化“三改一拆”，加大“五水共治”力度，推进“两路两侧”“四边三化”等工作。创成全国文明城市、国家卫生城市、国家森林城市，国家园林城市、国家环保模范城市创建和国家历史文化名城申报通过技术评估。扎实推进美丽乡村建设，城乡环境面貌明显改善。

深化体制改革 2015年，温州市推出金融综合改革“新12条”，温州民商银行开业，温州资产管理公司完成注册登记，小微企业信用保证基金运行中心、小额贷款保证保险运营管理中心挂牌开业。深化农村股改、地改、金改，乐清、瑞安成为农民住房财产权抵押贷款试点。加快民办教育改革、社会力量办医改革，推进苍南龙港国家新型城镇化综合试点和乐清柳市国家中小城市综合改革试点。实施市级“10+1”和县级“3+1”重点改革项目，启动行政审批系统制度重建综合改革，“五证合一”“一照一码”全面推行，非行政许可审批事项“清零”，权责清单实现市级部门全覆盖。稳步推进机关事业单位工资制度、县以下机关公务员职务与职级并行制度、国企负责人薪酬制度、机关事业单位养老保险制度等改革。推进海峡两岸（温州）民营经济创新发展示范区建设，保税物流中心（B型）通过省级预验收。

民生工程建设 2015年，温州市推进卫生事业发展，建成市级诊疗数据交换平台，建成市中医院新院区一期、市妇保院综合大楼。加快体育文化事业发展，举办中华龙舟大赛、首届温州马拉松比赛，建成文化礼堂807家，温州道德馆开工建设并预展，温州文化艺术大楼建成投用。出台支持创业就业“25项新政”，完成全民参保登记。交通治堵、食品监管、养老服务、住房保障、无障碍改造等年度“十大民生实事”取得实效。创新社会治理，镇街处置突发事件规范建设“一三五”做法在全省推广，全国首创物联网社会治安虚拟管控模式。抓好宗教依法管理，深化“同心同行·共建和谐”活动，完善“7431”网络管理模式，“温州辟谣”入选全国五大辟谣平台，社会保持和谐稳定。

民主法治建设 2015年，中共温州市委员会发挥党的领导核心作用，支持人大、政府、政协和审判机关、检察机关依法依章程履行职权。全面深化法治温州建设，积极做好承接和行使地方立法权工作，《温州市市容和环境卫生管理条例》获省人大常委会批准。

党建制度完善 2015年，中共温州市委员会组织开展全市"三严三实"专题教育，抓好专题学习研讨，整改落实"不严不实"问题。组织开展选人用人问题大排查大整治。加强基层党组织和基层政权建设，制定出台市委加强基层党组织和基层政权建设"30条措施"，调整完善乡镇（街道）体制。落实党风廉政建设"两个责任"，完成市级纪检监察派驻机构全覆盖改革，严肃查处了一批违纪违法案件。组织开展"破两难、纠四不"专项整治，深化"万人双评议"活动，推行领导干部"微服私访、随机调研"，深入开展"电视问政""新政聚焦"，严格落实中央八项规定精神，开展正风肃纪专项行动，作风建设取得实效。创新开展农村基层作风巡查，解决群众反映的突出问题。

重要会议

市委十一届八次全体（扩大）会议 2015年1月14日召开。会议贯彻落实中央和省委、省政府一系列决策部署，全面总结2014年工作，研究部署2015年任务，审议通过《中共温州市委关于全面深化法治温州建设的意见》。市委委员、候补委员，市纪委委员，市人大常委会副主任、市政府副市长、市政协副主席，市中级人民法院院长、市人民检察院检察长，省级产业集聚区管委会主任，温州医科大学、温州大学党委书记、校长，市人大常委会、市政府、市政协秘书长，市委、市人大常委会、市政府、市政协专职副秘书长，市人大常委会、市政协各委（室）主要负责人，市直属各单位主要负责人，各县（市、区）委书记、县（市、区）长、纪委书记，担任过市级领导职务的党员老同志，部分市第十一次党代会代表参加会议。

市委十一届九次全体（扩大）会议 2015年7月28日召开。会议学习贯彻习近平总书记在浙江考察重要讲话、省委书记夏宝龙在温州调研重要讲话和省委十三届七次全会精神，总结上半年工作，部署下半年任务，审议通过《中共温州市委关于全面加强基层党组织和基层政权建设的实施意见》。市委委员、候补委员，市纪委委员，市人大常委会副主任，市政府副市长，市政协主席、副主席，市法院院长、市人民检察院检察长，瓯江口产业集聚区管委会主任，温州医科大学、温州大学党委书记、校长，市人大常委会、市政协秘书长，市委、市人大常委会、市政府、市政协专职副秘书长，市人大常委会、市政协各委（室）主要负责人，市直属各单位主要负责人，各县（市、区）委书记、县（市、区）长、纪委书记，担任过市级领导职务的党员老同志，部分市第十一次党代会代表参加会议。

2015年1月14日，温州市委十一届八次全体（扩大）会议召开 苏巧将/摄

省委巡视组反馈意见整改工作会 2015年3月17日召开。会议按照省委对巡视工作的要求和省委巡视组的反馈意见，研究部署整改工作。市四套班子领导，市中级人民法院院长、市人民检察院检察长，省级产业集聚区管委会主任，市人大常委会、市政府、市政协秘书长，市委、市人大常委会、市政府、市政协专职副秘书长，市人大常委会、市政协专职常委、各委（室）主要负责人，市直有关单位主要负责人，各县（市、区）党政主要负责人参加会议。

"五星争创"暨后进村整治现场会 2015年4月10日召开。会议学习贯彻全省农村基层党建工作推进会精神，总结交流各地"五星争创"、后进村集中整治工作情况，研究部署下步工作。市领导，各县（市、区）委书记、组织部部长，瓯江口产业集聚区、温州经济技术开发区管委会主要负责人、分管负责人，市纪委（监察局）、市委办公室（市考绩办）、市委组织部、市委宣传部、市委统战部、市委政研室、市委农办（市农业局）、市直机关工委、市委党校、市民政局、市财政（地税）局、市国土资源局、团市委、市妇联主要负责人参加会议。

农村基层作风巡查工作动员会 2015年4月14日召开。会议全面启动农村基层作风巡查工作。市领导，市农村基层作风巡查组及巡查办全体成员，市纪委（监察局）、市人民检察院、市委政法委、市委农办（市农业局）、市信访局、市公安局、市民政局、市审计局分管负责人，各县（市、区）纪委书记、组织部部长、分管农业副县（市、区）长，纪委、组织部分管负责人和党风政风监督室负责人，温州经济技术开发区管委会纪委书记、分管副主任、纪委副书记，市纪委组织部、信访室、各纪检监察室负责人，市委组织部干部综合处负责人参加会议。

建设平安温州工作会 2015年4月23日召开。会议贯彻落实全省建设平安浙江工作会议精神，总结2014年平安温州建设工作，研究部署2015年平安温州建设任务。市领导，市建设平安温州领导小组办公室成员单位、市社综委成员单位、市委维稳领导小组成员单位主要负责人，各县（市、区）委书记或县（市、区）长，副书记、政法委书记，公安（分）局、平安办、综治办、维稳办、安监局、信访局主要负责人，温州经济技术开发区管委会主要负责人、副书记，公安分局、综治办、信访局主要负责人，受表彰的先进代表参加会议。

信息化战略发展信息经济大会 2015年5月19日召开。会议研究部署实施信息化战略工作。市领导，市直属有关单位主要负责人，各县（市、区）委书记和县（市、区）长、副书记，分管工业、农业、网络经济工作负责人，经信、农业、网络经济部门主要负责人，瓯江口产业集聚区管委会、浙南产业集聚区管委会（经开区、瓯飞）主要负责人、分管负责人，相关部门负责人，市经信委、市商务局（网络经济局）、市委农办（市农业局）中层以上干部，全市规上工业超30亿元强镇（街道）、省级工业园区负责人，市行业协会（商会）负责人，受表彰的信息经济企业负责人，其他工业企业、网络经济企业、农业企业负责人参加会议。

实施生态化战略建设生态市大会 2015年6月3日召开。会议研究部署实施生态化战略工作。市四套班子领导，市中级人民法院院长、市人民检察院检察长，瓯江口产业集聚区管委会主要负责人，市人大常委会、市政府、市政协秘书长，市政府分管副秘书长，市直有关单位主要负责人，市委农办（市农业局）、市发改委、市公安局、市住建委、市城管与执法局、市水利局、市环保局分管负责人，各县（市、区）委书记、县（市、区）长，分管环保、工业、治水副县（市、区）长，经信、环保、住建部门及治水办主要负责人，瓯江口产业集聚区管委会分管负责人及相关部门主要负责人，浙南产业集聚区（经开区、瓯飞）管委会、温州生态园管委会主要负责人、分管负责人及相关部门主要负责人，全市创建国家环保模范城市重点乡镇（街道）主要负责人参加会议。

实施国际化战略扩大对外开放大会 2015年6月19日召开。会议研究部署实施国际化战略工作。市四套班子领导，市中级人民法院院长、市人民检察院检察长，瓯江口产业集聚区管委会主要负责人，市人大常委会、市政府、市政协秘书长，市直有关单位主要负责人，部分单位中层干部，各县（市、区）委书记、县（市、区）长、副书记，分管商务（网络经济）、外事（侨务）、对台工作负责人，商务局（网络经济局）、经信局、外侨办、台办主要负责人，瓯江口产业集聚区管委会分管负责人及相关部门负责人，浙南产业集聚区（经开区、瓯飞）管委会主要负责人、分管负责人及相关部门负责人，浙江省瓯海经济开发区、浙江乐清经济开发区、浙江省瑞安经济开发区、平阳经济开发区、浙台（苍南）经贸合作区管委会负责人，世界温州人联谊总会、温州市海外联谊会、温州中国和平统一促进会副会长、秘书长，45家市行业协会（商会）负责人，200家外向型经济企业、150家规上工业企业、70家海外侨领及侨属企业负责人、30家台资企业负责人参加会议。

村民中心暨文化礼堂建设现场会 2015年6月19日召开。会议学习贯彻全国农村基层党建工作座谈会精神，总结交流村民中心（党群服务中心）和文化礼堂建设的经验做法，研究部署下步工作。市领导，各县（市、区）委书记，组织部、宣传部部长和分管副部长，瓯江口产业集聚区管委会、浙南产业集聚区（经开区、瓯飞）管委会主要负责人、分管负责人，市纪委（监察局）、市委办公室（市考绩办）、市委组织部、市委宣传部、市委统战部、市委政研室、市委农办（市农业局）、市委党校、市委党史研究室、市文明办、市档案局、市教育局、市财政（地税）局、市国土资源局、市住建委、市文广新局、市体育局、温州生态园管委会、市总工会、团市委、市妇联、市科协、市文联主要负责人参加会议。

2015年6月3日，温州市委、市政府召开全市实施生态化战略建设生态市大会
（温州市政府办公室提供）

高校思想政治和中小学育人工作会 2015年7月13日召开。会议贯彻落实全省高校思想政治工作会议和全省中小学育人工作座谈会精神，研究部署全市高校思想政治工作和中小学育人工作。市领导，市直有关单位负责人，各在温高校党委书记、宣传部部长（或分管负责人），各独立学院党委书记，各县（市、区）委宣传部部长、政府分管负责人、教育局主要负责人，瓯江口产业集聚区管委会、浙南产业集聚区（经开区、瓯飞）管委会分管负责人，全市中小学校长代表参加会议。

实施都市化战略大会 2015年7月15日召开。会议研究部署实施都市化战略工作。市四套班子领导，市中级人民法院院长、市人民检察院检察长，瓯江口产业集聚区管委会主要负责人，市人大常委会、市政府、市政协秘书长，市政府联系工作副秘书长，市直有关单位主要负责人，市国土资源局、市规划局、市住建委、市城管与执法局、温州生态园管委会、市城投集团、市公用集团、温州建设集团、市名城集团、温州设计集团领导班子成员，各县（市、区）委书记，县（市、区）长，分管城建、交通、围垦造地副县（市、区）长，发改、住建（规划、房管、城管）、国土、交通部门主要负责人，瓯江口产业集聚区管委会分管负责人及相关部门主要负责人，浙南产业集聚区（经开区、瓯飞）管委会主要负责人、分管负责人及相关部门主要负责人参加会议。

“三改一拆”暨城中村改造推进会 2015年7月15日召开。会议贯彻落实全省“三改一拆”工作现场推进会精神，研究部署全市“三改一拆”和城中村改造工作。市领导，市直有关单位主要负责人，鹿城、龙湾、瓯海区委书记、区长、分管副区长，各县（市）委书记、分管副县（市）长，各县（市、区）“三改一拆”办主要负责人，浙南产业集聚区（经开区、瓯飞）管委会、温州生态园管委会主要负责人、分管负责人及相关部门主要负责人，鹿城区、龙湾区、瓯海区、浙南产业集聚区（经开区、瓯飞）乡镇（街道）党委、政府主要负责人、分管负责人参加会议。

实施时尚化战略建设时尚之都工作推进会 2015年8月6日召开。会议研究部署时尚化战略实施工作。市四套班子领导，市中级人民法院院长、市人民检察院检察长，瓯江口产业集聚区管委会主要负责人，市人大常委会、市政府、市政协秘书长，市政府联系工作副秘书长，市直有关单位主要负责人，市委宣传部、市发改委、市经信委、市商务局、市旅游局、市质监局中层以上干部各4人，各县（市、区）委书记、县（市、区）长、宣传部长，分管发改、质监副县（市、区）长，县（市、区）发改、经信、商务、旅游、市场监管、质监部门主要负责人，瓯江口产业集聚区管委会分管负责人及相关部门主要负责人，浙南产业集聚区（经开区、瓯飞）管委会主要负责人、分管负责人及相关部门主要负责人参加会议。

美丽乡村建设现场会 2015年8月19日召开。会议贯彻落实中央和省委有关会议精神，研究部署全市美丽乡村建设工作。市领导，县（市、区）委书记，县（市、区）委副书记或分管副县（市、区）长，县（市、区）委农办（千百办）、农业局、住建局、环保局主要负责人，浙南产业集聚区（经开区、瓯飞）管委会主任、分管副主任，农业部门主要负责人，市委组织部、市委宣传部负责人，市委农办（市农业局）、市文明办、市考绩办、市民政局、市财政（地税）局、市国土资源局、市规划局、市住建委、市城管与执法局、市交通运输局、市水利局、市文广新局、市卫计委、市环保局、市林业局、市旅游局主要负责人参加会议。

统战工作会议 2015年12月17日召开。会议贯彻落实中央和省委统战工作会议精神，研究部署全市统战工作。市领导，市直有关单位党委（党组）主要负责人，市委统战部、市民宗局、市侨联、市工商联领导班子成员，瓯江口产业集聚区、浙南产业集聚区（经开区、瓯飞）管委会党委书记、副书记、组宣部负责人，温州医科大学、温州大学、温州肯恩大学、温州职业技术学院、浙江工贸学院、温州科技职业学院、浙江东方职业学院党委主要负责人、统战部长，民革、民盟、民建、民进、农工党、致公党、九三学社主委、专职副主委，无党派人士代表；各县（市、区）委书记、副书记、统战部长，重点乡镇（街道）党（工）委书记参加会议。

党的群团工作会议 2015年12月17日召开。会议贯彻落实中央和省委党的群团工作会议精神，研究部署全市党的群团工作。市领导，市直有关单位党委（党组）主要负责人，市总工会、团市委、市妇联班子成员，瓯江口产业集聚区、浙南产业集聚区（经开区、瓯飞）管委会党委主要负责人、分管负责人、总工会、共青团、妇联主要负责人，各县（市、区）委书记、副书记，总工会、共青团、妇联主要负责人参加会议。

（黄　翔）

“三严三实”专题教育

概况 2015年，温州市委认真贯彻中央和省委的部署，自5月起开展“三严三实”专题教育，11个县（市、区）、120多个市直部门、1200多名副县级以上领导干部、2.65万个基层党组织、46万多名党员参加。中央党建领导小组《党建要报》专题刊发温州市“三严三实”专题教育的相关做法并专报中央领导，得到浙江省委书记夏宝龙批示肯定。

“三严三实”专题党课暨专题教育部署会 2015年5月12日召开。会议学习贯彻中央“三严三实”专题教育工作座谈会和全省“三严三实”专题党课暨专题教育部署会精神，开展市委书记讲专题党课，对全市开展“三严三实”专题教育进行动员部署。市四套班子领导，市中级人民法院院长、市人民检察院检察长，瓯江口产业集聚区管委会主要负责人，温州医科大学、温州大学党委书记，市人大常委会、市政府、市政协秘书长，市直属各单位副县级以上领导干部，各县（市、区）委书记、组织部部长参加会议。

专题学习研讨 2015年，温州市管党员领导干部带头讲专题党课，各地各单位党委（党组）全部开展三个专题学习研讨。分三期对全市1200多名市管党员领导干部进行党章党规党纪集中轮训，并指导各级党组织全面开展党章党规党纪学习教育。

问题查摆整改 2015年，温州市委把发现问题、解决问题作为“三严三实”专题教育的第一要求，全市各级领导干部共查找问题1.5万余个，其中县级领导干部共找出问题4300余个。针对查摆出来的“不严不实”问题，建立“四个清单”制度，严肃督查追责，确保整改工作精准到位，以解决问题的实际成效巩固教育成果。

专题民主生活会 2015年，温州市委制定《市委常委会“三严三实”专题民主生活会方案》《县（市、区）和市直单位党委（党组）“三严三实”专题民主生活会实施方案》。要求各基层党组织对照“三严三实”专题教育规定，召开民主生活会，开展批评和自我批评，规范党内政治生活程序，净化党内政治生态。

开展“四村”活动 2015年，温州市委做好规定动作的基础上，开展“联村、包村、蹲村、强村”活动，实施市县两级领导班子成员联村、千个机关部门单位包千村、万名干部蹲千村解万难、选派919名机关干部任村“第一书记”、发展壮大村级集体经济“强村计划”等举措，促进干部作风转变。

（温端荣）

五化战略

概况 2015年，温州市委第十一届八次全会根据温州自身发展阶段性特点，提出实施生态化、信息化、时尚化、都市化、国际化等“五化战略”，相继制定出台“五化战略”决定和年度工作计划，逐个进行专题研究部署，凝聚全市共识，推进“五化战略”各项工作。

生态化战略实施 2015年，温州市委按照“两美”建设的总体部署，坚持“绿水青山就是金山银山”的发展理念，以经济生态化、生态经济化为主攻方向，以“五水共治”“三改一拆”为突破口，实施“811”环境污染整治行动和“811”环境保护新三年行动，优化生态环境，发展生态经济，创新生态建设体制机制，提高人民群众生活品质，加快推进生态市建设，建设宜居、宜业、宜游的美丽温州。全市已建成国家级生态示范区3个，省级生态县3个，全国环境优美乡镇35个，省级生态乡镇（街道）116个。全面完成“十二五”减排目标，水环境质量改善，全市县级以上集中饮用水水源地水质达标率保持100%。2015年，市区空气质量优良率为85.7%。环保基础设施不断完善，全市生态环境质量公众满意度较2014年提升12.71%。通过国家历史文化名城、国家环保模范城市评估验收，创成国家园林城市。

信息化战略实施 2015年，温州市委按照省委、省政府“加快发展信息经济、打造信息经济大省”的重大部署，加强信息基础设施建设，提升发展电子商务，发展信息产业，打造国家电子商务示范城市和国家智慧城市。通信网络、云计算、大数据、数字安防等产业稳步发展。全年全市网络零售额893.55亿元，同比增长50.3%。温州信息化应用消费指数达0.904。开展“两化”融合十大专项行动，乐清市列入“两化”深度融合国家示范，德力西、奥康、合兴等七家企业列入工信部“两化”融合管理体系贯标试点企业。加快建设国家级“智慧城市”试点，累计发展光纤到户用户160余万户，4G网络覆盖区域内所有乡镇和90%以上行政村，温州电子政务信息平台搭建走在全省前列。

时尚化战略实施 2015年，温州市坚持智造和消费“双轮驱动”，构筑时尚精品制造名城、国际时尚消费名城，提升时尚产业综合实力和竞争力，打造智造发达、品牌荟萃的时尚之都。推进服装、鞋革等传统制造业向时尚智造转型，培育报喜鸟、美特斯·邦威、森马和奥康、康奈、红蜻蜓等一批时尚智造龙头企业，拥有鞋类中国驰名商标13枚、服装类中国名牌商标7枚。发展旅游、电商、物流等服务业，社会消费品零售总额增长11%。培育发展时尚商圈，推进五马商圈向千亿级时尚商圈迈进。举办“2015中国温州国际时尚文化创意博览会”“2015中国（温州）国际时尚消费博览会”等13场具有影响力的展会。筹建“温州时尚学院”，打造具有鲜明地方特色的时尚人才培养基地。

都市化战略实施 2015年，温州市以“时尚之都、山水智城、民营高地、温商家园”为特色定位，提升都市区主中心的辐射带动能力和副中心的融合集聚能力，促进大中小城市协调发展和城乡一体化发展，建设生态型、智慧型、时尚型都市区。全面启动新一轮市区城中村改造，形成滨江商务区、中央绿轴等城市亮点区块。

国际化战略实施 2015年，温州推进海峡两岸（温州）民营经济创新发展示范区建设，举办“2015浙江·台湾合作周”，加强对台合作交流。对接“一带一路”国家战略，推动对韩对美开放合作，保税物流中心（B型）通过省级预验收。全年货物进出口总额194.78亿美元，其中进口23.63亿美元，比上年增长6.0%。与温州建立出口和进口贸易关系的国家和地区共计209个，有进出口业务的企业6239家。

政策研究

概况 2015年，温州市委政策研究室围绕市委、市政府中心工作，起草《发展时尚产业建设时尚之都》《实施都市化战略推进大都市建设》《按照打造标杆城市的要求全面深化改革》等理论文章和重要讲话稿30余篇。起草完成《中共温州市委关于全面深化法治温州建设的意见》等三个重大政策意见。起草澎湃新闻（东方早报）专访提纲、积极探索宗教事务依法管理新路子促进宗教与社会主义社会相适应、温州市防灾减灾体系建设工作汇报等重要文稿。

发展战略研究 2015年，温州市委政策研究室围绕市委、市政府重大战略部署，做好市委主要领导牵头的“十三五”重点课题研究，形成《温州“十三五”发展若干重大问题》课题报告，完成“十二五”发展回顾分析、“十三五”预期指标分析、“十三五”发展定位等六个子课题研究。完成温州“五化战略”相关重要文稿起草，开展“五个化”规划和年度计划专家论证，推出“五个化”年度发展报告。

深化改革探索 2015年，温州市委政策研究室抓好市直部门“10+1”重点改革项目和县（市、区）“1+3”年度改革项目，乐清和瑞安列入全国农民住房财产权抵押试点，瓯海“多证合一”经验向全市推广，永嘉等地民办教育改革取得新突破。引导和推动改革试点工作，全年新增20余个省级以上改革试点。全面深化改革工作纳入市委市政府目标考核，建立健全改革督查考核体系，制定出台县（市、区）和市直部门改革创新工作考核实施办法。举办全面深化改革专题研讨班，完成《温州市全面深化改革的路径研究》等多个课题研究，推出“2015探路改革系列报道”“温州模式30周年专题报道”，改革经验获市领导批示10次，被中央政研室刊发2期、省委政研室刊发8期。

调研机制深化 2015年，温州市委政策研究室开展各类调研、研讨和咨询活动100余次，全年完成课题研究66个、启动新课题研究61个，刊发《温州政研》58期，其中15篇获市委、市政府领导批示肯定。督促执行“改进市级领导班子调查研究工作作风”规定，协助市委完善市级领导班子成员“微服私访、随机调研”制度，谋划和组织市领导21个重点课题研究。完善调查研究工作联席会议制度，开展农村新社区体制机制、社会事业人才流失、欠发达地区发展、农村垃圾处理等问题研究，形成一批注重“补短板、惠民生”的调研成果。

决策信息服务 2015年，温州市委政策研究室开展《当前温州市企业运行情况分析、预测及对策建议》《温州制造业“隐形冠军”企业案例研究》等调查研究。多渠道采集标杆城市的创新做法、前沿观点，提供标杆城市经济运行分析、小微企业融资难创新解法、保险资金股权投资地方建设经验、特色小镇典型案例分析研究等决策参考信息。围绕“五化战略”、经济转型发展、“六城联创”和“五水共治”等重大战略部署，在主流媒体和网站开展系列专题策划，做好政策解读和宣传。全年编发《决策科学》12期。

经济分析服务 2015年，温州市委政策研究室开展1200余家中小企业发展专题调研，编制温州中小企业发展指数，撰写半年度及年度经济运行分析。开展经济发展阶段判断、小微园开发建设、温商回归落地、促进企业创新等相关经济政策实施情况监测，形成相关专题报告供领导参阅。组织市人行、银监局、金融办、市中院、申万宏源等单位，以“1+X”课题研究方式，开展全市“两链”风险化解工作调研，并汇编成书。

新型智库建设 2015年，温州市委政策研究室按照中国特色新型智库的要求，推进温州智库的整体转型升级。建立健全决策咨询机制，形成“一心三库”智库体系，获“中国特色新型智库建设地方实践基地”称号。举办“小微园建设”等13场专题帕累托沙龙研讨活动，其中4期获市委领导批示肯定。搭建“温州高校智库联盟”平台，举办“供应链发展”等7期高校智库论坛活动。共建温州市波普大数据实验室和温州市时尚研究院。推进民间智库转型发展，成立温州民间智库促进会。运营米利都讲坛、民智调研、草根提案、网络问计于民等采集民意民智的活动载体，全年组织各类线下活动12次、线上活动24次，形成民间智库报告23篇。建设企业智库，启动优化产业集群生态链、“机器换人”绩效等企业智库专题研究。

（薛志豪）

纪检监察

纪委重要会议 市纪委十一届五次全体（扩大）会议。2015年1月29日，中共温州市纪律检查委员会十一届五次全体（扩大）会议召开。会议由市委副书记、市长陈金彪主持，市领导陈笑华、包哲东、陈作荣、胡剑谨、王立彤、朱忠明、仇杨均、诸葛承志、陈浩、王毅等出席会议。省委常委、市委书记陈一新在会上讲话，市委常委、市纪委书记宋志恒代表市纪委常委会作工作报告。会议表彰2014年度落实党风廉政建设责任制先进单位。

全市作风效能建设大会。2015年2月26日，全市作风效能建设暨2014年度考绩表彰大会召开。会议由市委副书记、市长陈金彪主持，省委常委、市委书记陈一新出席会议并讲话，市领导陈笑华、余梅生、包哲东、马晓晖、陈作荣、宋志恒、胡剑谨、王立彤、黄宝坤、朱忠明、仇杨均、陈浩、王毅等参加会议。各县（市、区）和温州经济技术开发区设立分会场，通过电视电话会议形式参加会议。会议播放《披荆斩棘话作风》专题片，通报13起违反作风建设规定典型案例。表彰2014年度考绩优秀单位以及“万人双评议”满意单位、效能示范岗、勤廉标兵等，3个“不满意单位”作表态发言。

党风廉政建设主体责任汇报会。2015年3月下旬，全市党委履行党风廉政建设主体责任情况汇报会召开。全市11个县（市、区）和12个市直部门的“一把手”到市纪委逐个汇报党委书记履行“第一责任人”职责情况、党委书记执行廉洁自律有关规定情况，并书面提交党委履行党风廉政建设主体责任的情况。市纪委（监察局）班子成员和部分市纪委委员当面听取汇报并进行评议，及时反馈评议意见并督促整改落实。

全市农村基层作风巡查工作会议。2015年4月14日，全市农村基层作风巡查工作动员部署会议召开。市本级组建12个巡查组对12个县（市、区）和功能区开展巡查，重点巡查农村“三资”管理处置等重点环节滥用权力、以权谋私；违规买卖、出租集体土地和侵占、挪用、私分征地拆迁补偿款等10项基层作风问题。6月18日，召开全市农村基层作风巡查工作推进会，省委常委、市委书记陈一新强调要深入实施基层作风巡查制度，不断巩固党在农村的执政基础。9月7日，召开全市农村基层作风巡查工作汇报会，省委常委、市委书记陈一新就进一步明确要求、深化举措、创新机制，促进巡查制度化、规范化、常态化建设作指示。

“万人双评议”活动工作部署会。2015年5月14日，全市2015年度万人评机关中层处室和基层站所活动工作部署会召开。“万人双评议”是全市进一步加强作风效能建设、改善优化发展软环境的重要举措。2015年进一步优化评议办法，更加突出服务群众、由群众评议的工作特色，将80个部门共527个直接面向社会公众的中层处室（站所）纳入评议，评出10家满意单位和10家不满意单位，督促各部门从严从实抓作风。

新提任市管干部集体廉政谈话会。2015年6月16日，2015年提任（转任重要岗位）市管干部集体廉政谈话会召开，43名新提任（转任重要岗位）市管干部参加了教育活动。市委常委、纪委书记宋志恒在会上强调，要深刻认识从严治党新常态，全面贯彻“三严三实”要求，严格遵守纪律和规矩，清正廉洁、勤勉干事、正确履职。全体与会谈话对象签订《廉洁从政承诺书》，3名干部代表作表态发言。

纪检体制改革 2015年，温州市纪委（监察局）完成市、县两级纪委派驻机构改革，市纪委派驻（出）机构从26家增加到36家，首次向市委办、市人大机关、市政协机关、市委组织部、市委统战部、市委政法委等派驻纪检组，实现对101个市直部门单位（含市属国有企业）的派驻监督全覆盖。推进乡镇（街道）纪检监察组织规范化建设，全市按照乡镇（街道）管辖村居数或党员数配备专职纪检监察干部512名。对乡镇（街道）纪（工）委书记不分管其他业务进行了专项清理和规范，确保乡镇纪检组织聚焦中心、突出主业。

纪律审查 2015年，温州市纪委（监察局）全年共立案2370件，处分2125人，涉及县处级干部6人、乡科级干部147人，移送司法机关132人。市本级重点查办平阳县人大常委会原主任胡方勇、原副主任申卫国，苍南县政协原副主席梁峰，省国贸集团温州公司原董事长严卫等案件。加强反腐败协作配合，制定在执纪审查中加强部门协作配合的意见，与公检法、审计等部门建立“一对一”协作机制。加强追逃追赃工作，全市成功劝返5人，占浙江全省一半，其中1起回国自首案例被浙江省纪委作为典型案例向中央追逃办推荐。严格落实纪律审查安全责任制，严格执行“两规”“两指”措施使用和安全文明各项制度，加强纪律审查场所和陪护队伍规范化建设，组建县一级专职陪护队伍，确保纪律审查安全零差错、零意外、零事故。

作风巡查 2015年，温州市纪委（监察局）创立农村基层作风巡查制度，市本级以副县级为主抽调干部100余人组建12个巡查组，对11个县（市、区）和省级产业集聚区开展巡查。各县（市、区）抽调精干力量631人，与市派巡查组形成工作联动，加大巡查力度。市巡查组共进驻巡查129个村，接待群众1573批6282人次，梳理并交办问题1749件，化解历史遗留问题和“三访”问题411件，解决民生问题140件，越级信访量同比下降。坚持巡查并举，发现问题线索371起，立案155起，移送司法机关立案58起，开除党籍63人，形成震慑力。督促各地积极探索农村基层现代治理方式，帮助规范村级管理制度90项。温州农村基层作风巡查工作，得到浙江省委和省纪委肯定，并在全省各地推广实施，《人民日报》《中国纪检监察报》等媒体进行专题报道。

信访举报处置 2015年，温州市纪委（监察局）统一信访举报受理平台，实行“一个窗口”对外，全年共受理信访举报11036件。强化领导接访、包案化解等举措，加大信访件交办督办力度，推出实名举报“两告知”制度，确保“件件有着落、事事有回音”。对党员干部一般性信访问题做到早提醒、早纠正，谈话函询772人，为113名党员干部澄清问题。抓好重点问题线索会商研判，1345件信访举报件转化为问题线索。制定问题线索集中管理办法，出台规范涉及上级管理干部违纪违法问题线索报告工作制度。

正风肃纪行动 2015年，温州市纪委（监察局）组织开展中央八项规定精神贯彻执行情况实地督查。建立“每月一主题、月月有行动”工作机制，实行市县联动检查，邀请媒体记者全程参与，多次组织政风行风监督员开展明察暗访，形成强大声势。全市累计开展正风肃纪专项行动848次，检查单位6380家，发现问题2162起，处理803人，通报320起，媒体曝光145起。其中市本级组织检查51次，通报典型案例25起。组织开展“群众办事难、工作推进难”和“不担责、不作为、不认真、不用心”问题专项整治督查，协调破解难题303起，问责399人，通报典型案例43起。推动政务服务提速提效，成立温商回归投诉中心，建立“招批管”协同机制，招商、审管、纪检监察三部门从项目引进到项目落地全程齐抓共管，协调解决难题29个。深化“万人双评议”活动，将80个部门共527个直接面向社会公众的中层处室（站所）纳入评议。

廉政治本抓源行动 2015年，温州市纪委（监察局）修订完善《温州市防止领导干部利益冲突办法（试行）》，出台党员干部和国家工作人员参与民间借贷、投资理财行为“五个严禁”以及领导干部配偶、子女及其配偶从业行为“五个不准”等制度，规范领导干部从政行为。开展市管领导干部“一家两制”情况调查，全市1206名市管干部填报登记表。对领导干部利用职务便利谋取不正当利益问题、土地出让和政府投资项目等重点领域组织开展大排查，梳理查结106条问题线索。

“破两难、纠四不”专项活动 2015年10月19日，“破两难、纠四不”专项活动专题协商会召开。市政协主席余梅生，市委常委、纪委书记宋志恒，市政协副主席徐育斐、章方璋、黄兆鸽、夏克栋、王益琪、潘长旺、王振滔，市政协秘书长陈伟光等参加会议。自3月始在全市深入开展以“解决群众办事难、工作推进难，查纠领导干部工作不担责、不作为、不认真、不用心”为内容的“破两难、纠四不”作风效能整治专项活动。全年协调破解难题303起，问责399人，通报典型案例43起。

廉政规章宣传教育 2015年，温州市纪委（监察局）对1200余名市管党员领导干部进行党章党规党纪集中轮训，着力唤醒党章党规党纪意识。组织学习贯彻新修订的《中国共产党廉洁自律准则》《中国共产党纪律处分条例》和《中国共产党巡视工作条例》，通过专题宣传教育、组织专项督查等，增强全市党员干部的纪律意识和廉洁意识。全市纪检监察机关分级分层开展谈心提醒教育，市纪委班子成员对132名市管干部开展了“一对一”谈心提醒，各县（市、区）纪委、市直各部门对890余名乡科级干部开展谈心提醒，全市谈心提醒教育6700余人。在“清廉温州网”设立“纪律审查”版块，第一时间对外发布24起纪律审查重要信息，以案示警。剖析本地案例编印《忏悔录》等警示教材，全市各级党员领导干部接受教育。开展廉政微电影评选，引起媒体和社会关注。

（罗墙清）

组织工作

概况 截至2015年年末，全市有基层党组织27190个。其中，行政村党组织5709个，企业党组织8516个，事业单位党组织4178个，机关党组织4341个。全市有党员47.5万名，其中女党员13.1万名、45岁以下党员24.4万名。全市市管领导干部1092名，其中女干部124人、党外干部72人、少数民族干部16人、大学及以上学历991人。市管正县级、副县级领导干部平均年龄分别为51.8岁、49.2岁。全市有国家“千人计划”人才28人，省“千人计划”人才112人，国家“万人计划”人才4人，省、市重点创新团队80个，培养引进企业专业技术人才5万多人、培养高技能人才7万余人。

红色细胞工程建设 2015年，温州市委组织部继续开展“红色细胞工程建设”，突出抓好党员发展管理，将发展对象的参教信教情况作为资格审查的重点内容，全年发展党员9377名。加强党员教育培训工作，市、县两级共对全市2.65万名基层党组织书记进行轮训。开展评星定级工作，评出“五星”党员3.1万多人、警示党员1566人。开展隐性参教信教党员排查处置工作，加大不合格党员处置力度，指导11个县（市、区）出台党员管理“十条红线”办法、135个乡镇（街道）建立“党性教育支部”。

基层组织建设“百日攻坚”行动 2015年，温州市委组织部确定26项重点任务进行集中攻坚，一大批难题和顽疾得到解决。首次刚性推行村干部全员坐班值班制；全市402个后进村实现整治转化；村级组织运转经费、村两委主职干部基本报酬支出同比增加8678万元和2.53亿元，增幅分别达74.9%、200.6%。

村民中心建设 2015年，温州市委组织部把村民中心作为党在基层的基本阵地来建设，新建村民中心485个，完成年度任务的155.9%，村级组织无活动场所和活动场所不达标的问题全部得到解决。

组织关爱行动 2015年，温州市继续深化“红七月·服务月”活动，探索创设“红色基金”，研究制定具体的指导意见，县、乡、村三级共筹集资金7100余万元，首次开展“十佳镇街书记”和“百名优秀村（居）党组织书记”评选宣传活动。

干部任用与选拔 2015年，温州市委组织部坚持树立鲜明用人导向，选优配强市直部门“一把手”24名。重视优秀干部尤其是优秀中青年干部选拔培养，共选派120名干部到基层、重点工作、重点工程、专项工作一线、省级机关、发达地区、国企等六个层面挂职锻炼。

干部工作规范化建设 2015年，温州市委组织部加强干部工作制度化建设。完善顶层设计，制定出台《关于进一步加强好班长好班子好梯队建设的实施意见》；规范工作流程，出台“动议到任职”5个干部选拔任用关键环节的实施细则；健全配套制度，制订领导班子和领导干部综合评价、市管干部选拔任用纪实、领导干部能上能下、治理为官不为、规范因私出国审批管理等系列文件，形成“1+5+X”、涵盖“上下管”等各个方面的政策体系；加强日常管理，开展干部常态化的谈心谈话，建立干部工作定期专题分析研判制度。

干部监督管理 2015年，温州市委组织部深入推进“三超两乱”“档案造假”“个人事项申报不实”“违规因私出境”等专项整治，市、县两级共消化超职数干部709名。开展县（市、区）选人用人专项检查，共排查出六大类206个问题，下发督办单46个，逐个调查核实并限期办结。执行“凡提必核、凡提必查、凡提必听”制度，对240名干部个人重大事项报告进行查核。执行干部提醒函询诫勉的制度规定，对83名有苗头性问题的干部及时采取提醒函询诫勉。

干部教育培训 2015年，温州市委组织部举办学习习总书记在浙江考察时的重要讲话精神专题培训班。创新党性教育的方式方法，开展与群众同吃、同住、同劳动的“三同”教育。全年举办干部培训主体班次11期，主办或协办各类专题培训班74期，共培训干部5432人；选派38批次142名干部参加中组部、省组部等上级部门举办的各类培训班学习。

“和合共同体”①创建 2015年，温州市共对6421家企业开展“和谐劳动关系大巡视”；全市330家县级以上“双管”企业中，建立“三联三会”制度的330家、开展“点亮微心愿”活动的246家，并与330家村（社区）结对，实现党员职工微心愿数2825个，落实治水帮扶资金6580余万元。

党组织书记队伍建设 2015年，温州市委组织部加强两新组织“双强好书记”队伍建设，制定出台《关于加强非公有制经济组织和社会组织党组织书记队伍建设的实施意见》。做好党组织书记培训、目标考核等工作，市、县、乡三级共举办研修班1期、示范班12期、基础班110多期，培训党组织书记7100多人次。

党建基础工作 2015年，温州市委组织部创新推进党建公积金建设，在34个两新组织集聚的重点镇街（园区）开展试点，全市共开户建立党建公积金54个，筹集资金总额达2156.68万元，665家两新组织通过规定程序申领使用了党建公积金376万元。大力推进党群服务中心建设，建成省级党群服务中心1个、市级党群服务中心11个；完成50个“一企一品”、16个“一社一品”和12个“一域一群”品牌创建。推进“覆盖检修”工作常态化，全年对7800余个两新党组织的运行情况进行检修。

人才引进培养和政策保障 2015年，温州市委组织部深入实施“580海外精英引进计划”等重点人才工程，举办“中国·温州民营企业高层次人才洽谈会”，抓好“千人计划”申报工作，国千、省千申报人数分别达到75人和160人，均创历史新高。其中6人入选国千，14人入选省千，对接引进3名发达国家院士和10名外地国千、省千人才，“千人计划”人才总数居全省前三。遴选“580海外精英引进计划”年度人选22人，遴选资助海外工程师23人。加强本地基础性人才培养，全年培养高技能人才2万余人。成立市招才局和11个县（市、区）招才局，制定出台温州“人才新政十条”，高端人才、顶尖团队最高分别给予1200万元和1亿元资助。

（温端荣）

宣传工作

概况 2015年，温州市获城市最高综合荣誉——全国文明城市。电视连续剧《温州一家人》在韩国播出。“7431”网络治理模式得到中央网信办肯定，全省网络治理现场会在温州召开，并在全国网络宣传工作座谈会上作交流展示。“新青年下乡”活动获浙江“全省宣传思想文化工作创新奖”，得到省委书记夏宝龙，省委宣传部部长葛慧君等省领导肯定，并在全省推广。市民监督团获第八届“中国政府创新优秀实践”奖。“中国梦·温州好故事”主题宣讲等10项工作入选全省“三贴近”百个案例。成功举办“2015温州国际时尚文博会”“首届亚洲国际（温州）青年微电影展”等展会，“亚洲国际（温州）青年微电影展”永久落户温州。温州道德馆开工建设并预展。

理论研究成果 2015年，温州市委宣传部深化“红船精神”学习和习近平“两座山”论述十周年研究宣传工作，举办“绿水青山就是金山银山”重要思想论述理论文章征集活动。完成温州推进生态化战略研究、温州推进都市化战略研究、温州推进时尚化战略研究、温州推进国际化战略研究、温州推进信息化战略研究等五大主题系列课题研究，举办温州经济转型与赶超发展、生态文明建设的地方实践、刘基文化与温州历史文化名城建设等主题学术研讨会6场。在《温州日报》和温州广电集团瓯江先锋频道推出“新思索”和“求是论坛”栏目，分别刊发理论学习交流文章180余篇、播出理论专题节目50余期。

理论学习教育 2015年，温州市委宣传部建立领导干部述学考学评学制度，开展全市县（处）级党委（党组）中心组先进单位评选活动。市委理论学习中心组组织开展学习活动20次。开展“党的十八届五中全会精神”“中国梦·温州好故事”“两美温州 精彩中国”等宣传教育活动，全年累计开展各类宣讲活动13000余场次。举办“绿水青山就是金山银山”主题“精品微党课”比赛，举办“温州讲坛”报告会10场。市

① “和合共同体”是一项浙江两新组织党建重点工作。以大力倡导中国传统“和合”文化为背景，通过发挥党组织政治引领作用，推进和谐劳动关系建设，从而促进两新组织与党组织、员工与企业的深度融合、合作共赢，实现“党建强、发展强”。

2015 年 7 月 9 日，“两美温州 · 精彩中国”全市党员干部讲故事比赛赛场

（温州市政府公报室提供）

民宣讲团被评为“全省基层宣讲先进集体”，4 名宣讲团成员被评为“全省基层宣讲先进个人”。马克思主义宗教观巡回宣讲团成员郑雪君“把故事讲到宗教场所”的做法得到省委书记夏宝龙批示肯定，郑雪君被评为“全国基层理论宣讲先进个人”。

学校思想政治工作 2015 年，温州市委宣传部出台《关于进一步加强和改进高校思想政治工作的实施意见》。开展“新青年下乡”活动，在温 12 所高校（含独立院校）107 个院（系）994 个班级与全市 11 个县（市、区）和浙南产业集聚区 130 个乡镇（街道）589 个文化礼堂挂钩结对。在全市中小学开展以“日常行为规范、核心价值观、民族传统美德”为主要内容的系列教育和“百名好人进校园、千张红榜送好人、万名学生齐学习”活动，传唱《大禹纪念歌》和《社会主义核心价值观 24 字歌》。

“最美温州人”评选活动 2015 年，举办“2014 感动温州十大人物”颁奖典礼暨“感动温州”十周年晚会。至 2015 年，温州市委宣传部连续十年举办“最美温州人——感动温州十大人物”评选活动，涌现出潘超俊等一批先进典型，累计 30 人入选“中国好人”榜，16 人被评为全国、浙江省道德模范和道德模范提名奖，12 人获“浙江骄傲”年度人物。完善“最美温州人”关爱帮扶机制，全市 11 个县（市、区）均成立“最美”公益基金。出台《温州市民间道德奖指导管理办法（试行）》，推动各地设立民间道德奖 271 个。

社会主义核心价值观宣传教育 2015 年，温州市委宣传部开展弘扬和践行社会主义核心价值观“精彩故事大家讲”“图说我们的价值观”等活动，推动广泛传唱“最美温州人”主题歌——《最美在温州》，创作《社会主义核心价值观 24 字歌》。温州道德馆开工建设并预展。全市建成（改建）城市文化主题公园 32 座。开展社会主义核心价值观公益广告创意大赛。开展“8 · 8”诚信日主题宣传，创设网络诚信馆、诚信红黑榜。开展纪念中国人民抗日战争暨世界反法西斯战争胜利 70 周年群众性主题教育活动，举办《永远的凯歌》等大型文艺活动 15 场次，开辟“解密温州抗战”“温州抗战记忆”等专题专栏 102 个，刊播报道 700 余篇。

重大主题新闻宣传 2015 年，温州市委宣传部开展“五化战略”“八大攻坚”“五水共治”“三改一拆”“温商回归大讨论”“2015 赶超发展新成就新亮点新盘点”等重大主题报道 40 余个，开辟专栏专题 400 余个，刊播报道 1.5 万余篇（条）。市委宣传部获“全省推进重大主题报道创新活动组织奖”。举办“点赞 2014 温州十大新闻事件”评选活动。组织开展全国晚报总编聚焦“温州模式”活动，推出 9 篇、4 万余字“温州模式”系列专稿。建立海外信息共享平台，《欧华联合时报》刊载温州专版 60 余个，《魅力温州》播出 315 期，温州海外手机报和数字报刊发 608 期。

互联网管理与宣传 2015 年，温州市委宣传部登记备案属地重点网站 1891 家、微博账号 320 个、微信公众号 512 个，组织开展网络编辑人员职业技能培训，培训学员 212 人次。开展“净网 2015”“清源 2015”“扫黄打非 · 护苗 2015”“秋风 2015”等四大专项行动，温州辟谣平台发布涉温辟谣信息 161 条。推出《奔跑吧！温州》《温暖之州 致敬文明》《行进温州 精彩故事》等各类专题报道。举办“温网议事厅 · 党政部门一把手对话网民”活动 17 期，“温网议事厅”被评为第八届中国品牌媒体高峰论坛“2014—2015 年中国最具品牌影响力网络问政栏目”。开展温州“网络好故事”征集大赛，设置“温州好故事会”正能量馆，收录“好故事”作品 1400 余个。抓好“温州发布”微博、微信建设，全年发布政务微博 1 万余篇、政务微信 1800 余篇，粉丝量达 61 余万，宣传类微信排行榜最高排名第二位。

舆论引导 2015 年，温州市委宣传部贯彻落实《突发公共事件新闻报道应急处置预案》《境外媒体采访接待服务细则》等舆论引导机制，完善突发事件应对工作机制和工作流程，构建市、县（区、市）、乡镇（街道）三级重大新闻信息报告制度，处置涉温敏感舆情 212 起，安徽、陕西电视台公开道歉涉温不实报道。实施新闻发布审核备案制度，举办主题新闻发布会 40 余场。实施领导干部媒介素养提升工程，举办领导干部媒介素养提升培训班 2 期，培训县（处）级干部 128 人、科级干部 143 人。组建由外侨、外宣、维稳、公安、国安、台办等部门组成外媒应对协调组，召开境外记者采访工作联席会议 15 次，协调境外媒体 11 批次 30 余人。

舆论监督 2015 年，温州市委宣传部举办“电视问政”7 场、“新政聚焦”50 期。“电视问政”被授予“2014 年度全国最具社会影响力栏目”称号，“新政聚焦”

2015年12月3日，市民代表在"电视问政"栏目现场送"蜗牛"，直指道路施工进程缓慢问题，加强舆论监督（此图获第17届《温州年鉴》"菱华奖"金奖） 苏巧将/摄

获2014年度全省市级广播电视台栏目抽评一等奖。召开市民监督团监督主题策划对接会4次，指导开展监督活动320余次，解决党委政府中心工作和民生热点问题200余个。市民监督团入选"2015年全国宣传思想文化工作案例"，获"第八届中国政府创新优秀实践"称号。

文化体制改革 2015年，温州市委宣传部制订《深化文化体制改革2015年工作计划》，"媒体融合工作"列入《市委2015年"10+1"重点改革项目工作方案》，组建温州日报报业集团融媒体新闻中心和温州广电传媒集团新媒体中心。制订设立市国有文化资产管理委员会方案，筹建图书馆事业发展基金会。出台瓯剧艺术研究院、越剧演艺中心、书画院、艺研所、文化馆等五家事业单位内部管理机制改革试点实施细则。

文艺精品创作 2015年，温州市委宣传部实施"中国梦与温州实践"主题文艺创作，支持扶持温州题材、温州元素文艺精品创作生产，电视剧《温州两家人》、电影《暖暖的红日亭》、长篇小说《生意人陈震东的奇特之旅》被列入省第十批文艺精品扶持项目。开展温州市第六届精神文明建设"五个一工程"评选活动。《温州两家人》在央视一套黄金时段播出。完成摄制并上映电视剧《望夫成龙》，电影《最美的承诺》《瓯柑之恋》《海岛小卫士》《拳霸风云》，签约创作《温州三家人》《朋友圈儿之温州媳妇》《春风五月红》等影视作品。《大唐盛世》系列组雕获民间工艺美术作品奖，龙湾拼字龙表演队获民间艺术表演奖。

群众性文化活动 2015年，温州市委宣传部举办"艺术的盛会·群众的节日"第五届温州市艺术节和第三届市民文化节，推出第13届戏剧节、第16届音乐舞蹈节等活动20余项，参与演出人员2万人次，观众200余万人次。开展"学、采、送、种"四大系列实践活动，发动文艺家深入基层开展"让文化生根 让文明落地"结对帮扶。开展市民艺术团基层巡演等活动120余场次。组织开展全市首届村歌创作活动。实施历史文化名人宣传工程，建成郑振铎纪念馆，制作张璁、姜立钢等历史名人专题片及永昆、平阳木偶戏、江心屿等地方文化纪录片，创作完成《东瓯王驺摇》《智慧刘伯温》《王十朋》等连环画，摄制播出100集大型电视专题系列片《温州记忆》。

文化产业发展 2015年，温州市委宣传部召开全市文化创意产业发展推进大会，制定出台《温州市文化创意产业发展规划（2015—2020年）》和《温州市文化创意产业发展三年行动计划（2015—2017年）》。举办2015温州国际时尚文化创意产业博览会，观众10.82万人次，成交额2.53亿元，成为浙江省三大文化产业交易平台之一。亚洲国际（温州）微电影展永久落户温州，25个国家和地区的344部微电影作品参展参赛。开展"文化温商"回归工程，签约9个项目，计划投资160亿元。组织10家文创企业参加第11届中国（深圳）国际文化产业博览交易会，成交额2348万元。培育市级重点文化企业10家、文化特色小镇13个、市级重点文化产业园区5个，鹿城区被评为"全省文化产业10强县"，奥光动漫集团有限公司入选"浙江省文化企业30强"，浙江奥光工艺品制造有限公司获"国家重点文化出口企业"称号。文化产业增速列全省第二位。

基层宣传阵地建设 2015年，温州市新建文化礼堂208家，累计建成文化礼堂807家，建设数量、推进速度、地区覆盖均居全省第一。省委书记夏宝龙批示推广"平阳显桥"文化礼堂建设经验。推出市、县两级部门单位服务文化礼堂项目300余个，打造"周末礼堂文化日"品牌，举办"我们的村晚"等活动，在全市文化礼堂开展形势政策宣讲5300余场，各类民俗活动1100余场，文艺演出、体育赛事2100余场，志愿服务2500余场。加强基层党政校规范化建设，办强乡镇一级基层党校以及建有农村文化礼堂的村和党委建制村的基层党校。建立爱国主义教育基地义务讲解员制度，举办爱国主义教育基地负责人和讲解员培训班。永乐抗日游击总队纪念馆、利济医学堂、温州非遗馆获第九批浙江省爱国主义教育基地。

宣传文化队伍建设 2015年，温州市委宣传部举办党的十八届五中全会精神宣讲、新闻发言人、媒介素养、宣传文化系统"四个一批"人才、文化产业、"记者学堂"等各类培训班，培训各领域专业人才和基层业务骨干1000余人次。制定完善《温州市宣传文化系统"四个一批"人才选拔工作实施办法》，培育市级"四个一批"人才30人、第二批市"重点创新团队"5支。推荐入选第五批全省宣传文化系统"五个一批"人才5名，数量居全省第一。将优秀网络工作者纳入"四个一批"人才选拔范围。制订《温州市关于网络作品文章列入专业技术职务任职资格评审论文认定的通知》，网络作品文章列入政工、新闻等部分专业技术中初级职称评定论文范畴。

（周晓群）

统战工作

概况 2015年，温州市委统战部贯彻落实《中国共产党统一战线条例（试行）》要求，实现市、县（市、区）统战部长由常委专职担任全覆盖，得到中央统战部部长孙春兰批示肯定。制定市委贯彻《中国共产党统一战线条例（试行）》实施办法，为全市统战工作开展提供重要制度依据。牵头成立市委统战工作领导小组，将市委办、市委组织部等18个单位纳入领导小组成员单位，构建大统战格局。

民主党派和无党派代表人士工作 2015年，市委统战部做好党外人士思想教育工作，组织开展“三个为什么”思想大讨论等系列活动。推动党外人士参政议政，市“两会”提交提案282件、建议106件，分别占总数的52%和19.4%。深化“诤友建言”活动，形成调研成果64篇。组织党外人士开展专题考察协商活动，先后赴杭州、衢州开展特色小镇创建等专项考察。持续推进“一党派一品牌”社会服务活动，筹集资金626.68万元，惠及5400余人次。加强民主党派队伍建设，完成民主党派342个基层组织的换届任务。开展“百名党外人士建功工程”评选活动，评选出示范典型20名。

党外知识分子工作 2015年，市委统战部探索网络人士统战工作新模式，实现市、县两级网联会组织全覆盖，建立网络人士统战“五个一”机制，推出清风、旋风、暖风“三风e潮五平台”，承办全省网络界人士统战工作现场会，获新华社内参专报，得到中共中央政治局常委、全国政协主席俞正声，中共中央统战部部长孙春兰及省委领导批示肯定，青岛、南京等30余个城市考察团先后到温考察交流。加强知联会、新联会组织建设，拓宽覆盖面，探索在学校、乡镇、社区、企业设立知联会。深化党外知识分子“幸福温州同心同行”服务品牌，建立健全“服务团+服务基地+服务机制”的服务模式，全年开展社会服务活动100余次，捐款捐物累计金额352万元。

民族宗教工作 2015年，市委统战部组织开展《温州市少数民族事业发展“十三五”规划》调研和编制，起草《温州市推进少数民族事业发展八大行动的实施意见》。推进少数民族低收入群众增收帮扶行动计划，指导省市30个结对帮扶村申报实施重点帮扶项目，投入帮扶资金1200余万元。开展城市民族工作微组织、微窗口、微热线、微平台创建，全市新建“四微”平台132个。6月25日，省委书记夏宝龙专题到温考察，并主持召开宗教界人士座谈会。依法推进“三改一拆”涉宗处置工作。全年公益慈善捐款捐物908.7万元。举办弘一大师诞辰135周年纪念活动、文成安福寺药师文化节等系列宗教文化活动。出台《关于实行民间信仰活动场所登记编号管理的实施意见》，完成1079处民间信仰活动场所甲类登记编号。

非公有制经济领域统战工作 2015年，市委统战部和市工商联深化行业协会商会承接政府职能转移工作，指导各县（市、区）扩大试点，获“浙江省公共管理创新案例十佳创新奖”。建立健全市领导与非公经济人士的沟通交流、政府部门与企业对话制度，全市工商联系统开展政企沟通195次。加强工商联建设，完成80%以上县级工商联“五好”达标工作。加强行业协会商会“三化”建设，创成10家行业协会商会示范点和规范化行业协会商会。成立16家行业商协会应急转贷管理委员会，帮助534家企业缓解过桥资金困难。加强非公经济代表人士队伍建设，全年新增会员3552人，增幅10.2%，新增行业协会、异地商会19家。

港澳台海外统战工作 2015年，市委统战部创新推出世界温州人“云社区”。深化联谊交流活动，2次组团赴香港开展联谊交流和经贸活动，指导香港温州同乡会举办成立30周年大型庆祝活动。深化“港澳台海外乡贤看温州”活动，接待8批次在外温商、温籍侨团回温考察。开展温籍人才智力返乡系列活动，邀请25个国家（地区）以及国内温州商会近200人共话温州未来发展。开展爱国主义和中华文化宣传教育活动，举办第九期世界温州人经济理论研修班、第五期世界温州人新生代国情研修班和港澳温籍青年国情研修班。组团赴台开展经贸考察和联谊交流活动，完成全市统战系统三年30个对台合作交流项目计划。发挥温州和平统一促进会作用，组织开展慰问抗战老兵、大型主题晚会、编印《抗战老兵回忆录》等纪念抗战胜利70周年系列活动。

党外代表人士队伍建设 2015年，市委统战部对接落实省委统战部任务，推动全省首个党外代表人士挂职锻炼基地在温州落户，浙江大学、浙江财经大学等高校和科研院所5名党外高级专家学者到温挂职锻炼。举办《中国共产党统一战线条例（试行）》学习班，首次将乡镇（街道）党（工）委书记纳入培训范围。做好市直部门党外正职人选的物色与推荐工作，市直部门党外正职由1人首次增加到4人。协同市政协、市委组织部联合下发文件，在全省率先出台《关于市政协委员辞职、免职、撤职的规定》，加强对市政协委员管理。

（曾陈云　叶凌群　周怡静）

市直机关工作

市直机关理论学习和主题教育 2015年，温州市直机关工委印发《关于2015年市直单位党组（党委）中心组和党员干部政治理论学习的意见》，评选中心组成员优秀理论文章，举办13期“先锋讲坛”、4场“千人党课”和十八届五中全会精神理论骨干培训班。开展“讲忠诚、守规矩、提能效”专项活动。开展“三严三实”专题教育，组织专题学习辅导、专题研讨，查摆基层党组织和党员干部不严不实问题，召开专题组织生活会。组织学习《党章》《准则》《条例》等党内规章。开展机关党员干部思想政治状况专题调查研究，形成专题调研报告。

市直机关党建责任制落实 2015年，温州市直机关工委开展部门党委（党组）书记落实党建责任制视频访谈，出台《部门党委（党组）书记抓基层党建工作责任制基本要求》，明确党委（党组）书记抓机关党建工作职责20条清单。制订《文明机关创建实施意见》《关于开展“讲忠诚、守规矩、提能效”专项活动实施方案》《监督责任实施意见》《万人评议机关中层处室和基层站所实施意见》《关于开展县（市、区）机关党建创先争优活动实施意见》等。印发《年度机关党建考核办法》，“五型”机关创建融入机关党建工作，机关党建工作纳入市直单位绩效考核，实行日常动态考核和年末实地考核结合。组织第一、二批13家单位文明机关创建复评。

市直机关党员队伍建设 2015年，市直机关工委举办3期入党积极分子培训班、2期机关党务干部培训班、4期机关支部书记培训班。评选表彰32个先进基层党组织、148名优秀共产党员、20名优秀党务工作者、“十佳”机关党委专职副书记等。评比表彰54个第二批“五星”党组织。开展“双百结对共建”活动，市直机关107家单位党组织与141个行政村、114个社区的党组织结对，全年累计开展服务873次，走访慰问3174户，发放慰问款455万元，帮助筹资77350余万元，解决困难问题500件。4月，承办“激活党员红细胞，服务社会大肌体”全国部分城市机关党建工作交流会。开展“红七月·服务月”系列服务活动，41家市直单位500名党（团）员志愿者设40个摊位集中提供名医义诊、法律咨询、家电维修等便民利民服务。

市直机关作风建设 2015年，市直机关工委开展万人评议机关中层处室和基层站所活动，521个中层处室和基层站所参加日常评议。111个机关中层处室和基层站所参加网络评议，评出10个不满意单位，3个最不满意单位。完善即办制评价办法，突出办文办事、提案议案办理、信访处理、审批服务等重点内容的评价。组织对36家进驻审批管理中心的服务窗口及9家单独设立审批分中心的服务窗口，进行公共服务体验式查访，收集公共服务反面典型案例进行追踪调查。对80余家单位落实“两个责任”进行专项督查，对60余家单位的市委、市政府重大决策部署执行情况、“三公”经费管理使用情况进行专项检查。

市直机关党风廉政建设 2015年，市直机关工委做好“清风”品牌系列活动，编发60余篇“清风论坛”反腐倡廉评论文章，展播20余件“清风屏保”优秀作品，编发“清风短信”3万余条次，播出“清风寄语”廉政公益广告700余次。与市纪委联合开展廉政微电影、微故事创作评选展播活动。组织市直单位3700名科级干部学习传阅《忏悔录》、观看《作风建设永远在路上》等电教片；组织2次市直单位科级干部参加职务犯罪庭审旁听；组织市直单位76名重点岗位科级干部到浙江省法纪教育基地开展警示教育活动。组织70名机关纪委书记业务培训，开展2场“清风讲坛”专题报告会。

市直机关文化建设 2015年，市直机关工委举办6期90余场次声乐、书法、舞蹈等文体系列培训班。成立书法、声乐、摄影等7个文体兴趣小组。举办3期“青春有约”单身青年联谊会。开展“环保健康同行·建设两美温州”重阳登山、网络文明志愿服务、“五水共治”主题团日、“青春聚力改革”主题读书、绣山英语角青年文化活动等。开展寻找机关“最美家庭”“立家训、树家风”等活动，征集优秀作品参加省直工委举办的“家风家训”书法作品评展活动。组织市直单位党员干部职工参加元旦健身跑、体能测试、疗休养等活动。组建95支机关党团员志愿者服务队；组建网络文明志愿者队伍，开展网络文明志愿服务。开展“四季关爱”青年志愿服务。

（胡凝露）

老干部工作

概况 2015年年末，全市有离休干部2102人，平均年龄87.6岁。其中市直单位846人，各县（市、区）1356人；机关962人、事业544人、企业596人；正厅级4人，副厅级62人，享受县处级787人，科级及以下1249人。

老干部思想政治建设 2015年，温州市委老干部局通过老干部党校“理论学习平台”、老年大学和活动中心“综合学习平台”“五心微学堂”微信公众号和局门户网站“网络学习平台”、离退休干部党支部“骨干学习平台”，做好离退休老干部的思想政治学习。全年召开老干部重要情况通报会5次；举办老干部党校专题班6期、老干部阅文日12次、地市职老干部理论读书班等。市本级老干部活动中心8个社团（协会）成立临时党员活动小组。全市9所老年大学设置临时党组织。

老干部社会文化活动 2015年，温州市委老干部局实施“红色典藏”行动，开展革命老人重走红军路、“红色微电影”、老少同游“红色文化基地”、《红色记忆照片集》、抗日故事系列故事连载、出版口述历史书籍、抗战故事征文活动等，弘扬老干部的优良传统和作风。开展“走、看、促”行动，全市组织参观考察181批5800余人次，召开座谈会32场，向党委、政府提出意见建议410余条。开展“争做最美老干部”行动，评选表彰40个市级离退休干部先进集体和41名离退休干部先进个人。组建银色人才队伍，成立“生态回归促进会”“龙腾”银色人才志愿团队、“宋大姐帮扶室”，开展多形式银色人才志愿行动。市本级银色人才10组991人，到农村、社区、学校开展美丽温州摄影、邮展、农业技术传授、医疗义诊等活动，参与1535人次，受益近2.6万人次。

智慧养老服务 2015年，温州市委老干部局推出老干部的“民情E通”，全年接受紧急救助等有效服务6132次，定时为老干部及家属推送健康注意事项。利用一键通服务平台和社会服务资源，为每名离休干部提供300元的居家养老服务，接受家电维修、挂号、优惠购物等居家养老服务1727次。在鹿城桂柑、水心、桥儿头社区开展“一键通”固定终端普及试点，安装一键通2188户。

离休干部生活待遇落实 2015年，温州市委老干部局开展离休干部政策执行情况专项检查，完成全市927家单位2333名离休干部、1119名已故离休配偶和2011年以来逝世932名离休干部公用经费标准、抚恤金、医疗统筹等13项生活待遇政策落实情况检查，确保各项待遇落实。完善帮困机制，全年帮扶98人次，发放慰问金28.45万元；全年走访慰问已故离休干部配偶376人次，发放慰问金11.28万元；建立易地安置离休干部医药费备用金和办理市区医保代管社会保障卡制度。推行老干部“五必访”制度，全年慰问住院离休干部、逝世老干部家属等140余人次，春节慰问721人，发放慰问金21.63万元。组织两期各15天健康休养，133名高龄老干部参加。

老干部文化养老建设 2015年，温州市建有县级以上老干部活动中心12个，设

11类44个活动项目,年活动42.8万人次。全年组织各类文体活动共175场，4000余人次参加。市本级老干部活动中心向鹿城区庆年坊社区企事业退休人员和社区老年朋友开放，新发活动证件300余个。全年全市建有县级以上老年大学11所、教学点35个，有337个班级，在校学员15209人。开展“凝聚正能量 银发绘新章”主题老干部系列活动，5月，举办全市老干部门球比赛,各县（市、区）9支队伍参加比赛；6月，举办全市老干部摄影作品展，展出102幅作品；10月，举行温州市直老干部庆重阳游园活动，1000余名市直单位离退休干部参加；11月，举办全市老干部戏曲大家唱活动，9个县（市、区）共11支队伍参加演出。

（吴剑锋）

党校工作

干部教育培训 2015年，温州市委党校始终坚持党校姓党，围绕中心办学，服务大局培训，彰显红色学府特色。全年举办各类培训班次473期，同比增长82.1%；培训干部46436人，同比增长77.2%。其中主体班次42期4527人；部门班次208期19000人；外来班次51期2300人；会务培训172期20609人。

党校科研活动 2015年，温州市委党校获省部级和地厅级课题立项31项，出版专著2部，在省级以上公开刊物和核心期刊发表44篇，获得厅级以上各类成果奖项10项。编纂的《温州蓝皮书》连续3年列入中国社会科学院创新工程学

2015年温州市委党校主要班次培训情况

表4　　　　单位：期、人

序号	班次	学制	期数	人数
1	2015年第一期县（处）级领导干部进修班	40天	1	55
2	2015年第一期中青年干部培训班	3个半月	1	56
3	2015年第一期公共管理进修班	1个月	1	64
4	2015年第一期市直机关处（科）级公务员任职培训班	1个月	1	52
5	全市重点村、城市社区两委负责人专题培训班	3天	1	300
6	网络经济发展专题研讨班	3天	1	86
7	温州市全面深化改革专题研讨班	4天	1	70
8	2015年第二期县（处）级领导干部进修班	35天	1	54
9	2015年第二期公共管理进修班	1个月	1	53
10	2015年第一期公务员初任培训班一班（含三区一县、功能区）	2周	1	86
11	2015年第一期公务员初任培训班二班（含三区一县、功能区）	2周	1	86
12	近3年入校教职工职业教育培训班	3天	1	43
13	2015年第一期警校公务员初任培训班	4天	1	247
14	全市干教骨干师资培训班	5天	1	50
15	2015年新生代出资人“红色接力·寻根旅”培训班	7天	1	34
16	2015年市管党员领导干部党章党规党纪专题集中轮训班（一）	2天	1	399
17	2015年市管党员领导干部党章党规党纪专题集中轮训班（二）	2天	1	435
18	2015年市管党员领导干部党章党规党纪专题集中轮训班（三）	2天	1	362
19	2015年温州市党校系统推进红色学府建设专题研讨班	3天	1	248
20	2015年第三期县（处）级领导干部进修班	35天	1	54
21	2015年第二期中青年干部培训班	3个半月	1	59
22	2015年年轻干部培训班	1个半月	1	51
23	2015年第三期公共管理进修班	1个月	1	55
24	2015年第二期市直机关处（科）级公务员任职培训班	1个月	1	46
25	2015年第二期公务员初任培训班（含三区一县、功能区）	2周	1	72
26	全市规范选人用人工作会议暨组工干部培训班	1天	1	268
27	城区科（局）级领导干部进修班	1个月	4	213
28	城区中青年干部培训班	2个月	3	154
29	城区年轻干部培训班	1个月	2	110
30	温州市党外中青年代表人士培训一班	3周	1	47
31	温州市党外中青年代表人士培训二班	1周	1	55
32	温州市党外知识分子骨干培训班	1周	1	75
33	温州市党外代表人士高级研修班	1周	1	56
34	全市《中国共产党统一战线工作条例（试行）》学习班	2天	1	315
35	全市民主党派基层组织骨干培训班	4天	1	77
36	龙湾区领导干部依法行政专题研讨班	2天	1	650
37	第二期新生代出资人“红色接力 寻根旅”培训	1周	1	40

术出版资助项目，是国家创新工程出版资助项目中唯一由地市级城市编撰的学术品种。编发《决策参阅》27期，咨政成果获得省部级批示3次，地厅级批示11次。

党校社科研究成果 2015年，温州市委党校与中国社会科学院社会学研究所合作出版《温州蓝皮书——2015年温州经济社会形势分析与预测》。校刊《温州论坛》出刊6期，刊发学术论文、研究报告等58篇，约60万字。将专家学者、党校学员在“五化战略”、网络经济、金融改革等方面的调研和研究成果以内参形式提交市委、市政府领导参阅。

示范党校建设 2015年，温州市委党校全面推进地市级示范党校建设，重点围绕“红色学府、高端智库、开放平台、人文高地、和谐家园”五大目标任务，设立五大专项工作组，创新流程管理，量化指标，统筹推进，取得阶段性成效。“地市级党校办学质量品控体系创新工程”获2015年度市直单位优秀改革创新项目。

（於风燕）

党史工作

党史基本著作编写 2015年，温州市委党史研究室完成《中共温州历史》(第二卷)编写工作，进入出版程序，全书共4编20章59节186目，计45万字。乐清、泰顺、永嘉党史二卷进入出版程序，龙湾、洞头、文成、瑞安形成送审稿。

党史资料征编 2015年，温州市委党史研究室完成8位地市级老领导口述史料的征集和整理，形成文字资料41.5万字、录像资料45小时、照片297张以及相关文章67篇。编辑出版1958年、1980—1981年《中共温州地（市）委文献选编》4册，计300万字。完成《中共温州历史大事记(1995—2015)》和《温州日史（2015）》资料的收集整理工作。

党史深化研究 2015年，温州市委党史研究室在《温州史志》刊物开设资政专栏，开展改革开放后中国特色社会主义在温州实践的重要专题的研究。撰写《论抗战时期党的思想作风建设的当代启示》《以史补钙 以史铸魂——营造党史宣传教育新常态的几点思考》等资政文章。

2015年12月25日，市委党史研究室举办第4期温州史志讲坛　金宸羽/摄

党史资政和宣传教育 2015年，温州市委党史研究室开展纪念抗战胜利70周年系列专题宣教活动。推出《纪念中国人民抗日战争暨世界反法西斯战争胜利70周年》特刊；举办《抗日战争在浙江》大型图片展；与温州电视台联合摄制《温州抗战风云录》电视专题片；与温州报业集团开展抗战老战士口述采访；组织流动宣讲团深入社区开展“抗战时期的温州”主题宣讲等。发挥温州革命历史纪念馆实体场馆宣教主阵地作用，开展流动纪念馆进社区、学校巡展活动，建设网上纪念馆，建立“温州足迹”手机短信平台。全年刊发《温州史志》杂志4期、《温州史志工作简讯》12期；温州史志网刊登工作信息243条；更新微博数近300条，报送温州发布政务平台218条，被录用69条；手机短信平台发送56000余条。完成2011—2013年温州市党史胜迹专项资金绩效评估工作。对乐清市北白象镇重石村日军入侵温州（乐清）展示馆等12处党史遗址遗迹进行维护和修缮。完成省一大陈列馆等13处温州市第二批党史教育基地命名和挂牌工作。

（陈　静）

精神文明建设

六城联创 2015年，温州市文明办围绕“六个城”创建重点难点问题，组织“六城联创”攻坚行动、联创百日攻坚行动、项目化破难攻坚等，推进市区营业点卫生、架空管线、马路市场和无证小菜场等城市管理顽疾治理，巩固提升全国文明城市、国家卫生城市、国家森林城市创建成果，为国家环保模范城市、国家园林城市、国家历史文化名城顺利通过国家考核评估创造良好公共环境。

全国文明城市创建 2015年，温州市被授予“全国文明城市”荣誉称号，受到中央精神文明指导委员会表彰。研究制定全国文明城市三年巩固提升行动计划，统筹推进县市联创模式，建立县级城市文明程度指数发布平台；建立专项督查机制、季度测评排名制度和第三方测评机制。坚持创建为民惠民，开展城市交通治堵、农贸市场改造提升、改建新建公厕等项目建设，引导全国文明城市巩固提升向重平时、重机制、重常态发展。2015年复评，温州市公共文明程度指数测评成绩居全省前列。

公民道德建设 2015年，温州市文明办推进公民道德建设，深入开展文明出行、文明餐桌等文明细节行动。评选表彰道德模范，入选中国好人榜人数列全省第一。诚信制度化、志愿服务制度化获全国推广。

基层文明创建 2015年，温州市文明办扶持培育“五美乡村”创建工作，创成市级以上文明村镇808个，创成数居全省首位，复评通过率100%。推进幸福社区建设，累计创成五星级幸福社区16个、四星级幸福社区74个。开展文明行业、文明单位等创建活动，创成市级以上文明单位728家、文明行业16个、文明服务示范点308个。文明单位注册登记志愿者比例50%以上，建立各类学雷锋志愿服务队2600余支。

未成年人思想道德建设 2015年，温州市文明办推进春泥计划和乡村学校少年宫建设，形成131个乡镇789个社区“春泥计划”工作网络，建成乡村学校少年宫162个，各地自建乡村学校少年宫120所。搭建形成市、县（市）区、社区（学校）三级心理健康工作网络，帮助未成年人健康成长。

（麻文静）

档案工作

档案接收与征集 2015年，温州市档案局全年依法接收档案23个全宗六大门类26883卷26081件，其中包括温州市创建国家卫生城市、群众路线教育实践活动等重大活动档案1101卷（件）。征集到专题纪实片《温州人》原始素材录像带和清朝、民国时期青田黄垟乡石平川村地契等资料，共计录像带105盘，资料3046页，图书169册。

温商回归项目档案 2015年，温州市档案局推进全市温商回归项目档案工作联系服务机制建设，对24家温商回归单位进行建档指导，为60家2014年度异地温州先进商会建档提供上门服务或网上指导。完善温商回归功勋人物专题档案数据库建设，为98名第二届温商回归功勋（先进）人物建档。

档案法治化建设 2015年，温州市档案局全面梳理浙江政务网上权力事项，做好行政审批事项网上申报和数据交换对接工作，将16项纳入权力事项库的事项与基本目录进行核对。联合市人大教科文卫工委、市教育局印发《关于开展市直属学校档案工作执法检查的通知》，对市直属6所重点学校档案工作进行调研、执法检查。修改完善《温州市机关、企事业单位档案工作网上年检办法》，全年完成200家市直机关、企事业单位的档案网上年检工作。

档案信息化建设 2015年，温州市档案局完成“馆际一体化”基础软硬件项目的采购与建设，并通过验收，完成“温州档案云阅读”移动端平台设计。指导各县（市、县）民生档案目录建设与上传，上传婚姻、二轮土地承包、出生医学证明等17类315万余条民生档案目录。

档案安全建设 2015年，温州市档案局完成馆藏已数字化加工档案和公证档案、旧政权档案等13余万卷档案的杀菌消毒；完成6万页馆藏民国档案和50年代初工商联破损档案的修裱抢救工作；登记备份152家机关企事业单位，备份数据4248GB，登记备份14家重点民生领域单位，备份数据3444GB。开展馆际合作，长春备份基地增量备份1.47TB，累计备份数据达9.68TB。

数字档案室建设 2015年，温州市档案局对市住建委、经信委、眼视光医院等31家数字档案室创建单位进行测评。共创成省级示范数字档案室1家、市级规范化数字档案室17家和数字档案室13家。

服务民生档案建设 2015年，温州市档案局联合市司法局开展社区矫正、公证等涉民专业档案调研，印发《温州市社区矫正档案管理办法（试行）》，规范全市司法矫正档案的管理。联合市卫计委实施“智护人生第一证”项目，通过试点先行，全面铺开的方式指导各医院统一归档立卷、图文扫描、建立规范化电子档案。

（钱 青）

2015年中共温州市委重要文件目录

表5

文 号	文件标题
温委发〔2015〕1号	关于深化农村改革加快推进现代都市农业和城乡一体化发展的若干意见
温委发〔2015〕2号	关于分解落实2015年度市委市政府重点工作责任的通知
温委发〔2015〕3号	关于印发《2015年度县（市、区）考绩法》和《2015年度市直单位考绩法》的通知
温委发〔2015〕7号	关于全面深化法治温州建设的意见
温委发〔2015〕8号	关于进一步加强和改进人大工作的意见
温委发〔2015〕11号	关于印发《温州市人民政府职能转变和机构改革方案》的通知
温委发〔2015〕19号	关于成立温州市招才局的通知
温委发〔2015〕23号	关于进一步加强市委常委会班子党风廉政建设的若干意见
温委发〔2015〕24号	关于省委巡视组反馈意见整改落实情况的通报
温委发〔2015〕25号	关于实施信息化战略的决定
温委发〔2015〕26号	关于实施生态化战略的决定
温委发〔2015〕27号	关于实施国际化战略的决定
温委发〔2015〕28号	关于实施都市化战略的决定

续表

文　号	文件标题
温委发〔2015〕31号	关于严明政治纪律、深化党员信仰宗教整治工作的若干意见
温委发〔2015〕32号	关于全面加强基层党组织和基层政权建设的实施意见
温委发〔2015〕33号	关于切实做好温州市部分行政区划调整工作的意见
温委发〔2015〕34号	关于加强和改进党的群团工作的实施意见
温委发〔2015〕36号	关于追授潘超俊同志“优秀共产党员”称号的决定
温委发〔2015〕37号	关于开展向潘超俊同志学习活动的决定
温委办发〔2015〕16号	关于开展“破两难、纠四不”作风效能整治专项活动的通知
温委办发〔2015〕17号	关于印发《温州市农村基层作风巡查工作实施意见（试行）》的通知
温委办发〔2015〕33号	关于印发《中共温州市委落实省委巡视组反馈意见八大整改行动方案》的通知
温委办发〔2015〕37号	关于印发《经济社会发展重点工作“八大攻坚”行动实施方案》的通知
温委办发〔2015〕39号	关于印发《中共温州市委 温州市人民政府 政协温州市委员会2015年度协商工作计划》的通知
温委办发〔2015〕49号	关于实施“人才新政十条”推进领军型人才团队建设的意见
温委办发〔2015〕52号	关于加强全市涉侨工作统筹协调的意见
温委办发〔2015〕57号	关于明确浙南沿海先进装备产业集聚区管理体制的通知
温委办发〔2015〕58号	关于温州瓯江口产业集聚区管理体制调整的通知
温委办发〔2015〕61号	印发《关于开展“三严三实”专题教育打造“忠诚干净担当”干部队伍的实施方案》的通知
温委办发〔2015〕77号	关于印发《温州市进京非访工作约谈办法（试行）》的通知
温委办发〔2015〕80号	关于市纪委派驻（出）机构设置的通知
温委办发〔2015〕81号	关于选派机关优秀党员干部到村任第一书记的通知
温委办发〔2015〕82号	印发《关于进一步加强和改进高校思想政治工作的实施意见》的通知
温委办发〔2015〕83号	印发《温州市“新青年下乡”活动2015年度实施计划》的通知
温委办发〔2015〕88号	关于完善乡镇（街道）体制的实施意见
温委办发〔2015〕90号	关于开展“联村、包村、蹲村、强村”活动的实施意见
温委办发〔2015〕91号	关于印发《温州市关于深化基层社会治理“一张网”实施方案》的通知
温委办发〔2015〕93号	关于进一步做好计划生育工作促进人口长期均衡发展的实施意见
温委办发〔2015〕99号	关于进一步加强人民调解工作的意见
温委办发〔2015〕101号	关于印发《温州市防止领导干部利益冲突办法（试行）》的通知
温委办发〔2015〕103号	关于进一步推进“河长制”工作常态化的通知
温委办发〔2015〕106号	关于印发《洞头区灵昆街道委托瓯江口产业集聚区管委会管理实施方案》的通知
温委办发〔2015〕114号	关于印发《温州市巩固提升全国文明城市创建成果三年行动计划（2015—2017年）》的通知
温委办发〔2015〕117号	关于以“五美”为主题深化乡村文明建设的实施意见
温委办发〔2015〕123号	印发《关于落实党风廉政建设党委主体责任和纪委监督责任的意见（试行）》的通知
温委办发〔2015〕126号	关于加强以情聚才工作 营造良好人才生态环境的意见
温委办发〔2015〕127号	关于加强非公有制经济组织和社会组织党组织书记队伍建设的实施意见

（郭东升　编辑）

温州市人大

市人民代表大会及其常委会会议

市第十二届人民代表大会第五次会议 2015年2月10日～13日举行，出席大会代表514名。会议听取和审查温州市人民政府工作报告；审查温州市2014年国民经济和社会发展计划执行情况与2015年国民经济和社会发展计划草案的报告，审查、批准温州市2014年国民经济和社会发展计划执行情况的报告与2015年国民经济和社会发展计划；审查温州市2014年全市和市级预算执行情况与2015年全市和市级预算草案的报告，审查、批准温州市2014年市级预算执行情况的报告与2015年市级预算；听取和审查温州市人大常委会工作报告；听取和审查温州市中级人民法院工作报告；听取和审查温州市人民检察院工作报告；会议依法选举厉秀珍为温州市第十二届人民代表大会常务委员会副主任，选举陈建明为温州市人民政府副市长。本次会议共收到代表10人以上联名提出的议案18件，大会秘书处将议案分送市人大各专门委员会研究，并召开由各专门委员会负责人参加的代表议案处理意见协调工作会议，研究议案处理的具体意见。会议讨论决定将代表议案转为代表建议处理，与会议期间收到的其他529件建议一并交由有关机关组织研究处理并负责答复代表。列席本次会议的有：不是市第十二届人大代表的市领导、市政府各工作部门主要负责人，在温第十二届全国人大代表和温州市选举产生的省第十二届人大代表，市人大常委会各委室负责人、市级有关部门和单位负责人，县(市、区)长、驻温部队负责人和县(市、区)人大常委会分管代表工作的副主任，县(市、区)法院院长、检察院检察长。市十届政协委员列席会议，听取有关工作报告。特邀41名外地温州商会会长和外地在温商会会长列席会议。

市第十二届人大常委会第二十三次会议 2015年1月16日下午举行，会期半天。会议听取市十二届人大五次会议筹备工作情况的报告、市人大常委会工作报告起草情况的说明、市第十二届人民代表大会个别代表资格审查的报告、市十二届人大五次会议主席团和秘书长名单(草案)、列席人员名单(草案)以及选举办法(草案)的说明。会议表决通过市人大常委会工作报告稿、市第十二届人民代表大会个别代表资格审查报告、市十二届人大五次会议主席团和秘书长名单(草案)，市十二届人大五次会议列席人员名单，以及市十二届人大五次会议选举办法(草案)。会议表决通过有关人事任免事项。市人大常委会主任陈笑华主持会议，出席本次会议的常委会组成人员共39人。

市第十二届人大常委会第二十四次会议 2015年2月6日上午举行，会期半天。会议听取并审议关于市十二届人大五次会议选举办法草案修改情况的说明，表决通过修改后的市第十二届人民代表大会第五次会议选举办法(草案)。该选举办法(草案)将在市十二届人大五次会议期间，交各代表团活动时审议。会议审议、表决通过有关人事任免事项。

市第十二届人大常委会第二十五次会议 2015年4月28日上午举行，会期一天半。会议听取和审议市政府关于温州市土地利用总体规划(2006—2020年)调整的报告，市政府关于市区水环境整治工作、防洪排涝工作审议意见落实情况的报告。会议表决通过关于调整温州市人大常委会代表工作委员会委员的议案。会议听取和审议市公安局副局长叶望庆提请的关于许可对温州市第十二届人大代表周文清、陈瑞教采取刑事拘留强制措施的报告，表决通过温州市人民代表大会常务委员会关于许可对周文清、陈瑞教依法采取刑事拘留强制措施的决定。会议听取、审议并表决通过关于市第十二届人民代表大会个别选举代表资格审查的报告。会议表决通过有关人事任免事项。

市第十二届人大常委会第二十六次会议 2015年5月26日下午举行，会期半天。会议表决通过有关人事任免事项。

市第十二届人大常委会第二十七次会议 2015年6月25日上午举行，会期一天半。会议听取市财政关于2014年市级财政决算的报告、市审计局关于2014年市级财政预算执行及其他财政收支情况的审计报告、市人大常委会预算工委关于2014年市级财政决算的审查报告，书面印发市信访局、市民宗局、市住建委、市文广新局、市体育局、市统计局、市林业局、市旅游局、市法制办、市安监局等10个部门2014年决算草案。经审议，表决通过市人大常委会关于批准2014年市级财政决算的决议以及市信访局等10个单位2014年的部门决算。会议听取和审议市政府关于大气污染防治工作的报告、关于温州市区环境功能区划的报告及市人大常委会城建环保工委关于大气污染防治工作的调查报告，市政府关于推进医疗服务发展、缓解“看病难、看病贵”进展情况的报告以及市人大常委会教科文卫委的调查报告，市政府关于贯彻实施安全生产相关法律法规审议意见落实情况的报告，要求常委会有关委、室按照监督法的要求和常委会议事规则的规定，及时整理各位组成人员及列席人员对相关报告提出的审议意见，提请主任会议讨论通过后，交市政府研究处理。会议听取和审议市财政局关于温州生态园三郎桥一期A15、A16地块旧村农房改造安置工程项目融资建设和有关情况的报告。会议对市人大关于同意上述项目融资建设的决定（草案）进行表决，因赞成票数未超过常委会全体组成人员的半数，未获通过。会议听取市中级人民法院部分法官的履职报告及市人大常委会法工委关于对市中级人民法院部分法官开展履职评议情况的报告，并对上述法官履职情况进行满意度测评。会议审议决定接受胡方勇辞去浙江省第十二届人民代表大会代表职务，报浙江省人大常委会备案。会议表决通过有关人事任免事项。

市第十二届人大常委会第二十八次会议 2015年7月15日下午举行，会期半天。会议听取并审议市人大关于设立市人大常委会内务司法工作委员会决定草案的说明，表决通过关于设立内务司法工作委员会的决定。会议听取并审议市政府关于温州生态园三郎桥一期A15、A16地块旧村农房改造安置工程项目融资建设有关情况的补充报告，表决通过市人大常委会关于同意温州生态园三郎桥一期A15、A16地块旧村农房改造安置工程项目融资建设的决定。会议表决通过有关人事事项。会议经审议，决定接受任明龙辞去温州市人民代表大会常务委员会委员职务；接受王忠宝辞去温州市人民代表大会常务委员会委员、温州市人民代表大会法制委员会委员职务，王忠宝的温州市人民代表大会常务委员会代表资格审查委员会委员职务相应终止。任明龙、王忠宝接受辞职的决定报温州市第十二届人民代表大会第六次会议备案。

市第十二届人大常委会第二十九次会议 2015年8月17日上午举行，会期两天。会议听取和审议代市长徐立毅所作的关于上半年全市经济社会发展情况和下半年政府工作的报告，市人大常委会财经工委关于2015年上半年国民经济和社会发展计划执行情况的调查报告，市财政局关于2015年上半年全市和市级预算执行情况的报告，市人大常委会预算工委关于2015年上半年全市和市级预算执行情况的调查报告；书面印发市政府关于2015年上半年国民经济和社会发展计划执行情况的报告，市委政研室等10个重点审查部门、浙南产业集聚区（经开区）等市级功能区上半年预算执行情况等材料，听取和审议市政府关于粮食安全工作情况的报告以及市人大常委会农资工委的调查报告，市政府关于“温商回归”工作审议意见落实情况的报告。会议听取和审议市政府关于《温州生态园总体规划（2014～2030）修编》调整修改的议案及其说明，表决通过《温州市人民代表大会常务委员会关于同意〈温州生态园总体规划（2014～2030）修编〉调整修改的决定》。会议听取和审议市政府关于温州市部分行政区划调整有关问题的报告以及市人大常委会秘书长受市人大常委会主任会议委托所提请的关于温州市部分行政区划调整有关问题的决定(草案）的议案，表决通过《温州市人民代表大会常务委员会关于温州市部分行政区划调整有关政权机构名称等问题的决定》。会议表决通过有关人事任免事项。

市第十二届人大常委会第三十次会议 2015年9月14日上午举行，会期半天。会议听取并审议市政府副市长王祖焕关于温州市区棚户区（城中村）改造一期项目融资建设有关事项的报告，表决通过市人大常委会关于同意温州市区棚户区（城中村）改造一期项目融资建设有关事项的决定。会议表决通过有关人事任免事项。

市第十二届人大常委会第三十一次会议 2015年10月27日上午举行，会期两天。会议听取并审议市政府关于城乡污水处理工作进展情况的报告和市人大常委会农资工委的调查报告，市人大常委会法工委副主任王旭东受市人大常委会主任会议委托所提请的关于审议《温州市制定地方性法规条例（草案）》的议案及说明，市城管与执法局局长李世斌受市人民政府代市长徐立毅委托所提请的关于审议《温州市市容与环境卫生管理条例（草案）》的议案及说明，书面印发市人大城建环保委员会关于对《温州市市容和环境卫生管理条例（草案）》审议意见的报告。会议要求市人大常委会法工委按照立法程序的要求，认真吸收常委会组成人员的审议意见，做好法规草案的修改完善工作。会议听取和审议市政府关于市十二届人大五次会议代表建议办理工作情况的报告和市人大常委会代表工委的调查报告，书面印发市中级人民法院、市人民检察院关于代表建议办理工作情况的报告，表决通过市政府关于市十二届人大五次会议代表建议办理工作情况的报告。会议期间组织专题询问会，对市政府有关职能部门关于信用体系建设、医疗卫生改革、交通治堵、五水共治四个方面的代表建议办理工作进行询问，市有关职能部门认真解答并作出办理承诺。市人大常委会党组副书记、副主任黄德康和市政府副市长任玉明分别对代表建议办理工作提出要求。会议听取和审议市财政局局长余中平受市人民政府委托所作的关于2015年温州市市级地方政府债券及其他预算调整方案的说明。会议表决通过《温州市人民代表大会常务委员会关于批准2015年温州市市级地方政府债券及其他预算调整方案的决议》。会议听取和审议市人大常委会提请的关于补选徐立毅为浙江省第十二届人民代表大会代表的议案。会议表决补选徐立毅为浙江省第十二届人民代表大会代表，并报请省人大常委会代表资格审查委员会审查确认。会议表决通过有关人事任免事项。会议期间，浙江省人大常委会副秘书长、法工委主任、法制委主任委员丁祖年为与会人员作立法法专题辅导报告。

市第十二届人大常委会第三十二次会议 2015年12月23日上午举行，会期两天。会议听取市人大法制委员会关于《温州市制定地方性法规条例（草案）》修改情况、《温州市市容和环境卫生管理条例（草案）》审议结果的报告，审议通过《温州市市容和环境卫生管理条例》，要求会后按法定程序报请省人大常委会批准后公布施行；审议通过《温州市人民代表大会常务委员会关于提请审议〈温州市制定地方性法规条例（草案）〉的议案》，要求会后按法定程序提请市十二届人大六次会议审议表决。会议听取和审议市政府关于温州市大气污染防治工作审议意见落实情况的报告、关于推进医疗服务发展、缓解“看病难、看病贵”审议意见落实情况的报告、市审计局关于2014年市级财政决算和市级预算执行及其他财政收支审计工作审议意见落实情况的报告。会议听取市财政局关于2016年部门预算（草案）编制情况的报告，市人大财经委、预算工委关于2016年市级部门预算（草案）的初审报告。会议审议、表决通过市台办、市编委办、市发改委、市公安局、市规划局、市水利局、市环保局、市金融办、温州职业技术学院、温州科技职业学院10个部门2016年的预算（草案）。这些部门预算（草案）将与其他68个市级部门预算草案一并提交市十二届人大六次会议审查。会议听取市财政局关于市政府提请审议省核定的温州市2015年地方政府债务限额的议案的说明。会议审议、表决通过《温州市人民代表大会常务委员会关于批准温州市区2015年地方政府债务限额的决议》。会议听取并审议市中级人民法院院长徐建新、市人民检察院检察长俞秀成、市公安局副局长沈强、市司法局局长颜华跃所作的关于依法履职公正司（执）法及反馈问题整改落实情况的报告，并组织开展满意度测评。会议表决通过有关人事任免事项。

立法与监督

立法工作 2015年，温州市人大会把承接和行使地方立法权作为人大工作的重中之重，成立立法筹备工作领导小组及办公室，同步做好立法权申报、机构筹建、项目筹备和立法工作。经立法能力评估，省人大常委会批准温州为全省首批行使地方立法权的设区市。围绕《中华人民共和国立法法》规定的城乡建设与管理、环境保护、历史文化保护等三大领域，开展立法项目调研，编制完成2016年立法计划和“十三五”立法项目库。围绕城市管理工作需要，抓好《温州市市容和环境卫生管理条例》的立法工作，完成《温州市制定地方性法规条例（草案）》的起草审议。

法治监督 2015年，温州市人大会开展公检法司机关工作人员依法履职、公正司（执）法情况专项监督，成立6个检查组进行全面检查，督促公检法司有关单位抓好23个重点问题的整改，并组织开展满意度测评。首次对6名市中级人民法院法官进行履职评议，督促市中级人民法院院制定落实30项整改措施。听取和审议公安机关立案工作情况专项报告，推动市公安局深入开展立案突出问题专项治理，探索受案立案分离和立案归口管理改革试点。跟踪安全生产相关法律法规执法检查审议意见落实情况，赴鹿城、瓯海、瑞安和苍南等地进行实地检查，督促政府抓好高层建筑安全管理、农村公路安全隐患治理、危化品储存场所安全管理等6个重点跟踪督办事项的落实。相关专委开展饮用水水源保护法律法规、台胞投资权益保护法等执法检查及跟踪监督，促进相关法律法规的执行。加强规范性文件备案审查工作，接收市政府报备的规范性文件77件，全部依规定程序进行审查备案。

经济监督 2015年，温州市人大常委会贯彻市委“控险保稳促调”的部署，开展工业经济运行情况、金融综合改革推进情况调研，介入并全程跟踪“十三五”规划编制，听取和审议半年度计划执行情况、“十二五”规划纲要实施和“十三五”规划编制的报告，向市政府提出优化投资结构、发展实体经济、加快产业转型升级、改善金融信用环境等方面的建议，就“十三五”规划纲要的总体目标、战略重点和具体举措提出建设性意见。常委会以监督签约项目落地为切入点，推进市政府深入实施温商回归“领头雁”工程，破解要素制约，优化服务环境，完成年度任务。开展小微企业创业园建设情况监督，在优化规划布局、盘活存量土地、坚持招商先行、强化配套服务、加强分类指导等方面向市政府提出意见，重点推动在建小微企业创业园加快建设进度。主任会议听取时尚产业发展、旅游业发展情况等报告，提出推进时尚之都系统规划、项目建设和旅游业发展资源整合、市场培育等意见。相关专委对市区“三大亮点区块”建设、瓯江口新区建设、中小企业科技创新等情况开展监督，推动经济转型和城市转型。

预算监督 2015年，温州市人大常委会贯彻新的预算法，加强预算执行情况和决算审查监督，听取审议预算执行、决算、审计工作等报告，对42个部门决算进行审查，督促市政府及职能部门完善预算管理体系、严格预算执行、提升资金使用绩效。加强全口径预算审查监督，督促细化一般公共预算、政府性基金预算、国有资本经营预算、社保基金预算的编制。深化部门预算分项审查，在78个部门预算提交人代会审查之前，通过各工委审查、专家审查、公开听证等方式，共提出四个方面共性问题、467条具体意见交财政部门和预算单位整改落实，78个部门共对366个项目进行优化调整，涉及金额约1.52亿元。强化财政专项资金审查监督，推进专项资金清理整合，并首次纳入部门预算，同步提交市人大常委会初审。加大政府性债务监督力度，要求市政府强化债务计划管理，严格规范政府性债务管控，审查批准温州生态园三郎桥A15、A16安置房项目、市区棚户区改造一期项目融资建设和市级地方政府债券及其他预算调整方案、2015年地方政府债务限额议案，并作出相关决议。

教科文卫监督 2015年，温州市人大常委会深入省市县三级医院和基层卫生服务中心，开展缓解“看病难、看病贵”专项监督，针对公立医院改革合力不足、药品价格虚高、分级诊疗中医疗卫生信息共享平台建设滞后、医保政策引导作用不明显，以及中医药健康服务业发展缓慢等问题，向市政府提出审议意见，并对5个重点督办事项开展跟踪监督，推动市政府在深化公立医院综合改革、完善分级诊疗制度。推动出台《关于扶持和促进中医药事业发展的实施意见》等文件，成立市健康服务和中医药促进会，在南塘街南段启动中医药特色街区建设。主任会议专题听取和审议市政府关于温州市学前教育发展情况的报告，针对优质资源供给不足、规划布局刚性引导不够、财政投入严重不足等问题提出完善幼儿园布局规划、加大力度落实民办改革扶持政策、确保财政投入等审议意见。组织相关专委对餐厨垃圾和地沟油处问题进行监督。开展通用航空新兴产业培育发展监督工作，如在建设机场基地、引进通航企业、创建航空应急救援体系、谋划通航小镇、筹办温大飞行学院等。听取和审议市政府关于社会资本举办体育产业情况报告、文化产业发展情况的报告，开展市直学校档案法及相关法律法规实施情况检查。

民宗侨外监督 2015年，温州市人大常委会专题开展全市依法加强宗教事务管理情况调研，听取市民宗局和鹿城、龙湾、瓯海、瑞安、乐清、苍南、永嘉县（市、区）政府及有关部门、部分重点乡镇工作情况汇报，实地视察部分宗教活动场所。主任会议听取和审议市政府专项工作报告，提出加强和改进相关工作的要求。开展城市民族工作调研，专委会前往泰顺、苍南、平阳、文成等地调研。开展《浙江省华侨权益保障暂行规定》贯彻实施情况的调研。跟踪监督市政府关于贯彻实施出境入境管理法审议意见落实情况。

城建环保监督 2015年，温州市人大常委会开展大气污染防治专项监督工作，借力省市县三级人大联动，针对大气污染综合治理、能源产业结构调整、防治工作机制建设、环境保护监测监管等情况，深入企业、园区、空气质量检测点等开展检查，监督市政府落实有关法律法规、政策和措施。开展城乡污水处理情况专项监督，听取和审议专项工作报告，提出要加快城乡截污纳管、落实污染源整治、健全长效运维机制、全社会共同治污等意见，提交市政府整改落实，跟踪监督2014年市区水环境整治、防洪排涝工作审议意见中提出的问题及重点督办事项，推动市区水环境不断优化、防洪排涝体系逐步健全。开展市区交通治堵工作的监督视察调研，向市政府提出加强规划引领、畅通道路卡口、增加停车车位、提升管理效率、加大公交建设力度等意见建议。持续开展市区控规编制调整情况的监督，对控规修改工作提出严格依法管理控规修改，规范修改程序；发挥控规公共政策职能；强化专家把关，完善公众参与机制等意见。依法审议批准土地利用总体规划、温州市区环境功能区划、温州生态园总体规划等修编方案。

农村与资源保护监督 2015年，温州市人大常委会深入开展“五水共治”专项监督。开展城乡污水处理工作调查，督促市政府全力抓好城乡截污纳管、提升城乡污水处理能力、落实污染源整治、健全设施长效运维机制、推进全社会共同治污。督查温瑞主塘河一环三线亮点工程和片区污水调度工程。配合省人大开展“人大代表监督已治理的河”、闲置及建设进度慢的镇级污水处理厂等专项督查活动。跟踪监督防洪排涝工作审议意见落实情况，7个跟踪督办重点项目基本得到落实。开展《温州市珊溪水利枢纽饮用水水源保护和补偿条例》立法前期工作。开展粮食安全工作调研，督促市政府及有关部门稳定粮食种植面积，完善生产配套服务、推进主食产业化、理顺储备管理体制和增强粮食储备能力。审查温州市土地利用总体规划调整，开展生态公益林和森林公园管理、农村产权制度改革基础工作进展情况调查，提出分类提高生态公益林补偿标准、提高管护质量，加强森林公园基础设施建设、提升管理服务水平等建议，督促继续做好耕地、林地确权工作，探索优化集体资产经营方式，建设发挥好农村产权交易平台作用等建议。配合省人大开展农业适度规模经营、海洋环境和生态环境保护情况调研。

人事任免及常委会日常工作

人事任免 2015年，温州市人大常委会坚持党管干部和依法任免有机统一，全面落实任前法律考试、任前表态等制度，依法任免国家机关工作人员136人次，其中任免市政府人员46人次，任免市中级人民法院人员56人次，任免市人民检察院人员34人次。

人大宣传 2015年，温州市人大常委会深化监督公开，健全监督项目向社会公众公开征集、发布等机制，坚持网络直播常委会会议、专题询问会等做法，增强人大工作的透明度。加强人大宣传和信息工作，开通“温州市人大”微信公众号，定期向代表及市民推送常委会监督工作动态、最新政策及人大制度基本知识。提升《温州人大》期刊、温州人大网质量，办好《代表在线》《人民问政》人大监督专题栏目，与媒体联合制作刊播102期专题节目，充分发挥人大监督和舆论监督“1+1>2”的作用。信息工作成绩在全省人大系统名列第一。

人大信访 2015年，温州市人大常委会以涉法涉诉信访为重点，做好人大信访工作，做到依法处理、及时转办、强化督查，全年接待群众来访228人次，受理群众来信487件。抓好信访积案包案化解工作，8件陈年积案得到有效化解，群众合法合理诉求得到有效解决。

人大对外交流 2015年，温州市人大常委会制订因公出访组团计划，全年组织3个代表团18人次（其中市人大常委会机关11人次）、随外单位团2人次，应邀赴墨西哥、俄罗斯、捷克、英国、德国等国家开展国际友城交往、议会友好交流和经贸、文化、法治建设等相关工作考察，宣传温州招商引资政策，鼓励温商回归发展。同时，组织赴台湾就社区养老服务机构发展情况及招商引资等考察交流。

人大代表工作

代表建议办理 2015年，温州市十二届人大五次会议及闭会期间代表提出的541件建议，均在规定时限内答复代表，其中已经解决或列入解决计划的510件，办理情况满意率为95.9%。5月—7月，市人大常委会在对建议办理大户或代表反馈不满意件较多的20余家单位，开展上门重点调研活动。创新建议督办，主任会议成员督办的9件市长领办件、常委会专职组成人员督办的31件代表建议。10月，组织市第十二届人大五次会议建议办理工作专题询问会，就信用体系建设、医疗卫生改革、交通治堵和五水共治等4个专题进行询问。

人大代表活动 2015年，市人大组织人大代表参与监督议题视察活动，开展监督转型升级十大组合拳落实情况、监督“已治理的河”和查找“人民群众办事审批难”事项、视察核查4600元以下贫困人口脱贫情况等主题活动，邀请代表列席常委会会议，参加《电视问政》《代表在线》《人民问政》《新政聚焦》等活动。10月17日《人民代表报》头版刊登《唱响人大“好声音”——浙江省温州市人大常委会监督小微企业创业园建设工作侧记》。

代表选举和变动情况 2015年，温州选出的省人大代表93名，当年接受辞去代表职务1名，调离本行政区域1名，补选代表2名；市人大代表552名，缺额4名，当年调离温州代表10名，接受辞去代表职务7名，罢免代表职务1名，去世1名，补选代表22名。

温州市十二届人大五次会议重要建议目录

表6

一、市人大常委会组成人员督办的代表建议

编号	案由	领衔人	主办单位	会办单位
01	关于推进政府投资项目公开民主决策的建议	余康杰	市发改委	
001	关于加快我市社会养老服务体系建设的议案	张光羽	市民政局	
009	关于加强对餐厨垃圾的管理，加快厨余垃圾处置基础设施建设的议案	郑　洁	市城管与执法局	市住建委、市环保局、鹿城区政府、龙湾区政府、瓯海区政府
016	关于加强农村污水治理工程长效管理的议案	季建波	市委农办	市财政局
018	关于要求统一执行温州市医保定点药店相关政策，创造公平的市场竞争环境的议案	宋仙水	市人力社保局	市市场监管局
104	关于搞好安全生产管理的建议	周家儒	市安监局	
107	关于出台新能源汽车补贴政策的建议	谢作雄	市发改委	市财政局
109	关于治理和提升温州大气环境质量的建议	叶剑平	市环保局	市经信委
115	关于简化消防审批手续的建议	殷兴朗	市公安局	市审管办
127	关于加强建设规划和污染整治，加快美丽乡村建设的建议	蒋孟有	市委农办	市水利局、市环保局、市考绩办
138	关于将长期在基层侨联的工作者纳入国家社保范围的建议	胡绍超	市人力社保局	市外侨办
139	关于加快培育和发展温州生命健康产业的建议	王贤理	市卫计委	市人力社保局、温州医科大学
155	关于缓解群众看病难、看病贵问题的建议	林　敏	市卫计委	市财政局、市人力社保局
162	关于依法保障律师调查公民户籍登记信息权利的建议	卢意如	市公安局	市司法局
176	关于加快完善瓯海区公共交通网络建设的建议	管洪光	市交通运输局	市交运集团、市财政局、瓯海区政府
220	关于加快推进我市分级诊疗制度建设的建议	王淑芬	市卫计委	市人力社保局
242	关于简化企业用电申请程序的建议	苏中解	温州电力局	
295	关于促进我市机关事业单位带头安置残疾人就业的建议	夏克潘	市人力社保局	市编委办、市残联
300	关于我市残疾人免费乘坐市区公交汽车的建议	夏克潘	市交运集团	市财政局、市残联
321	关于加快建设以永嘉动车站为核心的温州市北部综合交通枢纽的建议	谢崇福	市交通运输局	市发改委、永嘉县政府
348	关于完善医保政策允许参保老人由家属代配代购慢性病处方药物的建议	王淑芬	市人力社保局	市卫计委
357	关于加快推进温州美丽乡村建设的建议	张雪梅	市委农办	市财政局、市旅游局
374	关于尽快启动建立垃圾分类处理制度的建议	李步鸣	市城管与执法局	市住建委、市环保局、市考绩办
406	关于把乐清铁皮石斛产业打造成温州市首个产值超50亿元的农业全产业链集群的建议	宋仙水	市委农办	市财政局、市市场监管局、市文广新局、乐清市政府
408	关于进一步加大华侨、温商回归子女优先就读力度的建议	王贤俊	市教育局	市委组织部、市经合办、市外侨办
480	关于加快社区居家养老服务体系建设的建议	王茂法	市民政局	
522	关于整合熔炼旅游资源 促进旅游业再提升的建议	廖　跃	市旅游局	
548	关于大力发展温州市中医药健康产业的建议	黄玉昆	市卫计委	
549	关于做大《中华韵》文化品牌的建议	郑奇芳	市文广新局	市体育局
579	关于要求将科技经费合理安排的建议	张晓茶	市科技局	
602	关于“退二进三”补缴土地出让金有关问题的建议	金可调	市国土资源局	市经信委

续表

二、市政府领导领办的代表建议目录

编　号	案　由	领衔人	领办领导
007	关于破解小微企业融资难问题的建议	郑忠勇	王　毅
008	关于加快状元岙港区基础设施配套建设的议案	孙国勇	陈建明
125	关于解决老城区居民“倒马桶”问题的建议	林坚强	王祖焕
130	关于提高我市中小企业自主创新能力的建议	王贤理	孔海龙
417	关于进一步加强我市学前教育工作的建议	王贤俊	郑朝阳
420	关于进一步加强和完善政府购买社会组织公共服务的建议	王忠宝	朱忠明
445	关于积极引导温商贸易回归的建议	冯定献	胡纲高
470	关于加快我市政府法治建设的建议	冯蒋华	陈作荣
514	关于加大历史文化古村落保护力度的建议	陈福林	任玉明

2015年温州市人大常委会重要文件目录

表7

文　号	文件标题
温人大常〔2015〕2号	温州市人民代表大会常务委员会关于召开温州市第十二届人民代表大会第五次会议的决定
温人大常〔2015〕3号	关于决定贾焕翔等职务任免的通知
温人大常〔2015〕4号	关于陈晔等职务任免的通知
温人大常〔2015〕5号	关于决定陈浩免职的通知
温人大常〔2015〕6号	关于决定程锦国职务任免的通知
温人大常〔2015〕8号	关于申请赋予温州地方立法权的报告
温人大常〔2015〕9号	关于提请调整温州市人大常委会代表工作委员会委员的议案
温人大常〔2015〕10号	关于提请决定副市长徐立毅代理温州市人民政府市长职务的议案
温人大常〔2015〕12号	温州市人民代表大会常务委员会关于接受陈金彪辞去温州市人民政府市长职务的决定
温人大常〔2015〕13号	温州市人民代表大会常务委员会关于副市长徐立毅代理温州市人民政府市长职务的决定
温人大常〔2015〕14号	关于决定徐立毅任职的通知
温人大常〔2015〕15号	关于决定邱华萍等职务任免的通知
温人大常〔2015〕16号	温州市人民代表大会常务委员会关于接受施艾珠辞去市人大常委会委员等职务的决定
温人大常〔2015〕17号	关于叶飞等任职的通知
温人大常〔2015〕18号	关于公布调整后的温州市人大常委会代表工作委员会委员名单的通知
温人大常〔2015〕19号	温州市人民代表大会常务委员会关于许可对周文清采取刑事拘留强制措施的决定
温人大常〔2015〕20号	温州市人民代表大会常务委员会关于许可对陈瑞教采取刑事拘留强制措施的决定
温人大常〔2015〕21号	关于提请夏克潘任职的议案
温人大常〔2015〕22号	温州市人民代表大会常务委员会关于接受陈芳铭辞去市人大常委会委员等职务的决定
温人大常〔2015〕23号	关于夏克潘任职的通知
温人大常〔2015〕24号	关于决定白楠生等职务任免的通知
温人大常〔2015〕25号	关于丁筱海等职务任免的通知
温人大常〔2015〕27号	关于赵卫华等职务任免的通知
温人大常〔2015〕28号	温州市人大常委会关于2015年立法项目的请示
温人大常〔2015〕29号	关于申请赋予温州市地方立法权有关情况的补充报告
温人大常〔2015〕31号	温州市人民代表大会常务委员会关于批准2014年市级财政决算的决议
温人大常〔2015〕32号	关于林青青等职务任免的通知
温人大常〔2015〕33号	关于决定撤销孔海龙职务的通知
温人大常〔2015〕34号	温州市人民代表大会常务委员会关于接受胡方勇辞去浙江省第十二届人民代表大会代表职务的决定
温人大常〔2015〕35号	关于接受胡方勇辞去浙江省第十二届人民代表大会代表职务的报告
温人大常〔2015〕37号	温州市人民代表大会常务委员会关于设立内务司法工作委员会的决定
温人大常〔2015〕38号	温州市人民代表大会常务委员会关于同意温州生态园三郎桥一期A15、A16地块旧村农房改造安置工程项目融资建设的决定
温人大常〔2015〕39号	温州市人民代表大会常务委员会关于接受任明龙辞去市人大常委会委员职务的决定
温人大常〔2015〕40号	温州市人民代表大会常务委员会关于接受王忠宝辞去市人大常委会委员等职务的决定

续表

文　号	文件标题
温人大常〔2015〕41号	关于提请审议《温州市人民代表大会常务委员会关于温州市部分行政区划调整有关政权机构名称等问题的决定(草案)》的议案
温人大常〔2015〕43号	温州市人民代表大会常务委员会关于同意《温州生态园总体规划(2014－2030)修编》调整修改的决定
温人大常〔2015〕44号	温州市人民代表大会常务委员会关于温州市部分行政区划调整有关政权机构名称等问题的决定
温人大常〔2015〕45号	关于决定苗伟伦任职的通知
温人大常〔2015〕46号	关于陈卫国等职务任免的通知
温人大常〔2015〕47号	关于潘波等免职的通知
温人大常〔2015〕48号	关于批准赵卫华等辞职的通知
温人大常〔2015〕49号	温州市人民代表大会常务委员会关于同意温州市区棚户区(城中村)改造一期项目融资建设有关事项的决定
温人大常〔2015〕50号	关于决定周启政等职务任免的通知
温人大常〔2015〕52号	关于温州市区棚户区(城中村)改造一期项目融资建设有关事项的批复
温人大常〔2015〕53号	关于提请审议《温州市制定地方性法规条例(草案)》的议案
温人大常〔2015〕54号	关于补选徐立毅为浙江省第十二届人民代表大会代表的议案
温人大常〔2015〕54号	关于补选徐立毅为浙江省第十二届人民代表大会代表的议案
温人大常〔2015〕56号	温州市人民代表大会常务委员会关于批准2015年温州市市级地方政府债券及其他预算调整方案的决议
温人大常〔2015〕57号	关于夏孟宣等职务任免的通知
温人大常〔2015〕58号	关于王纯等职务任免的通知
温人大常〔2015〕59号	关于补选徐立毅为浙江省第十二届人民代表大会代表的报告
温人大常〔2015〕60号	温州市人民代表大会常务委员会关于提请审议《温州市制定地方性法规条例(草案)》的议案
温人大常〔2015〕61号	关于提请批准《温州市市容和环境卫生管理条例》的报告
温人大常〔2015〕63号	温州市人民代表大会常务委员会关于批准温州市区2015年地方政府债务限额的决议
温人大常〔2015〕64号	关于决定任玉明免职的通知
温人大常〔2015〕65号	关于刘建国等职务任免的通知
温人大常办〔2015〕1号	关于开展市人大常委会及市中院、市检察院工作报告意见和建议征求活动的通知
温人大常办〔2015〕2号	关于温州市第十二届人民代表大会代表名额调整和选举安排的通知
温人大常办〔2015〕3号	关于召开温州市第十二届人大常委会第二十三次会议的预备通知
温人大常办〔2015〕7号	关于召开温州市第十二届人民代表大会第五次会议的通知
温人大常办〔2015〕8号	关于出席温州市第十二届人民代表大会第五次会议的通知
温人大常办〔2015〕9号	关于列席市十二届人大五次会议的通知
温人大常办〔2015〕10号	关于成立温州市人大常委会立法筹备工作领导小组的通知
温人大常办〔2015〕11号	关于召开温州市第十二届人大常委会第二十四次会议的通知
温人大常办〔2015〕12号	关于表彰2014年度优秀安全驾驶员的通知
温人大常办〔2015〕13号	关于印发2015年温州市人大常委会监督工作计划及市人大常委会会议、主任会议、各专门委员会会议主要议题安排的通知
温人大常办〔2015〕14号	关于印发《温州市人大常委会2015年度对市中级法院部分法官开展履职评议的工作方案》的通知
温人大常办〔2015〕15号	关于表彰2014年度全市人大信息工作先进单位和先进个人的通报
温人大常办〔2015〕16号	关于开展温州市第十四届宣传人民代表大会制度好新闻评选活动的通知
温人大常办〔2015〕18号	关于召开温州市第十二届人大常委会第二十五次会议的通知
温人大常办〔2015〕19号	关于组织参加全省人大深化司法监督工作视频会议的通知
温人大常办〔2015〕20号	关于组织参加全省开展大气污染防治专项审议视频会议的通知
温人大常办〔2015〕22号	关于市人大常委会领导兼任温州市民间信仰与民俗文化研究会会长职务的函
温人大常办〔2015〕23号	关于交办市十二届人大五次会议期间代表建议的通知
温人大常办〔2015〕24号	关于开展防洪排涝工作审议意见落实情况调查的通知
温人大常办〔2015〕25号	关于表彰2014年度全国、省人大代表议案、建议素材征集工作先进单位的通知
温人大常办〔2015〕26号	关于要求落实王勤燕、王慧两位同志有关退休待遇的函
温人大常办〔2015〕27号	印发《关于对公检法司机关工作人员依法履职、公正司(执)法情况开展专项监督的实施方案》的通知
温人大常办〔2015〕28号	关于开展大气污染防治工作专项监督的通知
温人大常办〔2015〕29号	关于市人大常委会组成人员督办代表建议工作的通知
温人大常办〔2015〕30号	关于开展贯彻实施安全生产相关法律法规情况报告审议意见落实情况调查的通知

续表

温人大常办〔2015〕32号	关于交办《温州市人民代表大会常务委员会关于<温州市土地利用总体规划（2006-2020年）>调整的审议意见》的函
温人大常办〔2015〕33号	关于开展推进医疗服务发展、缓解“看病难、看病贵”进展情况督查的通知
温人大常办〔2015〕34号	关于召开温州市第十二届人大常委会第二十六次会议的通知
温人大常办〔2015〕36号	关于召开温州市第十二届人大常委会第二十七次会议的通知
温人大常办〔2015〕37号	关于对市十二届人大五次会议第604号建议的会办意见函
温人大常办〔2015〕38号	关于对市政协十届四次会议第502号提案的会办意见函
温人大常办〔2015〕39号	关于印发《市人大常委会及其机关开展“三严三实”专题教育打造“忠诚干净担当”干部队伍的工作方案》的通知
温人大常办〔2015〕40号	关于市人大常委会秘书长、副秘书长及办公室班子成员分工调整的通知
温人大常办〔2015〕41号	关于开展代表建议督办月活动的通知
温人大常办〔2015〕42号	关于建立市人大常委会立法筹备工作机构的通知
温人大常办〔2015〕43号	关于举办网上代表联络站建设培训班的通知
温人大常办〔2015〕45号	印发《温州市人大常委会关于开展小微企业创业园建设专题视察的方案》的通知
温人大常办〔2015〕46号	关于召开温州市第十二届人大常委会第二十八次会议的通知
温人大常办〔2015〕47号	关于交办我市大气污染防治工作审议意见的函
温人大常办〔2015〕48号	关于交办《温州市区环境功能区划》编制审议意见的函
温人大常办〔2015〕49号	关于开展温商回归工作审议意见落实情况跟踪监督调查的通知
温人大常办〔2015〕50号	关于交办温州市2014年市级财政决算和市级预算执行及其他财政收支情况审计工作报告审议意见的函
温人大常办〔2015〕51号	关于交办对市中级人民法院部分法官履职情况评议意见的函
温人大常办〔2015〕52号	关于开展粮食安全工作调查的通知
温人大常办〔2015〕53号	关于组织开展代表小组专题活动的通知
温人大常办〔2015〕54号	关于召开组织全市各级人大代表开展转型升级十大组合拳落实情况主题监督活动部署会的通知
温人大常办〔2015〕55号	关于召开温州市第十二届人大常委会第二十九次会议的通知
温人大常办〔2015〕57号	关于征集全国、省人大代表议案、建议素材的通知
温人大常办〔2015〕58号	关于印发《关于组织全市各级人大代表开展转型升级十大组合拳落实情况主题监督活动的实施意见》的通知
温人大常办〔2015〕59号	关于交办推进医疗服务发展、缓解“看病难、看病贵”情况审议意见的函
温人大常办〔2015〕60号	关于召开温州市第十二届人大常委会第三十次会议的通知
温人大常办〔2015〕61号	关于交办温州市2015年上半年国民经济和社会发展计划执行情况报告审议意见的函
温人大常办〔2015〕62号	关于交办2015年上半年全市和市级预算执行情况报告审议意见的函
温人大常办〔2015〕63号	关于交办关于粮食安全工作情况报告审议意见的函
温人大常办〔2015〕64号	关于印发《关于开展“包村、蹲村”活动实施方案》的通知
温人大常办〔2015〕65号	印发《关于开展城乡污水处理进展情况专项监督的实施方案》的通知
温人大常办〔2015〕66号	印发《关于编制2016年地方立法计划和“十三五”地方立法》
温人大常办〔2015〕70号	印发《关于市审判机关工作人员依法履职、公正司法情况反馈的问题及建议》的函
温人大常办〔2015〕71号	印发《关于市检察机关工作人员依法履职、公正司法情况反馈的问题及建议》的通知
温人大常办〔2015〕72号	交办《关于市公安机关工作人员依法履职、公正执法情况反馈的问题及建议》的函
温人大常办〔2015〕73号	印发《关于市司法行政机关工作人员依法履职、公正执法情况反馈的问题及建议》的函
温人大常办〔2015〕74号	关于召开温州市第十二届人大常委会第三十一次会议的通知
温人大常办〔2015〕75号	关于召开代表建议办理工作专题询问会的通知
温人大常办〔2015〕77号	关于《关于要求补选陈胜峰为温州市第十二届人民代表大会代表的请示》的批复
温人大常办〔2015〕78号	关于《关于补选陈永光为温州市第十二届人民代表大会代表的请示》的批复
温人大常办〔2015〕79号	关于下拨2015年度代表活动经费和工作补助经费的通知
温人大常办〔2015〕80号	关于交办城乡污水处理进展情况报告审议意见的函
温人大常办〔2015〕81号	关于召开2016年部门预算草案听证会的通知
温人大常办〔2015〕82号	关于召开温州市第十二届人大常委会第三十二次会议的通知
温人大常办〔2015〕84号	关于开展优秀代表建议评选活动的通知
温人大常办〔2015〕85号	关于组织在温全国、省十二届人大代表开展会前视察活动的通知
温人大常办〔2015〕87号	关于开展市人大常委会及市中院、市检察院工作报告意见和建议征求活动的通知
温人大常办〔2015〕88号	关于召开全市人大代表工作座谈会的通知
温人大常办〔2015〕89号	关于组织市人大代表开展会前视察的通知

（曾远圆）

（郭东升　编辑）

温州市政府

综　　述

概况　2015年，温州市政府深化“十大举措”，克难攻坚、奋力拼搏，推进温州经济、城市和社会转型发展，全市生产总值4620亿元，增长8.3%；一般公共预算收入403亿元，增长7%；固定资产投资3456亿元，增长13.2%；城镇常住居民人均可支配收入44026元，农村常住居民人均可支配收入21235元，实际增长7.9%、8.7%。推进产业集聚区、开发区（工业园区）整合提升，启动浙南科技城规划建设，开工建设市级示范小微园53个，瓯海时尚智造、苍南台商小镇等5个特色小镇被列入省级创建名单。实施“五一〇”产业培育提升工程，制定出台领军企业、高成长型企业培育计划，推进“机器换人”和企业股份制改造，新增高新技术企业133家、“企转股”210家，技改投资增长24%。发展旅游、电商、物流等服务业，培育新的消费热点，社会消费品零售总额增长11%。现代农业发展势头良好，农业“两区”建设提质增效。实施“温商回归”工程，实际到位内资1110亿元。推出促进创新创业系列政策和“人才新政十条”，新入选“国千”6人、“省千”14人，首批8家市级众创空间挂牌。市县两级合力处置重点风险企业63家，处置不良贷款402亿元，不良贷款余额、不良率实现“双下降”，信贷投放企稳回升。

加快城乡建设步伐。启动新一轮市区城中村改造，三垟湿地整村搬迁进度加快。开展征地拆迁“清零”百日攻坚行动，市域铁路S1线、甬台温高速复线、绕城高速西南线等重点项目建设全面提速。金温铁路扩能改造工程、大门大桥建成投用，瓯江南口大桥、机场T2航站楼主体工程完工，市域铁路S2线、瓯江北口大桥、通用航空基地开工建设。完成围垦造地3万亩，沿江沿海标准堤塘实现闭合。实施城镇低效用地再开发2.6万亩，清理批而未供、供而未用土地5.6万亩。加强农村交通、环保、饮用水等基础设施建设，新建（改造）农村公路640公里，建成投用镇级污水处理厂16座，新增城镇一二级污水管网430公里，新增污水日处理能力24.4万吨。市综合材料生态处置中心试运行。

启动实施金融综合改革“新十二条”，温州民商银行开业，温州资产管理公司完成注册登记，小微企业信用保证基金运行中心、小额贷款保证保险运营管理中心挂牌营业。梳理市级功能区管理体制，完善乡镇（街道）行政区划。启动龙港国家新型城镇化综合试点，柳市入选国家首批中小城市综合改革试点。乐清、瑞安列入农民住房财产权抵押试点。获批海峡两岸（温州）民营经济创新发展示范区，设立温州韩国产业园。保税物流中心（B型）通过省级预验收。

民生福祉不断改善。改造义务教育薄弱学校57所，创建标准化学校182所，各县（市、区）全部通过国家义务教育发展基本均衡评估。县域辖区幼儿园实现“零无证”。创建省级以上中职学校30所、中高职一体化职业院校4所。深化公立医院改革，推进分级诊疗试点，市县两级门诊药费和住院药费实现“双下降”。推出城市书房、文化驿站，建成农村文化礼堂208家。举办温州艺术节、市民文化节、中华龙舟大赛和首届温州马拉松赛。实施全民参保登记，完善大病保险制度，城镇和农村低保标准分别提高8%、12%。全面消除家庭人均年收入4600元以下贫困现象。深化十大重点领域安全生产专项整治，开展夏季消防安全“双月”攻坚行动，整治居住出租房及合用场所52.9万家，安全生产三项主要指标持续下降。

生态文明建设推进　2015年，温州市通过国家历史文化名城、国家环保模范城市评估验收，成功创建国家园林城市。深化“五水共治”和“水岸同治”，实施河道综合整治186公里，完成1596个村生活污水治理任务。“三改一拆”“两路两侧”整治年度任务提前完成，拆除违法建筑1863万平方米，创建“无违建乡镇（街道）”26个。新建城市绿地349公顷，建成滨水公园220个；绿化造林10.9万亩。文成获国家级生态县称号，洞头、泰顺入选首批国家级生态保护与建设示范区。创建美丽乡村精品线12条、精品村107个。实施大气污染防治“六大行动”，超额完成燃煤锅炉、黄标车淘汰任务，空气环境质量优良天数达312天。

政府职能改革深化　2015年，温州市深入推进“四单一网”建设，推广实施政府职能向社会组织转移“第五张清单”，非行政许可审批事项实现“清零”。启动行政审批制度重建改革，创设“网上开证明”系统。推行“五证合一、一照一码”，办证时限由20多个工作日压缩至3个工作日内。《政府工作报告》374项工作任务，完成或基本完成的有369项，完成率98.6%。办理人大代表建议497件、政协提案513件。

市政府常务会议

市政府第四十八次常务会议 2015年1月16日召开。会议审议《政府工作报告（讨论稿）》《2015年“十大民生实事”建议方案》《温州市2014年国民经济和社会发展计划执行情况与2015年国民经济和社会发展计划草案的报告（讨论稿）》《温州市2014年全市和市级预算执行情况与2015年全市和市级预算草案的报告（讨论稿）》。审议并原则同意《温州市文化创意产业规划（2014—2020年）》《温州市文化创意产业三年行动计划（2015—2017年）》。听取市城建重大历史遗留问题处置工作办公室《关于新城中心区历史遗留问题调查和处置建议方案的报告》和《关于新城公司开发建设遗留问题调查及处置建议的报告》、关于景山宾馆旁原天创公司地块转让处置方案的汇报。

市政府第四十九次常务会议 2015年2月4日召开。会议审议《关于深化农村改革加快推进现代都市农业和城乡一体化发展的若干意见》。审议并原则同意《温州市土地利用总体规划调整完善方案》《关于进一步规范市区被征地农民基本生活保障有关政策的意见》《温州市小微企业信用保证基金方案》。听取文泰抗震安居工程建设工作的汇报。

市政府第五十次常务会议 2015年4月2日召开。会议审议《关于加快引进培养领军型创新创业人才和团队的若干意见》《温州市河道整治及长效管理责任追究暂行办法》。审议并原则同意《温州市区350辆公司化经营出租汽车经营权到期第二轮配置实施方案》《温州市智慧城市建设总体规划（2015—2020）》《温州市政府投资信息化建设项目管理办法》《关于进一步促进房地产市场平稳健康发展的若干意见》《温州市体育产业联系点工作方案》。

市政府第五十一次常务会议 2015年5月21日召开。会议审议并原则同意《温州市科学技术奖励办法》《温州市区环境功能区划》《温州市水功能区水环境功能区划分方案》《关于推广运用政府和社会资本合作模式的实施意见》。听取关于清理规范税收等优惠政策后续工作有关情况的汇报。

市政府第五十二次常务会议 2015年6月2日召开。会议审议并原则同意《温州市历史文化名城保护管理办法》《温州市历史文化街区保护管理办法》《温州市历史建筑保护管理办法》《温州市高污染燃料锅（窑）炉淘汰改造工作实施方案》。会议听取近期全市安全生产工作情况的汇报。

市政府第五十三次常务会议 2015年6月18日召开。会议审议并原则同意《温州市城市蓝线管理办法》《关于加快全面建设法治政府的实施意见》《关于进一步规范公共资源市场化配置的实施意见》《关于规范温州市区已购经济适用房管理有关事项的通知》《温州瓯江口产业集聚区一期市政工程政府和社会资本合作（PPP）项目实施方案》。审议《温州市市属国有企业机构设置与编制管理办法》等5项国资监管制度。

市政府第五十四次常务会议 2015年7月14日召开。会议审议《“五化战略”实施方案》。审议并原则同意《海峡两岸（温州）民营经济创新发展示范区建设方案》。听取浙南科技城建设工作汇报、关于完善机关事业单位工资和津贴补贴制度的汇报。

市政府第五十五次常务会议 2015年8月4日召开。会议审议并原则同意《市政府第七次全体会议报告》《关于进一步抓好当前经济工作促进经济平稳发展创新发展的若干意见》《关于加快特色小镇规划建设的实施意见》《鹿城区部分行政区划调整方案》《关于促进网络经济发展的若干意见》《关于推进政府大数据平台建设的实施意见》。听取《温州生态园总体规划（2014—2030）修编》调整修改情况汇报。

市政府第五十六次常务会议 2015年8月13日召开。会议学习新修订的《中华人民共和国环境保护法》。审议并原则同意《关于进一步完善温州市大病保险制度的实施意见》。审议《关于切实做好我市部分行政区划调整工作的意见》。

市政府第五十七次常务会议 2015年9月16日召开。会议审议并原则同意《关于促进温州对韩招商重大产业项目落地的若干意见》《温州市城区生活垃圾分类工作实施方案（2015—2016年）》。审议《关于洞头区灵昆街道委托瓯江口产业集聚区管委会管理的实施方案》。听取关于新城中心区历史遗留问题补偿款兑现方案的汇报、浙南产业集聚区（温州经济技术开发区）百威啤酒项目落地有关情况的汇报。

市政府第五十八次常务会议 2015年10月9日召开。会议审议并原则同意《温州市市容和环境卫生管理条例（草案）》《平安—温州城市建设投资基金方案》《乐清市部分行政区划调整方案》。

市政府第五十九次常务会议 2015年11月6日召开。会议审议《关于加快培育旅游业成为千亿产业的实施意见》。审议并原则同意《关于推进责任医生签约服务的实施意见》《关于进一步加强防洪排涝减灾能力建设的意见》《关于规范市级机关事业单位编外用工管理的意见》《温州市消火栓管理办法》《瑞安市部分行政区划调整方案》《文成县部分行政区划调整方案》《苍南县部分行政区划调整方案》。

市政府第六十次常务会议 2015年11月27日召开。会议审议并原则同意《关于发展众创空间推进大众创新创业的实施意见》《关于支持大众创业促进就业的实施意见》《关于建立健全温州浙南科技城工作体制机制的通知》《温州市领军工业企业培育实施方案》《温州市高成长型工业企业培育实施方案》《关于深化行政管理体制改革推进综合行政执法的实施方案》《永嘉县部分行政区划调整方案》《平阳县部分行政区划调整方案》。

市政府第六十一次常务会议 2015年12月3日召开。会议审议并原则同意《关于建立疾病应急救助制度的实施意见》《温州市区机动车停车设施建设管理办法》《温州市区临时建设管理暂行规定》。

市政府第六十二次常务会议 2015年12月31日召开。会议审议并原则同意《温州市政府投资项目概算和工期管理办法》《中广核浙江三澳核电厂一期工程公众沟通工作方案》《温州市人民政府制定规章和拟定法规草案程序规定（草案）》。听取行政规范性文件定期清理工作的汇报、2015年度温州市法治政府建设工作的汇报。

市长专线

市长专线受理与办理 2015年，温州市长专线受理、办理群众来电来件10.2万余件，同比增长17.28%，38家单位主要负责人现场接听市长专线。全年铃声响应平均时间控制在5秒内、接听满意率达98.9%，群众合理诉求交办率达100%。市长专线书面（网络）交办重点问题2.1万余件（不含电话交办）。建立重点问题跟踪督办机制，对双桥小学附近垃圾焚烧、南塘市政道路被侵占、城乡供水一体化等1300余件急难问题跟踪督办，群众问题办结率99%以上。编发重要民生专报21期，市领导批示18次。在2015年4月第三方调查机构（零点研究咨询）公布的《全国首次城市12345公共服务热线排名》，在全国333个地级行政单位(地级市、自治州、地区、盟)的"12345"政府热线中，温州市长专线综合评价排名第11位。

网络问政平台建设 2015年，市长专线办好"温州市网络问政平台"，全年受理网民问政6127件，问政件及时回应率、按期反馈率及办结率分别达98.86%、98.5%和70.5%。与《温州日报》《零距离》等设立专栏，推出监督热点报道196期。配合做好"破两难、纠四不"作风效能整治专项活动和"万人评议"活动等重点工作，梳理、交办群众反映"两难"重点问题51件，其中发放督办函36件，涉及"五水共治"、环境保护、证件审批、住房保障、交通治理等方面。完善市长专线交办、考核评价制度，制定推出"三率一度"（即按期反馈率、办结率、满意率、工作协同度）办理工作评价体系。对红色细胞工程——"民情E通"服务平台上相关涉及市直部门重要民生问题进行督办。

建议提案办理

建议提案按时办结 2015年，温州市政府系统共办理市人大代表建议501件、市政协提案510件（共1011件），按时办结率100%,办理工作整体满意率99.2%。其中，建议提案涉及问题已解决或基本解决的"A"类507件，占50.1%；正在解决或列入计划解决的"B"类456件，占45.1%；因条件不具备待以后研究解决的"C"类48件，占4.7%。

建议提案办理规则落实 2015年，温州市各承办单位严格落实《温州市人民政府办理人大代表建议和政协提案工作规则》，通过抓责任落实、面商沟通、过程管理等环节，加强和规范建议办理，在疑难问题化解上有突破，在具体政策落地上有进展，在改善民生上有见效，真正惠及广大人民群众。

十大民生实事

城市公共交通建设 2015年，温州市区建成并试营运快速公交BRT一号线，新增公交线路12条，新建公交候车廊150个交付使用。"我看行"手机查询常规公交线路覆盖率100%。

道路行车停车难题缓解 2015年，温州市城区打通断头路5处，新建道路29.6公里。新增专用停车位23335个，其中公共停车泊位3268个。施划停车泊位1630个。完成老旧住宅区停车设施改造11个。建成文明交通示范小区30个。完成120公里农村联网公路建设、520公里农村公路提升等级工程建设、585公里农村公路大中修工程、490公里农村公路安保工程和282个港湾式停靠站建设。

城乡医疗水平提升 2015年，温州市建成投用市中医院新院一期、市妇幼保健院综合大楼、洞头县人民医院、乐清市二医，鹿城区精神病院医技楼完工。新增床位1332张。培训基层医生全科医生5058人，完成应急救护培训14.67万人次。市区九大医院诊间医生工作站及院内自助设备上实现通过刷病人就诊卡调阅该病人在其他医院的诊疗数据（包括基本信息、门诊就诊信息、门诊处方信息、检验及影像检查报告、住院就诊信息、住院医嘱信息等）。9家医院累计上传诊疗记录约6.19亿条，累计诊疗数据调阅12.6万次。

优质教育发展均衡 2015年，温州市新创省义务教育标准化学校182所，总数为733所（列全省第一），达标率80%。完成新建、改扩建幼儿园20家，其中移交配套幼儿园5所、新建幼儿园12所，改建幼儿园3所。新增50所数字化校园（其中示范20所）、200个智慧教室。安装加热保温饮水设施并投入使用的学校552所，年度完成率100%。完成改造40所中小学校塑胶跑道运动场地，完成投资1.03亿元。完成助学补助6506人次。

菜篮子安全保障 2015年，温州市开展省级放心农贸市场创建，完成硬件设施建设21家并达标，安装使用"农贸市场综合管理平台"软件21家。建成64家农贸市场食品安全快速检测室并免费向公众开放。市菜篮子农批市场，实现入场经营登记率100%、入市农产品备案率100%、交易信息记录率100%、一票通使用率100%。市区新增"放心平价菜"直供点200个,其中电商自提网点12个。

城乡人居环境改善 2015年，温州市累计整治及深化提升黑臭河285条，长度362.39公里。全市农村生活污水治理完成施工图设计1644个村，完成招投标1630个村，开工建设1624个村，计划投资额20.60亿元，实现投入资金22.5亿元，投资率109.3%。累计新增受益农户数308201户，占任务数112.49%。完成48个片区截污纳管工程。新建、改造提升滨水公园220个。建设贯通市区省级绿道48公里。完成年度投资7.05亿元。公园一期试开园，公园二期完成工程量90%以上。管沟建设完工14条。架空线路入地完工14个。

便民服务举措强化 2015年，全市完成新建、改扩建村民中心485个。新建社区电商智能终端投递服务站（点）680个（全市累计已达783个）；新建农村电商服务站（点）605个（全市累计已达1255个）。新增金融惠民服务点22个。完成安装党报阅报屏(栏)室内机375个、户外机3台。市民卡在公交、加油服务领域实现全市通用。

社会关爱力度加大 2015年，全市为妇女开展"两癌"免费筛查，宫颈癌筛查85281例、乳腺癌筛查25809例。市区免费视觉筛查50713人次，其中校园视觉关爱筛查25712人次、社区关爱筛查25010人次；完成儿童配镜749副；资助助视器给低视力患者120人次。为残病人家庭改造或辅助器具配置1677户。

为 14721 名无固定收入残疾人发放专项生活补贴 125 元 / 人·月。各县（市、区）实现按常住人口自筹临时救助资金不少于人均 3 元，其中洞头区和 5 个县的常住人口小于户籍人口，按户籍人口人均不少于 3 元标准自筹。

养老服务优化 2015 年，全市新增养老床位 7459 张，其中护理型养老床位 5016 张；新建居家养老服务照料中心 924 家、老年人助餐点 762 个。

人文关怀工程提升 2015 年，全市建成投用文化礼堂 208 个，送戏下乡 2109 场。新建 24 小时自助图书馆（城市书房）10 个、温州地域文化休闲展演点（文化驿站）10 个。农村应急广播体系完成 2351 个行政村。新增市区公园、公共绿地百姓健身步道 10 公里。

（卢金森）

重点工程建设

概况 2015 年，温州市重点工程建设实施项目 291 个，预备项目 41 个，前期项目 70 个，全市新增省重点建设项目 39 个。全年完成投资 590.1 亿元，占年度投资计划的 118.0%。其中，农水项目 87.5 亿元，交通项目 217.5 亿元，能源项目 70.4 亿元，社会发展项目 46.1 亿元，城市建设项目 50.9 亿元，工业项目 33.5 亿元，服务业项目 84.2 亿元。

重点工程开工项目 2015 年，温州市重点建设项目开工 44 个，主要有瓯江绕城高速至卧旗山段海塘工程、永强发电有限公司扩建工程、永嘉县上塘至瓯北公路工程、平阳县万洋小微科技创业园、温州市中心片污水处理厂迁建工程、泰顺县文福公路改建工程、名城广场、龙丽温高速公路文成至瑞安段、温州机场扩建工程、温州市域铁路 S2 线一期工程等。

重点工程续建项目 2015 年，温州市重点建设续建项目 198 个，其中 50 个完成率 120% 以上，包含鹿城仰义至双屿段公路改建工程、瓯海大道东延伸及枢纽集散系统、巨溪国际真皮大世界、中国电工电器城销售中心（生活生产资料配送中心）、浙江省瑞安市飞云江治理一期工程、鞋业国际商贸城、41 省道永嘉福佑至沙头段改建工程、洞头县状元南片垦区回填工程、平阳县鳌江干流治理萧

2015 年温州市百亿元以上重点建设实施项目计划执行情况

表8

序号	项目名称	建设规模	计划工期	2015 年完成情况（单位：亿元）总投资	开工累计	年度计划	本年累计	完成占比（%）	主要建设内容及形象进度
1	中石化温州液化天然气（LNG）项目	温州 LNG 项目包括码头及陆域形成工程、接收站工程（含冷能综合利用）、输气管道工程等部分，建设规模为 300 万吨 / 年，管道外输天然气能力 300 万吨 / 年，LNG 汽车装车外输能力 50 万吨 / 年	2015—2020	108.25	0.46	3.00	0.46	15.2	共 21 项评价，已完成 18 项；共 19 项支持函件，已完成 18 项；核准报告已上报国家发改委，等待审查批复。进行东屿料场开山施工
2	温州绕城高速公路西南线	起于鹿城区仰义枢纽至瑞安阁巷，设阁巷枢纽接即将建设的沈海高速公路复线，全长 56.328 公里，双向六车道高速公路	2013—2017	149.97	67.24	28.50	22.99	80.7	工程实体建设已进入建设高潮，累计完成路基工程 70.57%、桥梁工程 50.57%、隧道工程 72.07%
3	甬台温高速公路复线灵昆至阁巷段	起灵昆至瑞安阁巷，全长 38.7 公里，双向六车道高速公路	2014—2018	140.33	14.58	6.00	8.54	142.3	控制性工程瓯江南汊跨海特大桥、飞云江跨海特大桥完成桥梁工程 5.8%。其他标段临建施工。土建 2 标累计 171 根桩基（占总量 14%）、4 个承台（占总量的 3%）、2 个墩身，土建 9 标累计完成 130 根桩基（占总量 13%）
4	甬台温高速公路复线瑞安至苍南段	起于瑞安阁巷，终于浙闽交界的苍南岱岭的岱岭隧道，全长 56.9 公里，双向六车道高速公路	2014—2018	156.58	9.82	10.00	12.62	126.2	完成桥梁工程形象进度的 3%。其中，鳌江特大桥完成水上平台已完成 91.6%，桩基共计完成 80 根
5	温州市域铁路 S1 线一期工程	西起瓯海区潘桥镇，至灵昆半岛，线路全长 53.507 公里，初期设站 18 座，预留站 2 座	2013—2017	186.07	74.81	20.00	25.44	127.2	全线累计完成约 30 万平方米，主线集体土地交地累计约 1032 亩。土建施工完成桩基 413 根、承台 34 个、墩身 40 个、梁 26 孔。SG14 标钻孔平台、南岸主栈桥、双侧支栈桥全部完成
6	瓯飞一期围垦工程	围垦面积 13.28 万亩，堤线长 36.66 公里，水闸 6 座。	2012—2021	272.93	65.26	11.60	13.61	117.3	海堤抛石、海堤闭气土方施工，Ⅰ标水闸真空预压完成，灌注桩完成 641 根，累计 1241，完成总数 50%；Ⅳ标水闸基础真空预压完成，灌注桩浇筑 7 根，完成总桩数的 1%；Ⅴ标水闸灌注桩、高喷桩全部完成，第一块水闸闸室底板完成，完成 1/6

麻段防洪工程、云湖天地（养老中心）项目、苍南县江南海涂围垦区吹填及软基处理等配套工程、温州市瓯江口新区医院建设一期工程、甬台温高速公路复线灵昆至阁巷段、温州市域铁路S1线一期工程、温州外国语学校等。

重点工程建成项目 2015年，温州市重点建设建成项目（含基本建成）46个，包括鹿城区人民医院、雅林现代农业园项目、温州金属现代物流中心工程、港龙城市商业广场、海螺水泥建设项目、瑞安市公安三所迁建、永嘉县瓯北大桥、温州双屿公路枢纽站三期工程、苍南县霞关一级渔港工程、浙江明泰标准件有限公司年产6万吨汽车高强度紧固件项目、温州市化学品交易市场及配套仓储项目、浙能温州发电厂四期“上大压小”扩建工程项目等。

浙江省重点工程申报项目 2015年，温州市新增省重点建设项目39个（其中年初增列省重点建设项目29个，年中增补省重点建设项目10个），包含文祥湖水库、温州七都大桥北汊桥工程、平阳万全至瑞安锦湖公路工程、温州市域铁路运营控制中心、温州机场交通枢纽综合体及公用配套工程、乐清正泰150MWP农光互补光伏发电项目、瓯海区外国语学校工程、温州市监管中心建设项目、文成县百丈漈景区旅游配套设施建设工程等，全年共争取省级农转用土地指标4800亩，省重大产业用地奖励782亩。

征地拆迁百日攻坚 2015年，温州市开展重点建设项目征地拆迁“清零”专项行动，市、县两级完成“清零”项目212个，全年完成借地①57公里，交地2.12万亩，拆迁6044户、面积124.58万平方米，坟墓拆迁6711穴，绕城高速西南线、市域铁路S1线等20个项目纳入市级“清零”百日攻坚行动，实现无障碍施工。

重点工程项目规范管理 2015年，温州市做好206个中央投资项目稽查监管信息系统管理，确保中央、省级资金落实到位。组织专家和相关部门联合稽查温州市鹿城区人民医院迁建工程、永嘉县瓯江治理工程、104国道（瓯海段）拓宽工程等13个重点建设项目，跟进整改施工安全、“四制”执行等问题，规范项目管理。

（王少天）

电子政务

政府门户网站建设 2015年，市政府门户网站加大信息公开和互动交流力度，全年发布各类信息2.5万条，开展问卷调查和意见征集31次、访谈活动35次。加强网站APP和微信建设，扩大用户访问群体和网站服务的覆盖面。落实网站普查，推行网站找错等措施，提升网站管理服务水平。市政府门户网站在全国政府网站绩效评估中排名地级市第二。“温州市网络问政平台”获“互联网+政务创新应用奖”。

政务服务网建设 2015年，政务服务网审批平台实现省、市、县、镇街、社区五级联网。市本级1356个审批事项，其中开通网上申报625个，占46%。开展“网上办证照”“网上开证明”“网上缴费”“多级联动审批”等多项试点，市本级推出第一批13个“证照网上申请、快递送达”试点事项，并发出全省第一单；在泰顺县开展“网上开证明”试点工作；交通违法罚款、教育考试等4个项目打通支付宝、银联等支付渠道；12个民生事项在160多个镇街和社区服务中心实现就近受理、网上流转、联动办理。

电子政务应用 2015年7月15日，新版温州市机关协同办公系统（OA系统）正式上线，新增会议管理功能和政务督考等功能模块以及手机二维码会议签到、领导工作安排等功能，使用部门73个，用户数5330人。

政务云平台建设 2015年，温州市出台《关于推进政府大数据平台建设的实施意见》，确立以云计算平台为基础、以大数据管理为核心、以大数据应用为主导、以大安全体系为保障的智慧政务建设总体框架，为推进电子政务转型发展打下坚实基础。完成政务云平台一期项目建设，市编委办、审管办等25个部门127个信息系统统一迁移到政务云上运行。

应急管理

应急联动平台建设 2015年，温州市应急办建立以市社会应急联动指挥中心为龙头，市本级67家政府部门、企事业单位和11个县（市、区）为骨架的三级应急联动救援体系。出台《温州市突发公共事件应急联动处置办法》《关于温州市社会应急联动处置工作的规定》《温州市应急联动单位考核办法》《温州市应急联动常见警情处置参考手册》等制度。开展明察暗访，每月坚持模拟报警检查，对10个部门、11个县（市、区）进行模拟报警检查，并发布模拟报警检查情况和全市社会应急联动工作情况通报。

飞行救助基地设立 2015年，温州市应急办协调“交通运输部救助飞行基地”落地温州。组建“东海第一救助飞行队温州基地建设工作小组”，多次赴上海协商谈判“东一飞”航空飞行救援队落户温州事宜。3月底完成县（市、区）第一批航空应急救援起降点选址工作，于5月底基本建成，初步形成全市航空应急救援网络。5月19日，与“东一飞”航空飞行救援队签订双方“合作备忘录”，并组织航空应急演练。12月4日，“东海第一救助飞行队温州飞行救助基地”启用。

应急预案完善与演练 2015年，温州市应急办加快应急预案修订，基本完成市本级35个专项预案和8个应急保障行动方案的修编工作，瑞安、文成、平阳和苍南完成所有专项预案（保障行动方案）修订。全市编制各类应急预案42979个，覆盖多层级应急预案体系基本形成。加强预案演练，开展市电信应急演练、“5·20”空中救援演练、环境污染突发事件应急演练、防控重大动物疫情等演练6次；市、县两级政府及部门综合演练1500余次；市、县、乡三级有关部门、学校、企事业单位共组织各类专业、单项演练26000余次。

应急宣传与教育 2015年，温州市应急办开拓宣传渠道，增强教育普及面。做好“温州应急管理”网站维护，全年审核更新国内外突发应急事件图片、信息

①借地：是指特殊的征地政策，如铺设输油气管道、电缆线、水管等，因是埋地下的，不征收地表土地，挖开再回填，因开挖造成的损失给予补偿的政策。

2015年5月20日，温州市航空应急救援水上演练在瓯江瓯越大桥下游水域举行

刘 伟/摄

等2671条；开展“温州应急广播”直播“5·12”广场活动、“5·20”空中救援演练、“12·4”协调工作；开展“应急包进家庭”行动，发放320个自行设计定制的“温州市应急储备物资应急包”；举办“浙江省第四届平安中国防灾宣导公益活动暨温州市2015年防灾减灾宣传活动周”启动仪式，展示防灾减灾知识宣传展板140.8平方米，发放各类防灾减灾宣传资料18000余份、宣传手袋2000余个，答复防灾减灾知识和相关政策咨询2000余条。做好全市各县(市、区)及3个管委会相关负责人应急培训。

风险排查和应急评估 2015年，温州市应急办重视风险隐患管理，开展为期26天的重大危险源排查，建立相关资料数据库，掌握区域内危险源种类、等级等情况。督促存在重大危险源的企业加强安全管理，做好重大危险源的辨识评估、登记建档、申报备案、检测监控等工作。建立危险源排查治理长效机制，形成排查上报、信息汇总、评估认定、督促检查、挂牌督办、整改验收等的工作机制。做好全市11个县（市、区）和24个应急管理职能部门全面评估，评估报告汇编成册，近20万字。

应急救援队伍建设 2015年，温州市应急办加强志愿者应急队伍建设，新增3支志愿者应急救援队伍，市志愿者应急救援队伍增至19个大队11000余人。与中国太平洋财产保险有限公司温州分公司签订《温州市应急志愿者意外保险合作协议书》，为全市11000余名直接参加突发事件应急救援的志愿者，每年提供保额为25万元的人身意外伤害和10万元的意外医疗保险。召开“全市应急管理知识培训暨志愿者救援队伍建设研讨会”，邀请4位专家讲授化工事故救援、火灾救援、抗台防汛和应急管理知识。

（卢金森）

国内经济合作

山海协作项目 2015年，温州市完成山海协作项目45个，合计到位资金52.28亿元；落实山海协作各项经费1322万元。全市6个欠发达县（市、区）获社会资金支持5906万元，落实人力资源培训资金260万元（省补助40万元），帮助结对地区实现培训就业5619人次，完成年度人力资源培训资金150万元。

国内对口支援 2015年，温州市对口支援重庆市涪陵区资金392万元，接收9名涪陵区干部到温州各县（市、区）挂职锻炼。对口支援四川省阿坝藏族羌族自治州资金1890万元。

重大经贸活动 2015年，温州市经合办组织本市企业参加西洽会、渝洽会、西博会、义博会、海交会、兰洽会、长三角园区对接会等国内重大经贸活动，推销温州产品，提高国内市场占有率。

（顾新民）

信用体系建设

概况 2015年，温州获全国首批11个创建社会信用体系建设示范城市，被评为“十二五”商业信用环境优秀城市，全国地级市城市排名第三。印发《温州市创建全国社会信用体系建设示范城市工作实施计划》，在金融税收、产品质量、市场监管、工程建设、电子商务等重点领域开展社会信用体系建设示范创建。完成《温州市社会信用体系建设规划（2016—2025年）（初稿）》编制工作。评定信用乡（镇、街道）12个、市级信用村（社区）4个；浙江省工商企业信用AA级“守合同重信用”单位47家、温州市信用管理示范企业47家、信用管理先进企业23家；完成1047家借款企业评级、829家小微企业评分，全市信用服务行业年产值超1000万元。

组织架构建设 2015年，信用温州建设领导小组成员单位新增15家，共计54家。建立健全信用建设组织制度，制定《温州市社会信用体系建设联络员工作细则》，明确联络员职责。瓯海、乐清、瑞安、永嘉、文成、平阳、泰顺、苍南8个县（市、区）设立社会信用体系建设专门机构。

诚信主题宣传 2015年，温州市利用《温州晚报》“信用温州”专栏、《信用温州》杂志、温州信用网、“信用温州”微信公众号等宣传阵地深化信用文化建设。开展“3·15消费者权益日”“6·14信用记录关爱日”“8·8诚信日”主题活动，举办信用温州建设成果展、组织诚信温州行宣讲、诚信主题辩论赛，打造“诚信一条街（五马街）”、开展“创客重塑信用文化”帕累托论坛等活动。

信用创新研究 2015年，温州市开展《温州市社会信用体系建设规划（2016—2025年）》规划编制前期研究[①]和《温州市市

①研究成果发表于《浙江经济》2015年第19期。

2015年10月23日，温州市政府增信机制运营平台挂牌暨农村保险互助社授牌仪式在市人民大会堂举行　（温州市政府公报室提供）

直部门及县（市、区）政府信用评估研究》等课题研究，推动研究成果在信用建设工作中的应用；开展信用平台建设研究，编制《温州市信用信息综合服务平台初步设计兼建设方案》。开展全市11个县（市、区）政府信用工作评价。

信用市场培育　2015年，温州市推进信用服务市场培育，温州中新力合征信服务股份有限公司、浙江禾晨信用管理有限公司温州分公司在人行温州中心支行备案，在温展业信用服务机构达到6家。建立信用服务机构准入、退出机制，规范温州信用服务市场，推进信用记录和信用产品在招标投标、行政审批、政府采购、财政性资金使用及公共服务领域运用。

信息平台建设　2015年，温州市完善公共信用平台信息，建立信息长效报送机制，加强数据征集工作，市企业信用信息系统收录29万余家企业224万余条信用信息，个人信用信息系统收录812万余名自然人1033万余条信用信息。实施信用查询窗口标准化建设，开通“信用浙江”查询窗口14个。推行“一照一码”登记制度改革，开展行政许可、行政处罚“七日双公示”试点。完成全市统一的信用信息综合服务平台规划和建设方案编制，通过市政府技术审查。

信用联合奖惩　2015年，温州市加强失信联合惩戒机制体制建设，出台《温州市失信黑名单管理办法》《温州市社会信用体系建设府院联席会议制度》《关于建立法院诉讼与政府社会信用信息共享和失信联合惩戒制度的意见》。市发改委与市国税局等23个部门联合印发《温州市关于落实〈关于对重大税收违法案件当事人实施联合惩戒措施的合作备忘录〉的通知》。推动行贿犯罪档案查询工作。检察机关出具《行贿犯罪档案查询结果告知函》17800余份，其中查询单位17900余家，查询个人53200余名。

（卢金森）

经济体制改革

金融综合改革　2015年，温州市加快推进金融综合改革，设立全国首批试点的民营银行——温州民商银行、全国首家农村财险互助社——瑞安市兴民农村保险互助社和温州地方资产管理公司。深化小微金融服务，温州银行等7家银行发行大额存单16.22亿元。新设1家个人本外币兑换机构。推进农村“三权”抵押贷款，农房抵押贷款余额80.5亿元。57家纳入监管的农村资金互助会累计投放互助金13.6亿元。推进多层次资本市场建设，新增股份有限公司210家，总数697家；新增上市企业3家、新三板挂牌24家、区域性股权交易平台挂牌425家。温州金融资产交易中心累计启动44笔19.53亿元不良资产挂牌转让业务，农村产权交易平台完成交易10.34亿元。新增直接融资227.02亿元。引导民间融资备案登记，新增民间借贷备案金额170.69亿元。定向集合资金募集登记14期11.25亿元；19家企业登记备案定向债，备案金额5亿元。构建政府、企业、民间信用信息“三位一体”新型社会信用体系，分五批次186个失信对象在市级媒体公开曝光。立案查处涉及一般主体债务的非法集资案件及各类经济犯罪案件442起。

农村综合改革　2015年，温州市推进“三位一体”新型农业经营体系建设，全市创建市级以上示范性农民专业合作组织330家（其中国家级70家、省级121家），发展市级示范性“三位一体”农村合作组织126家，组建农民专业合作社联合社49家。引导合作社开展金融信用合作，成立合作社信用部49家。推进农村土地承包经营权确权登记，全市完成承包地“确权登记、入册上图”的村社2552个（占比50.53%）、涉及农户71.99万户、面积96.76万亩（实测101.36万亩）。建立土地适度规模经营与规范有序流转互相促进的扶持机制，全市农村土地经营权流转面积128.5万亩，流转率达64.7%，258个村社实现整村流转。开展土地经营权抵押试点，全市土地经营权股份合作4.1万亩、4.6万户，组建土地股份合作组织181个。基本完成农村集体资产股份制改革，全市村集体经济组织股改完成率达99.2%，量化集体净资产165亿元、持股社员680.9万人，村股份经济合作社账户变更率96.9%。

投融资体制改革　2015年，温州市推进温商回归，建立“温商领头雁”信息库。深化招商专员工作机制，为异地温州商会及回归温商提供家门前“一站式”招商服务，10个招商工作组促成落地招商项目74个，总投资额585.1亿元。实施项目盯引服务机制，推出市县党政一把手“1+2+10”[①]责任清单。开展温商回归落地攻坚行动，成立温商回归（招商

① “1+2+10”即一名领导联系一家商会、盯引两个重点项目、十家重点企业，及时解决商会、项目、企业建设发展中的问题。

引资）投诉中心，抓好重点服务保障项目督促落实。出台《关于推广运用政府和社会资本合作模式的实施意见》，全年25个项目被列入国家PPP项目库，38个项目被列入省PPP项目库，10个项目签约落地，项目数和总投资均列全省第一。其中温州机场项目被列入第二批全国PPP示范项目，温州市综合材料生态处置中心申报(PPP模式)省级示范项目。筹建PPP采购专家库，探索建立咨询机构库。推进企业债发行，新增企业债核准9支共140.5亿元。市铁投集团发行全国第一支超长期+可续期组合型永续债。获全国首批城市停车场专项债试点，核发额度150亿元，其中市城投集团40亿元、瓯海城投集团17亿元2支获国家核准全国首发。推进基金筹建工作，组建市名城集团50亿元保障房基金和市城投集团60亿元城市建设投资基金，设立全省首支国家级产业基金——温州华盖基金。

要素市场化配置改革 2015年，温州市政府出台《温州市要素市场化配置综合配套改革总体实施方案》《关于加快温州科技大市场建设 促进科技成果转化的实施意见》《温州市工业企业环境资源（排污权）配置综合评价激励实施意见（试行）》等；乐清出台《做好乐清市资源要素市场化配置综合配套改革工作的若干意见》《关于开展工业企业亩产效益综合评价加快转型升级的实施意见（试行）》《关于印发乐清市超计划和差别化用水管理办法的通知》等；瑞安出台《关于瑞安市资源要素市场化配置改革工作的实施意见》《关于开展工业企业效益综合评价的实施意见》《关于2015年瑞安市工业企业执行差别化电价的通知》、《关于印发瑞安市调整城镇土地使用税政策促进土地集约节约利用工作实施方案的通知》等。开展民营资本参与县级农村产权交易平台建设试点，苍南、永嘉、平阳三县农村产权交易中心挂牌运作。推进农村产权交易流转，完成交易1896宗金额13.09亿元。

社会力量办医办学改革 2015年，温州市编制《温州市社会资本办医“十三五”发展规划（2016—2020）》，构建社会力量办医“1+14”政策体系，推进社会力量办医改革。全市有民办医院94家（非营利医院78家，营利性医院16家），64家民办医院纳入医保定点，市、县两级政府每年安排3360万元作为民办医疗机构专项奖补资金；26家公办医院与45家民办医院建立帮扶关系。出台《温州市民办教育改革和发展规划（2015—2020）》，成立温州民办教育研究院。民办学校实行分类登记，登记为民办事业单位535所，登记为企业法人96所，市政府财政扶持资金累计7.95亿元，专项奖补资金到位1.79亿元，政府购买服务资金累计4.24亿元。

海峡西岸经济区建设

概况 2015年，温州市继续实施海峡西岸经济区国家战略，贯彻《国务院关于鼓励和引导民间投资健康发展的若干意见》《海峡西岸经济区发展规划》精神，推进民营经济发展，加强对台合作交流。2月，国家发改委、国台办、国土资源部、住建部等四部委批复海峡两岸（温州)民营经济创新发展示范区建设。9月，《海峡两岸（温州）民营经济创新发展示范区建设方案》获浙江省政府批复。

温台产业对接 2015年，温州市举办“2015浙江·台湾合作周”开幕式暨第二届海峡两岸民营经济创新发展论坛，开展两岸中小企业合作、观光农业合作、生命健康合作、工业机器人合作4场产业对接活动，建立协会和项目的合作机制。温州台湾中小企业园区揭牌落地，台湾阳明海运集团、台湾区观光旅游总会、台湾“中华两岸连锁经营协会”等14个台资项目注册落地，总投资约3亿美元。在厦门、昆山等地举办海峡两岸（温州）民营经济创新发展示范区推介会，推动两岸产业对接。苍南县在台湾设立苍南县驻台招商联络处。

两岸合作交流 2015年，温州市成立温州台湾青年创业就业服务中心，并被国台办授予海峡两岸青年创业就业基地。举办海峡青年高峰论坛、两岸新媒体发展论坛、两岸企业转型升级暨工业4.0智能制造高峰论坛等活动，扩大两岸对话交流。举行首届海峡两岸跆拳道大奖赛、龙湾两岸古堡乡情文化交流、瓯海两岸琦君文化交流、洞头两岸半屏山暨妈祖平安节等活动，深化两岸文化交流。

（顾新民）

信访工作

阳光信访建设 2015年，温州市信访系统信息化实现全领域全覆盖，所有信访业务全部纳入“阳光信访”系统，信访事项办理实现全过程网上流转，初次信访事项实现网上查询、跟踪、督办、评价。市本级部门及11个县（市、区）、2个产业集聚区部门、130个乡（镇、街道）实现100%联通上网。全市登记信访总量10896件（人）次，同比下降25%，其中来信3074件，同比下降23.8%，来访2892批7822人次，同比分别下降26%和39%。全市信访事项按期办理率100%，信访事项办理差错率控制在0.5%以内。

信访积案化解 2015年，温州市信访局开展信访督查“百千万”专项行动，全市排查1000件信访事项（其中市本级134件，县级866件）。建立分级、分层、动态督查项目库和红、黄、绿三色督查督办机制，化解信访积案和历史遗留问题。开展市级领导督办重点信访事项活动，落实“市委常委带片，分管副市长管线，人大、政协领导个案督办”机制，开展督查活动147人次，督办重点信访积案134件次，办结132件；各县（市、区）领导督办792人次，办结信访事项784件次。

信访秩序规范 2015年，温州市信访局在全市开展依法整治进京非访专项活动，全年发生进京非访132人次，同比下降56.44%；到省上访494批1068人次，同比分别下降13.3%和27%；到市行政中心集体非访73批2652人次，同比分别下降37.1%和36.6%，信访秩序好转。做好各级“两会”、十八届五中全会、纪念抗战胜利70周年期间、全国农村基层党建工作现场会、浙江省“同心同行、共建和谐”工作现场会等重大敏感节点的信访维稳工作。

信访工作改革 2015年，温州市信访局配合政法机关做好涉法涉诉信访工作改革，推行诉访分离、导访分流，将涉法涉诉信访问题直接导入政法部门。开展依法分流信访事项和推进信访工作满意度评价等改革，指导市、县两级政府部门出台法定途径处理信访投诉责任清单，市本级30余个部门完成责任清单。在乐清市开展信访群众满意度评价工作试点。市、县信访部门组织老干部、老党员、老模范、老教师、老军人等“五老”人员和律师、“两代表一委员”等“第三方力量”参与调处化解信访矛盾1065件次。

（郑微微）

行政审批管理

概况 2015年，温州市本级行政审批办件191676件，其中即办件97755件，即办率51%，审批部门进驻率98.5%，事项集中率95.8%，既受理又办理比率93.1%。全市政务网办件234602件，全市80%的街镇网上受理办理128189件；社区（村居）网上受理办理74236件。

行政审批综合改革 2015年，温州市制定出台《2015年温州市推进简政放权深化行政审批制度改革工作方案》，推行行政审批系统制度重建综合改革，提出73项具体措施，得到国务院审改办领导及社会各界好评。

简政放权改革落实 2015年，温州市审管办完善“权力清单”制度，做好1003项保留涉批事项的规范化、精细化、标准化管理，没有法律依据一律取消，非行政许可审批事项清零。实施市、县审批层级一体化改革，除涉及安全、环保、控规以及县级不能承接的38项事权外，其余全部下放县级（县级平均事权636项），减少审批层级，缩短审批链条，简化办事程序。开展406项省级下放事权分类梳理，做好具体事项承接管理以及相关事项同步配套和下放工作，下放到县级及街镇的审批事项一律进中心开展“一站式”服务，建立事项承接考核监管机制，确保事权下放和运行到位。

网上审批机制实施 2015年，温州市审管办做好审批服务“一张网”覆盖工作，实现市县两级审批平台和124个街镇789个社区（村居）便民服务中心审批服务“一张网”全覆盖。开展跨层级“一体化”联动改革，受理点和出证点下移到基层，全市76个街镇和161个社区（村居）便民服务中心实现跨层级联动审批，联动事项209项，办理联动审批20131件。开展“证照网上申请、快递送达”试点，75个事项作为第一批试点办证事项，实践“互联网+快递”的服务模式，办理事项516件。

投资项目高效审批机制建立 2015年，温州市审管办推行基建项目全流程审批，审批流程整合为五个阶段，明确牵头部门职责，实行前置审批阶段包干负责制；明确审批时限，基建项目全流程（含中介服务）100天，其中行政审批30个工作日。推行“园区+环评能评”审批机制，通过园区前期“捆绑”审批，明确园区管理机构、项目业主职责分工，企业取得土地后，直接进入项目设计阶段，审批时间减少2个月以上。推行企业“零地”技改项目政府不再审批，实行零土地技术改造审批目录清单管理，清单外的“零土地”技术改造项目由原来的审批制改为承诺验收制。

中介服务改革 2015年，温州市审管办编制出台中介服务事项目录清单，目录内事项限时服务、合理收费，目录外事项不得作为行政审批的前置条件或审查环节。建立中介服务网上信息库，实行动态管理，为业主提供网上自主选取、竞争比选等菜单式服务。完善考评机制和考评结果纳入诚信应用机制。

便民服务品牌创建 2015年，温州市审管办推行众创便民咨询服务，设立众创接待中心，免费为创业者提供注册登记、法律政策等咨询代办服务。推行企业准入工商、质监、税务（国、地税）、统计、社保“五证合一、一证一码”服务，办证时限由原来的20余个工作日压缩至3个工作日以内。推行招商引资项目全程无偿代办服务，与相关部门建立“招商、审批、监管”协同工作机制，全年代办件338件。推行基层便民超市服务，户籍等12项职能纳入街镇便民服务中心，实行集中便民办理。

（鲍洪浩）

外事工作

概况 2015年3月19日，温州市人民政府外事侨务办公室挂牌成立，并增挂市政府港澳事务办公室，市人民对外友好协会与其合署办公。原市政府外事办公室、市政府侨务办公室不再保留，职责整合划入市政府外事侨务办公室。市外侨办全年接待外宾团组35批370人次，服务市领导团组出访19批；开展“走出温州”境外活动9场次，在温举办经贸科技活动50多场次，举行海外温商贸易回归签约仪式2场次，为企业申办APEC商务旅行卡110人次，审核发放邀请外国人到华确认函2526批3458人次，申办因私签证1075人次，代办领事认证1011件。获外交部领事认证信息化建设标兵奖、因公护照工作服务奖，全省唯一一家被推荐为国侨办和人社部联评的全国侨务工作先进集体。

代表团友好互访 2015年，温州市高层领导团组出访19批次，出访美国、英国、法国、俄罗斯、西班牙、葡萄牙、匈牙利、奥地利、捷克、塞尔维亚、丹麦、韩国、印度、以色列、马来西亚等国。接待高规格外国团组35批370人次，包括21世纪韩中交流协会、韩国放送通信委员会、英国医疗局、美国肯恩大学、德国吉森市、丹麦斯劳厄尔瑟市、韩国仁川市中区和东区等代表团。有针对性地安排领导会见25场，举办各类参观、考察、座谈活动40余场。

中韩日在温交流合作 2015年1月16日，2015中韩产业合作（温州）峰会在温开幕。峰会由温州市政府与商务部投资促进事务局、省商务厅共同主办，以“中韩FTA背景下的新趋势与新机遇”为主题，中韩两国政府部门、商协会、研究机构以及企业代表等近200人共论新形势下的中韩合作交流；开幕式上，“温州韩国产业园”揭牌。11月17日，“感知韩国—2015温州韩国日”成功举办，活动包括韩国传统美食文化节、韩国文化与历史传承演讲、韩国文艺专场演出等。11月17日～20日，中日韩文化交流论坛第11次会议在温召开，主题为“传统与创新——中日韩时尚文创产业的发展与合作”。

中美在温交流合作 2015年，温州市以美国友城为平台，加强与新泽西州经济发展中心、纽约州中小企业联合会以及尤宁郡政府高层交流，促进双方建立互动合作机制。8月，美国新泽西州前州长、温州肯恩大学理事麦格瑞维访问温

2015年温州市部分到访外国团组

表9

到访日期	团组名称	团长职务、姓名	人数（人）	主要任务和活动
1月	韩国大邱广域市政府代表团	经济副市长金延昶	16	考察市中心片污水处理厂，开展环保技术交流。大邱环境公团与市公用事业投资集团签订合作协议书，推动两市环保基础设施相关企业的技术交流、转让和项目合作
1月15日～17日	大韩民国国会议员代表团	副议长郑甲润	23	考察瓯江口新区、温州经济技术开发区等
1月15日～17日	中韩两国政府、商协会、研究机构以及相关企业代表团	韩国驻华使馆公使李镐俊	200	参加2015中韩产业合作（温州）峰会
2月9日～10日	“21世纪韩中交流协会”代表团	会长金汉圭	9	省委常委、市委书记陈一新会见
3月	韩国大邱广域市企业代表团	韩国大邱环境公团中国项目组首席代表李相大	6	代表团就两市政府、企业间环保领域技术研发及交流合作事宜举行专题座谈
3月5日	日本石卷市民友好访问团	石卷—温州友好交流协会事务局长清水孝夫	11	副市长胡纲高接见。与市体育、文化、旅游观光等部门及民间团体进行交流，并参观考察温州大学
3月5日～6日	英国医疗局代表团	局长霍华德·莱昂斯	6	同市卫生医疗机构进行对接
3月3日～5日	韩国放送通信委员会代表团	常任委员金在洪		省委常委、市委书记陈一新会见
3月22日～27日	贝尔格莱德苏尔钦区代表团	塞尔维亚外交部特别顾问米洛米尔·普诺莫维科	5	副市长胡纲高会见。与鹿城区政府签订双方结好意向书
3月31日～4月16日	德国吉森市教育代表团	局长柯海慈	26	到温州外国语学校，开展为期半个月的访问交流活动
4月	佛得角中国友好协会代表团	会长何赛·柯雷亚		与市友协、市外侨办、市文广新局、市总商会等单位举行座谈，参观温大发绣馆
4月15日	意大利国家参议院代表团	常务议员维琴佐·库默	4	市政协副主席徐育斐与库默议员会谈
5月17日	韩国中小企业中央会代表团	国际通商室室长金泰焕	5	副市长胡纲高会见
5月25日～26日	德国波恩大学代表团	副校长柯翱敏教授	6	副市长胡纲高会见。考察汽车电子、汽摩配产业发展，洽谈盐碱地小麦试验应用项目合作
5月26日～27日	韩国放送通信委员会代表团	常任委员金在洪（副部级）	10	市委副书记、代市长徐立毅会见。市政府与韩国放送通信委员会签订广播与电视领域合作的谅解备忘录。市广电传媒集团也与韩国CJ公司和EBS公司签订合作谅解备忘录
5月30日～6月2日	韩国国会农林畜产食品海洋水产委员会代表团	委员长金宇南（正部级）	5	省委常委、市委书记陈一新会见。参观瓯江口产业集聚区
6月	意大利萨尔扎纳市政府代表团	市长ALESSIO CAVARRA	14	签署合作备忘录，在课程介绍与交流、教师交流项目、学生交流互访等方面开展合作交流
7月14日	美国杰克逊实验室代表团	理事会常务副主席、首席运营官查尔斯·休伊特	5	市委副书记、代市长徐立毅会见推动实验室落户温州
8月7日	柬埔寨暹粒省代表团	省长钦文松	19	市政协主席余梅生会见
8月25日～29日	美国温州肯恩大学代表团一行	新泽西州前州长、理事詹姆斯·麦格瑞维	5	市长徐立毅会见
9月18日～19日	第九期越南司局级党政领导干部培训班代表团	越南建设部组织干部司副司长黎文全	38	中联部参赞居黎东陪同考察，参观市康奈集团及江心屿
9月20日～25日	厄瓜多尔安巴托市政府和企业代表团	市长阿莫鲁索	6	市长徐立毅会见。到温州大学、康奈集团、伟明集团、浙江聚光科技有限公司、中国交通建设集团第一公路工程局温州分公司等参观考察
11月10日～13日	德国吉森市代表团	市长迪特林德·格拉博—波尔茨女士	8	拜会市长徐立毅。到温州大学、温州肯恩大学、温州外国语学校等参观考察

续表

到访日期	团组名称	团长职务、姓名	人数（人）	主要任务和活动
11月16日～18日	韩国仁川中区政府和企业家代表团	厅长金洪燮	34	拜访市长徐立毅。参加韩国日活动，并进行市场考察
12月8日	韩亚航空中国区总裁一行	总裁安秉奭	2	拜访副市长陈建明。推动韩亚航空参与运营温州—首尔正班航班
12月9日～12日	丹麦斯劳厄尔瑟市代表团	市长斯特恩·克努斯	20	市长徐立毅会见。在温召开丹麦投资推介会，与温州大学、温州第八高中等单位签订友好合作协议
12月26日～29日	塞尔维亚驻华大使馆代表团	大使米兰巴切维奇	5	拜访副市长苗伟伦。参观温州肯恩大学，在温举办“塞尔维亚之夜”文化交流活动

州，商讨促进浙江省及温州市与新泽西州经贸教育合作以及温州肯恩大学建设发展事宜。11月，代市长徐立毅访问美国，在肯恩大学参加温州与美国在国际教育、医学研究、药物开发、通用航空、品牌合作、地方政府友好交流等方面合作项目签约仪式。

因公出国（境）管理 2015年，温州市严格执行因公出国（境）有关政策，科学制订年度因公出国（境）计划，从严审批。加强对代表团回国后的跟踪管理，完善事前、事中、事后全过程管理。推动因公出国（境）团组境外食宿行服务政府采购。试行因公出国（境）网上预受理，简化申报流程。建立因公出国（境）管理业务联络员制度，举办联络员业务培训班。为企业办理APEC商务旅行卡110人次，超额完成全年目标，开展组建APEC商务旅行卡协会的专题调研工作。

护照签证管理 2015年，出台《温州市外侨办公务护照签发管理实施细则》和《温州市因公护照签发工作规程》。对电子护照管理系统进行升级，提升九大类15项功能，全年颁发电子护照771本。定期对所有领用护照进行归库情况自查，护照归库收缴率100%。实行护照、签证同步启动工作机制，送签因公签证团组348批1123人次，全市公务团组获签率100%。出台《进一步放宽外国人来华邀请确认函申办条件的工作方案》，审核通过邀请确认函申请2526批次3458人次。全年申办因私签证1075人次，办理领事认证1011件。市外侨办获外交部因公护照服务奖、领事认证信息化建设标兵奖。

友城新建与交流 2015年，温州市与韩国龟尾市、美国伊普斯维奇市正式结好。开展与“一带一路”沿线国家的城市友好交流，与丹麦斯劳厄尔瑟市、匈牙利欧兹德市签订建立友好交流关系意向书。加强与美国友城尤宁郡交流，与美方签订国际教育合作意向书，乐清市与新泽西州尤宁郡伊丽莎白市签订建立合作关系意向书。组织代表团访问以色列和塞尔维亚，与贝尔格莱德等城市洽谈建立友好关系。举办与日本石卷市结好30周年庆祝活动，温方组织体育代表团一行23人到石卷市参加纪念海啸三周年马拉松国际邀请赛，石方组织市民友好访问团一行11人到温与体育、文化、旅游等部门进行交流。邀请韩国光州市政府、意大利普拉托省政府到温，参加温州时尚博览会。市友协组团到德国吉森市、丹麦斯劳厄尔瑟市访问。

驻华使节对话温州活动 2015年6月，温州市举办“2015·驻华使节对话温州”活动，南非等10个非洲国家的驻华大使、外交官受邀参加。其间，举行以“友谊、合作、发展”为主题的中国（温州）——非洲合作对话会。参与“2015未来影像——首届亚洲国际（温州）青年微电影节”活动，接待7个国家14位外国驻华使领馆官员。市外侨办与外国驻沪总领事馆中方人员举行联谊会，巩固与各驻沪总领事馆的合作成果。全年接待美国等驻沪总领事到温州访问12批58人次。

境外经贸科技活动 2015年，温州市外侨办联合市有关部门开展“走出温州”境外经贸科技活动9场次。其中，与市人力社保局联合组团到美国、加拿大、英国、德国开展高层次人才招聘活动4场，与市商务局联合组团到韩国、俄罗斯、印度开展投资推介、温州商品展等经贸活动3场，与市科技局联合组团到德国参展活动1场，与市贸促会联合组团到德国、芬兰参加大型国际鞋展活动1场。

重要涉外事件处置 2015年，温州市外侨办成功处置重要涉外敏感事件6件，妥善处理涉外事件9件，有效维护涉外稳定。协助市委外宣办做好外国记者引导管理工作，接待外国记者到温采访12批22人次。配合公安局筹备召开全市外国人管理服务工作会议，调整温州市外国人管理服务工作领导小组。与市民政局、司法局探讨建立外国流浪者救助、外国人法律援助等制度，并在市外侨办设立外国人法律援助工作站（即温州市法律援助中心涉外站）。

基层领事保护 2015年，温州市打造全省首个户外领事保护宣传基地，开展领保知识进高校、社区活动，多渠道宣传海外领事保护知识。推进基层海外领事保护联络处规范化建设，妥善处理领保事件15件，新设立基层海外领事保护联络处3处。

侨务工作

概况 2015年，温州市开展社区侨务工作，建立318个社区侨务工作站和分站，争创国家级“明星社区”和“示范单位”，瓯海区仙岩街道穗丰社区获“全国社区侨务工作明星社区”，市侨商协会被评为市AAAAA级社会组织。9月22日，市侨商协会第五届会员代表大会召开。

海外联络联谊活动 2015年，温州市外侨系统举办大型联谊活动8场次，接待侨胞代表1680人次。3月5日，举办“温州市海外侨胞、港澳同胞新春联谊会”，

300余名在温海外侨胞、港澳同胞代表参加。9月22日，举办“温州市海外侨胞、港澳同胞中秋联谊会”，近300名海外侨胞、港澳同胞代表参加。

海外华裔青少年夏令营 2015年7月～8月，国务院侨办与市侨办联合举办海外华裔青少年“中国寻根之旅”夏令营“相约温州营”活动，下设鹿城、瓯海、文成、瑞安和武术特色营、中华厨艺特色营、青年商务营7个分营，20个国家和地区的450余名海外温籍华裔青少年参加。近50名营员到北京参加海外华裔青少年“中国寻根之旅”夏令营大型集结营活动。营员参加国务院侨办举办的“发现侨乡之美”微信大赛，获团队奖项2个，个人奖项14个。

海外华文学校建设 2015年，温州市外侨办举办海外华文教师培训班，在意大利、西班牙的20余名海外温籍华校校长和华文教师参加。遴选2名优秀教师到意大利华校任教。瓯海区仙岩第一小学与意大利中意学校，温州大学国际合作学院与意大利中意学校、罗马语言中文学校、佛罗伦萨中文学校和西班牙马德里华侨华人中文学校结对，开展师生互访等交流活动。编印赠送华裔青少年乡土教材《温州“非遗”》。新捐建海外温籍华校蒲公英图书室3个，捐书1400余册。

侨爱帮扶项目 2015年，温州市外侨办发挥侨力参与新农村建设，创建泰顺司前镇左溪村葡萄园和“雪溪景观碇步”两个“侨爱惠农示范基地”；捐建泰顺三魁镇占洋村“五水共治”示范点，该村45户187人用上洁净自来水；开展“百侨助百村”活动，帮扶项目59个，落实帮扶资金2309.3万元。

侨胞爱心活动 2015年，侨胞开展捐资助教活动，捐资学校32所，捐助学生1505人，捐助金额1013.5万元。温州市开展侨爱医疗救助活动，市侨爱医疗队到侨乡开展“送医送药送侨爱”活动，为600余名困难群众免费就诊并赠送药品；启动侨胞医疗救助“绿色通道”，与温州医科大学附属眼视光医院初步达成合作框架协议。开展“侨爱暖冬行动”，各国温籍侨领近30人到龙湾、瓯海、乐清等地开展“温暖侨心·关爱成长”送剧进侨乡、“送党报进侨乡”“送文化暖侨心”等系列活动；举办首届市“侨爱慈孝”大宴，来自十几个国家侨领侨胞携其父母共度重阳节；开展重要节假日走访慰问活动，落实救济资金155万元，慰问帮扶困难归侨侨眷1733人次。

依法护侨助侨 2015年，温州市外侨办发挥“市涉侨法律服务工作室”作用，共受理侨胞诉讼案件近20起。加大侨务信访处置力度，收到侨务信访44件，办结率100%。规范华侨回国定居办理程序，办理回国定居证5520件。受理高考、中考“三侨生”身份认定申请303份和124份，少艺校华文班身份认定申请32份，其中高考身份认定审核合格率100%。

侨务文化建设 2015年，温州市外侨办先后举办侨界“瓯越文化之旅”文成泰顺行、洞头行，温籍侨领考察当地特色文化、领略温州发展变化，促进瓯越文化在海外传承。搭建文化交流新平台，新建瓯海泉川艺社、鹿城庆年坊社区、龙湾吉夫图书馆等3个侨务文化基地。到瓯海区丽岙街道、龙湾区永兴街道等地开展送侨务文化进社区、进村居活动。做好电视剧《温州两家人》《温州三家人》的联合摄制和海外收视推广工作。

海外华文媒体活动 2015年4月11日～13日，温州市举办海外华文媒体高层温州行活动，5个国家10家知名海外华文媒体的13名高层到温考察。11月11日，举办海外华文媒体采风活动，来自西班牙、意大利、法国、尼日利亚等国的10余家海外华文媒体到温参加采风活动。召开温籍海外华文媒体联络会。温州广电传媒集团与欧洲华语广播电台合作，在欧洲形成展示温州的新平台。

（张钟勇）

机关事务管理

办公用房统一管理 2015年，温州市机关事务局加强市级机关事业单位办公用房统一管理，完成市本级机关事业单位881处房产的移交接收或处置任务，建筑面积120余万平方米。对应变更权证的房产交职能部门办理，办结权证324处，完成率97.5%。对市行政中心区域的20幢综合办公大楼进行统一编号。分8批计127处4.86万平方米进行公开招标方式租赁，年租金收入3094.2万元。梳理分类市级机关事业单位可处置房产，涉及房产120处建筑面积9.76万平方米价值12.13亿元，将其中的110余处划给温州机场集团作为资本金注入，支持市重点项目建设。与市名城集团等拆迁单位协调，确定拆迁安置房源5329.14平方米、店面146.76平方米。对35个部门单位和临时机构进行办公用房进行统一调配。建成全省首个网络版办公用房管理软件系统，实行办公用房动态管理。

办公用房清理整改 2015年，温州市机关事务局完成办公用房清理整改工作，清理腾退全市党政机关超标准办公用房20.51万平方米，其中市本级8.43万平方米，各县（市、区）12.08万平方米。与市国资委协作，指导督促国有企业开展办公用房清理整改工作，腾退办公用房1.30万平方米。

公共机构节能工作 2015年，温州市机关事务局印发《温州市2015年公共机构节约能源资源工作要点》，节水工作纳入2015年“平安温州”考核体系。全市公共机构年度人均综合能耗、单位建筑面积能耗和人均水耗预计同比分别下降4.07%、5.26%、5.59%。验收通过3家国家级、4家省级节约型公共机构示范单位，建成14家市级示范单位。创建完成市级36家机关节水型单位。

“智慧大院”建设 2015年，温州市机关事务局做好市行政中心智慧大院建设。建设机关事务管理信息化平台，建成全覆盖的WIFI无线网络系统，更新升级智能IC卡，建成市行政中心多屏信息发布系统、阳光厨房视频系统、智能“E箱柜”快递管理系统。投入使用市行政中心智能通讯录APP、阳光厨房APP，打造“移动服务”端。

市行政中心管理 2015年，温州市机关事务局合理规划与改造主楼地下空间，地下室改造成市行政中心后勤配套服务用房和集中管理的仓库用房，面积3200平方米。新增院内停车位67个，完成绿化改造面积3500平方米。完成绿色照明LED节能灯改造，公共区域节能灯使用率达到100%。印发《温州市行政中心安全保卫管理暂行办法》，完成市行政中心新一轮的后勤服务招标工作；全年承接大小会议、活动4527场，参会人员30.1万人次，完成市委十一届八次全体（扩大）会议等18场市委、市政府重要会议保障；完成各类工程维修8823项。

绿色餐厅建设 2015年，温州市机关事务局改善机关食堂就餐硬件环境，扩大就餐面积1550平方米，新增使用面积98平方米，增加餐厅5个、就餐座位634个。确定绿色蔬菜基地供菜，完成餐厨垃圾无害化处理工程，开展降油降盐、节粮节水节电竞赛活动，年人均餐次降油、盐8%目标，人均用粮下降5%。深入开展“文明餐桌”行动示范食堂创建活动，覆盖全市40余家单位。市行政中心食堂保障机关干部职工正常就餐约98万人次，接待各单位和个人订餐约3.3万人次。

（周　畅）

2015年温州市政府重要文件目录

表10

文　号	文件标题
温政令〔2015〕151号	温州市人民政府关于修改《温州市区医疗救助办法》的决定
温政令〔2015〕152号	温州市客运汽车治安管理办法
温政令〔2015〕153号	温州市科学技术奖励办法
通告〔2015〕1号	温州市人民政府关于做好2015年春节期间市区烟花爆竹安全管理的通告
通告〔2015〕2号	温州市人民政府关于加强瓯江干流温州段瓯江三桥以上水域采砂管理的通告
通告〔2015〕3号	温州市人民政府关于明确对外开放口岸限定区域范围的通告
通告〔2015〕4号	温州市人民政府关于扩大市区高污染燃料禁燃区范围的通告
通告〔2015〕5号	温州市人民政府关于公布温州市区基准地价更新成果的通告
温政发〔2015〕1号	温州市人民政府关于印发《温州市水利工程运行维护向社会力量购买服务管理办法（试行）》的通知
温政发〔2015〕5号	温州市人民政府关于印发《温州市旅游休闲新兴产业发展规划（2014—2020年）》等文件的通知
温政发〔2015〕6号	温州市人民政府关于加快推动绿色建筑发展的实施意见
温政发〔2015〕13号	温州市人民政府关于进一步规范市区被征地农民基本生活保障有关政策的意见
温政发〔2015〕16号	温州市人民政府关于开展文泰抗震安居工程建设的指导意见
温政发〔2015〕24号	温州市人民政府关于修改市政府令第137号、第144号和温政办〔2014〕101号文件的决定
温政发〔2015〕25号	温州市人民政府关于印发《温州市生命健康产业发展规划（2014—2020年）》等文件的通知
温政发〔2015〕27号	温州市人民政府关于促进房地产市场持续平稳健康发展的若干意见
温政发〔2015〕28号	温州市人民政府关于调整市区国有划拨土地使用权转办出让计收出让金标准的通知
温政发〔2015〕33号	温州市人民政府关于印发温州市发展学前教育第二轮三年行动计划（2015—2017年）的通知
温政发〔2015〕35号	温州市人民政府关于进一步发挥保险功能作用促进我市经济社会发展的实施意见
温政发〔2015〕36号	温州市人民政府关于推广运用政府和社会资本合作模式的实施意见
温政发〔2015〕37号	温州市人民政府关于印发温州市历史文化名城保护管理办法等文件的通知
温政发〔2015〕40号	温州市人民政府关于印发《温州市城市蓝线管理办法》的通知
温政发〔2015〕41号	温州市人民政府关于进一步规范公共资源市场化配置的实施意见
温政发〔2015〕43号	温州市人民政府关于扎实推进市区城中村改造工作的若干意见
温政发〔2015〕44号	温州市人民政府关于加快特色小镇规划建设的实施意见
温政发〔2015〕45号	温州市人民政府关于发布政府核准的投资项目目录（温州市2015年本）的通知
温政发〔2015〕46号	温州市人民政府关于进一步抓好当前经济工作促进经济平稳发展创新发展的若干意见
温政发〔2015〕47号	温州市人民政府关于促进网络经济发展的若干意见
温政发〔2015〕49号	温州市人民政府关于调整市区城乡居民最低生活保障标准的通知
温政发〔2015〕57号	温州市人民政府关于促进温州对韩招商重大产业项目落地的若干意见
温政发〔2015〕58号	温州市人民政府关于调整全市最低工资标准的通知
温政发〔2015〕64号	温州市人民政府关于支持大众创业促进就业的实施意见

续表

文号	文件标题
温政发〔2015〕69号	温州市人民政府关于印发温州市区机动车停车设施建设管理办法的通知
温政发〔2015〕72号	温州市人民政府关于进一步加强社会组织规范化发展的意见
温政办〔2015〕4号	温州市人民政府办公室关于加强土地整治工作进一步提升耕地保护水平的通知
温政办〔2015〕6号	温州市人民政府办公室关于进一步加强和规范政府投资项目电力用户工程招标投标监督管理工作的实施意见
温政办〔2015〕12号	温州市人民政府办公室关于印发温州市小微企业信用保证基金方案的通知
温政办〔2015〕17号	温州市人民政府办公室关于进一步促进现代物业服务业发展的若干意见
温政办〔2015〕23号	温州市人民政府办公室关于进一步加强市区城市地下管线审批管理的通知
温政办〔2015〕29号	温州市人民政府办公室关于印发温州市级预算单位公款竞争性存放管理暂行办法的通知
温政办〔2015〕30号	温州市人民政府办公室关于印发温州市城市控制性详细规划实施管理通则的通知
温政办〔2015〕36号	温州市人民政府办公室关于印发温州市政府投资信息化建设项目管理办法的通知
温政办〔2015〕44号	温州市人民政府办公室关于印发温州市餐桌安全治理行动三年计划（2015—2017年）的通知
温政办〔2015〕47号	温州市人民政府办公室关于印发温州市放宽企业住所和经营场所登记条件实施细则的通知
温政办〔2015〕51号	温州市人民政府办公室关于印发温州市高污染燃料锅（窑）炉淘汰改造工作实施方案的通知
温政办〔2015〕62号	温州市人民政府办公室关于印发温州市市场准入“五证合一”登记暂行办法的通知
温政办〔2015〕66号	温州市人民政府办公室关于温州市区房屋征收市场化安置实施意见（试行）
温政办〔2015〕70号	温州市人民政府办公室关于印发温州市推广应用半导体照明产品实施方案的通知
温政办〔2015〕71号	温州市人民政府办公室关于印发温州市企业应急转贷资金管理暂行办法的通知
温政办〔2015〕72号	温州市人民政府办公室关于取消和调整非行政许可审批事项的通知
温政办〔2015〕74号	温州市人民政府办公室关于推进“浙江制造”品牌建设的实施意见
温政办〔2015〕77号	温州市人民政府办公室关于印发温州市“小微企业三年成长计划”（2015—2017年）的通知
温政办〔2015〕79号	温州市人民政府办公室关于印发温州市促进外贸出口稳增长十条举措的通知
温政办〔2015〕80号	温州市人民政府办公室关于加快农业电子商务产业发展的实施意见
温政办〔2015〕81号	温州市人民政府办公室关于进一步完善温州市大病保险制度的实施意见
温政办〔2015〕86号	温州市人民政府办公室关于加快温州市工业企业“零土地”技术改造项目审批方式改革的通知
温政办〔2015〕92号	温州市人民政府办公室关于印发温州市推行“一照一码”登记制度改革实施方案的通知
温政办〔2015〕95号	温州市人民政府办公室关于印发《温州市市属国有企业机构设置与编制管理办法》等7项国资监管制度的通知
温政办〔2015〕105号	温州市人民政府办公室关于推进责任医生签约服务的实施意见
温政办〔2015〕108号	温州市人民政府办公室关于公布2014年温州市区城市建成区面积及范围的通知
温政办〔2015〕109号	温州市人民政府办公室关于印发温州市消火栓管理办法的通知
温政办〔2015〕113号	温州市人民政府办公室关于发展众创空间推进大众创新创业的实施意见
温政办〔2015〕114号	温州市人民政府办公室关于印发温州市政府产业基金管理暂行办法的通知
温政办〔2015〕115号	温州市人民政府办公室关于印发温州市领军工业企业培育实施方案的通知
温政办〔2015〕116号	温州市人民政府办公室关于印发温州市高成长型工业企业培育实施方案的通知
温政办〔2015〕119号	温州市人民政府办公室关于进一步明确电梯安全监管职责的通知
温政办〔2015〕120号	温州市人民政府办公室关于建立疾病应急救助制度的实施意见
温政办〔2015〕122号	温州市人民政府办公室关于印发温州市“小微企业三年成长计划”四大专项行动方案的通知
温政办〔2015〕123号	温州市人民政府办公室关于印发《温州市突发事件预警信息发布实施办法（试行）》的通知

（郭东升　编辑）

温州市政协

政协全体会议及常委会议

市政协十届四次全体会议 2015年2月9日～12日举行。会议审议通过政协第十届温州市委员会常务委员会工作报告、政协第十届温州市委员会常务委员会关于十届三次会议以来提案工作情况的报告和政协第十届温州市委员会提案委员会关于十届四次会议提案审查情况的报告。会议同意包哲东辞去市政协主席职务，选举余梅生为市政协主席，选举黄寿龙、施艾珠为副主席，选举吴仿根、林春霞、欧阳后增、谢小荣等4位同志为常务委员。与会人员列席市十二届人大五次会议，听取并赞同陈金彪市长所作的政府工作报告，赞同市中级人民法院工作报告、市人民检察院工作报告及其他报告。

会议共收到以提案形式提出的意见建议541件，参与提案委员420人，占委员总数的73.2%。经审查立案521件，其中，委员个人提案482件，市各民主党派、工商联、有关人民团体及市政协专委会、界别组集体提案39件。未立案13件，占总数的2.4%。并案处理7件，占总数的1.3%。本次会议提案内容丰富、议题广泛，其中涉及经济建设方面的提案186件，占总数的35.7 %；政治建设方面的提案81件，占总数的15.5%；文化建设方面的提案93件，占总数的17.9%；社会建设方面的提案111件，占总数的21.3%；生态文明建设方面的提案50件，占总数的9.6%。

会议邀请部分外地温州商会负责人、异地在温商会负责人列席，邀请了20名市民旁听。会议期间，召开港澳海外委员座谈会和旁听市民座谈会。

市政协十届十七次常委会议 2015年1月29日举行。会议表彰市政协十届三次会议以来优秀提案；听取市政府工作报告（征求意见稿）起草情况说明，并进行协商讨论；听取市政协常委会工作报告（草案）起草情况的说明；听取市政协提案工作情况报告（草案）起草情况的说明；审议通过有关人事事项；审议通过召开市政协十届四次会议的决定；审议通过市政协十届四次会议有关文件；书面协商讨论“两院”报告（征求意见稿）。

市政协十届十八次常委会议 2015年2月9日举行。会议听取有关人事事项说明；审议选举办法（草案）。

市政协十届十九次常委会议 2015年2月11日举行。会议听取政协第十届温州市委员会第四次会议各组讨论情况综合汇报；审议通过有关人事事项；审议通过政协第十届温州市委员会第四次会议选举办法；审议通过政协第十届温州市委员会主席、副主席、常务委员候选人名单；审议通过监票人建议名单；审议通过总监票人、副总监票人名单；审议通过《政协第十届温州市委员会第四次会议决议（草案）》；审议通过市政协提案委员会关于十届四次会议提案审查情况的报告（草案）。

市政协十届二十次常委会议 2015年4月27日举行。会议审议通过有关人事事项；邀请陈剩勇教授作“加强社会主义协商民主建设”专题讲座。

市政协十届二十一次常委会议 2015年7月14日举行。会议专题协商市委全会重大决策部署；听取国家环保模范城市创建工作情况汇报；审议通过有关人事事项。

市政协十届二十二次常委会议 2015年9月29日举行。会议听取市发改委关于温州市“十三五”规划基本思路汇报；听取市发改委、市财政局、市卫计委等提案承办单位提案办理情况汇报；审议通过有关人事事项。

市政协十届二十三次常委会议 2015年9月29日举行。会议听取市纪委关于全市党风廉政建设情况通报；听取市委、市政府关于市政协十届四次会议以来提案办理情况通报；审议市政协各专委会工作。

政协专门委员会工作

提案委员会 2015年，温州市政协提案委收到提案建议574件，参与提案委员420人，占委员总数的73.4%。经审查，立案557件，并案处理后为550件，其中集体提案41件，委员个人提案509件。提案分别送交68家承办单位办理并全部办复，提案所提建议被采纳的281件，占51.1%；部分采纳或列入计划采纳的246件，占44.7%；未能采纳或留作参考23件，占4.2%。经主席会议审定，《关于深入推进温州生态化战略实施的几点建议》等18件提案列为重点提案，由市委、市政府领导领办。做好委员、群众的来信来访工作，接待委员和群众来访

214人次，处理信访件107件。

经济建设委员会 2015年，温州市政协经建委配合省政协开展“一带一路”和长江经济带国家战略实施调研工作。开展时尚化战略和“十三五”规划专题协商调研。开展“微服私访、随机调研”，落实市领导挂钩联系制度。围绕招商引资规划、移动支付监管、防范和打击破产逃废债等问题，向市委、市政府和省政协反映社情民意。配合做好茶文化研究会工作，协助温州市茶文化研究会、温州市委农办（市农业局）、温州市茶叶产业协会，举办第13届温州早茶节暨温州美丽乡村游推介会。

城乡建设委员会 2015年，市政协城建委开展市区停车设施建设和规范农村建房专题调研，开展《温州市“十三五”规划基本思路》和配合省政协开展“一打三整治”对口协商调研等。组织委员开展重大交通建设项目、农业“两区”建设、历史文化街区整治与保护工作视察。开展对农村生活污水处理设施建设和维运机制建立，环境综合整治工作和“两路两侧”“四边三化”督查工作。开展“都市化战略”、《温州市中心城区物流布局专项规划》专题协商。组织委员围绕温州“美丽乡村”规划、古建筑文化保护等工作建言献策。

人口资源环境委员会 2015年，市政协人资环委组织“‘五水共治’长效机制建设”专项集体民主监督活动，与市政协城建委、社会民宗委及农工党、致公党、九三学社温州市委员会等单位共同承担“‘五水共治’长效机制建设”专项集体民主监督协调小组办公室日常工作。开展“创模”工作、“生态化战略”实施情况等专题调研。开展“两路两侧”“四边三化”整治工作专题协商。开展重点企业联络帮扶、重点工程的视察调研和“微服私访”等活动。

科教文卫体委员会 2015年，温州市政协科教文卫体委围绕市委、市政府中心工作组织政协委员开展学前教育发展、信息化战略、分级诊疗等专题协商。开展温州文化产业建设专题调研，组织政协委员围绕“瓯”文化发展、公共文化建设和非遗保护等开展建言献策。组织开展科技、教育、文化、卫生、体育下乡等“五下乡”活动，做好浙江省“兰亭奖”中小学生书法大赛温州赛区工作。组织文艺新闻组、教育体育组、科技科协组和医卫组等界别组开展界别活动，促进委员交流。

社会与民族宗教委员会 2015年，温州市政协社会民宗委开展养老服务建设专题调研和专题协商。围绕《关于进一步加快民族乡（镇）经济社会发展的意见》落实情况开展专项民主监督，开展“提升内生动力，加快民族乡镇发展”专题调研，参与“三月三”畲族风情节活动。组织视察瓯海区香山寺等，开展“加强爱国宗教团体建设、促进社会和谐”的调研，做好开发利用名宫名观资源的调研，开展宗教管理与执法力量建设情况调研，加强与宗教界委员的联络联系等。

法制建设委员会 2015年，温州市政协法制委围绕全市法治政府建设、司法体制机制改革开展专题协商。组织监督调研，撰写《“四单一网”专项集体民主监督调研报告》等。围绕安全生产和消防工作等民生问题，抓好督查活动，并围绕督查中发现的问题撰写社情民意信息等。开展“送法律下乡”活动，做好法律服务。组织参与指导分工联系的市政协特邀三组、工会、青联、共青团界别活动，支持委员参与界别履职活动。

文史资料委员会 2015年，市政协文史委编辑出版《图说温州对外开放30年》，开展文史资料专辑《温州状元》编撰工作，征集港澳台侨“三亲”史料，落实“委员一事—治水故事”征稿、“我与香港回归发展”口述史征稿、“政协主席谈政协”征稿等省政协文史资料协作课题。围绕全市文化建设中重点、热点问题开展视察调研工作，提出意见建议，为温州瓯窑文化的传承发展献计出策。撰写吴百亨故居、夏承焘故居、徐赤文故居等名人故居保护的书面材料提交给市政府有关部门参考。组织书画社员开展联谊、笔会等活动。

委员工作委员会 2015年，温州市政协委员工委组织部分政协委员和机关干部参加全国政协培训中心集中学习培训。邀请市委、市政府主要领导为政协委员作全市社会经济发展情况和社会治理情况报告；组织部分省、市政协委员外出考察。委员队伍管理从严格管理和真情关爱两个方面着手，推进委员队伍管理工作。开展跟踪式、同步化的委员服务机制，助推委员履职尽责。支持和配合政协之友社开展座谈交流、考察学习、调研视察等活动。

港澳台侨与外事委员会 2015年，温州市政协港澳台侨与外事委组织参加政协委员调研温州侨企回归和发展情况；联合文史委组织海外委员到市档案局调研海外侨界如何重视侨史档案；组织委员视察温州的“五水治水”工作。开展“温州实施国际化战略”专题协商的具体组织和前期调研工作等。引导海外委员投身温州各项发展事业，邀请温籍海外高层次人才到温，为温州经济社会发展把脉支招，组织召开纪念抗战胜利70周年暨温籍海外侨胞代表座谈会等。邀请国际货币基金组织秘书长林建海博士，外交学院前院长吴建民等知名人士到温开展主题演讲；指导温州大学成立浙江高校首家公共外交研究所，同温州医科大学、温州报业集团共同发起成立中国“当代白求恩行动”发展促进会。

政协经常性工作

政协社情民意信息工作 2015年，温州市政协围绕全国性重大热点选题组稿，就上海踩踏事件、“长江之星”沉船事故、天津港爆炸事故、A股市场金融动荡、十八届五中全会等专题，组稿报送相关系列专题信息，得到上级政协采用。《我国内河游轮技术标准和安全规范相对滞后 亟待提升》被全国政协综合采用。市政协城建委、市政协委员方岚报送的《建议在景山公园建设静思亭缅怀抗日英烈》，反映温州市人民纪念抗战胜利70周年的爱国情怀与合理诉求，得到市领导关注和部门支持。市政协人资环委撰写的《精雕细琢切实提升农村生活污水治理工程建设质量》得到市委领导重视。2015年，温州市政协获全省政协系统信息工作评比一等奖。

政情民意中间站 2015年，温州市政协与市电视台继续合作《政情民意中间站》栏目，聚焦当前社会热点、难点问题，弘扬主旋律、传播正能量，全年制作播出节目56期，3000余名各界群众代表受邀走进演播室参与互动交流。如“BRT来了！”“农村污水设施建设”“离岗创业，你心动吗？”等话题，及时反映社会民生问题。《亲历尼泊尔强震十五小时》获2015年度浙江省广播电视政府奖（新闻奖）新闻访谈节目一等奖。

政协联谊和交流活动 2015年，温州市政协坚持和完善联系走访民主党派、工商联制度，征求各民主党派、工商联及无党派代表人士对市政协年度工作意见建议，邀请参加政协例会和各类协商会议、调研视察活动，鼓励撰写提案、大会发言和社情民意信息等。加强与海外温州人沟通联络，邀请温籍海外高层次人才到温，为温州经济社会发展把脉支招；组织召开纪念抗战胜利70周年暨温籍海外侨胞代表座谈会；组团赴欧洲、中国香港地区开展友好访问、学术交流等活动；接待柬埔寨、西班牙、意大利等国政要到访交流。关心在外温商发展情况，带队走访慰问在外温州商会、温商企业以及温商领头雁。开展“同心同行·共建和谐”活动，加强同宗教界人士的沟通联系，引导宗教界人士合法、理性表达诉求，及时做好统一思想、释疑解惑工作。撰写《加强爱国宗教团体建设 促进社会和谐》调研报告，提出针对性的对策与建议。

（蒋中梁）

（郭东升　编辑）

温州市政协十届四次会议重点提案目录

表11

提案号	案　由	提案单位（人）
030	关于整顿行政审批乱象、做到实实在在为民办事的提案	徐立新
047	关于加快社区医疗服务规范发展的几点建议	水寿松
085	抢抓“一带一路”国家战略机遇，进一步提升温州城市国际化水平	致公党温州市委员会
092	抓好设计和销售两大产业端，破解温州发展时尚产业的瓶颈	温州市工商联
102	温州名人故居保护工作亟待加强	温州市政协文史委
107	关于在我市深入推进信息化战略的建议	九三学社温州市委员会
138	关于新常态下温州民间融资发展的对策建议	余寿权
155	完善养老服务制度，促进养老服务事业发展	徐建国
164	加快推进雁楠旅游“一体化”的建议	民建温州市委员会
214	关于深入推进温州生态化战略实施的几点建议	民盟温州市委员会
224	关于加强温州土壤污染防治工作的建议	农工党温州市委员会
231	关于加强我市产业品牌宣传的提案	梁世盛
272	关于重视解决农村农民建房难的提案	周家土
326	关于进一步推进我市依法行政工作的几点建议	民革温州市委员会
329	我市招商项目库管理存在的问题与建议	沈岩明
375	关于发展温州时尚农业推进农业转型升级的建议	金传顺
506	关于加强科技人才工作、助推我市五一〇产业的建议	金利泰、陈启贤、李校堃
526	关于推进我市中等职业教育的几点建议	民进温州市委员会

2015年政协温州市委员会重要文件目录

表12

文　号	文件标题
温政协〔2015〕1号	关于表彰市政协十届三次会议以来优秀提案的决定
温政协〔2015〕5号	关于印发政协第十届温州市委员会第四次会议选举通过有关人事事项的通知
温政协〔2015〕6号	关于政协第十届温州市委员会主席、副主席、秘书长分工的通知
温政协〔2015〕7号	关于印发政协温州市委员会2015年工作要点的通知
温政协〔2015〕8号	2014年度社情民意信息先进表彰文件
温政协〔2015〕10号	关于专门委员会部分兼职副主任等同志任职的决定
温政协办〔2015〕1号	关于报送《关于市委十一届八次全会重大决策部署的协商意见》的函
温政协办〔2015〕3号	2014年度温州市政协机关全员绩效考核实施方案
温政协办〔2015〕4号	关于报送《政府工作报告》（征求意见稿）

续表

文　号	文件标题
温政协办〔2015〕14号	关于报送时尚化战略协商意见的报告
温政协办〔2015〕15号	我市学前教育第二轮行动计划协商意见
温政协办〔2015〕17号	市政协信息化战略专题协商会协商意见
温政协办〔2015〕20号	关于报送“四单一网”专项集体民主监督协商意见的报告
温政协办〔2015〕21号	关于国际化战略的协商意见
温政协办〔2015〕22号	温州市政协关于生态化战略的协商意见
温政协办〔2015〕24号	市政协都市化战略专题协商会协商意见
温政协办〔2015〕28号	关于报送参与“一带一路”和长江经济带国家战略实施调研的函
温政协办〔2015〕29号	关于报送温州参与长江经济带国家战略实施的专题调研报告
温政协办〔2015〕31号	市政协“3+1”亮点区块建设专题监督调研情况汇报
温政协办〔2015〕33号	关于报送我市全面加强基层党组织和基层政权建设协商意见的函
温政协办〔2015〕38号	关于全市加强人民政协民主监督情况专项督查工作汇报
温政协办〔2015〕39号	关于报送《推进市区停车设施建设的建议》的函
温政协办〔2015〕40号	关于我市养老服务体系建设情况的调研报告
温政协办〔2015〕42号	关于报送我市“破两难、纠四不”作风效能整治专项活动协商意见的函

2015年10月27日，市政协组织视察温州市重大交通工程建设项目　（市政协提供）

民主党派和人民团体

综　述

2015年，温州市7个民主党派市委员会下属县（市、区）委员会6个，总支部（基层委员会）62个，支部383个，成员7590人，新发展成员397人。

温州市民主党派和工商联成员围绕中共温州市委、市政府中心工作，建言献策、参政议政。“两会”期间，各民主党派向市政协十届四次会议提交提案282件，占总数的52%；向市十届人大五次会议提交建议106件，占总数的19.4%，一批提案建议得到市委、市政府领导批示。各民主党派及无党派人士参加市委统战部“诤友建言”活动，提交课题调研成果64个。发挥“统一战线智库”专家作用，开展咨政建言，分别在经济、法律、科教文卫体等方面予以智力支持。发挥民主监督作用，应聘担任19个政府部门特约人员，参加市委、市政府及部门召开的各类协商会、通报会、座谈会，参与部门行风专项督查行动等活动53次，提交意见和建议32件。深化“一党派一品牌”建设，开展科技下乡、法律服务、义诊救助和结对助学等活动。加强组织建设，完成民主党派基层组织换届。

温州市各人民团体围绕党的中心工作，根据自身的特点和实际，充分发挥自身优势，开展各类活动。加强思想和组织建设，开展学习教育活动。市总工会推进维权基本职能，领导职工创业创新，开展立功竞赛、文化活动；共青团温州市委注重青年人才培养，关爱、服务青少年，开展青年志愿者行动；市妇联维护妇女合法权益，实施妇女儿童发展规划。各团体发挥各自作用，促进温州经济社会建设和精神文明建设。

（曾陈云　叶凌群　周怡静）

2015年温州市民主党派组织和成员情况

表13　　单位：个

党派名称	组织情况					成员	
	地级市委会	区县级委员会	总支委员会	支部	小组	新成员（人）	总数（人）
民革	1	0	7	44	0	37	614
民盟	1	2	8	69	0	104	1705
民建	1	0	13	56	0	58	1076
民进	1	0	8	64	0	50	1062
农工党	1	2	10	66	0	54	1324
致公党	1	0	8	18	0	24	308
九三学社	1	2	8	66	1	70	1501
合计	7	6	62	383	1	397	7590

2015年温州市民主党派参政议政情况

表14　　单位：人

党派名称	担任人大代表				担任政协委员				市人大建议（件）	市政协提案（件）
	全国	省	市	县	全国	省	市	县		
民革	0	3	8	10	0	2	26	77	10	39
民盟	0	1	7	8	0	3	33	100	7	50
民建	0	1	11	19	0	4	23	87	18	46
民进	0	1	9	12	0	1	25	76	6	51
农工党	0	0	10	12	0	2	25	114	10	35
致公党	0	2	6	6	0	3	12	20	22	17
九三学社	0	4	13	9	0	1	40	104	33	44
合计	0	12	64	76	0	16	184	578	106	282

民革温州市委员会

概况　2015年，民革温州市委员会有民革党员数614人，其中中高级职称426人，平均年龄51岁。发展新党员37名，其中中高级职称16人。民革温州市委员会设温医大、鹿城、龙湾、瓯海、乐清、瑞安、平阳7个基层委员会，44个支部。民革龙湾区基层委员会获民革全国宣传思想理论工作先进集体。

民革参政议政　2015年，民革温州市委员会向省人大提交《关于调整劳模荣誉津贴和医疗补贴经费来源的建议》等17件建议，《关于在全省启动建立农产品市场准入制度的建议》被评为优秀建议；向省政协提交《关于加强社区医疗服务中心建设，提升服务中心建设能力的建议》等4件提案。向市人大提交《关于要求加大大气重污染企业的整治力度解决瑶溪校—企环境冲突的建议》等14件建议，《关于要求优质化公交线网合理安排营运时间的建议》《关于构建乐清湾海洋生态环境保障机制的议案》《关于创新社会管理 健全社区应急体系的建议》被评为优秀代表建议；向市政协提交团体提案5件，个人提案34件，大会发言11篇。《关于进一步推进我市依法行政工作的几点意见》《我市招商项目目库管理存在的问题和建议》《关于重视解决农村农民建房难的提案》被列为市政协重点提案。

民革社情民意信息 2015年，民革温州市委员会向民革浙江省委会及市政协等部门报送社情民意信息40余篇。《水务集团借食品安全严管之"机"掠财不可取》等4篇被省政协采用，《建议参照高校做法推进混合所有制企业统战工作》被省委统战部采用，《关于加强党外干部反腐倡廉工作的建议》等10篇被民革浙江省委会采用。《建议重视发挥温商在推进城市国际化中的作用》获时任代市长徐立毅批示。

民革调研活动 2015年，民革温州市委员会8篇调研报告参加市委统战部"诤友建言"调研评比活动，其中主委领衔课题《关于加快海峡两岸（温州）民营经济创新发展示范区建设的建议》获特别奖，《关于温州市实施分级诊疗改革调查及思考》获一等奖。

民革纪念抗战胜利70周年活动 2015年，民革温州市委员会邀请民革中央常委博士吴先宁作《抗战胜利与我国国际地位的提高》讲座；在温州书画院举办以纪念抗战胜利为主题的书画作品展；市委统战部、民革温州市委员会、温州中国和平统一促进会、《温州晚报》联合开设"烽火回望：抗战老兵口述历史"专栏。

民革社会服务 2015年，民革温州市委员会继续用好"牵手工程"慈善基金，在全市范围寻找健在的抗战老兵，对原有名单进行增补。全年走访各县（市、区）慰问黄埔老人、抗战老兵186人次，赠善款14.44万元。市委员会组织党员到瑞安市高楼镇枫岭社区，为200余名群众提供医疗义诊服务，并走访慰问社区贫困老人。

（杨骄俊）

民盟温州市委员会

概况 2015年，民盟温州市委员会盟员总数1705人，其中新发展盟员104人。盟员平均年龄52.3岁，大学以上文化程度占82.8%，中高级职称占82.7%，教育界占56.8%，文化艺术界占5.9%，科学技术界占3%，医卫界占13.4%。民盟温州市委员会届中增选何民、胡荣党为常委、副主委。下属基层组织框架为：基层组织79个，其中县级地方委员会2个，基层委员会4个，总支4个，支部69个（其中直属支部16个）。民盟鹿城区总支、龙湾区总支升格为基层委员会；民盟瓯海区支部升格为总支。

民盟参政议政 2015年，民盟温州市委员会盟内政协委员在市政协十届四次会议上，提交团体提案4件，个人提案46件，大会书面发言12篇，《关于推进生态化战略实施的建议》被列为重点督办提案并被评为优秀提案。在市十二届人大五次会议上，盟内人大代表向大会提交建议案7件。

民盟调研成果 2015年，民盟温州市委员会完成调研课题19个。参与市委统战部"诤友建言"调研成果评比，提交调研报告8篇，其中《让本土生态文化成为温州生态化战略的基石》获优秀成果特别奖。

民盟社情民意信息 2015年，民盟温州市委员会向民盟浙江省委会及市政协上报信息82篇。其中，被民盟中央采用3篇，民盟浙江省委会采用75篇，省政协采用3篇，市政协采用17篇。

民盟宣传活动 2015年，民盟温州市委员会开展"加入民盟为什么、历史责任是什么、我为温州做什么"大讨论活动，举办坚持和发展中国特色社会主义学习实践宣讲和征文活动，收到征文44篇，3名盟员入选省盟宣讲团成员。10月28日，在乐清大荆镇为仇岳希故居挂牌，在大荆镇图书馆建立大荆盟员之家。12月18日，苏步青励志教育馆和故居被授予民盟全国传统教育基地，同时建立平阳盟员之家。

民盟社会服务 2015年1月25日，民盟温州市委员会成立开心行动公益促进会并开展系列活动。5月12日，由市教研院支部牵头，民盟市委员会等单位联合启动"初中职业生涯规划导航行动"。11月12日，参加民盟中央及东部十省市民盟组织赴毕节试验区开展"同心助学"活动，牵线温州市绣山中学与七星关区撒拉溪中学签订为期三年的结对帮扶协议。全年民盟温州市委员会与各基层组织持续开展送文化、送科技、送医疗服务。在湖北咸宁、福建龙岩、浙江丽水开展"明眸工程"。

民盟盟员荣誉 2015年，民盟温州市委员会盟员陈瑞章《相似三角形单元复习》获第三届全国微课程优质资源评比一等奖；王志梅《高职院校人才培养方案整体设计的创新与实践—以三个三结合为实施路径》（与人合稿）获教育部颁发的国家级教学成果一等奖；王新成获全国高职教育研究会优秀理论研究奖；冯茜编排舞蹈《让我多玩会》获全国第七届"小荷风采"少儿舞蹈大赛"小荷之星"一等奖；施昌魏获2015年全国科学优质课评比一等奖指导师；谷小青获2015年"江郎山杯"全国女子举重锦标赛"优秀裁判员"称号。

（胡秋蓉）

民建温州市委员会

概况 2015年，民建温州市委员会有会员1076人，其中新发展会员58人。会员平均年龄49.8岁，大专以上780人，中级职称以上423人，大中城市居民743人。经济界727人（包括新社会阶层479人，其中私营企业主327人），教育界103人，各级机关159人，其他界别87人。是年，民建温州市委员会换届，换届后，有基层委员会7个，总支6个，直属支部3个，基层委员会和总支下属支部53个，专委会、横向组织8个。

民建参政议政 2015年，民建温州市委员会在各级"两会"上提交提案、议案、建议、大会发言200余件。其中,《完善农业巨灾保险体系,建立“三农”风险分散机制的建议》被转化为全国政协团体提案。在省“两会”上,提交人大建议3件,委员个人政协提案10件。市委员会关于城镇低效用地再开发的课题被转化为省委会团体提案,《加快发展产业投资基金的建议》被列为省长李强领办的重点提案。在市“两会”上,提交人大建议22件;政协提案50件,其中市委员会团体提案5件,界别团体提案2件。被评为优秀建议3件、重点提案3件、优秀提案4件。被选为市政协大会发言材料11篇,其中团体发言4篇。《雁楠旅游“一体化”》《加强科技人才工作》《我市城镇低效用地再开发》等提案获市委书记陈一新批示。

民建民主协商 2015年,民建温州市委员会领导班子参加各类协商会、通报会、座谈会20余次。在市政协常委会国际化战略、“十三五”规划、市委“三严三实”等专题协商中,围绕五大发展理念和五化战略在温州的实践,提出意见和建议。其中《检察院、法院应派员参加省政协两院工作报告讨论》建议被省政协采纳并在2015年省“两会”上实施。

民建社情民意信息 2015年,民建温州市委员会上报信息100余篇,被采用近50篇。关于修正股指期货套保和“裸空”制度的信息被全国政协采用,城市信息平台“孤岛”等3篇被中央统战部采用,被民建中央采用8篇,省政协采用3篇,省委统战部采用3篇。关于互联网模式推进汽摩配产业发展的信息获省领导批示,4篇信息获市领导批示。市委员会获温州市政协系统反映社情民意信息工作先进单位一等奖,省委会2015年度信息工作先进集体一等奖。

民建调研成果 2015年,民建温州市委员会完成调研材料40余篇。完成省委会立项集体课题1个,被评为参政议政优秀成果一等奖2篇,二等奖1篇,三等奖4篇。8个课题参加市委统战部“诤友建言”调研活动,其中主委领衔课题获特别奖,1篇获二等奖,3篇获三等奖。承担省委会外贸便利化课题,到杭甬专题调研,形成《促进外贸便利化,培养浙江外贸新优势》。调研委深入瑞安、鹿城等基层组织开展参政议政工作宣讲交流活动,创立“明见沙龙”调研品牌,举办“聚力2015‘两会’法治温州”等主题沙龙。

民建宣传工作 2015年,民建温州市委员会出刊《温州民建》6期,网站刊登会务信息201条。获省委会2015年度《浙江民建》会刊、新闻宣传先进集体一等奖,浙江民建网站先进集体二等奖。获评优秀通讯员1名,优秀报道员1名,会刊优秀作品1篇。完成省委会理论研究立项课题3个。其中,关于民主党派高校基层组织科学参政议政、社会服务应发挥民建特色和优势的课题被评为优秀课题二等奖,市委员会被评为理论研究工作优秀组织奖一等奖。12月,民建市委员会举行民建温州市委员会成立60周年纪念大会,回顾市委员会60年组织发展历程,编纂《温州民建60周年》。

民建服务会员企业 2015年,民建温州市委员会利用民建企业家协会平台,对接省贸促会,组织会员企业家赴台参加首届台湾健康产品展览会。承办民建浙江省青年企业家工作委员会走进温州“新常态、新思维”论坛,举办经济转型中企业财务风险防范讲座、企业危机救济研讨会,服务会员企业适应新常态。

民建社会服务 2015年,民建温州市委员会和会员企业向社会弱势群体捐款400余万元。其中,向民建中央爱国主义教育基地施复亮故居修复工程捐资13万元。发放各类助学金80余万元,为“苏迪罗”台风受灾群众送上救灾款15万元,向泰顺、平阳等地山区贫困户资助8万余元。市委员会利用移动互联网技术发起为苍南马站受灾农民订购葡萄和“送你一杯茶”暖冬行活动。开展慰问孤老、智障儿童、环卫工人和关爱甲状腺疾病的防治工作等公益活动。助力启动“居家养老”“百户帮扶”等扶贫工作。

民建荣誉 2015年,民建温州市委员会第一总支被评为全国先进集体,市委员会获“全国参政议政工作先进集体”称号。徐育斐、金克明、张积敏被评为全国优秀会员,江衍妙被评为“全国参政议政工作先进个人”、省委会和市政协信息先进个人。第二总支等11个基层组织被评为省先进基层组织,王任等13人被评为省优秀会员。民建界别组被评为优秀界别组,金利泰、蒋庆华、水寿松、蒋晖被评为市优秀政协委员。

(庄庆山)

民进温州市委员会

概况 2015年,民进温州市委员会有会员1062名,其中新发展会员50名,平均年龄52岁,教育、文化、新闻界会员占75%,中高级职称占74%。是年,民进温州市委员会基层组织换届。换届后,有基层组织72个,其中基层委员会5个,总支3个,支部64个(其中直属支部32个)。

民进参政议政 2015年,民进温州市委员会在市政协十届四次会议上,提交大会书面发言材料12件,团体提案2件。参会22名市政协委员提交个人提案49件,参会9名市人大代表提交建议6件。其中,《关于推进我市中等职业教育的几点建议》被列为市政协重点提案。民进界别活动组被评为市先进界别活动组。

民进社情民意信息 2015年,民进温州市委员会上报信息120篇,全国政协采用1篇,民进中央采用10篇,省政协采用5篇,民进省委会采用31篇,市政协采用21篇。《高度关注中药注射剂安全性问题》获省领导批示,《直面问题 高站位高起点推进我市中职教育发展》《老城区南站长运加油站安全隐患应引起高度重视》获市领导批示。

民进调研活动 2015年,民进温州市委员会组织民进界别政协委员及会内参政议政骨干开展温州“五化战略”和信息化与大数据发展专题调研活动。提交市委统战部“诤友建言”调研报告8篇,其中《健全政府考评机制问题调研》获特别奖,《关于温州肯恩大学体制机制改革创新的研究》《“一带一路”战略下推进温州境外经贸合作区建设的建议》获二等奖。

民进社会服务 2015年2月,民进温州市委员会到平阳县青街畲族乡朱山村开展民进浙江(省、市、县)三级联动“少数民族低收入群众增收帮扶行动”。5月，市委员会在温州滨海学校举行第二期“同心圆梦”奖教金颁奖仪式暨“创客”教育活动。11月，与市教育局联合赴文成调研农村留守儿童生活现状并进行对口交流。12月，温州开明画院参加“开来继往，明道守正——庆祝民进成立70周年全省开明（民进）画院美术作品联展”。

民进荣誉 2015年，民进温州市委员会被评为民进省委会2015年度组织建设工作先进单位、反映社情民意信息工作先进单位。瑞安基层委、龙湾总支、平阳总支获民进全国先进集体，鹿城总支获民进全国社会服务先进集体，2名会员获民进全国社会服务先进个人。会员参与民进省委会、市政协关于“民进优良传统的时代价值与继承”“加强履职能力建设”主题征文活动并获奖，市委员会获市政协主题征文活动优秀“组织奖”。市委员会编写《马骅传》，入选民进省委会《开明之华——浙江民进前辈传略》。

（黄乐萍）

农工党温州市委员会

概况 2015年，农工党温州市委员会有党员1324名，其中新发展党员54名。党员平均年龄36.9岁，大学及以上学历占90%，中高级人才占100%。是年，农工党市委员会68个基层组织换届，温州医科大学总支、鹿城总支、瑞安总支、乐清总支、苍南总支更名为基层委员会；龙湾支部、温州中西医结合医院支部、温州市中医院支部分别升格为基层委员会、总支；新成立温州康宁医院、温州人口资源和环境保护等5个支部。换届后，下辖县委会2个、基层委员会6个、总支4个、支部66个。10月，增补陈伟峰为农工党温州市第十一届委员会委员、常委、专职副主委。

农工党参政议政 2015年，农工党温州市委员会在省“两会”上提交提案4篇，《关于医疗纠纷暴力化的分析与对策的建议》被评为省政协十一届一次会议优秀提案。农工党市人大代表在市“两会”上提交人大建议案10件，《关于解决“看病难”问题的建议》被评为市十二届人大四次会议优秀代表建议。农工党市政协委员提交个人提案26件，市委员会提交团体提案4件，提交团体大会发言4篇。市委员会提交的《关于加强温州土壤污染防治工作的建议》被列为重点提案，《关于振兴实业大力发展电子商务的建议》被列为市政协十届三次会议优秀提案。

农工党社情民意信息 2015年，农工党温州市委员会报送的社情民意被农工党中央录用1篇，省委会录用9篇，省政协录用3篇，市政协录用13篇。市委员会获2014年度农工党全省信息工作先进集体三等奖、2014年度市政协社情民意信息工作二等奖。1名党员获农工党中央“2013—2014年度社情民意先进个人”。3名党员获省委会反映社情民意先进工作者称号。2篇社情民意获2014年温州政协系统优秀社情民意信息。

农工党调研活动 2015年，农工党温州市委员会提交市委统战部“诤友建言”调研课题8篇，其中《深化和促进区域医疗联合体健康发展研究》获特别奖。市委员会联合温州市政协成立“五水共治”监督调研组，5月，与洞头区政协联动开展“五水共治”民主监督调研活动。9月、11月，市委员会分别组织党员前往苍南县龙港镇、永嘉县岩坦镇小长坑民族村调研电子商务市场和美丽乡村建设。

农工党社会服务 2015年，农工党温州市委员会组织开展义诊、助学等社会服务活动190余次，受益群众5.7万余人次。党员负责的医疗机构、企业参加各类公益活动，捐助资金和药品80余万元。5月，市委员会联合温州医科大学支部，在眼视光医院开展免费青光眼筛查活动。7月，联合市妇联共同开展主要以PAC“两癌”（乳腺癌、宫颈癌）及各种女性疾病为主题的义诊活动。8月，联合市人民医院总支和永嘉县委会到永嘉县岩坦镇林坑村开展抗台救灾义诊活动，并捐助医药用品6000余元。11月，联合市中心医院总支和乐清市基层委员会到乐清市清江镇蒲新村开展第27届“国际科学与和平周”义诊咨询活动，为200余名群众提供义诊检查和健康咨询，并捐助药品5000余元。继续打造社会服务品牌“心心工程——心脏病救助慈善公益项目”。

农工党荣誉 2015年，农工党温州市委员会被农工党省委会评为“2013—2015年度全省开展坚持和发展中国特色社会主义学习实践活动优秀集体”，3名党员被评为先进个人。7名党员被农工党省委会评为“农工党浙江省委会六十年六十人”优秀农工党员。永嘉县委会获“中国农工民主党优秀县级组织”称号，7个基层组织获“中国农工民主党先进基层组织”称号。11个基层组织被农工党省委会授予“浙江省委会2014—2015年度先进基层组织”称号。

（曹　力）

致公党温州市委员会

概况 2015年，致公党温州市委员会有党员308名。其中，新发展党员24名，平均年龄37岁。全市致公党员中有“侨海”关系的占92.2%，中高级职称占80.4%。完成基层组织换届和调整。其中，温州医科大学总支和龙湾支部换届升格为基层委员会。市委员会下设基层委员会2个、总支6个、支部2个、专委会5个。

致公党参政议政 2015年，在市“两会”上，致公党温州市委员会的6名市人大代表、12名市政协委员提交人大建议22件、集体提案4件、个人提案13件。政协大会口头发言、集体提案《抢抓“一带一路”国家战略机遇，进一步提升温州城市国际化水平》被列为重点提案，并被评为优秀提案，3名党员被评为优秀市政协委员。《关于加大对企业服务力度，促进企业转型升级的建议》《关于进一步加强我市学前教育工作的建议》获市人大优秀代表建议。市委员会撰写的《关于加强网络食品安全监管的建议》被致公党中央采用作为团体提案提交全国“两会”，并获省委会参政议政优秀成果奖。

致公党民主监督 2015年，致公党温州市委员会开展“五水共治”专项民主监督调研活动，成立2支“五水共治”民主监督小分队，多次到龙湾区、泰顺县督查暗访“五水共治”工作和两地长效机制建设，并提出治理建议。致公党市委员会23名党员分别担任20个市级部门特约监督员，履行民主监督职能。

致公党调研和社情民意信息 2015年，致公党温州市委员会提交市委统战部“净友建言”调研报告8篇，其中《着力发展农业电子商务 加快农业“电商换市”》获“净友建言”调研活动优秀成果特别奖，《关于完善温州市PPP项目社会资本退出机制的建议》《关于温州市养老服务体系建设情况的调研报告》分别获二等奖和三等奖。《围绕全面推进依法治国，践行三严三实，积极提升履职能力》获市政协第七次理论研讨会三等奖，并获省政协优秀奖。市委员会报送社情民意信息64篇，被省政协采用1篇，获省领导批示1篇，省委会采用45篇，市政协采用20篇，获市领导批示5篇。

致公党社会服务 2015年，致公党温州市委员会在泰顺县三魁镇二小举办第三次送温暖活动，为三魁镇7所小学549名贫困学生捐赠15.6万余元。安排贵州毕节市七星关区市西社区卫生服务中心12名医务人员到温培训，帮助解决培训经费15万元。联合市外侨办、市侨联到瓯海丽岙和龙湾海滨街道宁田社区开展义诊活动，并赠送药物。

致公党海外联谊 2015年，致公党温州市委员会联合市外侨办在市瓯剧艺术研究院举办走进瓯越文化·体验瓯剧魅力——温州籍华裔青少年观摩体验瓯剧活动。在市第11次归侨侨眷代表大会上，1名市委员会副主委当选市侨联副主席，1名党员当选常委，2名党员当选委员，3名党员被聘请为港澳海外委员。发展3名侨界代表人士、3名留学归国人员加入致公党市委员会，其中1名党员担任省侨联副主席，2名党员分别在德国、马来西亚华侨联合会任职。

致公党纪念活动 2015年，中国致公党成立90周年暨温州地方组织成立30周年，致公党温州市委员会编印纪念书籍《致力为公 侨海报国　温州致公组织30周年》，举办座谈会、图片展等纪念活动。在纪念大会上表彰历任主委及1987年以前加入致公党市委员会的党员，授予“温州致公组织成立30周年特别奖”。参加省委会举办的中国致公党成立90周年纪念大会、征文活动和党史党章知识竞赛。

致公党荣誉 2015年，致公党温州市委员会获致公党中央“扶贫开发工作先进集体”称号，党员王贤俊被授予“扶贫开发工作先进个人”称号。获省委会学习实践活动、组织工作和海外联谊工作三个先进集体称号，13名党员获省委会先进个人称号。党员李建江获省侨联、省外侨办“全省归侨侨眷先进个人”称号。

（赵慧君）

九三学社温州市委员会

概况 2015年，九三学社温州市委员会有社员1501人。新发展社员70人，其中高级职称34人，博士5人。下属市（县）委员会1个、县委员会1个、基层委员会8个，直属支社24个，直属小组1个。

九三学社参政议政 2015年，在市政协十届四次会议期间，九三学社温州市委员会40名市政协委员参加会议，提交大会发言8篇、团体提案4件、个人提案38件。《关于在温州市深入推进信息化战略的建议》《关于发展温州时尚农业产业 推进农业转型升级的建议》被列为重点提案。《关于举办温州国际马拉松比赛的建议》被评为优秀提案。九三学社界别活动组被评为市政协先进界别组，4名社员被评为优秀政协委员。在温州市十二届人大五次会议期间，13名人大代表参加会议，提交议案、建议33件。《关于治理大气污染提升空气质量的议案》被评为温州市十二届人大四次会议优秀代表建议，《关于加强我市物业管理的建议》《关于尽快启动“雁荡山—楠溪江”联合申遗工作，提升我市城市整体形象和竞争力的议案》《关于提高我市中小企业自主创新能力的建议》《关于破解执行难的建议》被评为温州市十二届人大五次会议优秀代表建议。

九三学社民主协商 2015年，九三学社温州市委员会参与中共温州市委、市政府、市政协召开的协商会、座谈会、通报会，就市委全会决策部署、温州市时尚化战略实施计划、温州市国际化战略实施方案等进行专题协商，提出意见和建议。其中，关于温州市时尚化战略实施计划的建议获市委书记陈一新批示。

九三学社社情民意信息 2015年，九三学社温州市委员会上报信息98篇，被全国政协采用4篇，省政协采用8篇，市政协采用31篇，社中央采用2篇，社省委采用36篇，省委统战部采用11篇，获中央领导批示1篇，市领导批示7篇。获九三学社浙江省委会2015年度信息工作先进单位二等奖，市政协2014年度反映社情民意信息工作先进单位二等奖。

九三学社调研成果 2015年，九三学社温州市委员会开展“净友建言”调研活动，被市委统战部录用8篇。其中，九三学社市委员会调研组《关于推进温州装备制造业发展思考与建议》获2015年度“净友建言”调研活动优秀成果特别奖，《关于加强P2P网贷监管的建议》《发展温州海岛淡季旅游的思考和建议》获三等奖。《深化改革不断创新 推进政协履职能力现代化》获浙江省人民政协理论研究会第七次理论研讨会优秀奖。获九三学社浙江省委会2015年度参政议政工作先进市级组织。

九三学社民主监督活动 2015年，九三学社温州市委员会开展“五水共治”监督调研组督查工作，组织明察1次、暗访6次、实地调研2次。11月，组织九三学社界别组政协委员和社员骨干到绍兴开展“五水共治”调研。12月，组织社员到省重点民生工程西向水厂，调研其先进制水工艺，高新设备技术及自动化、信息化生产管理流程。

九三学社建社70周年纪念活动 2015年，九三学社温州市委员会参与社中央、社省委举办的庆祝九三学社创建70周年征文活动，报送的征文中有6篇入选社省委征文集，2篇获社中央征文三等奖。9月18日，九三学社温州市委员会在温州市人民大会堂召开九三学社建社70周年庆祝大会，回顾九三学社70年历史和温州社组织58年的发展历程。

九三学社社员培训交流 2015年，九三学社温州市委员会25名社员先后参加中央社院第33期进修班、社省委基层工作研讨班、市党外中青年干部培训班等学习班。11月，举办2015年度骨干培训班和新社员培训班，130余名社员参加学习。

九三学社社会服务 2015年，九三学社温州市委员会与市科技局联合在乐清市清江镇北港社区举行科技下乡活动，发放蔬菜种子近1000包、花卉苗木近500盆、各类药品近400份、科普资料200套。5月，"科技服务月"中，举办"营养与健康"科普讲座、幼儿健康知识讲座，开展科技医疗服务进社区等系列活动。

"水晶宝宝"公益救助行动 2015年，九三学社温州市委员会参与"水晶宝宝"公益救助项目，救治贫困家庭早产儿和患有重大疾病的新生儿22名。附属育英儿童医院支社社员作为"水晶宝宝"专家指导队，在苍南县举办讲座，对当地70余名儿科医生进行培训。

九三学社社员荣誉 2015年，九三学社温州市委员会社员获浙江省科学技术进步奖三等奖1项，市科技进步奖一等奖1项、三等奖5项。获浙江省第18次哲学社会科学优秀成果奖三等奖1项。社员黄少铭受中组部邀请参加在北京举行的中国抗日战争暨世界反法西斯战争胜利70周年阅兵式。俞康获"全国医德标兵"称号。薄士坤当选第12届全国青联委员。徐纪为获"中国病理事业突出贡献专家"称号。

（董以铁）

温州市总工会

概况 2015年，温州市总工会下属财贸（直管）工会、教育工会等12个产业（系统）工会，15家市属国有集团公司工会（含温州银行工会），11个县（市、区）总工会和温州经济技术开发区总工会。市总工会直属市工人文化宫、职工法律维权中心（温州市职工服务中心）、市工会干部学校（职工中等专业学校）、职工技协办、国际海员俱乐部、雁荡山疗养院、江心疗养院、大工联房地产开发公司、职工旅行社、温州市职工互助互济会（中国职工保险互助会温州办事处）等职工劳动福利事业单位。全市130个乡镇（街道）全部成立总工会，843个社区全部建立工会组织。至年末，全市有基层工会2.27万家，涵盖单位7.3万家，会员271.5万名。是年，市总职工服务中心被评为全国农民工法律维权示范单位和全省职工服务中心示范单位。

职工立功竞赛活动 2015年，温州市总工会开展"六比六赛"立功竞赛活动，在全市291个重点工程项目中确定十大参赛项目，涉及投资额723亿元，涵盖基础设施、现代服务业、"五水共治"等领域。温州绕西南高速作为全省十大立功竞赛示范工程标杆，选树10个重点工程领域工人先锋号。全市有2732家规模以上企业，56.2万名职工参加基层群众性劳动竞赛活动。

职工创业创新活动 2015年，温州市总工会参与组织全市第三届职业技能大赛项目77个，万名职工参赛，1398名职工获得职业资格证书，职工技能培训4.6万人次。选树市级创新工作室20家。创成省级职工教育培训基地3个，省级创新工作室4个。围绕"五水共治"，开展水环境监测、院校中水回用技术创新等活动。洗车水再生利用项目获全国总工会举办的"海峡两岸职工创新成果展"金奖。

职工维权服务 2015年，温州市总工会抓好"两法"宣传，开展维权月活动，举办法律咨询60余场。办理法律援助案件869件，其中市本级226件。全市工会干部5283人参加"两法"考试，工会"六五"普法检查通过验收。组织为期两个月的"劳动争议大排查，矛盾纠纷大化解，维权帮扶大关爱"活动，协助政府部门做好欠薪清欠工作。选树市第二届工资集体协商示范企业25家，行业5家，培育行业协商示范点12个，平阳针织花边行业、瓯海花卉行业工资协商入选省级示范点。

职工文化活动 2015年，温州市总工会举办以"中国梦·劳动美"为主题的职工文艺秀电视展播活动，组织文艺秀专场16场，参演职工1300余人，现场观看职工8000余人。职工文艺秀被列入"温州艺术节"重要品牌节目。开设"劳动者风采"专栏，摄制劳动者故事微视频、"劳动最美"微电影。办好流动职工讲堂，采用菜单式点题上门式服务，举办流动讲堂340余场，受益职工3万余人。组织新温州人梦想演讲，"职工说吧"在全国总工会新媒体服务农民工研讨会作经验交流。

"送安全进企业"活动 2015年，温州市总工会深化"安康杯"竞赛，联合安监局开展"送宣传进企业强意识、送专家下基层查隐患、送培训进车间保安全"活动。走访企业54家，排查安全生产隐患292处，举办安全生产理论培训15场次，车间安全实务操作培训52场次，300余家企业5000余名职工受训。

关爱职工行动 2015年，温州市总工会开展金秋助学活动，发放助学金172万元，资助763名困难职工子女就学。走访企业562家，慰问困难职工家庭5172户；为91户困难职工家庭提供大病慰问金30.2万元。帮助243名职工实现微心愿。采集全市机关企事业单位及非公企业未婚青年职工的交友联谊信息资料，打造青年职工交友联谊网站"温州工会牵手网"，网站注册会员1323人，推出牵手网微信公众号。全市举办交友活动36场（市本级6场），3500余人参加，牵手72对。聘请基层女工干部任工会志愿红娘，成立工会职工红娘志愿者服务队。

职工公益培训 2015年，温州市总工会开展万名职工公益培训活动，完成职工公益培训14141人。工会干部公益培训44期3166人；职工技能公益培训6807人；职工才艺公益培训1868人；职工保健知识公益培训18期2300人。开办劳模（先进职工）讲师培训班，第一期邀请专业团队为23个劳模（先进职工）代表进行一对一进行培训，组织职工流动讲堂155场。4个县市区开展工间操培训活动33场。

工会帮扶活动 2015年，温州市总工会落实帮扶资金1000余万元，惠及2万余名基层职工。慰问节日留岗职工4185人，发放节日慰问金13.6万元；各级劳模困难帮扶金136万元，帮扶劳模301人，组织劳模免费休养和体检1000余人次；组织高温慰问活动，慰问企业500余家、职工3.5万人。至年末，全市参保职工47.8万人次，赔付职工2742人，理赔金额480余万元。开展女职工关爱行动，创建妈咪暖心小屋30家，女职工参加特殊疾病互助保障1.6万人。举办18场专场招聘会，提供免费服务9800余人次，成功介绍农村劳动力就业2400余人。

基层工会基础建设 2015年，温州市总工会制订《温州市基层工会“六有”达标建设规划（2015—2018年）》及考评细则。全市1.14万家基层工会实现“六有”达标，达标率50.2%。深化“职工之家”建设，基层工会达标70%以上。温州市总工会在全国推进“六有”工会深化职工之家建设观摩交流会上作典型交流。130个乡镇（街道）建立工会。全市招录职业化社会化工会工作者286名。开展“上下联动、区域共建”活动，普查督查全市法人登记企业8.3万家。制订《温州市工会干部教育培训课程纲要（试行）》，培训工会干部2万余人次。开展集中组建月、农民工入会“两集中”行动，推进重点领域（行业）普遍建会、五大领域建会入会，新增农民工会员22.1万人。

（姜晓蓉）

共青团温州市委员会 温州市青年联合会

概况 2015年，共青团温州市委员会下辖县（市、区）团委11个，基层团委1143个，团总支564个，团支部17236个，基层团工委724个。有团员594398名，专职团干部1049名；少先队组织91253个，其中大队1039个，中队17218个，小队72996个。有少先队员680285名，其中城市156128名，县、镇236122名，农村288035名。少先队辅导员20405名，其中少先队工作者544名，总辅导员12名，大队辅导员1039名，中队辅导员17218名，校外辅导员1592名。

共青团温州市第十六次代表大会 2015年8月4日～5日，共青团温州市第十六次代表大会在市人民大会堂举行。全市各条战线399名团员代表出席会议，产生委员43名、候补委员16名。团市委书记林小露代表团市委常委会作《凝聚青春力量、助推“五化战略”，为实现温州“赶超发展·再创辉煌”而奋斗》的工作报告。会议选举产生共青团温州市第十六届委员会，林小露当选共青团温州市第十六届委员会书记。

五四运动96周年纪念活动 2015年5月4日，共青团温州市委员会举行五四运动96周年纪念大会暨青年创新人才座谈会，市委书记陈一新寄语全市广大青年要弘扬五四精神，做“大众创业、万众创新”的表率。上海市温州青联主席王均豪、国家一级演员谷好好等30余名来自各地的优秀温籍青年代表，为温州赶超发展建言献策。

青少年马克思主义宗教观教育 2015年，共青团温州市委员会开展“青年同行·共助和谐”主题教育活动，对在温8万余名大学生开展信仰状况调查，并形成专题报告。举办涉教青年训练营，推出《三分钟带你认识马克思主义宗教观》系列微宣作品，开展青少年“成长乐园”“三百结对”等活动，倡导青少年科学、理性的宗教观。

新青年下乡活动 2015年，共青团温州市委员会组织全市3万余名大学生、1242支服务队，到农村文化礼堂、村民中心，按照“一校一县、一系一镇、一班一村”的结对模式，开展惠民常态服务，搭建青年走基层和百姓要服务的桥梁。省委宣传部部长葛慧君和市委书记陈一新作出批示，《光明日报》《中国青年报》《浙江日报》等媒体予以专题报道，并在全省推广。

青年创业创新服务 2015年，共青团温州市委员会首次在全国范围内举办“互联网+”创业创新大赛暨新生代温商创业大赛，参赛项目166个，吸引风投30余家。挂牌成立青年众创空间总部温大分部，建设青年网创示范点132个，温州源大创业园获第二批“全国青年创业示范园区”称号。开展“订单式”培训21249人次，实现见习上岗3795人次，发放青年创业小额贷款762笔。承办“海峡青年创业梦想秀暨青年高峰论坛”，联合市台办成立“温州市台湾青年就业创业服务中心”。

青年主流文化宣传活动 2015年，共青团温州市委员会举办“青春聚力改革”读书会、青年大讲坛等主题实践活动850余场。开展“奋斗的青春最美丽”“向上向善好青年”等活动1040场。建立5.2万名青年组成的网军队伍，“温州共青团”官方微信号多次登顶团中央“新媒体风云榜”。举办第11届“牵手青春”青年文化节、温州国际时尚文博会创意市集等活动485场，参与青年12.6万人次。推出温州百部青春励志微电影征集等活动，打造集线下实体、线上传播于一体的青年主流文化宣传体系。

青年打造美丽浙南水乡行动 2015年，共青团温州市委员会围绕“五水共治”工作部署，开展“绿化三百行动”，在全市建立“共青林”植树基地120个、“共青团护绿区”114个，组建植绿护绿志愿队120支，并依托新媒体技术推出“温州共青林植绿地图”。开展共青团段长制“哨兵护水”行动，发挥治水项目的示范带动作用。开展首届“保护母亲河”公益创投，投入资金23万元。举办第11届青少年绿色论坛暨温州高校公益骨干培训会。

共青团志愿服务 2015年，共青团温州市委员会开展常态化志愿服务行动，累计参与60余万人次，服务时间130万小时。建成运行杨府山、南塘等“幸福志愿站”59个，推出“暖冬春运”“中秋关爱”等主题活动，帮扶对象5万余人。完成中华龙舟大赛、温州国际马拉松等15个大型赛会志愿服务任务。参与台风“苏迪罗”抗台防汛救灾工作，发挥志愿者抢险突击作用。开展全市“春芽计划”项目评选活动，扶持公益环保、服务民生等优秀项目55个。团市委获全国文明城市创建突出贡献奖。“亲近水源地”“心乐园”项目分获全国、省志愿服务项目大赛金奖。

青少年违法犯罪预防 2015年，共青团温州市委员会保障未成年人合法权益，强化“12355”青少年服务台日常运行管理，举办1场省级、3场市级“心灵花园”示范课。加强未成年人观护体系建设，为300余名涉罪未成年人提供司法保护、社会调查和社区矫正，针对涉案未成年人的不起诉率和不批捕率同比提高20%以上，未成年人涉罪率下降到3.02%。加强青年舆情监测系统建设，排查录入43731名重点青少年群体信息。

青少年民生关爱工作 2015年，共青团温州市委员会推进线上平台建设，承接全团“青年之声”工作试点，用网络收集青年心声9000余条。推进实体阵地建设，建成“市、县、乡、网格”四级青少年综合服务平台136家，推出助学服务、维权服务等12项直通服务。深化“希望工程”，全年筹资620万元，资助贫困学生3830名。开展“健康巴士进校园”“冬日送温暖”等助医助困活动120场。继续实施“森马”新居民子女爱心营养餐计划，为22所新居民子女学校配送森马“爱心餐”，投入资金100万元，惠及学生1.6万名。

共青团基层组织建设 2015年，共青团温州市委员会开展“一团一品”“十县百乡”示范创建。深化“双网互动”工作，全市划分网格2847个，建立青少年日常管理服务团队2860支，引入社会组织1735个。编制下发《2015年度温州市团内教育培训计划》，市级举办培训班17期，受训4348人次。举办“共青团与人大代表、政协委员面对面”座谈会12场，形成《温州市大学生创业优惠政策研究》等7篇调研报告，4篇获浙江省2016年“面对面”活动主题调研和成果评选优秀奖。

温州市青年联合会 2015年，共青团温州市委员会召开温州市青联八届四次、五次全体会议，选举团市委书记林小露为市青联主席。指导上海温州青联、杭州温州青联完成换届工作。推出“温州菁英青年家乡行”“温州青联农村行”等活动。持续开展温州青联“行思沙龙”“青春励志”等学习活动20余场。

温州市青年企业家协会 2015年，温州市青年企业家协会举办第五次会员大会，选举产生协会第五届领导班子，兴乐集团董事长虞文品当选会长，聘请王振滔为第五届理事会荣誉会长。组织会员参加“温州市青年企业家大讲堂——2015宏观经济形势分析”专题论坛、第0502期温州市青年企业家大讲堂暨浙大EMBA互联网高峰论坛等活动。倡议发起希望工程捐助西藏失学儿童献爱心活动。

农村青年致富带头人协会 2015年，温州市农村青年致富带头人协会联合团市委、市委农办（市农业局）等7家单位，举办温州市第二届青年网络农博会，搭建农产品产销对接平台。开展温州市第五届农村青年创业大赛，表彰优秀创业项目38个，提供扶持奖金35万元。

少先队工作 2015年，温州市各级少先队开展“红领巾相约中国梦”主题教育系列活动，23所学校组成第一批少先队联盟学校，邀请44名优秀辅导员担任导师，组织以“弘扬传统文化”“争做美德少年”“倡导学法守法”“助力生态环保”“阳光少年系列”为主题，开展少先队活动专题研讨会。开展“书香伴成长”“国土小卫士”“交规齐遵守”等主题活动，引导广大青少年成为社会主义事业合格接班人。

温州市少年宫 2015年，温州市少年宫开设1579个项目班次，培训学员20858人次，开展社团活动160余场、公益活动1149场，活动育人10万余人次。其中开展“流动少年宫”30场，活动辐射面1.8万余人次。举办专业文化赛事11场，1.52万人次参赛。获未成年人思想道德建设工作优秀阵地、华东地区校外教育科研工作优秀单位等称号，学员在各类赛事活动中获国家级奖项6项、省级12项、市级21项。

温州市青少年活动中心 2015年，温州市青少年活动中心累计培训青少年2.91万人次，幼教拓展营招收135人，暑期拓展营摇号招生785人，开展公益性活动200余场，参与活动人数18.3万余人次。取得市级以上教职工科研成果23篇，在国内各类杂志发表文章6篇。获2015年度全国科技体育（模型）进校园活动先进单位、浙江省青少年模型教育竞赛活动先进单位、“网聚少年”2015暑期网络夏令营系列活动优秀组织奖等称号，获评浙江省市级示范（一级）青少年宫。

（曹一帆）

温州市妇女联合会

概况 2015年，温州市有市、县（市、区）、市级功能区、乡镇（街道）妇女联合会组织129个，社区妇联752个，村妇代会5405个，县级以上妇联团体会员37个，县级以上党政群和民主党派、科教文卫等机关事业单位妇委会771个，“两新”组织妇联组织、妇女小组8685个。市妇联获全国巾帼建功先进集体、全国妇女宣传舆论阵地建设先进单位等荣誉15项。

妇女创业创新 2015年，温州市妇联出台全省首个《温州市巾帼网络创业三年计划（2015—2017）实施意见》，举办“互联网+”巾帼创业大赛，在全市征集女性创业项目106个，“娇娇钩绣”获一等奖。帮助全市11881名妇女获巾帼创业信贷支持5.56亿元，争取贷款贴息和扶持资金92.18万元，扶持女性创业基地169个。全市新建巾帼网络创业孵化基地、示范基地27个，评选优秀创业项目12个。培训创业女性244期1.95万人次。举办女性专场招聘会74场，服务城乡妇女23754人次。

巾帼建功活动 2015年，温州市妇联以“争做美丽女性、共筑美丽职场、共建美丽温州”为主题，率全省之先健全巾帼文明岗信息化管理、互学互比考评、社会化监察三大管理机制，深化巾帼文明岗创建。组织巾帼文化沙龙活动541期，举办巾帼文明岗各类培训282期。开展“最美巾帼文明岗”“巾帼建功标兵”“最美岗长”等评选活动，培塑全国、省、市级巾帼建功标兵33个，巾帼建功先进集体17个，创成全国、省、市级巾帼文明岗114个。开展“巾帼百岗联村行”，656个巾帼文明岗与村（社区）结对，举办共建活动365场，提供物资、资金帮扶324.95万元。开展“惠民暖心、最美服务”主题实践活动292场、受惠群众2.52万人次。

妇联文明家庭创建 2015年，温州市妇联把平安家庭、绿色家庭、书香家庭等创建纳入“最美家庭”建设，全市“妇女之家”开展寻找“最美家庭”活动5826场，参与家庭6.53万户，参与群众20.64万人，征集家风家训8245条，寻找到各级“最美家庭”12.11万户。李丁富家庭获全国“最美家庭”称号，全市15户家庭获评省级最美家庭，30户家庭获评省级绿色家庭。开展家庭文化活动，举办市首届妇女儿童文化艺术节。开展家庭绿色行动，举办“五水共治巾帼行”“我为温州添片绿”等活动。

妇联家庭教育工作 2015年，温州市妇联推进“百万父母进家长学校——家长素质提升行动”，举办家庭教育讲座12525场，受益家长68.19万人次。举办家庭教育微学堂240期，播出家教电视节目55期，全市3.53万名孕产妇和学前儿童接受“空中课堂”培训。举办家庭教育工作者培训22场，1726名家教工作者受训。开展家长学校示范创评，新创企

2015 年 6 月 5 日，温州市举办“做最美女性 创最美家庭 享幸福生活”主题论坛

（市妇联提供）

业家长学校 22 所，市级示范家长学校 30 所。组织市家庭教育工作“十二五”计划终期监测评估，起草编制市家庭教育工作“十三五”计划。

女性素质提升 2015 年，温州市妇联开展城乡妇女“六学”实践活动，打造女性课堂、女界讲坛、母亲学堂等教育品牌，搭建妇女学习交流平台，全市培训妇女 15 万人次。开展首届“女性社团活动月”活动，发挥市女企协、女书法家协会等 81 个团体会员及 5523 个女性社会组织作用。举办温州市女性素质提升工程推进会暨女性课堂 100 期纪念活动。开展巾帼志愿服务活动 2104 场次，参与妇女 4.29 万人次。“护河使者”“海霞妈妈”等一大批巾帼志愿者助力“六城联创”“五水共治”等工作，洞头区北岙街道“海霞妈妈”志愿者服务队入围全国优秀巾帼志愿服务队。

妇女权益保障 2015 年，温州市妇联举办妇女普法宣传、讲座 1627 场次，服务妇女 43.1 万人次；出具家庭暴力告诫书 376 份，为 103 名受暴妇女提供服务超 420 小时，各婚调委受理案件 790 起。实施“幸福婚姻 与法同行”——百场家庭普法讲座下基层项目，受益家庭 7000 余户。全面推行家暴告诫制度，率先全省首次将“财产保护”列入反家暴“保护令”，发离婚判决后的人身保护令登上“全国女性权益保障十大新闻榜”，并入选全国 2015 年度性别平等十大新闻事件。推动温州市 8 项反家暴工作成果被《中华人民共和国反家庭暴力法》吸收采纳。推动市委一号文件明确要求切实保护农村妇女合法权益，跟进农村妇女土地侵权案件，其中《瑞安市孙巧村侵害金某某集体经济组织成员权益纠纷案》入选全国妇联“依法维护妇女儿童权益十大案例”。

妇女儿童发展规划实施 2015 年，温州市妇联起草“十三五”两个规划，设定妇女儿童发展指标、明确对策措施和 9 项重要实事项目。开展两个规划指标监测数据三色预警通报，对市级 8 项实事项目和 11 个县（市、区）两个规划实施进行专项督查。开展“男女平等基本国策宣传年”活动，举办庆祝“三八”国际妇女节暨男女平等基本国策实施 20 周年纪念大会。开展男女平等基本国策宣传教育“进机关、进党校、进社区、进家庭、进企业、进高校”活动 551 场，受教育群众 7.1 万人次。

妇女儿童关爱行动 2015 年，温州市妇联将农村妇女“两癌”免费检查纳入市政府为民办实事项目，联合卫生部门完成农村妇女“两癌”免费检查 11.11 万人。发展 7 个妇女儿童慈善关爱基金，筹集关爱基金 145.92 万元。关爱慰问特殊困境妇女儿童 5618 人 441.45 万元，“母亲邮包”596 个 17.88 万元。关爱特殊困境儿童，建立留守儿童档案，组建儿童关爱志愿者队伍。“六一”期间，慰问学校、幼儿园 1100 所，捐款赠物总额 564.62 万元，助学结对 2686 人，资助金额 128.13 万元。全市建有“共享蓝天”俱乐部、图书室 268 家，举办“女童保护”讲座 171 场，受教育儿童 1.09 万人，发放书籍 1.75 万册，走访乡镇 72 个、村（社区）736 个、家庭户 16 万户，走访慰问特殊困境妇女 1355 人，送去慰问金（品）88.71 万元，开展送医、送技术、送温暖和助销农产品、“种文化”等共建活动 365 场。

妇联基层组织建设 2015 年，温州市妇联以加强和改进基层妇联组织建设省级试点工作为契机。联合市委组织部出台《关于加强和改进基层妇联组织建设试点工作的实施方案》，召开全省加强和改进基层妇联组织建设工作研讨会和推进会。全市现有女性社会组织 5523 个。其中，注册登记 2725 个，备案登记 2798 个，参与妇女分别为 3.35 万人、4.75 万人。新型妇女小组 2798 个。用互联网打造“妇联网”，有妇女儿童网站 14 个，妇联官方微博 20 个、官方微信 17 个；创建以妇联干部为纽带的 QQ 群 275 个、微信群 1161 个，联系妇女 9.38 万人次。

（唐海玮）

科　　协

概况 2015 年，温州市科协建立“学术交流 + 实地调研 + 决策建议”相结合的软科学研究平台，确定市级课题 20 项。开展“十二五”末温州公民科学素质调查。召开市全民科学素质工作领导小组成员单位联络员会议、市全民科学素质工作领导小组第十次扩大会议。承办省农函大工作研究会七届五次理事会议和八届一次会议。刊出《科技工作者建议》4 期。与《北京科技报》联合推出“温州科普”微信公众号。举办全市基层村（社区）科协干部培训班 2 期。12 月，“温州市少年科学院”示范性科学工作室建设完成开始运作。

院士专家工作站建设 2015 年，温州市新建院士专家工作站 7 家，瓯海区引进全市首个美国“院士级”创业团队。评定市级优秀院士专家工作站 5 家。将院士专家工作站建设纳入温州“人才新政十条”，提高对建站单位的扶持补助力度，优秀建站单位奖励从 3 万元提至 10 万元，合格建站单位的补助经费从每三年 15 万元提至 20 万元。

科普惠农兴村 2015 年，温州市科协与市财政局联合开展“科普惠农兴村计划”

项目的申报实施工作，申报推荐省级、国家级项目18个。瓯海区丽岙镇花卉专业经济协会获中国科协“科普惠农兴村计划项目先进集体”称号，鹿城区松台街道菱藕社区、瑞安市玉海街道育才社区获中国科协“社区科普益民计划先进集体”称号，平阳县种粮大户协会党支部书记陈焕章获“全国农村科普带头人”称号。5月，市科协与市政协科教文卫体委联合在文成县珊溪镇开展专家帮扶活动；9月，在苍南县岱岭畲族乡举办“保护生态环境，建设美丽畲乡——科普知识畲乡行”活动。市农科院果树研究所、省亚热带作物研究所分别与文成县杨梅协会、岱岭畲族乡人民政府签订科技服务协议，建立长效帮扶机制。

科普宣传活动 2015年1月，“百场科普活动助推文化礼堂建设”活动启动仪式在永嘉县桥下镇京岸村文化礼堂举行，全年在全市各文化礼堂举办科普活动110场，参与人数8万余人。5月，以“创新创业、科技惠民”为主题，举办2015年“科技·科普活动周”活动。8月，中小学科技辅导员、新闻记者、在温高校优秀科普志愿者等到广东大亚湾核电站参加“清洁核能”暑期科学营活动。9月，以“万众创新，拥抱智慧生活”为主题，举办“全国科普日”活动，中国工程院院士龙乐豪作“中国的火箭与航天”专题报告会。举办中国科学院老科学家温州巡讲活动，8名老科学家在全市50个企事业单位、学校作科普报告116场，受众3.5万余人。全年，科普大篷车进学校、进农村、进社区42次，发放科普宣传资料3.5万余份，受益群众2万余人。

科普示范单位创建 2015年，温州科技馆率先在全省试行全面免费开放。瓯海区、乐清市创建全国科普示范区（市）工作通过国家级验收。鹿城区松台街道菱藕社区打造全市首个健康养生科普体验馆，获“全国科普示范社区”。瑞安市东源木活字印刷文化展示馆等14家单位被命名为市级科普教育基地。龙湾区第二小学等15所学校被命名为市级科普教育特色学校。乐清市雁荡山土特产有限公司等19家单位被命名为市级农村科普示范基地。

青少年科技比赛 2015年，温州市青少年组队参加第29届浙江省青少年科技创新大赛和第30届全国青少年科技创新大赛，分别获省级等级奖62项、国家级等级奖5项，市科协获全国青少年科技创新大赛基层赛事优秀组织奖。参加第六届全国青少年科学影像节，市代表队获奖15个，为浙江省各地市中获奖最多。参加第20届全国青少年信息学奥林匹克联赛，获省级以上等级奖93项。

科协学会建设 2015年，温州市科协系统11个学会有序承接政府职能转移工作。市环境科学学会、温州大学、市治水办联合举办“2015中加环境污染控制与修复技术”研讨会，市测绘学会举办“2015海外高层次人才助推经济转型发展”专题学术会，市景观设计学会举办“大力发展中国特色景观”高级研修班。开展评先活动，评出学会优秀干部34人，市优秀科技工作者10人，优秀企业科协10个，“讲理想、比贡献”活动先进集体2个、先进个人10人。

（刘光道）

侨　　联

华商回归工程 2015年，温州市各级侨联牵线侨商达成意向投资52亿元，协议投资47.84亿元，到位资金15.12亿元。其中龙湾、瓯海、永嘉侨联引资成绩显著。做好罗马尼亚华侨投资的北京外国语大学温州附属中学项目、德国华侨联合会与温州工投集团签订的龙方地块投资协议项目的跟踪服务工作。

侨联助推“智力返乡”工程 2015年，温州市侨联举办“温州地方金融产业发展高端研讨会”“海外高层次人才助力银企合作发展研讨会”。举办“缘定温州——第三届温州留学生联谊活动”，活动以“业缘、友缘、情缘”为轴，120名温籍海外留学生参加。平阳县侨联组织海外留学人员举办暑期交流活动；鹿城区侨联组织归国留学人员走进温州“米房cei”创意园、新邦文创园考察调研；瑞安市侨联牵线浙江工业大学高层次海外留学人才与瑞安市住建局以“新思维—新模式—新技术”的方式，制定瑞安老城区休闲建设规划；永嘉县侨联召开首届海内外永嘉籍留学人员代表交流会，并邀请美国原商务部前部长助理黄建南、“省千”人才陈昂博士到会交流；苍南县侨联对接符合本地产业特色的海外高层次人才，引进1名“省千”创新类人才。

侨联参与社会公益事业 2015年，温州市各级侨联发挥基金会作用，先后建立文成县侨界爱心协会、瓯海区慈善总会丽岙侨联分会、瑞安湖岭侨联爱心基金。全年各级侨联参与和协助接受捐赠人民币5169.2万元，其中专项用于教育事业741.9万元，用于“五水共治”815万元。各级侨联走访慰问低保困难侨眷3267户，文成县侨联慰问因台风受灾的侨界群众453户。苍南县侨爱基金资助贫困学生52人。市侨联与医科大、致公党市委会联合组织医务人员到瓯海区丽岙街道、龙湾区海滨街道开展送医下乡活动，为归侨侨眷进行健康咨询、检查。举办2015温州市侨界名媛活动故乡行活动暨“美丽妈妈爱心基金”成立仪式，现场募集首期爱心基金25万余元，为泰顺25名贫困和留守儿童送去爱心款。

侨联参政及维权 2015年，温州市政协十届三次会议上，市侨联提交集体提案2件，侨联界别市政协委员提交提案18件。各级侨联开展侨法进社区系列活动，向全市139个基层侨联发放侨法宣传海报2233份。市侨联协同市中级人民法院推广海外特邀调解员制度，服务面扩大到意大利罗马、博洛尼亚及米兰，美国纽约，法国巴黎等城市。建立“侨情专报”并将其列入年度考核。

侨联微信公众平台 2015年，温州市侨联以侨界群众为主体，创建温州侨“联”天下微信公众平台，在全国率先建立“网上侨联”，用户遍及70个国家的华侨华人、归侨侨眷。平台录用推送源自侨界群众分享的故事200余篇，提出建议85件，咨询件31条，投诉件3条；发布温州市招商项目90项，创业机会191条。此平台被省侨联评为年度最具创新性工作。

亲情中华品牌活动 2015年，温州市侨联承办“亲情中华·欢聚瓯海”大型文艺演出，600余名海外侨胞和归侨侨眷观看。第六届“亲情中华”侨界留守儿童快乐营在文成玉壶、东溪、周壤、周南，鹿城七都，瓯海仙岩，瑞安湖岭、枫岭，永嘉乌牛等9个重点侨乡举办，635名营员参与。第二届“亲情中华·汉语桥”夏令营在瓯海仙岩华侨小学、文成玉壶小学举办。

侨联基层组织建设 2015年，温州市瓯海区开展基层侨联工作者专职专配试点工作，在4个重点侨乡各增设1名专职侨联干部。鹿城区五马街道侨联组建温州侨友艺术摄影协会，在社区、楼幢侨联分会建立“党建带侨建党员联络组”。文成县侨联在玉壶九南村开展居家养老试点。在乐清南怀瑾故居设立华侨国际文化交流基地。

侨情数据管理 2015年，温州市侨联建立侨情数据管理平台，实现信息电子格式化，推进侨情数据资源共享。在已有侨情数据基础上，结合市委统战部“云社区”建设工作，更新海外侨领、高层次人才、侨资侨属企业家、各级侨界人大代表、政协委员和华侨村官数据库，录入数据2257条。

（薛新山）

台　联

概况 2015年，温州台联工作以台办为平台。温州市因公赴台80批491人次，商务赴台6批17人次。台胞到温旅游观光、走亲访友、商务考察、合作交流3.5万人次，比上年上升25%。市台办接待台湾政要连胜文一行、台北温州同乡会乡亲返乡团、台湾青年创业团、南投基层交流团等台湾重点人士和团组80批750人次。与台湾40个社区、35个村、150个社团建立结对关系。实施对台开放战略，获批海峡两岸（温州）民营经济创新发展示范区、温州台湾青年创业就业服务中心、温州台湾中小企业园区三大国字号平台。

对台经贸合作平台建设 2015年，温州市域六大对台合作特色主平台及21个子平台年建设总投资340亿元。温州对台空中航线和海上货运运量上升3成。国家级台湾农民创业园和省级浙台农业合作示范基地借助电商扩大农产品销售。2月，海峡两岸（温州）民营经济创新发展示范区获国务院批复设立；9月，示范区建设方案获省政府批复通过。6月，台湾青年创业就业服务中心在温成立，10月，该中心被国台办列为首批海峡两岸青年创新创业基地。11月，温州台湾中小企业园区经国台办批准，成为大陆四大台湾中小企业园之一；在“2015两岸企业家紫金山峰会”上，两岸企业家峰会理事长、原国家副总理曾培炎为“温州台湾中小企业园区”授牌。国家级苍南台商投资区编制完成《总体规划》，由省政府行文上报国务院。龙港“台商小镇”获批省级首批特色小镇。

海峡两岸交流合作活动 2015年，温州市与台湾初步建立“一地一特色、一地一品牌”交流格局。开展文化交流，组织举办龙湾两岸古堡乡情文化系列活动、瓯海两岸琦君文化交流活动、洞头两岸半屏山暨妈祖平安节、平阳两岸南麂人五显大帝信俗文化交流活动、苍南浙台妈祖文化节和两岸财神文化节等活动，拓展两岸南怀瑾国学交流，举办刘伯温文化遗产高峰论坛，文成安福寺和台湾中台禅寺结对。开展青年交流活动，举办温州台湾青年文化节，30名台湾青年文创业者参展“两岸传统民间工艺与青年时尚文创市集”，20名台湾小棋手参赛两岸青少年围棋交流赛，两岸4个青年文化艺术团队结对合作。推动教育合作，温州医科大学等6所高校与台湾中华大学等21所高校校际合作，师生赴台培训交流433人次；投资1.3亿元的海西太阳人幼儿园开园，台湾欧顿教育集团4所学校相继开学。推动科技合作，举行两岸企业转型升级暨工业4.0智能制造高峰论坛；完善温州台湾科技文献中心信息资源库。推动文化合作，建设浙南海西文化创意产业园，落地台湾文创企业项目5个；引进台湾著名指挥家池如淮团队，成立温州市首个交响乐团——温州城市交响乐团。推动健康养老、慈善事业合作，引进温州健康云项目、苍南海西中山医院等两岸健康领域合作项目8个，投资额28.9亿元。

台资项目招引落地 2015年，温州市注册落地台资企业39家，总投资3.62亿美元。市台办对台招商小分队到台湾招商6批次，到大陆台商集聚区城市招商25批次，分别在高雄、厦门、昆山等地举办高规格的示范区对台开放推介会3场。3月，举办国际时尚文化创意博览会台湾馆，38家参展台企入驻74个展位；5月，举办台湾名品展，77家参展台企入驻150个展位；两大展会台湾馆现场成交300余万元。对接台湾旅游观光机构，打造台湾居民周末旅游目的地。借助电商网络平台，打造台湾农产品销往大陆的物流集散地。组织温商产业对接团赴台参加两岸中小企业产业对接会，与台湾中小企业协会等重点工商团体和企业建立合作关系。

服务台胞台商活动 2015年，温州市、县两级台办联合进行“台胞台商服务月暨百名台商台企大走访”活动，走访台商台企及台胞台属120人次，召开台商季度座谈会16次，举办台资企业转型升级、税务、公安等相关法规知识辅导讲座6场，发挥台商法律服务团作用，解决台商台胞台属在生活生产中所遇的投资咨询、项目落地、税费征收、民事诉讼、担保纠纷、就学就医和法律服务等问题60余项。走访岛内台企40余家，慰问岛内乡亲600余人次。

涉台宣传活动 2015年，温州市举办两岸新媒体发展论坛暨“两美温州”采风活动，40余名台湾主流媒体高管参会。台湾中天电视台、《联合报》《中国时报》、台湾网等30余家次媒体聚焦温州，报道温台交流合作重点项目300篇次。岛内主流媒体到温州制作人文、民俗、乡情、美食等专题节目，完成《温州—对台开放合作先行之城》《魅力东方 走进温州》并在台湾岛内播出。利用在台同乡会刊物投稿宣传，制作宣传光盘、画册、资料册等1.6万册，影视对台宣传品8集4.6小时。与台湾旅行商“台湾雄狮旅行社”建立年度合作，委托其设立温州旅游宣传推广中心。建立温州市对台宣传网站，利用微信、手机短信和手机报新媒体开展涉台宣传教育。开展“温籍陆生看温州活动”，80名陆生参加；召开温州赴台陆生辅导会，为300余名陆生及家长提供行前教育咨询服务。

2015浙江·台湾周活动 2015年7月7日～9日，“2015浙江·台湾合作周”暨第二届海峡两岸民营经济创新发展论坛在温举行。两岸政商界高层、中小企业和各领域青年代表、专家学者等400余人参加。期间，举办两岸中小企业、观光农业、生命健康、工业机器人等产业对接活动4场，签订两岸合作项目29个，总投资4.29亿美元。其中，在两岸中小企业园区项目对接会上，瓯海区向台商推出近30个两岸合作项目；在两岸观光农业合作对接会上，签订温台农业电商产业发展战略合作、农作物栽培技术合作等4个协议；在两岸生命健康产业合作论坛上，签订温州健康云项目等8个项目投资额28.9亿元；在温州台湾工业机器人技术交流会上，台湾机器人协会与浙江工贸学院等达成合作意见，建立两岸工业机器人教学研发中心并制定检测标准。7月8日，海峡青年创业创新季活动启动，举行启动仪式，举办海峡青年创新创想秀、海峡青年高峰论坛、两岸大学生暑期实训营、两岸大学生夏令营、两岸青年低碳设计创客工作坊、两岸青年创意成果展、温籍台湾青年寻根之旅行。

（林海玉）

温州市工商业联合会（总商会）

概况 2015年，温州市工商业联合会（总商会）会员总数38378人，其中新增3552人。行业协会商会205个，基层商会129个，其中市本级行业协会商会111个、团体会员单位30个，新增行业协会、异地商会等基层组织19个。市总商会联合党委下辖党组织147个，党员923人。年内，温州市11个县（市、区）工商联全部建成"五好工商联"，被全国工商联确定为先进典型，拍摄专题纪录片在全国展播推广。全年有4家基层商会被授予省级示范化商会，16家基层商会被列为市级示范点，市工商联被评为2015年度浙江省工商联系统先进集体。

工商联参政议政 2015年，温州市工商联提交提案339件，其中重点提案23件，2件获评优秀提案。撰写89篇发展热点难点调研报告，党委政府领导批示17篇，市工商联界别被评为市政协优秀界别活动组。

工商联承接政府职能转移工作 2015年，温州市工商联实施工商经济领域协会商会承接政府职能转移"1122工程"。11个县级工商联在19个协会商会开展承接75项政府职能转移试点工作。市本级22个重点行业协会商会面上推开承接政府职能转移工作，承接86项政府职能。温州市协会商会承接政府职能转移工作获全国统战工作创新奖和省公共管理创新奖。

工商联对接"一带一路"建设 2015年，温州市工商联成立中国民营经济国际合作商会"一带一路"温州工作委员会和"中印经贸文化交流中心"。市总商会驻印度联络处组织或接待赴印考察团16批次，参与企业230余家，签订项目意向书10个。组织本地企业参加"携手浙商—丝绸之路行"走进境外工业园活动。全市工商联系统组团出国考察、参展55批次，参与人数308人次。

工商联帮扶企业 2015年，温州市总商会中小企业融资担保公司和16家工商联系统组建的商会应急转贷资金管委会，办理融资担保或转贷业务30.05亿元，帮助885家次企业缓解资金困难，受益企业2200余家次。市工商联系统全面建立法律顾问制度和调解组织，帮助企业维权664起，开展调解511次，涉及金额3亿余元。开展温州民营企业法律风险防范调查，举办"企业法律风险防范策略""企业资金账户安全与账款催收"等法律知识讲座，300余家企业负责人参加培训。总商会法律顾问单位为会员企业发放法律信息提示6期近3000份。

协会商会发展创新 2015年，温州市工商联创建第二批10家市级规范化行业协会商会和10个行业协会商会工作示范点。指导协会商会发挥行业自律和专业服务功能，推动出台41个行业会员诚信名单、46个行规行约、27个行业标准、组建28个行业维权组织。指导89家协会商会成立监事会（监事）。依托全国工商联系统，建立220余家企业注册参与的民营企业网上监测系统。开展协会商会等级评估工作，获AAA以上社会组织等级的协会商会累计48家。开展民营企业劳动关系状况监测试点工作，75家会员企业为试点单位。开展行业企业工资集体协商与评比活动，评出30家工资集体协商示范企业（行业商协会）。

新生代企业家组织培养 2015年，温州市工商联召开温州市新生代企业家工作推进会，出台《关于加强年轻一代非公有制经济人士队伍建设的有关意见》。指导鹿城、瓯海、文成、泰顺、洞头成立新生代企业家组织，实现11个县（市、区）新生代企业家组织网络全覆盖，并在杭州、上海、深圳等地成立片组开展活动。配合市委组织部，组织两期新生代企业家"红色接力·寻根之旅"活动，在清华大学开展培训并到井冈山接受革命传统教育。

温商品牌宣传 2015年，温州市工商联开展"温州模式网上展示馆"（二期）建设，征集资料图片3000余幅。开展"温州商会再出发"课题研究，对2008年金融危机以来温州行业协会商会改革与发展成果进行系统总结，形成温州商会创新治理与发展制度设计报告等研究成果。召开市工商联成立60周年纪念大会，原工商业者代表、非公经济人士及社会各界代表300余人参加。编撰《温州市工商联简志》，对93名为温州商会发展作出突出贡献的社会人士进行表彰。

社会公益活动 2015年，工商联组织指导市、县两级各行业协会商会及会员开展社会公益活动，累计捐款2.1亿元，其中开展"百会联百村 合力治污水"专项行动，筹措"五水共治"资金1.4亿元。与贫困村居结对，为瓯海娄桥玕西村帮扶10万元。

工商联教育培训 2015年，温州市工商联以"守法诚信"为重点，举办宣传教育活动300余场次，近10万人次参加。以"互联网+""大师讲大势""一带一路"为主题，举办3期"温商论坛"，2000余人次参加。举办2015温州非公经济人士理论研修班，组织60余名执常委到中国人民大学参加培训。邀请前美国商务部部长助理黄建南，到县（市、区）开展为期9天的实地考察，指导企业发展。

工商联党建成效 2015年，温州市工商联联合党委下辖党组织147个，党员923人。42支党员"志愿者服务队"开展公益活动150余批次，近4000人次参加，帮扶贫困学子300余人，捐赠款物1100余万元。54个基层党组织到井冈山、嘉兴南湖等红色基地开展教育学习活动。建成市总商会党群服务中心，设立市总商会党建工作公积金。举办市属行业协会商会党支部书记培训班，近百名党建工作骨干参加培训。

（刘雪贞）

（金宸羽　潘　智　编辑）

法　治

立　法

概况　2015年3月15日，第十二届全国人民代表大会第三次会议决定对《中华人民共和国立法法》作出修改：地方立法权扩至所有设区的市。全国282个设区的市无需“向国务院申请成为较大的市”，就可在城乡建设与管理、环境保护、历史文化保护等三个方面获得地方立法权。是年，温州市首次依法落实地方立法权，实现“三个第一”目标，即：在全省9个设区的市当中第一个建立立法工作机构、第一批获得立法权、第一个出台地方性法规。

地方立法权获批　2015年1月初，温州市人大常委会成立立法筹备工作领导小组及其办公室，落实立法权申报工作。6月份，省人大法制委就温州市立法能力建设情况进行评估，充分肯定其立法筹备工作。7月下旬，省人大常委会通过《关于温州等五个设区的市人民代表大会及其常务委员会开始制定地方性法规时间的决定》，批准自2015年7月31日起开始制定地方性法规。温州成为全省首批行使地方立法权的设区市。

立法机制建立　2015年，温州市委将依法落实地方立法权、建立健全立法工作机制确定为全市十大重点改革项目之一。市人大法制委牵头推进建立健全党委领导、人大主导、政府先行、社会参与的立法工作运行机制，协调市人大常委会相关委室和市政府有关部门做好立法项目论证、法规草案起草、征求部门意见等各项工作。《温州市制定地方性法规条例（草案）》广泛征求意见、反复修改，两次提请市人大常委会审议。

立法机构成立　2015年2月，温州市人大常委会党组向市委提交《关于获立法权后市人大机构增设调整的建议方案》，市委同意增设市人大内务司法委员会和工作委员会（合署），承担原来法制（工）委的内务司法监督职能，新增4名行政编制，总编制人数7人。6月，市人大常委会决定增设市人大内务司法委员会，配备立法工作人员6人。

立法计划制订　2015年，温州市法制委共提出立法建议项目73件，其中城乡建设与管理类49件，环境保护类19件，历史文化保护类5件。9月，制订《关于编制2016年地方立法计划和“十三五”地方立法规划的工作方案》，初步编制完成“十三五”立法项目库。

首部实体性地方法规制定　2015年10月，温州市政府向市人大常委会提出《温州市市容和环境卫生管理条例（草案）》立法议案，市人大常委会一审后，听取市直部门和县（市、区）人大常委会法工委、政府法制办和乡镇（街道）村居代表、人大代表等各方面意见，与部分市政协委员进行立法协商，通过各大媒体和人大网站向社会公开征求意见建议，完成条例草案的修改工作。12月下旬，市人大常委会二次审议后表决通过，报经省人大常委会批准，于2016年3月1日起实施。《温州市市容和环境卫生管理条例》是《中华人民共和国立法法》修改后浙江省9个新增立法权的设区市制定的第一部实体性地方法规。

（曾沅圆）

政法委及综治

概况　2015年，温州市全面推进平安温州、法治温州建设，加强法治队伍建设，成功处置“7·24”暴力恐怖等一批影响重大案件。社会治安物联网管控模式在全国社会治安防控体系建设工作会议上作经验介绍，“一三五”镇街应急处置机制在全省推广，并在全国维稳工作规范化建设经验交流会上作典型发言，在浙江省率先建立反通信（网络）诈骗中心和“一张网”综治信息专报以及网格员责任清单制度，全市社会大局保持稳定，法治工作整体效能得到提升。

平安城市创建　2015年，温州市未发生平安创建一票否决事项。市政法委对全市60个镇街开展两轮平安暗访，发现影响平安创建问题338个，首次将暗访发现的问题以视频形式在市委常委会、全市平安建设工作通报会上播放，实行市级部门和县（市、区）双重交办整改。年末，市本级获“平安大市”称号，名列全省第八。泰顺、文成、洞头、鹿城、平阳、瓯海、瑞安、永嘉、乐清等9个县（市、区）被授予“平安县（市、区）”称号，其中文成县和瓯海区分别获“平安银鼎”和“平安铜鼎”。

社会治理与秩序维护　2015年，温州市政法系统全面建成县、乡两级“一张网”指挥平台，配备“平安通”5588只，建立微信群（公众服务号）2100余个，采集信息1200余万条。排查各类纠纷案件91962件，化解90739件，化解率98.67%，成功化解省级挂牌纠纷案件12

件、市级挂牌重大矛盾 89 件。整治社会治安重点地区 133 个，开展各类专项整治活动 4602 次。开展危爆物品、寄递物流清理整顿，实行快递邮包企业、分拨中心联合大检查。全市 5405 个行政村、211 个城市社区全面完成《村规民约》《社区公约》制订修改。全市政法系统完成“9 · 3”大阅兵、第二届世界互联网大会安保任务。妥善处置“泛亚”“E 租宝”等一批涉众型金融案件引发的涉稳问题。在全市 85 个镇街开展应急处置规范化建设，推进重大决策社会稳定风险评估“落实年”活动，开展稳评 1117 件，实施稳评追责 6 起、涉及 10 名责任人。

执法监督与司法救助 2015 年，温州市委政法委实行案件督办制，办理督办案件 30 件，协调案件 22 件。出台《执法办案过错责任终身追究制度》，给予 7 名当事人通报批评、警告处分。深化司法救助工作，争取中央财政 440 万元、省财政 75 万元，救助案件被害人涉 428 件、504 人次，发放救助资金 1106.86 万元，使用率 67.91%。

政法队伍建设 2015 年，温州市政法系统开展“信仰法治、守护公正”“三严三实”教育活动，推行每月集中学习制度，发动全市政法干警向“最美政法干警”潘超俊、“全国五一劳动奖章”获得者杨铭安等学习。开展“正风肃纪”明察暗访，对 80 余起违反纪律作风的干警（包括临时聘用人员）予以通报批评。联合市委宣传部、市中院等部门，召开主题年会及温州法治大讲坛 9 场次，开展“庭审中心与证人出庭”主题征文活动，组织《温州市地方立法体制机制研究》课题调研，2 名会员获“省十大优秀中青年法学家”称号。

（林宝辉）

法治政府建设

概况 2015 年，温州市政府出台《关于加快建设法治政府的实施意见》，明确 2020 年温州市基本建成法治政府的建设目标、具体路径和重要举措。建立全市法治政府建设工作情况定期研判制度，法治政府建设考核评价纳入全市政府年度目标责任考核。全年召开 6 次法治政府建设专题会议。温州市政府 2015 年全省法治政府建设考核排名第二位。温州法治政府建设工作经验在国务院法制办专题简报上刊登。

依法科学决策 2015 年，温州市政府法制办出台《市级部门和各县（市、区）政府行政规范性文件报备说明》。完成包括全市重点工作“浙南科技城”等 242 件行政规范性文件的合法性审核，提出审核意见 407 条。完成各县（市、区）政府和市级部门报备的 325 件规范性文件进行备案审查专家论证，发现违法或不当文件 15 件。对市政府 2014 年 12 月 31 日前制定的 612 件行政规范性文件进行全面清理，保留 478 件，废止 134 件。对 160 余次政府常务会议近 1000 项涉法议题内容进行法律审核。

政府涉法事务规范和办理 2015 年，温州市政府法制办对国有土地上房屋征收工作具体流程和 35 种文书进行规范。召开第九次全市行政复议与行政审判联席会议，就社会保险等问题形成会议纪要指导执法工作。市政府出台《关于进一步推进政府法律顾问工作的意见》，实现市、县、乡三级政府法律顾问全覆盖，全市 131 个乡镇均建立法制机构。市县两级审核《温州“五水共治”建设美丽浙南水乡合作意向协议》等 300 份，对各个领域行政机关重大合同提出法律建议 1500 余条，合同标的额近 800 亿元。全市政府法治部门参与政府各类涉法事务的协调、处理专题会议共 890 余次。

执法监督创新 2015 年，温州市政府法制办规范执法行为，推行“行政执法全过程记录”工作。落实全省执法监督试点，创新推出“一方案三制度”[1]，会同检察机关、监察机关建立行政执法协作监督联动机制，整合执法监督资源，提高执法监督实效。推行市、县两级“行政处罚案件”网上办案、全时监督机制建设，将监督查询、现场执法、执法文书等内容嵌入到行政执法信息平台。瓯海“阳光执法 e 平台”正式开通，实现行政执法和电子监察一体化管理；瑞安健全行政执法指导规则，细化操作规程。

矛盾纠纷化解 2015 年，温州市政府法制办办结行政复议案件 1039 件，办理应诉案件 100 件，同比增幅分别为 4.6 倍和 4.5 倍。瑞安探索开展行政复议体制改革工作；平阳在全县 9 镇 1 乡均设立行政应诉工作联络员；文成全年召开 9 次执法联席会议就执法问题进行协商；苍南建立行政复议人大代表、政协委员监审机制。全市受理行政调解案件 83275 件，调解成功率 87%。完成温州第四届仲裁委员会换届，全年受理民商事仲裁案件 785 件，同比增长 45%；通过调解和解方式结案占 52%，同比上升 7.6%，案件标的额突破 100 亿元。温州仲裁委员会获首届“长三角仲裁机构规范奖”。

法治宣传培训 2015 年，温州市政府出台《温州市政府领导干部集体学法制度》。全市 11 个县（市、区）建立学法机制。举办“全市县（处）级领导干部依法行政专题培训班”等五个法律业务培训班 4100 人次。联合有关部门举办“五水共治”法律知识竞赛，与《温州日报》、温州电视台等联合推出“建设法治政府、推进依法行政”系列报道。

（翁 剑）

公 安

概况 2015 年，温州市公安机关围绕“平安温州 · 清静治安”目标，做好各项工作。全年破获刑事案件 15304 起，刑事拘留 21211 人，提请批准逮捕 10790 人，移送起诉 25085 人。查处行政案件 217.9 万起。打黑除恶、打侵财、打击盗销电动车、打击“伪基站”、打击制假售假、打击“食药环”、禁毒、追逃等 8 个专项活动成效全省第一。破案平均用时 3 天，比上年缩短 0.65 天，绑架、强奸、爆炸、防火、劫持 5 类案件破案率 86.07%；命案破案率首次实现 100%，其中 60% 以上的命案在 48 小时内告破。“2 · 12”平阳腾蛟涉枪命案、“3 · 15”乐清蒙面绑架案、“6 · 3”瑞安莘塍命案、“7 · 24”温州暴恐案件等均在第一时间告破。市

---

①推出“一方案三制度”是指出台《行政执法全过程记录试点工作实施方案》《温州市行政执法全过程记录指导意见》《温州市行政执法检察监督与政府法制监督协作办法（试行）》《温州市行政执法专项监督办法（试行）》。

公安局连续2年考核成绩列市直单位第一名。

维稳护航工作 2015年，温州市公安机关为维护社会治安稳定、护航中心发展做努力。2月15日，市局组织600余名警力、33辆车辆参与反暴恐实战演练顺利完成；“7·24”暴恐案件处置得到公安部及省领导肯定。全年现场化解群众矛盾纠纷17.7万起，妥善处置群体性事件和聚众闹事事件460余起。配合推进重点项目征地拆迁“清零”专项行动，确保全市402个重点工程、72个温商回归工程治安无障碍施工；开展“两打两治”专项行动，治理“恶、霸、闹、访”等社会顽疾，先后处置1300余人；开展“2015猎狐行动”，劝投和抓捕境外逃犯19名。

黑恶势力犯罪侦查 2015年，温州市公安机关摧毁黑社会性质组织6个，打掉黑恶团伙358个，侦破涉黑恶案件1545起，抓获黑恶团伙成员3730名。温州打黑绩效连续4年位列全省第一。5月21日，市局专案组进驻苍南、平阳两地，启动重点区域打黑除恶专项行动，至11月10日行动结束，共打掉黑恶团伙29个，侦破涉黑恶案件142起，抓获涉黑恶人员382名，分别占全市的15.8%、15.8%、19.3%；苍南、平阳两县黑恶警情下降36%。

经济犯罪侦查 2015年，温州市公安机关适应经济发展形势，推动经济犯罪案件“由人到案”的侦查模式向“由案到人”转变，全面提升经侦警务实战能力。全年经济案件立案856起，破案560起（其中破获督办案件21起），涉案总价值200.83亿元，挽回经济损失3.08亿元，移诉732人。其中，侦破非法集资类案件82起，制假售假类案件107起，金融诈骗类案件99起，恶意逃废债案件142起，特大假币案件6起，合同诈骗案33起，虚开增值税专用发票、用于骗取出口退税43起；会同相关部门开展打击利用离岸公司和地下钱庄转移赃款的地下钱庄案件29起。建立健全警企、警民合作机制，提升企业和群众抵御、防范经济犯罪侵害能力，发起全国打假集群战役13起，其中主动发起浙商（温商）品牌集群战役5起，涉及“正泰”“施耐德”“奥康”等温州知名品牌；发起涉外打假集群战役1起，被列为中美知识产权保护执法合作典型案例。

侵财犯罪侦查 2015年，温州市公安机关刑事拘留侵财对象7268名，占全省的17.49%。全年破“两抢”案件491起，刑事拘留660名，破案率59.92%，约30%的案件为抓现行破获。破获盗销电动车案件1525起、抓获1661名、追车1784辆，破案率、追车率分别为32.8%（目标25%）、38.37%（目标25%）。刑事拘留入户盗窃对象2464人，刑事拘留盗窃车内物品对象392名，刑事拘留扒窃对象526名。年末，全市开展以入户盗窃侦破为主题的合成作战技战法比武活动，破获随机指定的比武试题入户盗窃案件29起，涉案金额超100万元。全年刑事拘留通信（网络）诈骗对象216名，打掉伪基站团伙28个，抓获“伪基站”人员177名、侦破案件185件，同比分别上升77.27%、119.25%，居全省第一。

“食品药品环节”犯罪侦查 2015年，温州市公安机关继续推进三级“河道警长制”，破获环境污染犯罪案件237起，刑事拘留333人，有力助推“五水共治”，温州经验获省公安厅肯定。全年破获“假牛肉”“病死猪肉”“假保健品”“非法添加剂”等有毒有害食品、药品犯罪人员256起，刑事拘留328人；公安部督办的“永嘉穿山甲系列”食药品犯罪案件被中央电视台焦点访谈栏目专题报道。

“黄赌毒枪爆”犯罪侦查 2015年，温州市公安机关查处涉黄涉赌违法犯罪人员11215人（刑事拘留3515人，治安拘留7700人），捣毁山头赌博窝点100余个，处理网络赌博人员129人；摧毁发卡招嫖团伙46个，处理利用微信、陌陌等网络聊天工具卖淫人员500余人；侦破毒品刑事案件1512起，抓获毒品犯罪嫌疑人2087名，缴获各类毒品123.7千克，查处吸毒人员8832人次，强制隔离戒毒3158名，同比分别增加6.4%、2.1%、7.9%、4.0%、8.4%。摧毁3人以上涉毒团伙149个、6人以上涉毒团伙55个，侦破公安部毒品目标案件29个、省厅毒品目标案件24起。全年立案查处枪爆违法犯罪案件69起，采取刑事强制措施83人，缉捕部督涉枪涉爆在逃人员11人。收缴枪支460支、爆炸物品2363.3千克、管制刀具392把、剧毒化学品1759.5千克、易制爆化学品12322.55千克。

工作机制改革 2015年，温州市公安情报综合研判、受案立案制度、涉恐资金来源动态监控、涉众型经济犯罪案件查处维稳、海外追逃追赃遣返引渡等工作机制被确定为公安部试点。“东一飞”应急救援直升机常驻温州市，形成海陆空立体应急处置体系，社会应急联动工作走在全省前列。交警支队力推的驾考改革以及与指挥中心合推的114移车成效明显。乐清市公安局乐成派出所率全省之先，创设公安机关指定居所监视居住点的建设标准与执行规范，被省公安厅确定为“公安机关执法办案场所精细化设置示范点”。

物联网治安管控 2015年，温州市公安机关抓住信息、轨迹、平台三大核心资源，推进物联网治安管控深度应用。全市通过“e居卡”管理高危人员2835人；通过“以卡管房”研判重点列管1850人；通过“以卡管车”盗窃电动车案件同比下降74.4%。全年通过物联网治安管控工作，侦破案件2225起，打击违法犯罪嫌疑人2898人。9月23日，温州物联网社会治安虚拟管控创新做法在全国社会治安防控体系建设工作会议上作经验交流。

道路交通管理 2015年，温州市发生一般道路交通事故1936起、死亡444人、受伤1893人、财产损失317.1万元，同比分别下降7.94%、7.88%、9.03%、9.55%。全市查处城市道路交通违法324.5万起，现场查处10类严重交通违法34.8万起；查处酒驾10486起，其中醉酒驾驶3456起。市区13条省级治堵重点道路和严管示范区内主要道路的机动车守法率达90%以上，非机动车和行人守法率达80%以上。治理汽车尾气，淘汰黄标车36511辆，完成省下达任务的108.84%。

消防安全管理 2015年，温州市公安机关修订完善《消防工作岗位职责说明书》，与2.46万个“个体”和“小微”主体、31万名出租房房东签订消防安全责任书，督促落实主体责任。开展消防安全攻坚专项行动，对52.29万处的居住出租房、合用场所进行排查整治，查封隐患突出的处所5175处，停水停电6.2万家，拘留760人。全市新列入火灾隐患重点区域43个，拆除影响消防安全的违章建筑56.5万平方米，整改电气线路55.3万米，搬迁隐患严重的“个小微”单位9000余家，整治重大火灾隐患单位483家。消防事故发生数、伤亡人数、直接经济损失数均有所下降。

监所管理创新 2015年，温州市公安机关督导查改监管场所各类安全隐患902处，处理欺压、打架等严重违规事件282起，处置自杀、自残等突发事件和事故苗头14起，实现监所安全零事故、零疫情。全市25个监所首次全部实现上等级。推进监管医疗专业化改革，全部监所均由当地人民医院设立驻所门诊部（卫生所），被监管人员“小病不出所、大病及时治”。

执法监督与执法能力建设 2015年，温州市公安机关被检察院纠正违法、无罪不捕、绝对不诉等司法监督案件数量较上年降低54.94％；全年自查抽查96个基层科所队、360起刑事行政案件，通报纠正各类执法问题近200个；制订《温州市公安局个案监督工作规定》，对日常案件审核或专项检查等工作中发现的个案执法问题实行问责。全年有2476名民警参加执法资格等级考试，基本级通过率99%，中级通过率超过60%，174名民警通过高级执法资格考试，159名民警取得司法资格。

创新合成作战体系建设 2015年，温州市公安机关以等级化管理为载体，推进合成作战室规范化建设，打破部门割裂、警种封锁，实现资源共享，切实发挥“生产破案线索第一车间”作用，在全市派出所推行集研判分析、指令督导、预警发布、视频应用、请求服务等功能为一体的可视化、互动化、实战化“三室合一”工作模块，促进情报信息全警、全勤应用，深化派出所勤务机制改革。全年依托合成作战破获刑事案件4190起，刑事拘留对象4114名，摧毁团伙389个。温州合成作战体系建设的做法为全省首创。

社区警务规范化建设 2015年，温州市公安机关已建社区警务室615个，警务站17个。辖区内所有治安复杂、人员集中、流动人员较多的社区（村）以及未设派出所的乡镇全部配备警务室或警务站。全市社区民警1016名，其中专职社区民警864名，社区民警占派出所总警力25%以上。提高信息采集质量，落实社区全员实有房屋、实有单位、实有人口“三实有”管理制度。“三实有”系统标准地址采集率98%，建房标准率90%以上，常住人口人房关联率达95%以上，流动人口人房关联率达90%以上。推进警调衔接向社区（村居）、重点企业、重点行业（专业市场）延伸，陆续建设有行业特色的调解室1965个，配备专兼职调解员3243名。

动态防控体系建设 2015年，温州市公安机关健全完善“5、3、1分钟”控制反应圈，“5分钟控制圈、3分钟反应圈”实行就近布警、动中备勤，“1分钟反应圈”实行定点驻守，全面掌控“案多地”“人多地”和“重点地”。机场公安分局顺利完成全省“一分钟反映圈”试点工作。健全快速封控堵截体系，全年组织设卡堵截419次，成功拦截144次，拦截车辆284辆，抓获嫌疑人90人，解救受害人11人。全年专业化接处警力量共处置警情30.6万次，盘查48.68万人次，采集33万人次，抓现行2888人，抓逃犯615人，协助破案2110次。

违法犯罪线索有奖举报 2015年，温州市公安机关完善违法犯罪线索有奖举报机制，拓宽举报途径，全年受理各类举报13268条，查证属实3329条，协助破获刑事案件1326起，抓获逃犯307人，申请发放举报人奖金150.3万余元，形成治安防范“警民联手”良好氛围。

政务公开与便民服务 2015年，温州市公安机关利用微博、微信等新媒体技术手段，完善移动服务功能，推进便民利民服务。“温州交警”微信平台以217万余的粉丝量居全国政务微信服务号首位，开通以来累计办理各类服务200万余起；微信平台学习交规减分举措属全国首创，21万余人次通过学习获得减分；通过114移车服务号成功移车124.5万起，移车耗时缩短80%以上；网上预约驾考、智能考试的驾考改革惠及60万余人次。率先全省试点开通派出所受理出入境证件业务，开通市局24小时出入境自助办证项目，全市出入境办证量101.3万人次。推行网上办事统一入口，非涉密行政许可和服务事项共140项全部上网公开可手机在线查询，内部审批流程72项事项全部网上流转，网上可办事项70.8%，网上办事数量同比增加119.4%。

公安队伍荣誉 2015年，温州市公安局禁毒支队被评为全国禁毒工作先进集体，市局收容教育所荣获“全国青年文明号”，市公安局情报支队荣获“全国二十佳综合情报部门”称号，市公安局处置“4·28”拆违涉稳事件工作集体被公安部荣记集体一等功，郭筱敏、陈光福立个人一等功。全市公安机关涌现“浙江骄傲人物”“温州市优秀共产党员”潘超俊、二级英模杨铭安、“最美浙江人”叶方等先进人物。

2015年10月30日，市公安局举行科技大楼搬迁升国旗仪式暨授旗授奖活动
（市公安局供）

3月4日，苍南民警陈先楚、陈晓进冰河中勇救落水司机的先进事迹，《人民日报》、公安部打四黑除四害官方微博等媒体第一时间发布报道。

（江海峰）

检 察

概况 2015年，温州市检察机关围绕改革发展稳定大局，以抓基础抓规范、抓纪律抓作风为工作主线，深化运用法治思维和法治方式推进检察工作，为温州赶超发展再创辉煌提供司法保障。全市有17个集体和个人受到省级以上表彰，被省人民检察院记二等功7次，瓯海区院被评为全国检察机关检务保障工作先进集体，乐清市院和平阳县院被评为全省先进基层人民检察院。

批捕起诉工作 2015年，温州市检察机关批准逮捕刑事犯罪嫌疑人11511人，提起公诉21242人。其中，起诉涉黑涉恶、涉枪涉爆和严重暴力犯罪嫌疑人352人，起诉“盗抢骗”等多发性侵财犯罪和“黄赌毒”犯罪嫌疑人10744人，起诉危害食品药品安全犯罪嫌疑人310人，起诉危险驾驶犯罪嫌疑人3078人。检察机关贯彻宽严相济刑事政策，健全轻微刑事案件认罪认罚从宽处理机制，作出无社会危险性不逮捕决定1723人，建议变更强制措施232人，相对不起诉988人，促成刑事和解141件。完善未成年人刑事案件办理机制，邀请合适成年人参与诉讼748人次，附条件不起诉项目获评中国公益慈善大赛社会创新项目铜奖。

职务犯罪查办 2015年，温州市检察机关立案侦查职务犯罪案件220人，其中贪污贿赂案181人，渎职侵权案39人。立案侦查土地出让、政府投资项目、工程建设领域职务犯罪案件30人。查处科级以上干部62人（其中处级8人），包括温州市住房公积金管理中心原主任吴坚正，平阳县人大常委会原主任胡方勇、原副主任申卫国，苍南县政协原副主席梁峰等典型案件，查办要案数居全省前列。重点关注腐败多发、群众反映强烈的领域，查处一批贪污贿赂窝串案。在人防系统立案侦查25人，医疗卫生系统立案侦查16人，查办基层供销社系统滥用职权系列案件7人，查办执法司法不公背后的职务犯罪12人。开展查办行贿犯罪专项行动，立案侦查行贿次数多、数额大、获取不正当利益的犯罪嫌疑人39人。开展职务犯罪追逃追赃专项行动，成功劝返及会同有关部门抓获在逃职务犯罪嫌疑人8人，其中境外劝返4人。

职务犯罪预防 2015年，温州市检察机关开展对27个政府投资型工程的同步预防，提供工程领域行贿档案查询1.1万余件，推动工程建设廉洁高效。立足检察办案，约谈27人次，开展职务犯罪案件剖析30件、预防调查31次，提出预防建议22份，促进相关行业及地方政府完善制度。加强预防宣传，举办预防职务犯罪宣讲67场，受众1万余人，部分基层人民检察院建成专门面向基层干部的警示教育基地。

诉讼监督工作 2015年，温州市检察机关加大对有案不立、有罪不究等问题的监督力度，监督立案52人，追捕漏犯26人，追诉漏犯92人。对不构成犯罪的嫌疑人不捕68人、不起诉36人、监督撤案8人；对证据不足的嫌疑人不捕802人、不起诉153人。加强审判监督，维护司法公正，提出刑事抗诉40件，在市中级人民法院已审结的30件中，18件得到再审改判或发回重审。提出和提请民事抗诉后改变原判或再审检察建议被法院采纳的48件，同比上升45%，抗诉案件数和改判案件数均名列全省前茅。针对民事执行问题，发出检察建议67件，纠正财产刑执行不当217件。针对执行问题，监督收监暂予监外执行条件消失的服刑人员90人，纠正抗战胜利70周年特赦呈报不当1人。

控告申诉检察 2015年，温州市检察机关推进涉检信访工作改革，制定《关于加强检察环节申诉案件法律援助工作的规定》，引导申诉人依法申诉。全市受理上级交办涉检信访案件13件，未出现新的涉检赴省进京上访事件。通过远程视频接访系统，依法妥善处理群众信访3748件次，审查复查刑事申诉案件168件。完善检察环节司法救助制度，为23名生活确有困难的刑事被害人或其近亲属提供司法救助。

行政执法监督 2015年，温州市检察机关建立行政执法检察监督与政府法制监督协作机制，开展行政执法监督88件，推动行政执法机关加强对食品安全、环境保护等领域的治理。强化两法衔接信息共享平台建设，市院、鹿城、乐清、文成、平阳、苍南等六地已先后同当地政府部门建立联合行政执法监督协作机制，市院自主研发“一网四库”民行检察综合信息库，收录各类行政执法检察监督信息1000余条，苍南县院执法信息中心采集信息超过77万条。

重点检察领域专项活动 2015年，温州市检察机关推进环保、金融、知识产权“三项检察”，开展“涉网三领域”犯罪专项整治，会同有关部门出台《关于推进全市金融执法工作创新的若干意见》。就洞头民间金融风险提出预警，推动市政府及时关注并遏制风险蔓延。围绕经济发展中的焦点问题，强化刑民交叉课题研究，加强对涉企案件的证据审查和法律政策把握，对虚开税款发票、骗取贷款、非法经营、合同诈骗等涉企犯罪作不起诉决定45人。建立公检法防范和打击虚假诉讼联动机制，向公安机关移送虚假诉讼“逃废债”线索并立案侦查36人，涉案金额7000余万元。围绕平等保护各类市场主体的政策导向，依法起诉职务侵占、破坏生产经营、损害商业信誉商品声誉犯罪案件123人，加强涉企犯罪预防工作，推进法律咨询和法律服务，努力帮助企业解决实际困难和问题。

阳光检务建设 2015年，温州市检察机关开展不捕不诉案件公开听证、申诉案件公开审查11次。出台《案件信息公开工作实施细则》，建立敦促函告、定期通报等机制，通过检察机关案件信息公开网公开终结性法律文书9821份、案件程序性信息25039条。加强“一站式”检察服务大厅建设，推行微信预约、电子阅卷、免费光盘刻录等服务，被评为“全国行政服务大厅百优典型案例”。加强与群众的沟通互动，召开新闻发布会，举办检察开放日活动，开设电视专题栏目《检察说法》和报纸专栏《检察周刊》，加强微博微信平台建设，温州检察官方微信粉丝10万余人。

司法规范化建设 2015年，温州市检察机关开展规范司法行为专项整治，在全省率先开展信访案件反向审视，修订案件质量评查办法，查找纠正司法办案中的不规范问题。顺应以审判为中心的诉讼制度改革，制定《规范办案流程和证据衔接工作若干规定》《进一步规范公诉工作指引》等制度，开展庭前会议和证人、鉴定人、专家证人及侦查人员出庭工作试点，落实审查逮捕在押犯罪嫌疑人必提审和客观性证据审查，严格排除非法证据。联合市公安局制定《指定居所监视居住管理暂行规定》，推进办案工作区规范化建设，落实全程同步录音录像制度。构建良性互动检律关系，与市律师协会建立业务交流、工作会商等机制，制定《关于特别重大贿赂案件侦查阶段保障律师会见权的意见》。

（孙 立）

法 院

概况 2015年，温州市、县两级法院共受理各类案件17.65万件，办结17.10万件，同比分别增加16.92%和14.82%。5月1日实行立案登记制以来，共登记立案11.82万件，同比增加18.6%，当场立案率97.09%。全市法院一线法官人均结案253.88件，同比增加40.88件，比全省人均结案数多36.37件；上诉率10.30%，二审改判发回瑕疵率2.13%，生效裁判息诉率99.93%。其中，市中院受理13233件，办结12802件，同比分别增加35.89%和26.20%，人均结案数居全省中院首位。

金融审判 2015年，温州两级法院受理金融类案件18800件，审结18162件，结案标的488.07亿元，同比分别增加25.78%、37.41%和29.88%。受理民间借贷案件17895件，审结16925件，同比分别增加19.20%和12.24%；结案标的138.43亿元。开展金融债权案件集中执行活动，执结金融债权案件10812件，到位标的62.06亿元，同比增加22.28%和21.35%。坚持差异化处置原则，慎用保全措施、多用调解和解手段化解企业担保链风险，保护企业借款展期、支持应急转贷163次，涉及标的额达52.84亿元。

企业破产审判 2015年，温州两级法院受理破产案件233件，审结161件，分别占全省的37.64%和51.60%。全市有六家法院设立破产审判庭，强化执行破产衔接，执行转破产案件138件，涉及执行标的25.02亿元。法院联合税务部门建立破产重整纳税评价机制，在全国率先建立破产财产优先适用网拍处置机制，促使“僵尸企业”及时退出市场。通过破产审判促成中城建设集团等案件重整成功，盘活土地225.22亩、厂房11.04万平方米，安置企业职工4000多人，清理企业债权债务64.46亿元，化解不良资产38.22亿元。破产审判“温州模式”获最高人民法院推广。

刑事审判 2015年，温州两级法院审结各类刑事案件15509件，判处罪犯20334人，同比下降2.29%和5.25%。发布食品安全犯罪白皮书，会同市食品安全管理办公室建立常态化协调机制，联合市公安局出台会议纪要打击食品安全犯罪，依法追究308人刑事责任。审结污染环境犯罪案件223件，判处罪犯377人，实刑率77.72%。在最高人民法院《关于依法办理家庭暴力刑事案件的意见》出台后，审结全国首例涉家暴重大刑事案件，涉家暴犯罪案件审理机制改革获最高人民法院肯定推广。重视发挥律师辩护作用，通知法律援助律师为2955名可能被判处三年以上有期徒刑的被告人出庭辩护，辩护率达97.02%，同比增加15.65%。对3名被告人依法宣告无罪，5544人被判处缓刑、管制和免予刑事处罚，裁定准予检察机关撤回起诉案件65件。

民商审判 2015年，温州两级法院受理民商事案件83864件，审结80933件，同比增加15.86%和14.84%。民商案件坚持调解优先原则，一审民事可调撤率达74.82%，特邀侨领协助调解涉海外侨胞案件55件，相关工作得到最高人民法院院长批示肯定。注重维护妇女、儿童、老年人和残疾人等群体的利益，审结涉婚姻家庭、继承纠纷案件10111件。发布房地产审判白皮书，妥善应对房地产纠纷群体性诉讼，审结土地使用权转让、建设工程、商品房买卖等案件4447件。审结涉农村土地承包经营权流转、宅基地纠纷案件64件。司法保障农房抵押贷款工作获最高人民法院肯定推广。

行政审判 2015年，温州两级法院受理一审行政诉讼案件1937件，审结1647件，同比增加89.90%和62.27%；行政机关败诉率为20.10%，同比增加6.70%。完善行政机关负责人出庭应诉机制，5月1日以来行政机关负责人出庭应诉率67.63%。联合市法制办建立滥诉案件甄别机制，既保障公民知情权，又遏制滥用信息知情权的行为。推进“裁执分离”机制，化解“三改一拆”和重点工程、城市化进程中的涉案纠纷，审查行政非诉执行案件5549件，裁定准予执行5205件，准执率93.80%。

审判执行 2015年，温州两级法院受理执行案件58861件，执结56644件，同比增加24.59%和20.93%。联合国家电网温州供电公司建立非法强占待处置涉案房产协助办理中止供电机制。网上拍卖被执行人厂房、住房和汽车等物品3394件次，累计成交72.66亿元，为当事人节省拍卖佣金1.64亿元，网拍数量、成交金额、节省佣金数额均居全省前列。

庭审改革 2015年，温州中院率先编制《各类案件一审程序庭审提纲》，促进庭审规范化。联合中国政法大学在温州中院和瑞安、平阳人民法院开展为期一年的庭审中心与证人出庭改革试点，会同公安、检察机关制定系列规范性文件，在全省试行视频作证、不公开作证等证人出庭作证的全新方式。全市法院在205件刑事案件中通知431人出庭，实际出庭作证182人，占42.23%。

便民服务 2015年，温州两级法院深化午间法庭、田间法庭和假日法庭等便民利民举措，洞头法院海岛巡回审判经验获最高人民法院肯定推广。搭建法院和律师事务所点对点电子邮件专用送达平台，节约法律文书流转时间。推进“三位一体”诉讼服务中心建设，在诉讼服务中心专设窗口，统一为当事人出具裁判文书生效证明。为当事人提供电子档案查询服务33697人次。设立覆盖全市的法律援助工作站，对经济确有困难的当事人依法缓、减、免收诉讼费2143.44

万元。自主研发智慧法院APP系统，为法院干警、案件当事人、律师等提供手机端的司法服务。

（李含艳）

司法行政

概况　2015年，温州市司法行政系统以“信息化、社会化、均等化、规范化、专业化”建设为工作方针，为温州城市发展提供高效的法律服务。全市律师提供法律咨询13587件，参与协助解决涉法信访接待问题189个，化解矛盾纠纷276个。全市公证机构解答各类法律咨询13125次，为拆迁和旧村改造等提供公证8746件。全年办理法律援助案件8797件，为受援人挽回经济损失或取得利益6405万元，接受来电和来访咨询32149件。

公共法律服务体系建设　2015年，温州市司法系统实现市、县两级司法行政法律服务中心全覆盖，其中洞头区、乐清市、瑞安市、文成县4家法律服务中心通过省厅达标考评。乡镇（街道）公共法律服务站开展组团式服务，提供法律咨询、纠纷调解、诉求代理、法律援助初审等公共法律服务。全部社区均建成法律服务室，开展法律宣传，提供法律帮助，引导解决纠纷。“12348”法律援助热线拓展为包括法律咨询、法律援助、人民调解、普法宣传、综合服务、作风监督等内容的司法行政民生热线，设定接听坐席、24小时留言、电话同步录音等功能。温州市公共法律服务网涵盖律师、公证、法律援助、司法鉴定、人民调解等公共法律服务职能，提供办事指南、在线申请、办理查询等便民法律服务。

法律服务行业管理　2015年，温州市开展法律服务电子商务和法律服务电商化工作，建设本土首家法律电商平台“律超人”。健全律师执业权利保障和违法违规执业惩戒机制，全年办理投诉律师和律师事务所案件15件。与市场监管局、城管等相关部门联合执法，取缔看守所周边区域非法法律服务摊点9家。开展公证标准化建设，连续9个月对全市公证案卷实施质量检查，共检查公证案卷1171卷。

人民调解　2015年，温州市11个县（市、区）均建有县级人民调解委员会，对辖区内的矛盾纠纷和不稳定因素进行分流转办、检查督促；县级人民调解委员会派驻人民调解工作室26个，专门调解跨区域的重大疑难矛盾纠纷；沿海5个县（市区）建有海渔事纠纷人民调解委员会5个。全市人民调解组织共调解各类矛盾纠纷64932件，调解成功64345件，其中化解非正常死亡纠纷1149件。全市特邀人民调解员2313名，参与化解各类纠纷1446件。

社区矫正　2015年，温州市11个县（市、区）社区矫正执法大队，为6651名社区服刑人员配备GPS定位手机，配备率90%；两次开展市、县、所三级社区矫正人员集中大点验活动，其中4月份抽点5096人，11月份抽点5473人。投入200余万元，规划调整强制戒毒场所布局，通过省戒毒局达标验收。戒毒场所实现持续16年的安全稳定，无脱逃、无重大事故、无重大疫情、无非正常死亡事件。

司法援助　2015年，温州市、县两级全部建成法律援助中心，乡镇、社区两级全部建成法律援助站点。全市共建成行业部门法律援助工作站411个，建站率85%，其中看守所法律援助工作站建站率100%。全市拓宽法律援助范围，将申请法律援助经济困难的标准从低保标准的1.5倍提高到2倍。全年办理商请类援助案件1279件，办理司法鉴定法律援助案件176件。

普法宣教　2015年，温州市完成“六五”普法规划，将普法宣传教育工作纳入对县（市、区）党委政府目标考核，建立普法办重大事项定期会商、成员单位联席会议和工作联动机制，建立法官、检察官、行政执法人员和律师等“以案释法”制度。全市创建普法网站12家、普法官方微博13个、普法微信公众平台12个，永嘉县建立全市首个电视法治访谈类栏目“普法面对面”。开辟公交移动电视“五水共治”法治宣传专栏，在1800余辆公交车、4艘水上巴士、18辆机场大巴和200辆社区巴士上定时播放“五水共治”法治宣传资料。

司法所与司法队伍建设　2015年，温州市投入建设资金372.58万元，新建改建司法所28个，办公用房面积增加1983平方米。全市司法所业务用房22503平方米，所均面积177.2平方米。全市创建和晋级星级司法所29家，累计87个基层司法所通过省级规范化星级司法所达标验收，其中五星级4家，四星级23家，三星级60家。温州市司法局共有政法专项编制326人，大专以上学历占94.3%。另有一支包括353名协理员和678名专职人民调解员的“编外”力量。2015年参加国家司法考试2374人，通过314人，通过率13.2%。

学校法律顾问试点活动　2015年，温州市开展“百名律师进校园”系列活动，建立校园普法教育活动基地。全市共103家学校与律师签订法律服务合同，其中提供有偿服务的63家。法律顾问为学校草拟、审查协议和其他法律文书245件，开展普法讲座、模拟法庭等普法活动206次，27042人参与活动。

（林剑琴　编辑）

2015年9月2日，温州市慈善总会、民革温州市委员会、《温州晚报》联合举办“慈善大宴·英雄会”，邀请温州市抗战老兵参加纪念抗日战争暨世界反法西斯战争胜利70周年活动（组照获第17届《温州年鉴》“菱华奖”综合大奖）

王赛珍/摄

日战争
战争胜利70周年
英
抗战
主办单位
承办单位
协办单位
雪君工作室 中国
心顺风车志愿者协会

抗战老兵
民族脊梁

纪念抗日
西斯战

1. 2015年5月29日，驻军集训
2. 温州警方“猎狐2015”境外追逃行动（获第17届《温州年鉴》“菱华奖”银奖）
3. 2015年9月11日，驻温海军迎接北京阅兵仪式受阅官兵回温
4. 2015年4月20日，特警训练

	2
1	3
	4

赵 用/摄

管新民/摄

赵 用/摄

管新民/摄

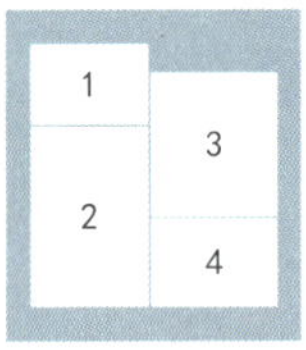

1. 2015年8月9日，受台风“苏迪罗”影响，平阳县鳌江麻步段出现一处6米长的决口，温州军分区海防营官兵与当地村民共同抗台救灾
2. 2015年5月22日，瑞安市公安消防局联合瑞安市人民医院开展应急疏散演练
3. 2015年3月29日，苍南县矾山山林火灾扑救现场
4. 2015年2月25日，温州消防官兵在江滨路上扑灭一辆着火车

苏巧将 / 摄

陈立波 / 摄

张廷群 / 摄

赵　用 / 摄

军 事

军 分 区

概况 2015年，温州军分区组织党委中心组带机关理论学习，开展“牢记领袖嘱托、建功强军实践”学习教育和学创新理论、学现代军事知识、学法规制度活动，落实“百题调研”和“贯彻强军目标、支撑四个全面”课题调研。开展“学习践行强军目标、做新一代革命军人”主题教育、“新一代革命军人样子”大讨论以及“洞头先锋女子民兵连”延伸教育。编印下发应知应会“口袋书”、新规禁令《理论参考》和《典型案例汇编》；邀请南京政治学院教授王鲁军、温州市纪委常委龚大昕宣讲当前反腐倡廉和作风建设形势；开展“述职、述廉、述纪”活动；制作传唱《廉洁自律准则之歌》、拍摄播放“身边案例”微电影。《若干规定》学习教育经验做法在省军区作了大会交流并被军区《党风党纪通讯》转发，《准则》《条例》学习教育做法被列入省军区党委（扩大）会议资料印发。军分区干休所开展纪念抗战胜利70周年系列活动。军分区勤务队士官宋芳龙，被省军区评为“十佳士官”。

军事战备工作 2015年，温州军分区打好大规模作战准备收官战，分层分级进行实训考活动，完成重要目标红蓝对抗演练和海防营演练，落实战斗体能训练和全装负重综合演练。协调建立情报协作机制，完善全区国防动员传输网升级和环网建设，推进海防营“智慧军营”试点建设。

综合保障能力建设 2015年，温州军分区研究制订《民兵后勤保障分队建设若干规定》，组织海上民兵保障分队实兵演练，开展装备岗位练精兵活动，推进民兵武器装备存储模式调整。军分区机关公勤队以暑期“百日安全竞赛”总结验收为契机，组织开展营门突发事件处置演练。4月，在海防营组织召开装备维修业务规范化现场观摩会。同时，传达学习省军区“舟山会议”精神，查找分析解决军分区装备管理问题和矛盾。

法治军营建设 2015年，温州军分区成立法治军营建设领导小组，聘请27名律师成立部队建设法律顾问组，与温州市看守所建立警示性法治教育联系点，协调市司法局定期组织“送法下基层”服务活动。指导平阳县人武部“法治支前”示范点建设，在组织机构依法构建、维权行动依法实施、遂行任务依法组织、战场建设依法融合、支前效果依法评估等方面得到成效。

作风监察行动 2015年，温州军分区下发《关于进一步加强军分区训风演风考风监察监督工作的意见》，成立军分区训风演风考风监督监察领导小组，建立形势分析、跟踪督导、检查问效等工作机制，先后对11项军事训练、演习和考核项目展开监察。

（王 晔）

2015年8月9日，军分区海防营官兵与村民共同抗击“苏迪罗”台风

苏巧将／摄

武警温州支队

概况 2015年，武警温州支队开展主题教育和经常性教育工作，举行“铸军魂迎新春”基层文艺会演。配合温州市公安局在市看守所召开深化“三共”活动暨AB门规范设置现场会，现场签订深化“三共”活动协议书。5月，中央军委总

参谋部共同条令修订调研组莅临支队调研。年内，支队先后召开分层教育试点动员部署会，研究分层教育试点工作；组织新“四有”军人暨身边典型事迹报告会、强军故事会；组织“相约强军路·共续士官情”主题签名宣誓活动；举行“两选两退”专题教育总结;在永嘉县“胜美尖”战斗旧址举行纪念碑立碑仪式，探索“当可靠兵、站忠诚哨”哨位文化建设。

武警执勤处突行动 2015年，武警温州支队组织“四会”教练员、干部骨干教学法、水上抢险骨干集训和勤训轮换。协调市监管支队召开“三共八联”现场会，整治执勤隐患44处，总结出在押犯外出就医“六严”①措施。完成押解215批次、“两会”安保、2111A专机警卫、端午节划龙舟和重大节日火车站、汽车站执勤任务。完成“苏迪罗”台风抢险任务，出动80名兵力，解救围困群众127人，转移群众300余人。

武警基层基础建设 2015年，武警温州支队组织“学《纲要》、用《纲要》”活动，支队“五个一”②蹲点帮建做法被总队推广。出台《干部量化管理细则》《比武竞赛奖励实施办法》《双争评比实施细则》。开展密切内部关系培训和“三帮一带”活动，建立“爱兵教子共育共管”帮教转化制度。开展法规“学守用”活动，加强“两手”和“六涉”问题治理。开展两个“百日安全”竞赛活动、“四反”教育、社团清理和出国人员大排查工作。做好以“十二防”为重点季节性事故预防工作，落实安全工作“八个基本规范”和“五个一遍”，抓“两官”和“三部”人员管控，开展安全大检查5次，解决各类隐患260余处。开展驾驶安全教育和私家车干部驾驶技能考核，保管25本基层官兵地方驾照。

武警后勤保障 2015年，武警温州支队以“一组五队”建设为重点，组织司务长、驾驶员、卫生员、军械员等专业兵集训162人次，规范应急保障网点116个。投入20余万元补助反恐分队训练，提高队员训练成绩和临战心理素质。拓展野外战术训练场，建设轮胎墙模拟巷战训练场，加高攀登楼，租地筹建室内体能、战术训练场、南片体能训练棚，破解训练场地受限难题。投入100余万元建立数字化通信平台，装备143部数字对讲机，解决“三圈”制逃防逃通联难题。规范经费管理、工程建设、物资采购等审批程序。年度财政预算经费同比增长9.1%，行政性消耗开支同比下降58.7%。落实副食品配送、分餐等制度。

武警温州支队荣誉 2015年，武警温州支队被总队表彰为“先进支队”“浙江省隐蔽斗争军地协作先进单位”，获总队三级主官《纲要》培训第二名。司令部、政治处、后勤处三个部门分别被表彰为先进部(处)，年终军事考核、特勤排考核、新兵考核被总队评为第一。全年19人立三等功，14人被总队表彰为“优秀基层干部”，6人被武警院校录取。3人被总队表彰为优秀“四会”教练员，1人被表彰为“军事训练先进个人”。涌现出军政兼优乐清中队指导员张炘存、业务精干作训股参谋叶冠琪、爱警习武文成中队排长陈衍森等先进典型。

（何　泽）

边防支队

概况 2015年，温州市公安边防支队推进百日维稳攻坚大会战、破案攻坚大会战等16个专项行动。破刑事案件800起，查处治安（行政）案件1978起，查破涉毒案件252起，抓获涉毒人员272名，破获清江所“7·3”故意杀人案件、蒲岐所“9·23”故意杀人案件、平阳万达广场特大诈骗案等恶性案件。破获“12·4”非法猎捕红珊瑚案，缴获红珊瑚78.6克，角珊瑚120克，依法判处19名涉案人员。查处无合法齐全手续买卖成品油案件44起，缴获成品油3212吨，案件查处数、缴获成品油数较前一年分别上升91%、201%。深化“一打三整治”成效，协助相关部门拆解“三无”船舶4000余艘，办理边防行政案件566起。

边防信息化建设 2015年，温州市公安边防支队推动省边海防视频专网建设，争取专项经费约350万元，建成沿海视频防控体系、基层综合勤务指挥室，争取市海防“三室合一”建设经费约200万元，完成海岛所、公边艇卫星电话和公边33146艇动中通系统配备和公边33145艇等3G舰载图像传输系统硬件安装。为基层配发10台案卷高速扫描仪、触摸一体查询机，安装执法车辆图像传输系统，配备66部移动警务终端和35台便携式、可穿戴的单兵图传设备及250台350M天翼巡防对讲机。推广运用“闭环优化”执法管理模式，利用计算机系统、短信平台、涉案财物智能二维码管理等技术，把控各执法环节。该执法管理模式获评全国公安基层技术革新三等奖。

边防执勤与训练 2015年，温州市公安边防支队开展实战应用射击训练，消耗弹药41650余发，组建实战训练教官团，投入101万元，统一采购45类4545件警务装备，设计改造出警车辆。组建一支由19个快反组、3个快反中队，共计171人组成的快反力量。制订支队应急增援预案库，常态化落实机动中队和边防派出所联勤联动。完成苍南民间划龙舟安保、南麂岛旅游执勤、苍南PTU巡逻等实战任务26次，累计派出警力645人次，车辆87台次。

部队正规化建设 2015年，温州市公安边防支队11名官兵入选维和警察防暴队，赴非洲执行维和任务。配合全国双拥办“文化下基层”，安排79万元警营文化专项资金，向基层单位发放约3000册图书，打造机关营区文化墙、燕子山所海霞文化长廊等文化品牌。制订《加强班长队伍建设七项措施》，出台《安全管理工作责任清单》。组织“队伍安全隐患”“官兵违规参与地方经济活动”“互联网军人身份信息”等专项排查清理及车辆管理专项整治和安全保密专项大检查。

边防后勤保障 2015年，温州市公安边防支队投入建造218B型公边艇，108B型公边艇于12月份下水。修订完善《后勤应急处突保障预案》，组建维稳处突应急分队，增加应急物资250余件，50余万元，扩建应急物资库室；改造15辆接

①六严：病患情况严格审查、请示报告严格规范、警力编成严格落实、任务范围严格限定、任务时间严格管控、专项训练严格组织。
②五个一：每天一次信息沟通、每周一次情况交流、每月一次按纲分析、每两月一次蹲点调研、每季一次全面讲评。

处警车，新投入使用5个兵器室，新建扩建黄华所营房、西湾所办公楼、大渔所办证大厅等工程。依托地方审计重大建设项目8项，资金181万元，自审零星工程54个项目，资金321万元。

边防基层基础建设　2015年，温州市公安边防支队为128名官兵建立住房公积金个人账户，解决3名随军家属工作安置、4名官兵子女入学；筹措60余万元“专项救助基金”，向官兵及家属发放救助金21万元。投入警用技术装备、办公生活用品430余万元。新分配的29名干部学员、7名部队院校毕业生和16名驾驶员全部下沉一线。出台《维和惠警实施细则》及《维和队员思想政治工作指导意见》，逐人建档立册跟进对维和集训队员的关怀。

爱民固边行动　2015年，温州市公安边防支队组织召开“爱民固边10周年”座谈会和成果展，评选“走访之星”，实现199名民警村官每周不少于3天驻村走访。组建319支联防巡逻队、156个矛盾纠纷调解组织，对不安定、不稳定因素实行跟进式稳控和零疏漏整治。推动创建模范村新增至119个，135个村居被县级以上党委政府表彰为“先进党支部”。

边防支队荣誉　2015年，温州市公安边防支队被浙江省公安边防总队评为执法规范化建设优秀单位、运输管理优秀单位，并在全省边防部队财务业务会审评比中获一等奖。霞关、飞云江、鳌江、灵昆、黄华边防派出所、机动一中队被总队评为基层建设标兵单位。边防支队政治处获评全国公安现役部队优秀政治机关，场桥边防派出所被评为全省优秀公安基层单位，飞云江、鳌江边防派出所被总队评为“罗家岙”式先进所队。场桥边防派出所被公安部边防局评为基层建设标兵单位，记集体三等功。全支队有13人立个人三等功。评选出“最美瑞安人”潘丽琼和温州“十佳拥军优秀社区”南麂岛等先进典型。

（黄　帅）

边防检查站

概况　2015年，温州边防检查站（简称温州边检站）检查入出境（港）船舶365艘次、人员7608人次。完成“两会”“9·3”、亚信峰会等安保任务。被公安部边防局表彰为“安全工作标兵单位”，被浙江边防总队评为“三保两无先进单位”“新闻宣传工作先进单位”“保密工作先进集体”。7月1日，温州边防检查站洞头分站（副团级）获批挂牌运行。

边检站思想政治建设　2015年，温州边检站推出“政治工作会议精神学习月”“凝心聚力话担当”党委班子成员讲坛、“科队领导话实干”等特色教育。创办电子杂志《生命线》，开设“温州边检掌上e家”宣教平台，举办首届“同心杯”篮球赛拍摄的十年助学微电影《身边》获部局一等奖。开展“警企携手传承红色文化”“开心行动”关爱自闭症儿童、“小候鸟”进警营等警地共建活动，“母亲节”“父”出真爱等形象宣传活动被浙江总队采用并推广。

边检站执勤与执法　2015年，温州边检站建立指挥中心与基层科队应急响应机制，构建三级勤务运行架构，落实“三项定式流程”和“五项勤务机制”，投入使用无线图传设备、智能“移动岗亭”。突出协作联动，与公安、国安、海事等部门签订《联勤协作机制》和《执法合作备忘录》，确保安保维稳工作零失误。健全执法监督机制，与温州市拘留所等7家单位签订执法协作协议，成立执法监督委员会。同年，温州市政府发文划定口岸限定区域管理，推行口岸限定区域管理法治化。完成俄罗斯远东航线“萨哈林安洋”轮首航和全省首艘帆船出境边防检查任务。全年查处各类案件13起13人次，安全出艇83小时17分，航程686海里，安全出动车辆2000余车次，行驶近12万公里。

边检站正规化建设　2015年，温州边检站开展干部工作大检查，出台《机关政治工作岗位责任清单》、完善《精细严管实施办法》等规章制度。整合应用智慧营区管控系统、海港勤务综合指挥系统等软件平台，建立边检服务微信公众平台。开展全站性军事业务会操3次、士兵骨干集训1次和连排职干部培训1次，组织各类练兵考核考试26次。在全省边防法制业务技能竞赛中获边检组个人第二名，3名边检站人员代表浙江边防总队参加全国边防军需卫生比武，获团体第二名。

边检站后勤保障　2015年，温州边检站全年新增市级财政预算17万元，改造勤务中队文体活动中心、改造电教室、安装高清监控、配备“边检通”和“移动警务终端”等基础设施，在全省率先建成海港勤务综合指挥系统。浙能乐清电厂115平方米边检执勤用房、监控系统、执勤岗亭、电动巡查车等设施全部到位。

（赵　雪）

机场边防检查站

概况　2015年，温州机场边防检查站（简称温州机场边检站）检查出入境人员31.32万人次，出入境航班2438架次，查处各类违法违规人员、案件71起72人次，偷渡案件2起3人次。在“三清”专项整顿中，清退干部不合理住房1套、封存超标车2辆。温州机场边检站执勤业务科被评为省级青年文明号，党支部被评为五星级党支部，4人获省、市级青年岗位能手称号。

机场边检站业务建设　2015年，温州机场边检站推动市政府发布《温州市人民政府关于明确对外开放口岸限定区域范围的通告》，成为全国首个由市政府发文明确口岸限定区域的空港边检站。完善“一科两组”工作模式，新建自助查验通道，完善出入境免排系统。优化边检办案流程，推行纸质样本电子模板，首创案卷法律用语印章。加强“法制室”执法管理中心建设，实现执法领域和场所全面管控。

机场边检站正规化管理　2015年，温州机场边检站建设指挥中心、单兵图传系统等6项重点内容，研发电子沙盘子系统等7个重点配套软件。成立应急通信保障专项工作组，对现场指挥、通信保障、设备操作和维护等进行明确细化。建立“三块、三类、三级”实战化练兵模式，构建“三单一查”工作推进制度、“33133”快反机制以及“四表一网”反恐排查体系。创新推出具有个人信息、外出守则、动态记录等涵盖部队出入营门事项要求的“管理护照”。出台《温州机场边检站三定管理办法》，通过“图轨两查”对岗位职责、时间设置、人（物）运行进行监管。

机场边检站后勤保障 2015年，温州机场边检站完成新营房搬迁。全体干部纳入温州市公务员医疗保障体系，士兵全部纳入商业保险保障体系。协调解决30套干部公寓住房、4名干部子女入学入托、1名干部家属就业问题。

（黄挺挺）

公安消防

概况 2015年，温州市发生火灾6155起，死亡32人（不含放火死亡3人），受伤34人，直接财产损失8929.1万元。年内，全市公安消防局接警11531次，出动18086车次、114300人次，抢救疏散2199人，抢救保护财产9.8亿元。完成“11·23”鹿城泰山电镀厂火灾扑救、增援温岭“7·4”建筑倒塌、丽水“9·7”南明化工厂爆炸和“11·13”里东村山体滑坡事故处置等任务。

消防安全整治 2015年，温州市公安消防局打响消防安全“双月”攻坚战，各县（市、区）全部成立领导小组，市、县两级政府均抽调12个行业部门骨干，在消防部门建立实体化运作办公室，全市完成排查整治出租房、合用场所52万余家。加强对中央、省、市三级挂牌警示的重大隐患区域（分别为1家、6家、43家）防控体系建设，督促501家重大隐患单位落实整改。开展8轮系列排查行动，共检查单位186357家，督改隐患95703处，查封595家，三停（停产停业、停止施工、停止使用）818家，拘留1598人。

消防服务创优 2015年，温州市公安消防局推行“容缺受理”和企业技改“零审批”，对“温商回归”、重点工程、民生工程等实施跟踪式服务；实施执法人员结对帮扶轮训和巡查制，加大执法回访和“每案一评”力度；成立市民监督团消防分团定期开展消防监督活动，举办“向人民报告”晚会，表彰“最美消防人”，开展“驻百镇、入千村、进万企”，走访服务企业31598家；推进窗口规范化和创人民满意窗口建设，坚持“说理式执法、微笑式服务”，从严落实窗口无休制度。全市所有消防窗口被评为示范或红旗窗口；市级窗口获评审批改革与服务先进集体。

消防安全宣传 2015年，温州市公安消防局建立报刊图文、电台电视、信息网络、手机微信、公众媒体“五大宣传板块”和消防安全提示宣传刊播制度；深化消防宣传“十进”工作，建成19个县乡两级宣传教育基地，推举“社区消防宣传大使”，开展消防宣传“进学校”“进军训”“进党校”“进文化礼堂”和消防宣传车进村入企等大型主题行动139场次，发放宣传资料63.5万余份，发送短信160.2万余条。建立并运用移动互联网消防信息服务平台，收集目标人群36.7万人，注册率47%，温州消防微信、微博两度进入全国前20名。

2015年11月23日，温州消防官兵扑救鹿城区仰义电镀厂火灾

（市公安消防局提供）

消防队伍建设 2015年，温州市公安消防局出台《消火栓管理办法》《专职消防员管理规定》《“向人民承诺”八项措施》。开设“灭火救援业务大讲堂”，举行体能运动会和实战化练兵比武竞赛，组织浙南战区指挥员暨攻坚组培训，组建石油化工事故处置专业队，新建专职队2支，办理机构代码64支，落实事业编制119名，将76支专职队纳入大集中接处警。

消防荣誉 2015年，温州市公安消防局研制的“多功能便携折叠式运输车”获全国消防“小改革、小发明、小创造”最佳奖；在全省消防部队灭火救援能力比武竞赛中获第二名和专业队建设评比第三名；获全省消防部队执法先进单位、财务大清查评比优胜奖和温州市直考绩优秀单位；乐清、苍南、泰顺3个大队获评省级文明单位，平阳大队获评省级“青年文明号”，永嘉中队党支部获评全省消防部队首批“示范基层党组织”；鹿城大队、牛山中队荣立集体二等功，下吕浦中队荣立集体三等功，12名官兵荣立二等功，42名官兵荣立三等功；省政府给市公安消防局集体和军政主官个人荣记一等功。

火灾案例 2015年4月17日1时50分许，苍南县钱库镇钱东路267号民房发生火灾，过火面积约500平方米，烧毁压痕机、电动车、烫金纸、纸膜、烫印成品、原料等物品，火灾造成5人死亡、2人受伤，直接经济损失454.9万元。起火原因为电动车在充电状态下，线路故障引燃电动车上的可燃物，后蔓延至周边堆放的烫金纸、纸膜、边角料等可燃物品成灾。

2015年6月6日23时26分许，瑞安市塘下镇陈宅村塘下中街140号民房发生火灾，过火面积约320平方米，烧毁家具、家电、面条生产设备等物品，火灾造成4人死亡，直接经济损失320万元。起火原因为壁扇电气线路故障引燃周边可燃物所致。

2015年9月18日0时1分，温州经济技术开发区沙城街道七五村永安路125号民房发生火灾，过火面积约120

平方米，烧毁家具、衣服、电器等物品，造成4人死亡、1人受伤，直接经济损失48万元。起火原因为电熨斗长时间通电过热引燃周边可燃物蔓延所致。

（苏　锦）

温州预备役团

概况　2015年，温州预备役团推进"三严三实"专题教育，开展党团活动，规范执行官兵入党、交党费等规定，评析和纠治官兵制度落实情况。落实常委上党课和撰写调研报告制度，固化"夜学、夜训"。落实每周"安全文化大讲坛"和安保工作报告制度。采取领导动员、交警辅导、互评互学等形式，落实条令考核、队列会操、消防演练和军容风纪检查等，开展"条令学习月"活动。加强与驻地国安、公安、网监等部门协作，定期摸排周边民社情和稽查官兵违规上网情况。7月～8月，团现预任军官赴宁波参加全师比武考核，取得团体第一1个、团体第二2个、单项第一9个。8月，召开"八一"党委（支部）书记座谈会，并举行新编预备役军官的授衔仪式。

后勤装备建设　2015年，温州预备役团投入170余万元开展团营连三级战备库室建设和装备物资的优化配套。协调温州排水公司疏通下水管道，在办公（公寓）楼安装净水器和更换空调，配套机关生活设施。规划集健身房、图书室、台球室、乒乓球室等为一体的"多功能文化活动中心"。获野战指挥物资优化配套评比第一名。

预备役团应急准备　2015年，温州预备役团增大应急分队力量。推广步兵一营三连、步兵二营五连常备应急分队建设的经验，建成营30人、连20人的应急分队，并按照"就近出动、快速到达、及时联动"的要求，认真筛选、科学编配人员。各营重点应急力量落实每季组织1次和重大节日组织应急行动的演练。清明节前，针对群众集中上坟容易引发火灾的实际，团队指导各营组织森林灭火的应急演练。

预备役团抢险救灾　2015年，预备役团全团出动23批1800余人次，到温州平阳、乐清、瑞安等地，开展群众转移、解救人员、电力抢修、街道清淤、危房排查、树木广告牌清理等工作。在防抗第13号台风"苏迪罗"中，出动官兵8批317人次，前后奋战4天2夜，搜救转移群众106人，加固堤坝75米，清理垃圾、淤泥600余吨。3000余人次参加地方山林灭火、维护治安、抢险救灾等行动。

预备役团百日安全竞赛　2015年6月20日～9月30日，温州预备役团开展暑期"百日安全竞赛"活动，历时102天，分"动员部署、组织实施、总结讲评"三个阶段。各级落实对照竞赛活动九个方面72项内容和标准，通过抓教育、抓训练、抓制度、抓设施、抓督查、抓奖惩等措施，健全各级安全组织，完善各类安全制度，整治部队安全隐患，提高官兵防范能力。

预备役团双拥共建　2015年3月，温州预备役团组织大型"学雷锋"助民活动，为民义诊200余人次，义务献血1500余毫升，开展为免费家电维修、理发等服务活动；与永嘉县栗一村结成帮扶对象，并慰问该村2名贫困群众；组织卫生队开展义诊25人次。

预备役团文化建设　2015年，温州预备役团制订下发《推进团队军事文化建设的若干措施》，拓展和深化团军事文化建设成果。落实"基层三个一"文化建设。把学团史、感悟营连荣誉史，作为新入队官兵受训教育的第一课；持续开展"三个文化大讲坛"活动；整合温州革命历史纪念馆资源，实现党史、地方史和军史宣传教育高度融合；不断加大"爱国主义教育基地"和"廉政建设教育基地"两个基地建设，接待军地各界近千人次。

（沈世盛）

国防后备力量建设

概况　2015年，温州军分区结合实际出台《温州市推进军民融合深度发展的实施意见》和《后备力量基层规范化建设检查验收评分标准》。协调军地各方，举办洞头先锋女子民兵连建连55周年纪念活动；围绕探索增强"海霞"生命力的方法，召开专题研讨会、座谈会，组织军地联合参观调研，研究制定女子连建设《五年规划》。建立"八一光荣榜"、开展军属大走访活动、表彰全市第一批民兵"红旗党支部"、邀请国防大学教授到温作国防形势报告等"大国防"举措取得实效。

后备力量建设　2015年6月，温州市召开征兵工作推进会。7月，组织目测初检。文成县大学生士兵征集比例51%，实现零退兵。鹿城区人武部在温州军分区船队组织全区专武干部、民兵骨干集训。

2015年6月24日，洞头先锋女子民兵连军事课目汇报演示在海霞广场举行

赵　用／摄

重点对队列动作指挥法、队列训练教学法、政策法规常识和轻武器实弹射击等课目展开学习训练与考核评比。瓯海区人武部在区民兵训练基地组织全区专武干部集训。

国防教育 2015年，温州军分区做好国防教育“三进”工作，邀请国防大学教授王宝付到温州作国防形势报告，组织寻找“最美军人”活动，在辖区中小学建立最骄傲校友、最可爱军人“荣誉墙”，分层级建立“八一”光荣榜。

双拥共建 2015年，温州军分区筹集资金20余万元，开展扶贫帮困、助学兴教、医疗帮扶、文化双拥等活动。做好抗击台风、洪涝等灾害工作，在防抗台风“菲特”“苏迪罗”“杜鹃”过程中，出动官兵和民兵5000余人次，转移受灾和被洪水围困群众5560人，保障群众生命财产安全。

海霞女子民兵连建连55周年 2015年6月24日，温州军分区在洞头海霞广场举办先锋女子民兵连建连55周年纪念活动。海霞女子民兵连90余名民兵表演“刺杀操”“轻武器对抗射击”“军警民联防行动”“班组战斗行动”四个军事课目。

（王　晔）

人民防空

概况 2015年，温州市人民防空办公室（简称温州市人防办）组织“三严三实”专题教育与党风廉政建设集中月教育，开展《温州市人民防空行动方案》修订，参加“浙江金盾－15”人防演习，持续推进地下空间开发利用，抓好以防灾减灾知识为主要内容的人防宣传教育。市人防办被浙江省人民防空办公室评为人防工程建设先进单位，被国家人民防空办公室评为通讯报道先进单位。

民防指挥工程建设 2015年，温州市人防指挥工程完成投资7815万元。市人防指挥所、市民防应急指挥中心竣工验收并交付使用，市人防办购置人防信息采集车，更新市民防应急指挥车。洞头区民防应急指挥中心完成初步设计；永嘉县民防应急指挥中心开工建设；瓯海区、乐清市等人防单位指挥信息系统工程展开招标；平阳县民防应急指挥中心进行室内装修；鹿城区、龙湾区、瑞安市、泰顺县等人防单位指挥工程进入设备调试。重点镇民防应急指挥中心完成建设3个。

民防演练与应急救援 2015年，温州市人防办加强应急应战能力建设。5月，组织市本级指挥通信人员参加全省机动指挥通信跨区域演练；9月，市人民防空指挥部成员单位参加以“三全三实”为主要内容的“浙江金盾—15”演习；10月，组织全市指挥通信人员、10辆民防应急指挥车赴丽水市开展机动指挥通信跨区演练。乐清市组建全市第一支人防合成专业队，乐清市三角洲民防志愿者队赴湖北监利参与东方之星沉船救援行动；苍南县人防办组织民防应急救援队参加全省山洪地质灾害救援演练，平阳县人防办组织民防应急救援队、民防志愿者开展防御洪水灾害联合演练。

民防信息化与警报建设 2015年，温州市人防办对6个人防单位的指挥信息系统工程设计方案进行评审，完成市0801工程三维管理信息系统综合集成及验收，第三代军用短波电台与省人防办组网，新增固定防空警报器8台，在龙湾区、瓯海区各新建1套多媒体防空防灾预警报知系统。5月12日、9月18日，全市统一试鸣防灾防空警报信号。8个县（市、区）人防办结合警报试鸣，组织学校、社区、企业开展人口应急疏散演练18场次16575人次。

民防招商引资与开发利用 2015年，温州市人防工程招商引资项目4个，签订意向协议16亿元。9月，温州市人防办与中宇置业有限公司签订翠微山人防工程改造项目合作意向书。11月，全市首条人防地下商业街——温州大道地下人防工程一期商场试营业；全国首条镇级地下人防商业街——苍南县龙港镇泰安路地下商业街人防工程开工建设。自建白泉人防工程（一期）改造项目完成施工图设计。组织对西山人防工程5年使用权进行公开招标，市直管人防工程有偿使用费上缴财政778万元。投资20余万元修缮翠微山避暑纳凉点，7月～9月，开放人防工程避暑纳凉点3处，接待纳凉市民2.6万人次。

民防行政审批与监督管理 2015年，温州市人防办制订印发《关于规范人防行政审批工作若干意见的通知》《关于规范全市人防结建工程档案管理的通知》，在市人防审批窗口推出“网上申请、快递送达”便民服务试点，对人防工程监理单位丙级资质认定手续实行“互联网＋审批”的新模式。11月，组织全市50余名人员进行行政审批、质量监督及竣工验收专项培训。制订下发《人防工程质量监督管理实施办法》，逐步落实市、县分级管理体制，创建人防工程质量管理互联网＋全服务创新平台，利用温州人防网站实现网上报监、网上预约、线下服务。

民防宣传教育 2015年，温州市人防办组织人防教育进企业互观互检，征订中学生人防教材3.18万册。全市开展人防教育学校261所，县级人防教育基地建设完成8个，在建3个，报送的人防信息被省以上人防刊物、网站录用191篇。3月1日国际民防日期间，市、县两级人防办开展各类宣传活动19场次，发放宣传资料3.3万份，6万余市民接受民防知识教育。5月12日国家防灾减灾日宣传周期间，全市展示防灾减灾图版500余块，发放资料4.5万份，组织各类救护技能竞赛与培训6次。10月，温州市人防办组织全市人防系统开展中国人民防空创立日宣传周活动，联合《温州晚报》举办防空防灾知识竞赛；在温州电视台《新政聚集》栏目专题报道温州市“十二五”人防建设成就。

（宋鹤峰）

（金宸羽　编辑）

1. 文成县黄坦镇富岙村休闲生态农庄
2. 永嘉县农民备耕农田
3. 乐清市蒲岐镇村民晒黄鱼干

金镜树 / 摄

金镜树 / 摄

苏巧将/摄

金 钢/摄

1	3	
2		
4	5	6

1. 2015年8月17日，手工匠老人在编制环保、实用的竹器（获第17届《温州年鉴》“菱华奖”优秀奖）
2. 2015年5月14日，瑞安北龙岛渔民收获丁香鱼
3. 2015年9月25日，永嘉县茗岙社区举行“牛市节”
4. 2015年5月12日，瑞安北龙岛渔民晒丁香鱼
5. 2015年11月22日，永嘉县东皋村柿子熟了
6. 瑞安市桐浦油菜花海

瑞安市各行各业的农村女能手（组照获第17届《温州年鉴》“菱华奖”银奖）　　方　杰/摄

农业与农村经济

综　述

概况　2015 年，温州市农林牧渔业总产值 207.48 亿元，按可比价格计算，比上年增长 3.0%。其中，农业产值 94.72 亿元，增长 3.3%；林业产值 5.06 亿元，增长 4.8%；牧业产值 37.02 亿元，与上年持平；渔业产值 66.89 亿元，增长 3.9%；农林牧渔服务业产值 3.79 亿元，增长 4.6%。农业增加值 131.62 亿元，同比增长 3.1%，增速位居全省第三。城镇居民人均可支配收入 44026 元，同比增长 8.7%，农村居民人均可支配收入 21235 元，同比增长 9.5%，城乡居民收入比为 2.07 ∶ 1。

农村产权制度改革　2015 年，温州市对村级“多头开户”进行清理整顿，全市村集体经济组织股改完成率 99.75%，村股份经济合作社账户变更率 98.27%。实行土地确权登记“整市推进”，开展土地确权的村占 68.8%，其中农户承包地“入册上图”村社比率 60.5%。全市土地流转水平 64% 以上。新增经营权股份合作土地面积 2.1 万亩，总量超 4.1 万亩，土地股份合作面积居全省首位，适度规模经营面积实现翻倍。

农村金融改革　2015 年，温州市引入民资承建农村产权交易市场平台，完成苍南县、永嘉县、平阳县三地民营资本参与县级平台建设试点工作。全市已开业并纳入监管的农村资金互助会 57 家，扶贫资金互助会 355 家。全市农村产权交易平台上已完成农村产权交易 2455 宗，交易金额 11.1 亿元，其中土地经营权流转 808 宗，面积 13.5 万亩，金额 2.8 亿元；村集体经营资产租金收入通过平台公开交易后平均溢价 18%，最高上涨 2.34 倍。瑞安市兴民农村保险互助社获得中国保监会发文试点，乐清市和瑞安市被授权为全国农民住房财产权抵押贷款试点。

农村劳动力培训　2015 年，温州市组织培训农村劳动力 28248 人。其中，农村实用人才培训 16277 人，转移农民就业技能培训 11971 人。培训发证 25441 本，发证率 90.06%，转移就业 11332 人，就业率达到 94.66%。农广校招生 408 人，初级工种合格鉴定 348 人。

农　业

概况　2015 年，温州市粮食生产面积 184.41 万亩，比上年减少 1.55 万亩，同比下降 0.8%；总产量 75.98 万吨，单产 412 公斤。新认证无公害农产品 38 个，绿色食品 3 个。

农业“两区”建设　2015 年，温州市第一产业投资额 94.3 亿元，全省第一。新建认定粮食生产功能区面积 17.8 万亩，累计 74.2 万亩；建成并验收市级以上现代农业园区 40 个，其中 4 个省级现代农业综合区通过省级考核验收。全市水稻主导品种种植率 77.72%，超级稻品种占有率 40.52%，水稻机耕、机插、收割率分别为 93%、18.09%、79.58%。

现代农业发展　2015 年，“中国杨梅之乡”“中国瓯柑之乡”等 21 张“国字号”名片落户温州。全市培育发展市级以上农业龙头企业 275 家，其中产值超亿元的龙头企业 38 家。全市休闲农业旅游接待游客 2411 万人次，直接营业和游客购物收入 15.41 亿元，同比分别增长 17%、19.2%。

2015 年 10 月 23 日，永嘉县第四届早香柚文化节暨早香柚品质大赛　陈　翔／摄

农村合作体系建设 2015年，温州市培育发展市级示范“三位一体”合作组织155家，其中新增40家，监测复核115家；69个农民合作社信用部实际运行；57家农民合作社资金互助会纳入地方金融专业监管，成立全省首家市级农村资金互助会联合会。发展“户转场、场入社、社联合”，新增家庭农场675家，累计1848家；新增农民合作社联合社21家，累计51家。创建21个区域性农业综合服务中心，泰顺县成为省级农业社会化服务示范县，瑞安市、泰顺县、苍南县成为省级“三位一体”建设试点推进县。

生态循环农业 2015年，温州市农产品抽检合格率超过98%。建设现代生态循环农业示范区13个，建成示范生产主体79家。治理提升年存栏生猪50头以上养殖场1630家，建成生态示范牧场30个，建成畜禽粪便收集处理中心3个。新增生态消纳地29.47万亩，新增沼液利用量39.59万吨，秸秆综合利用率89.25%。化肥减量2656.44吨，化学农药减量243.87吨。泰顺县农药废弃包装物回收处置已开始运行。

农村电商 2015年，温州市建成全省首个农业电子商务产业园，培育农产品电商网店9977家，农产品电子商务销售额31.94亿元。建设农业物联网示范基地（点）14个，培育发展淘宝村56个。乐清铁皮石斛进入天津电交所交易。

（潘国义）

林 业

概况 2015年，温州市林业产业总产值227.57亿元，同比增长15.2%，其中森林旅游产值78亿元，同比增长59.2%；旅客人数3174万人次，同比增长50.1%。新增市级园区1个，建设林区道路418.5公里。9月，温州市获“全国森林旅游示范市”称号。平阳县青街畲族乡王神洞村获“全国生态文化村”称号。全年组织申报省级生态文化基地3个。温州市林业局获全省林业系统年度考核一等奖。

绿化造林 2015年，温州市造林面积11万亩。其中，人工造林5.4万亩，无林地和疏林地新封5.6万亩。结合“四边三化”“三改一拆”区域绿化和浙南美丽水乡建设等，平原绿化面积2.6万亩。

林业生态建设 2015年，温州市重点防护林建设面积4万亩；发放生态公益林损失补偿金1.1亿元；新增省级公益林70万亩；新增公益林优质林分10万亩，累计建成360万亩。

森林生态旅游建设 2015年4月28日，2015中国（温州）森林旅游节在文成县铜铃山国家森林公园举行，举办纪念2015“国际森林日”宣传活动、畲乡古道开通绿色行、“有氧温州之旅”体验活动、“百大公园百万人行”森林休闲体验游等系列活动。印发《关于公布温州市市级森林公园名录的通知》，公布36个市级森林公园名录，落实管护原则和责任。制订《温州市森林人家建设规划》。

食用林产品质量安全监管 2015年，温州市开展市本级食用林产品、生产环境及投入品安全检验检测，共抽检296批次；认定省级森林食品基地12个，复认省级森林食品基地3个，面积15267亩。

林权交易管理 2015年，温州市继续推进集体林权制度改革，开展林权流转73笔，面积2.03万亩；发放林权抵押贷款33笔，金额1033万元。

资源林政管理 2015年，温州市继续推进林业行政审批制度改革，减少审批环节。2月，市级林业行政审批服务事项进驻温州市行政审批服务中心，并授权到位。全年办理野生动物类审核审批9件，公益林变更调整审核转报省林业厅5件，木材运输证36件，森林植物检疫证78件，征占用林地59件。

湿地保护管理 2015年，温州市根据湿地资源现状、生态安全与经济社会可持续发展需要，划定湿地红线，全市90%以上的湿地被划入红线范围。完成11个县（市、区）湿地规划编制并批复实施。全市湿地名录35处，其中2处列入省级湿地名录。

森林消防 2015年，温州市发生森林火灾18起，受害森林面积91.7公顷，森林火灾发生率为每10万公顷2.51次，森林受害率为0.13‰，没有发生人员伤亡事故。市、县两级财政安排森林消防经费3015万元，同比增长15.6%。组建森林消防队伍125支，组织各类森林消防培训15期。开展“关注森林消防，建设平安林区”微电影创作展评活动，创作拍摄九部微电影，其中《老山林的呼唤》等三部森林消防微电影分获国家林业局主办的首届生态文明主题微电影展“十佳影片”和“优秀影片”。

森林资源保护 2015年，温州市森林公安开展“雷霆一号”清火行动、春季护鸟专项行动、“雷霆二号”禁种铲毒行动，打击破坏森林资源、野生动物资源以及非法种植毒品原植物等违法犯罪活动。全市森林公安机关接处警756起，办理信访件32起，受理各类涉林案件207起，查处203起，综合查处率98%。

野生动植物管理保护 2015年，以“关注候鸟保护 守护绿色家园”为主题的温州市野生动植物保护宣传月暨爱鸟周活动在永嘉县举行。在文成、永嘉、瑞安和乐清4个县（市）区域内开展野生动物兽类资源专项调查。联合相关部门多次赴各地开展人感染H7N9禽流感疫情防控督导工作。投入资金14.5万元，在苍南县藻溪镇盛陶村开展野生动物救护和消毒防疫隔离场建设。

有害生物防控 2015年，温州市林业有害生物发生面积为40.45万亩，成灾率1.07‰，测报准确率90.67%，无公害防治率100%，实施产地检疫面积2.68万亩，种苗产地检疫率100%。全市投入经费2225万元，除治松枯死木面积36万余亩，清理松枯死木23.38万株。开展2015“绿剑”执法专项行动，全市各地组织行动344次，出动执法人员1173人次，检查涉木企业352家，发放宣传资料4166份，查处案件11起。组织开展“百名森林医生进千村”活动。全年开展各类活动148次，参与人数935人次，防治各类病虫害13350亩，开展技术培训18次，培训人员473人次。

木材运输检查 2015年，温州市各木材检查站、木材运输巡查大队共检查车辆1382辆，查处违法运输木材案件169件，没收违法运输木材427.5立方米，没收非法采挖的大树3棵，收缴罚没款14余万元。

林业种苗 2015年，温州市调运苗木520余万株，向各县（市、区）赠送珍贵树种90余万株，涉及900余个村庄。省亚热带作物研究所苗圃和文成县苗圃升级成为省级保障性苗圃。全年主要造林树种良种使用率95%，其中油茶良种使用率100%。在省、市种苗专项检查中，全市林木种苗合格率98%。

林业科技推广 2015年，温州市组织实施15个林业科技项目，其中3个项目获第15届“科技兴林奖”，2个项目获市“科技进步奖”，新增中央、省、市级科技项目12项。在瑞安、文成、平阳、泰顺、苍南等地开展科技下乡入企活动，开展毛竹高效栽培、猕猴桃丰产优质栽培、油茶优良品种引进等技术培训，培训人员2051人次。

（赵文光）

水　利

概况 2015年，温州市水利投资136亿元，连续5年居全省第一；《全国水生态文明城市建设试点实施方案》获省政府批准；珊溪水源保护连续3年被评为全国基层治水十大经验；温州市在2014年度水资源管理制度考核中居全省第一，市水利局被评为全国水利安全监督工作先进集体，综合工作考核在全省水利系统中排名第一位。

防汛防台工作 2015年，温州市受“灿鸿”“苏迪罗”“杜鹃”等多个强台风的袭击，其中“苏迪罗”台风是1960年以来对温州降雨影响最大的台风，气象致灾条件为特重级别。全市共有185个乡镇（街道）的209.42万人受灾，倒塌房屋427间，全市直接经济损失52.62亿元，因灾死亡12人，失踪4人。防台期间，全市共发出预警短信1550万余条；全市水库河网共预泄水量2.45亿立方米，各类水库共拦蓄利用洪水6.45亿立方米；全市累计转移各类危险区域人员61余万人次。温州市防汛抗台工作得到国家防总和省委、省政府的肯定，考核名列全省第一。

重点水利工程建设 2015年，温州市出台《全市防洪减灾能力建设实施意见》，加快推进瓯江、飞云江、鳌江等流域防洪排涝重点工程建设。17个省级重大防洪水项目投资22.9亿元，鹿城黄龙北排等一批防洪排涝骨干工程建成投用，鹿城卧旗山至绕城高速段海塘等一批重大防洪工程开工建设，鳌江水头段防洪工程可行性研究获批，八大沿海平原扩排项目全部纳入水利部和省水利厅项目库。

珊溪水源保护 2015年，温州市推进珊溪水源保护，水库水质稳定在二类以上，连续3年被评为全国基层治水十大经验。水利部联合团中央在温州举办“人人节水 志愿先行”节水护水公益现场会，推广温州水源保护公益活动先进做法。创立“饮水思源”公益基金，在珊溪库区开展“亲近水源地·爱心献库区”系列公益活动，通过转产转业、助医助学等精准扶贫，帮助库区困难群众脱贫致富，“亲近水源地·爱心献库区”公益品牌获全国第二届青年志愿服务项目大赛金奖。

水生态文明建设 2015年，《温州市全国水生态文明城市建设试点实施方案》获省政府批准实施。年度计划实施九大类水生态文明建设项目100个，实际投资143亿元。大型饮用水源地保护机制、水工程生态建设机制、水利工程运行维护市场化管理机制、水生态补偿机制等机制基本建立。温州水利科技馆开馆，永嘉县楠溪江—金溪和乐清市中雁荡山两个国家级水利风景区完成省级审查并推荐上报。

围垦造地工程 2015年，温州市围垦实施面积18.3万亩，圈围3440亩，瓯飞一期（北片）等工程推进顺利，全年围垦造地投资57.3亿元，实施面积和完成投资均居全省第二。

民生水利工程 2015年，温州市新增改善灌溉土地面积12.94万亩，新增高效节水灌溉土地面积任务2.42万亩；在全省率先开展农村饮用水工程标准化达标评级工作，提升农村饮水安全人口10.25万人，累计投资7280万元，名列全省第二。

水利管理改革 2015年，温州市推进水利工程物业化管理，出台《温州市水利工程运行维护向社会力量购买服务管理办法》。加快水利工程建设管理、产权制度改革，探索建立小型水利工程产权交易平台，出台市级地方标准，建成6座水利部一级标准化达标电站。全国农村水电站安全生产标准化建设现场会在温州召开，推广温州先进经验。扩大水利工程标化工地创建成果，朱家站水闸和瓯江治理一期2项工程获水利部文明标化工地称号。

水土保持监管 2015年，温州市综合治理水土流失面积139平方公里。编制《温州市水土保持规划》并通过审查。中央资金小流域水土流失综合治理项目完工，投资1784万元。对350个生产建设项目开展水保监督检查549次，验收项目59项。

水政执法 2015年，温州市加强涉水拆违整治，组织拆违活动2751次，拆除各类涉水违法违章建筑168.5万平方米。出台《关于严厉打击瓯江干流温州段水域非法采矿的通告》等文件，组织开展瓯江采砂蹲点巡查及联合执法行动，全年开展巡查442次，出动执法人员4032人次。

水文工作 2015年，温州市做好水雨情预警，汛期共收到水雨情报文5756条，发送预警暴雨短信48658条。开展水资源监测，完成地表水水功能区39个监测项目共12批次658个水样、地下水25个监测项目共2批次34个水样检测任务；开展珊溪水库、岀口断面的浮游动物定性与定量检测分析工作。

“千人万项”行动 2015年，温州市水利系统开展“千人万项”蹲点指导服务行动，确定202项水利蹲点指导服务项目，组建12个蹲点指导服务组，累计投入1.44万人次，指导服务项目3044项次。

（陈清华）

畜　牧

概况 2015年，温州市生猪存栏52.03万头，同比下降6.32%，其中母猪存栏5.22万头，同比下降18.98%；生猪出栏95.18万头，同比增长9.31%。奶牛存栏7001头，同比下降0.46%。羊存栏13.69万只，同比下降1.83%；羊出栏18.64万只，同比增长1.71%。兔存栏74.32万只，同比下降15.75%；兔出栏193.69万只，同比下降18.41%。家禽存栏937.66万只，同比增长6.46%；家禽出栏1928.29万羽，同比增长10.1%，其中鸡存栏599.81万只，同比增长5.22%；鸡出栏1489.94万羽，同比增长10.4%。鸭存栏317.11万羽，同比增长8.99%；鸭出栏374.33万羽，同比增长7.78%。

畜牧业污染治理 2015年，温州市治理存栏生猪50头以上养殖场2296家（含关停拆除），其中改造提升480家，通过生态达标验收462家，建成畜禽粪便收集处理中心3个，建成标准化水禽场17个。新增农牧结合配套消纳地29.47万亩，新增省级以上标准化示范养殖场5个，创建生态示范牧场30个。龙湾区在海塗围垦区投资1.52亿元，开工建设占地440亩的现代生态畜牧园区，建成后可存栏生猪2.5万头，家禽40万羽。

重大动物疫病防控 2015年，温州市规模养殖场应免畜禽免疫密度常年保持100%，散养畜禽春秋等集中免疫行动免疫率100%，免疫密度常年保持在80%以上。猪O型口蹄疫、高致病性猪蓝耳病、禽流感、猪瘟等免疫合格率70%以上。完成市级动物疾控中心复审（扩项）工作，检测项目由6项增至24项，检测参数由7个增至31个，病原学检测由1个增至12个。生猪产地检疫数量同比增长56.54%，产地检疫率82.11%。动物检疫电子出证工作启用。全市设立动物检疫申报点80个，瓯海区、瑞安市开展检疫申报点规范化建设。畜产品质量安全例行抽检合格率99.2%以上。全年未发生重大动物疫情和畜产品安全事件。

动物卫生和畜禽屠宰监管 2015年，温州市推进县级动物卫生监督派出机构建设，增加瑞安市和乐清市动物卫生监督分所8个，增加事业编制48人，协检员编制62人。全市建成动物卫生监督分所27个，编制103人，到位87人，配备协检人员97人。全年查处动物卫生监督违法案件157件，罚没款33.12万元，移送司法机关3件。屠宰监督执法移送涉嫌犯罪案件12件，追究刑事责任31人，行政处罚案件26件。启动家禽"杀白上市"工作，温州菜篮子禽业分公司屠宰场正式投产，增加日屠宰能力3万羽。投入300万元，改造升级屠宰场5个。

死亡动物无害化处理 2015年，温州市区、乐清市、瑞安市、平阳县、文成县、苍南县，6个区域性无害化处理厂建成投入使用，建设死亡动物收集点50个。全面实施死亡动物无害化处理与保险联动机制，市本级、瑞安市、乐清市、苍南县、平阳县、文成县等地出台死亡动物集中无害化处理与保险联动机制实施方案，瓯海区、龙湾区、乐清市、瑞安市、平阳县、苍南县等6地启动保险承保工作，投保养殖户35户，涉及生猪20万头。

（董信田）

渔 业

概况 2015年，温州市水产品总产量61.65万吨，总产值68.38亿元，同比分别增长5.3%和10.66%。水产品出口量3.12万吨，出口创汇16763万美元，同比分别下降6.3%和8.42%。全市渔业乡镇12个，渔业村社199个，渔业户4.1万户，渔业人口148885人，其中传统渔民70263人。渔区人均收入1.92万元，同比增长10.96%。

渔业产业转型升级 2015年，温州市实施渔业转型促治水行动。全市划定水产养殖禁养限养区，整治面积4000公顷；山区无公害稻鱼共生轮作面积8033公顷；应用生态养殖技术，开展养殖尾水处理，减轻养殖自身污染，池塘生态化改造面积33.2公顷；建设碳汇渔业，推广海洋环境友好型养殖模式，浅海贝藻混养面积7380公顷。投入资金9453万元，开展苍南石砰海参增养殖设施、平阳离岸型智能化外海围网养殖等6个示范点建设，超额完成示范点建设1个；推进省、市级渔业园区建设，增加2个省级园区和5个市级园区，超额建设市级园区1个。发展海洋离岸养殖，全市浅海养殖面积超8000公顷，约占全省的50%。组织电商培训，全市14家水产企业开展电子商务业务，销售额约1亿元。全市370艘海洋捕捞渔船通过转型升级考核验收。

海洋捕捞业 2015年，温州市海洋捕捞产量49.31万吨，产值42.69亿元，同比分别增长6.9%和17.64%。捕捞产品全部来自东海，万吨以上的品种有带鱼、鲳鱼、海鳗、鲐鱼、沙丁鱼、鳀鱼、鲅鱼、毛虾、梭子蟹。捕捞增产的品种有：小黄鱼增产2576吨，梅童鱼增产2504吨，海鳗增产1638吨，黄姑鱼增产776吨，鳀鱼增产3990吨，梭子蟹增产2770吨，虾蛄增产1360吨，小黄鱼和梅童鱼各增2500多吨，产量接近万吨；毛虾旺发增产1万吨产量9.8万吨。青鱼、草鱼、鲢鱼、鳙鱼比重占7.97%，同比下降0.51%，传统渔业资源仍在衰退。截至年末，全市海洋机动渔船6120艘，比上年减少270艘，总功率46.98万千瓦，同比下降2%。其中，海洋捕捞渔船2595艘，比上年减少35艘，总功率36.67万千瓦，同比下降1.18%。

水产养殖业 2015年，温州市海水养殖总面积1.86万公顷，同比下降3.32%，总产量10.27万吨，总产值19.03亿元，同比分别增长2.5%和0.42%。淡水养殖总面积1.01万公顷，产量1.63万吨，产值3.47亿元，同比分别下降15.27%、21.36%和4.4%。海水养殖面积（按水域分）：海上养殖8828公顷，滩涂养殖6166公顷，其他水域3604公顷。500吨以上的海水养殖品种有：鲈鱼、大黄鱼、鲷鱼、美国红鱼、南美白对虾、梭子蟹、青蟹、牡蛎、贻贝、蚶、蛤、蛏、海带、紫菜、羊栖菜。淡水养殖面积（按水域分）：池塘养殖2014公顷，湖泊养殖609公顷，水库养殖1875公顷，河沟养殖5469公顷，其他水域161公顷。稻田养殖面积7649公顷。500吨以上的淡水养殖品种有：青鱼、草鱼、鲢鱼、鳙鱼、鲤鱼、鲫鱼、泥鳅、南美白对虾、河蟹。

水产品流通加工 2015年，温州市水产加工企业167家，规模以上企业58家，加工能力25.5万吨/年，同比下降21.9%。水产冷库248座，增加4座。全年水产品加工总量18.8万吨，产值36.38亿元，同比分别下降16.67%和7.9%。其中水产品加工出口3.12万吨，出口创汇16763万美元，同比分别下降6.3%和8.42%。全市大型水产品交易市场5家，年交易量57.74万吨，交易额80.29亿元，同比交易量减少4.45%，交易额增长3.65%。

休闲渔业 2015年，温州市休闲渔业投入资金1.2亿元，同比增长10.45%，其中涉渔设施投入3965万元。全市休闲渔业从业人员1045人，同比增长34.5%，体验式休闲渔船109艘，新增59艘，休闲渔业经营实体156家，新增了16家，同比增长11.43%。休闲渔业总产值1.24亿元，同比增长10.55%。普通陆域垂钓面积76公顷，池塘垂钓面积227公顷，网箱垂钓面积3200平方米；专业礁钓和船钓项目8个。海洋人文景观22个，同比增长57%。全年接待滨海旅游人数137万人，同比增长48.56%。

标准渔港及经济区建设 2015年，温州市投入标准渔港建设资金4925万元，超额完成省投任务，交工、竣工验收9个标准渔港建设项目。苍南县霞关镇渔港三期工程完工。洞头区启动五位一体渔港管理新机制，东沙中心渔港经济区中的风情渔家民宿街区、特色海产品干货交易区基建工程基本完工，游步道、环线道路铺设等设施已投入使用。温州（洞头）中心渔港鳗干加工销售市场投入运营，羊栖菜体验馆装修布置基本完工。

海洋生态文明建设 2015年，温州市推进海洋保护区建设，投入资金3700万元；推进海域、海岛、海岸带整治修复工作，投入1.19亿元，重点实施白龙屿海洋牧场、鹿西岛、大竹峙岛及铜盘岛修复工程，并实施海洋生态补偿制度，落实生态补偿金571万元；编制完成《温州市海岛保护规划》，完成20个海岛岛碑的设立和73个海岛岛碑的修复任务；实施《温州市近岸海域污染防治实施方案》，“五水共治”项目52个，总投资1.17亿元；实施海洋增殖放流和资源本底调研，共放流鱼虾蟹贝6.7亿尾（粒），实施内陆放流1.7亿尾（粒）。

海洋科技园区建设 2015年，温州市海洋科技创业园投资6919万元，采用市场化运营机制，于2015年12月开园试运行。市本级水生动物疫病控制实验室装修和设备采购工作完工，占地面积131.5亩，总建筑面积10.33万平方米。

渔业安全生产监管 2015年，温州市开展国家级海洋减灾综合示范区建设，成立温州市、平阳县及苍南县三个海洋灾害应急指挥部；设计示范区建设5个分项实施方案；完成平阳、苍南两县警戒潮位核定、风险排查和隐患排查任务；编制《海洋灾害应急预案》；划定示范区内主要避灾点，并通过国家海洋局组织的国家级减灾综合示范区中期验收。全市渔船全部纳入公司（专业合作社）管理，渔民上岗考试发证1557人次，建立职业船员考试网上题库；推进“全国平安渔业示范县”创建活动，发送预警、救助、气象服务等各类信息计62.6万条。建设初级水产品质量安全检测与信用体系，抽检水产品758批次，推进“三品一标”认证，无公害水产品认证或复查10个；初级水产品质量安全信用体系建设在乐清市试点，建立信用评价体系，开展1948家养殖企业信用等级评定。

洞头海港（获第17届《温州年鉴》“菱华奖”铜奖） 管新民／摄

智慧海洋工程 2015年，温州市建立海洋灾害服务信息制作平台；海洋灾害应急指挥体系平台建立并验收；建立微信公众服务平台；完成渔船社会化服务与监管平台（渔信通）前期研发；全市渔船船载定位终端设备升级改造780套，投入413万元；改造升级海洋信息化机房设备，投入80万元；编制《温州市海域动态监管系统运行环境保障建设项目实施方案》，推进系统升级改造；建设温州市水产品生产质量管理体系并通过验收；建成市、县两级海洋经济运行系统，对424家抽样涉海企业进行定期监测，完成2015年度海洋经济分析报告。

海洋与渔业执法 2015年，温州市继续推进“一打三整治”行动，全市取缔“三无”渔船1649艘；整治、禁用违规渔具2.7万顶，查处违法案件597件；全市勘验“船证不符”渔船678艘；分类处置“三无”渔船，分流转化成养殖船、休闲船、娱乐船、景观船、人工鱼礁等共977艘。

海洋与渔业执法队伍建设 2015年，温州市海洋与渔业局组织四次领导干部学法用法专题培训；编印《温州市海洋与渔业部门应知应会手册》；建立公职律师队伍，18人考取省行政执法证件；整合渔政、海监、海警、边防力量，举办“温州海洋与渔业铁军建设”演练活动；组队参加浙江省海洋与渔业执法系统技能比武大赛，并获团体第一。

（黄胜军）

（潘　达　编辑）

温州市各企业自动化生产线、自动化装备产品和自动化设备组合生产线　　方　杰/摄

2015年11月21日，温州创博会在温州国际会展中心举行

金　钢/摄

工业与特色工业

综　述

概况　2015年，温州市工业经济运行总体呈现平稳较快增长态势，主要指标增长持续回升，工业创新扎实推进，工业经济回升的基础进一步稳固。全年实现全社会工业增加值1758.50亿元，增长6.3%，占全市国内生产总值（GDP）比重38.1%。全市规模以上工业企业4779家，工业增加值1091.32亿元，同比增长6.3%，其中轻、重工业增加值分别为416.01和675.30亿元，同比分别增长4.5%和7.5%；规模以上工业企业总产值4997.87亿元，同比增长5.3%；主营业务收入4257.27亿元，同比下降0.1%；利税总额414.25亿元，同比增长1%，其中利润总额254.23亿元，同比增长1%。

助企强工举措　2015年，温州市出台《领军工业企业培育方案》和《高成长型工业企业培育方案》，通过“措施量身定制、政策集中倾斜”，打造一批“顶天立地”“专精特新”重点骨干企业。开展工业大企业走访活动，建立大企业精准服务制度，走访调研企业300余家，对接服务1.2万人次。稳控企业资金风险，全年发放市级企业应急转贷金122亿元，保障经济平稳运行。

工业强市建设　2015年，温州市推进工业强市建设，乐清市名列全省工业强县综合排名第五位，北白象镇、柳市镇、龙港镇包揽全省超百亿工业强镇前三名。

小微企业创业园建设　2015年，温州市开展小微园百项百亿攻坚，把好源头、保障、配套、管理“四关”，5个小微园获省审批通过，34个小微园获24家银行授信35亿元。开展小微园“回头看”活动，打造龙湾永兴南园等一批配套齐全、产镇融合的典型示范小微园。全市在建小微园104个，面积1.1万亩，全年入驻企业721家，增加产值120亿元。

工业性投资　2015年，温州市限额以上工业性投资886.76亿元，同比增长18.1%，总量居全省第五位，增速居全省第二位。工业性投资占固定资产投资比重25.7%，同比增长1.1%；技改投资672.04亿元，同比增长24%，技改投资占工业性投资比重75.8%，同比增长3.6%。组织实施“机器换人”四个一批行动计划，64个重点项目入选省“双千工程”重点项目，11个项目入选省级百项“机器换人”示范项目，乐清电气、永嘉泵阀入选全省分行业“机器换人”示范试点，获省财政资金补助1000万元。成立市“机器换人”产业联盟、5个分行业专家指导组和近30个工作团队，20家企业被列入装备工程公司培育计划。

工业大企业培育　2015年，温州市继续实施“名企、名品、名家”三名工程，森马集团有限公司、华仪电气股份有限公司入选全省第二批“三名”培育试点，获省级补助500万元；加强小微企业规下转规上培育，工业小微企业规下转规上645家，3年总完成率全省第一；推出小微企业服务补贴券，为新升规企业和培育企业提供210万元社会化服务，激发企业升规积极性；培育高素质企业家团队，举办全市精细化试点企业品质管理专题培训班、温州装备制造业与智能制造技术专题研修班和新生代企业家素质提升与创新能力建设专题研修班；加强企业经营管理人才和专业技术人才培训工作，全年培训1.2万人次。

推进创新发展　2015年，温州市研发（R&D）投入占GDP比重1.6%，其中规模以上工业企业研发（R&D）投入占规上工业增加值比重4.5%。建设企业创新体系，增加东蒙集团等3家省级企业技术中心和泰马鞋业等40家市级企业技术中心，建立浙江省装备制造业流程控制装备（泵阀）产业技术联盟。加强新产品开发应用，10个新产品获得省“优秀工业新产品”称号，7台新装备获得省“首台套”称号。全市高新技术产业增加值同比增长8.1%，对工业增加值增长贡献率达36.8%。

工业绿色发展　2015年，温州市围绕省下达的节能“双控”目标，推动各县（市、区）能源“双控”目标责任考核，合理调整重点企业用能考核方式，下放市级节能评估审查权，精准有序推进节能降耗工作。全市单位GDP能耗同比下降5.5%，规上工业增加值能耗同比下降3.2%，目标完成率居全省第一。推广143种节能技术和95项节能产品，整治淘汰“低小散”企业2617家，淘汰改造落后产能企业50家。

国家级特色工业基地　至2015年年末，温州市获得43个国家级行业协会（商会）颁发的“国字号”特色工业基地称号。

2015年温州市国家级特色工业基地

表15

序号	基地名称	命名时间	命名单位
1	中国皮都（平阳）	2001年01月	中国地区开发促进会
2	中国鞋都	2001年09月	中国轻工业联合会、中国皮革工业协会
3	中国休闲鞋生产基地（瑞安）	2001年09月	中国地区开发促进会
4	中国剃须刀生产基地	2001年09月	中国五金制品协会
5	中国金属外壳打火机生产基地（鹿城）	2001年09月	中国五金制品协会
6	中国印刷城（苍南）	2001年09月	中国印刷技术协会
7	中国塑编之都（平阳）	2002年01月	中国塑料工业协会
8	中国塑料薄膜产业基地（瑞安）	2002年01月	中国轻工业联合会
9	中国合成革之都	2002年01月	中国轻工业联合会
10	中国拉链之乡（永嘉）	2002年01月	中国五金制品协会
11	中国电器之都（乐清）	2002年02月	中国机械工业联合会
12	中国制笔之都（龙湾）	2002年09月	中国轻工业联合会
13	中国锁都（瓯海）	2002年09月	中国五金制品协会
14	中国泵阀之乡（永嘉）	2002年09月	中国泵阀工业协会
15	中国钻头产业基地（乐清）	2002年12月	全国工商联五金商会
16	中国纽扣之都（永嘉）	2002年12月	中国五金制品协会
17	中国礼品城（苍南）	2003年01月	中国轻工业联合会
18	中国眼镜生产基地	2003年01月	中国轻工业联合会、中国眼镜协会
19	中国商务礼品生产基地（苍南、平阳）	2003年01月	中国轻工业联合会
20	中国汽摩配之都（瑞安）	2003年01月	中国机械工业联合会
21	中国电子元器件产业基地（乐清）	2003年04月	中国中小企业促进会
22	中国精密模具生产基地（乐清）	2003年08月	中国地区开发促进会
23	中国休闲服装名城（乐清）	2004年01月	中国纺织工业协会
24	中国男装名城（瑞安）	2004年01月	中国纺织工业协会
25	中国五金洁具之都（龙湾）	2004年02月	中国建筑卫生陶瓷协会
26	中国不锈钢无缝管材生产基地（龙湾）	2004年03月	中国特钢协会
27	中国断路器生产基地（乐清）	2004年06月	中国地区开发促进会
28	中国防爆电器生产基地（乐清）	2004年07月	中国电器工业协会
29	中国胶鞋名城（瑞安）	2004年11月	中国橡胶工业协会
30	中国工艺礼品生产基地（瑞安）	2005年04月	中国轻工联
31	中国包装机械城（瑞安）	2005年12月	中国机械工业企业管理协会
32	中国教玩具之都（永嘉）	2006年07月	中国玩具协会
33	中国阀门城（龙湾）	2006年07月	中国通用机械工业协会阀门分会
34	中国锻造产业基地（瑞安）	2006年11月	中国锻压协会
35	中国食品药品机械产业基地（龙湾）	2008年05月	中国机械工业联合会
36	中国箱包名城（瑞安）	2009年11月	中国皮革协会
37	中国新兴仪表城	2010年07月	中国机械工业联合会
38	中国包装名市	2012年09月	中国包装联合会
39	中国紧固件之城	2012年12月	中国通用机械零部件工业协会
40	中国纺织服装品牌中心城市	2013年06月	中国纺织工业联合会
41	中国建筑电器产业基地	2013年06月	中国电器工业协会
42	中国（温州）橡胶制品生产基地	2013年12月	中国橡胶工业协会
43	中国锁具出口基地	2014年00月	中国五矿化工进出口商会

电力工业

概况 2015年，温州市内拥有受浙江省电力公司直调电厂装机容量782.2万千瓦，其中乐清电厂258万千瓦，苍南电厂206万千瓦，温州电厂264万千瓦，龙湾电厂34.2万千瓦，珊溪电站20万千瓦；受温州电力局直调电厂装机容量57.64万千瓦，其中垃圾发电容量15万千瓦，水电容量42.64万千瓦。截至2015年年底，温州电网有500千伏变电所5座，变电容量1100万千伏安；220千伏变电所32座，变电容量1302万千伏安；110千伏变电所143座，变电容量1360.8万千伏安;35千伏变电所67座，变电容量168.39万千伏安。500千伏线路19条，长度840.3公里；220千伏线路99条，长度1525公里；110千伏线路245条，长度2111.2公里；35千伏线路166条，长度1414.8公里。温州电力局全年全地区供电量341.9亿千瓦时，同比下降1.57%；全地区售电量325.5亿千瓦时，同比下降1.19%；全市全社会用电量344亿千瓦时，同比下降1.51%；工业用电量208.9亿千瓦时，同比下降3.91%；城镇居民用电量44.14亿千瓦时，同比增长0.12%；乡村居民用电量35.9亿千瓦时，同比增长3.60%。

2015年温州市用电分类情况一览

表17

项目名称	用电量（万千瓦时）	同比增长（%）
一、全社会用电量	3440002.81	−1.51
1. 第一产业	13094.88	11.98
2. 第二产业	2172888.23	−3.79
3. 第三产业	453581.11	4.29
二、按行业用电分	2639564.21	−2.43
1. 农、林、牧、渔业	13094.88	11.98
2. 工业	2088055.31	−3.91
3. 建筑业	84832.92	−0.96
4. 交通运输、仓储、邮政业	35540.86	2.12
5. 信息传输、计算机服务和软件业	40555.36	4.25
6. 商业、住宿和餐饮业	144049.25	3.14
7. 金融、房地产、商务及居民服务	87299.29	5.85
8. 公共事业及管理组织	146136.35	5.07
9. 城乡居民生活用电合计	800438.60	1.65
城镇居民	441442.58	0.12
乡村居民	358996.02	3.60

电网建设 2015年，温州电力局建成500千伏温西变、南雁至温东线路等工程，开工500千伏天柱变扩建等工程，投产容量409.15万千伏安，开工变电容量303.3万千伏安。建成投产110千伏及以上输变电工程20项，投产110千伏及以上交流线路393.4公里，变电容量379.15万千伏安；开工110千伏及以上输变电工程17项，交流线路258.3公里，变电容量273.3万千伏安。取得项目核准10项，完成前期变电容量451万千伏安。全年电网投资35.72亿元，投产、开工变电容量分别为379.15万千伏安、273.3万千伏安。

2015年温州市各县（市、区）用电情况一览

表16

县（市、区）	用电量（万千瓦时）	占总量比例（%）
鹿城区	378155.32	10.99
龙湾区	478556.05	13.91
瓯海区	364820.87	10.61
洞头区	24477.51	0.71
乐清市	497098.67	14.45
瑞安市	613032.43	17.82
永嘉县	236609.67	14.45
文成县	34765.14	1.01
平阳县	264926.54	7.70
泰顺县	35592.76	1.03
苍南县	475227.54	13.81
市局直属	36740.33	1.07
合　计	3440002.83	100.00

服务美丽乡村建设 2015年，温州电力局开展县供电企业、乡镇供电所管理“双提升”工程，衔接县域产业升级和农房集聚，集约发展中心镇电网，加快中低压配电网改造和农排线路改造，推进农村总保、户保安装投运。治理超过载配变100台，低电压台区198个；投入农排改造资金1.31亿元，建成电气化县8个、乡镇112个、村4998个，新农村电气化市通过验收。

服务实体经济 2015年，温州电力局开展“用心‘365’·协同优服务”和“百个支部进百家企业”活动，实践小微园模块式供电方案，破解供需脱节成本增加难题；实施供电服务快响模式，深化业扩提质提速工程，推广低压业扩查勘、装表“一岗制”快响作业；推出移动作业平台，精简业扩资料种类数量75%以上，平均接电时间同比缩短29天，力促重点项目“早开工、早投产、早用电”；“一企一策”优化企业用电，节省电费754.38万元。

2015年12月3日，国家电网温州供电公司工程人员正在对500千伏南雁至温东输电线路进行高空走线验收　　杨冰杰／摄

助力社会节能减排　2015年，温州电力局倡导“以电代煤、以电代油”的能源消费模式，推动出台《关于加快实施电能替代工作的通知》，完善《温州市高污染燃料锅（窑）炉淘汰改造工作实施方案》，落实电能替代实施企业优惠政策，明确锅炉改造财政补贴标准，制订《电能替代三年行动计划》，建立温州电能替代宣传基地，打造冲天炉改中频炉、机场岸电、港口龙门吊“油改电”、家庭电气化四块优质项目群，完成电能替代项目180个，增售电量5.1亿千瓦时。支持清洁能源建设，受理分布式电源51项，并网27项，容量1.06万千瓦；历时两年多，建成南麂岛全国首个兆瓦级微网示范工程。

（任　迎）

浙能发电有限公司　2015年，浙能温州发电有限公司全年发电量25.90亿千瓦时，完成年度计划的101.89%。全年未发生特大事故、电力生产责任性事故和人身事故，实现三个百日无考核事故记录。至2015年年末，实现连续安全无考核事故3318天。公司承担运行维护任务的二期机组累计发电量23.82亿千瓦时，完成年度计划102.13%。

浙能发电机组工程扩建。2015年，8号机组、7号机组分别于11月11日和12月19日完成168满负荷试运行。试运行期间，两台机组各性能指标均达到设计值，各排放指标均满足超低排放标准。与原一期两台机组相比，每年可节约34万吨标准煤，可减少排放SO_2 460.7吨、NOX 2707.35吨、烟尘335.6吨。预计扩建工程总投资41.06亿元，比核口概算节约3.08亿元。至年末，累计完成投资35.37亿元。

环保工程建设。2015年7月，浙能集团4号机组完成超低排放改造和机组总排口CEMS改造，成为首台33万千瓦超低排放燃煤机组。12月，5号机组完成超低排放改造。至年末，4台机组电除尘投运率均达95%以上要求，年脱硫效率均达到91%以上要求，年脱硝效率均达到70%以上要求，全部符合环保标准。经浙江省经信委检查考核，公司超额完成“十二五”节能目标。同年，通过温州市环境信用等级评价，获“绿色企业”称号。

（黄正超）

电器工业

概况　2015年，温州市电气行业生产企业1.1万余家（户），其中规模以上企业600多家，年产值超亿元企业160家，超5亿元企业27家，超10亿元企业17家，超50亿元企业2家，超100亿元企业1家；电气产业相关国家级企业技术中心3家（正泰、德力西、天正），省级企业技术中心13家，市级企业技术中心43家，博士后科研站6家，高新技术企业67家；上市公司8家；中国企业500强企业3家，中国民营企业500强8家；中国驰名商标10枚，浙江著名商标45枚，中国名牌产品14个，浙江名牌产品49个。乐清电气产业集群的低压电器占全国市场份额60%以上，从业人员约25万人。全行业实现总产值约1260亿元，同比增长6.7%；外贸出口额18.5亿美元，同比增长6.7%。正泰集团董事长南存辉获“2015中国能源年度人物”，人民电器集团董事长郑元豹获“2014年品牌中国十大年度人物”，浙江电器开关厂获2015年温州市市长质量奖。

中国电器文化节举办　2015年2月25日～3月1日，第15届中国电器文化节在柳市镇湖横茶亭段举办。“中国电器文化节”是全国电器行业最大的专业品牌展会，由中国电器工业协会、乐清市人民政府、浙江省电气行业协会主办，主题是“创新驱动，赶超发展”。会展面积4万余平方米，设标准展位1800个，参展企业500余家。

知识产权司法保护联络点设立　2015年4月，温州中院、乐清人民法院驻浙江省电气行业知识产权司法保护联络点在柳市镇挂牌成立。这是乐清设立的首家知识产权司法保护联络点。法院在联络点开展巡回审判，邀请电气行业协会负责人、联络人和企业代表参加旁听，对涉及电气行业的专业问题，听取协会意见，同时委托行业协会调解涉电气知识产权纠纷。

中国电器工业协会换届　2015年7月，中国电器工业协会第五届会员代表大会在杭州召开，选举产生协会新一届领导班子，正泰集团董事长南存辉当选会长。

（陈晓丰）

鞋革工业

概况　2015年，温州市鞋革行业工业总产值890亿元，同比增长3%。全市798家规模以上企业产值655.94亿元。全行业入库税收33.2亿元。外贸出口值265.23亿元，同比下降10.3%，占全市外贸出口总值的24.98%，占全国鞋类出口总值的7.99%。

鞋革行业质量品牌建设 2015年，温州鞋革产业入选“浙江好产品”。金帝集团、康奈集团、华峰新材料、飞丹鞋业等企业被国家质检总局授予“中国质量诚信企业”称号；康奈集团、巨一集团、东艺鞋业、飞丹鞋业、帝邦鞋业、泰马鞋业、旭达鞋业被国家质检总局授予首批“中国出口产品质量安全示范企业”；大自然鞋业获“2015年温州市市长质量奖”；康奈鞋业蝉联六届“中国真皮领先鞋王”。截至年末，全行业拥有中国出口名牌3个，中国名牌产品7个，中国驰名商标82枚，中国出口商品免检3个，浙江名牌48个，浙江出口名牌9个。

鞋革行业科技创新 2015年，康奈集团通过“国家级高新技术企业”复评，并成为省级“机器换人示范企业”。泰马鞋业企业技术中心、大顺机械企业技术中心、蒙拉妮鞋业企业技术中心成为温州市第14批市级企业技术中心。鹿城皮鞋入选浙江省“2016年‘机器换人’分行业推进”名单。中国鞋都三期开展打造“机器换人”示范街，戈美其鞋业为单机改造示范点，吉尔达鞋业为小微园示范点，旭达鞋业为大型流水线改造示范点，迪索鞋业为精品生产线改造示范点。帝邦鞋业投入1000余万元引进电脑激光等设备；金帝鞋业投入4500余万元用于“机器换人”；巨一集团的“生产1800万双皮鞋生产线技术改造项目”入围2015年浙江省百项“机器换人”示范项目。

鞋革行业电子商务 2015年9月，温州鞋革行业协会搭建中国鞋都电子商务平台。11月，在天猫“双十一”活动中，红蜻蜓集团、奥康集团分获鞋类品牌销售额第二、三名。

鞋革行业企业上市和资本运作 2015年6月，浙江红蜻蜓鞋业股份有限公司在上海证券交易所挂牌上市，成为温州市第16家上市公司，也是继奥康集团之后的第2家温州上市鞋类企业。2015年6月，奥康集团以7734万美元购得美国纽交所上市公司兰亭集势25.66%的股权，成为其第一大股东。

鞋革企业参与慈善事业 2015年8月，康奈集团推出“‘葡’写大爱，‘萄’出真情”公益义卖活动，利用康奈官方微信商城开设灾区葡萄团购直通车，为受8月8日台风“苏迪罗”影响而滞销的苍南蒲城果农的500吨新鲜葡萄开展义卖活动，受到社会各界广泛关注与支持；11月，王振滔慈善基金会再次于山东威海启动“爱心接力计划”，来自山东大学、哈尔滨工业大学的400名寒门学子共收到200万元的爱心助学金，截至2015年，王振滔慈善基金会已累计投入6000余万元。从2009年至2015年，由蜘蛛王等行业企业参与的“明眸工程”，已为6000余名眼病患者进行免费手术。

鞋革行业协会活动 2015年，温州鞋革行业协会举办“温州鞋类商务英语口语提高班”“3D数字化应用论坛”“中国积分制管理专题讲座”等培训，协办“温州市鞋类设计技能大赛”“布局·‘微’力无边的全渠道营销”论坛等。承接组织“第11届浙江（温州）轻工产品暨2015国际时尚消费博览会”鞋革企业参展工作；主办“8·18温州鞋博会”；承办“首届中国鞋都（国际）采购订货节暨O2O鞋业生态平台”、第20届中国（温州）国际皮革、鞋材、鞋机展览会。协会与腾讯网联合推动腾讯新闻《中国鞋都》板块上线，腾讯全系产品“下一个生态”在温州首发。

鞋革行业协会质量试点工作 2015年，温州鞋革行业协会成为市质监局进一步改革和加强行业协会质量工作试点单位之一。9月，鞋革行业协会出台《温州市鞋革行业协会关于进一步改革和加强质量工作的实施方案》，成立温州市鞋革行业标准化工作委员会和浙江制造标准化起草工作小组。12月，温州市鞋革行业先进质量管理（品牌）孵化基地、温州市鞋革行业质量安全风险监测点、质量打假维权联络室成立。

鞋革行业协会深化与韩国合作 2015年7月，由温州市人民政府、中国皮革协会联合主办，温州鞋革行业协会承办的“2015中韩休闲鞋（温州）高峰论坛”在温州举行。11月，鞋革行业协会组织30余名鞋革企业家，赴韩国首尔、釜山等地，参观当地国际知名鞋企和2015 BISS韩国国际尖端鞋·鞋配件展览会，与首尔市长会面，并与韩国鞋业振兴中心等签订合作协议。12月，韩国衣类试验研究院相关负责人到温，深化落实合作事项。

鞋革行业协会承接政府职能转移工作 2015年，温州鞋革行业协会与市人力社保局签订协议，继续承接职称资格申报材料的初审和专业知识培训、考试及评审的组织工作；承接市质监局的“鞋革行业名牌产品初审及推荐”工作，截至年末，累计完成18家企业名牌产品初审及推荐。

（孔少娜）

服装工业

概况 2015年，温州市服装企业2105家，总产值600亿元，其中223家规模以上企业工业总产值326.86亿元，同比增长8.9%。全年温州服装及衣着附件出口交货值15.53亿美元，入库税收12.86亿元，同比增长7.9%，占全市16个重点特色行业9.7%。其中森马服饰股份有限公司2015年缴纳国税3.63亿元，列全市企业第二位。

温州（国际）时尚消费博览会举行 2015年11月13日～15日，2015温州（国际）时尚消费博览会在温州会展中心举行。浙江东蒙制衣有限公司、法派集团有限公司、温州日高缝纫设备有限公司、温州市瓯繁服饰科技有限公司4家企业参展。

行业高技能人才队伍建设 2015年8月，在温州服装行业专业技术职务评审中，评出高级工艺师和高级设计师15名，中级服装设计和工艺师5名，助理服装工艺和设计师2名。经商会选拔推荐，通过职业鉴定，产生7名国家二级技师，庄吉集团叶志义带领的团队获得叶志义技能大师工作室。9月、10月，分别举办第二届温州市白鹿杯服装工业设计大赛和“日升杯”服装工业设计技能大赛，提升专业人才技能。

承接行业质量建设 2015年12月，温州市质监局质量打假维权联络室和服装行业质量安全风险监测点在服装商会挂牌成立，授权浙江报喜鸟服饰股份有限公司，建立温州市服装行业先进质量管理（品牌）孵化基地，加强服装行业质量建设。

（陈牡丹）

汽车摩托车配件工业

概况 2015年，温州市汽车摩托车配件产品有十二大类5000余系列品种，涵盖货车、客车、轿车、摩托车以及火车动车组等配件，包括车身附件、发动机部件、制动系统、汽车电子电器等。产品结构逐步向高端产品发展，已成功开发或正在开发的高新技术产品有：汽车发动机、自动变速箱执行系统、空气独立悬架系统、电喷系统、ABS防抱死制动系统、天窗总成、超高效永磁电机、电涡流缓冲器等。

汽摩配工业年度指标 2015年，温州市汽摩配生产企业2500家，主要分布于瑞安、瓯海、平阳，形成三个各具特色的产业集群。全年工业总产值600亿元，同比增长5.3%;出口交货值7.27亿美元，同比下降1.84%。产值排名前五位的是：瑞立集团有限公司23.01亿元，同比增长7.3%；瑞明工业股份有限公司16.06亿元，同比增长15.8%；胜华波电器股份有限公司14.19亿元，同比增长8.0%；冠盛集团有限公司10.50亿元，同比增长23.6%；江南铝业有限公司6.78亿元，同比增长8.0%。出口交货值排名前五位的是：冠盛集团有限公司8.26亿元，同比增长20.8%；胜华波电器股份有限公司3.92亿元，同比下降2.4%；瑞立集团有限公司3.77亿元，同比下降6.8%；环球滤清器有限公司3.67亿元，同比下降16.7%；中精集团有限公司3.05亿元，同比增长26.4%。

汽摩配协会承接政府职能转移工作 2015年2月，温州市人力社保局与市汽摩配行业协会签订《温州市政府向社会组织转移职能工作协议书》。市汽摩配行业协会负责汽摩配专业系列初、中级专业技术资格申报受理及资格初审、汇总、统一报送审核，组织开展汽摩配专业系列初、中级专业技术资格考试、答辩、评审以及证书发放。2015年评定工程师18人、助理工程师3人。

（何洪信）

塑料制品工业

概况 2015年，温州市塑料制品工业行业产值582亿元。全行业1948家企业销售收入206.15亿元，列全市16个重点行业第五位。全市塑料制品出口交货值25.61亿元，同比下降8.76%。全行业规模企业320家，工业产值250.43亿元，产量

2015年温州市规模以上企业塑料制品分产品产值、产量

表18

行业名称	企业数（家）	产值（亿元）	同比增长(%)	占比(%)	产量（万吨）	同比增长(%)	占比(%)
塑料薄膜	55	59.14	9.0	23.62	489012	12.0	34.73
塑料板、管、型材	14	13.25	4.7	5.29			
塑料丝、绳及编织品	102	70.12	3.5	28.00			
泡沫塑料	10	5.20	−16.4	2.08	34634	14.3	2.46
塑料人造革、合成革	67	67.21	−11.2	26.84	199780	−7.5	14.19
塑料包装箱及容器	5	2.55	−0.2	1.02			
日用塑料制品	7	3.37	−0.4	1.34	12947	6.0	0.92
塑料零件	23	6.73	11.7	2.69			
其他塑料制品	37	22.85	5.0	9.12			
合计	320	250.43	0.0	100.00	1407859	8.9	100.00

2015年温州市规模以上企业塑料制品分县（市、区）产值、产量

表19

县（市、区）	企业数（家）	产值（亿元）	同比增速(%)	占比（%）	产量（吨）	同比增速(%)	占比(%)
温州市	320	250.43	0.0	100.00	1407859	8.9	100.00
鹿城区	4	2.04	4.0	0.81	3383	−8.6	0.24
龙湾区	51	49.90	−5.7	19.93	185294	−0.4	13.16
瓯海区	13	11.78	−15.1	4.70			
乐清市	43	25.26	7.6	10.09	32970	2.5	2.34
瑞安市	59	45.67	8.5	18.24	348683	14.8	24.77
永嘉县	3	2.94	6.5	1.17	3030	7.1	0.22
平阳县	60	45.83	7.2	18.30	403537	10.9	28.66
泰顺县	1	0.75	141.4	0.30	6839	125.0	0.49
苍南县	73	56.25	−3.1	22.46	389712	8.2	27.68
开发区	13	10.01	−17.2	4.00	34411	−8.2	2.44

140.79 万吨，比上年增长 8.9%，占全国总产量 1.86%，占全省总产量 13.52%。规模企业产值占全市工业产值 5.33%。

塑编、薄膜通过“国字号”复评 2015 年 3 月 12 日～13 日，中国轻工业联合会、中国塑料加工工业协会组成专家组，在瑞安市、苍南县开展第三次现场复评考核工作。7 月 6 日，发文继续授予温州市“中国塑编之都”和“中国塑料薄膜生产基地”称号。

5 家企业入围全国塑编行业 20 强 2015 年 9 月 23 日，在温州市平阳县举办的全国塑编产业链技术交流与市场对接会上，温州市 5 家塑编企业进入 2014 年度全国塑编行业 20强。其中，晨光集团（第2位）、南塑集团（第6位）、华庆集团（第 13 位）均保持上年位置，升阳控股（第 14 位）排名较上年上升一位，浙江中宇科技发展有限公司（第 10 位）第一次进入 20 强。

行业标准化建设 2015 年 4 月，由浙江金石包装有限公司为主起草编写的《包装容器、铝箔易撕盖》行业标准颁布实施；9 月，由长虹塑料集团有限公司为主起草的《聚酰胺扎带加工贸易单耗标准》开始实施；10 月 1 日，由浙江南方塑胶制造有限公司负责起草的《电气用玻璃纤维增强酚醛塑料》和《电气用热固性模塑料第一部分：一般要求》正式实施。

塑料专业职称评审 2015 年，温州市人力资源与社会保障局与温州市塑料行业协会签署政府职能转移协议，继续由协会主导温州市塑料加工成型中、初级专业技术职务任职资格培训、考核、评审工作。9 月 28 日，经行业协会评审考核，获塑料加工成型专业工程师职称 22 人，获助理工程师职称 8 人。

新材料产业发展 2015 年，针对塑料新材料、医用塑料等高新技术产业持续发展现状，组织对中广核俊尔公司、汪洋公司、世博公司、聚兴公司、德伴公司等 5 家塑料新材料生产企业调查，同比资产总额增长 30.23%，产值增长 4.43%，产量增长 5.39%，利润增长 74.49%。5 月 13 日，中广核技术应用有限公司与浙江新材料股份有限公司签订股权合作协议，双方在高校材料领域实施战略合作。

（周肇枢）

泵阀工业

概况 2015 年，温州市泵阀生产企业 2600 家，其中规上企业 352 家，占全国同类企业的 17%，股份制和私营企业占绝大多数，主要分布在永嘉县和龙湾区，两地泵阀企业产值、销售、税收等主要经济指标占全市泵阀行业 70% 以上。全行业工业产值 357 亿元，同比增长 4.38%；销售总额 270 亿元，和上年持平，约占全国泵阀市场份额的 20%；出口总额 10.4 亿美元，同比下降 8.8%；税收入库 11.56 亿元，同比增长 3.49%，其中嘉利特荏原泵业有限公司和超达阀门集团股份有限公司税收入库分列泵、阀企业榜首。年内温州市有 275 人获泵阀行业技术职称，其中工程师 194 人，助理工程师 61 人，技术员 20 人。2015 年，超达阀门集团股份有限公司负责制定的国家标准及国家机械行业标准 15 项，历年累计 89 项。

泵阀行业产学研对接 2015 年 10 月 17 日，温州市政府举办首届“中国泵阀（温州）高端论坛暨产学研合作对接会”；超达阀门集团有限公司博士后科研站列为浙江省博士后工作站，引入河南大学科技力量参与热喷涂及材料耐磨组织性能研究项目；力诺公司评定为省级企业研究院；江南阀门有限公司确定为“浙江省核安全军工装备重点企业研究院”。

泵阀科技创新动态 2015 年，温州市泵阀行业 10 家企业被评为温州市“科技创新百强企业”，其中浙江石化阀门有限公司大型石油及石化装备配套用高温特种阀门关键技术获省科技厅重大项目专项验收，被评为省“专利示范企业”；超达阀门集团股份有限公司系统流程高性能高可靠性自动控制阀门被列为省重大科技专项关键技术，无外漏高性能止回阀获浙江省“技术进步二等奖”；浙江科尔泵业股份有限公司煤化工用大流量耐磨高温给水泵研发与工业应用被列入省重大项目；凯喜姆阀门有限公司承担一项国家火炬计划“石化用临氢阀门”、二项省技术创新专项“止回阀性能技术的提升”“LNG 接收站超低温球阀研发”；江南阀门有限公司研发的高温焊机机器人解决高温焊接保质、保量难题，企业获全国“机械工业质量奖”；温州亿力机械有限公司评定为浙江省“高新技术企业”，并取得中国石油天然气集团公司供应商准入资格；慎江阀门有限公司重大创新产品大口径、高磅级、特殊材质阀门进入中东市场。

泵阀行业获评省级品牌企业 2015 年，特福隆集团有限公司的电液执行机构产品通过国家鉴定，达到美、意、德同类产品水平；挺宇集团有限公司晋升省高新技术企业，气动双作用高温自密封平行双闸板闸阀、小口径平行双闸板闸阀评为省“工业新产品”；浙江石化阀门有限公司提升式硬密封旋塞阀被评为省“优秀工业新产品”；温州亿力机械有限公司 ASTMA193 泵阀专用螺栓检获中国机械通用工业协会“创新优秀新产品”；浙江力诺流体控制科技股份有限公司的大口径高温高压套筒调节阀、活塞式双向密封球阀、大扭力双缸执行器，V 型调节三通球阀、大口径高压低噪音套筒调节阀被评为“省级新产品”；浙江科尔泵业股份有限公司的 210 万吨 / 年延迟焦化切焦水泵，海水淡化高压泵和增压泵、350

2011 年～2015 年温州市泵阀行业产值和销售一览

表20

年　份	2011 年	2012 年	2013 年	2014 年	2015 年
产　值	270	290	310	342	357
销　售	230	240	245	270	270

万吨/年劣质重油加减底油泵，新型低比转速高杨程窄流道注水泵等均达国内先进水平。

泵阀行业发明专利 2015年，超达阀门集团有限公司取得发明专利14项，该公司邱晓来获温州市首届“十大杰出专利发明人”称号，主持或参与120项发明和实用专利的研发申报；浙江科尔泵业股份有限公司取得专利2项，该公司孙森森，从事泵产品研发50余年，获温州市首届“十大杰出专利发明人”称号，其专利“超高压双壳体刚性轴低比转速多级离心泵”产品达国际先进水平；其他获发明专利：力诺流体科技股份有限公司5项；浙江石化阀门有限公司3项；挺宇集团有限公司2项；方正阀门集团有限公司5项。

（王成波）

家具工业

概况 2015年，温州市有家具生产企业1200余家，其中规模以上企业200余家，年产值亿元以上企业20余家。全国专卖连锁店2000余家，国外专卖店100余家。全年家具行业总产值137.26亿元，国内销售119.6亿元，出口销售0.933亿美元，利税6.39亿元。2015年，国内家具销售受到互联网经济冲击，全市家具行业企业以主打“时尚原创”牌赢得商机与市场。家具出口欧美、中东、非洲、澳洲及东南亚地区。家具生产基地通过整合，大部分企业迁入平阳万全家具基地（占地面积2000余亩），入园企业55家，其中苍南家具基地入园企业12家。

家具行业“十二五”发展指数 “十二五”期间，温州市家具行业总产值从2011年的84亿元增至2015年的137.26亿元，增幅63.4%；家具出口额从0.54亿美元增长至0.93亿美元，增幅72.22%；国内销售额从67.2亿元增至119.6亿元，增幅78%；利率从3.8亿元增至6.39亿元，增幅68.15%。

家具行业参展 2015年，温州市家具商会组织会员企业参加春、秋两季珠三角国际家具展览会（广州、深圳、东莞）和上海浦东、浦西国际展览会，展位面积3万余平方米，获奖项目20余个。其中城市之窗家具集团获金银两大奖项。华奇家具设计获“红点奖”，以朱小杰温州家具设计师为代表的浙派家具成为家具展上的一大亮点。

家具商会承接政府职能转移工作 温州市家具行业商会于2009年成立人才工作站，承接政府职能转移工作，举办各类业务讲座、培训、考核，累计受惠人数1000余人。截至2015年，有14人取得国家高级营销师资格证书，13人取得国家中级设计师资格证书。

（冯进权）

锁具工业

概况 2015年，温州锁具行业工业总产值118亿元，同比增长0.5%，出口交货值35亿元，同比下降1%。全年生产各类锁具5.4亿把，产品出口至160余个国家和地区。浙江钟铮锁业有限公司的“钟铮”商标被认定为2015年度浙江省著名商标。浙江凯迪士实业有限公司生产的“凯迪士”指纹锁获温州市名牌产品称号。

中国锁具出口基地（温州）授牌 2015年1月，“中国锁具出口基地（温州）”授牌仪式在温州举行，中国五矿化工进出口商会会长陈锋与温州市五金商会签订协议，向11家温州优秀的锁具企业授予基地企业牌匾。这是温州市继“中国锁都”之后，五金锁具产业获得的第二张国字号“金名片”。温州五金锁具企业有400余家，加入温州五金商会会员企业近200家，其中80余家企业从事锁具出口业务。

五金商会成立20周年 2015年12月，温州市五金商会在温州举行商会六届一次会员大会暨商会成立20周年庆典活动，会议选举浙江中立集团有限公司董事长詹显光担任温州市五金商会六届理事会会长。为纪念温州市五金商会成立20周年，回顾20年历程，商会收集不同时期各类文字及照片资料150余幅，编辑出刊《金彩20》画册。

（李国荣）

印刷工业

概况 2015年，温州市印刷行业销售收入107.8亿元，同比下降8.84%；入库税收3.8亿元，同比下降14.26%。在销售业绩下滑情况下，开展“机器换人”，以承接政府职能转移工作为方向，加快转型发展。

印刷行业发展动态 2015年，立可达集团、富康集团获“国家印刷示范企业”称号；立可达、新雅、富康、曙光、金石五企业获“中国印刷百强企业”称号；立可达获“‘机器换人’示范企业”称号；康尔达集团“绿色印刷”材料、免化学处理热敏CTP版材项目通过国家鉴定；富康集团获财政部文化产业资金补贴548万元；劲豹、科强获浙江省装备制造业重点领域首台（套）奖金75万元。

印刷行业职称评审 2015年，温州印刷行业协会承担专业技能资格评审工作，评定印刷行业技术人员具备印刷工艺师任职资格26人，助理印刷工艺师任职资格11人。

温州印刷行业协会 2015年，被国家印刷行业协会评为“全国印刷行业先进协会”，获温州市“规范化行业协会”称号。会长叶建华、副会长翁银巧、黄伟立当选为中国印协常务理事。温州市民政局评定印刷行业为“四星级社会民间组织”。

（周兆民）

合成革工业

概况 2015年，温州市合成革行业企业67家，工业总产值67.21亿元，同比下降11.2%。产值超亿元企业24家，产值超2亿元企业7家。行业领军企业温州人造革有限公司工业总产值4.73亿元，出口交货值1.99亿元，同比下降20.57%，上缴国税3217万元，被评为温州市纳税50强企业、温州市功勋企业。11家企业被评为县、区功勋企业和优秀企业。合成革行业在温州市16个特色行业销售收入排名第十。

合成革出口贸易 2015年，温州市合成革行业出口交货值4.64亿美元，同比下降4.14%，出口值占全国的32.98%。产品主要销往印度、墨西哥、伊朗、埃及、土耳其、韩国、哥伦比亚、巴西、摩洛哥、阿根廷等国家，其中出口印度9048万美元，同比增长4.12%；出口墨西哥5554万美元，同比增长8.84%；出口波兰1070万美元，同比增长86.87%；出口孟加拉国1135万美元，同比增长18.61%。

第20届中国国际合成革展会 2015年8月27日～29日，由中国塑料协会、温州市合成革商会等联合举办的“第20届中国（温州）国际皮革展览会”举行。展会吸引来自40余个国家的16573名客商参展。二十年来累计参展观展人数204708人，其中海外观众29783人；累计签署合同3482份，其中海外合同1071份；累计成交额80338.7万元,其中海外8138.8万元。

中国合成革峰会 2015年8月27日，由中国塑料加工工业协会合成革专业委员会和温州市合成革商会联合举办的“2015·中国合成革峰会暨无溶剂合成革技术与市场论坛”在温州举行，180余名来自全国各地的合成革行业从业人员参会。会上对温州合成革行业现状与合成革产业的发展方向进行研讨，会议期间组织30余名国内外专家现场参观长丰人造革有限公司的无溶剂生产线。

合成革商会成立15周年 2015年12月23日，温州市合成革商会成立15周年纪念大会在温州举行，大会主题是“继往开来共圆生态绿色时尚合成革之梦”，会议对温州合成革行业发展历程以及取得的成就进行回顾。中国塑料加工工业协会副秘书长到会并高度评价温州合成革商会所获成效。

绿色合成革产业发展 2015年年末，全市合成革行业削减生产线220条，占生产线总数的62%。龙湾区所有合成革企业均通过市、区两级环保部门的“三同时”验收，取得排污许可证，通过国家环保模范城市的考核验收。温州市人民政府印发的《温州市新材料产业发展规划（2014～2020年）》明确把聚氨酯涂料列为先进高分子及复合材料，推进水性树脂在合成革领域的应用。温州长丰人造革有限公司被列入温州市新材料产业重点项目，该厂生产的水性合成革，被省经信委确认为省级工业新产品，企业被列为省级高新技术企业，绿色聚氨酯人造革获得浙江省科学技术成果证书。

全国首届水性合成革培训班 2015年5月16日，由温州市合成革商会主办的国内第一期水性、无溶剂合成革技术培训班开班。培训班邀请8名国内最具权威的水性和无溶剂合成革专家、教授向温州合成革企业的200余名厂长、经理、技术专员讲授水性合成革、无溶剂合成革方面的专业知识和技术。

（谢海平）

个人护理电器工业

概况 温州市个人护理电器行业主要生产电动剃须刀、电推剪、电吹风、电热烫发器、电动脱毛器、按摩器等，是国内六大类个人护理家电产品主要生产基地，拥有全国同行业规模最大的龙头企业产业集群区。2015年，全行业销售额45亿元，同比增长7.14%；全年出口额2.46亿美元，同比增长3.53%，其中电动剃须刀增长27.82%，电推剪增长4.5%，电动脱毛器增长1.71%，按摩器具增长1.27%，电热理发器具增长1.21%，电吹风下降6.01%。10月，个人护理电器行业协会，组织浙江鼎铃电器有限公司等4家企业，参加由温州市政府主办的第二届“白鹿杯”工业设计大赛，获1金1银2铜。浙江日峰电器有限公司被认定为温州市知名商标企业。

个人护理电器行业协会活动 2015年5月7日～9日，个人护理电器行业协会组织20家企业负责人，赴江西九江进行经济发展和投资环境考察，16日在温州市举行的江西都昌（温州）机械制造产业对接推介会上，3家企业与当地政府签订投资意向书。11月30日，协会邀请清华大学和上海交通大学研究生联合导师张十举为有意向对接资本市场的20余家企业负责人举办“新三板”专题讲座。

（金敏慧）

制笔工业

概况 2015年，温州市制笔行业工业产值44.7亿元，制笔企业185家，其中规模以上企业85家,销售额超10亿元1家，超1亿元4家,超1000万元以上50余家。爱好笔业有限公司获“国家知识产权优势企业”称号;文泰笔业有限公司获“高新技术企业”称号；金马文具用品制造有限公司“掌握”商标和凯文文体用品制造有限公司“古仔龙”商标获“浙江省著名商标”。

制笔行业“机器换人” 2015年，温州制笔企业的注塑机配备机械臂占90%以上，笔类产品实现自动化装配占60%以上。北航温州研究院研发“扁笔全自动生产一体机”“水彩笔自动包装机”等制笔自动化装备；平阳尚伟笔业自主研发“直液式水性笔自动装配机”“文正2001笔自动装配机”“揿动弹簧笔自动装配机”等制笔设备，加快制笔行业“机器换人”进程。

制笔行业研发成果 2015年，温州制笔行业协会继续与北京航空航天大学温州研究院和温州大学制笔行业重点实验室合作，推动制笔自动化进程。爱好笔业自主研发制造各种型号水性笔、中性笔、弹簧揿动笔自动装笔机、自动笔芯装配机、墨水囊自动装配机、涂改液自动灌装机等自动化设备300余台，减少用工1000余人，产值增长20%；凯文文体与北航温州研究院自动化装备工程技术中心合作，对水彩笔自动化装配线进行升级改造；盛丰笔业自主研发制造自动化铅笔装配机，解决自动化铅笔装配机振动盘高速带来的排序错误，塑料粒子光泽度下降等难题；金马文具实现计算机辅助设计与计算机辅助制造（CAD/CAM）设计、生产一体化，提高设计水平和加工精度及生产效率；尚伟笔业自主开发第一台16工位笔尖加工设备，成为国内首家生产高精度笔尖的加工设备，扭转笔尖加工设备依赖进口局面。

（南宪德）

金融设备行业

概况 2015年，温州市金融设备行业继续保持稳步发展态势，全年工业总产值36亿元。人民币100元券的改版，给人民币鉴别仪器生产企业带来商机，行业产值得到增长。

金融设备行业协会质量试点 2015年，省质量技术监督局在温州市开展改革和加强行业协会质量工作，温州市金融设备行业协会作为首批试点行业协会之一，获得市质量强市工作领导小组授予的质量管理、品牌培育、标准化工作、质量安全监管、质监行政审批、打假治劣和信用建设等七方面共计17项权力。温州市金融设备行业协会制订《进一步改革和加强行业协会质量工作的实施计划》，推进质量试点工作。浙江维融电子科技股份有限公司、温州飞越金融设备有限公司、浙江依特诺科技股份有限公司被列为市长质量奖培育单位。浙江维融电子科技股份有限公司建立行业先进质量管理（品牌）孵化基地，作为政府部门的联系挂钩基地。设立温州市金融设备行业质量安全风险监测点，配合质监部门开展风险信息分析研判和处置。建立企业信用档案，依法收集记录企业信用信息，与政府质量信用信息平台对接，实现信息交换与共享。

金融设备技术委员会成立 2015年，温州市金融设备行业协会联合浙江省金融设备行业协会、温州市质量技术监督协会向中国标准化协会申请成立金融设备技术委员会。11月，中国标准化协会金融设备技术委员会在温州成立，浙江、上海、广东、河北等地的29家业内龙头企业加入金融设备技术委员会。

组团参加金融展 2015年7月，温州市金融设备行业协会协助中国金融设备采购网在青岛举办金融设备采购高峰论坛，为行业产品采购提供互相交流的平台。26家行业企业集体参展2015中国国际金融展，并开辟温州金融设备展区。

（姜周炽）

眼镜工业

概况 2015年，温州眼镜行业年产值105亿元，同比增长5%，占全国眼镜总产值25%，占温州市生产总值2.36%。眼镜产品产量：太阳镜4.8亿副、老视镜等成镜3.2亿副、光学镜架1.2亿副、镜片1.6亿片，80%以上产品销往150多个国家和地区，温州市成为全球中高档眼镜的主要生产地之一。57家规上企业眼镜成镜产量1.53亿副，同比下降7%，总产值30.69亿元，同比增长20.4%；眼镜平均单价20.09元，同比增长49%。全年眼镜出口额8.77亿美元，同比增长4.32%。

2015年温州市眼镜出口额前十名国家一览

表21

国　别	出口额（万美元）	比上年增长（%）
美　国	31748	7.55
德　国	5589	−4.92
英　国	5177	−8.96
意大利	4800	14.32
日　本	3619	18.03
荷　兰	3465	32.92
巴　西	2831	−19.9
西班牙	2797	25.87
印　度	2728	−20.53
法　国	2433	20.23

中国（温州）国际眼镜业展览会 2015年5月10日～12日，第十三届中国（温州）国际眼镜业展览会在温州国际会展中心举行。本届展会展位数700余个，同比增长13%，接待客商1.3万余名，同比增长14%。展会期间，温州市眼镜商会举办“第四届中国（温州）眼镜业高峰论坛”“海外买家中国眼镜生产基地行”。

“机器换人”产业技术联盟成立 2015年11月，温州市眼镜行业“机器换人”产业技术联盟成立。温州市美拉五金有限公司列为“机器换人”智能设备生产企业之一，浙江通达光学有限公司、浙江亨达光学有限公司、温州瓯海眼镜有限公司、温州八达光学有限公司、温州市中民眼镜有限公司、温州正大眼镜有限公司、温州金达眼镜有限公司、温州瓯海飞达眼镜有限公司、温州柏康眼镜制造有限公司、温州通泰眼镜有限公司10家企业列为“机器换人”示范应用企业。

眼镜商会承接政府职能转移工作 2015年，温州市眼镜商会承接市人力社保局眼镜专业技术职称评审职能，评定眼镜工程师9人；承接市商务局眼镜行业反倾销、反补贴、反垄断、国际贸易壁垒预警、国内产业损害信息收集和调查职能；承接市经信委“行业经济运行分析”职能。商会外贸预警点连续三年获省商务厅“省优秀示范外贸预警点”称号；商会与温州海关签订《海关统计数据应用合作协议》。

工业设计大赛 2015年8月～11月，温州市眼镜商会承办市政府主办的第二届“白鹿杯”工业设计大赛（眼镜组），全国眼镜设计师50多副作品参赛，评出一、二、三等奖共8名。

眼镜商会活动 2015年6月25日，温州眼镜商会会长吴建敏当选为中国眼镜协会八届理事会副理事长，22名温州眼镜企业负责人增选为常务理事、理事。温州眼镜商会设立商会青年委员会，为企业管理人员搭建学习、沟通平台。7月～9月，商会党支部组织“关爱师生视觉健康慈善行”“结对助学”慈善活动，为文成山区学校献爱心。温州市冠豪眼镜有限公司联合温州医科大学附属眼视光医院等四家单位，为南田中学200余名师生提供价值15万元免费验光配镜服务。商会获温州市教育局、温州市慈善总会“2015年温州市爱心集体”称号。

（陈松友）

钮扣工业

概况 温州市钮扣工业主要集中永嘉县桥头镇。2015年，永嘉县桥头镇有钮扣企业260家，其中重点企业49家，规模以上企业16家，规模以上企业年工业产值20亿元。全年全市缴纳税款2.55亿元，从业人员2.8万余人。拥有中国驰名商标1枚，省著名商标5枚，市知名商标7枚。

钮扣行业污染整治 2015年，桥头镇钮扣行业污染整治属温州市7个污染整治市政府挂牌督办项目之一，是永嘉县生态县建设的重要内容。钮扣商会帮助成员企业完成生化池等环保设施建设，实现生产与生态良性循环，推动行业节能减排工作。

（王成新）

拉链工业

概况 温州素有“中国拉链之乡”的称号。龙湾区、瓯海区与永嘉县桥头镇为温州拉链产业主要聚集区，拉链行业涵盖拉链及配件加工、机械制造、原材料及模具加工等企业，形成完善的产品研发、检测、销售和服务体系。2015年，拉链行业在融资难、运营成本提高、用地紧缺难等困难形势下，总体保持稳定良好的发展态势。行业有会员企业216家，其中规模以上企业40家。产品以内销为主，基本与服装、鞋革、箱包等行业配套出口。

拉链商会活动 2015年9月19日，温州拉链行业商会代表赴杭州参加中国拉链协会六届四次会员大会，讨论全国地区拉链产业未来发展与走势。12月1日，商会组织召开五届二次会员大会，260家会员企业派员参加此次活动。

（李 量）

打火机工业

概况 2015年，温州市打火机生产企业65家，其中规上企业10家，主要生产金属打火机。全行业销售收入3.3亿元，同比下降6.27%；入库税收1594万元，同比下降9.50%。产品主要出口亚洲、欧美、非洲等77个国家和中国香港地区。温州市打火机行业协会会长黄发静被授予温州市“工商业联合会成立60周年功勋奖”。浙江大虎打火机有限公司、温州日丰打火机有限公司获国家质检总局“中国质量诚信企业”称号。

打火机出口 2015年，温州市出口打火机、点火枪类商品2588批次，共0.5亿只，货值0.52亿美元，同比分别下降2.09%、15.2%、11.26%。截至2015年年末，全市9家打火机企业通过日本PSC认证。

（邵 颖）

工艺美术业

概况 温州素称“百工之乡”。乐清黄杨木雕、乐清细纹刻纸、乐清龙档、瓯塑、瓯绣、彩石镶嵌、蓝夹缬技艺、泰顺木偶头雕刻、乐清首饰龙9个品种技艺被列入国家级非物质文化遗产名录；玻璃银光刻、十字花边绣、米塑等19个品种技艺被列入浙江省非物质文化遗产名录。至年末，温州市有中国工艺美术大师8人，省级工艺美术大师51人，市级工艺美术大师119人。2015年，全市新增高级工艺美术师3名，工艺美术师21名，助理工艺美术师21名。全年获首届浙江省“工艺美术优秀人才”称号11人。

工艺美术精品展 2015年6月27日～7月27日，2015温州工艺美术精品展在温州博物馆举办。展会展出温州民间工艺美术家创作的瓯绣、瓯塑、黄杨木雕、彩石镶嵌、温州石雕、发绣、剪纸等26个工艺门类近300件艺术精品。

首届木雕技能大赛 2015年8月16日～30日，首届温州市木雕技能大赛在乐清举行。温州各县（市、区）的76名木雕、根雕艺人参赛，经过理论培训、考试和现场创作，评出特等奖1名、金奖2名、银奖3名、铜奖5名。

首届石雕技能大赛 2015年9月28日～30日，首届“廊桥杯”温州市石雕技能大赛在泰顺县举行。全市6个县（市、区）的79名选手参赛。

中国（温州）石雕艺术家珍藏品荟展 2015年10月30日～12月30日，由温州市委宣传部主办，温州市工艺美术研究院、上海市新世界现代珍藏品中心承办的“中国（温州）石雕艺术家珍藏品荟展”在上海旅游品商厦新世界珍宝馆举行。展期两个月，展出10名温州籍中青年艺术大师作品。

工艺美术品参展 2015年，温州市工艺美术行业协会组织全市优秀工艺美术作品，赴杭州、大连、厦门、东阳等地，参加第五届中国（浙江）工艺美术精品博览会、第13届中国（大连）工艺美术博览会、第七届海峡两岸文化产业博览会交易会、第十届中国（东阳）木雕竹编工艺美术博览会，涉及近20个品种，221件作品，共获50个金奖。

（陈 桑）

知名民营企业

天正集团有限公司 成立于1990年，综合实力位列中国企业500强、中国民营企业500强，拥有温州、嘉兴、上海、南京四大产业基地，员工近万人。集团是中国机械工业百强企业、全国厂务公开先进单位，天正商号为浙江省知名商号。2015年，集团旗下浙江天正电气股份有限公司(简称天正电气)位列“中国电气工业100强”，获“中国电气工业创新力10强”称号；浙江天正智能电器有限公司新技术研究院获“省级企业研究院”称号；上海天正机电（集团）有限公司三类产品被评为2015年度上海电器行业名优产品。

园区建设。2015年11月24日，天正集团盐盘工业园一期工程5＃生产用房（包含总部办公楼、生产车间、展示厅等)投入使用,建筑面积5万余平方米，投资额1.04亿元，可容纳员工5000人。

品牌传播。2015年,天正电气获“中国房地产500强开发商首选供应商”建筑电气类首选品牌称号，天正电气产品入围35家中国百强房企的选购名单；5月，浙江天正电气股份有限公司与影星刘涛签约，启动品牌升级。

技术创新。2015年，天正电气完成新产品、新技术、新工艺及软科学项目50余项，被列入省级新产品试制计划项目16项，获得专利证书125项（其中发明专利12项)；“TGB1S-125小型断路器”获浙江省优秀工业新产品（新技术）一等奖，“THW2-2500万能式断路器”获浙江省优秀工业新产品(新技术)二等奖，“面向低压电气产业的智慧工厂管控中心项目”获省专项计划项目。

（徐 繁）

正泰集团股份有限公司 2015年，正泰集团股份有限公司（简称正泰集团）获

“2015中国企业500强”“2015中国制造业500强”等称号。正泰电器股份有限公司(简称正泰电器）被授予“全国产品和服务质量诚信标杆企业”“浙江省高新技术企业百强”“温州市综合评价百佳工业企业”。浙江正泰仪器仪表有限公司被授予“国家高新技术企业”。上海诺雅克电气有限公司被授予“中国电器工业新锐品牌”。

发展战略。2015年，正泰集团制订《“十三五”战略规划》，确立“促进传统制造业转型升级，培植新兴技术与服务产业，向能源互联网服务企业跨越发展”的战略方向。正泰电器持续推进产业投资并购，出资1.1亿元受让浙江浙大中控信息技术有限公司10%股权。正泰太阳能科技有限公司（简称正泰太阳能）推进海外电站的建设与国内居民分布式电站市场的开发，提高对高功率、高可靠组件的研发力度和新工艺的量产推广。正泰新能源开发有限公司推进光伏地面电站、屋顶电站、农林光电站建设及光伏扶贫项目。正泰网络科技有限公司构建智能家居业务平台，完善B2B平台业务功能与网络渠道体系。

市场营销。2015年，正泰电器电力专项业务取得较快增长。创新海外营销策略和业务模式，搭建与完善国际业务运营平台，成立欧洲、北美工程中心，推出“虚拟工厂”。建筑电器启动品牌形象升级项目，推进旗舰店（C-HOME店）与专卖店建设，重点开发东南亚、中东和非洲市场。正泰太阳能从单一的OEM业务向纯组件销售、项目合作以及EPC业务等多元化发展转变，深入欧洲、日本、印度、美国重点市场，启动安能项目进入国内居民分布式市场。江山正泰200兆瓦林农光互补地面电站项目，于2015年11月并网发电。该项目总投资20亿元，占地6300亩，是华东地区最大的林农光伏项目。

技术研发。2015年，正泰电器开发新产品109项，改造技术31项；参与制（修）订行业标准11项，获得专利240件，获取国内外认证证书285张。“基于物联网与能效管理的用户端电器设备数字化车间的研制与应用”获工信部2015年智能制造专项项目立项；2015年度浙江省重点装备制造业首台（套）项目（小型断路器自动检测与装配专机）、2015年智能制造试点示范项目立项。正泰电气股份有限公司推进小型化、特高压、智能、环保产品研发，组合式同相供电集成技术，通过2015年上海高端智能装备首台突破和示范项目认定。正泰太阳能推进高功率高可靠性组件的开发和导入，6610P组件功率量产能力值提升至267.1瓦。上海新华控制技术（集团）有限公司重点开展新一代过程控制系统平台、燃机仿真系统、核电控制系统、综合监控平台、智能制造等产品的研发工作。

社会公益。2015年，正泰公益基金会继续捐资助学，为温州中学新疆班、浙江财经大学以及“正泰—杜斌丞奖学金”等提供奖学金。“电工行业——正泰科技奖”“电工行业——正泰创新奖”分别对电工行业创新有突出贡献的个人进行表彰和奖励。

（肖秋梅）

福达合金材料股份有限公司 创建于1994年，是一家致力于电接触材料研发、生产、销售、技术服务的高新技术企业，主营触头材料、复合触头、触头元件三大系列产品，配套服务全球电气50强企业为主的国内外中高端市场。公司通过ISO 9001、ISO 14001、OHSAS1 8001三大体系认证，综合排名居国内行业第一。2015年7月，在“新三板”挂牌上市，股票代码832675。

2015年，公司新获授权专利9项，共有授权专利38项。其中，发明专利33项，实用新型5项。负责修订国家标准、机械行业标准48项，其中11项行业标准2015年发布实施。在国内外专业期刊发表论文6篇。高抗熔焊性AgSnO2/Cu复层电接触材料，获中国机械工业科学技术奖三等奖。

全年，公司获“国家高新技术企业”（重新认定）、温州市综合评价百佳工业企业、温州市科技创新百强企业、温州经济技术开发区五星级企业、温州经济技术开发区“机器换人”示范企业等称号。

（周元双）

瑞立集团有限公司 创建于1987年，是温州首家在境外上市的民营企业，主要从事汽车零部件的研发、生产和销售。瑞立集团是中国最大的汽车气制动系统生产企业、国家汽车零部件出口基地企业、国家火炬计划重点高新技术企业、全国知识产权试点企业。瑞立集团制造的汽车气制动系统、液压制动系统、转向系统、汽车电器、汽车电子、新能源等系列产品，被国内各大汽车制造厂在各种型号的汽车上广泛应用，并逐步进入全球汽车配件采购体系。2015年8月，瑞立集团控股的广州瑞立科密汽车电子股份有限公司在“新三板”上市。

2015年，瑞立集团产值23亿元，销售收入22.92亿元，纳税1.81亿元，入选2015年中国民营企业制造业500强，中国机械500强。瑞立集团引进的高层次海外人才蒲阿里入选第11批国家“千人计划”，成为温州市唯一外专项目“国千”人才。

（江冬梅）

康奈集团有限公司 创办于1980年，是中国皮鞋行业的排头兵企业，主营中高端皮鞋。总部位于温州市，占地160亩；在安徽宿州建有占地380亩皮鞋生产基地。集团员工约2万人。康奈集团为中国轻工业联合会副会长单位、中国皮革协会副理事长单位、全国制鞋标委会皮鞋分技术委员会主任单位；通过ISO 9001、ISO 14001和OHSAS 18001体系认证；先后获得中国驰名商标、中国名牌产品、中国出口名牌、中国真皮领先鞋王和全国质量奖、浙江省政府质量奖、温州市市长质量奖等500余项荣誉。

2015年，康奈集团获第六届“中国真皮领先鞋王”、全国用户“三满意”企业、首批“中国出口质量安全示范企业”“中国质量诚信企业”“2014年度浙江省卓越绩效模式先进企业”和“温州市质量立市功勋企业”，位列鹿城区百强企业榜首和第一纳税大户。“康奈”牌皮鞋获“2014年轻工品牌竞争力优势产品”。

技术创新。2015年，康奈集团科研投入4000万元，科研立项15项，8款新产品通过省级鉴定，其中7款被鉴定为“国内领先水平”；“精益化线缝鞋”被评为“2015年浙江省优秀工业新产品”；“省级研究院”“省级高新技术企业研究开发中心”和“省级工业设计中心”通过浙江省科技厅、经信委的认证；2个科研项目被列为温州市关键共性项目，并分获温州市“轻工联科技进步奖”和“科技进步奖”。通过脚型大数据分析，采用鞋楦后身统一技术，开发符合中国人脚型的康奈第五代鞋楦；研发新固特异工艺，推出“三合一”速型技术；采用电脑制版，普及3D设计，设计效率提高30%。

智能制造。2015年，康奈集团投入

500余万元技术改造资金，引进智能中后帮一体机、数控自动剪线罗拉车、智能缝纫机和新式绷帮机，“智造水平”得到提升。从意大利进口设备生产的翻底鞋，采用全新的鞋面与鞋底成型工艺，无需胶水，翻底成型只需8秒。通过“机器换人”，减少用工300人。

市场营销。2015年，康奈集团深化市场营销体制改革，通过深化供应链管理，强化渠道整合管控，建立适应市场的快速反应机制，终端竞争能力提升。“康奈世家”高端品牌零售网点100余家，覆盖全国10个省份，全年营业收入同比增长48%；康奈高端定制业务同比增长60%以上。

电子商务。2015年，康奈集团与天猫商城、京东商城、唯品会、苏宁易购等平台合作，拓展电商品类，销售同比增长46%。2015年11月11日（双十一）销售创新高，当日线上销售超4000万元，同比增长100%；“康奈”天猫商城官方旗舰店在男鞋类目销售量排名第六位，比上年上升1位，电商产品的描述相符度、服务态度、物流速度三项指标，均超行业平均水平20%。“KINGSTEP”（君步）品牌入驻银泰网、京东商城、淘宝“中国质造”及微店，实现线上主流平台全覆盖。

（黄玉环）

大自然钢业集团有限公司 创建于2002年7月，是温州市黑色金属压延加工龙头企业，主要产品为宽幅冷轧薄钢板及钢带。公司总部位于温州经济技术开发区滨海园区，注册资本1亿元，占地面积120亩，建筑面积9万平方米，旗下控股子公司7个。

2015年，大自然钢业集团有限公司销售收入32.95亿元，同比下降20.8%；利税6875万元，同比下降26.4%。至2015年，公司拥有资产总额10.29亿元，资产负债率35%，主要经济指标在全市2015百强企业中列第十位。集团公司营业收入总额114.66亿元，位列中国民营企业500强第421位，中国民营企业制造业500强第247位。

（张道珊）

红蜻蜓集团有限公司 创建于1995年，位于永嘉县东瓯工业园区，是一家以研发、生产、销售皮鞋、童鞋童装、皮具为一体的现代化企业。2015年6月，浙江红蜻蜓鞋业股份有限公司在上海证券交易所A股主板上市。

2015年，红蜻蜓集团年产值21.8亿元，上缴税金1.33亿元。集团以浙江红蜻蜓鞋业股份有限公司为主体，拥有浙江红蜻蜓电子商务有限公司、温州儿童用品有限公司和红蜻蜓广东尚品服饰实业有限公司等全资子公司，在温州、广州、重庆建立鞋类研发与生产基地，年产皮鞋1000余万双，在国内各个经济重点城市拥有销售分公司和数千家销售终端。全年，集团获“亚洲服装产业十大领军品牌”“国家知识产权优势企业”“浙江省商贸流通业诚信示范企业”“温州市百佳工业企业”等称号。

科研创新与成果。2015年年初，四川大学周晋成为红蜻蜓博士后工作站首位进站博士后。红蜻蜓鞋科技实验室再次通过CNAS复评审及扩项评审并组建“数字化设计孵化中心”。集团研发全弓支撑抗扭商务鞋、助力速行健步鞋、楦底组合优化轻量商务鞋和软木垫芯记忆高跟鞋，均被评为“浙江省工业新产品”，片式气囊呼气鞋、沟状大底雪地防滑保暖鞋被评为“浙江省科技新产品”。

电子商务。2015年7月，由浙江省电商促进会、快递协会等主办的2014年度“电商百强”评选，浙江红蜻蜓电子商务有限公司列“浙江省网络零售十强”。双十一活动中，红蜻蜓鞋业天猫销售1.12亿元，首破亿元大关，其中天猫直营销售1.02亿元，同比增长59.37%。在男女鞋类目中，红蜻蜓品牌和旗舰店单店销售额居第二位。

（李晓平）

万控集团有限公司 创建于1991年，总部位于温州大桥工业园区，专注于电气机柜的研发制造，主要生产高低压开关柜体、中压断路器、电气附件等产品。2015年，万控集团销售额首超20亿元，总资产20余亿元。厂房面积21万平方米，员工3000余人，集团分别在天津、成都、温州、丽水等地建立生产基地，营销网络遍布全国各地。集团先后获“中国驰名商标”“中国工业电器最具影响力品牌”“浙江省名牌产品”“浙江省知名商号”“温州市领军企业”等称号。

2015年，万控集团推进信息化建设，形成以ERP、PLM、MES和OMS四大核心系统为主体的信息化协同平台，达到国内输配电行业的领先水平。集团的PLM项目通过“两化融合技改项目”验收。KYN28A-12(II)铠装移开式交流金属封闭开关设备通过省级工业新产品验收，二代中置柜通过荷兰KEMA试验和燃弧试验，低压机柜通过CQC标志认证。实施“机器换人”，推进“智能制造”，先后引进机械手折弯、机械手焊接、自动冲压等装备，设立中央自动供料自动化注塑车间。年内，万控集团被评为“浙江省两化深度融合智能制造示范项目”。

（王　跃）

华峰集团 创建于1991年5月，是一家以化工新材料为主，以金属、金融、物流等产业为辅的民营股份制企业。拥有浙江华峰氨纶股份有限公司和上海华峰超纤材料股份有限公司两家自主培育上市企业，七家国家高新技术企业，是国内最大的聚氨酯制品企业。获“中国大企业集团竞争力500强”“中国民营企业500强”“中国制造业企业500强”“中国石油和化学工业百强”“浙江省百强”等称号。

2015年，集团营业收入179.03亿元，同比增长8.6%；利税22.57亿元，同比增长32.43%。人均产值超180万元，人均年收入7.5万元，员工人数9455人，比2011年同比分别增长7.56%，36.36%，119.58%。优化人才结构，全年累计新增本科学历以上员工183名，其中新增博士2名、硕士21名，大专以上员工比例超42%。

2015年，集团提升优化产业规模、产业结构和产业层次，重庆涪陵、江苏启东等产业基地项目全面启动，鞋用树脂、氨纶、超纤、铝业、TPU等扩建项目投产。推进节能减排工作，2011年至2015年，华峰集团产品单位产值水耗年均下降8.36%，能耗年均下降6.15%，生产安全事故年均下降10.21%。

科技创新。2015年，华峰集团科技研发与技改投入超4亿元。新增国家高新技术企业2家，累计7家；增加114项新产品；申报国家专利52项，获国家授权专利28项；主导和参与制定国际、国家行业标准8项，其中华峰氨纶公司首次主导制定发布《弹性纤维－耐氯化水性能试验方法》国际标准。重庆华峰化工的“苯选择加氢制环己烯催化关键技术开发和工业化应用”项目获评中国石油和化学工业科学技术发明　等奖，

“环己烷合成己二酸关键技术研究及产业化应用”获重庆市科技进步一等奖。华峰新材料公司检测中心通过国家认可委员会的认定；华峰合成树脂公司、超纤公司获评省级专利示范企业。

（虞丽洁）

人民电器集团 创建于1996年，是中国工业电器行业产销量最大的企业之一，综合实力位居中国企业500强、世界机械企业500强，产品销往70余个国家和地区。2015年6月，世界品牌实验室测评“人民”品牌价值202.92亿元，蝉联“中国500最具价值品牌”榜单。2015年，人民电器集团产值40.91亿元，销售40.81亿元，出口1.49亿元，纳税0.97亿元。

科技研发。人民电器集团有自主知识产权的新产品100余项，国家专利技术75项，其中自主研发的RDW智能型万能式断路器和RDATS智能型双电源切换开关被列为国家火炬计划项目。研发生产的RDC67系列交流接触器采用新材料、新结构、新工艺、新技术，解决传统交流接触器零部件在生产和使用过程中的环境污染、能耗高、寿命短问题。

智慧转型与“两化融合”。人民电器集团将工业化和信息化深度融合作为集团重要发展战略。2015年5月，浙江省级重点产业化项目，人民电器集团高新技术总部工业园开工启动；8月，人民电器集团顺利通过总部型“两化深度融合”项目验收评审，承担的浙江省“两化深度融合”国家示范区总部型企业融合项目达到标准；12月，人民电器集团上海公司获第九届中国产学研合作创新奖，其研发的智能电网卫星网络传输系统助力沈阳智慧城市建设。

（马式太）

森马集团有限公司 创建于1996年，是一家以“休闲装”和“童装”为主导产品的服装企业。公司拥有“森马”和“巴拉巴拉”两大服装品牌，“森马”商标和“巴拉巴拉”商标被认定为中国驰名商标和浙江省著名商标。

截至2015年年末，森马集团市值330亿元，在全国有7700家门店，实现终端销售215亿元，同比增长16.89%；线上渠道实现销售17.6亿元；上缴税收15.1亿元，同比增长35%，市值330亿元。2015年“双十一”中，森马电商全品牌当日销售额3.96亿元。其中，“森马”品牌天猫旗舰店单店销售1.97亿元，在天猫销售排名第17位，休闲类品牌排名第一位；“巴拉巴拉”品牌销售实现1.51亿元，在母婴童装类品牌中排名第一位。

2015年8月，由森马集团全资捐建的温州森马协和双语学校开工建设。该校由瓯海区政府和森马集团、上海协和教育集团三方共同建设，学校占地面积150亩，建筑面积6.56万平方米，总投资3亿元。学校建成后将开设幼儿园、小学、初中、国际高中以及国际寄宿制学院和国际青少年俱乐部。

（王玮静）

德力西电气有限公司 创建于2007年，位于乐清市柳市镇，投资额近20亿元，占地60万平方米，员工超万人，是中国低压电器行业具有一定规模的合资企业。公司在大陆境内拥有CNAS国家一级实验室，工业生产基地3个，研发中心3个，创新中心1个，仿真实验室1个和自主研发专利300余项，销售办事处8个，销售办公点17个，区域物流服务中心12个，现场服务网点28个，销售网点3万余家。产品销往50余个国家与地区。2015年，德力西电气有限公司获“2015年度责任品牌奖”“希望工程2015杰出贡献奖”“中国电气工业100强”“2015年度工程师选择奖”“中国自动化年度大奖创新产品奖”等荣誉。

工业园建设。2015年10月，德力西电气芜湖工业园正式建成并投入使用，累计投资10亿元，占地535亩，全面投产后年平均产能近10亿元。芜湖工业园拥有业界一流的自动化生产系统，整体自动化率50%，关键产品线领先于全球同类企业。

新品发布。2015年，德力西电气采用全球优势资源与领先技术，持续推出领航者系列，包括全新DZ47系列终端配电产品、全新CDM3塑壳断路器、CJX2s系列电动机控制与保护产品、CDC19s切换电容接触器、CDQ3H&CDQ3E双电源自动转换开关，满足经济发展提质增效、转型升级需求。

致远控股集团有限公司 创建于2010年，总部位于乐清市虹桥镇，注册资金3.6亿元，主要以有色金属废弃物为原料，利用先进的资源循环再生产技术，生产电解铜及多种稀贵金属。2015年，公司实现年产值14.75亿元，上缴税收1200万元。致远控股集团聘请两名中科院院士作为技术指导顾问，与北京矿冶研究总院、北京科技大学、江苏理工学院等行业院校建立合作关系。截至2015年，公司拥有国家专利8项。

浙江一鸣食品股份有限公司 创建于1992年，是一家从事奶牛养殖、乳制品和烘焙食品生产、销售的农业产业化国家重点农业龙头企业。员工1793名，总资产4.8亿元，总产值16亿元，同比增长28%，上缴税金7400万元，同比增长84%。2015年，公司先后被评为浙江省著名商标、浙江省名牌产品、浙江省知名商号。

公司利用微信平台做营销推广，会员粉丝170余万人，在移动端销售额1.6亿元。信息中心转型为互联网化战略部门，公司由传统农业龙头企业向互联网农业龙头企业转型。

（诸瑞纳）

著名商标

概况 2015年，温州市有效商标注册累计210845枚，排名全省第一。其中，商标国际注册量累计6826枚，拥有地理标志证明商标累计10枚，集体商标30枚，立体商标1枚。新增驰名商标6枚，累计65枚，浙江省著名商标417枚，温州市知名商标553枚。新增小微企业省著名商标5枚和小微企业市知名商标16枚。46家企业的73枚商标获商标质押融资贷款授信额6.61亿元，实际落实商标质押款1.67亿元。创建浙江省商标品牌示范县1个、浙江省商标品牌示范镇1个和浙江省商标品牌示范企业5家。

“三名”商标创建 2015年，温州市新增驰名商标6枚，累计65枚；浙江省工商局认定浙江省著名商标39枚，累计417枚。温州银行股份有限公司的“温州银行”等74枚商标被温州市政府认定为第17届温州市知名商标；温州华明会计师事务所有限公司的“华明”等116枚商标被温州市政府确认延续为第18届温州市知名商标，累计553枚。

2015年温州市新增驰名商标名单

表22

企业名称	产业分类（按农副产品、服务类、制造类填报）	商标名称	商标类别（类）	商标使用商品或服务
温州瑞明工业股份有限公司	制造类	瑞明 RUIMING 及图	12	汽车配件（不包括轮胎）、摩托车配件（不包括轮胎）
浙江奥康鞋业股份有限公司	制造类	HONGHUONIAO	25	鞋
浙江环球鞋业有限公司	制造类	环球 HuAnQiu 及图	25	鞋、运动鞋
青山控股集团有限公司	制造类	青山	6	合金钢、铸钢
奇特乐集团有限公司	制造类	QITELE	28	秋千、摇摆木马、转椅
温州南方寝饰用品有限公司	制造类	第1468671号“图形”	24	床罩、被子、床单

2015年新增浙江省著名商标名单

表23

商标名称	商标图案	产业分类	企业名称
图形		35类/广告传播、广告、广告宣传	温州日报报业集团
青川		37类/建筑	浙江青川装饰有限公司
钟铮+ZONZEN+图形		6类/车辆用金属锁；金属锁；金属铰链	浙江钟铮锁业有限公司
楠溪九龙坞+拼音		30类/茶；茶叶代用品；茶叶	永嘉县楠溪江云岭山白茶有限公司
DIANGUANG		9类/高压防爆配电装置；电站自动化装置	电光防爆科技股份有限公司
BADA		7类/起重葫芦；绞盘；卷扬机	八达机电有限公司
炜冈		7类/印刷机器；胶印机；晒版机	浙江炜冈机械有限公司
日胜		1类/聚丙烯；未加工人造树脂；皮革修整化学品	温州日胜新材料科技有限公司
HQ		7类/汽车水泵、汽车油泵	温州华强汽配有限公司
RRR		11类/灯具	浙江萤尔光电科技有限公司

续表

商标名称	商标图案	产业分类	企业名称
掌握		16 类 / 钢笔、钢笔盒、绘画笔	温州金马文具用品制造有限公司
WeiRiKan+ 图形		5 类 / 医药制剂；医用生物制剂；医用诊断制剂	温州市维日康生物科技有限公司
指月 +ZHIYUE+ 图形		9 类 / 电容器；信号遥控电力设备；遥控仪器	指月集团有限公司
ZX		7 类 / 离心泵，石油专用抽油泵，泵	浙江振兴石化机械有限公司
锦佳		7 类 / 汽车油泵；汽车水泵；汽车发电机用汽油泵	浙江锦佳汽车零部件有限公司
顶味百嘉		30 类 / 食用香料；调味品	浙江顶味食品有限公司
红旗		9 类 / 气压表；压力计；非医用温度计	红旗仪表有限公司
天信		9 类 / 气量表、测量装置、计量仪表等	天信仪表集团有限公司
巨鸿		25 类 / 鞋、鞋底、凉鞋	温州市巨鸿鞋业有限公司
皇冠		16 类 / 水彩笔；白板笔；圆珠笔	温州凯文文体用品制造有限公司
DSAYDLN		25 类 / 鞋；袜；皮带	德赛集团有限公司
联友 +ly		16 类 / 纸板或纸制瓶封套；瓶用纸板或纸制包装物；塑料泡沫包装用品	温州联友特种瓶盖有限公司
CHAC		9 类 / 断路器；继电器（电的）；电涌保护器	创奇科技有限公司
kangsheng+ 康盛 + 图形		31 类 / 柑橘；鲜水果；鲜枣	乐清市康盛农业发展有限公司
kangtai		9 类 / 家用遥控器；插头、插座；电门铃	康泰电气有限公司
图形		12 类 / 陆地车辆变速箱；陆地车辆用连动机件	温州天和汽车部件有限公司

续表

商标名称	商标图案	产业分类	企业名称
立天	LIGHTEN	24 类 / 被子；床垫遮盖物；床单（纺织品）	立天集团有限公司
伟明	WEIMING 伟明	7 类 / 垃圾处理装置（废物）；垃圾处理机；废物处理装置	伟明环保设备有限公司
小白熊 +XIAOBAIXIONG + 图形	小白熊 XIAOBAIXIONG	11 类 / 电气奶瓶加热器、电热制酸奶器、消毒设备	浙江辉伦婴童用品有限公司
带王 + 图形		25 类 / 腰带	浙江超雷皮具有限公司
生能	生能	11 类 / 煤气热水器；电热水器；太阳能热水器	浙江正理生能科技有限公司
图形		37 类 / 建筑装潢	嘉和控股集团有限公司
Haili 海力	Haili 海力	8 类 / 磨具（手工具）；金刚砂轮；金刚砂磨轮	温州市海力砂轮制造有限公司
联农	联农 Lian nong	30 类 / 蜂蜜、食用蜂胶、非医用蜂浆	泰顺县百花蜜蜂专业合作社
彩虹熊 + 英文 + 图形		25 类 / 鞋；婴儿服装；衣服	浙江巴布豆儿童用品有限公司
铁枫堂 + 图形	铁枫堂	5 类 / 药物饮料；药茶；药草；药用草药茶	浙江铁枫堂科技股份有限公司
李大同		30 类 / 糕点、蛋糕、饼干	瑞安市李大同（老五房）食品有限公司
原野	原野 YUANYE	31 类 / 自然花、鲜花	温州市原野花艺有限公司
氡泉	氡泉	43 类 / 住宿（旅馆、供膳寄宿处）；备办宴席；饭店	泰顺县玉龙山氡泉旅游开发有限公司
精功	精功	37/ 建筑物焊接、工厂建设、机械安装、保养和修理	精功集团有限公司

（郑柳影）

（潘　达　编辑）

2015年3月27日，温州国际时尚文博会在温州国际会展中心举行

金 钢/摄

做料

非遺廣場
INTANGIBLE CULTURAL HERITAGE PLAZA
东瓯文化创意园

1. 2015年10月，护河工在塘河塘下段工作
2. 绿色家园（获第17届《温州年鉴》“菱华奖”铜奖）
3. 垃圾分类进农家

刘 峰／摄

汪秀珍／摄

陈 翔／摄

创新型经济

浙南产业集聚区

浙南沿海先进装备产业集聚区 简称浙南产业集聚区，2015年4月29日由温州市委、市政府决定设立。浙南产业集聚区管理委员会作为市政府派出机构，与温州经济技术开发区管理委员会、温州市瓯飞开发建设管理委员会合署办公，实行“一套人马、三块牌子”运行模式。

2015年，温州浙南产业集聚区生产总值380亿元，工业总产值1128亿元，财政总收入74亿元，其中一般公共预算收入20.7亿元，限上固定资产投资180.78亿元，产业增加值98.01亿元，利税总额36.5亿元。其中区本级地区生产总值200亿元，增长8.5%；工业总产值658.55亿元，增长5.2%；规模以上工业增加值76.38亿元，可比价增长7.1%；财政总收入22.8亿元，其中一般公共预算收入8.77亿元，增长10.02%；限上固定资产投资126.29亿元，增长4.4%；限上社会消费品零售总额19.95亿元，增长21.2%；外贸进出口增幅约高于全市5个百分点；城镇常住居民人均可支配收入44328元，农村常住居民人均可支配收入26855元，分别增长8.5%、9.5%。

重大项目与招商引资。2015年，浙南产业集聚区引进建设项目89个，出让工业用地937.1亩，完成年度任务117%；温商回归到位资金39.48亿元，完成年度任务112%；利用外资4783万美元，完成年度任务105%。其中，总投资20亿元、用地500亩、年产120万吨的百威啤酒项目，土地成功摘牌。总投资10亿元、用地123亩的顺丰电商产业园落地建设。中国水暖卫浴五金出口（温州）基地落户。

产业转型升级。2015年，浙南产业集聚区新增正泰电器科技、立可达等年产值10亿元以上企业2家，新增年产值1亿元以上企业10家。长江汽车电子、金帝集团、立可达等3家企业纳税超1亿元。企业“小升规”41家，“个转企”217家，完成股改12家。康乐药业、福达合金、聚珖科技、瑞邦药业4家企业登陆“新三板”。110家实体企业开辟电子商务渠道，49家企业入驻青年电商产业园。

企业科技成果。2015年，浙南产业集聚区技改投资40.67亿元，同比增长20.4%，占工业投资比重65.4%，规模以上全员劳动生产率同比增长9.5%；高新技术产业增加值、规模以上工业新产品产值分别增长16.8%、33.3%；年度研发经费占GDP比重2.42%。新增恒丰泰、长江汽车电子、石化阀门等3家省级企业研究院；恒丰泰入选2015国家产业振兴项目，人本轴承等5个项目被列入省重点技改项目。新认定高新技术企业18家、省科技型中小企业36家、发明专利授权117件。

核心区建设。2015年，浙南产业集聚区加快推进金海园区产业项目和基础设施配套项目建设，全年限上固定资产投资53.83亿元，占全区投资比重42.6%，同比增长35.4%。金海园区丁山片市政道路、河道建设等配套工程基本建成。正泰汽车科技、丰迪接插件等30余个产业项目投产或试生产，污泥热电联产项目正式发电并集中供热。金海大厦、海洋科技创新园、职教基地、交通枢纽中心、金海湖公园、金海一幼、丁山社区卫生服务中心等项目加快推进。置信立体公园、五星级华廷大酒店开工建设，碧桂园、区人才公寓等安居工程结顶。

生态环境建设。2015年，浙南产业集聚区治水投资6.47亿元，完成年度任务的104.4%。基本消灭劣五类水质河道，中横河获评省河道生态建设示范工程。浙南产业集聚区作为第一批“国家低碳工业园区”试点和省级循环化改造示范园区，国家生态工业示范园区创建通过环保部技术核查，望海社区入选第一批省级低碳社区试点。全区14家畜牧场进行排污设施改造提升；累计削减合成革生产线34条，削减率53%；淘汰燃煤锅炉44台，完成年度任务的113%；新建绿地40公顷；启动垃圾分类试点工作，垃圾无害化处理率100%；拆除违法建筑56.4万平方米，完成年度任务的125.4%；旧住宅区改造3.3万平方米，完成年度任务的166.5%；旧厂区改造12.4万平方米，完成年度任务的207.2%；城中村改造一类目标107户、二类目标16.9万平方米，分别完成年度任务的118.8%、211.3%。

民生公用事业建设。2015年，浙南产业集聚区投入民生公用事业建设资金7.67亿元，同比增长11.3%。天河中心幼儿园建成投用，新建街道中心图书馆1所、农家书屋28家，创建书香校园4所、数字化校园4所，被评为温州市“课堂变革”示范区域。沙城、天河等21个村饮用水井网改造工程进展顺利。海城滨城医院完成桩基工程，沙城中心卫生院病房大楼结顶。环山东路（开发区段）开工建设，滨海一道、三道与通海大道贯通，滨海十三路与天成片贯通，滨海八路、十路、十二路东延段工程竣工，建成“三环一纵”微公交循环系统。完成500千伏南雁至温东输变电工程、甬台温输气（油）管道工程温州段项目“清零”工作。举办38场现场招聘会并组织18场赴外招才引智活动，帮助企业招聘员工2万人。全面推广“一企一码”应用，“安监通”实现全覆盖，国家三级达标企业达245家。

行政审批改革和项目化改革。2015年，浙南产业集聚区综合审批改革列入国家相对集中行政许可权试点。集聚区在全市率先探索实施“负面清单”管理模式，项目建设周期缩短近5个月。开展“五证合一、一照一码”行政审批新模式，颁发全市首张全程电子化登记的企业营业执照。开展政府投资建设工程项目竣工“三测合一”试点，提高中介机构服务效率。瓯飞一期等2个项目入选国家PPP项目库，第二污水处理厂中水回用工程PPP项目投入试运行。数字开发区二期成果获中国国家地理信息产业优秀工程金奖。

温州高新技术产业开发区 2015年，温州高新技术产业开发区（简称高新区）入驻高新技术企业69家，省科技型中小企业277家。全年技工贸总收入880亿元，同比增长12.96%；其中工业总产值403.86亿元，同比增长8.13%。出口创汇18.71亿美元，同比下降2.04%；创利税32.78亿元，同比增长8.36%；利润总额13.12亿元，同比增长8.36%。企业专利申请量2793件，其中发明专利422件；企业拥有有效专利2170件，其中发明专利160件。

浙南科技城是高新区重点工程项目。2015年，浙南科技城管委会获省编委批复设立，管委会采取“市里挂帅、龙湾主抓、高新区实施”的模式，搭建“一办四局两中心”的机构配置，建立封闭运作、充分授权、相对独立的运行机制。年末，已编制完成《浙南科技城建设总体方案》《浙南科技城发展总体纲要》《浙南科技城产业发展规划》等重大战略规划。结合规划布局，初步谋划确定六大工程28个项目，并启动南北两大起步区建设，开展土地收储、城市更新等工作，规划建设“五纵三横”主干道路网络和多层级生态廊道，建立创客空间、孵化器、产业园、总部园等创新创业平台。管委会坚持上门招商、精准招商，接触企业、对接项目，与中国工程物理研究院签订战略合作框架协议，中科院温州生物材料研究所一期项目落地建设。

高新区招商引资。2015年，高新区招商任务为内资7.5亿元，市外房地产5亿元，外资1000万美元。全年落实引进内资6亿元，市外房地产投资6.28亿元，引进浙江宝创汽车部件开发有限公司、梦想小镇、温州兴龙航空投资有限公司、温州聚能光电科技股份有限公司等一批内资项目和温州希翼石材开发有限公司等若干外资项目。激光与光电加速器项目，计划入驻企业12家，租用面积47638平方米，通过相关部门和专家联审，签订投资协议书。

高新区科技创新。2015年，高新区启动创业服务中心知识产权托管试点工作，推进“众创空间”发展，“薪火工坊”、We+社区被评为首批众创空间；温州首家青年创业社区“和堂悦舍”落户，规模近5000平方米。新增高新技术企业7家、省科技型企业107家；新增省级高新技术企业研发中心2家，8家企业通过国家火炬计划项目初审。中科院温州生材所研发的激光角膜屈光治疗机上市，温州激光技术应用示范推广中心成立。北航研究院自主研发设计的扁笔全自动生产一体机上市拍卖，拍出价110万元。源大创业园、蓝江软件园创成省级孵化器，浙江大学技术转移中心创成省级科技公共服务平台，兰州理工大学温州研究院创成省级重点技术转移中介机构，兰州理工大学温州科技园开工建设。

高新区产城一体化。2015年，首个企业自主创新的万谷科技金色小镇养老园商务综合体落成，项目总用地面积633亩的“时尚商圈”一期工程启动，加快市域铁路S1线、奥体中心、温州国际机电城、机场T2航站楼、文昌路综合管廊、中国（温州）激光与光电产业联合研究院、人才大厦等一批省、市重点工程建设进度，加快瓯江路东延、瓯海大道东延及枢纽集散系统等交通工程建设，启动空港商贸物流园建设。

高新区要素保障。2015年，温州市高新区加快科技创新服务中心建设，征集高新技术成果产业化设计方案，加强网上技术成果交易。加强专利工作和示范性企业培育，爱好笔业获国家知识产权优势企业称号，康泉电器获省专利示范企业称号。2015年新增“国家千人计划”人才1名、省千人计划人才2名，与8个企业团队签署合作意向书。设立温州市首只新三板专项基金，组织40家企业参加温州中小微企业对接上海股权交易中心上市融资说明会，完成企业股份制改造15家，“新三板”挂牌2家，新增“新三板”挂牌签约企业4家，累计挂牌签约11家。

（张丽君）

瓯江口开发

概况 瓯江口产业集聚区规划总面积330平方公里，其中重点规划面积59.7平方公里，包括瓯江口新区一期、乐清经济开发区滨海片区、乐清柳白新城区块、洞头大小门临港产业区；核心区面积24平方公里，包括瓯江口新区南片城市功能区和北片产业功能区。2015年，一期核心区24平方公里软基处理施工完成，南堤大断面促淤堤和北侧西区27平方公里吹填工程快速推进，二期初具空间形象。

瓯江口开发建设规划 2015年，瓯江口新区以打造温州标杆城区为目标，以城市建设综合立体规划为支撑，对发展规划、土地利用规划、城市规划、海洋功能规划进行调整，实现“多规合一”目标，城市防洪排涝、地下空间利用、城市色彩、灯光等12个专项规划编制到位，形成全面覆盖、立体管控的造城规划体系，推进标杆城区建设。

瓯江口基础设施建设 2015年，瓯江口新区对外交通建设提速。建成洞头峡大桥、深门大桥等特大桥，南口大桥主桥合拢，77省道灵昆至东围堤段基本建成，甬台温高速复线、城市轨道S1线瓯江口段施工顺利，瓯江北口大桥开工。市政基础设施包括道路、河网、信息等智慧物联网建设初具框架。起步区8.6平方公里范围的市政路网基本建成，瓯江口特色城市系列家具启动安装，“1+N”的智慧城市管理综合平台建设加速推进。涵盖综合市政道路、地下综合管沟、城市景观等七大工程的一期市政基础项目，实施PPP运作，当年谋划当年开工，成为全市首个投资规模超百亿的基础设施PPP项目。

瓯江口功能性项目建设 2015年，瓯江口新区推动优质教育资源落地，加大保障房建设力度，实施卫生医疗配套项目。浙江工贸学院开工建设，外国语学校、护士学校投入使用，三甲综合医院、中心血站、发展大楼等项目有序推进，人才公寓、灵昆新市镇一期、霓屿安置房一期建成。

瓯江口产业项目集聚 2015年，瓯江口新区引进项目总投资规模超75亿元，包括先进装备制造、新能源新材料和商贸物流等行业，具体有金龙机电、苏宁电商物流园、新科粉体新材料等22家企业。其中，投资规模超20亿元的南车修造基地项目落地，半岛产业园区初具规模，现代保税物流中心建成并通过省级预验收，苏宁温州电商物流园、瑞莱克斯、曼瑞德、金马等5家企业投产。

瓯江口体制改革 2015年，瓯江口新区坚持改革创新，优化体制机制，完善“统分结合”的组织架构，三个分区管委会挂牌运行。明确瓯江口新区封闭运行的财政体制和灵昆托管体制，划清新区与洞头区在经济建设、社会事务管理等领域的工作边界。在审批服务改革方面，按照“审批不出区”的原则，建成提供优质、高效、便捷政务审批服务的服务中心。

（朱 博）

小微园建设

瓯海经济开发区 2015年，瓯海经济开发区有生产性企业991家，其中规模以上企业287家，以鞋革、服装、眼镜、电器、汽摩配等产业为主。全年规模以上工业总产值244.25亿元，同比增长7.9%，销售产值214.32亿元，出口交货值94.33亿元，同比分别增长7.8%、7.7%。

园区产业转型升级。2015年，瓯海经济开发区开工建设“挖潜节地”项目约35万平方米，实施市级“机器换人”项目4个、区级技改项目60个，新增及复评通过省级品牌及商标7个、市级17个，企业“小升规”46家、“个转企”16家、“股改”4家、“限下转限上”30家，挂牌“新三板”2家、省创新板平台5家。新增办理“退二进三”企业15家，面积约2.7万平方米。

园区企业科技能力建设。2015年，瓯海经济开发区加强企业科技能力建设，获评省级科技型企业51家，获评市级科技型企业44家，被认定为省高新企业技术研发中心3家，被认定为市级企业技术研发中心5家，通过省级高新技术企业申报及复评24家，通过市级专利示范企业复评2家。全市首个跨境电商园区和电子商务虚拟产业园建成投用。

基础设施建设。2015年，瓯海经济开发区政府性投资2.5亿元，完成年度目标的372%。投建市政道路9条，其中3条建成通车；完成三溪安心公寓、三溪片截污纳管、梧田片截污纳管、竹溪河驳坎工程等配套项目建设；仙岩穗丰小学主体工程结顶。

大学科技园建设。2015年，瓯海经济开发区启动区改建区块主要道路和立面改造基本完成，区域内有创新创意企业、院士工作站等优质企业300余家，创成“省电子商务十大产业地”“温州市重点文化产业园”“温州台湾中小企业园区”。启动智创小镇建设，范围拓展至瓯海经济开发区梧田园区约1600亩区域，以信息经济、创意设计为主导，打造温州智创小镇核心区，加速形成智慧化的众创空间。

园区环境整治。2015年，瓯海经济开发区开展“三改一拆”“五水共治”“四边三化”等，依法拆除园区内违法建筑3472平方米，拆除沿河违法建筑1250平方米，纠正违法占道行为5000余起，取缔流动摊贩800余个，其中梧慈路流动摊贩被取缔90%，市容环境改善，疏通市政道路排污、排水管网8万米。工业垃圾和生活垃圾日产日清，清运垃圾2.18万吨，清运建筑废土110吨，清理死角垃圾28处。完成十里河灯具城浣水游步道及绿化提升工程建设。

（潘 展）

瑞安经济开发区 2015年，瑞安经济开发区规模以上工业产值285亿元，同比增长8%，占瑞安市规模以上工业产值32.2%。限上固定资产投资84.3亿元，其中工业性投资75.2亿元，园区建设9.12亿元。

规划修编。2015年，《瑞安经济开发区北拓展控制性详细规划》《瑞安经济开发区阁巷新区控制性详细规划》修编进入公示阶段，《瑞安经济开发区起步区控制性详细规划》《瑞安经济开发区发展区控制性详细规划》修编完成并提交市住建局。

工业性投资。2015年，瑞安经济开发区出让工业用地90亩，引进企业14家，吸引瑞商回归资金10.6亿元。全年项目开工22个，竣工18个，在建项目95个。完成工业性投资75.2亿元，同比增长23.76%，占瑞安市工业性投资40.2%。

重点工程建设。2015年，瑞安经济开发区推进重点工程建设，占地267亩、总投资10.6亿元的阁巷小微创业园被列为温州示范小微企业创业园，33幢标准厂房全部结顶，累计投资5.5亿元。占地40亩、总投资3.5亿元的3个安心公寓工程主体中间验收完成，累计投资2.1亿元。总投资1.6亿元的北区人才公寓通过消防验收。总投资5.1亿元的总部经济大楼1#、2#楼主体结顶，累计投资3.7亿元。长5公里、宽28米的56省道东延伸线工程年内实现半幅通车。

园区配套设施建设。2015年，瑞安经济开发区园区建设投资9.12亿元。阁巷新区东二路、东三路工程交付使用，围三路、围五路、围海大道等5座桥梁工程桥板架设成功，围五路一期、火车站东路临时砼路面等4条道路工程开工，垦区110千伏变电所投入运行。南区经十路、经二路道路工程建成，7条人行道预验收。北区滨江大道三期、敬业路等6条道路竣工验收。开发区6路、11路公交线至电镀园区延伸建设完成。环境整治方面，阁巷新区江南大道二期给排水工程和一期道路中央绿化带工程完工，横二河疏浚完成；北区滨江大道三期、开发区大道绿化景观带工程累计完成工程量748万元；完成旧厂区改造项目62个，改造面积98.14万平方米。

工程监管。瑞安经济开发区全年发放建设用地规划许可证36本，用地面积33.67万平方米；办理建设工程规划许可证48本，建筑面积88.58万平方米；竣工规划核准23个项目，建筑面积59.33万平方米；办理施工许可证45个，总造价15.83亿元。安全生产管理方面，全年对114个在建工程的施工现场质量和安全加强动态管理，出具整改指令书120份，提出整改意见650条，全年无安全事故发生。

（王琼西）

乐清经济开发区 2015年，乐清经济开发区以智能科技产业园和“千人计划”

产业园两大平台为重点，推进经济转型升级。全年规模以上工业总产值132.03亿元，同比增长3.8%；工业性投资35.86亿元，完成年度计划的103.94%；引进浙商回归资金7.1亿元，完成年度计划的101%。经济规模和综合效益居全省46个省级开发区前列，综合分值居全省第三。

科技创新能力建设。2015年，乐清经济开发区深化“产、学、研”合作，同温州大学组建浙江高校产学研联盟乐清中心，新增4家省级高新技术企业研发中心，累计高新技术企业42家，高新技术产品产值占总产值60%以上，规上企业R&D（研究与开发）内部支出2.6亿元。开发区科技创新能力持续提升，成为乐清市高新技术研发与成果转化基地。

重点工程建设。2015年，乐清经济开发区乐海围垦填方1375亩，投资2.06亿元，完成率103.25%，其中吹砂填方915亩。邻里中心配套工程建设（包括星级酒店、文体中心和人才公寓等）启动，规划建筑面积9.8万平方米，总投资5.8亿元，其中一期工程完成打桩。开发区公园项目投资905万元，完成年度任务100.5%，主体工程完工。

基础设施建设。2015年，开发区基础设施工程投资5121万元，完成率104.5%。重点工作涉及北片路网、绿网、河网和电力、通信设施的配套建设。空间规划与G228国道、翁垟街道规划的对接完成，南片规划报批，打通乐海围垦南北片卡口的经七路桥梁提前启动。

开发区环境建设。2015年，乐清经济开发区开展平安园区建设，完成安全生产标准化（三级以上）评审的企业71家，辖区治安视频监控系统实现100%全覆盖。

（卓礼丰）

瓯飞工程

概况 2015年，温州市瓯飞工程建设投资26.58亿元。其中，瓯飞一期围垦工程（北片）投资13.2亿元，完成年度任务的127%；瓯飞起步区围涂工程提速，海堤、水闸已投入正常运行，工程即将完工；瓯飞一期配套区涂面整理工程、起步区3号围区涂面整理工程形成1万多亩造地条件；瓯飞工程300公顷农业用海指标获批；瓯飞专供料场全年供应石料再次突破1000万立方米，获省级绿色矿山称号。

项目资金筹集 2015年，瓯飞建设项目通过争取省级补助、蓝海股份募资和政策性银行项目贷款等方式筹措，争取到农发行45亿元低利率长期限贷款，首笔贷款发放13.5亿元。

两化融合

概况 2015年，温州市编制出台《关于实施信息化战略的决定》，制订2015年度实施方案，启动编制《温州市信息经济发展“十三五”规划》，加快信息产业发展，推进“两化”（信息化和工业化）深度融合和智慧城市创建，促进信息经济的发展。乐清市入选省级信息经济发展示范区，瓯海区时尚智造小镇和苍南县台商小镇列入第一批省级特色小镇创建名单。

两化融合指数 2015年，温州市规模以上电子信息制造业企业493家，工业总产值506.7亿元，同比增长7.7%；主营业务收入443亿元，同比增长2.5%；利税总额44.3亿元，同比增长13.5%，其中利润总额27.5亿元，同比增长15.7%；出口交货值59.4亿元，同比增长1.8%；软件业务收入6.6亿元，同比增长19.6%；通信服务业业务收入122.05亿元，同比下降16.8%。全市信息经济发展指数90.91，“两化”融合指数71.32，均居全省第五位。

两化融合试点建设 2015年，温州全市培育认定“两化”融合、智能制造、总部型试点、贯标试点等企业50家。其中，国家级4家，省级21家，市级27家。永嘉县入选省级两化深度融合国家综合性示范区。出台《温州市企业首席信息官制度建设指南》，率先在全省推行企业首席信息官制度，开展优秀企业首席信息官评选，评出市级优秀企业首席信息官10名。举办“两化”深度融合、智能制造论坛和培训会。

通信基础设施建设 2015年，温州市基本建成“光网支撑、天地一体、融合发展”的现代通信基础网络，光宽带、4G网络、无线城市等网络的覆盖广度和深度得到提升。通信骨干网络扩容升级，网络支撑服务能力提升，城域出口带宽3.2T；光纤到户改造快速推进，用户超过180万户；组建中国铁塔温州分公司，实现通信铁塔等移动通信设施的统一规划、统一建设和统一维护，构筑通信铁塔全市“一张网”体系；TDD和FDD两种制式4G通信网络建设全面铺开，4G网络信号覆盖城区、乡镇和90%以上行政村；创新推进WiFi联盟建设，建设、改造免费无线网络接入设备16000余个，覆盖全市1800余个公共场所。

民生项目智能建设 2015年，温州市以创建国家智慧城市试点、国家信息惠民试点为契机，推进智慧城市建设。启动智慧环保一期、智慧公共安全、智慧气象等项目建设，建成物联网治安管控平台，智慧旅游项目进入软件开发和系统集成阶段。法人库项目进入全面建设阶段。制定出台《温州市建设信息惠民国家试点城市三年行动计划（2015—2017年）》，建立智慧城市建设咨询指导组和专家组。智慧交通、智慧卫生、市民卡等一批民生信息化项目应用不断深入。市民卡累计采集市民信息738.09万个，充值服务网点924个，消费网点807个，并开通公交、公共自行车、出租车、加油、图书借阅、景区门票、文化体育消费、超市便利店、森林公园年卡、诊间结算等30余项应用。

政府投资信息化项目管理 2015年，温州市通过前期对接、现场调查、约谈指导等方式，加强对政府投资信息化项目的管理，严格审查信息化项目的技术方案与投资金额。年内，论证与审查市本级政府投资信息化项目100余个，投资3.5亿元，累计核减项目资金9000余万元。

信息产业

中国电信温州分公司 2015年，中国电信温州分公司主营收入31.56亿元。网络总出口带宽3.2T，光网络端口超330万户，光宽带用户超122万户。建设4G基站1687个，累计有室内外4G基站近8000个。累计建设ChinaNet无线AP热点2.1万个，率先开放i-zhejiang网络，累计开放AP2.2万个。全市有1022个服务网点，

2015年3月11日，114移车服务平台启动　　（电信温州分公司提供）

为162万固定电话用户、150万宽带用户和259万移动用户提供通信信息服务。温州市获中国电信集团“百兆光网城市”称号。

114移车服务。2015年3月11日，电信温州分公司114移车服务平台启动，全市11个县（市、区）同步推出114移车服务。该平台以电信温州分公司114综合信息服务为基础，发挥话务平台优势，提供出行移车服务。截至2015年，114移车服务日均呼入话务量8100通。

“智慧党建”创建。2015年6月29日，电信温州分公司与温州市委组织部共建温州智慧党建电视IPTV，依托智慧党建云平台，汇集整合温州党建网和温州远教网等网站内容，利用三屏互动，搭建涵盖6000余个行政村的综合性智慧党建教育服务平台，促进农村基层党建信息化工作新跨越。

（胡　洁）

中国移动温州分公司　2015年，中国移动温州分公司主营业务收入超72亿元，用户数超1000万人。

信息化建设保障海上渔业安全。2015年，移动温州分公司与温州市海事局合作开发“渔船安全救助信息系统”，并投入运行。采用最新基站技术，实现沿海70公里内的全覆盖，建设一批超远覆盖站点，完成对各近海、航道、部分远海渔区和海监海事海上巡逻区域的覆盖。入网后，2000余条渔船上渔民使用手机终端就具备定位、显示目标领航经纬度、双通道报警等功能，提升渔船的海上安全。

高清语音4G通话业务正式商用。2015年10月，移动温州分公司举办移动4G+品鉴会，温州本地数十家报媒、电视新闻媒体、网络媒体及部分客户参加品鉴会。会上，“4G+高清语音”通话业务正式商用，高清语音电话具有高质保真、接续秒接秒通、视频更加清晰三大特点。

金丽温高铁温州段移动专网建设开通。2015年11月，移动温州分公司完成金丽温高铁温州段的专网建设，开通全线全部62个点位，网络覆盖良好，4G下载速率超过30M。

首条自建海底光缆建成启用。2015年12月，移动温州分公司洞头岛—鹿西岛—大门岛海底光缆建成启动，实现洞头区所有主要岛屿的光缆连接，解决海岛之间稳定通信和高速连接的难题。该工程采用60芯超大容量缆线，总长度超过70公里，其中海缆部分20公里。

温州市行政管理中心无线WiFi系统试运行。2015年，移动温州分公司承建的温州市行政管理中心无线WiFi系统成功投入试运行。该WiFi系统采用运营商投资建设与运营，市政府支付系统硬件维护费、流量费和网络管理费的方式运行。

（王震宇）

中国联通温州分公司　2015年，中国联通温州分公司主营业务收入8.99亿元。移网用户数144万余户，固网宽带用户23万余户；开通3G站点1746座，新增3G室内分布系统195套，开通4G站点1162座，新增4G室内分布系统67套；新建光缆2740皮长公里，管道建设329孔公里，新增分组汇聚设备46端，分组接入设备332套。

“智慧阀门”项目初验。2015年7月31日，联通温州分公司与永嘉县政府合作的“智慧阀门”项目进行初验。项目实现阀门运行数据实时监控、运行故障及时预警及设备历史数据分析统计工作等功能，通过智能改造，单个阀门产品附加值增加约50%。

载波聚合（CA）试点工作。2015年10月14日，联通温州分公司联合中兴公司成功试点载波聚合（CA）工作，实现联通4G网络300Mbps的极速体验目标。本次载波聚合试点分别实现LTE1800+2100带间20M+20M的载波聚合试点与验证。实际测试表明，LTE1800+2100带间40M载波聚合下网络速率达到近300Mbps。

（黄碎珍）

新兴产业

概况　2015年，温州市十大新兴产业发展态势良好，通用航空产业、轨道交通产业、文化创意产业发展势头强劲。旅游休闲产业增加值306.81亿元，现价增速11.9%；现代物流产业增加值389.19亿元，现价增速8.7%；洞头区临港石化产业产值31.82亿元；新材料产品产值196.83亿元。

计划规划实施。2015年，温州市制订实施《温州市十大新兴产业培育发展2015年度实施计划》，围绕强化项目带动、强化平台建设、强化企业培育三大任务，通过加强组织领导、政策引领和考核评估等措施，推进温州市十大新兴产业培育发展。

创新能力建设。2015年，温州市战略性新兴产业增加值237.67亿元，高新技术产业增加值401.37亿元，装备制造业增加值474.1亿元，同比上年分别增长8.5%、8.1%、7.7%。新产品产值1195.01亿元，同比增长27.8%，位居全省第一。全年全行业增加高新技术企业133家，增加省级高新技术企业研究开发中心26家，增加省级企业研究院18家，增加国家级地方联合工程实验室1家。

平台集聚发展。2015年，温州市全面启动浙南科技城规划建设，重点做好激光与光电、新材料、生命健康等科创园区的规划、建设及项目储备工作。推进两大产业集聚区建设，重点推进中国电子温州电子信息产业园、韩国医疗复合园区等。瓯海区生命健康小镇、文成县森林氧吧小镇及平阳县宠物小镇入选省级特色小镇第二批创建名单；乐清市雁荡山月光小镇、永嘉县玩具智造小镇、泰顺县氡泉小镇及温州市汽车时尚小镇入围省级特色小镇培育名单。

重大项目建设。2015年，温州市引入十大新兴产业重大项目投资额20亿元以上9个，总投资576亿元，主要集中在文化创意、生命健康、通用航空、旅游休闲等领域。十大新兴产业重点项目库2015年计划投资95.3亿元，完成投资72.3亿元，投资完成率75.87%。其中，灵昆维修基地项目进入全面施工阶段，完成年度投资6500万元；梦多多小镇投入运营；温州保税物流中心（B型）基本完工；激光与光电产业园加速器一期进入竣工验收手续办理阶段。

网络经济产业 2015年，温州市网络零售额893.55亿元，同比增长50.32%；居民网络消费额568.39亿元，同比增长44.05%，总额居全省第三。编制《2015年度温州市网络经济重点项目计划》《温州网络经济发展规划（2015—2020）》和《温州网络经济发展三年行动计划（2015—2017）》，制订《温州市人民政府关于促进网络经济发展的若干意见》。全市56%规模以上工业、商业企业参与电商应用，新增电商主体建档4000余家、经营性网站网络建档6000余家，温州企业入驻阿里巴巴天猫店3387家。全市建成淘宝特色中国温州馆和阿里巴巴温州（瓯海）、苍南、乐清、平阳、瑞安等六个产业带，入驻企业21612家，总成交额84.9余亿元。全年快递服务企业业务量累计3.76亿件，同比增长73.6%，居全省第三位；业务收入35.47亿元，同比增长43.1%，居全国地级以上城市第15位。

旅游休闲产业 2015年，温州市旅游休闲产业产值804.53亿元，同比增长18.14%。其中，国内旅游产值770.32亿元，同比增长18.25%；国际旅游产值5.49亿美元，同比增长14.54%。出台《关于加快培育旅游产业成为千亿产业的实施意见》《关于加快发展红色旅游的实施意见》，编制完成《温州市低碳旅游目的地城市建设与发展研究》《温州市旅游国际化发展研究课题》和《浙江省文化旅游经典案例温州篇》。

激光与光电产业 2015年，温州市激光与光电及部分应用企业142家，其中高新技术企业96家，实现营业收入400亿元；组织实施激光光电技术项目15项，培育巨一集团、华联机械、伟明环保等激光与光电技术应用示范企业5家；新增激光与光电技术创新载体2家，分别为温州大学激光加工机器人省级重点实验室和温州激光技术应用示范推广中心；举办中国（温州）机械装备暨智能制造·激光展览会，展出面积2400平方米，参展企业30家，展位数量163个，参观人数12320人次，成交额约4000万元。举办第二届国际激光产业高峰论坛、第六期战略性新兴产业高级研修班、国家大院名校科技成果推介会（激光与光电专场）等活动；加大招商引智，通快集团与温州大学共建激光技术研究实验室，实施激光产业化项目。

生命健康产业 2015年，温州市成立生命健康产业培育提升工程实施工作组，出台《温州市生命健康产业发展规划（2014—2020年）》《温州市生命健康产业培育提升工程行动计划（2014—2016年）》和《关于培育和提升生命健康产业的若干意见》。举办“2015浙江·台湾合作周”暨海峡两岸生命健康产业合作发展论坛，签约七大生命健康产业合作项目，金额29亿元，温州健康云项目和温州市国际医学诊疗中心项目落地。

（林剑琴 潘 达 编辑）

2015年11月13日，第十一届浙江（温州）轻工产品暨2015国际时尚消费博览会开幕

（温州市政府公报室提供）

市场·商贸

综　述

概况　2015年，温州市登记在册的各类市场466个，其中浙江省重点市场1家，成交额65亿元；浙江省重点培育市场2家，省区域性重点专业市场11家。全市有星级文明规范市场156个，其中四星级17个，三星级62个，二星级63个，一星级14个。商品交易市场总成交额1157亿元，总面积8526万平方米，摊位90060个，市场经营户总数76491户，从业人员13万余人。专业市场内有总经销、总代理、特约经销品牌632个，市场注册服务商标2117枚，市场经营户注册商标809枚，累计安置下岗职工再就业6924人。

2015年，温州市社会消费品零售总额2674.38亿元，比上年增长11.0%，其中限额以上社会消费品零售总额954亿元，同比增长11.9%，增幅居全省前列。全市城镇消费品零售额2277.82亿元，同比增长11.3%；乡村消费品零售额396.56亿元，同比增长9.1%。按行业分，批发零售贸易业零售额2348.68亿元，同比增长10.7%；住宿餐饮业零售额325.70亿元，同比增长12.9%。在限额以上批发零售业零售额中，汽车类零售额423.66亿元，同比增长11.3%；石油及制品类零售额156.80亿元，同比下降8.2%；粮油及食品类增长31.3%，日用品类增长18.2%，金银珠宝类增长47.6%，鞋服、针纺织品类增长26.5%，通信器材类增长64.4%。编制“十三五”成品油分销体系发展规划，做好全市成品油批发、仓储以及市区零售企业年审工作。

2015年温州市商品交易市场同比情况

表24

项　目	2015年市场个数	2014年市场个数	同比（%）	2015年成交额（亿元）	2014年成交额（亿元）	同比（%）
市场总数	466	455	2.42	1157.1673	1110.3249	4.22
（一）消费品市场	377	366	3.01	809.6194	773.9485	4.61
1. 消费品综合市场	32	30	6.67	171.8565	64.2764	167.37
其中：消费品综合批发市场	9	9	0.00	48.5872	56.2400	−13.61
2. 农副产品市场	276	268	2.99	430.8083	408.6283	5.43
其中：农副产品批发市场	25	25	0.00	186.7723	219.6395	−14.96
3. 工业消费品市场	69	68	1.47	206.9546	301.0438	−31.25
其中：工业消费品批发市场	22	21	4.76	111.4209	129.3448	−13.86
补充：农贸市场	246	239	2.93	250.8489	252.0719	−0.49
其中：城市农贸市场	80	84	−4.76	151.4434	154.7778	−2.15
农村农贸市场	166	155	7.10	99.4055	97.2941	2.17
食品市场	2	2	0.00	28.7300	25.4052	13.09
（二）生产资料市场	87	87	0.00	302.4004	290.4264	4.12
1. 生产资料综合市场	10	9	11.11	11.2533	5.1556	118.27
2. 工业生产资料市场	70	78	−10.26	289.0078	285.2708	1.31
3. 农业生产资料市场	7	0		2.1393	0	
（三）服务市场	2	2	0.00	45.1475	45.9500	−1.75
其中：物流市场	2	2	0.00	45.1475	45.9500	−1.75

商贸流通业发展　2015年，温州市商贸流通业发展特色鲜明，商贸流通主体日益壮大，商贸流通体系不断健全。全市流通业有法人单位139668家，占全市企业法人数的51.82%；有限额以上贸易企业884家，省级重点流通企业6家；有5000平方米以上的大型商业网点38个，商业综合体7家，基本覆盖鹿城、龙湾、瓯海、洞头等主要区域；有餐饮网点5000余个，实现线上餐饮营业额43.68亿元，年均增长13.82%。

商贸品牌建设　2015年，温州市举办世界瓯菜万人宴品牌活动，开展金秋购物节、消费促进月、五马时尚周等系列促销活动，金秋购物节获省优秀组织奖和最受欢迎特色活动称号。建成南塘风貌街、纱帽河女人街等省级商业特色街5条，建成闻宅巷商业步行街、黎明92文化创意街、国智9号商业街等市级商业特色街14条，温州市第一百货商店等8家企业取得“中华老字号”称号，县前汤团店等34家企业取得“浙江老字号”称号，时代广场购物中心等4家企业取得“达标百货店”称。

农村商贸流通项目建设　2015年，温州市建立健全农村流通网建设项目库，召开全市集中连片推进农产品流通和农村市场体系建设现场会。建立农村流通网建

2015 年温州市四星级文明规范市场

表25

序号	市场名称	所在地
1	温州市鹿城行前农贸市场	鹿城区
2	温州市鹿城黄龙农贸市场	鹿城区
3	温州文化商品市场	龙湾区
4	温州市龙湾状元农贸市场	龙湾区
5	温州市汤家桥农贸市场	龙湾区
6	温州市二手车交易市场	龙湾区
7	温州汽车城	瓯海区
8	温州装饰材料市场	瓯海区
9	温州家具市场	瓯海区
10	温州市瓯海新桥农贸市场	瓯海区
11	温州市瓯海瞿溪农贸市场	瓯海区
12	洞头区北岙农贸市场	洞头区
13	乐清市大荆中心菜市场	乐清市
14	乐清市金茂商务广场家具建材城	乐清市
15	瑞安市红光菜市场	瑞安市
16	瑞安市陶瓷品广场	瑞安市
17	苍南县嘉恒家居市场	苍南县

设项目月度统计制度，跟踪和督查建设项目进程。全市14个项目涉及农产品批发市场、农贸市场、农超对接、农产品加工配送中心、农产品电子商务、物流配送中心等建设，完成投资11亿元，完成建设项目10个。支持公益性农批市场建设，市现代冷链物流中心建设项目取得省财政贷款贴息资金1300万元。

（王晓明）

市场信用分类监管 2015年，温州市对399个市场开展市场信用分类监管，其中A级市场296个，B级市场71个，C级市场27个，D级市场5个。开展经营户信用分类监管的270个市场中，AAA级经营户1970户，AA级经营户3314户，A级经营户20759户，B级经营户1145户，C级经营户20户，D级经营户64户。

市场食品检测 2015年，温州市组织农贸市场快速检测33.45万批次，不合格3146批次，处理不合格食品10861千克，定性转定量检测267批次。全市在农贸市场设立免费对外开放快检室64个，免费为公众提供快检3701批次。全市查处不符合食品安全标准的食品案件495件，案值311.72万元，罚没款397.59万元，移送司法机关案件及线索74件；查处不符合食品安全标准的食用农产品案件62件，案值4.27万元，罚没款19.07万元。

放心农贸市场创建 2015年，温州市创建放心农贸市场21家，其中鹿城、瑞安、乐清各3家，龙湾、瓯海、苍南、泰顺各2家，平阳、永嘉、文成、洞头各1家，并列入2015年温州市委、市政府十大民生实事项目。全市投入资金2304万元，进行放心市场标志设置、摊位修缮、地面铺设、道路改造、扩建办公区、建设停车场、增设LED液晶显示屏、整改供电照明和保卫监控等改造提升。培训市场管理员51人次，“以奖代补”对城区每个创建成功的市场各奖励10万元，合计安排年度奖励资金70万元。落实省级财政支持补助资金378万元、放心市场管理员资质培训补助资金30.25万元。

商品交易市场

商品交易市场建设 2015年，温州市商品交易市场总数466个，其中网上交易市场成交额119.3亿元，同期增长25%。全年投资63.2亿元，开业市场项目14个，包括红星美凯龙家居生活广场、温州市中国鞋都鞋革城、温州电子商城、温州国际鞋城、瑞安五洲商贸城一期、中国礼品城扩建项目、乐清柳市钢铁市场等。完工项目有：温州国际机电城、温州国际淘宝城、温州现代农贸城、瓯江口水果批发市场、温州站南商贸城、瑞安五洲商贸城二期、瑞安仙降胶鞋市场。续建项目有：温州商贸城北片、温州陶瓷品市场、温州木材市场工程建设。整改搬迁项目有温州鞋料市场、温州旧货调剂市场、温州装饰城、温州五金城等。

消费品市场 2015年，温州市消费品市场377家，成交额809.6亿元，同比分别增长3.01%和4.61%。各大类交易量与交易额均有所增长，家用电器、汽车、电子产品等增长较快，服装、日用品变化不大，瑞安商城服装、鞋、布、小百、化妆品等十五大行业保持稳定。

农副产品市场 2015年，温州市276家农副产品市场和25家农副产品批发市场，成交额分别为431亿元和186.8亿元。其中，大米类、油脂油料类、肉食禽蛋类、水产品类、蔬菜类、干鲜果类等商品的成交量同比分别增长3.1%、18.4%、2.7%、5.1%、11.6%和−7.1%，成交额同比分别增长18.7%、16.5%、8.7%、12%、14.2%和−12.6%。干鲜果类价格均呈现下行态势，水产品类、大米类价格回升，其他类保持相对稳定。

生产资料市场 2015年，温州市政府为改善宏观经济结构，节能降耗，加强绿色环保，将原来政府主导的投资拉动型模式调整为以大力促进消费、服务发展型的经济模式，基础设施投资减少，制造领域用钢量减少，全市87家生产资料市场交易总额302.4亿元，同比仅增长4.12%。

网上技术市场 截至2015年年末，中国浙江网上技术市场温州市场有会员19179

2015年4月，全国首家智慧农贸市场在温州状元街道建成 （市市场监管局提供）

人，上网企业24930家，登记技术难题695项，提供研发经费54792万元，签订技术合同1023项，技术交易额19.29万元。全国有14093家高校及科研院所加盟温州网上技术市场，发布技术成果5611项，在线专家1994人，网页链接著名高校、科研机构的网站及其他知名网站71家。6月16日，23家温企在浙江省（杭州）2015年春季科技成果竞拍活动中，出资4550万元买入24项科技成果。12月10日，2015中国浙江网上技术市场活动周，温州企业现场签约14项，合计成交额2875万元。全年累计科技成果竞价（拍卖）总额7000余万元。

电子商务

概况 2015年，温州市柳市镇、塘下镇、仙降镇、桥下镇等5个镇获中国“淘宝镇”称号，龙港镇芦浦村、下埠村等56个村获中国“淘宝村”称号，淘宝村数量比上年增长6倍多，居全国地级市首位。建成并运营阿里巴巴温州（瓯海）、苍南、乐清、平阳、瑞安等5个产业带，数量居全省第一，入驻企业分别有6262家、6275家、3485家、1375家和1678家，成交均额分别为56.2万元、36.7万元、16.9万元、57.5万元和65.6万元。瓯海、苍南阿里巴巴产业带获“2015年度全省十大优秀产业带”称号，并获得省电子商务专项资金奖励。

农业电子商务 2015年，温州市政府出台《关于加快农业电子商务产业发展的实施意见》。1月21日，本市首个农业电子商务集聚地——温州农业电子商务产业园开园，150余名农产品企业主参加开园仪式。园区位于龙湾瑶溪街道白楼下温州粮食中心市场，总建筑面积2.3万平方米，设有农业电商企业、电商服务商、监管数据分析中心、集中统一仓储四大模块。

供销电子商务 2015年，温州市供销部门大力发展电子商务，供销系统电商销售额6379万元。举办特色农产品电商节3次。5月，成立市供销电商公司，开发运营区域性自营平台——“掌上温州供销”，与127家专业合作社、农业企业签订入网协议，发展镇级服务中心4个，培训农村青年187人。

浙江省电子商务大数据研究基地在温成立
2015年10月23日，浙江省电子商务大数据研究基地成立暨揭牌仪式在温州市鹿城区会议中心举行，这是国内首个省级电子商务大数据研究基地，由温州中津先进科技研究院和浙江省电子商务促进中心联合打造，采集与分析电商大数据，为全省网络经济发展提供技术信息支撑。

招商引资

概况 2015年，温州市招商引资到位资金1110亿元，完成市定全年目标任务111%，比上年增长14.56%。其中，省外回归引进到位资金618.9亿元，完成全年目标任务（550亿元）112.53%，同比增长14.47%；市外房地产项目到位资金491.1亿元，完成全年目标任务（450亿元）109.14%，同比增长14.71%。

全年，全市省外回归引进新项目479个，计划总投资976亿元，到位资金336.53亿元；其中，亿元以上新项目113个，计划总投资840.6亿元，到位资金233.02亿元；温商回归新项目392个，计划总投资592.75亿元，到位资金255.81亿元，占新项目到位资金的76.01%。

对台招商引资 2015年，温州市注册落地台资企业39家，总投资3.62亿美元。市台办对台招商小分队到台湾招商6批次，到大陆台商集聚区城市招商25批次，分别在高雄、厦门、昆山等地举办对台开放推介会。3月，举办国际时尚文化创意博览会台湾馆，38家参展台企入驻74个展位。5月，举办台湾名品展，77家参展台企入驻150个展位，两次展会现场成交300余万元。市台办对接台湾旅游观光机构，打造台湾居民周末旅游目的地。借助电商网络平台，打造台湾农产品销往大陆的物流集散地。

温商回归

省外温商回归项目 2015年，温州市省外回归引进新项目479个，计划总投资976亿元，到位资金336.53亿元；其中，亿元以上新项目113个，计划总投资840.6亿元，到位资金233.02亿元；温商回归新项目392个，计划总投资592.75亿元，到位资金255.81亿元，占新项目到位资金的76.01%。

港澳温商回归项目对接交流 2015年，温州市外侨办派员随国务院港澳办地方港澳干部访问团、市政府代表团等访问港澳。参加香港温州同乡会30周年庆典，与香港温州工商会、香港雁荡公司等组织及港澳知名人士座谈温商回归工作，调研走访在温港（澳）企业，邀请港澳温商回乡考察，进行项目对接。9月24日，“塘河韵·瓯江情——温州书画作品展”在香港举行，展出温州名家作品66幅，促进两地文化交流。12月4日，云顶香港有限公司国际邮轮母港码头项目在温州落地。

海外温商回归活动与合作 2015年3月4日，温州市召开海外温商贸易回归动员大会，完善温商贸易回归协调推动机制，建立“海外温商贸易回归”挂钩联系制度。举行2批次海外温商贸易回归签约仪式，与13个国家地区的海外温商以及市侨商协会分别签订三年贸易回归战略合作框架协议。举办“2015招商引资项目推介会”等涉侨经贸活动和引资引智活动各6场次，邀请温籍侨团侨商回乡考察30批次。5月4日，开展“2015温籍侨界新秀家乡行”等活动。10月24日～26日，开展“海外乡贤故乡行”活动，组织40名海外乡贤考察文成县、瓯江口新区和市现代集团。

（顾新民）

供销合作

概况 2015年，温州市供销社系统主要经济指标保持平稳，实现总经营收入163亿元，比上年增长4.15%；商品销售总额76.5亿元，同比增长18.97%；系统利润6148万元，同比下降19.57%；所有者权益14.8亿元，同比增长4.96%。制订出台《温州市供销合作社联合社监事会工作规则》，开展供销社综合改革试点，推进示范性乡镇农合联建设，做好春耕备耕农资供应服务工作，发展电子商务，成立市供销电商公司，全市供销社系统实现电商销售6379万元，供销社系统9家担保公司提供贷款担保4.1亿元，累计30.6亿元。

供销社综合改革 2015年，温州市供销社及乐清市、瑞安市、永嘉县、苍南县供销社被列为供销社综合改革试点单位。瑞安市被列为浙江省“三位一体”改革试点县，泰顺县、苍南县被列为浙江省“三位一体”改革推进县。试点单位在深化农合联实体化建设、加快“三位一体”合作经济组织建设、深化农村金融服务、拓宽农产品流通渠道和综合服务平台建设等等方面工作都取得一定成效。

新型农村合作体建设 2015年，温州市推进示范性乡镇农合联建设，在20个区域创办农业综合服务中心。新建专业合作社73家，累计684家，新建专业合作社联合社8家，专业合作组织带动农副产品销售30.24亿元，同比增长48.9%。建成市级示范性农民专业合作社61家，省级示范农民专业合作社20家，国家级示范农民专业合作社4家。成立全省第一家农村资金互助会联合会，新入会资金互助会11家，累计53家，吸收入会金2.8亿元，发放互助金4.74亿元，累计发放16.1亿元。

农资供应和农产品销售 2015年，温州市供销社系统做好春耕备耕农资供应服务工作，开展优质服务月活动；在鹿城区、平阳县、苍南县、泰顺县等地组建农副产品展示展销中心和直销店，开展放心农产品下乡活动。实施“智慧农资”工程和庄稼医院“三年行动计划”，建设和改造农资示范店20个和庄稼医院19家，全系统农资销售6.82亿元，化肥储备3.76万吨。全年购进农副产品29.7亿元，比上年增长37%，农产品销售额31.1亿元，同比增长38.9%，实现农产品市场交易额82.2亿元。

基层供销社建设 2015年，温州市供销社系统全面实施“基层社振兴计划”，市供销社设立基层社发展振兴专项资金，指导帮扶基层社7家，落实重点项目8个，其中实施建设6个、项目报批2个，累计完成投资额650万元。新建和重组改造基层社13家，总数94家，覆盖面位全省前列。新建经营服务综合体23家，累计93家，连锁经营销售21.6亿元。建成社区再生资源回收站147家。

（程国成）

粮食行业

概况 2015年，温州市完善粮食应急网络体系，调整充实应急供应网点、粮情监测点，落实应急加工企业、运输企业，提升粮食安全保障能力。市政府与各县（市、区）签订《粮食安全责任书》，落实粮食安全责任。市粮食部门履行粮食收购、储备、流通职责，全年投入1.55亿元，推进仓储设施建设与危仓老库维修改造，新建粮库4个，仓容4.7万吨。浙江省政府下达新增储备粮规模32.5万吨，增幅104.7%，市粮食局按照省政府要求及时足额落实到位。粮食批发市场价格平稳，购销两旺，粮油总交易量70.16万吨，交易额28亿元。5月，市粮食局举办“粮食科技活动周”活动；10月，举办纪念世界粮食日和爱粮节粮宣传活动。

粮食产销合作 2015年，温州市巩固和调整省外粮食生产基地，在省外建有各类粮食生产基地49.14万亩，其中温州农民在省外建立生产基地5.78万亩；粮食企业在省外建立订单基地37.36万亩；稳定江西、安徽等省储备粮源基地6万亩。建立省际粮食收购、加工、储存基地14个。实施省外粮食生产基地自产粮食调运补贴政策，全年核定市本级农民调运东北粳稻补贴数量3021吨，补贴金额30.21万元。6月，市粮食局与黑龙江北大荒米业集团签订粮食产销合作意向书，新增储备粮委托代储量1.1万吨。8月，粮油企业组团参加中国网上粮食市场早稻交易会，成交储备早籼稻9110吨。9月，参加2015黑龙江金秋粮食交易合作洽谈会，扩大粮食购销及粮食经济合作。

订单粮食收购与服务 2015年，温州市政府出台粮食产销工作政策，市粮食局与农业、财政、农发行等部门联合修订市本级储备粮食订单奖励实施办法，完善订单奖励流程，确保政府扶农惠农政策落到实处。订单粮食收购价早稻165元/50千克、晚稻161元/50千克，全年早晚稻订单收购10.71万吨，数量创新高，其中早稻订单收购7.44万吨，居全省首位，取得省级储备订单2.2万吨，合计助农增收7000多万元。完善收购服务措施，投资建设为农服务中心，市本级首次开发使用出入库自动化作业系统。春耕备耕期间，全市粮食部门开展为农“送政策、送订单、送定金、送信息、送服务”活动，72个工作组270人，入村到户走访农户6296户，召开大户座谈会49次，发放宣传资料5112份，发放预购定金668万元。各收购站点严格执行“五要五不准”收购守则，防止出现农民“卖粮难”。

粮食市场运行 2015年，温州粮食中心市场和浙南、乐清、永嘉粮食批发市场交易正常、秩序良好，引进国家、省级农业龙头企业和信誉好的经营户110余家。市场保持粮食库存量大米1.08万吨、面粉1080吨、食用油500吨，主要成品粮大米和面粉品牌分别保持192个和37个。拓展网上粮食市场，全年开展电子竞价87场次，竞价交易会员单位210家，交易量11.2万吨，交易额2.36亿元。加强粮食市场监管，全年抽检大米、食用油、面粉等120批次，经市粮油质检站检测，质量全部合格。

粮食科研和数字管控 2015年，温州市取得中央、省市粮食科研专项资金198万元，开展横向通风、多参数集成粮情检测、惰性粉气溶胶防虫技术等“四合一”储粮技术升级研试应用，其中河头龙粮库33米跨横向通风技术项目填补国内空白。通过市粮食数字化综合管理系统对储备粮业务进行日常监管，投入使用仓储自动化作业系统、智能控温系统，启动建设省外代储库点远程监控系统，对异地储存市级储备粮远程监控实现全覆盖。推进绿色储粮，苍南县全面应用绿色储粮技术，永嘉、乐清、平阳等地纳入绿色储粮建设设计。6月10日，市粮食局与国家粮食局科学研究院签署科技合作协议，在温建立国家级科研示范推广基地，合作开展绿色生态智能储粮、粮食质量安全与检测、粮食现代物流等科研与成果转化、粮食安全保障信息化平台研究和集成应用。

粮食质量安全监管 2015年，温州市粮油质检站通过省质量技术监督部门组织的检验机构计量认证复查评审。落实质检站专项资金233.37万元，购置食品安全检验设备，提升食品安全检验检测能力。全年扦样检测粮食3487批次，其中风险监测314批次，超额完成年度计划的23%。落实市政府食品安全风险监测任务，全年监测样品255件。加强对农药残留、重金属、真菌毒素超标粮食的管控，建立粮食质量安全定期通报制度。加强放心粮油监管，市粮食局修订完善放心粮油申报认定办法，市本级重点支持放心粮油配送中心建设，放心粮油店向配送中心归集，从源头上把好销售粮油质量关。全市建成放心粮油配送中心6家，放心粮油店177家。

粮食仓储设施规划建设 2015年，温州市取得国家、省政府各类粮食仓储扶持资金6340.6万元，其中国家粮食仓储设施项目补助资金2050万元，中央危仓老库维修补助资金1621万元；取得新增建设用地计划指标157亩。启动全市储备粮库布点专项规划，推进仓储基础设施建设。

农户储粮仓投资建设 2015年，温州市落实国家农户科学储粮仓专项投资计划4105套，落实各级财政资金164.2万元，其中国家、省级财政专项资金123.15万元。全市累计建成农户丰粮仓1.5万套，农户年节粮750吨、减损225万元。

粮油骨干企业 2015年，温州市有市级粮油骨干企业49家，其中被评为重点骨干企业10家，省级以上农业龙头企业5家，市百龙企业22家，实施主食产业化企业4家。加大对重点粮油骨干企业扶持，引导和鼓励企业投资创新、品牌创建、电子商务建设等，企业申报主食产业化项目，取得省级补助资金70余万元，民营粮油骨干企业投入700余万元用于"机器换人"、技术改造、检化验设备购置等，快鹿集团、绿鹿食品、叶同仁健康食品、乌苏里江米业等企业应用"互联网+"销售产品。

（方淑蜜）

烟草专卖

概况 2015年，温州市批发销售卷烟37.87万箱（9467.5万条），比上年下降1.34%；销售总额144.01亿元，同比增长7.1%；单箱销售额3.8万元，同比增长8.55%；税利38.24亿元，同比增长19.65%。5月10日始，卷烟批发环节从价税税率由5%提高至11%，并按0.005元/支加征从量税，所有在销国产卷烟和进口卷烟批发价格均上调6%。

卷烟市场监管 2015年，温州市烟草专卖局被市政府列为行政执法全过程记录试点单位。全年查获各类违法涉烟案件2556起，查获违法卷烟12.67万条，比上年增长37.58%。其中，假冒烟1.92万条，同比增长19.35%；走私烟1.35万条，同比增长33.39%。破获假烟国标网络案件8起，省标网络案件2起，其中"4·3"生产、销售假冒烟丝产品集群案被列为公安部督办案件，"12·12"市场终端售假案被列为省公安厅督办案件。与高速交警、治安部门联合开展"天网一号"专项行动，查获运输环节大要案107起，同比增长72.6%。实行卷烟零售市场24小时全时段监管，新闻媒体公开曝光典型售假零售户347户，取缔严重违法零售户经营资格70户。

现代卷烟零售终端建设 2015年，温州市烟草系统推进现代卷烟零售终端建设，累计建成现代零售终端14427户，占总卷烟零售户数的30.36%，其中标准现代零售终端5993户，普通现代零售终端8434户。建成零售终端示范区13个，涉及零售终端2282户。被省烟草专卖局（公司）列为"互联网+卷烟营销"试点，在零售户和消费者资金交易环节引入支付宝结算。

烟草物流建设 2015年，温州市烟草专卖局（公司）继续优化物流运行，推行"当日订单、当日扣款"模式，核减送货线路3条，深化降本增效，物流费用率0.84%。实施异型烟分拣产能技改，分拣效率翻了近6倍，在全国烟草行业首先实行异型烟分拣自动包装技术。新物流建设项目进入主体施工阶段，累计完成投资1.5亿元。

（姜　策）

菜篮子商品供应

概况 2015年，温州市蔬菜、猪肉、水产等主要菜篮子商品市场供应充足，价格平稳。全市蔬菜总交易量118.7万吨，同比增长35.2%；猪肉交易量20.75万吨，同比下降4.8%；市区水产品成交量1.54吨，同比增长6.9%。

蔬菜供应 2015年，温州市蔬菜总交易量118.7万吨，比上年增长35.2%；交易额26.79亿元，同比下降14.92%；平均批发价格2.26元/千克，同比下降17.8%。成交量排名前十的蔬菜是牛心包菜、土豆、大白菜、白萝卜、菜瓜、西红柿、玉米、花菜、莴笋、胡萝卜等。其中牛心包菜以7323万千克成交量名列第一，主要是因为价格低廉和供应期长；第二名土豆，比牛心包菜销量少1100万千克；第三名大白菜，成交量3887万千克。全年雪莲果、蟹味菇、香椿、慈姑、白芦笋等蔬菜批发销量靠后。

猪肉供应 2015年，温州市猪肉交易量20.75万吨，同比下降4.8%。其中，温州市区猪肉交易量5.99万吨，同比下降13.1%；交易额11.80亿元，同比下降1.7%；猪肉平均批发价格19.72元/千克，同比下降13.1%。全年市区猪肉销量下降，主要与外来务工人员减少及市民喜欢多吃水产品和蔬菜有关。

水产品供应 2015年，温州市区水产品成交量1.54吨，同比增长6.9%；交易额3.22亿元，同比增长9.5%；平均批发价格20.9元/千克，同比上涨2.6%。其中，小黄鱼成交量0.5万吨，批发价每千克10.8元；公式鱼成交量0.36万吨，比上年减少100吨，平均价格14.4元/千克，同比增长40.2%。休渔期间，温州菜篮子水产品批发交易市场加大海产品进口量，有挪威的三文鱼、英国的金枪鱼、菲律宾的大黄鱼等；带鱼、黄鱼、鲳鱼、海鳗、水潺、公式鱼、海蟹等水产品从日本、越南、菲律宾等国进口。

（王晓明）

饭店与餐饮行业

概况 2015年，温州市住宿餐饮业消费情况转好，营业额增幅稳中有升，全年实现限额以上住宿餐饮业营业额74.87亿元，比上年增长6.3%。其中，餐饮消费增长43.68亿元，同比增长9.7%；限上餐费收入 39.62 亿元，占比 90.7%，同比增长 10.2%；住宿业增速转负为正，限上住宿业营业额 31.19 亿元，同比增长 1.9%。

行业首届厨艺比赛 2015 年 9 月 26 日，温州市饭店与餐饮业首届厨艺比赛在温州技师学院举行。比赛由市饭店与餐饮行业协会和市财贸工会、市总商会联合主办，全市饭店行业 20 支代表队的 80 名选手参加。比赛要求完成规定菜和自选菜两个环节，规定菜为温州传统瓯菜炸溜黄鱼，自选菜为完成热菜、冷盘、点心各一道。香格里拉温州大酒店、万和豪生大酒店、溢香厅大酒店、五马美食林大酒店、奥林匹克大酒店、瓯宴府、平阳名都皇家大酒店代表队获一等奖。

第十届搜厨烹饪比赛 2015 年 5 月，第十届搜厨国际烹饪大赛在南丰举行，大赛由国际烹饪联合会，中国国际酒店行业美食盛会，搜厨网主办。温州市饭店和餐饮协会组队参赛，其中苍南万豪大酒店和市瓯肴雅园参加团体赛，分获团体特金奖，并获中国绿色餐饮名店称号；温州铂尔曼大酒店盛寿送、李岩和甬工路 10 号会所卢坚参加总厨组个人热菜比赛，均获特金奖，并获国际烹饪金厨奖称号；龙湾东方大酒店詹升、金田一村大酒店吴景祥、苍南多味小吃谢作塔参加精英厨个人组热菜比赛，均获特金奖，并获中华优秀厨师、国际烹饪金勺奖称号。

酒店共建众美联温州子平台 2015 年，温州中亚企业有限公司牵头，温州维多利亚大酒店、阿外楼度假酒店、国贸大酒店、五马美食林、新溢香厅、瑞安新都大酒店等九家大酒店共同组建众美联 B2B 全球采购温州子平台，注册成立温州众源投资管理中心并运营。众美联平台可供采购酒店综合用品、厨房用具、粮油调料、食材、酒水饮料、专业设备、办公用品、家具、信息化系统、基建装潢等十个品类。

（林崇海）

温州风味小吃精选

名　　称	简　　介
鱼圆	亦称鱼丸，温州最为著名的小吃。以黄鱼或鮸鱼、马胶鱼等新鲜鱼肉为原料，掺入适量淀粉、加调味品揉制而成，形不规则，色白似玉，鲜香诱人。在温州，鱼圆店遍地开花，温州酒家制作的鱼圆曾获“中华名小吃”称号
胶冻	以黄鱼胶或其他鱼类的鳔做原料，加水煮沸，溶化后冷却即成。吃时用刀开成小粒或者细条状，用酱油、米醋、麻油、胡椒粉、味精等调味。口感清凉、滑润
县前汤圆	温州人视吃汤圆为吉祥，不仅过年、元宵节、婚宴、乔迁要吃汤圆，就是订婚也要向亲朋好友分发汤圆。温州汤圆以县前路汤圆店最负盛名，这是一家百年老店。该店制作的鲜肉汤圆、麻心汤圆和擂沙麻糍闻名遐迩，其中汤圆类获“中华名小吃”称号；擂沙麻糍被评为“中国名点”
白蛇烧饼	又名葱油重酥烧饼，古名“胡饼”。相传清光绪末年，温州市区府头门钟楼西侧，有位张氏寡妇开了一间烧饼店，因她生活整洁喜穿白色衣服，人们常以《白蛇传》中的白娘娘喻之，久而久之，她做的烧饼也被人称作“白蛇烧饼”。其烧饼用料讲究，用木炭烤制，出炉时色呈淡黄，皮酥不腻，入口即化，回味浓醇，远近闻名，流传至今，成为地方名点
长人馄饨	馄饨南北皆有，温州旧时有许多流动的馄饨担，沿街小巷叫卖，有一个乐清人名叫陈立标的馄饨担最有名气，后来落脚于铁井栏，在渔丰桥设店。因他的个子高，都叫他“长人”，故称他做的馄饨为“长人馄饨”。皮薄如纸，盖料有紫菜、蛋丝、肉松、酒浸虾米，汤清味鲜，形似花朵，使食者有美不胜收之乐
矮人松糕	选用当年纯糯米，磨成粉，拌以猪臀肥肉丁（先用盐腌渍 20 天），上等桂花、白糖，精心加工而成。松软绵糯，甜中有咸，清香可口。抗日战争后期，五马街口有一个小吃摊，专门供应这种松糕，边炊边卖，因制作精细，注重质量，逐渐出名。因摊主个子矮小，故民间称以“矮人松糕”
陡门头灯盏糕	清光绪年间，温州有姓陈的兄弟二人在市区东门陡门头路亭制卖一种形似灯盏的点心，俗称灯盏糕。以猪腿肉、萝卜丝为馅，用当年熟黄豆及米粉浆拌和做外皮，采用鲜猪油炸制而成，形似灯盏，外皮脆松，肉馅爽口，独具风味，一时名声大振，为此“陡门头灯盏糕”成为温州有名的风味小吃
李大同双炊糕	是清代光绪年间瑞安糕点名师李瑞庆创制的。他追求天下为公、人人平等的理想，将自己的店号取名为“李大同”。他制作的双炊糕选料考究，口感细软、香甜，富有弹性，不仅受到当地食客的喜爱，而且受到海外侨胞的青睐。如今李大同双炊糕是温州地区妇孺皆知的传统名点之一
莘塍豆腐干	瑞安莘塍豆腐干选用当年新豆，经过浸水、磨细、滤净、煮浆、结冻、压挤、节块，用酱油和香料制成，放在通风处晾干后上市。以口感和回味鲜美闻名遐迩

瓯菜精选

名　　称	简　　介
三丝敲鱼	这是温州民间特有传统佳肴。取用新鲜鱼肉、蘸淀粉、槌敲成薄片，佐以鸡脯丝、火腿丝、香菇丝烹制以成。汤清味醇，鲜嫩爽滑，色泽调和，独具风格
锦绣鱼丝	系特一级烹调师金次凡制作。取黑鱼背脊肉切成细丝，配红绿柿椒丝，黄蛋皮丝，棕香菇丝炒制而成，此菜色绚丽和谐，口味滑嫩香鲜，深得美食家赞许
蒜子鱼皮	以鲨鱼皮为主料，加大蒜子烩烹而成，具有蒜香浓郁、鱼皮软糯、汁浓味鲜的特色，是瓯菜中甚受大众推崇的热菜之一。据《本草纲目》记载，鲨鱼皮"刮沾去沙，剪作脍，为食品美味，食之益人"，有"解诸鱼毒，杀虫、愈虚劳"之功能
爆墨鱼花	这是一道刀工、火候并重的瓯菜名肴。先将墨鱼切成无数横竖虚刀，再切成菱形或长方形，加热后自然卷曲成麦穗状，造型非常美观，爆制时芡紧卤汁，脆嫩爽口。没有深厚的烹调功底，难以发挥其特色
双味蝤蛑	蝤蛑是温州民间对当地青蟹的习惯称呼，肉质细嫩腴美。用活蝤蛑以清蒸和干炒两种烹调技法组合而成，形态活泼、色彩艳丽，一菜双味、肉如膏脂、鲜美异常，辅以米醋佐食更佳
鸡汁鱼唇	鱼唇是海鲜中之上品，亦称鱼头，是鲨鱼中犁头鲨头的干制品。先水发鱼唇，经汆水、套汤多次去腥后，佐以老鸡汁烹制而成。此菜品质柔糯，汁浓味醇，营养丰富，为宴席大菜
炸蛏子筒	蛏子是温州海涂特产，蛏肉特鲜嫩。先将蛏子剥壳，用鸡蛋煎皮将蛏肉和姜葱一起卷包成圆柱形，然后挂糊油炸，以辣酱油蘸食，吃起来特别鲜美
橘络鱼脑	鱼脑亦称明骨，用鲨鱼软骨制成，此菜晶莹透明，质感柔滑，是海味中的上等菜肴。橘络鱼脑是用鱼脑与蜜橘合烹成羹，具有黄白相映、爽滑香甜、微酸适口之特色，是瓯菜中的主要甜食之一
凤尾敲虾	大河虾去头留尾剥壳，剔除沙线，洗净沥干，蘸上干淀粉，用小木槌轻敲成扇形片，入锅用旺火沸水汆熟，捞起入清水中过凉，再入炒锅清汤中煮，配以鸡脯两片、火腿肉、番茄片、青菜及调味品。这是温州传统汤菜，虾肉透明，虾尾鲜红，鲜美爽滑，清香可口
龙头鱼	龙头鱼，俗称水潺。将其鱼身切成数段，加调味品拌匀腌渍;过十分钟拍上面粉，拖挂蛋液，逐段下锅油炸。炸好捞出，再入炒锅加料烹制，用小火焖至汤汁收浓时，撒上芝麻即成
乌龙钻白云	先将泥鳅放在盆中养四五天，每天换水，使之排掉腹内污物，取出擦去其身上黏液，让泥鳅吃饱，然后入冷水锅中烧。水渐热时放进豆腐块，让泥鳅钻进去，待水烧开，捞出泥鳅豆腐，放在油锅中煎黄。已而倒掉剩油，再加猪油、水和佐料，慢火炖成
一品脆皮蟹	圆脐梭子蟹，蒸熟剔取蟹粉，用小火煎制后呈圆饼状，外片酥脆，里肉鲜嫩，蘸花椒盐食用。因其原料上乘，制作精细，味鲜美而独特，故以"一品"命名
葱油黄鱼	将黄鱼放入炒锅沸水中，加姜、葱、酒，煮沸加盖改用微火，鱼嫩熟时捞起装盘。除各味调料外，盖以葱花，再浇上约九成熟花生油。此菜鱼嫩葱香，调味淡雅，本味突出
明月跳鱼	跳鱼，又名弹涂鱼、花兰，获于海涂滩，营养丰富。此菜是温州的双味佳肴。先将熟跳鱼肉切成数段，与香菇、熟笋片、调料一起下锅炒透，盛起堆在圆形煎蛋饼上，覆以蛋清泡糊，象征明月。次将生跳鱼沾上面粉，挂鸡蛋液入油锅，炸至结壳捞出，再与调料一起入锅，用小火焖至卤汁将干，浇上麻油。起锅围在圆饼四周
金钱鲜贝合	新鲜贝肉，配以虾泥、咸蛋黄、牛猪肥膘、荸荠碎、葱白等原料，外沾面包屑，炸制成菜，形似金钱，食之香脆鲜嫩
油爆鲜淡菜	淡菜，即贻贝肉，水产品。由于滋味鲜美，营养丰富，早在唐代就被列为贡品。此菜是用旺火熟油快速烹制。淡菜脆嫩鲜香，包汁入味，是温州沿海的传统佳肴
鸡茸蛤士蟆	哈士蟆为名贵滋补品，本身无味，全凭料理得当，配料讲究，烹调得法。此菜选优质蛤士蟆，配以鸡茸、鸡汤烩制，成品洁白细腻，柔滑鲜嫩

食盐专营

概况 2015年，温州市调入各类盐产品57583吨，其中小包装产品27439吨。销售各类盐产品58603吨，比上年同期下降14.74%，其中小包装27054吨，同比增长0.72%。全市碘盐覆盖率80.47%，碘盐合格率90.75%，合格碘盐食用率73.03%。5月15日，市盐务管理局会同相关单位开展“科学补碘、重在生命最初1000天”的防治碘缺乏病宣传活动，分发宣传材料6000份，赠送碘盐0.3吨。

温州市本级（鹿城、瓯海、龙湾三区）调入各类盐产品17478吨，其中小包装产品10616吨。销售各类盐产品16681吨，比上年同期下降9.73%，其中小包装10178吨，同比下降2.1%。销售收入5162万元，比上年下降3%，利润843万元，同比下降4%。碘盐覆盖率85.82%，碘盐合格率93.09%，合格碘盐食用率79.87%。

食盐配送 2015年，温州市本级配送食盐零售客户409家，配送零售客户小包装碘盐8419.95吨，占小包装碘盐总销售量的83%。10月28日，市食盐仓储配送中心项目通过预验收。

盐政执法 2015年，温州市盐业部门出动盐政管理人员8459人次，检查生产经营单位18377家，查获各类盐产品55.06吨，没收各类盐产品28.39吨，罚款1.32万元，立案21件，结案16件。市本级出动盐政管理人员620人次，检查生产经营单位710家，查获各类盐产品0.35吨，立案3件，抽检盐产品31批次，合格率100%。2月～4月，市盐务局开展维护食盐专营、强化食品及蔬菜加工季节用盐监管、打击涉盐违法犯罪专项整治行动，出动盐政执法人员2088人次，检查生产、经营单位3452家，查获违法盐产品1.1吨，销毁违法盐0.1吨。6月30日，市盐务局在永嘉县黄田雅村查获假冒“350g精制岩盐”小包装61箱计1.03吨，抓获犯罪嫌疑人4人。

（胡芳媛）

会展业

概况 2015年，温州市举办进口商品展、文博会、印刷展、名品折扣展等各类展会57个，展出面积53.04万平方米，展位数37887个，参观人数约102.6万人次，形成一批产业优势和文化特色的品牌专业展会。其中，举办2万平方米以上（不含3万平方米）展会4个；3万平方米以上展会6个。温州国际会议展览中心有限公司年收入4835万元，比上年增长1.52%，获2015年度浙江省国际会议展览业协会优秀会展企业称号。

轻工产品暨2015国际时尚消费博览会 2015年11月13日～15日，第11届浙江（温州）轻工产品暨2015国际时尚消费博览会在温州国际会展中心举办。博览会由浙江省商务厅、温州市人民政府主办，市商务局、市现代服务业投资集团有限公司联合承办，温州国际会议展览中心有限公司执行承办，以“设计引领时尚，时尚促进消费”为主题，集时尚元素发布、时尚资讯交流、时尚产业贸易、时尚前端体验于一体，设时尚国际品牌馆、时尚设计馆、动态时尚发布中心展区，展出面积1.8万平方米，标准展位500余个，观展观众2.6万余人次，现场成交3123万元，意向成交1.02亿元。其间，举办时尚产业全渠道营销高峰论坛。博览会获2015年度中国会展业年度大奖“中国会展经济产业贡献奖”，入选“2015年度中国十佳优秀特色展会”。

典当拍卖业

典当企业业务 2015年，温州市有典当企业73家，发生典当业务17603笔，典当金额31亿元。其中，房地产抵押业务额21.8亿元，占70.32%；动产质押典当业务额5.99亿元，占19.32%；财产权利质押典当业务额3.5亿元，占11.29%。利息和综合费收入8859万元，上缴税金983万元，税后利润1359万元。

拍卖企业业务 2015年，温州市有省批拍卖独立法人企业30家，举办各类拍卖活动502场次，总成交额54.65亿元，佣金3978万元，营业利润344.91万元，营业税及附加费206.9万元。其中，温州拍卖行有限公司全年举办拍卖会108场，成交额约5.83亿元，佣金收入749.07万元；温州市佳得拍卖有限公司全年举行拍卖会97场，成交额约6.4亿元，佣金收入421.58万元，扶贫捐款5万元；温州八方拍卖有限公司全年举办拍卖会46场，成交额约6.68亿元，佣金收入404万元。

（王晓明）

对外贸易

概况 2015年，温州市对外货物贸易进出口总额197.5亿美元，比上年下降5%，其中出口额173.8亿美元，同比下降6.3%；进口额23.63亿美元，同比增长5.95%，增幅居浙江省第二位。

外贸企业帮扶 2015年，温州市商务局制订出台《温州市促进外贸出口稳增长十条举措》和《2015年鼓励进口产品目录》。出台《温州市商务系统国际性重点展会管理办法（试行）》，制订《温州市2015年度重点国际性展会目录》，确定重点支持的34个境外和11个境内国际性重点展会。市商务局完成省厅越南自办展、华交会纽约展等组展工作，组团参加第25届华交会、第14届宁波消博会、第117届和118届广交会。举办2015印度自办展，累计参展企业140余家，展位数3000余个。开展外贸“双服务”暨“百日攻坚”活动，建立市、县领导挂钩联系外贸龙头企业制度，结对外贸龙头企业217家，收集解决难题123个。开展外贸政策实务培训和银贸对接活动，银行累计授信外贸企业贷款25亿元。

贸易平台建设 2015年，温州市商务局制订出台《关于促进自主出口品牌发展的指导意见》，规范省、市两级出口名牌的评定工作，全市“浙江出口名牌”新增4个，累积68个；“温州出口名牌”161个。继续建设眼镜、鞋类国家级出口基地和7个省级出口基地、温州进口消费品集散中心、乐清市创新驱动发展拓市场试点和中国鞋类出口基地国际设计研发中心。市粮油食品对外贸易有限公司被列入首批省级重点培育外贸综合服务企业，平阳出口宠物食品质量安全示范区通过国家级现场考核验收。制订《温州跨境贸易电子商务（出口）试点业务及技术实施方案》，提出“一核多区”新模式，方案经省政府同意报国家海关总署备案。启动跨境电商“一中心、两平台”建设，成立市跨境电商协会。

2015 年温州市进出口额前十位国家（地区）

表26

出口额前十位			进口额前十位		
国 家（地区）	出口额（万美元）	比上年增长（%）	国家（地区）	进口额（万美元）	比上年增长（%）
美国	255467	5.0	南非	47702	78.9
英国	120875	13.3	美国	21648	-16.8
俄罗斯	100121	-33.1	日本	19411	-14.5
德国	87819	-14.4	阿拉伯联合酋长国	9746	-9.0
印度	53405	5.1	意大利	9255	2.5
意大利	49358	-4.0	韩国	8828	-11
巴西	48638	-17.0	乌拉圭	6712	42.8
阿拉伯联合酋长国	47781	-12.9	刚果	6343	10.1
墨西哥	40452	3.4	新喀里多尼亚	5709	359.6
西班牙	37701	-16.5	津巴布韦	5480	-40.5

2015 年温州市进出口额前十位商品

表27

出口商品			进口商品		
商品名称	出口额（万美元）	比上年增长（%）	商品名称	进口额（万美元）	比上年增长（%）
鞋类	428034	-11.1	铁合金	72467	117.3
服装及衣着附件	155296	-16.4	牛皮革及马皮革	37371	-0.6
通断及保护电路装置	137243	-1.2	初级形状的塑料	16710	-28.5
纺织纱线、织物及制品	103975	-6.6	原木	16359	41.5
眼镜及其零件	87732	4.3	液化石油气及其他烃类气	11109	-39.4
汽车零件	63469	-0.2	矿产品、镍制品	9813	-62.0
阀门	61844	-10.6	酒类	6732	90.7
旅行用品及箱包	56236	-12.4	纺织纱线、织物及制品	4041	3.3
塑料制品	24691	-9.4	异氰酸酯	3584	-25.8
钢材	21840	-10.4	服装及衣着附件	2943	-24.3

公平贸易工作 2015年，温州市商务局加强外贸预警工作，有市级预警点20家，省级预警点10家。完善预警网络和机制建设，加强绩效考核与监督检查。推动相关商业协会和企业应诉美国机械传动部件双反调查和欧盟不锈钢焊件反倾销等案件2起；企业应对美国鞋类337调查，结案1起。

境外招商

概况 2015年，温州市新批外商投资企业44家，合同外资29456万美元，实际利用外资30123万美元，新批总投资5000万美元以上项目5个，完成省、市下达的3亿美元年度外资任务，蝉联省外资考核B类第一名。大润发、百威英博啤酒项目顺利落地，百威啤酒为百威英博在中国投资最大的项目之一，也是本市历年外资单体总投资最大的制造业项目。

外资投资来源 2015年，温州市外资主要来源是中国香港地区和国外投资性公司，德国成为外资来源的新力军。香港、投资性公司、德国三类投资实际到资总额28090万美元，占全市外资投资的93.2%。其中，香港到资15590万美元，投资性公司到资9143万美元、德国到资3357万美元，分别占全市总数51.8%、30.4%、11.1%。

外资投资产业 2015年，温州市三产项目实际外资占主导地位，二产、三产项目实际外资分别为10112万美元、19986万美元，分别占全市总数的33.6%、66.3%。三产项目行业以水利、环境和公共设施管理业，房地产业，批发、零售业为主，实际到资分别为14273万美元、1921万美元、1561万美元，占三产项目实际到资总额分别为71.4%、9.6%、7.8%。

外资投资手段 2015年，温州市外商投资企业境外股东借款，成为利用外资的重要手段之一。探索外资并购、境外股东借款等利用外资新方式，全市股东境外借款额11929.6万美元，占全市实际外资39.6%。

外资投资区域 2015年，温州市继续开展外资引进利用，全市11个县（市、区）中，鹿城、苍南、平阳、温州经济开发区利用外资占比较大，均超额完成年度任务。其中，鹿城区到资14634万美元，占全市总数48.6%；苍南县到资3264万美元，占全市总数10.8%；平阳县到资2092万美元，占全市总数6.9%；市经济开发区到资4783万美元，占全市总数15.9%。文成县到资200万美元，超额完成年度任务。乐清市、瑞安市、龙湾区、瓯海区、永嘉县到资分别为1921万美元、1168万美元、977万美元、737万美元、347万美元，合计5150万美元，占总数的17.1%。

招商引资活动 2015年，温州市商务局先后举办温州投资环境推介会和“海峡两岸（温州）民营经济创新发展示范区”推介会，大润发、交运场站PPP等2个项目参加浙洽会重大项目签约仪式。扩大对韩交流合作，举办“2015中韩产业合作（温州）峰会”，温州韩国产业园正式揭牌并启动规划建设，产业园获批为省级国别产业园区并制订出台园区发展规划；先后在北京、上海和韩国举办对韩经贸合作推介会等系列温韩合作活动；与韩国工商业联合会合作设立“中韩经济合作促进中心”。加大对台引资力度，组团到台湾开展专题招商，举办两岸企业家（温州—高雄）产业交流对接会；与市台办联合举办2015浙江台湾周活动，现场签约项目6个，协议总投资约3490万美元。组团到美国等国家开展汽摩配行业对接活动，在底特律举办温州—底特律汽配行业对接交流会，与底特律中华商会建立长效联系机制。

对外经济技术合作

概况 2015年，温州市新批境外投资项目31个，中方投资额9.73亿美元，比上年同期增长近9倍。完成对外承包工程和对外劳务合作营业额6200万美元，与上年持平。

投资平台建设 2015年，温州市商务局组织企业参加浙洽会、厦洽会、东盟博览会、商博会、中丹企业对接会、北京丝路沿线合作项目对接交流会等投资促进活动，拓展企业境外业务。举办林毅夫专题报告会，讲解新常态下中国经济转型升级与"走出去"态势。与宁波银行合作举办跨境金融服务论坛，搭建"走出去"投融资合作平台。组织工程企业参加新常态下对外承包工程论坛和业务培训，提升海外市场开发能力和风险管控能力。

"一带一路"国家战略对接 2015年，温州市在"一带一路"沿线建有4个境外经贸合作园区。其中，越南龙江工业园，被写入习近平总书记访越时两国发布的《中越联合声明》；全省首个商贸物流园——塞尔维园贝尔麦克物流园项目启动，并申报为省级境外工业园区，推动温州制造与商贸物流园结合，创建市首个跨境电商海外仓；乌兹别克斯坦鹏盛工业园申报国家级园区。全年新批境外投资项目31个，其中位于"一带一路"沿线17个。

对外经济技术合作重大项目 2015年，温州市实现超5亿美元特大境外投资项目零突破，青山钢铁投资印尼镍铁冶炼项目获批并投产，中方投资7.7亿美元。海外并购活跃，全年并购项目6宗，占全市并购项目20%，奥康集团、森马集团分别收购兰亭集势、ISE跨境电商平台，用于扩充线上销售渠道，拓展外贸市场；正泰集团并购能源公司——西班牙格瑞博特公司，获取新型石墨烯电池储能技术，发展可再生能源储能和新能源汽车战略新兴产业。

对外承包工程及管理 2015年，温州市新批对外工程承包企业2家，累计对外承包工程资质企业12家，在建工程6项，涉及电力、矿建、房建等行业，全年完成工程营业额6200万美元。市商务局开展对外承包工程监督检查，专项管理检查外派人员，保障项目顺利实施，保护外派人员合法权益。

2015年7月8日，温州市举办浙江·台湾合作周暨第二届海峡两岸民营经济创新发展论坛 杨冰杰/摄

服务贸易

概况 2015年，温州市服务贸易进出口总额40.8亿美元，比上年增加0.28亿元。其中出口额11.95亿美元，同比增长17.24%；进口额28.85亿美元，同比下降4.89%。服务贸易总额占外贸总额的17.32%，比上年度提升0.96个百分点。旅游、运输和工程服务3项出口金额，占服贸出口总额的79.08%。

服务外包业务 2015年，温州市实现国际服务外包合同金额10776.52万美元，离岸执行金额7750.59万美元，同比增长92.18%，完成全年目标的193.76%。服务外包业务承接地主要有美国、越南、阿尔及利亚、荷兰、印度、利比亚、阿联酋等国家和中国香港地区，承接的离岸业务类型主要是工业设计、产品技术研发、工程技术外包等知识流程外包、及信息系统运营、维护服务和检验检测外包服务。市商务局组织企业参加中国（北京）服务贸易交易会、中国国际软件和信息服务贸易交易会（软交会）和法国戛纳电影节等境内外服务贸易展会，促成赴美国服务贸易高级专业人才培训项目等。瑞安市东力机械设备有限公司被评定为浙江省服务外包领军企业；温州日报报业集团、奥光动漫集团等六家企业被评定为省级文化出口重点企业。

服务贸易环境 2015年，温州市修订完善服务贸易考评办法，服务外包以外贸进出口指标15%权重列入县(市、区)考绩法。加大对发展服务贸易的政策支持，制定出台扶持服务贸易发展基地和文化出口企业的政策措施，推进温州高新技术产业开发区、浙江工贸职业技术学院申报省级服务贸易发展基地，对高校毕业生进行服务外包职业培训700余人。完善服务贸易企业数据库，登记进入省服贸统计监测系统的企业158家。

（王晓明）

（潘　智　编辑）

2015 年 9 月 20 日，永嘉瓯北大桥通车　　（永嘉县人民政府提供）

2015 年 12 月 26 日，新金温铁路通车　　杨冰杰 / 摄

永車渡10

温汽渡6
WEN QI DU
严禁携带 危险品上船

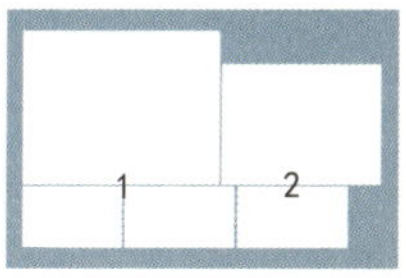

2015年12月15日，温州安澜码头至永嘉瓯北小汽车轮渡

1. 组照获第17届《温州年鉴》“菱华奖”金奖　　杨冰杰/摄
2. 组照获第17届《温州年鉴》“菱华奖”优秀奖　金　钢/摄

1. 2015 年 12 月 27 日，温州快速公交 BRT 一号线开始试运行
2. 2015 年 12 月 4 日，温州市举行东海第一救助飞行队温州救助飞行基地启用仪式

交　通

综　述

概况　2015年，温州市交通运输基础建设投资263.32亿元，比上年增长15.3%，总量居全省第一。其中，公路投资155.4亿元，水路投资19.72亿元，铁路投资49.3亿元，航空投资11.5亿元，站场及物流园区投资13.0亿元，其他投资14.4亿元。全年建设交通重点项目129个，其中金温铁路扩能改造工程、大门大桥、104国道清江至湖雾段、温州滨海交通枢纽中心等项目相继建成投用；绕城高速西南线、绕北高速二期、甬台温高速复线、市域铁路S1线、乐清湾港区铁路支线、状元岙港区二期、104国道西过境、T2航站楼、潘桥国际物流园区等一批项目加速推进；市域铁路S2线、瓯江北口大桥、机场交通枢纽综合体、通用航空基地、传化“公路港”等项目先后开工建设。

2015年，全市公路客运量1.92亿人次，旅客周转量112.5亿人公里；货运量8566万吨，货运周转量72.3亿吨公里。水路客运量48.42万人次，旅客周转量2296.7万人公里；货运量4387.32万吨，货运周转量469.7亿吨公里。港口货物吞吐量8490.43万吨，其中外贸货物吞吐量413.21万吨，内贸8077.21万吨。港口集装箱56.04万标箱，其中外贸集装箱12.95万标箱，内贸集装箱40.08万标箱。

交通规划　2015年，温州市15项交通发展前期规划相继开展和完成编制，分别为：文成至泰顺段高速公路工程项目“工可”上报国家发改委和交通运输部审查；文成至景宁段高速公路工程项目开展“工可”研究；金丽温高速公路东延伸线温州南白象至机场段工程启动“预可”编制；龙丽温·甬台温复线高速公路联络线工程（南联高速）启动“预可”编制，完成线位论证；104国道西过境瑞安仙降至平阳萧江段改建工程完成项目实施单位招投标、工程施工监理招标、施工图审查等工作；104国道西过境苍南段工程完成施工图设计；104国道瑞安罗凤至塘下段改建工程“工可”获批；104国道瑞安莘塍至飞云段高架桥延伸及改建工程正在“工可”编制；新增228国道乐清乐成至黄华段“工可”获批；新增228国道平阳榆垟至鳌江段公路工程通过“工可”审批前置四个专项审查；新增235国道泰顺金北斗至友谊桥段改建工程完成初步设计；G322国道瑞安南滨至马屿段改建工程正在“工可”编制；330国道官岭隧道改扩建工程完成“工可”编制；56省道文成樟台至龙川段改建工程完成初步设计审批；324省道永嘉桥下至桥头段（原49省道）完成“工可”编制。

高速公路建设　2015年，温州市在建高速公路项目8个，投资65.71亿元，同比增长54.18%。绕城西南线项目累计完成路基工程70.6%、桥梁工程50.6%、隧道工程72.1%；甬台温复线南塘至黄华段项目累计完成路基工程7.4%，桥梁工程30.3%，隧道工程4.2%；甬台温复线灵昆至闸巷段项目瓯江南汊跨海特大桥、飞云江跨海特大桥均开始施工；甬台温复线瑞安至苍南段项目鳌江特大桥水上平台完成91.6%，桥梁工程完成3%；绕城北线二期项目用地上报国土资源部审查；广州军区光缆迁改工程完成，土建施工标段完成临建；龙丽温瑞文段项目完成全线国有土地回收，岱口大桥、平和大桥栈桥开始施工；瓯江北口大桥项目“工可”获国家发改委批复，临建工程开工。

干线公路建设　2015年，温州市普通国省道及重要县道投资67.33亿元。其中，104国道投资5.51亿元，228国道投资7.75亿元，330国道投资6.70亿元，41省道投资3亿元，77省道延伸龙湾至洞头疏港公路投资7亿元，56省道、57省道及其他重要县乡道项目稳步推进。

公路站场建设　2015年，温州市新增乐清客货运中心、温州牛山客运中心和瑞安客运中心等3个一级客运站，结束温州县域长期无一级客运站的历史，全市一级客运站总数达到5个。在建客运站场累计完成投资2.6亿元，其中瑞安客运中心、永嘉枫林客运站竣工，滨海客运中心、瑞安寨寮溪客运站主体工程结顶。12月，温州火车南站汽车客运站建成投入营运。

港口建设　2015年，温州港水运工程建设投资19.72亿元，其中完工项目3个，分别为：乐清湾A区一期5万吨级（结构按10万吨级）多用途泊位1个、5万吨级（结构按10万吨级）通用泊位1个、乐清湾海螺水泥物流中心配套码头5万吨级（结构按10万吨级）通用泊位1个；在建项目16个，分别为：乐清湾港区一期工程、温州港状元岙港区化工码头（一期）工程、温州港状元岙港区二期工程3个泊位、温州报税物流中心一期工程场地、南麂岛500吨级货运兼客运码头工程、乐清湾港区北部区域吹填和软基处理工程、大门农房集聚（拆迁安置）工程、温州金属现代物流中心等；新开工及准备开工项目3个，分别为：洞头陆岛交通码头改建工程、瑞安华东散装水泥公司物流中心码头工程和温州港轮驳靠泊点工程。

物流园区建设 2015年，温州市四大物流基地投资4.6亿元。其中，瑞安江南物流园区投资2200万元，仓储中心、货运中心、物流管理中心、园区一期道路工程及市政配套设施竣工投用；双屿物流中心三期工程投资6980万元，三期主体工程结顶；现代冷链物流中心投资31380万元，其中鹿城区藤桥镇门前山现代物流园区投资1037万元；温州潘桥物流园区投资1305万元，温州传化公路港投资3000万元。

交通工程质量监督管理 2015年，温州市市、县两级质监机构受监公路、水运、渔港项目共计134个，比上年增加31个；其中温州市交通质监局受监项目52个，比上年增加16个。全年组织质量监督抽查189次，主要指标合格率均达到90%以上。开展工程综合执法大检查5次，其中公路2次、水运2次、渔港1次；办理行政处罚案件3起，罚款52.5万元。完成金丽温高速古岸头互通、平阳县昆阳至宋埠公路工程、苍南县78省道改建工程、41省道永嘉岭下至上塘段改建工程、41省道南复线工程等16个项目的交竣工质量评定核查及备案工作。

交通行业管理 2015年，温州市开展交通立法前期筹备工作。市本级交通运输案件处置信息均公布在浙江省政务服务网站，受理举报投诉统一由专线电话受理平台专人负责。全年办结行政处罚案件25563件，办结行政许可案件5013件，无行政败诉案件。

交通安全生产 2015年，温州市上报道路运输行车死亡事故38起，其中较大事故1起，死亡42人，直接经济损失420万元，与上年同期相比，事故次数、死亡人数和经济损失分别下降22.45%、27.58%和31.71%。9座以上营运客车在省内发生同责及以上责任事故6起，死亡6人，死亡人数占考核指标9%。交通在建工程发生死亡事故2起，死亡2人。水路运输和公路养护工程未发生安全生产事故。全市166家交通运输企业通过安全生产达标，其中一级6家、二级87家、三级77家。对14家复查不符合许可条件的危险品货运企业，注销7家，整合重组2家，责令整改5家。初步完成农村公路和国省道的联合排查，共查出隐患1828处，里程达1850公里。对全市未通车的69个行政村和38条准四级公路进行全面现场勘察，共投入资金8564万元，完成128个农村公路安保工程项目，共计436公里，其中护栏长度353公里。

智慧交通 2015年，温州市智慧交通综合指挥中心建成。综合指挥中心能实时查看包括铁路、高速公路、国省道等几百路视频，对火车、飞机、客车、出租车、公交车、自行车、高速出入口的运行状况进行实时监测。“温州交通出行”微信公众服务推出“高速路况”“高速通行费”等服务。结合城市治堵的工作需要，开发“温州行”手机APP,为公众提供城市公交、停车、路况、公共自行车等出行信息服务。“智慧港航”“普通国省道桥隧视频监控系统”启动建设，“公路应急指挥与信息服务系统”投入使用，“道路运输综合监管平台联网联控系统”升级，“交通质监远程视频监控系统平台”改造完成。

（黄吕平）

铁　　路

概况 2015年，温州市境内运营铁路有杭深线和金温线2条干线，金温铁路全线251公里，在温州境内设有温州站和温州西站。杭深线在温州境内全长156公里，设有8个客站和2个货运站，客站分别为雁荡山站、绅纺站、乐清站、永嘉站、温州南站、瑞安站、鳌江站、苍南站，货运站为瓯海站和瑞安北站。

金温铁道 2015年，浙江金温铁道开发有限公司（简称金温公司）发送旅客504万人，其中温州站发送314万人；公司货运量896万吨，货物发送量526万吨，货物到达量398万吨，其中温州西站货运量666万吨，港铁联运发送货物462万吨；旅客周转量172568万人公里，货物周转量183245万吨公里。至年末，公司实现安全生产5908天，实现第16个行车人身安全年，公司获“2015年浙江省服务业百强企业称号”，连续第13年被评为全国“安康杯”竞赛活动优胜单位。

2015年，金温公司完成线路综合修30公里、道岔综合修30组、线路设备换岔大修4组，完成防洪预抢工程13处。整治龙湾码头和温州西货场5～6道三条专用线，调整永康至缙云和石帆至祯埠区间线路轨缝，完成武义至履坦架空线迁改、温西电源二迁改等工程任务。全年接受上海铁路局轨检车动态检查7次，线路检查优良率100%。

2015年10月下旬，金温公司新增特需快运货物班列，推出温州至喀什、王家营西、改貌、城厢、乌东，永康至长沙东等方向的“点到点”特需班列，发挥铁路企业在现代物流体系中的骨干作用。

铁路温州南站 铁路温州南站总建筑面积12万平方米，其中站房建筑面积7.2万平方米（含候车室面积1.1万平方米），有12股道，7个站台，2个候车区，2个售票厅，6个检票口，配备自动售取票机17台、自动检票闸机59台。2015年，车站发送旅客678.6万人，运输收入7.20亿元，同比分别增长10.2%和10.3%。日常旅客发送量约2万人，节假日最高旅客流量11万余人。

2015年，铁路温州南站通过“3·1”“7·1”“12·28”三次调整列车运行图，并于12月26日开通金温高铁线，列车运行从132趟增加至168趟，主要为北京、上海、杭州、宁波、厦门、深圳、南昌、济南、合肥、贵阳、长沙方向列车，车站始发列车45趟。

2015年，铁路温州南站进一步开展“温馨雷锋服务站”特色服务品牌，为旅客提供导候车、导乘、帮助提行李和重点旅客帮助等服务。全年帮助重点旅客1676余件，找到遗失物品1100余件，获广大旅客称赞。

（唐雪茹　黄　涛）

公　　路

概况 至2015年年末，温州市公路总里程为14684.46公里（含村道），比上年增加218.51公里。其中,国道线4条(G15沈海高速、G1513温丽高速、G104京福线、G330温寿线)计429.21公里。国道线中，高速国道201.74公里，一般国道227.47公里。省道线11条（S10温州绕城高速北线、S26诸永高速、S26a诸永高速、S223仙清线、S228云寿线、S230青岱线、

S232水霞线、S330瑞东线、S331分泰线、S332温强线、S333六东线）计553.85公里。省道线中，高速省道95.17公里，一般省道458.68公里。

公路总里程中，国省道干线公路15条计983.06公里（其中高速公路296.91公里，普通国省道686.15公里），县道179条计3589.85公里，乡道268条计1433.54公里，村道（不含拟建数）3724条计8601.62公里，专用公路18条计76.39公里。

公路通车里程中，高速公路296.91公里、一级公路457.58公里、二级公路982.07公里、三级公路865.85公里、四级公路5823.94公里、准四级公路5952.75公里。等级公路合计14379.11公里，比上年增加224.871公里，占全市公路总里程的97.92%。二级以上公路1736.57公里，比上年增加94.225公里，占全市公路总里程的11.83%。等外公路305.35公里，比上年减少6.36公里。全市农村公路4171条，总里程13625.01公里。公路通乡率100%，公路通村率98.98%。全市公路密度分别为122.47公里/百平方公里和18.05公里/万人。

全市公路桥梁5913座计378141.9米，比上年增加119座18722.4米。其中特大桥55座计119307.59米，大桥431座计120694.8米，中桥1188座计63313.77米，小桥4239座计74825.74米。全市公路隧道总数268道计193420.03米，比上年增加12座13334.97米。其中特长隧道3道计9784米，长隧道64道计116583.8米，中隧道36道计25576.2米，短隧道165道计41476.03米。公路绿化里程9133.97公里，占公路总里程的71.81%。

公路养护投资 2015年，温州市干线公路实施路面大中修工程117.11公里，预防性养护80.5公里。高速公路养护工程总投资2.38亿元，其中小修工程投资5097万元，预防性养护工程投资958万元，中修工程投资12154万元，大修工程投资5375元，改建工程投资217万元。全市普通公路养护工程总投资14.15亿元，其中国道投资318.46万元，省道投资17076.49万元，县道投资57590.80万元，乡道投资10211.26万元，村道投资26326.23万元。

农村公路建设 2015年，温州市完成农村公路大中修工程585公里，农村公路安保工程490公里，农村公路提升等级工程535公里，农村联网公路建设工程149公里，农村公路桥梁、隧道修复工程19座。建成和续建公路养护站6个，创建农村公路乡级规范化养护站15个，新增机具设备12台（套）。

公路边洁化美化建设 2015年，温州市拆除违章建筑1.47万平方米，清理堆积物4.56万平方米，拆除非公路标志9564块，清理马路市场1786个，查处违章案件12623件。至年末，被列入全省整治的202处问题点位和全市排查梳理出来的463个问题点位，全部完成整治。

公路安保建设 2015年，温州市维修改造危险桥梁、隧道24座，治理省市级挂牌督办的危险桥梁、隧道5座；对500座桥梁、隧道进行定期检查。全年投入资金2028.87万元，用于普通国省道、高速公路标志标线增设和维护工程，其中普通国省道投入资金1667.87万元，高速公路投入资金361万元。增设和更新普通国省道公路禁令、指示、警告等标志397块，增设和更新指路标志171块，设置和更新支路口橡胶缓冲带5341米、道口标柱2138根，设置黄闪（爆闪）警告灯34只，漆划各类热熔标线24.73万平方米，清除旧标线4.16万平方米。

公路路政管理 2015年，温州市受理路政许可事项51起，决定准予路政许可48起。开展路政专项督查15次，发出路政监督检查整改通知书15份，完成整改15件，非现执法案卷完成307件，全年ETC发行11.2万台，累计总量21.2万台，居全省第二。路政、公安交警、运政部门联合开展全市性公路治超大整治6次，检查车辆605159辆，查处超限车辆9914辆，卸载11.26万吨，罚款2157.067万元，完成非现场执法案卷197件。

（黄吕平）

民 航

概况 2015年，温州龙湾国际机场完成旅客吞吐量736.05万人次、货邮吞吐量7.26万吨、航班起降量6.18万架次，同比分别增长8.21%、5.54%、4.42%，其中国际（地区）旅客吞吐量30.03万人次。全年旅客吞吐量居省内机场第二位，在全国210座机场中排名第33位；航班放行正常率为72.87%，高出全国48个主要机场平均水平4.01个百分点。2015年，温州机场集团荣获“全国安全文化建设示范企业”。

通用航空基地开工 2015年5月19日，温州机场通用航空基地开工仪式在机场新规划区内举行。该项目计划新建一条长2100米的通用航空专用跑道和有关配套设施，预计投资19.37亿元，为温州市“五一〇产业培育提升工程”之通用航空产业的基础性工程。

候机楼保障能力建设 2015年1月25日，温州机场国际中转厅启用。10月20日，温州机场行李分拣区扩能改造项目通过验收，行李分拣区面积增加450平方米。11月9日，温州机场国内候机楼值机柜台和安检通道改造项目通过行业验收，该项目总投资295万元，增加值机柜台1组、自助值机设备4台、安检通道2条，满足T2航站楼投用前的生产保障需求。

T2航站楼主体结顶 2015年10月12日，温州机场T2航站楼主体土建及钢结构结顶，工程总建筑面积11.6万平方米，总投资19.6亿元，设计年旅客吞吐量1300万人次。

交通枢纽综合体主体工程开工 2015年11月27日，温州机场交通枢纽综合体主体工程开工仪式在T2航站楼北侧场区举行。工程占地面积15.56万平方米，总建筑面积28.29万平方米，建成后将成为多种交通方式“零换乘”的现代化大型综合交通枢纽和集交易、展示、信息于一体的辐射浙南闽北区域的高端新兴商业综合体。

航空应急救援基地建立 2015年5月20日，温州机场牵头协调组织市相关部门开展全市航空应急救援演练，演练模拟文成泰顺发生地质灾害、东海救助局温州基地码头附近发生人员落水失踪事故两种情景假设，以温州机场为起飞基地，由交通运输部东海第一救助飞行队开展航空应急救援。12月1日，交通运输部东海第一救助飞行队正式进驻温州机场专用飞行基地，填补温州“空中救援”的空白。

机场信息化服务 2015年6月26日，温州机场航班数据交互平台投用，实现机场内部生产系统与外部信息系统的数据交互，向旅客、航空公司、机场各驻场单位实时推送航班动态信息。7月20日，温州机场微信公众平台订阅号（微信号：wzjcwx）上线，设有在线购票、自助值机、航班动态等区块，为旅客提供更加便利快捷的信息服务。

国航温州分公司成立 2015年11月18日，国航股份温州分公司揭牌成立，这是国航首次在地级市设立分公司，也是进驻温州机场的第一家基地航空公司。温州成为继上海、杭州之后，国航华东战略的又一重要节点。

航线网络建设 2015年1月25日，青岛—温州—岘港国际经停航线开通；1月31日，温州—泰国素叻他尼航线开通；2月13日，温州—延吉航线开通；4月1日，温州—遵义航线开通；4月10日，温州—韩国襄阳航线开通；5月11日，温州—日本大阪航线开通；7月1日，温州—日本静冈航线开通；7月14日，温州—越南芽庄航线开通；8月27日，温州经停西安至榆林航线开通。

运营城市航点 2015年，温州龙湾国际机场国内航点计41个：北京、上海、广州、重庆、成都、深圳、昆明、武汉、长沙、海口、青岛、贵阳、沈阳、西安、厦门、三亚、郑州、乌鲁木齐、南京、济南、太原、大连、哈尔滨、石家庄、长春、南宁、桂林、临沂、珠海、张家界、兰州、南昌、天津、阜阳、银川、西宁、呼和浩特、揭阳、延吉、遵义、榆林。地区航点2个：香港、台北。

国际航点计15个：意大利罗马，韩国首尔、济州、青州、襄阳，日本大阪、静冈，泰国曼谷、素叻他尼、普吉，越南岘港、芽庄，菲律宾卡利博，柬埔寨暹粒，印尼巴厘岛。

（李　翱）

港　口

概况 截至2015年年末，温州市拥有生产性码头泊位219个，货物综合通过能力6523万吨，万吨级以上泊位19个，其中5万吨级（兼靠10万吨级）以上泊位4个。万吨级泊位中，按港区划分，瓯江港区11个、乐清湾港区4个、状元岙港区2个、大小门岛港区1个、苍南港区1个。全年全港货物吞吐量8490.42万吨，其中外贸货物吞吐量442.52万吨。集装箱吞吐量56.03万标箱，其中外贸集装箱吞吐量12.95万标箱。全年对台湾集装箱吞吐量28133标箱，对俄罗斯集装箱吞吐量353标箱。

乐清湾港区建设 2015年，乐清湾港区完成投资11.45亿元，占全市水运建设投资的36.6%。其中，乐清湾港区一期工程完成投资0.8亿元，乐清海螺水泥物流中心工程完成投资2.3亿元。乐清湾港区一期工程竣工，乐清湾港区A区一期工程通过竣工质量鉴定，乐清湾港区C区一期工程3个10万吨级散杂货码头项目，获省发改委立项，“工可”通过审查。乐清湾港区北区吹填工程、温州港七里港区二期工程交工。

大小门岛港区建设 2015年，温州市根据城市规划调整及港口变化情况，启动大小门岛港区详细规划修编。《温州港大小门岛总体规划》通过交通运输部审查，中石化LNG陆域项目部分获国家发改委核准。

状元岙港区建设 2015年，状元岙港区化工码头一期工程完成投资0.6亿元，累计完成投资3.2亿元；温州港状元岙港区二期工程完成投资1.9亿元，累计完成投资2.4亿元；状元岙港区二期3个10万吨级集装箱泊位工程和浙能磐石电厂煤炭码头加固改造工程开工建设；状元岙北避风渔港改造工程进入收尾阶段。

瓯江港区建设 2015年，《温州港瓯江港区灵昆作业区规划调整》通过交通运输部审查，温州港灵昆作业区温州海运有限公司多用途码头工程竣工。

港口引航 2015年，温州港引航站共引领船舶295艘次，其中引领外贸船舶208艘次，内贸船舶87艘次。引领船舶中，250米以上超大型船舶20艘次，200米～250米以上大型船舶80艘次，危险品船舶134艘次。全年引领船舶净吨367.99万吨，船舶总吨722.24万吨，船舶载重吨1137.21万吨。全年引航费收入306万元。引航计划兑现率达100%，未发生引航重大责任事故、伤亡事故和顾客投诉事件。

（黄吕平）

铁路与市域轨道交通建设

概况 2015年，温州市铁路和市域轨道交通建设投资47.2亿元，其中市域铁路S1线一期工程投资25.4亿元，金温铁路扩能改造工程投资7.3亿元，乐清湾港区铁路支线工程投资10.1亿元，其他工程投资4.4亿元。

市域铁路S1线一期工程启动 2015年，S1线一期工程全面启动土地征收和房屋拆迁，全线19个标段有17个进场施工，东段地下线、隧道工程及南洋大道段建设顺利推进，西段跨沿海铁路代建段初具规模，桐岭车辆段进场施工。全年完成招标项目34项，签订招标合同101个，完成年度投资25.4亿元。1月19日，灵昆停车场和车辆维修基地建设工程海域使用申请通过审批，用海期限50年。2月3日，工程被列为浙江省海洋经济发展的重大建设项目，获得浙江省海洋经济发展专项资金补助。5月21日，市域铁路S1线一期工程装备国家战略新兴产业示范工程启动。

市域铁路S2线一期工程开工 2015年，S2线一期工程完成规划选址、土地预审、节能评估、社会稳定性风险评估等专题审批。12月24日，工程可行性研究报告获批复。12月30日，工程开工仪式在温州机场T2航站楼前举行。

市域铁路S3线一期工程实施方案调整获批 2015年10月8日，国家发改委复函，同意对《浙江省温州市域铁路建设规划（2012—2018年）S3线一期工程实施方案》进行调整，由原批复的瑞安莘阳大道站至平阳鳌江站（线路全长20公里），调整为温州站至瑞安新城广场站，线路全长35.8公里，工程投资约122.4亿元。

金温铁路扩能改造工程开通运营 2015年，金温铁路扩能改造工程征地、拆迁、安置等政策处理工作基本落实，完成温州段主线征用土地389亩，房屋征收16万平方米，工程投资7.3亿元，12月26日开通运营。

乐清湾港区铁路支线工程建设 2015年，乐清湾港区铁路支线工程投资10.1亿元。

4月9日，乐清湾港区站SG07标段开工；4月15日，永嘉境内首个标段SG03标段开工；5月15日，瓯江特大桥水上施工启动，该桥梁全长1193.77米，主桥采用双塔双索面混凝土斜拉桥，为国内外罕见的单线铁路大跨度混凝土斜拉桥。斜拉桥主塔呈钻石型，主塔全高分别为118米和112.5米，建设工期790天。

（叶丽丽）

高速公路建设

概况 2015年，温州市高速公路建设投资65.8亿元。其中，绕城高速公路西南线投资22.9亿元，甬台温高速公路复线南塘至黄华段投资8.5亿元，灵昆至阁巷段投资8.5亿元，瑞安至苍南段投资12.6亿元，绕城高速公路北线二期投资6.0亿元，龙丽温高速公路瑞安至文成段投资6.9亿元。

温州绕城高速公路西南线工程 2015年投资22.9亿元，累计投资67.2亿元，完成路基工程70.57%、桥梁工程50.57%、隧道工程72.07%；岙底大桥、岷岗大桥架设完毕，正岙隧道、太平山隧道、畚箕山隧道、屏山隧道贯通。

甬台温高速公路复线工程 2015年，南塘至黄华段投资8.5亿元，累计投资14.9亿元，路基完成7.4%、桥梁完成30.3%、隧道完成4.2%；灵昆至阁巷段投资8.5亿元，累计投资14.6亿元，控制性工程瓯江南汊跨海特大桥和飞云江跨海特大桥全面施工，桥梁完成5.8%；瑞安至苍南段投资12.6亿元，控制性工程鳌江特大桥开工。

温州绕城高速公路北线二期工程 2015年投资6.0亿元，累计投资8.2亿元，用地计划上报至国土资源部审查。

龙丽温高速公路延伸段建设 2015年，龙丽温高速公路文成至瑞安段投资6.9亿元，控制性工程峃口大桥、平和大桥栈桥开始施工。

瓯江北口大桥建设 2015年，瓯江北口大桥项目用地预审、用海预审等工可阶段所有专题获得国家部委批复，工可报告通过交通运输部审查，并获得国家发改委批复；项目初步设计通过省交通运输厅预审查；项目政策处理及临建工程（栈桥和码头）提前启动。

（刘伟亮）

道路运输管理

概况 2015年，温州市拥有营运客车16575辆，客位370103个；客运班线1538条，班车4744辆，客位126071个。其中，省际客运班线558条，班车775辆，客位33088个；市际客运班线208条，班车318辆，客位11614个；县（市）际客运班线254条，班车1173辆，客位31314个；县（市）内客运班线518条，班车2478辆，客位50055个；旅游车649辆，客位28938个。全市拥有公交线路281条，公交车3221辆，额定载客量183250人；出租汽车7961辆，客位31844个（其中市区3815辆，客位15260个）。全市全年完成客运量22814万人、客运周转量1226472万人公里。

全市拥有营运货车19618辆，114065吨位，其中普通货车16464辆，68201吨位；专用货车1569辆，35788吨位；厢式货车4877辆，15732吨位；“危货”专用车1585辆，10076吨位。全年全市完成货运量8566万吨、货运周转量723342万吨公里。

全市道路运输经营业户6546家，其中道路旅客运输经营业户111家、货物运输经营业户6413家、客货兼营业户22家。道路运输相关经营业户4199家，其中客运站81家、货运站6家、机动车维修业户2979家、机动车驾驶员培训学校80家、汽车综合性能检测10家、汽车租赁业户216家，其他相关业户952家。

全市道路运输经营从业人员93214人，其中旅客运输经营从业人员12624人、货物运输经营从业人员30131人、机动车维修经营从业人员33885人、机动车综合性能检测从业人员240人、机动车驾驶员培训学校从业人员9746人、汽车租赁从业人员1222人，其他相关从业人员2966人。

公交系统建设 2015年，温州市区新增、优化常规公交线路48条，其中新增常规公交线路4条，新增定制公交线路3条，新增社区巴士线路7条；建成公交候车廊171个，建成公交首末站4个；新增更新公交车辆384辆，公交布局更加完善合理。建成公交智能调度系统，温州市区所有常规公交线路均实现智能调度管理，“我看行”公交查询系统覆盖市区全部公交线路。12月27日，温州首条快速公交BRT一号线开通运营，初步形成贯穿市区东西南北的BRT走廊。

城乡客运一体化建设 2015年，温州市新增通车行政村84个，通车行政村累计4940个，通村率92.26%，符合通车条件的行政村全部实现“村村通”。建成农村港湾式停靠站307个，完成城乡客运站投资2.3亿元。永嘉县鹤盛镇15辆“乡村小巴”于12月18日成功投入运营。全市12条客运班线实施“班线联合经营体”模式整合，城乡客运一体化发展水平评价达AAA级。

货运物流建设 2015年，《温州市城市配送与车辆通行管理办法（试行）》出台，进一步完善城市配送物流体系。鹿富中小物流企业整合10家中小物流企业、货运专线32条，推动中小物流企业联合发展。全市53家危险品货物运输企业全面统一试用“危货运输电子运单”。潘桥物流园区和3家上下游物流企业实行信息化互联，加快物流信息化建设。温州物流网和手机APP开通，初步建成现代物流公共信息服务体系。6月4日，温州现代物流学院（温州现代物流发展研究院）挂牌成立。

机动车驾驶培训 2015年，温州市机动车驾驶员培训学校共80家，从业人员9746人，教练员6668人，教学车辆6186辆。41家驾校试行“先学后付”新模式，学员满意率从65%上升到90%，考试通过率提高30%以上。驾培全面推行“互联网+”，建立驾培理科远程教学系统，身份证可代替“学员卡”刷卡计时。全年全市完成机动车驾驶员培训18.03万人，合格人数16.34万人。

道路春运 2015年，春运40天，温州市全市道路客运（不含公交和出租）日均投放营运客车6432辆，发送旅客2069.58万人，完成旅客运输周转量162728万人公里。全市运管部门共出动稽查人员9865人次，查获各类违章车辆3329辆。春运期间，全市道路运输企业共发生死亡事故4起、死亡4人，与上年同期相比下降43%。

出租车行业 2015年，温州市区350辆公营出租车运力第二轮配置招标工作完成，33%出租车辆得到更新。在"专车"迅速发展，传统出租车市场受到冲击的背景下，出租车行业向"公司化经营、员工化管理"模式转型，市区出租车企业"回包"个体出租车数达总数的41.8%。

汽车维修行业 2015年，温州市机动车维修业户2979家，其中一类维修业户100家，二类维修业户636家，三类维修业户2001家。53家一类维修企业获得浙江省汽车维修服务质量规范达标单位称号，135家二类维修企业通过规范达标评审。全市发展品牌快修连锁企业、网点13家，30多家维修企业加盟成立汽配采购联盟委员会，统一汽配采购初见成效。全年全市完成机动车维修量615.7万辆。当年，举办全市"康恒杯"维修技能竞赛，优胜者代表温州市参加全省汽车维修技能大赛，获团体第三名。

道路运输安全监管 2015年，温州市开展道路运输行业"安全生产月"和"安全生产万里行"活动，定向联系企业，实施安全网格化管理和企业安全生产标准化建设，全市203家道路运输企业完成安全生产标准化达标考评。对626名危货运输从业人员进行业务培训，对全市所有危货运输企业进行隐患排查和资质复核工作，共责令改正8家、重组2家、注销7家。与上年同期相比，全市事故次数、死亡人数和经济损失分别下降22.45%、27.58%和31.71%。全市运管查处各类违章4.28万件，查处"黑车"4271辆。

（黄吕平）

水路运输管理

概况 2015年，温州市有水路运输企业65家，其中沿海运输企业53家（含普通货运36家，沿海客运5家，液货危险品运输11家，集装箱运输1家），内河运输企业12家（含内河客运6家，内河货运6家）。全市有各类营运船舶856艘，5646客位，载重152.89万吨，389864.57千瓦。其中：沿海运输船舶574艘，载重147.62万吨，357573.72千瓦；内河运输船舶282艘，载重5.27万吨，32290.85千瓦。全市在册渡口76处，渡运船舶104艘，6230客位。全年，内河完成旅客运输量2.29万人，旅客周转量14.25万人公里；货物运输量673.94万吨，周转量24392.36万吨公里。沿海完成旅客运输量52.23万人，旅客周转量2347.45万人公里；货物运输量2569.75万吨，周转量2865052.33万吨。

港航行政管理 2015年，温州市全面启动危险货物港口经营资质核验工作，开展港口危险化学品安全专项整治工作，共查处隐患292处，整改272处，整改率93.15%。同时对港口企业基础设施进行全面核查，包括组织机构情况、港口设施保安费的征收、使用和缴纳情况等。全市港航系统开展"打非治违"专项行动，组织执法检查组452次，查出隐患668处，整改596处（包括温州港集团136处，温州海运25处），整改率96%。

航政管理 2015年，温州市港航局按照国家标准与技术规范的要求，对新建桥梁、管线等需要通过论证确定通航尺度的建设项目组织通航影响论证审查工作，全年完成11个项目的审查工作。航道巡查里程20517公里，其中内河里程15170公里，沿海里程5347公里。完成温州市美丽水乡核心区"一环三线"西线（南塘至瓯海龙舟基地）助航标志标牌配置，其中警告标志7个，桥梁净高标志8个，交叉河口标志3个，桥涵标志25个，线路总长4.63公里。

船舶检验 2015年，温州市船舶检验完成1227艘次，529494总吨，其中建造检验10艘次，16334总吨；初次检验55艘次，11745.7总吨；完成图纸审查177套；船用产品检验52件，船用产品图纸审查13套；船舶转入23艘，船舶转出6艘，报废注销1艘；检验费收入468.07万元。船舶检验处质量管理体系运行各项指标达到目标要求，其中顾客满意度99.4%，检验程序到位率100%，检验证书发证合格率99.7%，发证及时率100%。

安全管理 2015年，温州市渡口、内河水运、航道工程没有发生安全生产事故；沿海水上运输发生5.5起事故，沉船5艘、死亡7人、直接经济损失450万元。组织执法安全检查225次，1050人次参加检查，检查企业148家，发现隐患184个，整改隐患152个。

水路春运 2015年春运40天，温州市投入客船28艘4934客位，运送旅客85.42万人次，车渡车量4.73万辆。其中，沿海投入客船10艘1134客位，运送旅客4.79万人次；营业性渡船和内河船舶18艘3800客位，车渡船5艘60车位，共运送旅客80.63万人次。

（黄德义）

空中交通管理

概况 2015年，温州空管站塔台保障起降航班6.19万架次，同比增长4.65%；进近保障航班6.92万架次，同比增长3.22%，未发生空管原因造成的安全事件。通信导航监视设备正常运行率100%，设备完好率99.99%；机场天气报告和机场预报迟发率为万分之0.7，观测错情率为万分之0.01，航管信息系统运行正常率100%，航行情报动态信息处理系统运行正常率100%；地面安全行车41.50万公里。

温州扇区规划和容量评估工作 2015年2月，温州空管站根据进近区域的运行现状、未来航班流量以及华东空域精细化工作推进等因素，综合研究，制订扇区划分方法和实施计划。组织力量，采集各类数据，评估出扇区容量为15分钟10架次，1小时26架次，按要求完成温州扇区容量的上报工作，2015年年末获民航局空管局同意批复。

新航管楼投用 2015年6月，温州空管站新航管楼投入使用。新航管楼的投用有利于解决空管站业务用房紧张、运行场所受限、机场新跑道投用后老塔台视角不足等问题。新航管楼更新空管保障设备，主、备应急设备齐全，检修维护便捷，设备保障能力得到提升。

（滕欢瑶）

航　　标

概况 温州航标处隶属于交通运输部东海航海保障中心，为正处（县）级航标管理机构，担负南至浙江苍南霞关北至象山石浦沿海海上公用干线以及温州、台州地区港口水域航标的管理、维护、建设，依法履行辖区航标行业管理职责。辖区

图6 温州航标处辖区航标配布示意图

范围为北界线：29° 04′ 00″ N；南界线：自沙埕港港界北点（27° 10′ 06″ N，120° 25′ 54″ E），沿118° 方位线向东南沿至27° 00′ 00″ N向正东延伸。

航标设施维护 2015年，温州航标处辖区航标总数1152座（公用航标413座，代管航标739座），其中灯塔16座、灯桩312座、灯浮438座、桥梁标志284座、立标3座、雷达应答器29座、AIS岸台24座、RBN-DGPS台站2座、AIS航标35座、AIS虚拟航标8座、其他1座。航标正常率99.97%，维护正常率100%，航标可用性99.97%，航标修复率100%，内在失常率0.01 %，AIS台站月度工作正常率为99.99 %，RBN-DGPS台站工作正常率100%。截至年末，全年维护航标411366座天（维护公用标154118座天），每季度进行一次沿海无线电信号检测，完成航标应急抢修26座次，航标维护质量持续正常稳定。

航标基础设施建设 2015年，温州航标处工作船码头工程（二期）继续建设，项目年度投资计划500万元，完成工程岸线审批，报建工程施工质量和安全监督等手续，完成2艘趸船制造和安装；附属工程水电安装、墩台改造、大门施工等项目通过预验收并提交工程审计。瓯江航标站功能完善工程年度投资200万元，完成施工图设计、岸线和其他部分建设许可等审批手续，基本具备开工条件。趸船部分项目于10月底开工。

航标实训基地认证 2015年4月底，温州航标实训基地通过交通运输部海事局审核组的现场审核，成为全国首家由交通运输部海事局认证的航标培训机构，成为2015年亚洲区域航标管理人员培训班的承办机构。9月6日～9月17日，温州航标实训基地协助上级做好与IALA合作的第1期国际航标管理人员培训，为13名来自南非、印度、俄罗斯、越南、泰国、柬埔寨等国的学员，以及来自各高等院校的教师提供培训管理和后勤保障服务。

北麂山灯塔值守志愿者活动 2015年，温州航标处扩大航标文化、灯塔精神的宣传范围，截至11月底，收到海内外志愿者报名表2000余份，从中选择安排18批共41名志愿者的登岛值守服务。

（徐惠子）

邮政管理

概况 温州市邮政管理局于2012年12月31日成立，为双重管理的副县（处）级机构，行政编制全部为中央垂直管理系统编制，负责温州地区11个县（市、区）的邮政行业管理。2015年5月1日，浙江省邮政公司温州市分公司更名为中国邮政集团公司温州市分公司，下辖8个县（市、区）的邮政局所206处，在职职工2112人，派遣劳务工1543人，总资产9.62亿元，固定资产5.62亿元。5月27日，全省第一个由市局派出的机构苍南邮政管理局挂牌成立。

快递行业管理 2015年，温州市快递行业拥有36个品牌，在册快递企业157家，分拨中心11家，已备案分支机构648个。快递业务量3.76亿件，同比增长73.6%；业务收入35.47亿元，同比增长43.1%。快递业务量和业务收入分列全国地级市第5、第6位。日均发件量超过100万件，派件量超过60万件。全年快递行业改扩建转运分拨中心4万平方米，更新流水线18条。5月7日，温州市寄递渠道安全管理领导小组成立，全年出动1750人次对辖区内企业和分支机构开展检查，开具整改通知书85份，约谈快递企业22家，立案查处涉及违法案件40件，办案量全省第一。

快递行业服务创新 2015年，温州市快递企业与制造业、电商深度合作，申通、韵达、圆通、百世汇通等快递公司开展电商仓储服务。邮政速递送出“证照网上申请、快递送达”全省第一单。邮政速递、顺丰等公司为企业提供定制化服务，创建奥康“双11”物流高速路、莫好克洗涤“线上下单、线下收寄”等便民利商新模式。9月开始，邮政公司对投递车辆实行私车公助，提升终端揽投能力。

邮政业务收入 2015年，温州市邮政系统（含邮政速递和邮储银行）业务总收入17.05亿元，邮政企业业务收入7.44亿元（其中有效收入5.02亿元，增长6.87%）。其中，函件业务收入5592万元；

包裹业务收入1.75亿元（其中国际小包累计收入1.19亿元）；报刊业务收入5486万元，流转额1.56亿元；集邮业务收入2391万元，增长39.84%；电子商务收入4426万元，增长23.63%；短信业务收入1928万元，同比增长16.1%；分销业务收入1002万元。人均劳动生产率19.51万元。

邮路建设 2015年，温州邮政开通一级干线委办汽车邮路4条：分别为温州—上海、温州—成都、温州—福州、温州—广州，二级干线邮路2条，区内邮路23条，市内趟车邮路22条，全市邮路运行单日总里程13324公里。4月27日，新增温州互换局经福州（台北）国际发运路由，开通国际协议小包电子产品寄递专线。11月12日，开通温州—广州直达干线汽车邮路，全程1250公里，运行20小时，逐日班，主要装运广东、广西、海南等省（区）的各类邮件。为应对"双11"网购高峰，开通温州至广州、西安等临时邮路，并首次启用17.5米大型挂车。

邮政便民服务 2015年，温州邮政累计建成E邮站218个，已入驻快递企业56家，累计存取邮件61.52万件；邮政E邮柜项目被列入温州市政府年度"十大民生实事"工程。全市邮掌柜建设站点1255个，其中商超型"村邮乐购"服务点894个，占比全省第一。商易通交易8万笔，交易金额9174万元。6月26日，邮乐网"温州馆"上线，推动地方特色农产品销售，实现农村青年创业创收和农产品增值增效。全市累计建成村邮站2381个，其中信息化村邮站1061个，占比44.56%；累计投递各类邮件2539.15万件，办理便民服务407.65万笔，服务金额3.52亿元。累计发展"自邮一族"会员1.57万名，业务规模列全省第一。乡镇快递通达率86%，居全省前列。全市建成智能快递箱783个。

集邮系列活动 2015年3月5日，温州市集邮协会七届四次理事扩大会议召开。3月21日，首套以2004年《楠溪江》特种邮票为模板的楠溪江玉邮票在楠溪江漫邮局首发。5月8日，温州市集邮协会召开成立30周年庆祝大会，同时举办30周年集邮成果展，《温州集邮30周年》编印出版。9月2日，"纪念中国人民抗日战争和世界反法西斯战争胜利70周年邮票揭幕暨关爱抗战老兵慈善明信片发行仪式"在鹿城区白鹿洲公园举行，温州邮政免费发放慈善明信片和纪念封3万份，同时举办纪念中国人民抗日战争暨世界反法西斯战争胜利70周年集邮展。

（陈 博）

交通事故

道路交通事故 2015年，温州市道路运输总行程255957.6万公里，上报道路运输行车亡人事故38起，死亡42人。其中，客车18起、18人，公交车3起、3人，出租车9起、10人，普通货车6起、9人，危险品运输车1起、1人，教练车1起、1人。较大事故1起，一般事故37起。造成直接经济损失420万元。与上年同期相比，事故次数、死亡人数和经济损失分别下降22.45%、27.58%和31.71%。

水上交通事故 2015年，温州发生水上交通事故27起，死亡失踪9人，沉船9艘，直接经济损失784.5万元。其中，沿海水上运输事故5.5起，沉船5艘，死亡7人，直接经济损失450万元。在27起事故中，一般等级及以上事故9起，同比上升125%；死亡失踪9人，同比上升125%；沉船3艘；直接经济损失307.3万元，同比下降28.57%。

轮船自沉事故 2015年9月26日晚18时许，温州鸿达海运公司"鸿达158"轮，从宁德装载黄沙驶往瑞安三虎码头途中，机舱进水、船舶下沉，后船舶沉没。船上4名船员全部落水，其中2人自救上岸，另2人失踪，直接经济损失90万元。

2015年温州市道路交通事故四项指数与上年同期比较

表28

单位	事故次数			死亡人数			受伤人数			直接经济损失（元）		
	本期	同期	增减（%）	本期	同期	增减（%）	本期	同期	增减（%）	本期	同期	增减（%）
合计	1936	2104	−7.98	444	482	−7.88	1893	2087	−9.30	3171430	3557610	−10.86
一大队	109	145	−24.83	33	41	−19.51	110	140	−21.43	241800	254000	−4.80
二大队	42	42	持平	12	8	50.00	27	33	−18.18	81490	87500	−6.87
三大队	96	101	−4.95	42	49	−14.29	60	67	−10.45	139088	140149	−0.76
四大队	133	140	−5.00	44	46	−4.35	123	136	−9.56	167700	176500	−4.99
五大队	4			2			2			2923		
洞头区	18	22	−18.18	3	6	−50.00	19	20	−5.00	152500	157500	−3.17
乐清市	542	589	−7.98	75	80	−6.25	563	634	−11.20	669110	926810	−27.81
瑞安市	350	366	−4.37	76	86	−11.63	364	376	−3.19	732032	734910	−0.39
永嘉县	125	162	−22.84	58	59	−1.69	97	118	−17.80	51655	113171	−54.36
文成县	63	64	−1.56	9	9	持平	75	75	持平	131800	143050	−7.86
平阳县	198	212	−6.60	38	43	−11.63	198	213	−7.04	191519	193808	−1.18
泰顺县	53	55	−3.64	13	13	持平	60	53	13.21	511400	527500	−3.05
苍南县	203	206	−1.46	39	42	−7.14	195	222	−12.16	98413	102712	−4.19

（黄吕平）

（林剑琴 编辑）

金　融

综　述

概况　2015年，温州市有金融机构38家（含村镇银行8家）。本外币存款余额9578亿元，同比增长10.98%，比年初增加968亿元，同比多增565亿元。本外币贷款余额7637亿元，同比增长3.96%，比年初增加253亿元，同比多增177亿元。其中，中长期贷款余额2309亿元，比年初增加372亿元。新增金融业融资规模1224亿元，实现金融业增加值210.7亿元，同比增长12.9%；金融业税收41.6亿元，同比增长5%。

金融改革平稳发展　2015年3月26日，全国首批、浙江首家民营银行——温州民商银行开业。推进企业股改和金融产权交易平台建设。新增股份有限公司210家，累计697家。启动4笔不良资产挂牌转让业务，交易金额5082万元；实现蓝海股份二级市场转让交易46笔，交易金额721.89万元；农村产权交易平台完成交易440宗，金额2.8亿元。深化多层次资本市场发展。新增3家上市公司，共有境内外上市公司17家，建立七批共114家拟上市企业后备资源库；新增24家企业在新三板挂牌，累计31家，新增区域性股权交易平台挂牌425家，累计561家。新增直接融资227亿元。首批36个PPP推介项目中，有2个列入第二批全国PPP示范项目，10个重点推介项目总体推进情况顺利。全国首家农业财险互助社成功设立，筹备设立地方保险公司、证券公司等。制订《温州市推进多层次资本市场发展三年行动计划（2015—2017年）》。

金融服务创新　2015年，温州市加大金融服务实体经济政策支持力度。出台《关于金融支持小微企业创业园建设的指导意见》和金融支持实体经济发展的“双十条”措施。创新金融产品和服务。全年信贷增长（含不良贷款处置还原）658亿元，小微企业贷款比重41.4%。小微企业信用贷款余额101.26亿元，户数88165户，申贷获得率超过90%。探索利率市场化改革，全市6家法人金融机构计划发行同业存单180.5亿元，已发行157.5亿元，率先发行大额存单16.22亿元。发挥保险机构助企促贷功能，引入保险资金35.88亿元，保费收入154亿元，同比增长14%，赔款和给付48亿元，同比增长17.2%。证券机构服务企业股改和定向增发。探索建立小微企业融资增信机制。推动温州市小微企业信保基金挂牌营业，对6家合作银行43个网点进行信保业务授牌。开展小额贷款保证保险试点，设立运营中心，在全市设立17个业务网点，开展业务1420笔，累计保额约3.2亿元，促进银行贷款约3亿元。探索运用互联网金融工具，如众筹、P2P等新型互联网形式，鼓励银行机构打通线上融资、结算、理财等一系列金融服务链条。温州中小企业金融综合服务网及其“温金贷”大数据信用贷款产品上线运营，温州中小企业金融综合服务网汇聚金融产品6324个，投融资交易171笔，交易金额8025万元。

地方金融监管　2015年，温州市推动互联网金融行业监管。拟定《温州市民间融资信息服务企业管理暂行办法》和《关于加强P2P网络借贷平台管理的若干意见》及相关起草说明。联合市公安局等五部门，对全市P2P网贷平台开展地毯式风险排查，向问题平台抄送限期责令整改通知书20份，风险提示函9份，发送监管风险告知函1份。成立互联网金融行业协会。推进地方金融监管法制化建设。实现对十类885家机构的非现场监管。完成2015年度地方金融监管白皮书撰写。申领“民间融资监督管理”行政执法证，率全国之先开出3单民间融资监管罚单，形成地方金融监管行政处罚样本。提升民间融资“两化”水平。升级“温州指数”信息管理系统。启动《“温州指数”的内在规律、科学性论证和应用价值分析》课题研究。与省外4个城市建立深度合作关系，累计46个城市。引导民间融资备案登记，累计备案民间借贷287.43亿元，约占全市民间借贷总规模的30%，民间融资“契约”撮合资金比重从金改前不到5%提升至20%左右。

金融风险处置　2015年，温州市处置不良贷款405亿元，新发生不良贷款396亿元，是自温州民间借贷风波发生以来不良贷款处置量首次超过同期新发生不良贷款。完成15家市级重点风险企业和48家县级重点风险企业处置工作。启动两批9个镇（街）重点风险企业处置试点工作，参与企业266家，落实信贷支持、贷款协调等涉及金额超过300亿元。重点帮扶类企业成功处置347家，处置率99.4%。向各银行业机构推荐优质企业2859家，帮助254家企业获得银行贷款69.3亿元。开展“构建诚信、惩戒失信”专项行动，完成四批“失信人名单”共185个对象的核实梳理工作，并公开曝光113个失信对象，27家涉嫌逃废债务企业列入约谈。健全社会信用体系建设。

推动“一个系统两个平台”的建设和使用，市公共信用信息系统和人民银行征信分中心开放部分查询功能。推动温州市民间借贷服务中心增挂“温州市民间财富管理中心”牌子，成为全国首创金融信息、政府信息、民间信息“三位一体”的信用信息查询服务平台。第三方征信机构中新力合上线APP，免费向市民提供10万余家中小微企业信用信息的查询服务。建立“温州民间借贷登记备案管理系统”。

（柯优员）

中国人民银行温州市中心支行

货币政策落实 2015年，中国人民银行温州市中心支行（简称市人行）落实货币信贷政策，推进扩大区域信贷投放、加大首套房信贷支持、构建利率协调机制、规范财政性资金招投标活动等重点事项，完成5次准备金率调整落实工作，对考核达标的10家地方法人金融机构执行优惠1个百分点的准备金率。年末，再贷款限额31.76亿元，比年初增加6.18亿元；办理再贴现903笔，金额9.12亿元，同比增加6.04亿元；单列3亿元支小再贷款额度用于支持科技金融发展。全市农房抵押贷款余额82.8亿元。辖内地方法人金融机构发行“三农”专项债、小微专项债和二级资本债券55亿元，占金改以来金融债发行量71%。推动全市非金融企业直接债务融资工具发行95亿元，首单超短期融资券成功发行。组织落实5次下调人民币存贷款基准利率和扩大存款利率浮动区间政策，开展挂牌价监测和实际执行利率调查。12月，温州市一般贷款加权平均利率6.04%，同比下降1.22个百分点。对首套房贷款发放较多、利率下浮幅度较大的地方法人金融机构给予再贷款支持，引导地方法人金融机构加大对购买首套房的支持力度。发放首套房贷款295.16亿元，其中基准及以下利率的首套房按揭贷款笔数占全部首套房贷款98.5%。引导地方法人金融机构参与利率市场化改革，实现大额存单发行先行先试和发行主体全覆盖，全年备案大额存单47亿元，实际发行19.3亿元，备案同业存单发行计划180.5亿元，实际发行157.5亿元。

金融稳定措施 2015年，市人行推进存款保险制度实施，推动市政府牵头召开多部门专题会；成立温州存款保险制度实施领导小组，建立存款保险工作联系机制和应急处置机制；强化政策宣传解读和专题培训；在省内率先开展法人机构50万元以上存款变动监测，做好第一期保费缴纳。建立市区金融服务协调工作机制，成立市区金融服务协调办公室，双方签订合作备忘录，建立与未设支行4个中心城区政府（管委会）联络机制。

金融机构管理 2015年，市人行优化行政许可窗口建设，办结4万余件。修订在温银行机构综合评价管理办法。处理金融消费纠纷25件。采取“微信推广”、电梯公益广告等多种手段，开展“3·15”金融消费权益保护日和金融知识普及月宣传活动。利用政务信息公开平台发布准备金率调整、纪念币发行、金融运行数据等政策和业务信息。推广和规范个人本外币兑换特许业务试点，制作发布本外币兑换网点清单。

征信体系建设 2015年，市人行推动信用评级市场规范发展，落实13家小贷公司参与信用评级，完成1025家借款企业评级和685家小微企业评分工作。指导2家小贷公司正式接入征信系统，另外2家小贷公司和6家村镇银行处在接入过程。温州民商银行通过征信中心审批，开始接入征信系统。首次将“三信”创建评定对象拓展至农民专业合作社。在全省中率先实现“整乡授信”，授信金额1.5亿元，66个村开展“整村授信”，累计授信金额7.86亿元。新发展注册用户623家，完成融资交易971笔，金额92.13亿元。采集公积金缴存、环保评审、企业评级、行政处罚、民间借贷等五类非银信息30余万条。提升征信系统数据质量，构建数据质量“531”运行监测网络，建立企业征信数据纠错机制。建设征信示范点。

支付结算管理 2015年，市人行改善支付服务环境，强化监督检查，确保中央银行会计核算数据集中系统（ACS）平稳高效运行。完成温州市同城票据交换系统改造。开展“银行卡助农扩面提质”百日竞赛活动，推动网上支付、手机支付、银行卡助农服务三项业务在农村地区的深度应用。全辖创建“网银支付示范区”38个，综合类银行卡助农服务点276个，具有村级电子商务代理功能的服务点388个。推进金融IC卡应用，全市金融IC卡电子现金跨行消费交易同比增长531%，金融IC卡在标准化菜场、公交等公共服务领域应用取得新突破。推进线上有卡支付、手机信贷、O2O创新应用等移动金融产品创新。实现金融机构编码应用“银证保”全覆盖，全市有登记备案金融机构网点1695家。

货币发行和国库管理 2015年，市人行加大对现金投放、回笼的预测分析，优化券别结构，提高流通中人民币整洁度。全年全辖现金投放780亿元，回笼615亿元，净投放165亿元。开收缴假币25万张，全年假币浓度为百万分之1.05，同比下降。做好新版人民币的发行工作。发挥国库监管职能，参与《温州市级预算单位公款竞争性存放管理暂行办法》的制定和实施。组织开展经理国库30周年主题系列宣传活动及国债宣传。

反洗钱工作 2015年，市人行推进洗钱立案、定罪7起，其中3起洗钱案以刑法191条洗钱罪宣判。全市各级人民银行向公安部门移送案件线索19起，公安机关立案12起，破获9起；向公安部门移送涉嫌地下钱庄的可疑线索6起，公安机关立案7起，破获7起。

（梁茜茜）

外汇管理

外汇管理改革 2015年，外汇管理局温州中心支局（简称温州市外汇局）推进跨国公司外汇资金集中运营试点工作，新增1家试点企业。推进个人跨境电商业务，将个人跨境电商业务纳入个人贸易外汇管理。做好直接投资项下外汇登记改革工作。继续推广和规范个人本外币兑换特许业务，制订《温州市个人本外币兑换特许机构管理暂行办法》。

贸易外汇管理 2015年，温州市有15家银行办理9.17亿美元个人贸易结售汇业务，同比增长13.5%。外汇收支名录企业新增1262家，变更909家，注销605家。

外汇主体监管 2015年，温州市外汇局制订《服务贸易外汇非现场核查和现场核查操作流程及审核权限》《资本项目事后核查操作流程及审核权限》等制度。开展个人外汇业务监测系统试点工作，加强对个人外汇资金流出专项核查，加强购付汇业务监管工作。

国际收支申报管理 2015年，温州市外汇局国际收支统计间接申报笔数177.78万笔，金额400.98亿美元，其中涉外收入166.07万笔，金额283.63亿美元；涉外支出11.71万笔，金额117.35亿美元。开展48次间接申报非现场核查，对辖内9家法人银行开展直接申报数据核查，对辖内9家外汇指定银行开展间接申报现场核查。

外汇检查 2015年，温州市外汇局协同公安机关破获4起地下钱庄案，涉案总金额6.2亿美元。对辖内2家机构公司开展个人本外币兑换特许业务机构外汇业务和融资租赁类外汇业务专项检查。指导乐清市支局查处1家企业非法买卖外汇。

（梁茜茜）

银行业监管

金融机制改革 2015年，温州银监分局推进联合授信管理机制建设，实施企业11981家、授信总额2992亿元，分别占授信企业总数、授信总额的65%、51%。完成前四批农合机构股改，全市农商行总数8家，占全部农合机构的73%。指导鹿城、瓯海、龙湾三家农商行成立村镇银行管理事业部，设立村镇银行36家。申报财务公司筹建，促进全国首家地市级资产管理公司落户温州。年内，组建民营银行首批试点的温州民商银行率先开业。

银行业转型升级 2015年，温州银监分局制订推进温州银行业转型升级工作方案，从流程银行建设、风险管理能力、业务发展等方面，着力打造差异化发展模式。指导温州银行制定“十三五”发展规划，加强“温州银行业盈利新模式探索”等28个课题研究。推动辖内银行机构在技术、商业模式等方面，与互联网金融企业对接。平安银行温州分行与商派软件合作实现“大数据”放贷，鹿城农商银行在全国农合机构中率先开发“富民融通”互联网金融平台。推进农合机构加快服务网络化建设，电子替代率83%。至年末，在存贷利差逐渐收窄、净利息收入同比下降的情况下，全市银行业实现净利润26亿元，同比增加65亿元。

金融支持实体经济发展 2015年，温州银监分局支持“五化战略”项目108个，新增银行业融资量近800亿元。出台多项小微金融措施，支持设立专营支行47家，创新系列服务产品80余个。推广农业产业链金融服务、微贷技术，试点“农民资产授托代管融资”项目，村级金融覆盖率升至89%。完善金融消费者权益保护机制，加强消费者金融知识宣传普及，辖内信访投诉同比下降68%。

风险防控和不良贷款处置 2015年，温州银监分局加强法人机构风险监管，防止出现单体风险机构。破解担保链“八大模式”，推动处置不良贷款405亿元，成为省内不良贷款“唯一双降”地级市。深化还款方式创新，分类帮扶企业124家、协调风险事件152起。出台逃废债“银行业服务惩戒”方案，联合惩戒失信人185个。督促升级风险防范措施461个，整改违规问题1905个，问责1000人，提升监管威慑力。

监管效能提升 2015年，温州银监分局梳理行政审批事项和制度法规，规范管理型、经营型支行市场准入标准。推进EAST系统运用，创新各类非现场监管手段，对13家银行机构实施行政处罚660万元。开发人员违规信息查询系统，打造违规联合管控体系。

（陈群绍）

银 行

中国农业发展银行温州市分行 2015年，中国农业发展银行温州市分行下辖县级支行3家，信贷组（派出机构）4家，员工106人。年末，各项存款余额21.55亿元，比年初增加4.65亿元，增幅27.54%，日均存款20.39亿元，比上年增加6.01亿元，增幅41.85%；各项贷款余额52.49亿元，比年初增加4.19亿元，增幅8.67%，全年发放各项贷款21.58亿元，日均贷款50.25亿元，比上年增加5.42亿元，增幅12.08%；同业存款0.5亿元，与年初余额持平；不良贷款0.68亿元，比年初增加0.68亿元；账面利润0.81亿元。

全年发放粮油贷款6.74亿元，支持收购、调入、储备粮食26180万公斤，油脂35.5万千克，其中新增地方储备粮739.5万千克。年末，粮油贷款余额11.85亿元，比年初增加2.35亿元。全年向中储粮温州直属库累计发放贷款1.2亿元，配合中储粮直属企业完成2014年第四批国家政策性粮食跨省移入4678万千克。

年内，营销获批中长期贷款项目9个，贷款金额127亿元。其中，总行审批项目5个，贷款金额112.5亿元；省行审批项目4个，贷款金额14.5亿元。置换政府债券13笔，金额6.15亿元；投放重点建设基金2笔，金额0.8亿元。

（卢好天）

中国工商银行温州分行 2015年，中国工商银行温州分行下辖营业网点124家，员工2638人，总资产889.3亿元。年末，本外币全部存款余额863.03亿元，本外币全部贷款（含卡透）余额812.66亿元，不良贷款余额25.37亿元，不良贷款率3.47%。

全年发放项目贷款40亿元，审批金额58亿元，项目贷款余额净增26.91亿元；借助海外代付等业务引入外资逾10亿元，发放贸易融资7.14亿美元，完成跨境人民币48亿元；新增小微客户2439户，小微贷款359.2亿元，小微贷款余额271.7亿元。支持金丽温铁路金温段、市域铁路S1线、乐清总部经济园二期、洞头环岛围涂工程等信贷；支持轻资产、科技型企业，发放技改贷款4.45亿元。完成正泰新能源股权投资、首笔股票质押式回购和“优聚工行”中小企业私募债业务，承销正泰、交运集团短融等，引入“市外”资金逾30亿元。

年内，推进温企“触网”上线“融E购”电商平台，累计交易额7.3亿元；通过“工银聚”业务探索银企合作互联网金融新模式，有效交易额56.64亿元，企业上下游发放电子供应链融资1.05亿元。通过业务创新参与“温州转型升级产业基金”筹建；针对小微工业园和工业综合体试点“融资方案项下批量拓展”模式；推进“大零售”业务转型；全年信用卡发行量突破100万张，消费额超310亿元。

（陈　豪）

中国农业银行温州分行　2015年，中国农业银行温州分行下辖营业网点148家，员工3716人。年末，各项存款余额1594.5亿元，比年初增加175.20亿元；对公存款比年初增加12.51亿元。各项贷款余额1071.79亿元，比年初增加43.38亿元；发放项目贷款21.5亿元。不良贷款余额30.85亿元，全年清收处置34.78亿元，不良贷款率2.88%。推出“小贷宝”“科保贷”产品。

全年建成三农金融队伍，“150个惠农金融服务点+1704个惠农通有效服务点+400个金融自治村/信用村”农村金融综合服务模式。年末，新农宝客户数37.8万户，日均存款61.13亿元，销售惠农理财44.02亿元；支持农民联建房建设项目38个，授信总额35亿元；支持“五水共治”项目24个，授信总额67.96亿元，已发放贷款21.75亿元。推广“信联信惠农贷”模式，增加农户贷款12.43亿元;在农村安装“惠农通”1704台；开发“金融自治村营销支持系统”，400家金融自治村授信总额85.23亿元，建成村民信贷档12.04万户。

年内，推出微社区、微商城、微银行，两大微信平台关注客户数超72万户，微商城注册绑定客户数15.01万户。试验社区金融样板小区、农贸市场闪付、“智慧大院”等系统解决方案。创新“活利双盈”产品，信用卡线上“三扫”、线下“四维”发卡、“五环”营销、“四路推进”分期业务、“六大商圈”消费等，全年新增信用卡22.6万张，消费额497亿元。与20个省级商会、53个地级商会建立常态化联系机制，建立温商个人信息2万余条。

（程乐铤）

中国银行温州市分行　2015年，中国银行温州市分行下辖机构网点74家。其中，市分行1家，中心支行10家，直属支行8家，经营性支行54家，分理处1家，员工1844人。年末，本外币各项存款余额609.8亿元，比年初增加35.4亿元；本外币各项贷款余额699.2亿元，比年初增加31.2亿元,其中公司贷款增加1.81亿元，个人贷款增加29.34亿元；跨境人民币业务量72.45亿元，实现净利润8.73亿元。清收处置不良资产18.70亿元，不良余额18.89亿元，比年初下降4.46亿元，不良率2.70%，比年初下降0.79个百分点。

全年建立重点信贷项目61个，授信余额30.19亿元，其中对接国家重点领域重点建设工程项目12个，省重点项目5个，市重点项目36个，50亿元以上单体重点项目6个，20亿元以上产业重点项目2个。联合温州农行、浙商行与沈海高速签订甬台温灵昆—阁巷段90亿元银团贷款协议并成功投放。为81家风险企业制订与实施风险化解方案，涉及信贷方案金额近35亿元。支持农村信贷，投放渔农贷5.77亿元，兴城安置贷6.78亿元。办理全国中行系统首笔“白银租赁”业务，金额340余万元。办理温州首单海关集中汇总征税保函[①]，实现此项业务在温州地区首发。获全省社会治安防控“心防工程”建设工作成绩突出集体。

（黄品丹　欧雪芳）

中国建设银行温州分行　2015年，中国建设银行温州分行下辖15个科级支行（8个县市支行、7个城区支行），小企业中心6家，私人银行6家，营业网点134个，员工2876人。年末，一般性存款日均余额745.49亿元，同比增加9.65亿元。其中，对公存款日均余额255.73亿元，同比减少31.98亿元；个人存款日均余额489.75亿元，同比增加41.64亿元。各项贷款余额581.24亿元，同比减少95.57亿元。其中,对公贷款307.18亿元，同比减少100.53亿元；个人贷款274.06亿元，同比增加4.96亿元，个人住房贷款余额新增30亿元；贴现余额23.60亿元，新增21.75亿元；存续期债券承销量13.27亿元，累计承销量20.47亿元。

2015年，推进“三个一百”工作即推进100亿元已经审批待放项目的投放，推进100亿元在审批流程中项目，推进100亿元投放、审批、储备拟上报项目。与市国地税三方签订银税互动“税易贷”业务合作协议，累计授信“税易贷”客户300余户，贷款金额2亿元；搭建“助保贷”平台4个，实现信贷投放8户1485万元。苍南县“五水共治”定向融资计划5.5亿元项目报总行资产托管业务创新试点获批。

年内，国际业务在国家外汇管理局温州市中心支局外汇管理国际业务考核中，评为A类行。电子银行三项KPI指标考核排建行浙江省分行前列。移动金融柜面替代率为建行浙江省分行中率先超过50%并唯一超过全国建行系统平均水平的二级分行。信用卡活动客户净增、一般分期交易额、新增信用卡消费额列建行浙江省分行第一。

推进“互联网+”。与支付宝公司签订全面战略合作协议，建立基础公共服务项目共同开发和服务机制。推出“温州智慧健康”移动平台、温州职业技术学院校园一卡通、温州城管局微信平台+“悦生活”支付、安福利生微信公众支付平台等项目。与电商协会组建建行家易贷·卡赢商城百家家装联盟消费平台。

（邵立斌）

交通银行温州分行　2015年，交通银行温州分行下辖1个营业部，21个机构网点，总资产352亿元，辖职工695人。年末，各项存款余额327.26亿元，比年初增加10.41亿元。其中，对公存款余额216.52亿元，比年初减少2.76亿元，储蓄存款余额110.74亿元，比年初增加13.17亿元。人民币各项贷款余额290.87亿元，比年初减少13.08亿元；中长期贷款余额111.30亿元，中长期贷款余额占比38.26%，比年初提高4.07个百分点。个人贷款余额129.49亿元，比年初增加10.11亿元，住房按揭贷款余额68.31亿元，比年初增加11.92亿元。小微企业贷款余额61.49亿元，比年初增加7.48亿元。不良贷款余额20.97亿元，比年初减少2.69亿元。中间业务收入13771万元，同比减少35万元。经营利润50649万元，同比减少8066万元。

2015年，审批落地重点项目35个，获批授信敞口额度128.86亿元。帮扶困难中小企业66家，涉及金额10亿元。开展“开门红”小微业务竞赛、“寻找浙商总部，助力实体经济”“我为客户做方案”“助力企业收官”等系列活动，推出OTO市场类客户短信营销平台。

（涂胜武）

①保函：又称保证书，是指银行、保险公司、担保公司或个人应申请人的请求，向第三方开立的一种书面信用担保凭证。

温州银行　2015年，温州银行下辖营业网点133家，社区银行30家，员工2740人。年末，资产总额1560.12亿元，比年初增长23.46%；存款余额900.05亿元，比年初增长12.5%；贷款余额653.02亿元，比年初增长11.74%；不良贷款率1.23%。实现拨备前利润23.22亿元，比上年增长35.79%。实现净利润8.12亿元，比上年增长25.31%。缴纳各类税收约6.26亿元。

全年安排50亿元专项资金，发行30亿元小微金融债，向市人行申请支小再贷款6.5亿元。小微贷款余额405.99亿元，同比增加42.72亿元，小微贷款增速11.76%。信贷投放总量增加68.59亿元。提出“免费银行”战略，取消电子银行业务和企业收费项目，减费让利1232.76万元；6个月对50318户市民开展水电煤费代扣减费让利247.07万元。创新产品30余项，完成大额可转让存单浙江省法人机构首发，发行温州银行首单二级资本债、同业存单和小微企业专项金融债券。

2015年，温州银行首进全球银行500强(位居第499位)。获全国文明单位、浙江省模范集体、浙江省金融机构改革创新优秀单位、浙江省银行业金融机构安全防范工作先进集体、全国支持中小企业发展十佳商业银行、中国品牌文化影响力500强等称号。

（杨　亚）

华夏银行温州分行　2015年，华夏银行温州分行下辖经营机构17家，经营部门6个，自助银行24家，自助设备67台，员工496人。年末，资产总额313.81亿元。其中各项贷款余额188.49亿元；一般性存款余额226.19亿元；一般性存款日均211.35亿元，比上年增长3.27%，其中对公存款日均177.46亿元，储蓄存款日均32.78亿元；个人金融资产总量余额73.18亿元；实现拨备前利润2.99亿元；中间业务净收入0.99亿元。不良贷款余额9.99亿元，不良贷款率5.3%，关注类贷款余额13.94亿元。

年内，开展零售业务转型，创新手机银行端“云缴费”、一卡通等产品。全年实现零投诉、零舆情、零案件，获评省级文明单位。

（陈佳男）

浦发银行温州分行　2015年，浦发银行温州分行下辖营业网点28家，新设营业网点(社区银行)5家，员工723人。年末，资产总额455.66亿元；本外币存款余额288.89亿元，同比上年减少7.07亿元；本外币贷款余额396.65亿元，同比上年减少50.71亿元（含核销和主动结构调整）。税前拨备前利润6.2亿元，同比增长31%。信用卡业务营业总收入1.92亿元，同比增长117%。

全年对政府重点项目、国有企业、优质民营集团企业等项目投资占全年增量授信额度的58.97%，重点项目获批金额306亿元，其中债券包销、自营资金、险资保函、银团贷款、并购贷款等76.45亿元。发行债务融资工具5只，牵头承销金额18亿元。开展“靠浦一生”“蓄势代发”等市场营销活动，强化与移动温州分公司、“温都猫”等平台合作；开展期货、保险资产托管等业务，年末托管资金存量106亿元，托管业务收入同比增长30%。委托资管交易量33.9亿元，主动型委托资管业务规模系统排名第六位。自营资金直投规模29.49亿元，总收入同比增长129%。资金票据业务快速增长，总收入同比增长41%，转贴现规模、资金交易规模分别为188亿元、385亿元，分别同比增长142%、738%。

（史丽峰）

广发银行温州分行　2015年，广发银行温州分行下辖分行营业部、支行14家。其中，市区同城支行7家，县域支行6家，离行式自助银行15家，自助设备56台，员工393人。年末，资产总额139.81亿元，比年初减少4.33亿元。负债总额142.35亿元，比年初减少3.18亿元。本外币各项存款余额140.47亿元，比年初增加29.16亿元。其中，对公存款余额119.79亿元，比年初增加38.71亿元；储蓄存款余额20.68亿元，比年初减少9.55亿元。本外币各项贷款余额114.47亿元，比年初减少1.03亿元。其中，对公贷款余额81.07亿元，比年初增加4.01亿元；个人贷款余额33.4亿元，比年初减少5.04亿元。常规类不良资产清收处置8.34亿元。不良贷款余额1.44亿元，比年初减少0.71亿元，不良率1.26%，比年初下降0.6个百分点。

全年新增激活信用卡客户数12492户（不包括直营团队），其中白金卡新增激活客户数3166户。城南、瓯海、南浦、双屿4家支行改为零售支行，业务集中上收，成立分行公司业务团队。获省行系统不良清收成效奖、新核心上线特别贡献奖。

（张彤华）

平安银行温州分行　2015年，平安银行温州分行新增瓯海小微企业专营支行1家，社区支行4家，完成新城支行职场改造。年末，下辖分行营业部和支行12家，社区支行7家，离行式自助网点9家。资产总额193.54亿元，本外币各项存款余额151.55亿元，各项贷款余额156.05亿元，账面准备前营业利润0.75亿元。

全年“贷贷平安商务卡”服务小微商户5万户，发放贷款133.45亿元。与温州市城建集团共同出资成立平安—温州城市建设投资基金，基金规模28.8亿元，投放14.4亿元。加大不良贷款处置力度，处置问题资产23.38亿元。与上海商派网络科技有限公司联合启动国内首个大数据“电商数据贷”项目，解决中小电商企业融资难题。分行营业部获全国银行业“雷锋岗”和“四星级文明规范服务营业网点”称号。

（王明敏）

招商银行温州分行　2015年，招商银行温州分行下辖支行12家，小微支行1家，离行式自助银行22家，员工434人。全折人民币自营存款余额135.73亿元，比上年增加27.32亿元，增幅25.2%。全折人民币自营贷款余额232.98亿元，比年初增加44.99亿元，增幅23.93%。个人贷款余额94.39亿元，比年初增加29.34亿元，增幅45.1%。实现营业净收入73582万元，比上年增加6017万元。年末，不良贷款余额16.92亿元，比年初减少0.57亿元；不良率7.27%，比年初减少1.51个百分点。关注类贷款余额9.13亿元，比年初减少4.07亿元；关注贷款率3.92%，比年初减少2.71个百分点。全年现金清收不良资产4.7亿元。存量不良资产清收额3.78亿元。年末，招财猫客户208户，累计371台；移动支票客户数1671户，交易笔数2119笔，交易金额5.2亿元。实现“1+N”供应链核心客户4户，上下游客户30户。在乐清市虹桥镇设立小微专营支行；新设及调整8个自助银行；在甬台温高速公路新设高速自助银行；开通个人信用自助查询机；组建全年服务市民的房贷中心。

（陈依依）

中信银行温州分行 2015年，中信银行温州分行下辖经营机构10家，社区支行1家，自助银行46家，员工403人。年末，本外币一般性存款余额177亿元，一般性贷款余额216亿元。全年完成国际结算量14.61亿美元，实现经济利润1.91亿元。获省级治安创建安全示范单位。

全年支持基础设施建设项目，批信贷13.7亿元；与国内、区域房地产企业合作，批信贷61亿元；与51家专业市场签订合作协议，新增小微个贷11亿元。减负让利，为温州市小微经营户降低融资成本1170万元、交易结算成本78万余元。

年内，为温州机场集团有限公司发行3亿元杭州分行系统内首单资产支持票据；发行瓯海农商行20亿元浙江省首单“三农”金融债第一期10亿元；办理浙江省首单跨境人民币双向资金池业务，为企业提供国际结算资金19.04亿元；办理正泰集团1亿元活期换汇宝、永续债6亿元；协同中信建投承销青山集团私募公司债60亿元；办理温州现代集团超短融5亿元；协助康宁医院在H股上市，募集资金6亿港元。

（薛圣召）

兴业银行温州分行 2015年，兴业银行温州分行辖下营业部、支行9家，社区支行10家，离行式24小时自助银行9家，员工366人。年末，总资产275.40亿元，比年初增加90.73亿元，增幅49.13%；本外币各项存款余额（人行口径，含非银同业）246.63亿元，比年初增加91.95亿元，增幅59.44%；各项贷款余额100.30亿元，比年初减少7.79亿元，减幅7.20%；不良贷款余额3.14亿元，比年初减少1.38亿元；不良贷款率3.13%，比年初下降1.05个百分点。

全年重大项目融资余额143.43亿元，落实温州首单融资性保函项下保险资管业务。为48个项目提供绿色金融业务授信超100亿元，涉及项目总投资超410亿元。其中，为37个“五水共治”项目提供授信超40亿元，涵盖农村生活污水治理、河道整治、管网建设、饮用水源保护等领域。

年内，继续开展互联网+综合金融服务，推出上线校园缴费平台10户、物业缴费平台3户、支付宝线上缴费3户、“银医通”1户、“掌上医院”3户。

（胡 雪）

浙商银行温州分行 2015年，浙商银行温州分行下辖支行7家，员工392人。年末，各项存款余额195.65亿元，比年初增加50.94亿元；各项贷款余额160.50亿元，比年初增加15.57亿元。小企业贷款余额103.34亿元，比年初增加5.84亿元；获批大项目28个，合计授信额度150.66亿元。分行小微企业服务团队获全国银行业“雷锋岗”称号。

（林 特）

民生银行温州分行 2015年，民生银行温州分行下辖营业部1家，支行12家，社区支行18家，离行式自助银行60家，员工518人。年末，资产总额583.3亿元；各项存款余额404.32亿元，比上年增加54.62亿元，其中非存款类金融机构存放余额192.62亿元，单位存款余额136.61亿元，个人存款余额75.09亿元；各项贷款余额271.5亿元，比上年增加12.11亿元，其中小微企业贷款（含个人经营性贷款）余额156.28亿元。金融资产余额144.1亿元，比上年增加13亿元；全年销售理财575.5亿元，比上年增加388.1亿元；开通手机银行16.05万户，比上年增加2.99万户，资金交易256万笔，金额727.6亿元。自助银行网点交易192.7万笔，金额38.5亿元；网上银行资金交易579.2万笔，金额2146.9亿元；

全年支持温商回归、五水共治等重点项目，零授信额度105.8亿元。上报股票质押、定向增发、并购融资、证券结构化等业务90笔、金额691.48亿元，完成民生银行首单新三板投资类项目；完成首笔“保险债权计划”项下融资性保函项目，金额30亿元。连续三年向文成县峃口镇捐赠扶贫款共13万元。

（蔡聪聪）

光大银行温州分行 2015年，光大银行温州分行下辖管理部室（五部一室）6个，行业部3个，支行4家，离行式自助网点1家，社区支行2家，员工126名。年末，资产总额43.73亿元，本外币各项存款余额44.23亿元；各项贷款余额41.46亿元；信用卡客户2.14万户，信用卡业务收入1.22亿元，账面利润1.18亿元。获政府项目授信批复18户，合计授信金额54.5亿元，其中已实现投放7.1亿元。新增发行4单债务融资工具产品，发行金额19亿元，存量债务融资工具余额39亿元。

（陈鲜鲜）

中国邮政储蓄银行温州市分行 2015年，中国邮政储蓄银行温州市分行下辖营业网点188家。其中，营业部1家，一级支行8家，自营网点46家，代理网点106家，金融空白乡镇服务点27个；设立助农取款服务点612个；员工886人。年末，本外币各项存款余额285亿元，比年初增加27亿元；本外币各项贷款余额173亿元，比年初增加46亿元。清收处置不良贷款7107万元，不良贷款率0.66%，比年初下降0.04个百分点。新增信用卡5万张。

全年重点工程授信金额超40亿元。小企业法人贷款规模增加11.07亿元，个人贷款规模增加24亿元。涉农贷款结余94亿元，增加23亿元，增速32.72%。农房抵押贷款结余15.5亿元，增长29%。推出“美丽乡村”农房建设小额贷款，授信3.49亿元。推出信用村镇建设小额贷款，发放贷款约4000万元，惠及信用农户近300户。推出银税互动产品“税贷通”“科技贷”、拓宽企业融资渠道产品“增信贷”“转期贷”。推出小额循环贷、农业补贴贷款、小额保证保险贷款等产品。

年末，推行第三方存管业务，合作券商20余家。加快发展电子银行业务，电子网银客户101万户，手机银行客户75万户。举办“农村、小微企业金融服务对接会”100余场。与共青团温州市委共同组织开展“邮储银行杯”温州市农村青年创业大赛。

（陈 杰）

浙江稠州商业银行温州分行 2015年，浙江稠州商业银行温州分行下辖营业部1家，支行7家，自助设备17台，员工257人。年末，资产总额47.51亿元，负债总额46.18亿元。本外币各项存款余额41.75亿元，本外币各项贷款余额30.76亿元，年日均存款38.51亿元，年日均贷款34.20亿元，存款客户53616户，贷款客户2694户，不良贷款余额6017.54万元，不良贷款率1.96%，中间业务收入1293.63万元。上缴税收1294.13万元，累计销售理财33.29亿元，国际结算量3945.37万美元。

全年个人网银开户数17808户，手机银行开户数10160户，个人网银活跃户5025户，手机网银活跃户2421户。所有贷款余额30.76亿元，其中小微贷款余额19.49亿元，小微贷款增速高于全部贷款增速0.54个百分点。小微贷款户数1172户，比年初增加355户，小微企业贷款户数较上年同期增加305户，小微贷款申贷获得率81.55%。对泰顺县恩岱垟猕猴桃专业合作社授信1000万元，贷款余额455万元。推出“市民贷”“益农卡”，发行“益农卡”1620张。新设梧田小微企业专营支行、平阳鳌江小微企业专营支行。

（李小妹）

宁波银行温州分行　2015年，宁波银行温州分行下辖营业部、支行8家，员工450人。年末，资产总额94.5亿元，负债总额93.66亿元；各项存款余额90.4亿元，自开业以来年复合增长率41%；各项贷款余额86亿元，自开业以来年复合增长率53%。新增贷款16.54亿元，资产证券化17.67亿元，实际比年初增加34.21亿元。不良贷款余额4869万元，比年初减少111万元，不良率0.57%，比年初下降0.15个百分点。主推信用项下的信贷创新产品，白领通、万利金、贷易通、分期融、小微融、利汇盈等一系列无抵押个人及小微企业融资产品逐渐融入客户日常资金需求。

（戴维文）

台州银行温州分行　2015年，台州银行温州分行下辖营业网点18家。其中，综合性支行7家，小微支行9家，社区支行2家，员工518人。年末，各项存款余额34.75亿元，同比增长42.13%；各项贷款余额33.44亿元，同比增长22.72%，不良率1.85%。余额贷款户数8626户，户均贷款38.77万元，账面利润1.21亿元，同比增长112.28%；余额小本贷款7335户，同比增长61.07%；贷款余额10.17亿元，同比增长19.65%。其中，开发村居124个，发放兴农卡4754张，整体授信金额3.36亿元，同比增长479.31%，授信户均7万元。

全年推出安居贷、薪易贷、薪消费、房易贷等系列产品。薪易贷业务消费授信2.6亿元，累计发放1276笔，贷款余额1.21亿元。推出金添成长储蓄、智多薪、升级版灵活取息财运通等产品，设立储蓄理财部4个，储蓄理财经理54人，储蓄存款日均10.42亿元，增长60.8%；理财业务余额1.52亿元，同比增长70.79%。推出钱在银座APP和方便中老年客户的简易版手机银行APP。

年内，实现凭证无纸化及按流水轧账上线运行，推广客户服务移动工作站，并在下辖6家机构试运行，系统使用人数110多人，新增消费贷款、国际业务、信用卡分期、微信银行兴农卡等业务，全行电子业务替代率91.6%。

（黄祖伦）

温州农商银行（信用联社）　2015年，温州农商银行（信用联社）下辖农村商业银行8家，农村信用联社3家，员工6567人。年末，各项存款余额1760.13亿元，新增162.88亿元。各项贷款余额1308.92亿元，新增112.23亿元。年末不良贷款率1.68%。上缴税收超11.72亿元。

全年在663个村推进整村批量授信104.95亿元，选派1595名金融服务员，到全市107个乡镇和3997个村居挂职；新增丰收卡150.73万张，总量1233.3万张，其中新增市民卡91.58万张，累计发行479.58万张，占全市总量的64.44%。电子银行客户（网银和手机银行）新增62.22万户，总量219.62万户；设立助农取款服务点337个，布放ATM机51台、POS机3000台、远程便民服务终端78台。

年末，推广普惠贷、电商贷、民宿贷、创客贷、新农贷等贷款产品，发放“新农贷”余额11.18亿元。推进筹资新业务，11家农商行发行同业存单94.7亿元，6家农商行发行大额存单4.04亿元，发行三农金融债10亿元。3家行社开办基金代理业务，5家行社开办贵金属业务，6家行社开办银医通业务，4家行社主发起的村镇银行开业38家。推广贷记卡账单分期、大额分期等消费贷款。推广丰收IC卡、市民卡在校园、菜市场以及公共自行车、城乡巴士等领域应用。在全省系统丰收购开设地方特色馆，在丰收家入驻商户。

（李欧能）

杭州银行温州分行　2015年，杭州银行温州分行下辖营业部、支行5家，员工170余人。年末，资产总额38亿元。本外币各项存款余额22.45亿元，其中对公存款余额17.68亿元，储蓄存款余额4.76亿元。本外币各项贷款余额38.4亿元，其中公司贷款余额19.27亿元，贴现余额1.5亿元，小企业贷款余额13.59亿元（其中个人经营性贷款余额11.59亿元）。实现国际业务结算量3.84亿美元，中间业务收入631.71万元。账面利润2724.27万元，上缴税收1500万元。

（胡陈也）

保险业监管

概况　2015年，温州市有市级保险机构53家，各级保险机构399家。全年保险保费收入166.5亿元，同比增长15%。其中，财产险保费收入71亿元，同比增长13%；人身险保费收入95.5亿元，同比增长16.5%。赔付支出54亿元，同比增长17.3%。其中，财产险赔付支出37.3亿元，同比增长7.8%；人身险赔付支出16.7亿元，同比增长46.1%。

保险业执法检查　2015年，温州保监分局组织22个检查组进行现场检查、案件调查，行政处罚保险机构3家及相关责任人3名。出具监管函9件，开展监管谈话13人次。

保险业风险防范　2015年，温州保监分局运用非现场监管手段，加强风险动态监测，按季分析并通报区域保险市场运行情况。结合非现场监管报表，建立风险提示制度，对24家次经营指标异常保险公司及保险中介机构下发风险提示函。

保险业参与温州金改　2015年，温州保监分局推动温州市政府在全省率先出台《关于进一步发挥保险作用促进我市经济社会发展的实施意见》，提出建设全市10大领域、发展20个重点政保合作项目的5年保险业发展规划。成立温州小贷险运营管理中心，通过“政府＋保险＋银行”风险共担模式，帮助缺乏抵押担保物的小微企业和大众创业者，以免抵押担保方式取得银行借款。

保险消费者权益保护　2015年，温州保监分局推进保险纠纷调处机制建设，发挥人民调解、行政调解、诉调对接、仲调对接、消保委监督站及法律援助工作站等多元化保险纠纷解决机制作用。加强信访投诉举报处理工作，加大对转办公司投诉件督办力度。利用“3·15”“7·8”保险公众宣传日、保险宣传专栏、温州保监手机报等平台，开展消保维权教育和保险知识普及。指导温州保险业志愿者服务大队开展活动。

保险业参与社会管理 2015年，温州保监分局出台《温州市推进食品安全责任保险实施工作方案》，为198家企业提供食品安全责任风险保障4.9亿元。

（刘 盼）

保险公司

中国人民财产保险温州市分公司 2015年，中国人民财产保险温州市分公司下辖支公司、营业部13家，员工1000余人。全年保费收入21.37亿元，同比增长13.65%；各类风险责任金额22942.45亿元；上缴及代缴税金2.60亿元，机动车承保数量75.92万辆。年内，首次规模承保珊溪片区杨梅树“林木综合保险”，赔付率813%；与瑞安市兴民农村保险互助社签署战略合作协议；促成温州市生猪无害化集中处理与保险联动机制落地；10月23日，促成温州市小额贷款保证保险运营管理中心挂牌营业，12月21日，出具首张小额贷款保证保险。

（卢丽娜）

中国人寿保险温州分公司 2015年，中国人寿保险温州分公司下辖支公司10家，营销服务部26个，员工602人。全年总保费收入47.62亿元，同比增长7.36%，市场份额为49.87%。个人代理保费37.79亿元，团体业务保费1.78亿元，银行代理保费8.05亿元。长期险首年标准保费4.53亿元，同比增长47.97%；新单保费（含短期险）15.24亿元，同比增长13.57%；首年期交保费8.52亿元，同比增长41.36%；10年期及以上保费4.56亿元，同比增长40.14%；短期险保费2.45亿元，同比增长15.96%；续期保费29.57亿元，同比增长4.11%。全年支付各类死亡、伤残、医疗赔款9316.43万元，支付满期给付金4.81亿元，支付年金给付3.46亿元。推进未成年人医疗保险、小额保险、村干部保险、新居民保险等政保合作项目。

（董志明）

中国人寿财产保险温州中心支公司 2015年，中国人寿财产保险温州中心支公司下辖县（市、区）支公司11家，镇级营销服务部6个，员工390余人。全年保费收入4.84亿元，保费增量超1亿元，同比增长28.53%，市场份额6.82%，比上年增长0.81%。其中车险保费4.26亿元，同比增长33.01%，非车险保费5840万元，同比增长3.18%。处理各类赔案62342件，发放理赔款2.17亿元。年末，获中国人寿（集团）公司“全国模范职工之家”，温州“市级文明单位”称号。

（陈奕奕）

中国太平洋财产保险温州分公司 2015年，中国太平洋财产保险温州分公司下辖支公司11家，营销服务部14个，员工605名。全年保费收入15.09亿元，同比增长9.53%；市场份额21.53%；累计赔款支出8.51亿元，同比增长13.39%；全司整体综合成本率94.98%。年内，先后承保温州市瓯江口新区造陆软基处理工程、甬台温高速公路复线温州灵昆—阁巷段工程1—9标段、乐清湾港区疏港公路南塘至乐成段工程第3施工标段等项目；持续推广财富U保、食品安全责任险；拓展农机具保险项目；组建小贷险共保体。推出车险优质客户专属服务；节假日期间在温州主要事故多发路段高速收费站设立交通事故快速理赔服务点；利用“风险管理系统”，为客户提供风险管理、评估服务；在“苏迪罗”台风期间，处理水灾赔案，累计赔付近1000万元。为泰顺司前畲族镇、雅阳镇提供10万元爱心款；开展“扶贫济困、奉献爱心”主题募捐活动;开展“责任照亮未来”公益活动，捐赠物资4万余元，为学校师生每人提供近15万元意外险。

（陈战芒）

中国太平洋人寿保险温州中心支公司 2015年，中国太平洋人寿保险温州中心支公司下辖支公司7家，营销服务部10个，员工269人，个险营销员1967人。全年保费收入9.28亿元，同比增长17.92%。个险标准保费7.25亿元，同比增长30.94%，达成率113.2%；法人非健险保费1.07亿元，同比增长8.84%，达成率102.6%。重点落实微信、微博等新兴媒体工具在报案、理赔等过程中的应用与推广，完善柜面及电话两个服务窗口建设。开展结对慰问活动，向泰顺县筱村镇捐赠5万元。

（吴 琼）

中国平安财产保险温州分公司 2015年，中国平安财产保险温州分公司下辖分支机构15家，业务渠道6个，管理部门8个，员工近500名。全年保费收入9.41亿元，其中企财险1176.67万元，家财险687.19万元,货物运输险216.43万元，工程险1024.24万元，责任险1012.86万元，信用险21.00万元，健康短险204.90万元，意外险1172.76万元，车险87650.61万元，船舶险271.94万元。市场份额13.3%，比上年增长0.80%。处理赔案92491件（其中车险91270件、财产险487件，意健险734件），理赔周期平均27.9天（其中车险理赔周期27.8天、财产险理赔周期52天、意健险理赔周期22天），赔付支出4.09亿元，综合赔付率54.4%，综合成本率92.0%，利润总额7210万元，上缴税收5351万元。推出诉讼保全责任险、机动车辆延长保修责任险、平安通信话费信用险、小微乐享等新产品。开展“节假日高速护航”公益活动5场，接待客户1994名，快速处理事故理赔143笔,现场简易救援3笔;开展“停下来，关注爱”公益活动，全年累计服务146次，惠及车主近200名。

（黄安琪）

中国平安人寿保险温州中心支公司 2015年，中国平安人寿保险温州中心支公司下辖支公司1家，营销服务部16个，在职员工201名，外勤人员4593名。全年保费收入14.15亿元，比上年增长36.26%。个险业务保费收入10.53亿元，市场份额15.14%，其中意外保险3602.37万元，健康保险13240万元，银行代理业务13663.79万元。受理赔案2678件，累计赔付3931.93万元,豁免保费988.76万元，平均结案时效3.23个工作日，综合赔付率32.68%。

（陈露露）

中华联合财产保险温州中心支公司 2015年，中华联合财产保险温州中心支公司下辖支公司11家,二级营销服务部8个，员工326名。全年保费收入3.05亿元；赔付支出1.67亿元，比上年下降5.96%；综合赔付率59.58%，同比下降3.05个百分点，简单赔付率54.89%，同比下降7.44个百分点；综合费用率34.05%，同比上升4.6个百分点；综合成本率93.63%，同比上升1.55个百分点；利润总额1920.89万元，同比增长37.98%，利润率6.3%。

（黄艳艳）

天安财产保险温州分公司　2015年，天安财产保险温州分公司下辖县级机构9家，二级营销服务部4家，员工220余人。全年保费收入2.41亿元，市场份额3.39%；理财业务完成3.6亿元；处理赔案44629件，全险种理赔周期27.17天，累计赔款支出近1.21亿元；综合赔付率51.89%，综合成本率90.91%，利润总额1956.04万元，上缴税收1329.66万元。年内，获总公司授予的“全国年度优秀机构”称号，连续第八次获得省公司授予的“年度先进集体”称号。

（郭森熳）

永安财产保险温州中心支公司　2015年，永安财产保险温州中心支公司下辖支公司5家，员工120余人。全年保费收入1.05亿元，其中车险9152.32万元，财产险99.84万元，人身险1259.21万元；同比增长61.34%，市场份额占比1.48%，排名第10位，经营利润882万元。年内，获省公司“先进中心支公司”称号。

（夏志静）

证券　期货　上市企业

证券交易　2015年，温州市有证券分公司4家，证券营业部47家。证券营业机构新增开户数33.17万户，同比增加253.11%；全年证券交易额5.17万亿元，同比增长253.77%；利润总额17.17亿元，同比增长219.14%；年末保证金余额142.88亿元，同比增长95.97%。

期货交易　2015年，温州市有期货营业部17家。期货营业机构新增开户数4287户，同比增加116.41%；成交量5292.05万手，同比增加39.88%；成交额14.77万亿元，同比增加236.85%；营业收入1.09亿元，同比增加33.60%；利润总额2677万元，同比减少84.11%；净利润2232万元，同比增加123.42%；年末保证金余额13.42亿元，同比减少10.18%。

上市企业　2015年，温州市新增境内外上市公司3家，分别为浙江伟明环保股份有限公司、浙江红蜻蜓鞋业股份有限公司、温州康宁医院股份有限公司，累计17家，建立七批共113家市级拟上市企业的后备资源库；新增新三板挂牌企业24家，累计挂牌企业31家；新增区域性资本市场挂牌企业425家，累计561家；新增股份有限公司210家，累计697家，占全省17%以上。

温州市上市企业一览

表29

序号	公司名称	主营业务	上市时间	上市板块
1	浙江东日股份有限公司	房地产销售、租赁以及物业管理等	1997年10月21日	主　板
2	瑞立汽车零部件股份有限公司	汽车零部件生产	2004年7月16日	纳斯达克
3	浙江华峰氨纶股份有限公司	氨纶产品的加工制造销售和技术开发	2006年8月23日	中小板
4	华仪电气股份有限公司	高压电器和风电设备制造	2007年2月2日	主　板
5	浙江报喜鸟服饰股份有限公司	西服、衬衫等男士系列服饰产品生产销售	2007年8月16日	中小板
6	金龙机电股份有限公司	超小型微特电机及其组件生产销售	2009年12月25日	创业板
7	浙江正泰电器股份有限公司	低压电器研发、制造和销售	2010年1月21日	主　板
8	浙江森马服饰有限公司	服装、鞋帽、制造销售与设计开发	2011年3月11日	中小板
9	温州宏丰电工合金股份有限公司	电工合金材料	2012年1月10日	创业板
10	浙江奥康鞋业股份有限公司	男女皮鞋及皮具产品研发、生产、分销及零售	2012年4月26日	主　板
11	浙江乔治白股份有限公司	职业装、男装及休闲服饰的生产、销售	2012年7月13日	中小板
12	金卡高科技股份有限公司	电子设备及电子元器件、燃气设备、仪器仪表的制造、销售	2012年8月17日	创业板
13	电光防爆科技股份有限公司	主要从事矿用防爆电器设备的研发、设计、生产和销售	2014年10月9日	中小板
14	浙江迦南科技股份有限公司	药机	2014年12月31日	创业板
15	浙江伟明环保股份有限公司	固体废物处理	2015年5月28日	主　板
16	浙江红蜻蜓鞋业股份有限公司	皮革、毛皮、羽毛及其制品和制鞋业	2015年6月29日	主　板
17	温州康宁医院股份有限公司	精神病专科医院	2015年11月20日	港交所

（柯优员）

（金宸羽　编辑）

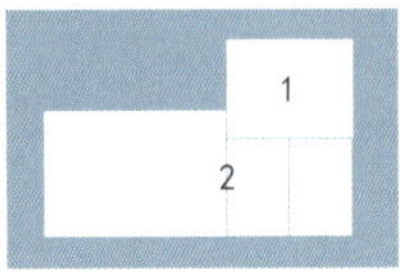

1. 永嘉县鹤盛镇岭上村
2. 苍南县矾山镇笔架山

肖云凤/摄

周良东/摄

陈　萍/摄

陈　萍/摄

文成县猴王谷（组照获第17届《温州年鉴》“菱华奖”铜奖）　吴德隆/摄

旅 游

综 述

概况 2015年，温州市有A级旅游景区（点）41处。其中，AAAAA级1处，AAAA级13处，AAA级19处，AA级8处。全年接待海内外旅游者7681.56万人次，比上年增长16.77%；旅游总收入804.53亿元，同比增长18.14%。温州市风景名胜区接待游客4755.15万人次，同比增长20.00%；经营门票收入38674万元，同比增长53.99%；风景旅游总收入322.31亿元，同比增长16.30%。

国内旅游接待 2015年，温州市接待国内旅游者7575.75万人次，较上年增长16.78%；旅游收入770.32亿元，同比增长18.25%。国内旅游者主要客源地为浙江、江苏、上海等。其中，乡村旅游景点接待游客总人数4973.02万人次，收入19.12亿元。接待假日旅游游客1047.30万人次，占全年游客总数的38%；门票收入9216.82万元，较上年增长54.76%；旅游总收入65.23亿元，同比增长9.14%。

入境旅游接待 2015年，温州市接待海外旅游者105.81万人次，较上年增长17.45%，创汇5.49亿美元，同比增长14.54%。海外游客客源地主要以意大利、法国、德国、美国为主，亚洲主要客源地为韩国、日本、印度等。

出境与港澳台旅游 2015年，温州旅行社组织出境游人数16.52万人次，较上年增长20.03%；边境游人数增幅明显，达到343.34%；港澳游居次，增幅35.85%。

2015年温州市AA级以上景区接待人数和门票收入

表30

等级	景区（点）	接待人数（万人次）	门票收入（万元）
AAAAA	雁荡山风景名胜区	525.98	9236.41
AAAA	楠溪江风景名胜区	551.73	4102.11
	江心屿景区	80.20	1325.09
	温州南塘文化旅游景区（印象南塘）	304.65	0
	中雁荡山风景名胜区	180.15	127.30
	平阳南雁荡山风景名胜区	175.65	285.26
	文成铜铃山国家森林公园	5.44	253.33
	文成龙麒源旅游景区	4.81	227.18
	洞头景区	85.61	1902.25
	瑞安寨寮溪风景区	75.47	226.07
	苍南玉苍山景区（森林公园）	25.18	323.35
	泰顺廊桥文化园	62.02	0
	温州乐园景区	55.59	5632.07
	文成百丈漈风景区	57.36	1244.34
AAA	瓯海仙岩景区	66.48	167.99
	瑞安玉海楼景区	3.66	0
	苍南渔寮风景区	30.78	504.82
	苍南碗窑景区	15.83	164.22
	龙湾瑶溪风景名胜区	77.34	0
	瓯海泽雅景区	40.15	356.69
	泰顺乌岩岭景区	3.71	93.12
	文成月老山景区	1.73	103.63
	文成峡谷景廊景区	3.68	252.34
	瑞安桐溪风景区	14.83	133.15
	温州动物园	85.98	2401.97
	瑞安雅林现代农业观光园	27.02	245.10
	龙湾永昌堡	——	——
	瑞安小王子主题农庄	——	——
	苍南日月潭农庄旅游景区	——	——
	苍南桥墩五凤茶园旅游景区	——	——

续表

等级	景区（点）	接待人数（万人次）	门票收入（万元）
AAA	浙南（平阳）工农红军挺进师纪念园	——	——
	文成猴王谷景区	——	——
	文成刘基故里景区	5.36	45.36
AA	苍南石聚堂风景区	4.85	40.91
	瑞安隆山公园	22.30	0
	泰顺承天氡泉旅游景区	53.69	37.47
	乐清永乐抗日纪念馆	5.75	0
	乐清王十朋故里旅游区	33.10	0
	乐清黄檀硐景区	16.09	0
	龙湾天柱景区	33.00	0
	浙江英博雁荡山啤酒有限公司	——	——

说明：1. 2015年创建为AAA级景区的龙湾永昌堡、瑞安小王子主题农庄、苍南日月潭农庄旅游景区、苍南桥墩五凤茶园旅游景区、浙南（平阳）工农红军挺进师纪念园、文成猴王谷景区，创建为AA级景区的浙江英博雁荡山啤酒有限公司数据缺失

2.其他门票收入为“0”的景区免费参观

智慧旅游 2015年，温州市发展“互联网+旅游”模式，举办“自在畅游 智驾温州”温州旅游互联网推广大会，举办以“大数据、大旅游、大营销”为主题的第八届（中国·温州）网络旅游节暨2015“互联网+旅游”营销大会。温州旅游天猫旗舰店正式上线，温州旅游电商平台试运营，全年旅游电商总收入103.70亿元，占全市旅游总收入的12.90%，较上年增长23.70%；旅游电商交易额、各大旅行社网络订单成交量同比分别增长25.90%和25.60%；通过各类电商途径来温和外出旅游的人数同比分别增长26.40%和22.70%。2015年，温州市建成多终端一体化的全媒体平台，全市AAA级以上景区和星级饭店实现WiFi全覆盖；完成景区智能停车系统、电子票务系统、视频监控系统、二维码导览系统、多媒体信息咨询系统等重点项目建设，初步实现景区全方位智能化服务。

（赵冬冬）

旅游景区规划

市级风景名胜区规划 2015年，温州市编制完成《温州市风景名胜区“十三五”规划》。雁荡山风景名胜区完成《总体规划》修编和两个《详规》的编制；北雁荡山总规修编基本完成。完成《瑞安市寨寮溪总体规划修编的必要性研究》《寨寮溪总体规划范围调整研究报告》《泽雅风景名胜区西山景区详规》的审查并转报；组织《瑶溪风景名胜区总体规划（调整）》协调论证并上报。温州市旅游局协调生态园管委会将大罗山范围内仙岩、瑶溪、天柱寺、茶山四个风景名胜区整合为国家级风景名胜区。

县级旅游景区规划 2015年，鹿城区完成《江心屿历史文化地段保护规划》的编制。龙湾区完成《龙湾区旅游业发展“十三五”规划》编制工作。瓯海区《西山景区详细规划》已通过省级评审并报批。生态园结合《温州生态园总体规划（修编）》功能布局，整合茶山、仙岩、瑶溪、天柱寺等四个景区的总体规划，提出两个景区申报范围方案。乐清市编制完成中雁风景名胜区总体规划工作大纲和灵山风景名胜区总规修编。瑞安市完成《寨寮溪风景区总体规划》修编，寨寮溪禾竹农业观光园、五谷风情小镇、青少年丛林活动基地、剑祖·春秋瓯越文化园等项目详细规划。文成县百丈漈·飞云湖风景名胜区完成《总体规划》《峡谷景廊景区详细规划》并上报省住建厅审核。平阳县启动《南雁荡山风景名胜区总体规划》修编工作，完成《南雁荡山碧海天城景区详细规划》《温州市浙南（平阳）抗日根据地红色旅游经典景区详细规划》等规划编制。泰顺县完成《泰顺红色旅游项目规划设计方案》编制，启动《泰顺氡泉—九峰风景名胜区总体规划（修编）》工作。苍南县完成滨海—玉苍山风景名胜区玉苍山片详细规划（审查稿），并提出玉苍山景区旅游集散中心项目建设方案。

（叶力前）

旅游景区建设

市级旅游景区建设 2015年，温州市引导、鼓励社会各类资金投入到风景名胜配套服务建设。洞头仙叠岩临海悬崖栈道（仙叠岩至大沙岙中门台段）正式投入试运营，雁荡山旅游环线（大荆中庄至仙溪卓屿段）公路贯通，泽雅风景区户外拓展项目建成落户。全市加快推进景区数字化、信息化建设，泽雅镇七瀑涧景区二维码扫码解说系统开工建设。

县（市、区）景区建设 2015年，鹿城区推进景区智慧旅游服务标准化项目建设，完成智慧旅游体验点、景区导览图等配套项目建设，完成景区综合管控平台、客流监控分析系统两大项目软件开发。龙湾区加大景区配套设施建设力度，协调做好大罗山瑶溪风景区、天柱风景区内的资源保护、景区基础配套设施的维护工作。瓯海区建成泽雅龙井停车场及房车营地、泽雅七瀑涧景区游人中心、泽雅纸山景区游人中心建设项目。生态园统一设计安装大罗山景区内区域导览牌、景点介绍牌、景点指示牌等标志标牌。乐清市完成中雁风景名胜区和灵山风景名胜区提升、开发、美化工程，完成中雁玉甄景区、西漈景区、凤凰山景区相关旅游配套设施建设及改善工作。瑞安市完成九珠潭景区神龟湖大坝、桐溪景区湖心岛、景观桥梁及木活字展示馆新馆等工程的建设和维护。永嘉县建成一批游步道、栈道、人行绿道、驿站、休憩亭等景区设施，持续推进旅游景区厕所提升工程。洞头县仙叠岩景区建成临海栈道，基本完成游客中心、救生中心主体结构施工；半屏山景区建成游客中心、景观平台、游步道等景区基础设施。文成县完成刘伯温书院工程。平阳县开展东西洞景区改造提升工程，开展鸣玉亭、观山亭、爱晚亭等项目建设。泰顺县推进温州环亚度假村、南浦溪景区建设，开展松垟旅游集散中心、大自然庄园、莲云谷二期项目前期工作。苍南县完成

景区“四边三化”一期工程，完成碗窑景区电网改造工程和虚拟现实景区软件制作并投入运行。

（叶力前）

旅游行业管理

旅行社管理 2015年，温州市有旅行社212家，导游3365人，其中具有出境组团业务的旅行社12家，新增旅行社13家，注销8家。温州市旅游局印发《旅行社服务质量访查制度》，开展星级品质旅行社创建、评定工作，评定特色旅游客栈39家；全市旅行社按星级划分：5星2家，4星20家，3星5家。年内，温州国旅获评全国文明旅游先进单位，温州海外、和平等旅行社5名导游被评为全国最美导游。

旅游市场整治 2015年，温州市旅游局联合公安局、交通运输局、市场监督管理局开展全市旅游市场秩序专项整治工作，检查企业1432家，其中旅行社801家，饭店330家，景区（点）188个，旅游车船公司9家，旅游购物店100个。对违规违法企业给予罚款6家，90200元；没收违法所得4家，没收款23367元；责令停业整顿1家；处罚从业人员4人，罚款7000元。温州旅游质监所全年接到有效投诉件119件，其中旅行社63件、星级饭店2件、景区54件，结案114件，赔偿及退还金额1.17万元。

旅游安全管理 2015年，温州市召开全市安全生产和消防安全工作会议，全面开展旅游景区、星级饭店、旅行社旅游安全暗访工作，印发《温州市旅游行业夏季消防安全检查工作方案》，制订2015年“安全生产月”和“安全生产万里行”活动方案，落实省旅游局和市政府下达的全年安全生产管理目标责任，实现“安全、秩序、质量、效益”四统一目标。

（赵冬冬）

旅游市场

节庆旅游活动 2015年，温州市举办首届中外旅行商大会暨2015中国旅游合作联盟走进温州活动、2015中国（温州）森林旅游节、第六届中国（温州）户外旅游展、中国（洞头）妈祖平安节等重大旅游节庆会展活动，参加第11届海峡旅游博览会、2015中国—东盟博览会、第七届（义乌）旅游商品博览会、2015（厦门）旅游博览会、2015中国国际旅游交易会等相关节会，联合温州市体育局开展“王者争霸”赛暨中外武术明星代言温州旅游活动。

旅游市场开拓 2015年，温州市推出“经温飞台”业务，全年引导近万名新疆等地区游客途经温州前往台湾；联合台湾旅行业品质保障协会和台湾世界新闻传播协会在台湾东森亚洲新闻台推出温州旅游形象宣传活动。拍摄对韩旅游专题宣传片并投放市场，联合“荣耀温州号”无动力帆船开展“温州旅游扬帆起航”中韩旅游年旅游宣传系列活动，在韩国举办中国温州（首尔）旅游推介会等对韩旅游宣传活动。成功申办2016年美国旅游作家协会年会。

惠民旅游活动 2015年，温州市旅游局在白鹿洲公园举办以“新常态，新旅游”为主题的“温州市民旅游嘉年华活动”，将温州旅游景区、餐饮美食、特色民宿、旅游商品等众多旅游资源聚集起来，通过线上线下结合，宣传温州丰富的“山、江、海”旅游资源，从“吃、住、玩、乐、游、购、娱”等方面展示温州旅游。7月13日～17日，举办第二届温商子女“寻根之旅”公益夏令营活动，共有50余名来自海内外的温商子女参加活动。

（赵冬冬）

风景名胜区

概况 温州自然风光秀美，风景名胜众多。其中，国家级风景名胜区3处，合计面积1217.39平方公里；省级风景名胜区8处，合计面积616.16平方公里；市级风景名胜区13处，合计面积261.44平方公里；县（市、区）级风景名胜区11处，合计面积154.86平方公里。

雁荡山国家级风景名胜区 共由三处风景区组成，总面积406.63平方公里。其中，雁荡山风景区（俗称北雁）位于乐清市东北，面积186平方公里，分为灵峰、三折瀑、灵岩、大龙湫、雁湖、显胜门、仙桥、羊角洞八大景区。灵峰、灵岩、大龙湫为全山风景中心，灵峰景区面积约46平方公里，灵岩景区面积约9平方公里，大龙湫瀑布高190米。全山有102峰、103岩、29石、66洞、28瀑（包括4湫）、22嶂、22潭、20寺、12亭、11门4阙、9谷8坑、8岭9泉、11溪1涧等500余处胜景，主峰百岗尖海拔1150米。雁荡山久负盛名，唐初即在山上建寺院，宋时曾有十八古刹、十六亭、十院之盛。雁荡奇秀是因构成山体的流纹岩断裂发育，经风化作用而形成的奇特地貌。中雁荡山风景名胜区原名白石山，位于乐清市西南，辖玉甑、西漈、凤凰山、杨八洞、刘公谷七大景区和高友玑墓、真如寺两个外围景点，总面积51.36平方公里。南雁荡山风景名胜区位于平阳县西北部，辖东西洞、顺溪、赤岩山、明王峰、碧海天城五大景区，总面积169.27平方公里。2015年，风景名胜区完成《总体规划》修编和两个《详规》的编制，完成白芙线（一期）工程、游人中心报批并开工建设，推进雁荡山—楠溪江申报世界自然文化遗产前期工作。

楠溪江国家级风景名胜区 位于永嘉县境内，景区面积670.76平方公里，辖大楠溪、大若岩、太平岩、珍溪、岩坦溪、石桅岩、源头、四海山八大景区。楠溪江系瓯江下游最大的支流，干流全长145公里，江流蜿蜒曲折，两岸绿林葱郁，呈典型河谷地貌景观。风景区沿江分布，内有百丈瀑、含羞瀑、莲花瀑、梯瀑等50余处瀑布。奇岩林立，石桅岩一峰拔起，三面环溪，相对高差300余米。有台湾水青冈、银杏、华西枫杨等多种国家重点保护珍贵树种。景区大若岩山麓江滨村寨风貌独特，保存有宋代以来亭台楼阁、庙观祠殿牌楼等古建筑。2015年，永嘉县进一步改善景区环境卫生情况，发展民宿旅游，打造特色品牌。

百丈漈·飞云湖国家级风景名胜区 位于温州西南部、飞云江上游90公里的文成县境内，景区面积140平方公里，辖峡谷景廊、百丈飞瀑、天顶湖、朱阳九峰、刘基故里、龙麒源、铜铃山峡、岩门大峡谷、双龙十大景区。明朝“开国第一功臣”刘基（字伯温，谥文成），在这里的南田镇武阳村出生和寿终。刘基故里保留下来的明代建筑、古庙、古墓、古居祠堂、牌坊、亭门牌号及大量传记、手迹，至今保存完好。百丈漈以飞瀑著称。百丈一漈垂直高207米，宽30余米，三面绝壁如削。百丈二漈高68米，分上下两折，当中折处有一崖道，高2.7米，深8米，长50米。瀑下碧潭，深不可测，称作龙井。潭中有龙女、梳妆台、龙女牢门等景点。四周有步云岭、凹瀑、观音洞等景观。还有百丈三漈、中曲瀑、金龟石、老鹰峰、朱阳九峰、铜铃山峡、壶穴奇观等景观。景区湖泊多而幽。如天顶湖地处海拔630米以上的山顶上，面积5.4平方公里，可与杭州西湖媲美。珊溪水利枢纽工程建设形成的“飞云湖”，总面积35.4平方公里，为浙南最大湖泊。2015年，文成县结合实际情况，进行植被恢复，拆除违章建筑，规范景区名称，提升整体形象，并完成《百丈漈—飞云湖风景名胜区总体规划》调整工作。

（叶力前）

自然保护区

南麂列岛国家级海洋自然保护区 位于浙南沿岸海域，总面积为20106公顷，海域面积19071公顷，属于亚热带海洋季风气候区。南麂列岛为基岩丘陵岛屿，由23个海岛、14个暗礁、55个明礁等组成，最大岛为南麂岛，面积7平方公里，最高峰为大山，海拔229米。保护区地处温带和热带的过渡带，受台湾暖流和浙江沿岸流影响，贝藻类丰富，具有温带和热带两种区系和地域上断裂分布现象，是中国海域的重要贝藻类基因库。有海洋贝类403种，约占全国贝类总数的20%。海洋藻类174种，约占全国藻类总数的20%。除海洋贝类、藻类资源外，还有鱼类368种、虾蟹类生物180种。有陆源种子植物317种、脊椎动物55种。全区按功能分为核心区、缓冲区、开发区。保护区内众多的小岛，各具特色。大擂岛和竹岛生长大量的水仙花，俗称“水仙花岛”。此外，还有蛇岛、鸟岛等。南麂岛三盘尾则怪石众多，岩壁耸秀，草坪如茵，旅游资源丰富。

乌岩岭国家级自然保护区 位于泰顺县西北部，属洞宫山脉，西连福建省寿宁县，北接本省景宁县，最高峰白云尖海拔1611.3米，为温州第一高峰。总面积18861.5公顷，是中国濒临东海最近、温州市唯一的森林生态与野生动物类型国家级自然保护区，是中国特产珍禽、世界濒危鸟类黄腹角雉的唯一保种基地和原产地人工繁殖基地，是飞云江和温州珊溪水库的发源地及水源涵养区，拥有“天然生物基因库”“绿色生态博物馆”和“天然氧吧”等美称。保护区地表水为超一类水质。森林覆盖率98%，有完整的大面积原生性常绿阔叶林。有维管束植物2150种，占浙江省植物种数的50%以上，其中列为国家一、二级保护的有南方红豆杉、柏栎树、香果树等24种，有浙江雪胆、泰顺杜鹃等6个植物新种和33个浙江新分布种。已查明脊椎动物有342种，占浙江省种类的53%，昆虫为2133种。其中，属国家一级保护的动物有黄腹角雉、白颈长尾雉、云豹、金钱豹、黑麂、金斑喙凤蝶等8种。无线电遥测研究显示，保护区黄腹角雉总量约400只，是已知的野生黄腹角雉最高种群密度区。

森林公园

雁荡山国家森林公园 位于乐清市东北部，总面积840公顷，森林覆盖率94%，于1990年经林业部批准建立。历史上，雁荡山曾是一个古树参天、花香鸟语的森林王国，有“古樟抱十人……野藤莽木老松嫩篁”“雁山万木奔呼”的记载，雁湖岗顶曾有“傍倚大树缚屋、掌梨花数十百株”的实景。由于历史原因，许多古木大树和成片森林曾遭毁灭性破坏。几十年来，通过人工造林、封山育林，雁荡山的森林植被逐步恢复。森林公园中茂密的常绿阔叶林和针叶林构成森林公园绿色生命的基调。

玉苍山国家森林公园 位于苍南县西北部，距县城灵溪镇32公里，面积2379公顷，为温州市十大景区之一。公园内怪石、山顶湖群与茂林、云海、古寺、幽洞交相辉映，组合成独特、迥异的湖光山色。

花岩国家森林公园 位于瑞安市境内，建于1991年11月，2002年11月经国家林业局批准晋升为国家森林公园，总面积2640公顷。公园距瑞安市区50公里，温州市区60公里。森林覆盖率95%以上，是全国亚热带地区低海拔保存珍贵树种最多、品种最全、保护最好的天然常绿针阔叶林基地之一，内有国家保护动物9种，保护植物7种。

龙湾潭国家森林公园 位于永嘉县东部，国家级风景名胜区——楠溪江风景区上游，总面积1650公顷，森林覆盖率95.2%。公园平均海拔540米，气候温暖湿润，四季分明，夏无酷暑，冬无严寒，年平均气温18.20℃。有维管束植物162科，1014种天然植被有机结合，生态环境良好。

铜铃山国家森林公园 位于文成县西部，距县城49公里，因境内有一巨崖形似“铜铃”而得名。公园总面积2725公顷，森林覆盖率95%。公园内有铜铃峡、铜铃寨、小瑶池、原始丛林、胜川桃溪五大景区，150多处景点。有保存完好的常绿阔叶原始次生林1000公顷。

石垟森林公园 位于文成县西部，距离温州市区160公里，海拔1300余米，总面积5440公顷，森林覆盖率95.4%，森林蓄积量为47.9万立方米，是温州市海拔最高的森林公园。

四海山森林公园 位于国家级风景名胜区——永嘉县楠溪江风景名胜区北部，距离温州市区80公里，是楠溪江风景名胜区的七大重点景区之一。森林公园总面积2554公顷，平均海拔750米，森林覆盖率96%。以“林海、花海、云海、雪海”的“四海”奇观闻名遐迩。有森林植物162科568属1061种，其中珍稀保护植物22种，还有一片100余亩保存比较完好的世界性珍稀濒危树种——浙江水青冈。

（赵文光）

（林剑琴　金宸羽　编辑）

城乡发展

城乡规划

概况　2015年，温州市本级全年完成城乡规划85项，在编63项。办理建设项目规划审批件1825件，推进基础测绘项目16个，审查市区重点地段建设项目设计方案46个，审查地下管线项目方案74个。市区城市建成区面积241.4平方公里（含洞头区建成区面积5.2平方公里）。《温州市城市总体规划（2003～2020年）（2013年修订）》上报国务院审批期间，继续与温州市土地利用总体规划进行“两规衔接”。乐清市域总体规划完成修编并上报省政府审批。10月1日，市规划展示中心建成并开放。

城市规划设计　2015年，温州城市中轴线整体城市设计和中轴区域提升规划研究完成，建立城市中轴的整体发展构想和策略，提出“中轴引领，打造温州新型城市中心”的总体目标。温州都市区平苍副中心协调规划暨鳌江“一江两岸”整体城市设计完成，提出平苍副中心的空间发展框架，确定鳌江两岸空间布局和主要景观控制要求。

城乡规划督察　2015年，温州市规划局完成住建部对温州城乡规划卫星遥感监测第5期（监测周期：2014年5月8日至2015年4月21日）208个图斑的调查和处理，将城市规划建成区范围内涉及违法建设的9个图斑，移送相关执法部门立案查处并抄告当地政府。市规划局结合省建设厅城乡规划督察巡查安排，随机抽查洞头区、乐清市、平阳县的城乡规划工作，加强全市规划督察和稽查。

2015年温州市区建设项目规划许可事项办结统计（不含洞头区）

表31

部门窗口	办结数（件）			
	建设项目选址意见书	建设用地规划许可证	建设工程规划许可证	建设工程规划核实确认书
市规划局	22	36	54	64
鹿城分局（含所）	66	93	756	97
龙湾分局（含所）	19	80	288	179
瓯海分局（含所）	55	106	98	93
经济开发区分局（含所）	20	64	126	81
瓯江口分局	6	11	49	4
生态园分局	12	7	13	11
合　计	200	397	1384	529

基础地理信息数据建设　2015年，温州市完成国家和浙江省规定的地理国情普查任务，采集200平方公里的高分辨率影像，完成平阳和文成辖区内台风灾后90平方公里范围的无人机航拍任务。乐清、瑞安、永嘉、平阳、泰顺、苍南等县（市）开展1∶500或1∶2000基础地形图测绘，瑞安市开展2200公里的地下管线普查。年内，温州市基本实现1∶2000地形图市域全覆盖，1∶500地形图覆盖市县城区和主要乡镇约2000平方公里，优于0.5米分辨率卫星影像和优于0.2米分辨率航空影像市域全覆盖。市本级和各县（市）基础测绘“十三五”规划均通过专家评审。

地理信息公共平台建设和应用　2015年，随着永嘉、泰顺两县数字城市地理空间框架平台项目建成，温州市成为全省第二个全面完成“数字城市”地理空间框架平台建设的地区。其中，“数字温州”地理信息政务版公共平台为30多个部门的50余个专业信息系统提供地理信息服务，各县（市）的政务版平台支撑各类信息应用系统达到81个。温州经济技术开发区规划分局开发的数字开发区（二期）建设项目，获得2015中国地理信息产业优秀工程金奖，是浙江省唯一获此殊荣的项目。公众版平台——天地图，为全民提供全天候在线服务。

测绘与地理信息市场监管　2015年，温州市开展全市测绘资质巡查、测绘与地理信息成果保密检查和地图市场专项检查工作，对存在问题的28家单位发放了整改通知书，对1家丢失涉密测绘与地理信息成果光盘的单位进行通报。截至年末，全市有测绘资质的单位51家，总产值2.52亿元，测绘从业人员1330人。

国家历史文化名城申报　2015年，温州市完成一系列保护规划修编，完成名城申报迎检线路上全部22条街巷沿线的整治，开展线路上13个重要节点的整治并完成其中的7个（华盖山城墙遗址、瓯海公学、戚宅、嘉会里6号和12号、金宅、永嘉战时青年服务团旧址），完成市政府公布的第一批83处历史建筑挂牌及温州历史文化名城核心价值提炼、名城申报文本编撰、名城申报宣传片制作，完成历史文化街区标志系统设计和安装。出台《温州市历史文化名城保护办法》《温州市历史文化街区保护管理办法》《温州市历史建筑保护管理办法》等相关保护制度。6月中旬，温州市申报国家历史文化名城通过国家层面组织的实地考察评估，12月上报国务院审批。

（瞿德智）

建设科技与勘察设计

概况 2015年，温州市出台《关于加快推动绿色建筑发展的实施意见》，创建市级行业企业技术中心3家，开展BIM技术应用试点，实施星级绿色建筑示范工程10项，创建建筑用能监管示范工程5项。可再生能源建筑应用258万平方米，完成建筑节能改造77万平方米。全年全市新墙材产量25.1亿块标砖，新墙材生产比例达97.6%。行业利废198万吨，其中消纳建筑废弃土和建筑垃圾125万吨，行业生产能耗同比下降4%。

勘察设计质量监管 2015年，温州市加强勘察设计质量实时监控和日常监管，在年度质量专项检查中发出整改通知书30份、督查落实书10份，约谈企业4家，通报批评6家，公示不良行为2家；通过对勘察设计企业人员进库、进场报备、现场见证、随机飞检、分类监管等制度加强质量管理。推进勘察设计创优夺杯工作，获得建设工程"钱江杯"（优秀勘察设计）项目10项、"瓯江杯"71项，全市勘察设计业实现经营收入15.1亿元。

（叶力前）

建　筑　业

概况 2015年，温州市建筑业总产值1255亿元，建筑业增加值298亿元，占全市GDP的比重为6.93%；建筑业上缴地方税收36亿元，占全市地税收入的12.35%。

招投标管理 2015年，温州市住房和城乡建设委员会推出《施工招标文件范本》和《货物招标文件范本》，落实责任加强评标过程保密工作；在招标文件中引入投标保证金，采用保证保险方式，缓解企业"融资难、融资贵"难题。组织建筑市场业主履约评价，接受到1500个房建与市政基础在建项目的履约评价，对843个有效评价进行公示，并结转至信用评价分。

建筑工程质量安全监管 2015年，温州市住房和城乡建设委员会开展日常巡查、隐患排查治理，开展危大工程专项执法检查及夏季"双月"消防专项治理活动。全年累计巡查市本级工程149个次，检查1905个房屋建筑工地。开展全市建筑施工安全和"平安工地"专项督查工作，举办"学标杆·绿色工地"观摩会活动和应急救援演练活动。改版升级智慧安监系统。执行《浙江省绿色建筑设计标准》，推广应用太阳能等可再生能源建筑，应用面积198万平方米以上。开展首届优秀建筑师遴选活动和"美丽宜居"优秀村居及农村文化礼堂设计方案竞赛；鼓励勘察设计企业创优夺标，获"钱江杯"10项和"瓯江杯"71项。

建设工程合同审查 2015年，温州市住房和城乡建设委员会完成市本级合同备案202份，金额45.59亿元，其中施工合同备案121个，金额41.04亿元。完成招标文件合同条款审核115个。

（叶力前）

城镇基础设施建设

新一轮城中村改造 2015年，温州市推进城市有机更新，启动市区新一轮城中村改造，按照"重点区域71个村三年完成2.7万户签约、五年完成安置"的要求，开展攻坚行动，本年度按计划完成3000户的签约任务。"三改一拆"专项行动以来，全市累计完成城中村改造2089万平方米，城市旧住宅区改造914万平方米。

污水处理设施建设 2015年，温州市推进城区生态基础设施建设，市区中心片污水处理厂迁建工程开工，市区南片污水处理厂一期、东片污水处理厂二期、七都污水处理厂和瓯江口新区西片污水处理厂一期工程建成，市区48个片区的截污纳管工作完成，新增污水处理能力11.9万吨/日。

城区道路建设 2015年，温州市新建及改造城市道路29.6公里，打通断头路5条，新建人行过街通道3条，新建专用停车位23335个（公共停车位3268个），完成18个老旧小区的停车位改造，新增停车位1874个。

电缆落地工程建设 2015年，电缆落地工程（电力管沟）作为温州市"十大民生工程"之一，由住建委和电力局共同负责。全年投资11453万元，完成车站大道、中央绿轴公园、信河街等14条道路（片区）的电缆落地工程，电缆长度计36.32公里。

（叶力前）

新农村建设

美丽乡村建设 2015年，温州市投入资金22.5亿元，农村生活污水治理和改造提升村1596个，受益农户30.81万户。全市开展农村生活垃圾资源化减量化试点村53个，其中项目建设和投入使用31个村。"百村千处"工程建设项目村40个、点（处）122个，续建村83个。精品线建设12条、精品村107个。瑞安市被评为"全省美丽乡村创建先进县"，乐清市淡溪镇、永嘉县岩头镇、苍南矾山镇被评为"长三角最美乡村"。

美丽宜居示范村建设 2015年，温州市有7个村庄通过省村镇办美丽宜居示范村项目年中督查工作，全市29个村落申请加入第四批中国传统村落名录，已有5个村被列入中国传统村落名录。

农业基础设施建设 2015年，温州市建设气象防灾减灾标准化示范村45个，气象防灾减灾标准化"全覆盖县"建设完成进度81.3%；全市平原绿化2.65万亩；森林提质52.39万亩；治理农村河道214.96公里。

农村社保和公共服务设施建设 2015年，温州市城乡居民最低生活标准增长8.8%；农村居民低保标准不低于城镇居民低保标准的79.1%；城乡居民人均养

2015年8月，泰顺县司前镇左溪村民族特色街外立面改造工程完成（获第17届《温州年鉴》“菱华奖”优秀奖）　金建雪/摄

老金待遇水平增长16.24%；提升农村公路等级535.3公里；建设农村文化礼堂202个；省级民主法治村（社区）创建成果巩固率100%。

（潘国义）

房地产管理

房地产市场运行情况　2015年，温州市房地产开发投资766.29亿元，占全市固定资产投资22.17%；完成商品房销售526.09万平方米，同比上升19.32%；实现房地产地税收入108.2亿元，占全部地税收入的35.7%。全市商品住房去化周期为15.26个月，其中市区商品住房去化周期为8.2个月。商品住房价格稳中微涨，连续9个月呈现回升态势，同比连续两个月首次出现上升。

保障性住房建设　2015年，温州市加快保障性安居工程建设，全市保障性安居工程开工35520套，竣工26122套，交付19821套。全市新增住房保障覆盖率2.03%，其中市区新增住房保障覆盖率1.198%。继续实施“市场提供房源、政府补贴租金”的公共租赁住房保障方式，市区新增公共租赁住房保障5037户，其中租赁补贴4229户，分别为低收入家庭3093户、新就业大学生1136户。市区最后一批1062户经济适用房准购家庭完成摸文定位。

“安置提速”专项行动　2015年，温州市完成市区“安置提速”行动，开工建设安置房47万平方米，竣工164万平方米，住宅认购9597套，住宅交钥匙15183套，营业房安置4036.5间，安置房完成“两证”办理17725套。

房屋登记　2015年，温州市共办理各类房屋登记42万宗，全市已登记房屋173万宗、3.54亿平方米，受理抵押权设立登记22.82万宗。其中，市本级共办理各类房屋登记15万宗，二手房交易转移登记1.53万宗，成交面积321.35万平方米；房屋抵押权登记3.76万宗，抵押面积1216.87万平方米，抵押融资金额834.68亿元；房屋抵押注销登记3.6万宗，抵押注销面积1068.43万平方米；预告登记、预告抵押登记1.76万宗；商品房转移登记1.34万宗；共提供房屋登记簿查询服务26.15万宗，其中司法点对点查询4.88万宗；商业银行点对点联查5.98万笔；司法查控1.03万宗。

房屋鉴定　2015年，温州市预受理各类鉴定件1111件，完成各类鉴定件1901户，鉴定面积25万平方米；受理审批后300平方米以上非住宅装饰装修施工工程监管项目共82宗，监管面积16.2万平方米。初步建立起房屋安全鉴定机构资质审核备案制度。

危旧房排查与改造　2015年，温州市全面开展城乡危旧房排查，共排查公共建筑15660幢，1029.66万平方米，国有土地上既有住宅34658幢，9013.69万平方米；动态跟踪监督丙类房屋9456处，597.91万平方米；鉴定丙类危房2879户，261.7万平方米；解除危旧房566处，71.21万平方米。

物业服务业　2015年，温州市加快物业服务业转型，新增物业服务面积414.2万平方米，旧住宅小区物业服务或准物业服务覆盖率达到70%以上，住宅物业服务平均覆盖率80%以上，新建非住宅物业服务覆盖率50%以上。全市物业服务业实现经营收入10.1亿元。

白蚁防治　2015年，温州市本级签订新建预防合同145件，合同面积835.01万平方米，合同金额1058.22万元（农房改造项目合同6件，面积6.69万平方米，免收预防费13.38万元）。灭治蚁害421户，面积14081平方米。

直管公房管理　2015年3月，温州市直管公房经营收入5146万元。推进直管公房市场化经营，努力提高经营效益，房产管理软件系统投入运行，优化公房数据的应用和管理，实现公房信息的有效利用。对历史租赁的公有非住宅，采取阳光透明的公开招标选取评估机构、委托评估租金价格。

（叶力前）

公积金管理

概况　温州市住房公积金管理中心是市政府直属事业单位，负责全市住房公积金统一管理、统一核算，下设11个县（市、区）分中心或管理部，作为温州市住房公积金管理中心的派出机构，依照温州市住房公积金管理中心授权，承担本辖区内住房公积金管理工作。

公积金缴存　2015年，温州市全市住房公积金实缴单位17245家，实缴职工50万人，缴存84.22亿元，同比增长12.03%。截至2015年年末，全市缴存总额536.86亿元，缴存余额281.72亿元，分别同比增长18.61%和11.53%。

公积金贷款和提取　2015年，温州市住房公积金管理中心通过放宽个人住房公积金贷款条件、下调贷款首付比例、开展全国异地贷款业务、公转商贴息贷款等措施支持住房消费共132.73亿元（含公转商贴息贷款）。其中，发放个人公积金住房贷款1.31万笔，金额68.26亿元，同比增长15.54%；公转商贴息贷款1834笔，贷款金额9.37亿元；个人住房消费提取55.10亿元，占当年缴存额的65.42%，比上年同期增加8.33%。截至2015年年末，全市累计发放个人住房贷款15.38万笔427.63亿元，贷款余额266.57亿元，个贷率94.62%；住房消费提取总额255.15亿元，同比增长27.55%。

公积金增值收益分配 2015年，温州市提取个人贷款风险准备金（按贷款余额的5.41%提取）2.94亿元，提取城市廉租房（公共租赁住房）建设补充资金5.53亿元，上缴财政的城市廉租房（公共租赁住房）建设补充资金2.16亿元。截至2015年年末，贷款风险准备金余额14.53亿元，累计上缴城市廉租房（公共租赁住房）建设补充资金9.17亿元。

（叶力前）

城市建设档案管理

概况 2015年，温州市城市建设档案馆共接收档案35623卷，同比增长31.7%。其中，工程档案330个21911卷，燃气档案165个226卷，规划档案13486卷，道路管线电子数据35个。编目上架档案34140卷，同比增长25.7%。接待查档人员4058人次，查阅利用档案8585卷次、89264页次，航拍图利用217张。

建设工程档案管理 2015年，温州市城市建设档案馆与建设单位签订告知书570份，接收工程项目312个。经抽查，归档管理工程326个21342卷，比上年增加31.23%。出具审核意见书300份，总建筑面积450.44万平方米，道路总长度63.55公里。参加工程竣工验收281个，比上年增加59.66%。接待咨询1543人次，比上年增加99.11%。为安置房工程开设绿色通道，审核项目38个，参加验收34个。

城建档案执法工作 2015年，温州市城市建设档案馆向通过工程验收而尚未归档的单位发出催交函87份，重点催促瓯海部分不及时移交档案的建设单位。对温州中学艺术楼、体育馆违反城建档案法律法规的工程项目作出各罚款1万元的行政处罚。开展历史档案归集清理工作，查实2006年～2015年规划核实建设工程项目共4259个，其中未归档2150个，通过短信、电话、信件等措施催交归档311个。

影像管理与利用 2015年，温州市城市建设档案馆提供照片利用295幅，改版并发行三期《温州城建档案》，拍摄历史文化名城、历史建筑、市领导实地考察等活动照片1908张，录像134份，录制城区建筑面貌60小时。举办“文化温州古城魅力”温州市83处历史老建筑摄影大赛，参赛作品900余组，征集照片83组727张。组织摄影家走进历史建筑开展采风活动，宣传温州市申报历史文化名城工作。

温州市城乡规划展示中心 2015年，温州市城乡规划展示中心布展工程完工，基础装修及暖通设备、消防、展示内容等项目通过专项验收。布展工程获APDC2014/2015亚太室内设计精英邀请赛的展览空间设计铜奖。10月1日展馆试运行，至年末接待团队251个，参观人数25519人次。

（黄乐瑶）

六城联创

概况 从2000年起，温州市以全国文明城市创建为龙头，联动推进国家园林城市、国家森林城市、国家卫生城市、国家环保模范城市和国家历史文化名城等“六城联创”活动。2015年，温州市委、市政府将“六城联创”纳入八大攻坚行动，推进“美丽街区”创建和“两无三化”考评，在创成全国文明城市、国家森林城市、国家卫生城市创建的同时，通过国家园林城市、国家历史文化名城、国家环保模范城市考评，基本实现“六城联创”目标。

六城联创攻坚达标 2015年，温州市持续强化“六城联创”统筹机制，整合联创资源，推进以洁化、绿化（彩化）、序化、亮化、文化为重点的“六城联创”攻坚行动，建成城市绿地面积3338公顷，累计城市绿地面积6835公顷，人均公园绿地面积由4.51平方米增加到11.32平方米；市区污水处理率由67%提高到90.8%，生活垃圾无害化处理率100%，66个瓶颈指标均达到规定标准。

民生项目建设 2015年，温州市完成25个联创攻坚重点指标，民生项目取得突破性进展。新建改建城市道路225.5公里，打通断头路46条，开通水上巴士，新增公共停车泊位14157个，建成免费公共自行车系统，城市交通拥堵得到有效治理。改造提升农贸市场61个，改建新建公厕853座，开工城中村改造项目169个。目前，全市拥有白鹿洲公园、杨府山公园等城市公园48座，小游园234个，滨水公园500个，市域绿道1300公里。

“两无三化”和美丽街区建设 2015年，温州市推进“两无三化”（无疮疤、无违建、绿化、亮化、洁化）考评机制，坚持实施重点问题挂牌督办、工作建议书及交办单制度，累计梳理问题1200余个，挂牌督办43件，发工作建议书104份，按时整改率100%。建设“3+1”亮点区块，打造“美丽街区”23个，创建面积279.38万平方米。

（麻文静）

五水共治

概况 2015年，温州市政府出台《温州市五水共治建设美丽浙南水乡总体规划》，科学推进治水工作。摸排调查出市区3798个沿河排污口，逐一落实整治措施，综合推进黑臭河整治。全年“五水共治”投资320亿元，新建城镇污水处理厂7座、新增污水处理能力24.4万吨/天、新增污水管网289公里、农村生活污水处理设施1596个，整治黑臭河97公里、印染企业61家；建成省级生态示范河道11条、滨水公园221个。龙湾区、瓯海区、乐清市被省委、省政府授予“大禹鼎”，瓯海区、洞头区、泰顺县获评省级“清三河达标县”。

江河水质改善 2015年，温州市域内瓯江和飞云江水质稳定在三类以上，鳌江江口出境断面水质稳定达到四类，市区

五水共治显成效，市民畅游南塘河　　赵　用/摄

平原河流主要污染物浓度指标比上年平均下降13%，削减省控劣五类水质站位2个、市控3个，河网整体面貌改善，水质逐步向好。

治水机制建设　2015年，温州市通过建立融资平台、拓宽政银企合作渠道，鹿城区瓯江绕城高速至卧旗山段海塘工程和中心片污水处理厂迁建工程采取PPP模式引入社会资本投资，总投资50亿元，全面推行水利工程物业化管理和水电站安全生产标化创建。河道整治方面，出台《温州市河道整治工作责任追究暂行办法》，建立河长制常态化工作机制和分级考核体系，配备8700余名河长，实现河长全覆盖；所有镇级以上河道配齐督察长和河道警长。

五水共治宣教活动　2015年，温州市把"五水共治"内容纳入中小学生地方课程教学内容，注重养成教育。成立公益环保组织50余家，治水志愿者队伍800余支、成员3万余人。一批企业投身治水，从污染制造者转变为环保捍卫者，森马集团等企业主动承接河道保洁、认领河段整治。乐清市10万民兵参与治水，成为浙江全民治水先进典型，获央视《焦点访谈》聚焦报道。

（陈清华）

三改一拆

概况　2015年，温州市完成"三改一拆"面积4764.35万平方米，完成省下达任务的366%，其中旧住宅区改造（含综合整治受益面积）914.15万平方米，旧厂区（房）改造1761.44万平方米，城中村改造（含综合整治受益面积）2088.76万平方米；拆除违法建筑1863.2万平方米，完成率143%。

旧住宅区改造　2015年，温州市开展创建旧住宅区整治示范样板小区，加大旧住宅区改造力度。累计投入资金1.31亿元，创建旧住宅区整治示范样板小区17个，旧住宅区改造面积（含综合整治受益面积）914.15万平方米，9414户家庭受益，受益面积129.5万平方米。

旧厂区改造　2015年，温州市改造提升工业园区基础设施，推进企业技术改造和"机器换人"，淘汰落后产能，促进经济转型升级。全市改造旧厂区（房）2791个，面积1761.44万平方米。

城中村改造　2015年，温州市出台《关于扎实推进市区城中村改造工作的若干意见》等规范性文件，明确鹿城主城区和龙湾中心区、瓯海中心区、浙南科技城等重点区域以及温瑞塘河"一环三线"范围内的70个行政村以及县（市）县城所在地、小城市试点镇以及瓯北城市新区为全市城中村改造重点范围。新启动行政村整村签约4个、自然村（区块）签约10个，全市新开工城中村改造安置房项目38个、15214套、224.9万平方米，签订房屋征收（拆迁）协议17347户，拆除旧房9952户，城中村改造面积（含综合整治受益面积）2088.76万平方米，完成量全省第一。

违法建筑拆除　2015年，温州市全面开展缓拆违法建筑专项整治、妨碍消防安全违法建筑处置等专项行动，继续推进涉水违法建筑处置、沿路违法建筑处置、历史遗留土地案件处置等专项行动，突出重点领域，包括交通干线、主要街道两侧，主要河道及湖泊管理范围；突出重点类型，包括非法占用耕地建设、存在严重安全隐患或影响重大工程建设等方面，着力消除存量违法建筑。全市拆除违法建筑1863.2万平方米，完成率143%。

无违建乡镇创建活动　2015年，温州市制订《"无违建乡镇（街道）"创建标准及验收办法（试行）》，全市开展农村"一户一档"、城镇"一楼一档"排摸建档，健全违法建筑长效处置机制。市"三改一拆"办公室分批次组织对列入创建计划的乡镇（街道）进行预验收和专题指导。洞头区、泰顺县获省"基本无违建县（市、区）"称号，文成县获省"无违建创建先进县（市、区）"称号，鹿城区通过"无违建创建先进县（市、区）"复评。全市19个乡镇、街道被市政府命名为"无违建乡镇、街道"，38个乡镇、街道达到"无违建"创建要求。

（张学爱）

（林剑琴　编辑）

管新民 / 摄

管新民 / 摄

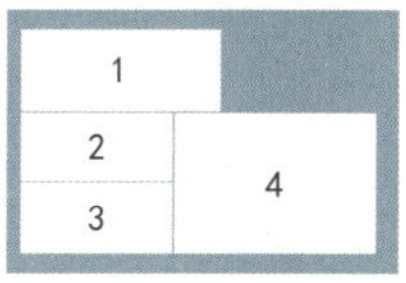

1. 三垟湿地
2. 瓯越大桥
3. 半塘公园
4. 绿轴公园

凤湖（组照获第17届《温州年鉴》“菱华奖”优秀奖）

陈 萍/摄

环境保护

综　述

概况　2015年，温州市生态环境质量稳中趋好，环保模范城市创建取得明显成效，公众对生态环境质量满意度提高12.7%。

全市地表水水质功能区达标率53.9%，比上年提高3.2个百分点。地表水入海河流中，瓯江干流、楠溪江、飞云江水质为优；鳌江中度污染，但比上年水质明显改善；温瑞塘河、瑞平鳌塘河、江南河网、乐清塘河水质重度污染，但主要污染物浓度持续下降；各水库、大荆溪、寿泰溪、会甲溪、清江、甘宋溪、洞头水库水质均为优；全市跨行政区域交界断面水质考核结果为良好。县级以上集中饮用水水源地水质达标率均为100%。

全市环境空气质量持续变好，市区环境空气质量指数（AQI）优良率为85.7%，各县（市）环境空气优良率均在92%以上。市区酸雨率为77.6%，比上年下降6.8%。温州市区及各县（市）区域昼间噪声平均等效声级属二级（较好）。全市辐射环境质量总体良好，陆地、海洋、水体、土壤等环境电离辐射水平保持稳定，环境电磁辐射水平无明显变化

2015年，温州市编制完成《温州市环境保护“十三五”规划》初稿，下辖8个县（市）的环境功能区划稿编制完成。全市国土空间划分为自然生态红线区、生态功能保障区、农产品安全保障区、人居环境保障区、环境优化准入区和环境重点准入区共六大类环境功能区，明确各功能区主导功能及目标，制定管控措施和负面清单。

环境质量

概况　2015年，温州市水资源总量155.74亿立方米，其中地表水资源量153.60亿立方米，地下水资源量2.14亿立方米，人均拥有水资源量1708立方米。全市总用水量19.13亿立方米，平均水资源利用率为12.3%。全市地表水污染物浓度持续下降，江河水质持续好转，主要污染物为氨氮、总磷、生化需氧量等。其中，氨氮、总磷和高锰酸盐指数浓度分别为1.59毫克/升、0.184毫克/升和2.96毫克/升，比上年分别下降17.5%、11.0%和4.28%。

饮用水源监测　2015年，温州市县级以上集中饮用水水源地共10个，其中河流型2个、湖库型8个。按《地表水环境质量标准》（GB3838-2002）Ⅲ类标准评价，赵山渡水库水源地水质达标率为100%；泽雅水库监测9次（7月、8月、12月因水库工程建设而停测），其中2月份监测锰超标；山根水源地监测12次，其中1次锰超标。泽雅水库2月～3月未取水，山根水源地全年未取水，按取水量计算市区的水质达标率为100%。各县（市）中，瑞安市愚溪水库因修坝未监测，其他各县（市）的水源地水质达标率均为100%。

饮用水源保护　2015年，温州市制定《温州市饮用水水源突发污染事件应急预案》，提高水源地污染突发事件防控能力。珊溪（赵山渡）水库新建4处生态浮标，提高水质在线监测与安全预警能力。加强水源地安全保护，珊溪（赵山渡）水库和泽雅水库一级水源保护区内分别新建25公里和11公里安全隔离栅，并设置永久性界碑和告示牌，实行24小时在线水质监测。强化入库支流水质监测，对珊溪（赵山渡）水库14条入库支流、泽雅水库3条入库支流开展每月监测。

地表水水质　2015年，温州市有市控以上地表水监测断面76个。其中，河流监测断面68个，湖库监测断面8个；满足水环境功能要求监测断面41个，占53.9%。监测断面水质监测结果显示，Ⅰ～Ⅲ类水断面有38个（其中Ⅰ类3

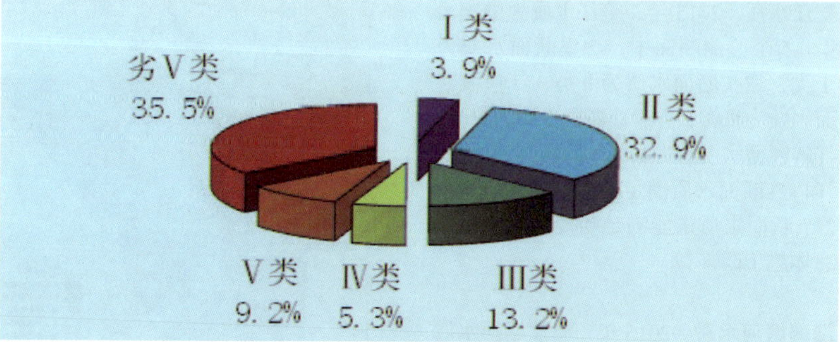

图7　2015年温州市地表水水质类别占比

个、Ⅱ类 25 个、Ⅲ类 10 个），占 50%；Ⅳ类水断面 4 个，占 5.3%；Ⅴ类水断面 7 个，占 9.2%；劣于Ⅴ类水断面 27 个，占 35.5%。

地下水水质 2015 年度，温州市共有各类地下水动态监测点 27 个，包括水位自动化监测点 4 个，专门监测点 3 个；其中国家级监测点 5 个，省级监测点 4 个，地区级监测点 18 个。水位监测点 14 个，水质监测点 16 个，水量监测点 2 个，水温监测点 4 个。根据《地下水质量标准》（GB/T14848–93）评价，各地孔隙承压水地下水质量：鹿城区极差，瓯海区良好，龙湾区较差及以上，瑞安市极差，平阳县极差，苍南县较差。平阳县基岩裂隙水质量为良好及以上，永强平原地下水平均水位与上年相比呈强上升态势，降落漏斗有较大幅度的缩小，苍南县呈弱上升态势。

瓯江（温州段）水质 2015 年，瓯江干流水质为优。3 个监测断面中，小旦断面为Ⅱ类水，杨府山、龙湾断面为Ⅲ类水，都能满足功能要求。一级支流楠溪江水质为优，碧莲、石柱、沙头 3 个断面均为Ⅱ类水，清水埠为Ⅲ类水，都能满足功能要求。一级支流菇溪黄坦断面为Ⅱ类水，能满足功能要求；戍浦江外垟断面为Ⅴ类水，不能满足功能要求。

飞云江水质 2015 年，飞云江水质为优。12 个监测断面中，乌岩岭、百丈口断面水质为Ⅰ类，百丈漈水库、珊溪水库坝前、珊溪水库坝中、赵山渡、峃口、南岙、潘山断面水质为Ⅱ类，飞云渡口、第三农业站、泗溪水质为Ⅲ类，均满足功能要求。

鳌江水质 2015 年，鳌江水质为中度污染。5 个监测断面中，顺溪断面水质为Ⅰ类，埭头断面水质为Ⅱ类，江口渡断面水质为Ⅲ类，方岩渡断面水质为Ⅳ类，江屿断面水质为劣Ⅴ类。除顺溪、埭头、江口渡断面水质满足功能要求外，其余 2 个断面水质未能满足功能要求，水质总体趋于改善。

温瑞塘河水质 2015 年，温瑞塘河水质为重度污染。23 个监测断面中Ⅱ类、Ⅲ类水断面各 1 个，Ⅴ类水质断面 3 个，劣Ⅴ类水质断面 18 个。满足功能要求断面仅占 8.7%。主要污染物为氨氮、总磷。氨氮、总磷、高锰酸盐指数总体平均浓度分别为 3.40 毫克 / 升、0.274 毫克 / 升和 3.89 毫克 / 升，比上年分别下降 14.9%、15.6% 和 11.5%，水质得到持续改善。

瑞平鳌塘河水质 2015 年，瑞平鳌塘河水质为重度污染。7 个监测断面中Ⅲ类、Ⅴ类水质断面各 1 个，Ⅳ类水质断面 2 个，劣Ⅴ类水质断面 3 个。满足功能要求断面占 42.8%。主要污染物为氨氮、总磷、五日生化需氧量。氨氮、总磷和高锰酸盐指数平均浓度分别为 2.57 毫克 / 升、0.305 毫克 / 升和 5.06 毫克 / 升，比上年分别下降 11.8%、24.8% 和 4.45%，水质得到持续改善。

江南河网水质 2015 年，江南河网水质为重度污染。6 个监测断面中Ⅱ、Ⅳ类水质断面各 1 个，Ⅴ类、劣Ⅴ类水质断面各 2 个，满足功能要求断面占 33.3%。主要污染物为氨氮、总磷、五日生化需氧量。氨氮、总磷平均浓度分别为 2.10 毫克 / 升和 0.369 毫克 / 升，比上年分别下降 4.29% 和 7.63%；高锰酸盐指数浓度为 5.18 毫克 / 升，比上年上升 12.1%，水质略有好转。

乐清塘河水质 2015 年，乐清塘河水质为重度污染。3 个监测断面水质均为劣Ⅴ类，不能满足功能要求。主要污染物为氨氮、总磷、五日生化需氧量。氨氮、总磷平均浓度分别为 4.51 毫克 / 升和 0.502 毫克 / 升，比上年分别下降 39.3% 和 14.7%；高锰酸盐指数平均浓度为 5.82 毫克 / 升，比上年上升 2.77%，水质得到持续改善。

其他河流水质 2015 年，乐清市的大荆溪、清江，泰顺县的寿泰溪、会甲溪，苍南县的甘宋溪水质为优。各断面都能满足功能要求。

海水质量 2015 年，温州市近岸海域海水质量监测面积 8649 平方公里，第一类、第二类水质面积占 38.1%，第四类、劣四类水质面积占 43.2%。与上年相比，第一类水质减少 0.9%，第二类水质增加 2.6%，第三类水质增加 3.4%，第四类水

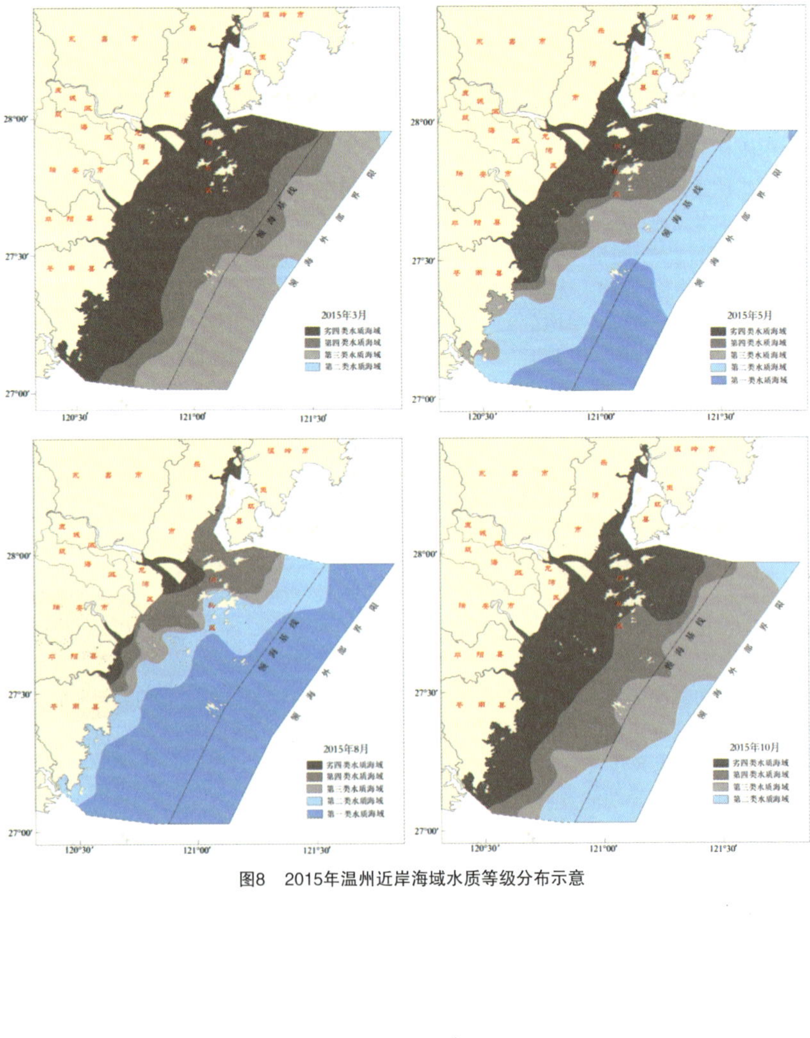

图8 2015年温州近岸海域水质等级分布示意

2015 年温州近岸海域赤潮发生情况

表32

起讫时间	发生区域	面积（平方公里）	赤潮生物优势种类
5 月 11 日～5 月 13 日	苍南近岸海域	2	东海原甲藻
5 月 19 日～5 月 21 日	平阳南麂海域	8	米氏凯伦藻
5 月 22 日～6 月 3 日	苍南近岸海域	70	东海原甲藻、米氏凯伦藻
5 月 23 日～5 月 25 日	平阳南麂海域	0.5	米氏凯伦藻
6 月 12 日～6 月 21 日	平阳南麂、瑞安北麂海域	390	多纹膝沟藻

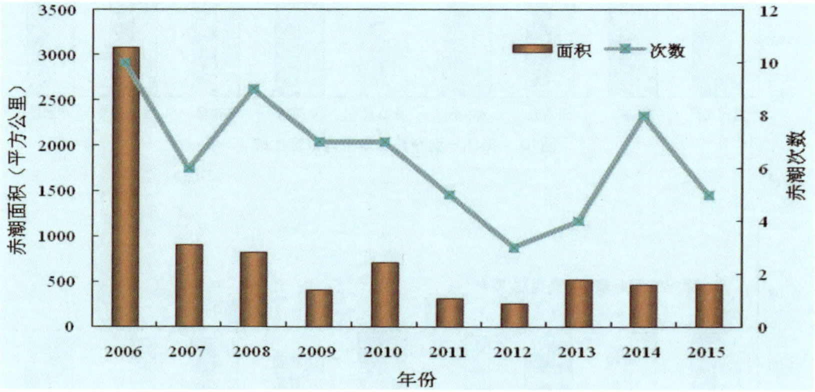

图9　2006年～2015年温州市赤潮发生次数与面积

2015 年温州市海洋功能区达标情况

表33

功能区类型	功能区个数	水　质	
		保护要求	达标率（%）
农渔业区	12	不劣于第二类	50
港口航运区	8	不劣于第四类	38
旅游休闲娱乐区	3	不劣于第二类或第三类	100
海洋保护区	8	不劣于第一类	25
保留区	10	维持现状	50
特殊利用区	4	不劣于第四类	100

说明：工业与城镇用海区环境保护要求为维持现状，不作评价

2015 年温州市海洋保护区概况

表34

保护区名称	保护区面积（平方公里）	主要保护对象	环境状况
南麂列岛国家级海洋自然保护区	201.06	海洋贝藻类、海洋鸟类、野生水仙花及其生态环境	水质：良好 沉积物：良好
乐清西门岛国家级海洋特别保护区	30.80	红树林群落、滨海湿地及湿地鸟类	水质：无机氮、活性磷酸盐超标 沉积物：良好
洞头国家级海洋公园	311.04	海洋景观、生物资源、鸟类资源	水质：部分站位无机氮、活性磷酸盐超标 沉积物：良好
洞头南北爿山省级海洋特别保护区	8.98	海鸟类、海岛植被和贝藻类资源	水质：部分站位无机氮、活性磷酸盐超标 沉积物：良好
瑞安铜盘岛省级海洋特别保护区	22.08	海洋生物资源、自然遗迹	水质：活性磷酸盐超标 沉积物：良好
苍南七星列岛省级海洋特别保护区	43.83	海洋景观、生物资源	水质：良好 沉积物：良好
温州龙湾海洋公园	2.00	沙洲地质地貌、河口生态系统	水质：无机氮、活性磷酸盐超标　沉积物：良好

质增加 2.6%，劣四类水质减少 7.7%。海水中主要超标物质为无机氮、活性磷酸盐；乐清湾顶、瓯江南口、沿浦湾附近海域油类超第一类海水水质标准；铜、铅、锌、镉、铬、汞、砷、硫化物、六六六、滴滴涕、粪大肠菌群符合第一类海水水质标准。海水质量变化趋势 8 月最好，5 月、10 月其次，3 月最差，远岸优于近岸。

近岸海域沉积物　2015 年，温州近岸海域沉积物综合质量良好，90% 测站沉积物质量良好，8% 测站沉积物质量一般，2% 测站沉积物质量较差。40% 测站沉积物中的铜、5% 测站的铬、3% 测站的锌、滴滴涕超第一类沉积物质量标准，硫化物、有机碳、石油类、汞、砷、铅、镉、六六六、多氯联苯、粪大肠菌群符合第一类沉积物质量标准。与上年相比，近岸海域沉积物中铜超标率有所降低，铬、锌、滴滴涕超标情况相当。乐清湾海域全部测站的铜、海涂测站的铬超第一类沉积物质量标准，符合第二类沉积物质量标准。瓯飞工程邻近、洞头南侧、北麂、南麂局部海域沉积物中铜超第一类沉积物质量标准，瓯江南口滴滴涕超第二类沉积物质量标准。

海洋赤潮　2015 年，温州近岸海域共发现 5 次赤潮，发生时间为 5 月～6 月。赤潮优势种为东海原甲藻、米氏凯伦藻和多纹膝沟藻。赤潮累计面积 470.5 平方千米，主要分布在平阳南麂、瑞安北麂和苍南海域。赤潮高发期，洞头牡蛎等海产品中均未检测出腹泻性贝毒和麻痹性贝毒。

海洋功能区水质　2015 年，温州市共监测海洋功能区 52 个，包括海洋保护区、农渔业区、旅游休闲娱乐区、港口航运区、特殊利用区、工业与城镇用海区和保留区七大类。8 月份海洋功能区水质达标率为 51%，比上年提高。超标项目主要为无机氮和活性磷酸盐。南麂大沙岙海水浴场 90% 的天数水质为优或良，影响水质的主要因素是透明度较低。

海洋保护区水质　截至 2015 年 8 月，温州市共有海洋保护区 7 个，其中 2 个海水水质良好，其余 5 个海水水质超标，海洋沉积物质量全部良好。超标项目主要为无机氮和活性磷酸盐。

海洋倾倒区 2015年，华润浙江苍南发电厂疏浚物临时性海洋倾倒区共倾倒港池、航道疏浚物454万立方米。倾倒区及邻近海域水质75%测站的无机氮超第一类海水水质标准，全部测站的活性磷酸盐超第一类海水水质标准，pH、溶解氧、化学需氧量（CODMn）、生化需氧量、石油类、铜、铅、锌、镉、铬、砷等指标符合第一类海水水质标准。沉积物中，43%测站的铜超第一类沉积物质量标准，石油类、硫化物、有机碳、汞、砷、铅、锌、镉、铬、六六六、滴滴涕、多氯联苯等指标符合第一类海洋沉积物质量标准。倾倒区符合环境保护功能要求。

海洋环境整治管理 2015年，温州市落实海洋工程环境影响评价制度，出具环评核准文件22个，核准海洋工程项目45个。全市检查入海排污口110个，检查项目322个，立案22宗，结案21宗，罚没款129万元。开展乐清湾、瓯江口等近岸海域污染整治，在苍南县、洞头县建设废油回收点，处置海洋船舶废油。全市投入资金1.19亿元，用于洞头白龙屿、洞头大竹峙岛、乐清西门岛、瑞安铜盘岛、平阳南麂列岛、苍南赤溪湾等海岛海岸带整治修复保护建设。

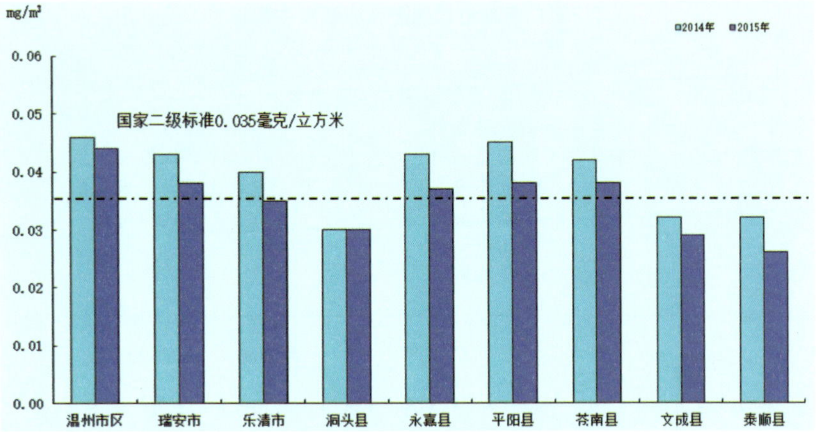

图10 2015年细颗粒物年平均浓度比较

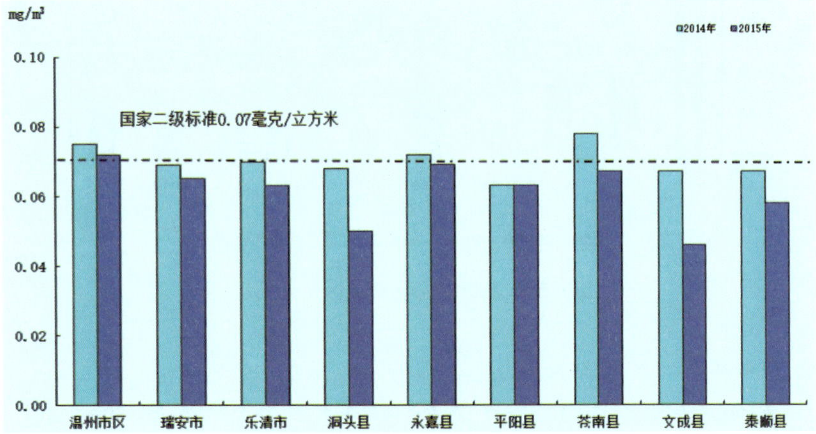

图11 2015年可吸入颗粒物年平均浓度比较

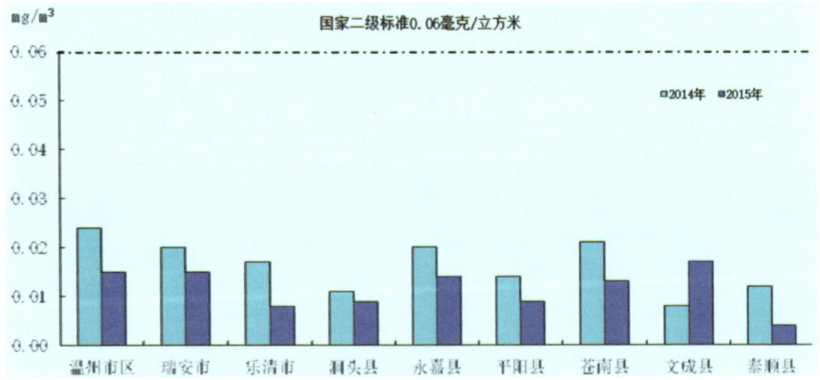

图12 2015年二氧化硫年平均浓度比较

环境空气质量 2015年，温州市区及各县（市）环境空气质量评价执行《环境空气质量标准》（GB3095-2012）。市区环境空气质量级别（AQI）为一级～五级，其中一级（优）67天，二级（良）245天，三级（轻度污染）45天，四级（中度污染）7天。市区空气环境质量优良率为85.7%，超标首要污染物PM2.5、二氧化氮和臭氧。全市二氧化硫年均浓度、臭氧日最大8小时平均第90百分位数和一氧化碳的第95百分位数达到国家二级标准，细颗粒物（PM2.5）、可吸入颗粒物（PM10）、二氧化氮年均浓度超国家二级标准。酸雨污染比上年有所减轻，市区酸雨率由84.4%降到77.6%。各县（市）环境空气优良率均在92%以上。

空气中细颗粒物浓度 2015年，温州市区环境空气细颗粒物浓度日均值范围0.004～0.148毫克/立方米，日均值达标率92.9%；年均浓度0.044毫克/立方米，超过二级标准，比上年下降4.3%。各县（市）年均浓度范围0.026～0.038毫克/立方米，除乐清市、洞头县、文成县和泰顺县达标外，其余均超标。细颗粒物年均浓度以温州市区最高，泰顺县最低。

空气中可吸入颗粒物浓度 2015年，温州市区环境空气可吸入颗粒物浓度日均值范围为0.016～0.228毫克/立方米，日均值达标率为97.0%；年均浓度为0.072毫克/立方米，超过二级标准，比上年下降2.7%。各县（市）年均浓度范围为0.046～0.069毫克/立方米，全部达标。可吸入颗粒物年均浓度以温州市区最高，文成县最低；与上年比较，各县（市）可吸入颗粒物浓度均有不同程度的下降，其中洞头县、文成县下降幅度较大。

空气中二氧化硫浓度 2015年，温州市区环境空气二氧化硫浓度日均值范围为0.007～0.060毫克/立方米，日均值达标率为100%；年均浓度为0.015毫克/立方米，年均值达标且低于上年水平。

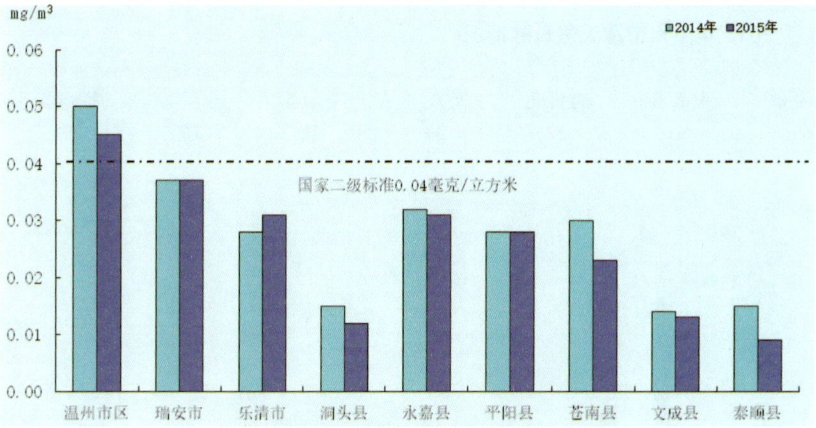

图13　2015年温州市二氧化氮年平均浓度比较

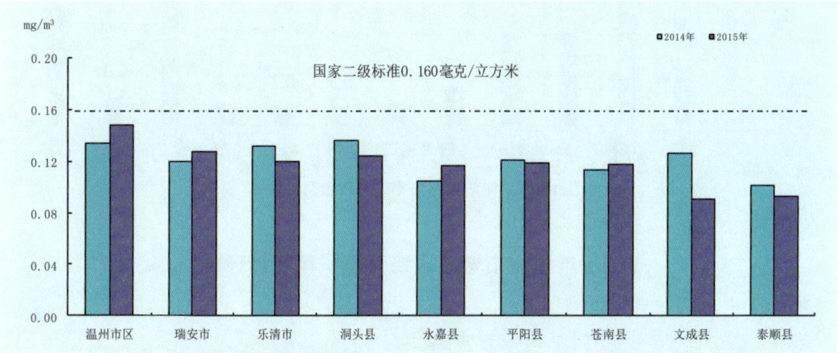

图14　2015年温州市臭氧日最大8小时平均第90百分位数浓度比较

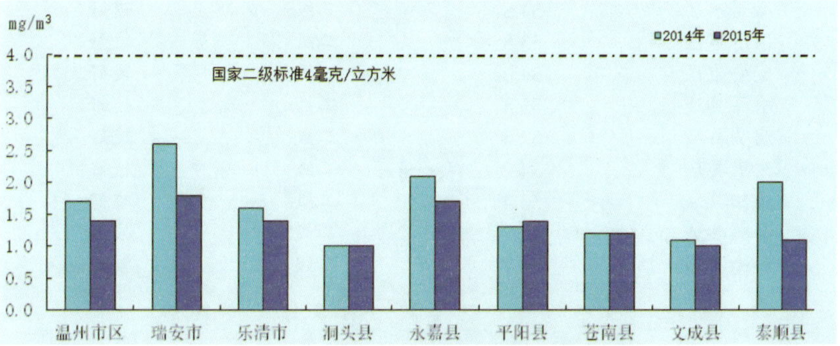

图15　2015年温州市一氧化碳第95百分位数浓度比较

2015年温州市降水酸雨率与pH值情况一览

表35

监测区域	酸雨率（%）	降水pH值		酸雨污染程度
		波动范围	年均值	
温州市区	77.6	3.63 ~ 7.06	4.65	中酸雨区
乐清市	89.6	4.08 ~ 6.40	4.71	中酸雨区
瑞安市	53.7	4.16 ~ 6.77	4.91	中酸雨区
永嘉县	82.8	3.92 ~ 6.50	4.89	中酸雨区
洞头县	84.5	3.74 ~ 6.83	4.85	中酸雨区
文成县	48.2	4.44 ~ 8.08	5.28	轻酸雨区
平阳县	61.7	3.95 ~ 7.21	5.01	轻酸雨区
泰顺县	14.1	4.49 ~ 6.62	5.78	非酸雨区
苍南县	97.8	3.19 ~ 6.59	4.58	中酸雨区

各县（市）年均浓度范围为0.004～0.017毫克/立方米，全部达到二级标准。二氧化硫年均浓度以文成县最高，泰顺县最低；与上年比较，文成县有所上升，其余各县（市）均有不同程度下降。

空气中二氧化氮浓度　2015年，温州市区环境空气二氧化氮浓度日均值范围为0.003～0.119毫克/立方米，日均值达标率为95.3%，年平均为0.045毫克/立方米，超过二级标准，低于上年。各县（市）年平均浓度范围为0.009～0.037毫克/立方米，全部达到二级标准。二氧化氮年均浓度以温州市区最高，泰顺县最低；与上年比较，乐清市有所上升，瑞安市、平阳县持平，其余各县（市）均有不同程度的下降，其中泰顺县下降幅度较大。

空气中臭氧浓度　2015年，温州市区环境空气臭氧日最大8小时滑动平均浓度范围为0.005～0.219毫克/立方米，达标率为94.5%。臭氧日最大8小时平均第90百分位数浓度为0.148毫克/立方米，达标但高于上年水平。各县（市）臭氧日最大8小时平均第90百分位数浓度范围为0.090～0.127毫克/立方米，全部达到二级标准，与上年比较，温州市区、瑞安市、永嘉县、苍南县有所上升，其余各县（市）均有不同程度的下降，文成县下降幅度最大。

空气中一氧化碳浓度　2015年，温州市区环境空气一氧化碳浓度日均值范围为0.4～2.2毫克/立方米，日均值达标率为100%；第95百分位数浓度为1.4毫克/立方米，达标且低于上年。各县（市）一氧化碳第95百分位数浓度范围为1.0～1.8毫克/立方米，全部达到二级标准，其中以瑞安市最高，洞头县和文成县最低，与上年比较，瑞安市、泰顺县下降幅度较大，平阳县略有上升。

环境空气综合污染指数　2015年，温州市综合环境空气质量综合指数范围为2.79～4.96，环境空气质量综合指数由小到大排名依次为：泰顺县、文成县、洞头县、乐清市、苍南县、平阳县、永嘉县、瑞安市和温州市区。全市SO_2、NO_2、CO、PM10、PM2.5和O_3的单项质量指数平均值分别是0.20、0.72、0.33、0.88、1.01和0.73，其中PM2.5是温州市的首要污染物。

2015 年温州市霾天气日数情况

表36

	温州市区	乐清市	瑞安市	永嘉县	洞头县	文成县	平阳县	泰顺县	苍南县
霾日数(天)	78	45	69	60	27	33	21	16	38

酸雨 2015 年，温州市 9 个区域 pH 值均值为 4.58 ～ 5.78，酸雨率范围为 14.1% ～ 97.8%，平均为 67.8%，低于上年。温州市区、乐清市、瑞安市、永嘉县、洞头县、苍南县属中酸雨区，平阳县、文成县为轻酸雨区，泰顺县属非酸雨区。与上年相比，除瑞安市、文成县外，其余县（市、区）降水 pH 均值有所上升。

霾 2015 年，温州全市平均霾日数为 43 天，比上年减少 20 天（31%）。温州市区、瑞安市和永嘉县是霾的多发地，1 月份是霾的多发期。全市以轻微霾影响为主，占 82.9%；轻度、中度霾分别占 14.5% 和 2.6%；无重度及重度以上霾影响。温州市区总霾日数在全省地级市中列第六位。

城市区域环境噪声 2015 年，温州市区区域环境噪声平均值为 54.8 分贝，比上年上升 0.3 分贝；市区区域噪声主要声源为生活噪声，占所有声源比例的 33.5%；其次为交通噪声，占所有声源比例的 33.1%。各县（市）区域噪声主要声源以生活噪声为主，温州市区及各县（市）平均等效声级属二级。与上年相比，温州市区、永嘉县城和泰顺县城平均等效声级比上年有所上升，其余县城略有下降。

道路交通噪声 2015 年，温州城市道路交通噪声平均为 67.4 分贝，比上年下降 0.1 分贝。温州市区、乐清市区、永嘉县城、平阳县城、苍南县城、文成县城、泰顺县城昼间道路交通噪声为一级（好）；瑞安市区、洞头县城为二级（较好）。与上年相比，温州市区、瑞安市区、乐清市区、永嘉县城、平阳县城、文成县城、泰顺县城交通噪声有所下降，洞头县城、苍南县城有所上升，其中洞头县城上升幅度较大，为 1.3 分贝。

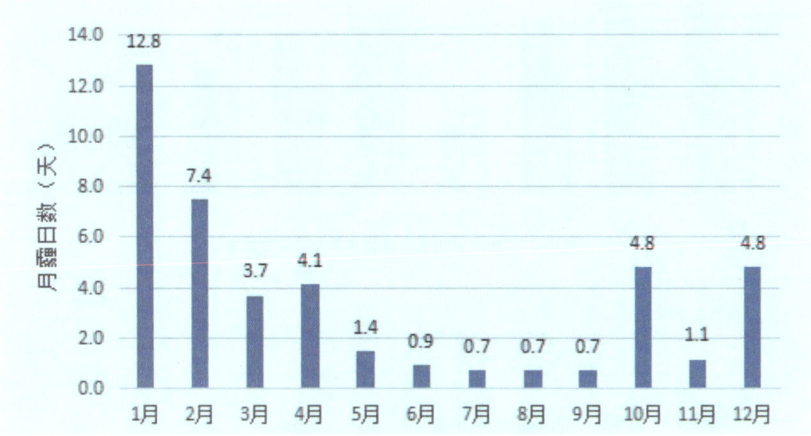

图16 2015年温州市平均霾日数月值变化

2015 年温州市城市区域环境噪声统计评价

表37

城市名称	昼间平均等效声级（分贝）	评价等级	评价结果
温州市区	54.8	二级	较好
乐清市区	53.8	二级	较好
瑞安市区	54.6	二级	较好
永嘉县城	53.5	二级	较好
洞头县城	52.3	二级	较好
文成县城	54.2	二级	较好
平阳县城	53.4	二级	较好
泰顺县城	54.7	二级	较好
苍南县城	54.7	二级	较好

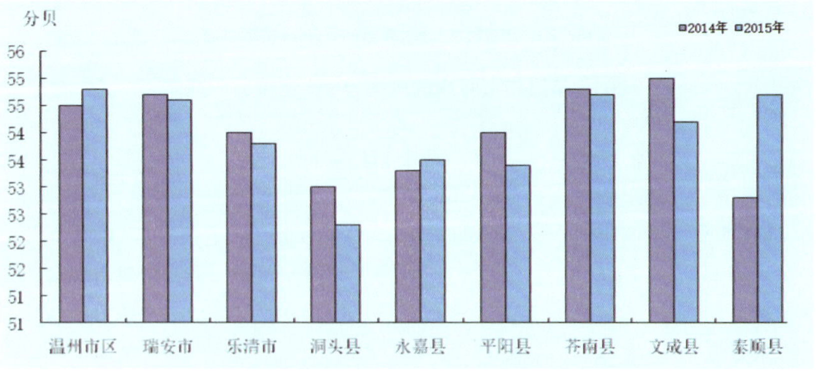

图17 2015年温州市城市区域环境噪声比较

功能区噪声 2015 年，温州市区有标准适用区噪声监测点 15 个，其中 1、2、3、4 类标准适用区分别有 3 个、5 个、4 个、3 个监测点。监测结果 2、3 类区的昼、夜噪声和 1、4 类区的昼间噪声达到国家标准；1、4 类区夜间噪声超标。与上年相比，1、2、3、4 类区的昼间和夜间噪声均有所下降。

陆地电离辐射 2015 年，温州市 9 个环境监测点瞬时 γ 辐射剂量率年平均值为 71.4nGy/h，与 1983 年～ 1990 年全国环境调查时的瞬时环境 γ 辐射剂量率处于同一水平。累积剂量环境 γ 辐射剂量率测值范围为 101 ～ 126nGy/h，年平均值为 114nGy/h，与历年监测结果处于同一水平。

水体电离辐射 2015 年，温州市南麂列岛海域全年大气 γ 辐射剂量率处于本底范围内，海洋放射性未见异常。飞云江第三农业站和鳌江方岩渡水体的总 α、总 β、铀、钍、镭 -226、钾 -40、锶 -90、铯 -137 和氚活度浓度与历年监测结果相比无明显变化，均为环境正常水平。飞云江第三农业站断面由于靠近海域受海水倒灌的影响，钾 -40 活度浓度较高。温州市饮用水源赵山渡、泽雅和苍南桥墩水库水体的总 α、总 β、氚活度浓度与历年监测结果相比无明显变化，均为环境正常水平，其中总 α 和总 β 活度浓度均低于《生活饮用水卫生标准》中规定的指导值。

土壤电离辐射 2015 年，温州市区五福源公园土壤的铀 -238、钍 -232、镭 -226、钾 -40、铯 -137、锶 -90 等放射性核素的活度浓度与历年监测结果相比无明显变化，其中天然放射性核素活度浓度与 1983 年～ 1990 年全国天然放射性水平调查时的测量值处于同一水平。

环境电磁辐射 2015 年，温州市电磁辐射环境、电磁辐射设施、变电站以及 110 千伏、220 千伏、500 千伏输变电线路的电磁辐射监测结果与历年相比，电磁辐射设施周围环境电磁辐射水平总体未见明显变化。

放射源与射线装置 2015 年，温州市有持证在用的放射源使用单位 48 家，在用放射源 129 枚，主要集中在医疗、科研、铜带钢带、塑料薄膜等部门与行业；射线装置使用单位 412 家，射线装置 896 台，主要集中在工业探伤、医疗等领域。全年新核发辐射安全许可证 41 个，涉源单位和射线装置使用单位持证率均为 100%；收贮放射源 29 枚，收储率 100%。

2015 年温州市城市道路交通噪声统计评价

表38

城市名称	昼间平均等效声级（分贝）	评价等级	评价结果
温州市区	67.4	一级	好
乐清市区	66.6	一级	好
瑞安市区	68.6	二级	较好
永嘉县城	64.3	一级	好
洞头县城	68.2	二级	较好
文成县城	63.9	一级	好
平阳县城	66.6	一级	好
泰顺县城	64.6	一级	好
苍南县城	65.5	一级	好

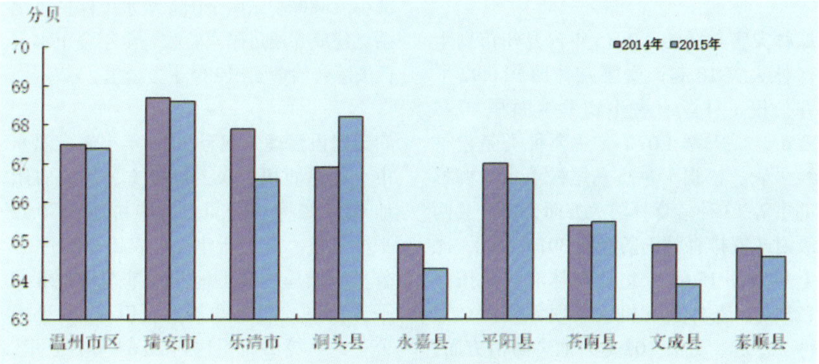

图18 2015年城市道路交通噪声比较

生态环境保护

自然保护区 温州市有 4 个自然保护区，总面积 412.66 平方公里，分别是泰顺乌岩岭国家级自然保护区，平阳南麂列岛国家级海洋自然保护区，以及泰顺氡泉和瑞安大洋坑等省级自然保护区。2015 年，在乌岩岭保护区内，发现瘤崇安草蜥和唇卷瓣兰等极度珍惜的动植物资源。

湿地生态系统 温州市市域范围湿地可划分近海及海岸湿地、河流湿地、沼泽和沼泽化草甸湿地、库塘湿地和平原河网等五类 16 型。截至 2015 年年末，温州市有面积 8 公顷以上的各类湿地面积 4272.75 平方公里，其中天然湿地面积 2397.60 平方公里，人工湿地面积 1875.15 平方公里。全市湿地低等植物种类有 10 门 556 种；高等植物 839 种，隶属 453 属 159 科；湿地鸟类 147 种，隶属 11 目 28 科；两栖类动物有 33 种，分别隶属有尾目和无尾目；湿地爬行动物 35 种，隶属 2 目 9 科；哺乳动物 32 种，隶属 5 目 12 科。年内，温州市完成湿地红线划定工作，全市 11 个县（市、区）湿地规划编制完成并实施，在苍南县藻溪镇盛陶村建设野生动物救护和消毒防疫隔离场。

海洋生态系统 2015 年，温州市共鉴定出海洋生物 425 种，其中浮游植物 144 种，以沿岸广温广盐种为主；浮游动物 139 种，以沿岸暖水性广盐种为主；底栖生物 142 种，以沿岸广温低盐种和广温广盐种为主。海洋保护方面，全市投入生态补偿金 571 万元，主要用于各类海洋生物的增殖放流、红树林种植以及海藻场建设等，共放流各类苗种 1.8 亿单位，种植红树林 35 公顷。

海洋保护区建设和管理 2015 年，温州市建设和管理海洋保护区共投入资金 3700 万元。建成南麂列岛雷达视频监控系统，完成大沙岙沙滩整治修复，完成野生水仙花花期观测、潮间带贝藻类调查。完成洞头国家级海洋公园总体规划报批、竹屿岛八大工程空间布局方案。开展洞头南北爿山特别保护区环境专项整治，完成鸟类观测平台建设。编制完成苍南七星列岛保护区总体规划、沿浦湾红树林海洋公园建设方案。完成龙湾海洋公园潮间带生物多样性调查，启动总体规划编制。完成铜盘岛保护区 16 个海岛及周边海域生态环境调查，实施岛屿、海岸美化工程。

森林生态系统 温州市地处东南沿海，属中亚热带南部亚地带，具有复杂多变的地形和多种多样的小微域气候环境。

2015年，全市林业用地面积7777平方公里，占全市土地总面积的67.30%；有林地面积6771平方公里，林木蓄积量2298多万立方米，森林覆盖率60.03%。全市有乔灌木树种1016种，隶属112科378属，其中裸子植物44种9科23属；被子植物972种103科355属。陆生野生脊椎动物361种，隶属于30目83科，其中两栖类29种，分隶于2目8科；爬行类51种，分隶于2目8科；鸟类242种分隶于18目49科；兽类39种，分隶于8目18科。有国家重点保护野生动物41种，其中一级保护动物4种，二级保护动物37种。

森林灾害与防治 2015年，温州市发生森林火灾18起，受害森林面积0.92平方公里；林业有害生物发生面积40.45万亩，成灾率1.07‰，主要种类是松材线虫病、松褐天牛、马尾松毛虫、柳杉毛虫等13种。森林防火方面，市、县两级财政安排森林消防经费3015万元，比上年增加15.6%，组建森林消防队伍共125支，森林公安机关受理各类涉林案件207起，查处203起。病害防治方面，全年完成松枯死木除治面积36万多亩，清理松枯死木23.38万株。全市有害生物测报准确率、无公害防治率、种苗产地检疫率分别为90.67%、100%、100%，成灾率控制在1.07‰。

地质灾害 2015年，温州市共发生地质灾害灾情170次，险情64次，其中滑坡200次、崩塌14次、泥石流20次，主要发生在平阳县、文成县和泰顺县。温瑞平原地面沉降出现在20世纪90年代末期，主要发生于龙湾区永强、鹿城区上戍、乐清市天成、瑞安市汀田、平阳县郑楼、鳌江及苍南县龙港等地，以龙湾区永强地面沉降最为严重。至2015年，永强平原地面沉降中心累计沉降量超300毫米。

矿山开发利用和管理 2015年，温州市统计在用的矿山共106个，其中固体矿产矿山95个，地热矿泉矿山11个，矿山总数比上年减少13.1%。矿业从业人员3732人，矿石采掘量6017.4万吨。乐清县、瑞安市、洞头县、平阳县的矿产开发强度较大，其次为苍南县和龙湾区，文成、瓯海、泰顺、永嘉和鹿城等地较小。全市矿山开发利用以普通建筑用石、砂为主，其他开发利用的矿产13种，包括非金属矿产11种，水气矿产1种，能源矿产1种。继续实施绿色矿山建设，推进矿山粉尘治理，全市25家矿山粉尘达标，9家通过绿色矿山验收。"十二五"期间全市累计创建绿色矿山34家，其中5家获评"省级绿色矿山"。

水土保持 2015年，温州市贯彻实施新水保法及省水保条例，开展市级及各县水土保持规划编制，文成、永嘉、瑞安、苍南等地通过全国水土保持监督管理能力建设县验收，温州市水土保持监测分站成立，永嘉县石柱水土保持监测站和苍南县昌禅溪小流域控制站两个国家级水土保持监测站点建成并通过国家验收，全年全市水土流失综合治理面积139平方公里。

农田建设管理 截至2015年年末，温州市土地总面积12082.64平方公里，农用地9772.42平方公里，其中耕地2430.22平方公里。全年新建标准农田9.28平方公里，低丘缓坡土地开发垦造耕地8.48平方公里，高标准基本农田65.26平方公里，一等田面积达到20.67平方公里，提升率84.55%。

污染防治

主要污染物减排 2015年，温州市印发《大气污染防治实施方案执行情况考核办法（试行）》，明确PM2.5年均浓度不降反升的地方实施"一票否决"。全市化学需氧量、氨氮、二氧化硫和氮氧化物排放总量分别比上年下降4.95%、4.10%、5.22%和11.57%，分别比2010年累计下降15.95%、17.23%、21.21%和26.99%，以上4项主要污染物指标均完成年度减排任务及"十二五"减排目标。

重污染行业整治 2015年，温州市编制完成"十三五"工业污染防治规划，印发《温州市印染造纸制革化工企业环境保护长效管理办法》，年内完成化工行业和印染行业整治的核查验收工作。全市电镀、印染、造纸、制革、化工、合成革六大行业共1151家企业的治理整顿基本完成，淘汰关停508家，搬迁入园380家，原地整治提升211家，停产待搬迁入园52家。建成投用环保重点行业园区14个，其中电镀12个，制革1个，造纸集聚区1个；3个印染园区加快建设，涉及印染企业52家；在合成革、拉链上色、金属蚀刻、卤制品等行业开展环保整治，涉及企业196家。

工业污染防治 2015年，温州市新增淘汰炼钢9.6万吨、造纸13.45万吨、印染750万米、电镀92.04万升、医化45850吨，完成国家、省级年度淘汰落后产能计划任务。全市200多家企业清洁生产通过审核，浙能温州、特鲁莱、浙能乐清、华润电力等电力公司各1台机组完成清洁化改造，全市10蒸吨/小时以上燃煤锅（窑）炉全部达到新标准。完成746家企业的VOCs污染源排放基础调查工作，完成化工、涂装、包装和印刷等行业VOCs治理以及泄露检测与修复（LDAR）年度任务。

农业面源污染防治 2015年，温州市开展畜牧业整治，全市年存栏50头以上规模养殖场1630个，关停1139个，治理491个；市区和乐清、瑞安、平阳、文成、苍南等地建成6个区域性死亡动物无害化处理厂。全市推进测土配方施肥、秸秆还田、绿肥轮作和水肥一体化技术，落实有机肥补贴政策，化肥减量2656吨；扩大高效环保农药应用，农药减量244吨。

农村污水治理 2015年，温州市农村生活污水治理资金投入20.6亿元，编印发放《全市农村生活污水治理作业指导书》3万册、挂图3000册，建成农村生活污水处理设施1596个，完成省下达治理村任务。全市因地制宜，科学选择污水处理模式（包括污水处理厂处理、村自建终端和农户分散式处理三种），治理村农户受益率80%以上。治水以来，全市累计建成农村生活污水处理设施2519个。

扬尘控制 2015年，温州市建筑工地扬尘污染防治面积900万余平方米，市区270个工地安装远程视频监控系统。全市1310辆建筑垃圾运输车安装GPS定位系统，建立建筑垃圾动态数据库。市区城市道路机械化清扫率58%以上，各县（市）城市道路机扫率45%。

建设项目环境管理 2015年，温州市实施环评审批改革，制定实施《温州市建设项目环境影响评价分类管理办法（试行）》《温州市建设项目环境影响评价分类管理名录（试行）》《温州市建设项目

苍南县灵溪萧江塘河清淤作业　　刘成林／摄

环境影响评价公众参与实施办法（试行）》。全市审批建设项目2334个，其中工业项目1147个，生态项目54个；按项目等级分类，报告书236个，报告表1594个，登记表504个，同时验收1057个项目。

机动车船排气污染整治　2015年，温州市淘汰黄标车37626辆，已建成机动车环保检验机构18家，检测线104条，其中简易瞬态工况法97条。全市机动车环保检测总次数708377次，累计环保标志发放率90%以上。全市已实现国Ⅴ标准汽、柴油全面供应。市区新增节能清洁能源公交车138辆，占新增车辆总数的67%。

交通噪声治理　2015年，温州市实施交通禁鸣区管理，交警部门将市区机动车禁鸣区域从主城区扩展至黄龙住宅区、龙湾永中片区、茶山高教园区等区域，市区共查处机动车违法鸣喇叭行为2717起。全面拆除减速带，同时采取震荡标线设置，减少噪声来源。继续推进降噪路面和绿化防护带降噪工程建设。

城市生活垃圾处置　2015年，温州市共处置生活垃圾108.91万吨，无害化处理率100%。市区有垃圾处理厂4座，设计日处理能力合计2785吨；永兴综合垃圾填埋场占地105亩，用于应急处置固废飞灰和垃圾填埋；废弃食用油脂处置厂1座，日处理能力100吨／日；公共厕所1361座，生活垃圾转运站79座，环卫作业车辆468辆。

工业固体废物处置　2015年，温州市工业固体废物产生量275.09万吨，综合利用量269.48万吨，处置量4.85万吨，贮存量为0.77万吨，综合利用率98%。工业固体废物产生量前三位是粉煤灰、炉渣、脱硫石膏。

医疗和工业危险废物处置　2015年，温州市医疗废物产生量5080吨，处置量5080吨，无害化集中处置率100%。全市工业危险废物产生量18.73万吨，利用处置量16.2万吨，贮存量2.53万吨。工业危险废物产生量前三位是表面处理废物、垃圾焚烧飞灰、有色金属冶炼废物。

危险废物管理　2015年，温州市编制完成《温州“十三五”固体废物污染专项规划》，建成危险废物和污泥全过程监控信息化平台，新增50家企业接入联网监控平台，采用视频监控、数据扫描、车载GPS和电子锁等手段，实时监控危险废物从产生到处置的各个环节。

温州市综合材料生态处置中心　2015年建成并投入试生产，该中心占地面积137.23亩，总投资5亿元，总处置规模29950吨／年，其中工业危险废物焚烧线10000吨／年，医疗废物焚烧线4950吨／年，物化车间处理能力5000吨／年。配套建有危险废物填埋场和固化稳定化车间各1座，填埋场库容为22万立方米，固化稳定化处理能力10000吨／年。处置种类为工业危险废物和医疗废物，涵盖危险废物名录共34类。

环保能源建设　2015年，温州市累计建成城市门站以上省级天然气管网干线195公里，乐清正泰150兆瓦农光互补光伏发电项目开工，平阳西湾风电场已建成等待投运。市区高污染燃料禁燃区由133.9平方公里扩大到509.35平方公里。全年淘汰改造高污染燃料锅（窑）炉1500台，8个工业园区实现集中供热，有5个大型集中供热项目推进。

（潘晓忠）

生态园建设

概况　温州生态园位于温州市区东南部，园区包括三垟湿地和大罗山风景区，总占地面积约125平方公里，东部与龙湾区相连，南部同瑞安市接壤，西部是高教园区和瓯海区，北部余脉直抵瓯江。生态园区由四景一水网构成，分别是：仙岩景区、瑶溪景区、天柱寺景区、茶山景区和三垟湿地水网，集山、水、田、滨海于一体，成为温州城市天然“绿肺”，是温州东南的绿色生态屏障，对温州市区的大气污染、水污染、噪声污染及小气候环境起到良好的调节改善作用。2002年8月，温州市第九届人大常委会通过生态园建设决定，将生态园建设成为城市生态调节中心、生态教育中心、休闲度假中心，成为大都市的内花园。

生态园规划修编　2015年，温州市生态园管委会对生态园总体规划进行修编调整，通过省级部门审查并上报省政府批准。做好三郎桥、黄屿片控规调整，优化湿地旧村搬迁安置区域的公建配套设施，《黄屿单元（0577-WZ-HX-22）控制性详细规划》于12月10日获得市政府批复；《状蒲片区三郎桥单元（0577-WZ-ZP-05）A-12等地块控规修改》上报市政府审批。三垟湿地公园概念性规划设计通过评审。

生态园投融资成效　2015年，温州市生态园管委会编制完成《温州生态园资金平衡测算报告》，细化五年建设资金安排管理。通过项目包装梳理，利用招商引资、PPP项目合作、棚户区改造贷款等做好多层次融资。温州生态园三郎桥A15、A16地块安置房项目，获得温州市首例“国开行棚户区改造”优惠贷款11.6亿元。黄屿世贸商业广场，占地面积53亩，建筑面积15.2万平方米，总投资14亿元，是温商回归重点项目。2015年，吸引温商投资3.83亿元，完成年度计划120%。

生态园环境整治 2015年，温州市生态园开展河道综合治理、重点污染防控和生态项目修复。完成生态驳坎10.6公里，黑臭河整治2.1公里，河道清淤疏浚3公里，外污染拦截监管25处，湿地水域统一保洁3.45平方公里。黄屿片区完成拉丝基地、电镀基地的企业搬迁签约，工业用地592亩“退二进三”全部完成，温州市生态园城市化面貌有较大改观。

生态园文化研究 2015年，温州市生态园管委会以打造成为瓯越文化和生态文化展示厅为目标，大量收集、挖掘、调研生态园人文历史资料。现场走访瓯窑遗址等文化点以及拜访温州知名文化人孙金辉、马亦钊等人，收集重要文化资料《江山胜览图卷》以及其他生态园乡土民间故事和传说10余篇。编辑刊印《文化生态园》简刊，组织开展大罗山“绿”文化节等相关活动，结合湿地公园建设，探索文化创意产业培育发展工作，推动生态园传统文化的保护和传承。

三垟湿地公园建设 2015年，温州市三垟湿地公园建设投资8.5亿元。南仙B地块安置房工程、黄屿大道、南仙路景观、福滋垟公园、西出入口绿化工程等5项工程竣工验收；东岸垟公园Ⅱ标段工程、小水潭生态体验基地等2项工程预验收；三郎桥A23/26地块等8项工程进场施工；北出入口、马屿垟、三郎桥一期安置房、黄屿东5#、东7#地块等11项工程建设推进中；三郎桥A15/A16地块等33个项目开展前期工作；全年安置房竣工20万平方米，结顶72万平方米。拆迁安置方面，至年末，沙河村签订协议418户，签约率92.68%；丹东村签订协议590户，签约率98.5%；三郎桥片宅西南岸签订协议71户，签约率44.9%，完成房屋腾空68户，腾空率43%。

大罗山保护与开发 2015年，温州市生态园管委会加强大罗山保护管理，继续开展“三改一拆”，设置15处卡口全面管控、网格化巡查管理，全年未发现新的违法建筑。发展休闲旅游，仙岩、瑶溪AAA级和天柱AA级景区通过复核验收，创建大罗山盘云谷旅游社区、派岩市级农业观光园、青灯山舍等5家特色旅游客栈。加快智慧旅游景区建设，仙岩梅雨潭景区实现WiFi全覆盖。开展大罗山旅游发展规划策划编制，扶持民宿发展，做好大罗山旅游文章。

高教园区环境维护 2015年，温州市生态园完善高教园区公共配套建设，完成高教园区监控设施升级、学子广场形象提升、市政道路路面维护、大学城35万平方米绿地养护等项目。园区全面开展环境整治，加大卫生保洁力度，加强社会秩序管理，打击“黑车”非法运营，加强燃油动力车管理，提升高教园区区域形象。

（吴显黔）

环保管理

环境监管与执法 2015年，温州市推进1459家重点工业企业污染物排放稳定达标及环保手续规范化建设，持续开展“绿箭”系列、“督查+执法”等专项执法行动，推进环保行政执法与刑事司法衔接。全市共查处环境违法案件1742件，处罚款6106.8万元，其中按日计罚2件，查封扣押122件，限产停产48件，移送公安机关210件（行政拘留30人，刑事拘留278人），取缔非法污染窝点1977个。全市排污申报审核户数5356户，排污费征收户数4812户，征收入库金额13863万元。其中废气类排污费1.01亿元，噪声超标排污费2716万元，废水类排污费1008万元。

环境污染事故处置 2015年，温州市未发生较大以上突发环境事件，发生一般突发环境事件3起，属交通事故和安全生产事故引发的突发环境事件。分别是：9月24日，鹿城区渔藤公路含DMF废水槽罐车交通事故次生环境事件；10月11日，苍南县光大化工有限公司火灾事故次生环境事件；11月20日，鹿城区小旦村盐酸槽罐车交通事故次生环境事件。

环境监测 2015年，温州市各级环境监测站按照省环保厅下发的环境监测工作要点，完成全市水、气、声、辐射等环境质量要素的监测，完成国控、省控重点污染源、污水处理厂、重金属重点防控企业监督性监测，完成“两区”和农村环境质量监测。全年获得235219个监测数据，其中环境质量水质监测数据84805个，环境空气质量（包括酸雨）监测数据37981个，环境噪声质量监测数据19100个，污染源监督性监测数据92400个，完成建设项目“三同时”和“限期治理”验收监测480家。

环保科研 2015年，温州市“温瑞塘河鹿城段水质强化净化技术与水生态修复技术集成与工程示范”等14项水体污染控制与治理科技创新项目以及28项环保领域的科研项目获温州市科技局立项，经费总额676万元；“温州市河道生态建设技术与评价研究报告”等14项市级循环经济和节能减排科技计划项目通过验收。浙南水科学研究院被批准为浙江省流域水环境与健康风险研究重点实验室。温州市与美国加州大学戴维斯分校联合建设的“水环境科学与健康中国中心”、中国科学院地理科学与资源研究所联合建设的“城市水问题与河流健康研究中心”签约挂牌。

环保宣传 2015年，温州市环保局组织新闻媒体就《2014年温州市环境状况公报》、全市十大典型环境违法犯罪案例、“绿箭3号”环保执法行动举办3场新闻发布（通报）会。在《中国环境报》刊发新闻报道32篇，《浙江日报》报道21篇，在《温州日报》等各大市级媒体共刊发日常报道618篇；“温州环保”政务微博全年发布信息1300余条；“温州环保”微信公众平台全年推送图文360余期。温州市环境信息公开工作在全国120个城市污染源监管信息公开指数（PITI指数）评价位列第一名。

生态温州建设 2015年，温州市按照“生态创建全覆盖”工作目标，继续推进生态创建。全市累计创建省级生态县6个，占比54.5%；省级生态乡镇（街道）109个，占比83.85%；市级生态村2978个，占比55.17%，超额完成“十二五”规划目标。文成县通过国家级生态县验收，鹿城区、瓯海区通过省级生态区验收。

（潘晓忠）

（林剑琴　编辑）

经济管理

经济社会建设投资

固定资产投资 2015年，温州市固定资产投资3456.4亿元，同比增长13.2%，总量和增速均保持全省第三，其中第一产业投资108.7亿元，同比增长28.4%；第二产业投资905.2亿元，同比增长19.1%，其中工业投资886.8亿元，同比增长18.1 %，增速居全省第二；第三产业投资2442.5亿元，同比增长10.6%。

基础设施投资 2015年，温州市固定资产投资中，基础设施投资1063.8亿元，同比增长15.4%，其中水利、环境和公共设施管理投资422.1亿元，同比增长11.7%；电力、燃气及水生产供应投资128.7亿元，同比下降0.4%；交通运输、仓储和邮政投资382.9亿元，同比增长36.4%；电信和其他信息传输投资25.8亿元，同比增长2.2%；教育设施投资49.1亿元，同比下降1.1%；广播、电视、电影和音像业设施投资1.2亿元，同比增长549.0%；文化艺术业、体育设施和卫生设施分别投资24.5亿元、5.7亿元、23.8亿元，同比分别下降0.6%、30.5%和9.6%。

房地产投资 2015年，温州市房地产投资766.3亿元，同比下降5.3%，其中住宅建设投资518.5亿元，同比下降6%。全年房屋施工面积4650.8万平方米，同比下降0.5%;房屋竣工面积597.7万平方米，同比增长10.7%；商品房销售面积525.6万平方米，同比增长25.1%，其中住宅销售面积457万平方米，同比增长19.2%。

（王少天）

国有资产管理

概况 2015年，温州市国有资产管理委员会（简称温州市国资委）系统围绕《关于进一步深化国有企业改革的意见》，增强国资规模与运营能力，完善投融资体制，推进国资国企分类改革，提升国资监管能力，推动市政府重点工程项目建设。截至2015年年末，温州市14家市属国资公司资产总额为1877.65亿元，同比增长9.12%；负债总额1130.57亿元，同比增长10.73%；所有者权益747.08亿元，同比增长6.78%。14家市属国资公司平均资产134.12亿元，资产超百亿元企业7家；累计实现营业收入192.06亿元，实现盈利企业11家，利润总额7.18亿元。

国有企业招商引资 2015年，温州市国资委优化市属国有企业招商引资项目库，组织市属国有企业参加国内外大型经贸活动10余次，赴广东、重庆等地开展招商引资对接推介活动。全年确定招商引资重点项目65个，项目总投资616.06亿元，到位资金93.94亿元。

国有企业投融资工作 2015年，温州市属国有企业投资任务为258.16亿元，其中承担全市重点建设项目48个，投资任务为55.90亿元。全年累计投资235.78亿元，完成率91.2%（占市本级政府性投资55%）。市属国有企业全年计划融资总额416.76亿元，比上年实际完成融资总额增长2.85%。全年累计完成融资373.31亿元，完成率90%，其中直接融资98.7亿元，占比26.45%。探索运用PPP融资模式，市公用集团温州市综合材料生态处置中心项目和市铁投集团温州市域铁路S1线一期工程成功入选国家PPP项目库。指导企业启动浙江东日优

温州市鹿城区三十六村新水闸建成　　陈　翔／摄

质资产置换工作。

国有企业管理 2015年，温州市国资委按照资产属性和业务类型，将14家市属国有企业和251家市属国企所属企业划分为功能类、公共服务类和竞争类企业，明确企业改革方向，实现差异化管理。完成二、三级企业设立和调整的程序和机制改革，在严格压缩现有国资集团管理层次与幅度的基础上，允许国有企业在主业和发展规划范围内新设必要的二级、三级企业。全年，温州国资委完成14家市属国有企业和193家市属国企二、三级企业的主业确定工作，引导企业关注与重视主业经营和发展，提升企业主业的竞争能力和可持续经营发展能力。

国有资产监管 2015年，温州市国资委制定《温州市属国有企业资金存放管理暂行办法》，明确企业资金存放须在事前明确规则、事中集体决策、事后定期公示等要求。完善市属国企董事会、监事会管理办法，分类改进董事会结构。修订市属国企财务监督、融资管理、财务风险防范等制度，开展流动性风险评估工作。

国有企业用工管理优化 2015年，温州市国资委修订企业人员编制和劳动用工管理制度。集团本级实行编制总额及实名制管理；功能类、公共服务类企业二级及以下企业实行编制总额和备案管理；竞争类企业二级及以下企业用工管理以市场配置为主，编制总额结合薪酬倒逼、成本控制等机制确定和实行备案管理。

（胡芳芳）

公共资源交易管理

概况 2015年，温州市本级公共资源交易平台完成项目4449宗，交易总额316.5亿元。其中建设项目交易527宗，交易额117.2亿元，节约率9.7%；政府采购3766宗，成交额9.7亿元，节约率13.2%；土地交易90宗，合计2247亩，交易额188亿元，溢价23.59亿元；国有产权交易66宗，交易额1.6亿元，溢价0.38亿元。

公共资源交易服务 2015年，温州市公共资源交易中心简化招投标流程，提前对接省市重点项目及特殊项目，开通快捷绿色通道，办理临时交易证。加强对中小企业和节能环保项目扶持力度，推进药品采购进场，提高政府采购综合效益。编制PPP项目进场采购业务须知，为项目进场规范采购提供服务保障。注重土地出让项目的提前介入，建立潜在投资人信息库，拓宽土地推介渠道，加大推介力度，强化出让文件的规范化标准化建设，确保地块成功出让。

交易平台管理 2015年，温州市公共资源交易中心通过高清视频、音频对进入开评标区的人员进行双向监管，实现重点区域严格把控，防范监管盲点。建立“三位一体”考评机制，对违规的中介代理机构暂停场内服务资格或清退，全年处理19家。联合市住建委对评标专家实行电子考核，共考核专家48名。推行招标采购结果公开，依规对政府采购相关信息进行公示。推行交易主体信用信息的合理运用，对所有建设工程交易项目实行行贿犯罪记录查询，与市中院建立失信被执行人招投标信用互通及联合惩戒机制，对列入市诚信平台“黑名单”的企业实行市场禁入，运用失信惩戒倒逼企业诚实守信。

网上交易平台建设 2015年，温州市完善政府采购“网上商城”，3825种商品由采购人在线采购。对工程建设项目采取网上公告、报名、发布中标公示全流程操作，实现招投标信息全公开、投标行为全绑定、操作记录全留痕。继续推进远程异地评标，完成55个项目，省内合作区域覆盖6个城市，省域外与秦皇岛市等地建立合作关系，整合评标专家资源。建成产权网上交易系统，矿业权全部实现网上交易。

（鲍洪浩）

财　政

概况 2015年，温州市财政收入677.92亿元，同比增长6.5%，其中一般公共预算收入403.07亿元，同比增长7%，占财政收入59%；市本级财政收入149.82亿元，同比增长4.9%，其中一般公共预算收入94.96亿元，同比增长7%。全市一般公共预算支出569.43亿元，同比增长9.7%；市本级一般公共预算支出86.67亿元，同比增长5.5%。全年财政运行状况良好，全市及市本级财政收支平衡。

财政收入 2015年，温州市一般公共预算收入中，税收收入349.56亿元，同比增长7%，占一般公共预算收入比重为86.7%，下降6个百分点。非税收入53.51亿元，同比增长7.1%；政府性基金收入388.1亿元，同比下降14.1%，其中国有土地使用权出让收入315.69亿元，同比下降16.5%。加强工贸业重点税源、新办企业发展及市区三年土地出让的税收分析，做好温商回归税收统计。开展“规范政府非税收入管理年”活动；实行“清单化”管理，即“非税收入清单”“涉企收费清单”“减免缓清单”“征收标准清单”“财政票据清单”；完善政府非税收入数字化建设，推进非税收入收缴电子化改革，建立市级财政票据票号数据库。

财政支持经济转型升级 2015年，浙江温州转型升级产业基金设立，首期到位8亿元，带动县（市、区）政府产业基金规模超50亿元；对企业在技术改造中采购工业机器人、智能化制造系统和工厂物联网等设备，给予购置款5%～20%的奖励；安排财政性资金8000万元，做好“机器换人”，累计受益企业单位200个。支持民航和港口物流等城市大公共平台发展，安排市现代港口物流发展资金3520万元，对在温州港进行集装箱运输的船公司、代理公司、集装箱运输卡车和大宗散货企业等进行财政补贴；对市区797家小微企业发放1100万元服务补贴券，支持成长型企业发展；安排市产品质量发展专项资金701万元，推进质量强市工作。落实小微企业税收优惠扩围、企事业单位改制重组契税优惠、差别化城镇土地使用税以及失业保险费率下调等优惠政策，开展优惠政策落实和专项检查，全年落实各项税费优惠54.1亿元。

财政保障重点民生 2015年，温州市财政投入资金1085万元，整合现有医保系统监管功能。拨付公立医院改革市级专项资金2200万元，用于市级5家综合医院实施药品零差价后奖补；拨付资金4872万元，落实提升城乡医疗水平、补助贫困残疾人、优化养老服务，以及为10万余名妇女实施“两癌”免费筛查等项目。安排财政补贴资金2.1亿元，支持城市公共交通发展；出台《温州市储备粮油财政补贴资金管理办法》，安排市级储备粮油补贴7043万元，加强地方储备粮食经费管理；拨付3500万元，补贴温州矾矿企业亏损，做好国企重组改革工作；拨付400万元，补助市属改制企业精简退职人员。

财政支持教育事业 2015年，温州市财政安排教育支出147.88亿元，同比增长6.8%。探索发展混合所有制办学（PPP模式和BOT模式）和现代学徒制试点，建立以就业为导向的现代职业教育体系；制订温州肯恩大学经费保障机制，鼓励温州肯恩大学特色办学。

财政支持文化体育产业 2015年，温州市举办首届亚洲微电影节，推出《温州两家人》电视剧；投入680万元打造15分钟都市文化圈；开办城市书房10个；举办国际时尚文化创意产业博览会，投入863万元；下达体育产业市级专项资金350万元，扶持重大体育产业提升和重大体育产业项目建设；安排专项资金921万元，举办国际马拉松赛；安排专项资金400万元，举办中华龙舟大赛（温州站）。

财政保障重点项目建设 2015年，温州市财政安排专项资金5.84亿元，带动全市“五水共治”水利建设投入306.3亿元，完成年度任务的144.1%。市本级安排资金59.82亿元，重点保障市域铁路、高速公路、国际机场等重大项目及“浙南美丽水乡”“交通治堵”“六城联创”、教育、卫生等民生工程建设。其中，落实资金1.60亿元，支持城市快速公交BRT建设；安排教育费附加支出2.67亿元，促进中小学、职业教育发展；安排市本级城市建设维护费支出计划1.95亿元，确保市政设施建设运行维护资金需求。

财政机制改革 2015年，完善政府预算体系，全口径编制市级收支预算，四本预算支出按其功能分类编列到项，一般公共预算基本支出分经济分类科目编制；及时调整预算管理方式，将地方教育附加等11项原基金收支列入一般公共预算。加强部门预算编制管理，完善部门预算支出标准定额体系和公用经费定额。探索财政资金存放银行择优机制，出台《温州市级预算单位公款竞争性存放管理暂行办法》和《温州市级财政资金竞争性存放实施细则》，建立财政资金存放银行选择的竞争择优机制；举办两期财政资金竞争性存放招标会，中标40亿元，中标资金平均年综合收益率3.2%。深化国库集中支付改革，试行分类分级差异化管理，完善动态监控机制，引入资金支付CA认证制度，市本级各预算单位共开设个人公务卡20494张，累计刷卡消费1.04亿元，同比增长24.3%。建立信息公开机制，推进部门决算公开工作，扩大公开范围，除涉密部门外，市级所有已公开部门预算的部门均已公开本部门决算。

财政监管与治理 2015年，市财政局联合市监察局对市计量技术研究院、市地质环境监测站等十家单位开展“小金库”专项治理检查，涉及金额118万元。开展会计监督检查，对36家国有企业、民营企业和外资企业等节能减排单位开展会计监督检查，涉及金额805万元。加强政府采购监管，卫生系统全年组织6次集中招标采购设备，采购318件医疗设备，预算金额1.35亿元，节约1398万元，节约率10.7%；教育系统组织部门集中采购预算2840万元，节约150万元，节约率5.3%。改善财政法治环境，出台《关于进一步完善财政法制审查机制的通知》，对财政业务处室提请法制审查的时限、所需材料及健全法律顾问参与机制等做出明确要求。加强行政事业单位国有资产管理，开展闲置资产调查，19家单位上报闲置资产300项，账面价值1100万元；加强报废资产集中处置，集中处置三个批次账面价值5057万元报废资产，收缴处置收入67万元。

PPP试点工作 2015年，温州市财政局出台《关于推广运用政府和社会资本合作模式的实施意见》；建立“PPP项目库、PPP专家库、PPP咨询机构库”。与市发改委联合编制《温州市PPP项目推介本（第一批）》，选择10个项目，总投资约462亿元；向省厅推荐4个适宜采用PPP模式的示范项目，其中温州机场项目被列入第二批全国PPP示范项目。

地方税务

概况 2015年，温州市财政收入677.92亿元，同比增长6.5%，其中一般公共预算收入403.07亿元，同比增长7.0%。全市地税部门收入619.01亿元，同比增长12.4%，其中税收收入303.00亿元，同比增长3.9%；非税收入316.01亿元，同比增长22%。社会保险基金收入287.14亿元，同比增长24.5%。

地方税收 2015年，温州市税收收入首次超过300亿元。地税收入占一般公共预算收入的比重为46.7%，同比增长3.9%。建筑业、房地产业与制造业为增收主力，全年建筑业税收同比增长16%，增收5.8亿元；房地产业同比增长6.1%，增收6.2亿元；制造业同比增长6.8%，增收4.2亿元。减收行业主要有交通运输业和信息传输业，分别减收2.10亿元和1.70亿元，减收主要原因是上年同期高基数和“营改增”政策性减收。非税收入库316亿元，增收57亿元，同比增长22%，其中养老保险基金入库208.9亿元，增收52亿元，同比增长33.1%。

支持转型升级 2015年，温州市地税部门开展“四换三名”和“个转企”百日专项行动。会同国税部门筛选4000余户重点税源和成长型企业，制订扶持方案，实施清单式服务。落实小微企业营业税优惠减免政策，对其零申报比例偏高原因进行核查，继续实施“亩产论英雄”土地使用税差别化优惠政策，落实重点群团人员税收优惠政策措施和棚户区改造有关税收优惠政策，合计减免税额8.78亿元。全市中小微工业企业临时性下浮社保费3.66亿元。落实水利基金减免优惠政策，减免金额1.74亿元。

地税法治建设 2015年，温州市地税部门开展税（费）行政规范性文件清理，清理文件110件；对三大类11个督察项目进行全面自查和重点督察，重点督查6个县（市、区）局，发现问题296个，涉及纳税人（户、次）433户次。对征管系统中常见的逾期申报、丢失发票等处罚案卷开展评查，梳理各分局问题并予以反馈要求整改；做好重大税务案件审理工作，受理审核重大税务案件8件。

地税征收管理 2015年，温州市地方税务局制定《温州地方税务局风险管理暂行办法》。利用风险平台对30多个指标进行识别，形成风险企业名单5300户，查补税费7.07亿元。协同市场监管、质监、国税、地税、统计、社保六部门联合推进市场准入“多证合一”模式改革，10月1日起在全市推行。建立国、地税协作联席会议制度，首次实现地方税费国税代征，全市国税部门共代征地方税（费、基金）124716笔，代征税收1.14亿元。

地税纳税服务 2015年，温州市地税部门整合语音热线平台、纳税服务共性平台、移动微信平台、地税网站等服务资源，实现对全市43个办税服务厅实时视频和服务质效监控，根据纳税人需求，制订重点需求解决落实方案。全年接听纳税人咨询来电51756笔，受理网络咨询15874次，各类平台用户11542次。发布《温州市地方税务局关于开展“便民办税春风行动”的通知》，走访创业创新企业188户，开展专项上门辅导356人次，解决问题82个；制订《支持我市重点税源企业和成长型企业发展的工作方案》，通过税银征信互用、优惠政策落实情况检查、“走访”企业解决涉税需求等14项服务措施为全市1449户重点税源企业和2659户成长型企业提供服务。

税务稽查 2015年，温州市地税部门检查企业878户，查补税收2.56亿元，大要案25件。开展全市税收专项检查工作，对14户资本交易企业、158户房地产及建筑安装业、28户非学历教育培训行业、41户高收入者个人所得税及269户自行开展项目实施专项检查。

地税信息化建设 2015年，温州市地税部门完善《税友龙版》系统，增加地税社保实时交易对账情况等20余项功能，增加发票连续三月超定额等9项后续管理事项。委托国税代征地税税费，在全省率先使用一台电脑可同时开具国税、地税税单功能，开具税单2万笔，税费4455万元。核对“亩产税收”3945户重点工业企业基础数据，核实增加土地面积102万平方米，产生市区优秀类、帮扶类工业企业清单。开发“一照一码”软件应用和功能；开发“互联网+财税”软件，建设综合审批管理系统和温州财税运维平台；实施《智慧财税移动平台》二期工程，增加政策法规、企业地理位置采集等7项功能。

（李 侠）

国家税务

概况 2015年，温州市国税部门组织国税收入342.94亿元，增收24.29亿元，同比增长7.62%，其中中央级收入250.22亿元，增收16.82亿元，同比增长7.21%。

2015年温州国税收入增收来源情况

表39 单位：万元

项 目	税收收入	增收额	增长率(%)	对税收增收的贡献率(%)	对不含调库收入增收的贡献率(%)	对增值税增收的贡献率(%)	对不含调库增值税增收的贡献率(%)
计划口径税收收入	3429353	242865	7.62	100			
其中：不含调库收入	2845733	133415	4.92				
不含调库及营改增的收入	2738588	112796	4.30				
1. 国内增值税	2407547	112335	4.89	46.25		100.00	
其中：免抵调	583620	109450	23.08	45.07		97.43	
不含调库增值税	1823927	2885	0.16	1.19	2.16	2.57	
其中：营改增	107145	20619	23.83	8.49	15.45	18.35	714.70
2. 国内消费税	141022	60402	74.92	24.87	45.27		
3. 企业所得税	615409	79115	14.75	32.58	59.30		
4. 车辆购置税	265371	-8983	-3.27	-3.70	-6.73		

2015年温州国税重点税源企业分规模情况

表40 单位：亿元

项 目	户数（户）	不含调库收入			不含调库增值税		
		税额	占全市不含调库收入比重（%）	同比增长（%）	税额	占全市不含调库增值税比重（%）	同比增长（%）
全市收入情况		284.57	100.00	4.92	182.39	100.00	0.16
200万元以上重点税源合计	1843	150.65	52.94	5.88	53.72	29.45	-5.82
其中：3000万元以上	86	80.89	28.42	6.35	29.86	16.37	-5.98
1000万元～3000万元	211	25.63	9.01	6.04	10.57	5.80	23.18
500万元～1000万元	383	20.52	7.21	20.48	4.54	2.49	-9.29
200万元～500万元	1163	23.61	8.30	-5.64	8.75	4.80	-25.17

办理出口退税（含免抵）182.01亿元，增加15.16亿元，同比增长9.09%。全市全口径国税收入355.23亿元，增收22.16亿元，同比增长6.65%，其中海关代征“两税”入库12.29亿元，同比下降14.75%。全市国税部门组织财政收入（不含出口退税）306.98亿元，同比增长9.03%，对全市财政总收入增量的贡献率为61.56%，拉动全市财政总收入增长3.99个百分点，占全市财政总收入的比重为45.28%。

国税服务经济转型 2015年，温州市国税部门开展服务“三转一市”工作，协助完成“个转企”4113户，提供15万余次“小升规”经济数据。全年全市国税系统办理固定资产抵扣12.68亿元，同比增长7.55%。落实暂免征收部分小微企业增值税优惠政策，减免税收19.98亿元，其中小微企业增值税起征点调整免税1.04亿元。落实小微企业减半征收所得税优惠政策，减免税收10.81亿元，其中小微企业所得税减免2.03亿元，高新技术企业所得税减免1.91亿元。全年“营改增”减税5.76亿元，其中试点纳税人直接减轻税负2.46亿元，原增值税一般纳税人因增加抵扣减税3.3亿元。落实增值税转型、固定资产加速折旧、研发费用加计扣除、高新技术企业、软件企业和软件产品等税收优惠政策。

出口退税服务 2015年，温州市国税系统落实《出口退（免）税管理工作规范》，优化出口退税服务，提供绿色办税通道，设立特约服务窗口，专人专窗处理特约涉税事项。建立重点企业联系制度，专人负责对接。下放出口退税审批权限，生产企业的审批权限下放到各县（市、区）国税局，外贸企业审批权限下放到乐清、瑞安、永嘉、苍南4个国税局。开展无纸化管理试点工作，市辖区所有外贸企业试点出口退税无纸化管理工作，全年通过无纸化方式申报的出口退（免）税单证计13955批次。完善出口退税风险防控机制，成立风险管理团队，创新预警监控体系，实行新的《出口退（免）税企业分类管理办法》，全市10742户出口企业纳入分类管理。其中，一类78户，二类4778户，三类5789户，四类97户。联合温州银行、鹿城农商银行、宁波银行温州分行等金融机构推出出口退税账户托管贷款“税融通”业务。

纳税便民 2015年，温州市国税系统落实《全国税务机关纳税服务规范》，开展“便民办税春风行动”。全市精简各类行政审批和行政许可事项，合并整合报表资料和表证单书。加强办税服务厅建设，广泛应用自助办税、网上办税。全面运行纳税服务绩效管理信息系统，修订首问负责制、承诺服务制、限时办结制等，完善“一窗式”管理、“一站式”服务、“一次性”告知、“一条龙”流程等服务措施。“五证合一、一照一码”在全市全面推行。全年在国家税务总局网站、浙江省国税局网站群、浙江财税“12366”热线受理温州地区国税咨询类问题699条，及时回复率100%。联合地税部门开展纳税信用等级评定工作，推动纳税信用社会化应用，与市人行签订《税银框架协议》，与建设温州分行、宁波银行温州分行及温州各农村合作银行等金融机构合作推出“税易贷”等融资项目。

国地税合作 2015年，温州市国税系统落实《国地税合作规范（1.0）版》，与市地税局联合成立国地税合作工作领导小组，制订合作工作联席会议制度。截至2015年年末，国地税部门实现互驻互设窗口大厅5个，共同进驻政务大厅7个，共享涉税信息平均月数据流量约100兆。联合地税部门先后与财政、质监、工商、法院、公安、人民银行、电力等多个部门签订《涉税信息交互与税收协助协议书》。

国税征收管理 2015年，温州市国税系统落实《全国税收征管规范》，完成省国税局两批重点税源风险应对工作，合计查补税款8389.54万元。探索建立中小税源风险管理机制，依托“中小企业税收风险预警与管理系统”，加强中小企业税收风险管理，初步实现税收风险管理全覆盖。增值税发票系统升级版上线，全市73299户纳税人纳入增值税发票系统升级版。车购税自助办税点增至23家。开展企业所得税汇算清缴工作，入库企业所得税9.72亿元。应用“企业所得税综合管理系统”开展后续审核，调整应纳税所得额8.97亿元。

国税依法行政 2015年，温州市国税系统推进行政审批制度改革，按要求停止执行总局已取消的审批项目，规范税收执法行为，执行权力清单制度规定，对系统行政审批目录清单进行3次动态调整，清理49项非行政许可审批事项，并建立取消和下放税务行政审批项目后续管理机制。全市国税系统依职权完善后续管理措施5项，加强日常征管38项。完善税收风险防控机制建设，全面使用基层单位执法风险管理信息系统，对税收执法行为进行监督。开展行业税收专项检查和专项整治，严厉打击发票违法犯罪活动，全年全市国税系统稽查累计查补税款1.58亿元，入库1.49亿元。推进法治税务示范基地建设，永嘉县国税局获评全省国税系统首批法治税务示范基地。

（徐书洁）

工商行政管理

概况 2015年，温州市新增各类市场主体12.4万户，累计市场主体73.5万户，在册企业总数17.7万户，其中内资企业17.6万户，同比增长9.03%，注册资本总额7348亿元，同比增长20.7%；个体工商户54.5万户，同比增长12.43%，资金数额293.5亿元，同比增长19.4%。

工商机构改革 2015年，温州市有8个县（市、区）市场监管局完成机构“三合一”改革，构建基层站（所）122个，核定各类人员编制3655名，配备食品安全协管员4867名。

“个转企” 2015年，温州市“个转企”4504户，数量居全省第一位。其中，新转公司制企业4326户，占“个转企”总量的96.05%；规下转规上企业1369户，占“个转企”总量的30.4%。

商事登记制度改革 2015年，温州市市场监管局出台《温州市放宽企业住所和经营场所登记条件实施细则》，落实“住所申报制”“一照多址”“一址多照”等举措，惠及近7000家企业；推进“五证合一、一照一码”登记改革，审批时限缩短为3个工作日，办理各类登记22987件；推进“先照后证”改革，前置改后置行政审批登记近3万件；推行全程电子化企业登记模式，252家企业完成全程电子化登记申报，受理无区划名称全程电子化登记 70 件；启动企业简易注销登记改革，受理企业简易注销登记 123 件。

小微企业成长 2015 年，温州市新增七大产业小微企业 9180 家，其中新增科技型小微企业 958 家；完成“个转企”4475 家，完成“小升规”308 家，新增股份公司 102 家、上市 82 家，“新三板”、区域股权交易市场挂牌 150 家；整治淘汰不达标、违法生产企业 1807 家；培育 5 件小微企业省著名商标和 16 件小微企业市知名商标。市市场监管局组织小微企业专场培训 283 场，参加培训 17865 人次。

国家级广告园区创建 2015 年，温州市市场监管局加快温州国家广告园区建设，引进广告产业龙头企业 1 家，小微企业 8 家，申请中央财政补助建设广告园区资金 147.5 万元。园区年产值 1.92 亿元，设计成果转化值超 10 亿元。

实体市场与网络市场创建 2015 年，温州市市场监管局加强市场项目建设，促进市场集群、智慧市场升级。全市商品交易市场总数 461 个，成交额 1177 亿元，同比增长 6%；网上交易市场成交额 119 亿元，同比增长 25%。

企业信息公示年报 2015 年，温州市市场监管局加强事中事后监管，企业年报率居全省前列。2014 年度企业、个体工商户、外资企业年报率为 94%、89%、90%。开展企业信用信息公示抽查，列入经营异常名录 9763 家 1.7 万条，移出经营异常名录 591 家 1456 条。

市场秩序监管 2015 年，温州市市场监管局开展“公平交易、维序维权”等系列执法行动，全年查处各类经济违法案件 2795 件。其中大要案件 1212 件，移送司法机关 55 件，罚没金额 3374.55 万元。建立“查无”常态化联合执法机制，排查无证照经营 3.4 万户，累计疏导 3 万户，取缔关闭 7742 户。

广告监管机制建设 2015 年，温州市市场监管局加大广告监管力度，累计监测广告 28.2 万条次，出具广告监测报告 448 份，办结违法广告案件 240 件，罚没款 365 万元。

消费维权 2015 年，温州市市场监管局整合“12315”“12331”热线，建立覆盖全市的咨询、举报、投诉网络。受理消费投诉 1.9 万件，为消费者挽回经济损失 3756 万元，受理咨询 56221 件，处理举报 4240 件，查处率 98.1%，涉案金额 187.5 万元，没收金额 3.97 万元，罚款金额 31.86 万元。

（郑柳影）

物价管理

概况 2015 年，温州市居民消费价格指数（CPI）同比增长 0.7%，涨幅比上年回落 1.1 个百分点，创六年来新低，比全国、全省平均水平（均上涨 1.4%）低 0.7 个百分点，在全省 11 个设区市中排第 10 位。八大类商品和服务价格呈“六涨二跌”走势，其中食品、烟酒类、衣着、家庭设备用品及维修服务、医疗保健和个人用品、娱乐教育文化用品及服务，同比分别上涨 2.4%、3.1%、2.8%、1.5%、1.5%、2.2%；交通与通信、居住分别下降 4.9% 和 1.0%。全年，温州市物价部门完成 270 多种商品和服务的价格监测，采集监测数据 2 万余条。

价格管理 2015 年，温州市物价部门推进水资源费调整、阶梯水价改革、污水处理费标准调整、非居民超计划累进加价及差别化水价改革等价格改革工作。调整温州市危险废物处置价格核定与医疗垃圾处置价格。调研市区水、天然气等公共产品定调价，形成《关于市区水、天然气等公共产品定调价问题的研究报告》。调整全市 500 余个小水电上网电价。贯彻落实《市区公共租赁房管理办法》，启动市区公共租赁房租金标准核定工作以及“安置提速”相关核价工作。

收费管理 2015 年，温州市物价部门对全市 739 个行政事业性收费单位实行网上申报制度，全年行政事业性收费总额 47.35 亿元，比上年增加 5.73 亿元，增长 13.76%。取消收费项目 5 项，暂停征收行政事业性收费项目 7 项，对小微企业免征行政事业性收费项目 42 项，降低收费标准 3 项，延长减缴时限 1 项。清理温州市强制垄断性涉企经营服务性收费。2015 年 6 月 1 日起，除麻醉品和第一类精神药品等少数药品外，其他所有药品价格实行市场调节价。

价格违法行为查处 2015 年，温州市物价部门查处价格违法案件 72 件，实施经济制裁 575.5 万元。其中，退还 70.6 万元，罚没 504.1 万元。重点对医疗收费、教育收费、环保电价、药品市场价格、涉农涉企价费、进出口环节收费进行专项检查，受理投诉举报和咨询 634 件，办结 527 件，办结率 83.12%。

价格成本监审 2015 年，温州市物价部门完成市本级成本监审项目 17 个，审核资金 30.6 亿元，核减 11.69 亿元，核增 1.57 亿元。开展成本调查项目 5 个，审核资金 3.47 亿元。对供水、污水、原水、教育、交通等多个行业进行成本监审。开展 BRT 营运、公开资源交易费成本调查。

（王少天）

审　计

概况 2015 年，温州市审计机关审计项目 278 个，查出违规金额 6.5 亿元、损失浪费金额 0.48 亿元，管理不规范金额 89 亿元；经审计处理应上缴财政 4.5 亿元，应减少财政拨款或补贴 1 亿元，应归还原渠道资金 17.8 亿元，应调账处理金额 4.8 亿元，核减投资额 0.6 亿元。审计发现非金额计量问题 1497 个，移送司法机关、纪检监察机关处理事项 39 件，建议有关部门处理事项 32 件。出具审计报告和专项审计调查报告 287 篇，被批示、采用 8 篇，提出审计建议 919 条，被采纳 823 条。组织实施的台州市土地出让收支和耕地保护情况审计被审计署评为 2015 年度表彰审计项目。市审计局在 2015 年度全省审计机关考核中被评为优秀单位。

政策跟踪审计 2015 年，温州市审计机关结合部门预算执行、经济责任审计等项目实施，开展稳增长等政策落实情况跟踪审计，发现个别税收优惠政策未执行、3634 套城镇保障房待分配、有住房困难户未分到经适房等问题。推动小微企业审批办理 78 户退税 16.57 万元，促进启动市区 1000 余套经适房分配。在发展信息经济扶持政策落实情况专项审计中，发现“机器换人”补助标准不细化、方式单一、受惠不广等四类10项问题，专报信息《审计表明温州市“机器换人”扶持政策有待进一步优化》，助推完善技改资金方案、企业技术改造、网络经济发展、智慧旅游项目建设等工作机制。

财政审计 2015年，温州市审计机关继续加强对营业税、土地增值税征收审查，针对审计发现的土地出让收入、企业税收未及时缴纳等问题，市政府建立市级预算单位分类管理评价等系列制度，征缴土地出让金及税款等7.78亿元，督促各单位上缴或清退违规发放工资、福利134.69万元，追回被违规获取的财政资金303.5万元，收回土地1宗，清理回收以前年度指标1.42亿元。乐清市、平阳县财政决算审计发现部分收入未纳入预算、超范围支出等问题，出具审计决定2个，涉及金额1401万元。公务支出公款消费审计中发现十大类32项问题，移送处理3起，其中2起已立案处理5人。

经济责任审计 2015年，温州市审计机关对114家单位的140名领导干部进行审计，其中县处级13人、乡科级125人、企业金融机构1人、其他1人。查出主要问题金额16亿元，促进增收节支1.5亿元，强化对领导干部权力的监督。市审计局与市编委办联合印发《关于机构编制规定执行情况审计工作的意见》，首次以制度形式将机构编制管理纳入领导干部经济责任审计工作。开展全市经济责任审计制度贯彻落实情况督查，梳理存在的困难和问题，督促各项经济责任审计制度贯彻落实。

民生资金和项目审计 2015年，温州市审计机关加强对“五水共治”、保障性安居工程等民生资金和项目的审计。市审计局组织开展全市“五水共治”跟踪审计，发现18大类34项问题，移送案件线索1次，《“五水共治”政策审计发现的问题及建议》审计专报获市领导批示。城镇保障性安居工程审计调查发现3类11项问题，向市政府提交并刊用审计信息专报4个，并被省厅财政审计工作报告采用，引起省人大领导重视，责令温州进行整改落实。审计反映4个保障性安居工程项目未落实税费优惠政策1029.47万元，被审计署列入审计结果公告附表上报国务院。在市本级科技经费审计中，发现科技项目重复补助、多头补助等问题，督促全部收回4家企业违规领取的补贴213.50万元，科技项目管理不到位致资金被挪用等问题移送市检察部门查处，专报《审计建议加强科技部门网上技术市场交易管理》被浙江政务信息（专报）采用。

投资审计 2015年，温州市审计机关逐步从注重核减工程价款转向促进加强质量管理、加快工程进度以及提高投资绩效上来，共完成投资类审计项目39个，核减工程价款6186万元。市审计局开展市本级政府投资项目工程管理情况专项审计调查，重点抽审瓯江南口大桥工程等10个政府投资项目，向市委、市政府提交《温州审计反映工程建设领域“老顽疾”依然突出》等信息。完成市援疆项目等投资类项目审计，开展瓯江口新区经四路路基工程等41个单项工程结算，核减1456万元；继续对温州绕城高速西南线等9个重大政府投资工程进行跟踪审计，出具30份跟踪审计预审报告，预审金额19.56亿元，发现存在施工单位更换材料品牌、以次充好、偷工减料等问题。

企业金融审计 2015年，温州市审计机关实施企业金融类审计项目15个。市审计局开展温州银行和鹿城农商银行审计，发现2家银行存在不良贷款压力较大、信贷资金发放不规范等经营风险，促成温州银行出台《收款收据管理暂行办法》等制度，收回流向股市贷款资金0.2亿元。开展市交运集团等4家市级国资营运公司审计，与市国资一起，在14家市属国企中选取54家二级国有企业进行审计，实现经济责任审计国企“全覆盖”，审计促成完善《温州市区城市公交企业成本规制实施办法》《进一步规范国有企事业单位福利性支出管理》等制度。开展温州鹿城轻工产业园区等审计，及时提出审计建议，防范风险扩大和交叉感染。

内部审计 2015年，温州市154家内审机构完成审计项目3793个，审计促进增收节支6亿元，向司法机关移送案件3起。市审计局和市内部审计协会利用审计项目进点、走访调研和组织培训等形式，开展《浙江省人民政府关于进一步加强内部审计工作的意见》宣传贯彻，加强和推进内部审计工作。市内部审计协会举办内部审计基础等6期培训班，参训人员1082人，提高内部审计人员综合素质。

审计信息与公开 2015年，温州市审计局共编发《温州审计》(信息)55期257条，《温州审计》(专报)17期17条，期间被上级审计机关、党政信息部门和相关媒体等采用263条次，省领导批示1次，市领导批示18条次。发布审计结果公告87个，其中市审计局24个，推进审计结果公开。通过温州审计门户网站公开征集审计项目计划，按季度发布近期安排的审计项目，主动发布各类审计信息344条，同比增长32.31%。

审计信息化建设 2015年，温州市审计局初步建成部门预算执行单位、市管经济责任审计对象、政府投资项目、政府性资金等综合项目库，进行基础信息数据的入库工作，完成对一级单位200家、二级单位417家、领导干部622人及2013年以来51个审计项目的成果录入工作。开发数据采集转换AO配套软件，自动识别各类财务软件种类和版本，实现一键取数；开发移动OA系统，处理日常各类工作任务。

审计质量管理 2015年，温州市审计机关开展“审计价值提升年”活动，出台《温州市审计局关于开展“审计价值提升年”活动的实施意见》，推动市政府及有关部门出台《温州市国有企业资金存放管理办法》等政策制度，解决温州商贸城商位转租现象严重等一批“老大难”问题和历史积案，推进保障房、“五水共治”等各项政策的落实。全面实施《审计业务操作规程》，开展全市审计执法检查，对审计实施方案、审计证据、审计记录、审计报告等情况进行检查，检查结果在全市审计机关进行通报，促进审计质量和审计价值的提升。

（刘海泉）

统　计

概况 2015年，温州市统计局创建“三分工作法”服务机制，打造“局领导+处室负责人+专业人员”组团服务方式，坚持“用数据说话，为发展服务”，撰写统计分析、信息740篇，印发《温州统计》164期，获省市领导批示34篇次，被市府办录用302篇。

经济运行监测分析　2015年，温州市统计局开展经济运行监测分析，编发年度经济社会系列分析报告11篇；按季做好经济运行分析研判，为全市经济形势分析会提供经济分析材料。在全省首创28项主要经济指标监测体系，按月提供指标数据和增长趋势图，按季开展赶超发展监测。完成第三次全国经济普查课题26项。开展“时尚化”等“五化战略”专题调研，进行五大传统产业转型升级专题分析。开展企业景气等统计调查监测分析。

人口抽样调查　2015年，温州市按照国务院、省政府的统一部署，组织全市574名调查指导员和调查员，采取住户通过互联网自主填报与调查员手持PDA入户登记相结合的调查方式，对全市被抽中的111个乡镇（街道）、345个调查小区开展调查，共调查登记10万余人，调查小区数和调查登记人数均居全省首位，查清查准人口数量和结构状况，为制定经济社会发展规划提供依据。

统计制度方法创新　2015年，温州市统计局在全国率先出台时尚产业统计制度，省统计局、省经信委以温州市为蓝本出台《浙江省时尚制造产业重点领域统计分类目录》，在全省率先按季开展各项时尚产业统计监测分析。跟进市委、市政府“五一〇产业培育提升工程”，建立网络经济、旅游休闲、现代物流、激光与光电、临港石化、轨道交通、通用航空、新材料、文化创意、生命健康等十大新兴产业统计监测制度，其中通用航空等5项新兴产业统计制度填补全国、全省空白。加强农业统计工作，联合市委农办（农业局）制订《温州市现代农业统计调查试点工作制度》，在全市开展现代农业统计调查；建立农业种植大户联系制度、时尚农业统计制度等。

民情民意调查　2015年，温州市统计局开展民情民意调查31项，接触对象35万人，成功访问9.6万人，均居全省首位；完成民情民意调查报告28篇，其中4篇调查报告得到市领导批示，8篇被市政府专报采用，13项调查成果被媒体采用。开展社会各界对政府工作评价、企业发展环境满意度、“万企评银行”等调查，服务实体经济发展；开展市民最关注的热点问题、办实事项目征集、民生改善满意度、市区中低收入家庭经济适用房定位分配意愿等调查，服务“民生工程”；开展环保模范城市、园林绿化等满意度调查，调查结果成为申报国家环保模范城市、国家园林城市的前置条件；开展基层党建、法治政府、五型机关等调查，作为各县（市、区）、部门相关工作年度考核依据。

投资统计　2015年，温州市统计局完善有效投资监测制度，建立涵盖县（市、区）、市级功能区及13个市级国资公司的投资监测体系，监测结果按月上报市委、市政府，提供指标排序进行公布通报。对接国家投资统计制度改革，完成全市投资统计制度方法改革试点。建立实施投资统计数据质量定期核查制度、投资项目常态化检查机制，强化专项督查，市本级检查各镇街投资项目420余个，全市自查投资项目6000余个，纠正问题项目415个，投资统计数据质量监管从重“事后”检查转向“事前、事中、事后”全过程质量把控。

服务业统计　2015年，温州市统计局做好服务业季报改月报改革衔接工作。建立担保业、小额贷款公司、银行业全面调查制度，及时监测相关行业发展情况并撰写分析报告。创新建立旅游业和现代物流业分县核算制度，完成全市及分县（市、区）旅游业和物流业增加值测算工作。建立温州物流业部门数据共享平台，并投入运行。按季开展“四上企业”电子商务运用情况调查，做好时尚服务业测算工作。制订《温州市服务业集聚区统计调查办法（试行）》，规范服务业集聚区统计。

能源统计　2015年，温州市统计局实施节能降耗“双控”监测，节能降耗监测数据质量全省第一。每月公布各县单位工业增加值能耗降低率情况，每季发布各县节能降耗情况通报，每半年开展全市工业重点用能企业专项检查，年度通报全市工业重点用能单位。

工业统计　2015年，温州市统计局建立预审平台，增加各类审核条件200余条，组织开展全市规上工业统计数据质量交叉检查、重点用能企业数据质量检查，数据质量得到省统计局肯定。围绕“五一〇产业培育提升工程”，完善五大传统支柱产业统计监测制度和行业界定方法，按月开展电气、汽摩配等五大支柱产业数据测算，按季开展统计监测分析。加大工业退规企业监测力度，多篇预警分析材料获市领导批示。

专项统计监测评价　2015年，温州市统计局做好城乡统筹、粮食生产、扶贫、企业创新、科技进步、文化发展指数、妇女儿童发展规划等统计监测评价工作，做好“平安四率”、基本公共服务均等化、劳动工资和企业用工等统计调查，启动新一轮月度劳动力调查工作。

统计信息公开　2015年，温州市统计局深度开发统计产品13种，其中新增编发5种，发放统计资料50余万份。及时主动向社会公开统计信息1167条，解答有关统计数据咨询2000余人次。与《温州日报》、温州电视台等主流媒体合作，发布统计信息、解读重要统计数据10余篇次。温州市统计局连续12年分别获得市委、市政府信息工作先进单位一等奖。

统计基层基础建设　2015年，温州市统计局出台《2015年统计基层基础建设实施意见》，召开全市统计基层基础建设推进会，加强统计基层基础建设。增设国民经济核算与重点产业处，增加1名中层干部职数和1名人员编制。新创建瓯海区梧田街道、平阳县昆阳镇、永嘉县江北街道等3个省级乡镇基础工作示范点。健全完善统计数据质量管控制度，建立投资、工业、服务业、能源等专业数据质量定期核查制度，完善部门“三比三审”等统计数据管理制度。全市举办统计业务培训175期，培训1.85万人次。

统计法制建设　2015年，温州市统计局完成统计“六五”普法，全市举办统计普法讲座、培训206期，培训2万余人次。在全省率先建立统计执法结果评估制度、统计失信企业公示制度、统计违法线索内部移送制度等，统计数据实现全过程监管。加强统计执法检查，全市稽查、检查1023家单位，立案查处统计违法行为240起，罚款50余万元，按季公布统计行政处罚案件，公开曝光典型案例20余起。市级巡查2个县市、2个市级国资集团、4个镇街，约谈6个责任单位，完成全市第二轮统计巡查。全市统计执法人员持证率100%。温州市统计局是全省统计系统唯一一家省级依法行政示范单位。

统计信息化建设 2015年，温州市统计局成功研发全国首个行业编码智能化软件，实现计算机自动行业分类编码，将计算机人工智能技术运用于统计数据处理，提高编码效率、节省经费开支。国家统计局指定在浙江试点推广应用。开发“三经普”数据查询与展示系统、统计考试网上报名平台，免费提供使用。

（陈旭志）

质量技术监督管理

概况 2015年，温州市以“质量温州”建设为主线，实施“标准强市、质量强市、品牌强市”三大战略。全年产品监督抽查合格率93%以上；全年万台特种设备事故率0.38%，死亡率0.47%；获省、市、县政府质量奖累计136个；获批筹建全国知名品牌创建示范区3个；制订发布“浙江制造”产品标准3项、2个产品获“浙江制造”品牌认证。

行政管理体制改革 2015年，温州市质监系统完成8个县(市、区)局和3个分局下放地方管理，其中8个县(市、区)实行药监、工商、质监“三合一”机构整合。9月16日，市政府办公室印发《温州市质量技术监督局主要职责内设机构和人员编制规定》(温政办〔2015〕88号)，确定市质监局为主管全市质量、标准化、计量、合格评定、认证认可、特种设备安全监察工作，并行使执法监督职能的市政府工作部门。

行政审批制度改革 2015年，温州市质监部门推进审批层级一体化改革，市本级规范行政许可事项14项，取消所有非行政许可事项，行政许可办件量95%以上实行即办制。参与商事制度改革，推行“五证合一”“一照一码”，全市共办理“一照一码”1万余张。建设行政审批信息化，实现全程在线办理，推出免费快递送证上门服务。

质量管理创新 2015年，温州市加强质量管理创新体系建设，人民电器集团有限公司获“第二届中国质量奖提名奖”，浙江电器开关有限公司、浙江亚龙教育装备股份有限公司、浙江大自然鞋业有限公司获年度“温州市市长质量奖”，全市累计20家。全市新增导入实施卓越绩效管理企业61家，累计446家。瑞安市华忠水产有限公司、浙江双凤食品有限公司获浙江省中小学质量教育实践基地，永嘉县浙江省泵阀产品质量检验中心获温州市级质量教育实践基地，全市累计建成国家、省、市级中小学质量教育实践基地22个，新增企业首席质量官111名，累计318名。

品牌创建与提升 2015年，温州市政府出台《关于推进“浙江制造”品牌建设的实施意见》，确定电气、鞋业、泵阀、新材料等为首批重点试点产业。全年获浙江省名牌产品50个，累计242个；获浙江省区域名牌2个（复评），累计5个；温州名牌产品161个，累计466个；2015年，鹿城区双屿街道皮鞋产业集聚区（复评）、乐清市柳市镇电力金具产业集聚区（复评）、永嘉县桥下镇无动力游乐设施产业集聚区（新增）获“年度温州市优质产品生产示范区”称号。正泰电器2个产品获“浙江制造”品牌认证，实现温州“浙江制造”品牌零的突破。温州市筹建全国知名品牌创建示范区累计3个，其中，永嘉县工业园区完成“全国泵阀产业知名品牌创建示范区”创建任务，正式提请验收；鹿城区双屿街道申报的皮鞋产业和瑞安市塘下新区开发建设管委会申报的汽摩配产业获国家质检总局批准成为筹建全国知名品牌创建示范区单位。

农业标准化 2015年，温州市制定农业地方标准规范8项，包括枫香轻基质容器育苗技术规程，樟科刨花楠、红楠、香樟、浙江楠、闽楠容器育苗技术规程2项市级农业地方标准规范；食用百合规范化种植技术规程，文成县糯米山药生产技术规程，雁荡山铁皮石斛工厂化育苗、设施栽培、近野生栽培、铁皮枫斗加工技术规程6项县级农业地方标准规范。

工业标准化 2015年，温州市参与制(修)订国际、国家、行业标准36项（其中为主12项)，累计964项(其中为主222项)；制定地方标准规范16项，联盟标准11项，累计85项。正泰、德力西、华峰主导制定的3项“浙江制造”产品标准正式发布。康奈集团有限公司等4家企业被列为2015年度浙江省企业技术标准创新基地；保一集团股份有限公司等3家单位入围浙江省工信领域第一批标准化示范企业创建单位。

服务业标准化 2015年，温州市质监部门推进社会管理及公共服务领域标准化工作，制定服务业地方标准规范4项，制定发布《农村居家养老服务照料中心服务规范》市级地方标准规范。温州源大创业服务有限公司的“创业园服务标准化试点”、永嘉县风景旅游协会的“漂流旅游服务标准化试点”、浙江绿森数码电子有限公司承担的“网络购物标准化试点”项目通过省级验收。率先在体育产业实施市级服务业标准化试点，完成“体育健身服务标准化试点”等8个市级服务标准化项目建设。

五水共治标准化 2015年3月，温州市政府办公室发布《温州市“五水共治”标准体系》，体系按照综合标准、治污水标准、防洪水标准、排涝水标准、保供水标准、抓节水标准、地方标准和国外标准8个门类编排，收集各类标准2213个。6月25日，《中型水库工程运行管理规范》《农村水电站安全运行管理规范》《水闸工程运行管理规范》《海塘工程运行管理规范》首批4个地方标准规范发布。

技术性贸易壁垒应对 2015年，温州市标准化研究院追踪、发布技术壁垒动态，全年在温州市技术性贸易壁垒预警应对平台上累计发布WTO/TBT通报929项、WTO/SPS通报1014项、欧盟RAPEX通报召回信息700余项、欧盟RASFF通报召回信息300余项、美国CPSC通报召回信息200余条、技术壁垒新闻134条，刊出《技术性贸易壁垒信息摘要》6期。

温州标准馆建设 2015年，温州市标准化研究院承建的温州标准馆一期建设完工，对外开放并投入运行。该馆是集“查、阅、购、藏、教、展”为一体的公益性服务场所，是温州最大的标准文献馆藏基地，拥有标准题录160余万条，涵盖国外及国内共247个标准组织的标准。馆藏标准电子文本10万余册，纸质标准8万余册，国家、行业标准汇编400余册，标准图书500余册。

产品质量监督抽查 2015年，温州市质监部门监督抽查2483家企业生产的2483批次产品，合格2138批次，批次合格率86.1%。其中市级定期监督抽查1053家企业生产的1053批次产品，合格949批次，批次合格率90.1%；市级专项监督抽查809家企业生产的809批次产品，合格596批次，批次合格率73.7%；县级定期监督抽查621家企业生产的621批次产品，合格593批次，批次合格率95.5%。

特种设备安全监察 2015年，温州市质监部门开展特种设备安全检查和电梯安全监管行动，排查企业6959家，发现隐患9365台，整改9317台，综合实际隐患治理率和阶段性隐患治理率分别为99.49%、100%。全年万台设备事故起数为0.38起/万台，万台设备死亡人数0.47人/万台，万台设备事故率和死亡率均低于全年事故控制指标。

质监"大稽查"执法体系建设 2015年，温州市质监部门开展"质检利剑""蓝剑""火炼"系列等10个重点专项执法行动，在全市重点行业协会组建打假维权联络室，全年立案查处案件1368件，捣毁制假窝点28个，上缴罚没款总额1730万元。

计量器具诚信管理 2015年，温州市质监部门强制检定计量器具35.3万台（件），民用三表、加油机、出租车计价器等重点计量器具受检率96%以上，医用三源受检率100%。完成"计量惠民生、诚信促和谐"双十工程三年任务，创建101家诚信计量自我承诺单位。完成"十百千万"能源计量管理节能工程三年目标任务，全市列入"万家企业节能低碳行动"企业名单的重点用能单位能源计量器具配备合格率100%。

企业质量许可认证 2015年，温州市拥有强制性认证（CCC）企业累计2200家，有效证书3.39万张，占全省有效证书总数的43%。全市1055家企业累计取得34类、1070张工业产品生产许可证。全市企业取得管理体系认证有效证书累计7942张，自愿性工业产品认证有效证书56张，食品农产品认证有效证书187张。

温州市市场监管局加强食品安全检查　　陈　翔/摄

检验机构监督管理 2015年，温州市新增检验机构10家，累计185家。其中食品27家，建筑工程51家，消防检测12家，机动车安检20家，司法鉴定机构3家，其他类产品检测72家。

质监惠民利企服务 2015年，温州市质监部门办好"民生计量惠百姓""质量专家企业行""标准服务进千家""特种设备安全关乎你我他""实验室开放"5件惠民利企实事，开展"服务企业、助力众创"系列帮扶活动。全年开放专业实验室54个，服务企业2046家、6914批次，惠民利企减负1412万元。完成"智慧检测"项目41个，组织219名专业技术人才入企帮扶，承担标准创新和质量提升活动39个，联系服务对外贸易企业306家次，科研成果转化应用项目18个。

质检中心建设 2015年，温州市质监系统检验检测项目建设投资2745.4万元，累计建设国家级质检中心5个（含筹1个），省级质检中心14个（含筹1个）。乐清市国家低压电器质检中心建成；瑞安市国家汽车电气零部件质检中心（筹）实验室大楼主体建设完工；永嘉县浙江省教玩具产品质检中心完成计量认证；温州市质检院的浙江省激光与光电质检中心获批筹建。

特种设备应急处置中心建设 2015年，温州市特种设备应急处置中心电梯应急救援服务覆盖全市4个区11263台乘客电梯，全年共接警8639次，处理应急事件2066件，解救被困人员3008人，平均救援到达时间20分钟，较国家规定的30分钟缩短1/3。该中心在市区100台电梯试点物联网，创建电梯物联网智能监测云平台，初步实现电梯困人或故障自动报警、远程音视频安抚、"96333"应急平台互通、事件全过程自动纪录、数据统计分析等功能。

行业协会质量改革试点 2015年，温州市被浙江省质监局确定为改革和加强行业协会质量工作试点城市，市质量强市工作领导小组印发《关于进一步改革和加强行业协会质量工作的通知》，向6个重点行业协会转移下放参与推广先进质量管理方法、品牌建设、标准化工作、质量安全监管、行政审批、打假治劣、质量信用建设七大方面17项权利。

（白洪鋆）

食品药品监督管理

概况 2015年，温州市食品药品监管实现基层食品安全网格全覆盖，配备食品安全协管员4867名，办理食品类（含保健食品）违法案件1921件，罚没款1500余万元，建成农贸市场食品安全快速检测室64家，建成“阳光厨房”767家，改造提升小餐饮店1700家，实现药品企业电子化监管全覆盖。

食品安全网格化建设 2015年，温州市出台《温州市食品安全工作考核评价办法（试行）》《温州市食品安全行政责任约谈办法》等文件，把食品安全工作纳入各县（市、区）政府绩效考核内容。推行基层食品安全网格化管理，现有大网格125个、中网格4567个、小网格6271个。

食品安全监管 2015年，温州市市场监管局开展肉品和水产品安全专项整治“百日会战”行动、“注胶虾”专项整治、熟食卤味专项整治、食品添加剂和非法添加有毒有害物质专项检查等专项行动。当年全市食品类（含保健食品）案件立案1921件，结案1835件，移送公安213件，刑事立案176件，责令停产停业41家，捣毁窝点23个，罚没款1500万元。全市改造提升农家乐、小餐饮等1700家，小餐饮持证率97.53%，整改率99.75%，量化分级公示率98.81%。加强对食品生产加工小作坊的监管，推行“负面清单、登记备案”管理制度，将所有食品生产加工小作坊纳入监管范围。截至年末，小作坊建档1034家，建档率97.3%。

“阳光厨房”建设 2015年，温州市建设“阳光厨房”508家，累计建成767家。其中，学校食堂“阳光厨房”381家，市区公办学校食堂“阳光厨房”实现全覆盖。其他集体配送单位、单位食堂等“阳光厨房”140家。全市“千万学生饮食放心工程”学校食堂餐饮量化分级AB等级1547家，完成比例76.62%。

药品电子化监管项目 2015年，温州市市场监管局将全市9家药品制剂生产企业36条生产线、390个品种及2647家药品零售企业纳入中国药品电子监管网。推进新版GMP、GSP贯彻实施工作，15家药品生产企业完成GMP认证检查，39家药品零售连锁企业、2275家药品零售企业完成GSP认证检查。

食品安全风险监测 2015年，温州市地产食品抽检单元覆盖率98.6%，流通环节抽检食品4340批次，每万人抽检覆盖率4.79批次，涉药单位监督检查和抽验覆盖率97.6%，医疗器械监督抽验59批次。温州市市场监管局与温州网合作建立舆情专项监测制度，实施食品安全风险隐患舆情24小时专项监测。监督抽验7家内销化妆品生产企业，问题样品处理率100%。

安全生产监督管理

概况 2015年，温州市发生各类事故1984起、死亡500人，同比分别下降8.6%和9.4%，降幅分别居全省第二、第一，达到事故起数、死亡人数和单位生产经营活动死亡率“三下降”目标，保持全市安全生产形势的持续好转。市安全生产监督管理局被评为“2015年度市直单位考绩优秀单位”和“2015年度落实党风廉政建设责任制先进单位”。

安全生产监察执法 2015年，温州市安监系统行政执法立案1077起、处罚1014家、罚款2558.81万元，同比分别增长32.15%、28.35%和97.15%；行政拘留615人，刑事拘留67人。15起非法经营危险化学品案件进入司法程序，事故前追刑责机制建立。

安全生产整治专项行动 2015年，温州市安全生产监督管理部门突出责任落实、隐患治理和预警提醒三个环节，在市、县、乡三级建立安全生产党政同责机制，明确党政班子成员职责，指导协调各地、各有关单位履行安全监管责任。分解省安委会下达的年度安全生产目标管理责任制考核指标，落实属地责任；出台《安全生产暗查暗访工作制度》，组织开展两次集中暗查暗访行动，将暗查暗访结果通报全市并列入年度考核。全市排查各类生产经营单位隐患38.73万条（处），整改38.37万条（处），整改率99.10%。

非法烟花爆竹打击行动 2015年春节期间，温州市布设烟花爆竹零售经营单位564家，其中市区季节性零售单位52家。各级安监部门严格审查零售点安全条件，节前多次进行明察暗访。针对烟花爆竹运输、储存、经营、燃放等环节，市公安、交通运输、城管与执法、安监等部门建立协调工作机制，对每个环节进行分析研究，对发现的问题及时研究采取解决措施。全市出动安全生产监察执法人员1680人次，查处烟花爆竹非法违法行为19起，查获烟花爆竹17905箱，行政拘留2人。

重大事故隐患挂牌督办 2015年，温州市被列入省、市、县挂牌重大事故隐患294处。其中，省级7处，完成整治6处；市级87处；县级200余处，市、县两级按期整改率100%。建立温州市安全生产事故隐患曝光台，全年曝光企业116家，115家企业已整改到位。

安全生产目标责任制考核 2015年，温州市在市、县、乡三级建立安全生产党政同责机制，明确党政班子成员安全生产工作职责。强化市安委办力量，建立市安监局向市纪委、市委组织部定期报送安全生产情况的机制。出台《安全生产暗查暗访工作制度》，将检查结果全市范围通报并列入年度考核。实行“一票否决”制度，先后对40余批次评优评先单位或个人实行安全生产审查，对不符合要求的12家单位按规定予以否决。按照“四不放过”原则，严肃追究安全生产事故责任，倒逼责任落实。全市有35名干部被追究党政纪责任，320名从业人员被追究刑事责任。探索建立事故前刑事责任追究机制，有15起非法经营危化品案件进入司法程序。

企业安全生产标准化和诚信机制建设 2015年，温州市继续推进企业安全生产标准化和诚信机制建设，将其作为加强企业安全生产基础建设、夯实基层基础的重要举措，融合安全生产标准化与诚信等级评估，实现“一次考评、两项结果”。全市工贸企业三级标准化达标4605家，规模以上企业达标95%以上，小微企业安全生产标准化已创建1047余家，诚信等级评估4116家。全市列入诚信管理“黑名单”企业46家。

安全生产应急救援体系建设 2015年，温州市以完善应急体系、健全“一案三制”、提高应急能力为主线，以预案管理、队伍建设为重点，全面加强应急管理工作。各县（市、区）全部组建县级安全生产应急管理机构，配备应急管理人员 49 人，其中县级专职应急管理人员 19 人，兼职 30 人。2015 年，市安监局组建 24 小时应急救援值守中心，全天候承担应急处置任务，值守中心 1 月至 11 月成功处置 141 次各类应急突发事件。各县（市、区）共接警 165 次，出动车辆 158 辆次，出动人员 419 人次，救出 4 人，抢救财物 125 万元。拥有省级应急骨干队伍 2 支，市级各类专业队伍 11 支，县级各类专业应急救援队伍 45 支；构建社会公益类安全生产应急救援新模式，海鹰救援队和苍南县壹加壹应急救援中心等群众自发组织公益性应急救援队伍队员 1000 余人。制订政府部门各类应急救援预案 57 个，危化品生产经营、烟花爆竹批发零售、非煤矿山等高危行业企业制订安全生产应急预案 927 个。全市各县（市、区）组织开展山体塌方、危险化学品泄漏、火灾爆炸等各类应急演练共 22 场次，参加演练人员 2800 余人。

安全生产科技应用 2015 年，温州 35 家涉及重大危险源的企业均安装自动化控制系统。15 家烟花爆竹批发企业、38 家矿山企业生产作业现场安装视频监控系统，安装率 100%。

安全生产网络建设与管理 2015 年，温州市深化安全生产“两化一网”体系建设，督促企业落实隐患自查自改自报责任，录入“两化一网”信息平台企业 8.51 万家，开展隐患自查自改自报 7.8 万家，自报率 91.72%。通过安全生产事故隐患曝光台，曝光隐患严重、逾期整改不到位的单位 116 家。率全国之先出台《温州市〈安全生产法〉行政处罚裁量暂行标准》。

企业安全生产信息系统建设 2015 年，温州市继续加强“两化一网”建设，推动企业主体责任落实，健全安全生产事故隐患排查治理创新体系，完善温州市安全生产网格排查信息系统，逐步推进安全生产社会化服务体系建设，实现企业自查自报自改、网格巡查和安监人员执法检查有机结合。全市划分安全生产网格 8373 个，落实网格人员 8384 人，录入“两化一网”信息平台企业 85425 家，排查出事故隐患 387322 处，整改 383663 处，整改率 99.1%。其中，危险化学品、矿山、烟花爆竹等高危企业隐患自查自改自报率 100%，工矿行业规模以上企业隐患自查自改自报率 96% 以上，规模以下生产加工型企业隐患自查自改自报率 65.2%。

安全生产行政审批 2015 年，温州市安监局行政审批处全面实施审批改革和服务争优工程，全年办理各类许可 5159 件，提前办结率 100%；市安监局行政审批在温州市行政审批服务中心窗口（单位）季度考核中，连续四个季度获“审批服务示范窗口”称号，在中心进驻的 48 家窗口（单位）中年度综合排名第二。连续五年被温州市人民政府评为“行政审批制度改革与创新工作先进集体”称号。

安全培训与宣传活动 2015 年，温州市安监局实施全员安全培训工程，培训乡镇（街道）分管安全生产负责人 82 人、企业从业人员 150.5 万人次。开展安全知识和技能“进农村、进社区、进学校、进单位、进家庭”活动，传播安全生产知识、传授安全生产技能。市委政研室、市决咨委官方网站“温州政研”刊发《守住安全生产底线 促进温州转型发展》。举办《温州讲坛》报告会暨市委理论学习中心组学习会，邀请中国安科院学术委员会主任刘铁民研究员做《现代安全管理科学进展与挑战》专题报告。参与组织、制作 2015 温州“电视问政”大型直播节目“守护安全生命线”和政情民意中间站“化工事故频发，谁来阻止”节目。

（郑柳影）

海 关

概况 2015 年，温州海关实征入库关税 2.92 亿元，入库进口环节税 12.29 亿元，合计 15.21 亿元，同比降低 12.6%；征收进出境邮递货物税款 56.98 万元，同比增长 44.25%；征收行邮税 566.6 万元，同比降低 5.06%；审批“进出口货物征免税证明表”182 份，同比降低 16.51%；审批减免税设备货值 1036.72 万美元，同比降低 25.59%；减免关税、进口环节税合计 1056.16 万元，同比降低 41.26%；办理减免税后续审批 5 份；通过免表征税 313.8 万元，同比降低 3.9%。优化减免税审批服务，推行重大项目个性化审批服务，指定业务骨干为联络员，主动对接温州中韩产业园、小门岛 LNG、温州轻轨等大型投资项目，推动战略性新兴产业发展、传统产业技术改造急需的先进技术、关键设备进口，审批减免税货值 836.92 万美元，减免两税 815.66 万元；审批留学人员购买国产免税车及自用物品 31 批次。对涉嫌走私的货物税款计核 4 批次，计核涉嫌走私商品 142 项，计征偷逃税款 981 万元；计核违规货物 20 批次，计核涉嫌违规商品 53 项，涉及违规税款 47.3 万元。整合专业资源，以“精细化管理”理念建立高效审单质量控制体系，首创杭州关区“规范申报模板”覆盖温州关 80% 以上的应税报关单，全年审价补税 2740.5

温州市现代集团开展现场安全消防监控指挥演练　　陈　翔／摄

表41

2015年温州海关主要业务量统计

	项　　目	单　　位	业务量	同比增减(%)
进出口货值	合计	美元	2904467336	−11.48
	进口	美元	1331271262	−14.06
	其中：转关运输	美元	766711937	−5.44
	区域通关进口	美元	20028645	−85.19
	出口	美元	1573196074	−9.17
	其中：转关运输	美元	1432184321	−6.38
	区域通关出口	美元	9910873	−94.50
进出口货运量	合计	吨	3605854	−15.78
	进口	吨	3113416	−16.70
	其中：转关运输	吨	367561	9.20
	区域通关进口	吨	6564	−85.10
	出口	吨	492438	−9.49
	其中：转关运输	吨	437493	−1.99
	区域通关出口	吨	3536	−92.68
审核报关单	合计	份	41769	−8.06
	进口	份	12874	5.99
	区域通关进口	份	13	−95.64
	出口	份	28895	−13.18
	区域通关出口	份	157	−94.70
集装箱	集装箱总数	箱次	129174	−3.66
	其中：重箱箱数	箱次	73519	−2.92
	空箱箱数	箱次	55655	−4.61
	箱载货物	吨	839635	3.04
	区域通关集装箱量	箱次	310	−94.06
监管运输工具	监管总数	辆艘	3191	6.37
	其中：船舶	艘	388	−6.51
	飞机	架	2795	8.54
行邮	出入境人员总数	人次	331091	−0.60
	其中：运输工具人员	人次	29193	−4.27
	快递和非贸易性行邮物品	件盘	7305160	−8.29
	没收退运物品	件盘	55	−78.17
税费	征收税款	亿元	15.21	−12.60
	其中：关税	亿元	2.92	−2.21
	代征税	亿元	12.29	−14.75
	内销征税	元		
	区域通关	万元		
	网上支付	万元		
	稽查补税	万元		
	罚没入库	万元		
保税	加工贸易生产企业	个		
	备案合同数	份	835	−6.18
	备案合同金额	美元	309409581	−17.58
	核销合同数	份	881	−5.67
	深加工结转金额	美元	87187373.92	−31.23
	深加工结转票数	份	1004	−25.74
减免税	审批减免税货物	万美元	1037	−22.81
	其中：三资企业	万美元	0	
	内资鼓励项目	万美元	302	475.62
	减免关税、增值税	万元	1056	−41.26
	其中：三资企业	万元	0	
	内资鼓励项目	万元	177	375.46

万元，同比增长7.65%，归类补税400.53万元，增长335倍。2015年，温州海关被中央文明委授予“全国文明单位”称号。

海关货运业务监管　2015年，温州海关监管进出口货物360.59万吨，同比降低15.78%；监管进出口货值29.05亿美元，同比降低11.48%；监管进出口集装箱129174箱次，同比降低3.66%；监管进出境运输工具3191辆艘，同比增长6.37%。其中，监管进出境运输船舶388艘，同比降低6.51%；监管进出境运输飞机2795架，同比增长8.54%。义乌小商品自温州港出口3933个标箱，同比增长11.86%；增开空港国际航线5条，保障每周50余个国际航班的监管任务；落实“出口小包当天揽收当天清关”和“正常进境物品100%当天查验放行”的服务承诺，协助邮政企业拓展邮递物流业务，支持地方支柱产业跨境邮递出口。

海关通关业务监管　2015年，温州海关推进通关领域业务改革，“区域通关一体化”“无纸化通关”、行政审批“一个窗口”、关检合作“三个一”等改革项目落地，开展“一次申报”全面推行到所有业务现场，一次申报率100%。实现无纸化通关，无纸报关率考核指标满分。海关行政审批“一个窗口”设置完毕，初步实现口岸关检“一次申报”和“一次查验”，推进长江经济带区域通关一体化改革。全关7个业务现场审核进出口报关单4.18万份，同比降低8.06%。围绕温州开放型经济发展重点和难点问题，开展产业动态监测与跟踪调研，组织撰写各类调研分析材料41篇，获省、市领导批示3篇。

海关保税业务监管　2015年，温州海关监管保税仓库货物进出库52649吨，同比降低12%，金额7942万美元，同比降低14.59%；保税仓库货物内销征税5281万元，同比增长1.98%。备案加工贸易合同835份，备案进口金额3.09亿美元，同比分别降低6.18%和17.58%。加工贸易手册实际进口约2.11亿美元，实际出口7.78亿美元，同比分别降低11.85%和10.59%。办理5000美元以下客供辅料合同192份，金额45.74万美元，同比分别降低9.43%和0.88%；办理深加工结转合同1004份，金额8718.74万美元，同比分别降低25.74%和31.23%。核销结案手册881份，同比降低5.67%；内销征税1678.61万元，同比降低39.87%。

海关行邮业务监管 2015年，温州海关监管进出境航班2795架次，同比增长8.54%，监管进出境人员33.11万人次，同比降低0.6%，其中监管进出境运输工具人员2.92万人次、同比降低4.27%。查获旅客携带违禁书籍61件、濒危动植物11起共30件；移交缉私局案件17起。其中，奢侈品案件5起，超量携带香烟案件3起，超量携带货币现钞案件8起，案值180.54万元。监管邮运渠道进出境邮件986.25万件，同比增长21.14%。其中，进境邮件125.03万件，同比增长23.2%；出境邮件860.11万件，同比增长12.4%；普通邮件707.36万件，同比增长9.42%；特快邮件264.54万件，同比增长122.61%；印刷品和音像制品3.59万件。办理进出境邮递货物报关304票，同比降低17.39%。截获违禁印刷品31批752.21件，截获违规邮寄动植物制品102批，查获侵犯知识产权案件4起。

海关企业管理 2015年，温州海关落实守法便利原则，做好企业分类管理向信用管理认证机制的平稳过渡，以海关助信协调员制度和“容忍型纠错”管理模式为引导，实施机动稽查和企业“主动披露”制度，打造进出口企业诚信守法管理体系，落实“诚信守法便利、失信违法惩戒”理念。监管查验工作机制优化，实施分类查验制度，对查验货物实行随到随查和查验正常货物随查随放，节约企业通关成本。全面落实查验信息公开，定期通过市政府信息公开网公布货物查验情况，保障企业知情权。建立健全基层海关新闻发布制度，重点分析温州外贸形势，解读新政对温州外贸企业影响；开展重点外贸企业“一对一”走访帮扶活动，为重点外贸企业申请AEO高资信企业认证提供针对性地支持和指导。全年辖区内新增注册企业1179家，巡查企业1581家，新增认证企业160家，至2015年年底，辖区内总注册企业数14130家，认证企业1034家。其中，高级认证企业15家，一般认证企业1019家，认证企业占辖区内注册有效企业数的7.32%，认证企业2015年进出口总值672亿元，占全市外贸进出口值55.6%。

海关统计 2015年，温州海关做好“分时递进式”海关统计数据发布和信息服务工作，创新拓展统计发布渠道，每月举办新闻发布会，推广“温州海关贸易统计数据县（市）区划分项目”。全年发表各类统计分析文章129篇。其中，统计外宣85篇，同比增长220%；海关要情、专报、简讯等统计分析文章44篇，有14篇被省海关录用，3篇专报获省领导批示。

海关督察 2015年，温州海关完善督审工作机制，依托综合业务管理平台和HL2008系统，及时发布风险预警，促进日常执法规范化。全年开展通关时效核查等常规督察项目，制发核查联系单203份，改进问题273个。积极通过HL2008信息反映督察工作成效，报送信息被总署录用23篇，省关录用57篇，全年HL2008应用绩效排名浙江关区第一名。

海关稽查企业 2015年，温州海关稽查企业21家，查发违规企业11家。移交缉私分局处理走私违规情事5起，货值约1483.23万元；核查企业42家，保税仓库、监管场所年审盘库10家。积极开展知识产权保护宣传活动，销毁侵权煎锅4710个。查获两个集装箱侵权货物，分别是侵犯Nike商标权运动鞋12600双及侵犯Converse商标权的鞋子32000双。全年货物渠道侵权案件立案2起，查获侵权运动鞋44600双，案值约90余万元；行邮渠道立案5起，查处侵权物品24309件，案值2.2万元。

海关查缉走私违规 2015年，温州海关立案查处各类走私违法案件40起，案值17561万元，涉案税款2041万元。其中，受理刑事案件9起，立案侦查9起，案值8879万元，涉案税款1847万元，抓获各类犯罪嫌疑人13人，刑事拘留3人，取保候审6人，提请批准逮捕3人，移送起诉6起10人，移交公安局立案侦查2起。行政立案31起，案值8682万元。其中，一般案件29起，案值8665万元，涉案税款194万元；简单案件（小商品案件）2起，案值16万元。罚没入库393.57万元。其中，刑事罚没入库177.57万元，违规罚没入库216万元，补税入库51万元。办理协查案件59起，协助抓获犯罪嫌疑人3名。全年立案侦查非涉税案件4起，占刑事案件总数的44.4%。

（项筱茵）

出入境检验检疫

概况 2015年，温州检验检疫局检验检疫出入境货物2.23万批、货值14.52亿美元，同比分别降低6.72%和17.4%。其中，入境5241批，同比降低8.04%，货值7.90亿美元，同比降低21.21%；出境1.70万批，同比降低10.49%，货值6.61亿美元，同比降低12.33%。查验出入境人员32.26万人次，同比降低5.05%。出入境人员健康检查5659人次，同比降低5.02%。检疫出入境船舶401艘，同比增长2.82%。检疫出入境飞机2643架次，同比增长8.45%。检疫出入境集装箱12.69万个标箱，同比降低20.81%。检疫出入境邮寄物921.41万件，同比降低22.89%。检疫出入境旅客携带物31.69万件，同比增长0.59%。签发原产地证书84223份，同比降低10.49%，涉及金额29.77亿美元，同比降低13.08%。截获各类有害生物188种1079次，其中检疫性有害生物19种104次，同比分别增长90%和131.1%。从旅客携带物和入境邮寄物中分别截获禁止入境物1211批次和532批次，同比增长60.82%和245.5%。首次截获双带水巨蜥、地中海实蝇、香蕉粉蚧等检疫性有毒有害物种。空港查获传染病疑似病例131人、确诊33人，同比分别增长65.82%和230%。出入境传染病监测体检5659人次，检出各类疾病7916例，其中传染病例85例，免疫接种3616人次。

检验检疫一体化实施 2015年7月，温州检验检疫局实施“检验检疫一体化”机制，温州局与省内14个分支局和省局直属机构打破辖区限制，实现浙江口岸（除宁波外）检验检疫一体化。（检验检疫一体化是指在不改变检验检疫机构行政管理序列的基础上，打破现有业务按行政辖区划分，通过制度设计、信息技术和执法监管等的一体化，实现“通报、通检、通放”，构建“地点可选择、时间可预期”的低成本、高效率的检验检疫通关新模式）。符合条件的进出口企业可在全省检验检疫辖区内自主选择一家检验检疫机构进行报检。

绿蕾行动 2015年，温州检验检疫局按照国家质检总局和浙江局统一部署，从3月中旬至10月中旬，在温州空港和邮路口岸开展以严厉打击非法携带、邮寄植物种子种苗进境行为为主要内容的“绿蕾”专项行动。活动共查验入境旅客携带物104768件，截获禁止进境物700批次，其中种子8批次、种苗12批次；检出有害生物12批次，其中检疫性有害生物1批次。查验进境邮包426836件，截获禁止进境物334批次，截获种子4批次，截获种苗3批次。2015年8月，温州检验检疫局从入境邮包中截获一批来自日本的绿藻植物绿球藻，日本绿球藻（marimo），俗称海藻球，这是浙江局首次截获该物种；9月，从来自意大利的入境游客行李中截获的3.59公斤仙人掌中发现实蝇幼体，该实蝇为具有“水果头号杀手”之称的地中海实蝇，系温州口岸首次截获地中海实蝇幼体；10月，从一名来自台湾的旅客行李中截获带有检疫性有害真菌——北方大豆茎溃疡真菌的黄豆。

检验监管模式改革 2015年，温州检验检疫局建立检验监管新机制，出口产品以合格假定为前提、以企业符合性声明和第三方检测采信为主，进口产品以风险分析为基础，推进进出口产品快验快放快出证工作。率全省之先在玩具行业实施第三方结果采信制度，认可具备资质的第三方检测报告。在出口竹木草制品行业实施“分级、分类、分层”管理监管模式改革，采信监管部门、第三方检测机构和企业自检自控相关信息。

工业品监管 2015年，温州检验检疫局检出煤炭品质不合格17批、810吨铁矿石短重，退运进口废塑料17.8吨，处理进口废纺织原料1111吨。对80家企业、27个品牌的进口汽车开展质量监管和调查。完成目录外产品监督抽查，被抽查产品被检出出口不合格率53.4%，进口不合格率18.75%。

原产地证书信用签证推行 2015年11月13日，温州检验检疫局在新南亚大酒店举行原产地证书信用签证合同签字仪式，会上7家企业代表在现场签订信用签证合同。温州局开始推行原产地证信用签证，全年为企业预签证书4428份，节约签证时间1726小时、签证成本5.43万元，获取结汇利润数十万元。

法治质检工作 2015年，温州检验检疫局编制权力清单和责任清单，全面实施行政指导203例，试点开展执法全过程记录，促进行政执法的规范性和有效性。深化行政许可“1+X”管理模式，全面实施“一口对外”，规范行政执法。立案查处行政处罚案件16起，首次申请强制执行行政处罚罚没款拖欠案。

与德国VDE合作实验室营业 2015年11月，温州检验检疫局与德国VDE官方合作的实验室通过国际电工委员会（IEC）组织的CB体系认可审核，对外开展业务。实验室是国内检测能力最强的低压电器实验室之一，交流通断试验能力20万安培，可为90%低压电器产品提供检测服务。这是中国检验检疫系统首个与VDE合作的低压电器检测认证实验室。

全国首次截获双带水巨蜥 2015年9月，温州检验检疫局联合海关从一件来自马来西亚名为“食品”的邮包中截获5只蜥蜴幼体。10月21日，经上海自然博物馆专家和浙江省检科院鉴定为双带水巨蜥幼体，水巨蜥为两栖类爬行动物，属中国国家重点保护的濒危野生动物。这也是中国邮路口岸首次截获该物种。11月1日，中央电视台朝闻天下栏目，播报温州口岸全国首次截获濒危保护动物双带水巨蜥事件。

（林志贤）

海　事

概况 2015年，温州海事局办理各类海事政务6212件（即办制业务2002件）。其中，船舶类业务4314件，船员类业务1704件，危防类业务193件，通航类业务1件。办理水上水下作业许可112件。行政处罚案件立案673件，同比增长11.61%，结案率88.45%，同比提高1.81个百分点；结案数件630，同比增长15.17%；发生行政诉讼1起，终审胜诉。巡航2736航次。其中，海区巡航580次，港区巡航1780次，内河巡航376次，巡航时间8657小时，海巡艇应急救助现场到达率89.47%。组织协调救助行动38次，获救201人，人命救助成功率94.8%。发布航行通告139件、航行警告83件。发布安全预警信息78次，核查78次，VTS播发各类安全信息1885次。温州海事局获“浙江省文明单位”“直属海事系统廉政文化示范单位”“温州市考绩优秀单位”“温州市口岸扩大开放工作先进单位”，连续4年获浙江海事局考核优秀单位。

海事安全检查 2015年，温州海事局办理船舶进出港签证51.3万艘次，同比下降7.09%；国际航行船舶进口岸审批203艘次，同比下降6.45%；进出口查验365艘次，同比下降12.89%；PSC（港口国监督）检查船舶14艘次，单船检查率23.33%，同比增长81.98%；FSC（船旗国检查）海船检查802艘次，单船检查率25.51%，滞留船舶25艘次；FSC河船检查773艘次，单船检查率100%。危险货物集装箱现场抽查率19.8%，易流态化固体散装货物出港船舶检查率36.2%，油船检查率54.3%，散装化学品船检查率61.1%，液化气船检查率55.4%，到港海船防污染登轮一般性检查率33.3%，生活垃圾接收检查率36.7%。检查航运公司230次，审核航运公司19家，审核船舶46艘，安全管理体系审核率100%。

水上安全综合管理 2015年，温州海事局落实《深化温州平安海区建设，共同推进温州海洋经济发展战略合作协议》，推进温州“平安海区”建设。加强VTS和基层船艇执法联动，打造海上流动执法综合平台。推动市政府印发《关于切实加强水上交通安全工作的通知》，推行客渡船“流动式”安全警示教育，推动洞头区政府以购买社会服务方式规范渡口管理；划定浙南首条客渡船“斑马线”；更新改造2个渡口撤渡和7条老旧渡船。

水上安全专项治理 2015年，温州海事局开展温州市十大重点领域安全生产专项整治，开展“两船”“打非治违”、水上非法运输、船载危险货物运输监管、沿海小型船舶专项检查等各类专项整治活动，推进VTS覆盖区零事故行动，集中力量打击客渡船超载、内河船参与沿海运输、砂石运输船舶超载和擅自改装加高舷墙等违章行为。配合开展温州市港口危险化学品水路运输经营单位专项安全大检查，在全市范围内通报6家危险品运输企业的44项安全隐患。

水上安全应急保障 2015年，温州海事局联合承办浙江省海上搜救中心2015年度无预案演习。协同开展温州市立体航空救援演习，推动东海救助局第一救助飞行大队救助基地建设。指导温瑞塘河志愿者队伍开展应急综合演练，促进在建桥梁施工船舶加入施工单位自救互救志愿者队伍。核销市级挂牌重大防台安全隐患，指导建设施工船舶专用避风水域，防御"灿鸿"等5个影响温州的台风，组织船舶避风13859艘次，安全撤离人员4629人次，辖区未发生因台风原因造成沉船及人员伤亡事故。

服务海洋经济发展 2015年，温州海事局服务乐清湾港区码头临时开放，配合推进状元岙邮轮港建设和开放前期工作。做好苍南核电、瓯江北口大桥等项目前期勘探和乐清湾跨海大桥等项目许可审批的监管服务工作。编制《温瑞塘河水上交通安全管理规定》《船舶垃圾、油污水接收建设方案》。指导瓯飞工程指挥部建造浙江首个施工船舶船员安全培训基地。推进船舶噪音扰民难题破解，主城区所有135艘内河泥浆船安装消声器。

海事法治建设 2015年，温州海事局统一执法流程标准，规范执法行为，开展积案清理，加强未结案件的跟踪、催告、通报，提高行政处罚办案效率。完善《温州海事局行政执法投诉和举报工作须知》，处理行政执法投诉15起。贯彻落实《浙江省水上交通安全管理条例》，开展7个辖区重大风险源安全监管指导手册宣讲活动。

海事队伍建设 2015年，温州海事局组建局后勤管理中心，争取5艘海巡艇列编，新增辖区3处CCTV监控点和3个VHF内河通信基站，试点推行"三位一体"综合执法记录平台，完成局内外网改版。深入实施人才培养"六大机制"，建立温州海事领军人才库，11人入选第二届浙江海事局领军人才库；组建船舶安检、海事文化、海事调查、危管防污、科技信息5个专业化工作室，实施青苗培育工程，组织年度全员培训及集中军事训练和雅思英语培训，开展12期机关中层讲坛和公文知识竞赛、事故调查等技能比赛。开辟"三化"建设主题走廊，承办中央国家机关工会联合会部分工会主席调研活动，"12395职工之家"品牌影响力扩大。

（孙和和）

打击走私与海防口岸

打击走私专项行动 2015年，温州市组织开展专项检查行动230次，出动人数7084人次，出动船只180艘，航时1128小时，航程7326海里，检查船只3098艘、7308人次；查处成品油案件54起，缴获成品油4739吨，案值4005万元，移送起诉犯罪嫌疑人14人；查获问题冻品52.6吨，刑事拘留3人。永嘉县破获一起覆盖全国多省的走私贩卖穿山甲等珍稀野生动物案，现场查获珍稀野生动物及制品1568只，涉案金额超亿元。

反走私领域守法诚信体系建设 2015年，温州市打私与海航口岸办出台《温州市深入推进反走私领域企业守法诚信体系建设实施方案》，密切关注重点、敏感、高风险行业，加大指导力度，引导行业规范发展。举行"企业座谈会""企业培训会""走访调研、上门服务"等活动，增强进出口企业法人的守法诚信意识。全年市府办联合海关、商务等部门走访太阳神鞋业、瑞星鞋业等重点企业85家，帮助企业解决困难203个，促进服务与监管措施落到实处。加大海关AEO企业、检验检疫A级企业培育力度，强化企业守法诚信教育和培训。全年全市新增海关一般认证企业1家，累计1035家；新增检验检疫A级企业15家，累计286家。

海防管控联防联治 2015年，温州市组织开展海防专项检查行动30次，联合巡查58次，出动船只85次，出动警力5621人次，检查船舶5543艘次，渔船民13775人次，破获非法经营成品油案件1起，查处无合法齐全手续买卖成品油案件44起，缴获3200余吨，查处边防行政案件566起。

海防基础设施建设 2015年，温州市投资2830余万元，完成海防执勤码头1座、海防执勤道路28.5公里、升级改造县级监控中心1座、海防视频站3座。

口岸开放与管理 2015年，温州港口岸状元岙港区开通至俄罗斯远东集装箱航线，并可通过海铁联运到达俄罗斯全境。温州港口岸出口集装箱电子指令放行系统运行，货物通关时间缩短70%以上、通关成本降低50%以上，通关效率提升。温州航空口岸进口食用水生动物、冰鲜水产品指定入境口岸通过国家质检总局实地评估并启用。温州航空口岸落地签证政策取得省政府同意，并上报国务院审批。温州海港、空港口岸限定区域范围划定，对外发布公告。

口岸基础设施建设 温州港口岸状元岙港区二期工程开工建设，拟新建3个5万吨级（兼靠10万吨级）集装箱泊位及相应配套设施，总投资28.56亿元。温州航空口岸国际中转厅建成投用，总面积约1800平方米；空港联检大楼建成并进驻办公。温州保税物流中心（B型）一期工程建成，通过省级预验收。

（卢金森）

（潘　达　编辑）

公共管理

机构编制管理

概况 2015年，温州市推进政府职能向社会组织转移、政府职能转变和机构改革、权责清单、综合行政执法改革、事业单位分类改革、控编减编等工作，着力理顺功能区和中心镇管理体制，加大事业单位分类改革推进力度，探索事业单位法人治理结构试点工作，规范完善机构编制管理，多项改革在全省乃至全国领先。

政府职能转变和机构改革 2015年，温州市整合组建市卫生和计划生育委员会、市市场监督管理局、市外事侨务办等部门，组建市招商局，加强招商引资组织协调职责；对市教育工委、市打私海防办等机构进行调整提升；将市服务业发展局、市房管局相应职能分别整合划入市发改委、市住建委等对应部门。推进重点领域体制机制改革，完成浙南、瓯江口两大集聚区管理、洞头撤县改区、乡镇街道、纪检监察派驻、县级风景旅游管理、不动产统一登记、政府大数据平台等重点领域体制机制调整。改革后，市本级政府工作部门由42个减至40个，11个县（市、区）政府共计减少7个工作部门。出台《温州市人民政府职能转变分工方案》，提出3年内职能转变的总体安排和工作计划，明确47项工作任务。

机关事业编制精简 2015年，温州市按照坚持合理配置，激发活力，统筹兼顾、平稳有序的原则，开展编制精简工作。全市精简机关编制311名、事业编制4445名，其中市本级精简机关编制74名、事业编制1978名。

事业单位分类改革 2015年，温州市推进行政类事业单位“还政予政”，深化公益类事业单位清理规范，撤销一批职能消失、长期不运作的事业单位并收回编制，市本级对近百家事业单位进行机构编制调整，在总量控制范围内调剂编制100余名，主要用于民生保障等领域。创新事业编制管理，在部分学校、医院探索实行事业编制备案制管理。深化事业单位法人治理，全市试点单位27家，其中市图书馆被文化部列为试点单位，相关经验得到中央编办宣传推广。

权责清单编制 2015年，温州市完成第二批14个市级部门责任清单编制工作，实现市级部门全覆盖，按省里部署研究乡镇（街道）权责清单和村（居）公共服务清单工作。完成权力清单比对规范。针对实际运行中发现少数部门权力事项与基本目录不一致、事项信息不全、新增事项未及时入库等问题，完成省市县三级行政权力事项比对规范工作。出台《温州市人民政府部门职责管理办法》，健全部门职责交叉、监管真空等问题的长效工作机制。

政府职能转移工作 2015年，温州市出台政府职能转移工作“联席会议、年度考评、上下联动、事后监管、承接管理”等五项配套机制文件。印发《关于进一步做好当前我市政府职能转移相关工作的通知》，解决第一批135项职能转移项目的资金保障问题。继续选择代表性强、运作规范、执行和检验标准明确的政府职能事项，通过购买服务、委托、授权等多种形式，转移给符合条件、具备能力的社会组织承接。

机构编制监督检查 2015年，温州市在省内率先出台《关于机构编制规定执行情况审计工作的意见》，组织开展年度例行检查和控编减编、查纠部门“条条干预”等专项检查，建立机构编制违纪违规问题整改消化台账。

（王建武）

人力资源管理

概况 2015年，温州市录用公务员1278人、事业编制人员4093人。温州市新增城镇就业人数12.17万人，城镇失业人员实现再就业1.8万人，困难人员实现再就业6406人，完成农村劳动力转移培训13618人，进城务工农民培训59334人，创业培训5349人。引进经技类外国专家151人，其中入选国家“千人计划”7人、省“千人计划”14人。安置军转干部79人、随军随调家属7、随军家属818人。全年，温州市人力资源和社会保障咨询服务电话“12333”专线来电总数45.56万个。组织开展各类公务员培训2.9万人次。

国内人才引进 2015年，温州市人力资源部门组织各类人才招聘会316场次，提供就业岗位16.98万个，其中市本级举办人才招聘会188场次，提供就业岗位10.5万个；组织19个批次321家企事业单位7264个岗位，赴济南、厦门、成都、杭州、长沙、武汉、东莞等地，举办温州专场招聘会，接收简历5583份。

国外智力引进　2015年，温州市人力资源部门继续抓好人才智力引进，深入实施“580海外精英”引进计划，组团赴欧美及香港、杭州、成都等地举办温州专场人才招聘会21场，新建海外人才工作联络站4个，引进海外工程师23人，入选“国千”计划6人、“省千”计划14人；执行引智项目124项，入选国家级项目7项、省级项目14项，引进外国专家151人次；开展市“海外工程师”申报，资助企业引进“海外工程师”23人，财政资助资金335万元。获浙江省政府“西湖友谊奖”3人，温州市政府“雁荡友谊奖”15人。

2015年9月18日，温州市“雁荡友谊奖”颁奖大会　（市人力社保局提供）

高层次人才培养　2015年，温州市入选国家“百千万人才工程”培养对象2人，省“151人才工程”第三层次培养对象21人。实施省市系列人才培养工程，资助551人才各类科研项目394.7万元，选派31名551人才赴国内外知名高校、科研院所进修，聘请30名专业领域专家担任551人才导师。做好人才评选推荐工作，评选“优秀聚才企业”10家、“爱才企业家”10人，选拔享受市政府津贴人才10人，入选省“151人才工程”第三层次培养人选21人，入选国家“百千万人才”2人。全年通过评审取得高级资格1828人，中级资格5957人，其中评定地方特色行业专业技术人才2560人。

职业能力培养　2015年，温州市人力资源部门开展“全国百城技能振兴”专项活动，精心组织全市职业技能大赛，赛事涉及117个比赛项目，带动5万余人开展岗位练兵。新增“首席技师”49人、技能大师工作室25家，评选“瓯江技能大奖”10个。健全完善激励机制，组织260余人高技能人才赴四川大学、南京大学等院校进修，选送一批高技能人才赴欧洲培训。全年培养高技能人才2.27万人，职业技能鉴定9.92万人次。全年全市高技能人才培养2.08万人，农村劳动力转移培训1.41万人，进城务工农民培训5.62万人，创业培训4134人，参加职业技能鉴定8.87万人。

人力资源要素培育　2015年，温州市公共职业服务机构为进城务工的农村劳动者发放职业介绍补贴331.57万元；举办本地大型综合人才交流会、专场招聘会和人才夜市（集市）316场次，参会单位15570家，提供16.98万个岗位，进场求职33.14万人次。

就业创业　2015年，温州市城镇新增就业12.17万人，城镇失业人员再就业1.8万人，其中就业困难人员实现就业6406人，城镇登记失业率2%，温籍高校毕业生初次就业率87.5%。温州市人力社保局与市财政局联合下发《关于进一步做好失业保险支持企业稳定岗位工作有关问题的通知》，全市发放稳岗补贴1.16亿元，惠及企业5779家。发放公益性岗位补贴155.34万元、就业困难人员社保补贴936.29万元、小微企业新招高校毕业生社保补贴4.04万元、岗位补贴2376.4万元。（郑柳影）

2015年11月7日，中国·温州民营企业高层次人才洽谈会　叶　慧/摄

公务员管理　2015年，温州市完成公务员招录、全市政法干警招考培养体制改革试点和中央机关及其直属机构2015年度考试录用公务员温州考区笔试三次大规模公务员招考任务，首次将公务员考试违纪纳入诚信体系。全市录用公务员1278人，其中四级联考招考1236人；选调生村干部35人；紧缺职位招考3人；特警招考4人。市（区）机关面向基层一线公开遴选公务员95人。

事业单位人事管理　2015年，温州市招聘并录取聘用事业编制人员4093人。其中，博士1人，硕士321人，本科2611人，专科1158人，中专2人。市本级招聘录取聘用事业编制人员704人。其中，硕士63人，本科406人，专科233人，中专2人。创新完善事业单位人员招聘工作，首次设立“专属”岗位定向招聘残疾人。市本级共核准认定（含重新核准）70家事业单位的岗位设置，调整岗位5250人。93家市属事业单位完成聘期考核和新一轮竞聘上岗。出台《关于事业单位岗位管理制度实施后有关问题的处理意见》和《关于加强温州市中小学校专业技术岗位结构比例管理的通知》。

工资福利管理 2015年，温州市人民政府办公室印发《关于贯彻落实省政府办公厅调整机关及事业单位工作人员基本工资标准两个实施办法的通知》，市人力社保局与市财政局联合印发《关于完善市区机关工资制度有关问题的通知》和《关于完善市直事业单位工资收入分配制度有关问题的通知》。会同市委组织部制定印发《关于县以下机关建立公务员职务与职级并行制度的实施意见》，实施县以下机关职务与职级并行制度。全年机关事业单位纳入工资统发204家，统发人数15676人，统一发放工资12.53亿元，代扣公积金1.83亿元；新增统发人员547人，取消统发人员931人，工资数据变动处理65117人次，统发完成考核合格晋升级别工资1778人次、薪级工资7826人次。

劳动关系管理 2015年，温州市企业劳动合同签订率97.34%，已建工会企业集体合同签订率100%，农民工和小微企业劳动合同签订率92%以上。全市已取得行政许可劳务派遣企业79家，涉及劳务派遣人员2.05万人；取得行政许可劳务派遣企业的劳务派遣人员劳动合同签订率100%，社会保险参保率100%。全市三档最低工资分别提高到1860元、1660元、1530元，平均增幅12%以上，非全日制工作最低小时工资标准调整为17元。所辖县（市）职工最低工资标准调整为1660元、1530元二档，非全日制工作最低小时工资标准调整为15.2元、13.8元二档。

劳动保障监察 2015年，市人力社保局出台《进一步做好拒不支付劳动报酬案件查处移送工作实施意见》；联合市住建委出台《关于进一步规范我市建筑业企业工资支付管理的通知》。全年各级劳动保障监察机构主动监察用人单位1.46万家，受理劳动者举报投诉7651起，追回欠薪5.85亿元，涉及劳动者4.51万人。处置突发群体性案件786起，涉案金额4.82亿元；处置企业欠薪逃匿案件28起，涉案金额678.45万元；向公安机关移送涉嫌拒不支付劳动报酬案件137件。

人事劳动调解仲裁 2015年，温州市处理劳动人事争议案件6048件，同比增长5.59%，涉及劳动者6872人；10人以上集体争议案件18件，涉及劳动者622人；已办结5757件，结案率95.19%，涉案金额18684万元；调解结案4165件，调解率72.35%。出台《兼职仲裁员管理办法》，加强兼职仲裁员队伍建设。建立仲裁文书送达专递机制，确保仲裁法律文书准确、及时送达。

（项　博）

城市管理与行政执法

概况 2015年，温州市城市管理与行政执法局查办案件25.74万件，罚款4758万元，拆除违法建筑1863.2万平方米；市区新增城市绿地349公顷，建成区绿地率32.31%，绿化覆盖率37.17%，城市人均公园绿地面积13.40平方米；市区污水处理率92.84%，市区垃圾无害化处理率100%。

城市生活垃圾管理 2015年，温州市区清运处置生活垃圾108.91万吨，生活垃圾无害化处理率100%；市区餐厨垃圾（泔水）委托收运数为129家，累计收运泔水1182吨；餐厨废油委托收运数为2639家，投入废油收运车24辆，累计收集餐厨废油1643吨。成立城区生活垃圾分类领导小组，出台《温州市城区垃圾分类考核办法》《温州市生活垃圾分类方法与标识标准》等配套性文件，加大垃圾分类宣传。截至年末，温州城区垃圾分类收集覆盖面50%。

城市道路桥梁管理 2015年，温州市区完成道路维修155.79万平方米，市区道路完好率95.77%。完成城市道路设施量摸底调查，市、区两级接收管养主、次干道与支路2119条，计2616.5万平方米。东瓯大桥安装桥梁动态监测系统，抽检27座区管桥梁。市区改造美化涉河桥梁12座。推进市区路灯节能改造，完成飞霞南路（锦绣路—划龙桥路）、鞋都大道（泰力路—双金路）、翠微大道等11条主要道路和公园路、海螺小区等40个单元背街小巷、小区2600余盏路灯节能改造。

城镇排（污）水管理 2015年，温州市投用的城镇生活污水处理厂22座，设计

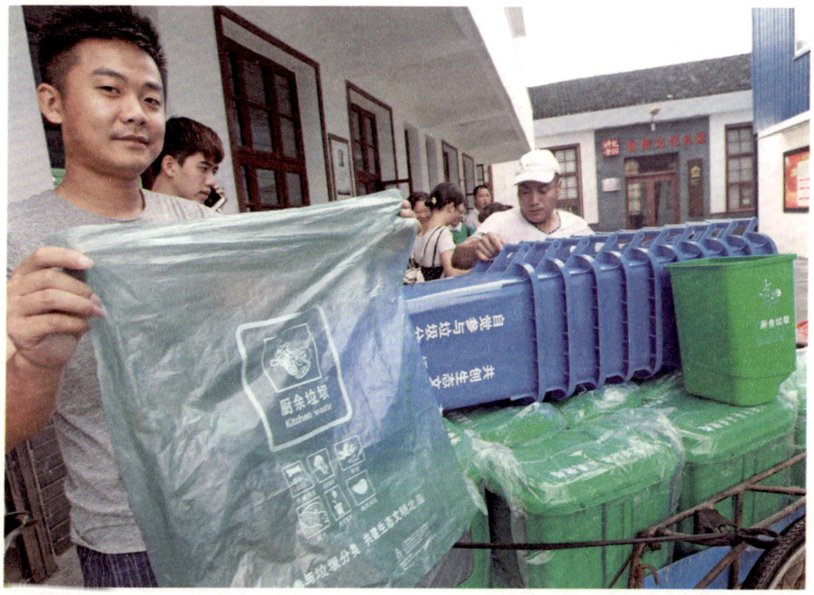

生活垃圾分类入户　　陈　翔／摄

总处理能力105万吨/日，全年实际日均处理量96.54万吨，污水处理厂运行负荷率87.4%。全市城镇生活污水处理厂累计处理污水35237万吨，COD减排61745吨，氨氮减排7578吨。市区城市污水处理率92.84%，县（市、区）平均污水处理率90.24%。全年核发排水许可证1822本。疏通排水管3137公里。

城市燃气管理 2015年，温州市城市管理与行政执法局排查安全隐患205处，整改200处。开展"打非治违"专项行动，市区打击取缔无证经营站点198处，暂扣燃气钢瓶1万余瓶，联合公安部门行政拘留20余人。制定《温州市燃气储配企业规范化建设标准》，并在昌泰燃气企业进行试点建设。开展燃气安全知识宣传和培训，培训燃气企业安全管理人员100余人，市区送气工696人。

供水节水管理 2015年6月和11月，温州市城市管理与行政执法局对全市、县供水规模3万吨以上供水企业的供水水质安全及生产安全进行检查。每季度对温州市区8家规模供水企业的管网水和出厂水进行第三方检测，其中三次为常规42项检测，一次为全部108项检测。全市推广改造节水器具1.4万套，一户一表改造3.57万户。

公共自行车项目建设 2015年，温州市投用公共自行车21000余辆，公共自行车站点657个，公共自行车锁止器数18468个。全年公共自行车租用量0.2亿人次。市区新建、改造自行车道36公里。

城市园林绿化 2015年，温州中心城区新建城市绿地349公顷，中央绿轴城市公园试开园。全市建设提升滨水公园220座。完成温瑞大道等市区六大进城主要道路整治提升，对中心城区"1个中心、7处节点、32条道路"进行绿化彩化提升，全市建设贯通省级绿道178公里。制订下发《2015—2017年温州市园林绿化工作任务》，编制完成《温州市域省级绿道网布局规划（2014—2020）》《温州市城区生物多样性规划》。至年末，温州累计建成区绿地面积7463.6公顷，绿地率32.31%；绿化覆盖面积8585.6公顷，绿化覆盖率37.17%；城市人均公园绿地面积13.40平方米。

国家园林城市创建 2015年，温州市完成住建部规定101处城市受损弃置地（闲置地）覆绿工作和牛山、洞桥山等十大山地公园绿化改造，9月通过住建部专家组实地考查；12月，通过"国家园林城市"综合评审和命名。乐清市获"浙江省园林城市"称号。

人行道违法停车管理 2015年，温州市区施划人行道停车泊位1630个，其中鹿城821个，瓯海308个，龙湾501个，提前超额完成市政府"施划停车位1000个"的民生实事任务。改造荷花路、杏花路、学院路等18条道路的盲道。实行分时分类管理，划分一般管理道路和重点管理道路，明确严管时间。推行人性化执法，对台风Ⅱ级预警等抗灾时期的六种人行道违停不予查处。全年人行道违停立案25.5万起，缴款3320.5万元。

户外广告管理 2015年，温州市城市管理与行政执法局根据《市政府专题会议纪要〔2015〕83号》，将市区户外广告设置布点审批权及联审权下放到各区（功能区）。督促相关单位严格执行《温州市区户外广告经营权交易细则（试行）》，对利用公共场所、公用资源设置商业户外广告的，应通过拍卖、竞价、招标等形式取得户外广告经营权。全年查处违法户外广告设施2706个，拆除违法户外广告设施面积47078平方米；查处违法非户外广告设施467个，拆除违法非户外广告设施面积9154平方米。

餐饮环保管理 2015年，温州市开展餐饮业油烟、污水排放治理，规范餐饮业油烟净化器、污水处理装置配备与维护。全年检查餐饮单位12823家次，查处餐饮单位违反"三同时"（新建、改建、扩建工程的劳动安全卫生设施必须与主体工程同时设计、同时施工、同时投入生产和使用）113起，未按规范安装使用油烟净化设施158起，油烟超标排放2起，污水超标排放5起。新增餐饮企业油烟净化设施安装率100%。

建筑施工和噪声管理 2015年，温州市严格监管建筑工地和社会生活噪声，加强重点区域和各类考试期间噪音管理，督促及时办理各类噪声扰民投诉件。全年查处社会生活噪音超标36起，处理噪音投诉（不含重复投诉）1025起。

路面巡查与执法 2015年，温州市城市管理与行政执法局取缔流动摊点23820个，查处占道经营、堆放、搭建等13077起，查处违法户外广告设施和非户外广告设施3173处，查处乱张贴涂写小广告10949起，上报违法使用通信号码743个。

建筑垃圾（泥浆）管理 2015年，温州市城市管理与行政执法局牵头开展贯穿全年的建筑垃圾专项整治，市、区两级联合执法846次，立案1072起，罚款852.05万元。实行建筑垃圾整治情况每月考核排名通报制度，将考核结果纳入各地重点目标责任制内容。完善建筑垃圾网络监管平台配置，将各消纳节点全球眼及1500余台车船GPS、AIS监控设备纳入系统管理。推行建筑垃圾运单管理，落实工地至终端派收单制度。严格诚信考评，17家运输单位、20辆运输车被扣分，暂停投标资格4家，降低运力等级4家。全年核准144个桩基工地泥浆处置方案，办理核准件875件，核准泥浆方量157.8万立方米，按时办结率100%。

智慧城管 2015年，温州市智慧城管（一期）项目建设完成，项目包括数字城管平台升级、人行道违法停车管理系统、硬件网络升级、智慧城管演示大厅等。全年市"智慧城管"平台立案56.40万件，处置56.23万件，处置率99.71%，按期处置率99.55%。

行政审批服务 2015年，温州市城市管理与行政执法局办理审批件2054件，同比增加221件，提前办结率99.27%，市审管办群众满意率测评99%以上。加强全系统审批监督指导，牵头开展行政许可案卷评查，跟踪审批质量，纠正违规乱批行为。开展各类工程项目技术审查60余次，提出工程项目立项意见58件。

行政执法法治建设 2015年，温州市城市管理与行政执法局清理规范性文件46件，保留33件，废止13件。梳理权力清单，整理行政处罚事项182项，行政强制事项15项。制定《温州市城市管理与行政执法局重大行政决策程序规定》。在鹿城区局、龙湾区局、瓯海区局、开发区分局和机动大队试行执法全过程记录制度。开展行政执法案卷评查，检查行政许可1892件，行政处罚472件。办理复议案件9起，申请法院强制执行22件。制订局领导干部集体学法制度，编发法制指导3期，编制案例解读5例，举办法制培训学习2次。加强基层执法监督考核，走访中队30余个，抽查中队案件200余个。

（张学爱）

国土资源管理

概况 2015年，温州市国土资源系统调整完善土地利用总体规划，加强城镇低效用地再开发，提升存量土地利用率，开展闲置土地处置和清理工作。加强国土资源监察，加大垦造耕地力度，编制永久基本农田划定方案。依法行政，推行行政非诉案件“裁执分离”制度。

耕地保护 2015年，温州市国土资源局调整上报土地利用总体规划，编制市、县、乡三级土地利用总体规划调整方案；编制永久基本农田划定方案并上报，全市划定永久基本农田314.88万亩，其中示范区86.9万亩。中心城区城市周边15度以下永久基本农田面积5.6万亩，占城市周边永久基本农田的84.08%。全市建设高标准基本农田155446亩，完成率103.6%；垦造耕地13805亩，其中滩涂垦造耕地7214亩，完成率103%；建设标准农田11060亩；“旱地改水田”立项18767亩；完成农村土地综合整治拆旧区473亩，复垦347亩。

用地保障 2015年，温州市新增建设用地计划指标22567亩，其中农用地20341亩；下达省留新增建设用地计划指标2336亩，其中农用地2015亩；国土资源部同意温州市6个项目使用部留指标12963亩，其中农用地11535亩。全市共上报总用地面积36417亩。其中，新增建设用地31137亩，农用地29395亩，耕地20020亩。落实耕地占补平衡指标20020亩，其中从嘉兴市购买一等标准农田指标1500亩、争取省统筹补充耕地指标273亩。2015年全市实施城镇低效用地再开发25559亩，完成率122.3%。

服务民生 2015年，温州市办理各类土地登记157166件，其中市区登记41795件；全市办理抵押登记919件，抵押金额424.81亿元；协助法院办理查封登记3941件。全年保障无房户9808户，完成率160.68%；危房户10198户，完成率316.32%。向175个村支付征地补偿安置款7.29亿元，核定住宅用房安置指标424648平方米，办理参保4900人。推进“规范宅基地管理 破解农民建房难”专项行动。参与重点项目征地拆迁“清零”百日攻坚专项行动和征地历史遗留问题化解工作。推进农村宅基地确权登记发证工作，符合条件农户宅基地发证率93%。推进“阳光国土”建设，通过温网议事、市长热线、网络问政、官方微博等平台，解决涉土问题46个。开展政务信息公开，受理政府信息公开申请19件，答复率100%。

土地清理 2015年，温州市处置闲置土地517宗11341亩，宗数和面积处置率分别为92.8%和90.3%。全年消化批而未供土地18261亩，剩余46565亩，清理供而未用土地37349亩。近五年平均供地率为76.6%。

土地供应 2015年，温州市供应各类建设用地3213.27公顷。其中，商服用地115.34公顷，工矿仓储用地310.97公顷，住宅用地575.44公顷，公共管理与公共服务用地569.90公顷，交通运输用地1438.85公顷，水域及水利设施用地201.48公顷，特殊用地1.29公顷。

矿产资源管理 2015年，温州市国土资源局修编矿产资源规划，统筹安排全市矿产资源勘察、开发、保护。全市新出让发证普通建筑石料矿山9宗，出让资源量计1.6亿吨。加强“两路两侧”矿山生态环境整治，开展“四边三化”和绿色矿山创建活动，治理重点矿山26个，治理率66.7%。建成绿色矿山7个。全市矿山粉尘防治达标运行率为73.5%。

地质灾害防治 2015年，温州市国土资源局开展地质灾害避让搬迁安置后原建筑物拆除“清零”百日攻坚专项行动，拆除原房116间；全市避让搬迁500户，1915人，拆除房屋674.5间；实施地质灾害治理工程35处，搬迁安置1887人，完成工程治理19处。避让地质灾害险情6起。

国土资源执法监察 2015年，温州市国土资源局推行行政非诉案件“裁执分离”制度。6月5日，由市国土资源局和市“三改一拆”办公室联合下发《关于开展历史遗留土地违法行为清理处置专项行动的通知》，开展历史遗留土地违法行为清理处置专项行动。2015年土地卫片（卫星遥感图片）执法违占比小于4.53%；国土资源违法违规行为发现、制止和查处率为98%。

服务改革创新 2015年，温州市国土资源局组建行政审批处成建制入住市审批中心，实行“一个机构履职，一套标准审查，一位代表审批，一个平台运行”。启动不动产统一登记制度改革工作，2015年年末完成市、县两级不动产登记职责整合工作。134个乡镇（街道）完成国土资源“一乡一所”建设。

（李　坪）

民政事务管理

概况 2015年，温州市完成民政部和浙江省赋予民政综合改革试验区建设试点工作。落实优抚政策，深入开展双拥创建。实施民政部“救急难”试点，新型社会救助和防灾减灾救灾体系更加完善。推进“全国养老服务业综合改革”和“全国第二批适度普惠型儿童福利制度建设”试点，社会福利体系更加健全。

民政事业费 2015年，温州市地方财政安排民政事业费15.13亿元，上级补助民政事业费7.24亿元，合计22.37亿元，人均地方财政安排民政事业费275.72元。

低保调标 2015年12月，温州市区城镇居民最低生活保障标准从705元/人·月提高至765元/人·月，农村居民最低生活保障标准从515元/人·月提高至575元/人·月，同比分别增长8.51%和11.65%；各县（市）完成年度低保调标工作，全市平均城镇居民最低生活保障标准686元/人·月，农村居民最低生活保障标准543元/人·月，同比分别增长8.78%和12.24%。2015年，城镇低保人均补差493元/月，农村低保人均补差319.8元/月，同比分别增长12.3%

和15.7%。城乡低保标准差距进一步缩小，全市农村低保标准达城镇标准75%以上，其中平阳县率先实行城乡低保标准一体化，文成、泰顺农村低保标准占城镇标准85.6%。

低保补助发放 2015年，温州市享受城乡低保对象8.15万户、13.48万人。其中，城镇7301户，11482人；农村74163户，123317人。全年增加低保对象20034人，退出低保对象9741人，年支出低保保障金4.99亿元，同比增长11.9%，其中城镇0.68亿元、农村4.31亿元，比上年多支出5308万元。对9507名城乡低保边缘家庭持证重度残疾人发放生活补助金5393万元，人数同比增加614人，金额发放同比增加1158万元。全市启用家庭收入核对信息平台，完成最低生活保障核对42491户、78071人次，查出不合格3344户、6858人次；经济适用房核对1814户、4356人次，查出不合格202户、507人次；临时救助核对23774户、43825人次，查出不合格800户、1820人次。

医疗救助 2015年，温州市印发《温州市区医疗救助办法》，扩大医疗救助对象范围，提高医疗救助标准，提高医疗救助封顶线，取消病种限制，实行按费用救助。全年筹集医疗救助资金1.69亿元，支出1.28亿元，比上年多支出2249万元，同比增长21.32%。享受医疗救助3.38万人次，同比增加1754人次。全年全市医疗救助人均筹资标准19.51元。完成困难群众白内障复明免费手术150例，支出救助资金30万元。

临时救助 2015年，温州市筹集临时救助资金3392.46万元，省级下拨临时救助资金4488万元，地方财政安排临时救助资金人均（按照常住人口）3元标准，支出7393.53万元，救助8.43万人次，同比上年多救助5.46万人次，多支出临时救助资金4841.51万元。全年为375位非当地户籍的外来务工人员提供临时救助。

救急试点 2015年，温州市作为全国11个“救急难”地级市试点城市，按照民政部、财政部《关于在全国开展“救急难”综合试点工作的通知》（民发〔2015〕57号）要求，探索推进“救急难”试点工作，设立“救急难”试点项目22个。市、县两级政府财政安排救急难专项资金650万元，引导慈善总会、爱心驿站等平台筹集捐赠资金约1480万元。

抗灾减灾 2015年，温州市遭受9号台风“灿鸿”、13号强台风“苏迪罗”、15号台风“天鹅”、21号台风“杜鹃”。全市受灾人口231.93万人次，死亡13人，失踪3人，紧急转移人口59.99万人次；农作物受灾面积6.41万公顷，其中成灾面积3.33万公顷、绝收面积0.9万公顷；倒塌房屋531户2084间，其中农房倒塌482户1924间；严重损坏房屋1218户3563间，其中农房1103户3106间；一般损坏房屋8882户17683间；直接经济损失58.62亿元。其中，农业损失22.81亿元，工矿企业损失8.25亿元，基础设施损失13.08亿元，公益设施损失2.14亿元，家庭财产损失12.31亿元。年投入救灾资金1.42亿元，其中上级1.19亿元、市级1600万元、县级390万元、捐赠309万元。投入救灾物资折款637万元，其中市级135万元、县级502万元。重建住房314户1325间，维修住房6947户15384间。全年开设灾害信息员培训班6期，业务轮训808人次。开展减灾避灾能力建设，18个社区被评为“全国综合减灾示范社区”，20个社区被评为“浙江省综合减灾示范社区”，2698个避灾安置场所挂牌使用，面积230.34万平方米，可同时为70.67万人提供转移安置保障。

养老机构建设 2015年，温州市有养老机构451家，养老床位57105张，其中护理型20433张。新增养老床位7029张，新增护理型养老床位4896张；千位老人拥有床位数45张，居全省首位。全市18个高档次多功能护理型养老机构项目顺利推进，其中10个竣工，新增床位2647张，9个已经投用，入住老人470名，机构建设由普通型向护理型转变。推进敬老院社会化改革，永嘉县作为敬老院公办民营改革试点地区重点推进此项工作，鹿城、瑞安等地7家敬老院由专业养老服务企业承接运营，机构运营主体由单一性向多元化转型。

居家养老服务 2015年，温州市有居家养老服务照料中心2243家，新增居家养老服务照料中心924家。政府购买养老服务试点平台投入试运行，全年全市投入购买资金3097.3万元，惠及25610名老人；首家养老服务类社会组织平台建成，入驻养老服务类社会组织10家；委托温州医科大学建设老年健康信息评估平台，制订老年长期照护标准，培养老年专业评估人员，为社区及机构养老分类提供指导。

儿童福利保障 2015年，温州市各县（市、区）全部落实适度普惠型儿童福利保障制度，将儿童福利政策保障由孤残儿童拓展到困境儿童。全年全市发放孤儿基本生活费1315.56万元，孤儿外其他类困境儿童基本生活费994.32万元，完成孤残儿童“手术康复明天计划”项目5例，完成困难家庭“0～6岁抢救性”康复项目24例。国内家庭领养孤儿62名，国外家庭领养孤儿15名，至2015年年末，全市有孤儿801名，其中机构收养542名。

社会组织登记管理 2015年，温州市累计登记社会组织7772家，其中社会团体3139家、民办非企业单位4610家、基金会23家，新增登记814家，同比增长6.1%，万人拥有8.52个。市委、市政府出台《关于进一步加强社会组织规范化发展的意见》和《社会组织推荐性目录编制管理办法》，社会组织规范化建设和政府购买服务工作稳步推进。民政部门出台《社会组织失信黑名单管理办法（试行）》，社会组织内部管理更加规范；出台社会组织服务平台建设运行标准，市、县累计建成服务平台5000平方米，全年依托平台累计资助各类公益项目214个、资金超730万元。

社工人才队伍建设 2015年，温州市有持证专业社工7820人，其中国家级1097人、地方版6723人；新增社工1647人，其中国家级215人、地方版1432人。组织县（市、区）领导干部社会工作专题研修班、社工人才实务能力提升培训班等68个班次10437人次参加。全市有社会工作服务机构105家，新增12家，政府投入资金617万元，支持86家社工机构开展农村留守儿童、留守妇女、留守老人和残疾人等服务。市、县（市、区）联动开展温州市“社工文化节暨社工宣传周”系列活动，全市151家机构、444

支志愿者服务队、1万余名社工义工参加，受益人群5万余人次。

婚姻登记 2015年，温州市依法办理结婚登记72840对，离婚登记16759件，补发婚姻登记证29302件，出具（无）婚姻登记记录证明138604件。其中，办理涉外、涉港澳台居民及华侨结婚登记1249对，离婚登记108件，补发婚姻登记证264件，出具（无）婚姻登记记录证明348件。市本级与11个县（市、区）民政局建立颁证室和婚姻家庭辅导室。全市免费参加结婚颁证8068对，免费接待婚姻家庭辅导服务6232人次。2015年起，婚姻登记免收工作费。

流浪乞讨人员救助 2015年，温州市救助流浪乞讨人员10036人。市救助管理站筹集临时救助资金956.46万元，其中地方财政425.46万元；市本级救助流浪乞讨人员4417人，支出救助资金926.81万元。

殡葬管理服务 2015年，温州市有殡仪馆8个，经营性公墓17个，公益性公墓660个。全年火化遗体43693具。全市坟墓生态化改造约1万座，累计改造约7万座，全市“两路两侧”“四边区域”视线范围内青山白化得到整治。建立常态化的“禁新”督查巡查、排名通报、跟踪整改机制，发现在建、新建、翻新私坟169座，整改率100%。继续完善青山白化治理监察综合平台，投入两驾无人机在大罗山区域开展青山白化空中巡查监管试点。开展公墓建设管理规范整治专项行动，完成新建的87座公益性公墓生态园林化建设和改造任务，全市公墓建设备案率、普查率均100%，年检合格率超95%。制定生态葬法奖励制度，清明节期间举行骨灰联合海葬31例，举行树葬、花葬、草坪葬200余例。

民政优抚 2015年，温州市调整提高抚恤补助标准，贯彻新修订《浙江省军人抚恤优待办法》，及时兑现优抚对象各类优待政策。做好纪念抗战胜利70周年系列活动，开展全市优抚对象信息核查工作。认定带病回乡退伍军人249人，办理浙江省抚恤优待证340个，补评残疾军人21人，慰问优抚对象14844人。其中，走访慰问重点优抚对象6931人，使用慰问资金787.95万元。配合“浙江民政优抚医疗巡诊服务”活动，开展全市退伍精神病残疾军人巡诊活动。

退役士兵接收安置和军休管理 2015年，温州市接收2014年冬季退役士兵3019人，其中城镇退役士兵606人、农村退役士兵2254人，发放自谋职业和自主就业一次性经济补助金6738万元。符合政府安排工作退役士兵159人，其中安置事业单位151人、安置国有企业6人、自谋职业2人。市本级确定8所机构作为全市培训调剂机构，981名退役士兵参加职业教育培训。接收军队退休干部7名、无军籍职工1名，落实军休人员各项待遇，利用社区资源、社会机构资源为军休人员提供个性化服务。

双拥共建 2015年，温州市围绕“全国双拥模范城”四连冠创建目标，提升双拥工作整体水平，促进部队战斗力建设和温州经济社会发展。春节、“八一”等节日期间，组织开展走访慰问、国防教育、“双拥在基层”等系列活动，促进双拥活动常规化、制度化。全市全年共慰问驻温部队545批次，慰问金额2639万元，慰问物资987.8万元。驻温部队参与抢险救灾出动兵力105681人次、车辆9217台次、转移抢救群众153404人次、抢运物资76.03万吨、捐款192.4万元。

福利企业 2015年，温州市有福利企业110家，全市福利企业为社会提供就业岗位7779个，其中安置残疾职工2910人，安置比例为37.41%；残疾职工人均月工资2383.73元，同比增长4.39%；社会保险人均月投保额927.84元，同比增长7.42%。

福利彩票 2015年，温州市福利彩票销售19.1亿元，筹集福彩公益金5.8亿元。联合晚报雪君工作室、温州电视台、温州电台等媒体开展“938福彩助力梦想”“福彩牵手·助圆大学梦”“感受公益福彩”“公益福彩·与你同行”等公益活动，资助2657人，发放福彩公益金293万元。

（陈蓓蕾）

基层民主政治建设

概况 2015年，温州市完成所有行政村、社区村规民约、社区公约“两约”的制定修订工作。制定修订过程充分考虑自然、历史、人文、风俗习惯、（村）居民文化素质等诸多因素，形成个性化的“一村一规”“一社一约”。

城乡社区建设 2015年，温州市启动城乡社区对口见学活动，通过组织开展对口见学活动，建设一批治理有序、服务完善、文明祥和的城乡示范社区。至年末，全市有305个城乡社区、935人次（不含民政干部）参与，召开座谈会41场。全年全市培训村（居）干部4万余人次，村民代表20余万人次。

农村基层作风巡查 2015年，根据温州市委统一部署，做好农村基层作风巡查配合工作。至年末，市派巡查组在各地接待群众1600批6282人次，通过接访、暗访等途径，办理问题1749件，化解历史遗留问题和“三访”问题411件，解决民生问题140件。

（陈蓓蕾）

地名管理

地名服务管理 2015年，温州市按照全国统一部署，开展第二次全国地名普查补查及资料更新整理工作。

地名命名和地名标志设置 2015年，温州市命名标准地名493个，其中道路名称（含巷）278个、建筑物名称（含住宅区）215个，设置地名标志26762块，其中路牌1873块、门牌24889块。

（陈蓓蕾）

社会保险

社会保险参保水平 2015年，温州市企业职工基本养老保险参保人数256.94万人，同比减少4.67万人；城乡居民基本养老保险参保人数211.29万人，同比减少9.15万人。职工基本医疗保险参保人数162.92万人，同比增加4.65万人；城乡居民基本医疗保险参保人数595.18万人，同比减少0.23万人。失业保险参保人数110.8万人，同比增加2.71万人。工伤保险参保人数240.19万人，同比增加3.14万人。生育保险参保人数101.04万人，同比增加3.56万人。被征地农民基本生活保障人数41.9万人,同比减少4.29万人。

社会保险政策制度 2015年,温州市印发《关于进一步规范市区被征地农民基本生活保障有关政策的意见》,规范被征地农民基本生活保障缴费标准档次的“升档”和转入城镇职工基本养老保险的相关政策范围。印发《关于2015年调整市区企业退休人员基本养老金的通知》,对市区20.7万人企业职工养老保险退休人员调整基本养老金,调整后市区企业退休人员(含退职人员)基本养老金月平均水平为2485.03元。出台《关于调整城乡居民基本养老保险基础养老金标准的通知》,将市区城乡居民基本养老保险基础养老金标准由每人每月130元调整为150元。印发《关于进一步完善温州市大病保险制度的实施意见》,将职工基本医疗保险参保人员和城乡居民基本医疗保障的参保人员统一纳入大病医疗保障制度范围。印发《关于调整市区离休干部住院床位费支付标准的通知》,市区离休干部住院床位费基本医疗保险基金支付限额由45元/日调整为100元/日。印发《温州市基本医疗保险按病种结算办法(试行)》,市区首批试点8家医院,4个病种,参保人员在定点医疗机构进行相关病种住院治疗发生的医疗费用,医保经办机构按各病种付费定额标准与定点医疗机构进行结算。

社会保险服务管理 2015年,温州市社会保险管理中心与市地税、市人力社保局信息中心等部门建立联席会议制度,加强对县(市、区)社保经办机构的指导。完成全民参保登记工作,入户调查完成率、数据录入率和登记率均为100%,工作进度列全省第二。完成市本级个人权益记录单数据采集、宣传资料编印等工作。启动实施机关事业养老保险制度改革,基本完成机关事业单位养老保险基础信息采集工作。市医疗保险管理中心实行窗口医疗费报销全程代办,推出便民购药举措,行动不便的患者在治疗期间可由家属在参保患者所辖定点社区卫生服务机构登记代购药品。

医疗保险监管 2015年,温州市印发《关于印发温州市区大病保险用药管理服务操作规程(试行)的通知》,加强和规范大病保险药品使用管理。印发《温州市区医疗保险基金网上银行支付管理办法》,强化医保基金监管。印发《温州市基本医疗保险定点零售药店委托第三方审计实施方案》,委托第三方机构对市区基本医疗保险定点零售药店执行医保政策、医保服务、医保管理等情况进行审计检查。全市医保经办机构和13676名医生签订协议,建立医保医师库,将医保监管从两定单位延伸到医务人员的服务。开展医保联动稽核、“红色旋风”医保专项巡查等医保稽核工作,书面稽核、实地稽核、联动稽核134家次,查处违规案例33起,发送整改通知书37份,取消定点资格1家,暂停定点资格1家,通报批评2家,追回违规费用85.57万元。6月,市医保智能监管平台上线试运行,235家省、市、县级医疗机构和部分连锁药店平稳接入,纠改不合理费用578万元。

温州市民卡工程 至2015年末,温州市累计采集社会保障·市民卡信息738.09万人,全年新增充值服务网点、商业消费网点463个。发展市民卡在线充值、互联网支付等业务,拓展公交、自行车、汽车加油、文化体育消费、超市便利店购物、运动健身、图书借阅、森林旅游、住房公积金查询、诊间结算等30多项应用,公交、加油服务领域实现全市通用。

(项　博)

民族事务

概况 2015年,温州市有少数民族常住人口30.17万人,占全省少数民族人口的25%。有畲族、回族等52个少数民族成分,万人以上的民族有6个,以土家族、苗族和畲族为最多,分别为7.6万人、7.5万人和4.9万人,主要分布在平阳、苍南、文成、泰顺4个县,具有大分散和小聚居结合的特点。全市有民族乡镇7个,分别是平阳青街畲族乡,泰顺司前畲族镇、竹里畲族乡,文成西坑畲族镇、周山畲族乡,苍南岱岭畲族乡、凤阳畲族乡等。有民族村96个,其中文成县28个,泰顺县20个,平阳县12个,苍南县30个,洞头区1个,瑞安市4个,永嘉县1个。苍南县莒溪镇畲族人口约5100人,占常住人口的29.3%,是浙江省少数民族人口比例最高和绝对数最大的乡镇。

全市有少数民族流动人口37.8万人,是全省少数民族流动人口最多的市。少数民族流动人口主要来自湖北、贵州、湖南、甘肃、新疆等省(自治区),大多在市区和经济发达城镇从事务工、经商等活动。

民族乡镇民生建设 2015年,温州市7个民族乡镇实现工农业总产值7.38亿元,按现行价格年均增长15.7%,少数民族农村居民人均收入9855元,按现行价格年均增长15.6%。此外,少数民族乡镇对外交通日益便捷,建成56省道司前至乌岩岭通景公路、南雁—青街红色旅游通道拓宽工程、56省道花园至西坑段等重大道路工程,农村“康庄工程”道路覆盖行政村。

第六届“三月三”畲族文化节 2015年4月21日,温州市第六届瓯越“三月三”畲族风情旅游文化节在文成县西坑畲族镇举行,由温州市民族宗教事务局和文成县人民政府联合主办。文化节以“天然文成、好客畲乡”为主题,设置“艺传千载”畲族传统民俗技艺百工展、“山乡巨变”畲族风情图片展和“香飘百里”土特农副产品购物街,并开展文成知名景点体验采风活动。

(郑　克)

计划生育

概况 2015年,温州市上报出生87302人,其中计划内75295人,女孩41193人,计划生育率86.25%,高于省责任制指标2.25个百分点。多孩违法生育1472人,多孩违法生育发生率1.69%,控制在省责任制2%的指标以内。出生人口性别比111.93,同比下降2.25个比值;按国统报表口径,出生人口性别比113.46,同比下降1.50个比值。全市征收社会抚养费18959例,征收金额8.04亿元。

人口计生行政监管 2015年,温州市受理“单独两孩”再生育申请13929例。

人口计生财政补助 2015年,温州市落实计生家庭利益导向政策,获奖励扶助和特别扶助23145人,政府补助2.26亿元;计划生育家庭参加城镇职工养老保险80055人,政府累计补助8.3亿元;

获公益金补助12703人，政府补助2944万元。关爱帮扶计生特殊家庭，失独家庭接受辅助技术再生育9户，成功3例，政府补助20.44万元。

人口计生服务及活动 2015年，温州市建立病残儿童高风险家庭档案248户，随访率96%。参加送健康进家庭活动服务人员3780人，建立健康档案3015例，提供生殖健康检查服务24538人次。开展“计生困难家庭幸福生活促进”活动，为3378户家庭解决生产生活生育难题。举办“生育关怀·爱心助学”行动，3496名困难学子圆梦求学。开展青春健康“五进”活动509场，直接受益5.26万人。

流动人口计生管理 2015年，温州市与全国448个区域协作点建立流动人口计生服务协作协议，建立安徽籍流动人口党支部+计生协作工作站5个。瓯海区南白象街道、乐清市乐成街道、瑞安市莘塍街道创成流动人口计划生育规范化服务中心省级示范单位。为外省提交流动人口现居住地重点服务管理信息698158条；户籍地重点信息44362条，反馈44047条，接收反馈率99.29%。

（黄旭礼）

移民工作

移民后期扶持 2015年年末，温州市大中型水库移民后期扶持直补人口92939人，比上年末核减714人，新增平阳顺溪水库直补移民1982人。投资完成大中型水库移民后期扶持规划、大中型水库库区及移民安置区基础设施和经济发展规划、小型水库移民解困规划、珊溪水库移民后期扶持规划等4项规划移民专项资金1.46亿元，其中直补资金0.55亿元，项目扶持资金投资0.91亿元，实施项目786个。在库区和移民安置区实施小型公共基础设施项目，包括交通、农林水利、饮水安全、生态保护、村庄整治等。10月，水利部移民开发局稽查瑞安市和苍南县两地的大中型水库移民后期扶持政策实施情况。

移民难题化解 2015年，温州市移民办通过司法、行政、经济以及综合调解等渠道和方式，解决移民历史遗留问题38个。市本级接待涉及移民政策信访43批次129人次，信访批次与人次比上年分别下降46.25%和32.81%；办理上级及相关部门交办的信访件5件；转县（市、区）办理信访件4件，办理信访复查申请1件，协助市政府复核2件。

新建水利工程移民工作 2015年，温州市执行新建水库的规范工作流程及安置政策，依法开展新建水库移民系列工作。平阳县顺溪水利枢纽工程的后期扶持人口1988人通过水利部移民局批复，完成档案等基础材料收集；泰顺县甲家渡水电站建设完成移民实物调查；永嘉县南岸水库被列入国家重大水利工程前期工作，明确目标书。

老龄工作

概况 2015年年末，温州市有60周岁以上老年人口132.6万人，占总人口的16.38%，比上年同期增加5.11万人，增长4.01%。其中，65岁以上老年人口88.33万人，占总人口的11%；70岁以上老年人口58.6万人，占总人口的7.2%；80岁以上的高龄老人20.8万人，占老年人口总数的2.6%；90岁以上的高龄老人2.64万人，占老年人口总数的0.32%。全市60岁以上老年人口中，城镇人口40.4万人，农村人口92.2万人，分别占老年人口总数的30.5%和69.5%。鹿城区和瓯海区老龄化系数排在全市前二位，老年人口占总人口比重分别为19.5%和18.2%；苍南县老龄化程度最低，老年人口占总人口比重仅为14.4%。

百岁老人情况 2015年年末，温州市有百岁老人439人，比上年同期增加24人，其中女性294人，占66.9%，男性145人，占33.02%。百岁老人最多的是永嘉县，有94人，其次是乐清市，有72人，最少的是经济开发区，有3人。长寿之冠是1900年10月出生的苍南县115周岁的张香梅（女）老人。

老龄化发展状况 2008年～2015年，温州市老龄化发展状况：统计资料显示，全市老年人口2008年年末103.61万人，占总人口的13.42%；2015年末132.6万人，占总人口的16.38%，7年净增28.99万人，年均增长3.9%。80岁以上的高龄老人2008年年末19.43万人，占老年人口总数的18.75%；2015年年末20.85万人，占老年人口总数的15.72%，7年净增1.42万人，人口高龄化发展明显快于人口老龄化发展速度。

基层老年人协会建设 2015年，温州市基层社区建立老年人协会499个，占社区总数的77.76%；老年人入会总人数21.7万人，占社区老年人口总数的60.6%。全市行政村建立老年人协会4656个，占行政村总数的86.09%；老年人入会总人数79.05万人，占行政村老年人口总数的83.07%。鹿城区、龙湾区、瓯海区、洞头区、瑞安市和经济开发区建会率均为100%。

养老服务组织建设 2015年，温州市有养老机构451家，其中民办281家；养老床位新增7029张，累计57105张，其中护理型床位20433张，平均每百名老年人拥有床位数4.5张；在院老人数39871人。居家养老服务照料中心新增924家，累计2243家，其中社区级761家，行政村级1482家。建立居家养老志愿服务队伍2227支，志愿者29056人。享受政府补贴居家养老服务的老年人25352人，各级政府补贴总额3534万元。

老年学校与社团建设 2015年，温州市有老年电大分校12所，教学点1505个，在校学员83582人，累计毕（结）业学员56668人。老年大学15所，在校学员25150人。社区老年学校103所，在校学员3862人。老年文艺团队1208个，参加人数28222人。各类老年体协2820个，会员908712人。老年体育团队791个，参加人数34181人。

老年人活动场所建设 2015年，温州市建有老年活动中心（室）4793个，总投资12.9亿元，建筑面积447.01万平方米，全年老年人参与活动114.5万人。新增投入使用262个，建筑面积6.69万平方米，投入资金11923.23万元。其中政府投入2189.6万元，集体投入1941万元，民间及个人投入6876.23万元，其他916.4万元。创建星级老年活动中心（室）2427个。其中一星级370个，二星级1984个，三星级71个，四星级2个。

2015年温州市60岁以上老年人口概况

表42

人口 县（市、区）	老年人口数（人）	占总人口的比率（%）	与上年同期相比		按生活区域分	
			增加老年人口数（人）	老年人口增长比率（%）	城镇（人）	农村（人）
总　计	1325988	16.38	51146	4.01	404048	921940
鹿城区	144617	19.46	5861	4.20	111588	33029
龙湾区	37129	16.29	2454	7.10	8229	28900
瓯海区	78669	18.20	4080	5.50	6254	72415
洞头区	24818	16.21	5956	31.60	2317	22501
乐清市	202566	15.82	8850	4.60	94102	108464
瑞安市	205731	16.74	8780	4.50	42347	163384
永嘉县	152221	15.78	−3948	−2.50	13007	139214
文成县	68963	17.42	2298	3.40	6897	62066
平阳县	148860	16.87	5545	3.90	58103	90757
泰顺县	57550	15.59	2152	3.90	22218	35332
苍南县	189892	14.40	8386	4.60	38817	151075
经开区	14972	14.92	734	5.10	169	14803

2015年温州市百岁老人状况

表43

人口 县（市、区）	总人数（人）	按性别分类		按生活区域分类	
		男性（人）	女性（人）	城镇（人）	农村（人）
总　计	439	145	294	111	328
鹿城区	26	9	17	23	3
龙湾区	13	6	7	6	7
瓯海区	11	2	9	0	11
洞头区	7	2	5	1	6
乐清市	72	23	49	26	46
瑞安市	36	11	25	8	28
永嘉县	94	32	62	16	78
文成县	48	18	30	4	44
平阳县	41	14	27	16	25
泰顺县	37	12	25	1	36
苍南县	51	17	34	10	41
经开区	3	1	2	0	3

2008年～2015年温州市老年人口增长情况

表44

人口 年份	60岁以上老年人口数				65岁以上老年人口数（万人）	70岁以上老年人口数（万人）	80岁以上老年人口数（万人）	100岁以上老年人口数（人）
	总计（万人）	占总人口（%）	净增人数（万人）	增长比例（%）				
2008年	103.61	13.42	4.46	4.10	76.00	51.61	19.43	226
2009年	107.84	13.85	4.23	4.08	77.33	53.67	19.43	242
2010年	110.78	14.08	2.94	2.73	80.39	55.42	21.02	307
2011年	116.71	14.67	5.93	5.35	83.87	57.17	20.07	367
2012年	118.30	14.81	1.59	1.36	82.33	55.50	19.91	403
2013年	120.65	15.09	2.35	1.99	76.69	54.54	20.16	454
2014年	127.48	15.64	6.83	5.67	86.65	56.80	20.17	415
2015年	132.60	16.38	5.11	4.01	88.33	58.61	20.85	439

为老维权 2015年，温州市有老年法律援助中心123个，各类维权机构227个。老年法律援助中心受理涉老案件221件；法院受理涉老案件1177件，审结涉老案件1197件，法执行涉老案件823件。老年人信访来信145件，妥善处理118件，占总数81.38%；接待来访1295人次，解决反映情况1644人次。

困难老人救助 2015年，温州市救助困难老人6.64万人，其中纳入“低保”4.42万人。落实救助资金16959.37万元，比上年增加3183.92万元，其中纳入“低保”享受金额12928.3万元。

（陈蓓蕾）

关心下一代工作

关工委主题教育活动 2015年，温州市各级关工委组织开展“爱学习、爱劳动、爱祖国”主题教育千场报告会活动，举办各类报告会2379场次，受教育青少年59.90万人次。清明节期间，各地组织青少年开展祭奠英烈系列活动及“网上祭英烈”活动。市关工委在全市中小学校和社区开展纪念抗战胜利70周年图片巡展活动，开展“铭记历史，圆梦中华”主题征文比赛活动，190个学校的青少年学生提交1869篇文章参加全省征文比赛，获奖47篇。

关工委帮困助学 2015年，温州市各级关工委募集帮困助学资金1297.71万元，受助学生10230人次。市关工委继续开展110名“五老”结对特困学生的专项帮扶工作；与市慈善总会联合到民工子弟学校慧才小学慰问困难家庭子女50人；与市福彩中心联合资助大学新生248人每人5000元，连续资助历年大学生34人每人2000元。全国助残日期间，市关工委对130名残困少年开展专项资助，到小银河特殊教育学校慰问自闭症儿童，赠送康复训练设备。“六一”前夕，市关工委为民工子弟学校赠书500册建图书室，并邀请讲师团老教师作阅读专题讲座。

网吧监督与健康关爱 2015年，温州市有“五老”网吧义务监督员1774人，全年开展巡查3524场次，劝说和制止未成年人进网吧，向监管部门反馈巡查中发现的问题，净化青少年成长的网络环境。市关工委与心理服务志愿者协会联合开展以“让爱飞扬，与心同行”为主题的心理健康服务基层行活动，到学校、社区开展心理健康服务34场次，受益青少年2750人次。5月，市关工委组织老科协45名“五老护苗”志愿者到乐清市仙溪镇龙西学校，为全校师生免费体检。

假日学校与女童保护活动 2015年，温州市关工委组织“五老”参与假日学校工作，举办以返乡青少年为对象的寻根之旅夏令营，以留守儿童为对象的七彩童年夏令营，以特殊困境青少年为对象的关爱帮扶夏令营，开展课业辅导、艺术指导，将心理辅导、安全度假等内容引入假日学校课程。全年各地举办暑期假日学校192场次，参与“五老”人员562人次，受益青少年1.75万人次。市关工委对接参与“女童保护”公益项目活动，在各类假日学校引入“女童保护”课程，举办讲座67场次，听课儿童5468人次。

未成年人观护与帮教 2015年，温州市各级关工委组织“五老”参加未成年人观护行动，协助公检法司等部门开展未成年人权益维护工作，全市“五老”帮教青少年3789人，其中取得明显进步青少年1612人。6月，市关工委组织“五老”到三垟强制戒毒所开展帮教活动，勉励学员增强信心，争取早日解除毒瘾。

青少年法制教育 2015年，温州市各地关工委针对青少年成长时期的特殊性，通过以身说法、模拟法庭、法治电影展播等方式开展青少年法治教育，全年举办法治教育报告讲座1307场次，受教育青少年49.92万人次。市关工委与司法局等单位联合开展第五届“法在心中”法治漫画创作和“宪法好声音”演讲比赛等活动，获奖漫画和演讲作品分别为299幅和36个。

关工委科普知识宣传 2015年，温州市关工委发起建设“温州众创空间”，组织老科技工作者担任青年的创业指导师，奖励30名优秀中职学生每人1000元；组织科技老专家，编写科普书籍，印制1000余册赠送各学校；组织讲师团老教师到偏远地区学校为小学生作科普知识讲座，举办航模表演活动。

关工委基层组织建设 2015年，温州市继续推进“五好”基层关工委创建活动，被命名为第二批市级“五好”基层关工委76个。市关工委和苍南县关工委获“全国关心下一代工作先进集体”，宋玲华、石进才、徐学篯、苏尔虎、吴宏达等5名老同志获“全国关心下一代工作先进工作者”；市青少年教育讲师团被评为市优秀志愿服务集体，市青少年教育讲师团成员张小燕被评为市优秀志愿者。

（吴琛琛）

残疾人事业

概况 据第二次全国残疾人抽样调查推算，温州市有残疾人49.5万人，其中视力残疾6.7万人，听力残疾16.8万人，语言残疾0.5万人，肢体残疾11.2万人，智力残疾3.2万人，精神残疾4.2万人，多重残疾6.9万人。2015年，全市持第二代残疾人证133829人，其中残疾等级为一、二级的重度持证残疾人54910人，占全体持证残疾人总数的41.03%。全市残疾人状况及小康实现程度92.94%，超过“十二五”规划期末目标值12.94个百分点，首次进入全省中游水平。城镇残疾人家庭人均可支配收入占社会平均水平61.21%；农村残疾人家庭人均纯收入占社会平均水平89.35%。城镇残疾人参加基本医疗保险比例96.9%；农村残疾人参加新农合比例99.0%。学龄残疾儿童接受义务教育比例84.74%。有适应指征、符合条件的残疾儿童接受抢救性康复比例96.72%。全市残疾人事业经费财政投入29691万元，其中市本级财政投入2239万元，剔除基本建设等一次性投入因素后比上年增长1.43%。全市93个乡镇（街道）创成市级爱心乡镇（街道），创建率70%。有市级助残志愿者服务总队1支、县级志愿者服务大队11支，注册助残志愿者3562人。市残联获“全国残疾人体育先进单位”。

残疾人社会保障 2015年，温州市符合条件被纳入低保范围的困难残疾人44512人，纳入基本生活保障工程残疾人27562人。无固定收入残疾人生活补贴月人均标准由100元提高至125元。发放劳动年龄段残疾人专项生活补贴2049万元，受惠14721人。享受托（安）养服务的符合条件的重度残疾人和精神、智力残疾人18444人，发放专项资金9193万元。改造农村贫困残疾人家庭危房358户，投入专项资金388万元。落实残疾人住房保障，享受公共租赁住房（廉租房）实物配租和租赁补贴保障的市区重度残疾人家庭303户。在重度残疾人免费乘坐公交政策基础上，实施轻度残疾人600元/年·人定额免费乘坐公交政策。完善残疾人机动轮椅车燃油补贴申报发放工作机制，为704名残疾人机动轮椅车整治对象发放燃油补贴562万元。

残疾人康复工程 2015年，温州市实施残疾人康复工程，实施助听助明助行项目4460例，施行白内障免费复明手术2320例，康复训练智力残疾儿童、脑瘫儿童和孤独症儿童437人，残疾人享受社区不同程度康复服务3.4万人次。出台贫困精神残疾人服用基本抗精神病药物费用全额免费保障文件，医疗康复救助精神残疾人5797人。乐清市开展聋人基因筛查试点，出台高危人群致聋基因筛查项目实施方案，45周岁以下听力残疾人可免费筛查耳聋基因。

残疾人就业扶贫 2015年，温州市政府出台《关于支持大众创业促进就业的实施意见》，规定残疾人优先享受有关创业担保贷款、税费减免等25项优惠政策；市委组织部等六部门联合出台促进残疾人按比例就业的实施意见。市本级实施残保金“按月”征收新规定，全年征收残保金2.32亿元，比上年增加610.26万元。完善以集中就业、按比例就业为主，自谋职业、工疗庇护、网络就业为辅的残疾人就业新模式，举办残疾人就业专场招聘会8场，新增就业残疾人1616人，就业创业帮扶残疾人2209人次。全市有残疾人扶贫基地135家，安置残疾人954人，创成残疾人扶贫基地省级12家、市级25家。党政机关按比例安置残疾人就业，定向招录残疾人事业编制2人。推进基层党组织助残扶贫工程，扶残帮困低收入残疾人13993人，基本消除家庭人均年收入“4600元以下”贫困现象。

残疾人教育 2015年，温州市在省内率先出台加快特殊教育发展的实施意见，残疾学生平均公用经费标准达到普通学生的15倍，为全省最高。完善残疾学生及贫困残疾人子女助学补助制度，实现残疾儿童从学前教育到高等教育的全程资助，全市持证适龄残疾儿童少年3018人，入学2962人，入学率98.14%。将助学补助残疾学生及贫困残疾人家庭子女工作纳入市政府为民办实事项目，受益6912人次，发放补助金881万元。继续实施免除残疾人大学生学费住宿费政策，享受政策补助温籍大学生87人，发放补助金87.55万元。举办第八届残疾人职业技能比赛，残疾人职业技能、实用技术培训1461人。

残疾人权益维护 2015年，温州市将残疾人权益维护工作纳入平安温州考核，建立全市残联系统“平安建设”月报制度，未发现因保障服务不到位而产生的侵害残疾人合法权益的重大事件。全市建立县级残疾人法律援助工作站11个，全年接待残疾人来访206人次，法律咨询68人次，法律援助13件，发放临时救助5.12万元。温州电视台《政情民意中间站》栏目就市区道路盲道变“忙道”开展电视问政等。

无障碍设施建设与服务 2015年，温州市连续三年将“无障碍设施进家庭”纳入为民办实事项目，享受无障碍设施改造和器具配置残疾人家庭1677户，累计投入506万元。基本建成覆盖全市的残疾人综合服务设施网络，各县（市、区）残疾人综合服务设施大部分已投入使用并发挥康复、培训、协会活动等基本功能。建成残疾人小康·阳光庇护中心98家，其中省、市级命名40家。打造市区学院中路段无障碍示范街，开展银行业电子渠道无障碍服务建设试点，改造工商银行温州支行三板桥分理处爱心专座、专用低位ATM机与自助服务机等无障碍设施。全市120余家残疾人综合服务中心、康复托养服务机构、残疾人小康·阳光庇护中心服务残疾人4.13万人，服务人数约占持证残疾人总数的30%。

残疾人文体活动 2015年，温州市新建市级残疾人文化艺术示范基地6个、市级残疾人体育示范基地1个、残疾人体育健身示范点42个，培训残疾人体育健身指导员87人、文化辅导员66人。全市开展残疾人文体公益活动50余场，举办第六届残疾人艺术周“五进”活动，到基层演出38场。举办市首届残疾人健身操比赛。成立市首支聋人男子篮球队。在第八届亚太听障运动会上，温籍残疾运动员取得1金6银1铜成绩；在全国第九届残疾人运动会上，18名运动员取得16金1银5铜成绩，打破1项全国纪录。温州残疾学生参加第七届全国特教学校学生艺术会演获一等奖2个、二等奖1个。管新民作品《神兵天降》获第四届国际聋人摄影展聋人组金奖。

（林敏敏）

慈善事业

善款募集与支出 2015年，温州市两级慈善总会募集善款68926.31万元，其中市总会募集善款7372.81万元；两级慈善总会救助支出56531.51万元，20.52万人次受益，其中市总会支出善款5343.71万元，2.67万人次受益。全市慈善帮扶基金207个，全年募集资金5875.6万元，支出救助资金2641.5万元，惠及困难群众2.5万人次。市工商联等10个慈善分会募集善款1865.18万元。设在市总工会的50个基金募集善款3316.38万元；106支小额冠名基金募集资金110.52万元。开展“慈善一日捐”活动，450余个单位（系统）参与，募集善款733.15万元。3月，市总会与温州新闻网联合推出“乐善365”温州慈善网络捐助平台，35家公益组织入驻，发起救助项目73个，1.81万人次参与，线上募集善款259.22万元。

慈善救助活动 2015年，温州市慈善总会在13家定点医院开展助医项目13个，支出非定向救助金310.12万元，救助1235人。协助中华慈善总会援助项目，发放价值2亿余元的12种药品。取得省“心希望基金”救助项目支持，救助心脏病患者8人。取得省“福彩儿童大病救助”项目支持，30名儿童患者得到60万元的医疗援助。市慈善总会与市残联举办“爱心助残·送轮椅”活动，向苍南、泰顺县253名残障人士赠送价值10万元的轮椅。市慈善总会设立“慈善助残·无障碍设施进家庭”项目，投入资金30万元，帮助75户残疾人家庭。市慈善总会与市人民教育基金会等八家单位联合继续开展“爱心温州·结对助学”活动，市慈善总会出资助学金479.17万元，资助学生1838人。儿童节期间，市慈善总会安排善款5.5万元，走访慰问4所特殊儿童机构。春节期间，市慈善总会安排资金96万元，走访慰问各类困难家庭与特困群体；与《温州晚报》雪君工作室联合举办第13届“爱心温州·情暖万家”慈善大宴。抗战胜利70周年期间，市慈善总会到永嘉等地慰问走访41位抗战老兵，发放慰问金6万元。重阳节期间，市慈善总会与市老龄办联合开展“爱心温州·慈善助老”送温暖活动，市慈善总会安排救助金42万元，慰问困难老人600人。

抗台救灾援建 2015年8月，温州市慈善总会安排救灾款50万元（平阳县20万元，泰顺县、文成县、苍南县各10万元），用于台风“苏迪罗”所致重灾户的应急救助。市慈善总会建立120万元的“温州慈善爱心助学基金”，当年起连续4年，每年安排30万元专项用于云南省鲁甸县和巧家县地震重灾区开展慈善助学项目。出资20万元援建云南省昭通市盐津县庙坝镇芭蕉自然村一座过河水泥平板桥。

慈善义工及活动 2015年，温州市慈善总会新增慈善义工队伍10支，总数102支。开展义工活动3000余次，参加服务义工4.4万余人次，服务时间30余万小时。10余支义工队结对30个敬老院，50个社区服务点，为3500余名老人、数万名群众开展长期的、固定的医疗、康复、护理和家政等服务。

（夏建才）

2015年5月12日，浙江省第四届平安中国防灾宣导公益活动暨温州市2015年防灾减灾宣传活动周　金　钢/摄

红十字会工作

应急救护培训 2015年，温州市继续将应急救护培训列入市十大民生实事。市红十字会开展应急救护培训14.67万人次，其中培训救护员2.97万人。举办师资培训班和主题沙龙6期。开展应急救护技能大赛、现场应急救护演练6期。

造血干细胞和器官捐献 2015年，温州市完成造血干细胞捐献者样本采集入库967例，实现捐献6例。器官捐献登记71例，实现捐献8例。遗体捐献1例。建立人体器官和角膜捐献2个专项救助基金。落实造血干细胞捐献志愿者享受“四免”政策。市红十字会开展清明节缅怀器官捐献者等主题活动，到上海、南京等地学习考察人体器官（遗体）捐献工作。

红十字会人道救助 2015年，温州市红十字会募集救灾救助款物价值3200余万元，发放2200余万元。开展“博爱送万家”活动，慰问困难家庭3000余户。开展“关爱山区贫困儿童”冬日送温暖活动，惠及500余名困境学生。实施第四批“爱心红十字·贫困两癌妇女关爱资助行动”，新建10个红十字博爱救护站点。

红十字志愿者服务 2015年，温州市红十字会志愿者参与台风“苏迪罗”、丽水里东村泥石流滑坡现场救灾救援。年内，红十字志愿者志愿者开展献血、敬老等服务54次；造血干细胞捐献志愿者陈福春入选“中国好人榜”；遗体（器官）志愿捐献者吴永安入选“最美温州人”候选人。红十字应急救护培训志愿者服务队获浙江省最美志愿者团队、救护师张若获最美志愿者荣誉称号。

红十字宣传活动 2015年，温州市红十字会举办纪念世界红十字日等广场活动并开展图片巡回展9场。建设首个社区红十字文化公园，开展“红十字爱心故事”征集、“先进事迹传播与演讲”主题沙龙、“讲红十字好故事 传播社会正能量”等活动。开展“红十字大讲堂”活动。温州新闻综合频道每日播放器官捐献宣传片。

红十字青少年工作 2015年，温州市实施学校红十字青少年工作暨“生命与健康”教育三年行动方案（2015年～2017年）。新建市直学校红十字会27家、高校红十字应急救护培训基地4家。举办首届优秀红十字青少年夏令营、首届红十字青少年应急救护技能大赛、首届“红十字好故事进校园”等活动。在海峡两岸红十字“博爱论坛”作红十字青少年工作主旨发言。市红十字会获2015年度全省红十字青少年工作先进单位。

（白　云）

温州新居民工作

概况 至2015年6月30日，温州市流动居（暂）住人口总量有所增加，登记在册新居民339.99万人，其中男性195.17万人，占57.40%，女性144.83万人，占42.60%，实发居住证2498734人。上半年，为保证基础数据的准确性，及时更新流动人口信息数据，全市开展G20安保基础大排查专项行动、流动人口基础管控百日攻坚行动和流动人口居

2015 年 6 月温州市新居民分布情况

表45

县（市、区）	新居民人数（人）	2015 年占比（%）
鹿城区	660012	19.41
龙湾区	455134	13.38
瓯海区	603119	17.74
洞头区	2242	0.07
乐清市	609908	17.94
瑞安市	543451	15.98
永嘉县	225920	6.64
文成县	6863	0.20
平阳县	146297	4.30
泰顺县	5741	0.17
苍南县	121718	3.58
经济技术开发区	20180	0.59
合　计	3399985	100.00

2015 年新居民就业分布

表46

就业方式	人数（人）
务　工	2976124
经　商	24378
务　农	9115
服　务	25213
就　读	77595
随迁学龄前子女	130676

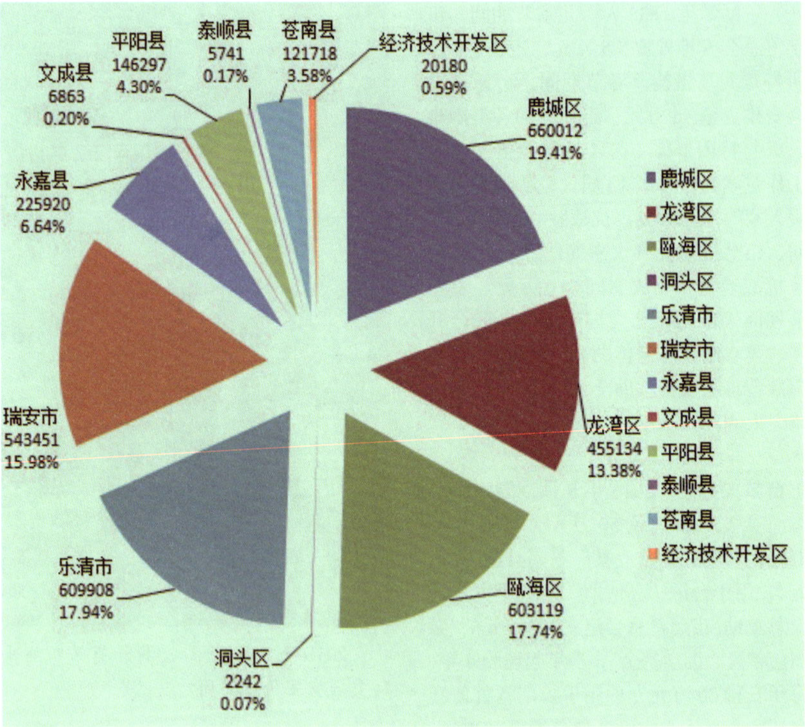

图19　2015年6月温州市新居民人数分布

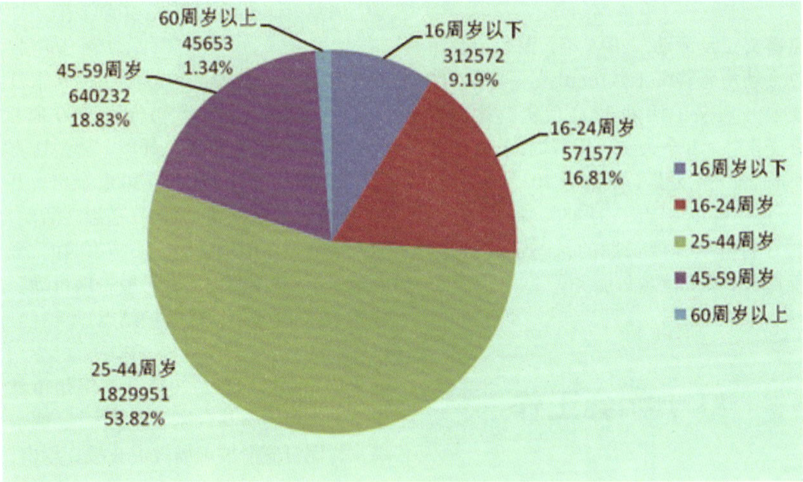

图20　2015年温州市新居民年龄构成

住登记“自动注销”整治清零等专项行动，建立完善常态化的流动人口信息登记、注销工作机制，逐一核对确认到温、离温人员。

居住分布。2015 年，温州市流动居（暂）住人口居住最多的是鹿城区，66.00 万人，占 19.41%；最少的是洞头区，2242 人，占 0.07%。

文化素质。流动居（暂）住人口中，高中以上文化程度 41.67 万人，占 12.25%；初中以下文化程度 298.34 万人，占 87.75%。

居住时间。流动居（暂）住人口中，居住半年以下的 126.60 万人，占 37.24%；居住半年至五年的 202.07 万人，占 59.43%；居住五年以上的 11.33 万人，占 3.33%。

就业分布。流动居（暂）住人口中，务工人员是主要构成部分，以服装、鞋类、小商品等劳动力密集型行业为主，数量 297.61 万人，占 87.53%；经济型流动居（暂）住人数 303.48 万人，占 89.26%。在经济型流动居（暂）住人口中，经商人员 24378 人，占 0.72%；服务业人员 25213 人，占 0.74%；务农人员 9115 人，占 0.27%。

年龄构成。流动居（暂）住人口中，年龄在 16 ~ 24 周岁的 57.16 万人，占 16.81%；25 ~ 44 周岁的最多，有 182.99 万人，占 53.82%；45 ~ 59 周岁的 64.02 万人，占 18.83%，60 周岁以上的 4.57 万人，占 1.34%。

居住方式。流动人口落脚点仍以单位内部、出租房屋为主。流动居（暂）住人口中，居住在租赁房屋最多，231.55 万人，占 68.10%；居住在单位内部的有 95.12 万人，占 27.98%；居住在居民家中的 36877 人，占 1.08%。与上年相比，居住在租赁房屋和单位内部的流动居（暂）住人口分别增加 81243 人、65573 人，同比增长 3.64%、7.40%；居住在居民家中和工地现场的流动居（暂）住人口分别减少 19958 人、1970 人，同比下

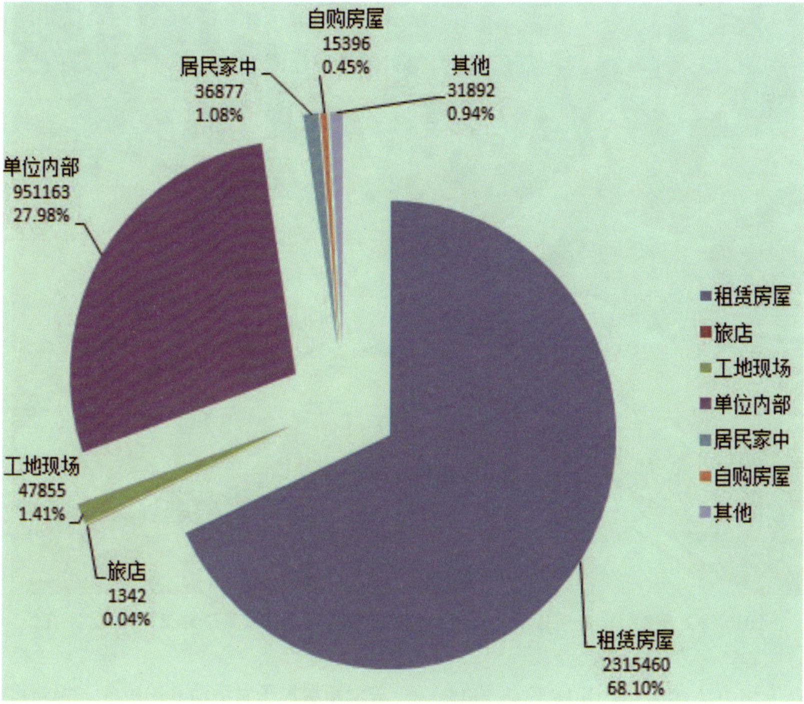

图21 2015年温州市新居民居住情况

降35.12%、3.95%。

新居民来源。来自省内的流动居（暂）住人口28.21万人，占8.30%，以省内经济相对落后地区的农村为多，比上年增加26968人、增长10.57%；来自省外的流动居（暂）住人口311.79万人，占91.70%，以安徽、江西、贵州、湖南、湖北、四川、河南省和重庆市为多，同比增加11.35万人、增长3.78%。

机构撤改 2015年，温州市撤销市新居民服务管理局，其承担的流动人口协调、监督、考核等行政职能划归市公安局承担。市政府印发《温州市人民政府办公室关于温州市新居民服务管理工作领导小组更名及人员调整的通知》，“市新居民服务管理工作领导小组”更名为“市流动人口管理服务工作领导小组”，办公室设在市公安局，日常工作由市公安局流动人口治安管理支队承担。突出公安主导作用，完善流动人口管理服务工作体制机制，落实流动人口管理服务职责。

流动人口信息卡管理与应用 2015年，温州市公安局流动人口治安管理支队制发流动人口信息卡（e居卡）306.7万张，平均制发卡率长期保持在95%以上，建成e居站1285台。采取制度化督导问责等管理措施，流动人口实际持卡率上升至91.2%，真实有效刷卡率上升至78.7%，集中虚刷现象大幅减少。通过“e居卡”管理应用，查获违法犯罪嫌疑人2140人、逃犯107人。全市列管[①]高危人员47987人，列管率1.58%，其中通过刷卡轨迹分析列管29809人，占列管总数62.15%。打击处理人员绝对数2835人，其中打击重点高危人员869名，重点高危打击率20%。鹿城区公安分局以“平安鹿城”APP为载体，建立“网络e居站”，提升流动人口用卡“自主性”，在南郊派出所试点，安装率55%，流口自主刷卡率90%。瑞安市、龙湾区流动人口管理部门配合基础部门开展电子门禁、电子门牌的试点工作，探索身份二代证ID号与e居卡号捆绑应用功能，获取流动人口的动态轨迹信息。

流动人口基础信息管理 2015年，温州市流动人口治安管理支队采集流动人口基础信息，强化常态核查管理，全市流动人口登记率、及时注销率等基础信息质量超过年初预设目标和省公安厅流管基础目标要求。7月，与市平安办联合下发《温州市平安办 温州市公安局关于明确2015年度温州市乡镇（街道）平安考核“流动人口管理服务工作不到位”项目考评细则的通知》，8月和11月两次暗访并通报全市部分乡镇（街道）流管平安考核工作，夯实流动人口基层基础管理工作。

新居民积分制管理 2015年，温州市流动人口治安管理支队为提升流动人口积分制服务及意外保险等工作，到嘉兴嘉善、苏州张家港等地（市）考察，学习各地先进做法，完善积分服务顶层政策设计，起草《温州市区稳定就业新居民住房租赁补贴管理暂行办法》，将流动人口纳入公共租赁住房补贴发放对象，鹿城区、龙湾区、瓯海区、洞头区、浙南沿海产业集聚区（经济技术开发区）流动人口可通过积分排名享受公共租赁住房补贴。做好县（市、区）积分制的指导工作，有序开展凭积分入学、享受医保等工作，全市开展流动人口积分制服务管理试点，制定子女就学、廉租房享受、卫计保障等积分政策文件，形成积分制1+X文件体系，积分入学5780人次。

综合信息平台建设 2015年，温州市流动人口治安管理支队在完善流动人口综合信息平台一期功能的基础上，开展平台二期建设工作，依托综合信息平台，建立流动人口动态监测分析制度，及时编制全市流动人口监测数据报告，为政府宏观调控和职能部门研究制订流动人口相关政策提供服务。综合信息平台与共享单位实现数据实时同步，在与市卫计委“全市诊疗人员信息系统”数据同步的基础上，新增全市人力社保参保人员数据和育龄妇女计生数据同步共享。至12月20日，已同步全市诊疗人员信息数据总量4872.5万条，市人力社保信息数据总量108.9万条，市计生信息数据总量312.5万条。

警务管理合作模式 2015年，温州市流动人口治安管理支队加强同各地在温商会的联系与合作，加强与外地相关公安机关联络，多方聘用驻温外地公安民警，协助本地警方管理外来人员，构建“外警+外商+新居民”三渠汇一式“以外管外”警务合作模式。至年末，与13个外地在温商会建立合作关系，累计聘请驻温外警12人，在“以外管外”工作中

①列管：指公安机关依法列入重点管辖的对象。

协助解决涉流口矛盾纠纷420起，稳控、化解群体性事件10起，获取预警性、苗头性情报信息9条。

流动人口双向协作机制 2015年，温州市流动人口治安管理支队与流动人口流出地和流入地政府间建立双向协作机制，形成常态化“两头抓、双向管”的工作模式，整合协作双方在人力资源、市场管理等方面的优势，实现流动人口信息互享、政策互通、管理互动、服务互补，提升流动人口服务质量和管理水平。与四川省达州市、重庆市万州区等地政府部门协作联动，定期进行工作情况交流和通报。组织人员到贵州省遵义市、毕节市等地学习考察流动人口管理服务工作。

新居民维权组织建设 2015年，温州市流动人口管理支队在流动人口相对集中的行业（企业）、村居（社区）以及流动人口团体中创建流动人口红色细胞维权组织、流动人口“以外调外”、流动人口协会等自治组织，延伸流动人口维权工作覆盖到企业、社区、村居。全市建立流动人口红色细胞维权组织149个，创建“以外调外”、流动人口协会、商会调委会等社会自治调解组织364个。“96345”流动人口服务热线，全年接听来电637例，办理满意率100%。

新居民技能教育培训 2015年，温州市流动人口管理支队发挥流动人口讲师团作用，开展流动人口就业创业、技能提升、岗前指导、法律知识等培训，使流动人口整体素质结构与产业转型升级相适应。全年全市流动人口讲师团到各地开展各类新居民素质提升巡讲活动40余次，培训8000余人次。加强流动人口学历教育，创造良好的学习条件，提高流动人口高中以上学历和初级以上职称的人员比例。

新居民系列宣传活动 2015年，温州市流动人口管理支队在温州广电传媒集团“绿色之声”栏目推出流动人口系列公益广告，弘扬传播“大爱温州”文化。与温州商报联合编辑出版《创业在温州（新温州人风采录）》，激励流动人口在温创业创新。开展各项流动人口普法活动，宣传相关法律法规。开展平安、消防、青少年违法犯罪等宣传教育活动131次，分发出租房安全提醒、电动车安全充电须知、十问居住出租房安全管理、煤气安全使用宣传、火灾事故案例宣传等各种宣传资料64.3万份。

2015年1月31日，鹿城区滨江街道新田园社区通过微信众筹请环卫工人吃“年夜饭” 陈志创/摄

新居民子女义务教育 2015年，温州市843所学校接纳义务教育阶段流动人口随迁子女入学24.2万人，占全市义务教育在校生总数的27.54%，入学率100%；流动人口随迁子女就读公办学校率75.87%。

新居民子女普高录取政策 2015年，温州市外户籍初中毕业生参加当年温州市初中毕业升学考试者，可被中等职业学校和民办普高的录取；如同时满足以下3个条件的，还可被公办普高录取：1.具有初中电子学籍和初中三年连续完整的学习经历；2.学生父母其中一方或法定监护人在温州市范围内已取得“浙江省居住证”或“浙江省临时居住证”一年及以上，并在温州市范围内取得工商执照或与用人单位签订一年及以上劳动合同（时间截至2015年3月）；3.学生父母其中一方或法定监护人在温州市范围内缴纳养老保险费一年及以上（时间截至2015年3月），且有相对固定居所（含租赁）。

（江海峰）

关爱新居民子女活动 2015年，温州市流动人口管理支队开展“关爱新温州人子女健康成长活动”等系列活动，在蒲州求真学校举办“扶助民工子弟学校 情牵流动人口子女”活动，向3所民工子弟学校图书馆赠送书籍1500本，为150名家境困难的新居民子女发放文具用品；在瓯海新阳小学举办“心存感恩、学会回报”为主题的关爱新居民子女活动。

团市委启动“12355共青团为你服务·成长护航”未成年人公益项目活动，其中有“成长护航·强起来”森马爱心餐、“成长护航·健起来”心乐园公益服务、“成长护航·亮起来”校园视觉关爱计划、“成长护航·懂起来”法治校园行动等服务内容，30余所新居民子女学校报名参加。

森马集团在慈善总会设立“森马”爱心餐公益专户，每年投入100万元，为15所农民工子弟学校近1万名学生提供营养爱心餐，该活动已连续实施3年。团市委、市希望办首次举办“森马”关爱新居民子女心理健康公益创投活动，市心理服务志愿者协会、市第七人民医院温州医科大学应用心理学系、温州大学“心航计划”心理工作室分别派人到15所学校，开展为期一年的心理健康普查、讲座、团队辅导、个案咨询等服务，受益学生1万余人。

（曹一帆）

（潘 达 杨千千 编辑）

科　学

综　述

概况　2015年，温州市实施创新驱动发展战略，推进科技体制改革。全市规模以上工业新产品产值1195亿元，完成年度任务163.5%，居全省首位；高新技术产业产值1822.4亿元，完成年度任务101.3%；技术交易合同额17.83亿元，完成年度任务370.6%，居全省第二；发明专利授权量1802件，完成年度任务167.5%；高新技术企业数770家，完成年度任务117.7%，居全省第三；科技型中小企业数2652家，完成年度任务110.5%。技术市场合同登记17.83亿元，完成年度目标任务的370%，9个项目获省成果转化资金补助348万元。连续两年获省科技进步目标责任制考核优秀单位。创成省级创新型试点城市，累计有省级创新型试点城市（县、区）4个，省级科技强县6个。

科技成果　2015年，温州市科技部门组织评审验收科技项目478个。科技项目获浙江省技术发明奖项目3项，其中《提高生长因子类功能蛋白表达量及稳定性的新技术及应用》二等奖、《半缩醛》和《继动双通快放组合阀》二等奖；获浙江省科学技术进步奖项目18项，其中一等奖1项，二等奖2项，三等奖11项；获浙江省自然科学奖项目2项，其中一等奖1项，三等奖1项。获市科学技术发明奖2项、科学技术进步奖项目56项。

科技创业平台建设　2015年，温州市加快推进低成本、便利化、全要素、开放式的科技服务创业平台建设。编制的《温州浙南科技城发展总体纲要》通过专家评审。温州海洋科技创业园完成基建工程并试开园，入驻企业18家。市政府出台《温州市关于发展众创空间推进大众创新创业的实施意见》等政策，召开全市推进众创空间建设现场会，认定首批市级众创空间8家。市区建成众创空间40余家，入驻创业团队500多家。创客梦工场启动运行，首批20个创业项目入驻。印发《关于加快温州科技大市场建设 促进科技成果转化的实施意见》。科技成果竞价38项，实际成交金额7425万元，居全省前列。印发《温州市重点科技中介服务机构认定管理办法》，认定市重点中介机构名单8家，复审5家。建设温州科技创新公共服务中心，孵化电子、互联网+、文化创意、设计等领域的科技成果14个，引进科技中介服务机构16家，引入民营资本投资提供配套服务，与中关村科技园等国内外18家机构签订合作协议，挂牌温州科技大市场、台湾青年创业就业园，提供20个创客工坊为大学生创业服务。推广应用创新券，制定《温州市创新券管理办法》，累计发放创新券1918万元，确认使用651万元。

科技金融服务工作　2015年，温州市深化科技金融结合试点工作。在全省率先开展科技企业贷款保证保险工作，市财政投入1000万元，用于企业保费、银行贴息和风险补偿；安排1000万元科技专项资金，用于科技贷款利息、保费补助和风险补偿；设立科技企业贷款风险补偿资金池2000万元，政府、银行、风险公司共担风险。全市累计136家企业获得科技贷款4.74亿元。设立市科技创新创业投资引导基金，打造温州科技金融服务平台，引导创投机构投资初创期科技型中小企业，为本地科技中小微企业和"创客"提供综合性科技金融服务。

激光与光电产业集群培育　2015年，中国（温州）激光与光电创新型产业集群初具规模，全市激光与光电及部分应用企业142家，其中高新技术企业96家，实现营业收入超过400亿元。实施激光光电技术项目15项，培育激光与光电技术应用示范企业5家；新增激光与光电技术创新载体2家，分别为温州大学的激光加工机器人省级重点实验室和温州激光技术应用示范推广中心。举办中国（温州）机械装备暨智能制造·激光展览会，参展企业30家，展位163个，观众1.23万人次，成交额约4000万元。举办第二届国际激光产业高峰论坛、第六期战略性新兴产业高级研修班、国家大院名校科技成果推介会（激光与光电专场）等活动。通快集团与温州大学共建激光技术研究实验室；与中国工程物理研究院签订合作共建中物院温州激光与光电技术研究院框架协议。

高新技术产业发展　2015年，温州市高新技术产业产值1820.81亿元，比上年增长7.4%；销售产值1679.74亿元，同比增长5.2%；新产品产值761.29亿元，同比增长18.1%，新产品产值率41.8%。全市高新技术企业新增133家，累计830家；省科技型中小企业新增820家，累计2652家，居全省第三位；省级企业研究院新增18家，累计44家，其中省级重点企业研究院新增3家，累计5家；省级高新技术企业研发中心新增27家，累计229家；市级企业研发中心新增67

2015 年温州市区域创新体系

表47

类别		单位
集群		中国（温州）激光与光电产业集群
科技园区		温州国家高新技术产业开发区
		温州市国家大学科技园
		浙江温州海洋农业高科技园
高新技术产业基地		国家火炬计划龙湾阀门特色产业基地
		国家火炬计划永嘉特种泵阀产业基地
		乐清市智能电器省级高新特色产业基地
		瑞安自动化装备省级高新技术特色产业基地
		瑞安汽车关键零部件省级高新技术产业基地
		瑞安市高分子材料制备与加工省级高新技术特色产业基地
		龙湾食品与制药装备省级高新技术特色产业基地
		永嘉系统流程装备省级高新技术产业化基地
		瓯海新型包装制品及设备省级高新技术特色产业基地
		苍南县仪器仪表高新技术特色产业基地
科技企业孵化器		温州高新技术产业开发区创业服务中心（国家级）
		乐清市科技孵化创业中心（国家级）
		温州市国家大学科技园孵化器（国家级）
		温州激光与光电科技企业孵化器有限公司（省级）
		温州市海洋科技创业园（省级）
		温州源大创业园（省级）
		温州蓝江软件园（省级）
		温州市鹿城创业服务中心（省级）
		瑞安市科技孵化创业有限公司（省级）
		永嘉县新科孵化创业有限公司（市级）
		浙江东瓯智库创意产业开发有限公司（市级）
		温州红连文创园（市级）
		温州市鹿城区科技开发中心（市级）
		文成山哥哥科技创业孵化园（市级）
科技条件平台	重点实验室	浙南作物育种重点实验室
		浙江省眼视光学重点研究实验室
		浙江省染料及中间体中试基地
		浙江省低压电器智能技术重点实验室
		浙江省皮革工程重点实验室
		浙江省麻醉学重点实验室
		浙江省生物技术制药工程重点实验室
		浙江省软弱土地基与海涂围垦工程技术重点实验室
		浙江省医学遗传学重点实验室
		浙江省水环境与海洋生物资源保护重点实验
		浙江省碳材料技术研究重点实验室
		浙江省模式生物技术与应用重点实验室
		浙江省老化与神经疾病研究重点实验室
		温州市环境与农业生态重点实验室
		温州市水域科学与环境生态重点实验室
		温州市材料成型工艺与模具技术重点实验室
		温州市亚热带海洋湖泊环境与生物资源利用技术研究重点实验室

续表

类别		单位	
科技条件平台	重点实验室	温州市康复医学重点实验室	
		温州市儿科学重点实验室	
		温州市外科学重点实验室	
		温州市健康体适能重点实验室	
	工程技术研究中心	浙江省教育装备工程技术研究中心	
		温州市轻工产品舒适度技术研究中心	
		温州市设施蔬菜工程技术研究中心	
		温州市家具工程技术研究中心	
		温州市激光应用工程技术研究中心	
		温州市新能源微电网工程技术研究中心	
	行业科技创新平台	浙江省皮革行业科技创新服务平台	
		浙江省温州泵阀科技创新服务平台	
		浙江省温州轻工机械技术创新服务平台	
		浙江省温州低压电器技术创新服务平台	
		浙江省温州激光与光电产业技术创新服务平台	
		浙江省视光产业技术创新服务平台	
		温州市服装行业科技创新服务平台	
	科技创新公共服务平台	中国浙江网上技术市场温州分市场	
		温州市创意设计中心	
		温州风险投资研究院	
		温州市科技合作交流中心	
		温州市知识产权服务园	
		中国（温州）知识产权维权援助中心	
		鹿城区科技与文化融合示范基地	
		温州市科技创新公共服务中心	
		国家中小微企业知识产权培训（温州）基地	
		温州市高新技术企业协会	
	企业科技研发平台（2015年新增温州市省级高新技术企业研发中心）	鹿城区	2家
		龙湾区	2家
		瓯海区	3家
		乐清市	6家
		瑞安市	5家
		永嘉县	2家
		文成县	1家
		平阳县	3家
		苍南县	2家
		温州经济技术开发区（包括高新区）	1家
合作共建载体		华中科技大学温州先进制造技术研究院	
		兰州理工大学温州泵阀工程研究院	
		浙江温州轻工研究院	
		国家大院名校温州联合研究院	
		中科院温州生物材料与工程研究所	
		温州系统流程装备科学研究院	
		北航温州研究院	
		中津先进科技研究院	

家，累计465家；市级以上科技企业孵化器新增2家，累计16家；国家火炬计划特色产业基地新增1家，累计4家；省级高新技术特色产业基地12家。

科技交流与合作 2015年，温州市先后组团到以色列、德国、土耳其、塞尔维亚等国家开展激光光电、先进制造装备等产业对接。6月，市科技局获批组成激光招商专业团到德国开展专题招商，参加慕尼黑光博会。与到访的美国、加拿大、日本、韩国及欧洲部分国家的科技人员和团队交流。组团参加2015慕尼黑上海光博会、第九届亚洲（深圳）激光先进制造展、第18届中国北京国际科技产业博览会、西安国际科学技术产业博览会、第17届上海工博会、中国国际高新技术成果交易会（深圳高交会）等。

市科技管理部门组织相关单位代表到台湾招商考察交流农业科技工作。市科技局与浙江工贸学院联合举办"2015浙江·台湾合作周"暨第二届海峡两岸民营经济创新发展论坛系列活动。召开由台湾大华科技大学、台湾中华大学、温州电子信息研究院、乐清天秦科技有限公司等成员企业和专家参加的技术论证会。

科技招商新模式 2015年，温州市推动科技招商项目的对接与落地，打造"载体+人才+项目+资金+服务"科技招商新模式。全年引进温商回归创业创新项目78个，落实资金10亿元；引进科技型企业46家；引进院士1人、"国千"人才5人、"省千"人才11人。市科技创新公共服务中心入驻机构30个，兰州理工大学温州研究生分院每年招收培养研究生40人，国家大学科技园新增孵化项目31个。

科技惠民服务 2015年，温州市开展水污染治理技术研究，实施第二批水体污染控制与治理科技创新项目14个。实施市种子种苗科技创新专项16项，促进动植物新品种选育和地方特色种质资源的保护利用，构建种子种苗繁育与推广体系，确保农业生产用种供给安全。建立市科技特派员工作协调机制，完成新一轮市级科技特派员的轮换和132名省、县科技特派员下派任务，认定省优秀科技特派员示范基地11个。开展科技下乡活动5场次。乐清市"眼病诊治及早期干预科技惠民综合示范"被列入省级科技惠民计划项目，获经费480万元。

（王　渊　黄风华）

自然科学研究与应用

温州医科大学自然科学研究与应用 2015年，温州医科大学获批纵向科技项目788项(含国家级128项、省部级240项)，科研经费8230.9万元。其中，获国家自然科学基金项目128项（含优秀青年科学基金项目1项），资助经费5927.4万元，立项数和资助经费总额均创学校历史新高。立项本年度省自然科学基金项目96项（含重点项目1项），资助经费691.5万元。学校作为参与完成单位获国家科学技术奖（进步奖）一等奖1项；获科研成果奖35项，其中浙江省科学技术奖一等奖2项、二等奖3项，教育部高等学校科学研究优秀成果（科学技术）奖二等奖1项，中华医学科技奖二等奖1项，浙江省医药卫生科技奖一等奖1项、二等奖7项。论文在SCI发表1354篇，年增长率27.9%，其中在《Molecular Cell》（《Cell》子刊）和《Diabetologia》上各发表论文1篇。鲁新成课题组研究成果被国家自然科学基金委学部推荐为突出科研成果，入选《Science Foundation in China》杂志。获发明专利授权39项，实用新型授权51项。

产学研用和社会服务工作。温州迪安医学检验中心挂牌成为温州医科大学附属检验中心（浙江省首家校企联盟的独立医学实验室）。学校医用激光产业化实体——浙江温医雷赛医用激光科技有限公司研制的准分子激光屈光治疗设备获批国内首张"准分子产品注册证"。汽车·时尚视觉健康中心（眼视光梦工场）和医用高分子材料联合工程研究中心合作签约医疗项目，促进现代视觉健康科学技术和新型生物材料核心技术产品的医学转化。生物医药国际合作基地作为国家级国际合作平台通过科技部评估。学校角膜接触镜相关研究成果"高精度硬性角膜接触镜边弧抛光机"与"小型硬性角膜接触镜抛光液自动清洗装置"2项发明专利通过美国发明专利实质审查。国家卫生计生委"重大疾病防治科技行动计划"落户学校。

（钱　君）

温州大学自然科学研究与应用 2015年，温州大学主持的国家级、省级、厅局级科研项目分别新增48项、138项、87项。理工类到校科技经费5829.13万元。获批国家级科研平台2个（激光加工机器人国际科技合作基地、电气数字化设计技术国家地方联合工程实验室）、浙江省2011协同创新中心1个（浙江省海涂围垦及其生态保护协同创新中心）、浙江省重点实验室1个（浙江省激光加工机器人重点实验室）。科研成果获教育部高等学校科学研究优秀成果奖科技进步奖一等奖、自然科学奖二等奖各1项，浙江省科学技术奖三等奖2项；学术论文发表384篇，被SCI、EI、ISTP三大索引收录275篇，其中SCI Ⅰ区、Ⅱ区分别为18篇、83篇；出版著作1部；获授权专利221项，其中发明专利110项。推进与企业的产学研合作，转让发明专利8项，转让金额206.5万元。

（何　毅）

温州职业技术学院自然科学研究 2015年，温州职业技术学院新增研发机构12家，其中省级平台1家，校企共建省级企业研究院2家，省级企业研发中心2家。获专利218项，其中授权发明专利20项，转让52项。学院的浙江省轻工机械创新服务平台在全省重大科技创新服务平台绩效考核中获优秀，奖励60万元。学院的"温州产业科技众创空间"入选首批市级众创空间。

（应金柱）

浙江工贸职业技术学院科研工作 2015年，浙江工贸职业技术学院有科技创新平台35个，其中省级以上3个。新增专利133条，其中发明专利授权9条，公开36条，实用新型77条，发明专利申请和授权数均创新高。新增科研项目立项168项，其中纵向国家级1项，省部级3项，纵向科研经费352.3万元。新增立足温州产业转型的横向项目60项，横向项目经费726.78万元。承担光机电应用技术专业国家级教学资源库实景超市资源子库项目及温州工业设计网络平台项目。

（李红伟）

温州科技职业学院科研成果 2015年，温州科技职业学院立项省部级以上科研项目6项，其中《白菜花粉特异表达的两个类成束阿拉伯半乳糖蛋白基因的功能和相互关系分析》立项为国家自然科学基金项目。水稻新品种“温 814”通过国家品种审定。自主育成的杂交晚稻“Y 两优 689”、玉米“金玉甜 1 号”等 2 个新品种被列为 2015 年浙江省区域主导品种。学院在国内推广具有自主知识产权的各类新品种（新技术）212 万亩。《以碳汇理念指导浙江渔业转型发展》论文获副省长黄旭明批示。

（曾　剑）

气象科研合作　2015 年，温州市气象局与上海台风所签订共建“温州台风预报技术应用联合实验室”合作协议；与世界气象组织南京区域培训中心、浙江大学理学院达成意向，合作共建“温州实践（实习）基地”。

气象监测预警设施建设　2015 年，温州市气象预警中心完成主体工程并进入装修和业务平台建设，市生态园气象综合监测基地完成选址工作，洞头海洋气象预警中心被列入区政府重点建设项目并完成地下基础建设，瑞安气象预警中心投用，平阳东门山气象观测站业务用房开工建设，泰顺气象预警中心建成主体工程，永嘉气象预警中心项目通过发改立项，乐清气象观测站附属工程竣工。

气象机构与服务体制改革　2015 年，温州市各县（市、区）气象局事业发展经费基本列入当地财政预算。市气象防灾减灾预警中心成立，全市新增地方气象机构 5 个（泰顺县、永嘉县、平阳县、瑞安市、文成县）。推进服务体制改革，制定实施全市气象专业有偿服务集约化方案。推进防雷改革，取消的行政审批中介服务事项按期落实，探索建立防雷机构社会信用评价体系，拟定防雷服务整合转型发展思路。气象审批简化流程、创新服务机制、压缩办结时限，实施重点项目“绿色通道”全程跟踪和无偿代办、“一站式服务”等措施，防雷审批提前办结率 100%，防雷技术服务平均提速 50%。开展全市危险化学品等“十大重点领域”防雷安全专项整治，对 1282 个单位项目进行隐患排查并督促整改。

防灾减灾气象保障服务　2015 年，温州市气象部门履行气象防灾减灾和公共气象服务职能，做好“苏迪罗”和“杜鹃”台风、秋冬季连阴雨天、大范围雾霾天等气象预警，保障春运、两会、中高考、龙舟大赛、艺术节、马拉松大赛等活动以及“五水共治”“温商回归”等重点工程项目建设。市气象局与 19 个部门建立应急联络工作机制，与农业、环保等八个部门建立联合会商机制，共享水文、国土、教育等部门各类观测站 265 个，接入城建、水利、公安等部门全球眼和其他视频监控 509 个，共建共享电子显示屏 345 个、大喇叭 389 个，共享城管城市洪涝预警系统。

农业农村气象服务　2015 年，温州市推进农村气象灾害防御体系和农村气象服务体系建设，创建国家级标准化气象灾害防御乡（镇）2 个，省级气象防灾减灾标准化村（社区）43 个。全市气象部门向 1972 个新型农业经营主体（农业大户）开展直通式、针对性农业气象服务。市本级发布为农服务简报 64 期，发送农业气象服务直通短信 54 期 2.1 万条。完成永嘉白茶、乐清铁皮石斛、瑞安猕猴桃、苍南葡萄等农产品气候品质认证，编制实施设施番茄、早稻、瓯柑气象服务预案。

（林泽微）

防震减灾工作　2015 年，温州市加强防震减灾工作，完成文泰地震灾情评估，取得上级财政资金 6 亿元，文成县、泰顺县制订并启动灾后三年重建计划，落实重建对象 185 个行政村计 28284 户 83153 人。出台《温州市防震减灾科普教育基地认定办法》，认定省级防震减灾科普教育基地 1 家、市级 4 家。市地震局承办浙江省第四届平安中国防灾宣导公益活动暨温州市 2015 年防灾减灾宣传活动周，开展市县联合地震应急演练、地震应急预案桌面推演，开展市防震减灾科普教育基地认定工作。

（王　渊　黄风华）

知识产权

概况　2015 年，温州市通过国家知识产权示范城市复评，获评“2014 年度国家知识产权试点示范城市工作先进集体”。高新区获批为国家知识产权试点园区，市本级与 8 个县（市、区）分别开展国家、省区域知识产权试点示范工作。国家知识产权局《知识产权公共管理决策参考》刊登《打造知识产权支撑“双创”战略的“温州样本”》经验介绍文章，上海、广州、河南、山东等多地知识产权局组团到温考察交流。委托江苏省知识产权研究中心和江苏大学开展温州市专利密集型产业调查分析及相关政策研究、市专利运营模式分析及相关政策研究等前瞻性专题研究。

知识产权示范企业及托管　2015 年，温州市知识产权局与财政局联合制订出台《加快实施专利战略推进创新驱动发展二十四条政策》。培育国家级知识产权优势和示范企业 8 家、省专利示范企业 17 家、市专利示范企业 25 家，累计分别为 13 家、103 家、249 家。通过《企业知识产权管理规范》国家标准认证企业 9 家，累计 15 家。新增中小企业知识产权托管试点园区 4 家，累计 7 家，累计入托企业近 300 家，发放专利服务券 200 余万元。

专利创造和运用　2015 年，温州市三项专利申请 36760 件，授权 27098 件，其中发明专利申请 6125 件，比上年增长 54.05%，高出全省平均 25 个百分点；发明专利授权 1802 件，同比增长 88.9%，高出全省平均 14 个百分点，授权量排名全省第三。迦南科技 1 件发明专利获评“第十七届中国专利优秀奖”。21 家企业质押 18 件发明专利、89 件实用新型专利，获专利权质押贷款 1.1 亿元；19 家单位 144 件发明专利进行专利执行保险，获保障金额 100 余万元。评选市首届“十大杰出专利发明人”，人均专利产出 80 余项，累计新增销售额 55.6 亿元。

专利执法保护　2015 年，温州市制订实施《2015 年温州市电子商务领域专利保护专项行动工作方案》《开展打击假冒专利行为专项行动方案》。对温州五金城、家乐福、卜蜂莲花等专业市场开展专项执法检查。加强展会知识产权保护工作，在温州市进出口商品展会、中国（温州）机械装备暨智能制造激光展览会、国际时尚消费展等展会设立知识产权维权工作站。建立重点企业专利保护联系制度，亚龙教育设备、红蜻蜓鞋业 2 家企业被认定为 2015 年省专利保护重点联系单位。加强流通领域知识产权保护试点示范工作，新增温州叶同仁堂等3家省流通领域知识产权保护示范单位。加强行业知识产权保护自律工作，推进专利联盟建设，成立市知识产权协会，正泰集团担任会长单位，入会企业会员170余家。全年累计立案1198件，结案件1195件。其中，假冒立案172件，结案172件；侵权立案1026件，结案1023件（含电子商务700件、诉调对接34件）；商标版权等其他类案件立案5件，结案5件。累计办理维权援助案件16件，接收转办举报投诉案件32件，接听“12330”举报投诉和维权援助公益电话1385个。在全省执法维权工作考核中排名第一，被评为优秀单位。

知识产权人才培训 2015年，国家中小微企业知识产权培训（温州）基地成立，制订实施《2015年温州市知识产权人才培训计划》。举办2015年度专利管理专业技术任职资格考前培训，获专利管理专业技术任职资格111人。举办专利挖掘与撰写初级实战培训班、专利信息分析利用能力提升初级实战培训班，培训180人。举办企业知识产权管理体系外审员、内审员培训班，培训420余人。在中国知识产权培训中心举办温州企业知识产权战略高级研修班，培训企业负责人60余人。举办专利行政执法和维权援助实务培训班，培训执法维权人员50余人。温州知识产权学院招录知识产权管理专业新生80人，在校生200人。

知识产权宣传与研讨活动 2015年，温州市知识产权管理部门举办《知识产权温州讲堂》巡回讲座27期，参与3000余人。开展“知识产权进高校”公益宣讲活动，在国家知识产权局支持下，在浙江工贸职业技术学院、温州医科大学、温州职业技术学院举办专题讲座。市、县联动在全市开展“4·26”知识产权宣传周系列活动。举办国家知识产权培训基地研讨班，自全国19个省、直辖市的100余名知识产权方面的专家学者、知识产权局相关负责人参加。举办中小高新企业知识产权攻防策略研讨会，来自国内的权威专家学者、知名企业及温州市部分知识产权优势企业代表100余人参加。

（王　渊　黄风华）

科技情报

科技信息网络维护 2015年，温州市科学技术情报研究所承担市科技局网站、温州科技信息网、市科技中介服务平台、市科技情报所网等十几个网站的维护更新工作，全年更新新闻报道2653条、图片63张、通知公告303条。“科技温州”微博平台发布微博501条；“创新温州”微信公众平台发布图文消息907条、图片472张、视频34个，关注用户21641个。完成34个英文域名续费工作。

应用数据开发及技术保障 2015年，温州市科学技术情报研究所完成市级科技局申报项目16大类20个新增事项的开发及相关工作任务，完成5个县（市、区）科技局项目开发与维护，完成与市审管办业务系统对接工作。改造提升机房环境监控系统、消防安全系统，新增防火墙和网站防篡改系统，加强平台系统网络安全建设，提高各政务系统平台抗攻击的安全防护能力。

科技查新与文献检索 2015年，温州市科学技术情报研究所完成市级科技查新项目225个，受理省级查新项目18个。1月～12月查新项目报告电子档完成存档，纸质资料移交档案室归档。办理EI、SCI检索及论文查重检索50余次，国内外专利、期刊、标准文献检索70余次。完成创新创业、政策法规、化工化学、机械农业等专题文献检索50余项。

科技管理服务 2015年，温州市科学技术情报研究所承担市科技局有关重点研究院、省研究院、省研发中心、市研发中心的申报培训、材料受理、资料审查等服务职能。协助市科技局做好高新技术企业受理、初审、认定、复审等服务工作。指导全市科技成果登记等工作，登记科技成果399项。

科技声像工作 2015年，温州市科学技术情报研究所声像室完成拍摄、拍照任务98项，完成视频文稿、配音、配音剪编、后期制作及视频、照片发送105项，制作专题片、宣传片12个，编辑全程视频3项。其中，微电影《乡村来了科技特派员》获优秀廉政微电影优秀奖。完成农村科技远程教育视频制作1项（观赏凤梨温室栽培技术）。在温州电视台“科技在线”栏目播放新闻片65个、专题片7个，在“中国科技报道视频联盟”播放专题片2个、新闻片3个。

科技档案管理及文献编辑 2015年，温州市科学技术情报研究所整理、归档并数字化鉴定类科技项目资料623项、验收类项目1283项、国家火炬计划验收项目145项、科技进步奖73项。编辑出版2014年度《温州科技年鉴》，印刷1000册。

（王　冰）

社会科学研究与应用

温州医科大学社科研究成果 2015年，温州医科大学围绕市委、市政府关注的重点重大问题，开展应用对策研究。研究报告《众创时代高校创业教育该如何发展？》《中小学教师课程观的转型问题及其建议》入选《教育成果要报》，多篇研究报告入选《调查与思考》《温州政研》《温州社科成果要报》等政府内参资料。承担市民政局委托课题《老年长期照护评估标准与系统建设》。发表人文社科类论文306篇，其中在权威期刊发表16篇（SSCI一区1篇）、一级期刊10篇、2A级（CSSCI收录期刊）34篇。出版学术专著8部。获第七届高等学校科学研究优秀成果奖（人文社会科学）二等奖1项、三等奖1项，民政部2015年民政政策理论研究成果奖3项，浙江省第18届哲学社会科学优秀成果奖一等奖1项，温州市社会科学优秀成果奖12项。

（方森君）

温州大学社会科学研究与应用 2015年，温州大学分别获国家社科基金项目、省部级项目、厅局级项目14项、38项、91项，其中国家社科基金一般项目13项、艺术学1项。获横向合作课题135项。各类科研项目到账经费1299万元，其中纵向项目经费451万元，横向项目经费848万元。社科工作者论文发表在权威期刊18篇，一级期刊47篇，被CSSCI（社会科学引文索引）收录108篇，出版学术专著40部。获省部级科研成果奖20项，其中第七届高等学校科学研究优秀成果奖（人文社会科学）3项，浙江省第18

届哲学社会科学优秀成果 17 项；获厅局级科研成果奖 60 项，其中 2014 年度浙江省教育科研成果优秀奖 1 项，温州市第 15 届哲学社会科学优秀成果奖 59 项。调研成果获省市领导批示或被省市部门应用采纳 8 篇。获市哲学社会科学规划课题 40 项，市哲学社会科学重点基地研究课题 10 项，市公共政策研究院暨温州大学公共政策研究中心的委托课题 25 项。

（何　毅）

温州职业技术学院社科研究成果　2015 年，温州职业技术学院《高职院校“三个三结合”专业人才培养方案的理论与实践》获第七届高等学校科学研究优秀成果奖（人文社会科学）二等奖。学院学报再获“全国高校优秀社科期刊”，学报影响因子居全国高职高专学报第一。

（应金柱）

浙江工贸职业技术学院社科工作　2015 年，浙江工贸职业技术学院成立温州时尚研究院，并牵头承办 2015 年第二期温州高校智库论坛。刘基文化省级科普示范基地通过验收。成教学院开展培训 6000 余人次，与温州人社局联合承办温州高技能人才服务业名师名家培训活动，与温州农业局联合承办时尚农业培训，承办鹿城区大学生村官培训。

（李红伟）

温州商学院社科研究与应用　2015 年，温州商学院教师周欢怀、朱沛研究报告《为何非精英群体能在海外成功创业？》在权威期刊《管理世界》上发表，并获浙江省第 18 届哲学社会科学优秀成果奖三等奖。教师袁胜研究报告《An experimental investigation of the influence of endorser attractiveness in video advertisements》（《模特外貌对于视频广告影响的实验调查》）在香港《Chinese Journal of Communication》学术期刊刊登，并被 SSCI 收录。杨福明的专著《中小企业融资难的机制研究：温州案例》获温州市第 15 届社会科学优秀成果奖二等奖。

（杨平宇）

温州科技职业学院社科研究　2015 年，温州科技职业学院《农民专业合作社发展与政府财政扶持体系优化路径研究——基于农户需求视角》《农业产业化发展需求导向下新型职业农民培养的理论与实践研究》《农房与宅基地使用权流转和抵押障碍及破解——基于温州乐清试验区的调查研究》等 3 个项目立项为省级科研项目。《现代农业创业型人才培养的探索与实践》获 2015 年度浙江省科学技术奖二等奖。

（曾　剑）

温州城市大学社科研究与成果　2015 年，温州城市大学立项各级各类课题 86 项，其中省部级 1 项厅局级 21 项，出版专著 3 部；参与《全国老年教育发展规划纲要》（2016—2020 年）编制起草工作。

（黄小云）

社科联社会科学研究与应用　2015 年，温州市社科联加大社科著作资助力度，印刷出版上年度资助立项的《温州学术文库（系列）》和《温州文化丛书（系列）》共 7 部书稿。其中，3 部书稿作为 2015 年度“温州学术文库”、4 部书稿为“温州文化丛书”资助立项。开展 2015 年市哲学社会科学规划课题申报工作，评出立项资助课题 112 项，立项不资助课题 53 项。市社会科学重点研究基地课题批准立项 35 项，其中重点课题 8 项。围绕“温州：经济转型与赶超发展”“刘基文化与温州历史文化名城建设”“高校创客教育”“信息化与会计”“温州生态化战略实施的路径与模式”等议题，举办学术研讨会 5 场。编发《温州学刊》6 期、《社科成果要报》11 期。《〈酉阳杂俎〉校证：兼字词考释》等 38 项基础理论研究类成果和《农地抵押风险及预防机制分析——基于“三位一体”综合农协视角》等 25 项应用理论与对策研究类成果获市第 15 届哲学社会科学优秀成果奖。

地　方　志

志书编修出版　至 2015 年，温州市鹿城区、龙湾区、洞头区、苍南县完成修志工作，市本级及其余县（市、区）二轮修志工作均有进展。全年志书公开出版 7 种，其中专业志 5 种，村志 2 种。《东岙顶村志》是洞头海岛公开出版的第一种村志，也是全市公开出版的第一种渔村志。

入选全国年鉴精品工程首批试点单位　2015 年 12 月 30 日，全国年鉴工作、中国年鉴精品工程试点单位授牌仪式暨试点工作座谈会在北京召开。温州市人民政府地方志办公室是全国首批十个试点单位之一，室主任赵降英参加授牌仪式和试点工作座谈会。与会代表围绕《全国年鉴工作、中国年鉴精品工程试点管理暂行办法》对试点工作进行研讨。

温州年鉴编纂信息系统首次投用　2015 年，温州年鉴编纂信息系统投用，属全国首例。该系统由组织管理、供稿、总纂和编务 4 个子系统组成；供稿单位在线报送稿件，从模板库和成果库获得编纂稿件范本，查看历年年鉴信息；年鉴编辑部通过系统掌握供稿和编纂进度，实现在线编纂，全程无纸化办公。

《温州年鉴（2015）》编纂出版　2015 年 12 月，温州市人民政府地方志办公室编纂

2015 年 12 月 30 日，温州市人民政府地方志办公室入选全国年鉴精品工程首批试点单位

（市志办提供）

2015 年温州市地方志书公开出版一览

表48

志书名称	字数（万字）	出版社	出版时间
《瑞安市文化志》	88.0	西泠印社出版社	2015.1
《永嘉县卫生志（1991—2010）》	97.4	方志出版社	2015.2
《乐清市卫生志（1991—2011）》	55.0	中国文史出版社	2015.3
《中国农工民主党乐清市志》	41.5	中国文联出版社	2015.7
《龙湾区风景旅游志》	25.0	方志出版社	2015.8
《东岙村志》	23.0	吉林文史出版社	2015.11
《新渡桥村志》	28.7	北京图书出版社	2015.11

2015 年温州市年鉴公开出版一览

表49

年鉴名称	字数（万字）	出版社	出版时间
《温州统计年鉴（2015）》	110.0	中国统计出版社	2015.8
《苍南年鉴（2015）》	74.0	线装书局	2015.9
《龙湾年鉴（2015）》	93.3	中国时代经济出版社	2015.11
《洞头年鉴（2015）》	60.8	方志出版社	2015.11
《瑞安年鉴（2014）》	80.0	中华书局	2015.11
《乐清年鉴（2015）》	83.2	线装书局	2015.11
《温州年鉴（2015）》	130.0	中华书局	2015.12
《瓯海年鉴（2015）》	52.3	中华书局	2015.12
《永嘉年鉴（2015）》	81.9	方志出版社	2015.12
《泰顺年鉴（2015）》	61.6	中国时代经济出版社	2015.12.
《平阳年鉴（2015）》	84.4	中国文史出版社	2015.12
《温州公安年鉴（2015）》	56.8	中华书局	2015.12
《鹿城年鉴（2015）》	99.9	方志出版社	2015.12

的《温州年鉴（2015）》由中华书局出版。全书 47 个类目，365 个分目，2006 个条目，图 35 张，表 94 张，随文彩照 156 幅，约 130 万字。

地方志系统网站建设 至 2015 年年末，温州市本级及 11 个县（市、区）地方志工作机构，已开通网站 8 个。3 月，瓯海史志网上线运行，网站设机构设置、史志动态、瓯海方志、党史工作、瓯海年鉴、史志期刊、史志园地、网上投稿等 8 个栏目。

《永嘉壁画》出版 2015 年，永嘉县地方志编纂委员会编纂的《永嘉壁画》由中国民族摄影艺术出版社出版，总计 255 页，8 开本。全书彩照 200 余幅，全景或局部展示永嘉县现存的 50 余幅清代壁画代表作。其中，大箬岩镇荆州村东太阴宫壁画①20 幅，面积 80.32 平方米；东城街道绿嶂下村南太阴宫壁画 21 幅，面积 65.76 平方米；桥下镇吊坑村三官殿壁画 6 幅。

（康丽跃）

社 科 联

概况 温州市社科联是在中共温州市委领导下的人民群众团体，以全市性各社会科学学会、协会、研究会和县（市、区）、在温高校社科联为主体组成的联合组织，是市委、市政府联系、团结广大社会科学工作者的桥梁和纽带，是浙江省社会科学界联合会团体会员。2015 年，温州市社科联被全国大中城市社科联工作会议主席团授予全国先进社科组织。3 月，门户网站“温州社科网”开通，设“温州模式专题研究”“中国梦专题研究”“金融改革”“对台合作”“社会民生”“文化建设”“舆情监督”等栏目。

社科学会建设 2015 年，温州市社科联批复成立市级社科学会 2 个。开展论文评奖活动，收到论文 384 篇，获奖 87 篇，获奖论文编成学会优秀论文集 1 册。开展星级学会评比，评出三星级学会 4 家，二星级学会 2 家。

社科普及活动 2015 年，温州市瑞安玉海楼被评为“全国社会科学普及教育基地”。全市有省级社科普及示范基地 10 个；新增市级社科普及示范基地 22 个，累计 97 个。社科联与温州电视台都市生活频道合作播放社科普及公益宣传片；与温州都市报合作刊登“秋风有寒意，社科来送暖”社科基地图文专版。在龙湾万达广场举办社会科学普及周活动开幕式，普及周活动期间，开展广场咨询、读书等 11 大项 615 子项活动。出版《温州历代名人故事》连环画，获“全国优秀社会科学普及作品”，作者孟庆江等画家在白鹿洲文化村开展签赠活动。

（张文雅）

（徐亦子 编辑）

① 荆州、绿嶂太阴宫壁画在 2005 年 3 月被列为省级文物保护单位。

教　育

综　述

概况　2015年，温州市加快推进教育现代化建设，所属11个县（市、区）全部通过国家义务教育发展基本均衡评估，晋升为全国义务教育发展基本均衡地级市。创建学前教育先进（达标）乡镇（街道）21个；评估认定市二级幼儿园23所，市义务教育办学水平一、二、三级学校181所；创建省级义务教育标准化学校182所；创建省一级特色示范普通高中3所，省二级特色示范普通高中9所，市特色示范普通高中5所；创建国家中等职业教育改革发展示范学校3所，省中等职业教育改革发展示范学校10所；向社会开放体育设施学校515所。市教育局获全国学校毒品预防教育工作创新单位称号，连续3年被评为落实党风廉政建设责任制先进单位和浙江省职业教育发展优秀单位。市教育局主办的综合性月刊《温州教育》被全国第26届教育内刊联谊会评为“优秀期刊”。

市委教育工委设立　2015年6月15日，中共温州市委教育工作委员会设立，与市教育局合署办公，归口管理在温高校党建工作，负责规划市域内高校的事业发展，协同管理市域内高校思想政治工作、干部工作、维护高校稳定等。

县域教育均衡推进　2015年6月，瑞安市、永嘉县、苍南县通过国家义务教育发展基本均衡县评估，其他县（市、区）通过复查，温州晋升为全国义务教育发展基本均衡地级市。12月，洞头区率先通过省基本实现教育现代化区督导评估。

2015年温州市教育经费总收入

表50　　单位：万元

项　目	教育经费总收入数	其中：教育部门总收入数
总　计	2505171.1	1722554.6
一、国家财政性教育经费	1559276.0	1443421.1
1. 公共财政预算安排的教育经费	1525414.8	1414424.7
(1) 公共财政教育经费	1478807.4	1381231.2
①教育事业费	1369987.5	1282967.9
②基本建设经费	0	0
③教育费附加	96488.1	86340.0
④地方教育附加	10471.7	10063.3
⑤从土地出让收益中计提的教育资金	1860.1	1860.1
(2) 其他公共财政预算安排的教育经费	46607.4	33193.5
①科研经费	3141.9	3031.9
②其他	43465.5	30161.6
2. 政府性基金预算安排的教育经费	33488.7	28623.9
其中：彩票公益金	1522.2	940.5
3. 企业办学中的企业拨款	0	0
4. 校办产业和社会服务收入用于教育的经费	0	0
5. 其他属于国家财政性教育经费	372.5	372.5
二、民办学校中举办者投入	97829.2	0
三、捐赠收入	8728.2	431.0
其中：港澳台及海外捐赠	0	0
四、事业收入	431112.7	102309.0
其中：学费	359349.9	57716.9
五、其他教育经费	408225.0	176393.5

说明：在校生数是指全口径的公民办学生，其中特殊教育下的随班就读学生已统计入相应的小学和初中在校生数中

教育督导和评估　2015年6月，温州市发布《2014年度县（市、区）教育发展水平督导公报》，公报包括全市办学条件、普及水平、师资队伍、教育投入、发展成果等五个方面。出台《温州市学前教育达标县和先进县评估验收标准（试行）》，启动学前教育达标县和先进县创评活动。现场评估42所市级体育特色学

校、艺术教育特色学校和心理健康教育辅导站等教育品牌。构建中小学教育综合质量“四维评价”(品德发展、身心健康、学业水平、幸福指数)机制，实施学校发展性评价制度,引进“增值评价”方法。

现代学校制度建设 2015年，温州市加强公办中小学章程建设，清理完善现行学校规章制度，形成章程统领下的现代学校制度体系，加快依法治教、依法治校进程。全市50%、市本级近70%的公办中小学校完成章程制订并依法备案。启动教育“管办评”分离机制试点研究，落实学校办学主体地位，逐步扩大中小学在育人方式、资源配置、人事管理等方面的自主权，推进教育治理体系和治理能力现代化。

教育投资建设项目巡查 2015年9月～10月，温州市教育局纪检组对22个市本级教育投资建设项目进行巡查，围绕项目建设程序的合规性、进度的合理性、管理的规范性和廉洁性，对参加项目建设的工作人员进行廉政教育，对加强基建项目廉政风险防范工作提出建议，并将反馈意见编入《2015年市本级教育投资建设项目巡查报告》。

教育安全综合治理 2015年，温州市推行教育安全综合治理“八大机制”，即落实学校安全工作一岗双责机制、推进中小学公共安全教育规范化、加强完善校园安全隐患排查制度、加强重大决策社会稳定风险评估、完善教育舆情应对工作机制、加强校园安全事件事故应急处置、加强教育系统信访接访工作和强化安全工作行政问责力度，进一步健全安全责任体系、隐患排查治理体系、安全预防控制体系，提升安全治理能力。

党建工作模式创新 2015年，温州教育系统基层党组织党建工作实现“线上线下”联动。“线下”组织学习《习近平谈治国理政》《习近平总书记系列重要讲话读本》等常规必读书籍；“线上”开辟温州教育智慧党建网站和“温州教育党建”微信平台，推出《十八届五中全会精神》《中国共产党纪律处分条例》《中国共产党廉洁自律条例》等“温州教育学习微刊”。建立《准则》《条例》等专题学习网页，组织“学党史、知党情”知识微竞赛。实施“线上线下”双考核,出台《基层党组织党建工作目标管理动态考核办法》，推行“打造党建品牌”等15类基础工作和“互联网+党建”等5类创先争优项目，对市直3218名党员、46个基层党组织进行考核。

学前教育

概况 2015年，温州市有幼儿园1556所，比上年增加28所，3～5周岁幼儿306761人,比上年增加17938人;园均规模209人，比上年增加8人。6月，在省内率先开展全国学前教育系统应用试点，龙湾区和瓯海区试点工作经验在全省推广。

第二轮学前教育三年行动计划 2015年4月14日～15日，温州市政协到瑞安、平阳、龙湾等地开展学前教育调研并召开第二轮学前教育三年行动计划专题协商会。4月30日，市政府印发《温州市第二轮学前教育三年行动计划(2015—2017年)》，启动学前教育新一轮的发展。9月6日，市教育局印发《温州市发展学前教育第二轮三年行动计划责任分工方案》和《温州市发展学前教育第二轮三年行动计划年度任务分解表》，进一步理顺学前教育管理机制。

普惠性民办幼儿园管理办法出台 2015年7月，温州市教育局、财政局、物价局联合发文《温州市普惠性民办幼儿园管理办法》，对全市普惠性民办幼儿园的界定、认定程序、成本核算、限价收费、质量鉴定、财务审计和奖补政策作出具体规定。至11月,全市11个县(市、区)和市经济技术开发区全部出台普惠性民办幼儿园管理办法。

学前教育发展指南推动落实 2015年12月，温州市举办落实《3～6岁儿童学习与发展指南》区域特色推进工作暨精品课程专题培训会，通过室内“微运动”课程等学前教育区域特色创建活动，推动落实《3～6岁儿童学习与发展指南》。

无证幼儿园专项整治 2015年，温州市无证幼儿园整治工作坚持专项整治与规划建设“两手抓”。至年末，全市整治无证园433所，其中依法取缔114所，撤并140所，整改审批179所，安置幼儿40057人，全市各县域辖区内幼儿园实现“零无证”。

省学前教育研究会年会在温召开 2015年5月，浙江省学前教育研究会年会暨温州市学前教育宣传月启动仪式在温州召开。鹿城区6所幼儿园向来自全省的800名专家和骨干教师展示试点成果——户外体锻工坊的实践探索。

义务教育

概况 2015年，温州市有小学563所，比上年减少5所；在校生63.33万人，比上年增加12219人；入学率100%，与上年持平;在校生巩固率100%,与上年持平;毕业生升学率100%，比上年提高0.01个百分点；校均规模1125人，比上年增加32人。有初中358所，比上年增加1所；在校生24.39万人，比上年增加1716人；入学率99.95%，比上年提高0.01个百分点；在校生巩固率100%，与上年持平；校均规模681人，比上年增加3人。

新优质学校创建 2015年，温州市教育局出台《关于加快薄弱学校改造提升促进义务教育均衡发展三年行动计划(2015—2017年)》和《市局直属初中“新优质学校”培育建设实施意见》,成立“新优质学校”培育建设领导小组及项目专家组，全市创建“新优质学校”142所。

义务教育课程改革 2015年7月9日，温州市教育局出台《关于深化义务教育课程改革的实施意见》。7月14日，举办全市深化义务教育课程改革培训会，市、县、校三级教育行政、教研师训和义务阶段学校教师参加学习。11月，开展深化义务教育课改专项视导，全市544所小学、初中参加课改实验。

初高中分设办学实施 2015年，温州市完成为期3年的市教育局直属10所公办完全中学初、高中分设办学工作，出台教师优化配置实施方案，优化配置教师170余人。

2015年温州市各级各类中小学情况

表51

	幼儿园		小学				初中				普通高中				中职学校				特殊教育	
	园数（所）	在园幼儿数（人）	学校数（所）	毕业生数（人）	招生数（人）	在校生数（人）	学校数（所）	毕业生数（人）	招生数（人）	在校生数（人）	学校数（所）	毕业生数（人）	招生数（人）	在校生数（人）	学校数（所）	毕业生数（人）	招生数（人）	在校生数（含中职附设班）（人）	学校数（所）	在校生数（含随班就读）（人）
温州市	1556	326175	563	89214	108419	633301	358	76410	81769	243896	100	41379	40866	123610	43	17705	25207	64332	8	3137
温州市本级代管	2	1627	2	935	1251	6258	18	6035	7432	21280	12	5331	5143	15594	13	4296	5344	13993	1	899
鹿城区	105	34170	44	9347	11441	65503	8	1480	1400	4335	0	0	0	0	1	59	324	777	0	34
龙湾区	80	16676	25	4164	6705	35740	13	2836	3690	10578	5	1835	1609	4969	1	294	566	1247	0	20
瓯海区	166	33128	46	6550	8342	49055	19	5193	5368	16227	7	2435	2684	7766	1	1466	1453	3628	1	129
洞头区	19	2763	8	912	927	5794	6	916	856	2602	1	396	430	1274	1	150	258	588	0	55
乐清市	252	56976	90	14758	17998	103661	61	12827	12973	38788	17	6326	6626	19798	6	2169	3111	7765	1	348
瑞安市	271	48402	87	14303	15449	97221	55	12166	12587	38853	15	5688	5881	17698	6	2196	3919	9579	1	471
永嘉县	195	30164	68	9847	10570	64619	43	9033	10239	29581	8	4557	4638	14339	3	2077	2717	7048	0	266
文成县	35	7436	24	2050	2784	16031	16	2158	2036	6245	2	984	936	2651	1	209	375	1181	1	135
平阳县	99	27505	53	8578	10047	58649	37	7829	8444	25673	8	4415	4394	13015	4	2025	3358	8340	1	228
泰顺县	59	10132	38	2908	3518	19942	11	3162	2840	9046	3	1702	1411	4596	1	444	718	2053	1	153
苍南县	237	48926	71	13114	16664	95548	66	11731	12692	37242	19	7332	6543	19945	5	2320	3064	8133	1	391
经济技术开发区代管	36	8270	7	1748	2723	15280	5	1044	1212	3446	3	378	571	1965	0	0	0	0	0	8

说明：1. 统计范围为公办和民办学校
2. 相关数据根据2015年的事业年报

2015年温州市义务教育普及情况

表52

	小学							初中					
	入学率		女生入学率		巩固率		小学生初中比例（%）	入学率		女生入学率		巩固率	
	学龄人口（人）	入学率（%）	学龄人口（人）	入学率（%）	计（%）	其中：女（%）		学龄人口（人）	入学率（%）	学龄人口（人）	入学率（%）	计（%）	其中：女（%）
温州市	621040	100.00	277137	100.00	100.00	100.00	100.00	222653	99.95	101017	99.95	100.00	100.00
温州市本级代管	6211	100	2740	100	100	100	100	19108	100	9030	100	100	100
鹿城区	64353	100.00	29236	100.00	100.00	100.00	100.00	4100	100.00	1922	100.00	100.00	100.00
龙湾区	34847	100.00	15004	100.00	100.00	100.00	100.00	9253	100.00	4037	100.00	100.00	100.00
瓯海区	48192	100	21557	100	100	100	100	14955	100	6669	100	100	100
洞头区	5744	100.00	2744	100.00	100.00	100.00	100.00	2491	100	1190	100.00	100.00	100.00
乐清市	101729	99.99	44517	99.99	100.00	100.00	100.00	35318	99.66	15798	99.65	100.00	100.00
瑞安市	95465	100.00	42927	100.00	100.00	100.00	100.00	36442	100.00	16995	100.00	100.00	100.00
永嘉县	63168	100.00	27872	100.00	100.00	100.00	100.00	26854	100.00	12062	100.00	100.00	100.00
文成县	15703	100.00	7556	100.00	100.00	100.00	100.00	5745	100.00	2863	100.00	100.00	100.00
平阳县	57533	100	26388	100	100	100	100	23335	100	10539	100	100	100
泰顺县	19203	99.99	9276	100.00	100.00	99.99	100.00	8008	99.99	3905	100.00	100.00	100.00
苍南县	94239	100.00	41088	100.00	100.00	100.00	100.00	33997	100.00	14723	100.00	100.00	100
经济技术开发区代管	14653	100.00	6232	100.00	100.00	100.00	100.00	3047	100.00	1284	100.00	100.00	100.00

普通高中教育

概况 2015年，温州市普通高中学校数从上年的107所调整到100所，在校生123610人，比上年减少1340人。校均规模1236人，比上年增加68人。普通高中本地招生40866人，初中毕业生升入普通高中的比例为57.37%，普通高中与职业学校招生比例为1.41 ∶ 1。

普通高中特色示范学校创建 2015年，温州市研究制定普通高中特色示范学校创建三年规划。瑞安中学、苍南中学、乐清中学被认定为省一级特色示范学校；温州市第二十一中学、第十五中学，洞头县第一中学，瑞安市塘下中学、第五中学，永嘉县上塘中学，平阳县鳌江中学，苍南县灵溪第二高级中学，泰顺中学被认定为省二级特色示范学校；温州市啸秋中学，瑞安市第六中学、第八中学，永嘉县第二高级中学，泰顺县城关中学被认定为市级特色示范学校。

普通高中选修课程建设 2015年，温州市县两级联动开展精品选修课程评比，新增市级精品选修课程117门，入选全省第六批普通高中推荐选修课程19门，被评为第四批浙江省普通高中精品选修课程33门，省级精品选修课程和省级推荐网络选修课程总数居全省首位。

普职融通教育改革探索 2015年，温州市出台普职融通教育改革实验实施意见以及普通高中与中职学校学生相互转学的规定，启动普职融通试点学校申报及方案审核工作，确定温州市越秀学校、乐清市外国语学校、苍南县矾山高级中学、苍南县马站高级中学、苍南县桥墩高级中学5所普通高中学校为全市首批普职融通教育改革实验学校。

新高考改革适应措施 2015年，温州市制定高中三年课程安排和学考选考方案，普通高中学校全面实施选课走班、分层分类教学，试行学段制管理，制定学生成长记录与综合素质评价细则。建立提高教育教学质量联席会议制度，出台学段制管理试行意见，统筹普高学校教学安排，推行春秋假，对全市高中学校深化课改和适应新高考进行专题巡查。

普通高中教育教学质量奖 2015年12月，温州市出台市教育局直属普通高中教育教学质量奖实施办法（试行），设立市教育局直属普通高中教育教学质量奖励制度，奖励教育教学成绩突出的市局直属普通高中学校教师及相关人员。当年到位教育教学质量奖600万元。

中等职业教育

概况 2015年，温州市有职业学校38所，在校生64332人，校均规模1496人。中等职业学校招生（含技校1598人）26805人，其中“3+2”、五年一贯制招生8234人。建成国家级改革发展示范校3所，创建省级示范校10所，省等级职校覆盖率上升到75%。建成省级骨干（特色新兴）专业22个，省级产学研联合体6个，省级实训基地14个，省级创业教育基地7个，省级德育基地7个。省中职现代化建设工程立项数76个，比上年增加12个。

中职学生创业教育 2015年，温州市中等职业教育体现“打造新一代温商摇篮”的办学特色，全市超过50%的职业学校设立创业园（创业街）和创业导师团，建成市级及以上创业教育示范基地22个，市级学生创业社团40个，评选市级创业之星100名。中职学生自主创业典型代表有：市职业中等专业学校开发的“一职猫”微商平台；瓯海职业中专集团学校学生注册成立温州造风智能科技有限公司，研发的VR眼镜年营业额300余万元；乐清职业中专毕业生成立的温州市柒柒网络科技有限公司，年销售额超过3亿元。

现代学徒制试点 2015年，温州市推进“校企联合、联合培养”的现代学徒制试点工作，确定市职业中专等29所学校（单位）为市级试点单位，近100家企业参与现代学徒制试点工作，为企业订单培养4229人。市职业中专的“双主体、六合一”模式，龙湾职技校的“一送一带”劳模育才班模式，瓯海职专的四段螺旋递进模式成为温州市现代学徒制探索实践的代表。

中等职业教育课程改革 2015年，温州市整体推进、全面启动中等职业教育课程改革。出台全面推进中等职业教育课程改革实施方案，全市38所中职学校14大类93个专业全部参与课改，建立学生多次选择机制、工学交替的教学机制和“做中学”学习机制。市职业中等专业学校、瓯海职业中专集团学校、瑞安市职业中专教育集团学校被确定为省级课改试点学校。

首届职教宣传活动 2015年5月，温州市响应国务院号召，将每年五月第二周设立为职业教育活动周，举办主题为“技能成就精彩人生”的职教宣传月系列活动。期间，市教育局、民盟市委会、《温州日报》《温州商报》等部门单位，联合开展“初中生职业生涯规划导航行动”“中小学生职业生活体验”“中职招生咨询会暨专业技能展示”“学前教育专业师生技能大赛”“中职校园商贸节”五大主题活动。2/3的中职学校举办校园开放日活动，58家与职业学校紧密合作的企业向社会开放。开展万名师生进社区活动，为居民提供100余项技能服务。

温州职业教育工作会议召开 2015年12月，温州市人民政府出台《关于加快发展现代职业教育的实施意见》，召开全市职业教育工作会议，市委副书记、代市长徐立毅出席会议并讲话，永嘉县政府、浙江工贸职业技术学院和市职业中专有关负责人作交流发言。会议肯定温州职业教育“十二五”主要成绩，确定“十三五”改革发展思路，即按照“扩量、提质、增效、搞活”的要求，构建现代新职业教育体系，打造温州职业教育“升级版”。

高等教育

概况 2015年，在温普通高校8所（含筹建1所），本科独立学院3所，在校生总数83790人，比上年增加2200人，其中高职学生31230人，硕士研究生3913人，博士研究生107人。成人高校1所，在册生26120人，温州广播电视大学开放式教育在册人数17740人。现代远程教育学习中心49个，在册生17307人。温州医科大学被浙江省政府、国家卫计委、教育部列为三方共建高校。温州大学成为国家级国际科技合作基地，首个国家地方联合工程实验室获立项批准，与温州医科大学联合成立生物医药协同创新中心。温州大学城市学院转设温州商学院通过教育部评估验收。温州肯恩大学办学机制和经费保障机制进一步理顺，5.4万平方米学生宿舍和餐厅建成投用。温州医大仁济学院洞头校区行政楼、宿舍楼结顶。温州职业技术学院成为国家级现代学徒制改革试点单位，瑞安学院一、二标段建成并开始招生（第一学年借用茶山本部就读）。浙江工贸职业技术学院蝉联全省高职高专院校人才培养质量第一名，老校区54亩土地完成置换，占地863亩的瓯江口新校区进场施工。温州科技职业学院成为国家自然科学基金依托单位。浙江东方职业技术学院滨海新校区一、二标段结顶进入装修阶段。浙江安防职业技术学院（筹）完成资产划转。筹建温州时尚学院、温州现代物流学院、温州网球学院、温州供应链学院、温州民政管理学院等高校二级学院。新立项市级高校重点专业14个、示范实验中心6个、示范实训基地建设12个，对接"五一〇产业培育提升工程"，首次评选在温高职院校特色专业11个。在温高职院校通识教育课题通过验收，结题31项。实施"新青年下乡"行动计划，搭建"院校＋农村实践基地"共建育人平台，首批3万余名青年学生到农村服务。

四年制高职教育人才培养试点 2015年4月1日，温州职业技术学院被浙江省教育厅列为全省先行开展四年制高职教育人才培养试点的高职院校之一，与温州大学联合培养电气工程及其自动化专业本科层次高职人才。

高校思想政治工作会议召开 2015年7月13日，中共温州市委召开全市高校思想政治工作和中小学育人工作会议，浙江省委常委、市委书记陈一新出席会议并讲话。会上，市委、市政府办公室出台《关于进一步加强和改进高校思想政治工作的实施意见》和《温州市"新青年下乡"活动2015年度实施计划》文件。

省第14届大运会在温大开幕 2015年11月10日，浙江省第14届大学生运动会在温州大学开幕，来自省内77所高校的93支代表队1200名运动员参赛。此次省大运会比赛为期4天，设田径、武术及健美操等12个竞赛项目，是浙江省大运会举办以来设置项目最多、参赛高校最多的一届。

大学生创业项目资本对接会 2015年12月16日，温州市大学生创业项目资本对接会在温州大学举行。活动由市委高校工作领导小组办公室、市教育局主办，温州大学承办，是本市首次举办的专门面向温州高校大学生创业的资本对接会。会上，10家创投公司到场举牌，7个项目现场签订投资意向书。

成人教育

概况 2015年，温州市有乡镇成人学校128所，其中省标准化成人学校121所。有社区教育机构559个，乡镇（街道）社区学校覆盖面100%。建成全国社区教育示范街道（实验基地）3个、全国数字化学习先行区3个，省级社区教育示范区（实验区）5个、省级社区教育示范学校8所，省级新型农民培训基地11个，省级企业职工培训基地4个。扫除青壮年文盲11.5万人，完成省下达任务的139%。开展各类社会培训，参加142.6万人次，比上年增加21.6万人次。

全民终身学习活动周 2015年10月，浙江省暨温州市全民终身学习活动周开幕式在温州城市大学举行。活动周以"发展全民终身学习，推进法治社会建设"为主题，由省教育厅、市人民政府共同主办，省成人教育与职业教育协会、市教育局和温州城市大学承办。开幕式上，表彰2014年浙江省"全国全民终身学习活动周先进单位"及浙江省"2015年全国百姓学习之星"个人，举行市智慧社区为老服务文化平台开通仪式。活动周期间，举办温州社区教育《这些人，那些事》系列微电影展播、终身学习汇报演出和终身学习活动成果展等。

家政服务人才培训 至2015年年末，温州市有家政服务人才培训学校93所，其中省级23所；省级家政类实训基地3个，家政类专业（含大专、本科）年招生2000余人，年培训育婴师、催乳师、月嫂保姆、老年护理、医务护工等各类家政服务人才2.8万人。12月，浙江省家政服务人才培养培训联盟经验交流会暨家政联盟温台分中心成立大会在浙江东方职业技术学院召开，省教育厅副厅长朱鑫杰到会致辞并授牌，此为继宁波、衢州之后成立的第三家全省家政联盟分中心。

社区教育品牌和体验基地 2015年，温州市整合盘活各类社会资源，形成"大社会办大社区教育"的发展模式，建设社区教育"双十"品牌，即温州学习网、十万老人乐学工程、百姓大讲坛、全民终身学习活动周、百姓学习之星、温州城市大学堂、社区好声音、现代扫盲教育、现代家政服务人才培训、"朝阳＆夕阳"双阳活动"十大社区教育品牌"和永嘉书院、藤桥驿头瓯越文化体验基地（鹿城）、温州矾矿博物馆（苍南）、孝文化教育基地（文成）、永乐人民抗日自卫游击总队纪念馆（乐清）、瑾瑜白鹿堡（龙湾）、玉海楼（瑞安）、都市报e院健康教育普及基地、万客丰瓯柑基地、红蜻蜓中国鞋文化博物馆"十大市民终身学习体验基地"。

社会培训和扫盲教育 2015年，温州市中职学校、成人（社区）学校面向企业职工、退役士兵、新型农民、进城务工人员和家政等服务人员开展职业技能、就业再就业和创业培训等，年培训量142.6万人次。完成三年扫盲任务，扫除文盲29.4万人，完成省下达任务的156%。

特殊教育

概况 2015年，温州市有特殊教育学校8所，在校生（含随班就读）3137人；全市领证6～14周岁残疾儿童少年3187人，入学2962人，入学率98.14%，同比增长1.74%，其中随班就读点614个，就读学生1292人，送教上门587人。

特殊教育发展实施意见出台 2015年5月，温州市人民政府印发《关于进一步加快温州市特殊教育发展的实施意见》。按照《意见》，在编在岗特殊教育学校教师（含残疾儿童康复机构教师、儿童福利机构特教班教师）享受特殊教育津贴，对特殊教育教师待遇做具体规定，鼓励

2015年温州市普通高校简况

表53

	学校数(所)	招生数(人)					毕业生数(人)					在校生数(人)					教职工数(人)							占地面积(平方米)	校舍面积(平方米)
		计	博士	研究生	本科	专科	计	博士	研究生	本科	专科	计	博士	研究生	本科	专科	计	专任教师 小计	正高级	副高级	中级	初级	未评职称		
总计	8	25027	35	1417	11582	11993	21811	34	1165	10619	9993	81612	107	3913	46630	33141	7684	5209	758	1567	2362	366	156	6310626	2747045
温州医科大学	1	3933	35	952	2736	210	3574	34	852	2511	177	15247	107	2748	11807	585	2108	1351	333	427	547	34	10	926801	425439
温州大学	1	3957	0	465	3111	381	3419	0	313	2967	139	13718	0	1165	11979	574	1640	928	162	362	357	34	13	992260	624062
温州肯恩大学	1	477	0	0	477	0	0	0	0	0	0	1317	0	0	1317	0	165	69	0	18	51	0	0	441829	91966
温州职业技术学院	1	3530	0	0	0	3530	3077	0	0	0	3077	10001	0	0	0	10001	606	480	30	142	227	74	7	558161	258184
浙江工贸职业技术学院	1	3286	0	0	0	3286	2789	0	0	0	2789	8821	0	0	0	8821	644	418	20	101	216	38	43	939128	224388
浙江东方职业技术学院	1	1776	0	0	0	1776	1499	0	0	0	1499	5028	0	0	0	5028	324	258	17	42	142	36	21	323320	123711
温州医科大学仁济学院		1504	0	0	1504	0	1394	0	0	1394	0	6588	0	0	6588	0	455	379	90	113	154	20	2	599497	211235
温州大学瓯江学院		1862	0	0	1862	0	1857	0	0	1857	0	7332	0	0	7332	0	513	412	39	142	209	16	6	415810	242339
温州大学城市学院		2128	0	0	1892	236	2114	0	0	1890	224	8359	0	0	7607	752	558	476	46	122	236	62	10	532952	275304
温州科技职业学院	1	2389	0	0	0	2389	2088	0	0	0	2088	6933	0	0	0	6933	565	388	17	90	207	41	33	451400	205454
浙江安防职业技术学院(筹)	1	185	0	0	0	185	0	0	0	0	0	447	0	0	0	447	106	50	4	8	16	11	11	129467	64963

说明：占地面积和校舍面积为学校产权、学校独立使用，不含学校与其他单位共同使用

教师终生从事特殊教育事业。义务教育阶段家庭经济困难的农村残疾学生优先享受生活费补助，落实中、高等教育阶段残疾学生资助政策，普通高校全日制家庭经济困难的残疾学生、中等职业学校一、二年级在校残疾学生、特殊教育学校职业中专部学生，优先享受国家助学金。特殊教育学生生均（每个学生平均）公用经费（含随班就读、送教上门）按普通学生生均公用经费标准的15倍拨付。

民办教育

概况 2015年，温州市有各级各类民办学校1546所，其中民办幼儿园1417所，民办小学27所，民办初中46所，民办普通高中40所，民办特殊教育学校2所，民办职业高中12所，民办普通高校2所。在校学生461152人，教职工46116人（在校生数、教职工数不计高校）。全市新增分类登记试点学校215所，累计登记为民办事业单位535所，登记为企业法人96所。全年引进（新办）社会资本举办民办学校项目23个，计划总投资24.28亿元，其中投资额5000万元以上的项目16个，新东方、上海协和双语学校知名教育品牌进驻温州。推进51个签约项目进度，在建项目51个，总投资28.57亿元，年度完成投资8.03亿元，累计完成投资15.61亿元。全年民办教育专项奖补资金到位4276万元，政府购买服务资金到位1.69亿元，两项共计2.12亿元，政府财

政扶持资金累计7.95亿元。新增教育融资贷款渠道2条，民生银行温州分行开通500万元以下中小额贷款渠道；温州教育发展投资集团和温州金融投资集团担保公司合作推出夹层融资政策，为民办学校提供担保、基金、股权等方面的融资服务。12月31日，温州民办教育研究院成立。

民办学校监管细则起草　2015年5月，全国人大法律委员会副主任委员李连宁、教育部政策法规司司长孙霄冰等相继到温州就教育法律一揽子修正案草案进行立法调研。6月，教育部委托温州起草全国营利性民办学校监管实施细则。

民办教师社会保障　2015年，温州市民办学校教师社会保障实现“四个千人增长”：参加事业单位社会保险新增1106人，累计4208人；企业养老保险新增1192人，累计8434人；按公办教师标准办理医疗保险新增1115人，累计4417人；住房公积金个人账户新增1966人，累计5514人。

瑞祥小学合办模式创新　2015年6月，瑞安市政府与上海新纪元集团合作创办瑞祥小学，率先全省探索教育领域PPP模式①。学校由新纪元集团融资1.68亿元并负责建设，完工后将资产所有权移交政府，新纪元集团获学校10年运营权，政府分10年回购。瑞祥小学于当年投用。

永嘉电大改制　2015年6月，浙江广播电视大学永嘉学院（简称永嘉电大）启动改制工作。根据公开招标、前期考察，以及考察团评审最终意见，永嘉县委、县政府研究决定上海翔宇实业投资集团有限公司为永嘉电大办学主体单位。永嘉电大办学体制从公办改为民办后，名称、隶属关系不变，在原有的成人教育基础上，增加社区教育、短期培训，实行校企联办、产教结合，衔接职前教育和职后教育，并成为永嘉县经济社会发展和产业布局及结构调整所需的人才培养基地。

教育国际国内交流

概况　2015年，温州市教育部门送教到新疆、青海等地，接待新疆拜城县教师到温交流，并开展岗位帮带活动。做好校际交流生项目，启动与国外姊妹学校的校际交流项目，3所学校被评为省“千校结好”示范校。与国外教育部门和机构开展交流与合作，组织骨干教师、中小学校长到国外培训学习。协同市侨办举办海外华裔青少年“中国寻根之旅”夏令营。

校际交流项目运作　2015年5月，温州市第十四高级中学与韩国国立全南大学签署合作办学协议，开设“中韩国际班”，从当年秋季起，招收首批有韩国留学意向的高中生90人，这是市直中学首个中韩公立高中课程合作项目。温州外国语学校、市第十二中学和温州华侨职业中等专业学校继续做好交流生项目，温州中学、市第二外国语学校、市第八中学等学校启动与国外姊妹学校的校际交流项目。市教育局直属学校500余名师生暑假期间到英国、加拿大、澳大利亚和日本等国的学生交流基地开展交流活动，接待到温访问师生4批次85人。

与境外教育机构合作　2005年，温州市教育部门与美国肯恩大学、韩国全南大学、德国吉森市教育局、美国查尔顿市教育局、澳大利亚维多利亚省考试局、意大利托斯卡纳教育厅和台湾暨南国际大学等境外教育部门和机构开展交流与合作，年接待到访团组14批次82人次。10月，市教育局长郑建海带团到美国肯恩大学考察，期间，市教育局与美国肯恩大学签订关于基础教育阶段合作框架协议，内容包括：合作创办国际幼儿园；合作创办国际学校，开设英语特色课程；举办中美合作高中课程项目；开展教师培训交流项目；推进友好学校结对活动，分别在温州和新泽西州举办学生夏令营。

优质师资到境外培训学习　2015年，温州市教育部门组织26批次86人到芬兰、瑞典、英国、美国、加拿大、澳大利亚、新西兰、新加坡、韩国、日本等国家以及中国台湾地区交流学习。24名英语骨干教师到英国雷丁大学参加英语教学方法培训，17名中小学校长到新加坡参加校长领导力提升研修班，17名中小学校长到台湾暨南国际大学教育学院研修培训。选派多名教师到美国和意大利任教。

援建拜城教育信息中心　2015年9月22日，温州市援疆项目拜城县教育局教育信息中心建成举行揭牌仪式。仪式在温州大学拜城实验高中举行，采取实地揭牌、网络同步直播的方式，在温州市电化教育馆分会场视频直播。项目硬件总投资预算150万元，全部由温州对口援疆指挥部援助，包括机房建设、主机及备份存储系统建设、网络与安全管理系统建设、网络阅卷中心建设、微格教室建设、系统软件、其他设备、项目论证咨询等。该中心的建成推动拜城县教育现代化，同时为温州援疆工作提供现代网络化途径，促进温州—拜城两地借“互联网+”实现网络实时互通。

招生考试

概况　2015年，温州市继续深化招生制度改革，全面取消公办普高择校生，建立公办、民办普高按平行志愿录取机制。完善小升初招生软件，首次采用网上报名，尝试初中特长生招生。推进浙江省高考综合改革试点工作，实施首次新学考和高考选考科目考试。全市参加高考48441人，高考录取率87.09%，比上年提升6.67个百分点，为历年最好成绩。学生参加全国高校自主招生被录取69人，占全省18.5%，其中清华、北大31人，占全省31.9%。温州中学重点上线率85.7%，比上年提高6.67个百分点，创历年新高。

公办普高招生规定　2015年，温州市根据浙江省教育厅规定，全市公办普通高中全部取消择校生招生，公办普高只招公费生。全市所有普高不得组织提前自主招生。经市教育局批准，温州中学面向全市采用“三位一体”②办法自主招生

① PPP模式（Public-Private-Partnership，公私合营模式）：政府与私人组织之间，为了提供某种公共物品和服务，以特许权协议为基础，彼此之间形成一种伙伴式的合作关系，并通过签署合同来明确双方的权利和义务，以确保合作的顺利完成，最终使合作各方达到比预期单独行动更为有利的结果。

② 三位一体：指建立学业水平测试、综合素质评价和统一选拔考试的三位一体的多元化招生考试评价体系。“三位一体”招生录取时，综合成绩按一定比例计算形成。

160人（其中面向市直学校和鹿城区招生40人）。各县（市、区）原则上不组织“三位一体”自主招生。

普高特长生招生规定 2015年，温州市普通高中特长生招生计划和招生方案（包括招生学校、招生项目、招生人数、报名要求和录取标准等）经市、县教育局核准后向社会公布。特长生招生专业测试由县（市、区）教育局统一组织，特长生录取可根据考生升学考试成绩和专业测试成绩按一定权重（其中升学考试成绩所占权重不低于30%）择优录取；也可以依据专业测试成绩、参考升学考试成绩择优录取。体育类特长生招生其升学考试成绩可在招生学校统招分数线下降60～80分内录取。

高考加分与专项计划管理 2015年，温州市对高考考生加分资格信息实行省、市、校三级公示。在省内首次实施“高校专项计划”中，永嘉、平阳、苍南、文成、泰顺、洞头6县（区）被确定为偏远县实施区域，占全省计划数20.6%，上述县（区）考生在此计划中被部委属和省外优质高校录取42人，占全省的23.2%。

云阅卷平台启用 2015年3月，温州市教育系统在全市高三第一次适应性考试阅卷中启用网上“云阅卷”平台。本次“云阅卷”中心设立在市教育数据中心机房，阅卷点分布在各县（市、区），同时在线的阅卷老师近2700人，每个学生都有自己的账号，可以自行上网查询。

考试服务工作优化 2015年，温州市实现教育考试报名预约、支付、毕业申请与审核等业务网上办理，推进从传统考务向网络化无纸化电子化科技考务转化。新建高标准配置试卷保密室和省、市、县、校四级连接的国家教育考试指挥中心及考试管理与服务平台。对于考生相对集中的县（市、区）、院校实行送考下乡、到校办理。举办普通高校招生志愿设置及投档办法现场公益咨询会，省内外高校30余所参加，咨询考生及家长约4000人。线下开发招生考试触摸查询服务平台、落榜生助学服务平台、继续学习服务平台并投用；线上开发使用“温州教育招生考试”微信公众平台，5.6万人关注。

教师队伍建设

概况 2015年，温州市有幼儿园专任教师21790人，比上年增加1528人；学历合格率99.66%，比上年提高0.12%；持证率61.25%，比上年提高13.11%。小学专任教师34502人，比上年增加941人；学历合格率99.96%，比上年提高0.06%；专科及以上学历比例96.17%，比上年提高1.13%。初中专任教师21137人，比上年增加378人；学历合格率99.71%，比上年降低0.04%，本科及以上学历比例91.60%，比上年提高0.35%。普通高中专任教师10537人，比上年增加81人；学历合格率98.63%，比上年提高0.47%；研究生及以上学历比例7.5%，比上年提高0.35%。职业学校（不含技校）专任教师4186人，学历合格率95.99%，比上年提高0.21%。

中小学校中级岗位结构比例 2015年，温州市调整全市中小学校专业技术岗位结构比例，高中（职高）、初中、小学和幼儿园中级岗位结构占比分别为45%、55%、65%和60%，比上年分别提高8个、8个、14个和6个百分点，县（市、区）中级岗位结构比例失调的现状得到缓解。

农村特岗教师津贴落实 2015年，温州市对条件比较艰苦或地理位置偏远的农村中小学校和幼儿园在编在岗专任教师，发放农村特殊岗位教师津贴，所需经费按学校隶属关系由同级财政承担，省财政给予适当补助。全年各级财政支出3863.4万元，人均收入增加340元/月，受益教师9469人。

校长后备人选公开选拔 2015年12月10日，温州市教育局启动公开选拔市局直属学校（单位）校长后备人员工作。通过个人自荐和组织推荐，市教育局机关干部、直属学校（单位）中层干部（含团委书记、工会主席等）和教师共300余人报名。经过资格审查、笔试、面试、业绩评鉴、综合比选、组织考察等环节，确定校长后备人选20人、副校长后备人选40人。

教育系统评优表彰 2015年，温州市教育系统规范评比表彰工作，整合公办学校“三优”（市优秀教师、优秀班主任、优秀教育工作者）与民办学校“三优”（市民办学校优秀教师、民办学校优秀举办者、民办学校优秀校长）奖项，评选出优秀者601人；优化“三奖”（评选新闻奖教金、终身班主任奖、师德楷模奖）奖项，评选人数由原每届（年）300人减至200人。骨干教师评选实现各县（市、区）全覆盖，评选第四届学科骨干教师、骨干班主任1499人，其中获省教坛新秀称号骨干教师36人。

班主任队伍建设 2015年，温州市连续3年举办全市中小学班主任基本功素养提升培训班，通过集中培训、拓展培训等方式，打造优秀班主任核心团队。依托“班主任基本功大赛”“班主任班会优质课比赛”和“先进班集体评选”等平台，打造班主任工作品牌。组团参加省第四届班主任基本功大赛，获一等奖数量和团体成绩均居全省第一名。3名班主任参加第四届长三角地区中小学班主任基本功大赛，其中1人获一等奖。

教师岗位提升培训 2015年，温州市本级举办中小学教师培训项目98个194班次，参加培训10861人次。设立市级名师工作室（站）70个，开展工作室活动900余次，订单式培养学员1500余人。举办普通话培训42期，参训3740人次，完成普通话测试14173人次。教师资格认定7156人。按五年（2011年7月～2015年12月）培训指标要求，市本级（含经济技术开发区）6328位教师，人均完成培训385.18学时，完成率107%，其中90学时培训完成率100.7%；全市教师98462人，人均完成培训397.27学时，完成率110%，其中90学时培训完成率106.8%。

教育科学研究模式创新 2015年，温州市教育系统利用“互联网+”技术，初步实现教研管理策略与服务体系的云设计和云架构。小学各学科实现教研活动现场直播与实时在线互动，“温州小学教研”公众号订阅关注6000余人，单篇图文消息最高点击量近6万人次。推出教（科）研员蹲点联系学校制度，42名教（科）研员“牵手”56所学校，全程联系、参与学校教研活动，涵盖各学段30余个学科。开展课题研究选题沙龙、微课题

2015年温州市中小学教师数及学历合格率情况

表54

	小学		初中		普高		中职	
	专任教师总数（人）	专任教师学历合格率（%）	专任教师总数（人）	专任教师学历合格率（%）	专任教师总数（人）	专任教师学历合格率（%）	专任教师总数（人）	专任教师学历合格率（%）
温州市	34502	99.96	21137	99.71	10537	98.63	4186	95.99
温州市本级代管	458	100.00	2159	99.95	1525	99.48	970	94.8
鹿城区	3559	100.00	429	100.00	0	0	56	100.0
龙湾区	1832	100.00	859	100.00	438	99.09	113	95.6
瓯海区	2463	99.96	1355	98.67	705	99.29	298	99.3
洞头区	430	100.00	264	99.62	116	97.41	60	96.7
乐清市	5593	99.98	3326	99.52	1597	98.81	548	95.8
瑞安市	4972	100.00	2998	99.87	1398	99.64	640	95.9
永嘉县	3674	99.95	2383	99.83	1292	99.38	293	98.0
文成县	1175	100.00	645	99.84	221	97.74	77	94.8
平阳县	3270	99.88	2316	99.78	940	98.51	575	97.4
泰顺县	1534	100.00	739	99.73	381	99.48	107	94.4
苍南县	4835	99.90	3375	99.73	1793	96.15	449	93.5
经济技术开发区代管	707	100.00	289	99.65	131	98.47	0	0

管理、研究故事交流会等活动策划与管理创新研究，完成第一批5项教科研成果推广与应用研究项目总结63个，第二批9项成果推广应用与深化研究参与单位126个。举办首届市教科研学术节，《“互联网+”背景下的学术节策划与实施》课题，被推荐为全省教研系统12个教研亮点项目。

学生工作

概况 2015年，温州市贯彻落实省市中小学育人和高校思想政治工作会议精神，加强学科育人、文化育人、实践育人，中小学育人经验得到省委书记夏宝龙“点赞”，“新青年下乡”成为高校思想政治工作品牌。12月，全国高校思想政治理论课课堂教学体系创新研讨会在温州大学召开。启动中小学各学段育人规律研究，开展以“日常行为规范、核心价值观、民族传统美德”为主要内容的系列教育活动，增强学生社会责任感、创新精神、实践能力。开展艺术节、体育节、读书节、科技节等“四大节”活动，承办2015年浙江省中小学生艺术节、中学生运动会高中田径锦标赛，并分别蝉联冠军。学生参加第16届全国中小学电脑制作活动等各级比赛获国家级一等奖2个，省级一等奖8个。出台加强学生营养与健康教育工作的若干意见，确定学生营养与健康教育试点学校20所，举办首届学生营养节暨营养教育下基层活动，推进“阳光厨房”和“品牌超市”建设，实施千万学生饮食放心工程。学生体质健康监测工作覆盖率与上报率均为100%，加强学校预防艾滋病工作。深化“五水共治·童力同行”活动，开展《大禹纪念歌》传唱录像评比活动，出台《关于进一步做好预防学生溺水工作的通知》。

中小学创客教育 2015年，温州市承办全国首届青少年创客教育大会，温州中学、温州实验中学、乐清中学、温州百里路小学、平阳县昆阳二小5所学校入选首批中国青少年创客教育联盟（M35），温州创客教育入选中国教育信息化2015年度十大新闻。1月，《中国教育报》第3版以《想象的天空没有边界，技术引领下的智慧校园魅力何在——温州：创客空间里的梦想时光》为题，报道温州中小学创客教育发展情况。2月，韩国《中央日报》以专题形式报道中国温州创客教育发展现状。5月，温州实验中学创客空间参加全国教育信息化应用展，并作为浙江省精品教育信息化应用案例在浙江馆主场展出。

首届学生营养节 2015年11月，温州市举办首届学生营养节开幕式暨营养教育下基层活动，活动以“加强学生营养教育研究，提高学生营养教育质量”为主题，开幕式上举行市学生营养与健康教育试点学校授牌仪式。活动期间，召开学生营养与健康教育研讨会暨研究联盟会议，举办学生营养教育课堂教学观摩，开展营养知识有奖竞答暨学生营养教育现状调查，开展学生营养教育相关课题研究、课程开发指导，赠送《中学生健康营养基础》教材，分发学生营养与健康宣教材料。

校园足球运动发展 2015年，温州市贯彻落实《中共中央国务院关于加强青少年体育增强青少年体质的意见》和教育部、国家体育总局等六部委联合发布的《关于加快发展青少年校园足球的实施意见》精神，开展中小学青少年足球运动，打造区域性足球教育高地，创新足球人才培养模式和工作机制，组队参加全国青少年校园足球夏令营活动。全市被命名为全国青少年校园足球特色学校23所，被确立为省青少年校园足球特色试点学校54所。

学生安全教育新平台 2015年6月，温州市教育局与中国儿童少年基金会合作开展实施“儿童安全教育工程”公益项目前期工作，建设安全体验教室，重点加强学生人身安全的教育，并逐步推广形成覆盖全市的中小学安全教育新平台。

办学条件

概况 2015年，温州市财政教育投入124.22亿元，比上年增加8.25亿元，增长率7.12%；取得省转移支付资金17.57亿元，占全省补助总额的18.5%，列全省第一，连续3年实现省补资金比例高于学生数占比。市政府将财政教育投入增幅、日常公用经费、规范经费使用等3项内容列入县级政府考核指标，全市8个县弥补上年法定增长和法定提高资金缺口3.60亿元，实现教育经费的法定增长要求，市政府领导班子实绩考核指标（人均教育投入）在全省排名从第九位前移至第五位。全市教育装备总值增加2.17亿元，生均装备值增加220元，当年投入教育装备经费3.64亿元，生均投入371.88元。教学仪器设备达标学校比例97.90%，音体美器材配备达标学校比例98.76%。创建书香校园53所、书香校园示范校15所，全市生均图书增加2.36册。创建功能室达标校54所、示范校16所，建成标准化功能室1098个，累计4715个，标准化功能室总建成率89.8%；建成创新实验室104个、专用功能教室105个。新创数字化校园82所，新增智慧教室200个。全市中小学校园网建有率99.6%，学校网站建设率96.1%，中小学校（除2所海岛学校）千兆光纤接入教育网100%，无线网建有率50.18%，公办普通中小学班级多媒体配备率100%，学校网站完成网络系统安全等级保护备案的85%。

教育项目投资与建设 2015年，温州市本级教育实施政府投资项目33个、计划投资9.16亿元，实际完成投资12.26亿元，完成率133.8%，超年度目标3.1亿元。温州大学城附属学校新建工程、市第八高级中学二期工程部分迁扩建工程建成投用，温州滨海职业教育中心新建工程A区（一、二标）等4个项目完工。11个县（市、区）及经开区完成教育项目投资23.46亿元，合计开工建设校舍面积44.87万平方米，超计划9.87万平方米，完成建设校舍面积39.5万平方米，超计划9.5万平方米，瑞安市第二外国语学校、乐清虹桥镇蒲岐中学、苍南县（海西）太阳人国际幼儿园等项目完工。

教育资产管理 2015年，温州市深化预算管理制度改革，先后出台《教育发展专项资金管理办法》《教育发展专项资金竞争性谈判管理办法》和《市教育局直属学校（单位）预算执行情况综合考核试行办法》。20所市直属学校（单位）完成2504.75万元的资产处置，41所市直属学校（单位）完成1459.15万元的资产配置计划审核，市区7所配套幼儿园完成“两证”办理与划拨使用手续。

基本办学条件改善 2015年，温州市重视教育民生实事，投入13亿元改善五项基本办学条件，完成义务教育薄弱学校基本办学条件改善项目50个，取得中央“薄改”资金1.48亿元，各县（市、区）配套资金4.75亿元；创建省级义务教育标准化学校182所，累计733所，居全省第一，全市标准化学校建成率80%，比上年提高20个百分点；新建中小学校塑胶跑道166个，覆盖率88%；安装加热保温饮水设施学校594所，配备率99%；农村寄宿制学校配备热水淋浴项目45个，配备率100%。

学生实践基地建设 2015年，《温州市推进区域性校外教育学生实践基地建设试点工作方案》出台，成立校外教育综合试点工作领导小组，召开全市推进区域性校外教育学生实践基地建设现场交流会，与教育部综合实践教育项目组初步达成科研共建协议。新建平阳梅源、瑞安雅林、乐清雁荡、瓯海泽雅学生综合实践基地，全市累计建成学生综合实践基地

2015年温州市中小学占地面积和校舍建筑面积一览

表55 单位：平方米

	小学		初中		普高		中职	
	占地面积	校舍面积	占地面积	校舍面积	占地面积	校舍面积	占地面积	校舍面积
温州市	9032054	4001114	9103029	4031122	5829144	3153307	1769872	976202
温州市本级代管	47261	53780	536041	364615	807829	472533	279743	212246
鹿城区	778908	499940	135092	72179	0	0	15601	9176
龙湾区	481757	226503	406815	215963	267092	146045	25741	12110
瓯海区	639172	276758	560835	238081	491053	296447	98216	46718
洞头区	98102	40101	139426	42638	76705	30232	16344	7487
乐清市	1644314	711474	1454541	708419	874472	505575	322912	132482
瑞安市	1291415	535333	1384487	576249	822829	436928	322111	169319
永嘉县	1165015	476993	935355	418935	547288	303128	189479	106292
文成县	305312	151719	363696	161159	156019	57907	17000	9257
平阳县	744962	316893	1127352	452994	501520	267637	248763	143100
泰顺县	497531	182407	400275	176785	296890	105166	66670	21610
苍南县	1193809	480359	1461545	524293	872081	448800	167292	106404
经济技术开发区代管	144496	48854	197569	78812	115365	82909	0	0

说明：占地面积和校舍面积为学校产权、学校独立使用，不含学校与其他单位共同使用

21个，初步形成“1+X+Y”①框架布局，年接待学生数50余万人次，比上年增长50%。

投保校（园）方责任险　2015年，温州市1851所中小学（含幼儿园）123万名学生投保校（园）方责任险，其中公办投保率100%。处理各类理赔案件145起，赔付352.15万元。

互联网+中小学图书馆　2015年，温州市初步形成全市中小学云图书馆架构，实现身份认证、资源配置、数据管理、管理标准、平台使用、技术支持六大统一。全市接入云平台中小学958所，占学校总数的95%，馆藏书2088万册，有效读者78.9万人，纸质图书借阅量507万册次，电子图书借阅量113万册次。

教育投融资工作

概况　2015年，温州教育投资集团总资产54.9亿元，净资产39.35亿元，合并营业收入1.85亿元，净利润1105.33万元。集团承担政府教育建设项目融资任务15个，创新融资方式，拓宽融资渠道，统筹安排建设资金，优化服务，确保工程建设资金需求。下辖的5家全资或控股子公司经营情况良好，泰顺育才系列学校运行平稳。集团被市政府评为年度温州市重点建设立功竞赛先进集体。

教育建设项目资金调配　2015年，温州教育投资集团适应政府建设项目投融资政策变化，整体策划融资方案，投放教育建设项目资金7.24亿元，投资完成率133.8%。新增银行贷款授信额度4.8亿元，累计授信68.39亿元。累计融资到位资金24.36亿元，落实财政项目资本金及利息4.39亿元，完成财务投资额31.58亿元。

金融合作服务民办学校　2015年7月，温州教育投资集团与市金融投资集团签订《民办学校担保业务战略合作协议》，合作开展民办学校担保业务，并在区域资本市场功能平台、教育产业基金、融资租赁业务等领域达成合作意向。

教师教育院洞头分院PPP项目　2015年，温州市教师教育院洞头分院PPP项目入选《温州市PPP项目推介本（第一批）》，被列为首批10个PPP重点推介项目，选录为浙江省2015年政府和社会资本合作项目，并完成项目交易服务顾问政府采购公开招标和实施方案编制工作。

（杨静娟）

高等院校

温州医科大学　2015年，温州医科大学成为省政府、国家卫生计生委和教育部共建高校。学校有全日制在校生22500余人（含仁济学院6588人），其中博士、硕士研究生2855人，学历教育留学生690余人。其中，当年招录博士研究生35人，硕士研究生958人，本专科生4595人（其中仁济学院1576人）。有教职员工及医护人员10000余人（含5所附属医院），其中校本部教职工1979人。有专任教师1350余人，具有高级职称教师760余人。学校有17个学院（教学部）、1个独立学院（仁济学院）。有临床医学一级学科博士点1个、二级学科博士点19个，一级学科硕士点8个、二级学科硕士点62个，专业硕士学位授权点6个，本科专业33个，设有临床医学一级学科博士后科研流动站。有国家特色专业建设点4个，国家级教学团队1个，国家级人才培养创新实验区1个，国家级实验教学示范中心2个，国家级实践教育基地1个，国家级精品课程5门，国家双语教学示范课程1门，国家级精品资源共享课程5门。有省“重中之重一级学科”2个，省“2011协同创新中心”1个，省重点学科10个。有国家工程技术研究中心1个，省部共建国家重点实验室培育基地1个，省部级重点实验室（研究中心）13个。“十二五”期间，学校承担国家级高层次课题470余项，获省部级以上科学技术奖40余项，其中获国家科技进步奖一等奖1项（参与）、国家科技进步奖二等奖4项（主持3项，参与1项）、国家技术发明奖二等奖1项、中华医学科技奖一等奖3项、中国药学会科技奖一等奖1项、浙江省科学技术奖一等奖9项。学校有教育部创新团队1个，省重点科技创新团队4个。教师入选国家“千人计划”9人，国家“万人计划”2人，“长江学者奖励计划”1人，国家“百千万人才工程”5人，省特级专家2人。

教育教学工作。定向培养本科层次农村社区医生招生区域拓展至全省全部县（市、区）。增设精神医学、儿科学2个本科专业。生物医学工程一级硕士学位点、口腔医学硕士专业学位点通过国务院学位委员会评估。1月，学校医学虚拟仿真实验教学中心获入选教育部公布的国家级名单。新增国家级实验示范中心1个、省“十二五”实验示范中心2个、非直管附属医院2所。临床医学、眼视光医学开展“5+3”一体化人才培养模式改革，学校入选卓越医生（中医）教育培养计划改革试点高校，仁济学院获批浙江省加强应用型试点院校。临床医学硕士专业学位与住院医师规范化培训并轨，培养的首届毕业生完成学业比例97%，1篇论文在浙江省硕士学位论文抽检中获优秀。推动省住院医师规范化培训基地联合体建设，设立首批校级住培示范专业基地6个。

人才培养。学生获省级以上学科竞赛奖项130余项；获全国“挑战杯”特等奖1项，学校再获“优胜杯”。学生连续第五年获国家奖学金特别评审奖。240余名应届毕业生考取“985”“211”高校、全国知名院所或国（境）外知名大学。临床医学类毕业生参加国家执业医师资格考试通过率居全国第五位。2014届毕业生“职业发展与人才培养质量”总排名列全省第一，其中毕业一年后就业率连续第三年列全省第一（省教育评估院评定）。学校入选全国高校毕业生就业50强。6月11日，学校已故校友周健与澳大利亚科学家伊恩·弗雷泽教授因发明全球首个宫颈癌疫苗获欧洲发明奖“最受欢迎发明奖”。

师资队伍。引进学科学术带头人8人，高级职称9人，博士学历学位96人（其中海外博士18人）。教师入选国家“千人计划”1人、“百千万人才工程”2人，省特级专家1人。获博士学位教师21人，新增在读博士93人；入选各层次公派留学46人。修订卫计、教师系列职称评聘办法，形成教学为主型、教学科研并重型、科研为主型、社会服务与推广型的

① 1+X+Y：每个县（市、区）教育部门根据学生数结合当地的特点建设一个学生综合实践活动基地（1个中心），整合汇集若干个社会类资源基地（X个分基地），挖掘提升若干个学校内设基地（Y个校内活动场所）。

分类评价体系，晋升正高职称42人、副高103人。获全国“师德标兵”“医德标兵”称号各1人。

学科建设和科技创新。临床医学学科进入ESI（基本科学指标数据库）全球前0.3%。学校列生命科学机构排名全国前50强（《自然》增刊）。获批第二批省医学支撑、创新学科10个。新增“浙江省流域水环境与健康风险研究重点实验室”和“浙江省智慧医疗工程技术中心”。博士后科研流动站通过国家级验收。获国家级科技项目132项、省部级科技项目256项，其中国家自然科学基金128项，所获项目数 居省属高校第一位。获各类科技奖励54项，其中国家科技进步奖一等奖1项（参与）、省科学技术奖一等奖2项、教育部人文社科奖2项。获发明专利授权39项。发表SCI收录论文1142篇，年增长率24.9%。

服务经济社会发展。国家卫计委“重大疾病防治科技行动计划”落户学校。准分子激光屈光治疗设备获批产品注册证。与迪安公司共建医学检验中心。生物医药国际合作基地通过科技部评估。司法鉴定中心通过CNAS（中国合格评定国家认可委员会）认证认可监督评审。

教育国际化。建立长期稳定合作的海外院校、机构增至98所，与国（境）外院校新签署合作协议23项，加入中俄医学联盟。与波兰卢布林医科大学签署合作举办温州医科大学波兰华佗学院协议。推进与瑞典隆德大学合作举办的临床医学专业博士研究生教育项目。推进“学生交流海外培优计划”，教师出国（境）进修访学和学生海外交流人数增长。5名外国专家分获省、市政府友谊奖。首次招收药学专业本科留学生。

校园文化。1月，学校入选全省12所高校文化校园建设试点单位。

与国际组织联合启动“当代白求恩行动”，“生命相髓”项目获中国青年志愿者项目大赛铜奖。出台《加强和改进思想政治工作实施方案》。开展“我的中国梦”“基础文明养成教育”等主题教育活动。“血液银行”项目入选教育部培育和践行社会主义核心价值观创新案例。开展“双百双进”和“新青年下乡”活动，学校获评“全国最佳暑期实践大学”。文明寝室建设获全国首届学生公寓管理工作成果二等奖。

校园基础建设。建成茶山校区SPF级动物实验室。仁济学院迁建工程一期工程4个标段完成年度投资2.7亿元。留学生教学生活楼项目获立项批复。

附属医院建设。5所附属医院全年门急诊805万余人次，出院26万余人次。附属第一、第二医院托管县级医院增至11所。“智慧医院”推出扩大预约就诊业务、上线阳光医保智能审核系统、增设多学科整合门诊等便民举措。附属第一医院连续第四年列入“中国公立医院社会贡献度”全国50强，获“亚洲医院管理金奖”。附属眼视光医院列入“中国最佳医院”百强，连续第七年列入眼科排名第一方阵（前五位）。

（潘明杰）

温州大学 2015年，温州大学（简称温大）有全日制在校生21351人，其中独立学院（瓯江学院）在校生7332人，研究生1165人，普通本专科生12553人，留学生301人。年度招收硕士研究生475人，普通本专科生3158人；毕业生3470人，其中研究生314人，本专科生3156人。至12月17日，全校毕业生就业率96.25%，其中研究生就业率95.54%，本科生就业率96.22%，专科生就业率98.57%。校本部有教职工1687人，其中专任教师927人。专任教师中，具有正高职称教师161人、副高职称教师361人，具有博士学位教师367人。新增硕士生导师78人，硕士生和博士生导师共386人。11月10日，浙江省第14届大学生运动会开幕式在温大举行。12月21日～24日，以常州大学党委书记史国栋为组长的教育部本科教学工作审核评估专家组对学校本科教学工作进行审核评估。12月31日，《温州大学章程》经省教育厅核准生效。

机构和专业设置。学校本部下设学院17个，有一级学科硕士点6个，二级学科硕士点40个，硕士专业学位门类2个（覆盖20个招生领域）。有浙江省重中之重学科1个，省重点学科9个。设本科专业55个，有国家级特色专业建设点2个、国家级专业综合改革试点1个、教育部卓越工程师教育培养计划试点专业5个，省级重点（建设）和优势、特色（国际化）专业24个；新增国际化专业1个，市级重点建设专业2个；翻译和车辆工程2个专业的增设方案通过教育厅审核。新增国家级虚拟仿真实验教学示范中心1个；有省级重点实验教学示范中心（建设点）2个，省级重点实验教学示范中心6个。有大学生校外实践教育基地国家级1个、省级1个。设科研机构111个，实验室（中心）26个。建有浙江省“2011协同创新中心”1个、行业（区域）科技创新服务平台2个、重点实验室6个、工程实验室1个、国际科技合作基地1个，中国机械工业联合会工程研究中心（实验室）2个，温州市重点实验室和工程技术研究中心（行业技术研究中心）11个。有浙江省哲学社会科学重点研究基地1个、非物质文化研究基地1个。有浙江省重点创新团队4个、高校创新团队3个。

教育教学改革与成果。获批省财政支持地方高校实验教学平台建设项目2项，省“十二五”实验教学示范中心重点建设项目2项。有国家级精品课程和精品

2015年11月10日，浙江省第14届大学生运动会开幕式在温州大学举行

黄 劲／摄

资源共享课程10门,省级精品课程33门;立项省级精品视频公开课程4门。有国家级规划教材6部,省级重点教材31部。有省级教学团队4个。获国家级教学成果一等奖1项、二等奖1项，浙江省教学成果一等奖7项、二等奖12项。学生获国际级竞赛二等奖6项，三等奖3项；国家级竞赛一等奖22项，二等奖41项，三等奖58项；获国家级大学生创新创业训练计划项目30项。“十二五”期间，学生参加各类竞赛获国际级奖项21项、国家级奖项527项、省级奖项2044项。全年研究生公开发表论文157篇，其中SCI（科学引文索引）论文117篇，SCI-TOP论文33篇;获批国家发明专利3项，实用新型专利近20项。

科研项目与成果。理工科方面：新增主持国家级科研项目48项、省级科技项目138项、厅局级项目87项；新增国家国际科技合作基地1个、国家地方联合工程实验室1个；获包括教育部高等学校科学研究优秀成果奖一、二等奖和浙江省科学技术奖三等奖在内的省部级以上奖励4项；发表国家一级期刊以上学术论文286篇，SCI、EI（工程索引）、ISTP（科技会议录索引）三大索引收录论文275篇，其中SCI Ⅰ区18篇，SCI Ⅱ区83篇；出版著作1部；获授权专利221项，其中发明专利110项。人文社科方面：获国家社科基金项目14项（其中国家社科基金一般项目1项，艺术学项目1项），省部级项目38项，厅局级项目91项。全校社科工作者在权威期刊发表论文17篇，一级期刊发表论文48篇，CSSCI（社会科学引文索引）论文90篇，出版学术专著40部。获省部级科研成果奖20项，厅局级科研成果奖60项。

人才队伍。学校有国家、省、市级各类人才工程入选者317人（535人次）。其中，国家级的有：“万人计划”人选2人，“长江学者”特聘教授2人，杰出青年基金获得者1人，“有突出贡献中青年专家”与卫生部“有突出贡献中青年专家”人选各1人,“百千万人才工程”人选3人，教育部“新世纪人才支持（培养）计划”人选1人，享受国务院政府特殊津贴专家8人,“高端外国专家项目”专家3人，全国先进工作者1人，“五一劳动奖章”获得者1人，优秀教师2人；省级的有：特级专家2人,“千人计划”人选16人,“钱江学者”特聘教授8人，21个产业集群首席专家3人，突出贡献科技人才2人，“五个一批”人才2人，“151人才工程”重点层次人选2人，教学名师3人，优秀教师5人。

教育国际化。2015年，学校与台湾中华大学合作举办的电子信息工程本科专业通过教育部中外合作办学评估，这是大陆第一个经教育部批准设立的两岸合作办学项目。全年学生参加校际交流项目396人，参加交换生项目本科层次175人、硕士层次31人，到海外交流学习190人。学校与美国纽约州立大学奥斯威戈分校合作的本科交换生项目获批当年国家留学基金委优秀本科生国际交流项目，4名学生获全额奖学金资助到美国参加该项目的学习交流。国（境）外友好院校的学生45人到本校交流学习，招收泰国、韩国、意大利、荷兰、美国等49个国家留学生339人。

校园文化建设。组织开展第四届“华峰品德奖”、第四届“百名教授访百家”、第五届“校园师生节”等活动，1.9万师生参与。“师生融合文化”品牌活动获全国高校校园文化建设优秀成果奖。完成《溯初致远——深谋端树百年人》《校园文化读本》等书籍的编写。

基础设施建设。基建工程建设累计完成年度投资1.1亿元。瓯江学院扩建工程、南校区地下车库及地面景观工程、北校区运动场改建工程、D区和E区河岸驳坎工程等项目完成竣工验收，科技综合大楼建设工程结顶并通过主体验收。完成大中型维修改造项目39项，日常维修项目95项，累计完成维修经费1165万元。11月，完成“数据交换及共享平台及业务系统数据集成”项目的集成与验收，22个业务系统的对接。

（叶柏霜）

温州肯恩大学　2015年，温州肯恩大学位于温州市瓯海区丽岙街道，校园规划用地3000亩，其中一期建设用地1059.4亩。全校教职员工218人，外籍教职工73人，其中有博士学位36人。在校生1314人，当年在浙、皖、鲁、豫、冀、辽、鄂、川、渝等9省市招录本科第一批次学生500人，包括“三位一体”招生33人、艺术类招生30人。学校开设经济学（国际会计方向）、金融学（国际金融方向），英语（国际英语教学方向）、计算机科学与技术、国际经济与贸易、市场营销（国际市场营销方向）、视觉传达设计专业等7个本科专业，是中外合作大学中唯一开设视觉传达设计专业的学校。学校获“2015年中国影响力中外合作院校”奖项。会计专业学生获澳大利亚注册会计师公会注册会计师基础六门学科免考的绿灯政策。大二学生夏雪作为中国3名“未来之声”青年代表之一参加11月在菲律宾举行的亚太经济合作组织（APEC）领导人会议。8月，学校与温州肯恩国际教育发展公司合作签约，助力地方中小学、幼儿园教育事业的发展。9月，温州肯恩大学温商学院成立。

美式教学特色。学校90%以上课程从美国肯恩大学引进，采用美国原版教材与美式教学体系。师资由美方选派或全球招聘，温州肯恩大学负责提供校园设施和行政后勤保障。学校配备前沿的实验设备，开展师生搭档研究项目，启动师生拍档科研资金30余万元，获批校级立项科研项目13个。12月，学校外教参加的省自然科学基金项目获批为国家自然科学基金依托单位。

交流合作。学校派专人常驻美国肯恩大学（Kean University）对接工作，美国肯恩大学也全方位参与学生管理、招生办学、教学活动、校园设计与建设、人才招聘等工作。学校先后组织8个团组29人次到美国培训学位管理、媒体宣传、绩效考核和后勤管理等。美国肯恩大学安排各类工作团组共16批47人次到访温州肯恩大学。8月，美国新泽西州前州长詹姆斯·麦格瑞维到访温州肯恩大学。10月14日，温州市委副书记、代市长徐立毅到美国肯恩大学参加中美（温州）合作项目签约仪式。加强学生交流，与美方互派约40名学生交流学习。24名大一新生暑期到美国开展浸润式英语学习。11月15日～17日，学校承办第六届全国中外合作办学年会，美国肯恩大学常务副校长菲利普·康纳利作主题发言《我所经历的温州肯恩大学创办历程》。

校园文化。召开温州肯恩大学共青团第一次代表大会，选举产生温州肯恩大学第二届学生会主席。成立大学生创业协会。全年新增4个学术社团、1个学术组织，拓展2个学术类专业竞赛。举办校园“十佳歌手”大赛、爵士乐风景开放日、新生舞会、温肯日、首届亚洲国际（温州）青年微电影展、校足比赛、留学分享周、汉服文化节、"生存体验"等活动。举办10余场讲座，美国哥伦比亚大学常务副校长玛克辛·格里菲斯、哈佛肯尼迪政治学院研究员帕特里克·孟迪斯、温籍美国前商务部长助理黄建南、美国驻上海总领事馆总领事等十余名国内外专家学者到校讲学。学校心理咨询中心安排以"谁的青春不迷茫"的主题的心理课程，开展自杀预防机制培训等活动。

（郑映雪）

温州职业技术学院 2015年，温州职业技术学院招收新生3639人，毕业生数3067人，全日制在校生10041人，其中与温州大学联合培养本科生50人。有教职工645人，其中副高以上职称207人（正教授37人），"双师型"①教师328人。学院设9个系（部）35个专业，其中国家示范性重点专业6个，教育部教学改革试点专业1个，省级重点专业、特色优势专业15个。学院开展"立地式"②研发服务，有研发平台46个，其中省级3个，市级17个；实训基地23个，其中国家示范实训基地2个，省级示范及合格基地13个。获国家级教学成果奖一等奖2项、二等奖1项，国家精品课程7门，省级精品课程22门。"十二五"期间，新增对外合作办学项目1个、浙江省示范性中外合作办学项目1个；累计派出国（境）超200人次，其中教师出国（境）100人次，学生出国（境）近百人次；接待多个国家和地区的到访人员168人。

学院入选浙江省首批四年制高等职业教育人才培养试点和教育部首批全国现代学徒制试点。在全国首创应用新技术创业教育，筹建创业学院。学院当选为全国高职创新创业教育联盟副理事长单位、全国高等职业教育研究会第九届理事会常务理事单位、新一届全国鞋服饰品及箱包专业指导委员会主任委员单位等。

人才培养和教学改革。建立"实训+科研+创新创业"一体的实训基地。推行复合型、小班化、分层次教学，小班化教学班级数566个。构建"产学研创相结合、培养新技术应用创业人才"的"2+1"③人才培养模式，成立创新创业工作室22家。建立"招生—培养—就业"联动改革机制，举办推荐会、招聘会110场，收集就业岗位近2.4万个，毕业生总就业率98.57%，连续十年超过98%。

师资队伍建设。引进骨干教师38人，新增正高职称教师6人、副高职称教师17人，继续培养省级专业带头人10人，培养培训骨干教师529人次，入选"国家高层次人才特殊支持计划"1人。修订《温州职业技术学院教师专业技术职务评聘办法》。开展第三届辅导员职业能力大赛。完善教师发展中心功能，投资近300万元的远程教育中心投入投用，教师发展中心全年举办讲座、论坛报告会183场次。

科研工作。学院新增研发机构12家，其中省级平台1家、市级平台2家，校企共建省级企业研究院2家、省级企业研发中心2家。科技立项238项，获专利238项，其中授权发明专利20项，转让52项。学院的"温州产业科技众创空间"入选首批"市级众创空间"。学院的浙江省轻工机械创新服务平台在全省重大科技创新服务平台的绩效考核中评为"优秀"，获奖励60万元；获市重点科技创新团队立项2个；获省咨询委系统优秀咨询研究成果奖二等奖1项。学院学报再获"全国高校优秀社科期刊"。《高职院校"三个三结合"专业人才培养方案的理论与实践》一文获教育部人文社科二等奖（全国高职院校中唯一获奖项目）。

社会培训。与乐清、瑞安、洞头等县（市、区）合作举办电子商务人才培训班，开展自考助学进企业、企业员工劳动技能提升的培训教育等工作。非学历教育（继续教育）设有34个工种，年鉴定及培训2.2万余人次，其中高技能培训1300多人次，服务新兴产业的社会培训近5000人次。

学生活动。开展"新青年下乡"活动，组建实践队伍227支，3419名学生参加，以"送理论、送文艺、送服务、送文化、送技术"为主要内容，开展"菜单式"服务。推进"二早一活动"④品牌项目，全年参与学生120余万人次。开展以"三进一留"⑤为主题的大学生暑期社会实践活动，组建实践队伍237支。学生参加国家、省级技能竞赛获多项大奖，其中获国家级一等奖5项、二等奖10项，省级一等奖12项、二等奖32项。

（应金柱）

浙江工贸职业技术学院 2015年，浙江工贸职业技术学院占地1403亩（含新校区），有全日制在校生11510人，其中新生3381人。招录成教本专科生900人，技师学院学生236人。学生就业2832人，就业率98.23%。年末在册教职工646人，其中专任教师336人，副高职称以上占31.53%，研究生学历占64.58%，双师型教师占86.01%。设有二级院系（部）13个，专业32个，其中国家级精品专业1个、中央财政支持建设专业2个；省级重点、优势、特色专业12个。学院在浙江省教育评估院2014届毕业生职业发展及人才培养质量调查评估中，连续第二年居高职院校第一名；在省高校教学业绩考核中，居全省第四名，进入A类方阵。

创新创业教育。依托三大园区，优化产教融合的创新创业教育模式，构建学分替换、课程免修的创新创业教育与专业教育对接机制，启动"2+1"创新创业教育改革试点工作。构建以建设众创空间为核心的创新创业教育教学体系，设立大学生创新创业基金。10月，承办全国高职高专校长联席会议2015年会创新创业分论坛，并分享学院案例；教育部部长袁贵仁在浙江考察期间，学院作为浙江省唯一高职院校代表在座谈会上作题为"园区化推进协同育人，生态圈助力创新创业"的发言。全年学生获各类创新创业竞赛省级以上奖励116项，其中国家级二等奖6项，三等奖2项；省级特等奖2项，一等奖3项，二等奖12项，三等奖3项。

教学创新。新增广告设计与制作和材料工程技术2个专业。4项教学改革项目和10项课堂教学改革项目获省教育

①"双师型"教师：指"双素质型"教师，即教师既要具备理论教学的素质，也应具备实践教学的素质。
②"立地式"：指立足于本地，为区域经济服务；立足于应用研究和开发服务；立足于以研促教的科研服务。
③"2+1"模式："2"指学生前两年在各自学院、系进行专业学习，"1"指第三年转入创业学院学习。
④"二早一活动"：二早即早起早练，一活动即各类素质拓展活动。
⑤"三进一留"："三进"指大学生进企业、进社区、进乡镇开展专业实践和志愿服务，"一留"即鼓励大学生留学校，开展技能训练、创新研究和创业实践。

厅立项。光机电应用技术专业教学资源库被列为国家职业教育专业教学资源库立项建设项目，网络经济公共实训基地建设项目获省财政厅200万元补助，市级示范实训基地建设立项3个。构建以通识教育平台课、职业技术课、跨专业技术课组成的课程体系，开设通识课程教学实验班54个，选修学生4000余人，推行慕课、微课、翻转课堂等教学形式。通过浙江省首批数字校园示范校现场验收。

科研项目。学院有创新平台35个，新增科研项目立项168项，其中纵向国家级1项，省部级项目3项，厅局级51项，纵向科研经费352.3万元。立足当地产业转型的横向项目60项，横向项目经费726.78万元。新立项师生院级课题73项。

师资队伍建设。引进和录用各类人员60余人，其中硕士研究生27人，博士研究生14人。新增攻读博士学位4人，专任教师队伍中博士、硕士占73%。聘任各类专业技术人员30人，各级管理职级人员29人。实施教职工素质提升工程和青年教师帮扶工程，参加非学历教育434人，参加青年教师助讲培养项目22人。投入师资培养和教师培训经费174万元，新增行政人员培训经费每年9万元。学院教师参加教学能力过关活动64人（免试4人），通过“三个一”能力过关27人；参加杭钢集团教学技能比武，分获第一、三、五名。

学生活动。派出“新青年下乡”服务队38支，参与11000余人次，章春晖作为在温高校唯一学生代表在温州市“新青年下乡”活动工作汇报会上发言。技师学院学生获全国技工院校社会主义核心价值观主题教育征文比赛一等奖。

社会服务。学院的浙江创意园有企业48家，年产值1.92亿元，其中浙江思珀整合传播有限公司被认定为“省级工业设计中心”。建成3D打印中心，提供实习、就业岗位200余人次。知识产权学院获批“国家中小微企业知识产权培训（温州）基地”；举办“知识产权温州讲堂”10期，参加培训1430余人次；温州知识产权服务园完成专利申请4408多件、商标代理1497件，知识产权质押融资项目13个，促成质押贷款4800万元。电子信息研究院服务外包项目25个，合同金额384.45万元，到账金额239.74万元，比上年同期增长200%。成教学院完成各类培训7456人次。

文化传承。学院的传统工艺美术研究所成立瓯塑、瓯绣、瓯窑和木活字印刷等4家工作室，开设《瓯塑》《瓯绣》《瓯窑》《木活字印刷》等课程，完成瓯塑、瓯绣、瓯窑作品百余件。刘基文化研究会召开“2015·刘基文化与温州历史文化发展研讨会暨温州市刘基文化研究会第二届换届大会”，刘基文化省科普示范基地成果通过省社科联验收。学院承办2015全国掷球锦标赛，获8金3银2铜。

对台交流合作。引进台湾地区教师3名。与温州市台湾事务办公室联合成立台湾青年就业创业服务中心，被国台办授予“海峡两岸青年创业基地”称号。举办第二届两岸大学生低碳设计创客工作坊活动，两岸68名大学生参加。学院台湾研究所完成对台研究课题5项，发表学术论文6篇。

（李红伟）

浙江东方职业技术学院　2015年，浙江东方职业技术学院（简称东方学院）有教师350人，其中专任教师240人，专任教师中有副高以上职称44人，浙江省“151”人才4人，省级专业带头人4人，省级“教学名师”1人，省级“教坛新秀”3人。有全日制高职学生5477人，新生报到率91.77%，毕业生就业率98%，用人单位满意度99.19%，专业生均数从2013年的176人提高到2015年的202人。学院设四系一部一成教学院，开设专业26个，其中省级优势、重点、特色专业4个；省级精品课程4门。在2015年的《浙江省高校毕业生职业发展状况及人才培养质量调查报告》中，东方学院2014届毕业生总满意度在全省民办高职院校中居第二位。2月，浙江省人民政府副省长郑继伟到金海校区开展调研工作。3月，温州市东方职业教育人才中心设立，年末首批72名骨干教师入编。学院金海校区完成投资2.52亿元，累计完成投资4.85亿元。

专业建设和课堂教学。东方学院基本形成以现代服务业类为主体、以先进制造业类为支撑的专业布局结构。被评为温州市高校重点建设专业1个，市高职院校特色专业3个。2015年停止旅游英语、新闻采编与制作2个专业招生，新设民政管理、社会工作专业。提高重点专业、特色专业实践教学比率，在部分专业推广小班化教学，部分课程实施分层分类教学改革，提高学生选修课比例。实施“优课优酬”，开展“百堂精彩一课”活动。

实训中心和基地建设。东方学院有校内实训中心和实训基地14个，其中中央财政支持建设实训基地1个，浙江省示范性实训基地1个，温州市高校示范实训基地3个。新建老年综合护理实训基地、图形图像处理实训室、报关与国际货运综合实训室、文秘综合实训中心等实训基地（中心）。完成中央财政支持实训基地——电气自动化实训基地二期各项建设任务，新增教学仪器设备300.84万元。

师资队伍建设。全年新聘教职工44人，其中硕士以上学历18人，副高职称1人，正高职称6人；聘请能工巧匠担任兼职教师31人。选派专业教师到企业挂职锻炼28人，参加国内外培训教师120人，认定“双师”资格教师13人。晋升高级职称教师4人，其中正高职称1人，副高职称3人。开展老教师与新进任课教师结对活动，通过“传、帮、带”加快新教师成长。

国际交流合作办学。东方学院派遣11批34名教师、3批28名学生分别到澳大利亚、德国、韩国、英国等国家及中国香港、台湾地区交流学习。学院与新西兰北方理工学院、台湾佛光大学等5所高校结成姊妹学校，互派交换生；与韩国朝鲜大学共建“韩国语学堂”；与韩国朝鲜大学、温州“韩商会”三方共同开展教育、实习和就业的国际合作。7月，组织来自台湾3所大学的21名师生参加海峡两岸大学生“瓯·文化之旅”暑期夏令营活动。

社会培训服务。6月，东方学院与《温州晚报》签约合作举办温州“百老惠”第三龄学院，首批招收广场舞、电脑微信、药膳烹饪等6个班级学员500名。12月，“浙江省家政人才培养培训联盟温台分中心”设在东方学院，强化民政类人才培养培训的“校—政—会—企”联动与合作。

学生志愿服务及社会实践活动。东方学院全年开展志愿服务230余次。10月，启动到泰顺县开展“新青年下乡”常态化服务，到苍南县开展“新青年下乡”文艺敬老活动。东方学院科普反邪教暑期实践队获全省科普反邪类暑期社会实践评比特等奖和优秀团队称号，被团中央学校部、人民日报社政文部、人民网评为全国大学生社会实践风采展示活动优秀奖，是全国唯一进入百强的反邪教类实践团队。

学生资助帮扶体系。东方学院构建经济资助、学业辅导、心理帮扶、就业指导四位一体学生资助帮扶体系。32名新生通过“绿色通道”入学，93名学生获助学贷款，120名学生获国家励志奖学金，600名学生获国家助学金。选拔高年级优秀学生与学习困难学生建立“一对一”或“一对多”学业辅导模式。开通心理咨询室等诉求渠道，开展知识普及宣传、心理辅导等活动20余次。完善“创业竞赛+社团活动创新创业”教育体系，设立创业学院。

温州供应链学院成立。2015年，温州市人民政府正式批复同意筹建温州供应链学院，9月22日在市人民大会堂召开成立大会，该学院由东方学院、温州市商务局、温州市供应链学会、温州现代服务业投资集团有限公司四方共建，是以“供应链”命名的专业性学院。学院实行理事会领导下的院长负责制，为东方学院的二级学院，并增挂温州供应链研究院的牌子。

（余华盛）

温州科技职业学院 2015年，温州科技职业学院有在编在职教职工520人，其中高级职称教师140人，博士、硕士研究生372人；有全日制高职在校生7275人。设有农业与生物技术系、园林水利工程系、动物科学系、经贸管理系、信息技术系和公共教学部及成教学院，有22个专业。建有国家农作物品种区域试验站、浙南作物育种重点实验室等科研平台。设温州农民学院等培训平台。学院为中国都市农业职业教育集团副理事长单位、中国现代渔业职业教育集团副理事长单位、中国现代畜牧业职业教育集团副理事长单位、中国现代农业装备职业教育集团常务理事单位。获评“全国高职院校创新创业教育工作先进单位”。3月24日～25日，学院领导带队到湖南杂交水稻研究中心南繁育种基地拜访中国工程院院士袁隆平，聘其为学院首席顾问。袁隆平为学院题词“温州科技职业学院创新人才培养方式”。7月14日～15日，参加“2015中国高等职业教育质量年度报告发布会”，学院“培养新型职业农民”和“点线面三维育人”案例入选《2015中国高等职业教育质量年度报告》。11月17日，中国高等教育学会会长瞿振元到学院指导工作，并围绕高职教育改革与发展等问题开展座谈。11月30日～12月11日，参加在法国巴黎召开的第21届联合国气候变化大会，并在中国角“建设碳汇城市，应对气候变化”边会中分享温州在应对气候变化方面的经验与成果。12月16日，承办全国农业职业教育教学指导委员会会议。学院获“全国发展龙舟运动优秀院校奖”。

教育教学与人才培养。新增宠物护理与美容、食品质量与安全2个专业。绿色食品生产与检验专业获批市级高校重点专业建设项目，园艺技术等3个专业获批市级特色专业建设项目。出台专业分级考核办法和招生、培养、就业一体化建设办法，在畜牧兽医等4个专业开展“招、培、就”一体化人才培养试点。出台教学改革制度27项，立项创新创业工作室建设项目21项，立项省教育教学改革项目2项、省课堂教学改革项目8项，入选教育部第二批“十二五”职业教育国家规划教材2部。开展“训研创一体化”实训基地建设，获批市级高校“示范实训基地”建设点3个。评选出学业典范、就业典范、创业典范学生260人，60名毕业生被25所本科院校录取，19名学生到台湾大仁科技大学游学。2名学生分别获浙江省“挑战杯”创新创业竞赛一、二等奖；4名学生获浙江省大学生职业生涯规划大赛三等奖。毕业生初次就业率97.4%。大学生合唱项目在浙江省大学生艺术展演中获三等奖。大学生女子足球队获浙江省高校足球联赛乙组冠军。

科研工作。新建宠物科学研究所和农业信息化研究所，学院获批为国家自然科学基金依托单位。立项市厅级以上课题项目97项，其中国家级项目1项，省部级项目8项；外来到位科研经费1525万元。获市厅级以上科研奖励8项，其中省科学技术奖二等奖1项，市科学技术奖一等奖1项。获各类专利28项。1月，选育的水稻新品种“温814”通过国家品种审定，审定编号为国审稻2014009。

基础设施建设。完成校园三期工程（北校区）校园景观建设，建成“农时农耕”等“一系一品”公寓文化景观，新增绿地面积7000平方米。校园三期工程（北校区）教职工单身宿舍、综合大楼项目开工建设，学生宿舍工程及周边配套项目建成并投用，完成投资4500万元。温州种子种苗科技园完成一期农业设施工程建设；二期综合区工程建设启动，完成投资1400万元。

校园文化。举办第二轮校训、校歌征集活动，征集作品126件。举办“三农大讲坛”活动10期，开展高雅艺术进校园活动3次，举办地方“非遗”文化进校园活动10次。开展行为文化建设，举办最美教师、优秀辅导员、优秀班主任等系列评选、宣传活动，树立师德师风先进典型。

社会服务。与温州11个县（市、区）开展院地深度合作，服务乡镇17个，建立新品种（新技术）农业综合示范基地7个，引进实施“四新”（新品种、新技术、新农资、新设施）农技推广项目14项，开展项目合作26项，在国内推广具有自主知识产权的新品种（新技术）212万亩，自主育成的2个农作物新品种被列为2015年浙江省区域主导品种。选派科技特派员17人，占全市下派总数的58.6%，1人被评为省级优秀科技特派员。

新型职业农民培训。依托温州农民学院，开设生产经营、销售管理、休闲农业等培训班170个，全年办班培训148期，1.07万人次参培。学院2次在全国农业职业教育教学指导委员会会议上作青年农场主培养工作典型发言，该项工作获浙江省副省长黄旭明批示。

（晋翠翠）

温州城市大学 2015年，温州城市大学工程建设投资9000余万元，新校区建设累计投资近4亿元。新校区二期工程竣工，建筑面积4.9万多平方米。学校形成以瑶溪校区为总校，施水寮、周宅祠、松台、蛟翔巷校区为教学点，“一总多点”“东西呼应”的办学格局。学校开展各类成人学历教育、社区教育、老年教育与社会培训，设11个处室，3个专业学院，市本级有各级各类学历教育在校生6088人，全市系统有各级各类学历教育在校生2万余人。全年学校获全省系统思政工作先进单位、信息宣传工作先进单位、管理创新工作一等奖等奖项41项。

教育教学及科研。推行“专业+技能”培养模式，组建学前教育、电子商务、会计3个专业教学研究中心。教学改革立项22项。4名教师资源建设项目分别获全省系统优质资源建设项目立项，7名教师资源建设项目分别获全省系统多媒体学习资源建设项目立项。科研课题立项86项，其中中央（省）电大、学会、社区指导中心课题25项，厅局级以上课题20项。全年取得科研经费110余万元。

人才建设与学生工作。引进具有硕士研究生学历的教师8人，公开招聘专技人员1人。教师参加各类培训226人次，人均培训2.3次。加强学生社团文化建设，成立舞蹈、动漫、心理等社团10余个。以“新青年下乡”活动为载体，利用“双阳”服务志愿队和“爱阅团”义工队2个服务品牌，采取“集中活动＋常态服务”的运行方式，结对龙湾53个村居，开展福利院送爱心、文化礼堂送彩衣、子弟学校送温暖等活动，学生参与率90%，服务基层群众近千人。开通“青春速递服务联盟”微信平台，实时对接基层需求。与温州市中级人民法院合作，编演“法在身边”系列情景剧，在社区、文化礼堂、基层学校等巡回演出近10场。学生参加全市校园十佳歌手比赛获“十佳歌手”称号1人；参加市第13届高校主持人大赛获“最佳人气奖”1人；参加平安温州微电影选角大赛入选“签约入驻演员库”3人，占全部席位的1/3。

社区教育。新创建等级社区学校53所，其中示范社区学校（分校）6所，市一级社区学校（分校）11所，市二级社区学校（分校）36所，全市累计701所。乡镇（街道）社区学校覆盖率100%，全省排名第一。全市有国家级社区教育实验区1个（鹿城），省级社区教育示范区2个（瓯海、永嘉），省级社区教育实验区4个（龙湾、瑞安、平阳、苍南）。开展社区教育活动，11月承办“2015年浙江省暨温州市全民终身学习活动周开幕式”，选出温州市终身学习体验基地10个、终身学习活动品牌项目10个、百姓学习之星10人、社区教育名师10人、社区教育指导专家12人、数字化学习先行社区10个、数字化学习先进个人100人、社区教育示范项目5个、重点实验项目10个、一般实验项目25个，拍摄社区教育微电影2部。

老年教育。搭建老年教育网上招生平台。开设老年教育班级121个，开展老年教育面授培训1.42万人次。新建社区老年学习苑40所，累计100所，开设课程370门，开展社区老年教育培训2.3万人次，校本级与社区老年学习苑开展老年教育面授培训超过3.7万人次。新设老年教育特色课程10门，聘请名师9人，任课教师157人。全年取得毕业证书学员1543人。

社会培训。拓展非学历社会培训范围，对接政府部门、行业企业，开展电商技能、职业素养、资格考证、专题教育等教育培训，全年培训5000余人次，收入300余万元。

数字化学习平台。学校的温州学习网有学习视频86772个，电子图书50万余册，年访问量965046人次，居全国同类网站前列。温州老年教育网有学习视频29943集，年访问量203182人次。

（黄小云）

浙江安防职业技术学院（筹） 浙江安防职业技术学院（简称浙安防）于2013年获省政府批准筹建，是公安部、浙江省公安厅与温州市三方联合筹办的高职院校，是全国唯一一所以“安防”命名的公办高职院校，也是温州市物联网人才培养培训基地。学院规划总占地面积约1000亩，总投资15亿元。2015年，浙安防整合完成校区内原有瓯海民兵训练基地、瓯海体育中心和市奥林匹克射击中心的土地及附属建筑等多方资源。与温州市人民警察学校实行“一套人马、两块牌子”的运行管理体制。招收新生429人，有全日制在校生861人；有教职工125人，其中专任教师74人。学院设有两系一部五个专业，其中市重点专业1个；省级精品在线开放课程1门；校内实训基地10个。

教育教学工作。制定《浙江安防职业技术学院（筹）重点专业建设管理办法》，增设工业设计（信息交互设计）专业；制定《浙江安防职业技术学院（筹）课堂教学创新行动方案》，获批建设省级教改项目2项，开展分层教学、小班化教学，其中小班化设置率25%；新建校内实训室7个，申报市示范实训室1个。建立学院领导、中层干部（教师）和专兼职督导员的教学质量三级督导制度。

师资队伍建设。制定《浙江安防职业技术学院（筹）人才引进暂行办法》《浙江安防职业技术学院（筹）教职工进修与培训管理办法》《浙江安防职业技术学院（筹）“双师”素质教师资格认定办法（暂行）》，新增“双师”素质教师20人。

科研工作及合作。立项市厅级课题10项，申请外观设计专利登记1项，论文获公安部基层技术革新奖优秀奖。新增校企合作企业19家，与合作企业共建校外实训基地24个。成立交互设计、物联网技术和安防工程技术等研究所3个，建设物联网工程和安防技术研发等实验室2个。

社会服务。年内，开展入警训练、警衔晋升训练、专题轮训等各类民警培训34期，培训2696人次；开展社会职业技能培训5期，培训280人次。

（余　强）

（徐亦子　编辑）

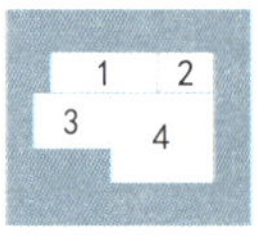

1. 端午节画彩蛋
2. 瑜伽进课堂
3. 课外拓展教育
4. 温州娃学讲温州话

吴中青 / 摄

金子友 / 摄

金建雪 / 摄

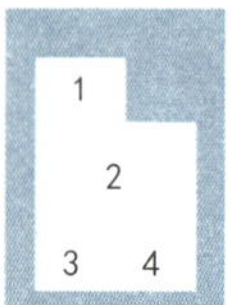

1. 2015 年 10 月 13 日，鹿城区庆祝中国少年先锋队建队 66 周年主题队会活动在温州市建设小学（大南校区）举行
2. 2015 年 7 月 26 日，浙江省“兰亭奖”中小学生书法大赛温州站比赛现场（此图获第 17 届《温州年鉴》“菱华奖”铜奖）
3. 2015 年 6 月 6 日，市民在温州市图书馆里夜读（此图获第 17 届《温州年鉴》“菱华奖”优秀奖）
4. 2015 年 10 月，温州道德馆对外预展

文化·传媒

综　述

文艺精品创作　2015年，温州市共创作、演出戏剧、声乐、舞蹈、小戏小品等文艺作品520件，创作微电影260余部；创排并公演瓯剧《混天珠》《奇巧案》、越剧《薛丁山三请樊梨花》《香莲案》《双玉蝉》《六月飞雪》、昆剧《赠书记》《墙头马上》《荆钗记》、木偶剧《西湖传奇》；创排歌舞《晒蓝》《甜蜜的微笑》《YES》《妈妈的波浪鼓》《乡村来了一群女教师》、话剧《嫁给经济适用男》《十面霾伏》、小品《最后一张票》等。青年作家蒋胜男创作并编剧的电视剧《芈月传》在各大电视台和乐视网、腾讯网热播。

优秀作品获奖　2015年，瓯剧《橘子红了》参加上海“白玉兰奖”评奖演出。《远乡谣》等10件音乐作品入选全省音乐新作大赛，《给梦想一点时间》等5件作品获创作金奖，《江南莲花谣》等3件作品获表演金奖。《夕阳义工队》等11件舞蹈作品入选全省舞台舞蹈及广场舞蹈大赛。《甜蜜蜜》等9件小戏小品作品入选浙江省小戏小品大赛。

文艺人才培养　2015年，温州市文广新局举办名师讲坛6期，邀请武生表演艺术家奚中路，作曲家陈均，声歌系教授赵光、邱淑玮等名师大家到温为“星辰计划”学员辅导培训；举办“星辰计划—美丽之路”培养对象回报社会活动15期。举办“公共文化服务标准化培训班”等“春风行动”培训4期，培训基层文化干部215人，全市培训社区文化管理员或社会团队骨干5000人。开展声乐、器乐、舞蹈等12个门类的专业干部考核活动，全市206名群文专业人员参加考核。

群众文化

温州艺术节暨市民文化节举办　2015年10月～11月，第五届温州艺术节暨温州市第三届市民文化节举办，活动以温州城区为主要场地，延伸至各县（市、区）。期间，举办开幕式与闭幕式、市第13届戏剧节、市第16届音乐舞蹈节、市第九届曲艺会演等展演、赛事100余场，新创戏曲、舞蹈、声乐、小品作品与节目500余个，创作书法、美术、摄影作品1000余件，设立声乐“五朵金花”和“四大天王”奖、舞蹈“红舞鞋奖”、戏剧“高则诚奖”、书法“墨池奖”、美术“黄公望奖”，产生奖项300余个。参与的演职人员近2万人次，观众200余万人次。

文化惠民工程　2015年，温州市在全市40个乡镇（街道）和235个社区文化中心开展“五有十化”标准化试点工作。市本级全年举办展览近100场，观展11余万人。举办讲座333场，观众8.95万人。开设免费培训9期506个班，惠及学员1.45万人。全年送戏下乡2019场，送书下乡15万册，送讲座、展览153场，送电影下乡51374场，县域间文化走亲72次。完成2531个行政村的农村应急广播体系建设，完成率100%。继续建设固定放映点，新建100个，提升改造115个。实施广电低保工程，免收视费低保户7.49万户，免费户率98.6%。

公共文化服务体系建设　2015年，温州市每万人拥有群众文化设施建筑面积853平方米，实现全市公共文化设施全覆盖，人均文化事业费53.6元；每万人拥有公共图书馆建筑面积143.08平方米，人均拥有公共图书馆藏量1.24册；博物馆馆藏文物4.1万余件。瓯海区被评为浙江省公共文化综合示范（项目）单位，鹿城区“民间力量参与基层文化设施管理”、乐清市“百姓舞台”被评为浙江省公共文化单项示范项目。平阳县水头镇、瓯海区仙岩街道、鹿城区蒲鞋市街道入围2015年省文化强镇。

公共文化服务新模式　2015年，温州市文广新局推进政府购买文化下乡和广场文化活动的采购工作，市本级投入经费240万元购买送戏下乡、文化进社区、文化走亲等公益性演出184场，21个民间职业剧团和10个社会文艺团队中标，逐步形成“政府买服务，社会力量参与公共文化建设，群众最终受益”的公共文化服务供需模式。

城市书网构建　2015年，温州市“城市书网”建设以“三城一网”（城市书房、城市书站、城市书巴、城市知网）为主体，构建现代新型城市阅读服务体系，成功申报第三批国家公共文化服务体系示范项目。新开放的10家城市书房年总人流量5.81万人次，图书借阅量2.93万册次，办理读者证及开通市民卡4134个。“读书月”举办活动160余场。

文化交流

概况　2015年，温州市开展国内外各类文化交流活动，展示文化建设成果。越剧《大唐骊歌》《荆钗记》参加第二届天津国际歌剧舞剧节展演，瓯剧《橘子红了》《西园记》先后在上海天蟾逸夫舞台、上海宝山剧场、浙江省政协礼堂巡演。瓯剧艺术研究院、越剧演艺中心、流行乐团分别到诸暨、绍兴、余杭等地进行文化交流。温州文化建设投资有限公司在台湾举办文化产业产品展览，与湖州等地合作举办动漫展览。温州博物馆出借21件文物到省博物馆、省美术馆参与展览，举办“紫玉金砂——浙江长兴紫砂茗壶特展”等展览15个。

书法戏曲欧洲展演活动 2015年7月，温州市组织“中国之美·温州书画、戏曲艺术欧洲巡回展演”，组团到匈牙利、奥地利、意大利等国家展出温州书画家优秀作品60余幅，瓯剧、越剧表演艺术家蔡晓秋、方汝将、黄燕舞、邵梦岚等4人担纲此次展演活动戏曲表演，演出《梁祝》《橘子红了》《孔雀东南飞》等经典剧目片段。

文化市场管理

文化市场综合执法 2015年，温州市继续开展文化市场“扫黄打非”工作，组织“净网2015”“清源2015”“护苗2015”“秋风2015”等专项行动，规范文化市场秩序。全年出动检查18666人次，检查各类文化市场经营单位19399家次，受理举报（督查）65件，立案523件，办结案件533件，警告342家次，停业整顿27家次，罚款260余万元，收缴各类非法物品27.8万件。

广播电视监测监管 2015年，温州市广电系统实施《温州市广播电视节目信号监测异常情况应急管理制度（试行）》，建立监测月报制度。市文广新局提高广播电视监测技术，增加EPG监测项目与市、县级广播电视监测存储容量，使市级广播电视节目信息存储时间达到1年、县级达到3个月。

文化部门行政审批管理 2015年，温州市文广新局取消行政审批备案类现场勘察，缩减论证、勘察程序，缩短审批时间，审批提速79%。完成87项权力清单的比对规范工作，所有项目录入浙江政务网运行。完善梳理“责任清单”，明确职责13项。推进政府职能向社会组织转移，实施第一批转移事项4项，确定第二批转移事项清单4项。

文化产业

文化产业投资建设 2015年，温州市新增文化产业投资28.22亿元，在建5000万元以上文化产业项目（园区）21个。命名非遗广场等市级文化产业园区5个。

文化产业服务平台 2015年，温州市举办温州国际时尚文化产业博览会、亚洲国际（温州）青年微电影展、温州第八届动漫节、第八届中国奇石（温州）博览会。39家企业分别参加第十届中国（义乌）文化产品交易博览会、第十一届中国（深圳）国际文化产业博览交易会，现场成交额2948.3万元。工艺美术协会参加第八届海峡两岸（厦门）文化产品博览会，展出作品68件，获金奖7件、银奖13件、铜奖14件。

文化消费市场拓展 2015年，温州市民在市本级定点影院、剧院、书店等场所用市民卡支付文化消费，实施财政补助15%资金的政策，全年补助金额30余万元。全市新增影院11家，新增银幕64块。全年放映电影54.6万场，观影891.21万人次，票房收入超3.3亿元，比上年分别增长48%、48%、36%。温州大剧院、东南剧院组织演出282场次，其中自营演出196场、公益演出57场，观众20余万人次。推动戏曲演出市场化运作，举办“瓯的一周·剧的时光”瓯剧艺术演出周活动，上座率90%，票房总收入近10万元。

文化基础设施建设

市级文化设施建设 2015年，温州市本级文化设施建设总投资7616万元，完成年度投资计划的119%。建成市文化艺术大楼（文苑大楼）并投用。完成32处古城记忆标志点建设，建成温州治水文化长廊，提升白鹿洲公园和杨府山公园文化工程。新建并开放南戏博物馆等10个文化驿站，建成城市书房10个。

基层文化设施建设 2015年，温州市县级“三馆”建设逐步完善，建成并投用瓯海博物馆，苍南文化馆、博物馆，龙湾图书馆，文成图书馆、文化馆。新建文化礼堂208家，按照“五有十化”标准提升改善乡镇、社区文化中心231个。

（苏义彪）

文学艺术活动

概况 2015年，温州市文学艺术界联合会（简称温州市文联）举办文艺活动100余项，文艺家作品在全国、全省获奖50余人次。7月，市曲艺家协会理事乔志亮受邀参加首届全国高等院校曲艺教育论坛并发言；市越剧艺术研究会周倩靖、金丽燕在央视戏曲栏目《一鸣惊人》分获全国四强、六强。10月，市第九届曲艺会演在鹿城文化中心举办。12月，电视剧《温州两家人》首播座谈会召开。

文艺志愿服务 2015年，温州市文联以文艺家进文化礼堂为载体开展文艺惠民服务，组建文艺志愿服务队“进乡村、进社区、进学校、进军营”，全年有200余名文艺名家走进基层开展讲座、辅导活动，惠及文艺爱好者和院校学生2万余人次。10月，市文艺志愿者协会举行成立仪式，全市92名文艺志愿者代表选举产生第一届理事会，当天，书画名家现场创作，作品赠予洞头区农村文化礼堂，并举办“到人民中去”——温州市文艺名家志愿者走进洞头大型文艺演出。市民艺术团以“村民文化礼堂”为舞台，每月开展1～2场“到人民中去”巡演、走进农村文化礼堂义务公益演出和文化志愿服务，至年末，开展文艺惠民演出20余场。市文联及各文艺家协会开展系列文艺志愿活动，举办文艺名家讲坛；摄影家协会在春节期间为市民定制“全家福”；书法家协会开展书法进校园活动；戏剧家协会向学生普及传统戏曲；音乐家协会针对基层单位开展合唱辅导；美术家协会支援乡村；民间文艺家协会“非遗”项目进校园展示。

文联声乐舞蹈活动 2015年，温州市文联参与主办浙江省第四届青年歌唱家大赛暨第十届中国音乐金钟奖声乐比赛浙江赛区选拔赛，该比赛是省内最高规格、最专业的声乐大赛，市音协选送的歌手获民族组银奖1人、优秀奖4人。与市委宣传部共同主办“美丽乡村·幸福生活”市首届村歌创作演唱大赛。与省文联等单位共同主办浙江省第24届国际标准舞锦标赛。温州歌手史小祺作品《最美在温州》入选美丽浙江2015“浙江好歌曲”大赛前五名，是温州唯一的获奖作品。

文联书画活动 2015年，温州市文联参与主办的《“象”由心生——陈天龙油画回顾展》在温州博物馆展出，这是温州油画家陈天龙首次在故乡举办大型个人作品展。组团参加浙江省第14届水彩、粉画展，入选作品32张，获学术奖3人，送件、入选及获奖件数均高于往届。市书协等单位主办的“黄帝内经”主题篆刻艺术展在温州博物馆举办，展出林剑丹、汪廷汉、吴明哲等40余名篆刻家56方印章原石，这是温州首次全部由印章原石构成的篆刻展览。温州、丽水两地文联共同主办“中国梦想·美丽瓯江”温州丽水中青年书法作品交流展，展出两地中青年书家作品83件。市书协举办成立30周年纪念展览和学术活动，举办“鸿风蔚映——温州市历届国展省展获奖作者书法篆刻刻字精品展”“珠玉和鸣——温州市书协会员诗书画印展”“激扬文字——温州八〇九〇后书家精英展”，同时举办省书协副主席戴家妙学术讲座《赵之谦与温州》。

文联摄影活动 2015年3月，温州市摄影家协会承办的“幸福温州 美丽影像”摄影大展在市工人文化宫开幕，展出各类摄影作品160余幅，评出郑高华、苏巧将、常锋等温州十佳摄影师。11月，市委宣传部、市文联主办的“美丽温州·山水智城”主题摄影作品展和市摄影家协会2015年度成果展在市展览馆展出。

纪念抗战胜利70周年合唱朗诵音乐会 2015年8月26日，“永远的凯歌”温州市纪念中国人民抗日战争暨世界反法西斯战争胜利70周年大型合唱朗诵交响音乐会在温州大剧院举办，音乐会由市委宣传部、市文联主办，策划、导演、编曲、指挥、演唱、演奏等均由温州本土文艺工作者担纲，全市12个演出团体近千名声乐、器乐、朗诵人才参演。

马公愚120周年诞辰纪念活动 2015年，为纪念温州书画家马公愚120周年诞辰，上海市文联、华东师范大学、上海文史馆、温州市委宣传部等单位联合举办系列活动。开幕式后，举办马公愚纪念展及研讨会。2月，马公愚书法作品展在上海图书馆开幕，展出马公愚书法、篆刻、绘画作品一百余件以及有关文献史料、图片等，同时发行《马公愚书法作品集》《马公愚书法展史料特辑》《马孟容马公愚昆仲年谱》等。

张思聪编剧艺术研讨会举办 2015年11月13日，浙江省戏剧家协会、温州市文广新局、温州市文联等单位共同主办的“张思聪编剧艺术研讨会”在温州市举行，来自北京、上海、杭州等地的数十名戏剧专家共同研讨温州戏剧和以张思聪为代表的温州剧作家群体。张思聪，出生于民国32年（1943），国家一级编剧，代表作有越剧《荆钗记》《大唐骊歌》，话剧《光明行》《女老板秘史》，电影《何处不风流》等，曾获曹禺戏剧文学奖、中国戏剧节优秀编剧奖、全国“五个一工程奖”等50余个国家、省、市级艺术奖项。

工艺美术温州现象论坛 2015年12月6日，温州市委宣传部、市文联主办的“工艺美术的温州现象”论坛在温州大学举行，中国美院副院长杭间、国家非遗专家组成员陈华文、省文联创研室副主任蒋水荣等国内专家、学者和中国工艺美术大师60余人参加，共同研讨温州工艺美术发展中的热难点问题。这是温州市自举办“文学的温州现象”“书法的温州现象”“摄影的温州现象”“合唱的温州现象”系列研讨活动之后，又一次邀请国内名家对温州独具特色的文化现象进行专家论证和集体展示。

文艺人才培养

概况 2015年，温州市文联继续推行有利于文艺精品创作的扶持机制，建立优秀文艺人才储备库，开展“德艺双馨”文艺家评比，加强国际间艺术交流。推荐获评省“五个一批”人才2人，推介入选省文联“新峰计划”4人。温州书家获省书协年度奖4人，县区书协主席获2014年度县区先进组织代表2人。举办第16届温州文学周活动，80余名作家参加。“林剑丹书法专业学子奖学金”第3次颁发，9名温州书法学子获奖学金总额15万元。

温州青年作家创作提升交流会 2015年5月3日，温州青年作家创作提升会在市文联召开，《人民文学》副主编宁小龄、《当代文学》副社长杨新岚、《十月》编辑部主任宗永平、《天津文学》主编张映勤受邀与温州作家对话交流。

青年文艺人才培训班 2015年11月9日～13日，温州市文联在复旦大学举办第五期青年文艺人才培训班，全市文联系统的36名青年文艺人才和文艺家参加，上海戏剧学院教授叶长海讲授《传统戏曲的传承问题》，上海戏剧学院教授石俊讲授《文化地图的设计和实施》，作家叶辛作《参加习近平总书记文艺座谈会亲历记》报告，书法评论家郭舒权讲授《书法的内涵与审美》等课程。

作家协会小作家培养基地揭牌 2015年5月7日，温州市作家协会小作家培养基地在籀园小学少年文学院举行揭牌仪式，市文联主席吴琪捷为数百名小文学爱好者开展文学指导。

第15届市少儿文艺大奖赛 2015年，温州市文联主办第15届市少儿文艺大奖赛，全市2.2万名少儿参加13个文艺类别比赛，评出金奖获得者167人、少儿文艺之星67人，比赛项目数、参赛人数和作品水品均创新高。

文艺创作成果

概况 2015年，温州市文联举办各类文艺精品大赛，评选全市文艺年度荣誉奖，扶持重点文艺作品，推出一批温州当代文艺名家工作室。文艺作品获中国戏剧金狮奖、民间文艺山花奖、曲艺牡丹奖（浙江）等国家级荣誉。

获省民间文艺映山红奖5个 2015年，第五届浙江省民间工艺映山红奖评奖评出民间文学作品、学术著作、工艺美术类奖项35个，其中温州获奖5个：杨思好的《苍南单档布袋戏》获学术著作映山

2015 年温州市部分文艺作品发表及获奖情况

表56

艺术门类	作品名称	作者（获奖者）	发表或获奖情况	主办单位
文学	文学作品	王手、哲贵等	在《人民文学》《收获》等重要刊物发表	中国作家出版集团、收获杂志社等
戏剧	《知县·轿夫》	平阳木偶戏保护传承中心	第四届全国木偶皮影剧（节）目展演最佳剧目奖（金狮奖）、造型设计制作奖、个人表演奖	国际木偶联会中国中心 中国木偶皮影艺术学会 江苏省文化厅 扬州市政府
	《最美在温州》	作词：孙德明 作曲：董华冰 演唱：史小祺	美丽浙江 2015“浙江好歌曲”大赛十佳作品	浙江省音乐家协会 动听 968 音乐调频
音乐		李勇君	第十届中国音乐“金钟奖”民族组银奖	中国文学艺术界联合会 中国音乐家协会 中共广州市委 广州市政府
	首届温州好歌曲专辑	史小祺等	上海文艺音像电子出版社发行	温州市委宣传部 温州市文学艺术界联合会 温州市音乐家协会
	《暖》	龙湾区外国语小学	全国“小荷风采”少儿舞蹈展演金奖	中国文学艺术界联合会 中国舞蹈家协会
舞蹈	《“家”的呼唤》	苍南县文化馆舞蹈队	2015 浙江省群众舞蹈比赛舞台舞蹈创作奖兰花金奖	浙江省文化厅 湖州市人民政府
	《石头·剪刀·布》	鹿城区艺术总团		
书法	书法作品	王大禾	全国第 11 届书法篆刻作品展览书法类优秀作品作者称号	中国书法家协会
	书法作品	邱朝剑	浙江省第七届中青年书法展“陆维钊奖”	浙江省书法家协会 桐庐县人民政府
	美术作品	叶志杰、华誉、李瑶瑶	第 14 届浙江省水彩、粉画展学术奖	浙江省美术家协会 丽水市文化广电新闻出版局 浙江省水彩画家协会
	美术作品	金顺伟、廖笑焱、梁澜、张增添	第 14 届浙江省水彩、粉画展优秀奖	
美术	美术作品	吴恩慈等	第 14 届浙江省水彩、粉画展入选	
	油画作品	梁力宏等 2 人	2015 浙江省油画作品展优秀奖	浙江省美术家协会 浙江省油画家协会 宁波美术馆
	油画作品	梁力宏等	2015 浙江省油画作品展入选	
	温州鼓词《杀庙》	陈春兰	第五届浙江省曲艺新作会演暨第九届中国曲艺牡丹奖浙江节目选拔赛金奖	浙江省曲艺家协会
曲艺	温州鼓词《家园情》	陈枫	第五届浙江省曲艺新作会演暨第九届中国曲艺牡丹奖浙江节目选拔赛金奖	
	温州鼓词	陈小宝（陈忠达）	首届浙江曲艺奖表演奖	浙江省文化艺术界联合会 浙江省曲艺家协会
	温州鼓词	阮世池	首届浙江曲艺奖终身成就奖	
民间文艺	《大唐盛世》系列组雕	吴尧辉	第 12 届中国民间文艺“山花奖”民间工艺美术作品奖	中国文学艺术界联合会 中国民间文艺家协会
	宁村“拼字龙”	龙湾区拼字龙表演队	第 12 届中国民间文艺“山花奖”民间工艺美术作品奖民间艺术表演奖	
	《我的家》	曹隆华	第 25 届全国摄影艺术展览纪录类金奖	中国摄影家协会
	《电商生活几味多》	赵用	第 25 届全国摄影艺术展览纪录类银奖	
摄影	摄影作品	苏巧将等 4 人	第 25 届全国摄影艺术展览纪录类、艺术类铜奖	
	摄影作品	曹建光等 4 人	第 25 届全国摄影艺术展览纪录类、艺术类优秀奖	
影视	《温州两家人》	导演：孔笙、孙墨龙 编剧：高满堂、李涛、曲怡琳 主演：郭涛、任程伟、袁咏仪等	中央电视台综合频道首播	温州广播电视传媒集团 北京歌亮传媒有限公司 山东影视传媒集团 东阳正午阳光影视有限公司

红奖，吴尧辉《大唐盛世·踏春》获工艺美术类特别荣誉奖，李小红《五色牡丹图》、张红姬《弘一法师》获民间工艺映山红奖，陈贤高《朱金漆木雕琉璃灯》获民间灯彩大赛映山红奖。

（陈　俊）

文化遗产保护管理

国家历史文化名城申报　2015年，温州市申报国家历史文化名城，完成申报形象片、报告及系列丛书的拍摄、制作和编纂工作，出台《温州市历史文化名城保护办法》《温州市历史文化街区管理办法》和《温州市历史建筑保护管理办法》。国家住建部、国家文物局专家考察评估申报工作，考察组通过观看温州申名形象片、申名汇报报告，听取保护规划、管理制度、机构与经费保障等介绍，实地考察四大历史文化街区和江心屿历史地段，确认温州市古城环境风貌较为完整、历史文化遗存丰富、城市文化价值特点鲜明，基本符合国家历史文化名城申报条件。

文保单位维修管理　2015年，温州市完成老城区第二批历史建筑调查和资料整理工作，完成华盖山东南段城墙的考古清理和杨柳巷戚宅、七枫巷胡宅的环境整治，做好嘉会里巷、城西街、沧河巷、仓桥街等街区整治，完成永嘉战时青年服务团旧址、田塘头红十三军革命遗址、飞鹏巷陈宅绿化及雕塑等维修工程，启动卓公亭修建工程建设。做好江心寺、天主教堂、永川轮船局及龙湾陡门、瓯海任桥、乐清后垟林氏二十九房宗祠、瑞安隆山塔、永嘉芙蓉村古建筑群、洞头叶宅、平阳顺溪陈氏古民居、文成玉壶中美合作所旧址、苍南碗窑、泰顺土楼等维修工程。开展文保单位“四有”工作，完成第七批国保、第六批省保的“四有”档案编制任务，划定全市第六批省保的保护范围和建设控制地带。

文物普查与考古发掘　2015年，温州市可移动文物普查申报藏品数42604件，完成所有文物信息的采集和上报工作，可移动文物普查工作进度位列全省第一。发掘清理完成市第七人民医院新院址、广化路和双南线道路建设工地、温州绕城高速西南线第4标段施工现场、瞿溪街道中岙村等基建项目施工区域古墓葬，出土青瓷钵、陶俑等数百件文物。完成苍南白湾堡城墙、壮士所城城墙的考古勘探。

非遗项目保护传承　2015年，温州市完成第五批国家级非物质文化遗产代表性项目传承人申报推荐，推荐传承人25人。公布市第九批非物质文化遗产名录项目79个。举办“年味温州”非遗迎春展。市非遗馆被评为第九批省级爱国主义教育基地，成为全省首个列入省级爱国主义教育基地的非遗馆。在第七届中国（浙江）非遗博览会上，全市10余个非遗项目参加，黄杨木雕作品《中国梦》获工艺美术金奖，瓯塑作品、竹壳雕作品分别获银奖和优秀奖。在“浙江省最具地域特色文化符号（民间戏曲）网络评选”活动中，瓯剧、永嘉昆剧、泰顺木偶戏3个项目入选。瓯剧经典剧目《高机与吴三春》入选浙江省第三批优秀保留剧目。

专题馆建设管理　2015年，温州市建设完成郑振铎纪念馆及陈列布展工程，于10月18日举行开馆仪式。新建永嘉县翔宇中华灯谜博物馆等民办博物馆，瓯海区“民博招商”新举措被评为全省基层宣传思想文化工作“三贴近”优秀案例。

文化遗产宣传活动　2015年，温州市围绕“国际博物馆日”“中国文化遗产日”，举办“市第二届民间藏品展”等活动16场，举办“丝绸之路与新疆古代文明”“龙泉窑窑址的发掘与研究”等讲座8次。

温州非物质文化遗产　2003年起，温州市开展民族民间艺术资源普查，整理出非物质文化遗产十大门类2万多项。2007年～2014年，经过专家委员会评审，先后公布8批612个项目为温州市非物质文化遗产代表作。其中，民间文学46项、传统音乐22项、传统舞蹈32项、传统戏剧21项、曲艺20项、传统体育、游艺与杂技39项、传统美术98项、传统手工技艺172项、传统医药41项、民俗121项。

文物保护单位　2015年，温州市有国家级重点文物保护单位29个，包括瑞安玉海楼、文成刘基庙、瓯海四联碓造纸作坊、龙湾永昌堡、乐清南阁楼、瑞安（苍南、平阳）石棚墓、泰顺廊桥、苍南蒲壮所城等。省级文物保护单位87个。市、县（市、区）级文物保护单位742个，另有文保点953个。

（苏义彪）

温州市文保单位汇总

表57

县（市、区）	全国重点文保单位	省级文保单位	市、县（市、区）级文保单位	文保点
鹿城区	1	16	59	21
龙湾区	2	3	31	72
瓯海区	1	2	59	29
洞头区	0	3	33	6
乐清市	4	8	82	57
瑞安市	6	11	70	188
永嘉县	4	14	103	139
文成县	1	5	79	51
平阳县	3	11	101	187
泰顺县	5	4	66	41
苍南县	4	10	59	162
合　计	29	87	742	953

说明：1. 全国重点文物保护单位中有一处为瑞安、平阳、苍南合并项目，报瑞安1家

2. 省级文保单位中有一处为瓯海、瑞安合并项目，报瓯海1家

温州市全国重点文物保护单位

表58

序号	名　　称	地　　址	时　　代	类　　别	公布时间	批　　次
1	玉海楼（含孙诒让故居）	瑞安市城关镇道院前街	清	古建筑	1996年	四
2	蒲壮所城	苍南县蒲城乡	明、清	古建筑	1996年	四
3	浙南石棚墓群	瑞安市篁屿乡石垟村棋盘山石棚墓、平阳县钱仓镇垂杨村龙山头石棚墓、苍南县钱库镇桐桥村桐桥石棚墓群	商、周	古墓葬	2001年	五
4	刘基庙、墓	文成县南田镇新宅村华盖山南麓、西陵村坟前山	明、清	古墓葬	2001年	五
5	永昌堡	温州市龙湾区永中镇新城村	明	古建筑	2001年	五
6	南阁牌楼群	乐清市仙溪镇南阁村	明、清	古建筑	2001年	五
7	四连碓造纸作坊	温州市瓯海区泽雅镇石桥村	明	其他	2001年	五
8	高氏家族墓地	乐清市北白象镇高岙村	明	古墓葬	2006年	六
9	仕水矴步	泰顺县仕阳镇溪东村	清	古建筑	2006年	六
10	利济医学堂旧址	瑞安市城关镇公园路4号	1885年～1902年	近现代重要史迹及代表性建筑	2006年	六
11	圣井山石殿	瑞安市大南乡圣井山山巅	明、清	古建筑	2006年	六
12	顺溪古建筑群	平阳县顺溪镇	清	古建筑	2006年	六
13	赤溪五洞桥	苍南县赤溪镇过溪村	宋	古建筑	2006年	六
14	芙蓉村古建筑群	永嘉县岩头镇	明、清	古建筑	2006年	六
15	泰顺廊桥	泰顺县	清	古建筑	2006年	六
16	曹湾山遗址	温州市鹿城区上戍乡渡头村老鼠山	新石器时代	古遗址	2013年	七
17	国安寺塔	温州市龙湾区瑶溪镇皇岙村五峰山下	宋	古建筑	2013年	七
18	乐清东塔	乐清市乐成镇东侧东塔山之巅	宋	古建筑	2013年	七
19	真如寺石塔	乐清市磐石镇重石村真如寺前	元	古建筑	2013年	七
20	观音寺石塔	瑞安市安阳街道办事处周湖村万松山南麓	宋	古建筑	2013年	七
21	八卦桥和河西桥	瑞安市陶山镇陶峰村、花园村	宋	古建筑	2013年	七
22	金昭牌坊和宪台牌坊	永嘉县岩头镇上村、花坦乡花三村	明	古建筑	2013年	七
23	楠溪江宗祠建筑群	永嘉县碧连镇、花坦乡、潘坑乡、五鳞乡、东皋乡、渠口乡、大箬岩镇	明、清	古建筑	2013年	七
24	栖真寺五佛塔	平阳县鳌江镇罗垟村罗垟山栖真寺前	宋	古建筑	2013年	七
25	护法寺桥和塔	苍南县望里镇护法寺村望洲山山坳	宋	古建筑	2013年	七
26	泰顺土楼	泰顺县（罗阳镇、三魁镇、仕阳镇、万排乡、东溪乡等乡镇）	清、民国	古建筑	2013年	七
27	玉岩包氏宗祠	泰顺县泗溪镇玉岩村	明、清	古建筑	2013年	七
28	雪溪胡氏大院	泰顺县雪溪乡桥西村石门楼	清	古建筑	2013年	七
29	红十三军军部旧址	永嘉县五鳞乡五鳞村	1930年	近现代重要史迹及代表性建筑	2013年	七

说明：1. 壮士所城、白湾堡和巡检司遗址于2006年5月25日第六批并入

2. 永嘉郡祠、孝思祠、季氏大宗祠、邵氏大宗祠、郑氏大宗祠、谢氏大宗祠、叶氏大宗祠、陈氏大宗祠8座祠堂组成

温州市省级文物保护单位

表59

序号	名称	地址	时代	类别	公布时间	批次
1	中国共产党浙江省第一次代表大会会址	平阳县凤卧镇冠尖、马头岗	1939年	近现代重要史迹及代表性建筑	1961年（1981年重新公布）	第一批
2	金钱会起义遗址	平阳县城关镇隆山	近代	近现代重要史迹及代表性建筑	1961年（1981年重新公布）	第一批
3	叶适墓	温州市鹿城区海坛山南麓	南宋	古墓葬	1963年（1981年重新公布）	第二批
4	文天祥祠	温州市鹿城区江心屿	南宋	古建筑	1963年（1981年重新公布）	第二批
5	宝胜寺双塔	平阳县钱仓镇钱仓山	北宋	古建筑	1963年（1981年重新公布）	第二批
6	正和堂窑址	温州市鹿城区双桥村东依下岭	五代、宋	古窑址	1989年	第三批
7	外三甲窑址群	瑞安市梅屿乡外三甲村	宋	古窑址	1989年	第三批
8	王十朋墓	乐清市四都乡梅岙村牛塘山麓	宋	古墓葬	1989年	第三批
9	雁荡山龙鼻洞摩崖题记	乐清市雁荡山灵岩龙鼻洞	唐、民国	石刻造像及摩崖题记	1989年	第三批
10	抗日救亡干部学校旧址	平阳县山门镇凤岭	现代	近现代重要史迹及代表性建筑	1989年	第三批
11	陈傅良墓、祠	温州市瓯海区罗凤镇凤川村凤凰山北坡	宋、清	古墓葬	1997年	第四批
12	张琴墓	苍南县马站镇山边村积谷岭东坡	清	古墓葬	1997年	第四批
13	圣寿禅寺	温州市瓯海区仙岩镇仙南村积翠峰下	明、清	古建筑	1997年	第四批
14	妈祖宫	洞头区北岙镇东沙村	清	古建筑	1997年	第四批
15	忠训庙	平阳县腾蛟镇带溪乡薛岙口	清	古建筑	1997年	第四批
16	花坦古建筑群	永嘉县花坦乡花花坦村	明、清	古建筑	1997年	第四批
17	花亭（含丽水桥）	永嘉县岩头镇下村下殿	明	古建筑	1997年	第四批
18	张家堡双牌坊	苍南县龙港镇张家堡村	清	古建筑	1997年	第四批
19	铁栏井	温州市鹿城区铁井栏7号	宋	古建筑	1997年	第四批
20	石马山岩刻	瑞安市林溪乡溪坦村石马山西坡	南朝	石刻造像及摩崖题记	1997年	第四批
21	英国驻温州领事馆旧址	温州市鹿城区江心屿	1894年	近现代重要史迹及代表性建筑	1997年	第四批
22	城西基督教堂	温州市鹿城区城西街73号	1898年	近现代重要史迹及代表性建筑	1997年	第四批
23	三垟周氏旧宅	三垟乡政府	近代	近现代重要史迹及代表性建筑	2005年	第五批
24	谢林大宅院	文成县西坑村	清	古建筑	2005年	第五批
25	矾山矾矿遗址	苍南县矾山镇福德湾	清	其他	2005年	第五批
26	白龙山石殿	乐清市虹桥镇	明	古建筑	2005年	第五批
27	大乌石雷公殿	乐清市虹桥镇大乌石村	清	古建筑	2005年	第五批
28	戴蒙书院（含戴蒙故居）	永嘉县溪口乡	清	古建筑	2005年	第五批
29	荆州、绿嶂太阴宫壁画	永嘉县大箬岩镇、上塘镇	清	其他	2005年	第五批
30	垟坑石塔	瑞安市仙降镇	北宋	古建筑	2005年	第五批
31	东塔	瑞安市安阳镇	明	古建筑	2005年	第五批
32	文明塔	平阳县昆阳镇	清	古建筑	2005年	第五批
33	会文书院	平阳县南雁镇	清	古建筑	2005年	第五批

续表

序号	名　称	地　址	时　代	类　别	公布时间	批　次
34	青街李氏、池氏大屋	平阳县青街乡	清	古建筑	2005年	第五、六批
35	罗阳石亭	泰顺县罗阳镇	明	古建筑	2005年	第五批
36	大坪遗址	瑞安市北龙乡	新石器时代、商周	古遗址	2011年	第六批
37	凤山遗址	平阳县腾蛟镇	新石器时代、商周	古遗址	2011年	第六批
38	凤阳窑址	苍南县凤阳乡	宋、清	古遗址	2011年	第六批
39	山皇城遗址	瑞安市仙降镇	明	古遗址	2011年	第六批
40	卢金峰墓（含卢氏宗祠）	瑞安市永安乡	明、清	古墓葬	2011年	第六批
41	雅阳林一牧墓	泰顺县雅阳镇	清	古墓葬	2011年	第六批
42	金山飞亭	苍南县马站镇	宋	古建筑	2011年	第六批
43	寺前桥	温州市鹿城区藤桥镇	南宋	古建筑	2011年	第六批
44	江心屿东、西塔	温州市鹿城区江心屿	明、清	古建筑	2011年	第六批
45	梅坦谷宅	永嘉县西源乡	明、清	古建筑	2011年	第六批
46	西源三官亭	永嘉县西源乡	明	古建筑	2011年	第六批
47	溪口李氏大屋	永嘉县溪口乡	明、清	古建筑	2011年	第六批
48	汤和庙	温州市龙湾区海滨街道	明、清	古建筑	2011年	第六批
49	万桥	乐清市天成乡	明、清	古建筑	2011年	第六批
50	东安硐桥	瑞安市玉海街道	明、清	古建筑	2011年	第六批
51	江心寺	温州市鹿城区江心屿	清	古建筑	2011年	第六批
52	浩然楼	温州市鹿城区江心屿	清	古建筑	2011年	第六批
53	张璁祖祠	温州市龙湾区永中街道	清	古建筑	2011年	第六批
54	王瓒家庙	温州市龙湾区永中街道	清	古建筑	2011年	第六批
55	溪下金氏宗祠	永嘉县溪下乡	清	古建筑	2011年	第六批
56	南垟村乡土建筑	永嘉县五濑乡	清	古建筑	2011年	第六批
57	蓬溪谢氏宗祠	永嘉县东皋乡	清	古建筑	2011年	第六批
58	埭头村乡土建筑	永嘉县大箬岩镇	清、民国	古建筑	2011年	第六批
59	屿北村乡土建筑	永嘉县岩坦镇	清	古建筑	2011年	第六批
60	心兰书社	瑞安市玉海街道	清	古建筑	2011年	第六批
61	南湖赵氏宗祠	平阳县南湖乡	清	古建筑	2011年	第六批
62	碗窑村乡土建筑	苍南县桥墩镇	清	古建筑	2011年	第六批
63	藻溪杨府宫	苍南县藻溪镇	清	古建筑	2011年	第六批
64	矴步头谢氏民居	苍南县桥墩镇	清	古建筑	2011年	第六批
65	前坪张氏厝屋	泰顺县泗溪镇	清	古建筑	2011年	第六批
66	泰闽桥、红军桥、岭北水屋桥	泰顺县	清	古建筑	2011年更名	第六批
67	寨楼寨墙及张氏家族墓	洞头区大门镇	清	古建筑	2011年	第六批
68	翠阴洞摩崖题记	瑞安市汀田镇	宋、民国	石窟寺及石刻	2011年	第六批
69	石佛山摩崖石刻	瑞安市高楼乡	元	石窟寺及石刻	2011年	第六批
70	界牌浙闽界碑	苍南县沿浦镇	明	石窟寺及石刻	2011年	第六批
71	程让平祖居	温州市鹿城区临江镇	清	近现代重要史迹及代表性建筑	2011年	第六批
72	温州天主教总堂	温州市鹿城区五马街道	清	近现代重要史迹及代表性建筑	2011年	第六批

续表

序号	名称	地址	时代	类别	公布时间	批次
73	吴超征故居	永嘉县西溪乡	清、民国	近现代重要史迹及代表性建筑	2011年	第六批
74	岙内叶宅	洞头区东屏镇	清、民国	近现代重要史迹及代表性建筑	2011年	第六批
75	苦马塘岩葬墓群	文成县黄坦镇	民国	近现代重要史迹及代表性建筑	2011年	第六批
76	苏步青故居	平阳县腾蛟镇	清、民国	近现代重要史迹及代表性建筑	2011年	第六批
77	谯楼	温州市鹿城区五马街道	民国	近现代重要史迹及代表性建筑	2011年	第六批
78	飞鹏巷陈宅	温州市鹿城区五马街道	民国	近现代重要史迹及代表性建筑	2011年	第六批
79	夏鼐故居	温州市鹿城区五马街道	民国	近现代重要史迹及代表性建筑	2011年	第六批
80	永川轮船局旧址	温州市鹿城区江滨街道	民国	近现代重要史迹及代表性建筑	2011年	第六批
81	阳岙朱宅	永嘉县沙头镇	民国	近现代重要史迹及代表性建筑	2011年	第六批
82	乐清碉楼（22处）	乐清市	民国	近现代重要史迹及代表性建筑	2011年	第六批
83	百岁亭	乐清市南岳镇	民国	近现代重要史迹及代表性建筑	2011年	第六批
84	玉壶中美合作所旧址	文成县玉壶镇	民国	近现代重要史迹及代表性建筑	2011年	第六批
85	坦岐炼铁厂旧址	文成县珊溪镇	1958年	近现代重要史迹及代表性建筑	2011年	第六批
86	金山古井	苍南县马站镇	南宋	其他	2011年	第六批
87	大会岭、道岭古道	文成县	元、民国	其他	2011年	第六批
88	楠溪江宗祠建筑群	永嘉县	明、清	古建筑	2011年	第六批

温州部分古文化遗址

表60

名称	地理位置	发现时间	主要出土文物
白石遗址	乐清市白石镇白石溪杨柳滩溪床下二三米深处	1982年 1986年核实	石器：石斧、石锛，穿孔石斧、二孔石刀、三孔石刀，三角形石犁、耘田器等。陶器：泥质硬陶网坠、纺轮等。铜器：铲、斧、镢、锛、镞、贝和礼器等。古动物齿骨
大坪遗址	瑞安市北龙大岙村北龙山北麓	1983年	石器：锛、矛、凿等。陶器：泥质夹碳陶、泥质夹沙陶、泥质灰陶、黄陶、印纹硬陶等
下湖墩遗址	泰顺县百丈镇交溪垟下湖墩山上	1988年	石器：斧、锛、刀等。陶器：陶片、印纹硬陶等
山前山遗址	瑞安陶山浦西街路村	1965年	石器：锛、凿、刀、锥、箭镞、纺轮等。陶器：泥质红黄陶、泥质灰陶、彩绘陶、印纹硬陶等
牛头颈遗址	瑞安马屿上村牛头颈山中段	1961年	30厘米厚的文化堆积层。石器：锛、矛、凿、箭镞残片等。陶器：泥质灰陶、泥质黄陶、泥质着黑硬陶、印纹硬陶等。包括罐、壶、尊等器物
鹤屿山遗址	瑞安仙降镇下社村	1971年	石器：锛、凿、锛、矛等。陶器：泥质灰陶、泥质红陶、彩绘陶、印纹硬陶等。有一比较完整的拍印直条纹圜底微内凹的泥质红陶釜形器
狮子岗遗址	泰顺司前镇前村	1986年	石器：锛、刀、锥、箭镞等。陶器：夹沙红陶、泥质灰陶、彩绘陶、印纹硬陶等
仙堂山遗址	苍南桥墩镇仙堂村海拔40余米山坪上	1958年	石器：锛、凿、戈等。陶器：泥质黄陶、泥质灰硬陶、印纹硬陶等
老鼠山遗址	温州市鹿城区渡头村老鼠山	2002年	石器：石镞等。陶器：夹砂陶、硬陶、印纹硬陶等。其中夹砂陶以釜、鼎多见，印纹硬陶的器形以瓮、尊、碗、罐为主。另有玉器
凤山遗址	平阳腾蛟镇凤山东南方向山坡中段	2009年	石器：锛、箭镞等。陶器：泥质灰陶，泥质印纹红陶，泥质黑陶、印纹硬陶等

温州部分古塔

表61

名称	时代	地址	高度(米)	形制
国安寺石塔	北宋	温州市龙湾区瑶溪镇皇呑村国安寺前	18.60	六面九级楼阁式
观音寺石塔	北宋	瑞安市安阳镇周湖村万松山南麓	7.80	六面七级楼阁式
乐清东塔	南宋	乐清市乐成镇东皋山顶	18.00	六面七级楼阁式
真如寺石塔	五代	乐清市磐石镇重石村真如寺前	5.16	六面仿窣堵波式
宝胜寺双塔	北宋	平阳县钱仓镇	15.16	六面五级楼阁式
护法寺塔	北宋	苍南县望里镇护法寺村	4.20	六面楼阁式砖塔
江心屿东、西塔	唐、宋	温州市鹿城区江心屿东西两屿山巅	30.00	六面七级楼阁式
瑞安东塔	北宋	瑞安市安阳镇小街居民区	17.00	六面五级楼阁式砖塔
垟坑石塔	北宋	瑞安市仙降镇垟坑村悟空寺东		六面七级楼阁式
隆山塔	明	瑞安市安阳镇隆山之巅	38.50	六面七级楼阁式
白象石塔	明	乐清市北白象镇	14.00	六面五级楼阁式
罗浮双塔	明	永嘉县瓯北镇罗浮小东村龟、蛇山		六面楼阁式
灵鹫寺单檐塔	北宋	苍南县钱库镇项桥办事处桐桥村	3.50	六角形砖塔
广福寺双塔	清	苍南县云岩三峰山麓	7.00	六面五级楼阁式砖塔
栖真寺石塔	明	平阳县钱仓镇罗垟村凤山	2.50	平面六角形
文明塔	清	平阳县昆阳镇南二里龙山顶	31.50	六面七级楼阁式
七如来塔	民国	平阳县昆阳镇九凰山广慧寺前	2.94	平面六角形
毛垟石塔	明	泰顺县毛垟村笔架山顶	10.00	方形五层金字形
文祥塔	清	泰顺县罗阳镇南门外	19.70	六面七层楼阁式
矴步桥头石塔	清	泰顺县仕阳镇矴步桥头	5.00	六面三级
八福砖塔	明	温州市瓯海区慈湖南村	11.00	六面七级
礁港灯塔	民国	永嘉县瓯北镇礁下村		六面三级

温州部分名井名泉

表62

名称	位置
炼丹井和奎壁井	温州市鹿城区华盖山麓
仙人井和八角井	温州市鹿城区松台山顶和山下
郭公山下井、金沙井	温州市鹿城区郭公山下
铁栏井	温州市鹿城区铁井栏7号
天宿井	温州市鹿城区横井巷
镇井头	永嘉县桥头镇，以井水清冽味甘闻名
龙眼井	永嘉县三江胜美尖福清观
六角井	瑞安市陶山镇
玉泉井	瑞安市碧山寺
八角井	平阳县水头镇西南，明朝嘉靖年间凿，源长水冽味甘
正口井	泰顺县雅阳镇，井水清冽，宜于酿酒
蒙泉，又名砚瓦槽	温州市鹿城区华盖山西麓，水浅而清，虽亢旱而不竭
海眼泉	温州市鹿城区江心屿烈士纪念馆(原龙翔寺旧址)中，俗称东井，相传为宋蜀僧清了所凿，江心十景中“海眼泉香”即指此
承天氡泉	泰顺县雅阳承天村，俗称火热溪。泉从小石池中涌出，含有氡和氟，可治病
金山井	苍南县马站镇金山村，宋代年间凿

文化场馆

温州市图书馆 2015年，温州市图书馆藏总量367.68万册。其中，纸质普通中文图书173.39万册，报刊合订本16.88万册，外文书刊1.54万册，古籍文献18.84万册，视听资料23.07万片，电子图书133.96万册。全年采购纸质新书10万余种24万余册，电子图书19.22万册，视听资料1.5万片。全年接待读者293.7万人次，外借书刊256.98万余册，办理读者证5.4万个。全年网站访问量79万余人次，点击总量658万余次，数字资源平台访问量55.74万次，移动APP注册读者数近2.5万人，日均登录次数5000余次。全年解答读者信息咨询9000余次，编制政府专题、综合动态等专题信息129项。编目数据上传中国国家图书馆联合编目中心和浙江省图书馆联合编目中心合计4526种。征集地方文献1448种2558册。接收温籍寓言家金江捐赠藏书、书信、手稿及生前奖章、获奖证书、证件等，其中图书6557册、书信4235通、手稿2箱。整理金江捐赠往来书信5000通。完成信息化改造一期工程项目立项，完成数字图书馆示范工程资源采购和硬件设备搭建工作，完成政府公开信息采集和元数据制作1.7万条。完成温州城区方言视频采集工作。市图书馆获全国图书馆联合编目中心2014～2015年度数据质量优秀奖；获浙江省公共图书馆读者服务技能竞赛二等奖，获优秀个人奖1人。全年各地媒体（报纸）报道市图书馆工作228次。

古籍保护。改造古籍书库，普查线装古籍约16万册。对入选全国珍贵古籍名录的6种古籍进行复刻再造，制作再造善本2500余册。54种古籍申报第五批国家珍贵古籍名录。完成第三批浙江省珍贵古籍名录申报工作，上报稿抄本及刻本40余部。完成第二批“浙江省古籍修复中心”的申报及迎检工作。

书刊编纂出版与发行。召开《温州通史》各分卷编纂工作会议，完成《通史编纂工作通讯》2期。交付断代史《宋代卷》和《汉唐卷》初稿，交付专题史稿件8部，完成审校并送至出版社。交付专题史待审稿件7部。完成《馆藏日记丛刊》（影印本）二校。完成《杜隐园日记》（清代部分）二校，《过来语》审读。完成《21世纪城市公共图书馆·温州市卷》初稿编纂和英文翻译工作。编辑发行《温州读书报》12期，编辑出版《籀园》4期。温图籀园书系《瓯歌二集》与《籀园受赠书目汇编》出版。

城市书网①建设。市图书馆“城市书网”公共图书馆现代服务体系被列入第三批国家公共文化服务体系示范项目。全年新增城市书房10家，累计15家，城市书房总流通62.69万人次，外借书刊23.15万册次，办理借书证及开通市民卡7824张。

视障人士盲文服务。市图书馆视障阅览区有盲文书籍1000余册，并配备视障人士专用辅助仪器；与鹿城区首个“盲人之家”结对，设立盲文图书流动服务点。

文化活动与公益培训。市图书馆举办文化活动1239场，参与8.58万人次，其中公益讲座109场，文化展览43场。开展老年人和未成年人公益培训，完成公益培训122个班级1860课次。籀园亲子学堂开设35个课程，老年学堂开设11个课程。开展志愿服务500余次。春节期间，开展“相约在温图，共度文化年”2015年新春系列活动。4月20日，2015“书香温州·全民阅读”读书月活动启动仪式在温州市广电中心举行。4月21日，叶永烈做客籀园讲坛开展“历史的绝笔——名人书信背后的故事”讲座。4月～5月，市图书馆与社会各界联合策划推出阅读推广活动160余场。书面发布《温州市2014年全民阅读调查报告》；征集24小时自助图书馆名称和LOGO；发布手绘版《温州阅读地图》；举办“图书馆奇妙夜”活动，5000余名市民参与，创图书馆现场阅读活动参与人数历史新高；承办浙江省亲子阅读推广人公益培训；推出“全城共读十本书”活动；承办“书香嘉年华——温州读书月大型书展”，开通“你选书，我买单”绿色通道服务；举办“温州寓言文学著作展”“温籍作家诗文朗诵会暨签售会”；举办首届“我爱好诗词”大赛；承办温州市“十佳书香家庭”评选、儿童知识银行“爱阅夏令营”、第九届新温州人梦想演说大赛、温州市少儿短篇小说大赛、“话剧我来演”精品剧目公演等。

法人治理试点工作。市图书馆深化“公共文化机构法人治理结构试点”工作，筹建图书馆事业发展基金会，获政府资金注入400万元，到款200万元，12月通过注册登记。接待上海、江苏、河南、安徽、内蒙古及国家行政学院等各地各单位文化系统考察调研30余批次。

温州市图书馆护国寺主题分馆开放。6月30日，市图书馆护国寺主题分馆在护国寺万佛塔举行开馆仪式暨合作签约仪式，这是全市首家以国学、佛学为主的图书馆。

（何　泽）

温州博物馆　2015年，温州博物馆举办展览22场，接待观众95.25万人次。全年征集文物720件，修复文物藏品66件。普查可移动文物，完成馆内所有藏品信息登录。完成历史厅陈列改造项目立项、招标工作，12月30日进场施工。完善“东瓯慧光·温博数字博物馆”建设，增加临时展览专题网10个，上传图片400张。编纂出版专著4本，包含馆内职工个人撰写的专著《苍南单档布袋戏》《温州历代名人故事：驺摇》，其中《苍南单档布袋戏》获浙江省民间文艺映山红奖——学术著作奖。编纂出版《温州文物》第11辑、《东瓯撷珠——第二届温州民间藏品展首届温州博物馆之友藏品展》。在《文化月刊》《收藏家》《东方博物》等国家、省、市级报纸杂志上发表专业文章21篇。与武汉大学化学测试中心、荆州文物保护研究中心联合开展宋代温州漆器课题研究。温州博物馆被省公安厅授予“浙江省治安安全示范单位”称号，策展的“动画中国风——经典动画与传统文化展”获第九届（2014年度）全省博物馆陈列展览精品项目优秀奖。

第一次可移动文物普查。2015年，温州博物馆继续开展第一次可移动文物普查工作②，选派业务骨干参加浙江省文物局举办的可移动文物普查审核与管理培训。每周公布普查进度，与《温州日报》合作开辟专版报道全市普查情况。至年末，完成温州博物馆和鹿城区24家收藏单位所有藏品21355件的拍摄、信息采集和登录工作，其中温州博物馆20272件。

宣教及公益活动。举办宣教活动141场次，开设温州博物馆文化驿站，开辟“巧手童心——创意手工课”“知茶善饮——中国茶文化分享课”等“博物小课堂”系列课程。运用官方微信、微博举办专题藏品掌上欣赏活动7场，微信公众平台新增“电子期刊”栏目，上传《温州文物》相关信息。开展志愿者培训9次，组织志愿服务1394次，总服务时间3715.26小时。举办讲座8场、义务鉴宝活动3场。组织党员开展帮扶活动4次。与温州市叶同仁中医药博物馆结对帮扶，帮助其在文物修复、陈列设计、文物管理、展厅改造等方面升级改造；指导各县（市、区）博物馆开展文物征集工作，为文成、乐清、瓯海、永嘉等地博物馆提供文物征集信息；免费为司法部门和社会各界人士鉴定文物、提供咨询服务，共提供300件文物的查阅和拍摄服务。

（王丽苹）

温州市文化馆（展览馆、非遗中心）　2015年，温州市文化馆组织文艺演出58场，其中有“欢乐基层行 文化过大年”——2015年新春文化送温暖系列活动，2015中华龙舟大赛（温州站）暨温州龙舟文

①城市书网：“城市书网”公共图书馆现代服务模式是在倡导全民阅读的大背景下，在市、县、镇、社区（村）四级公共图书馆网络基础上，以“三城一网”建设（城市书房、城市书站、城市书巴、城市知网）为主体、以阅读活动推广为平台、以法人治理社会化管理为保障，集均等化、社会化、信息化、标准化为一体的现代新型城市阅读服务体系。

②第一次可移动文物普查工作：由国务院统一领导，于2012年10月启动。温州市文物普查工作由市文化广电新闻出版局全面负责，办公室设在温州博物馆，温州博物馆主要负责本馆及鹿城区可移动文物普查工作，负责对全市各县（市、区）的业务指导与督查工作。

2015年温州博物馆馆内展览活动

表63

展览名称	起讫日期
黄帝内经——主题篆刻艺术展	1月1日～2月1日
三山——陈智安、方勇、徐钢山水画展	2月7日～3月8日
紫玉金砂——浙江长兴紫砂茗壶特展	2月7日～3月31日
“象”由心生——陈天龙油画回顾展	3月28日～4月23日
菱镜照影——温州博物馆藏铜镜特展	4月4日～5月4日
丝绸之路·谢振瓯画展	4月26日～6月22日
“东瓯撷珠”第二届温州民间藏品展暨首届温州博物馆之友藏品展	5月18日～7月18日
2015温州工艺美术精品展	6月27日～7月27日
温润如玉——温州博物馆藏龙泉青瓷标本特展	8月8日～8月12日
清风徐来——温州博物馆藏扇面展	8月14日～10月24日
温州抗战纪实——纪念中国人民抗日战争胜利70周年特展	9月2日～12月2日
萧耘春书法作品展	10月26日～12月26日
2015中日书画联展	11月18日～11月22日
时间的艺术——钟表艺术展	12月15日～2016年3月25日
天下一统——大秦帝国文物特展	12月27日～2016年3月6日

2015年温州“流动博物馆”展览活动

表64

展览名称	配套活动	起讫日期	地点
涅槃的火凤凰——瓯窑陶瓷器图片特展 动画中国风——经典动画与传统文化展	陶泥盘条、陶艺拉胚体验和木雕版与活字印刷体验	5月30日	鹿城区 金色尚品小区
温州民俗与文化遗产图片展 涅槃的火凤凰——瓯窑陶瓷器图片特展	木雕版与活字印刷体验	6月30日	洞头区 市民活动中心
动画中国风——经典动画与传统文化展	木雕版与活字印刷体验	9月23日	广场路小学 白鹭洲校区
温州抗战纪实——纪念中国人民抗日战争胜利70周年展	“铭记温州先烈、珍视世界和平”征文活动	10月10日	温州市 第五十一中学
温州抗战纪实——纪念中国人民抗日战争胜利70周年展	“铭记温州先烈、珍视世界和平”征文活动	11月12日	温州中学

2015年温州博物馆输出展览活动

表65

展览名称	引展单位	合作方式	起讫日期
动画中国风——经典动画与传统文化展	湖州博物馆	合作办展	2月7日～3月8日
婚尚器物展	温州市民俗学会	合作办展	4月11日

化节开幕式演出等。针对不同群体订制“演出订单”，编排相应的主题和节目，到海军部队、特殊学校、文化礼堂等申请单位巡回演出。承办第五届温州艺术节暨第三届市民文化节开闭幕式及各类专业赛事23场。获优秀组织奖17次。业务干部创作书法、美术、摄影作品创作60余件，音乐作品10件，舞蹈作品8件，戏剧小品8个，获省级以上表演奖、创作奖、科研成果奖15金4银1铜成绩，撰写的论文获省级以上一等奖4篇，其中舞蹈作品《爷爷教我唱鼓词》、声乐作品《晒蓝》获省级金奖。市文化馆季刊《温州文化》在首届全国“文化杯”群艺馆（文化馆）优秀群文期刊评选活动中获优秀装帧设计奖。

全市群众文化系统参加省级以上赛事活动18项，获省级以上赛事奖项198个。群众文化干部在年度全国文化馆年会征文活动中获一等奖1人、二等奖2人。

全年市文化馆举办以声乐、舞蹈、戏曲、器乐、主持、美术、书法、摄影等艺术门类为主的公益培训3期，招收对象7岁～70岁，特困家庭子女优先报名，设162个班，学员2982人，累计培训35784人次。举办温州艺术讲堂50余期，由名家讲授艺术、民俗、文学、“一带一路”等系列内容。

市文化馆加强文艺骨干培训工作，举办2015年市排舞师资培训班、暑期声乐培训班、市“星辰计划”群文戏剧表演培训班、全市美术创作精英班，承办年度浙江省文化馆舞蹈编导专业人员研修班，分批派员到中央文化干部管理学院学习。业务骨干到洞头区东屏乡中仑村调研，在中仑村举办舞蹈和声乐培训班，指导编排的《大阪城的姑娘》获市第八届排舞大赛金奖、浙江省第二届文化礼堂乡村排舞大赛金奖；到市特殊教育学校蹲点辅导，指导编排的小品《如果》、舞蹈《妈妈的波浪鼓》均获2015浙江省特殊教育学校文艺会演表演一等奖。

市文化馆（展览馆）全年举办展览31场，基本做到“天天有展览到随时有展览”，展览开放时间延长至晚上8:30。

市非遗馆被省委、省政府命名为第九批省级爱国主义教育基地。市文化馆（非遗中心）创新非遗传承人评审制度，对非物质文化遗产及其传承人实施分类管理。举办全市非遗干部业务培训班，国家艺术研究院教授苑利作《最后的坚守——中国非遗保护及其保护中存在的主要问题》讲座。《东瓯遗韵——温州市非物质文化遗产大观（三）》编纂出版，《温州参龙汇编》结集成册。开展“我们的非遗”文化遗产日系列活动，举办“艺路同行 瓯韵流芳——2015年温州传统戏剧曲艺精品展演”，承办“浙江好腔调”中小学专场演出5场，举办“童心无限”非遗馆体验活动、“端阳情·非遗味”民俗活动、原创作品非遗朗诵吟诵会，开设传统医药、吟诵等系列非遗讲座。

（马知力）

温州书画院 2015年，温州书画院征集藏品75件，支出征集经费98.2万元。举办展览15次、雅集5次，开展文化下基层活动6次。编辑出版作品集7种及杂志《温州书画》。推出文化驿站等文化服务新项目。在第五届温州艺术节暨温州市第三届市民文化节活动中，参与执行

2015年温州市展览馆展览活动一览

表66

展览名称	起讫日期
温州市文化馆公益免费培训学员作品汇报展	1月12日～1月16日
“年味温州”非遗迎春展	2月6日～2月8日
瑞安市视觉艺术作品精品展	3月20日～3月30日
文成县视觉艺术作品精品展	4月3日～4月12日
泰顺县视觉艺术作品精品展	4月16日～4月26日
《中国梦 文化情》视觉艺术作品主题展	4月30日～5月9日
2015温州大学美术与设计学院毕业作品展	5月12日～5月21日
龙湾区视觉艺术作品精品展	5月24日～6月2日
洞头县视觉艺术作品精品展	6月5日～6月14日
温州市文化馆公益免费培训班学员作品汇报展	6月8日～6月14日
鹿城区视觉艺术作品精品展	6月17日～6月26日
平阳县视觉艺术作品精品展	6月29日～7月8日
瓯海区视觉艺术作品精品展	7月11日～7月20日
苍南县视觉艺术作品精品展	7月23日～8月1日
永嘉县视觉艺术作品精品展	8月4日～8月13日
乐清市视觉艺术作品精品展	8月17日～8月26日
抗日战争在浙江——纪念中国抗日战争暨世界反法西斯战争胜利70周年图片展	8月28日～9月6日
温州市第三届视觉艺术作品大展	9月8日～9月11日
温州市首届残疾人书画、摄影大赛作品展	9月10日～9月14日
瑞安市中青年美术书法作品展	9月17日～9月26日
2015年度温州市老干部书画协会会员作品展	9月29日～10月8日
浙南美丽水乡主题展	10月13日～10月22日
鹿城区2015中、小学生书法篆刻作品展	10月25日～11月3日
温州市首届“黄公望奖”中青年美术大赛作品展	11月6日～11月14日
“美丽温州·山水智城”主题摄影作品展、温州市摄影家协会2015年度成果展将	11月17日～11月26日
《田园松阳》摄影作品展	11月29日～12月3日
2015年温州城市大学首届“华龄杯”全市中老年书画摄影大赛作品展	12月5日～12月7日
省级书法村授牌及作品展	12月9日～12月13日
温州市书协成立30周年系列展——诗书画印作品展	12月16日～12月25日
鹿城区书协2015年度会员作品展	2015年12月28日～2016年1月6日
浙江省第四届群星视觉艺术大展优秀摄影作品展	2015年12月28日～2016年1月6日

承办“墨池奖·温州市首届中青年书法篆刻大赛”和“黄公望奖·温州市首届中青年美术大赛”，书法篆刻大赛收到参赛作品456件，评出“墨池奖”8件；美术大赛收到参赛作品291件，评出“黄公望奖”10件。

书画院举办书画高研班，设篆刻、人物、花鸟、山水、书法5个小班，由林剑丹、戴宏海、吴绶镐、张如元、汪廷汉担任导师。举办第五期、第六期国学班，每期招收学员50人，由书画文字学家张如元主讲。开展“星辰计划”培训活动，中国书协篆书委员会委员许雄志、中国工笔画学会副会长谢振瓯为书法作品作现场指导。举办“星辰计划——中国画美术人才优秀作品展”，并出版作品集。

书画院陈默书法作品参加“水滴石穿闽东梦——全国书法名家作品邀请展”；张真恺作品参加在香港举办的“时代风骨——当代没骨画题名展”；胡三元入选浙江省书法家协会青年人才培养“新峰计划”名单，作品获“陆维钊奖”第七届浙江省中青年书法篆刻展铜奖。

（曾艳君）

温州大剧院 2015年，温州大剧院组织和保障各类经营性演出活动174场次，其中自营演出103场次，平均上座率72%。推出“戏剧舞蹈演出季”“秋冬演出季”，主要演出剧目：舞剧《莲花》、芭蕾舞剧《美女与野兽》、舞台剧《仙剑奇侠传》、明星版话剧《暗恋桃花源》、越剧《红楼梦》、马克西姆钢琴音乐会、维塔斯演唱会、李闰珉钢琴音乐会、踢踏舞《烈焰之舞》等。温州大剧院被授予“省级文明单位”称号。

2015年温州书画院展览活动一览

表67

展览名称	起讫日期	展出地点
乙未新春楹联展	2月10日～2月21日	温州书画院
郑州画院赴温州书画交流展	3月24日～3月26日	温州书画院
墨池逸兴·温州书画院赴郑州交流展	4月14日～4月21日	郑州画院
九山河·春草池——朱维明回乡美术作品展	4月24日～5月17日	温州书画院
中国之美——温州书画、戏曲艺术欧洲巡回展演	7月中旬	布达佩斯、奥地利维也纳和意大利普拉托
塘河韵·瓯江情——温州书画作品香港展	9月24日～9月26日	香港
“星辰计划”中国画美术人才优秀作品展	9月30日～10月13日	温州书画院
温州市首届“墨池奖”书法篆刻大赛作品展	10月23日～11月15日	温州书画院
温州市首届“黄公望奖”中青年美术大赛作品展	11月6日～11月14日	温州文化馆
陈出新书画展	11月20日～11月30日	温州书画院
温州书画高研班首届学员结业作品展	12月4日～12月13日	温州书画院
雁荡风——黄宾虹专题展	12月10日 2016年1月3日	温州书画院

2015 年 1 月 22 日，杭州越剧院优秀越剧剧目《红楼梦》在温州大剧院上演

赵　用/摄

惠民演出。组织“市民音乐会”8 场，有弦乐四重奏、萨克斯、流行爵士、钢琴、小提琴、合唱、室内乐等，票价为 30 元～100 元。组织“打开艺术之门”系列演出 10 场，有童话音乐剧、人偶童话剧、小丑嘉年华、小提琴独奏音乐会、世界著名近台魔术大师展演等。

公益性演出。组织保障公益演出 41 场，包括梦圆中国 2015 青少年诗歌朗诵会、2015 温州市新年合唱音乐会、2015 温州市鹿城区新春舞蹈专场晚会、世界阅读日“春之声”诗歌朗诵晚会、第五届温州市艺术节等。拓展“艺路同行”品牌活动，组织“艺路同行”舞台表演艺术沙龙 15 场，包括梅花奖戏曲演员见面会、爱乐合唱团新年音乐会、西洋器乐与声乐讲座、温州戏剧曲艺精品展演、西方早期古典音乐讲座等。组织开展“文化驿站”活动 4 期，普及西方交响乐和东方戏曲知识。

（应晓闻）

温州市东南剧院　2015 年，温州市东南剧院承接各类文化活动 108 场，其中周末剧场 40 场，涵盖音乐会、舞剧、话剧、音乐剧、儿童剧、戏曲等 10 余种艺术形式。东南剧院主要演出项目：10 月，承接市第 13 届戏剧节及第 16 届音乐舞蹈节共 14 场演出，戏剧节售出门票 3481 张，票房收入 14.78 万元。其他较有影响力的演出项目:“开心麻花”团队话剧作品《小丑爱美丽》，首届瓯剧艺术周，福建芳华越剧团王君安、李敏出演的《柳永》和《玉蜻蜓》，中国铁路文工团策划、创作、编排的原创大型音乐剧《站台》等。被中国演出行业协会评为“诚信经营单位”。

温州科技馆　该馆于 2004 年 10 月建成，建筑面积 2.6 万平方米，其中展示面积 1.5 万平方米，共有展品展项 231 件（套）。展示内容设置不仅基于基础理论的推广，而且展现先进科学技术及其发展趋向，充分体现科学技术与人文社会科学的结合，是具有温州特色的公益性科普教育基地。

（何　畏）

文化礼堂

概况　2015 年，温州市新增文化礼堂 208 个，累计建成 807 个，建设数量、推进速度、地区覆盖率均居全省第一。市、县两级部门单位服务文化礼堂项目 300 余个，打造“周末礼堂文化日”品牌，举办“我们的村晚”等活动。全年，在各文化礼堂举办形势政策宣讲 5300 余场，民俗活动 1100 余场，文艺演出、体育赛事 2100 余场，志愿服务 2500 余场。文化礼堂建设是浙江省委、省政府于 2013 年提出的民生实事，致力于在农村打造集思想道德建设、传统文化弘扬、文体娱乐活动、知识技能普及等功能于一体的文化综合体，连续 3 年被列入省、市为民办实事项目。

文化礼堂建设　2015 年，温州市委宣传部指导推行文化礼堂建设理事会制度、总干事驻堂制、文化大使联系制、月月主题制等制度。在文化礼堂开展教育教化、乡风乡愁、礼仪礼节、家德家风、文化文艺等各类活动；设立民间道德奖，设置善行义举榜、好人榜等；建设邻里互助墙、心愿墙;制订村规民约，开展“立家规传家训”活动。依托“新青年下乡”活动，推动高校师生服务文化礼堂建设。开通“温州文化礼堂”微信公众号，搭建文化礼堂服务项目供需对接平台。平阳县显桥文化礼堂等多个工作经验获省委书记夏宝龙等领导批示肯定。

（邹霜双）

新闻出版印刷管理

新闻报刊管理　2015 年，温州市文化广电新闻出版局依法加强新闻采访的监管力度，整治“四假”及各类非法报刊，清理整顿《浙江工人日报》《市场导报》等外地驻温新闻机构 11 家，保留《平安时报》等 8 家;《钱江晚报》《浙江法制报》2 家合并归入浙江日报温州分社统一管理。加强报刊日常监管，审读《温州都市报》等 7 家公开报刊 2040 份、内部资料（含企业报）975 份，出版《审读动态》12 期。

印刷业管理　2015 年，温州市完成 100 家五项制度示范企业，300 家规范企业的建设目标。培育扶持印刷示范龙头企业，瑞安华瑞达等 2 家企业被评为全国印刷百强示范企业，获中央补助 300 万元。

（苏义彪）

报　刊

概况　2015 年,《温州日报》报业集团（简称温报集团）下设六报一网一刊，分别是《温州日报》《温州晚报》《温州都市报》《温州商报》《科技金融时报》《欧华联合时报》《温州人》杂志和温州新闻网。年总收入6.2亿元，实现版外经济3.84亿元，占总收入61.7%，比上年增长5.3%。全年集团创新策划重大主题报道40余组，主要有“温商回归大讨论”“八大攻坚”“五化战略”“全国晚报百名总编聚焦温州模式”“一带一路万里行”和温州好家风、大学生创业创新等，刊发各类消息、通讯、评论、图片1.5万余条（幅），获省市委领导批示23件，1500余篇报道被《人民日报》《光明日报》《浙江日报》、人民网、新华网等中央、省级媒体转载，1万余篇稿件通过温州网、温州新闻APP被新浪、搜狐、腾讯、网易、凤凰网、今日头条等网络媒体转载。外宣报道依托科技金融时报和欧华联合时报，跨地区、越国境、多层次传递温州信息。

2015年，温报集团获中国新闻奖一等奖1个；浙江新闻奖30个，其中一等奖7个，连续4年获全省重大主题报道一等奖（策划创新奖），获奖数量和作品质量等次连续5年列全省市级党报集团第一。获浙江省文明单位、国家数字出版转型示范单位、2015—2016年度浙江省文化出口重点企业（省内唯一入选的党报集团）、全国地市报“走转改”先进集体、中国报业融合发展奖、中国报业融合发展创新10强等荣誉，温报发行公司连续11年蝉联“全国报纸自办发行先进集体”，报刊印刷连续4年获“全国印刷优质报”。

温报集团融媒体平台建设 2015年，温报集团融媒体新闻中心率先省内地市级报业集团，自主研发温州新闻客户端，推出网络问政、温州网络电视、掌上温州、温州辟谣等20余个融合平台，有报纸、广播、网站、两微一端、阅报屏用户1236万个。“温州辟谣”入选全国五大辟谣平台，获全国社会治理创新奖；“温州发布”在全国宣传类微信排行榜最高排名第二；年末“温州交警”粉丝数居全国政务微信公众号第二；晚报、都市报官方微信多次在全国微信公众号影响力排行榜（资讯类）排前三名。

温报集团产业拓展 2015年，温报集团组建浙江智立方信息技术有限公司、浙江天玉观赏石价格评估有限公司、温州国际展览有限公司、旅游全媒体中心。推出温都猫、房产电商、温州爱购、温购天下等电商平台。试水物流“落地配”业务，研发温州首款线上同城配送平台“温报即时达”，这是国内首个党报集团打造的专业物流平台。温州文化金融产权交易中心与天津滨海柜台交易市场（天津OTC）联合打造PPP基金交易平台，发售温州首款PPP基金。

温报集团培训与科研 2015年，温报集团开展新闻采编导师制、青年采编讲武堂、专家学者讲座授课、骨干讲学、读书沙龙等各类讲坛与讲学活动，听课人数累计3000余人次。完成《媒体融合时代，大数据的应用与探索》《重大主题报道中地方新闻资源的挖掘与运用》《媒体融合环境下的群众办报策略探析》等4个市社科研究课题。在国家、省级学术期刊发表或获奖论文79篇。编发《工作简报》22期，《温州报业》14期。

（朱全全）

《温州日报》主题宣传报道 2015年，《温州日报》围绕市委、市政府中心工作，策划一系列主题报道。做好学习贯彻中共十八届五中全会报道，推出《学习贯彻五中全会精神 加快推进温州赶超发展》专栏。推出《赶超发展两年间——破解“十大难题”》系列报道，刊发《经济筑底企稳向好》等十大破解文章，对经济转型、环境建设、改革创新、基层党建等做系统性回顾和前瞻性思考。开设《温商回归再发力大讨论》等专栏，对接市招商局、温商商会、招商专员、企业家等单位和群体，报道创新举措，聚焦热点问题。推出“穿越70年的家国情怀”纪念抗战胜利系列报道，设置“寻访瓯越儿女的抗战踪迹”“和80、90后一起寻访——我家的抗战故事”2个板块，并推出《穿越70年的家国情怀 抗战胜利纪念日》特刊。推出《潮起瓯江竞奔流——再看温州模式》大型系列报道，围绕温州转型发展推出系列“典型样本”。推出《八大攻坚在行动》《加快“3+1”亮点区块建设》等专栏。

《温州日报》多层次传播信息 2015年，温州日报社根据一次采集、多种生产、多渠道发布的集约化生产要求，组建中控室和工作群。中控室遵循16小时发布机制，对新闻作品编辑、制作后，分四个层次逐级发布到各个终端，第一层次：温州新闻APP；第二层次：党网、党屏；第三层次：官方微信；第四层次：《温州日报》。至11月1日，党报立体传播体系集聚报纸、网站、两微一端、阅报屏用户约120万个。

《温州日报》多媒体平台传播活动 2015年，《温州日报》利用新闻传播新载体与新平台，组织社会活动，推动报纸新闻单向传播加入双向互动的人际传播。发起“文明微接力”活动，以一名环卫工子女的文明倡议书“少丢一份垃圾多一份美丽”为契机，利用报纸、微博、微信、新闻客户端等多个媒体平台，推出“晒图亮文明”“文明餐桌”“文明交通”“大拇指志愿者”等系列文明接力活动，转发阅读量约26万人次。8月，温州发生“火锅店服务员热汤浇顾客”事件，《温州日报》由此策划开展“微笑行动”，通过日报版面、微博微信公众号、温州新闻APP、党报电子阅报屏、公益微电影等全媒体载体，倡导以微笑缓和交际中的矛盾，引导正面舆论，传播社会主义核心价值观；推出“为温州鼓掌”活动，为环卫工人群体募集爱心款3万余元。国庆长假报纸停刊期间，创新推出“黄金周168小时直播”策划，以温州新闻手机客户端为主要稿件播发阵地，补档长假空档期。

（叶小丹）

《温州晚报》主题报道和理论宣传 2015年，《温州晚报》推出《八大攻坚冲刺》《树标杆求突破》《温商回归》《文明城市温暖之州》《美丽温州卫生之城》等20个特刊276个版面。举办公益道德讲坛110期，为中宣部开展理论宣传的先进典型。官方微信“晚报君”粉丝85万个，综合指数保持全国报媒排行榜前十位。

温州模式系列活动聚焦 2015年7月，为纪念全国晚协和“温州模式”30周年，《温州晚报》推出“全国百名晚报总编看温州”系列特别报道57个专版100余篇稿件，《北京晚报》《新民晚报》《羊城晚报》等全国各大城市36家主流媒体分别以专题、整版或跨版等形式报道“温州模式”，合计50个版面；腾讯、新浪、搜狐、凤凰等各大网站以及微信、微博等新媒体接力传播，“温州模式”再度成为全国焦点。

《温州晚报》雪君工作室 2015年，《温州晚报》雪君工作室在北京、上海和非洲尼日利亚设立分站。组建公益导师团，聘请中国科协副主席冯长根，北京大学校长林建华，浙江省高院院长齐奇，浙江省人民检察院检察长陈云龙和全国政协常委南存辉等25名各界人士为首批公益指导师。慈善大宴连续举办13届，惠及10余万名困难群众。举办进社区活动55期。雪君工作室主持人郑雪君被中宣部评为基层理论宣讲先进个人。

《温州晚报》荣誉 2015年，《温州晚报》获浙江新闻奖4个，其中一等奖1个；赵超构新闻奖7个，其中特等奖1个、一等奖1个；其他市级以上新闻奖49个。获"2014—2015中国品牌媒体百强——地市晚报十强"。

（方圣鲁）

《温州都市报》全媒体主题宣传 2015年，《温州都市报》策划推出《感动十年：那些年感动过我们的那些人》《抗战胜利70周年·抗战记忆》《"温州两家人"专题报道》等20余组主题报道。推进温都全媒体融合发展，形成"一报一网一视频，两微两端一电商"八大平台的布局，总用户200余万个。承办"2014感动温州十大人物颁奖典礼暨感动温州十周年晚会"。摄制"控烟"主题公益微电影《抽烟的小孩》，累计点击量2.5余亿人次。《温州都市报》入选第十届中国传媒大会"中国十大都市报"；理念再造、渠道再造、流程再造融合模式入选中国高等教育学会新闻学与传播学专业委员会评选的"媒体融合教学十大经典案例"。

"一带一路"万里行报道活动 2015年，在"温州模式"提出30周年之际，《温州都市报》策划推出"'一带一路'万里行"大型报道活动。记者穿越欧亚七国，踏访温商足迹，刊发专题报道19篇，上传大量图片视频，通过新媒体平台滚动播报，中宣部《内部通信》、省新闻出版广电局《报刊审读与管理》《中国新闻出版广电报》刊文对此活动予以报道和肯定。

都市报电商平台温都猫 2015年，《温州都市报》电商平台温都猫依托报社全媒体用户数和品牌影响力，累计签约供应商300余家，上架产品2800余种，实现经营业绩4000万元，创造利润300万元，成为温州本土大型电商平台之一。在全市网络经济发展大会上，负责运营温都猫的《温州都市报》全媒体有限公司获市网络经济重点企业和网络经济创新企业。

（周　贤）

《温州商报》主题报道 2015年，《温州商报》围绕市委、市政府中心工作，相继开辟《八大攻坚在行动》《"3+1看亮点"》等专栏，全年刊发各类报道一百余篇（幅）。与市文明办联合策划举办大型活动《温州好家风》，累计推出报道23篇，刊发版面46个。新闻作品获省、市新闻奖29件，2件作品分获中国报业协会党报分会一、二等奖。

《温州商报》经济类报道 2015年，《温州商报》策划推出《新常态·再出发》《毕业季·创业季——温州大学生创业创新》《温州跨境电商发展》等系列专题报道，推出《总编访谈》6期，以"创业创新"为主题，探访各行业创新者、新领域探索者以及民间创客。浙江省新闻出版广电局主办的《报刊审读与管理》编发文章对《温州商报》周刊《网络经济》办版思路给予肯定。

《温州商报》承办展会 2015年，《温州商报》开创温州传媒先河，探索传统媒体转型途径，分别承办2015温州国际时尚文化创意产业博览会和2015温州创业创新博览会，两次博览会观展人数分别为10.82万人次和5.6万人次。《温州商报》连续举办第八届、第九届婚博会。

（芮文正）

《温州人》杂志中心工作报道 2015年，《温州人》杂志围绕中心工作，推出专题《实施"五化战略"全面赶超发展》《大力推进"水岸同治"加快打造美丽浙南水乡》《温商：从"走出去"到回归热》等报道；对"温州模式"做深度解读报道，推出《追寻"温州模式"》《"大众创业万众创新"的温州探索》《珍惜并擦亮"温州模式"金字招牌》；纪念抗战胜利70周年，推出《砥砺为复兴，铭记家国痛》《追忆峥嵘雁荡的那些红色印记》《寻找，穿越70年的家国情怀》等报道。

《温州人》杂志打造地方特色专刊 2015年，《温州人》杂志做好三刊（特刊、专刊、内刊）出刊工作，编辑《永嘉文化提升年》《瓯职模式是怎样炼成的》《温籍抗战老兵的故事》《实质作用的探索》等专刊专辑，编辑出版《聚焦新常态——谱写温州赶超发展新篇章》专题特刊。针对"中国好项目"第四届温州青年"互联网+"创业创新大赛暨首届新生代温商创业大赛，推出《中国好项目（温州）》专刊，入编各参赛好项目、各路创投资本和金融机构、各地招商局和创业园区等内容。

（吴小春）

网络媒体

概况 2015年，温州市有网站4万余个，其中本地接入网站1.35万个，微博用户170万个以上，活跃微信公众号8000余个，民间论坛500余个，其中"柒零叁网""温州草根新闻""乐清上班族"较有影响力。"媒体融合工作"被列入《市委2015年"10+1"重点改革项目工作方案》，发展新媒体业务，改革网络媒体采编流程、广告经营业务等。温州网及其13个支站稳步发展，新闻采编、网站经营业务得到提升。

温州互联网普及率 2015年，温州市互联网用户总人数约680万人。按2010年11月全市人口普查912.21万人计算，市互联网普及率约为74%，超过全国平均水平30个百分点。

网络宣传活动 2015年，温州市各网络媒体策划开展一系列新闻报道，推出《奔跑吧！温州》《温暖之州 致敬文明》《行进温州 精彩故事》等专题专栏11个，开展大型访谈活动5次，微访谈10余次，推出相关稿件1000余条。市委宣传部举办温州"网络好故事"征集大赛，设置"温州好故事会"正能量馆，收录"好故事"800余个。举办第七届温州市网络文化节，开展系列活动14个，其中"阳光跟帖点亮网络，共建网上精神家园"主题活动参与网民5万人。

政务网络平台温州发布 2015年，"温州发布"网络平台含新浪微博、腾讯微博和微信，是以市人民政府新闻办公室名义认证的"微政务"窗口，具备"互联网+政务"和"互联网+服务"两大集群功能，集中纳入52家政务微信号和130家政务微博账号，打造全市"政务发布厅"；整合重点部门民生服务内容，上线24项民生服务功能，48项具体业务，打造"城市掌上通"。该平台全年在新浪微博、腾讯微博累计发布稿件1万余篇，政务微信1800余篇。其中，《再有人问你温州有哪好玩，就给他看这条微信！》《温州每一片水土都有一处最美古村，11县市哪家最美？》等微信文章访问量均超10万次。新浪政务微博学院浙南分院落户温州，温州发布依托该学院平台，整合新浪、腾讯等公司教师资源，联动台州、丽水、福建等地，搭建温州乃至浙南闽北地区政务新媒体交流平台。

温州网平台建设 2015年，温州网继续深化"容融进"核心企业文化大讨论活动，融合内部PC端、移动端、手机报、网络电视、公众微信号等。开展"网民看五化"等重大主题策划报道，建设《温网议事厅》《在场》等品牌栏目。围绕全国文明城市创建，直播报道"温暖之州 致敬文明"。

新春活动。采用H5互动方式报道抗击台风"苏迪罗"和"生态小镇 美在温州"活动。网络专题《网上诚信馆 道德新标杆》获第25届中国新闻奖一等奖。参与承办的"亲近水源地 爱心献库区"大型公益志愿服务活动获第二届中国青年志愿服务项目大赛环境类金奖。

瓯网互联网研发及活动 2015年，温州瓯网自主研发建成以"温报微媒体平台"为载体的移动传播平台，发布以手机用户为受众终端的多媒体内容。开发升级《温州日报》报业集团融媒体中心"温州新闻"移动客户端；自主研发温州市政府、鹿城区、龙湾区和文成县网络问政平台并提供技术支持；配合"温州市网络问政平台"，在瓯网首页同步开设"政情民声站"栏目。报道抗战胜利70周年等网络专题。瓯网小记者项目开展"童眼看温州""小记者跑两会""防雾霾把绿植带回家"等线上线下互动活动。

温都网新闻直播与活动 2015年，温都网推出《滚动播报：2015温州两会》《温都记者直播全国人大开幕》《直播：市长陈金彪做客人民网》等报道，以文字、图片、视频等形式直播，相关报道总点击量超20万人次。台风"灿鸿"期间，发布《24小时滚动直播：台风"灿鸿"袭击温州》。举办"重阳节·敬老爱老"系列活动，其中有"老爸老妈时尚生活节""这个周末，带老爸老妈南塘过节"等活动。参与"飙演技录视频 五万大奖属于你"新春活动。

温晚新媒体建设 2015年，《温州晚报》新媒体形成媒体·政务微信矩阵，由《温州晚报》、温州发布、温州督考、温州人才、健康温州、温州妇联等18个媒体和政务微信构成，总粉丝量230余万个。发起全国机构媒体版权互助公约，组建媒体微信交流平台，国内200余家媒体近500名新媒体部门负责人、编辑参与交流互动。《温州晚报》新媒体拍摄播出政务视频200余个。

东海网视听业务 2015年，东海网以互联网视听为主要业务特征，新媒体东海微电影网与中国微电影网络视频平台协作体结为战略合作伙伴，开发温州市新闻文化信息共享平台。参与组织、策划和执行亚青微电影展工作，国字号微电影项目落户温州。举办第二届公安微电影、微剧本创作大赛。播出8集系列微电影《女主播的那些事》，全网浏览量200万余次。推出《阿达么么哒》《温州老街坊》等一系列节目。

（邹霜双）

广播电视

宣传报道 2015年，温州广播电视传媒集团（简称温州广电集团）以"努力开创新常态下温州赶超发展新局面"为宣传主线，围绕"五化战略""八大攻坚""五水共治""三改一拆""六城联创""农村基层作风巡查""新青年下乡"和"纪念抗战胜利70周年"等内容开展重大主题宣传报道工作30余项，先后推出《八大攻坚看落实》《五水共治，建设浙南美丽水乡》《践行三严三实》等专栏。主频率主频道在"新闻联播"栏目中开设各县（市、区）委书记访谈，展示、宣传和总结各地各部门改革发展的新经验和新创造。策划推出《行走时尚温州地图》《新温州·新航程——追述赶超发展之路》《走瓯越大地，看精彩温州》等一批具有广电特色的活动和节目，采取全媒体联动的方式，从涉及民生改善、环境提升、企业发展等角度切入，展示温州变化。广电集团选送的新闻在中央人民广播电台播出163条、中央电视台播出64条，在浙江之声和浙江卫视播出新闻772条，广播、电视皆获浙江省新闻协作一等奖。

舆论监督 2015年，温州广电集团保持《电视问政》和《新政聚焦》的节目定位，改进监督方式，创新监督手段。《电视问政》节目推出"每月一问政，每场一主题"新模式，利用微信、手机客户端等为节目设置点评互动、多屏直播、网络视频、图文直播、满意度投票等应用功能；《新政聚焦》栏目全年播出251期，曝光案例154个，其中95%以上得到整改或拿出整改方案。品牌栏目《行风热线》《温广调查》《空中服务台》《消费维权面对面》《有话直说·我要投诉》《温州零距离》等根据各自定位开展建设性舆论监督。广电市民监督团新增"住建分团""消防分团"，分团累计25个，登记在册监督员3200余人，开展活动400余次。

广电集团新媒体融合发展 2015年12月，温州广电集团全媒体新闻中心挂牌成立，承担集团宣传和报道市委、市政府的中心工作和任务，采用一体化的组织架构和运营机制，实现新闻信息一次采集、多种生成、多元播发的新型宣传格局。集团有3个网站（东海网、畅购温州、东海微电影网）、4个手机客户端（东海网、温州交广、掌上听温州、健康圈）、近30个微信公众号和一批官方微博，其中微信矩阵用户110万余个。各频率频道延伸出多个移动互联网垂直品牌，交通频率推出广播APP"温州交广"；公共频道《养生有道》栏目建成温州首个传播医疗健康资讯的APP；百晓讲新闻、949温州之声、温州5频道等传统媒体和栏目引领的微信矩阵，以"新闻+活动"的模式与受众互动。

广电集团国际交流活动 2015年1月，温州广电集团在意大利罗马举办天下温州人电视春节联欢晚会。10月，在韩国首尔策划推出"全景温州——温州广电韩国宣传推广活动"，与韩国OBS电视台及京仁放送电台签订长期战略合作协议，同时举办中韩媒体高端论坛、"全景温州"摄影图片展以及"全景温州"微视频网络推广等活动，促成电视剧《温州一家人》在韩国播出，近30家韩国媒体以及新华社、《人民日报》、中央电视台等十余家国内主流媒体对此次活动进行专题报道。与欧洲华语广播电台建立战略合作关系，开展与韩国CJ集团、EBS公司在电视剧、节目交流等方面的合作。

亚洲国际青年微电影展在温举办 9月，2015未来影像——首届亚洲国际（温州）青年微电影展在温州举办，该活动由国家新闻出版广电总局、文化部批准指导，中华文化促进会、中央电视台中央新影集团和温州市人民政府共同主办，市广电集团等单位共同承办。来自亚洲各国和世界其他国家和地区的微电影艺术工作者、知名电影导演、专家学者、48小时极拍大赛团队成员等800余人参加，设亚洲国际青年微电影"金瓯奖"。48小时微电影极拍国际大赛产生在温州拍摄、讲述温州故事的微电影48部。东海微电影网成为中国微电影网络视频平台协作的战略合作单位，温州市成为亚洲国际青年微电影展的落户城市。该活动入选2015年度中国微电影十大新闻事件。

电视剧《温州两家人》播出 2015年11月，大型电视连续剧《温州两家人》在中央电视台综合频道黄金时段首播，这是继《温州一家人》之后，再次在央视播出的"温州人"系列电视剧。该剧获中宣部部长刘奇葆批示，被中宣部列为2015年度6部精品电视剧之一，被国家广电总局列为年度优秀电视剧。视频网站点播量6.4亿余次。

（王　冠）

外地媒体报道温州

概况 2015年，中央、省级主流媒体驻温机构和境外媒体围绕温州市党代会、市"两会""五化战略""五水共治""十大举措"、温商回归、金融综合改革等主题，先后推出报道专版45个，刊（播）发正面宣传报道约1万篇（条），其中央视新闻联播21条；《浙江日报》头版头条55条；浙江卫视新闻联播头条19条。主要有《人民日报》（海外版）"转型升级"《经济日报》"五水共治"、《中国青年报》"新青年下乡"、《浙江日报》"五化战略""文明城市创建"、《全国晚报》"聚焦温州模式"、《中华工商时报》"温商回归"、《中国经济导报》"赶超发展"和《香港大公报》"两会专版"等主题报道。温州市开展"大爱城市、诚信社会、道德高地"大型主题宣传活动，新华社、央视、人民网、《浙江日报》等媒体累计刊发稿件264篇。举办"两岸新媒体发展论坛暨'两美温州'采风活动"，台湾地区媒体与大陆新媒体负责人40余人到温研讨和采风。澎湃新闻社副社长胡宏伟带队到温采访"温州模式"，澎湃新闻报纸、网站、客户端等平台连续刊发9篇4万余字温州模式宣传稿；举办全国晚报"聚焦温州模式30周年"主题宣传活动，全国56家晚报、100个专版统一报道"温州模式"。

（邹霜双）

新华社温州支社 2015年，新华社温州支社报道温州115篇，其中中央领导批示2条，新华社总编室表扬稿3条，新华社重点报道32篇，新华社金牌栏目"新华视点"1条，《新华每日电讯》报头版头条1篇，版面头条1篇。全年重点报道温州金融改革3年实践创出成功经验、温州立人集团非法吸存50亿元大案受审判、国家批准建设"海峡两岸（温州）民营经济创新发展示范区"、温州民间借贷备案登记制在全国15个省份借鉴复制、全国首个民营银行开业、苍南县杜鹃花节网架倒塌造成多人伤亡、平阳顺溪水库二道坝完工5个月现大洞、温州干群迎战强台风"苏迪罗"、温州探索民间商会发展新路、揭底"百名红通人员"杨秀珠胞弟杨进军首次从美国遣返、温州实施"红色细胞"工程关爱139万群众、肯恩大学成功探索"美国大学中国办学"之路等。

（张和平）

经济日报温州记者站 2015年，经济日报温州记者站针对温州实际，采写一批有深度、有特色、有影响的新闻报道，如《"温州版"机器换人重在更新思维》《传统纺织业触网裂变》《浙江温州：实体经济态势强劲》《温州企业竞相布局海外大市场》《温州加快工业生态化发展》《温州网企联合会助企业转型》《浙江温州多措并举化解不良贷款》等。《经济日报》一版报道《温州买服务转职能——政府不该管的坚决交给社会》《浙江温州推进低效用地再开发——让"沉睡"的土地动起来》等，并在各版重要位置报道《让改革落地 让创新成长》《温州推出农民资产授托代管融资》《温州金改3年创出10个第一》等。围绕"谁愿回来当村'官'？""村'官'们都做些啥？""村'官'问题也不少"等问题，推出整版调查报道《"能人"村官能否当好"领头羊"》，并配以评论《以回报慰乡愁》。

（张　玫）

浙报集团温州分社 2015年9月，浙江日报温州分社升格为浙报集团温州分社。分社围绕温州市委、市政府五水共治、美丽乡村建设、三改一拆、温商回归等专题做好新闻宣传报道。全年在《浙江日报》刊登温州相关报道1043篇。其中，头版刊发文字报道52篇、图片报道6篇，列入党报月度好稿12条。浙江新闻客户端推送温州相关报道2000余条，浙报内参报道温州23条，现场直播潘超俊事迹、2015温州国际时尚文博会等重要典型和重大活动，链接和维护"世界温州人云社区"，开设"浙里温州"等微信平台。

（徐　明）

浙江广电集团温州记者站 2015年，浙江广电集团温州记者站围绕温州市委、市政府中心工作，报道《我国首家民营银行今天正式对外营业行》《温州出台史上含金量最高"聚才新政"》等，反映温州时政要闻。以浙江之声《温州之窗》广播杂志为宣传主阵地，发稿1200余篇。浙江之声与温州市公安局合作，拍摄国内第一部反映卧底警察如何在生活和事业中抉择的微电影《坚·守》，被公安部宣传局官方微信推送。

（李晓华）

中华工商时报 2015年，《中华工商时报》头版刊发温州相关报道10条，其中头版头条2条。中华工商时报社组建"特别报道组"，采访政府官员、民营企业家以及关注民营经济的专家学者，采写刊登《激情与喷涌之后的温州之痛》《脚踩着大地的温州之变》《"为"与"不为"的温州之路》《激荡澎湃着的温州之源》等"透视今日温州"系列报道，获第27届中国经济新闻大赛特别奖。

（叶正积）

2015年主要外地媒体报道温州选录（公开报道部分）

表68

媒　体	日　期	标　题	作　者
《人民日报》	1月26日	“温州制造”重新起航（行进中国·精彩故事）	柴逸扉
	1月27日	迎接经济新常态 温州“机器换人”重新起航	编辑部
	4月15日	浙江经济春意渐浓 进入“爬坡”新常态	谢国明
	4月21日	“红色细胞工程”打通“中梗阻”	时圣宇
	5月19日	北上广深房价环比上涨温州杭州等领跌城市已止跌	陆娅楠
	6月15日	绿色金融创新与环境司法保障论坛：用发展解决环境问题	陈文波
	7月14日	“世界砚都”拟申遗	王　帅
	7月25日	农民义举十年后 温州至今仍传颂 商丘好人 感动双城	龚金星
	7月30日	侨界留守儿童微电影浙江瑞安开拍 盼引起社会关爱	浙江侨联
	8月3日	温州探索水源地保护新模式	王　浩
	8月10日	“简政放权”助力温州迈入“创时代”	黄丹青
	9月18日	浙江文成在意设立调解委员会	中新网
	9月30日	网络公益，让爱穿越时空	谢　雨
	11月3日	温州建立农村基层作风巡查制度 监督哨直抵第一线	江　琳
	11月18日	浙江平阳 发展有了“动车组”	赵　兵
	12月14日	在京台生座谈青年创业	任成琦
	12月19日	以友善驱散冬日的寒意	李浩燃
	12月28日	温州瓯海区整治“三不”村支书	孟祥夫
中央电视台	1月2日	上海外滩跨年踩踏事件追踪：两温州女护士现场救助受伤人员	
	1月5日	浙江温州：立人集团非法吸收公众存款案一审宣判	
	1月29日	全面深化改革一年来：民营银行纷纷亮相 金融活力迸发	
	2月22日	新闻直播间《行进中国·精彩故事》	
	2月28日	浙江温州：善款转捐再转捐 爱心叠加传佳话	
	3月1日	浙江：最美风景是文明	
	3月6日	《春天的脚步》古村忙春耕 炊烟系乡愁	
	3月6日	浙江：女司机驾车坠河 热心群众奋勇相救	
	3月7日	春到楠溪江 好竹千竿翠	
	3月19日	蒙面持枪绑架勒索150万 乐清警方30小时速破大案	
	3月21日	温州民商银行正式获准开业	
	3月26日	温州民商银行开业 定位服务小微企业	
	4月26日	尼泊尔温州摄影采风团 全员平安今天返温	
	5月1日	浙江瑞安：17岁少女跳河 警民联手下水救人	
	5月7日	温州喀什警方接力寻亲 维吾尔族父子离散16年后再相逢	
	5月14日	《远方的家》江河万里行 楠溪江 别样温州 自在楠溪	
	6月10日	法治在线——超市“硕鼠”报道鹿城公安分局蒲鞋市派出所	
	6月13日	浙江温州：老乡被抓 男子酒后冒充警察“捞人”	
	6月19日	中华龙舟大赛—温州站 比赛直播	
	6月22日	温州：“猎狐2015”行动抓获首名境外逃犯	
	6月22日	洞头鸟岛上“万鸥齐飞”景象重现	
	6月26日	民营银行设立进入常态 金融服务实体能力增强	
	7月10日	防范风险 工人紧急加固堤坝	

续表

媒　体	日　期	标　题	作　者
中央电视台	7月24日	温州：警方抓获2名暴恐分子 查获爆炸物及刀具等凶器	
	8月9日	温州平阳多个乡镇被淹 武警冲锋舟加入救援	
	8月10日	浙江平阳："苏迪罗"影响东部沿海——带来暴雨山洪	
	8月17日	贯彻落实总书记重要指示：采取有力措施 确保安全生产	
	8月29日	浙江温州：消防员飞身一踹 勇救轻生女	
	9月7日	老兵看阅兵·浙江乐清 老游击队员：看阅兵 忆战友	
	9月28日	首届亚洲国际青年微电影展：青年交流盛会 推动国际合作	
	10月15日	浙江瑞安：休渔期结束海鲜量多价实惠	
	10月17日	浙江水岸齐抓 促协调发展	
	11月1日	温州海关首次在入境邮件中查获活体蜥蜴	
	11月25日	《温州两家人》将在央视开播	
	12月4日	国家宪法日暨全国法制宣传日	
新华社	1月4日	温州首开"民间融资备案"罚单	吕　昂
	1月5日	温州立人集团近50亿元特大非法吸存案获罪	张和平
	1月7日	温州400多个爱心亭免费"施粥、茶"温暖人心	张和平
	1月15日	温州：线路迁改助侨民拓宽家乡路	胡作华
	1月25日	温州民商银行八大股东首次亮相	陈晓波
	1月27日	温州民商银行召开创立大会 做"两小"群体综合金融服务商	张和平
	2月19日	《温州两家人》续写温州传奇	张和平
	2月26日	温州向市县领导班子"开刀" 铲除机关作风效能弊根	张和平
	3月1日	温州：告别"脏乱差"嬗变"文明之都"	张和平
	3月2日	温州交行被评为2014年度市直单位考核优胜单位	胜　武
	3月4日	向"四不"宣战"动手术"治官	张和平
	3月5日	国家批准支持建设"海峡两岸民营经济创新发展示范区"	张和平
	3月10日	郑雪君代表：立法法修订圆了温州人20多年的梦	潘　洁
	3月20日	温州民商银行获准开业 民营银行筹建步伐加快	李延霞
	3月22日	强制备案重拾民间信用 15省份试点借鉴复制温州经验	张和平
	3月22日	中国首个金融综改区创新民间借贷"备案制"效益初显	张和平
	3月26日	温州民商银行正式开业 股东面对挑战信心满满	张和平
	3月26日	温州金改三年创出"十个第一"	张和平
	3月27日	央行同意实施温州金改新12条	张和平
	3月28日	温州民商银行开业	张和平
	4月16日	温州市首创"防汛防台抗旱新闻发布制"	张和平
	4月29日	"温州台湾中小企业园区"落地建成	张和平
	4月30日	金改三周年 温州"双十条政策工具箱"效应日益显著	张和平
	5月15日	温州市苍南县2名外逃涉贪村干部被检方成功劝返	张和平
	5月21日	温州抛重金"买"人才 最高资助1亿元	张和平
	6月4日	浙江瑞安向东海放流鱼苗290万尾	庄颖昶
	6月7日	全国第二单国家创新型债券"永续债"15亿元花落温州	张和平
	6月20日	中华龙舟大赛温州站鸣金 破吉尼斯纪录庆端午	张和平
	6月22日	"四色"主导 浙江平阳走出特色旅游发展之路	王　婵
	7月13日	浙江温州：严阵以待迎"灿鸿"	韩传号
	7月22日	傲视千亿：中国电器之都巡礼	张和平

续表

媒体	日期	标题	作者
	7月22日	乐清：山海形胜处 敢为天下先	张和平
	7月23日	鹿城：荒地变身滨水公园	黄宇慧
	7月23日	泰顺获评全省“无违建县”先进	郭乐燕
	7月23日	保护“大水缸”推行“1+X”政策，护水扶民齐头并进	黄 筱
	7月24日	温州市公安机关成功抓获暴恐团伙成员	方 列
	7月28日	温州瓯海乡村运动激战酣	苏巧将
	7月29日	鹿城：全面启动餐桌安全治理行动三年计划	张和平
	7月30日	平阳：开展大学生暑期食品安全宣传社会实践活动	韩冰玉
	7月31日	平阳：以技术为支撑构筑食品安全防火墙	韩冰玉
	8月4日	国务院批准温州市洞头县撤县设区	张和平
	8月11日	温州“送教下乡”给山里孩子过别样暑假	金叶叶
	8月13日	温州台风救灾：民间公益飞机首次空投食品救助300灾民	张和平
	8月27日	温州路政开展“两路两侧”整治行动	刘晓华
	9月15日	瑞安市古今交融展示非物质文化遗产献爱心	张和平
	9月16日	东海开渔 瑞安渔船出海	庄颖昶
	9月16日	《温州市民间融资管理条例》实施一年半来渐显成效	吕 昂
	9月18日	浙江温州加快电网建设助推经济转型升级	徐 昱
	9月20日	浙江温州人大首次对政府融资项目进行表决	岳德亮
	9月23日	首届亚洲国际(温州)青年微电影展在温举行	张和平
	9月24日	浙江瑞安：山村秋日美如画	庄颖昶
	9月24日	温州：非遗项目展演迎中秋	苏巧将
新华社	9月24日	温州市率先探索由派出所“办护照”	张和平
	9月28日	温州四套班子领导今日起取消休假 黄色预警御超强台风	张和平
	10月13日	温州广电与韩国第四大电视台签署合作协议	姚琪琳
	10月22日	温州经济运行首次“破8”超全省平均水平	张和平
	10月25日	逆境重生：温州经济走出困境	张和平
	10月25日	温州经济运行4年来首次破8对全国有借鉴意义	张和平
	11月5日	温州将首次举办创业创新博览会 引领“双创”推动就业	张和平
	11月5日	平阳昆阳镇环卫工人当“评委”选出“最美店家”	郭锦秀
	11月9日	温州将举行“2015国际时尚消费博览会”	张和平
	11月10日	浙江温州桥头镇：留住乡愁 菇溪河重返绿水清波	王 婵
	11月10日	温州喜迎“创二代”背着高学历扛着高科技	苏 萍
	11月10日	温州出台新规：企业破产可上网拍卖不动产	张和平
	11月11日	温州“助创”政策及时雨 企业直呼“遇上好光景”	苏 萍
	11月13日	温州重审“浙江第一村官贪污案”追缴赃款近1亿	张和平
	11月13日	“国际时尚博览会”在温州开幕 美国本土品牌入驻	张和平
	11月19日	中日韩文化交流论坛：合作发展中日韩时尚文创产业	张和平
	11月25日	海内外人才与企业“相亲”	张 睿
	12月2日	浙江将着力打造文学美术影视三大文艺重镇	冯 源
	12月9日	打造网络经济新生态圈	杨 锋
	12月10日	看万山红遍，层林尽染 温州泰顺“红枫”最近美爆了	柳雅娃
	12月10日	温州：27万个“红色细胞”关爱139万群众	张和平
	12月12日	温州交警无“微”不至 让群众多走网路、少走马路	张和平

续表

媒　体	日　期	标　题	作　者
新华社	12月20日	续写温商故事 电视剧《温州两家人》引起专家关注研讨	隋笑飞
	12月21日	何杜娟变恋爱大师《温州两家人》搞定黄小威	蒋　波
	12月24日	温州民间融资综合利率指数已覆盖全国46城	胡　旭
	12月26日	金温铁路今日开通 首趟发车温州——杭州	张和平
《光明日报》	1月4日	浙江温州编制我国首个民办教育发展路径规划	陆　健
	1月6日	温州：保护“大水缸”的艰难取舍	崔银帅
	1月21日	温州：一个爱讲寓言的城市	陆　健
	1月26日	温州试行公立医院所有制改革	陆　健
	2月11日	温州一小步 中国一大步	苑　利
	2月16日	合唱：温州的文化名片	陆　健
	2月26日	温州医联体模式探路分级诊疗	陆　健
	3月5日	温州医科大学校长瞿佳代表：尽快制定“遗体捐献法”	陆　健
	3月13日	浙江温州市市长陈金彪代表：推动政府职能转移	陆　健
	4月20日	温州成立首个农村社区共建理事会	陆　健
	5月1日	温州：一个爱讲寓言的城市	陆　健
	5月13日	温州推行专利服务券扶持小微企业	陆　健
	5月20日	学院式传承让老手艺重放异彩	陆　健
	5月22日	温州，相约“城市书房”	陆　健
	6月8日	浙江苍南：向“鱼仓闹鱼荒”宣战	陆　健
	6月15日	把好故事讲到宗教场所—记温州晚报郑雪君	陆　健
	7月16日	两岸大学生携手温州绽放创意之花	陆　健
	7月31日	瓯海推行多证合一登记制	陆　健
	8月13日	乐清开建百亿现代服务业项目	陆　健
	8月28日	浙江温州：3万大学生下乡“点亮”青春	陆　健
	9月9日	温州苍南：改造古镇历史街区	苏巧将
	9月17日	温州现国内首家支付宝菜场	陆　健
	9月21日	浙江温州诞生全国首家农村“三位一体”公司	陆　健
	9月25日	首届亚洲国际（温州）青年微电影展启幕	陆　健
	10月13日	业委会首次以独立法人资格起诉开发商	陆　健
	10月27日	温州郑振铎纪念馆开馆	陆　健
	10月27日	浙江温州：开建道德馆 弘扬崇德向善正能量	陆　健
	10月27日	温州不良贷款三年来首次“双降”	陆　健
	10月30日	第二届全国夏承焘学术研讨会举办	陆　健
	11月12日	温州企业破产可网上拍卖财产	陆　健
	11月27日	瓯海“百团”攻坚兴实体经济	陆　健
	12月7日	龙湾小农水利建设忙	刘　军
	12月12日	台湾青年创业就业座谈交流会召开	任　欢
	12月20日	瓯海认定首批15家经营民宿	陈飞静
	12月20日	浙江温州：推行“管家式”知识产权托管服务	陆　健
	12月24日	瓯海首推“农民资产授托代管融资”	苗　露
	12月24日	温州：去“城市书房”享受阅读乐趣	陆　健
	12月27日	温州86家“爱心驿站”抱团做公益	陆　健

续表

媒体	日期	标题	作者
《经济日报》	1月14日	温州五水共治 打造浙南都市水乡	张玫
	1月28日	股东陆续确定、定位小微融资 温州民商银行成立在即	张玫
	2月9日	加大处置力度 浙江温州多措并举化解不良贷款	张玫
	2月12日	温州设立小微企业信保基金	张玫
	3月31日	浙江温州：示范区助力两岸民营经济合作	张玫
	4月12日	温州买服务转职能 政府不该管的坚决交给社会	张玫
	5月8日	以回报慰乡愁	张玫
	5月8日	"能人"村官能否当好致富"领头羊"？	张玫
	5月13日	温州银行业促降企业融资成本 降利率减流程调权限	张玫
	5月25日	温州银行业总资产破1.1万亿元	张玫
	5月26日	温州实施"人才新政十条"	张玫
	5月31日	"善行天下"看温州	张玫
	6月9日	温州今年将发15亿元"永续债"	张玫
	7月13日	"温州版"机器换人重在更新思维：一切从实际出发	张玫
	7月14日	温州口岸进口食品量年增30% 上半年进口饮料增长13倍	张玫
	7月30日	温州：1至5月，单位工业增加值能耗同比下降6.9%	张玫
	8月5日	温州企业民营经济活跃 竞相布局海外大市场	张玫
	8月10日	国贸"纸黄金"给力"温州制造"	张玫
	8月12日	遇到难事到微信群喊邻居帮忙已成为常态	张玫
	8月18日	跨境电商成温州外贸增长新引擎	张玫
	8月20日	温州派出919名机关干部进村挂职	张玫
	8月21日	浙江温州设立关爱 抗战老兵慈善基金	张玫
	8月31日	温州城区农商银行转型发展初见效	张玫
	9月28日	亚洲国际青年微电影展落户温州	张玫
	10月11日	温州：给互联网注入爱的力量	张玫
	10月27日	浙江温州南麂列岛被誉为海洋贝藻基因库和天然博物馆	张玫
	10月29日	温州建设道德馆——让"最美"变成一道亮丽风景	张玫
	11月8日	互动开启新模式	张玫
	11月8日	台商：两岸互动开启新模式 苍南成为投资新热土	张玫
	11月10日	浙江温州：实体经济态势强劲	张玫
	11月16日	温州推行"新青年下乡"志愿服务接力助民	张玫
	12月3日	温州推出农民资产授托代管融资	张玫
《中华工商时报》	1月5日	温州首开"民间融资备案"罚单	叶正积
	1月6日	从假冒伪劣横行到全国质量强市示范城市	叶正积
	1月12日	从致力"有形市场"到大搞"无形市场"	叶正积
	1月12日	再出发 温州市工商联与浙大合作研究"温州商会"	叶正积
	1月28日	温州民商银行筹建创立	张小媚 叶正积
	2月4日	温州知识产权质押贷开辟融资新渠道	银信 叶正积
	2月11日	中国银行的管理机制是否欠缺	叶正积
	3月2日	温州力抓温商"三大回归"	叶正积
	3月3日	温州"四助一赈"慈善走全国	叶正积
	3月3日	温州国际文创产业势头强劲	叶正积
	3月4日	温州推出农民社会养老贷款产品	银信 叶正积

1. 2015 年 4 月 9 日，德国中学生学习瓯剧　　赵　用／摄
2. 南戏博物馆，传承戏剧文化（组照获第 17 届《温州年鉴》“菱华奖”铜奖）　　赵　用／摄

金 钢/摄

1. 2015 年 8 月 6 日，温州市纪念“抗战胜利 70 周年”音乐会（组照获第 17 届《温州年鉴》“菱华奖”优秀奖）
2. 2015 年 9 月 9 日，温州市第 12 届城市社区舞蹈比赛
3. 2015 年 9 月 26 日，首届亚洲国际（温州）青年微电影展颁奖典礼
4. 2015 年 11 月 14 日，温州市最具特色的摄影大赛颁奖礼

梅祖芯 / 摄

梅祖芯 / 摄

王寨珍 / 摄

赵　用 / 摄

续表

媒体	日期	标题	作者
	3月6日	“艺术大使”墨芳斋	叶正积
	3月27日	温州民商银行开业	叶正积
	3月31日	温州出台金改“新十二条”	叶正积
	3月31日	温州“攻坚”脱困	叶正积
	4月9日	温州瓯海区网络经济促进会成立	叶正积
	4月13日	苍南县工商联：南存辉作专题讲座传达两会精神	叶正积
	4月22日	温州银行获批发行小微企业专项金融债	银信 叶正积
	4月27日	金华市工商联：组团赴温州市瓯海区工商联取经	叶正积
	5月11日	温州瓯海区工商联“暖心助企”显成效	叶正积
	5月15日	草根文艺活跃民间闻名遐迩	李启乐 叶正积
	5月18日	一个工商联主席的责任与使命——记温州市工商联主席王振滔	叶正积
	5月21日	温州农行百亿信贷额度助温商	银信 叶正积
	5月22日	温州拿出千万巨奖揽才	叶正积
	5月26日	温州举办进口商品展览会	叶正积
	6月8日	温州市工商联聚焦五大中心工作	叶正积
	6月9日	温州举大力发展通用航空产业	叶正积
	6月12日	温州表彰奖励规范化行业协会商会	叶正积
	6月23日	正泰集团开设文化大讲堂	叶正积
	6月25日	奥康再获“中国真皮领先鞋王”称号	朱文俊 叶正积
《中华工商时报》	6月29日	温州瓯海区工商联：多管齐下服务民营企业	叶正积
	6月30日	温州启动建设创新发展示范区	叶正积
	7月7日	守法诚信：森马年净利超10亿的秘诀	叶正积
	8月6日	王振滔：站在“风口”的逐梦人	童芬芬
	8月19日	南存辉为质量诚信怒斥高管	叶正积
	8月19日	温州银行业“加减乘除”法促贸易发展	银信 叶正积
	8月24日	温州瓯海区工商联：非公经济人士研修班开班	叶正积
	8月31日	温州纺织品商会获2亿元授信	叶正积
	9月16日	温州民商银行开业四个月显露成效	银信 叶正积
	10月9日	南存辉谈随习近平主席访美感受	叶正积
	10月23日	温州金融风波4年后经济再奏凯歌	叶正积
	10月27日	温州开工建设道德馆	叶正积
	10月28日	温州社区银行网点建设显特色	银信 叶正积
	10月29日	奥康首度发布全球供应商“招募令”	陈瑞仪 叶正积
	10月20日	温州市瓯海区工商联：“扶工助企”出实招	叶正积
	11月16日	温州将举办创新创业博览会	叶正积
	11月18日	温州将办首届“双创”博览会	叶正积
	11月18日	温州打造银税合作机制助小微企业	银信 叶正积
	11月25日	《温州两家人》演绎“双创”	叶正积
	11月30日	丰富会务活动助企业“赶超发展”	叶正积

（徐亦子　编辑）

卫　生

综　述

概况　2015年，温州市医疗卫生机构5567家。其中公立医院46家，民办医院87家，疗养院1家，乡镇卫生院180家，社区卫生服务中心（站）453家，村卫生室2549家，门诊部294家，诊所、卫生所、医务室1871家，疾病预防控制中心12家，妇幼保健院（所、站）11家，急救中心（站）4家，采供血机构5家，卫生监督所12家，医学在职培训机构2家，临床检验中心（所、站）2家，其他机构41家。卫生人员总数70107人，卫技人员56812人，其中执业（助理）医师24290人，注册护士22028人。每千人口卫技人员（户籍）7.01人，每千人口执业（助理）医师（户籍）3.00人，每千人口注册护士（户籍）2.72人。医疗机构床位总数35182张，每千人口床位（户籍）4.34张。全市人均期望寿命80.68岁，甲、乙类传染病发病率162.41/10万，孕产妇死亡率4.07/10万，5岁以下儿童死亡率3.62‰，婴儿死亡率2.66‰。全市医疗机构诊疗6921.8万人次，住院94.6万人次。门诊病人人均医疗费用152.80元，住院病人人均医疗费用11074.4元。全市农村累计改水受益人口684.67万人，累计受益率99.62%，其中自来水受益率98.72%。农村家庭使用卫生厕所186.23万户，卫生厕所普及率96.39%。

诊疗服务信息化　2015年，温州市建成全省首个地市级诊疗数据一级交换平台，304家公立医疗机构可调阅省市级医院两年内诊疗数据，项目入围浙江省年度卫生计生10件实事。区域影像中心远程诊疗101.20万人次，心电中心远程诊疗11.70万人次。建成区域智慧健康手机APP平台，向市民提供58家医院预约挂号、医疗信息查询、公共卫生信息查询服务，实现手机端银联与支付宝结算医疗费用，其中13家省、市、县级医院提供医院个性化功能服务，以“互联网+”方式实现诊前、诊中、诊后信息惠民服务。联合预约挂号平台预约量415万人次。9家省、市级医院配备802台自助服务机。

卫生规划与建设

卫生机构基本建设　2015年，温州市本级卫生建设项目完成投资5.54亿元，完成率100.33%。市中医院新院一期、市妇幼保健院综合大楼、市应急医疗救援后勤保障基地、市中心医院临时医疗用房投入使用，市人民医院娄桥新院、温州护士学校、市中西医结合医院配套综合楼、市中心血站迁建工程进入装修阶段，市第七人民医院新院区、市中医院二期进入地下室施工阶段。县级医院建设项目完成投资10亿元，完成率106.65%。洞头县人民医院、乐清市第二人民医院投入使用，瑞安市人民医院瑞祥分院、苍南县人民医院、平阳县人民医院进入装修阶段，鹿城区人民医院、泰顺县中医院、永嘉县人民医院急诊综合楼、永嘉县中医院医疗综合楼、苍南县第三人民医院结顶，龙湾区第一人民医院、乐清市人民医院进入地下室施工阶段。

药品药械招标采购　2015年，温州市公立医院网上药品采购81.7亿元，到货71.17亿元，到货率87.10%。其中省级医院采购27.3亿元，市级医院采购11.55亿元，县级医院采购31.78亿元，基层医疗机构采购10.12亿元。医用耗材采购由市级平台逐步向省级平台过渡，全市医疗机构医用耗材网上采购7.7亿元，其中市级平台网上采购4.25亿元，省级平台网上采购3.45亿元。医疗设备集中采购345项，中标1.05亿元。

卫生监督执法

卫生监督检查　2015年，温州市卫生监督部门出动执法人员6.62万人次，监督检查各类单位2.77万户次，依法查处各类卫生违法行为1156件，警告547户次，罚（没）款569.5万元。其中，监督检查各类医疗机构5067户次，查处存在违法行为的医疗机构322户，罚（没）款137.98万元，吊销“医疗机构执业许可证”2家，吊销“医师执业证书”1人，暂停医师执业活动8人。监督检查供水单位958户次，采集水源水、出厂水、管网末梢水水样634份，抽检合格率93.1%；采集二次供水水样170份，合格率95.2%。创成省A级集中式供水单位20家。监督检查餐饮具集中消毒经营企业33家，电子监控安装率100%。监督检查公共场所“四小”行业营业点522家，创成市区“四小”卫生示范店195家。监督检查游泳场所181家，合格124家，立案57家，罚款23.7万元；抽检人工游泳池243户次，监测水样564份，水质抽检覆盖率100%。监督检查学校1235家。执法案件“胡某伪造公共场所卫生许可证擅自从事住宿服务案”被评为全国卫生计生监督执法优秀案例，“顺生大酒店有限公司游泳池卫生质量不符合国家卫生标准案”入选浙江省卫生计生监督执法十大案件。

卫生监督执法体系建设 2015年，温州市建设卫生监督协管工作站208个，创成基层医疗卫生机构卫生监督协管示范点91家。聘请卫生监督协管员600名，专职协管员40名。举办卫生监督培训8次，培训基层监督员550人次。

打击非法行医 2015年，温州市取缔无证诊所320户次，行政处罚无证行医窝点209个，罚（没）款226.54万元，移送公安机关并追究刑事责任35人。查处“两非”案件127件，结案100件，处理101人，罚（没）款88.47万元，刑事处罚30人，吊销“医师执业证书”1人。

卫生监督量化管理 2015年，温州市对11173家公共场所实施量化分级管理，其中住宿场所量化分级率100%，游泳场所量化分级率100%，沐浴场所量化分级率83.38%，美容美发场所量化分级率75.34%。

基层卫生

基层卫生服务体系建设 2015年，温州市创成国家级群众满意乡镇卫生院9家，甲等乡镇卫生院6家，乙等乡镇卫生院33家。全市实行紧密型一体化管理村卫生室（社区卫生服务站）2457家，基本型、紧密型一体化管理率分别为100%和84.82%。

优质医疗资源服务基层 2015年，温州市成立34个医联体（医疗集团），涵盖163家医疗机构，乡镇卫生院设立专家门诊106个，26个乡镇卫生院和县级医院建立联合病房，开设床位2064张。医务人员下派基层服务时间3.3万天，实现城市优质医疗资源下沉全覆盖。1109名医生开展“千名主任医师进社区”多点执业活动，全市副高以上职称医师参与率45.4%。开展责任医生签约服务，全市户籍人口规范签约率15.26%。

国家基本药物制度实施 2015年，温州市级医院基本药物采购1.85亿元，县级医院基本药物采购7.30亿元，基层医疗机构基本药物采购5.97亿元。全市所有政府举办的基层医疗卫生机构实施基本药物制度，实行零差率销售。

疾病预防控制

传染病监测治疗 2015年，温州市报告法定传染病27种36938例，总报告发病率401.93/10万，发病率比上年下降48.2%。全市318家传染病诊疗机构报告网络运行正常，传染病报告及时率99.98%。设置国家级艾滋病监测哨点12个，累计艾滋病抗病毒治疗1975例，自愿咨询检测（VCT）点并免费检测人类免疫缺陷病毒（HIV）10212人次。急性传染病未出现暴发疫情。报告人感染H7N9病例9例。各县（市、区）全部达到消除疟疾目标。登记治疗活动性肺结核患者4250例，新涂阳肺结核患者治愈1265例，治愈率89.46%。手足口病发病率197.95/10万，为历年最低。创成省级慢病综合防控示范区11个，创成第二批“医防整合规范化”医院15家。建成免费健康小屋自助检测点125个。

疾病管理治疗 2015年，温州市规范管理高血压病人50.98万人、规范管理糖尿病人15.01万人。累计检出重性精神障碍患者3.61万人，检出率3.83‰。全市累计建立城乡居民电子健康档案688.60万人份，建档率89.77%。糖尿病发病率475.55/10万，恶性肿瘤发病率285.70/10万，脑卒中发病率291/10万。美沙酮累计登记治疗人数8889人，收住自愿住院病人403人，临床戒断率、好转率均90%。窝沟封闭学生6.65万人，封闭率98.06%。

疫苗接种率 2015年，温州市卡介苗接种率99.82%，乙肝疫苗接种率99.68%，脊灰疫苗接种率99.56%，百白破疫苗接种率99.48%，麻疹疫苗接种率99.67%，甲肝疫苗接种率99.58%，乙脑疫苗接种率99.36%，流脑疫苗接种率99.27%。

职业病与健康因素监测 2015年，温州市诊断尘肺病46例、职业中毒与其他病11例，职业病报告正确率、及时率、审核率均100%。检测存在职业病危害因素单位20家。检测医院放射场所40家。监测公共场所微小气候及集中空调通风系统31家。采集监测安全风险食品9912份，任务完成率108.33%。

卫生应急

急救机构和应急体系建设 2015年，温州市院前急救网络站点83个，文成县新增1个。全市救护车164辆，其中新增18辆。组建市级卫生应急机动队16支432人，县级39支1035人。组建卫生民兵队1支338人。有市级应急预案128个，新编5个，修订19个；县级预案257个，修订69个。全市呼吸机应急储备数量68台，其中有创50台，无创18台。市卫计委独立设置卫生应急办公室，与市级各部门建立卫生应急联防联控机制。升级温州卫生应急指挥辅助指挥决策系统，基本实现视频会商、远程指挥、卫生资源查询、数据库等功能。

卫生应急示范基地创建 2015年，温州市鹿城区、龙湾区、永嘉县、文成县、平阳县、泰顺县创成“浙江省卫生应急工作示范县（市、区）”，洞头区通过现场评估。创成市级卫生应急工作示范镇（街道）68个。

卫生应急救援 2015年，温州市卫生应急部门出车9.07万次，救治病人7.78万人次。参与H7N9应急小组转运2起，执行长途转院任务20次，参与医疗保障任务54起，保障天数125天，出动车辆144车次，出动医护人员309人次。

应急培训演练 2015年，温州市级开展各类卫生应急演练59场，其中自然灾害类20场、事故灾难类27场、公共卫生类9场、社会安全类3场。县级举办各类演练121场，各类培训268场，受训2.14万人。发放各类宣传资料185.4万份。

突发公共卫生事件处置 2015年，温州市应对“灿鸿”“苏迪罗”等台风自然灾害，出动应急队伍680人次，医疗机构接诊受伤人员312人，下拨漂白粉15吨，漂精片4.33吨，泡腾片1914.4千克，高氯·毒死蜱乳油500千克，外环境消杀面积累计50平方公里，确保灾后不发生疫病流行。全年全市报告突发公共卫生事件1起，为鹿城区诺如病毒感染性腹泻事件，报告发病数56例，未出现死亡病例报告。

妇幼保健

妇幼保健服务体系建设 2015年，温州市妇幼保健院综合大楼投入使用，建筑面积4.08万平方米，新建妇产科和新生儿科床位450张。全市创建孕产妇保健规范化门诊131家，创建率93.57%；创建儿童保健规范化门诊134家，创建率95.71%。创建市级孕产妇保健示范门诊6家、市级儿童保健示范门诊7家。通过国家验收授牌爱婴医院38家。

妇幼公共卫生服务 2015年，温州市完成宫颈癌筛查8.53万例，乳腺癌筛查2.58万例，发现宫颈癌阳性病例26例，乳腺癌13例。农村孕产妇住院分娩补助3.98万人，叶酸服用人数5.77万人。孕产妇艾滋病、梅毒和乙肝检测率100%，发现艾滋病阳性个案31例，终止妊娠10例，药物干预20例，新生儿药物干预率100%；梅毒孕产妇规范治疗率93.54%，新生儿规范治疗率85.97%；新生儿乙肝免疫球蛋白注射率99.95%。免费婚检8.73万人，婚检率93.87%，疾病检出率15.91%。

母婴健康工程 2015年，温州市抢救危重孕产妇1059例，抢救成功率99.44%。产前筛查7.85万例，筛查率81.85%，发现高风险孕产妇4597例，高风险发生率5.86%。新生儿遗传代谢病筛查10.05万例，筛查率99.33%；新生儿听力筛查11.52万例，筛查率99.72%。确诊遗传代谢病183例、听力异常374例。分娩现场新生儿窒息死亡率0.26/万人。

妇幼保健管理 2015年，温州市孕妇建册14.49万人，产前检查62.40万人次，住院分娩11.53万人，产后访视11.86万人次，重度高危随访1.41万人次。儿童建册16.46万人，儿童体检53.13万人次，新生儿访视率98.23%，0～3岁儿童系管率95.53%，血红蛋白检测率92.37%。国免优生项目检查5.44万人，检测率89.81%，全省国免项目实验室室间质评全优。检查孕前保健人群1.17万人，开展优生健康教育1.84万人次，接受健康咨询1.42万人次，开展早孕随访1.35万人次，妊娠结局随访2049人次。全市签发出生证12.26万份。

爱国卫生

国家卫生城市创建 2015年3月24日，温州市被全国爱国卫生运动委员会正式命名为国家卫生城市。全市城市污水处理率92.8%。改造和提升垃圾中转站27座，市区垃圾无害化处理率100%。改造城区农贸市场64个，提升小菜场113个。小餐饮持证率97.53%。“四小”营业点持证率99.42%，创成卫生示范店108家。

基层卫生创建 2015年，温州市创成省级卫生街道8个、省级卫生乡镇7个、省级卫生村26个、省级卫生先进单位16家。通过复评省级卫生乡镇1个、省级卫生村29个、省级卫生先进单位73家。创成市级卫生街道13个、市级卫生乡镇5个、市级卫生村146个、市级卫生先进单位66家。重新确认市级卫生乡镇1个、市级卫生村26个、市级卫生先进单位10家。

城乡环境卫生整治 2015年，温州市组织第27个爱国卫生月活动，开展宣传活动445次，悬挂横幅222条，举办专题讲座108场，印发宣传资料25万余份。清理小广告20万余处，清理卫生死角9160处，清除垃圾4.37万吨。

灭四害先进城区创建 2015年，温州市区通过省级灭鼠先进城区复查；乐清市创成省级灭蚊、灭蝇先进城区，平阳县创成市级灭蚊先进城区，永嘉县、泰顺县通过市级灭鼠、灭蟑复评。

健康促进 2015年，温州市创成浙江省健康促进学校金牌单位5家，银牌单位20家；创成浙江省健康促进医院11家、温州市健康促进医院33家；创成健身步道8条、健康食堂35个、健康主题公园5个。开展“万人千场”健康巡讲活动，举办健康素养讲座3683场，受益22.58万人次。开展无烟生活主题宣传活动150场，受益3.39万人次。创成省市级无烟单位200家。

医政管理

公立医院改革 2015年，温州市列入第三批国家城市公立医院改革试点城市。市政府出台《关于建立疾病应急救助制度的实施意见》。全年全市公立医院（包括温州医科大学附属医院）总诊疗2825.42万人次，出院病人78.69万人次；门诊均次费用233.31元，住院均次费用1.18万元。开展改善医疗服务行动计划，三级医院开放优质护理服务病房187个，34家县级以上医院开展临床路径管理，试点病种587个，入径2.75万例。市级医院专家门诊预约就诊比例45.52%。开展药品集中自主采购，第一批84个药品采购价格下降7.3%，让利患者30%。8家医院开展按病种付费方式改革。

医疗质量管理 2015年，温州市卫计委修订和完善9个专业质控标准和评价办法，开展专业质控质量检查46次，检查医疗机构497家次，召开医疗质量控制培训36场次。

医疗秩序维护 2015年，温州市二级以上医院设立警务室23家，设置应急报警装置23家，与公安机关联网22家。全市发生严重扰乱医疗秩序事件18件，发生伤害医务人员犯罪案件8件，伤害医务人员16名，公安出警1069次，查处治安案件8件，治安处罚16人，刑事立案9起，破获刑事案件1件，刑事拘留1人。全市参加医疗责任保险医疗机构488家。医疗纠纷人民调解委员会受理356起，调解成功339起，调解成功率95.22%。

血液管理 2015年，温州市无偿献血8.76万人次，比上年增长1.36%，自愿无偿献血率100%。其中，捐献全血8.02万人次，同比增长0.63%，采集全血量2.33万升，同比增长1.57%；捐献血小板7482人次，同比增长9.96%；采集血小板量8368个治疗量，同比增长18.21%。千人口献血率9.67‰，同比增长0.15个千分点。临床用血总量5.34万升，同比增长1.78%，临床用血100%来自无偿献血。核酸检测标本量6.95万份，检出HBV核酸阳性90份，检测阳性率0.13%。

2015 年 11 月 25 日，在温州市区第一桥路口，一座新型的移动献血屋替代了原先的献血大巴 杨冰杰 / 摄

社会办医

社会资本办医项目 2015 年，温州市新签约社会资本办医项目 11 个，协议引进资本 35 亿元，完成投资 10.55 亿元。累计引进社会资本办医项目 62 个，协议引进资本近 98 亿元。建成开业 37 家，累计完成投资 27.12 亿元。温州市国际医学诊疗中心、温州养老养生康复城、雁荡山医养结合中心项目落地。

民营医院改革发展 2015 年，温州市启动公立医院混合所有制改革，市中医院与上海复星医院投资（集团）有限公司合作建立温州老年病医院。温州康宁医院行为医学与温州和平整形医院皮肤病学入选浙江省民营医院特色学科建设单位。民营医院进入资本市场，11 月 20 日，温州康宁医院股份有限公司在香港联合交易所主板上市，股票代码 2120.HK，此为温州首家香港上市公司。

中医药管理

中医医疗管理 2015 年，温州市中医院成立市中医医疗集团，市中西医结合医院与龙湾区第一人民医院、龙湾区人民医院建立紧密型合作关系，苍南县中医院与 3 家乡镇卫生院建立医联体。全市建成浙江省中医药适宜技术推广示范基地 2 家，市级中医药适宜技术推广基地 11 家，基层卫生人员参加中医药适宜技术培训 4500 人。建立名中医药专家传承工作室 30 个，结对继承人 58 人。全年中药饮片处方数 284.3 万张，金额 3.63 亿元，贴均费用 23.4 元，实现贴均费用控制目标 30 元。

基层中医药服务能力建设 2015 年，温州市 100% 的社区卫生服务中心、96% 的乡镇卫生院和 85% 的社区卫生服务站和村卫生室能够提供中医药服务。建成第一批中医药特色社区卫生服务中心（乡镇卫生院）27 家。

中医健康服务业 2015 年，温州市中医院建立中医药养生保健服务中心，与市人大、名城集团等联合推进中医药一条街建设。挖掘传统中医药文化资源，收集整理现存中医药文献及资料，新编《浙南草本》。市中医院百草园和中医药文化博物馆、叶同仁和乐清铁枫堂石斛等 3 家单位建设中医药养生旅游示范基地，发展中医药文化、医疗、养生保健旅游。

医教科研

医学学科建设 2015 年，温州市卫生系统申报省卫生医药科技项目 106 项，立项 17 项。局级课题立项 100 项，课题验收 76 项。新建第五轮市重点学科群 8 个，扶持学科群 4 个，重点学科 14 个，重点专科 8 个。瑞安市人民医院眼科成为浙南区域专病中心。

医教培训基地建设 2015 年，温州市 8 家县级医院住院医师规范化培训基地通过复评。其中，乐清市、瑞安市、平阳县、苍南县 4 家县级人民医院列入国家后备基地，51 个学科通过评审具有招生资格；洞头区、永嘉县、文成县、泰顺县级人民医院列入省级基地，保留全科和助理全科招生资格，组建住院医师规范化培训联合体。

卫技人才培养 2015 年，温州市住院医师规范化培训新招录住院医师 602 名。全年培训基层全科医生 5048 名，基层卫技人员培养 920 名。心电、放射、B 超、检验等岗位培训 211 人次。乡村医生培训 520 人次。定向培养农村社区医生 152 名，其中本科 114 名，专科 38 名。培养医疗“双鹰”“公卫 361”、急救“生命之星”人才 304 人次。

（黄旭礼）

（潘 智 编辑）

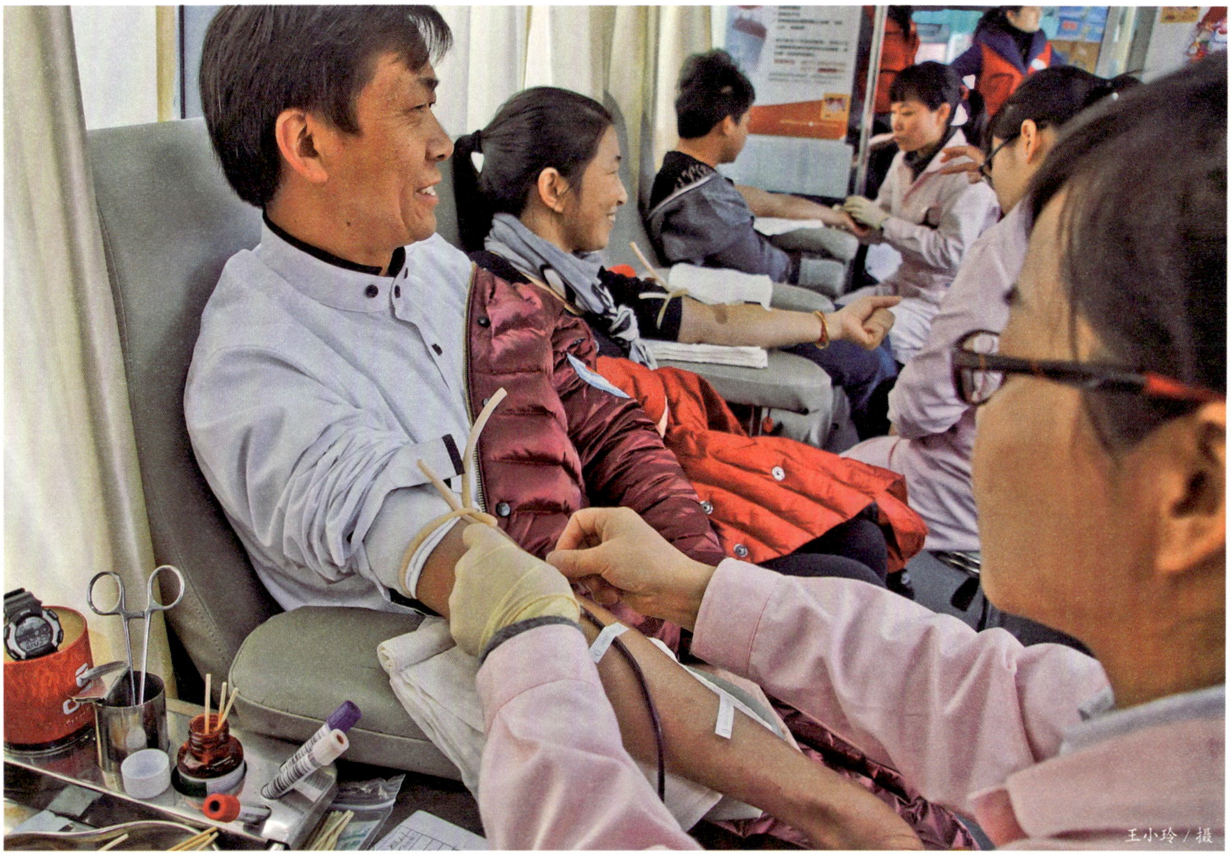

2015 年 2 月 1 日，市民无偿献血公益活动

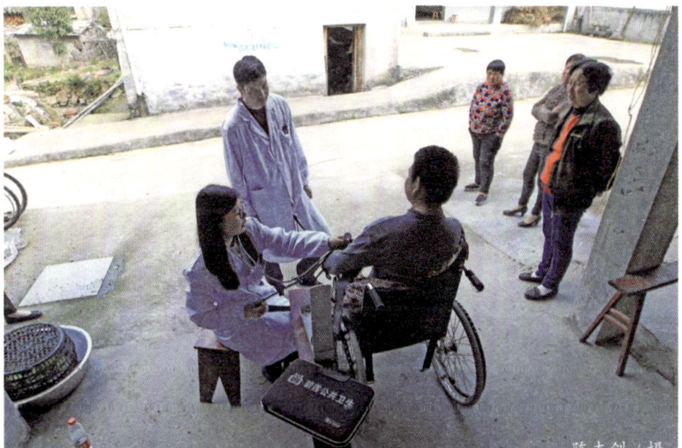

2015 年 12 月，流动医院进农村山区为群众服务

陈晓茜 / 摄

2015年6月19日，中华龙舟大赛（温州站）在温州市会昌湖水上公园举行

陈晓茜 / 摄

管新民 / 摄

管新民 / 摄

2015年“温州·奥体城杯” 2015“Wenzhou Olympic City Cup” Grandmaster Match
中国·温州国际象棋特级大师对抗赛
丁立人 VS
Ding Liren
盖尔凡德
丁立人
Ding Liren

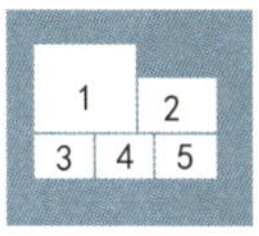

1. 2015 年 8 月 7 日，温州市举办“全民健身日”活动暨首届太极文化节
2. 2015 年 11 月 15 日，乐清市芙蓉镇黄金溪训练基地，“铁人三项”集训中
3. 2015 年 7 月 17 日，“温州 · 奥体城杯”中国 · 温州国际象棋特级大师对抗赛
4. 2015 年 7 月 24 日，泽雅乡村运动会（此图获第 17 届《温州年鉴》“菱华奖”银奖）
5. 2015 年 11 月 28 日，温州市首届三垟湿地冬泳邀请赛

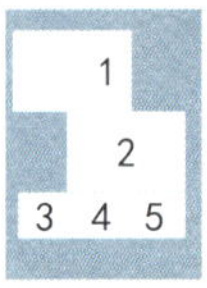

1. 2015年1月31日，武林王者争霸赛
2. 2015年5月22日，中国温州中国式摔跤国际锦标赛
3. 2015年11月1日，瓯海“千年纸山·快乐骑行”环泽雅湖自行车赛
4. 2015年12月6日，温州马拉松赛场
5. 2015年12月25日，2015中国体育舞蹈公开赛总决赛

组照获第17届《温州年鉴》“菱华奖”金奖　　管新民/摄

体　　育

综　　述

概况　2015年，温州市继续深化体育事业改革创新，提升基本公共体育服务水平，增强竞技体育竞争力，推进体育事业与体育产业健康协调发展。温籍运动员参加国际比赛，获世界冠军3个，获亚洲冠军3个。156名运动员参加全国首届青运会，获9金9银2铜。市代表团参加省第二届海洋运动会。参加省首届体育系统生态运动会，获篮球赛一等奖。全年体育彩票销量17.17亿元，居全省第二位。7月，获批成为浙江省唯一的国家体育产业工作联系点城市。

竞技体育

温籍运动员参加国际赛会　2015年，温籍运动员2名选手获3个世界冠军，其中贾芳芳分获第31届世界杯蹦床锦标赛女子单跳个人和团体项目世界冠军，丁立人获第十届世界国际象棋男子团体锦标赛团体项目世界冠军。6名选手获3个亚洲冠军，其中潘飞鸿获第16届亚洲赛艇锦标赛女轻双桨项目冠军，颜晓桦、张惟妙、许诗蓓、宣旭莲获女轻四桨项目世界冠军，朱启南获第13届亚洲射击锦标赛男子10米气步枪团体世界冠军。

组团参加首届全国青运会　2015年10月18日～27日，第一届全国青年运动会在福建省福州市举办，全国55个城市7959名运动员参加比赛。温州市组队参赛，13个大项的156运动员进入决赛，获金牌9枚、银牌9枚、铜牌2枚，列全国55个参赛单位中第12位，代表团获体育道德风尚奖。

组队参加省青少年体育赛事　2015年，温州市组队参加浙江省青少年锦标赛，1200余名运动员参赛28个大项32个小项，获金牌134枚，其中省运会适龄运动员获金牌68枚，列全省第三。组队参加省第三届青少年学生阳光体育运动会，31所学校的40支队伍863名运动员参赛田径、游泳等12个大项，获7个团体第一、5个团体第二、1个团体第三奖项。

市级少儿体育联赛　2015年，温州市举办各类青少年体育竞赛。举办第五届校园足球联赛（幼儿、小学、初中、高中），112支队伍、1612名运动员参加；举办全市中小学生篮球联赛，46所学校636名运动员参加；举办全市中小学生羽毛球联赛，34所学校276名运动员参加；举办全市乒乓球联赛，35所学校275名运动员参加；举办全市中学生排球联赛，29所学校387名运动员参加；举办市少年儿童足球锦标赛和业余足球俱乐部超级联赛等。

足球特色学校普及　2015年，温州市籀园小学、第二中学、实验中学等23所中小学入选全国青少年校园足球特色学校。57所学校入选省青少年校园足球特色试点学校。至年末，全市有足球定点学校96所，其中小学44所、初中36所、高中16所。

训练基地建设　2015年，温州市新增击剑、少儿马术、男足（丙组）等项目训练基地。5月8日，国家体育总局局长刘鹏到温州体育运动学校进行实地调研考察。11月14日，经市政府批准，市体育局、省网球协会和浙江工贸职业技术学院联合成立温州网球学院（筹）。

体育专业人才培育与培训　2015年，温州市报送运动健将2名，一级运动员43人，获一级运动员资格41人，市本级审批二级运动员178人。体育部门举办多项教练员、裁判员培训班，由市级各类协会等社会组织承办。全年举办8个项目教练员培训班，500余名教练员、体育教师参加；举办7个项目裁判员培训班，480名二级裁判员参加。

2015年温籍运动员参加国际比赛成绩

表69

姓　名	性　别	比赛名称	比赛项目	名　次
郑　展	男	澳洲网球少年锦标赛	男子双打	1
贾芳芳	女	蹦床世界杯系列赛	女子单跳个人	1
贾芳芳	女	蹦床世界杯系列赛	女子单跳个人	1

续表

姓　名	性　别	比赛名称	比赛项目	名　次
刘隆基	男	蹦床世界杯系列赛	男子单跳个人	3
徐嘉余	男	必和必拓游泳系列赛	100米仰泳	2
徐嘉余	男	必和必拓游泳系列赛	200米仰泳	3
朱启南	男	第13届亚洲射击锦标赛	男子10米气步枪团体	1
朱启南	男	第13届亚洲射击锦标赛	男子50米步枪3种姿势	2
朱启南	男	第13届亚洲射击锦标赛	男子50米步枪3种姿势团体	2
潘飞鸿	女	第16届亚洲赛艇锦标赛	女轻双桨	1
颜晓桦 张惟妙 许诗蓓 宣旭莲	女	第16届亚洲赛艇锦标赛	女轻四桨	1
陈森森	男	第16届亚洲赛艇锦标赛	男子单人双桨	2
陈　芳	女	第28届世界大学生运动会	女子50米步枪3种姿势团体	1
陈　芳	女	第28届世界大学生运动会	女子50米步枪卧射团体	2
贾芳芳	女	第31届世界蹦床锦标赛	单跳团体	1
贾芳芳	女	第31届世界蹦床锦标赛	单跳个人	1
刘隆基	男	第31届世界蹦床锦标赛	单跳团体	2
柳雅欣	女	第五届世界青年游泳锦标赛	200米仰泳	2
丁立人	男	第十届世界国际象棋男子团体锦标赛	团体赛	1
蔡金展	男	飞碟世界锦标赛	青年男子飞碟双多向团体	3
朱启南	男	射击世界杯	男子10米气步枪	1
朱启南	男	射击世界杯	男子50米步枪3种姿势	2
朱启南	男	射击世界杯	男子10米气步枪	3
朱启南	男	射击世界杯	男子50米步枪3种姿势	3
季温豪	男	世界航海模型锦标赛	青年组F1〉E1kg	1
潘　磊	男	世界航海模型锦标赛	F1〉E1kg	2
莫　衍	男	世界航海模型锦标赛	F1〈E1kg	2
许锐立	男	世界航海模型锦标赛	ECO-TEAM	2
姚　祺	男	世界航海模型锦标赛	ECO-TEAM	2
季温豪	男	世界航海模型锦标赛	青年组F1〈E1kg	2
郑思维	男	世界青年羽毛球锦标赛	混合团体	1
林贵埔	男	世界青年羽毛球锦标赛	混合团体	1
郑思维	男	世界青年羽毛球锦标赛	男子双打	1
郑思维	男	世界青年羽毛球锦标赛	混合双打	1
李　安	男	亚洲技巧锦标赛	男双全能	3
郑思维	男	亚洲青年锦标赛	混合双打	1
林贵埔	男	亚洲青年锦标赛	混合团体	1
郑思维	男	亚洲青年锦标赛	混合团体	1
郑思维	男	亚洲青年锦标赛	男子双打	1
吴志涛	男	亚洲少年田径锦标赛	异程接力	1
吴志涛	男	亚洲少年田径锦标赛	200米	2

2015年温籍运动员参加国内比赛成绩

表70

姓　名	性　别	比赛名称	比赛项目	名　次
刘隆基	男	全国蹦床冠军赛	单跳团体	1
贾芳芳	女	全国蹦床冠军赛	单跳团体	1
贾芳芳	女	全国蹦床冠军赛	单跳个人	1
贾芳芳	女	全国蹦床锦标赛	单跳	1
王　福	男	全国春季游泳锦标赛	400米个人混合泳	1
邱亚楠	女	全国冠军赛	排球	1
李　静	女	全国冠军赛	排球	1

续表

姓　名	性　别	比赛名称	比赛项目	名　次
刘　雨	女	全国冠军赛	排球	1
潘　磊	男	全国航海模型锦标赛	ECO-TEAM	1
李　安	男	全国技巧锦标赛	男双动力套	1
徐贤毅 周　镳 马铖杰	男	全国青年帆船锦标赛	帆船长距离赛男子420级	1
金　涛 李　想	男	全国室外射箭锦标赛	男子团体淘汰赛	1
董佳琪	女	全国跆拳道精英赛	57公斤级	1
黄陈健	男	全国武术冠军赛	三人对练	1
张耀文	男	全国武术冠军赛	枪术	1
张耀文	男	全国武术冠军赛（传统项目）	鹰爪拳	1
张耀文	男	全国武术冠军赛（传统项目）	醉剑	1
赵文文	女	全国武术冠军赛（传统项目）	双刀	1
赵文文	女	全国武术冠军赛（传统项目）	集体刀	1
黄陈健	男	全国武术冠军赛（传统项目）	集体刀	1
吴灵芝	女	全国武术冠军赛（传统项目）	集体刀	1
张耀文	男	全国武术冠军赛（传统项目）	集体刀	1
张耀文	男	全国武术锦标赛（男子赛区）	枪术	1
张耀文	男	全国武术锦标赛（男子赛区）	剑术	1
黄陈健	男	全国武术锦标赛（男子赛区）	三人对练	1
吴灵芝	女	全国武术锦标赛（女子赛区）	三人对练	1
赵文文	女	全国武术锦标赛（女子赛区）	三人对练	1
赵文文	女	全国武术锦标赛（女子赛区）	全能	1
林东东	男	全国武术锦标赛（太极拳赛区）	双人吴式太极拳	1
林东东	男	全国武术锦标赛（太极拳赛区）	双人武式太极拳	1
潘若穆	女	全国艺术体操集体锦标赛和个人冠军赛	成年集体5带	1
苏瑶瑶	女	全国艺术体操集体锦标赛和个人冠军赛	成年集体5带	1
吴可意	女	全国艺术体操锦标赛	成年个人团体	1
李朱濠	男	全国游泳锦标赛	100米蝶泳	1
徐嘉余	男	全国游泳锦标赛	100米仰泳	1
李朱濠	男	全国游泳锦标赛	200米蝶泳	1
柳雅欣	女	全国游泳锦标赛	200米仰泳	1
徐嘉余	男	全国游泳锦标赛	200米仰泳	1
何添奇	男	全国游泳锦标赛	4×100米混合泳接力	1
李朱濠	男	全国游泳锦标赛	4×100米混合泳接力	1
徐嘉余	男	全国游泳锦标赛	4×100米混合泳接力	1
郑　桐	男	全国游泳锦标赛	4×100米混合泳接力	1
何添奇	男	全国游泳锦标赛	4×200米自由泳接力	1
李朱濠	男	全国游泳锦标赛	50米蝶泳	1
徐嘉余	男	全国游泳锦标赛	50米仰泳	1
郑思维	男	全国羽毛球单项锦标赛	男子双打	1
诸葛露凯	男	全国羽毛球团体锦标赛	男子团体	1
林贵埔	男	全国羽毛球团体锦标赛	男子团体	1
郑思维	男	全国羽毛球团体锦标赛	男子团体	1

2015年温籍运动员参加国内青少年比赛成绩

表71

姓　名	性　别	比赛名称	比赛项目	名　次
叶柔利	女	U14全国青少年排名赛 总决赛	女子双打	2
叶柔利	女	U14全国青少年排名赛 总决赛	女子单打	3
张琪锐	男	杯赛总决赛	男子单打	1
张琪锐	男	杯赛总决赛	男子团体	3

续表

姓　名	性　别	比赛名称	比赛项目	名　次
陈青婷	女	第三届全国智力运动会	专业女子个人	1
金奕婵	女	第三届全国智力运动会	女子团体	3
陈佳嘉	女	第一届全国青年运动会	标枪	1
李朱濠	男	第一届全国青年运动会	100米蝶泳	1
李朱濠	男	第一届全国青年运动会	200米蝶泳	1
李朱濠	男	第一届全国青年运动会	50米自由泳	1
柳雅欣	女	第一届全国青年运动会	200米仰泳	1
郑思维	男	第一届全国青年运动会	男子团体	1
林贵埔	男	第一届全国青年运动会	男子团体	1
郑思维	男	第一届全国青年运动会	男子双打	1
施仲鑫	男	第一届全国青年运动会	100公斤级	1
李朱濠	男	第一届全国青年运动会	400米自由泳	2
柳雅欣	女	第一届全国青年运动会	100米仰泳	2
吴奕昕	女	第一届全国青年运动会	200米仰泳	2
董佳琪	女	第一届全国青年运动会	59公斤级	2
郑剑辉 叶彬彬 张　彬 郭金威	男	第一届全国青年运动会	男子四人划艇1000米	2
林来杰 叶冠宏 赵锦泽 梁　旺	男	第一届全国青年运动会	男子四人皮艇1000米	2
林贵埔	男	第一届全国青年运动会	男子单打	3
邢加金	男	第一届全国青年运动会	73公斤级	3
洪德利	男	第一届全国青年运动会	80公斤级	3
黎　琪	女	第一届全国青年运动会	团体	1
罗　欢	女	第一届全国青年运动会	团体	1
董蓓蕾	女	第一届全国青年运动会自行车决赛	青年女子争先赛	2
张琪锐	男	全国后备人才基地 总决赛	男子团体	1
王海媚	女	全国俱乐部青年锦标赛	篮球	1
李天乐	女	全国俱乐部青年锦标赛	篮球	1
董蓓蕾	女	全国青年场地自行车锦标赛	青年女子500米计时赛	1
董蓓蕾 沈超悦	女	全国青年场地自行车锦标赛	青年女子场地团体竞速赛	2
丁利斌	男	全国青年古典式摔跤锦标赛	60公斤级	2
陈正武	男	全国青年男女举重锦标赛	+105公斤级(20岁以下组)抓举	1
陈正武	男	全国青年男女举重锦标赛	+105公斤级(20岁以下组)总成绩	3
卢孔政	男	全国青年田径锦标赛	4*400米接力	1
吴志涛	男	全国青年田径锦标赛	4*400米接力	1
朱瑞欢	男	全国青年田径锦标赛	三级跳远	3
郑思维	男	全国青年羽毛球锦标赛	混合双打	1
倪博文	男	全国青年羽毛球锦标赛	混合双打	1
林贵埔	男	全国青年羽毛球锦标赛	甲男双	3
董宇轩	男	全国青年羽毛球锦标赛	乙男单打	3
林贵埔	男	全国青年羽毛球锦标赛	甲男团体	1
郑思维	男	全国青年羽毛球锦标赛	甲男团体	1
林贵埔	男	全国青年羽毛球锦标赛	甲男单打	1
董宇轩	男	全国青年羽毛球锦标赛	乙男团体	3
邹诏政	男	全国青少年蹦床锦标赛	11-12岁组网上团体	3
宋顺堰	男	全国青少年蹦床锦标赛	11-12岁组网上团体	3
才　晟	男	全国青少年国际象棋锦标赛（团体）	男子乙组	3
池　弋	男	全国青少年国际象棋锦标赛（团体）	男子乙组	3
徐铱汝	女	全国青少年艺术体操锦标赛	少年A组集体单项5带	1

续表

姓　名	性　别	比赛名称	比赛项目	名　次
缪佳辰	女	全国青少年艺术体操锦标赛	少年A组集体单项5带	1
叶俞希	女	全国青少年艺术体操锦标赛	少年A组集体单项5带	1
徐铱汝	女	全国青少年艺术体操锦标赛	少年A组集体全能	2
缪佳辰	女	全国青少年艺术体操锦标赛	少年A组集体全能	2
叶俞希	女	全国青少年艺术体操锦标赛	少年A组集体全能	2
徐铱汝	女	全国青少年艺术体操锦标赛	少年A组集体单项5球	2
缪佳辰	女	全国青少年艺术体操锦标赛	少年A组集体单项5球	2
叶俞希	女	全国青少年艺术体操锦标赛	少年A组集体单项5球	2
潘展乐	男	全国少儿游泳锦标赛	400米自由泳	1
潘展乐	男	全国少儿游泳锦标赛	200米个人混合泳	1
王琛迪	男	全国少儿游泳锦标赛	4×50米自由泳接力	1
潘展乐	男	全国少儿游泳锦标赛	4×50米自由泳接力	1
潘展乐	男	全国少儿游泳锦标赛	4×50米混合泳接力	1
吴俊杰	男	全国少儿游泳锦标赛	50米仰泳	1
吴俊杰	男	全国少儿游泳锦标赛	100米仰泳	1
赵梁州	男	全国少儿游泳锦标赛	50米蝶泳	1
赵梁州	男	全国少儿游泳锦标赛	100米蝶泳	1
吴俊杰	男	全国少儿游泳锦标赛	200米个人混合泳	1
吴俊杰	男	全国少儿游泳锦标赛	4×50米自由泳接力	1
李奕骏	男	全国少儿游泳锦标赛	4×50米自由泳接力	1
赵梁州	男	全国少儿游泳锦标赛	4×50米自由泳接力	1
吴俊杰	男	全国少儿游泳锦标赛	4×50米混合泳接力	1
金震宇	男	全国少儿游泳锦标赛	4×50米混合泳接力	1
赵梁州	男	全国少儿游泳锦标赛	4×50米混合泳接力	1
张语轩	女	全国少儿游泳锦标赛	4×50米自由泳接力	1
林亦晨	女	全国少儿游泳锦标赛	4×50米自由泳接力	1
潘展乐	男	全国少儿游泳锦标赛	自由泳全能	1
吴俊杰	男	全国少儿游泳锦标赛	仰泳全能	1
金震宇	男	全国少儿游泳锦标赛	蛙泳全能	1
赵梁州	男	全国少儿游泳锦标赛	蝶泳全能	1
冯静静	女	全国少儿游泳锦标赛	混合泳全能	1
潘展乐	男	全国少儿游泳锦标赛	50米自由泳	2
潘展乐	男	全国少儿游泳锦标赛	100米自由泳	2
吴俊杰	男	全国少儿游泳锦标赛	400米自由泳	2
赵梁州	男	全国少儿游泳锦标赛	200米个人混合泳	2
林亦晨	女	全国少儿游泳锦标赛	4×50米混合泳接力	2
王琛迪	男	全国少儿游泳锦标赛	混合泳全能	2
李奕骏	男	全国少儿游泳锦标赛	混合泳全能	2
林亦晨	女	全国少儿游泳锦标赛	蝶泳全能	2
张周健	男	全国少儿游泳锦标赛	4×100米自由泳接力	2
林哲其	男	全国少儿游泳锦标赛	4×100米自由泳接力	2
赵梁州	男	全国少儿游泳锦标赛	400米自由泳	3
金震宇	男	全国少儿游泳锦标赛	50米蛙泳	3
金震宇	男	全国少儿游泳锦标赛	100米蛙泳	3
冯静静	女	全国少儿游泳锦标赛	50米蛙泳	3
张语轩	女	全国少儿游泳锦标赛	100米自由泳	3
张语轩	女	全国少儿游泳锦标赛	自由泳全能	3
吴志涛	男	全国少年（16-17岁）田径锦标赛	200米	1
陈佳嘉	女	全国少年（16-17岁）田径锦标赛	标枪	1
韩　涛	男	全国少年（16-17岁）田径锦标赛	撑竿跳高	2
林勤炜	男	全国少年（16-17岁）田径锦标赛	三级跳远	3
丁利斌	男	全国少年男子古典式摔跤锦标赛	58KG级	1
朱良涛	男	全国少年体操比赛（总决赛）	乙组10岁团体	1
朱铭皓	男	全国少年体操比赛（总决赛）	甲组12岁团体	1

续表

姓　名	性　别	比赛名称	比赛项目	名　次
姚　铮	女	全国少年体操比赛（总决赛）	乙组10岁团体	1
徐铱汝	女	全国艺术体操冠军赛	少年集体5球	2
缪佳辰	女	全国艺术体操冠军赛	少年集体5球	2
叶俞希	女	全国艺术体操冠军赛	少年集体5球	2
徐铱汝	女	全国艺术体操冠军赛	少年集体全能5球5带	3
缪佳辰	女	全国艺术体操冠军赛	少年集体全能5球5带	3
叶俞希	女	全国艺术体操冠军赛	少年集体全能5球5带	3
徐铱汝	女	全国艺术体操集体锦标赛和个人冠军赛	少年集体5球	1
缪佳辰	女	全国艺术体操集体锦标赛和个人冠军赛	少年集体5球	1
叶俞希	女	全国艺术体操集体锦标赛和个人冠军赛	少年集体5球	1
缪佳辰	女	全国艺术体操集体锦标赛和个人冠军赛	少年集体全能	2
叶俞希	女	全国艺术体操集体锦标赛和个人冠军赛	少年集体全能	2
徐铱汝	女	全国艺术体操集体锦标赛和个人冠军赛	少年集体全能	2
徐铱汝	女	全国艺术体操锦标赛	少年集体5球	1
缪佳辰	女	全国艺术体操锦标赛	少年集体5球	1
叶俞希	女	全国艺术体操锦标赛	少年集体5球	1
徐铱汝	女	全国艺术体操锦标赛	少年集体全能	3
缪佳辰	女	全国艺术体操锦标赛	少年集体全能	3
叶俞希	女	全国艺术体操锦标赛	少年集体全能	3
徐铱汝	女	全国艺术体操锦标赛	少年集体5带	3
缪佳辰	女	全国艺术体操锦标赛	少年集体5带	3
叶俞希	女	全国艺术体操锦标赛	少年集体5带	3
叶柔利	女	中国少年杯网球 团体锦标赛	女子团体	1
杨一涵	女	中国少年杯网球 团体锦标赛	女子团体	1
郑　展	男	中国少年杯网球 团体锦标赛	男子团体	3
陈孜珲	男	中国少年杯网球 团体锦标赛	男子团体	3

群众体育

群众体育竞赛活动　2015年，温州市举办群众体育竞赛活动45场，涉及项目40个，10万余人参与。举办各级、各类群体赛事活动3000余场次，300万余人次参加。市本级举办第32届元旦万人健身跑、第33届春节横渡瓯江冬泳活动、全市中学生田径运动会、全市篮球精英赛、第七届体育强镇（街道）篮球联赛、温州业余足球超级联赛、第二届“小世界杯”足球赛、2015中华龙舟大赛（温州站）暨温州龙舟文化节和民间划龙舟活动等。各县（市、区）开展独具特色的体育活动，鹿城区举办第八届运动会、龙湾区承办全国网球公开赛、瓯海区举办全民健身大展示活动、洞头区举办第五届运动会、瑞安市举办外滩千人万米健身跑比赛、永嘉县举办第二届楠溪江国际户外休闲嘉年华活动、文成县举办2015浙江马拉松精英赛暨文成半程马拉、平阳县举办各类象棋比赛、苍南县举办机关运动会等。

中华龙舟大赛（温州站）　2015年6月19日，2015中华龙舟大赛（温州站）暨温州龙舟文化节活动在鹿城龙舟竞赛基地——会昌湖水上公园举行。赛事分职业组、青少年组、温州传统龙舟组3个组别，32支竞赛龙舟队和171支传统龙舟队的8702名划手参加，现场观众6万余人。中央电视台在现场设立演播室，向全世界展播比赛实况和温州端午民俗龙舟文化，大赛创造了“最多参赛队的龙舟赛”吉尼斯世界纪录。

群众体育交流活动　2015年，温州市开展形式多样的国内外群众体育交流活动。1月31日，“飞科”拳霸风云武林王者争霸赛在温州体育中心体育馆举行，此赛事是首次在温州采用k-1规则的自由搏击赛，中、日、泰3个国家的世界金腰带运动员参加。4月12日，台湾运动防护专家陈咏仁教授到温就羽毛球运动中常见伤害及康复进行讲解。5月22日～25日，2015中国·温州中国式摔跤国际锦标赛在温州体育中心体育馆举行，美国、俄罗斯等15个国家及地区的21支队伍266名运动员参加。6月26日～29日，温州市与日本石卷市缔结友好城市30周年之际，市路跑协会应日方邀请，18名队员组团到日本参加首届石卷复兴马拉松赛和研讨如何提升跑步技能的友好交流活动。7月16日，2015海外华裔青少年“中国寻根之旅”夏令营“相约温州”武术特色营开营，营期25天，来自法国、日本、瑞士、奥地利等10余个国家的41名华裔青少年参加。7月19日，“温州·奥体城杯”国际象棋特级大师对抗赛在温州华侨饭店举办，温籍国际象棋特级大师丁立人获冠军。12月18日～20日，2015年“好榜样童鞋杯”海峡两岸跆拳道大奖赛在温州医科大学学生活动中心举行。

基层体育创优创强　2015年，温州市申报创建省级体育强镇5个、省级现代化体育乡镇(街道)4个、省级特色乡镇7个、省级体育先进社区4个、省幼儿体育示范幼儿园8所、省村级体育俱乐部35个、省级老年体育活动中心（俱乐部）13个、省级星级职工体育俱乐部4个、省级青

2015年12月6日，温州市举办首届国际马拉松赛事（获第17届《温州年鉴》“菱华奖”优秀奖）

工小项／摄

少年体育俱乐部3个。完成省体育局下达的任务，建设小康体育村275个，并通过验收。发展城市社区体育，出台《温州市区星级健身示范点评估办法》，按三星至五星的设置标准，在市区评定健身示范点150个。

群众体育健身设施建设　2015年，温州市区公园、公共绿地新增健身步道10公里，其中鹿城区5公里、龙湾区3公里、经开区2公里。在小康体育村建拆装式游泳池1个、中心村体育休闲公园8个、笼式足球场（轮滑公园）2个、健身步道4条。市区137所公办学校体育设施全部向社会开放，其中新增37所。全市公共体育设施和符合开放条件的公办学校体育设施向社会开放率100%。

国民体质监测　2015年，温州市完成第四次市直机关公务员体质测试，检测单位86家，测试人数1701人。市体育局开展体质测试下乡活动、体质测试进公园科普活动。开展2015年全国及浙江省全民健身活动状况调查，抽样调查点涉及鹿城区、龙湾区、瓯海区、乐清市、永嘉县、泰顺县6个县（市、区）和经开区，共36个村（居）委1400个样本。

群众体育社团建设　2015年，温州市体育总会下属体育社团61家，会员8万余人。其中，新增体育社团4家，分别为市跑步运动协会、市铁人三项协会、市排球协会、市帆船运动协会，后3家体育社团均为新项目的体育社会组织。市体育局加强体育社团管理，新创AAAAA等级社会组织4家，累计AAAAA社团14家，AAAA社团10家。申报创建省级先进体育社团6家。

群众体育社团活动　2015年，温州市属61个体育社团组织开展竞赛、培训、展演、咨询等基层活动700余次，参与人数17万余人次。10月～12月，开展第四届体育社团活动月，市级54个体育社团在全市各大公园绿地、体育场馆、大中小学校园、社区及公开水域开展体育活动156项，其中日常活动143项、“月光体育活动”13项，参与群众10万余人次。

体育赛事政府购买服务　2015年，温州市率先以政府向社会力量购买服务的方式，首次将体育赛事交由社会组织承办。推出11项群众体育竞赛活动，向社会力量购买服务，涉及金额58.5万元，8家体育社团组织承接其中9个群体竞赛活动项目。推出37项市少儿体育赛事，各体育社团、体育俱乐部、体育中心、体校、体育文化发展公司等单位参与承办。

体育产业

品牌赛事打造 2015年，温州市培育省、市级运动休闲旅游品牌项目13个，其中有举办的中华龙舟大赛（温州站）暨温州龙舟文化节、首次2015温州马拉松、中国羽毛球俱乐部超级联赛5站的主场比赛、“拳霸风云”武林王者争霸赛；承办的中国式摔跤国际锦标赛等赛事。培育山地户外品牌赛事，全市各地举办户外运动赛事18项，有第二届国际户外运动嘉年华、浙江马拉松精英赛暨文成半程马拉松赛、温州车王争霸赛、中国·温州大罗山山地越野邀请赛、最美鹿西岛户外嘉年华等赛事。

国家体育产业联系点城市获批 2015年7月，国家发改委、国家体育总局下发《关于做好体育产业联系点有关工作的通知》，确定35个地级城市为体育产业联系点城市，温州获批成为浙江省唯一的国家体育产业工作联系点城市。12月20日，常务副市长陈作荣在省体育产业发展大会上作典型发言。

体育产业政策扶持与发展 2015年，温州市级体育产业发展专项资金首次实行竞争性分配。体育产业项目获省级引导资金量居全省地级市首位，8个体育产业项目接收省级体育产业发展专项资金560.5万元，全年使用省、市两级体育产业发展专项引导资金超800万元。继续打造省、市级运动休闲旅游品牌，被评为运动休闲旅游示范基地省级2个、市级4个，运动休闲旅游优秀项目省级3个、市级3个；复评通过省级运动休闲旅游精品线路1条。

体彩销售额突破17亿元 2015年，温州市体育彩票销售额17.17亿元，居全省第二位，比上年增长1.24亿元，同比增幅7.79%，高出全省6.23个百分点。其中，销售主盘玩法“超级大乐透”4.2亿元，销售明星玩法“11选5”4.9亿元。全年筹集公益金4.7亿元，其中市级公益金1.41亿元，省级公益金0.94亿元，国家级公益金2.35亿元。

公共体育场馆服务 2015年，温州体育中心保持体育设施免费、低收费开放服务模式。游泳馆年健身人流量35万人次，免费开放年受惠群众上万人次，举办3期新温州人子女免费游泳公益课。体育场年健身人流量50万人次，1月～8月晨、晚练免费开放，9月全天免费开放。全年体育馆开展活动及体育培训187天；体育场举办运动会26场50天，其他活动13场42天；游泳馆承接比赛活动10场15天；广场举办展览及活动11场45天。利用体育场馆优势，与温州一对一击剑俱乐部合作组建市少年儿童击剑队；与平阳育英体校合作组建市青少年武术散打队；组建温州奥体游泳学校训练队。

市民健身运动优惠政策 2015年，温州市继续实施持市民卡在市区定点运动健身场所消费享受15%政策补贴，全市参与定点体育健身场所29家。至年末，市民持卡消费4.38万人次，刷卡金额1137.45万元，补贴金额200.73万元。

体育场馆建设与管理

奥体中心项目建设 2015年，温州市奥体中心完成二期征地349亩，其中农用地259亩，农村建设用地90亩。奥体中心主体育场完成土建及钢结构工程与幕墙、屋面、水电安装、智能化等分项工程。奥体二期龙湾区奥体片河道整治工程全面开工，总投资约1.04亿元。奥体高压线整体改迁工程总投资约6275万元，第一阶段施工完成。奥体部分道路桥梁工程总投资约3951万元，完成立项、初设批复、施工图设计等前期工作。

体校与训练基地建设 2015年，温州体校永中校区工程立项及可研批复完成，勘察、设计招标、设计方案完成。市水上运动训练基地一期工程主楼和附楼主体建筑工程基本完成，幕墙工程、景观工程开始施工，龙骨基地污水处理系统工程安装完成。市室内体育活动中心主体工程预验收完成，主体工程单体工程质量竣工验收完成，电梯、太阳能供热节能工程、供配电工程安装完成，附属工程进场施工。

体育场所管理 2015年，温州市实施高危险性体育项目经营活动许可监管机制，全年办理游泳场所许可证136家，培训、复训救生员880名，所有开放场所均按规定配齐配全救生设备设施。加强体育管理专业人才培养，全市18名体育干部参加全省体育类执法专业培训考试；市体育局机关公务员参加全省执法证综合类考试，2名通过并获得体育类综合执法证。

（肖小珍）
（潘　智　编辑）

人　物

温州人在世界各地

温州人在法国　2015年5月，中法服装实业商会在巴黎举行第六届会长团就职仪式暨成立十周年庆典，温籍侨胞胡仁爱任会长。7月，法国华人经贸协会在巴黎举行第七届理事会就职典礼，温州瑞安籍侨胞蔡新土当选第七届会长。11月，法国华人进出口商会第八届会长团就职典礼在巴黎举行，温籍旅法侨商苏荣武蝉联会长。

2015年3月31日，欧洲最大的华人时尚贸易商城——巴黎时尚中心开业。中心主体面积5.5万平方米，共5层，有近300家商铺，预计年营业额4.5亿欧元。该中心由唐晓华、胡奇业、黄学胜等8名温商合股建造，投资近1亿欧元（约6.67亿人民币），被认为是欧债危机和欧元汇率不振的背景下华商转型升级的重要标志。法国国务秘书让-玛丽·勒甘（Jwan-Marie Leguan）在开业仪式上表示，巴黎时尚中心必将成为法中经贸交流的“桥头堡”。

2015年2月，广州温州商会会长蔡汝青创办的摩安珂（MO&Co）成为第一个入驻巴黎老佛爷商场的温州品牌。摩安珂女装每件售价100欧元～200欧元，入驻首日即进入前十大热销品牌。蔡汝青计划使摩安珂成为被国际主流市场接受的中国品牌。

2015年，法国库尔布瓦市（Courbevoie）华人议员杨熙伟参加人民运动联盟（UMP）召开的民主会议，商讨国家政治经济问题。会后，杨熙伟呼吁旅居海外的华人更积极地参政议政，为华人在海外树立良好形象。杨熙伟祖籍温州文成县人，是库尔布瓦市历史上第一名华人议员。

2015年11月2日，由温籍旅法华侨陈世明创办的法国华人电视台（Mandarin TV）在巴黎中国文化中心举行试播启动仪式。这是首家在法国开播的华人全频道电视台，计划开办新闻、专题、纪录片等栏目。陈世明于2010年9月组建欧洲中谊文化传媒集团，主体业务涉及电视传媒、网络传媒、电视节目制作、公关咨询服务和广告营销等领域，随后买下法国明日电视台晚10时～11时的黄金时段，播放中谊传媒制作的节目《明日中国》。

欧洲华语广播电台是欧洲唯一的官方华语广播电台，于2014年10月开播，至2015年6月，播出录播节目5档，其中《魅力温州》以温州方言播出，其他4档分别以普通话、法语播出。电台理事会由林精平、吴长虹、林瑞松等8名旅法华人组成，其中7名是温州人。

温州人在荷兰　2015年，荷兰中华书画协会在荷兰鹿特丹成立，温籍侨胞夏孟贤任会长，并聘请国内书画名家担任顾问。该协会是由多位旅荷侨领和书画爱好者共同发起成立，以弘扬中华书画艺术、继承中华传统艺术为目的的非营利性社会文化艺术团体。至6月，协会有书画诗词歌赋爱好者50余人。

2015年，荷兰赖斯韦克市长代表女王向温籍侨领、荷兰文成同乡会名誉会长胡季普颁发荷兰皇家骑士勋章。这是继温籍侨领梅旭华、胡永央之后，第三位获此荣誉的温州人。荷兰皇家勋章是荷兰王室向对社会作出突出贡献的知名人士颁发的终身荣誉。胡季普原籍文成县玉壶镇中村人，先后担任荷兰文成同乡会会长、旅荷华侨总会乌特勒之分会会长等职务，从1985年起，参与乌特勒支中文学校工作，致力于海外华文教育，参与并支持华人社团活动。

2015年7月，18岁温州足球小将张玉宁加盟荷甲维特斯俱乐部，成为登陆欧洲顶级联赛的最年轻中国球员，也是签约欧洲职业俱乐部的浙江第一人。张玉宁1997年出生于苍南龙港，6岁立志到欧洲踢球。2014年，分别代表维特斯U17和U19梯队参加国际邀请赛，获荷兰TBBT国际邀请赛亚军，被评为赛事最佳中锋。

温州人在德国　1990年，温州瑞安籍商人胡宗存到德国创业，开办长城大酒楼。2013年，胡宗存开辟新事业，与好友申建创立德国莱茵生物与环保科技进出口股份有限公司，并与波恩大学合作，计划将盐碱地小麦种植、智能农业项目引入国内。波恩大学主持的CROP SENSE项目是欧盟现代化智能农业项目，与胡宗存等人的合作从盐碱地小麦的种植试验开始，在瑞安汀田一处滩涂设置盐碱地小麦种植试验基地，试种小麦150种。至2015年5月，小麦生长情况良好，胡宗存将盐碱地小麦种植推广与传统文化传播结合，在温州发展现代农业旅游观光项目，并推动波恩大学智能农业项目在温州落地。

2015年，由于欧元汇率走低、欧洲知名品牌零售价下调等原因，传统批发商利润空间受挤压，温商多方试水，转型发展。温商程义包下服装厂家生产线，以保护其服装品牌独特的印染技术，保障产品价格；文成籍温商洪尚眉进货渠道从国内改为意大利，以真皮质量保障产品销量；另有温商试水电子商务、跨境电商等。

温州人在捷克 2015年6月，国务院副总理刘延东在捷克访问时，接见部分旅捷侨领及中资企业代表，浙江正泰电器股份有限公司欧洲区总经理助理陈非男代表正泰诺雅克（NOARK）电器欧洲公司应邀参加。诺雅克成立于2007年，是正泰电器子公司，定位于新一代高端智能低压电气研发、制造。2011年6月，诺雅克欧洲总部在捷克布拉格设立。“诺雅克制造”得到捷克Olomouc大学、乌克兰水电站、罗马尼亚歌剧院、保加利亚机场、波兰国家交响乐团、捷克国家幼儿园等欧洲国家重点项目青睐。捷克三大低压电器连锁批发商之一K&V ELEKTRO公司，特设展区展示诺雅克产品。

温州人在匈牙利 2015年1月8日，“乾有杯”第四届全国中小学生寓言童话大奖赛在瑞安市塘下镇举行启动仪式。这是以旅居匈牙利侨领郑乾有的名字冠名，面向全国初中和小学在校学生的全国性赛事。郑乾有原籍瑞安湖岭镇人，1994年旅居匈牙利，2006年起，每年出资2万元冠名举办“乾有杯”全国寓言、童话大奖赛和“乾有杯”中国金江寓言文学奖。

温州人在塞尔维亚 2015年1月14日，塞尔维亚尼什华商会成立，温州乐清籍侨领郑金存当选首届会长。

温州人在希腊 2015年5月，希腊华侨华人总会在雅典举行换届庆典大会暨第三届会长团就职典礼，温籍华侨徐羽当选会长。12月，希腊中希友好华侨华人协会成立大会在希腊萨洛尼卡市举行，温州瑞安籍侨领李峰平当选主席团主席，瑞安籍侨领廖贤钰担任执行主席。

温州人在意大利 2015年1月，意大利罗马华侨华人联合总会举行换届庆典，温籍侨领张国权任第八届会长。2月，意大利华侨华人青年会换届，温州瓯海籍华侨曾步锋任第二届会长。3月，意大利侨爱慈善协会在罗马举行成立庆典，温州瑞安籍侨胞胡爱芬当选会长；意大利普拉托华商会换届，温籍侨胞王增理蝉联第七届会长。4月，意大利历史最悠久的华人社团——米兰华侨华人工商会举行成立70周年暨第十届理事会换届庆典，温籍侨领李秀桐当选会长。6月，意大利普拉托首个华人服装行业协会成立，温州瑞安籍侨胞李小峰任会长。11月，意大利佛罗伦萨华人华侨商贸联谊会举行换届庆典大会暨第三届会长团就职典礼，温州文成籍侨领郑仕意任会长。12月，意大利威尼斯华侨华人企业家联合总会换届大会暨第二届会长团就职典礼在帕多瓦市举行，温州瑞安籍侨领王金华当选会长；意大利都灵华人工商联合会举行第二届换届庆典，温州文成籍侨领王珍蝉联会长；米兰浙江华侨华人联谊会举行第五届换届庆典，温籍侨领朱金亮蝉联会长。

2015年1月11日，温州瑞安籍旅意侨二代陈茂国，多年来为中意两国文化交流作出贡献，获意大利政府授予共和国英雄勋章。当天，陈茂国在意大利国会议员及政府官员陪同下，参观意大利古代陶瓷博物馆，接受包括意大利国家电视台在内的4家电视台和3家报纸杂志联合采访，发表演讲《英雄的人民》。陈茂国是意大利文艺复兴国际艺术家联合会副会长、意大利布莱希耶酒业集团董事长。

2015年4月18日，“我们家——中国最大的女性跨境购物平台”上线，首日订单量超4000份。“我们家”由温商沈平创办，总部设在“一带一路”交会点意大利，入驻国务院唯一批复同意设立的中国（杭州）跨境电子商务综合试验区，是全国第一家无需买家提供身份证进行物品入境申报，当天即可自动清关的跨境电商平台；是国内首批与电子口岸、海关、国检、第三方支付平台以及国内速递企业进行六方系统对接、数据自动实时更新的跨境进口电商之一；是政府指定的跨境进口电商企业，在国家的监管下开展阳光化海购业务。“我们家”采用M2C模式（Manufacturers to Consumer，生产厂家对消费者），无任何中间环节和额外收费；与200余家著名海外品牌原产厂家签署供货协议，原厂直供；自建蜗牛国际物流系统，国内与顺丰快递公司合作，实现直邮。

2015年5月4日，意大利罗马温州工商总会召开换届大会，意大利欧华传媒集团副总裁、意大利欧达企业集团总裁周建军当选第六届会长。意大利罗马温州工商会服务侨社，是罗马侨界最重要的侨团之一。

2015年，温籍侨领廖宗林和意大利商人里皮拉多联手举办意大利第二届中国国际文化博览会，并计划将其打造为有影响力的中意文化品牌。博览会3天时间人流量10余万人次。温商张国权从意大利人身上学到一生专注一事的理念，其创立并专注经营羊毛衫品牌“EXTRAME”，5月，张国权作为意大利华侨代表，参加浙江省在西班牙马德里召开的“一带一路”沿线国家浙籍侨领座谈会。

2015年6月1日，中国中央电视台与欧洲华文电视台在巴黎签署战略合作协议，央视外语频道通过欧洲华文电视台研发的OTT-TV平台，通过电视、手机向欧洲观众播放。欧洲华文电视台是由意大利温籍侨领林朱庆牵头，意大利传媒人士和华人侨领共同创办，集卫星电视台、网络和报刊发行为一体的新型传媒集团。通过欧洲华文电视台OTT技术应用平台，中央电视台多语种电视节目得以向海外观众提供丰富、准确的中国政治、经济、文化资讯。

2015年6月3日，“新时尚、新网络、新平台——跨境电子商务未来发展之路”高峰论坛在意大利普拉托举行。该论坛由温州日报报业集团欧华联合时报和温商金云平运营的“巴黎商城”跨境电商平台等单位联合主办，意大利普拉托省副省长埃米里亚诺·奇拉雷拉、中国驻意大利佛罗伦萨领事馆总领事王辅国出席，中意两国政商界600余人探讨跨境电商现状、运营模式及未来发展趋势，金云平认为，跨境电商的核心是搭建一条“网络丝路”，给意大利企业和华商创造发展机会。100余家中意纺织企业现场与“巴黎商城”签订入驻意向书。

2015年，《欧洲侨报》名誉社长、知名旅意华人书法艺术家周建煌书法作品入选米兰城市世博会“The last Apple on the tree”巡回画展。该画展有20名艺术家的作品展出，其中旅意外籍艺术家8人。

2015年7月，在意大利米兰世博会中国馆举办的《无语言的交流——全球自闭症艺术作品巡回展》中，毕昌煜作品《在海边奔跑的两个女孩》作为代表作品展出。毕昌煜，乐清市大荆镇叠石村人，1996年生于浙江绍兴，3岁时被确诊患自闭症，9岁开始习画，主攻油画。2011年，作品在北京大学“我们的世界”画展展出，毕昌煜被画家陈丹青喻为“中国的毕加索”。2012年，与北京圣歌画廊签约，画作《王妃》被北京中间美术馆收藏。

2015年8月，温州日报报业集团欧华联合时报与中国侨联、《人民日报》（海外版）、海外网共同举办2015“一带一路”中国品牌世博行暨百强品牌全球对话会，百家中国优秀民族品牌齐聚米兰，其中温州正泰、奥康、森马等十家品牌企业参展。冠名商温州市润新机械制造有限公司是国家级高新技术企业，全球三大水处理控制阀制造商。

2015年11月，在意大利全国教育大会上，意大利教育部特邀温籍侨胞潘世立介绍华文教育经验。潘世立创立的意大利佛罗伦萨中文学校是中意文化交流的典型。温州有侨胞68.8万人，分布在海外131个国家和地区。近年间，海外温州人在世界各地创办中文学校近50所，形成华文教育的“温州现象”。12所“温”姓中文学校获国务院侨办授予的“华文教育示范学校”称号，13名温州人获“热心海外华文教育杰出人士奖”。

2015年，意大利华侨华人青年会发出《治安倡议书》，带头聘请意大利退休警员组建巡逻队，打击Vittorio华人区抢盗犯罪，这是海外侨（社）团启用团体力量维护同胞生命财产安全的实践。青年会成立于2012年，旨在团结和联络意大利各界华人青年，促进华人青年共同发展，维护旅意华人合法权益，提升华人在意大利的经济利益和社会地位。温籍侨领曾步锋任首届会长。青年会和欧联时报赞助的罗马华人足球队在第五届意大利华人足球赛夺冠。

意大利罗马Prenestina仓库区是罗马重要的批发和物流集散地之一，交通压力巨大。温商林美银旗下的罗马商品批发有限公司与其他意大利公司合作，共同承建罗马市政府提出的道路整改工程。2015年，整改公路的第一个标段完工通车，该标段实际耗资2000余万欧元。

温州人在西班牙　2015年1月，西班牙瓦伦西亚中国商会第三届换届就职典礼举行，温州瑞安籍侨领项武宁就任会长。2月，特内里费（Tenerife）华人华侨协会举行成立仪式，温州瑞安籍侨领邱增发当选会长。

2015年2月22日，西班牙滨海小城略雷特狂欢节大游行活动期间，西班牙华侨华人社团联谊总会举办慈善晚宴，中国驻巴塞罗那总领馆总领事屈生武出席，中西政商侨界近800名华人参加，大部分来自温州与丽水。当晚慈善义卖所得收入全部捐赠给西班牙残疾人基金会。

2015年4月16日，西班牙加泰罗尼亚自治区警察日活动在Terrassa市举行，西班牙华人华侨社团联谊总会执行主席兼西班牙《侨声报》社长、温州永嘉籍侨领戴华东获“社会事务贡献奖”，成为该地区第二位获此荣誉的旅西华人。戴华东在融入西班牙社会、服务侨社和华裔族群、促进多边友好、加强多边文化交流等方面的努力和表现，得到加泰罗尼亚大区政府和各地方政府的认可，所经营的西班牙《侨声报》发挥文化传媒的作用，促进华侨华人遵纪守法，帮助侨胞融入当地社会。

2015年5月30日，温籍华侨支秀芳获授“西班牙人道大十字勋章”，成为第一名获此勋章的中国籍西班牙企业家。支秀芳出生于温州乐清市，是远大国际集团有限公司的创办者，热心侨务，担任西班牙王国温州同乡总会常务副主席、西班牙华人企业联合会副主席等，同时热心公益事业，常年资助西班牙、非洲、加勒比海国家等贫苦地区教育事业。“西班牙人道大十字勋章”颁授给在国际社会上对于促进世界和平、推动人类进步事业，并且在公共行政、教育、慈善等方面有杰出贡献的国际人士。

温州人在葡萄牙　2015年12月20日，葡萄牙欧洲浙商总会换届庆典大会在里斯本举行，来自中国驻葡萄牙大使馆、葡萄牙各大侨团及欧洲各国侨团代表等200余人参加典礼，温州瓯海籍侨领徐呈武担任第三届会长。

温州人在俄罗斯　2015年，温商探索改变单一批发模式，以办厂、寻找稀缺资源、搭建交流平台等模式开辟新市场，对接国家“一带一路”战略。温州伊斯利鞋业有限公司俄罗斯分厂有工人200余人，其中中国工人90余人，上年度产量400万余双。鞋子鞋样是温州设计，在温州做成半成品后运到俄罗斯加工。在俄罗斯经商多年的莫斯科乐清商会会长王恒豹在深圳开办琥珀蜜蜡加工厂，供应商在俄罗斯、乌克兰的矿区采购优质琥珀蜜蜡原石，王恒豹收购后空运至深圳加工，再送各地市场批发。

2015年，温商虞安林任俄罗斯中国和平统一促进会和俄罗斯浙江华侨华人联合会会长，两会合署办公，是温商聚会和交流信息的平台。

温州人在美国　2015年1月15日，美国洛杉矶温州商会举行第四届换届就职仪式暨创会十周年晚会，中国驻洛杉矶总领事馆副总领事王雷、美国国会议员赵美心等中美政界人士及侨界侨领等500余人参加，林选栋担任选会长。林选栋，温州鹿城区人，美国万邦酒店设备有限公司董事长。

2015年2月7日，温州旅美同乡会于圣盖博举行第十届就职典礼，林光荣当任会长。温州旅美同乡会于1997年成立，致力于加强旅美华侨华人团结，维护旅美华侨华人合法权益，推进中美两国交流合作。

2015年2月28日，美国纽约温州同乡会举行新春庆典暨第23届会长及公职人员就职典礼，黄根弟任会长。中国驻纽约副总领事程雷、纽约州参议员史塔文斯基等美国政界人士及侨领、侨胞参加活动。

2015年3月1日，在洛杉矶郡蒙特利公园市，美国加州温州同乡会庆祝创会20周年和羊年新春。中国驻洛杉矶总领馆副总领事王雷、加州众议员周本立等中美代表及加州侨界主要社团领袖及代表道贺。王晓群连任第11届会长。该会成立于1995年2月，属非营利机构，创会会长林成章。

2015年5月，美国华人联合总会在纽约举行换届典礼，国会众议员刘云平、罗伊斯，中国驻洛杉矶总领馆总领事刘健等700余人参加，温籍侨领李社潮当选会长。该总会成立于2005年4月，是在美国加州政府注册的非盈利、非政治性社会团体，由116个美国华人社团、工商企业自愿联合组成。

2015年10月17日，美国大华府温州商会成立仪式在马里兰州举办。中国驻美大使馆参赞李民、马里兰州参议员李凤迁、国际货币基金组织秘书长林建海及侨领、侨胞等百余人出席。大华盛顿房屋贷款师陈辉任首届主席。

2015年，国际生殖研究学会授予温州洞头籍科学家林海帆2015年科研奖，以表彰其在生殖科学领域的贡献。这是该奖自1978年设立以来首次授予华裔科学家。林海帆系美国耶鲁大学终身教授，耶鲁大学干细胞中心创始人。1983年在美国康奈尔大学攻读博士学位期间，发现第一个启动胚胎细胞分裂的基因，刊发于世界学术界权威杂志《细胞》，其博士论文获1990年度美国遗传学会Sandler博士论文奖第二名，科研成果曾获美国卫生总署2010年“先锋奖”（Pioneer Award）、2012年“优异奖”（Merit Award）等各类奖项30余项。

2015年4月，温州人沈志勋入选美国国家科学院2015年新增院士名单，成为继夏鼐、徐遐生、叶公杼、王兆凯之后第5位入选美国两院的温州籍院士。沈志勋，斯坦福大学Geballe先进材料实验室主任，斯坦福线性加速器中心高级材料X射线实验室主任，斯坦福大学物理系教授。1962年7月出生于温州市区，1983年毕业于复旦大学，1985年在罗格斯大学获硕士学位，1989年获斯坦福大学博士学位。沈志勋致力于凝聚态物理和复杂材料领域研究，是国际学术界公认的凝聚态物理领域一流科学家。

2015年11月，国际华人地理信息科学协会（CPGIS）选举结果公布，温州瑞安籍旅美学者叶信岳当选协会主席。国际华人地理信息科学协会（CPGIS）成立于1992年，是从事研究、推广地理信息科学技术的学术性和非盈利性国际组织，是海外学者与国内学术界重要的交流平台。叶信岳，出生于1974年，美国肯特州立大学计算社会科学实验室创始主任，地理系博士生导师，是美国高校经济发展学会研究分析奖第一位得主，美国地理学会区域发展与规划学术新星奖第一位华人得主，曾主持或参与美国国家科学基金、美国商务部、美国能源部、中国国家自然科学基金、中国科技部、中国教育部资助的多项重大基金项目。

温州人在智利 2015年3月，智利北部阿塔卡玛的多个城市遭遇特大洪灾。该地区约有华人150人，中资企业员工100余人，灾后生活生产基本停滞。智利温州商会走访和联系侨界各侨团，成立赈灾组，发起捐赈倡议，共募集善款1774万比索（约18万元人民币），其中会长林正钱带头捐款100万比索（约1万元人民币），赈灾款全部用于灾民购买生活用品。

温州人在韩国 2015年，温商蒋贤云投资兴建的韩国济州奔马梨湖乐园主体工程——七星级酒店建设方案上报韩国政府审批。梨湖乐园坐落于济州岛梨湖一洞，紧邻梨湖海水浴场和济州国际机场，由七星级酒店和综合性国际度假村等项目组成。2009年，蒋贤云在韩国济州岛购置1000余亩土地，设立奔马株式会社，是在韩国落地创业的首位温商，并于2011年获济州出入境管理部门颁发的永久居住证，成为因在韩国投资而获得永久居住权的第一位外国人。

温州人在越南 2015年，越南浙江商会第一次会员大会在越南胡志明市召开，200余名浙商参会，温州永嘉籍华侨缪仁赖当选首届会长。商会有企业会员170余家，其中上市公司10余家。

温州人在阿联酋 2015年11月23日，阿联酋瑞安商会暨同乡会成立典礼在迪拜举行，中国驻迪拜总领馆副总领事马旭亮等嘉宾出席，温州瑞安籍侨联主席李多当选首届会长。商会成立的宗旨是服务商业企业，服务会员企业，服务瑞安人民，促进迪拜与瑞安的商业往来，带动双边经贸合作。在迪拜的瑞安人约5000人，瑞籍侨商企业主要从事汽配洁具、服装鞋帽贸易等轻工产业。

2015年12月26日，浙江侨团联合会成立庆典在迪拜开幕，中国驻迪拜总领馆总领事李凌冰等嘉宾出席。中国商品城董事长温籍侨胞陈志远任首届会长。

2015年12月27日，阿联酋温州同乡会举行第三届会员年会暨换届大会，驻迪拜总领事李凌冰等嘉宾出席。林时永当选温州同乡会会长。阿联酋温州同乡会成立于2006年，有会员500余人，以弘扬中华文化、凝聚同乡情谊为宗旨，促进中阿两国经贸、文化交流，维护会员权益，帮助会员融入当地社会，关注和回馈家乡教育事业，2011年捐资50万元，设立“阿联酋温州同乡会温州大学助学基金”，并为温州大学学生搭建海外就业通道。林时永，温州乐清市人，恒源贸易有限公司董事长，2004年到迪拜从事商贸产业。

温州人在乌兹别克斯坦 2015年6月3日，锡尔河州政府举行国际投资洽谈会，乌兹别克斯坦的国家劳动、经济、海关等部门和州政府主要领导，乌国商业人士以及来自温州的“一带一路”考察团等代表出席洽谈会。温商季求海的鹏盛工业园作为中乌两国务实合作的亮点和样本，被重点向与会人员推介。季求海是温州瓯海区人，出生于1973年，已在乌兹别克斯坦扎根10年，开办的鹏盛工业园是锡尔河州唯一的中乌合资企业。该州政府筹建的中乌丝路公园由当地政府、中国驻乌大使馆和鹏盛共同出资，由鹏盛承建。鹏盛作为在乌中资企业代表行使社会责任，捐助当地教育事业，资助当地退伍战士、低保家庭和伤残人员等。

（杨晶晶）

温州人在全国各地

温州人在北京 2015年3月，应全国政协的邀请，法国华侨华人会主席池万升、美国纽约温州同乡会会长黄根弟、意大利中国和平统一促进会执行会长项进光三名温籍侨领列席全国政协十二届三次全体会议。

2015年3月8日，由正泰集团、均瑶集团等参与发起的“绿丝路基金”在北京启动，首期募资300亿元。“绿丝路基金”致力于丝绸之路经济带生态改善和光伏能源发展，联合发起者包括亿利资源集团、泛海集团、正泰集团、汇源集团、中国平安银行、均瑶集团、中（国）新（加坡）天津生态城管委会等。

2015年11月18日，温州建设集团凭借温州国际会展中心三期展馆工程到北京捧回“鲁班奖”。会展中心三期展馆建设创造了温州建设史上的新速度，建设工期比同等工程量的建设项目缩短1/4。中国建筑工程“鲁班奖”是国内建筑行业工程质量最高荣誉奖。

2015年11月，由北京温州企业商会协办的“第二届中非地方政府合作论坛”在中国大饭店举办。这是北京温州商会继2012年8月成功承办“首届中非地方政府合作论坛”后，再次携手中国人民对外友好协会、中国中非人民友好协会促成的中非大型交流活动。

温州人在天津 2015年，天津温商举办温州市各县（市、区）和部门到津项目推介会10余次，签约项目5个，投资额60亿元；组团回乡投资考察30余次，对接洽谈项目40个，意向投资额200亿元。

2015年8月12日，天津港发生特别重大火灾爆炸事故。随后，在津温商向全国温商发出倡议，奉献爱心，活动得到全国21家异地商会响应，募集善款540余万元，并通过天津市工商联和市民政局，将善款捐给牺牲的消防官兵和遇难人员家属。天津市温州商会会长应泽从第一时间捐出价值50万元衣物，通过天津市红十字会送给受灾群众；副会长姚钧呈和副监事长林佳忠13日一早到医院慰问受伤老乡。90后温商陈康伟与志愿者伙伴自发驱车50公里，先后4次进入灾区运送必需品和药物。截至当月15日16时，天津市温州商会募集善款12万余元，天津市苍南商会募集善款12万元。

2015年4月27日，天津金城银行股份有限公司开业。这是国内第四家获批开业的民营银行，也是继上海华瑞银行、温州民商银行开业之后，第三家由温企作为主发起人的民营银行。作为首批银监会批筹的五家民营银行之一，天津金城银行的核准注册资本为30亿元，由天津本土民营企业天津华北集团有限公司和麦购（天津）集团有限公司作为主发起人，联合其他14家民营机构共同筹建。其中麦购集团占股18%，为第二大股东，其董事长胡时俊是温州市乐清人。

温州人在河北　2015年3月24日，河北省温商座谈会暨投资项目签约仪式在石家庄举行。副市长王祖焕率考察团与60余名河北温商见证河北省温商回归投资项目签订投资协议。当日签约9个项目，总投资92亿元。

温州人在内蒙古　2015年12月，上市公司中国内蒙古君正能源化工集团股份有限公司发布公告，称与广州唯品会联合共同发起设立内蒙古北方网商银行。拟定的内蒙古北方网商银行第二大股东的广州唯品会，是由温商沈亚、洪晓波共同创办的。

温州人在吉林　2015年6月，吉林省温州商会成立，在吉林省投资创业的温籍客商约7万人。商会整合长春、吉林、延边、蛟河、梅河、白城、通化、榆树等市州县级温商组织，推动温商资源和产业在全省充分互联互通，发挥商会在区域经济发展中的整合作用。通过互通信息、友好交流、走访互问、共同合作，利用商会经济发展平台，以商引资，以商聚商，共同创业抱团发展。

温州人在上海　2015年1月5日，温州市派驻异地温州商会招商专员第一次工作例会在上海召开。本次例会的主题是回顾总结、交流心得和部署工作任务。参会的30名招商专员结合自身工作实际，围绕招好商、招大商、精招商、准招商和招成商谈看法，对创建在外温商数据库、项目联系平台、内外互动等工作提出建议、意见。

2015年1月6日，上海温州商会举办成立15周年系列活动，召开上海温州商会第五届第七次会长办公会议、上海温州人才联谊会成立大会，举行在沪温商领头雁回乡投资项目签约仪式等。

2015年1月，上海温州商会会员与在沪温州爱心人士集体捐款，5天内募资98.42万元为温籍司机偿还交通赔款。该司机3年前在上海开车肇事，经济赔偿过半后因生意失败无力偿还。这次捐款帮助受害人，并维护在外温州人形象。

2015年4月2日，厉育平公益慈善基金会获批成立。该基金会由上海温州商会会长厉育平全额出资200万元发起成立，主要开展赈灾救灾、扶贫济贫、帮助残疾人、捐资助学等领域的公益慈善活动。

2015年4月20日，温州侨商企业——上海艾夫一眼镜有限公司成功挂牌上海股权托管交易中心，成为国内第一个挂牌的专业眼镜品牌。上海艾夫一眼镜有限公司成立于2008年，由是年46岁的荷兰中国总商会副会长、温商金建新创办。“艾夫一”公司是国内首家引入互联网O2O模式的眼镜品牌企业。

2015年5月5日，第32届上海之春国际音乐节中节之第二届国际合唱艺术周开幕，参加本届合唱节的有来自德国柏林国家歌剧院合唱团等11家境外合唱团和10家国内优秀合唱团。温州市男声合唱团参演开幕式音乐会，登场演绎陕西民歌《赶牲灵》和挪威民歌，两首歌曲风格迥异，特色鲜明，是男声合唱团的保留曲目之一。“上海之春”音乐节创建于1959年，在国内外音乐界享有广泛声誉。

2015年6月18日，“一带一路”携手同行——新常态下世界温州人与温州发展主题论坛在上海复旦大学举行，中国法学会外联部主任谷昭民等5名嘉宾参会，作国家重大战略下温州人的机遇的主题演讲，100余名世界温州人经济理论研究班学员和上海市工商联温州商会会员参会。

2015年8月，全球最大的艺术酒店“万和昊美艺术酒店”在上海开业，与旗下私人美术馆——上海昊美术馆形成一体。万和昊美艺术酒店是由温商郑好打造，历时5年，投资10亿元，融合120名艺术家、设计师的500余件艺术品和设计品，是一家艺术全融合酒店。酒店总面积5.5万平方米，设有风格不同的餐厅4个，景观艺术客房340间，除一般艺术客房外还设有安迪·沃霍尔、毕加索、克林姆、达利等艺术大师房15间，房内陈列大师素描、版画等作品。

2015年9月29日，上海市浙江温州商会成立大会召开。沪温两地各界领导、嘉宾以及上海市浙江温州商会会员360余人参会。

2015年10月14日，第十届上海国际电力设备及技术展览会开幕。温州企业正泰集团的充电桩配电系统和多智能电力、新能源、关键电源配电、智能楼宇配电保护系统等在内的整体解决方案近20个参展。其高端品牌诺雅克推出的充电桩配电系统首度亮相国内展会，吸引大量客商参观洽谈，诺雅克充电桩生产中运用的主板生产工艺、整机生产工艺和整机老化工艺等关键技术，均属企业自主研发，且生产工艺先进、技术成熟，项目产品获授权专利9项，其中发明专利1项。

温州人在江苏　2015年1月，江苏省温州商会筹备建立面向在苏大学生的奖学基金会和创业促进会，为温州年轻人在江苏的求学、创业提供各种扶持。江苏省温州商会2014年7月成立，由70余名在苏温籍企业家组成。其中，既有从事房地产业、物流服务业、先进制造业的企业，也有教育、金融、科技、影视等领域的集团公司。商会成立后，先后组织会员到江苏各地和周边省市考察项目，有6个项目在洽谈，其中2个项目投资金额超过6亿元。

2015年3月5日，苏州温商携百亿项目回归，苏州市温商回归投资委员会挂牌成立，成为全国262家异地温州商会中首个专注于温商回归的投资委员会。

2015年5月，南京温州商会换届，徐君银任第六届商会会长。商会换届后新工作：筹备建立商会投资基金，开拓金融众筹渠道新模式，发挥资本优势，帮助会员企业解决融资难、融资成本高的问题；筹建温商青年俱乐部和青年企业家文化沙龙。

温州人在浙江 2015年3月26日，在浙江大学教师干部大会上，中组部干部三局局长喻云林宣布吴朝晖任浙江大学校长。吴朝晖，1966年12月生，浙江温州人，曾任浙江大学常务副校长，教授，博士生导师，1995年6月加入中国共产党，1993年10月参加工作。

2015年4月，宁波市温州商会与唐尧财富举行签约仪式，设立青年创业基金，首期由唐尧财富注入1000万元资金。青年创业基金扶持的目标群体主要是宁波和温籍青年创业者，在初创阶段对创业者进行资助或扶持。

2015年5月20日，浙江省第九次归侨侨眷代表大会闭幕。温籍德国侨领冯定献、海归温商林东、意大利侨领刘光华、俄罗斯侨领虞安林分别当选为省侨联第九届副主席。

周清泉，1958年出生，温州平阳人，中国武术协会会员，中国武术八段，清泉教育集团董事长，湖州市清泉文武学校校长，全国首届民办教育十大杰出人物，全国首届中国教育管理科学人物获得者。18岁起从事武术教学工作，教育理念强调“武德”，创编武术竞赛拳械四十余套，发明“武术击打人形气靶”获国家专利。2015年5月，周清泉应邀到迪拜参加中阿文化交流大会并致辞，向世界推广中国武术，被授予“中阿友好形象大使”。期间，在“重建丝绸之路——中国精英人物迪拜行”活动中，周清泉撰写的《谈人生感悟》书法作品被迪拜文化部收藏。8月，周清泉以香港国际武术比赛名誉主席名义，向20余个国家的武林高手公开展示自创的“南山太极绵拳”，获闭幕式表演金奖。11月，中央电视台《发现之旅》栏目播出专题片《武林奇侠周清泉》。

2015年6月，温州大学副校长赵敏教授牵头主持的国家科技重大专项课题——“分散式污水就地处理和利用技术研究与示范”的研发成果在杭州市浙江伟达园林工程有限公司总部建成示范工程，实现国家科技重大专项课题成果落地。该示范工程由温州大学负责工艺设计，以绿色小区及绿色建筑的生活污水和雨水为处理对象，分别采用“景观型组合生态处理工艺”“节地型立体生态处理工艺”“渗、滞、蓄、净、用、排成套工艺”等技术，建设绿色小区污水处理工程、绿色建筑污水处理工程、雨水花园、透水性地面、屋顶绿化、植草沟、生态停车场、雨水蓄积处理利用池等工程设施，具有低成本、易维护、生态友好型、景观美化型、节能、节地等特点，实现绿色小区和绿色建筑生活污水的资源化处理，实现对绿色小区和绿色建筑降雨的拦截与资源化利用。

2015年11月30日，杭州市温州商会成立15周年庆典大会在浙江省人民大会堂举行，会员及嘉宾近10000人参加。作为在杭登记设立的第一家异地商会，自成立以来，商会完善内部组织架构及制度体系建设，让温籍在杭企业家共享温州杭州两地品牌资源。

温州人在安徽 2015年3月，安徽省黄山市温州商会换届选举产生新一届理事会，董希海当选新一任会长。黄山市温州商会成立于1999年11月30日，是黄山市第一家异地商会。商会有会员单位200余家，行业涉及有工商业、农林业及服务业等。2010年商会获市民政局先进社会组织称号、获市工商联招商引资先进单位称号。

温州人在福建 2015年5月25日，福州市温州商会换届，已连任两届会长的西山教育集团董事长张文彬卸任，当选执行会长，海鑫国际集团董事长毛海渊当选新一届会长。“中共温州市在闽温州商会工作委员会”同时揭牌。福州市温州商会成立于2001年6月16日，至2015年有会员企业（商会）约1000家。

2015年10月27日，第一届全国青年运动会闭幕式在福州海峡奥体中心综合馆举行。本届青运会温州市代表队有147名运动员参加13个大项的决赛，获9金9银2铜，并获青运会体育道德风尚奖。

温州人在山东 2015年4月，济南市温州商会慈善工作站举行成立仪式，并向商会会员发出捐款倡议。会员企业及商会好太太俱乐部组织各项活动累计捐资600余万元，用于支援汶川、玉树地震灾区，捐助社会福利院孤残儿童，定点帮扶西南贫困地区儿童等，先后获济南慈善奖、济南市优秀社会团体单位称号。

2015年8月30日，国内第6家省级温州商会，山东省温州商会成立大会暨第一届会员大会在济南召开。济南温州商会会长、山东连城置业有限公司董事长陆建林当选为山东省温州商会首届会长。在鲁温商人数约20万人，其中济南有6万余人，分布在商贸、地产、广告、IT以及制造业等行业。20余年间，在鲁温商先后在山东省济南、青岛、烟台、淄博、临沂等市成立规模不等的地级温州商会10余家。

温州人在河南 2015年12月，河南省民营企业精准扶贫“百企帮百户”结对帮扶启动仪式，以及驻马店市温州商会成立十周年庆典在驻马店市举行。仪式上，驻马店市浙江商会、温州商会会员企业代表分别与10个贫困村签订精准扶贫“企村”结对帮扶协议，与10家贫困户代表结对帮扶，分别提供就业岗位和帮扶资金。

温州人在湖南 2015年3月，在湖南长沙从事鞋业销售和投资管理行业的陈雄是永嘉县桥头镇人，所在公司举办为永嘉山区孤寡老人办“年货”送温暖活动，为100余名永嘉山区孤寡老人每户送上办年货慰问金1000元。

2015年8月17日，湖南省温州商会在长沙挂牌成立。湖南省温州商会与湖南省慈善总会、湖南省教育基金会签约，各捐献50万元。商会向社会各界捐献爱心2000余万元，资助贫困师生3000余人，捐资创办希望小学4所。在湖南投资创业的温商有17万余人，创办企业2200余家，每年纳税3亿余元，累计投资引资2500余亿元，为社会提供就业岗位11万余个。

温州人在广东 2015年1月22日，广州温州商会向中山大学软件学院“紧急援助基金”捐款14余万元，帮助该院研究生一年级学生徐小林治病，双方在中山大学南校区举行捐赠仪式。徐小林家境贫寒，2011年患上致心律失常性右室心肌病，2015年1月6日病情加重重新入院治疗，需10万元植入体内自动型除颤器，防止猝死。

2015年3月25日，中共中山市温州商会支部委员会经东区党工委批准成立，并举行揭牌仪式，党支部有党员13名。中山市温州商会创建于2004年，有温籍会员企业400余家。

2015年4月25日，深圳市温州商会第三届理事会换届，宝时捷表创始人、深圳市瑞辉钟表有限公司董事长沙胜昔任会长。深圳市温州商会成立于2007年，有会员单位1000余家，会员企业涉及房地产、机电、电子、印刷等行业领域。在深圳发展的温州人有11万余人，数万家温州企业。

2015年5月，广州市温州商会举办“情系温商·誉满羊城”活动，启动温商新生代交流平台“温商菁英会”和“世界温州人联谊总会广东温州人才联谊会”筹建工作，举行启动筹建仪式 。“世界温州人联谊总会广东温州人才联谊会”将搭建在粤人才沟通交流平台，为温州发展提供人才和智力支持。

2015年12月26日，第一届粤港澳温州人大会在广州召开，同时成立广东省浙江温州商会、广东温州人才促进会、粤港澳温州菁英会。本届粤港澳温州人大会，由粤港澳地区的15个温州社会团体共同主办，旨在搭建一个全新的粤港澳温州人联谊、交流平台，促进温州人在粤港澳地区的合作互动，引导三地温州人创新创业。粤港澳地区有30余万温州人，主要从事服贸、电商、化妆品等行业。

温州人在海南　2015年7月，第38届环球太太大赛中国区总决赛颁奖盛典在三亚美丽之冠大剧院圆满谢幕，来自温州的李丽红获得杰出女性奖。李丽红出生于1979年，永嘉人，从事美容化妆品及服饰行业十几年。李丽红自参加比赛以来，参与组委会举办的资助贫困大学生、帮助白血病女童、探望贫困妇女、关注残障儿童等慈善活动。

2015年9月，温州商人叶志兴在三亚的崖州湾投资20余亿元，征地200余亩，计划打造海南第一家超五星级的产权式酒店，该地块依河面海，前面有一条150米宽的金色海岸沙滩，长达6公里。

温州人在四川　2015年1月，由温州市侨商协会会员捐资创立的慈善组织——温州市慈善总会侨爱分会捐资建设的四川雅安市芦山县升隆中心校“温州侨爱”会议室落成，并投入使用。2013年，“4·20”雅安地震发生后，雅安市芦山县龙门乡升隆中心校综合楼墙体被震得四分五裂，是受灾最严重的地方之一。2014年1月，温州市慈善总会侨爱分会派人专程将10万元爱心款送到升隆中心校，在该校设立“侨爱助教助学金”。

温州人在云南　2015年4月25日，尼泊尔发生地震灾害，紧急备勤的云南蓝豹救援队接到总队命令，搭乘东航MU757航班，飞赴尼泊尔首都加德满都展开救援，云南省温州商会执行会长叶贤来及商会会员前往为救援队送行。云南省温州商会贯彻“商行天下，善行天下”的温商精神，此次尼泊尔地震发生后，商会第一时间和中国福利基金会云南蓝豹救援队取得联系，迅速开展救灾物资的准备工作。

2015年5月，云南省温州商会二届一次理事会暨“创巾帼美 圆商会梦”会员活动在昆明市举行。会上，“云南省温州商会妇女联合会”宣布成立，副会长季三春当选妇女联合会主席。

2015年8月25日，首届云南温商会长论坛暨第四届滇浙产融合作峰会在云南召开，宣布在滇温商开始布局“一带一路”新战略。云南省温州商会于2000年成立，有会员单位3380家，温商在滇投资总额450亿元，税收总额7亿元。温商在云南投资项目包括曲靖首个城镇上山项目敏大金麟湾、普洱首个大型城市综合体项目“创基·尚城”等。

温州人在陕西　2015年1月11日，陕西省温州商会和西安温州商会举办新经济形势报告会，来自陕西西安、宝鸡、榆林、延安、汉中、商洛等地的1200余名温籍商人参加，听取题为《传统企业战略转型与商业模式再造》报告，并集体学习互联网知识。

2015年3月，陕西省温州商会暨西安温州商会年会在西安曲江会展中心金色大厅召开，商会精简会议开支，拿出10万元商会的爱心慈善基金支持“珍环计划”，现场为家庭困难的环卫工人发放新年慰问金和温暖包。“珍环计划”于1月5日启动，由陕西省青少年发展基金会与陕西大眼蛙公益服务中心共同发起，致力于环卫工人肺部大病关爱的公益项目。

2015年12月29日，在陕西省温州商会成立一周年、西南温州商会成立二十周年庆典大会上，陕西省温州商会与泰国政府中小企业经济贸易发展会员会签订“一带一路”跨境电商战略合作协议。西安温州商会成立于1995年，并成立首家异地温州商会党支部。

温州人在新疆　2015年4月16日，新疆温州商会“百企助百村·携手共发展”慈善公益活动在和田启动，资助活动在斯玛瓦提乡会议室举行。本次新疆温州商会捐赠善款12.2万元，资助40名孤寡老人和24名贫困大学生。“百企助百村”活动启动以来，新疆温州商会会长多次到和田县调研，帮助孤寡老人和贫困大学生。

2015年12月18日，新疆维吾尔自治区（省级）温州商会成立大会暨七届二次会员代表大会在乌鲁木齐召开，自治区内10家地州商会，加盟新疆维吾尔自治区（省级）温州商会，同时成立新疆温州商会慈善基金会，筹集基础基金1410万元。商会有会员单位2000余家，主要经营范围有房地产开发、矿业、商贸流通、客运、金融业、酒店旅游业、信息技术等；主要分布在乌鲁木齐市、阿克苏、喀什、和田、伊犁、巴州、石河子等地区。

温州人在香港　2015年7月6日，温商企业“新明中国”控股有限公司（股票代号02699.HK）在香港联合交易所主板上市。此次上市发行4.7亿股H股，募资总额约6.721亿港元。

2015年11月，由泰顺籍商人舒策城、舒策丸两兄弟掌舵，在香港上市的五洲国际复牌交易，股价暴涨，引起资本市场不小的关注。近几年来，资本市场上的温州力量不断壮大，除A股市场外到香港上市的温商企业越来越多。

2015年11月20日，温州康宁医院股份有限公司在香港联合交易所主板上市，（股票代号2120.HK）。康宁医院成为温州市首家香港上市公司，作为全国最大的私立精神科医疗集团正式登陆港股。温州康宁医院总院成立于1996年，是国内唯一一家民营三级甲等精神专科医院。

先进模范

全国劳动模范和先进工作者 2015年4月28日，庆祝“五一”国际劳动节暨表彰全国劳动模范和先进工作者大会在北京人民大会堂举行。温州市有9名全国劳动模范和3名全国先进工作者接受表彰。

阮诗科，2015年全国劳动模范。男，1957年8月出生，中共党员，温州市交通运输集团有限公司董事长、党委书记、高级经济师，浙江省劳动模范、浙江省第十一届人大代表，曾获全国首届“服务中国道路运输行业终身荣誉”称号。阮诗科主导实施兼并重组战略，先后主持整体兼并市汽运公司、市联运公司、洞头长运公司和市交通国资经营公司等4家国企，主导温州长运集团和温州公交集团的整合重组。用4年时间投资10余亿元更新公交车辆和收购城乡巴士，使温州公交软硬件达到全国领先水平。注重发挥国企的社会责任和投融资功能，近五年集团完成各类投资25亿余元，推进企业产业转型升级。

温州市2015年全国劳动模范（9名）

表72

姓　名	工作单位
阮诗科	温州市交通运输集团有限公司董事长、党委书记、高级经济师
吴来红	温州中淳高科桩业有限公司维修主管
张积贵	浙江温兄机械阀业有限公司机加工艺主管、技师
林忠民	洞头县乘风捕捞专业合作社船员
赵国新	温州港龙湾港务有限公司安全管理部经理、助理工程师
韩宝国	文成县殡仪馆工人
彭尚进	泰顺县尚进农林专业合作社理事长
林小群（女）	中国工商银行股份有限公司永嘉支行大堂经理
刘逢燕	民扬集团有限公司董事长

温州市2015年全国先进工作者（3名）

表73

姓　名	工作单位
王　军	温州市中心医院心内科主任、主任医师
陆经民	乐清市实验小学教师、小学高级教师
赵　敏	温州大学副校长、教授

吴来红，2015年全国劳动模范。男，1968年12月出生，温州中淳高科桩业有限公司设备部维修主管，温州市劳动模范、浙江省劳动模范，浙江省工会第十三次代表大会代表。吴来红受上海浙东水泥制品有限公司邀请全面负责压力容器（高压釜）共10台12条生产线的气路管道工程安装。带领机修班人员，刻苦钻研，对公司A车间进行大型技改，突破性能和产能方面的瓶颈，对各种蒸汽管道进行改造和重新布置，节约能源、降低能耗，减少环境污染。

张积贵，2015年全国劳动模范。男，1974年7月出生，中共党员，浙江温兄机械阀业有限公司机加工艺主管、技师，浙江省劳动模范，创办浙江省张积贵高技能人才创新工作室、浙江省张积贵技能大师工作室，在国家级《中国机械》《东方企业文化》期刊上发表论文数篇。张积贵从事一线技能工作，所领办的工作室培养出多名国家职业资格技师、高级工、中级工；首创温州工会系统“劳模育才班”。攻克多项重点科技项目的加工技术难题，并获得国家发明专利2项、实用新型专利16项，专利产品投放市场后取得每年3000万元左右经济效益和社会效益，提高国内制药机械水平。

林忠民，2015年全国劳动模范。男，1971年10月出生，中共党员，洞头区乘风捕捞专业合作社船员，浙江省劳动模范，曾获温州市十大优秀农村青年、浙江省海洋渔区“十佳平安老大”称号。林忠民3次对渔船进行更新改造，对接捕捞渔船转型升级的发展导向，投入资金1300万元，新造洞头县马力最大一对渔船，带动全县渔民累计投入资金2亿余元，打造安全性更好的捕捞“联合船队”。在鱼类资源保护上，带头宣传、遵守休渔规定，带领12艘渔船远赴南海渔场，开辟双拖渔轮新渔场；牵头组建温州市首家捕捞专业合作社，创建“信息共享、渔货共销、安全共助”的合作经营道路。

赵国新，2015年全国劳动模范。男，1970年3月出生，中共党员，温州港龙湾港务有限公司安全管理部经理、助理工程师，温州市劳动模范、浙江省技术革新标兵、全国“五一劳动奖章”获得者。赵国新从事港口技改工作21年，与修理班的骨干攻克多项技术难题，解决LQ16IB轮胎起重机无直接控制动力的起升安全装置所带来的生产隐患，对门机钢丝绳的更换方法进行改进，完成10多项技术革新；推进对温州港集团港区的场地照明进行技改创新。带领的杂货站修理班先后获“服务质量提升工程”先进班组、“十佳学习型组织”“设备管理推进计划”活动先进班组等称号。

韩宝国，2015年全国劳动模范。男，1972年11月出生，中共党员，文成县殡仪馆火化工人，温州市劳动模范、浙江省劳动模范。韩宝国从事殡仪服务第一线15年，从普通的火化工成长为火化车间班长。对火化设备的工艺流程以及电器、电路的配置进行多项改造和革新，独力完成车间老化设备的改造和更新，节约维修费用100余万元；推进科技创新，解决火化机喷耗油过大的难题，使火化业务的柴油耗量每年减少4万余升，年均节约资金30余万元。

彭尚进，2015年全国劳动模范。男，1964年9月出生，泰顺县尚进农林专业合作社理事长、农民高级技师。曾获浙江省劳动模范、浙江省农村科技示范户、全国绿色小康户称号。彭尚进研究推广“毛竹扩边快速成林技术研究”“华特毛花猕猴桃新品种技术示范推广”等研究项目10余项。选用泰顺县乡土毛花猕猴桃，通过8年时间选育出“华特”新品种，并探索优质高效栽培配技术，建成新品种园100余亩，向县内推广种植5200亩。创办养殖场，引进波尔山羊、南江黄羊等优良品种，实现良好经济效益。通过示范推广，指导农户做好猕猴桃中期管理、病害防治、梳果、园地清理工作，累计帮扶150余户农户，亩均产量超1500千克。

林小群，2015年全国劳动模范。女，1975年7月出生，中国工商银行股份有限公司永嘉支行大堂经理。浙江省劳动模范，曾获中国工商银行“全国巾帼岗位标兵”、全国知识型员工称号。林小群积极钻研业务，有较高技能水平。在工行温州分行和市金融系统举办的技术比武中，连续获得点钞项目22个冠军头衔。获省分行第十届业务技能比赛综合点钞项目第一名，被省分行授予“十佳业务能手”称号。获温州青年群英奖章、温州市职业技能带头人称号。

刘逢燕，2015年全国劳动模范。男，1963年12月出生，中共党员，民扬集团有限公司董事长，浙江省劳动模范，温州市第十、十二届人大代表。刘逢燕依靠科技创新，使企业不断成长壮大。所在企业先后获得中国驰名商标、浙江省名牌产品、全国AAA级守合同重信用单位，温州市活力和谐企业等多项荣誉。创办的三位一体职工乐园，被省、市总工会评为先进单位。职工书屋被评为全国工会优秀职工书屋。参加市政府的扶贫结对活动，每年用于教育、文化、慈善事业的捐款及地方公益事业的资金均达100余万元。

王军，2015年全国先进工作者。男，1963年3月出生，中共党员，温州市中心医院心内科主任，院党委委员。温州市第十一次党代会代表、浙江省劳动模范、全国“五一劳动奖章”获得者。王军从医多年，诊治的病人有7万余例，完成心脏介入手术3000余例。注重科研及临床工作，开展冠心病介入诊疗，采用急性心肌梗死急诊PCI，冠脉内超声技术，冠状动脉血流储备功能测定，冠脉旋磨术，心脏电生理诊疗等技术，使医院专科抢救成功率达到市领先水平。发表国家、省级论文20余篇，主持承担多个国家“十一五”课题子项目及市级课题、局级课题。

陆经民，2015年全国先进工作者。男，1965年3月出生，中共党员，乐清市实验小学体育教师。全国“五一劳动奖章”获得者、全国教育系统劳动模范、人民教师奖章获得者、全国体育传统项目学校优秀工作者。陆经民从教35年，为国家培养和输送游泳人才150余人，所指导和输送的队员在国际和区域性的比赛中，获9项冠军、3项亚军和3项季军；在全国性的比赛中，获75项冠军，并打破20项全国年龄组纪录。发挥自身专业特点，举办中考体育游泳公益性指导活动。

赵敏，2015年全国先进工作者。男，1966年10月出生，中共党员，温州大学、浙江省水环境与海洋生物资源保护重点实验室主任、教授、博导。浙江省劳动模范、全国“五一劳动奖章”获得者、国务院政府特殊津贴专家、国家有突出贡献中青年专家、“国家百千万人才工程”国家级人选。赵敏主持国家科技重大专项项目、国家973计划前期专项、国家自然科学基金等科研项目10余项。获得国家教育部自然科学二等奖、浙江省科学技术奖一等奖等10余项奖。在Biochem J（SCI）等各类期刊上发表论文80余篇。竞标获得主持国家科技重大专项项目，项目总经费3262万元，实现浙江省省属高校和温州市单位主持国家科技重大专项（水专项）项目零的突破。

浙江省“五一劳动奖章”获得者　2015年4月30日，浙江省庆祝“五一”国际劳动节暨劳动模范和先进工作者表彰大会在浙江省人民大会堂举行。温州市有8名先进个人获浙江省“五一劳动奖章”。

温州市劳动模范　2015年4月29日，温州市纪念“五一”国际劳动节暨劳动模范表彰大会在市人民大会堂举行。大会授予马如君等100人“2013至2014年度温州市劳动模范”称号，授予浙江长城减速机有限公司等29个集体“2013至2014年度温州市模范集体”称号。

温州市2015年浙江省“五一劳动奖章”获得者（8名）

表74

姓　名	性　别	民　族	出生年月	政治面貌	工作单位
项森崇	男	汉族	1978.06	中共党员	温州市龙湾区总工会
陈振标	男	汉族	1961.03	群众	佩蒂动物营养科技股份有限公司
郑志虎	男	汉族	1975.12	中共党员	新雅投资集团有限公司
周列芽	男	汉族	1970.06	中共党员	温州市交通投资集团有限公司
卢韵琦	女	汉族	1975.08	中共党员	温州市中医院
王巧麟	男	汉族	1959.07	中共党员	温州市职工技术协会
陈丽婵	女	汉族	1976.06	中共党员	温州市招商局
李　佩	女	汉族	1979.08	中共党员	温州市中级人民法院

2015年温州市劳动模范（100名）

表75

姓　名	性　别	民　族	出生年月	政治面貌	工作单位
马如君	女	汉族	1971.02	中共党员	鹿城区人民法院
胡美珠	女	汉族	1959.03	中共党员	鹿城区南汇街道春秋社区
郭文明	男	汉族	1975.03	中共党员	鹿城区治水办（农林水利局）
卓东健	男	汉族	1964.09	中共党员	温州市蒲鞋市小学
陈　彬	男	汉族	1972.05	中共党员	鹿城区广播电视新闻中心
李艾黎	男	汉族	1963.01	农工党党员	国药控股温州有限公司
严章章	女	汉族	1974.12	中共党员	温州市华春经贸有限公司
黄建云	男	汉族	1965.11	中共党员	温州市藤穗粮食专业合作社
林　森	男	汉族	1977.08	中共党员	龙湾区市域铁路建设办公室

续表

姓名	性别	民族	出生年月	政治面貌	工作单位
张作银	男	汉族	1960.08	群众	温州金鑫生化阀门有限公司
李金煌	男	苗族	1985.08	群众	凯喜姆阀门有限公司
吴贯中	男	汉族	1983.03	中共党员	一帆生物科技集团有限公司
杨国富	男	汉族	1976.11	群众	温州泰昌铁塔制造有限公司
张汉平	男	汉族	1955.01	群众	温州市爱好笔业有限公司
诸葛松良	男	汉族	1961.08	中共党员	温州市一楠果蔬专业合作社
谷　雨	男	汉族	1974.01	中共党员	温州电力局瓯海供电分局
徐颢宇	男	汉族	1981.11	中共党员	温州市冠盛汽车零部件集团股份有限公司
单克胜	男	汉族	1963.08	中共党员	温州市瓯海职业中专集团学校
林聪生	男	汉族	1969.07	中共党员	瓯海区郭溪街道社区卫生服务中心
卢意如	女	汉族	1978.12	致公党党员	瓯海区司法局法律援助中心
潘志坚	男	汉族	1963.04	中共党员	浙江温州瓯海农村商业银行股份有限公司
陈光林	男	汉族	1959.06	中共党员	温州市瓯海区仙岩街道沈岙村
林周成	男	汉族	1973.06	中共党员	瓯海区水利局
陈星兴	男	汉族	1964.09	中共党员	浙江甄博律师事务所
吴余益	男	汉族	1971.11	中共党员	乐清市翁垟街道前进村
金良春	男	汉族	1968.07	中共党员	乐清市铁皮石斛产业协会
林发明	男	汉族	1970.12	中共党员	中国电信股份有限公司乐清分公司
牟原喜	男	汉族	1979.11	群众	乐清市丹霞路小学
司莺歌	男	汉族	1975.11	群众	浙江正泰电器股份有限公司
张　冰	女	回族	1971.02	民革党员	乐清市人民医院
郑　革	男	汉族	1980.10	中共党员	永固集团股份有限公司
周妙利	女	汉族	1977.06	中共党员	乐清市戏曲艺术传承展演中心
田海霞	女	汉族	1982.02	群众	浙江亚伯兰电器有限公司
林友海	男	汉族	1974.01	中共党员	浙江华东活塞环有限公司
翁士忠	男	汉族	1977.06	中共党员	浙江百速鞋业有限公司
李建兴	男	汉族	1978.04	中共党员	瑞安市公安局交警大队
蔡建明	男	汉族	1970.08	中共党员	瑞安市马鞍山实验小学
郑建丽	女	汉族	1976.08	中共党员	奥光动漫集团有限公司
林余松	男	汉族	1969.11	中共党员	浙江瑞松食品有限公司
陈万早	男	汉族	1977.05	群众	浙江新力塑料股份有限公司
吴　皓	男	汉族	1971.10	中共党员	国网浙江瑞安市供电有限责任公司
滕琼琼	女	汉族	1973.08	中共党员	永嘉县瓯北第二中学
汪海潮	男	汉族	1972.05	中共党员	永嘉县公安局刑侦大队
徐建清	男	汉族	1970.02	中共党员	永嘉县桥头纽扣城开发有限公司
叶杰林	男	汉族	1968.12	中共党员	永嘉县农办新农村建设指导中心
黄振国	男	汉族	1956.01	群众	永嘉县上塘城管大队
戴本石	男	汉族	1963.01	中共党员	永嘉县水利局
董平西	男	汉族	1971.08	中共党员	永嘉县公路管理局岩头站
苏友军	男	汉族	1977.10	中共党员	洞头区城市开发建设指挥部
陈民存	男	汉族	1962.10	中共党员	洞头区大门镇小荆村
郭华斌	男	回族	1966.10	群众	浙江方舟工程机械设备有限公司
高启湖	男	汉族	1969.08	群众	国营文成县叶胜林场
林清芳	女	汉族	1971.04	中共党员	文成县实验小学
刘仙玉	男	汉族	1955.11	群众	珊溪水力发电厂

续表

姓　名	性　别	民　族	出生年月	政治面貌	工作单位
冯易乐	男	汉族	1974.12	中共党员	浙江依特诺科技股份有限公司
姚　培	女	汉族	1984.04	中共党员	浙江省平阳县人民检察院
高树叶	男	汉族	1980.02	群众	温州广鑫包装有限公司
缪雄伟	男	汉族	1967.12	中共党员	平阳县科学技术局
唐　瑾	女	汉族	1972.01	群众	平阳县水头镇第一中学
龚伟伟	男	汉族	1989.09	中共预备党员	浙江金萨克服饰皮具有限公司
邱珍君	男	汉族	1983.02	群众	温州创意农业有限公司
罗祖华	男	汉族	1971.02	中共党员	泰顺县飞龙竹雕厂
林如通	男	汉族	1973.10	中共党员	泰顺县白云橡胶厂
蓝学许	男	畲族	1975.07	中共党员	泰顺县司前镇左溪村
黄桃红	女	汉族	1972.10	中共党员	苍南县钱库镇仙居学校
李锡安	男	汉族	1977.03	群众	浙江熊猫乳业集团股份有限公司
林德生	男	汉族	1968.12	群众	浙江天德泵业有限公司
缪茂庚	男	汉族	1975.07	中共党员	浙江苍南宜山大不同酒店
张枝然	男	汉族	1970.02	中共党员	苍南县人民检察院
钟政祥	男	畲族	1987.03	群众	浙闽台民族花海生态园投资有限公司
白伟宾	男	汉族	1973.02	中共党员	温州市公安局经济技术开发区分局
吕　辉	男	汉族	1982.12	群众	温州市蓝道工业发展有限公司
王达武	男	汉族	1965.01	民革党员	福达合金材料股份有限公司
包晓炎	男	汉族	1979.11	中共党员	温州市市政工程建设开发公司
黄胡竣	男	汉族	1973.11	群众	温州菜篮子集团有限公司肉类联合分公司
张可潘	男	汉族	1968.10	中共党员	温州快鹿集团公司
蔡起要	男	汉族	1977.03	中共党员	国网浙江省电力公司温州供电公司
李品聪	男	汉族	1966.02	中共党员	温州市道路运输管理局
叶　洁	女	汉族	1981.03	群众	中国电信股份有限公司温州分公司
黄建国	男	汉族	1957.10	中共党员	温州市建筑工程公司
柯向东	女	汉族	1977.01	中共党员	中国农业银行股份有限公司温州瓯海支行营业中心
项谦和	男	汉族	1977.01	中共党员	浙江省测绘大队驻温州办事处
潘晓林	男	汉族	1955.10	群众	温州市顺生大酒店有限公司
徐　亮	男	汉族	1965.08	无党派	温州市酒类行业协会
蔡诸萱	女	汉族	1964.12	中共党员	温州市财政（地税）局
缪　磊	男	汉族	1971.02	中共党员	温州日报报业集团温州都市报
周　曦	女	汉族	1979.12	中共党员	温州广播电视传媒集团
姜文兵	男	汉族	1974.09	中共党员	温州市人民医院
郑伟明	男	汉族	1961.07	中共党员	温州医科大学附属第一医院
徐丹阳	女	汉族	1979.03	中共党员	温州第二高级中学
盖庆春	男	汉族	1957.06	中共党员	温州市第八中学（温州市第八高级中学）
刘少光	男	汉族	1964.01	中共党员	浙江科得力新材料有限公司
胡琮洲	男	汉族	1973.09	中共党员	温州市府办市长专线
陈虞承	男	汉族	1967.11	中共党员	机关事务管理局机关后勤发展中心
俞瑞明	男	汉族	1969.05	中共党员	温州市文明办
马群英	男	汉族	1974.03	中共党员	温州市司法局社区矫正管理局
娄艳龄	女	汉族	1975.12	中共党员	温州市人民检察院
黄　凡	男	汉族	1978.01	中共党员	温州市防汛办
陈余钊	男	汉族	1963.03	九三学社社员	温州市林业局
陈照亮	男	汉族	1973.04	中共党员	温州绕城高速公路西南线有限公司

温商回归功勋人物 2015年2月26日，温州市温商回归表彰暨年度工作会议在市人民大会堂举行，会议表彰36名功勋人物、62名先进人物等“温商回归”典型，同时表彰2014年度异地温州商会“争先创优”先进商会和优秀会长。

第二届温商回归功勋人物

表76

姓 名	工作单位
黄 伟	瑞安市中宝置业有限公司
张祺玮	温州荣悦置业有限公司
李奉国	温州莱建置业管理有限公司
孙广滨	温州市中交一公局工程建设有限公司
黄 强	温州润嘉投资开发有限公司
陈彩权	温州雅林农业有限公司
张宪森	浙江康德莱医疗器械股份有限公司
蔡志远	温州港龙置业有限公司
陈龙秋	浙江森象置业有限公司
郁文杰	华润置地森马实业（温州）有限公司
张 永	德力西集团有限公司
石碎标	电光防爆科技股份有限公司
吴炳池	浙江正泰电器股份有限公司
金灵满	上海人民企业集团乐清制造有限公司
韩玉明	温州港瑞投资股份有限公司
舒策城	瑞安五洲国际商贸城有限公司
张明贵	永嘉万新尚瑞置业有限公司
邱剑侠	温州奥嘉国际酒店管理有限公司
张叶挺	温州一立高新科技有限公司
周纪迁	浙江四海山生物科技有限公司
潘韦延	浙江星河云山农业发展有限公司
潘武杰	永嘉县楠溪江南陈观光农业有限责任公司
李阿安	浙江东一海洋经济发展有限公司
王德川	浙江中塑置业有限公司
林国产	温州启明新材料科技有限公司
李金杰	温州新华鸿房地产开发有限公司
高启武	泰顺桃园置业有限公司
应仲树	仪邦集团有限公司
陈金明	浙江明泰标准件有限公司
戴志强	温州生态园新宏地发展有限公司
张雪松	温州雅园置业有限公司
李金枢	温州市华鸿房地产开发有限公司
陈永锋	温州市大中梁置业有限公司
王云龙	嘉恒置业有限公司
厉育平	永嘉法洋置业有限公司
林允华	温州银联投资置业有限公司

2015年2月26日，温商回归表彰暨年度工作会议召开 杨冰杰／摄

第二届温商回归先进人物

表77

姓 名	工作单位
王益友	温州明大置业有限公司
谷俊杰	温州川耕鞋材有限公司
陈建静	置信房地产开发有限公司
张爱忠	温州十里河投资管理有限公司
戴王送	温州奥玛尔国际购物中心有限公司
林 森	温州中港小微园开发有限公司
李崇权	温州欣亿农业科技有限公司
黄建奇	温州俊奇置业有限公司
黄秀曼	温州红星国际家居广场有限公司
吴海坡	温州巨溪皮革市场有限责任公司
蔡丰勇	温州仙岩大酒店开发建设有限公司
张 秋	乐清华利大厦酒店有限公司
朱成杰	乐清市精实小额贷款股份有限公司
蔡胜才	意华控股集团有限公司
金绍平	金龙机电股份有限公司
周 荣	浙江路之遥电气有限公司
朱锦成	浙江朗诗德健康饮水设备股份有限公司
宋仙水	浙江铁枫堂科技股份有限公司
胡启多	瑞安市立信投资有限公司
戴文华	瑞安市金雅居房地产开发有限公司
黄益治	温州茂昌世纪投资有限公司
朱林敏	瑞安中润置业有限公司
周岩凯	瑞安市厚地文化创意有限公司
黄其亨	浙江仙之源现代农业股份有限公司
施正彪	温州市树人农业开发有限公司
邹招斌	浙江维多利置业有限公司
黄东海	永嘉华中房地产开发有限公司
周敏弟	永嘉县置诚房地产有限公司
潘统夏	永嘉县大若岩百丈瀑旅游开发有限公司
陈时满	浙江鸿鑫房地产开发有限公司
王进权	奥康国际电子商务有限公司
李作勤	浙江永嘉文化书院有限公司
邵力中	永嘉县有乔农业生态科技有限公司
李启松	永嘉汇发农业开发有限公司
滕荣利	永嘉县滕氏戈田梅花发展有限公司
蔡德奖	浙江华祥海运有限公司
余余钱	浙江盛龙船务有限公司
叶友如	文成县九龙山旅游开发有限公司
叶信樟	文成县万信旅游开发有限公司
张士寨	温州市润泰建设有限公司
陈建林	浙江绿力置业有限公司
贝云毅	温州琪乐置业有限公司
卢孔欧	浙江欧平农业综合开发有限公司
苏孝锋	泰顺华府置业有限公司
高立存	浙江中宇实业发展有限公司
许文树	苍南浙福数码家电城开发有限公司
曾家权	云南佳泰矿业集团有限公司
饶道苗	浙江新旺海洋生物科技有限公司
苏妙俊	浙江康硕生物科技有限公司
刘胜龙	温州南车轨道车辆有限公司
曹绍国	温州力天梦工场投资置业有限公司
曾文贵	浙江拓海建设有限公司
郭嵋俊	温州正泰电器科技有限公司
庄明耀	温州汉瑄置业有限公司
周国尧	浙江首想科技有限公司
潘 敏	盛中意电力科技有限公司
翁京华	温州滨海高级中学
胡胜克	温州德信置业有限公司
葛一暘	温州市凯润置业有限公司
王瑞生	瑞安市恒富中梁置业有限公司
施斌斌	温州德信生态园置业有限公司

（顾新民）

感动温州十大人物　毛信勃，男，1974年3月出生，平阳县人，2015年8月3日，强台风“苏迪罗”来袭，身为村主任的毛信勃转移37名村民直至深夜。他的家却遭到泥石流冲击，他的妻子、儿女均被压在废墟里。最终，5岁的女儿获救，而妻子和11岁的儿子却永远离他而去。被评为“2015年度感动温州十大人物”。

王爱月，女，1955年6月出生，龙湾区人，俗话说“久病床前无孝子”，更何况是对待与自己毫无血缘关系的小姑子，这种一般人难以做到的事，却发生在普通农妇王爱月身上。61岁的她像一位母亲一样照顾着患有精神疾病、生活不能自理的姑子丁秀莲长达39年，演绎了一段人间至真至善的姑嫂情。被评为“2015年度感动温州十大人物”。

孙小霞，女，1982年11月出生，诸暨市人，从军16载，她是温州边防检查站的形象大使，使不法分子望而却步，让世界各地船员感受到中国边检的温暖；她坚持助学，从2006年起一直资助永嘉县南正村的7名失学儿童；她孝敬婆婆，五年来悉心照顾身患乳腺癌的婆婆，她的婆婆说：“就是亲生女儿也做不到这样。”被评为“2015年度感动温州十大人物”。

吴永安一家，瑞安市人，2015年4月7日，吴永安、陈锦红、吴云、吴萍、吴雷一家五口全部完成遗体捐献的相关程序。在整个瑞安市，遗体捐献登记在册的为11人，吴永安一家就占5名，在全国未见先例。被评为“2015年度感动温州十大人物”。

陈众芳，男，1963年5月出生，瑞安市人，2005年2月，陈众芳当选陈岙村党支部书记兼村委会主任。他敢谋民事，敢办实事，将一个空壳村变成拥有2亿余元集体资产的富村，成为建设社会主义新农村的带头村。被评为“2015年度感动温州十大人物”。

林国敬，男，1984年11月出生，瑞安市人，2000年初中毕业后，他到温州市区学理发，开理发店。一篇文章激发了他的求学兴趣，他到温州高教园区附近书店打工，到大学英语课堂旁听。此后，他先后获得浙江大学本科、上海大学硕士研究生学历。上年6月，他考入中国人民大学成为一名哲学博士。被评为“2015年度感动温州十大人物”。

郑少春夫妇，郑少春的前夫去世后，留下他瘫痪在床的奶奶、患有帕金森症的父亲和双目失明的母亲。2005年，郑少春与现任丈夫宋昌华结婚，婚前她提出的唯一条件是“带着婆婆一家人嫁人”。婚后十余年，夫妇俩一直坚持照顾这3位老人，不离不弃。如今郑少春前夫的奶奶和母亲都已经去世。被评为“2015年度感动温州十大人物”。

唐朋刚，男，1977年8月出生，贵州省余庆县人，2014年6月8日晚，鹿城区双屿双岙工业区发生一起恶性杀人案件，造成两死两伤。身材瘦小的唐朋刚不顾个人安危，勇敢地上前夺下歹徒手中的刀，将歹徒按倒在地上，保住孕妇杨女士的性命，他自己却因此受重伤。被评为“2015年度感动温州十大人物”。

高鹏程，男，1977年11月出生，湖南省人，是AB型RH阴性稀有血型“熊猫人”。近八年间，他专程到乐清、上海、四川等地，为需要的人献血，累计捐献AB型RH阴性稀有血2500毫升。他说，因为血液稀少宝贵，所以每年都会献血，充实血库，希望能帮上跟我一样血型的人。被评为“2015年度感动温州十大人物”。

黄金飞，男，1978年2月出生，鹿城区人，是一名残疾人，2004年他回乡投身农业事业，通过十余年的努力，创办温州山鸣农业开发有限公司，年产绿色果蔬200余吨。他坚持以残助残的理念，建立多个自营生态农业基地，吸纳11名残疾人就业，并带动了数十户农户增收致富。被评为“2015年度感动温州十大人物”。

最美温州人　叶方，男，1979年11月出生，瑞安市人，2015年6月26日，为尽快救助落水的群众，在救助过程中，遭电击受伤住院。该事件被现场群众拍成视频上传网络，大批网友为其英勇救人行为点赞。经全力抢救，叶方脱离生命危险，但因肺部灼伤，留下后遗症。叶方获“最美温州人”“最美瑞安人”等称号。

潘超俊，男，1974年7月出生，温州市人，2015年12月25日，潘超俊因连续加班，劳累过度，突发爆发性心肌炎不幸去世。浙江省委书记夏宝龙批示：一名优秀的交警、共产党员走了，他为人民群众的平安，工作到生命的最后一刻，又是一个最美浙江人。潘俊超被追授“最美温州人”。

胡小丽，女，汉族，1979年4月出生，生前系瑞安市风荷幼儿园教师。2014年10月1日，胡小丽看到一名小孩掉进瓯江，明知自己不会游泳，却义无反顾跳入水中，奋力托起落水孩子，不幸遇难。第五届浙江省道德模范。

赵章惠，男，1977年5月出生，平阳县人，他为履行一个承诺，不惜抵押自己价值100余万元的座驾捷豹，向民间借贷中心借30万元，帮助患有地中海贫血的小雨露垫付造血干细胞前期移植手术费用。他是温州市爱加倍社工服务中心的发起人之一，致力向社会提供食品、发放衣服、义务培训、法律咨询等公益活动。第五届浙江省道德模范。

（周晓群）

2015年12月30日，温州市民为优秀交警潘超俊送行（获第17届《温州年鉴》“菱华奖”银奖）

陈　翔／摄

温州市第13届"雁荡友谊奖"获奖外国专家一览

表78

序号	姓名	性别	聘请单位	国籍
1	马修·布朗	男	温州医科大学	澳大利亚
2	詹姆斯·吉伯尼	男	温州市第二十一中学	澳大利亚
3	华特	男	温州博纳激光科技有限公司	比利时
4	安德烈·伊格纳托夫	男	浙江万德远机车部件有限公司	俄罗斯
5	乔·詹姆斯·库克	男	温州市绣山中学	加拿大
6	托马斯	男	温州市红太阳设计创意园有限公司	法国
7	黄球纶	男	温州医科大学附属口腔医院	美国
8	欧玛·托萨尼	男	温州市第十二中学	摩洛哥
9	道家敦宏	男	温州欣视界科技有限公司	日本
10	门脇邦博	男	浙江力邦合信汽车制动系统有限公司	日本
11	科拉巴斯·雨果	男	温州市鹿城区韦博外国语培训学校有限公司	乌克兰
12	布兰玛奇·马蒂诺	男	奔腾激光（温州）有限公司	意大利
13	拉坦齐·纳萨雷诺	男	浙江奥康鞋业股份有限公司	意大利
14	罗伯托·卡瓦雷里	男	浙江报喜鸟服饰股份有限公司	意大利
15	大卫·巴特沃斯	男	温州大学	英国

雁荡友谊奖 2015年9月25日，温州市第13届外国专家"雁荡友谊奖"颁奖大会在温州举行，副市长陈建明出席颁奖大会并致辞。获"雁荡友谊奖"外国专家15人，分别来自澳大利亚、英国、加拿大、美国、意大利、日本等11个国家，有实施技术革新的创新人才，也有潜心科研、教育的专家学者，其中就职于各大企业8人，就职于教育科研机构7人。

逝世人物

白正国（1916.12—2015.1） 男，平阳县人。温籍数学家，是以苏步青为首的浙大射影几何学派的代表人物之一。原浙江师范学院副教授，杭州大学教授、数学系主任，浙江大学教授，中国数学学会理事和浙江分会理事长。民国27年（1938），浙江大学理学院毕业后留校。民国29年（1940），选定射影微分几何为研究方向，因解决射影微分几何中著名的Fubini问题而成名。1950年起，转入一般空间的微分几何学的研究。1957年，发表论文"关于空间曲线多边形的全曲率"，推广著名的W.Fenchel定理，推导的不等式载入《中国数学十年》，并被《中国百科全书》数学卷提及。在黎曼几何方面，解决日本著名几何学家矢野健太郎（K.Yano）提出的存在若干独立保圆变换的黎曼空间的度量形式问题。1979年出任杭州大学数学系数学系主任。1998年任浙江大学终身教授。

陈茶花（1931.2—2015.1） 女，温州市人，新中国第一代瓯剧表演艺术家，国家级非物质文化遗产传承人。民国20年（1931）2月，出生于温州梨园世家。12岁入梨园。新中国成立后，加入温州胜利乱弹剧团。从艺数十载塑造古今妇女舞台艺术形象无数。主演《佛灵寺》《贩马记》《蝴蝶杯》《昆山县令》及现代戏《红梅赞》《洪湖赤卫队》等数以百计的古今妇女舞台艺术形象，最为脍炙人口的《高机与吴三春》被誉为浙南温州的"梁山伯与祝英台"。注重培养新人，先后为瓯剧培养了翁墨珊、谢菲菲、冯彩秋、洪永娟等，招收的孙来来等艺术表演骨干，对于瓯剧的传承发挥作用。1956年，温州乱弹《高机与吴三春》在东南剧院连续上演21场，次年《高机与吴三春》赴省参加会演，赢得满堂红，获剧本、演员、导演、舞美、作曲5个大奖。

季桂芳（1942—2015.7） 男，泰顺县人。中国工艺美术学会会员、高级工艺美术师，曾任浙江省民间美术研究会理事、温州市第六、七届政协委员和工艺美术学会常务理事、泰顺县第八、九届人大常委。浙江省工艺美术大师，享受国务院特殊津贴。民国31年（1942），出生于泰顺三魁镇，在启蒙老师、著名木偶表演艺术家黄泰生指导下，逐步走上木偶雕刻的艺术道路。1957年，进入浙江省木偶剧团（杭州）学习木偶雕刻。1962年，到上海美术电影制片厂学习木偶造型，并拜中国木偶学会会长、木偶专家虞哲光门下。陆续创作出《三打白骨精》《水漫金山》《春到草原》《火焰山》《追鱼》等剧目的木偶。曾应文化部和中国展览公司邀请，定制《追鱼》一剧中的4个木偶造型，赴美国参加国际文化艺术交流。所复制的明清木偶头成为广东省艺术中心永久性陈列品。2005年，在浙江省民族民间工艺美术资源普查保护成果展暨首届浙江省民族民间工艺美术博览会上，获"天工最高荣誉奖""收藏保护奖"。2008年，被评为浙江省第一批非物质文化遗产"泰顺木偶戏"代表性传承人。

邱清华（1920.3—2015.12） 男，温州市人。1938年1月参加革命工作，同年加入中国共产党，是乐清、括苍地区党和军队的主要领导之一。温州解放后，历任温州专员公署副专员、专员，温州地委常委、副书记、书记处书记，浙江省农业机械厅厅长、党组书记，浙江省重工业厅副厅长、党组副书记等职。1977年7月起，历任浙江大学副校长、党委副书记，省委组织部副部长、教育卫生部副部长，省教卫体办公室主任、党组书记，第五、六届省政协副主席。1994年1月离职休养。

（杨千千　徐亦子　潘　智　编辑）

县（市、区）

鹿　城　区

概况　2015年，鹿城区下辖12个街道、2个镇，设有藤桥—山福生态新区、仰义都市休闲区、七都城市新区、双屿都市经济区、松台休闲文化区、五马—大南中心商贸区、南汇—南郊现代商贸区及滨江—蒲鞋市商务区等8个功能区，全区总面积290.5平方公里，户籍总人口74.7万人。

全区地区生产总值807.79亿元，比上年增长7.5%。其中，第一产业增加值1.76亿元，同比增长3.1%；第二产业增加值246.64亿元，同比增长9.9%；第三产业增加值559.39亿元，同比增长6.3%。三次产业结构由上年的0.2∶28.9∶70.9调整为0.2∶30.5∶69.3。第二、第三产业对全区经济的贡献率分别为42.4%和57.5%，依次拉动经济增长3.2和4.3个百分点。

财政总收入42.31亿元，比上年增长5.0%，其中公共财政预算收入27.58亿元，同比增长8.2%。城镇常住居民人均可支配收入49592元，同比增长8.5%；农村常住居民人均可支配收入25632元，同比增长9.4%。

农林牧渔业总产值3.63亿元，比上年增长3.6%。粮食作物播种面积46841亩，同比增长2.1%，亩产418公斤，同比增长6.9%，总产量19583.2吨，同比增长5.1%。专业合作社国家级3家、省级3家、市级13家。完成山地造林面积33公顷，建设森林绿道0.67公里。

工业总产值533.81亿元，比上年增长7.0%，其中规模以上工业总产值309.13亿元，同比增长8.9%。制鞋业工业总产值同比增长5.7%，化学原料及化学制品制造业和装备制造业工业总产值同比分别增长18.2%和14.7%。规模以上工业战略性新兴产业、高新技术产业和装备制造业等三大产业分别实现增加值11.98亿元、21.36亿元和16.32亿元，同比增长12.5%、13.2%和11.2%，占规上工业增加值总量的16.1%、28.6%和21.9%。实现新产品产值91.44亿元，同比增长62.4%。

限额以上固定资产投资328.17亿元，比上年增长7.0%。工业性投资52.01亿元，同比增长18.3%，其中工业技改投资完成44.47亿元，同比增长21.8%。房地产投资87.09亿元，同比下降11.8%。

全社会消费品零售总额787.52亿元，比上年增长10.1%，其中限额以上社会消费品零售总额208.72亿元，同比增长11.3%。接待游客1166.72万人次，旅游总收入124.98亿元。有旅行社110家，星级饭店24家。

外贸进出口额36.71亿美元，比上年下降2.7%。其中，出口33.68亿美元，同比下降4.3%；进口3.03亿美元，同比增长19.7%。新批外商投资企业9家，实际利用外资14633万美元，同比增长27%。招商引资到位资金178.22亿元，其中引进省外到位资金69.24亿元。

新增高新技术企业11家，省科技型中小企业98家。高新技术产值96.29亿元，比上年增长20.7%，发明专利授权220件，同比增长41.0%，R&D（研究与试验发展）经费7.41亿元，同比增长10.1%。科技进步综合评价位列全省县（市、区）第20名。新增省级企业研究院1家、各级企业技术研发中心12家，科技成果获国家科学技术进步二等奖1项，科技项目获国家火炬计划、省科技型中小企业创新基金、市激光光电专项等市级以上科技部门支持共40项。

新建绿地78.6公顷，滨水公园8个，建设立体绿化3300平方米、绿道19公里。

新建省一级幼儿园3所，创成省二级幼儿园1所，创成省三级幼儿园1所，等级园覆盖率88%。创成省级文化强镇1个、省级文化示范社区1个，创省级农村电影放映示范点11个，建文化驿站2个、城市书房4个、图书馆分馆1个、图书流通点4个。组织大型文艺演出322场，送戏下乡272场，送电影1925场，举办展览讲座420场。

创成省级卫生应急示范区，创成省级满意乡镇卫生院1家、省级餐饮具集中消毒卫生示范单位1家，通过国家卫生城市省级评估。

参加职工基本养老保险33.16万人、职工基本医疗保险16.62万人、失业保险13.91万人、城乡居民基本医疗保障22.85万人。新增城镇就业2.05万人，城镇登记失业率1.36%，下岗失业人员再就业3571人。

省级生态区创建　2015年，鹿城区温瑞塘河（南塘大桥—三板桥段）生态建设工程被评为省级优秀示范工程，会昌河水上公园被评为市级美丽浙南水乡示范项目，“水岸同治”攻坚年度考核全市第一，平原河网水质考核“三区”第一，空气环境优良率86.8%，创成省级生态区。全年搬迁改造沿河旧市场4个，拆除违建93.9万平方米，创成无违建村（社区）40个、无违建河道51条，五马、大南创成无违建街道，超额完成“三改一拆”“两路两侧”整治任务。

鹿城城中村改造 2015年，鹿城区启动新一轮城中村改造，完成整村签约7个，整村拆迁4个，依法处置42个重大项目中的501个"疑难户"，杨府山塗村安置区、浦东片区350亩集体土地通过征地决议，鲍洲工业区、涂田工业区等6个区块和沿江片区3500亩国有围垦滩涂完成政策处理。市行政中心区内5个重大历史遗留问题全部化解，城市中央绿轴200米范围内政策处理全面完成，200米范围外301亩集体土地完成报征，中央绿轴公园一期试开园、二期无障碍施工。滨江商务区和城市中央绿轴共清出净地1230亩。鹿城区域内出让土地48宗1186.6亩。

鹿城经济结构调整 2015年，鹿城区新增产值亿元企业12家，在新三板挂牌企业4家，在地方股交中心挂牌企业80家。被列入省级皮鞋行业"机器换人"和全国制鞋产业知名品牌示范区创建名单，创成国家级出口鞋类质量安全示范区。完成旧厂房改造项目285个、改造面积全市第一。建成跨境电子商务园等大型电商平台和全省首个电商大数据研究基地，中国鞋都被列入省级电子商务创新试点。

城市核心区时尚商圈建设 2015年，鹿城区被评为全省文化产业十强县（市、区），创成省市级服务业集聚区8个，总数全市第一。闻宅步行街、米房创意园等项目建成营业，"康奈集团""金牛工贸"列入浙江省时尚产业第一批重点培育企业，浙江创意园被评为省级特色工业设计示范基地，印象南塘被评为AAAA级旅游景区和全国首批"信得过景区"。

（厉希超）

龙 湾 区

概况 2015年，龙湾区下辖10个街道。其中，沙城、天河、海城、星海4个街道委托温州经济技术开发区管理。7月23日，灵昆街道划归洞头区管辖。全区陆地面积227.7平方公里。年末总人口328341人，其中城镇人口257881人。龙湾区再获考绩优秀奖，成为全市唯一连续5年保持优秀的县（市、区）。11月，龙湾区（高新区）省级党群服务中心示范点投用。

全区地区生产总值370.90亿元，比上年增长10.2%。其中，第一产业增加值2.29亿元，同比增长3.1%；第二产业增加值215.44亿元，同比增长8.1%；第三产业增加值153.17亿元，同比增长13.6%。第一、二、三产业增加值占全区生产总值的比重为0.6 ∶ 58.1 ∶ 41.3，人均生产总值（按年平均户籍人口计算）为162390元，同比增长10.1%。

财政总收入38.05亿元，比上年增长3.4%，其中公共财政预算收入22.63亿元，同比增长8.0%。公共财政预算支出24.45亿元，同比增长8.2%。年末金融机构存款余额643.15亿元，同比增长13.3%；贷款余额675.94亿元，同比增长6.7%。

农林牧渔业总产值3.68亿元，比上年增长2.7%。其中，农业产值1.90亿元，同比增长2.7%；林业产值为88万元，同比下降7.3%；牧业产值0.96亿元，同比增长16.9%；渔业产值0.80亿元，同比下降9.4%；农林牧渔服务业产值118万元，同比下降2.5%。农作物播种面积5.64万亩，同比增长5.9%，其中粮食作物播种面积2.05万亩，同比增长17.5%。

规模以上工业总产值446.97亿元，比上年增长7.7%；增加值95.23亿元，同比增长9.1%。规模以上工业新产品产值124.09亿元，同比增长54.8%。制造业中，高新技术产业增加值29.33亿元，同比增长6.9%。建筑业总产值139.90亿元，同比增长15.6%。房屋施工面积1406万平方米，同比增长9.8%；竣工面积445万平方米，同比增长80.2%。

新增高新技术企业7家、省科技型中小企业107家，国家级重点实验室1家、省级企业研究院4家、省级研发中心2家、市级研发中心7家。累计有高新技术企业69家、省科技型中小企业277家，市级及以上企业研发中心59家。专利授权3840项，比上年增长13.4%，其中发明专利281项，同比增长107%。

限额以上固定资产投资305.56亿元，比上年增长14.1%；投资项目514个，同比减少40个。工业投资71.05亿元，同比增长17.7%；工业技术改造投资51.12亿元，同比增长28.2%。基础设施投资86.42亿元，同比下降14.6%。房地产开发投资90.35亿元，同比增长23.7%。

全社会消费品零售总额331.25亿元，比上年增长11.9%，其中限额以上消费品零售额190.33亿元，同比增长12.8%。接待境内外旅游者269.69万人次，同比增长22.9%；旅游总收入23.73亿元，同比增长22.9%。

外贸进出口总额28.23亿美元，比上年增长7.5%，其中出口额18.71亿美元，进口额9.52亿美元。

邮政业务收入0.41亿元，比上年下降1.6%，其中快递业务收入1517万元，同比增长11.36%。全年供电总量31.12亿千瓦时，同比下降5.1%，其中工业用电24.60亿千瓦时，同比下降6.7%。

年末，全区公路密度80.93公里/百平方公里，公路通达率100%。公路里程308公里。实有公共汽（电）车营运车辆768辆，客运班车通村率100%。

全区主要污染物减排力度加大，化学需氧量（COD）、二氧化硫（SO_2）、氨氮、氮氧化物排放量分别比上年下降13.6%、1%、7.42%、1%。启动"活水畅流"工程项目7个，计划总投资1.28亿元，预计于2016年年末完工。

年末，全区有普通小学25所，普通中学18所，中等职业教育学校1所。小学毕业生升学率100%，初中毕业生升学率99%。广播节目综合人口覆盖率、电视节目综合人口覆盖率、有线电视入户率均为100%。全年订销报纸杂志累计540万份。

有区级医院2家，公共卫生机构3家，社区卫生服务中心6家。床位887张，执业医师（助理）953人，注册护士690人。有特色中医馆4家，80.6%的社区卫生服务站和村卫生室提供中医药服务。龙湾区委、区政府出台《龙湾区加强基层中医药服务能力建设实施方案》，每年安排专项经费150万元用于扶持中医药事业发展。

有公共体育场馆1个，业余体校1所，各类公共健身设施点342个。6个街道通过省级体育强镇的检查验收。全年，龙湾籍运动员在全国以上比赛获得奖牌8枚。发行体育彩票1.47亿元，比上年下降21.5%。

参加城镇职工基本养老保险18.23万人、城乡居民基本医疗16.23万人、城镇职工基本医疗保险10.07万人、失业保险8.33万人、工伤保险18.50万人、生育保险8.09万人。有社会福利院1家，床位289张。城市居民最低生活保障人数228人，农村居民最低生活保障人数2046人，农村五保供养人数21人。发放高龄老人补贴107万元，受惠796人。享受最低生活保障老人447名。发放医疗救助资金443.4万元，救助困难群众2257人次。

浙南科技城落户龙湾 2015年，温州市委、市政府确定浙南科技城选址于龙湾区，浙南科技城管委会作为市政府派出机构，委托龙湾区管理。浙南科技城西起茅竹岭，东至滨海大道，北临瓯江，南至瓯海大道，总面积28平方公里，按照“一心一轴、两核七片”布局，计划以“一年启动、三年初见成效、五年基本成型、八年争取建成”的进度，打造全省具有影响力和竞争力的科技创新平台。

龙湾区百亿项目工程开工 2015年6月，龙湾区当年第一批百亿项目集体开工仪式在温州空港新区举行。市委书记陈一新，代市长徐立毅等领导出席。该次开工项目17个，总投资约105.5亿元，涉及产业投资、交通道路、民生工程等领域，包括天城园区激光光电小微创业园、甬台温高速公路复线灵昆至阁巷段（龙湾区段）、龙湾区第一人民医院迁建工程等。

龙湾区图书新馆投用 2015年12月，龙湾区图书馆新馆试开放。新馆位于永中街道龙康路，总面积1.2万平方米。馆藏从原有的5万余册增加至17.1万余册，设有图书借阅区、少儿借阅区、城市书房等借阅区，以及展览厅、自修区、报告厅等功能区，实行全开架、智能化、网络化管理。

（张丽君　黄迟青）

瓯　海　区

概况 2015年，瓯海区下辖12个街道、1个镇、1个省级开发区，251个行政村。全区总面积466平方公里，年末户籍总人口43.09万人。

全区地区生产总值450.32亿元，比上年增长8.5%。其中，第一产业增加值6.02亿元，同比增长3.1%；第二产业增加值248.54亿元，同比增长6.9%；第三产业增加值195.76亿元，同比增长11.0%。三次产业比重由上年的1.4∶56.1∶42.5调整为1.3∶55.2∶43.5。按户籍人口计算，人均地区生产总值104678元，同比增长7.9%。

财政总收入49.8亿元，比上年增长10.2%，其中一般公共财政预算收入28.4亿元，同比增长16.1%。城镇常住居民人均可支配收入45707元，同比增长8.7%；农村常住居民人均可支配收入25929元，同比增长9.4%，城乡居民收入比由上年的1.77缩小到1.76。

农林牧渔业总产值8.97亿元，比上年增长3.3%。其中种植业6.77亿元，林业0.13亿元，牧业1.76亿元，渔业0.2亿元，农林牧渔服务业0.11亿元。农作物播种面积10494万公顷，同比增长3.8%，其中粮食作物播种面积3486公顷，总产量2.31万吨；蔬菜播种面积6207公顷，产量13.35万吨。造林面积244公顷，封山育林面积249公顷。

规模以上工业企业546家，总产值493.99亿元，比上年增长7.8%。其中服装、鞋革、金属制品、电气机械和仪器仪表五大支柱产业工业产值361.47亿元，同比增长8.0%。规模以上工业企业新产品产值114.84亿元，同比增长53.1%；高新技术产业增加值22.27亿元，同比增长11.0%；战略性新兴产业增加值11.09亿元，同比增长9.7%；装备制造业增加值34.73亿元，同比增长15.3%。完成工业供地557亩、工业性投资50亿元，建成标准厂房54.6万平方米。创成全国科普示范区，时尚智造小镇、生命健康小镇被列入省级创建名单。

全社会消费品零售总额230.48亿元，比上年增长14.6%，其中限额以上社会消费品零售总额92.20亿元，同比增长19.9%。批发业零售额11.75亿元，同比增长7.0%；零售业零售额190.43亿元，同比增长15.0%。住宿业零售额2.76亿元，同比增长24.9%。餐饮业零售额25.54亿元，同比增长14.9%。48个商品交易市场交易额191亿元，其中成交额超亿元专业市场12家。

外贸进出口总额21.9亿美元，比上年下降5.7%，其中进口总额1.97亿美元，同比增长11.4%；出口总额19.95亿美元，同比下降7.1%。旅游总收入67.86亿元，同比增长15.2%。

限额以上固定资产投资353.43亿元，比上年增长14.4%。省外回归引进项目到位资金77.6亿元，市外房地产项目到位资金86.8亿元。

完善综合交通体系，南湖路、104国道拓宽改造一期、仙岩景区入口道路等项目建成通车，广化南路景山隧道、新双南线隧道实现贯通，瓯海大道西延、吹台山隧道及接线、天长岭隧道复线、绕城高速西南线、市域铁路S1线等项目加快推进。重点区块建设提速，中心区、牛山等板块功能进一步健全，西山路沿线城市有机更新启动实施，城市中央绿轴区块政策处理基本完成。完善市政基础设施，西向水厂、瞿溪垃圾转运站等项目建成投用，110千伏蟠凤变、南湖变完成主体工程。发行全国首批停车场建设专项债券17亿元、城投公司企业债券16亿元。实施低效用地再开发3952亩，清理“转而未供、供而未用”土地3423亩。

民生事业发展 2015年，瓯海区财政用于民生支出22.2亿元，比上年增长11.6%。提升教育现代化水平，温州森马协和国际学校、茶山三小开工建设，温州大学城附属学校对外招生，瓯海职专创成国家中职改革示范学校。卫生计生服务体系完善，区中医院、三垟社区卫生服务中心建成投用。文体事业加快发展，区塘河民办博物馆启动建设，青少年活动中心、妇女儿童活动中心对外开放，新建城市书房3个、“拆后利用”全民健身项目2个。健全社会保障体系，新增各类社会保险参保人员4.03万人次、城镇就业人员1.21万人，城乡社区居家养老服务照料中心实现全覆盖。加强住房保障，建成拆迁安置房38万平方米、交钥匙1741套，归集住房公积金4.35亿元。

新一轮城中村改造实施 2015年，瓯海区启动实施新一轮城中村改造，沙河等6个村完成签约1426户。推进“三改一拆”工作，改造“三旧”348.5万平方米，拆除违法建筑155.5万平方米，新桥、丽岙街道基本达到“无违建街道”创建标准。城市精细化管理力度加大，22个城中村环境综合整治取得成效，铁路温州南站周边区域和瓯海大道沿线环境整治启动实施。打通断头路6条，新增专用停车泊位5779个、公共自行车服务网点20个。

平安瓯海建设 2015年，瓯海区推进“平安瓯海”建设，开展“百日维稳攻坚大会战”，重点区域安全事故防控体系建设通过省级验收，各类事故发生率比上年下降6.3%。化解区级历史遗留问题32个、重点信访积案25件。刑事、“两抢”[①]和入室盗窃案件发案率分别下降6.1%、22.4%、12%，全年没有发生重特大刑事案件。

创成省级清三河达标区 2015年，瓯海区“五水共治”深入攻坚，创成省级“清三河”达标区，9月通过市级验收，12月通过省级复核。全区创建“清三河”达标区累计投入1.5亿元，完成7条垃圾河、6.54公里和70条黑臭河、55公里整治。4个片区中小河流治理完成，16个片区截污纳管项目建成投用，整治黑臭河34条、沿河排污口350个，消除仙门省控站位劣V类水质，农村生活污水治理实现三年任务两年完成。

农民资产授托代管融资 2015年10月，瓯海农商银行创新推出“农民资产授托代管融资”新模式，盘活农民“沉睡”资产，破解农村资产流转难题，预计该项改革可盘活资产约300亿元，惠及全区近一半农户。

传化公路港物流项目 2015年9月，温州传化公路港物流有限公司竞得铁路新客站站前区I-03b、I-04b地块，拟建温州传化公路港（一期）项目。该项目是瓯海浙商回归重点项目，也是省、市重点建设项目，位于潘桥国际物流园，占地面积约520亩，总投资约20亿元，其中一期占地面积131.5亩、投资7亿元，项目建成后，将成为浙南闽北最大现代化物流枢纽。

伟明环保上交所挂牌 2015年5月，瓯海区第二家上市企业“伟明环保”登陆上海交易所主板。浙江伟明环保股份有限公司是一家以固体废弃物处理为主业的大型股份制企业，是国内首批拥有垃圾焚烧发电技术自主知识产权的企业，是全产业链一体化城市生活垃圾焚烧发电服务商，拥有垃圾焚烧、烟气处理、自动控制等领域10项国家专利。

温州森马协和国际学校开工 2015年8月，温州森马协和国际学校开工建设。该项目位于瓯海区娄桥街道东耕村，占地面积153.36亩，建筑面积6.53万平方米，由森马集团出资3亿元建设，建成后无偿捐赠区政府。学校由上海协和教育中心独立承办，采用小班化教学，设计为80个班，是一所以九年一贯制小学和初中为主体，并延伸到幼儿园和高中（国际教育）的民办教育学校。

（季军雷）

①两抢：抢夺和抢劫。

洞　头　区

概况 2015年，洞头获国务院批准撤县设区。至年末，洞头区下辖5个街道、1个镇、1个乡。全区总面积2862平方公里，其中海域面积2708.7平方公里。年末户籍总户数4.98万户，总人口15.31万人。

全区地区生产总值61.48亿元（设区后全区统计数据为73.15亿元，下同），比上年增长8.60%。三次产业结构由上年的7.8∶36.3∶55.9调整为7.1∶35.2∶57.7。

财政总收入9.57亿元，比上年增长8.0%，其中公共财政预算收入5.42亿元，同比增长11.1%。公共财政预算支出18.79亿元，同比增长10.7%。城镇常住居民人均可支配收入34674元，比上年增长9.3%；农村常住居民人均可支配收入18365元，同比增长10.5%。城镇居民人均消费支出20512元，农村居民人均消费支出14125元。年末，金融机构人民币存款余额69.45亿元，比年初增长21.0%；贷款余额57.41亿元，比年初增长3.3%。

农林牧渔业总产值10.19亿元（11.94亿元），比上年增长3.8%。农作物播种总面积1237公顷（2529公顷），同比下降7.0%。水产品总产量17.74万吨（17.9万吨），同比增长6.0%。渔业总产值10.26亿元（10.84亿元），同比增长8.6%。海水养殖产量1.64万吨（1.78万吨），产值2.85亿元（3.26亿元），同比分别增长12.1%和33.8%。

规模以上工业产值49.45亿元（56.39亿元），比上年增长3.0%；增加值8.1亿元（9.53亿元），同比增长15.4%。26家（31家）规模以上工业企业实现利税总额1.77亿元（2.14亿元），同比下降57.0%。工业用电量7873万千瓦时，同比增长2.5%。全年单位GDP能耗下降2.2%，5年累计降低率16.4%。

社会消费品零售总额22.16亿元，比上年增长10.3%；完成商品销售总额89.01亿元，同比增长9.1%。外贸进出口总额1.59亿美元，同比下降40%。接待游客448.34万人次，同比增长12.6%；实现旅游社会总收入20.31亿元，同比增长12.9%。

完成限额以上固定资产投资92.5亿元（142.6亿元），比上年增长12.3%，增速居全市第一。其中，基础设施投资完成78.32亿元（115.28亿元），同比增长18.2%。

新增国家级高新技术企业3家，省科技型企业11家，市科技（创新）型企业10家。实施科技发展计划项目20项，科技成果鉴定52项，专利授权125项，其中发明专利11项。实现新产品产值7.03亿元，新产品产值率14.2%。

全区有海运企业19家，总运力规模47.27万载重吨，维持全市第一。全社会客运量1064万人次，比上年增长0.6%；客运周转量17775万人公里，同比下降3.2%。全社会货运量1337万吨，同比下降12.3%；货运周转量174.74亿吨公里，同比增长11.5%。港口货物吞吐量592万吨，同比下降21%。通信行业业务收入1.10亿元，同比增长5.1%。互联网用户104781户。全社会用电量2.45亿千瓦时，同比增长1.2%。

年末，城乡居民基本养老参保32875人，城镇职工基本医疗参保15023人，失业参保7068人，工伤参保22042人，生育参保10459人；城乡居民合作医疗参保103300人，农村社会养老参保42406人。全区城镇低保人数33人（40人），农村低保人数1217人（1710人）。城镇新增就业1358人，下岗失业人员实现再就业396人。

有学校17所，各类全日制学校在校生10355人，专任教师879人。小学、初中入学率、巩固率均为100%，三类残疾儿童在义务教育阶段入学率100%。

有医疗卫生机构72家；卫生技术人员562人，平均每万人拥有医生30.9人；病床221张，平均每万人拥有病床25.2张。医院年诊疗31.53万人次，比上年增长18.2%。连续9年实现孕产妇“零死亡”，产妇住院分娩率100%。全年共报告法定传染病657例，总发病率523.26/10万。

2015 年 7 月 23 日，温州市洞头撤县设区（组照获第 17 届《温州年鉴》“菱华奖”优秀奖） 郑 鹏 / 摄

有县文化馆 1 个，乡镇街道文化站 6 个；县图书馆 1 个，总藏书 24.0 万册。全年艺术表演 98 场，惠及观众 5.61 万人次。分别有国家级、省级、市级非物质文化遗产 2 个、12 个、49 个。有省文化强镇 1 个，省文化示范村 8 个，省文化信息资源共享基层文中心 1 个。

有省级小康体育村 74 个，实现省级体育强镇（乡、街道）全覆盖，被省人民政府命名为“体育强县”。举办县第五届运动会，参赛 4800 人次，获市级及以上体育竞赛金牌 10 枚。

有国家级生态街道（乡镇）5 个，省级生态街道（乡镇）1 人，市级生态村 71 个，生态村覆盖率 88.1%。全区城镇污水处理率为 92.85%；全年空气质量优良率 95.7%，年均 PM2.5 指数 30.1 微克 / 立方米，空气质量级别处于二级良。3 年累计完成“三改”464.82 万平方米，拆除违法建筑 4583 处、28.17 万平方米，没收处罚 3710 处、5.54 万平方米，完成存量违建处置，拆后土地利用率 77.74%。获温州市“三改一拆”工作先进县称号，连续 2 年创成省级“基本无违建区（市、县）”。

洞头撤县设区 2015 年 7 月 23 日，国务院批复同意浙江省调整温州市部分行政区划，即同意撤销洞头县，设为温州市洞头区，并将温州市龙湾区灵昆街道划归洞头区管辖；以原洞头县和龙湾区灵昆街道的行政区域为洞头区的行政区域，洞头区人民政府驻北岙街道县前路 12 号。洞头撤县设区后，温州市区向东延伸 50 公里，市区东西相距 100 公里。9 月 1 日，洞头撤县设区动员大会暨授牌仪式在市人民大会堂举行；9 月 2 日，洞头区挂牌揭幕。洞头结束 62 年的建县历史。

洞头先锋女子民兵连建连 55 周年 2015 年 6 月 24 日，浙江省军区、中共温州市委、温州市人民政府在洞头海霞广场举行纪念洞头先锋女子民兵连建连55周年活动。南京军区政治部副主任、少将凌希，浙江省军区司令员、少将王海涛，中共温州市委副书记、代市长徐立毅出席大会并讲话。女子连官兵现场进行射击、刺杀、战术突击等军事课目汇报演示。

获评省扩大有效投资优秀单位 2015年，洞头区被评为温州市唯一的浙江省2015年度扩大有效投资优秀单位。是年，洞头区安排重点项目107项，限额以上固定资产投资比上年增长19.3%，列全市第一。省级"411"重大项目年度投资完成率121.6%，其中服务业投资增速和比重、民间投资增速均为全市最高。

（杨志林）

乐清市

概况 2015年，乐清市下辖9个镇、8个街道。全市陆地面积1367平方公里，海域面积284.3平方公里，海岸线长166.8公里。年末总户籍数37.24万户，户籍总人口128.04万人，其中城镇人口60.21万人，登记新居民61.75万人。全年新增浙江名牌产品4个、温州名牌产品9个。有驰名商标10枚，省著名商标68枚。新建"美丽乡村"精品线1条、续建2条，创建美丽乡村精品村20个，打造中雁荡山休闲文化之旅精品线。开展历史文化村落保护利用工作，续建温州市级项目4个，修缮保护历史文化点（项）12个。象阳后横村入选"浙江省级非遗主题小镇"。

全年地区生产总值766.82亿元，按可比价计算（下同），比上年增长8.6%。人均地区生产总值（按户籍人口计算）59728元，按年平均汇率折算为9590美元，同比增长8.5%。三次产业结构从上年的2.8：53.6：43.6（第三次经济普查后调整数）调整为2.7：51.0：46.4。

财政总收入124.08亿元，比上年增长7.7%，其中公共财政预算收入64.15亿元，同比增长7.5%。公共财政预算支出69.65亿元，同比增长6.5%。城镇常住居民人均可支配收入46352元，同比增长8.8%；农村常住居民人均可支配收入24891元，同比增长9.8%。城镇居民人均消费支出30193元，同比增长9.9%；农民人均消费支出16782元，同比增长11.0%。

农林牧渔业总产值32.15亿元，比上年增长3.7%。农作物播种面积49.00万亩，同比增长2.0%。生猪年末存栏11.37万头，出栏20.37万头，猪肉产量1.60万吨。家禽年末出栏255.36万只，禽肉产量0.33万吨，禽蛋产量1.43万吨。水产品总产量6.98万吨。有农业龙头企业81家，新建粮食生产功能区2.15万亩。建成省级现代农业园区1个、温州市级现代农业园区8个，发放农机购置补贴资金655.82万元。完成部级连作晚稻万亩高产示范片2个、省级早稻千亩示范片6个、旱粮（蚕豆）百亩示范方1个和双季稻百亩攻关方1个。

工业总产值1770.57亿元，比上年增长5.4%；工业增加值361.08亿元，同比增长6.2%。规模以上工业企业1070家，工业总产值1286.90亿元，同比增长5.6%；增加值279.60亿元，同比增长6.6%；销售产值1211.28亿元，同比增长4.1%。规模以上工业中，高新技术产业产值653.36亿元，增加值149.83亿元，同比增长6.1%；战略性新兴产业（省目录）增加值107.89亿元，同比增长7.4%；装备制造业增加值213.13亿元，同比增长6.3%。新产品产值330.68亿元，同比增长15.3%，产值率25.7%。产值超亿元企业204家，较上年净增7家，共实现产值944.84亿元，同比增长7.7%。规模以上工业企业主营业务收入1152.81亿元，同比增长0.3%；利税总额134.11亿元，同比下降2.6%；亏损企业73家，亏损额1.73亿元。建筑业增加值29.92亿元，同比增长10.5%。拥有资质以上建筑企业48家，建筑业总产值108.85亿元，同比增长23.6%，利润总额1.53亿元。

社会消费品零售总额314.78亿元，比上年增长10.3%。年末有商品交易市场85个，年成交额225.45亿元。全年接待游客1205.6万人次，同比增长10.2%；旅游收入119.31亿元，同比增长17.8%。有星级农家乐117家，旅行社32家，星级饭店8家。

外贸进出口总额20.98亿美元，比上年下降5.5%。通断保护电路装置占出口总额51.6%。一般贸易出口占主导地位，完成出口19.56亿美元，同比下降4.5%。欧盟、东盟和美国三大市场为主要出口增长点。新批外商投资企业3家，实际利用外资1921万美元。新批境外机构2家，中方投资额2470万美元，对外承包工程和劳务合作营业额1480万美元。

年末金融机构人民币存贷款余额2179.66亿元，同比增长6.0%。有银行机构26家，小额贷款公司6家，民间资本管理公司1家，民间资本投资服务中心1家。全市各项保费收入20.17亿元，同比增长15.2%，赔款给付支出8.07亿元，同比增长42.58%。企业股改42家，52家企业在多层次资本市场挂牌上市。沪深两市证券交易所累计证券交易量6532.85亿元，同比增长272.4%。期货交易额4907.49亿元，同比增长41.8%。

固定资产投资增长 2015年，乐清市限额以上固定资产投资555.15亿元，比上年增长14.3%。工业投资222.01亿元，同比增长18.2%。技改投资181.69亿元，同比增长22.5%。民间投资420.77亿元，同比增长17.9%。基础设施投资122.85亿元，同比增长28.6%。房地产开发投资80.48亿元，房地产销售面积85.04万平方米，同比增长66.0%；销售额102.74亿元，同比增长43.2%。

社会事业建设 2015年，乐清市有幼儿园252所，幼儿入园率98.0%；小学90所，在校生10.37万人，入学率99.99%；初中61所，入学率99.7%，升学率98.2%；普通高中17所；中等职业学校6所。教育装备总投入4517万元。创建义务教育标准化学校30所，累计118所。参加分类登记的各级各类学校共206所。

全年新增高新技术企业29家，累计131家；列入国家火炬计划22项、省新产品试制计划217项。专利授权5854件，其中发明专利447件，比上年增长128.1%。创建省科技型企业219家、温州市科技（创新）型企业113家。开发省级新产品217项，被列入温州市激光与光电产业集群科技专项1项，获温州市技术发明奖1项、科学技术奖11项。创建省专利示范企业4家、温州市专利示范企业4家。"千人计划"乐清产业园在乐清市经济开发区挂牌。

全年举办镇街文艺演出1582场、市级大型文艺活动373场、文化馆大型文艺活动76场、骨干社团大型文艺活动148场；送戏下乡349场、送书下乡19563册、送电影下乡8383场、送展览讲座182场次。新创文艺作品60个、视觉艺术作品122件，获省级奖项20余个。市图书馆馆藏新增5.52万册（片），总藏量90万册（片）。完成4270件（套）系统内可移动文物普查数据采集、建档、信息登录等工作。

年末，有医院19家，社区卫生服务中心9家，卫生院25家，下设社区卫生服务站77家；有医疗床位3709张，卫生技术人员7051人。婴儿死亡率和5岁以下儿童死亡率分别为3.24‰和4.13‰。

民生工程建设 2015年，乐清市交通重点工程投资10.80亿元，共计11个项目。新增公路里程3.28公里，公路总里程1402.80公里。完成公路客运量5459万人次、周转量339648万人公里，公路货运量1529万吨、周转量241887万吨公里。邮电通信行业业务收入18.80亿元，年末固定电话、移动电话、互联网用户分别有28.82万户、160.89万户、173.08万户。500千伏玉环电厂二期送出工程、220千伏象阳变扩建工程投产；温州电厂"上大压小"线路工程二、三阶段政策处理开通27基；110千伏慎海变的变电站工程完工。全年用电量49.71亿千瓦时，同比下降0.1%。

社保体系建设 2015年，乐清市参加基本养老保险37.60万人、职工基本医疗保险16.54万人，参加工伤、失业、生育保险分别有37.27万人、16.34万人、12.72万人。出台实施城乡居民大病补充医疗保险，全市总参合人数97.70万人，参合率98.8%。有各类社会福利机构54所，拥有床位数5848张，每万人拥有床位数46张。农村五保和城镇"三无"人员的集中供养率100%。全市有低保对象5923户8620人。完成98个城乡新社区中的98个社区居家养老服务照料中心场地建设。登记在册社会组织836家。城镇新增就业2.02万人，下岗失业人员实现再就业2266人，城镇登记失业人员3756人，城镇登记失业率2.64%。全年发生各类事故550起、死亡88人，事故发生率和死亡率比上年分别下降8%、1.1%。

生态环境建设 2015年，乐清市城镇污水处理设施完成投资5.55亿元，新建污水管网668.80公里。城区（8个街道行政区划范围）污水处理率85.91%。环卫基础设施及工程建设完成投资额9383万元。建成燃气管网5公里。城乡生活垃圾无害化处理率100%。全市园林绿化建设投资额为1.34亿元，城区新增绿化面积87公顷，人均公园绿地面积为10.16平方米/人。新建雨水管网19.3公里、供水管网33公里；"一户一表"改造1.25万户。有环境监测站、高污染燃料禁燃区、环境噪声达标区各1个。全年环境空气质量良好级别以上344天。新增省级生态镇街2个、温州市生态街道2个和温州市生态村49个。初步测算全市全社会综合能源消费量增长6.5%，单位GDP能耗下降1.9%。

获批国家级现代农业示范区 2015年2月2日，农业部印发《关于认定第三批国家现代农业示范区的通知》，乐清国家现代农业示范区获批成为温州首个国家级现代农业示范区。至年末，乐清市国家现代农业示范区耕地面积41.35万亩，示范区内累计建成粮食生产功能区130个，面积13.80万亩；建成省级现代农业园区6个，温州市级现代农业园区38个。

国家铁皮石斛生物产业基地 2015年10月16日，乐清市被国家林业局授予国家铁皮石斛生物产业基地，并在雁荡镇举行铁皮石斛检测中心揭牌仪式。至年末，乐清市铁皮石斛种植面积8000亩，有生产经营企业228家，从业人员5万余人，年加工铁皮枫斗300余吨，销售产值15.6亿元，是温台地区首个产值超10亿元的农业全产业链集群。其中，铁皮石斛鲜条、枫斗产量分别占全国总量的30%和80%。

全国农房抵押贷款试点市 2015年12月，第十二届全国人民代表大会常务委员会第十八次会议决定，包括乐清市在内的59个县（市、区）被授权成为农民住房财产权（含宅基地使用权）抵押试点。乐清市试点农房抵押贷款期限为2015年12月28日至2017年12月31日。

乐清客货运中心建成投用 2015年6月25日，乐清客货运中心启用。该中心2011年9月开工建设，占地160亩，建筑面积3.84万平方米，总投资2.5亿元，是集候车大楼、长短途停车场、物流（货运）站房等七大配套设施于一体的综合性客货运中心，设计日发送旅客量最高可达3.5万人次。

乐清新体育中心对外开放 2015年2月1日，乐清市新体育中心举行落成及开馆仪式，并于5月1日投入营运。体育中心占地面积356亩，建筑面积6.16万平方米，总投资7.76亿元，拥有"一场两馆"，其中体育场15000座、体育馆6000座、游泳馆1300座，建有室外田径训练场1个、篮球场8个和网球场8个。

（詹恭学）

瑞安市

概况 2015年，瑞安市下辖5个镇、10个街道。陆域面积1271平方公里，海域面积3037平方公里。年末，全市总人口122.88万人。

全市地区生产总值720.51亿元，比上年增长8.3%。人均生产总值58580元，按年平均汇率折算为9405美元，同比增长8.5%。三次产业比重调整为2.7∶45.7∶51.6，三产比重首次超50%。

财政总收入94.63亿元，比上年增长6.6%。公共财政预算收入54.72亿元，同比增长7.8%；公共财政预算支出73.37亿元，同比增长24.1%。其中，教育支出19.5亿元，同比增长8.5%；社会保障和就业支出5.61亿元，同比增长27.6%；医疗卫生与计划生育支出5.06亿元，同比增长33%。年末，金融机构人民币存款余额1034.94亿元，同比增长7.7%；贷款余额936.31亿元，同比增长0.2%。城镇常住居民人均可支配收入46949元，农村常住居民人均可支配收入23671元，同比分别增长8.7%、9.2%。

农业总产值34.17亿元，比上年增长1.5%。粮食播种面积24.3万亩，粮食总产量10.89万吨。建立无公害农产品基地32个，面积29.62万亩，无公害农产品、绿色食品、有机食品共47只。水产品总产量9.22万吨，渔业经济总产值27.29亿元，占大农业总产值的60%以上。有登记在册渔船903艘，拥有海上水产干制品加工船"华盛渔加1号"（总吨位2500吨）和"华盛渔加2号"（5000吨）。全年未发生渔业人员死亡事故，实现事故起数、死亡（失踪）人数"双下降"，再次入选农业部渔业渔政管理局"全国平安渔业示范县"名单。建设美丽乡村精品线2

条、历史文化村落2个、美丽乡村精品村11个和美丽乡村重点村9个，累计建成美丽乡村精品线5条,精品村和重点村50个。

工业总产值1277.9亿元，比上年增长4.3%，其中规模以上工业产值885.83亿元，同比增长4.3%。规模以上超亿元企业161家，工业总产值562.9亿元，同比增长7.0%。

社会消费品零售总额311.4亿元，比上年增长8.8%，其中限额以上社会消费品零售总额141.8亿元，同比增长5.3%。旅游总收入81.17亿元，同比增长25.5%。接待国内游客704.38万人次，海外游客10.61万人次。获评“中国乡村旅游金牌农家乐”4家。

外贸进出口总额34亿美元，比上年下降9.4%，其中出口总额30.85亿美元，进口总额3.14亿美元。至年末，开展进出口业务企业1117家，其中出口超1000万美元企业62家。与185个国家（地区）开展贸易关系，出口欧洲市场与亚洲市场占总额的68.9%。利用外资项目2个，实际到位外资1168万美元。新批境外投资项目7个，投资总额1817万美元，境外机构带动国内商品出口5422万美元，同比下降33.0%，营业额7593万美元，同比下降32.1%。

限额以上固定资产投资额496.61亿元，比上年增长14.2%。工业投资完成额187亿元。重点工程投资完成额115.5亿元，同比下降3.7%。瑞安电大迁建工程、江南新区城乡配送项目、普洛斯瑞安物流园等7个项目建成投用，滨海科技创意园一期、印染园区、龙丽温高速文成至瑞安段等13个项目开工建设。

完成“小升规”企业120家，新增资本市场挂牌企业51家。设立3亿元政府产业基金，组建北航瑞安新能源汽车创新实验室和院士工作站，“机器换人”技改补助标准最高提至22%，新增技改项目1349个，汽摩配“机器换人”被列为省级试点，创成国家火炬汽车关键零部件特色产业基地。为温州市唯一的上年度浙江省“腾笼换鸟”考核先进市、温州市唯一入选全省工业企业“零土地”技改项目审批方式改革示范市。

年末，全市公路总里程1872.25公里。公交线路新增市区至高楼、马屿2条，延伸8条。有客运班线156条。建设市区公共自行车系统，建106个点投入自行车3000辆。市区建成区绿地面积新增17.81公顷，合计795.32公顷，绿地率35.19%，绿化覆盖率39.91%，人均公园绿地面积13.23平方米。

城乡居民基本社保普及 截至2015年年末，瑞安市参加城镇基本养老保险50.03万人，失业保险16.54万人，工伤保险37.44万人，生育保险16.40万人。全市基本医疗保险参保111.35万人，其中职工基本医疗保险参保26.64万人。成立全省首家“救急难”公益基金会。有各类收养性社会福利单位138个，拥有床位1.59万张。农村五保和城镇“三无”集中供养率均为100%。城乡居民享受最低生活保障人数1.55万人，发放保障资金0.61亿元。建成居家养老服务照料中心173家，安排政府购买养老服务资金600余万元，惠及5122人。新增城镇就业人数20135人，城镇失业人员实现再就业2305人，城镇登记失业率控制在4%以内。

教科文卫体建设 2015年，瑞安市创成全国义务教育发展基本均衡县，建成江南实验学校和滨江幼儿园瑞祥分园，组建第一民办职业教育集团，新纪元高中等优质民办学校开始招生。文艺作品在各级各项文艺赛事中获奖项47个，其中省级奖13个。建成湖岭、锦湖、仙降综合文化站，新建文化礼堂21个，实现镇街图书分馆全覆盖，获评全省农村文化礼堂建设先进县。

全年新增国家级高新技术企业29家、省级企业研究院3家，累计分别为148家、8家。新增省级高新技术企业研发中心5家、温州市企业研发中心10家，累计分别为30家、66家。专利授权4703项，其中发明专利315件。新增浙江名牌产品2个、温州名牌产品20个，累计分别为36个、96个。

年内，有医疗卫生机构921个，医院、社区卫生服务中心28家。有卫生技术人员9080人；医疗床位4074张。整合市二医与飞云街道卫生院，创成省级甲等卫生院3家，完成江南民办中医院征地，场桥卫生院医养结合试点项目进入装修阶段。

全年举办第三届竞技龙舟大赛等大型体育赛事20项，启动实施城市体育主题公园项目2个。全年体育人口47.6万人，占总人口的38.7%。瑞安市运动员在省、市级运动会上获金牌188枚、银牌122枚、铜牌73枚。培养二级运动员15人、一级运动员8人、等级裁判员14人。

汽摩配产业基地建设 2015年12月30日，瑞安市申报的“国家火炬瑞安汽车关键零部件特色产业基地”被科技部认定为第二批国家火炬特色产业基地。基地有省级企业研究院5家，省级高新技术企业研发中心11家；有北航瑞安汽车电子工程技术研究中心、浙工大瑞安市技术转移服务中心、汽摩配国家级质量检测中心、浙江省汽车及零部件出口基地产品设计公共服务平台等科技和金融服务机构12个；与浙江大学、吉林大学、华中科技大学等15所科研院所挂钩，获得技术保障。基地规模以上工业总产值120.6亿元，比上年增长4.3%，其中高新技术产品总产值86.6亿元，占工业总产值的72%。有发明专利108件，实用新型专利860件，取得科技成果150余项，承担国家火炬计划项目20项，国家重点新产品6项，新产品平均增长率28%。在国内配套市场、国内售后市场和国外市场的销售额分别占销售总额的22%、45%、33%。产品20%与国内整车配套，50%供应全国售后市场，30%出口欧美、日本、东南亚等160余个国家和地区。

全国产业集群区域品牌建设试点 2015年4月27日，瑞安市成为第二批国家产业集群区域品牌建设试点单位。全市有汽摩配生产企业1500余家，总产值460亿元。其中，规模以上企业263家，行业从业人员约15万人。有国家级、省级、温州市级高新技术企业43家；国家级企业技术中心1家，省级企业技术中心14家；中国名牌产品1个，浙江省名牌产品18个，温州市名牌产品32个；中国驰名商标7枚，浙江省著名商标28枚，温州市知名商标24枚。

制鞋业入驻阿里巴巴网络平台 2015年12月7日，首届“中国质造”产业创新发展峰会在北京召开，瑞安市休闲鞋、胶鞋产业作为首批产业带入驻阿里巴巴“中国质造”平台，9家企业入驻阿里巴巴“中国制造”瑞安产业带。瑞安市有制鞋企业1200余家，制鞋企业工业总产值108.7亿元，外贸出口值39.3亿元，先后获“中国休闲鞋生产基地”“中国胶鞋名城”“中国安全鞋名城”等称号。

（陈维真）

永嘉县

概况 2015年，永嘉县下辖10个镇、8个街道、4个功能区，县域面积2674.3平方公里。年末，全县总户籍数29.06万户，总人口96.49万人，人口自然增长率8.3‰。

全县地区生产总值330.92亿元，比上年增长8.5%。其中，第一产业增加值10.67亿元，同比增长3.1%；第二产业增加值171.15亿元，同比增长7.6%；第三产业增加值149.10亿元，同比增长10.6%。三次产业结构由上年的3.2 ： 53.6 ： 43.2优化为3.2 ： 51.7 ： 45.1。按户籍人口计算，人均生产总值34087元，同比增长8.8%。永嘉县从“欠发达县”转变为2015全国县域经济竞争力和发展潜力“双百强县”。

财政总收入45.88亿元，比上年增长7.8%，其中一般公共财政预算收入26.36亿元，同比增长8.2%。一般公共财政预算支出53.67亿元，同比增长11.5%。城镇居民和农村居民人均可支配收入分别为35161元和16938元，同比分别增长8.8%和10%。年末，金融机构本外币各项存款余额475.38亿元，同比增长6.3%；各项贷款余额467.93亿元，同比增长10.4%。保险机构保费收入8.02亿元，同比增长14.5%。应急转贷资金从5000万元提高至2亿元，34家困难企业转贷115笔9.2亿元，25家企业通过商标专利质押授信8.33亿元，总额全市第一，全县银行贷款不良率保持1%左右的低位水平。

农业总产值18.74亿元，比上年增长2.2%。其中，农、林、牧、渔业产值分别为11.77亿元、1.14亿元、4.82亿元、0.75亿元，同比分别增长为4.8%、3.0%、-0.9%和1.6%。全年播种面积40.19万亩，造林面积3.20万亩。建成粮食生产功能区1.97万亩、省市级现代农业园区6个。启动生态循环农业先行区建设，建成示范主体9个。推进“占补平衡”工作，完成“旱改水”立项1082亩、高标准基本农田建设2.84万亩、异地调剂一等标田指标1000亩。农村产权交易277宗，流转耕地、林地2.25万亩。

工业总产值546.75亿元，比上年增长6.1%。其中，规模以上工业产值365.15亿元，同比增长6.8%；利润总额25.21亿元，同比增长7.0%。工业项目竣工30个。实现“个转企”222户、“小升规”43家、企业股改20家，浙江红蜻蜓鞋业股份有限公司在上海证券交易所上市。实施“四换三名”①工程，获批组建省装备制造业阀门产业技术联盟，泵阀行业列入全省“机器换人”十大试点，入选浙江省“两化”深度融合国家示范区和省级生态工业发展试点单位，实现单位生产总值能耗下降3.6%。

新增国家知识产权优势企业1家、省科技型中小企业45家、省级企业研究院2家、浙江名牌产品企业9家、温州名牌产品企业15家。累计有省政府质量奖企业1家、市长质量奖企业3家。有资质建筑企业44家，建筑业产值74.72亿元，比上年增长14.0%，竣工产值36.69亿元，同比增长39.9%。施工企业房屋建筑施工面积345.2万平方米，同比增长7.3%，房屋竣工面积142.30万平方米，同比增长51.6%。

社会消费品零售总额134.99亿元，比上年增长12.7%。城镇居民和农村居民人均消费支出分别为24287元和12422元，同比分别增长7.9%和8.3%；恩格尔系数分别为33.3%和37%。进出口总额7.12亿美元，同比下降7.4%，其中出口总额6.26亿美元，进口总额0.86亿美元。

旅游业总收入49.23亿元，比上年增长25.4%。接待游客624.23万人次，同比增长22.2%。悦庭楠舍获“浙江最具特色十佳民宿”称号。楠溪江获“梦回丝路”2014中国旅游总评榜“年度最受欢迎景区”称号。

限额以上固定资产投资273.88亿元，比上年增长13.6%；工业性投资58.09亿元，同比增长22.9%。安排限额以上投资项目816个，其中申报省重点工程1个、省重大产业项目预备项目1个。安排重点建设项目41个，累计投资57.7亿元，完成率123%。新签约招商选资项目25个，开工建设招商项目10个，实际到位资金118.74亿元，民间投资比重提高到73.75%。获温州市唯一的浙江省“2014年度吸引浙商设立功能性机构优秀单位”称号，获省政府专项奖励资金1000万元。

有房地产开发企业49家，实际投资80.51亿元，比上年增长3.1%。房地产施工面积461.71万平方米，竣工面积43.30万平方米，销售面积52.17万平方米，销售额61.5亿元。

教科文卫体建设 2015年，永嘉县创成全国义务教育发展基本均衡县。深化职业教育体制机制改革，与上海翔宇实业投资集团签订电大合作办学协议，完成电大改制、二职托管工作。

全年新增高新技术企业5家、省级专利示范企业1家、省级高新技术企业研发中心2家、省级农业科技企业研发中心1家、省级农业科技企业6家。获省级科技进步奖2项。引进高科技成果15项，实施国家、省级科技富民强县项目各1项。完成网上技术市场签约项目10项，项目合同成交额7129万元。

年末，县公共图书馆藏书总量43.18万册（件），全县有线电视覆盖率99.0%。新建农村文化礼堂20所，打造文化样板村18个，农家书屋被评为省五星级3家、四星级2家。

全年有各类卫生机构554家，实有床位1716张，执业医师和执业助理医师2054人，每万人拥有医生数21人。探索基层卫生综合改革，实施“省市—县—乡”的医联体模式，建立在外永嘉籍医学专家柔性引进机制，开展全科医生“县管乡用”一体化管理模式。启动国家卫生县城、省级红十字工作示范县创建，获“浙江省卫生应急工作示范县”称号。

全年举办各级各类运动会、单项比赛和健身活动30余项次，参与5000余人。有42名运动员获亚洲级比赛银牌1枚。全国级比赛金牌2枚、银牌4枚、铜牌7枚。浙江省级比赛金牌15枚、银牌14枚、铜牌17枚。获“浙江省运动休闲基地”称号。

网络经济发展 2015年，永嘉县电商销售额106.89亿元，比上年增长18%，再次入选阿里研究院公布的“中国电子商务发展百佳县”名单。全县涉及网络生产销售工业企业5585家，占注册企业的68.9%，在第三方电子商务平台上开旗舰店、专营专卖店300余家，奥康、红蜻蜓2家企业均获“浙江省电子商务示范企业”和“浙江省十大网络零售商”称号。桥下西岙村创成全市首个省级电子商务示范村，梅岙村入选浙江店铺数量最多淘宝村十强。

社会保障体系建设 2015年，永嘉县有社会福利机构64家，民办养老服务机构

①四换三名：“四换”指腾笼换鸟、机器换人、空间换地、电商换市，“三名”指培养名企、名品、名家，打造行业龙头。

26家，居家养老服务照料中心261家。启动被征地农民社会保障转职工养老保险政策，全县城乡居保和城乡医保参保率均超过95%。净增各类保险参保人数3.6万人，征收各类社保基金25.6亿元，享受各类社保待遇82.3万人次，发放待遇金21.9亿元。纳入最低生活保障人数2.74万人，比上年增长24.8%。发放低保金7340万元，同比增长3.9%。慈善总会捐赠收入3597万元，同比增长28.8%。财政专项扶贫资金投入1100万元，县级行业部门投入扶贫开发和结对帮扶资金450万元。低收入农户人均纯收入从上年的7366元增加到8899元，全面消除家庭人均年收入4600元以下农户9865户20890人。新增城镇就业人员1万余人，城镇登记失业率2.0%，在全市首届创新创业博览会上获奖4项。获全省平安"六连创"铜鼎。

体育事业发展成果 2015年，永嘉县举办各级各类运动会、单项比赛和健身活动30余项次。参与5000余人。有42名运动员获亚洲级比赛银牌1枚。全国级比赛金牌2枚、银牌4枚、铜牌7枚。浙江省级比赛金牌15枚、银牌14枚、铜牌17枚。获"浙江省运动休闲基地"称号。

生态园林城市创建 2015年，永嘉县创建国家级生态县、省级园林城市，创成国家级生态镇街5个。全县公园绿地面积115.77公顷，建成区绿化覆盖面积245公顷、滨水公园45个。坚持"水岸同治"，推进"清三河"治理，启动污水处理厂中水回用工程建设，试运行污水处理厂(站)9个，改造城镇污水管网131.7公里，建成农村生活污水治理村425个，蝉联全省农村生活污水治理工作优胜县称号。联动推进"三改一拆""四边三化""两路两侧"专项整治，完成省政协交办的43个"两路两侧"问题点整治，创成无违建镇街4个、无违建村378个，完成"三旧"改造482.3万平方米、违建处置275.3万平方米，分别完成年度任务的409%和153%。全县环境空气质量优良率保持在95%以上，楠溪江中上游水质常年保持在Ⅰ、Ⅱ类。

特色小镇建设 2015年，永嘉县建设特色小镇，桥下玩具智造小镇、大箬岩都市养生小镇列入市级特色小镇。新建美丽乡村精品线1条，培育精品村16个，打造农业休闲观光精品线路6条，完成省级历史文化重点村1个和一般村项目建设4个。

省森林休闲养生建设试点 2015年1月，永嘉县获浙江省林业厅、旅游局复函同意，成为全省4个"森林休闲养生建设试点县"之一。启动试点建设各项前期工作和项目建设，编制完成省级森林休闲养生试点县规划，引进柚木馆等一批休闲养生项目，建成森林公园和森林休闲养生区7处、森林人家和森林家园3处、森林步道和森林绿道150公里。

云服务泵阀产业技术联盟 2015年1月，永嘉县成立国内首个泵阀物联网云服务系统产业技术创新战略联盟，联盟成员共同研发应用泵阀物联网云系统。泵阀物联网云服务系统是通过在泵阀设备内集成数据采集、传输和控制模块，通过物联网技术和无线通信技术，使用云服务软件平台，实现泵阀故障的自动预警、泵阀数据和状态的远程监控、泵阀参数和运行的远程控制等目标的智能化系统。

教玩具产业入选首批浙江好产品 2015年8月，浙江省经信委与阿里巴巴集团共同启动"中国质造·浙江好产品"行动，全省27个产业成为首批先行先试的块状产业，永嘉县教玩具块状产业入选"浙江好产品"之列，符合"浙江好产品"入选标准的企业和产品将分批次入驻淘宝网"中国质造"平台。

瓯北大桥通车 2015年9月20日，瓯北大桥通车，大桥长1075米，总宽35米，双向六车道，总投资5.5亿元。该项目是永嘉县委、县政府推进"三区两美"建设和沿江城市化建设的一项基础设施工程，也是三江片区开发的一项控制性基础设施工程，是温州市第一个以BT模式[①]建设施工的省重点工程。

（潘　敏）

文　成　县

概况 2015年，文成县下辖9个镇1个乡，全县总面积1293.24平方公里，年末总人口39.60万人。

全县地区生产总值71.75亿元，比上年增长8.3%。按户籍人口计算，人均地区生产总值17974元（按年平均汇率折算为2886美元），较上年增长8.3%。第一产业增加值7.49亿元，同比增长3.2%；第二产业增加值22.01亿元，同比增长2.9%；第三产业增加值42.25亿元，同比增长12.4%。第一、二、三产业对经济增长的贡献率分别为3.2%、12.3%和84.5%。三次产业结构由上年的10.5∶33.1∶56.4调整为10.4∶30.7∶58.9。

财政总收入8.99亿元，比上年增长5.0%。其中，公共财政预算收入7.26亿元，同比增长8.1%；税收收入3.49亿元，同比增长7.6%。公共财政预算支出33.94亿元，同比增长22.8%。其中，一般公共服务支出3.58亿元，同比增长22.4%。年末金融机构存款余额182.39亿元，同比增长15.7%；贷款余额94.08亿元，同比增长4.0%。外汇汇入8.90亿美元，同比下降17.6%；外汇结汇8.19亿美元，同比增长6.8%。保费收入1.99亿元，同比增长22.3%；赔付支出0.78亿元，同比增长30.9%。

农林牧渔业总产值11.11亿元，比上年增长3.3%。其中，农、林、牧、渔业产值分别为8.90亿元、0.85亿元、1.10亿元和0.12亿元，分别同比增长3.3%、3.3%、1.2%和10.2%，农林牧渔服务业0.13亿元，同比增长15.1%。农、林、牧、渔、服务业行业结构为80.2∶7.7∶9.9∶1.1∶1.1。农作物种植面积1.75万公顷，比上年增加74公顷。粮食种植面积8242公顷，减少160公顷。蔬菜种植面积5758公顷，增加100公顷。中药材种植面积677公顷，增加165公顷。新建粮食生产功能区9个0.42万亩，新增现代农业园区4个。创建美丽乡村精品线1条、精品村8个，建成历史文化村落保护利用点（项）12个。投入9100万元完成111个村的农村生活污水治理工程，新增受益农户14546户。新增土地流转面积1.85万亩，累计流转面积10.35万亩。新续建农业招商引资项目21个，实际到位资金累计4.5亿元。"三年特扶"精准扶贫取得实效，低收入农户人均纯收入9364元，完成全面消除家庭人均收入4600元以下的贫困对象任务。"五水共治"建设美丽山水田园智城重点项目累计投资4.7亿元，完成率108%。入选全国第二批验收合格的水土保持监督管理能力建设县。

① BT模式：Build-Transfer，即"建设—移交"模式。

工业总产值41.58亿元，比上年下降10.1%。其中,规模以上工业产值25.03亿元，同比下降17.3%；销售产值25.23亿元，同比下降15.1%，产销率100.8%；新产品产值4亿元，同比增长8.4%，产值率16.0%。规模以上工业企业主营业务收入23.47亿元，同比下降14.9%；主营业务成本18.58亿元，同比下降15.2%;利润总额2.22亿元，同比下降21.7%;亏损企业亏损额0.16亿元，同比增长127.7%。建筑业产值19.97亿元，同比增长19.0%。房屋施工面积90.50万平方米，竣工面积22.01万平方米。

社会消费品零售总额35.24亿元，比上年增长11.1%。旅游总收入26.01亿元，同比增长34.4%，接待游客554.87万人次，同比增长12.1%。年末，有旅行社3家，星级饭店2家。新增国家AAA级风景区1处，国家AAAA级和AAA级风景区累计分别为3处和4处。浙江省首个微电影基地落户文成。

进出口总额3848万美元，比上年增长12.9%。其中，出口总额3812万美元，同比增长14.0%。外贸出口供货值2.37亿元，同比增长15.7%。实际使用外资200万美元，同比增长102.0%。包装推介招商项目54个，总投资205.7亿元。新签约项目11个，协议资金18.18亿元。引进总部经济企业8家。省外回归到位资金22.54亿元，市外房地产到位资金7.72亿元。

有各级各类学校（含幼儿园）79所，其中民办学校（含幼儿园）24所。3～5周岁幼儿入园率95%，小学与初中学龄儿童入学率均为100%，外来务工人员子女入学率100%，初中毕业生升学率97.8%。人均教育经费1887元，比上年增长25.0%。创建数字化校园2所，84%的中小学达到教育信息化建设省级标准。创成全国数字化学习先行区、省教育装备管理示范县；创建省义务教育标准化学校6所、省示范社区学校1所、省标准化成技校5所；创建省二级和三级幼儿园各1所。创办民办普通高中武阳书院（富中分校）。

高新技术产业发展 2015年，文成县新增国家高新技术企业1家，累计4家；有省级科技型中小企业4家。争取到国家火炬项目1个、省级科技项目24项，“高铁轨道扣件系统高性能锻压垫板产业化提升”项目入库2015年省重点研发计划，首次获科技创新考核奖励60万元。专利授权546件，其中发明专利授权29件，同比增长1350%。网上签约技术合同登记额4372万元，同比增长181.5%；技术合同交易额4741.6万元，同比增长1355%。申请科技创新券企业23家，发放科技创新券38.74万元。

城乡居民基本保险普及 截至2015年年末，文成县参加城乡居民基本养老保险12.06万人，企业职工基本养老保险3.05万人；城乡居民基本医疗保险35.28万人，城镇职工基本医疗保险2.28万人；工伤保险2.20万人；生育保险0.65万人；失业保险1.11万人。10月1日起，城乡低保标准从570元、420元分别提高到625元和535元，农村低保补助标准达到城镇的85.6%。农村五保集中供养率98%，城镇三无集中供养率100%。有社会福利收养性单位16个，居家养老服务照料中心169家，农村老年食堂85个。

文化事业发展 2015年，文成县新建文化中心、文化馆、图书馆、剧院、2个乡镇综合文化站投用。至年末，全县有文化站10个；文化馆1个；公共图书馆8个（包括乡镇图书分馆），公共图书馆藏书41.99万册（件）；艺术表演团体19家，演出5226场次；电影放映单位2家，农村数字电影放映2686场次；国家级、省级文物保护单位分别为1处、5处，国家级、省级和市级非物质文化遗产分别为2个、3个和62个。创建省级文化示范村1个（让川村），建成文化礼堂15个。岜口公阳村被命名为浙江省书法村。有线电视用户12.40万户；广播、电视综合人口覆盖率均为99.1%。实施广电低保工程，全县8892户低保用户免费收看有线电视。

生态环境建设 2015年，文成县森林面积9.14万公顷，森林覆盖率70.58%，森林蓄积量466.56万立方米，全年人工造林196公顷。主要6条河流所监测断面水质均达标，集中式饮用水源地水质达标率100%，跨行政区域河流交接断面水质评价等次为良好。全年环境空气有效监测天数344天，空气质量优良率97.1%，空气质量指数（AQI）均值47.4。

承办微电影国际大赛 2015年12月，中央新影微电影台、央视微电影频道主办，中共文成县委、县人民政府承办的文成杯“记住乡愁”极拍48微电影国际大赛在县体育馆举行，按当地人文景观风情元素，自主设计故事，于48小时内完成3～8分钟的成品微电影。

中国长寿之乡 2015年，文成县医疗机构全年诊疗病人169.75万人次，入院人数1.32万人，基层就诊比例61.2%；孕产妇死亡率0，婴儿死亡率4.28‰，5岁以下儿童死亡率4.28‰。创成浙江省第4个、全国第68个中国长寿之乡。

（赵友红）

平 阳 县

概况 2015年，平阳县下辖9个镇、1个乡，全县土地面积1042平方公里。年末总户籍数23.84万户，户籍总人口88.24万人，出生1.05万人，死亡0.56万人，人口自然增长率5.50‰。平阳县创成省级历史文化名城，获全国武术之乡先进单位称号。鳌江镇获第七届“中国绿色名镇”称号，万全镇栏杆桥村获全国文明村称号。

全县地区生产总值342.49亿元，比上年增长8.6%。按户籍人口计算，人均生产总值38776元，同比增长7.0%。第一产业增加值14.07亿元，同比增长2.6%；第二产业增加值148.79亿元，同比增长7.4%；第三产业增加值179.63亿元，同比增长10.1%。三次产业结构由上年的4.2 ∶ 44.8 ∶ 51.0调整为4.1 ∶ 43.4 ∶ 42.5。

财政总收入40.76亿元，比上年增长7.7%，其中公共财政预算收入25.67亿元，同比增长8.0%。公共财政预算支出45.72亿元，同比增长7.1%。年末金融机构人民币存款余额390.18亿元，同比增长10.6%；贷款余额380.31亿元，同比增长6.8%；保险业保费收入9.85亿元，同比增长12.3%。

农林牧渔业总产值26.01亿元，比上年增长2.2%。其中，农业产值10.02亿元，同比增长4.5%；林业产值0.78亿元，同比增长4.5%;牧业产值5.97亿元，同比下降4.6%；渔业产值8.75亿元，同比增长3.8%，农林牧渔服务业产值0.50亿元，同比增长4.7%。农作物总播种面积44.69万亩，同比增长0.8%，其中粮食播种面积28.34万亩。

规模以上工业企业313家，总产值284.93亿元，比上年增长7.7%。增加值

59.77亿元，同比增长7.7%。新产品产值53.97亿元，同比增长46.8%，产值率18.9%。销售产值274.37亿元，同比增长6.3%。利税总额21.44亿元，同比增长6.7%，利润总额12.20亿元，同比增长12.4%。

各级知识产权示范、优势企业58家，其中国家级3家、省级7家、市级10家。专利授权1505件，其中发明专利57件，同比增长14%。

社会消费品零售总额154.89亿元，比上年增长11.7%。旅游总收入73.50亿元，同比增长50.9%。接待国内游客908.93万人次，同比增长50.2%，收入72.99亿元，同比增长51.0%；接待入境游客3.07万人次，同比增长48.9%，旅游外汇收入829.60万美元，同比增长39.9%。

进出口总额81498万美元，比上年增长2.1%，其中出口总额74064万美元。一般贸易出口70343万美元，占出口总额的96.9%，同比增长4.6%；从主要出口市场看，美国14010万美元，占19.3%，同比增长0.9%；欧盟12459万美元，占17.2%，同比下降5.1%；东盟10800万美元，占14.9%，同比增长35.5%。实际利用外资2092万美元，同比下降63.9%。

限额以上固定资产投资338.45亿元，比上年增长13.7%。全部投资中，工业投资完成72.10亿元，同比增长22.6%，占比21.3%。房地产开发投资65.89亿元，同比下降27.0%。房屋施工面积576.33万平方米，同比增长1.6%；竣工面积104.20万平方米，同比增长95.7%；商品房销售面积67.13万平方米，销售额61.05亿元。

城镇常住居民人均可支配收入36386元，比上年增长9.0%，扣除价格因素，实际增长8.2%；农村常住居民人均可支配收入17372元，同比增长9.8%，扣除价格因素，实际增长9.0%。

年末，参加城镇职工基本养老保险22万人，城镇职工基本医疗保险12.04万人，失业保险8万人，工伤保险16.76万人，生育保险6.13万人，城乡居民基本医疗保险69.14万人。

年末，有中心镇综合文化中心10个，文化馆1个，博物馆1个，公共图书馆1个，图书分馆7个。公共图书馆藏书36.9万册（件）。建成文化礼堂25个，农村数字电影放映点14个。有电影院4个，全年电影放映27262场次。开展群众文化活动演出223场次。广播节目综合人口覆盖率、电视综合人口覆盖率、有线电视入户率均为100%。有文化企业5663家，在建文化产业项目22个。完成4名国家级传承人和6项市级非遗项目申报，开展非遗活动近200场，建立全县非遗数据库。

至年末，有县武协、太极拳协会、刚柔体育健身协会、飞凰健身运动协会等县级武术体育社团4家，发展武术社团会员6000余人；有育英体校、平阳武校、平阳少林武校等武校3所。承办"温州平阳·南雁荡山杯·决战名山"全国象棋冠军挑战赛总决赛。

电子商务发展 至2015年年末，平阳县有电商企业3767家，以皮件、点钞机、家居、工艺品、服饰行业为主，网络零售额55.7亿元。5月，浙南·平阳卓讯电商城开业，一期140余家企业签约入驻。7月，县政府与阿里巴巴（中国）软件有限公司签订农村电子商务合作意向协议。同月，出台《关于大力发展电子商务的实施办法》。10月，阿里巴巴农村淘宝平阳服务中心和首批31个村级服务站点开业。平阳农村淘宝在"双十一"期间，单笔订单交易额全国第一，12月交易额全国县级第一，11月、12月成为省内唯一农村淘宝月销售额突破千万元的县。

国家级宠物食品质量安全示范区 2015年10月，平阳县获批成为浙江省首个"国家级出口宠物食品质量安全示范区"。至年末，全县宠物用品企业22家，其中生产宠物食品企业15家。产品销往30余个国家和地区，出口额14425万美元，占出口总额的19.88%。宠物用品连续7年保持平阳县外贸出口第一大支柱产业的地位，其中宠物咬胶食品出口额约占全国同类产品出口总额的60%。

首届滨海时尚旅游节举办 2015年10月25日～11月25日，平阳县举办首届滨海时尚旅游节。10月30日，首届平阳县滨海时尚旅游节暨2015国际旅游小姐冠军总决赛在凤湖公园举行开幕式和入城仪式。11月7日，平阳旅游全球媒体推介会暨旅游招商引资项目签约仪式举行。11月8日，南雁荡山景区创建国家AAAAA级旅游景区项目开工暨南雁游客服务中心奠基仪式举行。11月9日，亚太旅游战略伙伴联盟论坛（筹备会）在平阳县举办。

苏步青励志教育馆开馆 2015年12月，苏步青励志教育馆开馆仪式在平阳县腾蛟镇举行，全国政协常委郑惠强，省政协常委徐向东等领导出席。教育馆工程于2012年9月开工建设，用地面积12360平方米，建筑面积4614平方米。

（卢圣蒙）

泰顺县

概况 2015年，泰顺县下辖9个镇、1个乡。全县年末户籍总人口36.92万人。其中男性人口19.25万人，女性人口17.67万人，分别占总人口的52.15%和47.85%。

全县地区生产总值73.59亿元，比上年增长8.4%。其中，第一产业增加值6.7亿元，增长4.3%；第二产业增加值23.11亿元，增长4%；第三产业增加值43.78亿元，增长11.7%。三次产业结构由上年的9.1∶33.4∶57.5调整为9.1∶31.4∶59.5。按户籍人口计算，人均地区生产总值19998元（按年平均汇率折算为3211美元），同比增长7.5%。

财政总收入9.28亿元，比上年下降0.3%（剔除政府性基金，同比增长9.1%），其中公共财政预算收入7.15亿元，同比下降1.7%（剔除政府性基金，增长10.6%）。城镇常住居民人均可支配收入28609元，农村常住居民人均可支配收入12973元，同比分别增长9.3%和10.5%。年末金融机构本外币存款余额130.16亿元，同比增长6.1%；城乡居民人民币储蓄存款余额77.99亿元，同比增长23.4%；金融机构本外币贷款余额99.18亿元，同比增长15.5%。保险业保费收入2.67亿元，同比增长14.2%。

农林牧渔业总产值10.62亿元，比上年增长4%。其中，农业产值7.68亿元，同比下降0.2%；林业产值0.64亿元，同比增长15.2%；牧业产值2.14亿元，同比增长17.7%；渔业产值0.07亿元，同比增长50.7%。农作物种植面积1.58万公顷，同比增长1.2%。全县有农业龙头企业66家，其中省级、市级农业龙头企业分别为6家、24家；国家级、省级、市级示范合作社分别为7家、13家、42家。有粮食生产功能区46个，省市主导产业示范区7个，特色农业精品园24个，休闲观光农业示范园4个，省级生态循环农业示范区2个。通过有机食品、绿色食品、无公害农产品认证的产品、基地84个，“三品一标”认证面积14万多亩，主要农产品“三品一标”认证率60.8%，农产品合格率98%。创成全市首个“浙江省农产品质量安全放心示范县”。浙江原态农业股份有限公司成为温州地区首家挂牌“新三板”的农业企业。

工业总产值41.25亿元，比上年下降2.4%，工业增加值9.47亿元，同比增长3.5%。规模以上工业企业21家，总产值16.15亿元，同比下降11.5%，销售产值15.79亿元，同比下降9.6%，产销率97.8%。建筑业总产值144.99亿元，同比增长14.1%，利润总额2.83亿元，同比下降5.6%；增加值13.73亿元，同比增长5.8%。有资质建筑企业50家。全社会用电量3.56亿千瓦时，同比增长5%。

社会消费品零售总额37.15亿元，比上年增长11.7%。城镇居民人均生活消费支出22567元，农村居民人均生活消费支出11031元，同比分别增长7.8%和12.8%。接待国内外游客291.3万人次，旅游综合产值17.11亿元，同比分别增长17%和28%。年末有各类市场16个，成交额5.82亿元。外贸进出口总额4089万美元，同比增长17%。引进市外项目资金34.42亿元，其中省外项目28个，项目资金25.39亿元。“泰商”捐助公益事业资金0.31亿元。

限额以上固定资产投资68.22亿元，比上年增长14.3%，限额以上项目投资47.11亿元，同比增长18.5%。工业投资额4.43亿元，同比增长16%。基础设施投资额23.16亿元，同比增长21.7%。房地产开发投资额21.11亿元，同比增长6%。

省级科技型企业新增9家，累计37家；有省级专利示范企业2家，省级农业企业科技研发中心10个，市级企业技术研发中心9个，高新技术企业3家。全年专利申请受理274项，专利授权211项，其中发明专利15项。

参加基本养老保险职工3.65万人、城镇职工基本医疗保险2.48万人，失业保险1.18万人、工伤保险2.42万人、生育保险1.18万人，城乡居民社会养老保险11.32万人、城乡居民合作医疗保险33.37万人，城乡居民享受最低生活保障人数1.34万人。全年医疗救助3159户3208人，发放医疗救助金1043万元。纳入农村五保集中供养296人，集中供养率98.3%。县慈善总会募集善款1293.18万元，支出852.25万元。执证残疾人6882人，纳入残疾人共享小康工程6190人，残疾人托（安）养率98%。

年末，有幼儿园59所，全日制中小学54所。学龄儿童入学率99.99 %，初中毕业生升入高中阶段比例97.79%。设立名师（名校长）工作站（室）55个。有医疗卫生机构193家，各类卫生技术人员1583人，医疗机构病床925张，医疗机构诊疗病人184.87万人次。

有文化站10个，文化馆1个，博物馆1个，公共图书馆8个（含乡镇图书馆分馆7个），藏书19.17万册（件）。有文艺表演团体206个，电影放映单位3个。非物质文化遗产国家级、省级、市级分别为6个、15个、99个。

有公共体育场馆3个，体育场地设施面积44.31万平方米，独立设置的业余体校1所。全年承办省级比赛2次，市级比赛3次。泰顺籍运动员获全国冠军5人次、亚军2人次，省级冠军11人次。

泰顺县生态文明建设 2015年，泰顺县水资源总量30.34亿立方米，比上年增长12.6%。造林绿化面积1.26万亩，全县森林面积202.21万亩，森林覆盖率76.06%。开展国家生态文明建设示范县建设，有国家级生态乡镇10个；国家级、省级自然保护区各1个；省级风景名胜区2处，A级景区3处；省级、市级森林公园分别为2个、9个；省市两级森林村、绿化示范村118个；生态环境教育实践基地1个。入选全国首批国家生态保护与建设示范区，获浙江省首批“无违建县”先进县称号，创成“清三河”达标县。

入选生物多样性国际项目示范县 2015年1月，泰顺县成为浙江省唯一的生物多样性国际项目示范县，该项目由中国环境科学研究院和挪威环境局联合实施。泰顺县自然资源丰富，国家级自然保护区乌岩岭享有“生物种源天然基因库”和“绿色生态博物馆”之称，拥有裸子植物48种、被子植物1815种、蕨类植物287种、苔藓植物358种、真菌212种，其中国家一级保护野生植物5种、国家二级保护野生植物20种，种子植物占全省种子植物种数的55%；拥有陆生脊椎动物303种、昆虫2133种，其中国家一级重点保护动物8种、国家二级重点保护动物37种。

获全国首批碳汇城市称号 2015年6月，泰顺县获全国首批2个“碳汇城市”称号之一。泰顺县与浙江农林大学、省林科院等单位合作开展《发展碳汇林业社会融资的瓶颈问题及对策研究》《提升森林碳汇的森林经营技术体系推广示范》等科研项目，相继实施3个3.64万亩森林经营碳汇项目，通过抚育间伐、造林补植、保护管理等技术措施，提高林分的生长量和碳汇量。

泰商成为中国市场著名商帮 2015年10月，中国市场大会全国泰商高峰论坛在河北召开，泰商被中国商业联合会授予“中国市场著名商帮——泰商”称号。这是泰顺县继2012年被授予“中国市场投资开发第一县”后的又一张金名片。至8月末，泰商在全国累计创办各类专业市场920个，总投资6100亿元，年销售额约9000亿元，年创税250亿元以上，覆盖家居建材、小商品、五金机电、汽车及配件、电子数码、服装、副食品、石材、船舶用品、物流及城市综合体等各行各业。

闽浙边临时省委成立80周年 2015年11月7日，泰顺县举办中共闽浙边临时省委成立80周年纪念活动，刘锡荣、粟戎生、叶小楠等中共闽浙边临时省委及挺进师领导亲属和身边工作人员代表、泰顺籍“三老”人员和老同志代表、部队官兵代表、少先队员和青年代表、干部群众代表等，参观中国工农红军挺进师纪念馆，植树缅怀革命先烈。

（翁婷婷）

苍南县

概况 2015年，苍南县下辖10个镇、2个民族乡。全县土地总面积1252.95平方公里，年末户籍总人口133.12万人。

全县地区生产总值423.55亿元，比上年增长8.2%。其中，第一产业增加值28.29亿元，同比增长3.5%；第二产业增加值175.48亿元，同比增长6.6%；第三产业增加值219.78亿元，同比增长10.3%。

财政总收入46.25亿元，比上年增长7.8%，其中公共财政预算收入30.02亿元，同比增长9.4%。城镇居民人均可支配收入36525元，同比增长8.8%；农村居民人均可支配收入17023元，同比增长10.0%。年末金融机构人民币存款余额490.50亿元，同比增长7.0%；贷款余额630.73亿元，同比增长2.7%。保险业保费收入14.83亿元，同比增长17.4%；支付各类赔款及给付4.54亿元，同比增长14.1%。

农林牧渔总产值45.20亿元，比上年增长3.6%。农作物播种面积56.6万亩，同比下降1.1%。粮食总产量14.72万吨，同比下降0.1%。投入农村生活污水治理建设资金3.8亿元，铺设主管网253.7千米、支管网367.8千米，安装检查井3.6万个，新增受益农户6.7万户。建设美丽乡村精品线1条、精品村17个，续建历史文化古村落13个，完成历史文化保护利用点14个。下放农村个人住宅供地审批事权，开展“美丽民居”建设试点，灵溪镇桃湖村、桥墩镇八亩后村建设模式在全市推广。

工业总产值587.35亿元，其中规模以上工业产值295.92亿元，比上年增长0.4%。累计有中国驰名商标7枚，浙江省著名商标40枚，浙江名牌产品17个。

社会消费品零售总额274.94亿元，比上年增长11.2%。年成交额超亿元以上商品交易市场13个，年成交额136.88亿元，同比下降5.6%。接待国内外游客640.03万人次，旅游总收入60.62亿元。

外贸进出口总额7.42亿美元，比上年增长5.0%，其中进口总额0.22亿美元，出口总额7.2亿美元。

限额以上固定资产投资403.99亿元，比上年增长14.2%，其中限额以上工业性投资95.08亿元，同比增长22.3%；房地产投资78.87亿元，同比下降18.1%。

新增市级以上科技型企业81家，其中高新技术企业8家，省科技型企业42家，市科技型企业31家。

年末，参加城乡居民社会养老保险40.79万人、失业保险8.54万人、工伤保险15.26万人、生育保险8.16万人、城镇基本医疗保险10.90万人。城乡居民基本医疗保障实际参保人数108万人。新增城镇就业9291人，失业人员再就业2090人，城镇登记失业率2.68%。

县域义务教育基本均衡发展通过国家级评估。安排等级学校创建补助经费80万元，创建温州市义务教育办学水平评估等级学校一级3所、二级5所、三级28所，年度创建率25%。苍南中学通过省一级特色示范高中评估，灵溪第二高级中学通过省二级特色示范高中评估。全县有等级幼儿园170所，等级覆盖率85.4%，占比71.7%。发展职业教育与成人教育，创建市示范性社区学校1所，市一级社区学校2所，市二级社区学校3所。省标准化乡镇成人文化技术创建率、市等级以上乡镇社区学校创建率均为100%。完成6.544万人脱盲任务，完成率126.99%。

有卫生机构747家，其中医院17家，卫生院36家，个体开业诊所182家；有各类卫生技术人员5903人。建有村卫生室438个，社区服务站51个。年末医疗机构实有病床数3950张，平均每千人有病床3.04张、医生1.97人，全年诊疗病人702.66万人次。产妇住院分娩比例100%，婴儿、5岁以下儿童死亡率分别为2.76‰和4.26‰。

建成县文化馆新馆、博物馆新馆、非遗馆，并与县图书馆及中心湖文化广场连成苍南县城标志性文化景观带。创建灵溪、龙港、金乡、矾山、桥墩等5个“五有”乡镇文化中心和27个“五有”社区文化中心。龙港镇下湾村被评为浙江省“文化示范村”，10个行政村通过浙江省“文化示范村”复评验收。灵溪、金乡2个乡镇通过浙江省“文化强镇”复评验收，农村宗祠改建文化中心50所并通过验收，创建和提升精品农家书屋30家。举办文化下乡系列主题巡演活动7次，举办县第七届文化艺术节。

完成绿化造林13963亩。建成区新增绿地面积43.03公顷，绿化率37.18%。建设滨水公园23个，建设绿地106.98公顷。建成县级生态美丽示范路或园林景观大道28公里。高速公路两侧补植桉树7000株，苍南互通四周提升绿化面积1.2万余平方米。

苍南县灵龙大道通车 2015年1月1日，苍南县灵龙大道工程全线通车。灵龙大道为省重点建设项目，按双向六车道一级公路标准设计，路基宽32米，行车速度每小时80公里，工程造价8.8亿元，起于灵溪镇玉苍路与苍南大道交叉处，终于龙港海城与时代大道相接点，总长15.8公里，途经灵溪、宜山、龙港等3个乡镇28个村。

龙港镇国家新型城镇化综合试点 2015年1月，苍南县召开龙港镇国家新型城镇化综合试点工作动员大会。会议传达国家十一部委《关于印发国家新型城镇化综合试点总体实施方案的通知》及相关文件精神，部署推进龙港新型城镇化综合试点工作。

苍南县中心湖公园开园 2015年10月，苍南县城新区中心湖公园开园。该公园总用地面积722亩，建筑面积1.34万平方米，建有景观桥、音乐喷泉、沿岸绿化、生态停车场、市民广场、建筑小品、生态公厕等设施，是集防洪、城市、生态、景观水利于一体的综合性公园。

苍南县重大工程集中开工 2015年10月，苍南县当年百亿重大工程集中开工，市委书记陈一新在苍南大道集中开工仪式现场下达开工令。该次开工的11个重点项目总投资115.99亿元，包括苍南大道工程、县城新区安置房工程、大顺发商业中心等，涉及道路交通、五水共治、商贸提升、民生服务、工业提质增效五大领域。

（钱克辉）

（徐亦子　编辑）

新事趣闻

温州新事

驾考新政 2015年3月1日，温州市驾校报名方式在已有驾校预约考试的基础上，增设个人网上预约“科目二”“科目三”考试。学员在驾驶培训课时等条件符合后，可通过“温州交警网”“温州交警掌上车管APP”“温州交警”微信公众服务号等渠道报名。7月1日，市公安机关下放“科目二”“科目三”考试管理权限，授权乐清市、瑞安市、永嘉县、平阳县、苍南县公安机关在当地组织C类驾驶证考试，实现报名、预约、考试、领证等“一站式”服务，并在各考试所在地建科目二、科目三智能化考场。

温州商事断案首次使用测谎仪 2015年1月19日，温州市鹿城区人民法院首次使用测谎仪鉴定民间借贷纠纷。债权人程先生和债务人李先生是某公司股东，程先生申诉李先生分别向他借款200万元、150万元、113万元共计463万元，至今未还。债务人辩称借款不是这个数，且早已还清。为查明案件真相，法官建议双方当事人进行测谎测试，双方都同意。鹿城法院委托华东政法大学刑事司法学院心理测试室对二人进行测谎测试，法官根据测谎结果、在案书证、银行汇款凭证、证人证言等认定：李先生陆续向程先生借款共计463万元，仅偿还360万元，尚欠103万元。这是温州市首次将测谎仪运用于商事案件并生效，双方当事人均服判。

12家温企上榜首批省级企业研究院 2015年1月，浙江省科学技术厅、省发展和改革委员会、省经济和信息化委员会首次认定180家企业研究院为省级企业研究院，其中温州市天正智能电器新技术研究院、冠盛汽车传动系统研究院、豪中豪智能康复按摩器具研究院、长城搅拌技术与装备研究院、迦南制药装备研究院、汇润智能新型燃油泵研究院、康尔达新材料研究院、维融金融装备及物联网技术研究院、亚龙教育装备研究院、泰昌铁塔特高压输电线路研究院、俊尔高分子新材料研究院、长城汽车电机换向器研究院12家企业研究院上榜。

温州市首家医疗集团成立 2015年1月29日，温州市中心医院与30家医疗单位成立医疗集团，以非法人医疗联合体形式开展工作，以区域城市医院为核心的分级诊疗试点的工作平台。首批签约的30家医疗单位有市中心医院两大直属院区，永嘉县人民医院、鹿城区人民医院和苍南县第二人民医院，温州深蓝医院等民营医院5所，社区卫生服务中心、卫生院20所。集团以市中心医院为核心，建立医疗临床、医院管理、医疗技术、医疗质控4个专业委员会，通过核心型、紧密型、延伸型、帮扶型四类运作方式操作，县区级人民医院属于紧密型单位，社区服务中心成为延伸型单位，开展联合门诊。

温州道德馆首份藏品 2015年2月3日，温州市道德馆收到市民胡富有无偿捐赠的6本献血证，这是道德馆首份藏品，市委宣传部向胡富有颁发捐赠证书。“温州献血大王”胡富有曾入选“2008·感动温州十大人物”，连续23年坚持每年无偿献血800毫升。胡富有捐献的6本献血证，其中3本对他有着特殊的意义，一本是1992年首次献血所获，还有两本是他在杭州和北京献血的证件。

2015年2月3日，温州道德馆收到胡富有的献血证 陈 翔/摄

鹿城法院首创医学专家证人库 2015年，温州市鹿城区人民法院建立医学专家证人库，鹿城法院制度化执行医学专家证人库做法在浙江省尚属首创，案件审理中若出现医学方面的问题，证人库中的医学专家将出庭作证，提供专业意见。2月11日，首批43名医学界专家受聘，这批医学专家由市医学会推荐，大部分专家具有正高级职称（教授或主任医师），少数具有博士学位或副高级职称，涉及内科、普外科、药学、法医病理等14个专科。

首个跨境电子商务园区启动 2015年3月29日，温州市首个以跨境电商为主的电子商务园区——“温州智德跨境电商园区”启动，园区集办公、仓储、生活于一体，入驻企业均经营跨境电子商务，在物流、信息共享等方面享有优惠和便利。智德跨境电商园区位于瓯海区娄桥工业区南汇路，总面积7.5万平方米，分三期建设。一期已建成开放，建设面积约2.6万平方米，可容纳大型电商企业20家，中小型电商企业200家，小微型、创业型企业300家。

零排放纯电动公交车投用 2015年4月29日，温州交运集团城西公交有限公司投运两辆46路纯电动公交车，此为温州首条零排放绿色公交线路。纯电动公交车投用后，公交公司调整原46路的公交线路，调整后全程15.1公里，班次间隔30分钟。

瓯海建首个电子商务虚拟产业园 2015年6月，瓯海区人民政府出台《关于培育商务秘书企业促进电子商务虚拟产业园发展的若干意见（试行）》，鼓励发展电商虚拟产业园。4日，瓯海区首家电子商务虚拟产业园国智电子商务虚拟产业园成立。国智电子商务虚拟产业园主要为电子商务、网络经济、文化创意产业领域的创业者提供一站式服务，为需要虚拟注册模式、办公模式、托管模式的公司提供全方位商务秘书式服务。

首次编制民生档案查询指南 2015年6月，温州市档案局印发《温州市区民生档案查阅指南》，收录市本级、鹿城区、龙湾区、瓯海区国家综合档案馆和市级有关单位的民生档案200余类，计条目220余万条。其中，婚姻、土地、知青、学籍、公证档案五类民生档案170余万条。这是本市首次编制民生档案查阅指南，市民可免费查询档案的形成单位、保管单位、档案内容、查阅方法、查阅地点、咨询电话等。民生档案是各级国家机关、企事业单位和社会组织在服务民生过程中形成的原始记录，包括出生医学证明、婚姻状况、学籍档案等。

首届网络邻里节 2015年8月～11月，温州市鹿城区举办首届网络邻里节，采用“众筹”方式开展“智慧城市，智能筑巢”快递智能柜进社区活动，将100个快递智能柜免费送到社区；开通“隔壁邻舍——千客小店”便民网上超市服务项目，为市民提供网络配送服务；建立两所“隔壁邻舍”微信图书馆，采用“互联网+图书馆”模式，使读者体会阅读的乐趣；开展“鹿城好网民”网络寻访、“村规民约”网络访谈、社区网络慈孝生日宴等12项活动。

龙湾建成首家支付宝智慧菜场 2015年4月，温州市龙湾区状元农贸市场支持支付宝交易，建成全国首个“支付宝智慧菜场”。市场内实现WiFi全覆盖，每个摊位都贴有“支付宝二维码”。10月，龙湾区市场监督管理局投入80万元采购智能秤系统，每个摊位配备智能秤，顾客购买物品过智能秤后，需支付金额在智能秤副屏上自动生成二维码，并显示其重量、价格等信息，顾客用支付宝扫二维码完成支付即可。同时，市场支持以市民卡方式交易。

瓯剧创意衍生产品上市 2015年10月9日，温州市五个瓯剧艺术衍生产品系列宣布上线，分别为瓯剧形象Q版手绘涂色卡、文件袋、书签、收纳袋、行李牌，此做法在温州市尚属首次。瓯剧艺术衍生产品结合传统戏曲艺术与现代动漫造型，将舞台形象打造成Q版造型，瓯剧文化植入有关物件，以传播瓯剧文化，培养新的观演群体。

泰顺“网上开证明”系统上线 2015年12月18日，温州市泰顺县“网上开证明”系统上线运行，泰顺籍人士可通过系统提交有关证明申请，办理贫困证明、房屋使用证明、无违法犯罪证明、房屋权属证明等，此系统系浙江省内首创。泰顺县“网上开证明”系统依托浙江政务服务网统一平台，包括网页和手机APP两个版本，相关部门依据提交的申请办理证明后，以短信方式告知申请人，申请人可上网打印已加盖电子印章的证明，也可选择通过邮寄方式收取纸质证明。系统还设置在线验证功能，每份证明材料都标注唯一编码，证明使用单位可上网验证真伪。

瓯海首推农民资产授托代管融资 2015年，温州市瓯海区委、区政府出台农民资产授托代管融资政策，瓯海农商银行为全区唯一的试点银行。农户可用自有的动产、不动产及其他经济权益作为抵（质）押担保物，采取书面承诺方式向贷款金融机构申请贷款，抵（质）押担保物包括农房、农村商业经营房、合作社股权、农村土地（林地）承包经营权等农民认为有经济价值、银行认可托管的风险可控资产。11月，瓯海区丽岙街道农户徐协春以两间农房及116株名贵花木作为综合抵押物，申请到瓯海农商银行100万元贷款，这是“农民资产授托代管融资”的首笔贷款。至年末，瓯海农商银行“农民资产授托代管融资”贷款14笔，金额856万元。

首家自助图书馆入驻公园 2015年9月10日，温州市杨府山半山筑园城市书房对市民免费开放，这是温州市首家入驻公园的24小时自助图书馆。城市书房设在杨府山公园的半山筑园会所内，面积约200平方米，藏书12000余册，其中少儿图书3000余册。书房配备有先进的自动化办证机和借阅机以及无人值守门禁，可实现办证、借阅、续借、还书等自助功能。

首次举办创业创新博览会 2015年11月20日～22日，温州市首次举办以“创新推动创业，创业促进就业”为主题的2015温州创业创新博览会（下称“创博会”）。创博会期间举办创业创新大会、主题论坛、主题展会、配套活动、榜单发布等。创博会展览面积约20000平方米。其中，主会场设在温州国际会议展览中心，展出面积约13600平方米，标准展位500个，分名师名家创新成果展区、科技创新成果展区、中小企业服务展区、电商产品展示及招商加盟展区、金融创新服务展区、出国留学海外投资展区等六个主题展区；分会场设在温州人才大厦和温州喜来登大酒店，举办2015年温州市高校毕业生就业招聘大会、2015中国·温州民营企业高层次人才洽谈会等。

首届十大杰出专利发明人评选活动 2015年12月，温州市科技局（知识产权局）和《温州商报》联合开展温州市首届十大杰出专利发明人评选活动，来自各企业、高等院校和科研院所的38名发明人参加评选，最终评出市首届十大杰出专利发明人。按产业领域划分，其中电气产业1人、汽摩配产业2人、泵阀产业2人、电子信息及网络经济产业3人、新材料产业1人、制药机械产业1人，半数属于“五一〇”支柱产业，近半数属十大战略性新兴产业。十大杰出专利发明人创造有效专利817项，其中发明专利82项，专利产出人均80多项，发明创造新增销售额累计55.6亿元。

温州趣闻

晒鱼干坠夹墙缝 厚睡衣险救一命 2015年1月2日，温州市苍南县龙港镇的李阿姨在晒鱼干时从七楼楼顶坠落，卡在楼与楼之间的夹缝中。龙港公安分局、龙港消防中队派人展开救援。由于夹缝太窄，宽度不超过 30 厘米，仅能勉强容纳 1 名成人，施救难度很大，于是消防队员用铁锤凿开一个 1 平方米的洞才救出李阿姨。民警说，李阿姨坠落的垂直距离有 15 米，但她穿着厚厚的睡衣睡裤，这在下坠过程中对身体起到保护作用，另外，李阿姨卡在狭窄的夹缝里，坠落缓慢，在二楼与三楼中间位置夹缝变得更窄使得没有进一步坠落。

亲兄弟失散 55 年 寻亲中奇迹“撞脸” 2015 年 1 月 27 日，在温州市区某酒店包厢，来自陕西西安的薛永祥和洞头的杨国升首次相聚，庆祝失散 55 年的同胞兄弟团聚。55 年前，他们刚出生就先后被送到温州福利院（原温州育婴堂），杨国升被人抱养到洞头生活，薛永祥则被抱养到苍南县龙港镇（原平阳县宜山区云岩公社），成年后辗转定居陕西西安。数十年来，两人一直通过各种渠道寻找亲生父母。2009 年，薛永祥和杨国升先后找到市区松台山的“倍思亲”公益寻亲组织，留下寻亲档案。2015 年 1 月，杨国升妻子叶女士在翻阅寻亲档案时，看到另一份来自西安的薛永祥的档案，因其相貌酷似杨国升便记下对方联络方式。而后双方通过微信取得联系，互相打听对方的身体特征，结果极为相似，甚至连右耳部一处软骨凹进去的特征也吻合，最终通过 DNA 亲子鉴定结果显示两人确是双胞胎。

小学寒假作业有创意 2015 年 2 月，温州市鹿城区大部分小学举行结业典礼，进入寒假，各校寒假作业颇有创意。双屿小学寒假作业是五个“一”：“跳一跳”让所有孩子在寒假学会跳《小苹果》;“读一读”要求孩子在校图书馆借 3 本自己喜欢的书;“练一练”是每天跳绳 3 分钟；“玩一玩”是到民俗味浓厚的地方玩一次；“晒一晒”是让孩子们把寒假生活以图文形式发到班微信群交流。蒲鞋市小学的作业是在寒假拍一张体现各地民俗的照片；城南小学的作业是争当“城南拍客”，寻找最具年味的地方；建设小学的寒假作业是可以向家长提要求做一件最想做的事。

驾“浙 C”纵横美洲 独闯异国筹善款 2015 年 2 月 17 日，温州市瑞安人金锦潘历经百余天美洲自驾行后办理归国手续，登上回温的飞机。为给青海省贫困山区筹建一座希望小学，2014 年 10 月，金锦潘启程美洲自驾行，历经 4 个多月，一边在异国自驾行一边拜访当地温籍商人，从加拿大、美国一直到墨西哥，总里程 4.2 万余公里，拜访温商 30 余人，筹集到善款 20 余万元。金锦潘给“浙 C”蓝牌越野车取名“浙江 1 号”，车身喷满“中国温州”、五星红旗等标志。

推着轮椅上的妈妈游中国 2015 年 2 月 6 日，家住温州市江滨路的徐志坚带着 70 岁母亲盛芙蓉从市区驾车出发前往青藏高原旅行。2 月 10 日，徐志坚推着坐轮椅的母亲在青海塔尔寺内转经筒、菩提树下晒太阳，观赏酥油花，他们是青海湖畔仅有的游客。这次旅行历时 20 余天、行程一万余公里，徐志坚带上轮椅、坐厕椅、棉被等老母亲的必备物品，一路自驾游，行程安排随意，从岁末到年初，从东海之滨到西部高原，这是母子俩第 18 个在旅途中度过的春节。7 年前，徐志坚母亲因脑溢血造成右侧偏瘫，上厕所、洗澡、穿衣、吃饭都需要有人帮助照顾，即便这样，徐志坚依旧坚持带着母亲到处旅游。在过去的岁月里，走遍除西藏、新疆和黑龙江以外的所有内地省份。

司机被锁车外 宠物为其解忧 2015 年 3 月 6 日，一名男子在永嘉高速服务区停车吃饭时将车钥匙落在玛莎拉蒂轿车内，车门被反锁，车内有两只宠物贵宾犬。男子向民警求助帮忙开锁，民警查看车内车锁情况，联系修理厂人员解锁，但修理人员表示车太贵不会修，多种方法都尝试后依旧无果。不料这时车门居然自动解锁，原来车内两只贵宾犬趴在车窗上边叫边拍时竟然拍到了车门解锁键，帮主人解了燃眉之急。

泰顺惊现滚轴云 云雾翻滚似海啸 2015 年 4 月 5 日，泰顺居民钱宝红途经 58 省道泰顺县上洪村附近，见远处的云层像海啸排山倒海，此现象大概持续 2 分钟，于是拍下照片，照片中山谷远处天空出现一面巨大的云墙，场面堪比好莱坞特效。据气象专家介绍，海啸云其实是锋面形成的滚轴云，属于正常自然现象，以通俗的说法就是上升的云层遇到大气

2015 年 4 月 5 日，泰顺县出现滚轴云

钱宝红 / 摄

逆温层的抵制被迫悬在半空中偶然形成奇特的自然现象，只是视觉冲击，不会造成任何伤害。

全班都是学神 2015 年 6 月，温州中学高三（3）班物理竞赛班 39 名学生，除被中科大创新班提前录取的 3 人，另外 36 人的高考平均成绩是 699.9 分，全部上重点线，其中 5 名同学取得 730 分以上的成绩，一人是温州理科第一名潘森林。除了会念书，他们多才多艺，各自有篆刻、书法、声乐等方面的特长，高一时全班表演的一个节目，曾受到《中国梦想秀》节目的关注与邀请。

双胞胎姐妹高考 同分同校同专业 2015 年 7 月，温州市永嘉县枫林镇一对双胞胎姐妹李熙瑜、李熙蕾高考艺术分同为 334 分，同时收到中央戏剧学院戏剧教育专业的录取通知书。姐妹花的爸爸说，双胞胎女儿从小随国家一级裁判蔡刚学习武术，姐姐熙瑜学自选拳、规定拳和枪、剑，妹妹熙蕾学规定拳、南拳和刀、棍。2003 年和 2004 年，姐妹俩连续获各自项目的上海武术锦标赛金奖，2006 年又在英韩武术锦标赛夺得金牌。上初中时，她们就入选上海体工队，成为国家二级运动员。班主任介绍，读高三时她们花大多时间都在准备艺术考试，距离高考 80 余天才从北京回到永嘉补习文化课，姐妹花不懈努力，双双考出了好成绩。

同窗共读 15 年 三伙伴携手上北大 2015 年 6 月 22 日，高考成绩公布，乐清市白象镇人陈若冰 759 分，是温州市理科最高分；叶子涵 733 分，郑霄 712 分，3 人均被北京大学录取。从幼儿园到高中他们一直是同学，高中时陈若冰和郑霄物理成绩突出，一起参加第 31 届全国中学生物理竞赛，陈若冰获决赛二等奖，郑霄获决赛三等奖，

只要高考成绩达到一本线，就能被北京大学录取。叶子涵的强项是数学，参加全国高中数学联赛获决赛二等奖，还参加北京大学博雅人才自主招生计划，在全国4000余名考生中脱颖而出，被北大选中。

牙齿银行巧治病 2015年11月3日，“牙齿银行”高新医疗科技项目资本见面会在中科院温州生物材料与工程研究所(以下简称“生材所”)举行。“牙齿银行”是由中共中央组织部国家千人计划专家、浙江省特聘专家叶青松负责的项目。“牙齿银行”是研究在自然脱落的乳牙或治疗需要拔除的恒牙或智齿中提取干细胞，用于治疗牙周病、糖尿病、老年性骨质疏松等疾病。叶青松表示，只需将自然脱落的牙齿送到“银行”，每年缴纳一定的费用，一旦有病需干细胞救治，就可从“牙齿银行”中取出干细胞，免去配型，而且费用较低。

3D试衣镜 随心换靓装 2015年11月13日，第11届浙江（温州）轻工产品暨2015国际时尚消费博览会开幕，温州企业参展的3D打印机、3D试衣镜等与国际知名品牌比拼时尚元素。3D试衣镜结合大数据、云计算等诸多行业尖端技术，通过体感设备和摄像头捕捉人体数据，快速建立人体模型；通过精确算法，根据消费者选择实现服装与人体的同步建模和精准匹配，最终通过压缩传输技术将庞大的人体和服装数据传至云端，令消费者可以随时随地采用任何终端设备查看服装上身的“真实”效果。

同名同楼巧姻缘 相识相恋一墙间 2015年7月29日，温州市某教堂内，男子叶以勒通过微视频向女友朱以勒求婚成功。这对男女主角同一名儿，同一小区，同一楼层，且房间仅一墙之隔。2014年12月，叶以勒下楼准备和朋友吃饭，碰到一只雪纳瑞小狗，他上前摸了一下，小狗竟一直跟着他，到饭店都不离开。他已有一只小狗，就把这只无人认领的雪纳瑞送给了当时正想养狗的朱以勒寄养。两人因一只宠物狗雪纳瑞而相恋，实乃巧姻缘。

温大录取盲人考生 2015年8月2日，温州大学录取了来自宁波慈溪的盲人考生郑荣权，他患有“先天性眼球震颤”，视力只有0.05。作为浙江省首名盲人高考生，郑荣权以570的分数被温州大学的思想政治教育（师范）专业所录取，比高考二批录取分数线高出98分。从小到大，郑荣权都在盲人学校就读，8岁开始就住校。2012年，郑荣权以全国第五名的成绩进入青岛市盲校，这是一所受教育部、中残联委托试办的全国唯一一所盲人普通高中，里面的课程设置、所用教材都与健全人的普通高中基本一样。郑荣权平时阅读全靠耳朵听，通过电子软件将文字转化成声音，而书写全靠用手敲，用盲文笔在纸上刻出一个个小点，组成文字。凭着如此艰难的学习方式，郑荣权高中会考取得了11门A的成绩。温州大学为郑荣权推出特定的帮扶措施，帮助他完成大学四年的学习生活。

两位七旬老人追上42岁惯偷 2015年11月7日，温州市瓯海区潘桥镇方岙村，75岁的陈老伯和76岁的尤老伯乘坐90路公交车去市区东门红日亭听鼓词。当时车内乘客较多，两位老人坐在车厢内中部的位置。公交车到潘桥菜市场附近时，陈老伯发觉自己腰间的小包被人打开，200余元现金、身份证、银行卡和市民卡丢失。于是陈老伯站起来环视周围，发现从上一站开始，身边一男子一直往他身上挤，随后陈老伯拦在后车门，车门一打开，那名男子就从陈老伯展开的双臂下溜走，陈老伯反身下车追出去，尤老伯也追出去，男子没跑多远就被两位老伯逮住，两人将该男子团团抱住，一左一右擒住扭送到派出所。期间，陈老伯还在车站边找回被小偷匆忙丢弃的财物，东西分文未少。据了解，小偷年42岁，曾因在公交车上盗窃财物被判过刑，现因涉嫌盗窃罪被瓯海警方依法刑事拘留，他没想到会栽在两位七旬老人手上。

一家五口都是“最强大脑” 2015年12月18日，第24届世界脑力锦标赛世界赛结束，来自24个国家和地区的278名参赛选手通过10个项目决出“最强大脑”。2014年拿下“世界记忆大师”称号的90后温州女孩吴琼用快速记忆法训练家人，2015年带着63岁的奶奶和三个妹妹一起冲进了总决赛。最终奶奶何李平拿下“快速数字”单项铜牌，三个妹妹均获“世界记忆大师”称号。吴琼的奶奶何李平，今年63岁，此前从未上过学也不识字，这次比赛中凭借5分钟记忆随机排列的24位数字拿下老年组单项季军。此届参赛选手年龄最大的76岁，最小的9岁。吴琼一家人的经历和参赛者年龄跨度大都证明记忆法适合向所有人推广，任何一个普通人，通过记忆法的学习训练，记忆能力都能得到不同程度的提高。

（杨千千　编辑）

附　　录

温州市市容和环境卫生管理条例

（2015 年 12 月 24 日温州市第十二届人民代表大会常务委员会第三十二次会议通过
2015 年 12 月 30 日浙江省第十二届人民代表大会常务委员会第二十五次会议批准）

目 录

第一章　总　则

第一条　为了加强和规范市容环境卫生管理，创造整洁、优美、文明的城市环境，根据国务院《城市市容和环境卫生管理条例》《浙江省城市市容和环境卫生管理条例》和有关法律、法规，结合本市实际，制定本条例。

第二条　本条例适用于本市行政区域内城市建成区、县人民政府所在地镇（街道）建成区以及县级以上人民政府划定并公布的其他实行城市化管理的区域的市容环境卫生管理活动。

第三条　市容环境卫生工作坚持统一领导、分级管理、公众参与、社会监督相结合的原则，实行科学化、规范化、便民化管理。

第四条　市、县（市、区）人民政府应当加强对市容环境卫生工作的领导，将市容环境卫生事业纳入国民经济和社会发展规划，加大市容环境卫生设施建设力度，提高市容环境卫生公共服务能力，保障市容环境卫生事业所需经费。

第五条　市、县（市、区）市容环境卫生行政主管部门负责本行政区域内市容环境卫生管理工作。

街道办事处、镇人民政府按照本条例的规定负责本辖区内市容环境卫生管理工作。

发展和改革、公安、财政、国土资源、规划、住房和城乡建设、市场监管、卫生、环境保护等部门按照各自职责，共同做好市容环境卫生管理的相关工作。

本条例规定的行政处罚以及与行政处罚相关的行政强制等职权，由市容环境卫生行政主管部门实施；实行综合行政执法的区域，由综合行政执法部门实施。

第六条　市容环境卫生行政主管部门应当依法、规范、公正、文明执法。建立信息化管理制度、执法巡查制度、投诉举报受理制度，及时查处违法行为；建立行政裁量权基准制度，规范执法行为，实行执法责任制和行政过错责任追究制。

第七条　鼓励、支持市容环境卫生科学技术的研究和推广，推进市容环境卫生服务市场化和社会化，引导社会资本参与环境卫生设施的建设和经营。

第八条　市容环境卫生、文化、教育、卫生等部门、社区居民委员会以及机场、车站、码头等公共场所的经营单位或者管理单位，应当加强市容环境卫生法律、法规和科学知识的宣传教育，增强公民的市容环境卫生意识。

广播、电视、报刊、互联网等大众传播媒介，应当安排市容环境卫生方面的公益性宣传内容。

第九条　任何单位和个人有享受良好市容环境卫生的权利，有维护市容环境卫生、爱护市容环境卫生设施的义务。对违反市容环境卫生管理规定、损害市容环境卫生的行为，任何人有权劝阻并向市容环境卫生行政主管部门投诉、举报。

提倡社区居民委员会组织居民制定维护市容环境卫生的公约，动员居民积极参加市容环境卫生治理工作，鼓励市容环境卫生志愿行为、公益行动，共创整洁、优美、文明的城市环境。

市容环境卫生行政主管部门应当加强智慧城管建设，创新管理方式，运用现代通讯工具、网络沟通平台，方便社会互动。

第二章　市容环境卫生责任区制度

第十条　市容环境卫生实行责任区管理制度。

市容环境卫生责任区是指有关单位、个人承担市容环境卫生管理责任的建（构）筑物、设施、场所及其一定范围内的区域。

责任区内的市容环境卫生工作由责任人负责。

第十一条 市容环境卫生责任区以及责任人，按照下列规定确定：

（一）城市道路、背街小巷、桥梁、人行地下通道等城市公共区域，由市容环境卫生行政主管部门或者街道办事处、镇人民政府负责；

（二）公路、铁路、机场、轨道交通、隧道、车站、码头、停车场、公交站点及其管理范围，由经营管理单位负责；

（三）报刊亭、信息亭、电话亭、户外广告、邮政信箱、箱式变电间、通信交接箱、检查井（箱）盖等设施和空中架设的管线，由经营管理单位负责；

（四）文化娱乐场所、体育场馆、旅游景区、公园、绿地、广场等公共场所，由经营管理单位负责；

（五）商品交易市场、展览展销场所、商场、宾馆、饭店等场所，由经营管理单位负责；

（六）江、河、湖泊等水域及岸线，由管理单位负责；

（七）住宅小区由业主委托的物业服务企业负责，没有委托物业服务企业的住宅小区由居民委员会负责；

（八）机关、团体、部队、企事业单位的管理区域，由本单位负责；

（九）建设工地由施工单位负责，待建用地由产权单位负责；

（十）化粪池由产权单位负责；产权不清的，由所在地市容环境卫生行政主管部门负责；

（十一）公共厕所、垃圾转运站以及其他环境卫生设施由管理单位负责。

责任区或者责任人不明确的，由所在地街道办事处、镇人民政府确定；责任区跨行政区域责任不明确的，由共同的上一级市容环境卫生行政主管部门确定。责任区和责任人确定后，应当书面告知责任人。

第十二条 市容环境卫生责任人的责任如下：

（一）保持责任区内市容整洁；

（二）保持责任区内环境卫生整洁，无暴露垃圾、粪便、污水和引发病媒生物孳生的其他污染源；

（三）按照规定设置环境卫生设施，保持整洁、完好；

（四）法律、法规、规章规定的其他市容环境卫生工作。

第三章 市容管理

第十三条 市、县（市）市容环境卫生行政主管部门可以会同规划、住房和城乡建设、市场监管、水利等部门，根据国家、省城市容貌标准，制定本行政区域的城市容貌标准，经本级人民政府批准后公布实施。

第十四条 建（构）筑物应当符合城市容貌标准。

建（构）筑物的外立面应当保持整洁、完好、美观，其造型、装饰等应当与所在区域环境相协调。

主要街道和重点区域建（构）筑物的所有者、使用者或者管理者应当定期对建（构）筑物的外立面进行清洗、修饰，对破损、污损的外立面进行整修。

主要街道和重点区域的建筑物外立面进行装修的，建设单位或者个人应当向市、县（市）人民政府城乡规划行政主管部门申请办理建设工程规划许可证。

主要街道和重点区域的范围，由市、县（市）规划行政主管部门会同住房和城乡建设、市容环境卫生等部门划定，经本级人民政府批准后公布实施。

第十五条 主要街道和重点区域临街建筑物的阳台外、窗外、屋顶、平台、外走廊，不得堆放、吊挂有碍市容或者危及安全的物品。

主要街道和重点区域临街建筑物的外立面安装窗栏、遮阳（雨）篷等设施应当符合城市容貌标准，保持安全、整洁、完好。

第十六条 新建建筑物外墙的空调外机应当按照建筑设计指定的位置安装，不得随意变更位置或者破坏建筑物外立面。

建筑物临街外墙安装空调外机应当符合安全要求和城市容貌标准，其下沿高度应符合民用建筑设计国家标准，空调冷凝水应当接入排水管道。

第十七条 设置架空管线应当符合城市容貌标准，其中主要街道和重点区域的公共场所上空不得新建架空管线设施；对现有不符合城市容貌标准的，应当逐步改造或者采取隐蔽措施。

第十八条 主要街道和重点区域建（构）筑物临街一侧，需要设置隔离设施的，应当采用透景或者半透景的围墙、栅栏、绿篱、花坛、草坪等形式，并保持整洁、美观。

闲置用地或者待建用地，其临街一侧应当设置围墙、围挡，其外观应当与周边环境相协调。

第十九条 城市道路及其附属设施的容貌应当符合下列规定：

（一）道路路面平坦、完好，道缘石整齐、无缺损，无障碍设施畅通、完好；

（二）交通护栏、隔离墩、交通指示牌、防护墙、声屏障和照明、排水等设施保持整洁、完好、有效；

（三）道路上设置的检查井、箱盖等保持齐全、完好、正位；

（四）报刊亭、信息亭、电话亭、候车亭、岗亭、邮政信箱、箱式变电间等公用设施保持完好、整洁。

城市道路及其附属设施污损、缺失、移位的，应当及时清洗、修复、更换。

任何单位和个人不得擅自挖掘城市道路。新建、扩建、改建的城市道路交付使用后五年内、大修的城市道路竣工后三年内不得挖掘；因建设工程施工确需挖掘的，报县级以上人民政府批准。

挖掘道路应当防止影响市容、污染环境。挖掘现场应当设置明显标志和安全防围设施。挖掘完工后，应当及时拆除临时设施、清理现场、恢复原状。

第二十条 任何单位和个人不得在街道两侧、广场、地下通道以及其他公共场地堆放物料，搭建建（构）筑物或者其他设施。因工程建设等情形需要在街道两侧、公共场地临时堆放物料，搭建临时建（构）筑物或者其他设施的，按照有关规定办理审批手续。

搭建的临时建（构）筑物或者其他设施应当保持整洁，不得遮盖路标、街牌。

经依法批准临时占用城市道路、公共场地举办文化、公益及商业等活动的，应当按照要求设置环境卫生设施，并在活动结束后及时清除，保持周围市容环境卫生整洁。

第二十一条 任何单位和个人不得占用人行道、桥梁、人行天桥、地下通道、广场以及其他公共场所从事设摊经营、兜售、揽工、派发广告等活动。

在不影响群众生活、交通通行以及市容环境卫生的情形下，县（市、区）人民政府可以确定特定区域和时间，允许摆摊设点。

第二十二条 沿街和广场周边的经营者不得有下列行为：

（一）超出门、窗进行店外经营、作业或者展示商品；

（二）在店外堆放、吊挂、晾晒有碍市容观瞻的物品；

（三）在道路路缘设置接坡。

第二十三条 城市道路上运输砂石、水泥等散装货物和液体、垃圾、粪便等车辆，应当采取密闭、全覆盖、清洗等措施，不得泄漏、散落或者带泥运行。

城市道路上的机动车辆应当保持外观整洁、美观。

禁止机动车辆司乘人员向车外抛撒物品。

第二十四条 市、县（市）规划行政主管部门应当会同市场监管、市容环境卫生、公安等部门，根据城市总体规划、城市容貌标准的要求和本条例的规定，编制户外广告设施设置专项规划，经本级人民政府批准后公布实施。

市、县（市）市容环境卫生行政主管部门应当会同规划、市场监管、公安等部门，根据户外广告设施设置专项规划和城市容貌标准等规定，编制户外广告设施设置技术规范，经本级人民政府批准后公布实施。

第二十五条 设置户外广告应当符合市容标准和技术规范。

有下列情形之一的，不得设置户外广告：

（一）利用交通安全设施、交通标志的；

（二）影响市政公共设施、交通安全设施、交通标志、消防设施、消防安全标志使用的；

（三）妨碍生产或者人民生活，损害市容市貌的；

（四）利用行道树或者损毁绿地的；

（五）在国家机关、文物保护单位等建筑控制地带设置的；

（六）在市、县（市、区）人民政府禁止设置户外广告的区域设置的。

第二十六条 利用城市道路、桥梁、公路、铁路、机场、车站、码头、公交站点、广场、绿地以及其他公共场所、公共设施和各类国有产权性质的建（构）筑物设置户外商业广告，应当通过招标、拍卖等方式有偿取得利用公共场所、公共设施等设置广告的使用权。使用权期限届满后，设置人应当拆除设施，恢复原状。

第二十七条 户外广告设施以及非广告的招牌、电子显示牌、灯箱、画廊、条幅、旗帜、充气装置、实物造型等户外设施，应当保持外形美观、安全牢固和亮化设施功能完好。户外设施出现外形污损、图文残缺、灯光显示不完整等影响市容以及存在安全隐患的，应当及时维修或者更换。

第二十八条 县（市、区）市容环境卫生行政主管部门或者街道办事处、镇人民政府应当按照规划设置公共信息栏，满足公众发布信息需要，并负责日常管理和保洁。

任何单位和个人不得在树木、地面、电杆、建（构）筑物或者其他设施上任意刻画、涂写、张贴、张挂。

第二十九条 城市照明灯光、广告灯光、景观灯光的设置，应当符合城市容貌标准和环境保护要求，并保持整洁、完好、美观。主要街道和重要景观区域内的建（构）筑物和公共设施应当按照市、县（市）人民政府的规定设置景观灯光设施。景观灯光设施的所有者或者管理者应当保持设施完好，按照规定的时间开闭景观灯光。

第四章　环境卫生管理

第三十条 市、县（市）规划行政主管部门应当会同住房和城乡建设、市容环境卫生等部门，根据城市总体规划的要求，编制城市环境卫生设施专项规划，经本级人民政府批准后公布实施。

市、县（市）住房和城乡建设行政主管部门应当根据环境卫生设施专项规划及环境卫生设施设置标准，制定环境卫生设施建设年度实施计划，并组织实施。

第三十一条 新区开发、旧城改建、住宅小区建设、道路拓建以及其他大型公用建筑建设时，应当按照规定的标准配套建设公共厕所、垃圾转运站等环境卫生设施，并与主体工程同时设计、同时施工、同时投入使用。环境卫生设施的设计方案，应当征求市容环境卫生行政主管部门的意见。

环境卫生设施竣工验收合格后十五日内，建设单位应当报所在地市容环境卫生行政主管部门备案。

第三十二条 任何单位和个人不得侵占、损坏、拆除、关闭公共厕所、垃圾转运站、垃圾坞等环境卫生设施，不得擅自改变环境卫生设施的使用性质。

因建设等特殊原因确需关闭、闲置、拆除环境卫生设施的，建设单位应当报市容环境卫生行政主管部门批准；关闭、闲置、拆除生活垃圾处置设施的，还应当报经环境保护行政主管部门核准；迁移环境卫生设施的，应当先建后拆。规划确定的环境卫生设施用地，不得擅自移作他用。

第三十三条 公共厕所应当设置明显、规范、统一的标志，免费对外开放，确定专人负责保洁。

鼓励商业服务窗口单位、宾馆饭店以及机关、其他企事业单位附设的内部厕所在工作（营业）时间免费对外开放。

使用人应当自觉维护公共厕所的清洁卫生，爱护公共厕所的设备。

第三十四条 任何单位和个人应当维护城市环境卫生，禁止下列行为：

（一）随地吐痰、便溺；

（二）乱丢果皮、纸屑、烟蒂、饮料罐、口香糖、塑料袋等废弃物；

（三）乱倒生活垃圾、污水、粪便；

（四）在露天场所或者垃圾收集容器内焚烧树叶、垃圾以及其他废弃物；

（五）法律、法规、规章规定的其他影响城市环境卫生的行为。

第三十五条 城市建成区内禁止饲养家禽、家畜、食用鸽。因教学、科研以及其他特殊情况需要饲养的，须经所在地市容环境卫生行政主管部门批准。

居民饲养宠物、信鸽应当遵守有关规定，不得影响环境卫生。对宠物在城市道路、其他公共场所排泄的粪便，饲养人应当即时清除。

第三十六条 市、县（市、区）人民政府负责统筹安排生活垃圾收集、运输、处置设施建设，推行生活垃圾分类投放、分类收运和分类处置。市容环境卫生行政主管部门应当制定生活垃圾分类的具体标准和方法，向社会公布并组织实施。

生活垃圾的收集和清运，应当方便居民、日产日清，防止污染环境。

工业固体废物、危险废物应当单独收集、贮存、运输，不得混入生活垃圾。

第三十七条 生活垃圾处理收费，按照国家和省有关规定执行。具体办法由市、县（市）价格行政主管部门会同住房和城乡建设、市容环境卫生等部门制定，经本级人民政府批准后公布实施。

第三十八条 从事生活垃圾经营性清扫、收集、运输、处置的环境卫生专业服务单位，应当按照国家有关规定，取得生活垃圾经营服务许可证。

市容环境卫生行政主管部门实施城市生活垃圾经营服务许可，应当通过招标等公平竞争方式作出决定。

第三十九条 餐饮服务经营者和国家机关、企业事业单位食堂等餐厨垃圾产生单位应当建立餐厨垃圾处置管理制度，按照规定单独收集、存放。

禁止将餐厨垃圾交由未依法取得餐厨垃圾收运、处置许可的单位或者个人处理。

禁止将餐厨垃圾直接排入城镇排水管网，禁止随意倾倒、抛撒、堆放餐厨垃圾。

第四十条 化粪池应当按照清掏周期的设计要求进行清掏，符合安全要求，防止阻塞、外溢。粪水、粪渣实行无害化处理，综合利用。

第四十一条 建设工程的施工现场和建筑垃圾消纳场所、中转场所应当按照规定设置遮挡围墙和车辆清洗设施，进出口的路面实行硬化处理，采取有效措施，防止尘土飞扬、污水流溢、污染环境。

第四十二条 运输建筑垃圾应当遵守下列规定：

（一）随车（船）携带城市建筑垃圾处置核准证件，规范使用行驶记录仪、装卸记录仪；

（二）按照指定的地点装载和消纳；

（三）按照规定的时间、路线行驶；

（四）装载适量，覆盖严密，不得沿途丢弃、遗撒、倾倒。

第五章 法律责任

第四十三条 违反本条例规定的行为，法律、法规已有法律责任规定的，从其规定。

第四十四条 违反本条例第十二条规定，市容环境卫生责任人不履行环境卫生保洁责任、不按照规定设置环境卫生设施或者未保持环境卫生设施整洁、完好的，责令限期改正，对单位处五百元以上五千元以下罚款，对个人处五十元以上二百元以下罚款。

责任人为市容环境卫生行政主管部门、街道办事处、镇人民政府的，由所在单位或者上级主管部门对直接负责的主管人员给予处理。

第四十五条 违反本条例第十四条第一款规定，街道两侧建（构）筑物外立面装修装饰不符合城市容貌标准的，责令限期改正，对单位处二千元以上二万元以下罚款，对个人处五百元以上五千元以下罚款。

违反本条例第十四条第三款规定，主要街道和重点区域建（构）筑物外立面破损、污损不及时整修的，责令限期改正，对单位处一千元以上一万元以下罚款，对个人处二百元以上二千元以下罚款。

第四十六条 违反本条例第十七条规定，架空管线不符合城市容貌标准或者在主要街道、重点区域的公共场所上空新建架空管线设施的，责令限期改正，处二千元以上二万元以下罚款。

第四十七条 违反本条例第十八条规定，隔离设施未设置或者设置不规范的，责令限期改正，处五百元以上五千元以下罚款。

第四十八条 违反本条例第二十条规定，擅自在街道两侧、公共场地堆放物料，经批准临时占用城市道路、公共场地举办文化、公益及商业等活动未按照要求设置环境卫生设施或者在活动结束后未及时清除的，责令限期改正，处五百元以上五千元以下罚款。

第四十九条 违反本条例第二十一条第一款规定，从事揽工、派发广告等活动的，责令改正；拒不改正的，处五十元以下罚款。

第五十条 违反本条例第二十二条规定，在道路路缘设置接坡的，责令限期改正；逾期不改正的，处一百元以上一千元以下罚款。

第五十一条 违反本条例第二十三条第一款规定，车辆运输出现泄漏、散落的，责令立即清除，处一千元以上三千元以下罚款；车轮带泥运行的，责令改正，处二百元以上一千元以下罚款。

第五十二条 违反本条例第二十五条、第二十六条规定，户外广告设施设置不符合技术规范或者设置户外广告的使用权期限届满后未拆除并恢复原状的，责令限期改正；逾期不改正的，处一千元以上一万元以下罚款。

第五十三条 违反本条例第二十八条第二款规定，任意张挂的，责令限期改正；逾期不改正的，处五十元以上三百元以下罚款。

第五十四条 违反本条例第四十条规定，造成化粪池外溢的，责令立即清理，处一千元以上五千元以下罚款。

第五十五条 违反本条例第四十一条规定，施工现场和建筑垃圾消纳场所、中转场所未按照规定设置遮挡围墙、车辆清洗设施以及硬化进出口路面等防治污染环境措施的，责令限期改正；逾期不改正的，处一千元以上五千元以下罚款。

第五十六条 市容环境卫生行政主管部门和其他有关职能部门及其工作人员违反本条例规定，有下列情形之一的，由所在单位或者上级主管部门、监察机关责令改正；情节严重的，对直接负责的主管人员和其他直接责任人员依法给予处分：

（一）对依法应当受理的许可申请、投诉、举报不受理，或者不依法处理的；

（二）对依法应当予以制止或者处罚的违法行为不予制止、处罚，或者不依法处理的；

（三）包庇、纵容违法行为人的；

（四）有其他玩忽职守、滥用职权或者徇私舞弊行为的。

第六章 附 则

第五十七条 本条例自2016年3月1日起施行。

2015年温州市国民经济和社会发展统计公报

一、综合

2015年温州市生产总值4619.84亿元，比上年增长8.3%。其中，第一产业增加值123.24亿元，增长3.1%；第二产业增加值2101.53亿元，增长7.1%；第三产业增加值2395.07亿元，增长9.9%。按常住人口计算，人均地区生产总值50809元（按年平均汇率折算8158美元），增长8.8%。国民经济三次产业结构为2.7 ：45.5 ：51.8，第三产业比重比上年提高1.7个百分点。

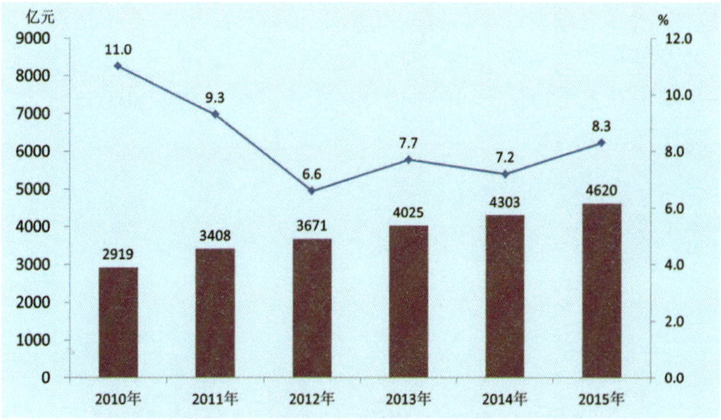

图22　2010年～2015年温州市生产总值及增长速度

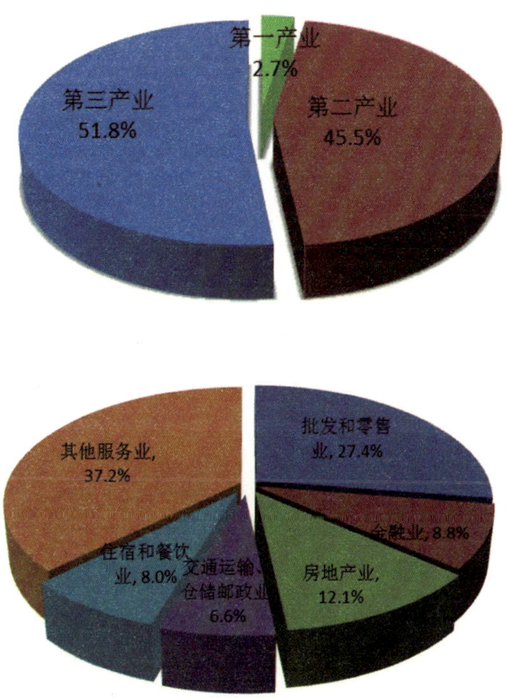

图23　2015年温州市生产总值及第三产业增加值构成

全年居民消费价格指数（CPI）比上年上涨0.7%。八大类商品和服务价格呈现“六涨二跌”态势。其中食品类、烟酒类、衣着类、家庭设备用品及维修服务类、医疗保健和个人用品类、娱乐教育文化用品及服务类同比分别上涨2.4%、3.1%、2.8%、1.5%、1.5%和2.2%；交通和通信类、居住类分别下降4.9%、1.0%。全年工业生产者出厂价格（PPI）比上年下降2.5%，工业生产者购进价格(IPI)下降3.7%。

全年新增城镇就业人数12.17万人，城镇失业人员再就业人数1.80万人；年末城镇登记失业人数2.81万人，城镇登记失业率为2.0%，比上年末上升0.09个百分点。

二、农业和农村建设

2015年，温州市粮食播种面积为184.41万亩，比上年下降0.8%；粮食总产量75.97万吨，与上年持平；粮食亩产412公斤，比上年增长0.8%。在经济作物中，水果、蔬菜、糖料、茶叶等作物均有增长。

2015年温州市主要农产品产量

表79

指　　标	产量（万吨）	比上年增长（%）
粮食	75.97	0.0
水果	50.34	7.3
# 园林水果	25.66	10.8
蔬菜	140.94	5.2
糖料	2.45	14.1
茶叶	0.59	7.7

全年肉类总产量12.43万吨，比上年增长1.8%，除猪肉、兔肉有所下降外，牛肉、羊肉、禽肉产量比上年均有增长。全年水产品总产量61.65万吨，比上年增长5.1%。其中海洋捕捞49.32万吨，增长6.9%；淡水捕捞0.44万吨，增长2.1%；海水养殖10.27万吨，增长2.5%；淡水养殖1.63万吨，比上年减少21.4%。

全市新建粮食生产功能区260个，面积17.8万亩，累计建成粮食生产功能区762个，总面积72.4万亩。全市累计建成现代农业园区346个，总面积131.5万亩；其中，现代农业综合区8个，主导产业示范区39个，特色农业精品园229个，休闲观光示范园51个。全市已有农业龙头企业804家。全市土地流转率为63%，累计流转面积128.58万亩。

全年投入美丽乡村建设资金5.4亿元。截至年末，全市开展1596个村的农村生活污水治理，受益农户（已接入和正在接入)30.82万户；开展农村垃圾减量化资源化处理试点村53个。全市70%的村实现生活污水有效治理，农村生活污水治理农户受益率为76.7%，已有5个县（市、区）成为美丽乡村创建先进县。全市在建历史文化村落保护利用重点村10个，保护利用一般村70个；农家乐特色村48个、示范点（各类农庄、山庄、渔庄)174个。“千万农民素质提升工程”培训总人数为2.82万人。

三、工业和建筑业

2015年，温州市实现工业增加值1758.50亿元，比上年增长6.3%。规模以上工业企业4779家，实现工业增加值1091.32亿元，同比增长6.3%，其中轻、重工业增加值分别为416.01和675.30亿元，分别增长4.5%和7.5%。规模以上工业销售产值4698.43亿元，增长3.9%，其中出口交货值731.71亿元，下降2.8%。新产品产值1195.01亿元，增长27.8%；新产品产值率为23.9%，比上年提高4.2个百分点。

2015年温州市规模以上工业增加值

表80

指　　标	单位数（家）	规上工业增加值	
		实绩（亿元）	比重（%）
总计	4779	1091.32	100.0
国有企业	11	38.78	3.6
集体企业	15	2.99	0.3
股份合作制企业	156	14.97	1.4
有限责任公司	1151	296.89	27.2
股份有限公司	87	101.23	9.3
私营企业	3132	532.78	48.8
“三资”企业	226	103.40	9.5
其他企业	1	0.28	0

规模以上工业中，高新技术产业增加值401.37亿元，增长8.1%，占规模以上工业的比重为36.8%，对规模以上工业增长贡献率为46.6%；装备制造业增加值474.10亿元，增长7.7%，占规模以上工业的比重为43.4%；战略性新兴产业增加值237.67亿元，增长8.5%，占规模以上工业的比重为21.8%。电子信息制造业增加值110.66亿元，增长9.0%。电气、鞋业、服装、汽摩配、泵阀五大支柱产业增加值540.26亿元，比上年增长7.0%，占全部规上工业增加值比重49.5%。全年工业产值超亿元企业达963家，比上年净增加33家。

全年规模以上工业企业实现利润254.23亿元，比上年增长1.0%。其中，国有及国有控股企业25.31亿元，下降1.7%；股份有限公司54.72亿元，增长8.0%；外商及港澳台投资企业34.28亿元，增长3.4%；私营企业100.91亿元，增长0.3%。全员劳动生产率为14.66万元/人，按可比价计算增长11.2%。

全年建筑业实现增加值343.74亿元，比上年增长11.5%。全市拥有总承包和专业承包资质的建筑企业683家，实现建筑业总产值1394.98亿元，增长11.1%;实现利润总额27.19亿元，同比增长10.6%，税金总额46.77亿元，增长11.9%。

四、固定资产投资和房地产业

2015年，温州市固定资产投资3456.39亿元，增长13.2%。其中民间投资2230.35亿元，增长16.6%，占全部投资比重为64.5%。

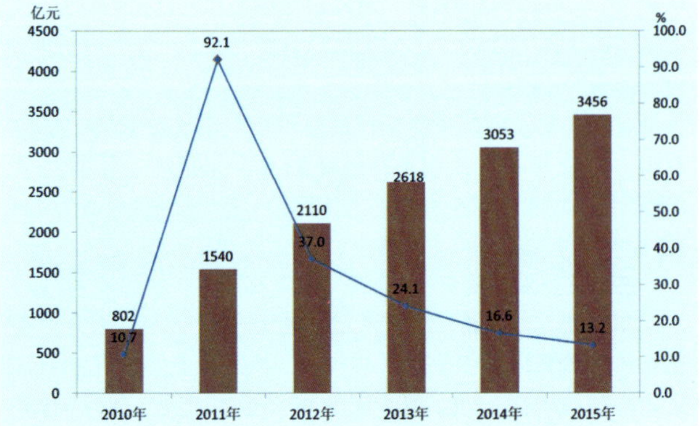

图24　2010年～2015年温州市固定资产投资及其增长速度

全年完成工业投资886.76亿元，比上年增长18.1%。其中工业技改投资完成672.04亿元，增长24.0%；战略性新兴产业投资完成250.67亿元，增长18.9%；装备制造业投资440.91亿元，增长20.2%。电气、仪器仪表、通用设备、专用设备、汽车制造业投资增速分别为20.2%、57.9%、10.3%、71.3%、0.5%。

全年房地产开发完成投资额766.29亿元，比上年下降5.3%。房地产开发投资占固定资产投资比重为22.2%，比上年回落4.3个百分点。全市房屋施工面积4650.82万平方米，下降0.5%；竣工面积597.72万平方米，增长10.7%。全年全市商品房销售面积525.57万平方米，比上年增长25.1%，其中住宅销售面积456.95万平方米，增长19.2%。

五、国内贸易和旅游

2015年，温州市社会消费品零售总额2674.38亿元，同比增长11.0%。其中，城镇消费品零售额2277.82亿元，增长11.3%；乡村消费品零售额396.56亿元，增长9.1%。按行业分，批发零售贸易业零售额2348.68亿元，增长10.7%；住宿餐饮业零售额325.70亿元，增长12.9%。全市网络零售额893.55亿元，同比增长50.3%。

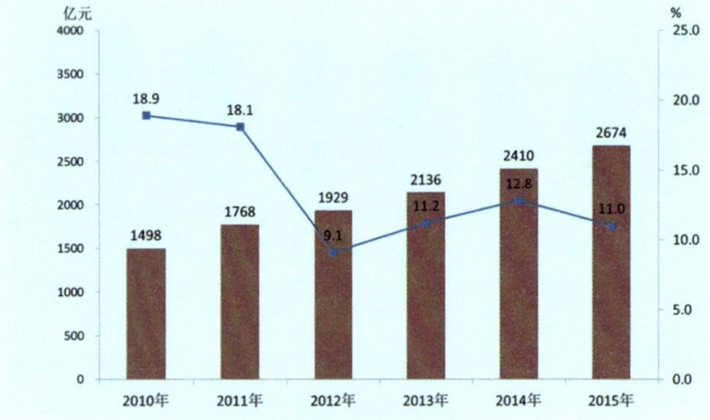

图25　2010年～2015年温州市社会消费品零售总额及其增长速度

在限额以上批发零售业零售额中，汽车类零售额423.66亿元，同比增长11.3%；石油及制品类零售额156.80亿元，下降8.2%；粮油及食品类增长31.3%，日用品类增长18.2%，金银珠宝类增长47.6%，鞋服、针纺织品类增长26.5%，通信器材类增长64.4%。

年末，全市已登记商品交易实体市场466家，交易额为1157.17亿元，其中超亿元市场75个，年成交额851.81亿元。

全年接待海内外游客7681.56万人次，实现旅游总收入804.53亿元，分别比上年增长16.8%和18.1%。其中接待国内旅游人数7575.75万人次，增长16.8%，国内旅游收入770.32亿元，增长18.3%；接待入境游客105.81万人次，增长17.5%，国际旅游外汇收入5.49亿美元，增长14.5%。

六、对外经济

2015年，温州市货物进出口总额194.78亿美元，比上年下降6.3%。其中进口23.63亿美元，比上年增长6.0%；出口171.15亿美元，比上年下降7.7%。民营企业出口148.88亿美元，下降5.3%，占全市货物出口总额的87.0%，比上年提高2.3个百分点。外贸依存度为26.2%，其中出口依存度为23.0%，均比上年降低3.5个百分点。至年末，与温州市建立出口和进口贸易关系的国家和地区共计209个，有进出口业务的企业6239家。

2015年温州市货物进出口主要分类情况

表81

指　　标	绝对数（亿美元）	比上年增长（%）
货物进出口总额	194.78	-6.3
货物出口额	171.15	-7.7
#一般贸易	163.15	-7.5
加工贸易	7.97	-9.4
#机电产品	73.20	-3.8
鞋类	42.80	-11.1
服装及衣着附件	15.53	-16.4
货物进口额	23.63	6.0
#一般贸易	20.79	7.5
加工贸易	2.18	-9.7
#机电产品	1.49	11.4

全年新批外商直接投资项目44项，实际利用外资3.01亿美元，同比下降43.4%。全年温州市境外中方投资总额9.73亿美元，新批境外投资项目31个，增资项目2个，其中17个项目位于“一带一路”沿线国家（地区）。

七、交通、邮电和电力

2015年，温州市公路总里程14684公里，其中高速公路297公里，一级公路458公里，二、三级公路1848公里。公路绿化率71.8%。客运班车通村率92.3%。年末实有公共汽（电）车营运车辆3221辆，年载客量3.92亿人次。

年末机动车保有量202.68万辆，比上年末增加14.45万辆，其中载客汽车142.42万辆，载货汽车14.48万辆，摩托车45.31万辆。私人汽车143.33万辆，增加16.35万辆。全年货物运输量13428万吨，比上年增长5.1%；旅客运输量21307万人次，下降4.6%。

2015年温州市交通客货运输情况

表82

指　　标	实绩	比上年增长（%）
货物运输量（万吨）	13428	5.1
#铁路	471	-34.1
公路	8566	11.5
水运	4387	-2.6
航空	4	4.2
旅客运输量（万人次）	21307	-4.6
#铁路	1665	0.8
公路	19198	-5.8
水运	55	-3.0
航空	389	9.7
港口货物吞吐量（万吨）	8490	7.5
集装箱吞吐量（万标准箱）	56	-7.2

全年邮电业务总量314.69亿元，比上年增长47.1%，其中电信业务总量237.17亿元，增长42.5%。年末固定电话用户数179.36万户，普及率19.7线/百人；移动电话用户数1122.49万户，普及率123.1部/百人。年末固定互联网宽带接入用户288.20万户，增加26.72万户，普及率31.6户/百人；移动互联网用户812.02万户，增加76.34万户。

全市邮政业务总量（含快递）77.52亿元，比上年增长63.2%。全年函件4423.67万件，包裹35.06万件，汇兑62.72万笔，订销报纸17639万份，订销杂志639万份。全市快递业务量3.76亿件，比上年增长73.6%。

全市电力系统最高负荷698.68万千瓦，增长3.6%。全年用电量344.00亿千瓦时，下降1.5%。其中工业用电量208.81亿千瓦时，下降3.9%；建筑业用电量8.48亿千瓦时，下降1.0%；服务业用电量45.36亿千瓦时，增长4.3%；居民生活用电量80.04亿千瓦时，增长1.7%。

八、财政和金融

2015年，温州市财政总收入677.92亿元，比上年增长6.5%；其中一般公共预算收入403.07亿元，增长7.0%。全年一般公共预算支出569.43亿元，增长9.7%，其中民生类财政支出437.66亿元，比上年增长10.8%。城乡社区事务、卫生计生和节能环保等支出分别比上年增长22.1%、20.1%和17.8%。

年末金融机构本外币存款余额9577.46亿元，比上年末增长11.0%，其中人民币存款余额9127.02亿元，增长10.5%。年末人民币住户存款余额4487.04亿元，增长8.9%。年末金融机构本外币贷款余额7637.38亿元，增长4.0%，其中人民币贷款余额7527.16亿元，增长4.2%。

2015年温州市金融机构人民币存贷款情况

表83

指　　标	2015年末数（亿元）	比上年末增长（%）
各项存款余额	9127.02	10.5
#住户存款	4487.04	8.9
非金融企业存款	1987.72	3.7
各项贷款余额	7527.16	4.2
#住户贷款	3777.79	9.1
非金融企业及机关团体贷款	3748.06	-0.3

全年全市新增境内外上市公司3家，累计达17家；新增新三板挂牌企业24家，累计挂牌企业达31家；新增区域性资本市场挂牌企业425家，累计达561家；新增股份有限公司210家，累计达697家。全年实现证券交易额51701亿元，同比增长253.0%。

全年保险业保费收入166.47亿元，比上年增长15.0%。其中人身险保费收入95.54亿元，增长16.5%；财产险保费收入70.93亿元，增长13.0%。支付各类赔款及给付54.04亿元，比上年增长17.3%，其中人身险赔款16.70亿元，增长46.0%；财产险赔款37.34亿元，增长7.8%。

九、教育和科学技术

2015年，温州市有小学563所，招生10.84万人，在校生63.33万人，小学学龄儿童入学率为100%。小学生均校舍建筑面积6.32平方米。共有初中358所，招生8.18万人，在校生24.39万人，初中入学率为99.95%。初中生均校舍建筑面积

16.53平方米。全市各类中等职业教育学校43所，招生2.52万人，在校生6.43万人；普通高中100所，招生4.09万人，在校生12.36万人，毕业生4.14万人。全市共有普通高校8所、本科独立学院3所，在校生8.38万人。全市有幼儿园1556所，在园幼儿32.62万人。

全市幼儿园、小学、初中、普通高中和中职学校专任教师分别为21790人、34502人、21137人、10537人和4186人，中级及以上专业技术职务教师比例分别为5.46%、55.14%、70.59%、69.81%和63.33%。

年末，全市拥有国家级科技创业服务中心3个（其中国家级大学科技园1家）、省级科技创业服务中心5个；国家级火炬计划特色产业基地4个、省级高新技术特色产业基地12个；国家级企业技术中心5家，省级企业研究院44家（其中省级企业重点研究院9家）、省级高新技术企业研发中心229家、市级企业研发中心465家；省级创新型试点城市（县、区）4个、科技强县6个。全年新增高新技术企业133家，累计认定831家，新培育省级科技型中小企业820家，累计2652家；市级以上科技企业孵化器16家。全年专利申请量、授权量分别为3.68万件和2.71万件，分别比上年增长17.1%和11.2%，其中发明专利授权量为1802件，增长88.9%。年末国家知识产权示范和优势企业13家、省级专利示范企业103家。

十、文化、卫生和体育

2015年，温州市有文化站130个，文化馆12个，公共图书馆13个，博物馆40个，电影放映单位51个。全年院线电影放映50.20万场次，观众888.40万人次；农村数字电影放映5.14万场次，观众743.86万人次。年末拥有国家级非物质文化遗产35个，省级非物质文化遗产136个，市级非物质文化遗产861个。公共图书馆藏书932.6万册，比上年增加136.7万册。全市广播节目综合人口覆盖率98.65%，电视节目综合人口覆盖率98.95%。

全市有医疗卫生机构5568家，其中医院133家，卫生院（社区卫生服务中心）262家，村卫生室2550家，各类诊所（卫生所、医务室）1871家。年末各类医院床位数35182张，比上年增长11.8%。卫生技术人员56834人，增长10.5%；其中，执业（助理）医师24310人，注册护士22030人，分别增长11.2%和13.2%。医院年诊疗3095.2万人次，增长2.4%。孕产妇死亡率4.07/10万，5岁以下儿童死亡率3.62‰，婴儿死亡率2.66‰。

全市有公共体育场馆36个，独立设置的业余体校9所，各类公共体育设施和健身苑点15052个。全年温州市运动员在全国以上比赛获得奖牌87枚，其中世界冠军2枚，亚洲冠军1枚，全国冠军32枚。全年全市共有5个乡镇通过省级体育强镇的检查验收，累计124个；累计省级体育强县11个。全年发行体育彩票17.17亿元，比上年增长7.8%。

十一、人口、人民生活和社会保障

2015年，温州市户籍总人口811.21万人，其中市区人口165.93万人。从性别看，男性人口420.93万人，女性人口390.29万人，分别占总人口的51.9%和48.1%。年末全市常住人口为911.7万人，比上年增加4.9万人；城镇化率为68.0%，比上年提高0.8个百分点。

全年全市居民人均可支配收入36459元，比上年增长8.9%，扣除价格因素增长8.1%。其中，城镇常住居民和农村常住居民人均可支配收入分别为44026元和21235元，增长8.7%和9.5%，扣除价格因素分别增长7.9%和8.7%。全市居民人均生活消费支出24799元，比上年增长8.4%，扣除价格因素增长7.6%。其中，城镇常住居民和农村常住居民人均生活消费支出分别为29438元和15464元，增长8.3%和8.8%，扣除价格因素分别增长7.5%和8.0%。城乡居民恩格尔系数分别下降到31.9%和39.4%。年末全市居民人均住房建筑面积42.73平方米，其中，城镇常住居民人均住房建筑面积42.62平方米，农村常住居民人均住房建筑面积42.97平方米。年末每百户城镇居民家用汽车拥有量49.7辆，每百户农村居民家用汽车拥有量25.8辆。

年末，全市住房公积金实缴单位17245家，实缴职工人数50万人，职工平均月缴存额1376.17元，全年缴存住房公积金84.22亿元，年末缴存余额281.72亿元，发放住房公积金贷款68.26亿元，累计发放贷款427.63亿元，年末贷款余额266.57亿元。全年保障性安居工程新开工面积349.7万平方米，其中公共租赁住房51.73万平方米，保障性安居工程竣工面积232.43万平方米。

全市设镇77个，街道办事处67个，乡15个。城市社区229个，居委会152个，建制村5405个。年末实有社会团体3139个。

全年全市参加企业基本养老保险人数256.94万人，参加职工基本医疗保险人数162.92万人，参加失业保险人数110.80万人，参加工伤保险人数240.19万人，参加生育保险人数101.04万人。企业退休人员基本养老金月均水平为2426元；市区城乡居保基础养老金标准提高到150元。

年末在册低保对象13.48万人，其中，城镇1.15万人，农村12.33万人（含五保对象0.54万人），低保资金（含各类补贴）支出4.99亿元。获得生活补助的城乡低收入家庭持证重度残疾人1.62万名。全市慈善系统共募款6.78亿元，支出救助5.20亿元；资助贫困学生25161人，资助金额3449.9万元。全年办理结婚登记72837对。

十二、生态建设、环境保护和其他社会事业

2015年，温州市平均降水量为2068毫米（折合降水总量243.71亿立方米），全市水资源总量为155.74亿立方米，人均水资源量为1708立方米。全市完成造林面积11万亩，其中，人工造林5.44万亩，无林地和疏林地新封5.56万亩。全市森林抚育面积53.42万亩，森林覆盖率为60.03%。城市人均公园绿地面积13.4平方米。

全市已建成国家级生态示范区3个，省级生态县3个，全国环境优美乡镇35个，省级生态乡镇（街道）116个。全市顺利通过国家历史文化名城、国家环保模范城市评估验收，成功创建国家园林城市。

市区环境空气质量达到Ⅰ级标准的有67天，达到Ⅱ级标准的有245天，城市环境空气PM2.5年均浓度平均为44微克/立方米，比上年下降4.3%。全市地表水市控及市控以上站位76个，水质在Ⅰ至Ⅲ类的站位38个，占比50%，比上年提高4.7个百分点。县级以上集中式饮用水水源地水质达标率为100%。市区区域环境噪声昼间等效声级平均值54.8分贝；交通噪声等效声级平均值67.4分贝。

全市单位GDP能耗比上年下降5.5%，“十二五”期间累计下降22.1%。其中规模以上工业单位增加值能耗降低率比上年下降3.2%。全市化学需氧量（COD）排放量比上年下降4.95%，

2015年年末温州市人口统计

表84

人口 地区	年末总户数（户）	年末总人口（人）				
		合计	合计		性别	
			城镇人口	乡村人口	男	女
温州市	2310372	8112128	4044033	4068095	4209271	3902857
鹿城区	247271	746992	650829	96163	370042	376950
龙湾区	84029	350884	263800	87084	181679	169205
瓯海区	122359	430884	278467	152417	218148	212736
洞头区	44158	130526	52693	77833	66958	63568
乐清市	372431	1280385	602127	678258	667868	612517
瑞安市	321821	1228841	546532	682309	630569	598272
永嘉县	290615	964880	321937	642943	513418	451462
文成县	133833	395957	118856	277101	209980	185977
平阳县	238378	882438	339030	543408	458415	424023
泰顺县	122705	369158	142518	226640	192503	176655
苍南县	332772	1331183	727244	603939	699691	631492

2015年年末温州市人口年龄结构

表85　　单位：人

年龄 地区	合计	0岁～17岁	18岁～34岁	35岁～59岁	60岁以上
温州市	8112128	1535778	2047902	3188009	1340439
鹿城区	746992	125330	161514	308222	151926
龙湾区	350884	69039	87066	138744	56035
瓯海区	430884	74437	106101	172029	78317
洞头区	130526	23195	29837	56644	20850
乐清市	1280385	247572	350080	479914	202819
瑞安市	1228841	233440	292016	497654	205731
永嘉县	964880	194533	254979	363147	152221
文成县	395957	78074	96061	152864	68958
平阳县	882438	160178	218526	354500	149234
泰顺县	369158	75598	93534	142476	57550
苍南县	1331183	254382	358188	521815	196798

2015年年末温州市人口变动情况

表86　　单位：人

人口	出生			死亡			迁入			迁出		
地区	合计	男	女	合计	男	女	合计	省内迁入	省外迁入	合计	迁往省内	迁往省外
温州市	101802	54508	47294	44531	26130	18401	34749	15077	19672	33930	20486	13444
鹿城区	7922	4210	3712	4175	2289	1886	7943	4868	3075	4194	2106	2088
龙湾区	3775	2063	1712	1511	829	682	1324	625	699	952	501	451
瓯海区	4964	2662	2302	2300	1290	1010	3665	1199	2466	1812	804	1008
洞头区	1435	755	680	841	500	341	520	279	241	802	582	220
乐清市	15736	8492	7244	6605	3754	2851	2728	986	1742	3747	2074	1673
瑞安市	14205	7649	6556	7086	4063	3023	4560	1746	2814	3861	2244	1617
永嘉县	12989	7000	5989	4948	2924	2024	2331	979	1352	4490	3092	1398
文成县	5425	2806	2619	2285	1453	832	3145	631	2514	2601	1521	1080
平阳县	10502	5545	4957	5643	3340	2303	2880	1369	1511	3982	2795	1187
泰顺县	5599	2921	2678	2298	1518	780	1625	488	1137	1790	1009	781
苍南县	19250	10405	8845	6839	4170	2669	4028	1907	2121	5699	3758	1941

表87

2015年温州市暂住人口统计

单位：人

	合计	性别		暂住时间			来自地区						居住处所					
		男	女	半年以下	半年至五年	五年以上	省内 市	省内 县	省外 市	省外 县	港澳台	国外	旅店	居民家中	单位内部	工地现场	租赁房屋	其他
合计	3271964	1865243	1406721	1290979	1881040	99945	71721	183438	810650	2193670	417	12068	4542	56835	885590	49825	2234217	40955
务工	2865700	1643768	1221932	1129927	1644098	91675	57843	148980	716334	1942273	42	228	468	34947	845237	48353	1900955	35740
务农	8289	4626	3663	3094	4951	244	323	889	1716	5361	0	0	1	161	1536	206	6049	336
经商	20755	12044	8711	6942	12875	938	2026	4335	4764	9321	55	254	282	1325	1384	18	17516	230
服务	24373	12178	12195	9140	14862	371	936	2723	7575	13136	0	3	31	630	5107	367	17368	870
因公出差	194	134	60	129	65	0	23	12	56	47	4	52	10	33	17	0	132	2
借读培训	5843	2975	2868	2951	2885	7	1161	1997	934	1649	7	95	1	106	4067	0	1631	38
治病疗养	159	77	82	96	63	0	12	27	34	86	0	0	2	10	17	0	122	8
保姆	1589	69	1520	785	782	22	145	271	683	490	0	0	0	325	590	1	539	134
投靠亲友	14227	5452	8775	2851	8065	3311	197	436	1235	3175	127	9057	71	9797	142	6	4135	76
探亲访友	4148	2378	1770	3338	806	4	75	135	567	1107	139	2125	123	2324	89	4	1590	18
旅游观光	3593	2796	797	3563	30	0	1981	28	1335	67	15	167	3472	31	10	0	77	3
其他	323094	178746	144348	128163	191558	3373	6999	23605	75417	216958	28	87	81	7146	27394	870	284103	3500

氨氮排放量下降4.10%，二氧化硫（SO_2）排放量比上年下降5.22%，氮氧化物排放量下降11.57%。市区污水排放量2.13亿立方米，污水处理量1.98亿立方米，污水处理率92.8%；城市生活垃圾无害化处理率100%。

全年发生各类事故（不含火灾）1984起、死亡500人，同比分别下降8.6%和9.4%；发生较大事故5起、死亡21人，比上年减少1起。道路交通事故1937起、死亡449人，分别比上年下降7.9%和7.4%。

注：1. 本公报所列部分数据为年度初步统计数据，部分数据因四舍五入的原因，存在着与分项合计不等的情况。
2. 温州市地区生产总值和各产业增加值绝对数按现行价格计算，增长速度按不变价格计算，三次产业划分执行国家统计局2012年制定的《三次产业划分规定》。2010～2013年生产总值数据为经济普查后修订数，2014年为年报核实数。
3. 固定资产投资为限额以上固定资产投资口径。
4. 邮电业务总量按2010年价格计算。

（林亚敏）

2015年温州市经济金融运行形势分析

2015年，温州市经济金融运行较为平稳，地区生产总值增速超出全省平均水平，服务业增加值贡献较大。金融系统社会融资规模增长加快，信贷投放筑底企稳，不良贷款实现双降，金融市场投资活跃，货币政策得到有效落实，利率市场化稳步推进。但实体企业增产不增效，经营仍然存在较大困难，银行信贷供求结构性矛盾突出，风险防控压力仍然较大。

一、经济运行态势

2015年，温州市经济运行总体企稳向好，全市地区生产总值4620亿元，增长8.3%，明显高于2012年以来的增速，分别比全省和全国高出0.3和1.4个百分点，居全省第三位。经济结构逐步调整，服务业对经济的拉动作用更加突出。但经济回升基础仍较薄弱，外贸出口疲软、制造业景气低迷、财政增收压力较大、企业经营效益下滑等问题仍较突出。

（一）投资增长继续放缓，消费增长平稳，出口持续疲软

2015年，温州市完成限额以上固定资产投资3456亿元，比上年增长13.2%，增幅连续第四年下降，但下降幅度逐渐收窄。基础设施投资是投资增长的“稳定器”，同比增长15.4%，对投资增长贡献率达35.2%。社会消费品零售总额2675亿元，增长11.0%。其中限额以上消费品零售总额954亿元，增长11.9%。全市外贸进出口总额194.78亿美元，下降6.3%。其中进口23.63亿美元，增长6.0%；出口171.15亿美元，下降7.7%，增速创2009年以来新低，居全省倒数第二位。

（二）工业增长分化，服务业增长较快，房地产市场回暖

2015年，温州市完成规模以上工业增加值1091亿元，增长6.3%，比上年提高0.1个百分点，居全省第三位。工业生产技术和层次略有提升，全市高新技术产业、装备制造业和战略性新兴产业发展势头较好，分别增长8.1%、7.7%和8.5%，高于全市规上工业增加值增速。行业分化比较明显。全市完成服务业增加值2395亿元，增长9.9%，占地区生产总值51.8%，拉动地区生产总值增长4.7%，高于第二产业1.7个百分点。房地产市场量升价稳，消费者购房意愿增强。市区房地产成交量显著上升，商品住宅共成交31681套，增长36.3%，其中新建商品住宅销售12352套，二手住宅成交19329套，双双创出房产交易历史新高。据国家统计局数据显示，温州市新建商品住宅和二手住宅价格指数环比持续8个月回升，但与2010年基期价格相比，仍下跌23%和24%。

（三）财政增收放缓，企业效益下降，居民收入平稳增长

2015年，温州市财政总收入678亿元，增长6.5%，比上年低1.8个百分点；其中一般公共预算收入372亿元，增长7.0%。税收收入增长有所放缓，全年增收350亿元，增长7.0%，比上年低3.6个百分点。全市规模以上工业企业利润总额229亿元，增长2.6%，比上年同期低9个百分点，企业增产不增效明显。全市城镇、农村居民可支配收入分别为43910元和21240元，同比增长7.6%和8.7%，增幅分别比上年回落1.0和1.8个百分点，总体保持平稳增长。

二、金融运行情况

（一）社会融资规模较大，各渠道融资增长均衡

2015年，温州市社会融资规模996亿元，比2014年增加280亿元，增长39%。其中，银行贷款融资（含不良贷款处置）654亿元，比上年增加174亿元；银行表外融资118亿元，比上年增加114亿元；企业直接债务融资137亿元，发行股票融资32亿元，比上年增加15亿元；保险赔付54亿元，比上年增加8亿元。总量上看，温州市2015年社会融资规模比较充足，逐步接近2011年以前的高位水平，基本能够满足社会需求；且各渠道融资规模均比上年有所增加，融资结构比较均衡。

（二）信贷投放筑底企稳

2015年年末，温州市金融机构本外币各项贷款余额7637亿元，同比增长4.0%，比年初增加253亿元，同比多增178亿元。如果考虑不良贷款处置因素，2015年贷款实际增加654亿元，比上年多增175亿元。在全市信贷投放连续三年少增（2012年～2014年账面新增贷款分别为618亿元、216亿元和75亿元）之后，2015年筑底企稳，同比多增。但是与全省其他地市横向比较，温州市贷款增量少于杭州、宁波、台州、金华和嘉兴；增速比全省7.1%的平均水平低3.1个百分点，仅快于绍兴与舟山。

投放结构上，新增贷款主要投向个人和政府项目，企业贷款净减少。2015年，全市个人贷款增加316亿元，比上年多增165亿元，其中近七成是个人住房贷款。政府项目贷款增加102亿元，主要用于支持水利设施建设、瓯江口新区建设、城中村改造以及金温铁路改造等基础设施项目。一般企业贷款净减少240亿元，2013年和2014年分别净减少219亿元和255亿元，三年累计减少714亿元。

（三）存款增长好于往年

2015年年末，温州市金融机构本外币各项存款余额9577亿元，同比增长11.0%，比年初增加967亿元，同比多增565亿元。12月份单月存款增加364亿元，占全年增量接近四成。

存款结构上，住户存款增长较快，非银行金融机构存款增长平稳，政府存款增速放缓，企业存款由下降变为上升。住户存款全年增加392亿元，同比多增260亿元，12月份活期存款

增长明显加快，调查反映在外温商资金回流有所提前。非银行金融机构存款增加367亿元，同比多增60亿元，温州市银行向货币市场基金吸收同业资金增多。

（四）银行账面扭亏为赢

2015年，温州市银行机构实现账面利润总额40亿元，扭转上年全行业亏损25亿元的状况，初步走出谷底。其中，四大国有银行赢利46亿元，股份制银行亏损52亿元，地方法人银行机构赢利42亿元，其他银行机构赢利4亿元。银行机构账面利润实现初步好转，但银行经营压力仍然巨大，利润空间继续受到挤压。

三、金融市场动态

（一）股票市场波动巨大，企业资本市场融资增多

2015年，全国股票市场波动巨大，年末上证综指报收3539点，比年初增长9.4%，其中6月中旬创下5178点的高位，下半年快速下挫至最低2850点，最大跌幅达45%。温州市证券交易各项指标总体增长较快。年末证券总开户数108.2万户，增长44.2%，全年证券交易额51701亿元，增长253%，占全国证券总交易额2.4%。

企业上市和股改工作有效推进。全市新增境内外上市公司3家，累计17家；新增新三板挂牌企业24家，累计挂牌企业31家；新增区域性资本市场挂牌企业415家，累计551家；新增股份有限公司207家，累计694家，在全省占比由股改工作启动前的4.5%上升到15%以上。

（二）保险市场平稳增长

2015年，温州市保险机构保费收入166.5亿元，比上午增长15.0%，全省排名第三。原保险赔付支出53.9亿元，同比增长17.1%。市政府出台进一步发挥保险功能作用、促进温州市经济社会发展的实施意见，引进保险资金在温运用、大力发展保证保险和创新信用保险模式等。保险资金助力温州城市建设，2015年累计吸引保险资金35.88亿元，投资基础设施及不动产。

（三）外汇收支回落

2015年，温州市受外贸形势等影响，外汇收支有所回落。全市涉外收支规模364.3亿美元，比上年下降11.5%。其中，涉外收入253.6亿美元，下降17.3%，支出110.8亿美元，增长5.4%。全市结售汇总额227.5亿美元，同比下降12.5%。其中，结汇185.3亿美元，下降16.5%；售汇42.2亿美元，增长11.3%。全年跨境人民币结算620亿元，比上年增长18.7%。

（四）直接债务融资增长较快

2015年，温州市直接债务融资增长较快，全年融资总额192.4亿元，其中非金融企业债券融资137.4亿元，包括国有企业债券融资95.9亿元，民营企业债券融资41.5亿元，超短期融资券等创新产品取得突破。“三农”专项债、小微专项债和二级资本债券等金融债共计发行55亿元，占金改以来金融债发行量的71%，有效拓展地方法人银行机构支农支小资金来源。地方债发行成为温州市城市建设资金的有力补充，全市共获得省政府发行的地方债258.8亿元，其中置换债券203.3亿元，新增债券金额26.5亿元，在建项目后续融资债券资金29亿元。

（五）民间借贷量缩价跌

2015年，据“温州指数”监测显示，12月份全市民间融资综合利率为18.65%，同比下降1.03%，比金融改革以前的25.44%下降6.8个百分点。监测到的民间融资规模2015年连续12个月同比萎缩，全年各监测点累计发生民间融资规模比上年下降23%。小额贷款公司、融资性担保公司、典当行等几类传统民间金融组织的业务均出现不同程度萎缩，其中全市小贷公司贷款余额下降21亿元。

（梁茜茜）

2015年温州市城乡居民收支情况分析

2015年是“十二五”的收官之年，面对复杂的经济金融环境，市委、市政府深入实施惠民工程，全面推进城乡统筹建设，千方百计拓宽就业渠道，加大民生保障投入，城乡居民收入持续稳步增长，增速四年来首次超过全省平均水平。

一、居民收入主要特征

2015年，温州市全体常住居民人均可支配收入（下称全体居民收入）36459元，同比增长8.9%。其中城镇居民收入44026元，同比增长8.7%；农村居民收入21235元，同比增长9.5%。

（一）居民收入稳步增长，增速总量均超过全省平均

2015年，温州市全体居民收入增长8.9%，增速高于全省平均水平0.1个百分点，居全省第三位，排名同比上升8位；其中城镇和农村居民收入分别增长8.7%和9.5%，增速均高于全省平均水平0.5个百分点，分别居全省第二和第四位，同比上升8位和4位。

2015年，温州市全体居民收入名义增长8.9%，为“十二五”期间最低值，最高为2011年，名义增长14.0%。但扣除物价因素影响，2015年全体居民收入实际增长8.1%，增速为“十二五”期间最高值，最低为2013年，实际仅增长7.0%。

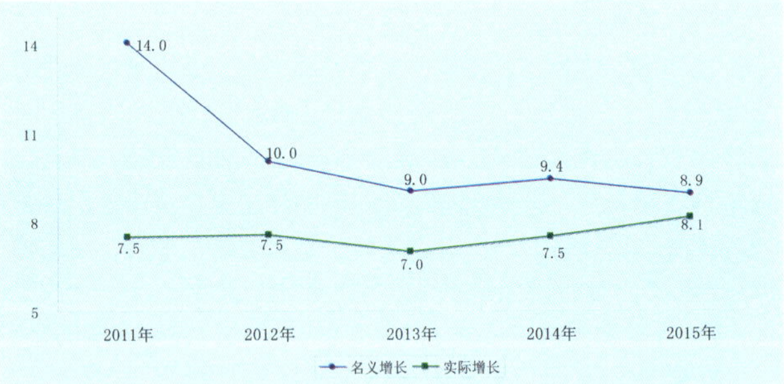

图26 温州市“十二五”期间全体居民收入名义及实际增速情况

2015年温州市全体居民收入实际增速高于翻番所需目标1.2个百分点，为实现居民收入翻番奠定良好基础。

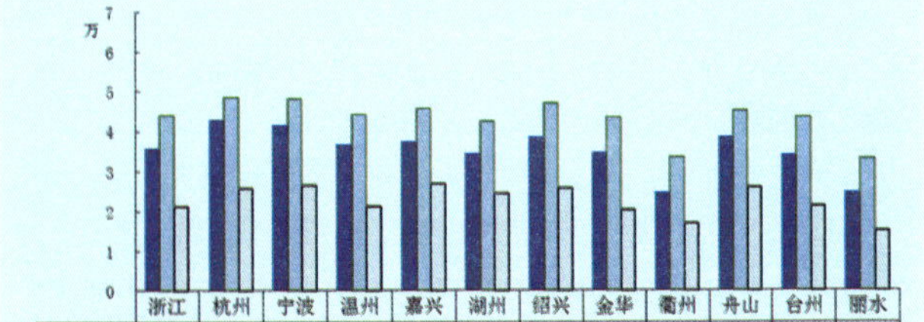

	浙江	杭州	宁波	温州	嘉兴	湖州	绍兴	金华	衢州	舟山	台州	丽水
全体居民	35537	42642	41373	36459	37139	34251	38389	34378	24460	38254	33788	24402
城镇居民	43714	48316	47852	44026	45499	42238	46747	43193	33212	44845	43266	32875
农村居民	21125	25719	26469	21235	26838	24410	25648	20297	16884	25903	21225	15000

图27 2015年浙江各设区市全体和城乡居民收入总量情况

2015 年，温州市全体居民收入 36459 元，收入总量居全省第六，高于全省平均水平 922 元，与排名第五的嘉兴市差距 680 元。其中城镇居民收入 44026 元，比全省平均水平高出 312 元，居全省第六；农村居民收入 21235 元，比全省平均水平高出 110 元，首次突破 2 万元大关，居全省第七。

2015 年，温州市农村居民收入同比增长 9.5%，增速高于城镇居民 0.8 个百分点。主要受益于以下三个方面：一是农产品价格保护、农业补贴、农村土地确权赋权等各项涉农扶持政策成效显现，带动农民收入稳步增长；二是扶贫工作力度空前，降低贫困人口尤其是农村贫困人口数量，带来明显“提低”作用；三是最低生活标准、最低工资标准持续提高，以及农村社会保障制度不断完善，对收入相对较低的农村居民影响更大。2015 年，温州市城乡居民收入比 2.07：1，比上年缩小 0.02，城乡收入差距呈现持续缩小良好态势。

2015 年，温州市 11 个县（市、区）的城乡居民收入均保持平稳增长，但区域差距有所显现。收入总量原“三区两市”继续领先，收入增速则整体低于各县及洞头区。2015 年全体居民收入鹿城区最高，达到 47047 元，高出全市平均 10588 元；泰顺县最低，为 19496 元，低于全市平均 16963 元；最高为最低的 2.41 倍，差距比上年缩小 0.03，县域差距有所缩小。

从各县（市、区）城乡收入比情况来看，差距最大的是文成县，达到 2.28：1，高于全市平均 0.21；最低为龙湾区，为 1.66：1，低于全市平均 0.41。

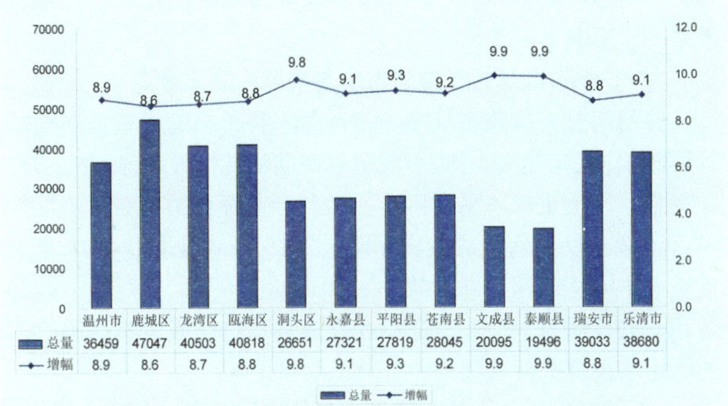

图28　2015年温州市各县（市、区）全体居民收入及增速情况

（二）收入结构持续优化，增长动力有所变化

2015 年，从收入结构来看，四大项收入全面增长，工资性收入仍是城乡居民家庭收入主要来源，非经营性收入比重逐步加大，收入来源趋向多样化。

2015 年，温州市全体居民工资性收入 19321 元，同比增长 8.9%，占居民收入的 53.0%，拉动居民收入增长 4.7 个百分点，是收入增长的主要动力。分城乡来看，城镇居民工资性收入 22640 元，同比增长 8.5%，占居民收入的 51.4%，拉动居民收入增长 4.4 个百分点；农村居民工资性收入 12644 元，同比增长 10.1%，占居民收入的 59.5%，拉动居民收入增长 6.0 个百分点。

2015 年，温州市全体居民人均经营净收入 7099 元，同比增长 6.9%，占居民收入的 19.5%，拉动居民收入增长 1.4 个百分点，在四大类增收动力中排名第三，仍具较大潜力。分城乡来看，其中城镇居民人均经营净收入 7963 元，同比增长 6.8%；农村居民人均经营净收入 5361 元，同比增长 7.1%。

2015 年，温州市全体居民人均财产净收入 5985 元，同比增长 9.4%，拉动居民收入增长 1.5 个百分点，增速同比提高 3.8 个百分点，成为收入增长第二动力。其中城镇居民人均财产净收入 8414 元，同比增长 9.5%；农村居民财产净收入 1097 元，同比增长 6.0%。

2015 年，温州市全体居民人均转移净收入 4054 元，同比增长 11.7%，是四大块收入中增速最快的，占居民收入的 11.4%，拉动居民收入增长 1.3 个百分点。其中城镇居民人均转移净收入 5009 元，同比增长 11.2%；农村居民人均转移净收入 2134 元，同比增长 14.1%。

二、居民消费支出情况

2015 年，温州市全体居民人均消费支出 24799 元，同比增长 8.4%，消费水平持续提升；其中城镇居民人均消费支出 29438 元，同比增长 8.3%；农村居民人均消费支出 15464 元，同比增长 8.8%。从消费构成看，八大类支出呈现出“七升一降”态势，整体消费结构持续优化；但受近年来收入增长整体趋缓影响，城乡居民消费意愿也受到抑制，消费信心有待提高，2015 年温州市居民消费增幅同比下降 0.2 个百分点。

（一）消费转型趋势较为明显

2015 年，全体居民恩格尔系数为 33.4%，其中城镇居民为 31.9%，农村居民为 39.4%，农村居民食品消费占比高出城镇居民 7.5 个百分点。从八大消费支出来看，食品、衣着、居住类等生存型消费比重不断下降，而交通通信、教育文化娱乐、医疗保健、其他用品和服务类等享受型、发展型消费逐渐增长，占消费支出比重不断上升。2015 年，温州市居民生存型消费占比 67.5%，同比降低 1.1 个百分点；享受、发展型消费占比

2015 年温州市全体和城乡居民收入情况

表88

指标名称	全体居民			城镇居民			农村居民		
	绝对值（元）	增幅（%）	比重（%）	绝对值（元）	增幅（%）	比重（%）	绝对值（元）	增幅（%）	比重（%）
可支配收入	36459	8.9	100.0	44026	8.7	100.0	21235	9.5	100.0
工资性收入	19321	8.9	53.0	22640	8.5	51.4	12644	10.1	59.5
经营净收入	7099	6.9	19.5	7963	6.8	18.1	5361	7.1	25.2
财产净收入	5985	9.4	16.4	8414	9.5	19.1	1097	6.0	5.2
转移净收入	4054	11.7	11.1	5009	11.2	11.4	2134	14.1	10.0

2015年温州市城乡居民消费支出情况

表89

指标名称	全体居民			城镇居民			农村居民		
	总量	增速(%)	比重(%)	总量	增速(%)	比重(%)	总量	增速(%)	比重(%)
消费支出	24799	8.4	100.0	29438	8.3	100.0	15464	8.8	100.0
一、食品烟酒	8289	11.9	33.4	9382	11.3	31.9	6088	13.6	39.4
二、衣着	1887	11.7	7.6	2270	11.2	7.7	1117	13.4	7.2
三、居住	6553	−0.5	26.4	8064	0.3	27.4	3510	−4.2	22.7
四、生活用品及服务	1065	10.6	4.3	1244	9.2	4.2	705	15.6	4.6
五、交通通信	3120	9.1	12.6	3836	9.7	13	1680	6.1	10.9
六、教育文化娱乐	2385	14.7	9.6	2924	15.0	9.9	1300	12.7	8.4
七、医疗保健	950	18.8	3.8	1031	16.8	3.5	788	24.1	5.1
八、其他用品和服务	550	13.6	2.2	686	12.3	2.3	276	19.9	1.8

28.3%，同比提高1.1个百分点。居民消费结构优化趋势较为明显。

（二）食品烟酒仍是居民的主要消费支出

2015年，温州市全体居民人均食品烟酒支出8289元，同比增长11.9%，增速同比下降0.3个百分点。食品烟酒支出占居民消费支出的33.4%，同比提高1.0个百分点，仍是温州居民最主要的消费支出。分城乡来看，城镇居民人均食品烟酒支出9382元，同比增长11.3%，增速同比基本持平；农村居民人均食品烟酒支出6088元，同比增长13.6，增速同比下降0.9个百分点。

（三）居民消费亮点有所显现

2015年，温州市城乡居民家用汽车百户拥有量分别为49.7辆和25.8辆，同比分别增加了4.5辆和3.4辆；交通支出分别为2548元和934元，同比分别增长7.2%和2.3%。

2015年，温州市城乡居民教育文化娱乐支出分别为2924元和1300元，同比分别增长15.0%和12.7%，其中以团体旅游为主的文化娱乐支出分别为1385元和351元，同比分别增长17.4%和15.9%，分别高于城乡消费支出增速9.1和7.1个百分点，成为拉动消费支出的亮点之一。

2015年，温州市城乡居民通信支出分别为1288元和746元，同比分别增长15.0%和11.3%。调查显示，2015年，温州市城乡居民移动电话百户拥有量分别为243.0部和241.5部，同比分别增加8.3部和18.1部

三、居民增收关注问题

2015年，温州市经济发展虽然走出低谷，但压力仍存，转型升级正处于增长动力调整转换的关键时期，面临的困难还很多。在经济发展“新常态”下，要积极应对经济转型升级、劳动力供需变化、收入增长动力调整转换、城乡收入差距较大等对居民收入增长带来的影响。

（一）经济转型升级带来的就业压力影响收入增长

随着产业疏解与转型升级的推进，一部分本地劳动者从淘汰的产业转入新的产业，需要一个过程，可能加剧劳动力供给与产业转型升级需求之间的结构性矛盾；加之温州的新兴产业仍处于发展初级阶段，在弥补传统产业用工能力上尚有欠缺。2015年，温州市全体居民人均工资性收入同比增长8.9%，增速同比下降2.1个百分点，居民工资收入开始出现由前几年“用工荒”引起的大幅增长向随着劳动生产率提高迈入稳定增长的趋势，“机器换人”和产业转型升级对城乡居民就业增收都将带来一定影响。

（二）传统产业生产经营困难影响收入稳定增长

温州市过去依赖拼规模、拼产量、拼价格的模式正在面临发展瓶颈，无论是大、中、小微企业都面临转型升级、成本上升、融资难、税负重等一系列困难，传统产业经营困难对工资性收入、经营净收入均造成较大影响。2015年，温州市4779家规上企业中有456家企业亏损，亏损面达到9.5%，亏损额18.80亿元，同比增长53.2%，企业经营形势日趋严峻也给居民收入的稳定增长带来较大压力。

（三）消费倾向持续下降影响经济与增收良性循环

复杂多变的经济形势以及居高不下的医疗、教育、购房等负担都在影响居民的心理预期，居民的消费意愿受到抑制，消费信心略有不足。调查显示，2015年温州市居民消费倾向（人均消费支出占可支配收入的比重）为68.0%，同比下降0.3个百分点，比2011年下降6.3个百分点，呈逐年下降态势。消费信心仍需提振，消费支出作为拉动经济和增收的引擎作用还需深入挖掘。

（四）居民收入差距影响整体收入水平提高

温州市居民无论是城乡之间、区域之间、居民内部之间和行业从业人员之间还存在较大收入差距，不同群体之间占有资源不均衡，实现收入阶层跨越难度仍较大。特别是低收入户存在家庭成员人口相对较多、文化程度低、老弱病残多等情况，就业和创业均较困难，收入来源途径较少，增收难度较大，对实现居民整体收入水平质与量的提升有一定影响。

（何孙苗）

2015年温州市物价变化分析

2015 年，温州居民消费价格总水平（简称 CPI）同比上涨 0.7%，涨幅比上年回落 1.1 个百分点，创 6 年来新低。比全国、全省平均水平（均上涨 1.4%）低 0.7 个百分点，在全省 11 个设区市中排第十位，是继 2011 年物价大幅上涨后，连续第四年涨幅回落。

温州市工业生产者价格受国内外需求放缓、大宗商品价格下行以及上年同期基数较高等因素影响持续下降。2015 年，工业生产者出厂价格（简称 PPI）和工业生产者购进价格（简称 IPI）同比累计下降 2.5% 和 3.7%，降幅较上年扩大 1.5 和 2.7 个百分点。

一、CPI 运行基本情况

（一）八大类商品“六涨二跌”

2015 年，温州市八大类商品和服务价格呈“六涨二跌”走势。其中上涨的六大类为：烟酒类、衣着、食品、娱乐教育文化用品及服务、家庭设备用品及维修服务、医疗保健和个人用品同比分别上涨 3.1%、2.8%、2.4%、2.2%；1.5%、1.5%，交通与通信、居住同比分别下降 4.9%、1.0%。

（二）价格涨幅逐季扩大

2015 年，温州市物价涨幅呈现前低后高，逐季扩大的特点。一季度，受上年高基数和负翘尾影响，平均同比涨幅为 0.1%；二季度受新涨价因素扩大影响，价格涨幅小幅扩大，平均同比涨幅为 0.5%；三季度随着负翘尾影响缩小，各月涨幅继续扩大，平均同比涨幅为 0.7%；四季度负翘尾影响消退，平均涨幅快速拉升到 1.7%。

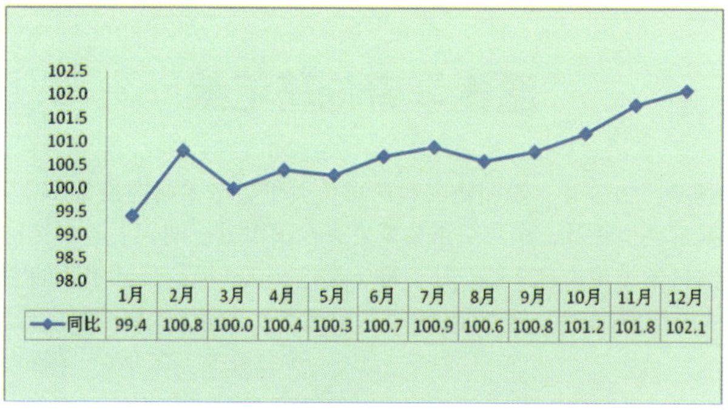

图29　2015年温州居民消费价格总水平月度同比走势

（三）食品价格拉动物价上涨

2015 年，温州市食品价格同比上涨 2.4%，拉动居民消费价格总水平上涨 0.76 个百分点。拉动总水平上涨的原因：

1. 水产品价格持续上涨。主要是海洋捕捞成本不断上升以及市民对野生海产品需求持续趋旺与自然渔业资源相对有限之间的矛盾。水产品价格同比上涨 5.7%。其中海水鱼价格同比上涨 15.5%。

2. 肉禽价格涨幅由负转正。主要是受前两年生猪价格低迷、环境污染整治等影响，养殖户扩大生产意愿降低，生猪存出栏数均大幅下降。肉禽及其制品价格同比上涨 4.3%。受上年低基数影响，猪肉价格同比上涨 7.1%。

3. 八成鲜菜价格上涨。主要受生产和储运成本上升影响。鲜菜价格同比上涨 8.0%。从全年均价看，监测的 25 种鲜菜，与上年同期比，价格上涨的有 20 种，占 80%。仅台风等极端恶劣天气多于往年，6～8 月份鲜菜价格明显上涨；四季度入冬后，受蔬菜供应地雨雪天气增多影响，鲜菜价格再次上扬，12 月份环比上涨 10.3%。

（四）服务项目价格稳中有升

2015 年，温州市服务项目价格同比上涨 1.3%，拉动居民消费价格总水平上涨 0.42 个百分点。拉动总水平上涨的第二大原因：

1. 劳务服务价格刚性上涨。受劳动力价格刚性上涨影响，包括保姆、钟点工、医院护工在内的家政服务价格同比上涨 12.1%；美容、足浴等以提供劳务为主的服务项目价格同比分别上涨 2.1%、3.9%。

2. 成本上涨推高教育服务价格。受人工成本上升以及政策性调价影响，教育服务价格同比上涨 3.2%，其中高等教育学费、专业技能培训费和学前教育保育费同比分别上涨 11.1%、3.2% 和 1.4%。

3. 交通出行服务价格涨跌互现。旅行社收费、景点门票价格同比分别上涨 1.8%、6.4%，停车服务费价格同比上涨 23.7%。另外，城市间交通费价格同比下降 3.2%。

（五）工业消费品价格明显下降

2015 年，温州市工业消费品价格同比下降 1.2%。以石油制品为主的工业消费品价格下降影响居民消费价格总水平下行约 0.4 个百分点。工业消费品价格下降的主要原因：

1. 石油制品价格下降明显。受国际原油价格走低影响，汽、柴油价格同比分别下降 19.0%、20.0%，液化石油气价格同比下降 15.6%。

2. 其他工业消费品价格维持降势。个人饰品、通信工具、交通工具、家庭设备、耐用消费品、酒类价格同比分别下降 13.1%、7.6%、4.8%、3.5%、2.3%、2.2%。

（六）CPI 涨幅低于全国、全省平均水平

2015 年，温州新涨价因素影响是 2012 年以来的较高水平（仅低于 2013 年的 2.5%），在负翘尾、居住类价格下行的双重因素影响下，居民消费价格总水平涨幅远低于全国、全省平均水平。其原因：

1. 负翘尾影响较大。上年 CPI 前高后低走势对全年 CPI 形成较大负翘尾影响，对价格总水平起到明显下拉作用。温州翘尾因素约为 –1.1 个百分点，全省翘尾因素约为 –0.6 个百分点，全国翘尾因素约为 0.4 个百分点。

2. 居住类价格下拉作用明显 . 在八大类的消费品及服务项目价格中的居住类价格下降 1.0%（全国和全省居住类价格分别上涨 0.7% 和 0.8%），房租价格下降是拉动其下降的主因。年内，温州房屋租赁市场持续低迷，房租比上年同期下降 1.0%，对居民消费价格总水平下拉作用约为 0.1 个百分点。

二、PPI 主要运行情况

（一）全年降幅逐季加深，低进高出态势延续

2015 年，温州工业生产者出厂价格指数（简称 PPI）同比累计下降 2.5%，创近三年以来新低，降幅较上年扩大 1.5 个百分点，工业生产者购进价格（简称，IPI）同比累计下降 3.7%，创四年以来新低，降幅较上年扩大 2.7 个百分点。分

季度看，PPI 同比分别下降 2.3%、2.4%、2.6% 和 3.0%，IPI 分别下降 2.8%、3.2%、4.2% 和 4.7%，降幅均呈逐季加深走势。同时，全年 IPI 降幅比 PPI 大 1.2 个百分点，价格持续呈现低进高出的运行态势。

（二）下降周期长且降幅大

2015 年以来，温州市工业生产者价格延续下行走势，降幅创近三年新低。从月度同比看，工业生产者价格持续处于下行通道，PPI 和 IPI 分别连续 49 和 46 个月下行，11 月份 PPI 和 IPI 同比分别下降 3.0% 和 4.8%，创 2013 年以来最大降幅。从月度环比来看，总体仍处于下行区间，除 4 月份 PPI 环比基本持平外，全年各月 PPI 和 IPI 环比均呈下行走势。

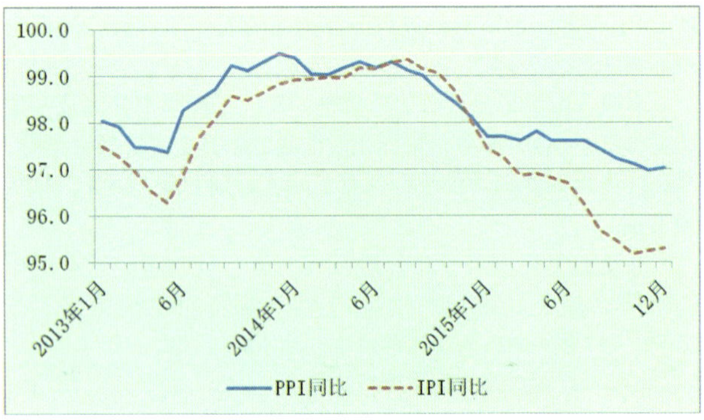

图30　2013年～2015年温州PPI与IPI各月同比指数

（三）价格下降面有所扩大

2015 年，温州市在调查的 33 个出厂行业大类中，价格下降的有 26 个，行业下降面为 78.8%，较上年扩大 12.2 个百分点。另外，九大类原材料购进价格全面下降，7 个大类降幅与上年相比有所扩大，2 个大类价格同比由升转降，下降面较上年扩大 28.6 个百分点。

（四）主要行业产品价格均不同程度下降

2015 年以来，受石油、煤炭、钢铁、有色金属等大宗商品交易价格持续下降影响，四大主要行业产品价格均有不同程度下降，共同拉动 PPI 下行 1.6 个百分点。其中，橡胶和塑料制品业，电气机械和器材制造业，皮革、毛皮、羽毛及其制品和制鞋业产品价格同比累计分别下降 10.1%、1.1% 和 0.9%，降幅较上年同期分别扩大 9.7、0.2 和 0.9 个百分点；通用设备制造业下降 0.9%，降幅较上年缩小 1.6 个百分点。

2015 年四大主要行业产品出厂价格涨跌幅度及对 PPI 影响

表90

大类行业	跌幅（%）	对 PPI 影响（百分点）
电气机械和器材制造业	−1.1	−0.2
通用设备制造业	−0.9	−0.1
皮革、毛皮、羽毛及其制品和制鞋业	−0.9	−0.1
橡胶和塑料制品业	−10.1	−1.2

（五）降幅小于全省平均水平

2015 年，温州 PPI 同比下降 2.5%，降幅低于全省平均水平 1.1 个百分点，在 9 个编制指数的设区市中降幅最小。其原因：

1. 温州超 5 成大类行业降幅小于全省。2015 年，温州 33 个行业大类下降面为 78.8%，小于全省下降面 87.9%（同口径行业大类范围，全省为 38 个行业大类），其中有 18 个行业价格指数低于全省，其中化学原料和化学制品制造业、化学纤维制造业、黑色金属冶炼和压延加工业降幅比全省平均水平分别低 6.0、4.8 和 4.1 个百分点。此外在全省多出的 5 个行业大类中，仅烟草制品业价格与上年同期持平，黑色金属矿采选业、煤炭开采和洗选业、废弃资源综合利用业、有色金属矿采选业产品价格分别下降 28.0%、16.0%、15.5% 和 8.4%，拉低了全省 PPI。

2. 权重差异使大类行业对 PPI 影响程度不同。因产业结构存在差异，部分行业在温州经济结构中所占比重较小，所以在温州 PPI 中所占权重明显小于全省，进而对温州 PPI 的下拉作用弱于全省。2015 年，石油加工、炼焦和核燃料加工业，黑色金属冶炼和压延加工业，燃气生产和供应业产品价格降幅较大，但由于权重不同，三大行业对全省和温州 PPI 的下拉作用分别为 1.1 和 0.4 个百分点。

（王　梵）

温州学者论著汇编

概况　2015 年，温州市各科研单位及个人学术研究成果丰富。据不完全统计，全年全市公开发表在国内重要期刊上的中文自然科学类论文 823 篇，社会科学类论文 313 篇，公开出版的中文类出版物 247 种。编成《2015 年温州学者著作出版概览》247 种。

（金宸羽　徐亦子　编辑）

2015 年温州学者著作出版概览

表91

书　　名	作　　者	出版社名称	出版日期
没有人是一座孤岛：追思叶世祥教授	马大康　主编	浙江大学出版社	2015.6
叶世祥文集（第一、二、三卷）	马大康　主编	浙江大学出版社	2015.6
南戏乡亲董每戡传	马必胜　著	岳麓书社	2015
他的生活有点小小的变化	马　叙　著	百花文艺出版社	2015
温州历代名人故事．王十朋	王兴文　文字	西泠印社出版社	2015.5
孙诒让与温州教育近代化研究	王兴文　著	武汉大学出版社	2015.9

续表

书　　名	作　　者	出版社名称	出版日期
温州市非遗传承人王进东口述	王进东　著	上海印书馆	2015.12
美点读点	王连飞　著	华龄出版社	2015.7
推位让治的温州实践	王春婷　著	社会科学文献出版社	2015
瓯北七律浅注（卷一至卷七）	王起孙　著	苏州大学出版社	2015
绿川居咏花题画诗四百首	王　峰　著	浙江古籍出版社	2015.10
尤有中作品集	尤有中　著	长城出版社	2015.2
原生活	风在先　著	线装书局	2015.7
玉篆楼藏书画集	方广强　编	上海世纪出版集团	2015.11
玉篆楼藏信札集	方广强　编	上海世纪出版集团	2015.11
童年写作的重量	方卫平　著	安徽少年儿童出版社	2015
乡寻乡野——记温州最美村庄	方立明　王蛟虎　主编	中国民族摄影艺术出版社	2015.12
陈亮研究论稿	方如金　著	河北大学出版社	2015.10
瓯风. 第九集	方韶毅　主编	中国文史出版社	2015.5
邓氏春秋	邓伦生　郑希体　编著	中国诗词楹联出版社	2015.8
乱世猎人. 7-12：大结局	龙　人　著	南海出版公司	2015
魔兽战神. 3，战神苍龙	龙　人　著	二十一世纪出版社集团	2015
十颗汗水	卢小宇　著	线装书局	2015.7
英桥叶氏史志	叶乃丰　主编	作家出版社	2015
探索传神论：破解绘画难题	叶升龙　著	浙江人民美术出版社	2015.9
汤学刍议	叶长海　著	上海人民出版社	2015.12
鞋类产品质量检测技术	叶永和　主编	中国质检出版社	2015.3
奇怪的病号	叶永烈　[等]著	中国少年儿童出版社	2015
“小溜溜”溜了. 怪城奇遇记	叶永烈　著	春风文艺出版社	2015
“小溜溜”溜了. 再见了，怪城	叶永烈　著	春风文艺出版社	2015
《十万个为什么》背后的故事	叶永烈　著	少年儿童出版社	2015
宝宝和贝贝	叶永烈　著	现代出版社	2015
红色的起点	叶永烈　著	四川人民出版社	2015
君子国的秘密	叶永烈　著	现代出版社	2015
科学家故事100个. 1至5	叶永烈　著	春风文艺出版社	2015
钱学森传	叶永烈　著	中国青年出版社	2015
趣味化学·化学趣史：大字版	叶永烈　著	中国盲文出版社	2015
生活中的科学	叶永烈　著	中国盲文出版社	2015
受伤的美国	叶永烈　著	上海交通大学出版社	2015
双人伞：叶永烈家庭传记	叶永烈　著	中华书局	2015
小灵通漫游未来：大字版	叶永烈　著	中国盲文出版社	2015
写作的秘密	叶永烈　著	长江文艺出版社	2015
侦探与小偷：大字版	叶永烈　著	中国盲文出版社	2015
松山吟草	叶　芃　著	线装书局	2015.6
情系丹青：叶星球题画绝句	（法）叶星球　著	巴黎太平洋通出版社	2015
嘉靖革新研究	田　澍　著	中国社会科学出版社	2015.8

续表

书　名	作　者	出版社名称	出版日期
西峰晚晖	包学冠　著	九州出版社	2015.2
满路芳华	包学冠　编著	九州出版社	2015.2
孝道街头村	包学冠　编著	九州出版社	2015.2
走访抗战老兵手记	包建程　编著	白山出版社	2015.7
瓯腔越韵唱古今：温州鼓词	包媛媛　编著	中州古籍出版社	2015
苍黄与青绿	包新旺　著	线装书局	2015.7
互联网版图：掘金时代	老鱼儿　著	中国华侨出版社	2015
退一步 并不难：忍得住，世界就是你的	达　照　著	中国商业出版社	2015.6
瓯圃诗葩：温州当代格律诗集汇考	朱国庆　编著	中国诗词楹联出版社	2015.3
鹿城文史资料第二十七辑：铭记烽火岁月	朱国榜　主编	中国文史出版社	2015.12
天井垟传奇	朱珍海　主编	白山出版社	2015.1
香烟袅袅：大罗山佛道文化散记	朱继亮　著	中国文史出版社	2015.12
温州方言动后介词结构的韵律句法研究	朱赛萍　著	浙江人民出版社	2015
都市圈空间优化与产业转型比较研究	任　晓　著	上海社会科学院出版社	2015
浩歌长吟：一位记者的才思	庄千慧　著	世界知识出版社	2015.3
新渡桥村志	庄中宝　吴仕华　主编	北京图书出版社	2015.11
雪岭涓流	刘周晰　著	线装书局	2015.4
云水集	刘　樨　著	线装书局	2015.6
惊世化石木	齐国凡　著	中国地质大学出版社	2015.4
银行贷款担保实务精解与法律风险防范	江丁库　主编	中国法制出版社	2015
汤氏家园	汤锦程　主编	光道新世界国际出版社	2015.4
水师名将许松年	许希濂　主编	中国文史出版社	2015.8
章鱼学功：海洋动物故事	许根才　著	中国文史出版社	2015.2
2015 年温州市第三届视觉艺术大赛作品集	阮　静　主编	中国文史出版社	2015.11
澄江寻梦	孙万鹏　冯　翔　著	光明日报出版社	2015.1
灰交融论	孙万鹏　著	世界文化艺术出版社	2015.5
灰体系哲学	孙万鹏　著	世界文化艺术出版社	2015.10
中国金融改革之温州解法	孙芙蓉　高　翔　著	中国金融出版社	2015.3
戏缘：孙崇涛自述	孙崇涛　著	山西教育出版社	2015.7
南戏故里声腔戏剧珍萃	李子敏　著	浙江人民出版社	2015
化学指示剂与生物染色剂制备手册	李少聪　编著	中国石化出版社	2015.5
闻澜阁墨缘	李文照　著	浙江人民美术出版社	2015.1
温州市海岛简志	李　红　著	浙江大学出版社	2015
慈心善举：平阳历代善人善事回眸	李　炜　主编	浙江工商大学出版社	2015
学者藏书与学术研究的转型：以郑振铎为例	李　俊　著	安徽师范大学出版社	2015
母婴石记：温州一家人的故事	李晓松　著	中国文化出版社	2015.5
晚岁闲吟	李盛仙　著	中华诗词出版社	2015.1
瑞安市文化志	李　淳　主编	西泠印社出版社	2015
最美的邂逅	李　淳　著	天津人民出版社	2015.5
夕阳诗文续集	李翠娥　著	北京艺术与科学电子出版社	2015.5
东瓯遗韵：温州市非物质文化遗产大观. 三	李　震　主编	西泠印社出版社	2015.12

续表

书　名	作　者	出版社名称	出版日期
萧耘春书法作品集	李　震　主编	浙江人民美术出版社	2015.1
东岙项村志	杨志林　主编	吉林文史出版社	2015.10
乡村辞条	杨崇演　著	中国文联出版社	2015.3
我只愿在清风中明媚：李叔同传	杨　博　著	新世界出版社	2015
雕虫诗草	吴乃伊　著	线装书局	2015.6
这世界，缺你不可	吴大伟　著	湖南文艺出版社	2015.9
开国战将	吴东峰　著	当代中国出版社	2015.3
中国近代经济地理. 第九卷，东北近代经济地理	吴松弟　主编	华东师范大学出版社	2015
中国近代经济地理. 第七卷，华北与蒙古高原近代经济地理	吴松弟　主编	华东师范大学出版社	2015
中国近代经济地理. 第四卷，西南近代经济地理	吴松弟　主编	华东师范大学出版社	2015
中国近代经济地理. 第一卷，绪论和全国概况	吴松弟　主编	华东师范大学出版社	2015
香雪庐吟稿	吴国华　著	线装书局	2015.6
枫林新吟	吴信法　著	中国文联出版社	2015.4
错别书	何　乜　著	线装书局	2015.7
永嘉壁画	应海龙　主编	中国民族摄影艺术出版社	2015
如此活着	冷若梅　著	线装书局	2015.7
少年状元汪应辰	汪　济　著	武汉出版社	2015.1
温州近百年戏剧史	沈不沉　著	国家出版社	2015.8
瓯语音系	沈克成　著	宁波出版社	2015.12
岩松盆景	沈冶民　著	浙江人民美术出版社	2015.10.
风雨人生	张一樵　著	贵州人民出版社	2015
背后	张艺宝　著	线装书局	2015.7
裂变与传承：儒学思想的现代诠释	张立文　[等]著	上海人民出版社	2015
献曝集	张　奋　著	中国文学艺术出版社	2015.9
汉字之美日历·2016	张　索　主编	中华书局	2015
温州话风雅篇	张乘健　著	浙江古籍出版社	2015.11
产业融合视域下的瓯菜资源开发研究	张海琼　著	浙江工商大学出版社	2015
交错的彼岸	张　翎　著	浙江文艺出版社	2015
望月	张　翎　著	浙江文艺出版社	2015
邮购新娘	张　翎　著	浙江文艺出版社	2015
楠麓吟哦. 二	张　朦　编著	中国诗词楹联出版社	2015.8
温州市水文水资源	陈才明　[等]编著	中国水利水电出版社	2015
陈宣诗文集	陈文苞　黄君平　编校	上海印书馆	2015.9
工艺美术大师作品选	陈世尧　叶萌春　主编	四川美术出版社	2015.3
温州十四家书画作品集	陈世尧　侯传芳　主编	西泠印社出版社	2015
寂静的地平线	陈世茂　著	中国文联出版社	2015.9
守望传统：真我阁书画文论选集	陈出新　著	浙江人民美术出版社	2015.10.
苍南印刷发展史	陈后强　主编	文化发展出版社	2015.12
小城市培育若干问题研究：基于温州的调查：based on the investigation of Wenzhou	陈国胜　陈方丽　著	浙江大学出版社	2015.7
台风眼	陈鱼观　著	线装书局	2015.7

续表

书名	作者	出版社名称	出版日期
墨学十论	陈 柱 著	华东师范大学出版社	2015
洞头妈祖祭典	陈爱琴 编著	浙江摄影出版社	2015
楠溪江在抗争	陈继达 主编	中华出版社	2015.3
楠溪圆梦	陈继达 著	中国言实出版社	2015.8
秋心集；爨余集	陈梦麟 著	线装书局	2015.6
楠溪江传奇. 第二部，古寨风云	陈瑞欢 著	中国言实出版社	2015.8
楠溪江传奇. 第一部，喋血南崖	陈瑞欢 著	中国言实出版社	2015.8
陈骧龙诗文辑存	陈骧龙 著	天津古籍出版社	2015
天空下鱼	林乃聪 著	长江少年儿童出版社	2015.11
气功养生法解析	林书立 著	人民体育出版社	2015.1
平阳塘河文化	林孝暖 著	浙江摄影出版社	2015.10.
乐清民国版画	卓 永 主编	中国美术学院出版社	2015.8
红尘一沙	明 人 著	中国电影出版社	2015.2
巴兰岛之祭	罗 祈 著	北京燕山出版社	2015.1
琵琶情：高明传	金三益 著	作家出版社	2015
文本解读的智慧	金 戈 张文忠 主编	山西教育出版社	2015
梅骨兰心	金庆伟 著	湖南文艺出版社	2015
浙江非遗这十年：2005-2014	金兴盛 主编	浙江摄影出版社	2015.9
周文叶研读蒋伯潜《中学国文教学法》	周文叶 主编	高等教育出版社	2015
中国经学史论著选编	周予同 著	复旦大学出版社	2015
塘河：温州塘河文化生活读本. 2015卷	周吉敏 主编	四川美术出版社	2015.11
斜阳外	周吉敏 著	四川美术出版社	2015.10.
创新发展高等职业教育的浙江样本. 上册，国家示范、骨干高职院校改革创新的探索与成效	周建松 主编	浙江工商大学出版社	2015
创新发展高等职业教育的浙江样本. 下册，2014职业教育国家教学成果奖的成绩	周建松 主编	浙江工商大学出版社	2015
泽雅·纸农乡味	周荣光 著	中华书局	2015.4
方言与中国文化	周振鹤 游汝杰 著	上海人民出版社	2015
太姥诗文集	周瑞光 白荣敏 编	厦门大学出版社	2015.12
设计学经典文献导读	郑巨欣 陈永怡 主编	浙江大学出版社	2015
浙江工艺美术史	郑巨欣 主编	杭州出版社	2015
雁荡风：黄宾虹专题展作品集	郑方伟 主编	浙江人民美术出版社	2015.12
吟咏酬唱集	郑允中 著	线装书局	2015.6
日本温州籍华侨华人社会变迁研究	郑乐静 著	科学出版社	2015
槃花楼吟稿	郑兆璜 著	线装书局	2015.6
抱一庐诗存；吹剑集	郑汝璋 著	线装书局	2015.6
守望明天	郑寄洲 著	中国电影出版社	2015.12
微言轻拂	郑锦春 著	中国文联出版社	2015.12
浙江历史名人简明读本：汉英对照	赵晓丽 编著	武汉大学出版社	2015
楠溪江：中国山水诗的摇篮	胡念望 著	中国旅游出版社	2015.4
上园胡氏概述	胡省三 著	中华书局	2015
陈虬集	胡珠生 编	中华书局	2015

续表

书　名	作　者	出版社名称	出版日期
中医临床思维路径与实践	胡　臻　董飞侠　编著	浙江人民出版社	2015
温州民俗中医药文化	胡　臻　主编	浙江工商大学出版社	2015
父亲南怀瑾	南一鹏　著	浙江人民出版社	2015
红旗漫卷虹川——虹桥区域革命斗争史料选编	南孔球　主编	中国文史出版社	2015.8
东瓯笔谭：温州文史同人精选集	南　航　主编	中国文联出版	2015.5
陈光复诗选	柳一村　选注	中国民族摄影艺术出版社	2015
温州历代名人故事. 刘伯温	俞美玉　文字	西泠印社出版社	2015.5
叶适思想论稿	俞　雄　著	黄山书社	2015.8
乐清当代诗词集成（卷一至卷四）	施中旦　主编	线装书局	2015.1
无为园诗草二编	施中旦　著	中国文联出版社	2015.1
瑞安旧事	施世通　夏海豹　主编	中国民族摄影艺术出版社	2015
温州地理. 人文地理分册	姜竺卿　著	上海三联书店	2015.2
温州地理. 自然地理分册	姜竺卿　著	上海三联书店	2015.2
姜嘉镳文选	姜嘉镳　著	中国文联出版社	2015.1
温州老版画	洪振宁　编	黄山书社	2015.1
浙江人才强县的创新实践	姚志文　姚先国　主编	浙江大学出版社	2015
空心人	哲　贵　著	北京十月文艺出版社	2015
醉倚东篱	夏海霜　著	中国电影出版社	2015.2
苍南谱序族规家训选编	钱克辉　主编	线装书局	2015.11
方介堪自选印谱	徐无闻　徐　立　整理	中华书局	2015
平阳陈靖姑信仰文化研究	徐兆格　余德江　著	浙江摄影出版社	2015.10
平阳戏曲史略	徐兆格　著	浙江摄影出版社	2015.10
徐启雄工笔画	徐启雄　著	江西美术出版社	2015.8
潮起海滨	徐洪迪　著	新疆美术摄影出版社	2015.3
中国历史故事选	徐　晋　著	黄河出版社	2015.3
海霞文化口述史	徐　彬　陈海鸥　[等] 编著	浙江工商大学出版社	2015
千面鹿城	徐　强　主编	中国民族摄影艺术出版社	2015.1
翁心华疑难感染病和发热病例精选与临床思维. 2015	翁心华　朱利平　张文宏　主编	上海科学技术出版社	2015.9
中外河流科学治污范例精编	翁锦武　主编	浙江工商大学出版社	2015.5
温州历代名人故事. 驺摇	高启新　文字	西泠印社出版社	2015.5
温州两家人	高满堂　李　涛　曲怡琳　著	作家出版社	2015.1
瓯居海中：海上丝绸之路与温州海洋文化	诸华国　周德光　编著	中国言实出版社	2015.8
蛮话词典	陶　寰　主编	中西书局	2015
龙湾老桥梁	黄秀清　主编	浙江摄影出版社	2015
止能量·最美瓯海人	黄松光　主编	光明日报出版社	2015.1
水族馆	黄崇森　著	线装书局	2015.7
黄博勇书法篆刻作品集（贰）	黄博勇　著	西泠印社出版社	2015.12
坐标之外	逸　云　著	中国电影出版社	2015.2
永嘉古亭	麻久燎　主编	浙江摄影出版社	2015.12
花都拾穗	麻盘云　著	巴黎太平洋通出版社	2015.7

续表

书　　名	作　　者	出版社名称	出版日期
北大荒知青档案	梁江平　刘哲斌　主编	中国文史出版社	2015.3
病中吟草	梁其韶　著	线装书局	2015.6
爱与孤独	琦　君　著	江苏凤凰文艺出版社	2015
琦君散文精选	琦　君　著	长江文艺出版社	2015
李叔同精品集	董宏伟　主编	河北美术出版社	2015
芈月传. 壹－陆	蒋胜男　著	浙江文艺出版社	2015
百年寻梦：傅国涌最新历史随笔自选集	傅国涌　著	厦门大学出版社	2015
帝国尽头是民国	傅国涌　著	厦门大学出版社	2015
民国年间那人这事	傅国涌　著	厦门大学出版社	2015
无语江山有人物	傅国涌　著	广东人民出版社	2015
徐悲鸿研究补正	傅绍贤　著	中国美术学院出版社	2015.3
温州年鉴. 2015	温州市人民政府地方志办公室编	中华书局	2015.12
俗语大词典	温端政　主编	商务印书馆	2015
唐白居易长恨歌	谢　云　[书]	西苑出版社	2015
丝绸之路绘事录	谢振瓯　著	浙江人民美术出版社	2015.4
蓝湖微波	蓝葆夏　著	中国电影出版社	2015.2
纪念	简　人　著	线装书局	2015.7
筠庄集	鲍铭书　著	线装书局	2015.6
荛庐诗草	鲍　震　著	线装书局	2015.6
浙江近代经济思想史论：以绍兴为例	蔡志新　著	中国社会科学出版社	2015
儿科病例精选	蔡晓红　林　锦　杨　青　主编	人民卫生出版社	2015.1
兰泉诗存	缪文澜　著	线装书局	2015.6
当代神话	颜翔林　著	中国社会科学出版社	2015
温州老歌谣	潘一钢　编	黄山书社	2015
地方政府合作的一个分析框架：基于永嘉与乐清的供水合作	潘小娟　余锦海　著	中国言实出版社	2015
德艺双馨	潘　之　主编	中西书局	2015
2015年温州经济社会形势分析与预测	潘忠强　王春光　金　浩　主编	社会科学文献出版社	2015
运斤成风：楠溪建筑工匠访谈录	潘剑永　主编	中国民族摄影艺术出版社	2015.4
海青偶记	潘海青　著	中国电影出版社	2015.2
平阳闽语土话土讲	薛茂川　编	平阳县传统文化促进会	2015
楠江赤子	戴西伍　著	浙江工商大学出版社	2015.8

（王　妍）

（徐亦子　编辑）

索 引

说明：

1.正文索引主题词按照汉语拼音字母顺序排列，从第一个汉字开始。同音字按声调排列，首字相同按第二个汉字音序排列，以此类推。首字为阿拉伯数字的主题词，排列在本索引之首。

2.正文索引主题词后的数字表示内容所在的页码，数字后的英文字母a、b、c，分别表示该页码的左栏、中栏、右栏。

3.图表索引包括图表号、图表名称和页码。

主题索引

0～9

A

B

C

E

F

G

H

J

O

P

Q

T

W

X

Y

图表索引